THE APOCRYPHAL GOSPELS WITHIN
THE CONTEXT OF EARLY CHRISTIAN THEOLOGY

BIBLIOTHECA EPHEMERIDUM THEOLOGICARUM LOVANIENSIUM

CCLX

THE APOCRYPHAL GOSPELS WITHIN THE CONTEXT OF EARLY CHRISTIAN THEOLOGY

EDITED BY

JENS SCHRÖTER

UITGEVERIJ PEETERS
LEUVEN – PARIS – WALPOLE, MA
2013

A catalogue record for this book is available from the Library of Congress.

ISBN 978-90-429-2926-5
D/2013/0602/132

© 2013 – Peeters, Bondgenotenlaan 153, B-3000 Leuven (Belgium)

VORWORT

Der hier vorgelegte Band dokumentiert die Haupt- und Kurzvorträge sowie die thematischen Ausarbeitungen zu den Seminaren vom 60. Colloquium Biblicum Lovaniense, das vom 26. bis 28. Juli 2011 in den Räumen der Katholischen Universität Leuven stattfand.

Die Tagung stand in der bewährten Tradition der Leuvener Biblischen Colloquien, die sich seit 1949 in großer thematischer Vielfalt mit einzelnen biblischen Schriften, Corpora des biblischen Kanons und thematischen Aspekten biblischer Theologie befasst haben. Zugleich setzte das 60. Leuvener Colloquium darin einen eigenen Akzent, dass dieses Mal mit den apokryphen Evangelien im Kontext der frühchristlichen Theologiegeschichte Texte im Zentrum standen, die den Blick über das Corpus der kanonisch gewordenen Schriften hinaus lenkten. Die Entscheidung, die apokryphen Evangelien als Gegenstand zu wählen, war dabei nicht zuletzt Ausdruck der gewachsenen Bedeutung, die diese Texte in den zurückliegenden Jahrzehnten für die Erforschung der antiken (und mittelalterlichen) Theologiegeschichte erlangt haben. Dazu hat die Entdeckung zahlreicher zuvor nicht oder nur dem Namen nach bekannter apokrypher Schriften des antiken Christentums ebenso beigetragen wie die immer stärker zutage tretende Einsicht in die Vielfalt des antiken Christentums. Durch die Entdeckungen etwa der Nag-Hammadi-Codices, des Papyrus Berolinensis Gnosticus, oder in neuerer Zeit der Codices mit dem sogenannten „Unbekannten Berliner Evangelium" und dem „Evangelium des Judas" trat das Spektrum der Deutungen der Person Jesu Christi im antiken Christentum deutlich facettenreicher vor Augen und nötigte dazu, die Kategorien der Einteilung verschiedener Strömungen des Christentums im zweiten und dritten Jahrhundert (etwa in „häretisches" und „orthodoxes" oder „gnostisches" und „großkirchliches" Christentum) neu zu überdenken.

Der Tagungsband des Colloquiums gibt einen Einblick in die vielfältigen Forschungen an etlichen dieser Texte. Die Perspektive ist dabei auf das antike Christentum konzentriert, aber nicht darauf beschränkt. Vielmehr wird an einigen Stellen auch auf Entwicklungen geblickt, die ins Mittelalter hineinreichen. Auf diese Weise wird deutlich, dass Spuren christlicher Theologie und Frömmigkeit, die sich an den „Rändern" des kanonisch werdenden Schrifttums zum ersten Mal zeigen, auch in späteren Entwicklungen aufgenommen und fortgesetzt werden.

Das Christentum hat, das zeigt die Beschäftigung mit diesen Texten in eindrücklicher Weise, nie nur aus den anerkannten, später als „kanonisch" bezeichneten Schriften gelebt. Vielmehr haben sich in „apokryphen" und weiteren, im Umfeld des Kanons entstehenden Texten von früher Zeit an christlicher Glaube und christliches Leben Ausdruck verschafft. Die Beschäftigung mit diesen Texten und Traditionen öffnet deshalb den Blick auf einen wichtigen Bereich der Christentumsgeschichte.

Ich bedanke mich für die Ehre, zum Präsidenten des 60. Colloquium Biblicum Lovaniense gewählt worden zu sein. Es war mir eine große Freude, die Tagung vorzubereiten, zu leiten und inhaltlich mitzugestalten. Für vielfältige, tatkräftige Unterstützung und hervorragende Kooperation bei der Durchführung der Tagung und der Erstellung des Bandes danke ich dem Präsidenten des Colloquium Biblicum, Herrn Prof. Dr. Joseph Verheyden, Frau Rita Corstjens von der Theologischen Fakultät der Universität Leuven sowie meiner Mitarbeiterin Sophie Kottsieper sehr herzlich.

Jens SCHRÖTER

CONTENTS

INDEXES

EINLEITUNG

Im Zentrum des 60. Colloquium Biblicum Lovaniense standen die apokryphen Evangelien im Kontext der frühchristlichen Theologiegeschichte. Dieses Thema wurde in verschiedener Weise behandelt. Zum einen gab es – sowohl bei den Haupt- als auch bei den Kurzvorträgen – solche Beiträge, die sich mit einzelnen Schriften wie etwa dem Petrus-, dem Thomas- oder dem Judasevangelium oder mit einer Schriftengruppe wie den Erscheinungsevangelien befassten. Zum anderen wurden in thematischen Zugängen etwa der Platonismus der apokryphen Evangelien, frühe Traditionen über die Entschlafung Marias oder die Darstellung Jesu als Lehrer in den apokryphen Evangelien vorgestellt. Schließlich wurde die Wirkungsgeschichte, etwa von Episoden im Umfeld der Flucht des Jesuskindes nach Ägypten oder in der Bartholomäusliteratur anzutreffender Traditionen, behandelt. Das Colloquium stellte sich damit in die Tradition einer umfassenden Bestandsaufnahme und Diskussion eines für die Geschichte der biblischen Überlieferung und ihrer Wirkungsgeschichte zentralen Gebietes, die bei den Leuvener Colloquien seit langem fest etabliert ist.

Zugleich handelte es sich um ein in der Reihe der Leuvener Biblischen Colloquien besonderes Thema. Die Entscheidung, die apokryphen Evangelien als Gegenstand zu wählen, ist nicht zuletzt ein Beleg der gewachsenen Bedeutung dieser Texte für die Erforschung der antiken (und mittelalterlichen) Theologiegeschichte. Bekanntlich hat sich der Kanon des Neuen Testaments in einem Prozess herausgebildet, dessen erste Spuren sich gegen Ende des 1. Jahrhunderts nachweisen lassen und der um die Mitte des 4. Jahrhunderts zu einem gewissen Abschluss kam[1]. Damit verbunden war die Gegenüberstellung der Begriffe „kanonisch" und „apokryph", die in dieser Weise zum ersten Mal in dem bekannten Osterfestbrief des Bischofs Athanasius aus dem Jahr 367 begegnet. Erst in dieser Zeit wird der Begriff „kanonisch" überhaupt auf verbindliche Schriften der christlichen Kirche angewandt, wogegen der Ausdruck „apokryph" bereits zuvor sowohl in positiver Hinsicht – nämlich als

---

1. Der Entstehung des biblischen Kanons war das 50. Colloquium Biblicum Lovaniense 2001 gewidmet. Vgl. J.-M. AUWERS – H.J. DE JONGE (eds.), *The Biblical Canons* (BETL, 163), Leuven, Peeters, 2003.

Selbstbezeichnung einiger der betreffenden Schriften[2] – als auch in negativer Bedeutung – als „gefälscht" oder „verworfen"[3] – Verwendung finden konnte. Die entsprechende Auseinandersetzung tritt bei Clemens Alexandrinus und Hippolyt zutage, die berichten, dass sich die Häretiker für ihre Auffassungen auf verborgene Lehren bzw. Bücher berufen hätten[4].

Mit den apokryphen Evangelien tritt demnach eine Phase der frühchristlichen Theologiegeschichte in den Blick, die nicht zuletzt durch die Gegenüberstellung verbindlich, „kanonisch" werdender Texte und solcher, die als „verworfen", „häretisch" oder „apokryph" abgelehnt wurden, geprägt ist[5]. Im Zuge dieser Ausdifferenzierung wurde gegen die von der entstehenden Großkirche abgelehnten Schriften bisweilen heftig polemisiert, wobei vor allem die mit diesen in Verbindung gebrachten Gruppen als „Häretiker" bekämpft wurden. Eine sachliche Auseinandersetzung über den Inhalt der betreffenden Schriften selbst trat demgegenüber oftmals in den Hintergrund. Eine Aufgabe heutiger Beschäftigung mit den apokryphen Evangelien besteht deshalb nicht zuletzt darin, sie unabhängig von derartigen Konflikten und Polemiken als Zeugnisse der antiken Theologiegeschichte zu interpretieren.

Darüber hinaus haben die apokryphen Evangelien – wie die apokryphen Texte überhaupt – eine breite Wirkungsgeschichte im Christentum entfaltet. Legendarische Ausmalungen der Geschichte Jesu – in analoger Weise auch der Apostel – in Texten und bildlichen Darstellungen haben die christliche Volksfrömmigkeit tief geprägt. Exemplarisch zu verweisen wäre etwa auf die sogenannten Kindheitsevangelien, die „Lücken" der kanonischen Evangelien durch farbige, mitunter auch amüsante Geschichten ausfüllen und auf diese Weise das Bedürfnis erfüllen, mehr über die Geschichte Jesu und seiner Familie zu erfahren, als sich den vergleichsweise sparsamen Berichten der neutestamentlichen Evangelien entnehmen lässt. Die entsprechenden Überlieferungen entstanden zumeist im antiken Christentum, sind aber nicht auf dieses beschränkt, sondern

---

2. So im EvThom, das seinen Inhalt als „verborgene (apokryphe) Worte des lebendigen Jesus" charakterisiert, im EvJud, das sich als „verborgene (apokryphe) Offenbarungsrede" bezeichnet, in der Jesus mit Judas gesprochen hat, sowie im AJ, das sich im Titel „Verborgene Schrift (Apokryphon) des Johannes" nennt.

3. In dieser Weise verwenden IRENÄUS, *Adv. Haer.* I 20,1, und TERTULLIAN, *Pud.* 10,12, den Ausdruck.

4. CLEMENS ALEXANDRINUS, *Strom.* I 15,69,6; III 4,29,1; HIPPOLYT, *Ref.* VII 20.

5. Im Blick auf diese Entwicklung hat Dieter LÜHRMANN von apokryph und kanonisch „gewordenen" Texten gesprochen. Vgl. ID., *Die apokryph gewordenen Evangelien: Studien zu neuen Texten und zu neuen Fragen* (SupplNT, 112), Leiden – Boston, MA, Brill, 2004.

wurden im Mittelalter in vielfältiger Weise fortgeschrieben. Sie sind auch keineswegs vornehmlich als Zeugnisse „häretischer" Gruppen zu betrachten, sondern geben oftmals Einblicke in vielfältige christliche Glaubensvorstellungen unterschiedlicher Sprach- und Kulturbereiche[6].

Diese Aspekte traten auch in den Beiträgen des 60. Colloquium Biblicum Lovaniense in eindrucksvoller Weise vor Augen. In meiner Presidential Address gab ich einen Überblick über die Stellung der apokryphen Evangelien in der christlichen Theologiegeschichte. Einsetzend bei der im antiken Christentum entstehenden Gegenüberstellung von anerkannten und verworfenen Schriften, wird der Blick auf die sich bereits in der Reformationszeit abzeichnende „historische" Perspektive auf die apokryphen Texte deutlich. Spätestens seit dem „Codex Apocryphus Novi Testamenti" von Johann Albert Fabricius aus dem Jahr 1703 werden sie sodann als Zeugnisse für die literarische und theologische Vielfalt des frühen Christentums betrachtet. Die in der Nachfolge von Fabricius entstandenen Apokryphenausgaben orientieren sich zumeist an den literarischen Gattungen der neutestamentlichen Schriften und sind dementsprechend in Evangelien, apostolische Literatur (Apostelakten und Briefe) sowie Apokalypsen aufgeteilt. Dabei wird zugleich deutlich, dass „Apokryphen" ein unscharfer Sammelbegriff ist, unter dem solche Schriften subsumiert werden, die weder kanonisch geworden sind, noch zu anderen Corpora – etwa den sogenannten „Apostolischen Vätern" – gerechnet werden und auch nicht zu den Kirchenordnungen oder theologischen Traktaten gehören. Freilich sind die Grenzen hier fließend, wie etwa die verschiedenen Auflagen der von Edgar Hennecke begonnenen Sammlung „Neutestamentliche Apokryphen in deutscher Übersetzung" zeigen[7].

Die Offenheit des Ausdrucks „apokryphe Evangelien" zeigt sich aber auch daran, dass dazu nicht nur Erzählungen vom Wirken Jesu oder Sammlungen seiner Aussprüche, sondern auch „Agrapha", Fragmente ansonsten unbekannter frühchristlicher Schriften und legendarische Texte gerechnet werden. Diese Bereiche werden anhand ausgewählter Beispiele vorgestellt, bevor auf die „gnostischen" Texte eingegangen wird. Diese werden, nach einer kurzen Reflexion über den Begriff „Gnosis", anhand

---

6. Vgl. dazu auch den Sammelband: J. SCHRÖTER – J. FREY (Hgg.), unter Mitarbeit von J. SPAETH, *Jesus in apokryphen Evangelienüberlieferungen: Beiträge zu außerkanonischen Jesusüberlieferungen aus verschiedenen Sprach- und Kulturtraditionen* (WUNT, 254), Tübingen, Mohr, 2010.

7. Vgl. dazu C. MARKSCHIES, *„Neutestamentliche Apokryphen": Bemerkungen zu Geschichte und Zukunft einer von Edgar Henneck im Jahr 1904 begründeten Quellensammlung*, in *Apocrypha* 9 (1998) 97-132.

des Apokryphon des Johannes näher charakterisiert, das auf dem von
Irenäus, *Adv. Haer.* I 29,1-4, auf die sogenannten „Barbelo-Gnostiker"
zurückgeführten, gelegentlich auch als „sethianische Gnosis" bezeichneten System basiert, dem dann das auf Valentin und seine Schule zurückgehende gegenübergestellt wird. Schließlich werden legendarische Texte
anhand des Protevangeliums des Jakobus sowie des „Unbekannten
Berliner Evangeliums" beleuchtet.

Als Fazit lässt sich formulieren, dass der Ausdruck „apokryphe Evangelien" ein literarisch und theologiegeschichtlich breites Spektrum von
Texten umfasst, das in den letzten ca. 130 Jahren durch neue Textfunde
und -editionen deutlich an Konturen gewonnen hat. Die sich bereits in
der Reformationszeit abzeichnende, dann vor allem in der neuzeitlichen
Erforschung der Christentumsgeschichte mehr und mehr durchsetzende
Sicht auf diese Texte als solche, die die Vielfalt des antiken und mittelalterlichen Christentums zu erkennen geben, gewinnt auf diese Weise an
Profil.

Ismo Dunderberg, Professor für Neues Testament an der Theologischen
Fakultät der Universität Helsinki, befasste sich mit den johanneischen
Traditionen im Kontext der apokryphen Evangelien. Dabei konzentrierte
er sich vor allem auf die Beziehungen zum Thomas- sowie zum Mariaevangelium. Zwar zeichne sich die Unterscheidung zwischen „kanonischen" und „nicht-kanonischen" Evangelien möglicherweise bereits im
2. Jahrhundert ab. Es sei jedoch zu beachten, dass die Abfassung von
Schriften im 2. Jahrhundert nicht notwendigerweise eine Reaktion auf
„kanonische" (bzw. kanonisch werdende) Literatur darstelle. Dies sei
auch beim EvThom und EvMar zumindest offen zu halten. Hinsichtlich
des Vergleichs von JohEv und EvThom konstatiert Dunderberg eine
„realisierte Eschatologie", sowie einige gemeinsame exegetische Traditionen (etwa die Identifizierung Jesu mit dem „wahren Licht" bei Johannes und die Rede von dem Licht, aus dem die Jünger kommen und das
im Menschen wohnt, im EvThom). Die Interpretation der Schöpfungsgeschichte sei in beiden Schriften unterschiedlich. Anders als Johannes
weise Thomas ein spezifisches Interesse an Adam, dem Paradies und
der ursprünglichen Einheit des mannweiblichen Menschen auf. Beide
Schriften würden deshalb unabhängig voneinander auf gemeinsame
Traditionen zurückgreifen. Dunderberg diskutiert sodann vier Fälle im
einzelnen: das Bild der Quelle (EvThom 13; Joh 4,13-15/7,38); die
Inkarnation (EvThom 28; Joh 1,14); Suchen und Finden (EvThom 38;
Joh 7,32-36) sowie Jesus als Licht der Welt (EvThom 77; Joh 8,12; 9,5).
Die Vergleiche der jeweiligen Rezeption dieser Motive zeigen, dass es
zwar eine Nähe zwischen Johannes und Thomas in den verwendeten

Überlieferungen gibt, die aber nicht auf eine gegenseitige Kenntnis oder literarische Abhängigkeit schließen lässt.

Im Blick auf EvMar konstatiert Dunderberg ebenfalls – in Anknüpfung an Karen King und Silke Petersen und entgegen einigen anderen Positionen der neueren Diskussion – einen Bereich gemeinsamer Terminologie und thematischer Verbindungen. Dazu gehören das Trösten der Jünger/innen durch den Abschied nehmenden Jesus bzw. durch Maria sowie die (angekündigte oder tatsächliche) Reaktion der Jünger/innen (Weinen/Trauer/Leiden). Bemerkenswert ist, dass Maria im EvMar diejenige Rolle übernimmt, die im JohEv der angekündigte Paraklet ausfüllen wird. EvMar lasse sich deshalb, in gewisser Analogie zum JohEv, als Unterweisung in der Leidenssituation, aber auch in philosophischer Perspektive lesen. Auch hier seien die Analogien nicht im Sinne gegenseitiger Kenntnis oder Abhängigkeit aufzufassen. Näher liege vielmehr, dass johanneische Traditionen auf dem Wege mündlicher Überlieferung in das EvMar gelangt seien.

Paul-Hubert Poirier, Professor an der Fakultät für Theologie und Religionswissenschaft an der Universität Laval (Québec, Kanada), fragt nach dem Beitrag des Thomasevangeliums für die frühchristliche Theologiegeschichte. Voraussetzung dafür sei, dass das EvThom analog zu den anderen apokryphen Evangelien betrachtet wird, die die Theologiegeschichte des 2. bis 4. Jahrhunderts erhellen. Trotz verschiedener Versuche, die Schrift anders zu interpretieren, hält Poirier es für geraten, zu einer solchen Einordnung zurückzukehren und das EvThom als ein Zeugnis für die Theologiegeschichte des 2. und 3. Jahrhunderts aufzufassen. Er bespricht sodann die externen Zeugnisse und die Manuskriptbezeugung für das EvThom. Die koptische Übersetzung lasse sich auf die 2. Hälfte des 4. Jahrhunderts datieren, die griechischen Fragmente stammten aus dem späteren 2. Jahrhundert, die Zusammenstellung der Logien selbst sei um 150 anzusetzen.

Poirier stellt sodann die Frage, inwiefern das EvThom als „Evangelium" bezeichnet werden könne und wie alt diese Bezeichnung sei. Die Subscriptio im koptischen Text könne eine spätere Ergänzung sein. Das Zeugnis von Pseudo-Hippolyt, der von einem „Evangelium nach Thomas" spricht, führt jedoch in die Zeit um 230. Zudem sei zu beachten, dass „Evangelium" in dieser Zeit (2. und 3. Jahrhundert) keine literarische Gattung bezeichne, sondern sich auf die Übermittlung von Lehren Jesu beziehe. Die Bezeichnung sei also nicht auf die narrative Form der kanonischen Evangelien zu beschränken, wie nicht zuletzt etliche andere Beispiele aus dem Corpus der Nag-Hammadi-Schriften (Philippusevangelium, Evangelium der Wahrheit) belegten. Poirier fragt sodann, ob sich

aus der Selbstbezeichnung der Schrift als „Worte des lebendigen Jesus"
etwas über ihren Charakter entnehmen lasse. In Auseinandersetzung mit
James Robinsons These einer Gattung „Weisheitssprüche" und unter
Rekurs auf Papias, der nach Euseb fünf Bücher mit „Logien des Herrn"
verfasst habe, argumentiert Poirier im Anschluss an Roger Gryson, dass
„Logoi" oder „Logia" von den Kirchenvätern nicht für „Aussprüche des
Herrn" verwendet wurde, sondern sich auf die gesamte Heilige Schrift
Alten, ggf. auch Neuen Testaments bezog. Eine spezifische Gattungszu-
weisung des EvThom lasse sich dem Incipit deshalb nicht entnehmen.
Vielmehr sei die Bezeichnung des Incipits auf die isolierten Einheiten
des EvThom zu beziehen. Im Blick auf die Einzeichnung des EvThom in
die frühchristliche Theologiegeschichte stellt Poirier sodann die Beiträge
von Jean-Marie Sevrin, François Vouga und Anne Pasquier vor, die die
Schrift als „geistige Übung" („exercice spirituel") bzw. als „Kunst der
Überredung" („art de la persuasion") aufgefasst haben, die in Form von
Chrien Lebensweisheiten bzw. moralische Instruktionen vermittelt. Die
Frage, warum diese Lehren als „verborgen" bezeichnet würden, lässt
sich nach Poirier mit Hilfe eines Rekurses auf Clemens Alexandrinus,
Strom. VI 126,1-4, dergestalt beantworten, dass antike Theologen die
Auffassung vertreten konnten, die Heilige Schrift verberge ihren eigent-
lichen Sinn und rede in Gleichnissen, um zum Suchen der Wahrheit
anzuhalten, die nur für die Auserwählten gedacht, für die Masse dagegen
nicht zuträglich sei.

Abschließend geht Poirier vor dem Hintergrund der neueren Diskussion auf die Entstehungsgeschichte des EvThom ein. Es sei durchaus
wahrscheinlich, dass die Schrift in einem längeren Wachstumsprozess –
einer Art „Schneeballeffekt" („effet boule de neige") – entstanden sei.
Allerdings könne dieser Prozess nicht mit Hilfe form- oder literarkriti-
scher Methoden rekonstruiert werden, weshalb der neuere derartige Versuch von April DeConick als zu spekulativ zu betrachten sei. Für eine
theologiegeschichtliche Einordnung zu beachten seien dagegen die Analogien zu anderen Schriften, nicht nur zu den synoptischen Evangelien.
Poirier liefert deshalb eine Liste derartiger Parallelen, die auch solche aus
dem Hebräer- und dem Ägypterevangelium enthält. Dies zeige, dass das
EvThom als Zeugnis des 2. Jahrhunderts aufzufassen sei, in das verschiedene Überlieferungen Eingang gefunden hätten. Diese seien im EvThom
zusammengestellt worden, um seinen Lesern ein „Handbuch der Weisheit" („manuel de sagesse") als Anleitung zum „guten Leben" („bien
vivre") an die Hand zu geben, das vor allem dazu führen solle, „den Tod
nicht zu schmecken".

Der Beitrag von Tobias Nicklas, Professor für Exegese und Hermeneutik des Neuen Testaments an der Fakultät für Katholische Theologie

der Universität Regensburg, war dem theologiegeschichtlichen Ort des Judasevangeliums gewidmet. Nicklas geht dazu von den in der Schrift begegnenden Polemiken gegen großkirchliche Frömmigkeitspraxis aus. Elaine Pagels und Karen King hatten die Opferkritik des EvJud als Kritik an der positiven Haltung der frühen Kirche gegenüber dem Martyrium interpretiert und dazu auf andere „gnostische" Texte wie etwa das „Testimonium Veritatis" und die gnostische „Apokalypse des Petrus" verwiesen. Nicklas hält dem, z.T. unter Rückgriff auf bereits anderweitig geäußerte Kritik, entgegen, dass das EvJud nirgends eine Situation staatlicher Verfolgung erkennen lasse, die Opferkritik zudem keine konkrete kultische Praxis im Blick habe, sondern das Stereotyp paganer Kritik an der Kirche aufgreife. Die Opferkritik des EvJud sei deshalb eher als generelle Kritik an der Leitung der Mehrheitskirche aufzufassen, wie insbesondere die Deutung der Tempelvisionsszene durch Jesus in p. 39,18–40,2 zeige. Die Polemik richtete sich demnach gegen eine Form des Gottesdienstes, der an der Anbetung des Gottes Israels festhält. Dies wird durch den Blick auf verschiedene Aspekte des Textes konkretisiert: Das Bild vom Opferaltar und der auf ihm dargebrachten Opfer würde im Neuen Testament und in frühchristlicher Literatur häufig verwendet, ohne dass damit ein tatsächlicher „Altar" als Zentrum des christlichen Gottesdienstes bezeichnet wäre. Das EvJud kritisiert zudem die Anrufung des Namens Gottes in Taufe und Eucharistie. Auch ließen sich Ansätze der Kritik an kirchlichen Ämtern erkennen. Aufgrund dieser Beobachtungen lasse sich das EvJud in den Kontext des 2. Jahrhunderts einordnen, innerhalb dessen es eine bittere Kritik gegen eine Kirche, in der sich Gottesdienst, Rituale und Ämter herausbilden beginnen, formuliert.

Jörg Frey, Professor für Neues Testament mit den Schwerpunkten Antikes Judentum und Hermeneutik an der Theologischen Fakultät der Universität Zürich, widmet sich mit dem Petrusevangelium einem Text, der in der neueren Forschung wieder vermehrt Aufmerksamkeit auf sich gezogen hat. Nach einer Einführung in die externe und interne Bezeugung widmet sich Frey der Frage nach möglichen intertextuellen Bezügen des EvPetr zu den kanonischen Evangelien. Die genaue Form, in der die Rezeption dieser Evangelien im EvPetr erfolgte, sei schwierig zu bestimmen, deutlich sei jedoch, dass das EvPetr Motive und historische Informationen aus der älteren Evangelientradition aufnimmt und daraus eine eigene Jesuserzählung schafft. Insofern sei es als „sekundär" zu bezeichnen. Diese Form, sich mittels bestimmter Motive und Techniken an als autoritativ geltende Schriften anzulehnen und diese auf eigene Weise fortzuschreiben, bezeichnet Frey als „Apokryphisierung". Mit diesem Begriff ließen sich neben frühchristlichen auch

solche frühjüdischen Schriften erfassen, die bislang als „parabiblisch"
oder „rewritten bible" bezeichnet werden.

Zur Anwendung dieser Kategorie auf das EvPetr knüpft Frey an
Timothy Henderson an, der in seiner 2011 erschienenen Dissertation das
EvPetr als „rewritten gospel" bezeichnet hatte. Frey erscheint diese
Charakterisierung aufgrund verschiedener Phänomene des EvPetr als
angemessen: die Form des Ich-Berichts, die den Augenzeugen des
Geschehens autorisiere, die „objektivierte" Darstellung der Auferste-
hung Jesu sowie die Verstärkung der Tendenz, den Juden die Schuld am
Tod Jesu zuzuweisen, die Römer dagegen zu entlasten. Schließlich wen-
det sich Frey der Christologie des EvPetr zu. Die unter Berufung auf die
von Euseb überlieferte Serapion-Notiz vorgenommene Charakterisierung als „doketisch" sei dem erhaltenen Text selbst nicht zu entnehmen.
Allerdings lasse das EvPetr eine „hohe Christologie" erkennen, etwa in
der durchgehenden Bezeichnung Jesu als „Kyrios" sowie in der
Demonstration der himmlischen Herrlichkeit des Auferstandenen.
Abschließend konstatiert Frey weitere Elemente einer Sekundarität bzw.
„Apokryphisierung" im EvPetr: die zunehmende Distanz gegenüber den
historischen Umständen des Wirkens und Geschicks Jesu sowie die Tendenz zur Ausschmückung und Erweiterung des Geschehens. Das EvPetr
lasse sich deshalb auch nicht als judenchristliche Schrift auffassen. Es
sei vielmehr von Beginn an als „Para-Literatur" konzipiert worden, die
traditionelle Motive der Jesusgeschichte aufnehme und sie in einer
„Mischung zwischen Apologetik und volkstümlicher Frömmigkeit" neu
interpretiere.

Der Beitrag von Pheme Perkins, emeritierte Professorin der Theologischen Fakultät des Boston College of Arts and Sciences, war den judenchristlichen Evangelien gewidmet. Sie stellte zunächst die Schwierigkeit
heraus, diese nur in Notizen bei antiken Theologen erhaltenen Texte
theologiegeschichtlich einzuordnen. Auch dürfe die Bezeichnung „juden-
christlich" nicht vorschnell im Sinn soziologisch identifizierbarer
Gruppen aufgefasst werden, die hinter diesen Texten stünden. Vielmehr
müsste die Tatsache ernst genommen werden, dass die fragmentarischen
Notizen, ähnlich wie im Fall des Papyrus Egerton oder des Papyrus Oxyrhynchus 840, nur Spuren frühchristlicher Überzeugungen zu erkennen
geben würden, ohne dass sich diesen eine bestimmte „Gruppe" zuweisen
lasse. Ob die Fragmente deshalb auf ein „Judenchristentum" schließen
lassen, ist nach Perkins weniger sicher als mitunter angenommen. Es sei
nicht a priori auszuschließen, dass christliche Autoren des 2. und 3. Jahrhunderts unter Rückgriff auf einige Informationen das Bild jüdischer
Gruppen am Ursprung des Christentums gezeichnet hätten, von denen

sich die Kirche ihrer eigenen Zeit bereits getrennt hatte und die nunmehr als „häretisch" betrachtet würden. So blicken etwa Euseb und Epiphanius auf das „Judenchristentum" bzw. Gruppen wie die „Nazoräer" oder die „Ebioniten" als eine Größe der Vergangenheit zurück. In den zentralen theologischen Diskursen des ausgehenden vierten Jahrhunderts spielen die judenchristlichen Evangelien zudem keine Rolle, sondern werden – so etwa bei Hieronymus – als häretische Überlieferung betrachtet. Die Fragmente gehörten demnach in den breiteren Kontext frühchristlicher Überlieferungen, die ein Interesse an jüdischen Traditionen und Lebensformen im Christentum aufweisen, zu denen sich etwa auch POxy 840 rechnen lässt. Ein konkreter soziologischer oder theologischer Bezugsrahmen lasse sich daraus nur schwer erstellen.

Der emeritierte Professor für Neues Testament und frühchristliche Literatur an der Harvard Divinity School, François Bovon, stellte in seinem Vortrag die Rezeption der Geschichte von der Flucht des Jesuskindes nach Ägypten, bzw. von Episoden in seinem Umfeld, in christlicher Literatur und Kunst vor. Im Pseudo-Matthäusevangelium, das frühestens aus dem 7. Jahrhundert stammt, vielleicht aber noch jünger ist, wird die Fluchtgeschichte durch Episoden wie etwa diejenige von der Palme, die sich zu Maria und Jesus neigt und ihnen ihre Früchte darbietet, oder von den einstürzenden Götzenbildern in der Stadt des Gouverneurs Aphrodisius angereichert. Dies sind aber nicht die einzigen die mit der Fluchtgeschichte verbunden wurden. Vielmehr finden sich weitere Überlieferungen, die offenbar in der Spätantike entstanden und mit denen dieser Erzählkomplex angereichert wurde. Derartige legendarische Ausmalungen versteht Bovon als „nützlich" oder „gewinnbringend für die Seele" („utiles" ou „profitables à l'âme"), griechisch ψυχωφελῆ.

Der Beitrag fragt sodann nach der Herkunft dieser Episoden und ihrer möglichen Zusammenstellung in einer frühen Quelle. Dafür greift Bovon auf die Studie von Lucette Valensi, *La Fuite en Égypte: Histoires d'Orient et d'Occident*, Paris, 2002, zurück. Auffällig ist bereits das Vorhandensein mehrerer der Episoden in der muslimischen Überlieferung, zuerst im Koran. Ikonographische Zeugnisse sowie frühe Pilgerstätten bezeugen die Bedeutung und frühe Verbreitung derartiger Erzählungen in der christlichen Überlieferung. Sie werden hier als Hinweise auf die beiden Naturen Christi ausgelegt: Die Gefährdungen zeigen die menschliche Seite des Jesuskindes, die übernatürlichen Wunder sein göttliches Wesen. Enrico Norelli und Jean-Daniel Kaestli hatten in Aufnahme einer bereits von Rhodes Montague James geäußerten Vermutung die These entwickelt, dass neben dem Protevangelium des Jakobus eine weitere „Spezialquelle" über die Geburt Jesu existierte, die ihrerseits auf frühchristlichen Testimonien basierte. Allerdings ist nicht deutlich, ob diese ihrerseits bereits in Form einer zusammenhängenden Erzählung existierten.

Bovon beleuchtet die einzelnen Episoden sodann genauer. Bereits die antiken Theologen Euseb, Athanasius und Cyrill haben sich für deren symbolische Bedeutung interessiert, die sie mit der Menschwerdung des Heilands und der Überwindung des heidnischen Götterglaubens in Verbindung brachten. Das Götzenwunder könnte dabei sowohl mit der Prophezeiung aus Jes 19,1 als auch mit dem historischen Kontext dieser Autoren selbst (Zerstörung heidnischer Tempel bzw. deren Umwandlung in christliche Kultstätten seit dem späteren 4. Jahrhundert) in Verbindung stehen. Anspielungen bei Sozomenos und Cassiodor auf die Wunder bei der Flucht nach Ägypten bestätigen die Beschäftigung mit derartigen Episoden ebenso wie einige mittelalterliche Zeugnisse, die insbesondere die Verbreitung des Motivs vom wunderbaren Baum, der Maria seine Früchte darreicht, zum Inhalt haben. Eine Variante zu dieser Episode findet sich auch im Koran, Sure 19.

Das arabische sowie das armenische Kindheitsevangelium enthalten ebenfalls etliche Episoden über wunderhafte Ereignisse auf der Flucht nach Ägypten. In den verschiedenen Rezensionen der Kapitel 18–24 des Pseudo-Matthäusevangeliums, das seinerseits auf einer Quelle basieren könnte, die einige dieser Episoden enthielt, wird die Fluchtgeschichte dann auf eigene Weise erzählt. In der Geburt Marias fehlt sie, ist jedoch in der „Compilation J" (so genannt in Erinnerung an Rhodes Montague James) vorhanden, die durch die Arundel- und die Hereford-Handschrift bezeugt wird. Bovon schlägt deshalb vor, dass Pseudo-Matthäusevangelium und „Compilation J" von einer gemeinsamen Quelle abhängen könnten. Diese könnte ihrerseits auf der von Kaestli identifizierten „Spezialquelle" hinter dem ProtEv basieren.

Die untersuchten legendarischen Episoden sind nach Bovon weder als „kanonische, heilige" noch als „verworfene, häretische" Quellen zu beschreiben. Es handelt sich vielmehr um Überlieferungen, die sich an die biblischen Texte anlehnen, jedoch nicht wie diese „stabil" sind, sondern Motive aus ihnen aufnehmen und fortschreiben. Die Alternative „kanonisch – apokryph" sei deshalb zu schematisch und um eine Kategorie von Texten zu erweitern, die sich als „nützlich für die Seele" charakterisieren lassen.

Geert Van Oyen von der Theologischen Fakultät der Katholischen Universität Louvain-la-Neuve beschäftigt sich in seinem aus dem Seminar in holländischer Sprache hervorgegangenen Beitrag mit dem Protevangelium des Jakobus als einem Text *sui generis*. Van Oyen legte in seiner

Einführung dar, dass das ProtEvJak eine literarische Einheit darstelle und nicht auf einer Kombination älterer Episoden basiere. Die Frage, ob die Schrift von einem jüdischen bzw. judenchristlichen Autor stamme, sowie diejenige nach der Intention ihrer Abfassung sind dagegen schwer zu beantworten. Die Verfasserschaft eines jüdischen oder judenchristlichen Autors, wie sie von Timothy Horner favorisiert wird, erscheint allerdings eher unwahrscheinlich. Bezüglich der Abfassungsintention werden verschiedene Optionen diskutiert (Apologie gegenüber nicht-christlichen Juden; Stärkung der christlichen Identität; Verstärkung der Tradition von der Jungfräulichkeit Marias im Anschluss an Matthäus und Lukas; Steigerung der Marienfrömmigkeit), ohne dass sich gegenwärtig eine konsensfähige Lösung abzeichnet.

Judith Hartenstein, akademische Mitarbeiterin am Institut für Evangelische Theologie der Universität Koblenz-Landau, die das deutschsprachige Seminar leitete, behandelt in ihrem Beitrag die apokryphen „Erscheinungsevangelien", oft auch „Dialogevangelien" genannt. Sie fragt nach den christologischen Aussagen dieser Texte und danach, welche Aussagen in ihnen als „gnostisch" bezeichnet werden können. Hartenstein betont dabei, dass die Verwendung der Kategorie „gnostisch" nach wie vor als sinnvoll anzusehen sei. Sie behandelt zunächst die Auferstehungs- und Erscheinungsberichte in der ‚Sophia Jesu Christi' (NHC III,4), im ‚Brief des Jakobus' (NHC I,2) und im ‚Apokryphon des Johannes' (NHC II,1/III,1/IV,1). SJC könne als „Evangelium für Fortgeschrittene" gelesen werden, da es – im Unterschied etwa zum EvThom – bei den Adressaten die aus den kanonisch werdenden Evangelien (jedenfalls aus Mt und Joh) bekannte Jesusgeschichte voraussetzt. AJ biete eine umfassende Belehrung der Offenbarungsempfänger. Der Ich-Erzähler sieht, wie der Erlöser in einer Art „himmlischer Leiblichkeit" erscheint, was an die paulinische Rede vom „geistlichen Leib" in 1 Kor 15,44 erinnern könnte. Sodann geht es um die „himmlische" Perspektive der Erscheinung. In SJC erscheint der Menschensohn Jesus aus dem Lichtreich. Dabei ist er offenbar als das Urbild verstanden, das schon vor Adam existierte. Christus erscheint demnach als der „himmlische Mensch". Im AJ begegnet die Bezeichnung „Christus", ein Interesse an der irdischen Person Jesu lässt sich allerdings nicht feststellen. In EpJac schließlich könnte mit der Verwendung des Menschensohnausdrucks sogar eine Abwertung der irdischen Existenz Jesu verbunden sein. Schließlich geht Hartenstein auf die Verwendung des Menschensohnausdrucks in EvMar ein, wo Jesus auf diese Weise offenbar als der „wahre Mensch" gekennzeichnet wird. Abschließend nimmt Hartenstein die Frage nach dem „Gnostischen" in den diskutierten Schriften noch einmal auf und bestimmt es in differenzierter Weise in Bezug auf jeden einzelnen der genannten Texte.

Christoph Markschies, Professor für ältere Kirchengeschichte an der Theologischen Fakultät der Humboldt-Universität zu Berlin, befasste sich anhand des Bartholomäus-Evangeliums mit der Rolle der Apokryphen als Zeugnissen mehrheitskirchlicher Frömmigkeit. Damit wird eine Perspektive eingenommen, die sich mit derjenigen von François Bovon vergleichen lässt, der die von ihm untersuchten Texte ebenfalls nicht in das Gegenüber von „orthodox" und „häretisch" eingespannt wissen wollte. Ähnlich wie Bovon spannt auch Markschies den Bogen weiter und nimmt ausdrücklich die nachkonstantinische Zeit in den Blick, in der sich ohnehin erst sinnvoll von einer „Mehrheitskirche" reden lasse. Allerdings sei auch hier gegenüber einer starren Kontrastierung von „Orthodoxie" und „Häresie" hinsichtlich der konkreten Glaubenspraxis Vorsicht geboten. Im Blick auf das als Beispiel dienende Bartholomäus-Evangelium notiert Markschies zunächst, dass zwar einige externe Zeugnisse diese Schrift als „Evangelium" bezeichneten, aber keine einzige Handschrift aus nachkonstantinischer Zeit diesen Titel aufweise. Die unter dem Namen des Bartholomäus kursierenden Schriften trugen dagegen Titel wie „Quaestiones Bartholomaei" oder auch „Liber Bartholomaei". Gegenläufig ist der Befund bei den Pilatusakten, die ab dem 12. Jahrhundert auch als „Evangelium Nicodemi" bezeichnet werden, sowie bei der erst in der Neuzeit als „Protevangelium des Jakobus" bezeichneten, ursprünglich dagegen als „Geburt Marias" bzw. „Offenbarung des Jakobus" betitelten Schrift.

Markschies stellt sodann Spuren mehrheitskirchlicher Frömmigkeit in den apokryph gewordenen Evangelien zusammen: Beschreibungen von Praktiken christlicher Frömmigkeit, wie etwa der Kreuzesverehrung im Liber Bartholomei, das Küssen von Briefen und Büchern im Nikodemus-Evangelium, die intensive Klage Josephs in der „Geschichte von Joseph, dem Zimmermann" sowie die Betonung der Wirkung der Sündenvergebung und der Beschreibung der Auferstehungswirklichkeit im Liber Bartholomei. Schließlich richtet Markschies den Blick noch einmal auf die Quaestiones Bartholomei als Zeugnis für Sakraments- und Marienfrömmigkeit. Er konstatiert abschließend, dass die Apokryphen viel weniger, als in häresiologischen Zuschreibungen oftmals der Eindruck erweckt wird, in bestimmten „häretischen" Gruppen verwendet wurden, dagegen oftmals Spuren (auch konkrete Gebrauchsspuren) aufwiesen, die sie als „Zeugnisse für die Alltagsfrömmigkeit breiterer Kreise im antiken Christentum" erscheinen ließen.

Der Beitrag von Rémi Gounelle, Professor für antike Christentumsgeschichte an der Protestantisch-Theologischen Fakultät Strasbourg, hervorgegangen aus dem französischsprachigen Seminar, ist den Pilatus-akten gewidmet. Gounelle führt zunächst in die Überlieferungsgeschichte und die Manuskriptbezeugung der Schrift ein. Er interpretiert den Text als Polemik gegen verschiedene Formen von Judentum. Als Adressaten seien (Juden-)Christen des 4. Jahrhunderts vorzustellen, die Jesus als eine Figur nach dem Modell von Henoch oder Elia auffassten. Diskutiert werden sodann unter anderem die Fragen, ob sich ActPil auch als Pole-mik gegen Heiden interpretieren lasse und welche Form von Christentum hinter der Schrift anzunehmen sei.

Enrico Norelli, Professor für die Geschichte des frühen Christentums an der Theologischen Fakultät der Universität Genf, widmete sich in seinem Beitrag den ältesten Überlieferungen von der Himmelfahrt Marias als Zeugnissen früher theologischer und soteriologischer Reflexion. Norelli stellt zunächst die Komplexität der Überlieferungslage der zur Transitus-Mariae-Literatur gerechneten Texte heraus, die sich nur schwer in eine Genealogie bringen ließen. Ausgangspunkt für die gegenwärtige Arbeit an diesen Texten seien die Studien von Claude Simon Mimouni und Stephen Shoemaker. Sie teilen die entsprechenden Überlieferungen in zwei Gruppen ein, die sie mit „Palme de l'arbre de vie" (weil Maria am Beginn kurz vor ihrem Tod eine Palme erhält, die sie den Aposteln übergeben soll), bzw. mit „Bethléem et encensements" (wegen der Loka-lisierung eines zweiten Hauses von Maria in Bethlehem sowie der deut-lichen liturgischen Prägung) betiteln. Norelli selbst hatte in früheren Stu-dien bereits die gnostische Prägung der frühen Erzählungen von der Entschlafung Marias herausgestellt. Im Beitrag zu diesem Colloquium geht er solchen Motiven nach, die theologische Reflexionen, basierend auf der jüdischen Bibel und Jesustraditionen, erkennen lassen und sie zu einer Geschichte von der Erlösung verbinden.

Zunächst wendet sich Norelli dazu der Beschreibung des irdischen Paradieses zu („Le paradis terrestre"). Der Engel, der Maria ein Buch von demjenigen, „der das Paradies gepflanzt hat", überreicht, ist eine Symbolisierung der Präsenz Christi, derer Maria später auf dem Ölberg innewird. Auffällig ist sodann das Interesse an den Bäumen des Paradie-ses. Norelli verweist hierzu auf eine bei Theophilus von Antiochia begeg-nende Tradition der Kommentierung von Genesis 2,9, die hervorhebt, dass die Bäume des Lebens und der Erkenntnis, anders als alle anderen Pflanzen, nur im Paradies existierten. Die Pflanzen des Paradieses lassen dieses bei Theophilus als Ort der Vermittlung zwischen Himmel und Erde erscheinen, wobei die beiden Bäume des Lebens und der Erkenntnis insofern eine Ausnahme bilden, als sie auf die Besonderheit des Paradie-ses verweisen. Dem entspricht, dass das Paradies bei Theophilus als Ort erscheint, in dem der Mensch ursprünglich war und wohin er auch nach der Auferstehung wieder gelangen wird. Der Passus über die Palme des Paradieses berührt sich mit der Episode auf der Flucht nach Ägypten, auf die Bovon in seinem Beitrag bereits hingewiesen hatte. Ein weiteres Thema der Ausführungen des Engels/Christi an Maria sind die Gerechten im Paradies. Hierzu werden verschiedene jüdische und frühchristliche Traditionen über die Auferstehung der Gerechten und ihren himmlischen Status aufgegriffen (Sach 14,5LXX; Did 16,6f.; AscJes 4,16f.; 9,7f.; ApkPetr 16,1-5; 17,3). Schließlich identifiziert Norelli „johanneische Elemente", vornehmlich Analogien zu Aussagen Jesu in den Abschiedsreden über seinen Weggang aus dieser Welt. Diese werden nunmehr dazu verwendet, die Aufnahme Marias in das Paradies zu interpretieren. Des Weiteren lassen sich Anspielungen auf die Auferweckung des Lazarus sowie auf das Wort Jesu am Kreuz aus Joh 19,26f. feststellen. Schließlich spielt in der Rezeption der Flutgeschichte in der Transitus-Literatur die Figur Henochs als Mittler eine herausgehobene Rolle.

Norelli konstatiert, dass die theologische und soteriologische Pointe der Transitus-Literatur darin besteht, neben den „großen" Figuren des Engels, der zugleich Christus ist und auch in der Exodus-Erzählung eine wichtige Rolle spielt, und Henoch, der eine besondere Rolle in der Flutgeschichte innehat, Maria als diejenige Figur darzustellen, in der sich die Begegnung zwischen der göttlichen und der menschlichen Sphäre am intensivsten vollzieht. Maria wird vollständig menschlich dargestellt und ist zugleich diejenige, an der sich das Eingreifen Gottes in der Welt am deutlichsten zeigt. Bei der Darstellung Christi selbst überwiegt dagegen die himmlische Seite, die die irdische in den Schatten stellt. Obwohl eine derartige Theologie im 5. Jahrhundert in der Transitus-Literatur begegnet, könnte ihr ursprünglicher Entstehungskontext das 2. Jahrhundert sein, in dem auch eine derartige Engel-Christologie ausgebildet wurde.

Stephen Patterson, Professor für Religion und Ethik am Religious Studies Department der Willamette University, Salem (Oregon), befasst sich in seinem für das englischsprachige Seminar verfassten Beitrag mit den platonischen Einflüssen auf die Vorstellungen von der Unsterblichkeit der Seele in apokryphen Schriften des Christentums. Patterson führt einleitend aus, dass sich die Vorstellungen von einem Leben nach dem Tod in die Stränge einer leiblichen Auferstehung und einer Unsterblichkeit der Seele aufteilen lassen, die sich beide in jüdischer Literatur finden. Während sich erstere, im Neuen Testament vorherrschende, als Bewältigungsstrategie in der Situation des Martyriums auffassen lässt, gibt letztere, in der apokryphen Literatur dominierende, eher eine prinzipielle Antwort auf die Frage nach dem Sinn des Lebens und einem

Leben nach dem Tod. Er konzentriert sich sodann auf Fragen wie etwa, ob die Vorstellung von der Unsterblichkeit der Seele in christlichen Texten auf platonischen Einfluss zurückzuführen sei; wie die Vorstellung von der „Seele" in griechischer Philosophie genauer zu fassen sei (handelt es sich um die Vorstellung einer individuellen Seele des Menschen?) und wie die Rede von der Auferstehung speziell bei Lukas und Paulus in das Spektrum der Vorstellungen von Unsterblichkeit und leiblicher Auferstehung einzuordnen seien. Der Beitrag zeigt, dass die apokryphen Texte christliche Vorstellungen von Auferstehung und einem Leben nach dem Tod nachhaltiger beeinflusst haben, als häufig angenommen wird.

Joseph Verheyden, Professor für Neues Testament an der Theologischen Fakultät der Katholischen Universität Leuven, beschäftigte sich in seinem Vortrag mit den Formen, in denen die frühe Kirche den Kampf gegen die „anderen", nämlich die apokryphen Evangelien geführt hat. Er wirft zunächst einen Blick auf Clemens von Alexandria, der sowohl aus dem Hebräer- als auch aus dem Ägypterevangelium zitiert und die betreffenden Passagen in seine Argumentationen einbaut. Dabei ist deutlich, dass Clemens diesen Schriften durchaus Sympathie entgegenbringt, auch wenn er sie nicht als den vier kanonisch werdenden Evangelien gleichrangig betrachtet. Verheyden verweist des Weiteren auf Epiphanius von Salamis, von dem unsere Kenntnisse über die Ebionäer sowie die Zitate aus dem sogenannten Ebionäerevangelium stammen. Die Polemiken zeigen, dass es Epiphanius vor allem darum geht, die Ebionäer zu disqualifizieren und ihr Evangelium als ein von der Kirche nicht akzeptiertes abzuwerten. Noch einen Schritt weiter geht schließlich das Decretum Gelasianum. In ihm wird gegen die apokryphen Schriften nicht mehr polemisiert, sondern sie werden pauschal verdammt. Es lässt sich demnach eine „Entwicklungslinie" aufzeigen, die von frühen Einbeziehungen der apokryphen Evangelien in eigene Argumentationen und Auseinandersetzungen bis hin zu ihrer pauschalen Verdammung reicht. Allerdings sei es dabei nicht gelungen, die anderen, nicht zur „mainstream church" gehörigen „subversiven Stimmen" gänzlich zum Schweigen zu bringen. Die Faszination, die die antiken Theologen für diese Schriften empfanden, wirkt vielmehr bis heute nach.

Die 17 Kurzvorträge befassen sich mit verschiedenen Aspekten des Themas des Colloquiums. Einige sind dabei der Interpretation des Thomas- und des Judasevangeliums gewidmet, andere nehmen das Kindheitsevangelium des Thomas oder unbekannte Schriften wie das „Evangelium der vier Himmelsrichtungen" in den Blick. Der Beitrag unseres noch vor dem Colloquium erkrankten und am 4. Oktober 2011 verstorbenen Kollegen Eckhard Rau wurde dankenswerterweise von PD Dr. Silke Petersen für den Druck fertiggestellt.

Das Colloquium hat die Breite des Themas vor Augen geführt. In bewährter Leuvener Tradition bot es zudem Gelegenheit, verschiedene Aspekte vertieft zu diskutieren. Die Vielfalt der apokryphen Traditionen, ihre Bedeutung für die antike Theologiegeschichte sowie ihr Einfluss auf die christliche Frömmigkeit, der weit über die Antike hinausreicht, wurden dabei in eindrücklicher Weise sichtbar.

Humboldt-Universität zu Berlin   Jens SCHRÖTER
Unter den Linden 6
D-10099 Berlin

MAIN PAPERS AND SEMINARS

DIE APOKRYPHEN EVANGELIEN IM KONTEXT
DER FRÜHCHRISTLICHEN THEOLOGIEGESCHICHTE

I. Zur Einordnung der apokryphen Evangelien in die frühchristliche Theologiegeschichte

1. Die apokryphen Evangelien im Kontext der „antiken christlichen Apokryphen"[1]

a) Die antike Unterscheidung von „apokryphen" und „kanonisierten" Schriften

Mit der Bezeichnung „apokryphe Evangelien" werden im heute üblichen Verständnis Texte sehr verschiedenen Charakters zusammengefasst, deren Gemeinsamkeit zunächst lediglich darin besteht, nicht zum Kanon des Neuen Testaments zu gehören. Ihre Stellung innerhalb der christlichen Literatur-, Theologie- und Frömmigkeitsgeschichte ist damit indes noch ebenso wenig erfasst wie die Frage beantwortet wäre, ob jenseits ihrer Nicht-Zugehörigkeit zum Neuen Testament positive Merkmale benannt werden können, die sich für ihre Subsumierung unter einer gemeinsamen Bezeichnung anführen ließen. Der Begriff „apokryph" ist deshalb auch schon als „lediglich praktisch bedingte, völlig farblose Sammelbezeichnung" charakterisiert worden, dessen Verwendung ohne nähere Spezifizierung nichts über die in Frage stehende Literatur besagen würde"[2].

Angemessener ließen sich diese Texte deshalb möglicherweise als „nicht-kanonische Evangelien" charakterisieren – eine Bezeichnung, die für die im Jahr 2008 erschienene, von Paul Foster herausgegebene Sammlung unter dem Titel „The Non-Canoncial Gospels" gewählt wurde[3]. Zwar wird auch damit eine bestimmte theologiegeschichtliche Perspektive eingenommen, insofern der Kanon des Neuen Testaments das Kriterium der Einteilung der antiken christlichen Literatur darstellt.

---

1. Zum Thema insgesamt vgl. jetzt C. Markschies, *Haupteinleitung*, in Id. – J. Schröter (Hgg.), *Antike christliche Apokryphen in deutscher Übersetzung*. 1. Band: *Evangelien und Verwandtes (in zwei Teilbänden)*, Tübingen, Mohr Siebeck, 2007, S. 1-180.

2. Vgl. A. Oepke, κρύπτω κτλ., in *TWNT* III (1938; repr. 1957), 959-999, S. 995.

3. P. Foster (Hg.), *The Non-Canonical Gospels*, London – New York, T&T Clark, 2008.

Der Ausdruck „nicht-kanonisch" ist jedoch deutlicher deskriptiv orientiert und unterscheidet die Bereiche „kanonischer" und „nicht-kanonischer" Literatur zunächst lediglich im Blick auf das Ergebnis der Entstehung des neutestamentlichen Kanons voneinander, lässt die Gründe, die zu diesem Gegenüber geführt haben, dagegen ebenso offen wie eine theologische Bewertung der nicht in den Kanon gelangten Schriften[4]. Eine solche Perspektive legt sich jedenfalls dann nahe, wenn das Spektrum der apokryphen Evangelien weiter gefasst und nicht auf einen bestimmten Bereich der nicht-kanonischen Jesusüberlieferungen – etwa die zur antiken „Gnosis" gerechneten Evangelien – begrenzt wird. Ein derartiger umfassender Zugang liegt den Ausgaben apokrypher Evangelien seit den Anfängen entsprechender Sammlungen im 18. Jahrhundert zugrunde.

Mit der Bezeichnung „apokryph" wird dagegen ein Ausdruck verwendet, der von dem in Zauberbüchern und in der astrologischen Literatur erhobenen Anspruch abgeleitet wurde, esoterisches Wissen zu vermitteln[5], und vor diesem Hintergrund in einigen der in Frage stehenden Schriften zur Charakterisierung ihres Inhalts verwendet wurde[6]. Im Prozess der Ausdifferenzierung der frühchristlichen Literatur geriet der Terminus dagegen in die Nähe von „verworfen" bzw. „gefälscht" und diente den altkirchlichen Theologen zur negativen Kennzeichnung der betreffenden Schriften und ihrer Abgrenzung von denjenigen Texten, die die authentische Tradition über Jesus und die Apostel enthalten[7]. In dieser

---

4. Eine solche Bezeichnung hätte vermutlich auch den Vorteil, Aufmerksamkeit heischenden Titeln wie „Die verbotenen Evangelien" (so der Titel der populärwissenschaftlichen Ausgabe von K. CEMING – J. WERLITZ, *Die verbotenen Evangelien: Apokryphe Schriften*, Wiesbaden, Marix, 2004); „Secret Gospels" (M. MEYER, *Secret Gospels: Essays on Thomas and the Secret Gospel of Mark*, Harrisburg, PA, Trinity, 2003) o.ä. den Hauch des Spektakulären, Enthüllenden zu nehmen. Derartige Titel sind sachlich irreführend, weil sie auf Texte ganz unterschiedlichen Charakters (im ersten Fall etwa das Protevangelium des Jakobus, den Papyrus Egerton, das sogenannte „Geheime Markusevangelium" oder das Thomasevangelium) angewendet werden und zudem eine einseitige, problematische Charakterisierung derartiger Schriften vornehmen. Die Suggestion, es handle sich um „verbotene" oder „geheime" Schriften trägt jedenfalls zur Diskussion über den inhaltlichen Charakter und die Stellung dieser Schriften in der frühchristlichen Theologiegeschichte kaum etwas bei.

5. Vgl. G. BARDY, *Apokryphen*, in *RAC* I (1950) 516-520.

6. So in EvThom, AJ und EvJud. In diese Tradition gehört auch der Bericht von Clemens Alexandrinus über das von den Ägyptern, Babyloniern und Persern stammende Spezialwissen von Pythagoras, Platon und Demokrit, auf das sich auch die Sekte des Prodikos beruft. Vgl. CLEMENS AL., *Strom.* I 15,68f., speziell I 15,69,6: Ζωροάστρην δὲ τὸν Μάγον τὸν Πέρσην ὁ Πυθαγόρας ἐζήλωσεν, [καὶ] βίβλους ἀποκρύφους τἀνδρὸς τοῦδε οἱ τὴν Προδίκου μετιόντες αἵρεσιν αὐχοῦσι κεκτῆσθαι.

7. Vgl. etwa IRENÄUS, *Adv. Haer.* I 20,1, über die Valentinianer: ἀμύθητον πλῆθος ἀποκρύφων καὶ νόθων γραφῶν … παραφέρουσιν; TERT., *Pud.* 10,12, über den Hirten

Verwendung bedeutet der Terminus ἀπόκρυφος demnach nicht lediglich „verborgen" bzw. „geheim", sondern impliziert darüber hinaus ein negatives Urteil über die betreffenden Texte und die in ihnen vertretenen Auffassungen[8]. Ein gewisser Endpunkt dieser Entwicklung ist um die Mitte des 4. Jahrhunderts bei Athanasius erreicht, der die „sogenannten Apokryphen" (τὰ λεγόμενα ἀπόκρυφα)[9] den „kanonisierten und als göttlich überlieferten und geglaubten Büchern" (τὰ κανονιζόμενα καὶ παραδοθέντα πιστευθέντα τε θεῖα εἶναι βιβλία) gegenüberstellt[10]. Von den apokryphen und den kanonisierten Schriften unterschied Athanasius dabei noch eine dritte Gruppe der „zwar nicht kanonisierten, aber von den Vätern zur Lektüre für die Hinzutretenden, die in der Gottesfurcht unterwiesen werden wollen, bestimmten Schriften"[11].

Die im antiken Christentum als „apokryph" bezeichneten Schriften umfassen demnach nicht die Gesamtheit der nicht-kanonischen Texte. Zu diesen gehören vielmehr auch solche Texte, die zwar keinen verbindlichen, kanonischen Status besitzen, gleichwohl Teil der christlichen Theologie- und Frömmigkeitsgeschichte sind. So konnte etwa das EvHebr von Clemens von Alexandrien als Quelle für Jesusworte zitiert werden, das EvPetr wird von Serapion zunächst als Lektüre der Gemeinde gebilligt und das Protevangelium des Jakobus erfreute sich, ungeachtet seiner Verwerfung durch Hieronymus aufgrund seines unterhaltenden Charakters großer Beliebtheit.

---

des Hermas: ab omni concilio ecclesiarum ... inter apocrypha et falsa iudicaretur. Vgl. weiter CLEMENS AL., *Strom.* III 4,29,1; HIPPOLYT, *Ref.* VII 20. ORIGENES, *Comm. in Mt X 18*, bezeichnet jüdische Apokalypsen als ἀπόκρυφα.

8. Zur Verwendung des Ausdrucks vgl. T. NICKLAS, *„Apokryph gewordene Schriften"? Gedanken zum Apokryphenbegriff bei großkirchlichen Autoren und in einigen „gnostischen" Texten*, in J.A. VAN DEN BERG, et al. (Hgg.), *„In Search of Truth": Augustine, Manicheism and Other Gnosticism. Studies for Johannes van Oort at Sixty*, Leiden – Boston, MA, Brill, 2011, 547-565.

9. Die Wendung begegnet auch bei EUSEB, *Hist. Eccl.* IV 22,9, in Bezug auf Hegesipp, der die „sogenannten Apokryphen" als von Häretikern verfasste Schriften charakterisiert habe.

10. So in seinem bekannten Osterfestbrief aus dem Jahr 367. Vgl. T. ZAHN, *Geschichte des neutestamentlichen Kanons. Zweiter Band: Urkunden und Belege zum ersten und dritten Band. Erste Hälfte*, Erlangen – Leipzig, A. Deichert'sche Verlagsbuchhandlung Nachfolger (Georg Böhme), 1890, S. 203-212 (Text *ibid.*, S. 210-212), sowie C. MARKSCHIES, *Kaiserzeitliche christliche Theologie und ihre Institutionen*, Tübingen, Mohr Siebeck, 2007, S. 224-229. Vgl. zum Ganzen auch OEPKE, κρύπτω κτλ. (Anm. 2), *Beilage: Kanonisch und apokryph*, S. 979-999, sowie D. LÜHRMANN, *„Was einem jeden offenbart wird, wollen wir einander erzählen": Der Kanon und die apokryph gewordenen Evangelien*, in ID., *Die apokryph gewordenen Evangelien: Studien zu neuen Texten und zu neuen Fragen* (SupplNT, 112), Leiden – Boston, MA, Brill, 2004, 1-54.

11. οὐ κανονιζόμενα μέν, τετυπομένα δὲ παρὰ τῶν πατέρων ἀναγινώσκεσθαι τοῖς ἄρτι προσερχομένοις καὶ οὐλομένοις κατηχεῖσθαι τὸν τῆς εὐσεβείας λόγον.

Gemäß der antiken Einteilung wären „apokryphe Evangelien" demnach solche Texte, die den anerkannten dezidiert widersprechen und deshalb von der Kirche abgelehnt werden. Eine solche Einteilung wirkt zwar in gewisser Weise bis in die Gegenwart hinein nach – etwa in der neuzeitlichen Zusammenstellung der „Apostolischen Väter" und der „Apokryphen des Neuen Testaments". Sie konnte aber schon in der Antike nicht stringent durchgehalten werden, wie etwa die Zuweisung von Schriften, die zwar keinen kanonischen Rang besaßen, aber durchaus geachtet wurden – wie etwa der Hirt des Hermas – zu den Apokryphen des Neuen Testaments in einigen Kanonverzeichnissen zeigt. Sie ist darüber hinaus auch im Blick auf eine literatur- und theologiegeschichtliche Erfassung der nicht-kanonischen Schriften zu differenzieren, wie sich noch genauer zeigen wird. Der Bezeichnung „apokryph" eignet demnach von früher Zeit an eine gewisse Unschärfe, insofern sie zwischen einem Urteil über die Schriften, die der christlichen Lehre widersprechen, und der aus verschiedenen Gründen nicht erfolgten Kanonisierung von Schriften, die im Umfeld des biblischen Kanons existieren und diesen auf verschiedene Weise ergänzen, changiert.

b) *Die Entstehung einer „historischen" Perspektive auf die Apokryphen in der Reformationszeit*

Eine neue Perspektive auf die außerkanonischen Texte deutet sich an, als die Texte des antiken Christentums im Kontext der konfessionellen Auseinandersetzungen des 16. Jahrhunderts in den Blick genommen wurden[12]. Das Interesse war nunmehr darauf gerichtet, durch den Rekurs auf die Anfangszeit des Christentums die konfessionellen Kontroversen zu überwinden. Dazu wurde die Literatur des frühen Christentums in breitem Umfang berücksichtigt und in den Kontext der paganen antiken Kultur gestellt. Auf diese Weise sollte gezeigt werden, dass das Christentum seit seinen Anfängen auf einer breiten, unterschiedliche Strömungen einschließenden Basis stand und auch jüdische und pagane Autoren einschließen konnte.

So stellte der Dominikanermönch Johannes Herold in seinen 1555 und 1556 in Basel erschienenen Sammlungen „Orthodoxographa" zusammen[13], die er von „Haeresiologia"[14] unterschied, bei denen es sich im

---

12. Vgl. I.D. BACKUS, *Historical Method and Confessional Identity in the Era of the Reformation (1378-1615)* (Studies in Medieval and Reformation Thought), Leiden, Brill, 2003, S. 253-325.

13. J. HEROLD, *Orthodoxographa: Theologiae sacrosanctae ac syncerioris fidei doctores numero LXXVI, ecclesiae columina luminaque clarissima*, Basel, Heinrich Petri, 1555.

14. J. HEROLD, *Haereseologia, hoc est, opus veterum tam graecorum quam latinorum theologorum, per quos omnes, quae per catholicam Christi ecclesiam grassatae sunt,*

Wesentlichen um anti-arianische Texte des 4. und 5. Jahrhunderts handelte. Eine erweiterte Ausgabe der „Orthodoxographa" besorgte der zunächst lutherische, später calvinistische Theologe und Basler Kirchenreformer Johann Jakob Grynaeus im Jahr 1569. Darin finden sich Texte wie die Ignatiusbriefe, die Testamente der Zwölf Patriarchen oder die Schriften des Dionysius Areopagita. Zudem nimmt Grynaeus mit der im Westen erst kurz zuvor bekannt gewordenen, unter dem Titel „Protevangelium Jacobi" edierten Schrift sowie den ebenfalls erst wenige Jahre zuvor edierten „Sibyllinischen Orakeln" Schriften auf[15], die für die Sicht auf das antike Christentum im 16. Jahrhundert eine wichtige Rolle spielten[16]. Auch Grynaeus ging es um die Einheit der Kirche, konkret um die Überwindung der Spaltung in römisch-katholische, lutherische und calvinistische Konfession.

Die Bezeichnung „Apocrypha" für die außerkanonischen Texte wird explizit von dem in Wittenberg bei Luther und Melanchthon ausgebildeten Michael Neander (Neumann) in seiner Sammlung entsprechender Texte verwendet, die er als Anhang zu Martin Luthers „Kleinem Katechismus" unter dem Titel „Apocrypha, hoc est, narrationes de Christo, Maria, Iosepho, cognatione et familia Christi extra biblia apud veteres tamen Graecos scriptores, patres, historicos et philologos reperta …" edierte[17].

Bemerkenswert an dieser Entwicklung ist, dass apokryphe Texte nicht mehr einfach als „gefälschte" und damit von der Kirche abzulehnende Schriften betrachtet werden – die Authentizität wird vielmehr in etlichen Fällen gar nicht diskutiert –, sondern als historisch wertvolle Informationen über das frühe Christentum und seinen historischen Kontext, die die biblischen Texte auf diese Weise ergänzen. Es kann hier demnach ein

---

haereses confutantur, & summa omnia theologiae capita quaestionesque de trinitate, providentia Dei, creatione mundi, angelis, peccato, daemonibus. Explicantur, Basel, Heinrich Petri, 1556.

15. J.J. GRYNAEUS, Monumenta sanctorum Patrum orthodoxographa, hoc est theologiae sacrae ac syncerioris fidei doctores numero circiter LXXXV, ecclesiae columina luminaque clarissima, authores partim graeci partim latini ob vetustatem et eruditionem venerandi quarum hactenus non aedificant latuerunt, verbis breues, diuini uero Spiritu doctrina multorum scriptorum quantumuis prolixa uolumina superantes et uv re possint appellare Theologica Bibliotheca, aunde satis sufficiens theologo in omnem vsum futura, siue S. Biblia vtriusque Instrumenti libros interpretari siue haereses conuellere, discordiae religionis pesti mederi, concordiam in Domino, ecclesiae salutem alere et veram religionem (cuius finis caritas est) docere velit. Vtinam haec legant, cognoscant et sequantur quicunque in his periculosissimis temporibus ecclesiastico funguntur ministerio, Basel, Ex officina Henricipetriana, 1569.

16. Der griechische Text der Sibyllinischen Orakel wurde 1545 ediert und ein Jahr später ins Lateinische übersetzt. Das „Protevangelium des Jakobus" wurde unter diesem Titel erstmals 1552 veröffentlicht, der griechische Text erschien zwölf Jahre später.

17. M. NEANDER, Apocrypha, hoc est, narrationes de Christo, Maria, Iosepho, cognatione et famila Christi, extra biblia etc., Basel, Heinrich Petri, 1564, ²1567.

„historisches" Interesse an den Apokryphen konstatiert werden, die nunmehr, gemeinsam mit jüdischen und paganen Texten, als außerbiblische Quellen für das frühe Christentum herangezogen werden. Die Unterscheidung von „kanonisch" und „apokryph" wird dabei nicht mehr mit derjenigen von „orthodox" und „häretisch" gleichgesetzt, sondern liegt quer zu diesen Kategorien, wie nicht zuletzt die aus der lutherischen Kritik einzelner neutestamentlicher Schriften und deren neuer Anordnung resultierende Tatsache zeigt, dass der Begriff „apokryph" auch auf Schriften *innerhalb* des neutestamentlichen Kanons angewandt werden konnte[18].

c) *Die literaturgeschichtliche Erfassung der Apokryphen in der Neuzeit*

Eine neue Stufe der Beschäftigung mit den nicht-kanonischen Texten wird mit der Ausgabe von Johann Albert Fabricius aus dem Jahr 1703 erreicht, der neben einem „Codex Pseudepigraphus Veteris Testamenti" auch einen „Codex Apocryphus Novi Testamenti" zusammenstellte[19]. Im ersten Teil dieser Sammlung druckte Fabricius Evangelien und verwandte Texte ab, im zweiten Teil dagegen Berichte über die Apostel – etwa die sogenannte Pseudo-Abdias-Sammlung –, Briefe – wie etwa den angeblichen Laodicenerbrief des Paulus, den Briefwechsel zwischen Paulus und Seneca oder den Brief des Petrus an Jakobus – und altkirchliche Zeugnisse über Apokalypsen[20]. Darüber hinaus stellte Fabricius allerlei altkirchliche „Testimonia" zusammen, etwa über das Protevangelium des Jakobus, das Thomasevangelium oder die apokryphen Paulusbriefe. In der zweiten Auflage von 1719 wurde dann ein dritter Teil in einem separaten Band dazugestellt, der vermischtes Material – etwa frühkirchliche Liturgien, Jesusworte aus muslimischer Tradition oder den sogenannten 3. Korintherbrief des Paulus – enthält[21].

Bei Fabricius begegnet demnach zum ersten Mal eine Einteilung der „Apokryphen", die sich an den Textbereichen des Neuen Testaments orientiert. Damit tritt eine thematische Erfassung dieser Literatur in den Vordergrund und löst die sowohl in der Antike als auch in der Reformationszeit leitende Terminologie von „anerkannt" und „verworfen" bzw.

18. Vgl. J. LEIPOLDT, *Geschichte des neutestamentlichen Kanons*. Zweiter Teil: *Mittelalter und Neuzeit*, Leipzig, J.C. Hinrich'sche Buchhandlung, 1908, S. 71-104. 121-133.
19. J.A. FABRICIUS, *Codex apocryphus Novi Testamenti, Collectus, Castigatus, Testimoniisque, Censuris & Animadversionibus illustratus*, Hamburg, B. Schiller & J.C. Kisneri, 1703.
20. Dieser zweite Teil trägt dementsprechend den Titel: *„Acta, Epistolae, Apocalypses aliaque scripta Apostolis falso inscripta sive Codicis Apocryphi Novi Testamenti Tomus II"*.
21. 1743 erschien dann noch einmal ein *„Editio Secunda Emendatior"*.

„orthodox" und „häretisch" ab. An ihre Stelle tritt nunmehr eine sowohl an Gattungen als auch an inhaltlichen Bereichen ausgerichtete Einteilung von Jesusüberlieferungen, apostolischer Literatur und Apokalypsen.

In der Tradition von Fabricius steht die zweibändige Ausgabe von John Allen Giles[22], die in ihrem ersten Teil nicht-kanonische Evangelien aber auch andere Texte aus dem Umfeld Jesu wie etwa die Geschichte von Joseph dem Zimmermann oder die Abgarsage enthält. In seiner Einführung weist Giles darauf hin, dass es entgegen landläufiger Auffassung im Christentum vor Eusebius keine autoritative kirchliche Entscheidung über „kanonische" und „nicht-kanonische" Schriften gegeben habe und formuliert das historische Interesse, die mit diesen Schriften verbundenen frühchristlichen Gruppen zu erfassen.

Diese an den Gattungen der neutestamentlichen Literatur orientierte Perspektive hat die weitere Apokryphenforschung geprägt und zur Einteilung der Apokryphen in Evangelien, Apostelakten, Apostelbriefe und Apokalypsen geführt, die sich in den im 20. Jahrhundert erschienen Ausgaben und Übersetzungen weitgehend durchgesetzt hat. Damit tritt die historische und literarische Erfassung der Apokryphen im Rahmen der frühchristlichen Literatur in den Vordergrund. Zugleich ist damit eine differenziertere Erfassung der Literatur- und Theologiegeschichte des antiken Christentums verbunden.

Der Wechsel von einer normativen hin zu einer historisch-deskriptiven Sichtweise ist ein charakteristisches Merkmal der Beschäftigung mit den neutestamentlichen Apokryphen. Sein Vorzug besteht darin, die Vielfalt der historischen Entwicklungen, die das Christentum seit seinen Anfängen geprägt hat, prägnanter und differenzierter hervortreten zu lassen. Damit ist zugleich die Frage nach dem Verhältnis der kanonischen zu den nicht-kanonischen Schriften in neuer Weise gestellt, in denen diese Entwicklungen Niederschlag gefunden haben. Die etwas voreilige Bezeichnung des Thomasevangeliums als des „fünften Evangeliums" – die etwas inkonsequent die Vier-Evangelien-Sammlung voraussetzt und sie lediglich erweitern möchte – oder die Versuche einer Frühdatierung apokrypher Evangelien bzw. in ihnen verarbeiteter Quellen, die die Diskussion eine Zeit lang bestimmt haben, stellen jedenfalls keine befriedigenden Antworten auf das Verhältnis apokryph und kanonisch gewordener Schriften dar, wie die neuere Diskussion deutlich gezeigt hat.

Die gegenwärtige Apokrpyhenforschung lässt sich demnach als Untersuchung solcher Texte beschreiben, die im Umfeld der kanonisch

---

22. J.A. GILES, Codex Apocryphus Novi Testamenti: The Uncanonical Gospels and Other Writings, Referring to the First Ages of Christianity; In the Original Languages, London, D. Nutt, 1852.

gewordenen Schriften entstanden sind und das vielfältige Spektrum der
frühchristlichen Literatur- und Theologiegeschichte vor Augen führen.
Daraus folgt zugleich, dass mit „Apokryphen" keine hinsichtlich ihrer
Gattung oder ihres theologischen Profils einheitliche Schriftengruppe
bezeichnet ist und entsprechende Ausgaben demzufolge auch keine
Sammlungen mit fest umrissenem Bestand sein können. Die „Apokryphen" haben nie ein geschlossenes Corpus gebildet, das von einer
bestimmten Gruppe innerhalb oder am Rande des Christentums zusammengestellt und benutzt worden wäre. Dies trifft für die sogenannten
„Apostolischen Väter" in analoger Weise zu, die in zeitlicher Nähe zu
Fabricius' Sammlung, nämlich im Jahr 1672, in einer ersten Ausgabe
erschienen, die seither verschiedentlich erweitert wurde. Aufgrund dieser aus einer späteren Perspektive erfolgten Zusammenstellung dieser
Texte, bei der das Verhältnis zu den kanonischen Schriften des Neuen
Testaments ein wichtiges Kriterium bildete, ist die Grenze der „Apokryphen" zu den „Apostolischen Vätern" ebenso fließend wie diejenige zu
weiteren Texten des antiken Christentums wie etwa Kirchenordnungen
oder Homilien, aber auch zu den alttestamentlichen Apokryphen in
christlicher Bearbeitung wie der Himmelfahrt Jesajas oder den Christlichen Sibyllinen[23].

Gegenüber Bezeichnungen wie „apokryphe Bibel" oder „Apocryphal
New Testament" ist deshalb Zurückhaltung geboten, denn sie könnten
den unzutreffenden Eindruck erwecken, es handle sich um eine Sammlung, die zum gemeinsamen Gebrauch der entsprechenden Schriften
zusammengestellt worden wäre. Selbst die Nag-Hammadi-Schriften, die
in Codices zusammengefasst wurden, bei denen sich gelegentlich gewisse
Anordnungsprinzipen erkennen lassen[24], bilden deshalb kein Corpus, das

---

23. Dies wird etwa an den verschiedenen Auflagen der Sammlung von Edgar HENNE-
CKE und Wilhelm SCHNEEMELCHER sofort deutlich. In der 1. Auflage von 1904 werden
unter den Überschriften „Lehrschreiben und Predigten" sowie „Kirchenordnungen" etliche der zu den „Apostolischen Vätern" gerechneten Texte wie der Barnabasbrief, der
Zweite Clemensbrief, die Didache und die Syrische Didaskalia subsumiert, unter den
„Apokalypsen" tauchen etwa die Himmelfahrt Jesajas, 5. und 6. Esra sowie die Christlichen Sibyllinen auf. In die zweite Auflage von 1924 wurden dann in einem neu geschaf-
fenen Teil „Stimmen der Kirche", Überlieferungen der Presbyter bei Irenäus, die Traditio
Apostolica oder das älteste Taufsymbol aufgenommen. Die Grenze zwischen „kirchlichen" und „apokryphen" Texten wird damit zunehmend undeutlicher. In der 3. Auflage
wurde dieser Teil dann wieder entfernt und das Werk erhielt seine in der Gliederung bis
zur 6. Auflage im Wesentlichen unverändert bleibende Gestalt.

24. Indizien dafür sind die dreimalige Positionierung des Apokryphon des Johannes an
den Beginn eines Codex (Codex II, III und IV) sowie die gelegentliche Zusammenstellung
formal ähnlicher Schriften wie des Thomas- und des Philippusevangeliums (NHC II,2 und
3) oder der Apokalypsen in Codex V.

dem Prinzip einer „kanonischen" Schriftensammlung folgen und Rückschlüsse auf eine frühchristliche oder gnostische Gruppe mit einem
bestimmten Profil erlauben würde. Vielmehr stammen die hier versam-
melten Schriften offensichtlich aus sehr disparaten Zusammenhängen und
wurden erst sekundär in den Codices zusammengefasst, in denen sie entdeckt wurden[25].

Im Blick auf die unter dem Begriff „Apokryphe Evangelien" subsu-
mierten Texte bedeutet dies, dass sie weder literarisch noch theologiegeschichtlich auf einen Nenner zu bringen sind. Sie entstammen vielmehr
verschiedenen Kontexten, in denen Wirken und Geschick Jesu auf unterschiedliche Weise rezipiert wurden. Dementsprechend bewegt sich die
Forschung an den apokryphen Evangelien in einem breiteren Strom der
Wirkungsgeschichte Jesu an den Rändern und außerhalb des Neuen Testaments. Die antiken Texte stehen dabei am Beginn einer Entwicklung,
die sich über die Aufnahme und Fortschreibungen der Jesusüberlieferungen in verschiedenen Sprach- und Kulturbereichen bis in die Neuzeit
fortgesetzt hat[26]. Das zeigt sich etwa am Bereich der Kindheitsevangelien, in dem die älteren Schriften, das sogenannte „Protevangelium des
Jakobus" und die Kindheitserzählung des Thomas in späteren Texten
fortgeschrieben wurden, bis hin zur Aufnahme in mittelalterliche Heili-
genlegenden, etwa bei Roswitha von Gandersheim und in der Legenda
aurea[27]. Darüber hinaus haben diese Texte bildende Kunst und Frömmigkeit des Christentums nachhaltig geprägt[28]. Daran wird bereits deutlich,
dass die apokryphen Evangelien in vielfältiger Weise auf die Christentumsgeschichte eingewirkt haben.

Die Überlieferungslage dieser Texte ist sehr unterschiedlich. Einige
der betreffenden Schriften sind nur durch Erwähnungen bei frühchristlichen Theologen bekannt, jedoch nicht durch Manuskripte bezeugt. Dazu
gehören etwa das bei Origenes erwähnte „Evangelium der zwölf Apostel" sowie das im selben Zusammenhang genannte „Evangelium des

---

25. Vgl. S. EMMEL, *Religious Tradition, Textual Transmission, and the Nag Hammadi
Codices*, in J.D. TURNER – A. MCGUIRE (Hgg.), *The Nag Hammadi Library after Fifty
Years. Proceedings of the 1995 Society of Biblical Literature Commemoration*, Leiden,
Brill, 1997, 34-43.

26. Vgl. dazu J. FREY – J. SCHRÖTER (Hgg.), unter Mitarbeit von J. SPAETH, *Jesus in
apokryphen Evangelienüberlieferungen: Beiträge zu außerkanonischen Jesusüberlieferungen aus verschiedenen Sprach- und Kulturtraditionen* (WUNT, 254), Tübingen, Mohr
Siebeck, 2010.

27. Vgl. zu diesem Bereich der apokryphen Evangelien Vgl. G. SCHNEIDER, *Evangelia
Infantiae Apocrypha: Apokryphe Kindheitsevangelien* (FC, 18), Freiburg, Herder, 1995;
S. PELLEGRINI, *et al.*, *Kindheitsevangelien*, in MARKSCHIES – SCHRÖTER (Hgg.), *Apo-
kryphen* (Anm. 1), 886-1029.

28. Vgl. SCHNEIDER, *Evangelia* (Anm. 27), S. 17-20. 64-66.

Basilides"[29], aber auch das sogenannte „Evangelium der vier Himmelsgegenden". Viele Texte sind fragmentarisch erhalten, nur wenige der apokryphen Evangelien sind vollständig bekannt[30].

Die Kenntnis dieser Texte hat sich in den letzten ca. 130 Jahren deutlich verbessert. Zu nennen ist zunächst der Fund der 13 Nag-Hammadi-Codices im Jahr 1945, die sukzessive publiziert und in diverse moderne Sprachen übersetzt wurden. In den Jahren 1972 bis 1984 erfolgte dann der Druck der Faksimile-Ausgabe. In diesen Codices finden sich zahlreiche Texte, wie etwa das EvThom und das EvPhil, die Kurz- und Langfassung des AJ, das EV, Dial und SJC Texte, die für die Erfassung des literarischen und inhaltlichen Spektrums der apokryphen Evangelien von grundlegender Bedeutung sind. Bereits zuvor, nämlich 1896, war der sogenannte Papyrus Berolinensis Gnosticus vom Berliner Ägyptischen Museum angekauft und 1955 ediert worden[31]. Er enthält mit dem EvMar, der Kurzfassung des AJ sowie der SJC drei Texte, die für die Erforschung der apokryphen Evangelien grundlegend sind.

Durch diese Publikationen wurde nicht zuletzt die Diskussion über die antike Gnosis auf eine neue Grundlage gestellt, da seither Texte bekannt sind, für deren Existenz es zwar gelegentlich – wie etwa beim Thomas- und beim Philippusevangelium – Hinweise bei den Kirchenvätern gibt, von denen aber zuvor keine Manuskripte bekannt waren. Daneben sind zahlreiche weitere, oft nur fragmentarisch erhaltene Texte entdeckt worden. Zu nennen wären etwa der Akhmîm-Codex mit einem Fragment des EvPetr[32], der POxy 840 sowie der Papyrus Egerton 2. In neuerer Zeit

---

29. ORIGENES, *Hom. in Luc.* 1,2.

30. Von dem sogenannten „Geheimen Markusevangelium", das in einem Brief von Clemens Alexandrinus an einen gewissen Theodoros erwähnt sein soll, wird im Folgenden aufgrund der Unsicherheit bezüglich der Echtheit dieses Briefes abgesehen. Zur Diskussion vgl. E. RAU, *Das geheime Markusevangelium: Ein Schriftfund voller Rätsel*, Neukirchen-Vluyn, Neukirchener, 2003; ID., *Weder gefälscht noch authentisch? Überlegungen zum Status des geheimen Markusevangeliums als Quelle des antiken Christentums*, in FREY – SCHRÖTER (Hgg.), *Jesus in apokryphen Evangelienüberlieferungen* (Anm. 26), 139-186; ID., *Das Geheimnis des Reiches Gottes: Die esoterische Rezeption der Lehre Jesu im geheimen Markusevangelium*, in *ibid.*, 187-221; S.E. CARLSON, *The Gospel Hoax: Morton Smith's Invention of Secret Mark*, Waco, TX, Baylor University Press, 2005; S.G. BROWN, *Mark's Other Gospel: Rethinking Morton Smith's Controversial Discovery* (Studies in Christianity and Judaism, 15), Waterloo, Ont., Wilfried Laurier University Press, 2005.

31. W. TILL, *Die gnostischen Schriften des koptischen Papyrus Berolinensis 8502*. Zweite, erweiterte Auflage, bearbeitet von H.-M. SCHENKE (TU, 60), Berlin, Akademie Verlag, 1972. Deutsche Übersetzung in Nag Hamadi Deutsch.

32. T.J. KRAUS – T. NICKLAS, *Das Petrusevangelium und die Petrusapokalypse: Die griechischen Fragmente mit deutscher und englischer Übersetzung* (GCS, NF 11; Neutestamentliche Apokryphen, 1), Berlin – New York, de Gruyter, 2004. Vgl. jetzt auch M. VINZENT – T. NICKLAS, *Das Petrusevangelium*, in MARKSCHIES – SCHRÖTER (Hgg.), *Apokryphen* (Anm. 1), 683-695.

wurden das sogenannte „Unbekannte Berliner Evangelium"[33] sowie der Codex Tchacos mit dem EvJud ediert[34].

Im Blick auf neuere Editionsprojekte sind mit der 2007 gestarteten Oxforder Reihe „Early Christian Gospel Texts", in der bislang zwei Bände publiziert wurden[35], sowie der Leidener Reihe „Texts and Editions for New Testament Study" mit bislang fünf Bänden neue Initiativen auf den Weg gebracht worden, den Texten im Umfeld des Neuen Testaments besondere Aufmerksamkeit zu widmen. Nicht zuletzt durch diese Textfunde und -editionen hat die Erforschung der apokryphen Jesusüberlieferungen in den zurückliegenden Jahrzehnten einen deutlichen Aufschwung genommen und zu Kooperationen auf den Gebieten der neutestamentlichen Wissenschaft, Koptologie, Patristik und Papyrologie geführt. Die apokryphen Evangelien sind damit zu einem der wichtigen Gebiete auf dem Feld der Erforschung des antiken Christentums avanciert.

Vor dem Hintergrund dieser einführenden Bemerkungen soll im Folgenden ein Überblick über die wesentlichen Bereiche der apokryphen Evangelien gegeben werden.

2. Das literarische Spektrum der „apokryphen Evangelien"

Aus der skizzierten Entwicklung folgt, dass zu den „apokryphen Evangelien" Schriften unterschiedlichen literarischen und inhaltlichen Charakters gehören, die nicht-kanonische Jesusüberlieferungen enthalten. In einigen, aber längst nicht in allen dieser Texte finden sich mit den kanonisch gewordenen Evangelien konkurrierende Interpretationen von Wirken und Lehre Jesu, die dementsprechend von antiken christlichen Theologen als häretisch verworfen wurden. Der Großteil dieser Texte besteht dagegen aus Fortschreibungen der anfänglichen Jesusüberlieferung und ist deshalb vornehmlich in wirkungsgeschichtlicher Hinsicht von Interesse.

---

33. C.W. Hedrick – P.A. Mirecki, *Gospel of the Saviour: A New Ancient Gospel*, Saline, MI, Polebridge, 1999. Die in dieser Ausgabe vorausgesetzte Anordnung der Seiten wurde inzwischen durch S. Emmel korrigiert. Vgl. Id., *Unbekanntes Berliner Evangelium = the Strasbourg Coptic Gospel: Prolegomena to a New Edition of the Strasbourg Fragments*, in H.-G. Bethge, et al. (Hgg.), *For the Children, Perfect Instruction: Studies in Honor of Hans-Martin Schenke on the Occasion of the Berliner Arbeitskreis für koptisch-gnostische Schriften's Thirtieth Year* (NHMS, 54), Leiden – Boston, MA, Brill, 2002, 353-374.

34. R. Kasser – G. Wurst – M.W. Meyer – F. Gaudard (Hgg.), *The Gospel of Judas, together with the Letter of Philip, James, and a Book of Allogenes, from Codex Tchacos: Critical Edition*, Washington, DC, National Geographic, 2007. Vgl. J. Brankaer – H.-G. Bethge (Hgg.), *Codex Tchacos. Texte und Analysen* (TU, 161), Berlin – New York, de Gruyter, 2007.

35. C. Tuckett, *The Gospel of Mary*, Oxford, University Press, 2007; T. Nicklas – M.J. Kruger – T.J. Kraus, *Gospel Fragments*, Oxford, University Press, 2009.

Der Begriff „Evangelium" ist auf diese Literatur nur unter der Voraussetzung anwendbar, dass darunter keine literarische Gattung verstanden wird, sondern eine Bezeichnung von Schriften, die nicht im Neuen Testament vorkommende Jesusüberlieferungen enthalten, dabei aber durchaus unterschiedlichen literarischen Charakter besitzen. Das breite literarische Spektrum der unter diesem Begriff zirkulierenden Schriften weist bereits darauf hin, dass „Evangelium" im 2. Jahrhundert zwar zur Bezeichnung von Schriften verwendet wurde, obwohl er im Urchristentum ursprünglich eine inhaltliche Charakterisierung der Botschaft von Jesus Christus war. Er war jedoch nicht am literarischen Charakter, sondern ganz allgemein am Inhalt der betreffenden Schriften orientiert, nämlich daran, dass sie Jesusüberlieferungen enthielten und sich dadurch vom Bereich der apostolischen Literatur und den Apokalypsen unterschieden. Diese Entwicklung beginnt mit dem MkEv, wo der Begriff εὐαγγέλιον zum ersten Mal auf die Erzählung vom Wirken und Geschick Jesu Anwendung findet, und setzt sich dann im 2. Jahrhundert in der Didache und in 2 Clem fort, wo „Evangelium" für (schriftliche oder mündliche) Jesusüberlieferungen verwendet wird, bevor Justin dann den Plural εὐαγγέλια zur Bezeichnung von Schriften verwendet, die „Erinnerungen der Apostel" enthalten[36]. Die Übernahme der Bezeichnung εὐαγγέλιον, gelegentlich sogar in der eigenwilligen Konstruktion εὐαγγέλιον κατά + Name – so etwa beim Thomas-, Maria-, Petrus- und Hebräer- sowie Ägypterevangelium, aber auch in der Langfassung des Apokryphon des Johannes (NHC II,1 und IV,1) – ist deshalb ein deutliches Indiz dafür, dass sich die apokryphen Evangelien an diejenigen Titel anlehnen, die den älteren, kanonisch werdenden Evangelien zur Unterscheidung verschiedener Darstellungen des *einen* Evangeliums beigelegt wurden[37].

Das Gemeinsame dieser Überlieferungen ist demzufolge nicht ihr literarischer Charakter – etwa als Erzählungen über das Wirken Jesu von seiner Geburt bzw. Taufe bis zu den Osterereignissen –, sondern der inhaltliche Anspruch, die maßgeblichen Inhalte der Lehre bzw. des Wirkens von Jesus mitzuteilen. Die Orientierung an der Person Jesu hat dabei dazu geführt, dass auch solche Texte zum Umfeld der apokryphen Evangelien gerechnet werden, die sich mit Personen aus dem Umfeld Jesu

---

36. Vgl. JUSTIN, *Apol.* I 66,3. Vgl. J. SCHRÖTER, *Jesus und der Kanon: Die frühe Jesusüberlieferung im Kontext der Entstehung des neutestamentlichen Kanons*, in ID., *Von Jesus zum Neuen Testament: Studien zur urchristlichen Theologiegeschichte und zur Entstehung des neutestamentlichen Kanons* (WUNT, 204), Tübingen, Mohr Siebeck, 2007, 271-295.

37. Vgl. M. HENGEL, *Die Evangelienüberschriften*, in ID., *Jesus und die Evangelien. Kleine Schriften V* (WUNT, 211), Tübingen, Mohr Siebeck, 2007, 526-567.

befassen, vornehmlich mit seiner Familie und Johannes dem Täufer. In gängigen Ausgaben apokrypher Evangelien finden sich dementsprechend seit Fabricius in der Regel eine Auswahl sogenannter „Agrapha", also Jesusworte außerhalb der kanonischen Evangelien oder als Zusätze zu diesen[38], Fragmente von umfangreicheren Texten, deren literarischer Charakter und inhaltliches Profil nur ansatzweise erkennbar sind, Spruchsammlungen und Dialoge sowie Schriften, die Geburt und Kindheit Jesu bzw. die Passionsereignisse legendarisch ausmalen, aber auch die Geschichte von Joseph, dem Zimmermann, das Leben Johannes des Täufers oder Nachrichten über den Herrenbruder Jakobus und Maria, die Mutter Jesu. In den Ausgaben von Edgar Hennecke und Wilhelm Schneemelcher trägt dieser Teil der Apokryphensammlung seit der zweiten Auflage deshalb den Untertitel „Außerbiblisches über Jesus".

Das Spektrum von Jesusüberlieferungen im frühen Christentum wird auf diese Weise über die kanonisch gewordenen Texte hinaus deutlich ausgeweitet und eröffnet Einblicke in verschiedene Formen der Rezeption seiner Lehre und seines Wirkens. Dies macht deutlich, dass das Christentum niemals nur aus den kanonisch gewordenen Texten gelebt hat. Vielmehr existierten von früher Zeit an zahlreiche Schriften und Überlieferungen im Umfeld des sich herausbildenden neutestamentlichen Kanons, die Glauben und Leben christlicher Gemeinden vor Augen stellen, Prozesse der Ausdifferenzierung anerkannter und verworfener Auffassungen dokumentieren und sich zum Teil auch in der neutestamentlichen Textüberlieferung niedergeschlagen haben.

Die Bedeutung dieser Texte für die Theologiegeschichte des frühen Christentums liegt auf verschiedenen Ebenen. Neben Überlieferungen, die die Person Jesu für bestimmte theologische Diskurse fruchtbar machen – etwa, indem sie ihm Weisheitsworte in den Mund legen –, stehen solche, die gegenüber der schon früh im 2. Jahrhundert entstandenen Vier-Evangelien-Sammlung einen eigenen Anspruch auf die Übermittlung der autoritativen Lehre Jesu anmelden – sichtbar etwa im Disput zwischen Maria und Petrus im Mariaevangelium –, und schließlich solche, die das Wirken und Geschick Jesu oder seiner Eltern legendarisch ausmalen und damit einem Bedürfnis nach Ausweitung derartiger Informationen nachkommen.

Für die Rekonstruktion der Entstehung des Christentums im 1. Jahrhundert und die Frage nach dem „historischen Jesus", für die einige dieser Texte in der neueren Forschung im Rahmen der sogenannten

---

38. Die Sammlung von Fabricius enthält im 1. Teil eine Sammlung „De Dictis Christi Servatoris Nostri, Quae in quatuor Evangeliis Coanonicis non extant" (S. 321-335).

„Third Quest of the Historical Jesus" gelegentlich in Anspruch genommen wurden, tragen die apokryphen Evangelien dagegen wenig bei. Auch wenn nicht prinzipiell auszuschließen ist, dass einige der apokryphen Texte alte Jesusüberlieferungen enthalten, ist dies von der theologiegeschichtlichen Stellung dieser Texte und der in ihnen vorgenommenen Interpretation von Person und Wirken Jesu zu unterscheiden. Eine Einordnung der zu den apokryphen Evangelien gerechneten Texte kann deshalb nur auf der Grundlage ihrer literarischen und inhaltlichen Merkmale erfolgen, nicht durch den Verweis auf möglicherweise in ihnen verarbeitete ältere Überlieferungen. Dies soll im Folgenden exemplarisch konkretisiert werden. Dabei ist von vornherein deutlich, dass nicht das gesamte Spektrum der apokryphen Texte zur Sprache kommen kann. Ich beschränke mich vielmehr auf ausgewählte Fallbeispiele, anhand derer die Vielfalt der zu berücksichtigenden Phänomene beleuchtet werden soll.

II. Apokryphe Texte in der Theologiegeschichte: Exemplarische Fallstudien

1. Agrapha

a) Zur Erforschung der „Agrapha"

Als „Agrapha" wurden die außerkanonischen Jesusworte zum ersten Mal in der Dissertation Johann Gottfried Körners aus dem Jahr 1778 „De sermonibus Christi ἀγράφοις"[39] bezeichnet[40]. Ihre Zuordnung zu den apokryphen Evangelien ist allerdings verschiedentlich in Frage gestellt worden[41]. Grund dafür war vor allem die Schwierigkeit einer exakten Definition des entsprechenden Spektrums und seiner Abgrenzung von anderen Bereichen der außerkanonischen Jesusüberlieferung.

---

39. J.G. Körner, *De sermonibus Christi ἀγράφοις praefatur atque ad orationem aditialem Professionis Theologiae Ordinariae in Academia Lipsiensi*, Leipzig, Breitkopf, 1778.

40. Der Begriff begegnet bereits bei Clemens Al., *Strom.* I 1,7,1; I 1,10,1; VI 7,61,3 und bezeichnet die außerhalb oder hinter der Schrift liegende bzw. in ihr verborgene Wahrheit, die es zu erkennen gilt. Im Sinne einer Gegenüberstellung von „Schrift" als gültigen, „kanonischen" Texten und „Ungeschriebenem" als darüber hinausgehenden Überlieferungen wird der Terminus bei Clemens dagegen nicht verwendet.

41. Vgl. Oepke, *κρύπτω* (Anm. 2), S. 995; J.K. Elliott, *The Apocryphal New Testament: A Collection of Apocryphal Literature in an English Translation based on M.R. James*, Oxford, Clarendon, 1993 (repr. 2009), S. 26.

Die Erforschung der Agrapha setzte in der zweiten Hälfte des 17. Jahrhunderts ein und konzentrierte sich zunächst auf die Erhebung des außerkanonischen Materials. Erste Zusammenstellungen finden sich etwa bei Jean-Baptiste Cotelier, dem aus Königsberg stammenden und in Oxford lehrenden Gelehrten Johannes Ernst Grabe sowie bei den bereits genannten Fabricius und Körner. Eine umfassendere Studie wurde dann von Alfred Resch vorgelegt[42], der an diese Forschungen anknüpfte und die „in ihrer Herkunft und in ihrem Werte sehr verschiedenen fragmentarischen Citate der altchristlichen Literatur, welche in den kanonischen Schriften des Alten und Neuen Testaments nicht nachzuweisen sind" unter die Agrapha subsumierte[43].

War die Frage nach den Kriterien für die Agrapha in dieser Forschungsphase noch nicht zu einem eigenen Thema erhoben worden, so wurde mit der durch James Hardy Ropes vorgenommenen Bearbeitung der Sammlung von Alfred Resch[44] die Agraphaforschung mit der Frage nach historisch authentischer Jesusüberlieferung verknüpft. Auf diesem, von Joachim Jeremias[45] und Otfried Hofius fortgesetzten Weg wurde die Zahl der Agrapha immer weiter reduziert, bis in der letzten von Wilhelm Schneemelcher verantworteten Auflage der „Neutestamentlichen Apokryphen in deutscher Übersetzung" nur noch sieben Worte angeführt wurden[46].

42. A. RESCH, *Agrapha: Aussercanonische Schriftfragmente. Gesammelt und untersucht. Unveränderter reprographischer Nachdruck der 2. völlig neu bearbeiteten durch alttestamentliche Agrapha vermehrten Auflage Leipzig 1906* (TU, NF XV, 3/4), Darmstadt, Wissenschaftliche Buchgesellschaft, 1967. Die 1. Auflage unter dem Titel *„Agrapha: Außerkanonische Evangelienfragmente"* stammt aus dem Jahr 1889.

43. *Ibid.*, S. 1.

44. J.H. ROPES, *Die Sprüche Jesu, die in den kanonischen Evangelien nicht überliefert sind: Eine kritische Bearbeitung des von D. Alfred Resch gesammelten Materials*, Leipzig, Hinrichs, 1896.

45. J. JEREMIAS, *Unbekannte Jesusworte: Taschenbuchausgabe auf Grundlage der 3., unter Mitwirkung von Otfried Hofius völlig neu bearbeiteten Auflage*, Gütersloh, Gerd Mohn, 1980.

46. Die 1. Auflage von E. HENNECKE, *Neutestamentliche Apokryphen in deutscher Übersetzung*, Tübingen, Mohr, 1904, enthält eine Zusammenstellung von 16 Worten unter der Überschrift „Versprengte Herrenworte" (S. 7-11), ergänzt um die Spruchsammlung des seinerzeit bereits bekannten Oxyrhynchus-Papyrus 1. Die 2. Auflage von 1924 führt in dieser Kategorie nur noch neun sogenannte „Sondersprüche" an (S. 32-38, speziell S. 35). In den folgenden, von W. SCHNEEMELCHER besorgten Auflagen wurde dieser Teil von J. JEREMIAS bzw. O. HOFIUS verantwortet, die sich an dem vermuteten historischen Wert der in Frage stehenden Worte orientieren. Jeremias führt in der 3. bzw. 4. Auflage (1959 bzw. 1968) elf Worte an (S. 52-55), Hofius in der 5. bzw. 6. Auflage (1987 bzw. 1990) nur noch sieben (S. 76-79). Nur wenig umfangreicher ist die Präsentation bei ELLIOTT, *The Apocryphal New Testament* (Anm. 41), S. 26-30, sowie bei A.F.J. KLIJN, *Apokriefen van het Nieuwe Testament I*, Kampen, Kok, 1984, S. 16-18. Mehr Material bieten dagegen A. DE SANTOS OTERO, *Los Evangelios Apócrifos* (BAC, 148), Madrid, Don

Dieser Weg ist jedoch darin problematisch, dass die rezeptions- und theologiegeschichtliche Perspektive, die die Agrapha eröffnen, dabei de facto ausgeblendet wird. Zudem ist die Verknüpfung der Agraphaforschung mit der Frage nach „echten" Jesusworten methodisch durchaus fragwürdig[47]. Mag die Unterscheidung von historischer und rezeptionsgeschichtlicher Perspektive an den Anfängen der Agraphaforschung im 17. Jahrhundert bis zu den Arbeiten von Resch und Ropes am Ende des 19. Jahrhunderts aufgrund der Konzentration auf die Erhebung des außerkanonischen Materials noch nicht klar formuliert gewesen sein, so erweist sich angesichts des gegenwärtigen Standes sowohl der Jesus- als auch der Apokryphenforschung eine klare Distinktion beider Richtungen als notwendig. Dies gilt nicht zuletzt deshalb, weil die Bedeutung der Agrapha nicht in erster Linie darin liegt, die historischen Konturen von Lehre und Wirken Jesu über die kanonisch gewordenen Evangelien hinaus zu bereichern oder das aus diesen gewonnene Bild zu verändern – dabei würde es sich vielmehr um seltene Ausnahmefälle handeln –, sondern vielmehr Einblicke in die Rezeptionsgeschichte der Lehre Jesu im antiken Christentum und darüber hinaus zu eröffnen. An einem solchen Zugang orientieren sich darum auch die neueren Sammlungen außerkanonischer Jesusworte von William Stroker[48], William G. Morrice[49], Klaus Berger und Christiane Nord[50] sowie Mauro Pesce[51]. Dabei ergeben sich wirkungsgeschichtliche Perspektiven, die weit über die antiken christlichen Jesusüberlieferungen hinaus in andere Sprach- und Kulturbereiche hineinführen[52]. In der Neubearbeitung des Werkes von Hennecke und Schneemelcher

---

Ramón de la Cruz, [8]1993, S. 102-116 sowie L. MORALDI, *Apocrifi del Nuovo Testamento*. Volume primo, Turin, Unione Tipografico, 1971, S. 459-474. Vgl. auch E. KLOSTERMANN, *Apocrypha III: Agrapha, Slavische Josephusstücke, Oxyrhynchus-Fragment*, Bonn, A. Marcus und Weber, 1911, S. 3-17.

47. Zu Recht bemerkt deshalb P. VIELHAUER in seiner Einführung zu den Agrapha, Joachim Jeremias habe mit den von ihm erarbeiteten Grundsätzen zur literaturgeschichtlichen Erfassung der Agrapha „einen hervorragenden Beitrag geliefert; nur muß man sie sozusagen in der entgegengesetzten Richtung anwenden". Vgl. ID., *Geschichte der urchristlichen Literatur: Einleitung in das Neue Testament, die Apokryphen und die Apostolischen Väter*, Berlin – New York, de Gruyter, 1975 (repr. 1984), S. 617.

48. W.D. STROKER, *Extracanonical Sayings of Jesus* (SBL Resources for Biblical Study, 18), Atlanta, GA, Scholars, 1989.

49. W.G. MORRICE, *Hidden Sayings of Jesus: Words Attributed to Jesus Outside the Four Gospels*, London, SPCK, 1997.

50. K. BERGER – C. NORD, *Das Neue Testament und frühchristliche Schriften*, Frankfurt a.M. – Leipzig, Suhrkamp, [6]2003, S. 1114-1203.

51. M. PESCE, *Le parole dimenticate di Gesù, Scrittori greci e latini* (Fondazione Lorenzo Valla), Milano, Mondadori, 2004.

52. Vgl. dazu die entsprechenden Beiträge in FREY – SCHRÖTER, *Jesus in apokryphen Evangelienüberlieferungen* (Anm. 26).

ist der wiederum von Hofius bearbeitete, mit der vorausgegangenen Auflage praktisch identische Teil „Außerkanonische Herrenworte"[53] deshalb
durch „Herrenworte aus Nag Hammadi"[54] sowie „Jesuslogien aus ara-
bisch-islamischer Literatur"[55] ergänzt worden.

Gleichwohl fehlt auch bei diesem zweiten Weg ein deutliches Kriterium, um die Agrapha von Jesusworten in den sogenannten judenchristlichen Evangelien, dem EvThom, auf fragmentarischen Papyri wie POxy
840 oder auch in neutestamentlichen Manuskripten – wie etwa dem
Logion hinter Lk 6,4, der Variante zu Lk 22,27 im Codex Bezae oder
dem sogenannten Freer-Logion zwischen Mk 16,14 und 15 im Codex W
– zu unterscheiden. Dadurch entsteht jedoch eine Grauzone zur literaturgeschichtlichen Erfassung dieser Schriften selbst[56]. So tritt etwa, wenn
die Sentenzen des EvThom unter den Agrapha behandelt werden, das
literarische und inhaltliche Profil dieser Schrift selbst nicht in den Blick.
Die Sentenzen des EvThom wären deshalb nur insoweit zu den Agrapha
zu rechnen, wie sie als Einzelworte auch in anderen außerkanonischen
Schriften begegnen.

Sinnvoll erscheint deshalb, den oben skizzierten Weg einer literarischen Erfassung der außerkanonischen Jesusüberlieferungen auch der
Analyse der Agrapha zugrunde zu legen und zu ihnen solche Jesusworte
zu rechnen, die außerhalb der neutestamentlichen Evangelien in isolierter
Form, also weder in Spruchsammlungen noch in narrativen Jesusdarstel-
lungen, auftauchen. Im Folgenden kann es nicht darum gehen, Listen
derartiger „Agrapha" zu präsentieren. Stattdessen sei an zwei Beispielen
illustriert, worin der theologiegeschichtliche Wert der Agrapha für die
frühe Jesusüberlieferung liegen könnte.

b) *Zwei Beispiele für Agrapha*

1. Das erste Beispiel bezieht sich auf die Ausführungen bei Clemens
von Alexandria über die Ehe, die am Ende des zweiten Buches der *Stromateis* beginnen und das gesamte dritte Buch bestimmen. Clemens setzt
sich dabei häufig mit konkurrierenden Lehren auseinander. So führt er

---

53. Vgl. MARKSCHIES – SCHRÖTER (Hgg.), *Apokryphen* (Anm. 1), S. 184-189.
54. *Ibid.*, S. 190-192 (U.-K. PLISCH).
55. *Ibid.*, S. 193-208 (F. EISSLER).
56. Dies war auch schon bei Jeremias der Fall, der keineswegs nur sentenzartige Aussprüche, sondern auch Episoden wie etwa die bei Origenes überlieferte erweiterte
Geschichte vom reichen Jüngling aus dem EvNaz, die auf POxy 840 überlieferte Episode
oder das Gleichnis vom großen Fisch aus EvThom, Log. 8, dazu rechnete. Bei Jeremias
dominiert also der inhaltliche Aspekt der Echtheit, nicht der literarische, an der Gestalt der
Agrapha als Sentenzen orientierte.

im 13. Kapitel des dritten Buches die doketische Lehre des aus der Schule Valentins stammenden Julius Cassianus an, der die geschlechtliche Enthaltsamkeit gelehrt und sich dazu auf die Seligpreisung der Eunuchen durch Jesus berufen habe[57]. Zur Begründung habe Cassianus weiter angeführt, dass der Herr die Aufhebung von männlich und weiblich gelehrt habe. Dazu wird folgende Antwort des Herrn an Salome auf die Frage nach dem Zeitpunkt dieser Aufhebung zitiert:

> ὅταν τὸ τῆς αἰσχύνης ἔνδυμα πατήσητε καὶ ὅταν γένηται τὰ δύο ἓν καὶ τὸ ἄρρεν μετὰ τῆς θηλείας οὔτε ἄρρεν οὔτε θῆλυ[58].

Dieses Wort hat eine Analogie in EvThom 37 und POxy 655, Z. 19-23 sowie in 2 Clem 12,2. Clemens führt es jedoch nicht darauf zurück, sondern auf das EvÄg, das er den „uns überlieferten vier Evangelien" gegenüberstellt und als nicht von derselben Autorität betrachtet. Zudem habe Cassianus dieses Wort falsch gedeutet, indem er es nämlich wörtlich aufgefasst und nicht erkannt habe, dass mit dem männlichen Trieb der Zorn, mit dem weiblichen dagegen die Begierde bezeichnet sei[59].

Wenig später führt Clemens innerhalb derselben Argumentation ein weiteres Herrenwort an, das nunmehr zur Begründung der bereits bei Paulus anzutreffenden und auch von Clemens selbst vertretenen Auffassung dient, Ehelosigkeit sei besser als die Ehe, gleichwohl solle eine bereits bestehende Ehe nicht aufgelöst werden. Clemens beruft sich hierzu auf das entsprechende Wort des Paulus aus 1 Kor 7 und führt sodann das Herrenwort an:

> ὁ γήμας μὴ ἐκβαλλέτω καὶ ὁ μὴ γαμήσας μὴ γαμείτω· ὁ κατὰ πρόθεσιν εὐνουχίας ὁμολογήσας μὴ γῆμαι[60].

Woher dieses Wort stammt, ist nicht bekannt. Möglicherweise ist es auf der Grundlage des Ehescheidungsverbotes Jesu in Verbindung mit 1 Kor 7 gebildet und Clemens aus der mündlichen Überlieferung bekannt geworden. Bemerkenswert im Blick auf die Überlieferung der Agrapha ist jedenfalls, dass sich verschiedene Tendenzen der Berufung auf Herrenworte erkennen lassen. Die eine Linie, die sich im EvThom und im ÄgEv findet, vertritt die Auffassung von der Überwindung des Unterschiedes von männlich und weiblich als Voraussetzung der Erlösung und zieht daraus radikal-asketische Konsequenzen. Auf einer zweiten Linie, die sich in 2 Clem 12 sowie bei Clemens Alexandrinus findet, wird das Wort

---

57. *Strom.* III 13,91,2.
58. *Strom.* III 13,92,2.
59. *Strom.* III 13,93,1.
60. *Strom.* III 15,97,4.

ethisch interpretiert und auf das Verhalten untereinander bezogen. Schließlich wird – ebenfalls bei Clemens – das Wort als nicht aus den vier Evangelien stammend gekennzeichnet und dem Herrenwort von der Unauflöslichkeit der Ehe gegenübergestellt. Für letzteres rekurriert Clemens zwar nicht explizit auf die vier Evangelien, weiß sich aber offenbar mit der in diesen und auch bei Paulus vertretenen Sicht in Übereinstimmung.

2. Als zweites Beispiel sei auf ein ebenfalls bei Clemens Alexandrinus – und zwar gleich zweimal – und in ähnlicher Form bei Tertullian begegnendes Agraphon eingegangen. Im 19. Kapitel des ersten Buches der *Stromateis* handelt Clemens darüber, dass sich auch in den Lehren der Griechen Wahres findet und illustriert dies zunächst anhand des Dichterzitates in der Areopagrede des Paulus[61]. Man kann diesen Umstand Clemens zufolge dadurch erklären, dass manches von den Philosophen Gelehrte einem Abbild der Wahrheit entspreche[62]. Dies werde zum einen durch den „göttlichen Apostel" (θεσπέσιος ἀπόστολος), nämlich Paulus, bezeugt, der schreibt, dass wir jetzt wie durch einen Spiegel sehen[63], durch dessen Brechung wir uns selbst und dem Göttlichen in uns entsprechend auch die schöpferische Ursache erkennen, soweit dies möglich ist.

Dies wird sodann mit einem weiteren Wort begründet, welches lautet:

εἶδες γάρ, φησί, τὸν ἀδελφόν σου, εἶδες τὸν θεόν σου[64].

Zwar nennt Clemens hier nicht ausdrücklich den κύριος oder den σωτήρ als Urheber dieses Ausspruchs. Da er aber Worte aus den Evangelien häufiger mit φησί einleitet, kann davon ausgegangen werden, dass diese Herkunft auch hier vorausgesetzt ist. Er bezieht dieses Wort auf den σωτήρ, der hier als Gott bezeichnet werde[65] und vertritt die Auffassung, dass die philosophische Theorie von Abbildern der Wahrheit, die wir erkennen, mit der bei Paulus und in dem genannten Agraphon anzutreffenden Sichtweise übereinstimme.

Der andere Kontext, in dem dieses Wort bei Clemens begegnet[66], ist eine Abhandlung über absichtliche und unbeabsichtigte Verfehlungen. In diesem Zusammenhang zitiert Clemens philosophische und biblische Lehrsätze über das rechte Verhalten und die Buße, die Vergebung

61. *Strom.* I 19,91,1-5.
62. *Strom.* I 19,94,3: κατ' ἔμφασιν ἀληθείας ἄλλοι θέλουσιν εἰρῆσθαί τινα τοῖς φιλοσόφοις.
63. Clemens rekurriert hier also auf 1 Kor 13,12.
64. *Strom.* I 19,94,5.
65. *Strom.* I 19,94,5: τὸν σωτῆρα οἶμαι θεὸν εἰρῆσθαι ἡμῖν τὰ νῦν.
66. *Strom.* II 15,70,5.

bewirkt[67]. So führt er etwa den Spruch eines griechischen Weisen an, der da lautet συγγνώμη τιμορίας κρείσσων und leitet schließlich das bekannte γνῶθι σαυτόν von dem Wort ab εἶδες τὸν ἀδελφόν σου, εἶδες τὸν θεόν σου.

Eine Variante begegnet schließlich bei Tertullian[68]. Hier geht es um die Verabschiedung von Mitbrüdern oder Zugereisten, die nicht ohne Gebet aus dem eigenen Haus entlassen werden sollen. Zur Begründung führt Tertullian an,

> Vidisti, inquit, fratrem, vidisti Dominum tuum.

Tertullian bringt das Wort demnach innerhalb einer Ermahnung zum brüderlichen Umgang miteinander und interpretiert es als Weisung, im Mitmenschen einen Boten Gottes zu sehen.

Anhand dieser Beispiele aus der Agrapha-Überlieferung lässt sich erkennen, dass auf Jesus bzw. die als Autorität geltenden vier Evangelien zurückgeführte Worte innerhalb philosophischer oder ethischer Diskurse als autoritative Sentenzen angeführt werden konnten, die zur Begründung des jeweiligen Arguments dienten. Die Worte konnten dabei, wie das erste Beispiel zeigt, anderen, ebenfalls als Evangelientradition angeführten Überlieferungen entgegengestellt werden, die dabei zugleich hinsichtlich ihrer Geltung in Zweifel gezogen wurden. Des Weiteren lässt sich erkennen, dass die Agrapha bei Clemens in größere argumentative Zusammenhänge eingebunden und mit weiteren biblischen Belegen und philosophischen Lehren verknüpft wurden. Schließlich konnte, wie das zweite Beispiel zeigt, dasselbe Agraphon unterschiedlichen – in diesem Fall: philosophischen und ethischen – Zwecken dienstbar gemacht werden.

Für die Einbindung der Agrapha in die frühchristliche Theologie ist demnach von Bedeutung, dass – anders als in narrativen Texten oder Spruchsammlungen – die Argumentation des Verfassers der betreffenden Schrift den Ausschlag darüber gibt, welche Bedeutung einem auf Jesus zurückgeführten Wort zukommt. Es handelt sich demnach um eine spezifische Rezeptionsform der Jesusüberlieferung, die sich bei kanonischen Worten feststellen lässt, sich darüber hinaus aber auch auf in den kanonischen Evangelien nicht belegte Überlieferungen erstreckt und innerhalb kanonischer und apokrypher Schriften Verwendung fand.

---

67. *Strom.* II 15,70-71.
68. *Orat.* 26.

2. Fragmentarische Texte

a) Zur Forschungssituation

Zu den fragmentarischen außerkanonischen Texte lassen sich zum einen die direkten, auf Papyrus bzw. Pergament erhaltenen Zeugnisse, zum anderen die bei altkirchlichen Theologen angeführten Zitate rechnen. Die Texte entstammen größeren literarischen Zusammenhängen, die zumeist nur hypothetisch zu bestimmen sind. Legt man diese weitere Definition zugrunde, sind zu den fragmentarischen Texten auch das Maria- und das Petrusevangelium sowie das sogenannte „Unbekannte Berliner Evangelium" zu rechnen. Davon unterscheiden lässt sich ein enger gefasstes Verständnis, das zu den fragmentarischen Texten die Reste ansonsten unbekannter Schriften rechnet[69]. Die Schwierigkeit einer präzisen Definition dieser Kategorie liegt darin, dass eine präzise Abgrenzung zwischen den „fragmentarischen Texten" und anderen, ebenfalls nur unvollständig erhaltenen Manuskripten kaum möglich ist, was sich schon an der Diskussion über die Zuweisung neu entdeckter Fragmente zu bereits bekannten Texten zeigt[70].

Für einige dieser Texte hat sich die Bezeichnung „Evangelium" eingebürgert – so etwa im Fall der häufiger als „Unknown Gospel on Papyrus Egerton" bezeichneten vier Seiten des Papyrus Egerton 2, des POxy 840, der im deutschsprachigen Bereich als „Unbekanntes Berliner Evangelium", im angelsächsischen Sprachraum dagegen als „Gospel of the Saviour" bezeichneten, als Papyrus Berolinensis 22220 inventarisierten Pergamentblätter, beim Fragment aus dem Akhmîm-Codex, das gängigerweise als „Petrusevangelium" bzw. „Gospel of Peter" bezeichnet wird sowie bei den sogenannten „judenchristlichen Evangelien"[71]. Dies lässt sich vor dem oben skizzierten Hintergrund einer für Texte verschiedenen literarischen Charakters offenen Verwendung der Bezeichnung „Evangelium" rechtfertigen, besagt allerdings nichts über das literarische

---

69. Vgl. NICKLAS – KRUGER – KRAUS, *Gospel Fragments* (Anm. 35) sowie MARKSCHIES – SCHRÖTER (Hgg.), *Apokryphen* (Anm. 1), S. 353-399.

70. So lassen sich etwa das EvPetr, das EvMar und das UBE zu den „Fragmenten" rechnen wie PEg, POxy 840 und die sogenannten „judenchristlichen Evanglien". Dementsprechend werden sie auch bei D. LÜHRMANN, *Fragmente apokryph gewordener Evangelien in griechischer und lateinischer Sprache* (MTS, 59), Marburg, Elwert, 2000 (EvPetr; EvMar, EvÄg; EvEb; EvHebr) bzw. H.-J. KLAUCK, *Die apokryphen Evangelien: Eine Einführung*, Stuttgart, Katholisches Bibelwerk, 2002 (UBE) in dieser Weise angeführt. Die Einteilung ist darum eher pragmatischer Natur.

71. Zu diesen vgl. jetzt J. FREY, *Die Fragmente judenchristlicher Evangelien, mit ausführlicher Diskussion der Forschungslage und Präsentation des Befundes zu den einzelnen Fragmenten*, in MARKSCHIES – SCHRÖTER (Hgg.), *Apokryphen* (Anm. 1), 560-660.

und inhaltliche Profil der Schriften, denen die fragmentarischen Texte entstammen. Da dieses oft nur ansatzweise erkennbar ist, ist auch eine Einordnung der Fragmente in die frühchristliche Literatur- und Theologiegeschichte mit Unwägbarkeiten behaftet und nur in Grenzen möglich.

Gelegentlich konnten neu entdeckte Fragmente bereits bekannten Texten zugeordnet werden. So wurde bereits im Jahr 1938 PRyl 463, ein griechisches Fragment aus dem 3. Jahrhundert, als Bestandteil einer griechischen Version des EvMar identifiziert, obwohl der Papyrus Berolinensis Gnosticus 8502 mit einigen Seiten der koptischen Übersetzung des EvMar damals zwar schon bekannt war, aber erst 1955 von Walter Till ediert wurde, der dabei seinerseits PRyl verwenden konnte[72]. Schließlich konnte der im Jahr 1983 edierte POxy 3525 als weiteres griechisches Fragment des EvMar identifiziert werden[73]. Beide Fragmente überschneiden sich mit Teilen des koptischen Textes und bieten dabei einige sprachliche Varianten, erweitern den Textbestand allerdings nicht über das aus BG 8502 Bekannte hinaus[74].

Des Weiteren konnten griechische Fragmente aus dem Fund von Oxyrhynchos nach dem Fund der Nag-Hammadi-Codices als Teile verschiedener griechischer Manuskripte des EvThom aus dem 2. Jahrhundert identifiziert werden. Es handelt sich um POxy 654, ein Papyrus der das Incipit des EvThom und Teile der Sprüche 1-7 enthält, sowie POxy 1 mit Teilen der Sprüche 26-33 und 77b. In der Regel wird auch POxy 655 hierzu gerechnet, wiewohl in diesem Fall die Differenzen zu dem koptischen Manuskript größer sind und die Möglichkeit in Betracht zu ziehen ist, dass die Verarbeitung eines literarisch anders gearteten Textes innerhalb der Spruchsammlung des koptischen EvThom vorliegt[75]. Auf jeden Fall sind bei diesen Papyri gegenüber dem Manuskript aus Nag Hammadi

---

72. Vgl. TILL – SCHENKE, *Die gnostischen Schriften* (Anm. 31).

73. P.J. PARSONS, *3525: Gospel of Mary in The Oxyrhynchus Papyri L*, London, Egypt Exploration Fund, 1983, S. 12-14.

74. Vgl. D. LÜHRMANN, *„Was euch bekannt ist und ich erinnere, werde ich euch verkünden": Die griechischen Fragmente des Mariaevangeliums POxy 3525 und PRyl 463*, in ID., *Die apokryph gewordenen Evangelien* (Anm. 10), 105-124; TUCKETT, *The Gospel of Mary* (Anm. 35), S. 80-133 (with photographs); J. HARTENSTEIN, *Das Evangelium nach Maria (BG 1/P.Oxy. L 3525/P.Ryl. III 463)*, in MARKSCHIES – SCHRÖTER (Hgg.), *Apokryphen* (Anm. 1), 1208-1216.

75. B.P. GRENFELL und A.S. HUNT hatten dementsprechend POxy 1 und 654 unter der Überschriften ΛΟΓΙΑ ΙΗΣΟΥ bzw. „New Sayings of Jesus" dargeboten, POxy 655 dagegen als „Fragment of a Lost Gospel". Vgl. B.P. GRENFELL – A.S. HUNT, *The Oxyrhynchus Papyri. Part I*, London, Oxford University Press, 1898 (zu POx 1), S. 1-3; ID., *The Oxyrhynchus Papyri. Part IV*, London, Oxford University Press, 1904, S. 1-28 (zu POx 654 und 655). Bereits 1897 hatte Adolf VON HARNACK eine Besprechung der Logien auf POxy 1 publiziert. Vgl. A. v. HARNACK, *Über die jüngst entdeckten Sprüche Jesu*, Freiburg – Leipzig – Tübingen, Mohr Siebeck, 1897. Harnack stellt dabei eine Nähe dieser Logien

einige Unterschiede zu verzeichnen, die darauf schließen lassen, dass im 2. Jahrhundert verschiedene Fassungen des EvThom im Umlauf waren[76]. Ein weiterer interessanter Fall ist der als „Unbekanntes Berliner Evangelium" bzw. „Gospel of the Saviour" bezeichnete Text, auf den an späterer Stelle noch einmal zurückzukommen ist. Erhalten sind Reste von drei Doppelblättern, zwei Einzelblättern sowie ca. 28 kleinere Fragmente. In einem Beitrag für die Festschrift von Hans-Martin Schenke hat Stephen Emmel die Auffassung vertreten, dass es sich bei dem Berliner Manuskript und dem bereits länger bekannten Straßburger koptischen Papyrus um zwei Manuskripte desselben Textes handelt[77].

Zu den fragmentarischen Texten gehört schließlich auch das Akhmîm-Fragment, das aufgrund der von dem Ich-Erzähler Simon Petrus berichteten Ereignisse als „Petrusevangelium" bezeichnet wird. Diesem konnte POxy 2949 als weiteres Fragment zugeordnet werden, das den Textbestand allerdings nicht erweitert. Das Fragment ist jedoch deshalb von Interesse, weil es vom Ende des 2. oder Anfang des 3. Jahrhunderts stammt und damit die Entstehung des Textes im 2. Jahrhundert bezeugt[78]. Die von Dieter Lührmann vorgeschlagenen Zuweisungen von POxy 4009 sowie P.Vindob.G 2325 (dem sogenannten Fayûm-Fragment)[79] sind dagegen umstritten[80]. Die Frage, inwiefern sich diese Fragmente mit den altkirchlichen Nachrichten über ein „Evangelium nach Petrus" in Verbindung bringen lassen, bleibt freilich unsicher. Deutlich ist jedenfalls, dass die aus späteren Jahrhunderten stammenden Manuskripte weder hier noch in anderen Fällen – etwa beim Judasevangelium – mit denjenigen Texten identifiziert werden dürfen, auf die sich die Notizen frühchristlicher Theologen aus dem 2. und 3. Jahrhundert beziehen.

zum Ägypterevangelium fest und formuliert die Vermutung, die Logien des Papyrus könnten aus diesem exzerpiert sein.

76. Vgl. J. SCHRÖTER, *Das Evangelium nach Thomas (Thomasevangelium [NHC II,2 p. 32,10–51,28]): Oxyrhynchus-Papyri I 1, IV 654 und IV 655 (P.Oxy. I 1, IV 654 und IV 655)*, in MARKSCHIES – SCHRÖTER (Hgg.), *Apokryphen* (Anm. 1), 483-506, S. 488-492; 523-526.

77. Vgl. EMMEL, *Unbekanntes Berliner Evangelium* (Anm. 33). Zu dem Straßburger Papyrus vgl. jetzt A. WUCHERPFENNIG, *Der Straßburger koptische Papyrus (P.Argent.Copt. 5, 6 und 7)*, in MARKSCHIES – SCHRÖTER (Hgg.), *Apokryphen* (Anm. 1), 380-384.

78. Vgl. KRAUS – NICKLAS, *Petrusevangelium* (Anm. 32), S. 55-58.

79. Vgl. D. LÜHRMANN, *„Petrus, der Heilige, der Evangelist, verehren laßt uns ihn" Neue Funde und Wiederentdeckungen zum Petrusevangelium*, in ID., *Die apokryph gewordenen Evangelien* (Anm. 10), 55-104.

80. Vgl. KRAUS – NICKLAS, *Petrusevangelium* (Anm. 32), S. 59-68 sowie VINZENT – NICKLAS, *Petrusevangelium*, in MARKSCHIES – SCHRÖTER (Hgg.), *Apokryphen* (Anm. 1), 687-688.

42

b) *Zwei Beispiele für fragmentarische Texte: PEg 2 und POxy 840*

1. Zur Konkretion dieses Bereichs der außerkanonischen Jesusüberlieferungen sei zunächst ein Blick auf die vier erhaltenen Blätter des als Papyrus Egerton 2 bezeichneten Codex geworfen[81]. Die Seiten wurden 1934 vom British Museum angekauft und ein Jahr später in der von H.I. Bell and T.C. Skeat besorgten Erstedition publiziert[82]. Identifizierbarer Text findet sich nur auf zweien der Fragmente. Fragment 1, recto, konnte 1987 zusätzlich durch ein in der Kölner Papyrussammlung entdecktes Fragment (PKöln 255)[83] am Ende um einige Zeilen ergänzt werden, die für die überlieferungsgeschichtliche Einordnung von Interesse sind, was gleich noch deutlich werden wird.

Schrift und Sprache der Fragmente weisen einige Besonderheiten gegenüber den kanonisch gewordenen Evangelien auf. Etliche Namen und Begriffe sind abgekürzt geschrieben, was offenbar auf ein nomina sacra-System zurückgeht, hier aber insofern auffällig ist, als neben Ἰησοῦς, Θεός oder Κύριος auch Μωϋσῆς und Ἡσαῖας , evtl. auch προφῆται, abgekürzt wird. Des Weiteren begegnen Begriffe und Wendungen, die in den neutestamentlichen Evangelien nicht oder nur selten belegt sind. Dazu gehören: das Verbum παραπράσσειν (Frg. 1, verso, l. 3), ἄρχοντες τοῦ λαοῦ (Frg. 1, verso, l. 6), das nur in Lk 10,34 in anderem Zusammenhang belegte πανδοχεῖον (Frg. 1, recto, l. 14), das nur in Lk 24,41 und Mk 16,16 belegte ἀπιστεῖν (Frg. 1, verso, l. 19) oder συνοδεύειν (Frg. 1, recto, l. 12-13).

Auffällig ist weiter das Vorkommen typisch johanneischer Wendungen wie ἡ ὥρα τῆς παραδόσεως αὐτοῦ (Frg. 1, recto, l. 8), ἐραυνᾶτε τὰς γραφάς (Frg. 1, verso, l. 7-8), μαρτυροῦσαι περὶ ἐμοῦ (Frg. 1, verso, l. 10), die Feststellung der Juden, sie wüssten, dass Gott zu Mose gesprochen hat, von Jesus aber wüssten sie nicht, woher er kommt[84], sowie die

81. Vgl. T. NICKLAS, *The "Unknown Gospel" on Papyrus Egerton 2 (+ Papyrus Cologne 255)*, in ID. – KRUGER – KRAUS, *Gospel Fragments* (Anm. 35), 9-114; ID., *Papyrus Egerton 2*, in FOSTER (Hg.), *Non-Canonical Gospels* (Anm. 3), 139-156; S.E. PORTER, *Der Papyrus Egerton 2 (P.Egerton 2 / P.Lond.Christ 1)*, in MARKSCHIES – SCHRÖTER (Hgg.), *Apokryphen* (Anm. 1), 360-365.
82. H.I. BELL – T.C. SKEAT, *Fragments of an Unknown Gospel and Other Early Christian Papyri*, London, Trustees of the British Museum, 1935.
83. Vgl. M. GRONEWALD, *Papyrus Köln 255: Unbekanntes Evangelium oder Evangelienharmonie (Fragment aus dem „Evangelium Egerton")*, in *Papyrologica Coloniensa* (Kölner Papyri Vol. VII, Band 6, bearbeitet von M. GRONEWALD, B. KRAMER, K. MARESCH, M. PARCA und C. RÖMER), Opladen, Westdeutscher Verlag, 1987, 136-145; vgl. S.E. PORTER, *Der Papyrus Köln VI 255 (P.Köln VI 255)*, in MARKSCHIES – SCHRÖTER (Hgg.), *Apokryphen* (Anm. 1), S. 366-367.
84. Frg. 1, verso, l. 15-17; vgl. Joh 9,29.

Aussage, dass Mose über Jesus geschrieben habe[85]. Markant ist schließlich, dass Jesus in erzählenden Partien als ὁ κύριος bezeichnet wird[86], was auf ein späteres überlieferungsgeschichtliches Stadium hindeutet.

Welchen Charakter die Schrift besaß, der die Fragmente entstammen, lässt sich nicht mehr feststellen. Auch die Reihenfolge, in der die einzelnen Episoden aufeinander folgten, ist nicht sicher feststellbar[87]. Festhalten lassen sich dagegen folgende Merkmale: Die Episoden auf den Fragmenten 1 und 2 schildern Konfliktsituationen zwischen Jesus und den Juden. Dabei spielt die Schrift eine Rolle, auf die sich Jesus beruft, um die Verstockung des Volkes mit Hilfe eines Jesajazitates zu begründen[88] bzw. um darauf zu verweisen, dass sie für ihn Zeugnis ablegen. Fragment 2 verso könnte eine Wundergeschichte enthalten haben. Aufgrund des rudimentären Textbestands ist darüber aber keine sichere Aussage möglich.

Die Episoden bewegen sich im Umfeld der in den kanonischen Evangelien berichteten Jesuserzählungen. Die Geschichte von der Heilung eines Aussätzigen[89] hat eine partielle Parallele in Mk 1,40-44, besitzt aber zugleich eigene Merkmale. Am auffälligsten ist die bei den Synoptikern fehlende Erklärung des Aussätzigen, er sei durch das Umherziehen und Essen mit Aussätzigen selbst aussätzig geworden. Dieser im Vergleich mit den neutestamentlichen Heilungserzählungen eigenwillige Zug könnte nahelegen, dass der Kontakt mit Aussätzigen zu meiden sei, weil er die Reinheit gefährdet, was in der synoptischen Jesusüberlieferung deutlich anders ist, insofern dort gerade keine Grenze zum unreinen Außenbereich aufgerichtet wird.

Der Episode vorausgegangen war offenbar der Bericht über einen Konflikt Jesu mit den Führern des jüdischen Volkes (l. 1-10). Offenbar spielt die Szene hier also – anders als bei Mk, Mt und Lk – in Jerusalem. Bemerkenswert ist sodann die Formulierung in Zeile 6-8: καὶ οὐκ ἐ[δύναντο] αὐτὸν πιάσαι ὅτι οὔπω ἐ[ληλύθει] αὐτοῦ ἡ ὥρα τῆς παραδό[σεως]. Es handelt dabei um eine Wendung, die in ähnlicher Weise in Joh 7,30 und 8,20 begegnet, in den synoptischen Evangelien dagegen nicht vorkommt.

---

85. Frg. 1, verso, l. 22-23; vgl. Joh 5,46.
86. Frg. 1, recto, l. 9 und 16.
87. LÜHRMANN, *Fragmente* (Anm. 70), S. 143, schlägt für Frg. 1 und 2 die Abfolge recto – verso vor. Es ist aber auch möglich, dass der am Anfang von Frg. 1, recto, berichtete Versuch der Steinigung eine Konsequenz des auf dem verso berichteten Disputs darstellt, in dem Jesus den Juden Unglauben bescheinigt. Diese Reihenfolge wird von NICKLAS präferiert, der für beide Fragmente die Abfolge verso – recto vorschlägt. Porter führt die Texte in der Reihenfolge Frg. 1 verso – recto; Frg. 2 recto – verso an. Über die Abfolge von Frg. 1 und 2 untereinander lässt sich nichts mehr ausfindig machen.
88. Frg. 2, recto, l. 13-17.
89. Frg. 1, recto, l. 11-23.

Die Verbindung synoptischer und johanneischer Überlieferungen und Sprachtraditionen wird am Ende des Fragmentes verstärkt. Die Zeilen 18-23 konnten durch das bereits genannte Fragment aus der Kölner Papyrussammlung ergänzt werden[90]. In Zeile 23 findet sich dabei die Wendung [μ]ηκέτι ἁ[μά]ρτανε, die auch in Joh 5,14 in der Rede Jesu an den geheilten Gelähmten vom Teich Bethesda sowie in Joh 8,11 in derjenigen an die ehebrecherische Frau begegnet und die auch die Episode über den geheilten Aussätzigen auf dem Papyrus Egerton abschließt. Es könnte sich bei dem Papyrus demnach um das Fragment einer umfangreicheren Schrift handeln, die enge Beziehungen zur johanneischen Sprache aufweist, aber auch Überlieferungen aus dem synoptischen Bereich enthielt. Möglicherweise wurden Überlieferungen aus beiden Bereichen mündlich tradiert und erweitert[91] und vom Verfasser des PEg sodann in neuer Weise zusammengestellt.

Die Beobachtungen an Papyrus Egerton 2 führen zu der Schlussfolgerung, dass es sich um eine eigenständige Verarbeitung von Episoden aus der Jesusüberlieferung handelt. Gegen eine literarische Abhängigkeit von den neutestamentlichen Evangelien spricht die eigene sprachliche und kompositorische Gestaltung der Erzählungen, die sich besser als selbständige Darstellung auffassen lässt. Der Papyrus ist damit ein Zeugnis dafür, dass im 2. Jahrhundert eine Jesusdarstellung nach Art der neutestamentlichen Evangelien mit sprachlich und inhaltlich eigenen Schwerpunkten abgefasst wurde, die, soweit es sich aus dem erhaltenen Text entnehmen lässt, Charakteristika der synoptischen und johanneischen Sprache und Darstellungsweise aufnimmt und zu einer Erzählung eigenen Charakters verknüpft. Inhaltlich tritt die Feindschaft zwischen Jesus und dem jüdischen Volk bzw. den Schriftgelehrten in den Vordergrund. Dies kann aber natürlich auch dem Zufall geschuldet sein, da nur zwei Blätter der gesamten Schrift mit erkennbarem Text erhalten sind.

2. Als zweites Beispiel gehe ich auf POxy 840 ein. Es handelt sich um ein kleines Pergamentblatt von 8,6×7,2[92] cm Größe und einem

90. Vgl. LÜHRMANN, *Fragmente* (Anm. 70), 142-155; ID., *„ Und sündige hinfort nicht mehr": Das neue Fragment des PEgerton 2 (PKöln 255)*, in ID., *Die apokryph gewordenen Evangelien* (Anm. 10), 125-143.
91. Die Erzählung von der Heilung des Aussätzigen weist gegenüber den synoptischen Versionen darin eine auffällige Erweiterung auf, dass der Aussätzige berichtet, er sei mit anderen Aussätzigen gewandert und habe mit ihnen gegessen und sei dabei auch selbst aussätzig geworden (Fragment 1, recto, l. 12-15).
92. Vgl. M.J. KRUGER, *The Gospel of the Saviour: An Analysis of P. Oxy. 840 and Its Place in the Gospel Traditions of Early Christianity* (Texts and Editions for New Testament Study, 1), Leiden – Boston, MA, Brill, 2005, S. 23; B.S. GRENFELL – A.S. HUNT,

beschriebenen Raum von 5,5×5,2 cm, auf dem sich immerhin 45 Zeilen Text (22 auf der Haarseite, 23 auf der Fleischseite) finden. Die Erstausgabe des 1905 auf einem Abfallhaufen gefundenen Blattes wurde 1908 von B.P. Grenfell und A.S. Hunt in Teil V der Edition der Oxyrhynchus Papyri besorgt[93]. Im selben Jahr erschienen mehrere Aufsätze in der ZNW, die sich mit der auffälligen Gestalt sowie dem Inhalt des Blattes befassten[94]. Danach wurde es bis auf vereinzelte Beiträge[95] still um das Fragment, bis es in den letzten Jahren wieder verstärkte Aufmerksamkeit erfuhr[96]. Eine ausführliche Untersuchung des kleinen Blattes hat M.J. Kruger in seiner 2005 erschienenen Edinburgher Dissertation vorgelegt, die zugleich die Grundlage für zwei weitere Beiträge darstellt[97].

Die auffallend geringe Größe des Codex führte zu der Vermutung, es könne sich um ein zu apotropäischen Zwecken gefertigtes Amulett nach Art der jüdischen Phylakterien bzw. der Zauberpapyri handeln[98]. Dafür wurde gelegentlich darauf verwiesen, dass der Codex von hinten nach vorne beschrieben worden sei[99] – eine offensichtlich durch die falsch aufgefasste Verwendung der Bezeichnungen „Recto" und „Verso" bei Grenfell und Hunt – die damit nicht „Vor- und Rückseite", sondern

---

Fragment of an Uncanonical Gospel, in *The Oxyrhynchus Papyri, Part V*, London, Oxford University Press, 1908, S. 1-10, geben 8,8×7,4 cm an. T. NICKLAS, *Das Fragment Oxyrhynchus V 840 (P.Oxy. V 840)*, in MARKSCHIES – SCHRÖTER (Hgg.), *Apokryphen* (Anm. 1), 357-359, nennt 8,5×7 cm (S. 358).

93. Vgl. GRENFELL – HUNT, *Fragment* (Anm. 92).

94. Vgl. E. PREUSCHEN, *Das neue Evangelienfragment von Oxyrhynchus*, in ZNW 9 (1908) 1-11; A. SULZBACH, *Zum Oxyrhynchus-Fragment*, in ZNW 9 (1908) 175-176; L. BLAU, *Das neue Evangelienfragment von Oxyrhynchos buch- und zaubergeschichtlich betrachtet nebst sonstigen Bemerkungen*, in ZNW 9 (1908) 204-215.

95. Vgl. E. RIGGENBACH, *Das Wort Jesu im Gespräch mit dem pharisäischen Hohenpriester nach dem Oxyrhynchus Fragment V Nr. 840*, in ZNW 25 (1926) 140-144; JEREMIAS, *Unbekannte Jesusworte* (Anm. 45), S. 50-60.

96. Vgl. F. BOVON, *Fragment Oxyrhynchus 840, Fragment of a Lost Gospel, Witness of an Early Christian Controversy over Purity*, in ID., *New Testament and Christian Apocrypha: Collected Studies II*, hg. G.E. SNYDER (WUNT, 237), Tübingen, Mohr Siebeck, 2009, 174-196; T.J. KRAUS, *P.Oxy. V 840 – Amulet or Miniature Codex? Principal and Additional Remarks on Two Terms*, in ID., *Ad Fontes: Original Manuscripts and Their Significance for Studying Early Christianity – Selected Essays* (Texts and Editions for New Testament Study, 3), Leiden – Boston, MA, Brill, 2007, 47-67.

97. Vgl. KRUGER, *Gospel of the Saviour* (Anm. 92); ID., *Papyrus Oxyrhynchus 840*, in NICKLAS – KRUGER – KRAUS, *Gospel Fragments* (Anm. 35), 123-215; ID., *Papyrus Oxyrhynchus 840*, in FOSTER (Hg.), *Non-Canonical Gospels* (Anm. 3), 157-170.

98. Vgl. PREUSCHEN, *Evangelienfragment* (Anm. 94); BLAU, *Evangelienfragment* (Anm. 94).

99. Vgl. PREUSCHEN, *Evangelienfragment* (Anm. 94), S. 2; BLAU, *Evangelienfragment* (Anm. 94), S. 207.

„Haar- und Fleischseite" bezeichneten – verursachte irrtümliche Annahme, die mittlerweile korrigiert wurde[100].

Durchgesetzt hat sich dagegen die bereits von Adolf von Harnack geäußerte Annahme, dass das Blatt offenbar zu einem Miniaturcodex gehörte[101]. Er ist vermutlich in die 1. Hälfte des 4. Jahrhunderts zu datieren, der Text selbst könnte aus dem 2. Jahrhundert stammen[102]. Auffällig dabei ist die sorgfältige Gestaltung des Textes. Der Schreiber hat an drei Stellen – in den Zeilen 7, 30 und 41 – jeweils einen Buchstaben durch seine Größe besonders hervorgehoben, offenbar um damit den Beginn eines neuen Abschnitts zu kennzeichnen. Des Weiteren wurde für Punkte, Supralinearstriche und Akzente rote Tinte verwendet. An drei Stellen sind Worte bzw. Wortteile, die offenbar beim Schreiben vergessen wurden, nachgetragen worden[103].

Die erhaltene Episode stammt offenbar aus einem größeren narrativen Zusammenhang, wie den ersten sieben Zeilen entnommen werden kann, die eine Warnung Jesu an seine Jünger enthalten, sich nicht den κακοῦρ-γοι gleich zu machen, weil ihnen sonst ewige Qualen drohen. Es schließt sich die Begegnung mit dem Pharisäer und Oberpriester Levi auf dem als ἁγνευτήριον bezeichneten Platz an, bei der ein Disput über die Reinheit entsteht. Der Pharisäer wirft Jesus vor, diesen heiligen Ort (τοῦτο τὸ ἱερὸν τόπον) zu beschmutzen, da weder er noch seine Jünger gewaschen seien und ihre Kleider nicht gewechselt hätten. Er selbst dagegen habe sich im Teich Davids (ἡ λίμνη τοῦ Δ[αυεί]δ) gewaschen, sei auf der einen Treppe hinab-, auf der anderen hinaufgestiegen und habe weiße Kleider angezogen, bevor er die heiligen Geräte (τὰ ἅγια σκεύη) betrachtet habe. Jesus entgegnet mit einer scharfen Kritik, die die Reinheit des Pharisäers als eine rein äußerliche charakterisiert, der keine innere Reinheit entspreche. Er selbst und seine Jünger hätten dagegen in lebendigen Wassern, die von oben kommen, gebadet.

Sprachliche Auffälligkeiten sind die durchgängige Bezeichnung Jesu als ὁ σωτήρ, die auch hinter der von Kruger gewählten Bezeichnung „Gospel of the Saviour" steht (die allerdings im angelsächsischen Bereich auch für das im Deutschen als „Unbekanntes Berliner Evangelium"

---

100. Vgl. KRAUS, *P.Oxy. V 840* (Anm. 96), S. 49, n. 11; KRUGER, *Gospel of the Saviour* (Anm. 92), S. 21.

101. A. VON HARNACK, *Ein neues Evangelienbruchstück*, in ID., *Aus Wissenschaft und Leben. Zweiter Band*, Gießen, Töpelmann, 1911, 239-250; KRUGER, *Gospel of the Saviour* (Anm. 92), S. 26-40; ID., *P. Oxy. 840: Amulet or Miniature Codex*, in *JTS* 53 (2002) 81-94; KRAUS, *P.Oxy. V 840* (Anm. 96).

102. Vgl. KRUGER, *Gospel of the Saviour* (Anm. 92), S. 40-45, 61f.; ID., *Papyrus Oxyrhynchus 840* (Anm. 101), S. 164-167.

103. Dies betrifft l. 14: τε von μητε, Zeile 15: μην, l. 24: εκεινοσ.

bezeichnete Fragment verwendet wird) sowie die Termini um das Thema Reinheit. Zu letzteren gehören die auf den Ort bezogenen Ausdrücke ἀγνευτήριον, τὸ ἱερόν, ἡ λίμνη τοῦ Δ[αυεί]δ, τὰ ἅγια σκεύη, sowie die Bezeichnungen, die den Reinigungsvorgang beschreiben (λούειν sowie das Oppositum μολύνειν, βαπτίζειν, ἀλλάξαι τὰ ἐνδύματα, λευκὰ ἐνδύματα καὶ καθαρά).

Für die Interpretation des Textes ist zunächst zu fragen, ob der Verfasser zutreffende historische Anschauungen über das Judentum vor dem Jahr 70 und seine Reinigungsriten besaß. Diese Frage war von Beginn der Diskussion über das Fragment an umstritten und ist es noch immer. Dabei stehen sich die Vertreter der Auffassung, das Fragment lasse zuverlässige Kenntnisse über Jerusalem, den Tempel und jüdische Traditionen erkennen und gehöre demzufolge in einen jüdisch-christlichen Kontext, auf der einen, und diejenigen, die nur unpräzise und zum Teil fehlerhafte Angaben zu erkennen meinen und deshalb für einen späteren Ursprung plädieren, auf der anderen Seite gegenüber[104]. Für die Einordnung des Textes in die frühchristliche Theologiegeschichte ist eine Entscheidung hierüber von grundlegender Bedeutung.

Die gelegentlich als historisch unzutreffend angesehene Nennung eines Pharisäers, der zugleich ἀρχιερεύς sein soll, ist dabei weniger problematisch, denn es ist gelegentlich bezeugt, dass Pharisäer auch Priester waren, und der Ausdruck ἀρχιερεύς muss nicht notwendigerweise den Vorsitzenden des Synhedriums bezeichnen, sondern kann auch allgemein einen Oberpriester meinen, was an dieser Stelle aufgrund des fehlenden Artikels sogar näherliegen könnte[105]. Gleichwohl bleibt die Schilderung einer Begegnung auf dem Tempelplatz mit einem als ἀρχιερεύς bezeichneten Pharisäer auffällig.

Innerhalb des Dialogs zwischen Jesus und Levi fallen einige Besonderheiten ins Auge. Der Terminus ἀγνευτήριον begegnet in jüdischen und urchristlichen Texten ansonsten nie und ist in der griechischen Literatur insgesamt nur noch dreimal belegt: einmal im 1. Jahrhundert n. Chr. bei dem stoischen Philosophen und Historiker Chaeremon der zugleich ägyptischer Priester war und mit dem Begriff die ägyptischen Tempel als Orte kultischer Reinigung beschreibt[106], sowie zweimal bei Gregor von Nazianz, der damit einmal Kirchen, das andere Mal Einrichtungen beschreibt, die Julian Apostata anstelle der kirchlichen Klöster einrichten

---

104. Vgl. KRUGER, *Gospel of the Saviour* (Anm. 92), S. 3-14.
105. Vgl. JEREMIAS, *Unbekannte Jesusworte* (Anm. 45), S. 53.
106. Frg. 10 (PORPHYR., *De abstinentia* IV 6-8). Vgl. P.W. VAN DER HORST, *Chaeremon: Egyptian Priest and Stoic Philosopher. The Fragments Collected and Translated with Explanatory Notes*, Leiden, Brill, 1984, S. 17-23, S. 18.

ließ[107]. Als Bezeichnung des Jerusalemer Tempelplatzes ist der Begriff dagegen außerhalb des Fragments nirgends bezeugt.

Bei der Schilderung, dass Jesus mit seinen Jüngern im ἁγνευτήριον bzw. im ἱερόν die heiligen Geräte sieht, bleibt unklar, wie dies möglich gewesen sein soll, denn eine Betrachtung der Tempelgeräte im Allerheiligsten war für Nicht-Priester verboten. Undeutlich bleibt auch, welcher Ort mit dem „Teich Davids"[108] gemeint sein soll, denn ein solcher ist außerhalb des Fragments nicht belegt[109]. Schließlich kann auch die Schwierigkeit, dass in dem Fragment offenbar vorausgesetzt wird, dass sich jeder, der den Tempelplatz betritt, vorher reinigen müsse, nicht völlig gelöst werden, denn eine entsprechende jüdische Regel ist nicht bekannt.

Des Weiteren werden mit dem Verbum βαπτίζειν für das Waschungsritual[110], der Nennung des fließenden Wassers[111] sowie seiner Beschreibung als Hinab- und Hinaufsteigen auf zwei unterschiedlichen Treppen mit anschließendem Anlegen weißer Kleider Handlungen beschrieben, die weniger auf ein jüdisches Reinigungsritual als auf die christliche Taufe hinweisen. Die Intention des Fragments könnte demzufolge darin liegen, eine Kontroverse über die Bedeutung des Rituals der christlichen Wassertaufe in die Form eines Dialoges zwischen Jesus und einem jüdischen Oberpriester zu kleiden.

Innerhalb des theologiegeschichtlichen Kontexts des 2. Jahrhunderts könnte sich in der auf POxy 840 dargestellten Kontroverse eine Auseinandersetzung zwischen einem an der Wassertaufe orientierten Mehrheitschristentum, das hier von dem Pharisäer und Oberpriester Levi vertreten wird, und einem an der geistigen Dimension der Taufe als einem Akt, der mit dem oberen Bereich verbindet und hier von Jesus gelehrt wird, ausgerichteten Gruppe widerspiegeln. Zieht man zudem in Betracht, dass sowohl in der sethianischen als auch in der valentinianischen Richtung der Gnosis – und natürlich später bei den Mandäern – die Praxis der Wassertaufe als Initiationsritus belegt ist, die jedoch durch eine spirituelle Taufe überboten werden muss[112], könnte die Kontroverse in eine

---

107. *Carm.* I 2,34,224; *Or.* 4,111. Vgl. KRUGER, *Gospel of the Saviour* (Anm. 92), S. 107-115.

108. ΛΙΜΝΗΤΟΥΔΔ (Λιμνη του Δαυειδ), l. 25.

109. Dass damit eine Mikwe bezeichnet sein soll, wie KRUGER, *Gospel of the Saviour* (Anm. 92), S. 115-126, annimmt, wäre ein ganz ungewöhnlicher Gebrauch des Begriffs λίμνη.

110. l. 15f. sowie evtl. 42f.

111. ΧΕΟΜΕΝΟΙΣΥ[.]ΔΑΣΙ (χεομενοις υ[δ]ασι), l. 32f. Vgl. Did 7,2.

112. Vgl. K. RUDOLPH, *Die Gnosis: Wesen und Geschichte einer spätantiken Religion*, Göttingen, Vandenhoeck & Ruprecht, ⁴2005, S. 245f.; IRENÄUS, *Adv. Haer.* I 21,2.

theologiegeschichtliche Auseinandersetzung des 2. Jahrhunderts gehören, in der eine am Wasserritus orientierte Taufe abgewertet und einer Verbindung mit den „von oben kommenden Wassern", also einem spirituellen Taufverständnis, gegenübergestellt wird[113]. Der Versuch von Jeremias, in dem Fragment verlässliche Kenntnis des Judentums vor 70 nachzuweisen und es deshalb zu denjenigen außerkanonischen Quellen zu rechnen, die unsere Kenntnis über den historischen Jesus bereichern würden, wäre damit zugleich als unfruchtbar zu beurteilen. Auch die Deutung von Kruger, der das Fragment einem judenchristlichen Milieu des frühen 2. Jahrhunderts zuweist und darin die Kontroverse einer judenchristlichen Gruppe mit anderen jüdischen und christlichen Gruppen über Reinheitsfragen findet, vermag nicht recht zu überzeugen[114].

Zu beachten bleibt allerdings, dass der Text deshalb noch nicht als „gnostisch" einzustufen ist. Er weist keinerlei Anklänge an mythologische Spekulationen auf und ist auch nicht an einer besonderen Anthropologie orientiert. Er könnte allerdings in eine Frühphase der Auseinandersetzung zwischen frühchristlichen Gruppen, die sich positiv auf das Judentum bezogen und das Ritual der Taufe im fließenden Wasser praktizierten, und solchen, die sich an einer spirituellen Dimension ritueller Handlungen orientierten und zum Judentum auf Distanz gingen, gehören.

POxy 840 könnte sich dieser Deutung zufolge als Aufnahme und Weiterführung von Disputen über die Reinheit zwischen Jesus und den Pharisäern[115] bzw. als Vertiefung solcher Erzählungen, die eine äußerliche Waschung als Symbol für innere Reinheit darstellen[116] verstehen lassen. Er wäre damit ein eigenes Zeugnis eines apokryphen Textes aus dem 2. Jahrhundert, der Impulse der Darstellungen aus den kanonisch werdenden Evangelien aufnimmt und in eine neue theologiegeschichtliche Situation hineinstellt.

3. „Gnostische" Texte

a) Zur Charakterisierung „gnostischer" Texte

Als „gnostisch" werden hier solche Texte bezeichnet, die von den neutestamentlichen Evangelien und ihrer Rezeption in der frühen Kirche dezidiert abweichende, zu ihnen in Konkurrenz tretende Darstellungen

---

113. In eine ähnliche Richtung geht die Interpretation von BOVON, *Fragment Oxyrhynchus 840* (Anm. 96).

114. KRUGER, *Gospel of the Saviour* (Anm. 92), S. 206-258.

115. Vgl. Mk 7,1-23; Mt 23,1-36/Lk 11,37-52.

116. Vgl. Joh 13,1-30.

des Wirkens und Geschicks Jesu präsentieren[117]. Als Charakteristika
lassen sich dabei die Verwendung mythologischer Motive – etwa göttliche
Emanationen und verschiedene himmlische Sphären – zur Schilderung der
Entstehung von himmlischem und irdischem Bereich, deren strikte Entge-
gensetzung, eine Anthropologie, die den Menschen als zwar mit dem oberen Bereich verbunden, jedoch im irdischen gefangen gehalten sieht, sowie
eine Auffassung von der Erlösung als Befreiung des Menschen aus dieser
Gefangenschaft durch eine aus dem oberen Bereich kommende Erlöserfigur nennen. Obwohl diese Motive in den einzelnen Texten in verschiedenen Ausprägungen und Verbindungen anzutreffen sind, lassen sie sich
verwandten geistig-religiösen Milieus zurechnen, die von verschiedenen
Lehrerpersönlichkeiten geprägt wurden, die Systeme mit analogen Elementen entwickelten und Schulen gründeten, in denen diese Systeme tradiert und weiterentwickelt wurden[118]. Der Begriff „Gnosis", den bereits
Irenäus als Oberbegriff für die verschiedenen von ihm als Irrlehren
bekämpften Lehren verwendet[119], wird hier demnach zur Bezeichnung von
Systemen des 2. und 3. Jahrhundert verwendet, die die christliche Lehre
als eine Form höherer Erkenntnis auffassen, die auf speziellen Offenbarungen über die obere Welt, die Entstehung des irdischen, zumeist negativ
betrachteten Bereichs und den Weg zur Erlösung gründet[120].

Als gemeinsamer soziologischer Kontext ist dabei die Ausbreitung des
Christentums in die pagane Welt vorauszusetzen, die es erforderlich
machte, die christliche Botschaft im philosophischen Horizont, vornehmlich der platonischen Tradition, zu interpretieren[121]. Dass diese Notwendigkeit bestand, lässt sich auch bei den der Großkirche zuzurechnenden

---

117. Neuere Überblicksdarstellungen finden sich bei C. MARKSCHIES, *Die Gnosis*,
München, Beck, ³2010; J. BRANKAER, *Die Gnosis: Texte und Kommentar*, Wiesbaden,
Marix, 2010.

118. Vgl. dazu U. NIEMEYER, *Die christlichen Lehrer im zweiten Jahrhundert: Ihre
Lehrtätigkeit, ihr Selbstverständnis und ihre Geschichte* (SupplVigChr, 4), Leiden, Brill,
1989, hier bes. S. 201-214 zu den gnostischen Lehrern.

119. So bereits im Titel seines Werkes: ΕΛΕΝΧΟΣ ΚΑΙ ΑΝΑΤΡΟΠΗ ΤΗΣ ΨΕΥΔΟΝΥΜΟΥ
ΓΝΩΣΕΩΣ. In I 29,1 bezeichnet er sodann Valentin als den ersten „aus der sogenannten
gnostischen Häresie" (πρῶτος ἀπὸ τῆς λεγομένης Γνωστικῆς αἱρέσεως), der deren
Prinzipien (ἀρχαί) in die Form eines eigenen Lehrsystems gebracht habe.

120. Zur Problematik des Begriffs „Gnosis" vgl. K. KING, *What Is Gnosticism?*, Cambridge, MA – London, Belknap and Harvard University, 2003; M.A. WILLIAMS, *Rethinking Gnosticism: An Argument for Dismantling a Dubious Category*, Princeton, NJ, Princeton University Press, 1996.

121. Die These eines nicht-christlichen Ursprungs der Gnosis, die von der Religions-
geschichtlichen Schule entwickelt worden war, hatte bereits C. COLPE in fundamentaler
Weise kritisiert. Vgl. ID., *Die religionsgeschichtliche Schule: Darstellung und Kritik ihres
Bildes vom gnostischen Erlösermythus* (FRLANT, NF, 60), Göttingen, Vandenhoeck &
Ruprecht 1961; ID., *Gnosis II (Gnostizismus)*, in *RAC* 11 (1981) 537-659.

Theologen wie Justin, Clemens von Alexandria und Origenes erkennen, die ebenfalls eine christliche Theologie im philosophischen Kontext entwickelten.

Einige der „gnostischen" Texte kennzeichnen ihren verborgenen, nicht offen zutage liegenden Inhalt mit dem Begriff ἀπόκρυφος. So bezeichnet sich das Apokryphon des Johannes im Titel als „apokryph", das EvThom und das EvJud charakterisieren das im Folgenden Mitgeteilte am Beginn als λόγοι ἀπόκρυφοι (ⲛ̄ϣⲁϫⲉ ⲉⲑⲏⲡ) bzw. als „verborgene Rede" (ⲡⲗⲟⲅⲟ[ⲥ] ⲉⲧϩⲏⲡ). Der Terminus ἀπόκρυφος kennzeichnet die Inhalte dieser Schriften demnach als solche, für deren Verständnis es besonderer Einsicht bedarf. Dabei ist die Existenz anderer Evangelien vorausgesetzt, an die sich die „apokryphen" Texte oftmals bereits im Titel anlehnen[122], deren Inhalt sie zugrunde legen und von denen sie sich durch die Betonung ihres eigenen Charakters als Schriften mit verborgenem Inhalt absetzen[123].

Einige dieser Texte setzen die Situation eines Gespräches Jesu mit seinen Jüngerinnen und Jüngern kurz vor oder nach der Passion voraus. Das EvJud schildert Gespräche Jesu mit Judas bzw. seinen Jüngern in der Woche vor den Passionsereignissen[124], SJC und AJ sind als Dialoge mit dem Auferstandenen gestaltet. Nicht ganz deutlich ist, ob das EvMar eine vor- oder nachösterliche Situation voraussetzt, denn die Formulierung ⲛ̄ⲧⲁⲣⲉϥϫⲉ ⲛⲁⲓ̈ ⲁϥⲃⲱⲕ (POxy 3525, l. 5: τ]αῦτα εἰπὼν ἐξ[ῆλθεν) gibt nicht eindeutig zu erkennen, wohin Jesus nach seinen Abschiedsreden an die Jünger geht. Wahrscheinlich ist die Wendung jedoch auf seinen Weggang in die obere Welt nach seiner Erscheinung als Auferstandener zu beziehen. Das EvThom charakterisiert seinen Inhalt vorab als „verborgene Worte des lebendigen Jesus", wobei nicht ganz deutlich ist, ob dabei der vor- oder der nachösterliche Jesus gemeint ist oder ob eine solche Unterscheidung überhaupt als unwesentlich erachtet wird. Nicht eindeutig definiert ist auch der biographische Ort der Dialoge Jesu mit den Jüngern im sogenannten „Dialog des Erlösers" (NHC III,5).

---

122. Vgl. oben Anm. 37.

123. So ist im AJ offensichtlich das JohEv vorausgesetzt, die im EvThom in Form einer Spruchsammlung mit stereotyper Redeeinleitung präsentierten Jesusworte und -gleichnisse stammen aus verschiedenen, auch narrativen Kontexten, das EvJud bietet Gespräche zwischen Jesus und seinen Jüngern, die er in der Woche vor der letzten Feier des Passahfestes in Jerusalem geführt haben soll. Dabei ist also der Kontext der Passionsereignisse vorausgesetzt, die durch die hier präsentierten Dialoge und Reden Jesu auf eigene Weise gedeutet werden.

124. Vgl. CT, S. 33, l. 3.

Etliche Manuskripte „gnostischer" Evangelien finden sich in den
Nag-Hammadi-Codices sowie dem bereits erwähnten Codex Berolinensis
Gnosticus 8502. Sie stammen in der Regel aus dem 4. bzw. 5. Jahrhundert. Die Erwähnungen einiger dieser Texte bei altkirchlichen Theologen
führen jedoch in eine frühere Zeit. So erwähnen Origenes und Hippolyt
ein „Evangelium nach Thomas", Irenäus kennt ein „Evangelium des
Judas" sowie ein von den Anhängern Valentins verfasstes „Evangelium
der Wahrheit".

b) *Konkretionen*

Zur Konkretion sei zunächst ein Blick auf das AJ geworfen[125]. Diese
Schrift bezeichnet sich zwar nicht selbst als „Evangelium", lässt sich auf
der Basis des oben genannten, weiter gefassten Verständnisses dieses
Begriffs jedoch zu den apokryphen Evangelien rechnen. Aufgrund ihres
dialogischen Charakters – die Rahmenhandlung sowie Teile der Offenbarungsrede sind als Dialog zwischen Jesus und Johannes gestaltet – wird
sie auch zur Untergattung der „Dialogevangelien" gezählt[126].

Das AJ ist bekanntlich viermal überliefert, wobei sich eine je zweimal
bezeugte Kurz- und Langversion unterscheiden lassen. Erstere liegt in
NHC III,1 sowie als zweite Schrift des BG vor, letztere als NHC II,1 und
IV,1. In den drei Nag-Hammadi-Codices ist die Schrift demnach offenbar
bewusst jeweils an den Anfang gesetzt worden. Der Titel der beiden
Fassungen unterscheidet sich dadurch, dass die Kurzfassung ⲡⲁⲡⲟⲕⲣⲩ-
ⲫⲟⲛ ⲛ̄ⲓ̈ⲱ²ⲁⲛⲛⲏⲥ liest, die Langversion dagegen ⲕⲁⲧⲁ ⲓ̈ⲱ²ⲁⲛⲛⲏⲛ
ⲓ̈ⲱ[ⲏ]ⲛ̣ ⲛ̄ ⲁⲡⲟⲕⲣⲩⲫⲟⲛ. Der Titel der vermutlich jüngeren Langversion lehnt sich demnach an die neutestamentlichen Evangelienüberschriften an, insonderheit an die Bezeichnung des Johannesevangeliums als
ⲉⲨⲀⲅⲅⲈⲖⲒⲞⲚ ⲔⲀⲦⲀ ⲒⲰⲀⲚⲚⲎⲚ[127]. Er lässt sich als Variation dieses Titels
im Sinne von: „Das *verborgene* (Evangelium) nach Johannes" auffassen[128]. In der Einleitung der Langversion wird dies zusätzlich dadurch

---

125. Vgl. die Textausgabe von M. WALDSTEIN – F. WISSE (Hgg.), *The Apocryphon of
John: Synopsis of Nag Hammadi Codices II,1; III,1; and IV,1 with BG 8502,2 (NHMS,
XXXIII)*, Leiden, Brill, 1995.

126. So etwa bei J. HARTENSTEIN, *Die zweite Lehre: Erscheinungen des Auferstandenen als Rahmenerzählungen frühchristlicher Dialoge* (TU, 146), Berlin, Akademie Verlag,
2000; KLAUCK, *Evangelien* (Anm. 70).

127. So bereits im 3. Jahrhundert in P[66.75], dann im Alexandrinus, Ephraemi rescriptus
und weiteren Codices.

128. Vgl. HARTENSTEIN, *Lehre* (Anm. 126), S. 64.

unterstrichen, dass das Folgende als „[die Offenbarung] der Geheimnisse [und der] im Schweigen verborgenen Dinge" bezeichnet wird[129].

Das AJ wird in der Regel zur sogenannten „sethianischen" Gnosis gerechnet und gilt sogar als diejenige Schrift, in der das „sethianische" System am prägnantesten vor Augen tritt. Zwar sind bei der genaueren Erfassung dieser Richtung einige Fragen bislang nicht befriedigend geklärt. So ist etwa umstritten, ob die von Hans-Martin Schenke geprägte, an der Figur des Seth orientierte Bezeichnung[130] glücklich gewählt ist, da die von Hippolyt und Epiphanius als System der „Sethianer" wiederge- gebenen Lehren[131] mit demjenigen der „sethianischen" Texte aus Nag Hammadi und verwandten Codices nur wenig gemein hat. Dagegen wird die klassische Form des sethianischen Systems, das im AJ in Form einer Offenbarungsrede Jesu präsentiert wird, auch von Irenäus in Haer I 29 vorgestellt, jedoch nicht als „sethianisch", sondern als Lehre der „Bar- belo-Gnostiker" bezeichnet[132].

Das Verhältnis zwischen dieser Ausprägung der Gnosis und derjenigen von Valentin und seiner Schule ist nicht letztlich geklärt. Irenäus zufolge war Valentin der erste, der die Prinzipien (ἀρχαί) der gnostischen Rich- tung zu einem eigenen Lehrgebäude geformt hat[133]. Die nach Irenäus bei Simon Magus beginnende Entstehung der gnostischen Irrlehren, zu denen neben den direkten Nachfolgern Simons – Menander, Saturninus und Basilides[134] – auch die sogenannten Barbelo-Gnostiker gehörten, würde demnach der Ausbildung des valentinianischen Systems vorausliegen. Dementsprechend wird häufiger angenommen, dass der Sethianismus die „klassische" Form der Gnosis darstelle und in späteren Lehrsystemen

---

129. NHC II,1/IV,1, p. 1,2-4: [ⲡ6ⲱⲗⲡ ⲉⲃⲟⲗ ⲛⲙⲙ]ⲩⲥⲧⲏⲣⲓⲟⲛ ⲙⲛ ⲛⲉⲧⲍⲏⲡ ⲍ̄ⲛ ⲟⲩⲙⲛ̄ⲧⲕⲁⲣⲱϥ.

130. Vgl. H.-M. SCHENKE, *The Phenomenon and Significance of Gnostic Sethianism*, in B. LAYTON (Hg.), *The Rediscovery of Gnosticism: Proceedings of the International Conference on Gnosticism at Yale, New Haven, Connecticut, March 28-31, 1978*. Volume Two: *Sethian Gnosticism*, Leiden, Brill, 1981, 588-616.

131. HIPP., *Ref.*, V 19-22. In V 22 verweist Hippolyt auf eine Schrift mit dem Titel „Paraphrase des Seth" (Παράφρασις Σήθ), in der die Lehren der Sethianer zusammen- gefasst seien. Diese Schrift ist nicht überliefert, möglicherweise bestehen jedoch Bezie- hungen zu der „Paraphrase des Seem" aus Nag Hammadi (NHC, VII,1). Vgl. dazu C. COLPE, *Heidnische, jüdische und christliche Überlieferung in den Schriften aus Nag Hammadi II*, in *JAC* 16 (1973) 106-124. EPIPH., *Pan.* 39,1-5, erwähnt die Sethianer eben- falls und nennt auch einige ihrer Schriften. Ob er diese tatsächlich gekannt hat, bleibt allerdings unsicher.

132. IREN., *Adv. Haer.* I 29,1-4.

133. *Adv. Haer.* I 11,1.

134. *Adv. Haer.* I 23,2-24,7.

vorausgesetzt sei[135]. Ein anderes Modell rechnet dagegen damit, dass das sethianische System seinerseits den valentinianischen Mythos voraussetze[136].

Ohne diese Fragen hier weiter zu verfolgen, lassen sich bestimmte Merkmale benennen, die die zur „sethianischen" Gnosis gerechneten Texte miteinander teilen und zu erkennen geben, dass es sich um eine eigene Richtung der „Gnosis" handelt[137]. Dabei wird nicht in allen dieser Texte ein identischer, geschlossener Mythos vorausgesetzt. Es handelt sich vielmehr um vergleichbare mythologische Elemente und eine bestimmte Terminologie, die diese Texte als einem gemeinsamen Sprach- und Denkmilieu entstammend erweist. Das AJ gehört demnach in den Kontext einer spezifischen „gnostischen" Richtung und nimmt innerhalb dieser offenbar eine wichtige Stellung ein, wie sowohl aus ihrer mehrfachen Überlieferung in verschiedenen Versionen als auch aus der markanten Stellung am Beginn dreier Nag-Hammadi-Codices geschlossen werden kann. Aufgrund dieser sowohl durch die Überlieferungslage als auch durch die Analogie zur von Irenäus mitgeteilten Lehre der Barbelo-Gnostiker profilierten Stellung des AJ eignet es sich in besonderer Weise dazu, einen Einblick in ein mythologisches System zu gewinnen, das vermutlich in der 1. Hälfte des 2. Jahrhunderts ausgebildet wurde.

Der in den verschiedenen Versionen des AJ begegnende Mythos wird in eine Rahmenhandlung gestellt, in der Johannes die Erscheinung einer himmlischen Person in mehreren Gestalten zuteil wird, die später als Christus identifiziert wird. Durch diese Person wird Johannes in Form eines Mythos über das Wesen Gottes, die Entstehung der oberen Welt, den Fall der Sophia, die Geburt Jaldabaoths und die Entstehung der unteren Welt belehrt. Daran schließt sich eine an Gen 1–7 orientierte Erzählung von der Erschaffung des Menschen an, in der die beiden Berichte von Erschaffung des Menschen als Abfolge von Erschaffung des seelischen Menschen und Einhauchung des aus der oberen Welt stammenden Geistes in diesen gedeutet werden. Die Erzählung wird sodann durch weitere Aspekte aus Gen 2–7 – die Paradiesgeschichte, die Erschaffung der Frau, die Einrichtung der sexuellen Begierde durch Jaldabaoth, – ver-

---

135. Vgl. B. LAYTON, *Prolegomena to the Study of Ancient Gnosticism*, in L. MICHAEL WHITE – O. LARRY YARBROUGH (Hgg.), *The Social World of the First Christians. Essays in Honor of Wayne A. Meeks*, Minneapolis, MN, Fortress, 1995, 334-350.
136. Vgl. S. PÉTREMENT, *A Separate God: The Christian Origins of Gnosticism*, San Francisco, CA, Harper & Row, 1990.
137. Zu diesen Texten gehören neben dem AJ u.a. noch „Die Hypostase der Archonten" (NHC, II,4), „Das ägyptische Evangelium" (NHC, III,2), „Die Apokalypse des Adam" (NHC, V,5), „Die drei Stelen des Seth" (NHC, VII,5), „Zostrianus" (NHC, VIII,1), „Die Ode über Norea" (NHC, IX,2) sowie „Allogenes" (NHC, XI,3).

vollständigt. Es schließt sich ein weiterer Teil in Form eines Dialogs zwischen Johannes und Christus an, in dem Letzterer sieben Fragen des Johannes nach der Rettung der Seelen durch längere mythologische Ausführungen beantwortet. Darin verarbeitet sind auch die Flutgeschichte und die Erzählung der Verbindung von Engeln und Menschentöchtern nach Gen 6,1-4. Am Ende wird Johannes aufgefordert, das Gehörte aufzuschreiben und sicher zu bewahren.

Im AJ lässt sich demnach ein System erkennen, in dem Motive des biblischen Schöpfungsberichtes in einer Weise verarbeitet wurden, die zu einer Trennung und radikalen Gegenüberstellung des obersten, unsichtbaren Geistes und des unteren, minderwertigen Wesens namens Jaldabaoth führt, der einen eigenen Äon hervorbringt und auch den irdischen Menschen schafft. Für die Rückkehr zum Ursprung des Menschen und die Vereinigung mit dem vollkommenen, wahren Menschen ist es notwendig, diese Zusammenhänge zu kennen, um zur Erlösung aus dem irdischen Bereich zu gelangen. Es handelt sich demnach um ein mythologisches System, das die biblische Sicht auf Gott und sein Verhältnis zur Welt radikal in Frage stellt und die Bedeutung Jesu darin sieht, die Erkenntnis über die „wahren" Zusammenhänge von oberer und unterer Welt zu vermitteln.

Hinter diesem Entwurf und vergleichbaren Systemen stehen offenbar Gruppen, die die christlichen Lehren durch die Verbindung mit mythologischen und philosophischen Motiven – vornehmlich platonischer Provenienz – für pagane Hörer attraktiv zu machen suchten. In der Darstellung der Erlösung als höherer Erkenntnis über die Minderwertigkeit des Schöpfergottes sowie der damit verbundenen negativen Beurteilung der Welt als eines der wahren Natur des Menschen fremden und feindlichen Bereichs könnten zudem negative Erfahrungen der entsprechenden Trägergruppen reflektiert und bearbeitet worden sein. Das AJ ist damit ein Zeugnis für die Fortschreibung biblischer Erzählungen, die schließlich in dem Gegenüber von „orthodoxen" und „häretischen" Interpretationen mündete.

Die bereits genannte, auf Valentin zurückgehende Richtung tritt durch diesen selbst sowie durch Persönlichkeiten aus seiner Schule deutlicher in Erscheinung. Zu den wichtigsten Schriften gehören das gelegentlich auf Valentin selbst zurückgeführte Evangelium Veritatis (NHC XII,2)[138],

---

138. Grundlage sind die Notizen bei IRENÄUS, *Adv. Haer.* I 11,9 und PS.-TERTULLIAN, *Adv. Haer.* 4,6. Ersterer führt aus, dass die Schüler Valentins ein kürzlich von ihnen zusammengeschriebenes Werk „Evangelium der Wahrheit" nennen. Ps.-Tertullian erwähnt, dass Valentin ein eigenes Evangelium außer „unseren" habe.

das Philippusevangelium (NHC II,3) sowie der Tractatus Tripartitus (NHC I,5). Darüber hinaus sind sowohl von dem Schulgründer Valentin als auch von seinen wichtigsten Schülern Ptolemäus, Herakleon und Theodotos außer dem ausführlichen Bericht des Irenäus und den Nachrichten bei Hippolyt Originaltexte überliefert, anhand derer das Lehrsystem dieser Schule erschlossen werden kann. Auch dabei gilt, dass es nicht einen geschlossenen Mythos gibt, der in allen Schriften in gleicher Weise ausgeführt würde oder vorausgesetzt wäre. Vielmehr lassen sich verschiedene Elemente erkennen, die in einzelnen Schriften in variierenden Kombinationen auftreten können. Zudem scheint es zwischen der Lehre Valentins, soweit sie sich aus den erhaltenen Fragmenten rekonstruieren lässt, und dem in den verschiedenen Zweigen der valentinianischen Schule anzutreffenden Systemen Weiterentwicklungen gegeben zu haben, so dass die in späteren Texten begegnenden mythologischen Vorstellungen nicht automatisch auch für frühere Formen des Valentinianismus vorauszusetzen sind[139].

Im Valentinianismus heißt der höchste Gott Προαρχή, Προπάτωρ oder Βύθος. Ihm zur Seite steht Ἔννοια, die auch Χάρις oder Σιγή heißt. Beide bringen den Νοῦς, der auch Μονογενής genannt wird, sowie die Ἀλήθεια hervor. Diese bilden die erste Τετράκτυς. Irenäus notiert an dieser Stelle einen Bezug zum Pythagoreismus, indem er diese Vierheit als „pythagoreisch" (Πυθαγορική) bezeichnet. Es folgen weitere Äonenpaare, die das obere Pleroma bilden. Die untere Welt wird dagegen auf den Fall der Sophia zurückgeführt, die veranlasst, dass der Demiurg den Kosmos erschafft. Bei den Menschen gibt es die drei Klassen der pneumatischen, psychischen und irdischen Menschen. Die Ersteren werden auf jeden Fall gerettet, die Letzteren gehen verloren. Die mittlere Gruppe der Psychiker kann dagegen ebenfalls gerettet werden, wenn sie sich am Pneumatischen orientiert, über das der Erlöser sie belehrt.

Auch die valentinianische Lehre stellt demnach eine spezifische Interpretation der christlichen Erlösungslehre dar, wobei hier die Orientierung an der platonischen Philosophie und ihrem Gegenüber von Urbild und Abbild noch deutlicher hervortritt.

Möglicherweise hat sich der Valentinianismus als ἐκκλησία organisiert[140]. Darauf könnten die in den Quellen erkennbaren Gemeinden

---

139. Ob es hilfreich ist, dies mit der Unterscheidung von nicht-gnostischen Lehrern und gnostischen Schulen zu erfassen, wie es gelegentlich geschieht, sei dahingestellt. Dabei könnten die Unterschiede zwischen den jeweiligen Schulgründern und ihren Nachfolgern auch überbetont sein.

140. Vgl. E. THOMASSEN, *The Spiritual Seed: The Church of the „Valentinians"*, Leiden – Boston, MA, Brill, 2006 (Paperback edition 2008).

hinweisen, die im 2. Jahrhundert an verschiedenen Orten des Imperium Romanum entstanden. Auch die hervorgehobene Rolle der Ethik in den valentinianischen Schriften sowie die Bedeutung von Gebet und Sakramenten, wie sie etwa aus den liturgischen Stücken, die als Anhang zur sogenannten „Valentinianischen Abhandlung" (NHC XI,2) überliefert sind, aber auch aus der Betonung der Sakramente im EvPhil hervorgeht[141], weisen in diese Richtung.

Mit der valentinianischen Schule oder „Kirche" tritt demnach eine im 2. Jahrhundert durchaus verbreitete und durch verschiedene theologische Persönlichkeiten geprägte Richtung vor Augen, die zu den sich zur anerkannten christlichen Kirche entwickelnden Lehren und Gemeinden zunehmend in Konkurrenz geriet.

Das Spektrum der „gnostischen" Schriften ist damit keineswegs erschöpft. Dazu gehören vielmehr zahlreiche weitere Texte, die sich in verschiedener Weise auf die kanonisch werdenden Texte beziehen und dabei häufig auf philosophische und mythologische Motive zurückgreifen, die mitunter nur angedeutet, aber nicht eigens expliziert werden. Dies scheint etwa beim EvThom der Fall zu sein, wo etwa in Log. 24 und 61 vom Licht im Menschen die Rede ist, in Log. 50 und 83 (vgl. auch 84) von einer Relation von Licht und Bild gesprochen und in Log. 56 und 80 die Welt als „Leiche"[142] bezeichnet wird. Dahinter könnte die Vorstellung eines himmlischen Lichtortes stehen, aus dem die Menschen stammen, der jedoch nur im Bild erkennbar ist und in den es durch die Erkenntnis der Worte Jesu zurückzukehren gilt. Auch die Rede vom „Brautgemach" ist im EvThom anzutreffen[143]. Es werden allerdings nirgendwo über diese punktuell begegnenden Motive und Begriffe hinausgehende mythologische Vorstellungen erkennbar, wie dies etwa im AJ oder im TractTrip der Fall ist. Daneben gehören zu den Nag-Hammadi-Schriften auch etliche nicht-christliche Texte, die – unabhängig von der hier nicht zu diskutierenden Frage einer „vorchristlichen Gnosis" – zeigen, dass sich diese Form philosophisch-mythologischer Weltentstehungs- und Erlösungslehren nicht auf den Bereich christlicher Lehren beschränkten.

---

141. Vgl. dazu H. SCHMID, *Die Eucharistie ist Jesus: Anfänge einer Theorie des Sakraments im koptischen Philippusevangelium (NHC, II 3)* (SupplVigChr, 88), Leiden, Brill, 2007.

142. Die Begriffe lauten ⲡⲥⲱⲙⲁ (als griechisches Lehnwort) bzw. ⲡⲧⲱⲙⲁ, sind aber wohl als Synonyme aufzufassen.

143. In Log. 75 begegnet der koptische Ausdruck ⲙⲁ ⲛ̅ϣⲉⲗⲉⲉⲧ, in Log. 104 der griechische ⲡⲛⲩⲙⲫⲱⲛ. Dass dahinter die in späteren gnostischen Texten stehende Vorstellung liegt, ist allerdings nicht sicher.

Insgesamt führt der Bereich der „gnostischen" Texte demnach verschiedene Ansätze vor Augen, philosophische Gedanken vornehmlich platonischen Ursprungs aufzunehmen und mit biblischen Erzählungen und mythologischen Motiven über Emanationen, die Entstehung der Welt und des Menschen sowie dessen Weg zur Erlösung zu verbinden. Im Blick auf die Theologiegeschichte vornehmlich des 2. und 3. Jahrhunderts geben diese Texte damit zu erkennen, dass sich die Versuche christlicher Theologen wie etwa Justin, Irenäus und Clemens, die Bedeutung Jesu Christi auf der Grundlage der biblischen Texte und zeitgenössischer Philosophie zu explizieren, in einem breiteren Spektrum von Ansätzen bewegen, christliche Theologie mit Hilfe philosophischer und mythologischer Kategorien zu explizieren. Die christliche Theologie, die dann in den Konzilentscheidungen des 3. bis 5. Jahrhunderts Gestalt gewonnen hat, ist nicht zuletzt aus der Auseinandersetzung mit derartigen Lehren erwachsen.

4. *Legendarische Texte über Geburt, Passion und Auferstehung Jesu*

Dieser Bereich der apokryphen Evangelien ist durch die legendarische Ausmalung der Ereignisse um die Geburt Jesu bzw. der Passions- und Osterereignisse charakterisiert. Zu ihm gehören das sogenannte „Protevangelium des Jakobus"[144] und die Kindheitserzählung des Thomas einerseits, das Nikodemusevangelium, das Bartholomäusevangelium, das sogenannte „Unbekannte Berliner Evangelium" und das Petrusevangelium andererseits.

Auch diese Texte werden z.T. bereits bei altkirchlichen Theologen erwähnt. So spielt Clemens Alexandrinus offenbar auf das Protevangelium an, wenn er davon spricht, dass Maria auch nach der Geburt eine Jungfrau gewesen sei[145]. Ein weiteres, wiederum indirektes Zeugnis findet sich bei Origenes, der in seiner Erklärung von Mt 13,55, wo die Brüder Jesu erwähnt werden, darauf verweist, dass diese nach einer Überlieferung im nach Petrus benannten Evangelium oder im „Buch des Jakobus" als Söhne Josephs von einer Frau seien, mit der er vor Maria zusammengelebt habe[146]. Da sich genau diese Überlieferung im Protev findet (und zu seiner Verwerfung im Westen geführt hat)[147], lässt sich

---

144. Vgl. SCHNEIDER, *Evangelia* (Anm. 27), S. 21-34. 95-145; S. PELLEGRINI, *Das Protevangelium des Jakobus*, in MARKSCHIES – SCHRÖTER (Hgg.), *Apokryphen* (Anm. 1), 903-929.
145. *Strom.* VII 16,93,7, vgl. Protev 19–20.
146. ORIG., *Comm. in Mt.* X 17.
147. Vgl. Protev 9,2; 17,1f.; 18,1.

vermuten, dass Origenes hierauf anspielt, die entsprechende Nachricht aber nicht genau zuordnen kann.

Anders als die im voranstehenden Abschnitt genannten Texte hat das Protev eine überaus reiche Wirkungsgeschichte innerhalb der christlichen Kirche entfaltet. Der heute übliche Titel stammt allerdings erst aus dem 16. Jahrhundert von dem französischen Humanisten und Jesuiten Guillaume Postel, der den Text auf einer Reise in den Osten kennengelernt hatte. Er wurde für die Edition des lateinischen Textes im Jahr 1552 erstmals verwendet. In den Handschriften sind dagegen die Titel ΓΕΝΕΣΙΣ ΜΑΡΙΑΣ bzw. ΑΠΟΚΑΛΥΨΙΣ ΙΑΚΩΒ überliefert.

Obwohl von Hieronymus für die Nennung von Söhnen Josephs kritisiert[148] und im Decretum Gelasianum unter dem Titel „Liber de nativitate salvatoris et de Maria vel obstetrice" als apokryph verworfen, hat die Schrift sowohl die Legendenbildung über die Geburt Jesu – etwa durch seine Rezeption in späteren legendarischen Texten wie dem arabischen Kindheitsevangelium und dem Pseudo-Matthäusevangelium – als auch die Marienfrömmigkeit – etwa die Vorstellung von der bleibenden Jungfräulichkeit Marias nach der Geburt Jesu – nachhaltig beeinflusst. Von dieser Wirkung, die allerdings lange Zeit auf die Ostkirche beschränkt blieb, zeugen nicht zuletzt die zahlreichen Handschriften und Übersetzungen, etwa ins Syrische, Koptische und Armenische. Darüber hinaus hat es vielfältige Aufnahme in der Kunstgeschichte gefunden, etwa in den Darstellungen Marias mit ihren Eltern Anna und Joachim oder in den „Anna selbdritt"-Darstellungen[149]. Das ProtEv ist damit ein Zeugnis dafür, dass außerbiblische Texte aufgrund ihres Charakters als Texte, die das Bild der Frühzeit des Christentums über das in den kanonischen Texten Berichtete hinaus bereichern, Eingang in die Frömmigkeitsgeschichte des Christentums finden konnten.

Als letztes Beispiel sei etwas näher auf das bereits genannte „Unbekannte Berliner Evangelium" eingegangen[150]. Da der Text nur sehr fragmentarisch erhalten ist und auf p. 97 beginnt, sind über seinen Anfang

---

148. HIER., *Adv. Helvid.* 11-17.

149. Vgl. etwa die Darstellung der Geburt Marias des florentinischen Renaissancemalers Domenico Ghirlandaio (1449-1494) in der Tornabuoni-Kapelle der Kirche Santa Maria Novella in Florenz, das Tafelbild „Tempelgang Mariae" auf dem Passionsaltar der Antoniterpräzeptorei Tempzin von 1411 oder auch die „Anna selbdritt"-Darstellungen, etwa diejenige von Albrecht Dürer von 1519 (Metropolitan Museum of Art, New York).

150. Vgl. U.-K. PLISCH, *Zu einigen Einleitungsfragen des Unbekannten Berliner Evangeliums (UBE)*, in ZAC 9 (2005) 64-84; P. NAGEL, *„ Gespräche Jesu mit seinen Jüngern vor der Auferstehung": Zur Herkunft und Datierung des „Unbekannten Berliner Evangeliums"*, in ZNW 94 (2003) 215-257; H.-M. SCHENKE, *Das Unbekannte Berliner Evangelium,*

nur Mutmaßungen möglich. Möglicherweise hat die Schrift einen Bericht über das irdische Wirken Jesu enthalten, sie kann sich aber auch auf die Zeit unmittelbar vor der Passion konzentriert haben. Trotz der fehlenden Passagen, die den erhaltenen Textbestand immer wieder unterbrechen, lassen sich einige inhaltliche Aspekte erkennen.

Inhalt sind Gespräche Jesu mit seinen Jüngern vor der Passion. Als Rahmenhandlung lässt sich dabei ein Bericht der Apostel in der Wir-Form erkennen. Der Text setzt mitten in einem Satz Jesu über das König-reich der Himmel ein. Im weiteren Duktus fordert Jesus sodann dazu auf, „diesen Ort" zu verlassen, weil derjenige naht, der ihn ausliefern wird. Hier liegt eine deutliche Anspielung an Mk 14,42 vor. Im Folgenden wird diese mit weiteren Passagen aus Mk und Joh kombiniert: Die Voraussage des Anstoßnehmens der Jünger findet sich in Mk 14,27; weitere Sätze werden in johanneischer Sprache formuliert: „Ich und der Vater sind ein einziger"[151]; Jesus wird als guter Hirte sein Leben für die Jünger geben (Joh 10,11). Dies wird mit der Aufforderung aus 1 Joh 3,16 kombiniert, dass auch die Jünger ihr Leben für die Freunde (dort: für die Brüder) geben sollen und durch die Aussage über das größte Gebot weitergeführt, dass nämlich Jesus sein Leben für die Menschen gibt[152].

Der Text ist demnach mit Zitaten und Anspielungen auf neutestament-liche Evangelien durchsetzt, wobei eine besondere Nähe zum JohEv erkennbar ist[153]. Es finden sich aber auch Bezugnahmen auf alttestament-liche Stellen und außerkanonische Jesusworte, so etwa: „Wer [mir nahe ist], ist dem Feuer nahe"[154]. Dieses Wort findet sich in ähnlicher Form im EvThom, aber auch bei Origenes und Didymus dem Blinden[155]. Indem das UBE derartige Wendungen aufgreift und kombiniert, entwickelt es eine eigene Theologie.

In einem weiteren Passus wird eine Version der Verklärungserzählung geschildert[156]. Die Jünger werden gemeinsam mit Jesus verklärt und erleben eine Himmelsreise, bei der sie Torhütern, Engeln, Erzengeln und Cherubim begegnen und die sie bis vor den Thron des Vaters führt.

---

auch „*Evangelium des Erlösers"* genannt, in MARKSCHIES – SCHRÖTER (Hgg.), *Apokryphen* (Anm. 1), 1277-1289.

151. UBE, p. 98,60-62. Vgl. Joh 10,30.

152. UBE, p. 99,3-15. Vgl. Joh 10,11; 15,13.

153. Vgl. T. NAGEL, *Das „Unbekannte Berliner Evangelium" und das Johannesevan-gelium*, in *ZNW* 93 (2002) 251-267.

154. UBE, p. 107,30-38: „Wenn aber einer mir zu nahe kommt, wird er verbrennen. Ich bin das lodernde Feuer. Wer [mir nah ist], ist dem Feuer nah. Wer mir fern ist, ist dem Leben fern".

155. EvThom, Log. 82; ORIG., *In Jer. Hom.* 3,3; DIDYMUS, *Frag. in Psalmos* 883.

156. UBE, p. 100–106. Vgl. dazu J. FREY, *Leidenskampf und Himmelsreise: Das Berliner Evangelienfragment (Papyrus Berolinensis 22220) und die Gethsemane-Tradi-tion*, in *BZ* NF 46 (2002) 71-96.

Hieran schließt sich eine interessante Version der Gethsemane-Szene an. Jesus bittet den Vater mehrfach, dass der Kelch an ihm vorübergehen möge, er bittet darum, durch ein anderes, sündiges Volk und nicht durch Israel getötet zu werden und er sagt, dass er mit Freuden für das Menschengeschlecht sterben werde. Anders als in den synoptischen Evangelien ist dieses Gebet hier allerdings Teil der himmlischen Vision, findet also nicht auf der Erde statt.

Bemerkenswert ist, dass Jesus den Vater darum bittet, der Kelch des Sterbens möge an ihm vorübergehen[157]. Das Sterben Jesu spielt im UBE also eine wichtige Rolle und wird als Leben geben für die Freunde und Sterben für die Menschheit gedeutet. Der Grund für die Bitte liegt aber offenbar nicht darin, dass Jesus Angst vor Leiden und Tod hat, wie dies in der Gethsemane-Erzählung des MkEv der Fall ist. Vielmehr möchte er von einem anderen, sündigen Volk und nicht von Israel getötet werden. Vorausgesetzt ist hier die auch im EvPetr vertretene Sicht, dass Jesus von den Juden getötet wurde, wogegen die Römer nicht genannt werden. Gleichzeitig kommt die Verbundenheit Jesu mit Israel zum Ausdruck, so vor allem, wenn er das Volk Israel den sündigen Völkern gegenüberstellt und Abraham, Isaak und Jakob als „seine Geliebten" bezeichnet. Diese Deutung trifft sich mit derjenigen bei Origenes, dass Jesus den Vater gebeten habe, den Kelch an ihm vorübergehen zu lassen, um seinem Volk und Jerusalem die Strafe für seine Tötung zu ersparen[158]. Origenes deutet dies als Beleg dafür, dass Jesus tatsächlich Schmerzen und Qualen erlitten habe und nicht nur scheinbar, wie Celsus behauptet, weil es nur so verständlich sei, dass er den Christen als Vorbild für das Ertragen von Leiden habe dienen können.

Auch nach dem UBE wird die durch den Tod Jesu bewirkte Erlösung der ganzen Welt zuteil. Vielleicht geht es in dem Text darum, dass Israel selbst durch die Tötung Jesu diese Erlösung verwirkt hat. Das ist nicht mehr deutlich erkennbar, wäre aber eine mögliche Interpretation der im UBE begegnenden Passage. Auf jeden Fall liegt hier eine bemerkenswerte Deutung der Gethsemane-Erzählung vor: Jesus ist nicht mehr von Furcht und Angst gequält. Vielmehr hat seine Betrübnis einen anderen Grund, nämlich das Schicksal Israels. Das passt zu der „johanneischen" Prägung des Textes. Bereits an früherer Stelle hatte Jesus dem Verlassenwerden durch die Jünger den Beistand durch den Vater entgegengesetzt[159]. Ähnlich wie im JohEv bleibt Jesus also auch im UBE in der Leidenssituation souverän.

---

157. UBE, p. 102.
158. ORIG., *Contra Celsum* 2,25.
159. UBE, p. 98,55-60: „Ihr werdet alle fliehen und mich allein [lassen], aber ich bleibe nicht allein, denn mein Vater ist bei mir. Ich und mein Vater, wir sind ein einziger".

An einer späteren Stelle hält Jesus eine Ansprache an das Kreuz[160]. Möglicherweise ist dabei in der Unterscheidung dessen, der lacht und sich freut, von demjenigen, der weint, trauert und wehklagt, eine doketische Christologie zu erkennen: Jesus stirbt nicht tatsächlich, sondern nur sein Fleischesleib. Dann würde eine Analogie zu ApkPetr (NHC VII,3) vorliegen, wo der lebendige Jesus während der Kreuzigung seines Fleischesleibes neben dem Kreuz steht und lacht[161]. Bemerkenswert ist jedenfalls die eigene Bedeutung, die das Kreuz im UBE durch die Ansprache erhält, die Jesus an es richtet. Die Erwähnung des „Zuvorkommens Jesu" am Ende des Textes ist wohl als Hinweis auf die Auferstehung zu verstehen[162].

Das UBE lässt somit trotz seines fragmentarischen Erhaltungszustandes eine eigenständige Darstellung der Passionsereignisse erkennen. Leiden und Sterben Jesu werden durch die vor die eigentliche Kreuzigung geschalteten Dialoge mit seinen Jüngern einer vertiefenden Deutung unterzogen. Dazu greift das UBE offensichtlich auf verschiedene Überlieferungen zurück. Neben den Bezügen auf die synoptischen Evangelien fällt vor allem die intensive Benutzung des JohEv auf, dem das UBE in verschiedener Hinsicht auch inhaltlich nahe steht. Enge Beziehungen bestehen auch zum EvPetr. In beiden Fällen bildet ein Wir-Bericht der Jünger den erzählerischen Rahmen, in beiden Texten sind die Juden die für den Tod Jesu Verantwortlichen, in beiden Fällen ist von der Predigt Jesu im Totenreich die Rede, in beiden Texten spielt schließlich das Kreuz Jesu eine eigene Rolle: Im UBE richtet Jesus eine Ansprache an das Kreuz, im EvPetr folgt es Jesus aus dem Grab und antwortet sogar auf die Frage der Himmelsstimme[163]. Es ist deshalb sogar die These vertreten worden, das UBE stelle die Abschiedsreden des EvPetr dar[164]. Das ist aber aufgrund der inhaltlichen und terminologischen Differenzen zwischen beiden Texten unwahrscheinlich. Gleichwohl besteht zwischen ihnen eine deutlich erkennbare Nähe. Eine vergleichbare Betonung der Rolle des Kreuzes findet sich sodann in den Andreasakten, wo Andreas ebenfalls Reden an das Kreuz richtet, sowie in zwei altnubischen Staurostexten, die Hymnen Jesu an das Kreuz enthalten. Es scheint sich hierbei also um eine

---

160. UBE, p. 109–110.

161. ApkPetr, p. 81,3–82,17. Vgl. H. HAVELAAR, *Die Apokalypse des Petrus (NHC, VII,3)*, in *Nag Hammadi Deutsch*, 2. Band, 591-600, S. 599.

162. UBE, p. 110: „ Komm mir jetzt zuvor, o Kreuz, wie auch ich dir zuvorkommen werde und diesen verlassen […]".

163. Vgl. EvPetr 10.

164. H.-M. SCHENKE, *Das sogenannte „Unbekannte Berliner Evangelium" (UBE)*, in *ZAC* 2 (1998) 199-213, S. 200-207. Zurückhaltender ID., *Berliner Evangelium* (Anm. 150), S. 1279-1280.

weiter verbreitete frühchristliche Tradition zu handeln, an der sowohl das UBE als auch das EvPetr partizipieren[165].

Das UBE erweist sich demnach als ein bemerkenswerter apokrypher Text über den Sinn des Leidens und Sterbens Jesu. Er greift die Traditionen der Gespräche Jesu mit seinen Jüngern vor seinem Leiden, die Gethsemane-Erzählung sowie den Gang zum Kreuz auf und versieht diese mit einer eigenen Deutung. Möglicherweise wird die Position vertreten, dass nicht der „wahre", lebendige Jesus, sondern sein irdisches Pendant gekreuzigt wird. Eindeutig ist dies allerdings nicht. Der Text scheint jedoch mit seiner Version der Gethsemane-Erzählung sowie der Rede Jesu an das Kreuz die Leidensgeschichte dadurch neu zu fassen, dass er sie aus dem Bereich irdischer Ereignisse in denjenigen einer himmlischen Vision versetzt und Jesus selbst über das Kreuz hinaus auf die „vollkommene Fülle" blicken lässt.

III. FAZIT

Die vorstehenden Ausführungen sollen abschließend in einigen resümierenden Sätzen formuliert werden, die den Ertrag der Forschung an den apokryphen Jesusüberlieferungen zusammenfassen.

Eine erste Beobachtung besagt, dass die mit dem Begriff „apokryphe Evangelien" bezeichneten Texte und Überlieferungen ein literarisch und theologiegeschichtlich weites Spektrum umfassen, was durch die Bezeichnung „nicht-kanonische Jesusüberlieferungen" präziser zum Ausdruck kommt. Angesichts der Mannigfaltigkeit dieser Überlieferungen erscheint es angeraten, den Begriff gattungsgeschichtlich und inhaltlich offen zu halten und zur Beschreibung desjenigen Bereichs außerkanonischer Überlieferungen zu verwenden, der neben denjenigen der apostolischen Überlieferungen und der Apokalypsen steht. Die Beschäftigung mit diesem Bereich der frühchristlichen Literatur eröffnet auf dieser Basis wichtige Einblicke in die Rezeption von Lehre, Wirken und Leiden Jesu.

Im Blick auf die historische Entwicklung des Gegenübers „kanonischer" und „apokrypher" Schriften stand im antiken Christentum die Unterscheidung von der Kirche anerkannter Schriften von solchen, die in deren Umfeld entstanden, aber nicht den Rang verbindlicher Texte erhielten, und solchen, die als „häretisch" verworfen wurden, im Vordergrund. Der Terminus ἀπόκρυφος, obwohl bei der Anwendung auf Bücher

---

165. Vgl. PLISCH, *Einleitungsfragen* (Anm. 150), S. 76-82.

ursprünglich zur Bezeichnung spezieller Geheimlehren gebraucht, die in diesen enthalten sind, erhielt dabei die negative Bedeutung von „gefälscht". Wie das Decretum Gelasianum zeigt, wurde der derart konnotierte Begriff auf eine große Anzahl sehr verschiedener Schriften angewendet, die auf diese Weise als von der Kirche verworfene Schriften zusammengefasst wurden.

Die weitere Entwicklung ist durch eine zunehmende „Historisierung" und literarische Erfassung der außerkanonischen Jesusüberlieferung gekennzeichnet. Die entsprechenden Texte werden zunehmend als Quellen für die Frühzeit des Christentums wahrgenommen, die die neutestamentlichen Berichte über Jesus in einen weiteren Horizont rücken. Die Textfunde des 19. und 20. Jahrhunderts haben dabei noch einmal auf eigene Weise die Bedeutung der Apokryphen für die Erforschung des antiken Christentums in den Blick gerückt.

Dabei lassen sich verschiedene Aspekte benennen. Die außerkanonischen Herrenworte zeigen, dass Worte Jesu als weisheitliche oder philosophische Lehren aufgefasst werden konnten, auf die sich zur argumentativen Entfaltung der christlichen Lehre oder zur Darstellung heilsnotwendiger Lehren berufen wurde. Dies konnte in verschiedenen Sprach- und Kulturbereichen und, wie die muslimische Überlieferung zeigt, auch in anderen religiösen Traditionen erfolgen und hat damit zu einer eigenen Linie der Wirkungsgeschichte Jesu geführt.

Eine weitere Facette besteht in der Ausweitung der neutestamentlichen Überlieferungen durch fragmentarische Texte, deren literarisches und inhaltliches Profil nur ansatzweise erkennbar ist, die gleichwohl Einblicke in die Rezeption der Jesusüberlieferung und das Weiterwirken der kanonisch werdenden Evangelien seit dem 2. Jahrhundert ermöglichen. Der Papyrus Egerton ist durch deutliche Anklänge an johanneische Sprache gekennzeichnet, bietet aber auch eine Variante einer synoptischen Erzählung, ohne dass sich eine direkte literarische Abhängigkeit von den neutestamentlichen Evangelien nachweisen ließe. Der POxy 840 berichtet von einer Kontroverse über die Reinheit zwischen Jesus und dem Pharisäer und Hohenpriester Levi auf dem Tempelplatz und führt damit ein in den neutestamentlichen Evangelien begegnendes Thema auf eigene Weise weiter. Beide Fragmente stellen demnach Zeugnisse dafür dar, dass Themen und Stoffe aus der Jesusüberlieferung auch nach ihrer Aufnahme in die neutestamentlichen Evangelien auf eigene Weise rezipiert und für die theologiegeschichtlichen Konstellationen des 2. Jahrhunderts fruchtbar gemacht wurden.

In den „gnostischen" Texten, auf die sich der Ausdruck „apokryphe Evangelien" in einem spezifisch kanongeschichtlichen Sinn anwenden

lässt, kommen alternative, mit den kanonisch werdenden Texten konkurrierende Deutungen des Wirkens und Geschicks Jesu zur Sprache. Sie
basieren auf eigenen anthropologischen und soteriologischen Vorstellungen, die die für die neutestamentlichen Texte grundlegende Verbindung
des irdischen und des nachösterlichen, erhöhten Jesus ablehnen und stattdessen häufig an eigenen nachösterlichen Offenbarungen auf Kosten von
Lehre und Wirken des vorösterlichen Jesus orientiert sind. Diese werden
oft in mythologische und philosophische Systeme eingebunden, die den
Horizont der Geschichte Israels als Deutungsrahmen für das Wirken Jesu
und die Entstehung der Kirche verlassen und dabei auch polemisch gegen
biblische Texte und jüdische Traditionen gerichtet sein können.

Ein wiederum eigener Bereich sind diejenigen Schriften, die vornehmlich Geburt und Kindheit Jesu sowie die Passionsereignisse legendarisch
ausweiten. Diese Texte treten nicht polemisch oder konkurrierend neben
die neutestamentlichen, sondern setzen sie voraus und schreiben sie weiter. Sie entsprechen damit dem Bedürfnis, die Anfänge des Christentums
in der Geschichte Jesu Christi farbiger auszumalen, als es allein auf der
Basis der neutestamentlichen Texte möglich wäre. Diese Texte haben in
der Frömmigkeitsgeschichte des christlichen Glaubens in Literatur,
Musik und bildender Kunst prägende Spuren hinterlassen.

Die apokryphen Jesusüberlieferungen sind damit ein eindrucksvolles
Zeugnis für die von Hans von Campenhausen in seinem klassischen
Werk „Die Entstehung der christlichen Bibel" formulierte Einsicht,
dass die Kirche niemals nur aus der Bibel, sondern immer auch aus der
Tradition lebt[166]. Für die Ausbildung dieser Tradition haben die außer-
biblischen Texte eine wichtige Rolle gespielt. Die Kirche hat diese
Traditionen dort, wo sie mit dem christlichen Bekenntnis unvereinbar
waren, abgestoßen. Sie hat sie dort, wo sie dem Bedürfnis nach leben-
digem, die Sinne ansprechendem Erleben des Glaubens dienten, in sich
aufgenommen, unabhängig davon, ob dies durch die offizielle kirchliche Lehre sanktioniert wurde. Dass die apokryphen Evangelien unsere
Kenntnis der frühchristlichen Geschichte bereichern und auf eigene
Weise Zeugnisse für die Wirkung der „kanonischen Texte" sind, wird
durch die vielen Fragmente bezeugt, die wie durch kleine, oft nur

---

166. Vgl. H. VON CAMPENHAUSEN, *Die Entstehung der christlichen Bibel* (BHT, 39),
Tübingen, Mohr Siebeck, 1968, S. 379f.: „Die Bibel gilt niemals als einzige Quelle des
christlichen Glaubens … Die Kirche lebt … immer zugleich und zuerst aus der Tradition
… die Schrift verdrängt und ersetzt niemals die … Verkündigung der Kirche, die sich an
die ursprüngliche ‚Richtschnur der Wahrheit' hält. Diese ‚Richtschnur' … ist keine Norm,
die über der heiligen Schrift stünde, sondern hat mit dieser den gleichen Ursprung in der
anfänglichen Verkündigung der Apostel und stimmt darum sachlich mit ihr überein".

schwer einsehbare Fenster Einblicke in die Frühzeit des Christentums ermöglichen. Die apokryphen Evangelien sind darum historisch wie theologisch wertvolle Zeugnisse, die nicht zuletzt dazu verhelfen, die kanonisch gewordene Tradition besser zu verstehen.

Humboldt-Universität zu Berlin　　　　　　　　　Jens SCHRÖTER
Unter den Linden 6
D-10099 Berlin

JOHANNINE TRADITIONS AND APOCRYPHAL GOSPELS

The reception of John's gospel in the early church has come under intense scrutiny in recent years, most extensively in the works by Titus Nagel and Charles Hill[1]. They both argue that the earliest signs of the reception of John's gospel come from the early second century (Ignatius, Papias). In addition, Hill seeks to demolish the theory he dubs as "the orthodox Johannophobia", that is, the view that orthodox Christians avoided John's gospel because of its popularity among the heretics. It is no surprise that the closer we move to the beginning of the second century, the less secure the evidence for the reception of John's gospel becomes[2], but I believe Hill has made a solid case that the rejection of John's gospel was a relatively marginal phenomenon in the second century[3].

In this article, I will address John's relationship to two well-known early Christian gospels, which do not figure prominently in the studies

---

1. C.E. HILL, *The Johannine Corpus in the Early Church*, Oxford, Oxford University Press, 2004; T. NAGEL, *Die Rezeption des Johannesevangeliums im 2. Jahrhundert: Studien zu vorirenäischen Aneignung und Auslegung des vierten Evangeliums in christlicher und christlich-gnostischer Literatur* (Arbeiten zur Bibel und ihre Geschichte, 2), Berlin, Evangelische Verlagsanstalt, 2000.

2. Hill's maximalist view on the use of John's gospel in the Apostolic Fathers has not gone unchallenged; cf. A.F. GREGORY – C.M. TUCKETT (eds.), *The Reception of the New Testament in the Apostolic Fathers*, Oxford, Oxford University Press, 2005. The contributors to this collection find no irrefutable signs of the usage of John's gospel in Ignatius (P. Foster, p. 184); Polycarp's *Letter to Philippians* (M.F. Holmes, p. 199); the *Letter of Barnabas* (J.C. Paiget, pp. 237-238); *1 Clement* (A.F. Gregory, pp. 139-140); *2 Clement* (A.F. Gregory – C.M. Tuckett, p. 253), nor in *Didache* (C.M. Tuckett, pp. 93-94).

3. His general conclusion notwithstanding, Hill finds in a number of what he designates as "heterodox works" (= *Gos. Thom.; Tri. Prot.; 2 Apoc. Jas.; Apocr. Jas; Acts of John; Gos. Tru.*) "a predominantly antagonistic – a Johannophobic – rather than congenial 'reception'" (HILL, *The Johannine Corpus in the Early Church* [n. 1], p. 277; the idea is repeated on pp. 279, 280, 293). Later in his study, Hill also speaks of "gnostic exegetical exploitation" (*ibid.*, p. 285; cf. also p. 288 n. 319), and claims that "Valentinians ... 'spoiled' John's prologue" (*ibid.*, p. 286). In fact, it is impossible to find a single point where Hill would grant that a "heretic" interpretation of John's gospel is in any manner justified. Clement of Alexandria, for one, showed a more tolerant attitude towards his Valentinian opponents. Though he mostly disagreed with them, he was also open-minded enough to be able to use one passage stemming from Valentinus to *support* his own argument (*Misc.* 3,59); cf. C. MARKSCHIES, *Valentinus Gnosticus? Untersuchungen zur valentinianischen Gnosis; mit einem Kommentar zu den Fragmenten Valentins* (WUNT, 65), Tübingen, Mohr Siebeck, 1992, pp. 87-88.

by Hill and Nagel. The first one is the *Gospel of Thomas*, which, in my view, is not dependent on John, and the second is the *Gospel of Mary*, which possibly draws upon John's gospel to a greater extent than is often recognized. Nagel devotes only one footnote to the *Gospel of Thomas* in his massive study[4], and finds the affinities between the gospels of Mary and John quite superficial[5]. Hill does not discuss the *Gospel of Mary* at all, and is, as I will detail later, uncharacteristically hazy on the relationship between John and *Thomas*.

I. DIFFERENT APPROACHES TO THE "CANON" AMONG EARLY CHRISTIANS

It is difficult to completely avoid the distinction between "canonical" and "noncanonical" or "apocryphal" gospels in contexts like this, but one should be aware of the intellectual baggage that comes along with it. It may be wishful thinking that the term "noncanonical" can be used in the neutral sense of "not included in the canon", since, in that usage, the canon is already made the watershed that divides early Christian gospels into two separate groups. It takes only a little step from this division to a more essentializing distinction between two different sets of gospels, the early and important ones that are inside the canon, and the late and (historically and/or theologically) less worthy ones that are outside the canon[6].

The distinction between "canonical" and "noncanonical" may also cause us, as scholars of these texts, to be focused on seeking in noncanonical gospels traces of reactions to the canonical ones. It is, however, not self-evident that all second-century Christians composing and reading new gospels displayed "canonical awareness" in the same manner. David Brakke has helpfully clarified the issue by delineating a typology of three different kinds of early Christian scriptural practices and their social contexts, which are study and contemplation; revelation and continued inspiration; and communal worship and edification[7]. The first setting was

4. NAGEL, *Die Rezeption des Johannesevangeliums* (n. 1), p. 48 n. 167.
5. See below sub-chapter III.
6. For only one illustration of this sentiment, see S. GATHERCOLE, *The Gospel of Judas: Rewriting Early Christian History*, Oxford, Oxford University Press, 2007, pp. 141-149.
7. D. BRAKKE, *Scriptural Practices in Early Christianity: Towards a New History of the New Testament Canon*, in D. BRAKKE – A.-C. JACOBSEN – J. ULRICH (eds.), *Invention, Rewriting, Usurpation: Discursive Fights over Religious Traditions in Antiquity*, Frankfurt a.M., Peter Lang, 2012, 263-280. I am grateful to Professor Brakke for sharing with me an advance copy of his important article.

characteristic of "academic" Christians who came together to carefully study, evaluate, and edit texts, and probed into their "true" meaning, sometimes by means of allegorical commentary[8]. For these people, "the canons ... were flexible, often consisting of a central core of truly authoritative works and then a shifting body of other significant and learned literature". As for the second group, that is, the Christians who experienced new revelations, "the 'canons' ... were not only flexible but also expanding". For these Christians, "received scriptures provided the materials for the writing of new revelations, as visionary accounts were recycled or narratives were simply rewritten". It was in the third setting of communal worship that a closed canon became most important since this setting required clear decisions, usually made by bishops, as to what texts could be publicly read in the assembly. The decisive issue in this context was to have a limited set of generally approved texts that were considered to promote faith, understood in the sense of "holding basic orthodox doctrines". As the famous incident of the bishop Serapion's wavering between acceptance and rejection of the *Gospel of Peter* demonstrates[9], texts were sometimes approved even without reading them, and decisions could be retracted afterwards based upon more detailed information about the contents of such texts.

The *Gospel of Mary* seems to belong to Brakke's group #2 since it presents itself as a new revelation, some parts of which even the disciples did not know previously. This is also probably the best category for the *Gospel of Thomas*, introduced as a collection of the secret teachings of Jesus[10]. In consequence, these texts should not be evaluated with categories based upon the idea of a fixed canon. A canonical mode of explanation may be a tempting option to New Testament scholars; it may be argued that the authors of non-canonical gospels used details derived from the canonical gospels for the purpose of self-legitimation[11],

---

8. Brakke includes in this group Marcion, Justin, Clement of Alexandria, Valentinus, Origen, and most intriguingly, Eusebius of Caesarea.

9. Eusebius, *Hist. Eccl.* VI 13,3.

10. This conclusion can be supported with Larry Hurtado's recent reexamination of the Greek fragments of *Thomas*; cf. L. HURTADO, *The Greek Fragments of the* Gospel of Thomas *as Artefacts: Papyrological Observations on Papyrus Oxyrhynchus 1, Papyrus Oxyrhynchus 654, and Papyrus Oxyrhynchus 655*, in J. FREY – E.E. POPKES – J. SCHRÖTER (eds.), *Das Thomasevangelium: Entstehung – Rezeption – Theologie* (BZNW, 157), Berlin, de Gruyter, 2008, 19-32. Hurtado infers from the layout of these fragments that they come from copies intended for private study. The same conclusion can probably be made as regards the two Greek fragments of the *Gospel of Mary*: the hands in the extant copies are of relatively poor quality, which could make them less suitable for public reading.

11. E.g., HILL, *The Johannine Corpus in the Early Church* (n. 1), p. 269.

of making converts of more "canonical" Christians[12], or of disputing
them. It is implied in all such explanations that the non-canonical gospels were written "under some sort of canonical constraint"[13]. This
mode of explanation not only produces unnecessary flat, deterministic
and predictable interpretations as to why materials derived from earlier
gospels were used in later ones, but it also does not pay sufficient attention to the independent manner these materials are employed in the
non-canonical gospels. We should not too easily take the potential references in the latter gospels to the already existing ones as statements
issued in the great canon debate.

II. JOHN AND THE *GOSPEL OF THOMAS*:
THE GOSPELS IN CONFLICT?

The relationship between John's gospel and the *Gospel of Thomas*
attracted relatively little attention until the 1990's[14]. What then moved
the topic into greater prominence was the suggestion that these gospels
bear witness to two early Christian communities in conflict over a number of theologically important issues, including the bodily resurrection[15],
the possibility and salvific value of humans' mystical ascent to God[16],
and the conflicting views as to whether the primordial, divine light finds
residence in all humans or only in Jesus[17]. It should be added that

12. Thus, e.g., *ibid.*, p. 258, on the *Apocryphon of James*: "The apocryphon's repetition of certain Johannine concepts shows that these concepts were simply part of the
playing field for anyone wanting to compete for adherents from among orthodox Church
members. Certain things had to be taken for granted–at least ostensibly".

13. Thus D.M. SMITH, *John Among the Gospels* (2d ed.), Columbia, SC, The Univer-
sity of South Carolina Press, 2001, p. 192 (on the relationship between John and the
Synoptics). This summarizes his fuller discussion in ID., *The Problem of John and the
Synoptics in Light of the Relation between Apocryphal and Canonical Gospels*, in
A. DENAUX (ed.), *John and the Synoptics* (BETL, 101), Leuven, University Press – Peeters,
1992, 148-162.

14. My account of the relationship between John and *Thomas* draws upon I. DUNDER-
BERG, *The Beloved Disciple in Conflict? Revisiting the Gospels of John and Thomas*,
Oxford, Oxford University Press, 2006.

15. G.J. RILEY, *Resurrection Reconsidered: Thomas and John in Controversy*,
Minneapolis, MN, Fortress, 1995.

16. A.D. DECONICK, *Voices of the Mystics: Early Christian Discourse in the Gospels
of John and Thomas and Other Ancient Christian Literature* (JSNT SS, 157), Sheffield,
Sheffield Academic Press, 2001; cf. EAD., *Seek to See Him: Ascent and Vision Mysticism
in the Gospel of Thomas* (SupplVigChr, 33), Leiden, Brill, 1996.

17. E. PAGELS, *Exegesis of Genesis 1 in the Gospels of Thomas and John*, in *JBL* 118
(1999) 477-96; cf. also EAD., *Beyond Belief: The Secret Gospel of Thomas*, New York,
Random House, 2003.

although these views have been energetically discussed among Nag Hammadi scholars, they have had little impact on Johannine scholarship in general[18].

The striking fact is that, on the one hand, the *Gospel of Thomas* shares a good deal of common ground with John's gospel in terms of ideas, and yet, on the other hand, there are astonishingly few verbal affinities between these two like-minded gospels. Concerning the similarities, it is claimed in both gospels that they were written down by a disciple whose relationship to Jesus was especially close: John introduces the enigmatic character of "the disciple whom Jesus loved" and, in the final section, attributes the entire gospel to him (John 21,24-25), whereas *Thomas* begins by stating that the words of Jesus in this collection are "the hidden sayings that the living Jesus uttered and Judas Thomas Didymos wrote down". Both gospels describe Jesus as the ultimate origin of all things and portray his sojourn in the world as taking place in the "flesh"[19]. Most of humankind, especially the Jews, but also the disciples, are in a state of ignorance and constantly misunderstand the person, words, and intentions of Jesus according to both gospels[20]. Both gospels attest to a dualism of light and dark, and let Jesus identify himself as "the light". Although this light shines in the darkness, "the world" remains a threating place, in which the true disciples of Jesus are outsiders and subject to hostility and persecution[21].

18. By way of illustration, a massive commentary on John, promoted as containing "over 20,000 ancient extra-biblical references", features only four references to individual sayings of the *Gospel of Thomas*: C.S. KEENER, *The Gospel of John: A Commentary*, 2 vols., Peabody, MA, Hendrickson, 2003. Keener does not completely reject the possibility that John's gospel contains polemics against "traditions that later became the *Gospel of Thomas*" (*ibid.*, p. 1209). If Keener is willing to admit that much, the tiny number of his references to *Thomas* becomes especially striking. Keener's lack of interest in *Thomas* is probably due to his conviction that this gospel is both secondary and "gnostic"; Keener (*ibid.*, p. 36) maintains that "most scholars today agree ... that even the *Gospel of Thomas* in its present form ... is gnostic". This position has never been the consensus, and it has been in past fifteen years repeatedly challenged by specialists working with this text; cf., e.g., DECONICK, *Seek to See Him* (n. 16), pp. 16-27; A. MARJANEN, *Is Thomas a Gnostic Gospel*, in R. URO (ed.), *Thomas at the Crossroads: Essays on the Gospel of Thomas*, Edinburgh, T&T Clark, 1998, 107-139; S.J. PATTERSON, *Jesus Meets Plato: The Theology of the Gospel of Thomas*, in FREY – POPKES – SCHRÖTER (eds.), *Das Thomasevangelium* (n. 10), 181-205.

19. Origin of all things: John 1,1-3; *Gos. Thom.* 77; incarnation: John 1,14; *Gos. Thom.* 28.

20. Ignorance of humankind: John 1,5.10; *Gos. Thom.* 28. *Thomas* takes for granted that the Jews misunderstand Jesus (*Gos. Thom.* 43); in John, this theme is elaborated throughout the story, especially in chapters 5–10.

21. E.g., John 15,18-19; 16,1-4; *Gos. Thom.* 21, 68. *Gos. Thom.* 69 places a different emphasis by pronouncing a blessing for those "persecuted in their hearts". This does not

While themes stemming from the Hebrew Bible are adopted and elaborated in John and *Thomas*, they also posit a contrast between the Jewish scripture and the revelation brought about by Jesus[22]. Similar teachings are ascribed to him in both gospels. For example, the traditional promise that some followers of Jesus "will not taste death ... until the kingdom of God has come with power" (Mark 9,1, NRSV) is rephrased in both gospels in ways that drop the reference to God's imminent kingdom and underline the importance of listening, understanding, and obeying the words of Jesus to bring about immortality[23].

Consequently, both gospels embrace what we might call, in want of a better term, "realized eschatology": events that were traditionally expected to happen at the end of time are portrayed as having already taken place. According to John, the verdict on the unbelievers is already pronounced (3,18), the dead are already being raised (5,25), and the believers will never die (11,26). According to *Thomas*, one should understand that God's kingdom, the repose of the dead, and the new world are not waiting for one in the future but are already present (3, 51, 113)[24].

Moreover, John and *Thomas* are engaged with similar kinds of exegetical traditions. Above all, both of them are indebted to Hellenistic Jewish exegesis of the book of Genesis, though in quite different ways. In John, Jesus is identified both with the divine Word, through whom God created the world in the beginning, and with "the true light", who came from above to the world below (1,1.9; 12,35-36). *Thomas* offers a more "democratic" interpretation of the primordial light dwelling among humans: the followers of Jesus should also conceive of themselves as coming from – and on their way back to – the realm of light[25]. In addition, *Thomas* displays a keen interest in issues arising from the first chapters of Genesis, including the trees of paradise (*Gos. Thom.* 19), Adam's condition

have to mean that Thomasine Christians were only concerned with "inner" tortures but were not faced with, or worried about, persecutions of Christians in the Roman Empire.

22. E.g., John 1,17; *Gos. Thom.* 52.

23. John 8,51-52; *Gos. Thom.* 1; cf. also *Gos. Thom.* 19, where the promise of immortality is connected with knowledge of "five trees in paradise" that never change. The trees of paradise should in this context probably be taken as a metaphor for the words of Jesus. This interpretation is suggested not only by the repetition of the promise of immortality, which in *Gos. Thom.* 1 was already linked with the words of Jesus, but also by the immediate context in *Gos. Thom.* 19: the saying of the trees of paradise follows immediately after one emphasizing the importance of the words of Jesus: "If you become my followers *and listen to my words,* these stones will serve you".

24. In neither gospel does "realized eschatology" rule out the expectation of an eschatological turn still lying in the future; cf. John 5,28-29; *Gos. Thom.* 11, 111.

25. *Gos. Thom.* 49-50; cf. also *Gos. Thom.* 24: "There is light in a human of light, and it gives light to the whole world".

(*Gos. Thom.* 85), and "images" (*Gos. Thom.* 83-84). The promise that one who finds "will rule over all" (*Gos. Thom.* 3) not only coincides with a well-established philosophical tradition, but also reclaims the birthright of the first human beings to rule over creation (Gen 1,26-28)[26]. The hope of returning to a state where there is "neither male nor female" implies that salvation is envisioned in *Thomas* as involving one's return to the original human state, reaching back to a time when the first human being was not yet divided to become two sexes[27].

The different interpretations of the Book of Genesis in John and *Thomas* illustrate a broader problem pertaining to their relationship. In spite of their shared interest in Genesis exegesis, their interpretations do not coincide. John's gospel does not display any interest in Adam, paradise and the primordial unity of sexes, all of which are significant themes in *Thomas'* special material. In fact, Paul would offer a far greater amount of materials related to *Thomas's* Genesis exegesis than John (e.g. 1 Cor 15). *Thomas'* exegesis of the book of Genesis, thus, is based upon some other traditions than those attested in John. The same goes for the idea of "realized eschatology" embraced in both gospels: they agree in principle but express the idea differently. The only thing the two gospels have in common as for their claims of authorship, is the idea that the author was a disciple whose relationship to Jesus was especially close; the author's intimacy to Jesus is stated in different ways. Thomas is not described as "the disciple whom Jesus loved", but as one who understood Jesus better than the others (*Gos. Thom.* 13). In John, a figure introduced as "the disciple whom Jesus loved" is placed closest to Jesus at the Last Supper, and featured as an eyewitness to the key points in John's story of the passion and resurrection of Jesus. If there was a desire to emphasize this disciple's special insight into Jesus, this aspect is very weakly indicated in John's gospel; it is the beloved disciple's character as a reliable eyewitness that provides the legitimation for his account[28].

Thus, while it is true that John and *Thomas* are "much closer to each other in spirit than either is to the Synoptics"[29], they are essentially independent from each other as texts. There are only a handful of cases where a literary relationship between them can be seriously considered, and

26. Cf. PAGELS, *Exegesis of Genesis 1* (n. 17).
27. For the importance of Genesis exegesis in *Thomas* see, e.g. (in addition to Pagels' studies mentioned above), M. LELYVELD, *Les logia de la vie dans l'Évangile selon Thomas: À la recherche d'une tradition et d'une rédaction* (NHS, 34), Leiden, Brill, 1987.
28. Cf. R. BAUCKHAM, *The Beloved Disciple as Ideal Author*, in *JSNT* 49 (1993) 21-44; DUNDERBERG, *The Beloved Disciple in Conflict?* (n. 14), pp. 143-147.
29. RILEY, *Resurrection Reconsidered* (n. 15), p. 3.

even in these cases, the evidence remains quite weak. While there are a number of scholars who insist that *Thomas* is dependent on John's gospel, the estimations as to how many sayings in *Thomas* offer decisive proof for this view have gone down dramatically, from the two dozen that Raymond Brown found conclusive in his pioneering article of 1963[30], to only two sayings discussed by Titus Nagel[31]. Charles Hill, as I mentioned above, is hazy on this issue: he refers to "the parallels often cited which do demonstrate that the author [of the *Gospel of Thomas*] knew the Fourth Gospel", but does not specify what parallels he has in mind[32]. Hill follows Nicholas Perrin in claiming that *Thomas* is dependent on Tatian's *Diatessaron* and was originally composed in Syriac only "some years before 200"[33]. This view, which from a more critical perspective would only seem a conscious attempt to push *Thomas* as late as the evidence possibly admits, underlies Hill's proposal (for which he adduces no proof!) that the Johannine parallels in *Thomas* "come, as likely as not, only from the *Diatessaron*"[34].

Leaving aside the heavy criticism Perrin's work has attracted in most quarters[35], Hill's conclusion based upon this work only begs the question.

30. R.E. BROWN, *The Gospel of Thomas and St John's Gospel*, in *NTS* 9 (1962-1963) 155-177.

31. See n. 4 above. For a more generous counting, see C.A. EVANS – R.L. WEBB – R.A. WIEBE, *The Nag Hammadi Texts & the Bible: A Synopsis & Index* (NTTS, 28), Leiden, Brill, 1993, pp. 87-144, in which almost three dozen Johannine parallels to *Thomas* are cited, thus indicating "the reasonable probability that there is some form of influence between the Scripture and the text of the Nag Hammadi tractates" (xviii). While "between" in this formulation appears to leave open the direction of the influence, the editors' subsequent comments on different forms of that influence unmistakably show that what they have in mind is one-way traffic from scripture to the Nag Hammadi tracates (*ibid.*, xviii-xix).

32. HILL, *The Johannine Corpus in the Early Church* (n. 1), pp. 270-277. Hill only offers a set of three sayings as illustrations of what he considers "the important divergences between John and *Thomas*": *Gos. Thom.* 49//John 16,28; *Gos. Thom.* 50a//John 1,9; 8,12; 19,8-9; *Gos. Thom.* 19a//John 8,58 (*ibid.* 275-6). He offers no closer justification for, or analysis of, these cases.

33. HILL, *The Johannine Corpus in the Early Church* (n. 1), p. 272; cf. N. PERRIN, *Thomas and Tatian: The Relationship between* the Gospel of Thomas *and the* Diatessaron (SBL Academia Biblica, 5), Atlanta, GA, Society of Biblical Literature, 2002. Perrin restates his view in a more popular format in ID., *Thomas, the Other Gospel*, London, SPCK, 2007.

34. HILL, *The Johannine Corpus in the Early Church* (n. 1), p. 274.

35. As Tony Burke points out, Perrin's views on *Thomas* have found acclaim among evangelical NT scholars; cf. T. BURKE, *Heresy Hunting in the New Millennium*, in *Sciences Religieuses* 39 (2010) 405-420, p. 414. Other NT scholars and, most significantly, specialists on Syriac literature have been extremely critical of Perrin's analysis and conclusions; for the latters' damning reviews of his work, see J. JOOSTEN, in *Aramaic Studies* 2 (2004) 126-30 ("I would not recommend the book to anyone", p. 130); P.-H. POIRIER, in *Hugoye* 6/2 (2003) [http://syrcom.cua.edu/hugoye/Vol6No2/

Granted that John's gospel was reproduced almost in its entirety in the *Diatessaron*, the paucity of Johannine sayings and the predominance of synoptic ones in *Thomas* would only appear even more perplexing than it already is. If the author of *Thomas* knew and used the *Diatessaron*, we should conclude that he carefully identified in, and picked up from, this source a large number of synoptic sayings, and as carefully identified and almost completely left out the Johannine sayings materials available in the same source[36]. Such an approach would seem inconceivable for an author whose many theological views obviously stand closer to those in John's gospel than to those in the synoptics.

I understand the rationale behind Hill's reasoning that the later we push the composition of the *Gospel of Thomas*, the more likely it becomes that its author(s), knew John's gospel (either directly or through an intermediary). However, the argument should probably be turned upside down: The later one dates *Thomas*, the more difficult it becomes to explain the paucity of Johannine sayings in it.

It is often too easily assumed that all kinds of traits in *Thomas* with even the faintest resemblance to something said in John's gospel are signs that *Thomas* is dependent on John. A closer look at individual cases shows how thin the evidence in most cases is. Since it is not possible to

---

HV6N2PRPoirier.html]; P.J. WILLIAMS, in *European Journal of Theology* 13 (2004) 139-40. For a more detailed reexamination of Perrin's case, see now P.J. WILLIAMS, *Alleged Syriac Catchwords in the Gospel of Thomas*, in *VigChr* 63 (2009) 71-82: "Perrin has not provided a compelling basis for his dating of the Gospel of Thomas to the late second century" (p. 82). Unfortunately, Perrin has not responded to any of the criticism levelled against his earlier work in his later publications. One critical detail is Perrin's claim that the whole of the *Gospel of Thomas*, as it now stands in Coptic translation, was originally composed in one go. This view does not take due notice of the fact that, in P. Oxy. 1, saying 77b is joined directly to saying 30, which alone should indicate that the Coptic *Thomas* is not necessarily simply a translation of an "original" *Thomas* (if such thing ever existed). In his more recent book Perrin pushes the date of *Thomas* even later than before by suggesting that *Thomas* 13, in which he sees hidden references to three canonical gospels (Mark, Matthew and John), was written in response to Serapion's "list of banned books" (PERRIN, *Thomas, the Other Gospel* [n. 33], pp. 116-117). In that case, it should be assumed that *Thomas* was not written soon after the *Diatessaron*, as Perrin previously argued, but only a few years before 200, which makes the span of time needed for its translation, copying and transportation into Egypt even narrower. In addition, Perrin's interpretation of *Thomas* 13 is 1) speculative because we only know of Serapion's stance toward the *Gospel of Peter*; 2) spurious because the identification of "Peter" with Mark's gospel and "Matthew" with Matthew's in Thomas 13 is far from evident; and 3) odd because it makes little sense for an author using the *Diatessaron* as his source to wage war on individual canonical gospels.

36. Strikingly, one faces the same problem with the suggestion that *Thomas* comes from an early stage of the Johannine community (cf. S.L. DAVIES, *The Gospel of Thomas and Christian Wisdom*, New York, Seabury Press, 1983): the paucity of distinctly Johannine sayings in *Thomas* is very difficult to explain also in this case.

analyze here individually all instances presented as supporting the view
that *Thomas* depends on John's gospel, I have chosen to discuss the set
of five examples James Charlesworth and Craig Evans have presented to
this effect[37], assuming that theirs is a short list of the best candidates.
Since two items in their list are related to the usage of light imagery,
I will divide my discussion into the following four items:

1) the metaphor of a spring (*Gos. Thom.* 13; John 4,13-15; cf. also
    John 7,38);
2) the incarnation of Jesus (*Gos. Thom.* 28; John 1,14);
3) the saying of seeking and not finding (*Gos. Thom.* 38; John 7,32-
    36); and
4) the imagery of light: Jesus' self-identification as "the Light" (*Gos.
    Thom.* 77/John 8,12; cf. 9,5), and the light shining in the world (*Gos.
    Thom.* 24; John 1,9).

1. *The metaphor of a spring* (*Gos. Thom.* 13; John 4,13-15; cf. also
John 7,38) Although the spring metaphor used in both gospels is custom-
arily referred to in scholarly literature discussing their relationship[38], the
parallel itself is very remote and thus inconclusive. The only thing the two
passages have in common is the metaphor itself; the ways the metaphor
is used in each gospel are completely independent. Even the motion of
water in the spring is described differently: John describes water gushing
up from a spring (πηγὴ ὕδατος ἁλλομένου, John 4,14), while *Thomas*
speaks of a "bubbling spring" (ΤΠΗΓΗ ЄΤΒ̄Ρ̄ΒΡЄ). Since the spring metaphor is common coinage in the Wisdom tradition (cf. Prov 16,22; 18,4;
1 Bar 3,12), and in the absence of any closer verbal links between John
and *Thomas* at this point, there is simply not a sufficient textual basis for
the assumption that *Thomas* 13 draws upon John 4,13-15[39].

2. *The incarnation* (*Gos. Thom.* 28//John 1,14). What brings the two
gospels together at this point is the idea of the incarnation itself. The idea
is expressed in two strikingly different ways, which, again, renders the
view that *Thomas* is dependent on John unlikely. While it is said in John

37. J.H. CHARLESWORTH – C.E. EVANS, *Jesus in the Agrapha and Apocryphal Gospels*,
in B. CHILTON – C.E. EVANS (eds.), *Studying the Historical Jesus: Evaluations of the State
of Current Research* (NTTS, 19), Leiden, Brill, 1994, 479-533, pp. 498-499.

38. The most recent example is PERRIN, *Thomas, the Other Gospel* (n. 33), p. 112, who
takes it for granted that the common metaphor is a sign of *Thomas's* usage of John's
gospel.

39. For a further discussion of other minor details allegedly indicating the dependence
of *Thomas* 13 on John, I refer to DUNDERBERG, *The Beloved Disciple in Conflict?* (n. 14),
pp. 72-76.

that Jesus "became flesh" (John 1,14), the saying attributed to Jesus in *Thomas* 28 prefers the language of becoming visible: "I appeared to them in the flesh (ⲀⲈⲓⲟⲨⲰⲚϨ ⲈⲂⲟⲗ ⲚⲀⲨ ϨⲚ̄ ⲤⲀⲣⲝ̄)".

The verb form ὤφθην, used in the extant Greek fragment of *Thomas* 28 (P. Oxy. 1.11-12), confirms the impression that the Thomasine saying stands closer to other traditions, such as that recorded in 1 Timothy 3,16 ("He was revealed in the flesh, vindicated in spirit, seen [ὤφθη] by angels"), than to John's gospel. It does not have to be assumed, however, that *Thomas* 28 draws upon 1 Timothy either since the language of appearance was already used in 1 Baruch to describe the divine Wisdom: she "appeared (ὤφθη) on earth, and lived among humans" (1 Bar 3,38). This tradition was adopted and combined with the idea of incarnation in *Thomas*. John also resorts to the Wisdom tradition in describing the incarnation but the term he derives from this tradition (ἐσκήνωσεν, John 1,14; cf. Sir 24,8; Barn 5,14) does not coincide with that in *Thomas*. It would seem too farfetched to assume that the author of *Thomas* 28 was inspired by the idea of incarnation as asserted in John 1,14, but wanted to create a completely unidentifiable version of this passage and for some reason also wanted to replace the reference the Johannine passage contained to Wisdom literature with an allusion to another New Testament text belonging to that same tradition. It seems more probable that John and *Thomas* describe the incarnation of Jesus in terms derived from Jewish Wisdom literature but independently of each other[40].

3. *Seeking and not finding Jesus* (Gos. Thom. *38; John 7,32-36*). This is one of the two instances where there is a close verbal parallel between *Thomas* and John[41]:

Gos. Thom. 38	John 7,34.36
ⲞⲨⲚ̄ ϨⲚ̄ϨⲞⲞⲨ ⲚⲀϢⲰⲠⲈ Ⲛ̄ⲦⲈⲦⲚ̄ϢⲒⲚⲈ Ⲛ̄ⲤⲰⲈⲒ ⲦⲈⲦⲚⲀϨⲈ ⲀⲚ ⲈⲢⲞⲈⲒ	ζητήσετέ με καὶ οὐχ εὑρήσετέ [με], καὶ ὅπου εἰμὶ ἐγὼ ὑμεῖς οὐ δύνασθε ἐλθεῖν.
The days will come when you will seek me and you will not find me.	ⲦⲈⲦⲚⲀϢⲒⲚⲈ Ⲛ̄ⲤⲰⲒ Ⲛ̄ⲦⲈⲦⲚ̄ⲦⲘ̄ϨⲈ ⲈⲢⲞⲒ ⲀⲨⲰ ⲠⲘⲀ ⲀⲚⲞⲔ ⲈⲦ̄ Ⲙ̄ⲘⲞϥ Ⲛ̄ⲦⲰⲦⲚ̄ Ⲛ̄ⲦⲈⲦⲚⲀϢⲈⲒ ⲀⲚ ⲈⲢⲞϥ.

40. The expression "stand in the midst of", used in *Thomas* 28 and John 1,26 remains inconclusive since it is also used elsewhere in the gospels (Luke 24,36; John 20,19).

41. *Thomas* 38 is one of the two cases discussed by NAGEL, *Die Rezeption des Johannesevangeliums* (n. 1), p. 48, n.167. Cf. also H.W. ATTRIDGE, *"Seeking" and "Asking" in Q, Thomas, and John*, in J.M. ASGEIRSSON – K. DE TROYER – M.W. MEYER (eds.), *From Quest to Q* (BETL, 146), Leuven, Leuven University Press – Peeters, 2000, 295-302.

While in John the saying is addressed to the Jews, the addressees are left unspecified in *Thomas*; the context, which may be secondary, suggests that the saying is addressed to the disciples[42]. The saying is not a later addition to *Thomas* since it was, in all likelihood, included in one of the Greek fragments (P. Oxy. 655), although the text is severely damaged at this point.

On the one hand, the repetition of the saying by the Jews in John would make this feature more easily memorable, which could explain the adoption of the saying in *Thomas*. On the other hand, *Thomas* does not have the latter part of the saying in John, which has a more distinctly "Johannine" ring to it (ὅπου εἰμὶ ἐγώ = John 12,26; 14,3; 17,24; cf. ὅπου ἐγὼ ὑπάγω, John 8,21-22; 13,33; 14,4). What is more, the saying in *Thomas* starts with the prophetic expression "the days will come", which points to an earlier tradition of the sayings of Jesus (cf. Mark 2,20par.)[43]. It is noteworthy that *Thomas* uses this expression and not its Johannine equivalent ἔρχεται ὥρα (John 4,21.23; 5,25.28; 16,2.25.32; cf. 12,23; 13,1; 16,4.21), and that the expression appears in *Thomas* in a form different from the Coptic New Testament, where another verb and tense are used (ογN̄ ϨεNϨοογ NΗγ, Luke 17,22; 21,6). *Thomas* is thus not dependent on the Coptic translation of the synoptic gospels here.

Though certainty can rarely be achieved in cases like this, it is far from obvious that *Thomas* depends on John here. A similar saying is ascribed to the divine Wisdom in Proverbs 1,28 (LXX ζητήσουσιν με κακοὶ καὶ οὐκ εὑρήσουσιν)[44], and the distinctly Johannine elements added to this saying are absent in *Thomas*. Hence, it is likely that the part of the saying that is common to both gospels goes back to an earlier tradition of the words of Jesus where he was already identified with the divine Wisdom. It is conceivable that, in John, the saying formed a traditional kernel, which the Johannine author then expanded into a typical scene with the Jews perplexed over, and therefore repeating, the core saying (cf., e.g., John 6,42).

---

42. The disciples are mentioned in the previous saying, and their presence is implied in the following one, in which a distinction is made between the Pharisees and "you".

43. The use of the expression in Luke is redactional with certainty in 21,6 (cf. Mark 13,2), and possibly Luke 17,22 (for which there is no parallel in Matthew). The expression does not occur in John, where ἔρχεται ὥρα (4,21, 23; 5,25, 28; 16,2, 25, 32; cf. 12,23; 13,1; 16,4, 21) is used instead.

44. The background of John 7,34 in Jewish Wisdom theology is generally acknowledged; cf., e.g., R.E. BROWN, *The Gospel According to John I–XII* (AB, 29), New Haven, CT, Yale University Press [orig. New York, Doubleday], 1966, p. 318.

4. *Jesus identified as the light of the world* (*Gos. Thom.* 77//John 8,12; cf. 9,5)

Gos. Thom. 77	John 8,12
Coptic *Thomas*: ⲀⲚⲞⲔ ⲠⲈ ⲠⲞⲨⲈⲒⲚ ⲠⲀⲈⲒ ⲈⲦ2ⲒⲬⲰⲞⲨ ⲦⲎⲢⲞⲨ ⲀⲚⲞⲔ ⲠⲈ ⲠⲦⲎⲢϤ ⲚⲦⲀⲠⲦⲎⲢϤ ⲈⲒ ⲈⲂⲞⲖ Ⲛ2ⲎⲦ ⲀⲨⲰ ⲚⲦⲀⲠⲦⲎⲢϤ ⲠⲰ2 ⳋⲀⲢⲞⲈⲒ ⲠⲰ2 ⲚⲚⲞⲨⳋⲈ ⲀⲚⲞⲔ †ⲘⲘⲀⲨ ϤⲒ ⲘⲠⲰⲚⲈ Ⲉ2ⲢⲀⲒ̈ ⲀⲨⲰ ⲦⲈⲦⲚⲀ2Ⲉ ⲈⲢⲞⲈⲒ ⲘⲘⲀⲨ I am the light over all things. I am all. From me has all come from and all comes close to me. Split a piece of wood: I am there. Lift up a stone, and you will find me there. P. Oxy. 1,27-30 ἔγει[ρ]ον τὸν λίθον κἀκεῖ εὑρήσεις με· σχίσον τὸ ξύλον κἀγὼ ἐκεῖ εἰμι. Lift up a stone and you will find me; split a piece of wood, and I am there.	ἐγώ εἰμι τὸ φῶς τοῦ κόσμου ⲀⲚⲞⲔ ⲠⲈ ⲠⲞⲨⲈⲒⲚ ⲘⲠⲔⲞⲤⲘⲞⲤ.

The most important affinity here is the self-identification of Jesus as the light[45]. The I-Am saying itself is not an undisputable sign of *Thomas'* dependence on John, since John neither invented this form[46], nor was he the only author to ascribe such sayings to Jesus[47]. This much said, the possibility that *Thomas* 77 depends on John cannot be

---

45. The portrayal of Jesus as the origin of all things, affirmed in different ways in John and *Thomas*, is yet another piece of the theology inspired by Wisdom traditions. The language of "all" brings *Thomas* closer to Pauline tradition (cf. 1 Cor 8,6; Rom 11,36; Col 1,16) than to John.

46. For similar I-Am sayings in Isis aretalogies, the existence of which sometimes tends to be forgotten in Johannine scholarship, see now S. PETERSEN, *Brot, Licht und Weinstock: Intertextuelle Analysen johanneischer Ich-Bin-Worte* (SupplNT, 127), Leiden, Brill, 2008, pp. 181-194.

47. Cf. Pseudo-Clement, *Hom.* II 52,2-3 ("I am the gate of life".); 3.53.3 ("I am he of whom Moses prophesied saying, 'The Lord our God will raise from your brothers a prophet like me. You should listen to him in all matters; who does not hear that prophet shall be killed'"). While it cannot be excluded that the former saying is dependent on John (cf. John 10,9), the latter seems independent and bears witness to what seems to be a very archaic christology, based upon Deut 18,15-16 (cf. Acts 3,22-23; 7,37).

excluded[48]. What is striking is the absence of the I-Am saying in one of the extant Greek fragments of *Thomas*, where the latter part of *Thomas* 77 follows immediately after *Thomas* 30. The difference between the Greek and the Coptic versions may, as Enno Edzard Popkes has recently affirmed, indicate that the first half of *Thomas* 77 is, in its entirety, a late addition to *Thomas*[49]. The odds are that the two halves of the saying were combined only when the gospel was being translated into Coptic since the juxtaposition produces a catchword association that only works in Coptic: the text as it now stands creates a pun based upon two meanings of the Coptic verb ⲡⲱϩ: "to reach, come close, approach" on the one hand, and "to split" on the other.

If the first half of *Thomas* 77 became part of this gospel at a very late stage, that is, in the late third century at the earliest, then it may seem inconceivable that it came into being without any knowledge of John's gospel. In my view, however, we cannot be completely sure about the late origin of the first half of *Thomas* 77. What the absence of the I-Am saying in the Greek version and the pun based upon the Coptic language prove is that the *combination* of the two halves in *Thomas* 77 is late. This does not exclude the possibility that the former part of the saying could have been elsewhere in the Greek *Thomas* and was joined with the latter part of *Thomas* 77 when the gospel was translated into Coptic. Unfortunately, it is not possible to offer solid proof for one theory or another. Since the extant Greek fragments of *Thomas* only reach up to saying 39, it is impossible to reach secure conclusions about earlier versions of *Thomas* after this point – unless we assume that all remaining sayings, that is, 40–114, are later additions, but this probably would go too far.

48. I here modify the position I took in my earlier study (DUNDERBERG, *The Beloved Disciple in Conflict?* [n. 14], pp. 106-109) in light of Enno Popkes' studies: E.E. POPKES, *"Ich bin das Licht" : Erwägungen zur Verhältnisbestimmung des Thomasevangeliums und der johanneischen Schriften anhand der Lichtmetaphorik*, in J. FREY – U. SCHNELLE – J. SCHLEGEL (eds.), *Kontexte des Johannesevangeliums: Das vierte Evangelium in religions- und traditionsgeschichtlicher Perspektive* (WUNT, 175), Tübingen, Mohr Siebeck, 2004, 641-674; ID., *Das Menschenbild des Thomasevangeliums: Untersuchungen zu seiner religionsgeschichtlichen und chronologischen Einordnung* (WUNT, 206), Tübingen, Mohr Siebeck, 2007, pp. 98-100.

49. POPKES (*Das Menschenbild des Thomasevangeliums* [n. 48], p. 137) finds it conceivable that the saying "I am the light" was added to *Thomas* at the latest possible stage: Popkes maintains that the saying was added by the compilers of the Nag Hammadi codices to make *Thomas* more compatible with the *Secret Book of John*, which precedes *Thomas* in NHC II. This conclusion, which would push the date of the addition to the middle of the fourth century, cannot be excluded but it is not the only option either. It is also possible that the shared imagery of light (including the self-predication of the revealer as the light, cf. *Secr. John* [NHC II, 1], 30-31), that was already available in both texts, was one of the reasons that they were put next to each other in NHC II.

The results of the four cases I have discussed above are thus meager: three of four cases contain no clear evidence that *Thomas* draws upon John, and even in the final fourth example, the case for *Thomas'* dependence is not so much based upon the textual affinity itself as it is on the reasoning that the saying "I am the light" was so late an addition to *Thomas* that ignorance of John's gospel no longer seems to be an option.

I hope to be excused for not discussing here in any great detail the theories based on the assumption that John and *Thomas* bear witness to two Christian communities engaged in a mutual conflict. I shall only briefly recapitulate the position I have sought to demonstrate elsewhere[50]. It is true that John and *Thomas* disagree on a number of issues but the disagreements between them do not necessarily mean that they were in conflict with each other. There can be other reasons for their differences in opinion. It may be that the authors of the two gospels took different stances on the same issues without even being aware of each other's opinions or existence. This, in fact, is the direction in which I believe the evidence I have discussed above points: the authors of both gospels drew upon the same pool of ideas, inspired by early Christian variations based on Jewish Wisdom theology, but they did this without being in touch with each other's interpretations.

It may be tempting to see in the Johannine figure of the doubting Thomas reflections, or remnants, of a more direct debate Johannine Christians held with their fellow-believers who showed special reverence to Thomas as their spiritual guide. However, the competing theories as to exactly what position Thomas stands for in John demonstrate how utterly inconclusive his portrait in John is for a mirror reading taking Thomas as an embodiment of the beliefs of some other Christians that the Johannine author wanted to combat[51]. The nagging question is, If

---

50. Cf. DUNDERBERG, *The Beloved Disciple in Conflict?* (n. 14), pp. 28-46.

51. In my critical rejoinder to the theories presupposing a conflict between the communities behind John and *Thomas*, I have insisted that the portrayal of Thomas is not significantly more critical in John than those of some other characters, such as Martha, who, in spite of her full-blown confession (John 11,27), is cast as not really believing in Jesus (cf. John 11,39-40); cf. DUNDERBERG, *The Beloved Disciple in Conflict?* (n. 14), pp. 57-59. For a similar conclusion, supported with a much more extensive analysis of Johannine characterization, see now C.W. SKINNER, *John and Thomas – Gospels in Conflict? Johannine Characterization and the Thomas Question* (Princeton Theological Monograph Series), Eugene, OR, Pickwick, 2009. Concerning the usage of the Johannine character of Thomas in support of the conflict theories, Skinner concludes: "This leads to a truncated reading of the Johannine narrative that drastically overemphasizes the significance of one minor character ... a consistent literary analysis reveals a pattern where uncomprehending characters provide the Johannine Jesus with opportunities to speak authoritatively to the literary audience. Thomas is one of these characters, and should not be regarded as the

there was a conflict between Johannine and Thomasine Christians, why was it not more clearly indicated in John? The suggestion that the struggle with Thomasine Christians waged in John's gospel was, of a "hidden variety"[52] underlines rather than resolves the problem.

III. JOHN AND *THE GOSPEL OF MARY*[53]

With the *Gospel of Mary*, we move to a different ground. The text is more consciously philosophical than *Thomas*, probably stems from a later point in the second century than *Thomas*, and is most likely dependent on John's gospel.

The *Gospel of Mary* contains two revelation dialogues of the Savior with his followers. The first part, describing his discussion with the disciples, ends with an account of how the disciples were left in a state of grief and pain after Jesus' departure. In the ensuing second act, Mary comforts the disciples and relates the hidden teaching of the Savior imparted to her in a vision. The vision triggers a debate among the disciples whether Mary's vision should be trusted or not. The text shows awareness that the hidden teaching it promotes could be regarded as the "other kind of thoughts" (ϩⲛⲕⲉⲙⲉⲉⲩⲉ, 17.15; [ετε]ρογνωμονειν, P. Ryl. 463.9-10). It is not detailed what exactly was considered to be the problem in the Savior's teaching related by Mary. Andrew disputes this teaching in its entirety, and Peter joins the opposition. Peter, thus, is portrayed as a turncoat because it was he who had urged Mary to relate the secret words of the Savior to begin with (10.1-6), and yet he is here, at the end of the gospel, presented as doubting whether the Savior spoke "secretly with a woman, without our knowing" (17.16-23).

The textual problems vitiating the interpretation of the *Gospel of Mary* are well known: several pages of the Coptic manuscript, which contained the entire gospel, are lost[54]. The two extant Greek fragments from the

---

target of a Johannine polemic; nor should he be regarded as the impetus for the Fourth Gospel's composition" (pp. 231-233).

52. Thus DECONICK, *Voices of the Mystics* (n. 16), p. 31.

53. I wish to thank Karen King, Antti Marjanen and Ulla Tervahauta for their helpful comments on earlier versions of my interpretation of the *Gospel of Mary*.

54. Pages 11-14 of the gospel are certainly missing. If the Berlin Codex began with the *Gospel of Mary*, the first quarter of the text (pages 1-6) is also lost. However, we cannot be sure whether the codex began with this text or if there was some other text preceding it. The gospel must have started earlier in the codex since the extant text begins in the middle of the disciples' question to the Savior on page 7, but it remains uncertain how much of the beginning of the gospel is lost.

third century (P. Oxy. 3525; P. Ryl. 463) bear witness to the popularity of this gospel and provide a number of noteworthy variant readings in comparison to the Coptic version[55], but they do not add to our knowledge about the contents of the missing pages.

The *Gospel of Mary* probably stems from the middle or the latter part of the second century. The strongest indication for this dating is the gospel's philosophical outlook. The surviving Coptic version of the gospel begins with the question posed by the disciples whether matter (ὕλη) is destructible or not (7.1-2). The nature of matter was a distinctly philosophical topic that began to attract the attention of educated Christians in the middle of the second century; these Christians included not only Sethian and Valentinian mythmakers, but also the apologists Justin and Athenagoras (both of whom thought that matter is inoriginate, not created)[56].

Another feature with a distinctly philosophical flavor in the *Gospel of Mary* is its concern over emotions. This issue is especially prominent in the gospel's portrayal of the ascending soul as being tried by desire, ignorance, and anger (*Gos. Mary* 15–17)[57]. The identification of the soul's interrogators as emotions makes the gospel's account of the soul's ascent different from early Christian accounts describing how the departed are being interrogated in the hereafter by the creator-God and his lackeys[58]. The affirmation of the victorious soul at the end of the *Gospel of Mary*, that "my desire has come to an end" (16.19-20), subscribes to the Stoic idea of *apatheia* as the ideal state of mind[59]. A link

55. For the Greek fragments of the *Gospel of Mary*, see C.M. TUCKETT, *The Gospel of Mary* (Oxford Early Christian Gospel Texts), Oxford, Oxford University Press, 2007, pp. 7-11, 81-85, 110-111, 116-118.

56. Cf. G. MAY, *Creatio ex Nihilo: The Doctrine of "Creation out of Nothing" in Early Christian Thought* (transl. A.S. WORRALL), Edinburgh, T&T Clark, 1994, p. 122 (with reference to Justin, *1 Apol.* 1.10.2); pp. 138-139 (with reference to Athenagoras, *Apol.* 22.2).

57. For a similar list of the soul's tormenters, see *CH* 13.7, where a list of twelve torments of the soul is provided; the items mentioned in the *Gospel of Mary* (desire, ignorance, anger) are all included on this list: "This ignorance, my child, is the first torment; the second is grief; the third is lack of self-constraint; the fourth, lust; the fifth, injustice; the sixth, greed; the seventh, deceit; the eighth, envy; the ninth, treachery; the tenth, anger; the eleventh, recklessness; the twelfth, malice" (trans. Copenhaver, with modification).

58. Cf. Irenaeus, *Adv. Haer.* I 21,5.

59. Cf. E. DE BOER, *A Stoic Reading of the* Gospel of Mary: *The Meaning of "Matter" and "Nature" in* Gospel of Mary *7.1–8.11*, in T. RASIMUS – T. ENGBERG-PEDERSEN – I. DUNDERBERG (eds.), *Stoicism in Early Christianity*, Grand Rapids, MI, BakerAcademic, 2010, 199-219, esp. pp. 208-209; EAD., *The Gospel of Mary: Listening to the Beloved Disciple*, London, T&T Clark, 2004, pp. 37-49; K.L. KING, *The Gospel of Mary of Magdala: Jesus and the First Woman Apostle*, Santa Rosa, CA, Polebridge Press, pp. 42-47.

drawn between emotions and matter in an earlier part of the gospel (8.2-3) brings the text close to a Valentinian myth, according to which matter was created out of the noxious emotions that the divine Wisdom experienced after being banished outside the divine realm[60]. The *Gospel of Mary* differs from the Valentinian myth in stating that emotions stem from matter, not the other way around as in the Valentinian myth[61]. Nevertheless, the juxtaposition of matter and emotions in both sources is indicative of a shared intellectual context, in which the soul's inclination to matter had become a central issue that had to be explained in one way or another.

The exhortation at the end of the *Gospel of Mary* (18.15-16), that one should put on the "perfect human", fits remarkably well in the gospel's intellectual context. There had already been a long-standing philosophical tradition, in which the term "perfect human" was used to denote an ideal person, who neither succumbs to emotions nor needs exhortation or prescriptions to do the right thing but knows intuitively what course of action one must take in each individual situation[62]. The *Gospel of Mary* agrees on both accounts. Not only does it speak in favor of the full extirpation of wrong kinds of emotions, but it also also promotes freedom from the law and added rules: "Do not lay down any rules in addition to those I gave, and do not issue any law in the same way as the legislator, lest you be detained by it" (*Gos. Mary* 8.22–9.4; the same principle is recalled at the end of the gospel: 18.19-21.)

The sample of ideas and concepts derived from Greco-Roman philosophies in the *Gospel of Mary*, thus, is best understood in the context of an increasingly "academic" orientation on the part of educated Christians[63]. It would not seem farfetched to assume that John's gospel was

60. For an analysis of the Valentinian portrayal of Wisdom's emotions and its links to philosophers' views about the therapy of emotions, see I. DUNDERBERG, *Beyond Gnosticism: Myth, Lifestyle and Society in the School of Valentinus*, New York, Columbia University Press, 2008, pp. 95-118.

61. For the Valentinian teaching on this issue, see Irenaeus, *Adv. Haer.* I 4,1-2.5.

62. For a summary (with references to other literature) of the concept and functions of the perfect human in philosophical works, see I. DUNDERBERG, *Judas' Anger and the Perfect Human*, in A.D. DeCONICK (ed.), *The Codex Judas Papers* (NHMS, 71), Leiden, Brill, 2009, 201-221, pp. 205-217. The view elaborated there builds upon the fine analysis of the views about the perfect human and "progressive fools" in ancient philosophy by T. ENGBERG-PEDERSEN, *The Concept of Paraenesis*, in J.M. STARR – T. ENGBERG-PEDERSEN, *Early Christian Paraenesis in Context* (BZNW, 125), Berlin, de Gruyter, 2004, 47-72.

63. It is true that all ideas with philosophical flavor in the *Gospel of Mary* were already available in the philosophical discourse long before the middle of the second century, where I would date this gospel. The middle of the second century, nevertheless, is the point when Christians begun to address all those issues to which the *Gospel of Mary* refers.

known in the circles of such people in the latter part of the second century, when the *Gospel of Mary* was probably composed. There are indeed some striking affinities between the two gospels, from which recent interpreters almost unanimously infer that the *Gospel of Mary* is either directly or indirectly dependent on John's gospel[64].

Most of the affinities between the two gospels are related to the portrayals of Mary of Magdala. In John's gospel, Mary proclaims to the disciples "I have seen the Lord" (John 20,18); in the *Gospel of Mary*, she starts her speech to the disciples by proclaiming "I have seen the Lord in a vision" (*Gos. Mary* 10.10-11). In both gospels, Mary is presented as weeping (John 20,11-15; *Gos. Mary* 18.1), though for completely different reasons and in completely different narrative contexts. Finally, the description of Mary in the *Gospel of Mary* as having been loved by the Savior, not only "more than any other woman" (10.2-3), but also more than (the rest of?) the disciples (18.14-15), makes her a figure similar to that of the beloved disciple in John's gospel. This affinity, however, remains somewhat vague since there are no close verbal agreements in the ways the special status of the beloved disciple is affirmed in both gospels: in its portrayal of Mary, the *Gospel of Mary* does not call upon any narrative details said about the beloved disciple in John's gospel (such as his presence in the last supper, at the crucifixion, at the empty tomb, and at the Sea of Galilee, or the claim that he wrote down that gospel).

Other similarities include the distinctly Johannine expression "my peace" (John 14,27), that also occurs in the Savior's salutation of peace in the *Gospel of Mary* ("Peace be with you, my peace receive for yourselves", 8.14-15)[65], and the phrase "the sin of the world", which is used

---

Most importantly, there is little evidence for Christians interested in the nature of matter prior to this time.

64. E.g., J. HARTENSTEIN, *Die zweite Lehre: Erscheinungen des Auferstandenen als Rahmenerzählung frühchristlicher Dialoge* (TU, 146), Berlin, Akademie Verlag, 2000; KING, *The Gospel of Mary of Magdala* (n. 59), pp. 129-133; NAGEL, *Die Rezeption des Johannesevangeliums* (n. 1), pp. 465-469; A. PASQUIER, *L'Évangile selon Marie (BG 1)* (Bibliothèque copte de Nag Hammadi. Section "Textes", 10), Quebec, Les Presses de l'Université Laval, 1983, p. 57; Silke PETERSEN, *"Zerstört die Werke der Weiblichkeit" Maria Magdalena, Salome & andere Jüngerinnen Jesu in christlich-gnostischen Schriften* (NHMS, 48), Leiden, Brill, 1999, pp. 141-142; TUCKETT, *The Gospel of Mary* (n. 55); M. TARDIEU, *Codex de Berlin* (Écrits gnostiques), Paris, Cerf, 1984, pp. 226, 228, 230 etc. For one exception from the consensus, see DE BOER, *The Gospel of Mary* (n. 59), p. 208: "... the portrayal of Mary Magdalene in the Gospel of Mary most likely does not depend on the New Testament Gospels, but rather on earlier tradition about Mary Magdalene". As far as I can see, De Boer's conclusion is implicit rather than explicitly argued in the chapters where she discussed similarities and differences in the portrayals of Mary in the *Gospel of Mary* and the New Testament gospels.

65. Cf. A. MARJANEN, *The Woman Jesus Loved: Mary Magdalene in the Nag Hammadi Library and Related Documents* (NHMS, 40), Leiden, Brill, 1996, p. 98 n. 19.

in John 1,29, and for which Peter asks further elucidation from the Savior in the *Gospel of Mary* (7.10-13): "Since you have taught us everything, tell us one more thing: what is the sin of the world?" Here it almost looks as though the *Gospel of Mary* responds to and expands on issues briefly mentioned in John.

Many recent commentators, however, regard the affinities between John and *Mary* as insubstantial and not permitting any far-reaching conclusions as to the relationship between the two gospels. The prospect of any in-depth intertextual reading may seem gloomy in the light of the following assessments by Judith Hartenstein and Titus Nagel:

> The most of these parallels to John are so unspecific that it cannot be safely assumed that allusions are intended[66].

> The completely marginal usage of the Gospel of John and the gnostic application of John 3,8b indicate that this gospel's contents could not be received in Christian gnostic circles, in the context of which the Gospel of Mary came into existence[67].

Christopher Tuckett also adopts a cautionary stance on the issue in his new edition of the *Gospel of Mary*: he includes only one item from John (the expression "my peace") in the group of "clear echos or allusions"[68], and only one in that of "less clear parallels" (the phrase "the sin of the world")[69], while he discusses all other potential affinities between the

---

66. HARTENSTEIN, *Die zweite Lehre* (n. 64), p. 158: "Von diesen Parallelen zu Joh sind die meisten so wenig spezifisch, dass nicht sicher von bewussten Anspielungen ausgegangen werden kann".

67. NAGEL, *Die Rezeption des Johannesevangeliums* (n. 1), p. 469: "Die insgesamt spärliche Benutuzung des JohEv sowie die gnostische Applikation von Joh 3,8b spricht für dessen mangelnde inhaltliche Rezeptabilität für die christlich-gnostischen Kreise, in dessen Umfeld das EvMar enstanden ist". Nagel argues that the question posed to the ascending soul in *Gos. Mary* 16,14-16 ("where do you come from, killer of humans, or where are you going, destroyer of space") is inspired by the description of the spirit in John 3,8 (*ibid.* pp. 466-467). However, other accounts of the interrogation of the soul (*1 Apoc. Jas.* [NHC V, 3] 32-36; Irenaeus, *Adv. Haer.* I 21,5; possibly also *Gos. Thom.* 50) provide far closer parallels to this passage in the *Gospel of Mary* than John 3,8; for these parallels, see KING, *The Gospel of Mary of Magdala* (n. 59), pp. 75-76. In addition, it is debated whether the *Gospel of Mary* is a "gnostic" gospel or not; for a recent summary of *status quaestionis*, see TUCKETT, *The Gospel of Mary* (n. 55), pp. 42-54.

68. TUCKETT, *The Gospel of Mary* (n. 55), p. 58: "Thus it may be that the author is here taking up words known from John's gospel and putting them on the lips of Jesus with perhaps a change of meaning at the same time...".

69. TUCKETT, *The Gospel of Mary* (n. 55), pp. 67-68: "The phrase may simply have become part of common parlance in the circles in which the *Gospel of Mary* was circulating. Its ultimate origin in this context *may* have been the Gospel of John, but it is hard to say more with any great certainty".

two gospels, such as Mary's weeping and her role as the beloved disciple, under a less definitive title "other parallels"[70].

In spite of all these scholarly caveats, some specialists have posited a more substantial relationship between the gospels of John and Mary. Karen King and Silke Petersen have demonstrated that, in addition to isolated points of shared terminology, there are also a number of thematic links connecting the two gospels. King points out that Mary comforts the disciples in the *Gospel of Mary*, just as Jesus does in John's gospel (e.g., John 14,27). Moreover, King also draws attention to a similar situation described in both gospels: "the savior is departing and his followers will face persecution"[71]. As Petersen cogently notes, the disciples' situation described in the *Gospel of Mary* is, in fact, very much the same as that anticipated in the Johannine farewell discourse. In John's gospel, Jesus predicts that the disciples will weep, lament and experience pain (κλαύσετε καὶ θρηνήσετε ὑμεῖς ... ὑμεῖς λυπηθήσεσθε, John 16,20) after his departure. This is precisely the disciples' condition described in the *Gospel of Mary*: after Jesus had departed, "they were in pain and wept profusely" (ΝΕΥΡΛΥΠΕΙ ΑΥΡΙΜΕ ΜΠϢΑ, 9.5-6).

Moreover, while King emphasizes similarities in the roles attributed to Jesus in John's gospel and to Mary in the *Gospel of Mary*, Petersen points out that, in the *Gospel of Mary*, Mary fulfils the role of the paraclete promised in John's gospel: she comforts and encourages the disciples with the teaching of Jesus previously hidden from them[72]. The disciples' limited capacity for receiving the teaching of Jesus, which makes subsequent teaching by the paraclete necessary, is affirmed in John 16,12: "I still have many things to say to you, but you cannot bear them now". Moreover, one of the most crucial tasks assigned to the paraclete in John's gospel is that this figure will remind the disciples of what Jesus had taught (John 14,26). The aspect of memory is, in turn, emphatically present in the *Gospel of Mary*, where Peter urges Mary to relate the words of Jesus that she remembers (*Gos. Mary* 10.5-6); the extant Greek fragment adds strength to this point by repeating it in Mary's response to Peter (P. Oxy. 3525.17): "[I will proclaim to you everything that] *I remember* (ἀπομνημονεύω) but has escaped [your notice]"[73]. The closing remark after Mary's vision in the *Gospel of Mary* is also noteworthy: "After having said this, Mary fell silent since the Savior had

70. TUCKETT, *The Gospel of Mary* (n. 55), pp. 57-72.
71. KING, *The Gospel of Mary of Magdala* (n. 59), p. 129.
72. PETERSEN, *Die Werke der Weiblichkeit* (n. 64), p. 141.
73. The reference to memory is dropped in the Coptic version of Mary's response: "I will proclaim to you what is hidden from you" (*Gos. Mary* 10.8-9).

spoken with her up to this point" (17.7-9). This remark concurs with the Johannine promise that the spirit of truth "will not speak on its own" but will only reveal what it hears (16,13)[74].

I agree with King and Petersen that, in light of the aforementioned thematic links between the two gospels, ideas and themes going back to John's gospel play a much more significant role in the *Gospel of Mary* than is usually recognized. King proposes an intertextual reading in which the active role assigned to Mary in the *Gospel of Mary* lays bare a critical point in John's portrayal of Mary: comparison to the *Gospel of Mary* reveals how her "status is diminished in the Gospel of John" and her portrayal in John 20 "works to subordinate Mary's authority as a resurrection witness to that of the male disciples, especially by limiting her commission to bear witness only to the other disciples"[75].

In my view, this reading may offer too dark a picture of how Mary is portrayed in John's gospel: it is not immediately clear that her role is really limited in this way in John 20. It is not entirely obvious, either, if the *Gospel of Mary* attributes to Mary a more active role in proclaiming the good news to the world. She plays a crucial role in comforting the disciples, but it remains uncertain if she is one of those commissioned to preach the good news. Even the more inclusive closure of the gospel, that "*they* began to go out to [preach]" does not necessarily include Mary. The problem addressed in the narrative is with the disciples who are, out of fear, hesitant to obey Jesus' command to preach the gospel (*Gos. Mary* 9.5-13). It seems that, at least here, Mary is not one of the those entangled in fear since she is able to exhort them not to be afraid. Notably, Mary does not say "let *us* not weep and grieve", but she addresses "her brothers" in the second person plural: "Do not weep and do not grieve…". Placed in this framework, the inclusive closure in the Coptic version can be read as meaning that the disciples, who first were afraid, finally, at Mary's instigation, became ready to follow Jesus' command. In this reading, the role assigned to Mary in the *Gospel of Mary* would seem very similar to that assigned to her in John 20.

It seems, thus, that the relationship between John's gospel and the *Gospel of Mary* should be first and foremost understood in terms of continuity. The narrative situation described in the *Gospel of Mary* coincides

74. It does not have to be assumed that Mary is fully identified with the paraclete in the *Gospel of Mary*. It is possible to read the text in a way that she assumes this role on this particular occasion and for the particular purpose of comforting the fearful disciples. The text does *not* maintain that some person other than Mary could not become the embodiment of the paraclete on some other occasion.

75. KING, *The Gospel of Mary of Magdala* (n. 59), p. 131.

with that predicted in John 16, and the role assigned to Mary in the *Gospel of Mary* makes her look like an embodiment of the paraclete, promised by Jesus in John's gospel. In other words, it seems that the *Gospel of Mary* builds upon and creatively elaborates ideas stemming from John's gospel.

How do these Johannine details fit in the mix in the *Gospel of Mary*? It may seem striking that this gospel with an undeniable philosophical orientation does not make use of what is probably the clearest philosophical trait in John's gospel, that is, the identification of Jesus with the divine Logos. Instead, it is the disciples' anxiety and Mary's role as the medium of revelation that are described in Johannine terms in the *Gospel of Mary*. Although there are similar portrayals of the disciples' anguish in other revelation dialogues[76], the theme is more thoroughly integrated in the narrative flow in the *Gospel of Mary* than in other comparable texts.

The description of the disciples' mental state in the *Gospel of Mary* should, therefore, not be dismissed as being merely a traditional topos. The anxious disciples, faced with the prospect of persecution, set the stage for Mary's revelation teaching of the soul's ascent. The disciples are portrayed as being paralyzed by distress and the fear of persecution. Their state of mind is especially disastrous because it makes them unable to fulfil Jesus' command to spread the good news: "How shall we go to the nations and preach the good news about the kingdom of the Son of Man? If they did not spare him, how will they spare us?" (*Gos. Mary* 9.7-12).

The story of the soul's ascent in the latter part of the gospel, in turn, shows the way out of the disciples' situation described in the first part. The purpose of the story is to assure the disciples that they should not be afraid of persecution since the soul can reach the state of tranquility, in which the sufferings inflicted on the body no longer matter[77]. This condition defines the final stage in the victorious soul's ascent: "What binds me has been killed, and what surrounds me has been overcome...". Furthermore, it is affirmed that this victory from the body can already be achieved in one's lifetime: "It is in a world that I have been released from a world" (*Gos. Mary* 16.17–17.1)[78].

76. E.g., *Apocr. Jas* (NHC I, 2) 5-6, 12; *Apocr. John* (NHC II, 1) 1-2 (parr).

77. Cf. KING, *The Gospel of Mary of Magdala* (n. 59), p. 109: "Since attachment to the body is the source of suffering and death..., separation from that attachment frees them...".

78. Antti Marjanen points out to me that the text can also be understood in another sense: "it is by means of a world that I have been released from a world". In this case the

The disciples' pain and fear are, thus, of vital importance as fundamental elements of the rhetorical situation constructed in the *Gospel of Mary*. The rhetorical situation, however, is not necessarily identical with that of the audience. It is indeed possible that some audiences took the text as teaching preparation for martyrdom[79]. In this reading, philosophy is subordinated to the theme of persecution. Philosophical ideas about the soul are needed to assure the audience that they should not be afraid of persecutions, since it is possible for them to develop mental strength that makes their souls indifferent to the pain inflicted on the body.

It is, however, also possible to read the *Gospel of Mary* from a more philosophical perspective, in which case the text's primary concern is not so much endurance under persecution but the soul's condition in general. In this reading, the disciples' fear of persecution functions as an illustration of the soul's disease[80], for which Mary's vision then offers the cure by painting an ideal picture of a victorious soul no longer attached to "material" concerns brought about by body and emotions[81]. Read from this perspective, the disciples' doubtful reaction to Mary's vision underlines the severity of their weak mental condition: they refuse the medicine Mary offers to them. It is not quite clear whether the story ends with a resolution or not. It is stated at the end of the gospel that the Savior's command to preach the gospel to the nations was finally followed, which implies that the moment of fear was overcome, but it remains unclear by whom. Was it only Levi who went to preach (thus the Greek version: P. Ryl. 463. 14-16), or was it all the disciples, as the plural formulation "they started to go to preach and proclaim" in the Coptic text could suggest[82]?

The two readings of the *Gospel of Mary* I have constructed are not mutually exclusive. For example, it is conceivable that the prospect of persecution, described in the first part of the *Gospel of Mary*, lends greater urgency to its teaching of the soul's ascent. The underlying theory

former "world" must refer to the heavenly world as providing the model of salvation. This does not dispute the main point that redemption has already taken place.

79. Essential for this approach to revelation dialogues is the analysis by K.L. KING, *Martyrdom and Its Discontents in the Tchachos Codex*, in DeConick (ed.), *The Codex Judas Papers* (n. 62), 23-42, esp. pp. 25-27.

80. For ancient portrayals of the soul's disease and of philosophers as the doctors offering the cure to this disease, see M. NUSSBAUM, *The Therapy of Desire: Theory and Practice in Hellenistic Ethics*, Princeton, NJ, Princeton University Press, 1994.

81. This aspect is emphasized in KING, *The Gospel of Mary of Magdala* (n. 59), passim.

82. I argued above why this might be the best way to understand the plural in the closure of the Coptic version. Nevertheless, it cannot be excluded that the plural only refers to Levi and Mary.

would in that case be that the soul must first prove victorious in the battle against desire and ignorance, and only then is it ready to face the seven appearances of wrath, the ultimate enemy; the soul trained in this way no longer needs to worry what happens to the body[83]. It probably largely depended on the different situations of the real audiences how the gospel was understood and which parts of it were deemed most important; we should not too readily deduce the audience's situation from the rhetorical situation constructed and addressed in the text[84].

IV. CONCLUSION

I have sought to illustrate with the two examples discussed above two different modes of the relationship between John's gospel and apocryphal gospels. The first point is that it cannot be taken for granted that apocryphal gospels, as a general rule, are later than, and secondary to, those in the New Testament. Greater differentiation is obviously needed. For example, it may well be that some individual sayings in *Thomas* are (directly or indirectly) dependent on the Synoptic gospels[85], but it cannot be inferred from this that its author(s) knew the Gospel of John as well; the knowledge of one or more gospels now included in the New Testament is not a sign of knowledge of the fourfold gospel canon. Moreover, if it is true that, as I have insisted above, the *Gospel of Thomas* is independent of John's gospel but attests to a number of ideas also attested in the latter, then *Thomas* also deserves increased attention in our accounts of early Christian theologies[86].

83. If the text is understood in this way, it would coincide with Clement of Alexandria's teaching of how the perfect person ("the gnostic" in Clement's terminology) is prepared for martyrdom; cf. Clement, *Misc.* 4.

84. 4 Maccabees is a good example of how stories of persecution could be used as a foil for philosophical teaching. This text is much more graphic in its descriptions of the martyrs' sufferings than its precursor 2 Maccabees, and yet the point it wants to bring home with all these extremely violent (and sometimes literally unbelievable) versions of more traditional stories is simply the importance of self-control.

85. For some carefully argued case studies pointing in this direction, see J. FREY, *Die Lilien und das Gewand: EvThom 36 und 37 als Paradigma für das Verhältnis des* Thomasevangeliums *zur synoptischen Überlieferung*, in FREY – POPKES – SCHRÖTER (eds.), *Das Thomasevangelium* (n. 10), 122-180 (on *Gos. Thom.* 36-37); C.M. TUCKETT, *Thomas and the Synoptics*, in *NT* 30 (1988) 132-157 (on *Gos. Thom.* 5, 9, 16, 20, 55); R. URO, *Thomas: Seeking the Historical Context of the Gospel of Thomas*, London, T&T Clark, 2003, pp. 131-132 (on *Gos. Thom.* 64-66); ID., *Thomas and Oral Gospel Tradition*, in ID. (ed.), *Thomas at the Crossroads* (n. 18), 8-32 (on *Gos. Thom.* 14).

86. For one positive example in this regard, see the careful discussion of *Thomas'* christology in HURTADO, *Lord Jesus Christ: Devotion to Jesus in Earliest Christianity*, Grand Rapids, MI, Eerdmans, 2003, pp. 452-479.

The *Gospel of Mary*, in one way, defies Brakke's tripartite categorization of different approaches to the canon since it *both* presents itself as a new revelation (Brakke's category #2) *and* shows indisputable signs of an "academic" orientation (Brakke's category #1). When it comes to this gospel's relationship to John's, however, the reading offered above and similar readings by other scholars largely confirm Brakke's proposal: the rhetorical situation constructed in *Mary* builds upon the Johannine predictions of the disciples' troubled future. At the same time, the affinities discussed above do not necessarily point to a carefully calculated use of John's gospel. For example, no Johannine sayings are quoted verbatim in the *Gospel of Mary*. In fact, most Johannine traits in the *Gospel of Mary* are details that seem relatively easy to remember[87]. The prediction of the disciples' anguish after the departure of Jesus in John 16 is not only unusually emotional but it is also introduced with the formula "Truly I say to you", which puts special emphasis on this particular teaching. Both these features could have served to make the prediction more memorable[88]. The same point is also underlined in the subsequent Johannine account of the disciples behind the closed doors, unable to act because of their fear of the Jews (20,19-23); in fact, it is nowhere stated in the Johannine appearance stories that the disciples started to proclaim the resurrection of Jesus and the forgiveness of sins (cf. John 20,22). Mary's weeping also seems a memorable fact both because it is emotional and because it is repeated no less than three times in John 20,11-15; and her words "I have seen the Lord", also repeated in the *Gospel of Mary*, are placed at a crucial juncture in John's gospel as the first testimony to an encounter with the risen Jesus.

---

87. For the importance of the issue of what kind of details were memorable, see I. CZACHESZ, *Rewriting and Textual Fluidity in Antiquity: Exploring the Socio-Cultural and Psychological Context of Earliest Christian Literacy*, in J. DIJKSTRA – J. KROESEN – Y. KUIPER (eds.), *Myths, Martyrs, and Modernity: Studies in the History of Religions in Honour of Jan N. Bremmer*, Leiden, Brill, 2010, 426-441. Among other things, Czachesz points out that the capacity of short-term memory, activated in listening to a text recited, is limited (p. 430), which makes it important to reassess how texts were remembered in antiquity. Czachesz also devotes attention to narrative "scripts" or "schemata" needed to activate memory processes (pp. 432-435). To apply this view to the particular case discussed above, it would seem that the Johannine portrayal of frightened disciples had become one such script, and this script is activated in the *Gospel of Mary*.

88. For the importance of evoking emotions in memory activation, see CZACHESZ, *Rewriting and Textual Fluidity in Antiquity* (n. 87), pp. 438-439, concluding: "It is to be expected that the deep involvement of memory in rewriting and retelling will favour, in the long run, ideas that minimally violate innate ontological expectations, or ones that mobilize emotional reactions".

It does not seem necessary, therefore, to assume that the author of the *Gospel of Mary* carefully went through John's gospel and selected precisely these features to function as a narrative backbone for the new gospel[89]. It is equally possible that such details ultimately going back to John's gospel were already imprinted in the "social memory" of early Christians when the *Gospel of Mary* was composed[90]. The *Gospel of Mary* does not display "canonical awareness" in the sense that it would seek to amplify its message with references to John's gospel. It seems that Johannine traits are there in the *Gospel of Mary*, not because of where they come from, but because they fit well with what this gospel purported to say to its audiences.

Faculty of Theology   Ismo DUNDERBERG
P.O.B. 4
FI-00014 University of Helsinki
Finland

---

89. Cf. *ibid.*, p. 435: "Biblical scholars have routinely explained such phenomena by referring to the editorial work of the authors, who, it is assumed, rephrased their sources according to their own theological views. I suggest that in many cases the relation between texts is better explained if we think about it in terms of oral transmission and memory…"; cf. also KING, *The Gospel of Mary of Magdala* (n. 59), p. 97: "we should not imagine that the author of the *Gospel of Mary* sat down and read the New Testament gospels and letters, and from those sources generated its interpretation of the Jesus tradition".

90. KING, *The Gospel of Mary of Magdala* (n. 59), p. 133, voices a similar caveat as regards the real audience of the *Gospel of Mary*: "It is not clear whether the author of the *Gospel of Mary* would have expected readers to connect the appearance accounts in the *Gospel of John* and the *Gospel of Mary*…". King maintains, though, that a reader familiar with John's gospel would recognize how the *Gospel of Mary* "would … work to 'correct' any imputation in the *Gospel of John* that Mary was less than entirely worthy of her commission as 'apostle to the apostles'". As I have said above, this reading of John's portrayal of Mary's encounter with Jesus seems too critical. For one thing, the Johannine author does not seem to display any substantial doubts about women as reliable – and even successful! – witnesses to Jesus (cf. John 4,28-30).

L'*ÉVANGILE SELON THOMAS* (NH II,2; P. OXY. 1, 654, 655), TÉMOIN DE LA THÉOLOGIE CHRÉTIENNE PRIMITIVE?

L'*Évangile selon Thomas* (ci-après *EvTh*), dont le texte complet a été découvert en 1945 seulement et qui constitue le seul recueil connu de paroles de Jésus en dehors des évangiles canoniques[1], est sans conteste un des documents majeurs pour servir à l'histoire des origines chrétiennes[2]. On se devait donc de l'inscrire au programme des soixantièmes Journées bibliques de Louvain, étant donné le thème retenu pour celles-ci. Mais, ce faisant, on tient pour acquis que l'*EvTh* est un évangile et un évangile apocryphe, qu'il peut donc être considéré sur le même pied que les évangiles apocryphes «classiques», des compositions apparues au deuxième, troisième, voire même quatrième siècles, et qu'il doit être lu à la lumière de la théologie chrétienne primitive[3], dont il serait en quelque sorte un témoin, de la même manière que les autres évangiles apocryphes. Comme on le voit, le simple énoncé du titre retenu pour cette communication oblige à considérer quelques-unes des questions les plus épineuses de la recherche consacrée à l'*EvTh* depuis plus d'un demi-siècle[4]. Sans

---

1. «The Gospel of Thomas, a collection of sayings, all of which are attributed to Jesus, is the single example of this genre known to have survived antiquity» (S.J. PATTERSON, *Gospels, Apocryphal*, dans *ABD* 2 [1992] 1079-1081, p. 1080).

2. Quelques éditions, traductions ou commentaires de l'*EvTh*: A. GUILLAUMONT – H.-C. PUECH – G. QUISPEL – W.C. TILL – Y. 'ABD AL MASĪḤ, *L'Évangile selon Thomas*, Paris, Presses Universitaires de France, 1959; H. KOESTER – B. LAYTON – T.O. LAMBDIN – H.W. ATTRIDGE, *Tractate 2: The Gospel According to Thomas*, dans B. LAYTON (éd.), *Nag Hammadi Codex II, 2-7 together with XIII,2*, Brit. Lib. Or. 4926 (1), and P. Oxy. 1, 654, 655*. Volume One (NHMS, 20), Leiden, Brill, 1989, 37-125; A.D. DECONICK, *The Original Gospel of Thomas in Translation. With a Commentary and New English Translation of the Complete Gospel* (Library of New Testament Studies, 287), Londres – New York, T&T Clark, 2006; U.-K. PLISCH, *The Gospel of Thomas: Original Text with Commentary*, Stuttgart, Deutsche Bibelgesellschaft, 2008 (le meilleur commentaire récent). La division de l'*EvTh* en dits ou *logia* reproduit celle qui est courante depuis l'*editio princeps* du texte (GUILLAUMONT, *et al.*, *L'Évangile selon Thomas*), à laquelle on a ajouté la division en versets instaurée dans J.S. KLOPPENBORG – M.W. MEYER – S.J. PATTERSON – M.G. STEINHAUSER, *Q Thomas Reader*, Sonoma, CA, Polebridge Press, 1990.

3. L'expression «Early Christian Theology», qui figure dans l'énoncé du thème du présent *Colloquium*, n'est pas facile à rendre en français. «Théologie chrétienne primitive» peut sembler une traduction trop étroite, dans la mesure où ce qui est «primitif» réfère habituellement au Ier siècle chrétien, alors que «théologie chrétienne ancienne», bien qu'englobant les premiers siècles chrétiens, est assurément trop large.

4. Pour l'histoire de la recherche portant sur l'*EvTh*, on pourra consulter: F.T. FALLON – R. CAMERON, *The Gospel of Thomas: A Forschungsbericht and Analysis*, dans *ANRW* II.25.6 (1988) 4195-4251; S.J. PATTERSON, *The Gospel of Thomas and the Synoptic*

prétendre apporter une réponse à ces questions, notre objectif sera néanmoins de montrer que l'*EvTh* doit être lu, d'abord et avant tout, comme
un évangile et considéré comme un témoin de la théologie chrétienne des
IIe et IIIe siècles, à l'instar des autres évangiles apocryphes et de l'ensemble de la littérature chrétienne de cette époque[5].

I. L'ÉVANGILE SELON THOMAS,
DES ATTESTATIONS PATRISTIQUES À LA REDÉCOUVERTE DU TEXTE

Si le texte complet n'en a été révélé qu'au milieu du XXe siècle, l'existence d'un évangile mis sous le nom de l'apôtre Thomas est attestée dès
la première moitié du IIIe siècle, selon le témoignage du Pseudo-Hippolyte de Rome, dans la notice qu'il consacre aux naassènes, dans sa *Réfutation* (ou *Elenchos*) *de toutes les hérésies*: «À les entendre, écrit-il, ce
ne sont pas seulement les mystères des Assyriens et des Phrygiens mais
encore ceux des Égyptiens qui rendent témoignage à leur doctrine sur la
bienheureuse nature des choses passées, présentes et encore à venir, une
nature à la fois cachée et manifestée, dont il dit qu'elle est le royaume
des cieux, intérieur à l'homme, que nous cherchons; c'est au sujet de ce
royaume intérieur qu'ils transmettent explicitement une tradition, (contenue) dans l'évangile intitulé *selon Thomas*, disant ainsi: 'Celui qui me
cherche me trouvera parmi les enfants de sept ans d'âge; car c'est là,
dans le quatorzième éon, que, moi qui suis caché, je me manifeste'»[6].

Tradition: A Forschungsbericht and Critique, dans *Forum: Foundations & Facets* 8
(1992) 45-97; G.J. RILEY, *The* Gospel of Thomas *in Recent Scholarship*, dans *Currents in
Research: Biblical Studies* 2 (1994) 227-252; N. PERRIN, *Recent Trends in Gospel of
Thomas Research (1991-2006)*. Part I: *The Historical Jesus and the Synoptic Gospels*,
dans *Currents in Biblical Research* 5 (2007) 183-206; D.E. AUNE, *Assessing the Historical Value of the Apocryphal Jesus Traditions: A Critique of Conflicting Methodologies*,
dans J. SCHRÖTER – R. BRUCKER (éds.), *Der historische Jesus: Tendenzen und Perspektiven der gegenwärtigen Forschung* (BZNW, 114), Berlin – New York, de Gruyter, 2002,
243-272.
    5. Cf. S.J. PATTERSON, *Jesus Meets Plato: The Theology of the* Gospel of Thomas *and
Middle Platonism*, dans J. FREY – E.E. POPKES – J. SCHRÖTER (éds.), *Das Thomasevangelium: Entstehung – Rezeption – Theologie* (BZNW, 157), Berlin – New York, de Gruyter,
2008, 181-205, p. 183: «It is first a wisdom gospel and an Early Christian gospel».
    6. V 7,20: Οὐ μόνον <δ'> αὐτῶν ἐπιμαρτυρεῖν φασι τῷ λόγῳ τὰ Ἀσσυρίων μυσ-
τήρια καὶ Φρυγῶν <ἀλλὰ καὶ τὰ Αἰγυπτίων> περὶ τὴν τῶν γεγονότων καὶ γινομέ-
νων καὶ ἐσομένων ἔτι μακαρίαν κρυβομένην ὁμοῦ καὶ φανερουμένην φύσιν, ἥνπερ
φησὶ <τὴν> ἐντὸς ἀνθρώπου βασιλείαν οὐρανῶν ζητουμένην, περὶ ἧς διαρρήδην
ἐν τῷ κατὰ Θωμᾶν ἐπιγραφομένῳ εὐαγγελίῳ παραδιδόασι λέγοντες οὕτως· ἐμὲ ὁ
ζητῶν εὑρήσει ἐν παιδίοις ἀπὸ ἐτῶν ἑπτά· ἐκεῖ γὰρ ἐν τεσσαρεσκαιδεκάτῳ αἰῶνι
κρυβόμενος φανεροῦμαι. *Hippolytus Werke*. Dritter Band. *Refutatio omnium haeresium*,
éd. P. WENDLAND (GCS, 26), Leipzig, J.C. Hinrichs'sche Buchhandlung, 1916, p. 83,9-16,

Comme le fait remarquer Harold Attridge[7], la citation alléguée par les naassènes se rapproche du logion 4 de l'*EvTh* (NH II,2, p. 33,5-10; P. Oxy. 654,21-27). Même s'il y a entre les deux textes des différences notables, la valeur du témoignage du Pseudo-Hippolyte ne saurait être sous-estimée. Il s'agit en effet du seul témoignage patristique donnant à la fois le titre de l'*EvTh* et une citation de l'un de ses dits[8]. On conclura dès lors qu'au plus tard dans la première moitié du IIIe siècle, plus précisément entre 222 et 235, l'*EvTh* circulait, que ce fût sous la forme qui nous est maintenant connue ou sous une autre.

Quant aux dix-sept autres *testimonia* inventoriés par Attridge[9], on y trouve deux citations, proches du log. 11 et du prologue, mais sans attribution à l'*EvTh* (§§2 et 4), de simples mentions l'*EvTh* par son titre, à côté d'autres textes non reçus (§§3 [+ 7a et 8], 5, 16), des témoignages qui le classent parmi les écrits contestés, ἀντιλεγόμενα (§10), ou faux (§14), ou qui désignent les utilisateurs de cet évangile, des manichéens (§§4, 6a, 6b, 11, 12, 13, 15, 17, 18) ou des hérétiques (§5, 9).

Il va sans dire que la valeur de ces témoignages est très variable, du fait, notamment, de la date de certains d'entre eux et de la dépendance évidente de certains autres par rapport à des témoignages plus anciens, mais aussi du fait qu'on ne peut être absolument certain que le titre *Évangile selon/de Thomas* renvoie toujours à notre *EvTh*: il pourrait tout aussi bien s'agir d'un autre texte inconnu de nous ou encore de l'*Évangile* de l'enfance dit *de Thomas* (les παιδικὰ τοῦ Κυρίου)[10]. Mais il reste que ces témoignages attestent au minimum de l'existence et de la connaissance de l'*EvTh* dans l'Église ancienne[11].

---

reproduite par H.W. ATTRIDGE, *The Greek Fragments*, dans LAYTON (éd.), *Nag Hammadi Codex II, 2-7* (n. 2), 95-125, p. 103; trad. (modifiée) A. SIOUVILLE, *Hippolyte de Rome: Philosophumena ou Réfutation de toutes les hérésies* I, Paris, Rieder, 1928, pp. 131-132; sur la question âprement débattue de l'identité du Pseudo-Hippolyte et de son legs littéraire, voir D.A. BERTRAND, *Hippolyte de Rome*, dans R. GOULET (éd.), *Dictionnaire des philosophes antiques* III, Paris, CNRS Éditions, 2000, 791-799.

7. ATTRIDGE, *The Greek Fragments* (n. 6), p. 103.

8. D'après S.R. JOHNSON, *Hippolytus's Refutatio and the Gospel of Thomas*, dans *Journal of Early Christian Studies* 18 (2010) 305-326, «the quotation reflects the conflation of *GThom* 2-5, not just the 'garbling' of *GThom* 4; elements of each of the four logia are embedded in the Naassene quotation» (p. 321).

9. ATTRIDGE, *The Greek Fragments* (n. 6), pp. 104-109.

10. Cf. PLISCH, *The Gospel of Thomas* (n. 2), p. 15, qui résume bien les raisons qui invitent à ne pas accorder une confiance trop grande aux *testimonia* des Pères de l'Église. Pour l'*Évangile* de l'enfance dit *de Thomas*, voir maintenant T. BURKE, *De infantia Iesu evangelium Thomae graece* (CCSA, 17), Turnhout, Brepols, 2010.

11. C'est ce que soulignent avec raison J. SCHRÖTER – H.-G. BETHGE: «Angesichts der nur sehr entfernten Verwandtschaft des von Hippolyt zitierten Wortes mit Spruch 4 des koptischen Manuskriptes aus Nag Hammadi muß zumindest mit der Möglichkeit gerechnet

En ce qui concerne les utilisateurs de l'*EvTh*, la mention d'hérétiques parmi ceux-ci n'est pas très instructive: vague, elle a toutes les chances de relever d'un des clichés de l'hérésiologie, selon lequel les hérétiques recourent à des écrits non reçus, ce qui confirme leur erreur et leur malice. Il en va cependant autrement des manichéens, qui sont souvent signalés comme lecteurs de l'*EvTh*; dans leur cas, nous sommes en mesure de vérifier la véracité des témoignages patristiques grâce aux textes manichéens eux-mêmes. Il ressort des études que Wolf-Peter Funk et J. Kevin Coyle ont consacrées à cette question[12], que, si l'on ne peut établir en toute certitude que les manichéens ont utilisé l'*EvTh* tel qu'il nous est connu par les P. Oxy. et par le codex II de Nag Hammadi, il est raisonnable de conclure qu'ils ont connu cet évangile et qu'ils l'ont cité à l'occasion.

Si nous possédons aujourd'hui le texte complet de l'*EvTh*, c'est grâce à des découvertes de manuscrits qui se sont échelonnées de la fin du XIXe au milieu du XXe siècle, celles des papyri grecs d'Oxyrhynque et coptes de Nag Hammadi, qui nous ont procuré des témoins directs du texte. Il ne saurait être question de présenter ici ces manuscrits; je me contenterai de revenir sur la question de leur datation.

Le codex II de Nag Hammadi ne comporte aucun élément qui permettrait de le dater. On ne peut donc le faire que sur des critères paléographiques et codicologiques. Sur la base d'un ensemble d'observations et surtout d'une enquête de Michael Williams, on peut considérer comme établie l'identité des mains d'écriture pour les codices II et XIII[13]. Jean

werden, daß verschiedene Exemplare eines Evangeliums unter dem Namen des Thomas im Umlauf waren, oder aber, daß die erwähnten Autoren von einer Schrift dieser Namen wußten, ohne ihren Inhalt genauer zu kennen (oder beides). Die genannten Bezeugungen belegen aber auf jeden fall die Tatsache, daß die Existenz eines solchen Evangeliums in der altkirchlichen Überlieferung bekannt war» (*Das Evangelium nach Thomas [NHC II,2]*, dans H.-M. SCHENKE – H.-G. BETHGE – U.U. KAISER [éds.], *Nag Hammadi Deutsch*, 1. Band [GCS, Neue Folge, 8], Berlin – New York, de Gruyter, 2001, 151-181, p. 152).

12. W.-P. FUNK, *"Einer aus tausend, zwei aus zehntausend" : Zitate aus dem Thomasevangelium in den koptischen Manichaica*, dans H.-G. BETHGE – S. EMMEL – K.L. KING – I. SCHLETTERER (éds.), *For the Children, Perfect Instruction. Studies in Honor of Hans-Martin Schenke on the Occasion of the Berliner Arbeitskreis für koptisch-gnostische Schriften's Thirtieth Year* (NHMS, 54), Leiden – Boston, MA, Brill, 2002, 67-94, et J.K. COYLE, *The Gospel of Thomas in Manichaeism*, dans L. PAINCHAUD – P.-H. POIRIER (éds.), *Colloque international «L'Évangile selon Thomas et les textes de Nag Hammadi»*, *Québec, 29-31 mai 2004* (Bibliothèque copte de Nag Hammadi. Section «Études», 8), Québec, Les Presses de l'Université Laval; Louvain – Paris, Peeters, 2007, 75-91 (repris dans ID., *Manichaeism and Its Legacy* [NHMS, 69], Leiden, Brill, 2009, p. 123-138).

13. M.A. WILLIAMS, *The Scribes of the Nag Hammadi Codices*, dans *Newsletter of the American Research Center in Egypt* 139 (1987) 1-7, p. 4; pour une description de l'écriture de ces deux codices, on pourra se reporter à B. LAYTON, *Introduction*, dans ID. (éd.), *Nag Hammadi Codex II, 2-7* (n. 2), p. 4, et à J.D. TURNER, *Introduction to Codex XIII*,

Doresse datait cette écriture «vers le milieu du IIIe siècle au plus tard»[14], mais on se range généralement à l'opinion mieux fondée, sur le plan comparatif, de Søren Giversen, pour l'attribuer à la première moitié du IVe siècle[15]. Cette datation s'accorde avec ce que nous pouvons savoir de l'époque de la fabrication du codex. Celle-ci peut en effet être située sans contredit au IVe siècle, vers le milieu ou au cours de la seconde moitié du siècle. C'est ce que suggère le fait que l'un des manuscrits de la collection de Nag Hammadi, le codex VII, a livré des papyri de remploi datés des 20 novembre 341 et 21 novembre 346, et d'octobre 348[16], cette dernière date fournissant dès lors un *terminus post quem* pour la fabrication du codex[17] et, partant, des autres codices enfouis en même temps que lui. D'autre part, d'après les noms de lieux mentionnés sur les fragments retirés des reliures des codices I, V, VII et XI[18], il semble bien qu'elles aient été fabriquées dans le voisinage de l'endroit où les manuscrits ont été découverts avec le codex VI et, inséré dans celui-ci, le codex XIII.

dans C.W. HEDRICK (éd.), *Nag Hammadi Codex XI, XII, XIII* (NHMS, 28), Leiden, Brill, 1990, 362-363.

14. Dans J. DORESSE – T. MINA, *Nouveaux textes gnostiques découverts en Haute-Égypte: La bibliothèque de Chénoboskion*, dans *VigChr* 3 (1949) 129-141, p. 132; J. DORESSE, *Une bibliothèque gnostique copte découverte en Haute Égypte*, dans *Académie royale de Belgique. Bulletin de la classe des Lettres et des Sciences morales et politiques* 5e série, 35 (1949) 435-449, p. 438 («vers la seconde moitié du IIIe siècle au plus tard»).

15. S. GIVERSEN, *Apocryphon Johannis: The Coptic Text of the Apocryphon Johannis in the Nag Hammadi Codex II with Translation, Introduction and Commentary* (Acta Theologica Danica, 5), Copenhague, Munksgaard, 1963, p. 40: «An absolute dating places it as contemporary with Br. M. Pap. 1920 and therefore from 330-340, or more loosely from the first half of the fourth century»; cf. M. KRAUSE, dans M. KRAUSE – P. LABIB, *Gnostische und hermetische Schriften aus Codex II und Codex VI* (Abhandlungen des Deutschen Archäologischen Instituts Kairo, Koptische Reihe, 2), Glückstadt, J.J. Augustin, 1971, p. 14: «Ich setze [die Schrift] in die Mitte des 4. Jh.s»; cf. Layton 1974, pp. 358-359.

16. Il s'agit des pièces n°s 63, 64 et 65, éd. J.W.B. BARNS – G.M. BROWNE – J.C. SHELTON, *Nag Hammadi Codices. Greek and Coptic Papyri from the Cartonnage of the Covers* (NHMS, 16), Leiden, Brill, 1981, pp. 4-5 et 53-58.

17. Il faut bien noter qu'il ne s'agit là que d'un *terminus post quem*, comme le fait remarquer, avec une pointe de scepticisme, Stephen Emmel: «These dated documents indicate that the cover of Codex VII as a whole [...] was not manufactured until some time after 348. But how much time after 348? A year? Ten years? Fifty years? A century? Unfortunately, it is impossible for us to know with any degree of certainty» (S. EMMEL, *The Coptic Gnostic Texts as Witnesses to the Production and Transmission of Gnostic [and Other] Traditions*, dans FREY – POPKES – SCHRÖTER [éds.], *Das Thomasevangelium: Entstehung – Rezeption – Theologie* [n. 5], p. 38). Tout en saluant la prudence d'Emmel, il ne semble pas déraisonnable de penser que le codex II ait été copié, assemblé et relié dans la seconde moitié du IVe siècle.

18. BARNS – BROWNE – SHELTON, *Nag Hammadi Codices. Greek and Coptic Papyri* (n. 16), p. 11.

Comme on le sait, des fragments grecs assez importants de ce qui allait se révéler être l'*EvTh*[19] ont été retrouvés dans trois manuscrits fragmentaires sur papyrus provenant des fouilles effectuées sur le site de l'ancienne Oxyrhynque (Behnesa), en Moyenne Égypte, située à environ 200 km au sud du Caire, à partir de l'hiver de 1896-1897, par deux papyrologues d'Oxford, Bernard P. Grenfell et Arthur S. Hunt[20]. Le premier manuscrit (P. Oxy. 1) fut découvert le 11 janvier 1897, et publié la même année sous le titre «ΛΟΓΙΑ ΙΗΣΟΥ: Sayings of Our Lord»[21]. En 1904 furent publiés deux autres fragments de manuscrits découverts en 1903, les P. Oxy. 654, «New Sayings of Jesus», et 655, «Fragments of a Lost Gospel»[22]. Les descriptions les plus récentes des trois papyri sont celles d'Harold Attridge, établies sur la base d'un nouvel examen des originaux[23], et de Larry Hurtado[24]. Les observations codicologiques, paléographiques et orthographiques d'Hurtado, notamment sur les iotacismes et la graphie des *nomina sacra*, complètent les descriptions données par les inventeurs des papyrus et celles qui ont suivi (dont J.A. Fitzmyer[25] et

19. Le crédit d'avoir correctement identifié la nature des fragments d'Oxyrhynque revient cependant à Henri-Charles Puech. En effet, le 29 mai 1954, dans une communication présentée devant la Société Ernest Renan, il rapprochait le texte d'une bandelette funéraire, acquise à Behnesa en 1953, du P. Oxy. 654,27-31 et du logion 5 de l'*EvTh* copte (*Un logion de Jésus sur bandelette funéraire*, dans *Revue de l'histoire des religions* 147 [1955] 126-129, publication reprise dans *En quête de la Gnose. II: Sur l'Évangile selon Thomas. Esquisse d'une interprétation systématique* [Bibliothèque des sciences humaines], Paris, Gallimard, 1978, pp. 59-62 + photographie en frontispice). Le 14 mai 1957, dans une communication faite à l'Académie des Inscriptions et Belles-Lettres, il présentait une vue d'ensemble de l'*EvTh* avec ses trois parallèles grecs (*Une collection des paroles de Jésus récemment retrouvée: L'Évangile selon Thomas*, dans *Académie des Inscriptions et Belles-Lettres. Comptes rendus des séances de l'année* 1957, 146-166, publication reprise dans *En quête de la Gnose* II, pp. 33-57).

20. Voir E.G. TURNER, *Greek Papyri: An Introduction*, Oxford, Clarendon, 1980, pp. 27-32.

21. B.P. GRENFELL – A.S. HUNT, *ΛΟΓΙΑ ΙΗΣΟΥ: Sayings of Our Lord from an Early Greek Papyrus*, Londres, The Egypt Exploration Fund/Henry Frowde, 1897, repris dans B.P. GRENFELL – A.S. HUNT, *The Oxyrhynchus Papyri*, Part I, Londres, Egypt Exploration Fund, 1898, pp. 1-3.

22. B.P. GRENFELL – A.S. HUNT, *The Oxyrhynchus Papyri*, Part IV, Londres, Egypt Exploration Fund, 1904, pp. 1-22 et 22-28, repris dans B.P. GRENFELL – A.S. HUNT, *New Sayings of Jesus and Fragment of a Lost Gospel from Oxyrhynchus Edited with Translation and Commentary*, Londres, The Egypt Exploration Fund/Oxford University Press, 1904.

23. ATTRIDGE, *The Greek Fragments* (n. 6), pp. 96-102.

24. L.W. HURTADO, *The Greek Fragments of the* Gospel of Thomas *as Artefacts: Papyrological Observations on Papyrus Oxyrhynchus 1, Papyrus Oxyrhynchus 654 and Papyrus Oxyrhynchus 655*, dans FREY – POPKES – SCHRÖTER (éds.), *Das Thomasevangelium: Entstehung – Rezeption – Theologie* (n. 5), 19-32.

25. J.A. FITZMYER, *The Oxyrhynchus* Logoi *of Jesus and the Coptic Gospel According to Thomas*, dans *TS* 20 (1959) 505-560, repris dans ID., *Essays on the Semitic Background*

H.W. Attridge). Au terme de ce réexamen, Hurtado arrive aux conclusions suivantes[26]: dans les trois cas, il s'agirait de copies destinées à un
usage privé; si l'on considère le nombre d'exemplaires préservés par
œuvre chrétienne grecque, aux IIe et IIIe siècles, l'*EvTh* se situerait dans
la moyenne, ce qui suggèrerait un lectorat moins important que pour les
Psaumes (16 ex.) ou le *Pasteur d'Hermas* (11 ex.), mais plus important
que pour Marc, 1-2 Pierre ou 1-2 Jean (1 ex. chacun); le fait que les
papyrus de l'*EvTh* semblent avoir été produits pour un usage privé (*personal or non-liturgical settings*) donnerait à penser qu'il n'y a pas, derrière le texte, une (ou des) communauté(s) spécifique(s) (*demarcated
«communities»*) qui en auraient fait usage; en conséquence et pour autant
qu'on puisse le savoir, ces trois manuscrits auraient été copiés et utilisés
par les mêmes cercles chrétiens que pour les autres textes trouvés à Oxyrhynque ou dans d'autres sites égyptiens. Ces conclusions jettent une
lumière nouvelle sur les fragments thomasiens d'Oxyrhynque, mais elles
valent ce que vaut notre connaissance partielle de la production littéraire
chrétienne des deux premiers siècles, attestée par les seuls documents
matériellement attribuables à cette période dont nous avons la chance de
disposer.

Une question délicate mais capitale pour reconstituer l'histoire littéraire de l'*EvTh* est celle de la datation des fragments d'Oxyrhynque.
Cette datation ne peut être réalisée que sur des critères paléographiques.
Je retiens ici celle donnée par Attridge, soit peu après 200 de notre ère
pour le P. Oxy. 1, le milieu du IIIe siècle pour le P. Oxy. 654, entre 200
et 250 de notre ère pour le P. Oxy. 655[27]. En résumé, trois témoins
textuels de la première moitié du IIIe siècle.

L'*EvTh* tel que nous le connaissons aujourd'hui n'existe donc plus que
dans une version copte, dans une langue qu'on a décrite comme «un
mélange aléatoire de formes appartenant au sahidique et au subachmi-
mique, avec une prépondérance du sahidique»[28]. Cette version copte est
une traduction du grec. La critique interne des textes de Nag Hammadi,
en l'absence de tout autre indice, imposerait déjà cette conclusion. Mais
nous avons ici un argument irréfutable sur le plan de la critique externe.
C'est l'existence du prologue de l'*EvTh* et des vingt-et-un logia (1-7, 24,
26-33, 36-39, 77) préservés sur les trois papyri grecs que nous venons de
mentionner et qui apportent la preuve que notre *EvTh* a été traduit du

of the New Testament (SBL Sources for Biblical Studies, 5), Atlanta, GA, Society of
Biblical Literature/Scholars Press, 1974.
    26. HURTADO, *The Greek Fragments* (n. 24), pp. 28-31.
    27. ATTRIDGE, *The Greek Fragments* (n. 6), pp. 96-98.
    28. LAYTON, *Introduction* (n. 13), p. 6.

grec[29]. Ils montrent aussi, par les différences que l'on observe entre le grec et le copte, que l'actuel *EvTh* a déjà une histoire rédactionnelle et littéraire fort complexe[30]. Par ailleurs, certaines tournures du copte sont davantage caractéristiques d'une langue sémitique – araméen ou syriaque – que du grec[31].

Pour ce qui est de dater l'*EvTh*, on peut proposer les étapes suivantes, en remontant dans le temps: (1) copie du texte copte actuel, plus ou moins entre 350 et 400; (2) traduction du grec en copte, au début du IVe siècle, ou, pour reprendre une formulation de W.-P. Funk[32], à n'importe quel moment à partir de la seconde moitié du IIIe siècle jusqu'aux environs de 350, peu avant la production du texte copte du codex II; (3) copie des fragments grecs, vers 200, pour les deux plus anciens d'entre eux (P. Oxy 1 et 654), ce qui fournit un *terminus ante quem* pour la composition de l'écrit[33]; (4) quant à la composition de l'œuvre en grec, on la fixera entre le milieu du Ier et la fin du IIe siècle, selon la nature des liens établis entre l'*EvTh* et les matériaux évangéliques canoniques. Si l'on supposait avec Nicholas Perrin, mais sur la base d'arguments méthodologiquement controuvés[34], que l'œuvre a d'abord été composée en

---

29. Même si cette conclusion a pu être contestée, comme le montrent les échanges entre Gérard Garitte et Antoine Guillaumont: G. GARITTE, *Les "Logoi" d'Oxyrhynque et l'apocryphe copte dit "Évangile de Thomas"*, dans *Le Muséon* 73 (1960) 151-172; A. GUILLAUMONT, *Les* Logia d'Oxyrhynchos *sont-ils traduits du copte?*, dans *Le Muséon* 73 (1960) 325-333; G. GARITTE, *Les "Logoi" d'Oxyrhynque sont traduits du copte*, dans *Le Muséon* 73 (1960) 335-349.

30. Cf. J.-M. SEVRIN, *Évangile selon Thomas (NH II, 2)*, dans J.-P. MAHÉ – P.-H. POIRIER (éds.), *Écrits gnostiques: La bibliothèque de Nag Hammadi* (Bibliothèque de la Pléiade, 538), Paris, Gallimard, 2007, 297-332, p. 305: «La version copte, telle qu'on la trouve à Nag Hammadi, est assez proche de ce que l'on peut reconstituer à partir des fragments grecs pour qu'il s'agisse du même texte, mais elle présente cependant assez de différences pour que ce texte ait continué à évoluer au cours du IIIe siècle».

31. Ce qui, soit dit en passant, ne prouve en rien l'existence d'un substrat ou d'une *Vorlage* sémitique de l'*EvTh*. Malgré des travaux récents, tout ce dossier serait à reprendre.

32. W.-P. FUNK, *The Linguistic Aspect of Classifying the Nag Hammadi Codices*, dans L. PAINCHAUD – A. PASQUIER (éds.), *Les textes de Nag Hammadi et le problème de leur classification: Actes du colloque tenu à Québec du 15 au 19 septembre 1993* (Bibliothèque copte de Nag Hammadi. Section «Études», 3), Québec, Les Presses de l'Université Laval; Louvain – Paris, Peeters, 1995, p. 143, opinion reprise par EMMEL, *The Coptic Gnostic Texts* (n. 17), p. 40.

33. Cf. SCHRÖTER – BETHGE, *Das Evangelium nach Thomas* (n. 11), pp. 153-154.

34. N. PERRIN, *Thomas and Tatian: The Relationship between the Gospel of Thomas and the Diatessaron* (SBL Academia Biblica, 5), Atlanta, GA, Society of Biblical Literature, 2002, et ID., *The Aramaic Origins of the Gospel of Thomas – Revisited*, dans FREY – POPKES – SCHRÖTER (éds.), *Das Thomasevangelium: Entstehung – Rezeption – Theologie* (n. 5), 50-59; voir les comptes rendus de *Thomas and Tatian* de P.-H. POIRIER, *Hugoye: Journal of Syriac Studies* 6/2 (2003) et de P.J. WILLIAMS, *European Journal of Theology* 13 (2004) 139-140, ainsi que ID., *Alleged Syriac Catchwords in the Gospel of Thomas?*, dans *VigChr* 63 (2009) 71-82.

syriaque, une date plus tardive s'imposerait et pour le syriaque et pour le grec. En ce qui nous concerne, il paraît raisonnable de fixer la composition de l'*EvTh*, considéré comme un tout, au cours du IIe siècle et même vers 150. Nous y reviendrons.

II. L'ÉVANGILE SELON THOMAS EST-IL UN ÉVANGILE?

Comme je le rappelais au début de cette communication, l'*EvTh*, dans la mesure où il s'agit du seul recueil connu de paroles de Jésus intégralement conservé[35], constitue un document absolument unique dans toute la littérature chrétienne[36]. Mais déterminer le type ou le genre d'écrit qu'est l'*EvTh* n'est pas pour autant une entreprise facile. Il faut en effet distinguer ce pour quoi il se donne et ce qu'il est en réalité, même si, par le prologue et le logion 1, qui forment une unité, et par la souscription, nous sommes informés de la nature et de la visée de l'écrit:

> Voici les paroles cachées (ϣⲁϫⲉ ⲉⲑⲏⲡ) que Jésus le Vivant a dites et qu'a écrites Didyme Judas Thomas. Et il a dit: «Celui qui trouvera l'interprétation de ces paroles ne goûtera pas la mort» (32,10-14).

> L'Évangile selon Thomas (ⲡⲉⲩⲁⲅⲅⲉⲗⲓⲟⲛ ⲡⲕⲁⲧⲁ ⲑⲱⲙⲁⲥ) (51,27-28).

D'après le début et la fin du texte, nous serions donc en présence d'un évangile transmettant les paroles cachées ou secrètes de Jésus le Vivant (le ressuscité?), mises par écrit par un apôtre-scribe, paroles dont, au dire de Thomas ou de Jésus, l'interprétation doit protéger de la mort. Nous sommes donc à la fois dans le registre du caché ou de l'apocryphe au sens étymologique du terme, et de l'évangile.

Mais une question préalable se pose dès lors à nous: la souscription «L'Évangile selon Thomas» appartient-elle vraiment au texte, ou s'agit-il d'un ajout? S'il s'agit d'un ajout, doit-on le situer au niveau de la composition du texte grec ou de sa transmission, ou au niveau de la

---

35. Il va de soi que des collections de dits, distinctes de l'*EvTh*, ont existé; en plus de l'hypothétique «Quelle», on peut évoquer par exemple la collection de dits utilisée à la fois par l'*Interprétation de la gnose* (NH XI,1, p. 9,27-38; voir le commentaire d'E. Thomassen dans W.-P. FUNK – L. PAINCHAUD – E. THOMASSEN, *L'Interprétation de la gnose [NH XI, 1]* [Bibliothèque copte de Nag Hammadi. Section «Textes», 34], Québec, Les Presses de l'Université Laval; Louvain – Paris, Peeters, 2010, pp. 127-129), Clément d'Alexandrie, la *Secunda Clementis* et le *Martyre* copte *de Victor*.

36. Cf. S.J. PATTERSON, *Logia*, dans *ABD* 4 (1992) 347-348, p. 347: «It is curious that, apart from the *Gospel of Thomas*, these early collections of Jesus' logia managed to survive antiquity only when they were incorporated into some other genre, such as the narrative gospel, from which they must now be reconstructed if they are to be studied at all».

traduction copte ou de sa transmission? D'emblée, on peut dire qu'il est impossible de répondre à cette question de façon absolument sûre, car la littérature ancienne atteste tous les cas de figure: absence de titre, *incipit* servant de titre, titre au début, titre à la fin, titre au début et à la fin[37]. Est-ce à dire que dans le cas de l'*EvTh*, toute prise en considération du sous-titre serait disqualifiée? Je ne le pense pas. Premièrement, nous ne saurons jamais – à moins de la découverte d'un nouveau témoin qui éclairerait ce point – ce qu'il en était au niveau du texte «original». Deuxièmement, quoi qu'il en soit de la situation titrologique originelle, il reste que l'*EvTh* a reçu, à un certain moment de son histoire textuelle, le sous-titre qu'il porte actuellement, dont on doit rendre compte d'une manière ou d'une autre. Enfin, le témoignage du Pseudo-Hippolyte que nous avons invoqué ci-dessus tend à montrer que, vers 230, le titre «Évangile selon Thomas»[38] servait à désigner, sinon la forme de l'*EvTh* connue par le codex II, du moins une forme de cet Évangile proche de celle de codex II et des papyri d'Oxyrhynque.

Pour répondre à la question que je soulève, il faut considérer le genre des écrits habituellement désignés comme des «évangiles». La question du «genre» des évangiles, sa nature ou son originalité, continue de faire l'objet de nombreux débats entre ceux qui voient dans les évangiles chrétiens – et surtout dans les évangiles canoniques – un genre nouveau et spécifique, et ceux qui essaient de comprendre les évangiles dans le cadre des genres littéraires attestés par la littérature grecque de l'époque impériale, notamment ceux de la biographie gréco-romaine ou de la littérature mémoriale[39]. Ce que montre toutefois l'usage du IIe siècle, c'est que le recours au terme εὐαγγέλιον comme titre ou désignation ne suppose pas, contrairement à ce que certains peuvent penser[40], une

---

37. Sur la situation qui prévaut pour les textes de Nag Hammadi, voir P.-H. POIRIER, *Titres et sous-titres, incipit et desinit dans les* codices *coptes de Nag Hammadi et de Berlin: Description et éléments d'analyse*, dans J.-C. FREDOUILLE – M.-O. GOULET-CAZÉ – P. PETITMENGIN (éds.), *Titres et articulations du texte dans les œuvres antiques. Actes du Colloque International de Chantilly 13-15 décembre 1994* (Collection des Études Augustiniennes. Série Antiquité, 152), Paris, Institut d'études augustiniennes, 1997, 339-383.

38. *Refutatio omnium haeresium* V 7,20: «ἐν τῷ κατὰ Θωμᾶν ἐπιγραφομένῳ εὐαγγελίῳ» (*Hippolytus Werke*, éd. WENDLAND [n. 6], p. 83,13-14).

39. Voir dans ce sens R.A. BURRIDGE, *What Are the Gospels? A Comparison with Graeco-Roman Biography*, Grand Rapids, MI – Cambridge, Eerdmans; Dearborn, MI Dove Booksellers, 2004², et J.A. DIEHL, *What is a "Gospel"? Recent Studies in the Gospel Genre*, dans *Currents in Research: Biblical Studies* 9 (2011) 171-199.

40. Cf. N.T. WRIGHT, *Judas and the Gospel of Jesus: Have We Missed the Truth about Christianity?*, Grand Rapids, MI, Baker Pub. Group, 2006 (chap. 4: «When is a Gospel Not a Gospel?»), et la critique de J.A. KELHOFFER, *"Gospel" as a Literary Title in Early Christianity and the Question of What Is (and Is Not) a "Gospel" in Canons of Scholarly*

visée théologique précise, qui serait celle qu'on pourrait dégager aujourd'hui des quatre évangiles qui sont devenus canoniques. Le terme εὐαγγέλιον a plutôt servi à désigner des écrits qui transmettaient des enseignements de Jésus ou à propos de Jésus, sans égard au type d'écrit. Rien ne va donc à l'encontre d'une attribution ancienne du titre τὸ κατὰ Θωμᾶν εὐαγγέλιον[41] à l'*EvTh* même s'il s'agit d'un écrit composé de paroles de Jésus à l'exclusion, ou presque, de tout élément narratif. On peut en tout cas faire remonter cette attribution au moins jusque vers 225-230, comme le montre, encore une fois, le témoignage du Pseudo-Hippolyte (*Refutatio* V 7,20). Cela signifie que ce qui était déterminant dans l'attribution de l'étiquette «évangile» était, du moins en partie[42], le contenu d'un texte, qui pouvait s'accommoder de formes littéraires diversifiées[43].

Par ailleurs, quand on considère les textes du corpus de Nag Hammadi et du *Berolinensis* 8502[44] dont le titre comporte le terme gréco-copte ⲉⲩⲁⲅⲅⲉⲗⲓⲟⲛ, on constate à quel point son usage pouvait être élastique au IIe et IIIe siècle: outre l'*EvTh*, c'est le cas de l'*Évangile selon Philippe* (NH II, 3), du *Livre sacré du grand Esprit invisible* (III, 2) ou de l'*Évangile selon Marie* (BG 1), sans parler de l'*Évangile de la vérité* (NH I, 3), où le terme figure dans l'*incipit* et non dans le titre. Mais on y trouve aussi des textes qui pourraient tout aussi justement, sinon plus, que ceux-ci porter le titre d'évangile, comme le *Dialogue du Sauveur* (III, 5), les deux *Apocalypses de Jacques* (V, 3-4), *Eugnoste* (III, 3; V, 1), la *Sagesse de Jésus-Christ* (III, 4; BG 3) ou encore l'*Écrit secret de Jacques* (I, 2).

Pour en revenir à l'*EvTh*, ce qui occupe le premier plan dans l'*incipit*, c'est la mention de «paroles», ϣⲁϫⲉ (NH II) ou λόγοι (P. Oxy. 654).

Literature?, dans J. Frey – J. Schröter (éds.), *Jesus in apokryphen Evangelienüberlieferungen: Beiträge zu außerkanonischen Jesusüberlieferungen aus verschiedenen Sprach- und Kulturtraditionen* (WUNT, 254), Tübingen, Mohr Siebeck, 2010, 399-422, pp. 399-401.

41. Rétroversion du titre copte de Plisch, *The Gospel of Thomas* (n. 2), p. 249.

42. Je formule cette réserve car, comme me le fait remarquer L. Painchaud, *L'Évangile selon Philippe* (NH II,3) parle bien peu de Jésus et le titre «Évangile selon Philippe», inséré comme il est entre deux lignes (p. 86,18-19), aurait pu être rajouté, dans le codex II, par le scribe copte en raison de la proximité de l'*EvTh* dans le même codex.

43. Comme le note J. Schröter, *Die apokryphen Evangelien und die Entstehung des neutestamentlichen Kanons*, dans Frey – Schröter (éds.), *Jesus in apokryphen Evangelienüberlieferungen* (n. 40), 31-60, p. 44. Voir aussi ce qu'écrit Uwe-Karsten Plisch: «In concert with other apocryphal gospels, the *Gospel of Thomas* evidences that in Early Christianity the genre "gospel" was not limited to narrative gospels along the lines of the New Testament Gospels» (Plisch, *The Gospel of Thomas* [n. 2], p. 9).

44. On trouvera la traduction de ces textes dans Mahé – Poirier (éds.), *Écrits gnostiques* (n. 30).

On pourrait dès lors se demander si nous n'aurions pas là un indice pour déterminer le genre littéraire de l'écrit, qui serait en quelque sorte un recueil de *logoi*, de paroles ou de dits du Seigneur. De fait, l'*EvTh* est souvent désigné ou décrit de cette façon, à l'instar des P. Oxy., comme le montre le titre de l'*editio princeps* du P. Oxy. 1, «ΛΟΓΙΑ ΙΗΣΟΥ: Sayings of Our Lord from an Early Greek Papyrus»[45]. C'est ainsi que la toute première présentation de l'*EvTh*, dans la communication d'Henri-Charles Puech faite à l'Académie des Inscriptions et Belles-Lettres le 14 mai 1957, soit un an après la publication de l'édition photographique de Pahor Labib[46], en parle comme d'une «collection de paroles de Jésus». Dans cette communication, Puech décrit l'*EvTh* comme «un recueil de cent quatorze *logia*, la plus vaste des collections de 'Dits de Jésus', ou de Paroles attribuées à Jésus, qui nous aient été jamais transmises»[47]. Cependant, Puech ne s'attarde pas au sens que le terme λόγιον pourrait revêtir ici.

Le premier à s'être intéressé au sens de ce terme et à son emploi pour désigner l'*EvTh* a été James Robinson, dans un important article consacré à la *Gattung*, la forme littéraire, de la Source Q, publié d'abord dans les mélanges Bultmann et repris par la suite en traduction anglaise[48]. Dans cet article, Robinson part d'une observation de Bultmann, dans son *Histoire de la tradition synoptique*, qui avait rapproché les paroles du Seigneur de la littérature sapientielle, en particulier le Siracide[49], dans laquelle il isolait des «paroles de sagesse» qui seraient des «λόγια au sens strict», des *meshalim*[50]. De manière analogique, il proposait de comprendre les *logia* de Jésus comme des *meshalim*. Sur cette lancée, la contribution de Robinson «seeks to confirm, clarify, and carry further Bultmann's association of *logia* with *meshalim* under the concept of 'wisdom teacher', by working out a name for the gattung of Q, 'λόγοι

---

45. GRENFELL – HUNT, *ΛΟΓΙΑ ΙΗΣΟΥ* (n. 21).

46. P. LABIB, *Coptic Gnostic Papyri in the Coptic Museum at Old Cairo*, Volume I, Le Caire, Government Press, 1956.

47. *Une collection des paroles de Jésus récemment retrouvée: L'Évangile selon Thomas* (n. 19), p. 152 (*En quête de la Gnose* II, p. 39).

48. *ΛΟΓΟΙ ΣΟΦΩΝ: Zur Gattung der Spruchquelle Q*, dans F. DINKLER (éd.), *Zeit und Geschichte: Dankesgabe an Rudolph Bultmann zum 80. Geburtstag*, Tübingen, Mohr Siebeck, 1964, 77-96; J.M. ROBINSON, *LOGOI SOPHON: On the Gattung of Q*, dans J.M. ROBINSON – H. KOESTER (éds.), *Trajectories through Early Christianity*, Philadelphiea, PA, Fortress, 1971, 71-113.

49. Sur la base de W. BAUMGARTNER, *Die literarischen Gattungen in der Weisheit des Jesus Sirach*, dans ZAW 34 (1914) 161-198.

50. Sur ce terme, titre du livre des Proverbes, cf. L. KOEHLER – W. BAUMGARTNER, *The Hebrew and Aramaic Lexicon of the Old Testament* II, Leiden – Boston, MA – Cologne, Brill, 1995, p. 648a.

σοφῶν', 'sayings of the sages', or 'words of the wise', as a reflection in the sources themselves of the tendency constitutive of the gattung to which Q belongs»[51].

Considérant plus spécifiquement l'*EvTh*, Robinson, se basant sur l'emploi du terme ϣⲁϫⲉ (= λόγος, λόγοι) dans l'*EvTh*[52], écrit que, si le terme «évangile» en est tout à fait absent, exception faite du sous-titre, en revanche «the designation *logoi* is at home in the sayings tradition it uses, and was taken over from that tradition into the introduction»[53], entendons le prologue. Mais la proposition de Robinson n'était pas sans prendre appui sur des sources anciennes, en plus de l'*EvTh* lui-même. Il se trouve en effet que les termes λόγιον et λόγος, surtout au pluriel (λόγια et λόγοι), ont été employé dès le IIe siècle (et même le premier si l'on tient compte des occurrences de ces deux termes dans le Nouveau Testament[54]) pour désigner des ou les paroles de Jésus.

Le témoignage capital est ici celui de Papias, évêque d'Hiérapolis en Phrygie, dans la première moitié du IIe siècle. Irénée de Lyon le présente comme «auditeur de Jean, familier de Polycarpe, homme vénérable»[55]. Évidemment, la question est de savoir de quel Jean il s'agit, d'autant qu'Eusèbe de Césarée, une de nos principales sources sur Papias, rapporte que celui-ci «reconnaît avoir reçu les paroles des apôtres par (l'intermédiaire de) ceux qui ont vécu dans leur compagnie: il dit d'autre part avoir été lui-même l'auditeur d'Aristion et de Jean le presbytre»[56]. Ce Papias aurait, au témoignage d'Eusèbe, laissé, «au nombre de cinq, des livres qui portent le titre d'*Exégèse des discours/paroles du Seigneur*

51. Robinson, *LOGOI SOPHON* (n. 48), pp. 73-74. L'expression λόγοι σοφῶν est reprise de Pr 22,17LXX: λόγοις σοφῶν παράβαλλε σὸν οὖς, «aux paroles des sages prête ton oreille» (trad. D.-M. D'Hamonville – É. Dumouchet, *Les Proverbes* [La Bible d'Alexandrie, 17], Paris, Cerf, 2000, p. 284).

52. Pour les références, voir S. Emmel, *Indexes of Words and Catalogues of Grammatical Forms*, dans Layton (éd.), *Nag Hammadi Codex II, 2-7* (n. 2), 261-336, p. 276 (NH II) et 288 (P. Oxy.).

53. Robinson, *LOGOI SOPHON* (n. 48), p. 79.

54. Cf. W. Bauer – K. Aland – B. Aland, *A Greek-English Lexicon of the New Testament and Other Early Christian Literature*, Chicago, IL – Londres, The University of Chicago Press, 2000³, pp. 599b et 598ab.

55. *Adversus haereses* V 33,4, éd. et trad. A. Rousseau – L. Doutreleau – C. Mercier, *Irénée de Lyon, Contre les Hérésies*, Livre V, Tome II (SC, 153), Paris, Cerf, 1969, pp. 416-417. La collection la plus à jour et la plus récente des fragments de Papias et des témoignages le concernant est celle de U.J. Körtner, *Papiasfragmente*, dans U.J. Körtner – M. Leutzsch (éds.), *Papiasfragmente. Hirt des Hermas* (Schriften des Urchristentums, 3), Darmstadt, Wissenschafltiche Buchgesellschaft, 1998, 1-103.

56. *Histoire ecclésiastique* III 39,7, trad. G. Bardy – L. Neyrand, *Eusèbe de Césarée. Histoire ecclésiastique* (Sagesses chrétiennes), Paris, Cerf, 2003, p. 187, éd. E. Schwartz – T. Mommsen, *Eusebius Werke, zweiter Band* (GCS, 9, 1), Leipzig, J.C. Hinrichs'sche Buchhandlung, 1903, p. 288,10-13.

– συγγράμματα πέντε τὸν ἀριϑμὸν φέρεται, ἃ καὶ ἐπιγέγραπται
Λογίων κυριακῶν ἐξηγήσεως»[57]. Pour la datation de Papias et de son
œuvre, on a, outre ce qui vient d'être cité, ce qu'écrit encore Eusèbe dans
sa *Chronique* (qui mentionne Papias sous l'an 2114, c'est-à-dire en 100
de notre ère) et Philippe de Sidè (qui situe son activité sous Trajan, donc
entre 117 et 138)[58]. Ulrich Körtner, le dernier éditeur de Papias, date son
ouvrage vers 110 de notre ère[59].

Dans les fragments de l'ouvrage de Papias cité par Eusèbe, le terme
λόγια revient également dans un passage fameux, qui a fait couler beaucoup d'encre: «Matthieu, quant à lui, réunit en langue hébraïque les
λόγια (de Jésus) et chacun les interpréta comme il en était capable»[60].
Quant au terme λόγοι, il désigne les propres «paroles» ou «propos» de
Papias (III 39,2), les «paroles des presbytres» (III 39,4), les «paroles des
apôtres» reçues de ceux qui ont été leurs compagnons (III 39,7), ou
encore «les récits des discours/paroles du Seigneur – τῶν τοῦ κυρίου
λόγων διηγήσεις», mis en parallèle avec les «traditions de Jean le presbytre – τοῦ πρεσβυτέρου Ἰωάννου παραδόσεις» (III 39,14). Mais
toute la question est de savoir ce que désigne les termes λόγιον ou λόγος
utilisés par Papias, des paroles ou des dits, ou quelque chose de plus
large, comme des récits.

Le sens du premier de ces vocables a fait l'objet d'une étude précise
et élargie au contexte des deux premiers siècles de la part de Roger
Gryson, qui est arrivé à la conclusion que «les formules τὰ λόγια, τὰ
λόγια τοῦ ϑεοῦ, τὰ κυριακὰ λόγια ne visent jamais, chez les Pères
du second siècle, un recueil de sentences du Seigneur ou un florilège
d'oracles vétéro-testamentaires. Elles désignent en général, chez eux,
les Écritures dans leur ensemble; parfois il s'agit uniquement des Écritures vétéro-testamentaires, ailleurs uniquement d'écritures néo-testa-
mentaires, mais sans que l'Ancien et le Nouveau Testament soient
opposés comme la prophétie à son accomplissement (sauf dans un texte
de Clément d'Alexandrie) et sans qu'il soit jamais fait de distinction,
en toute hypothèse, entre paroles et récits». En ce qui concerne plus
précisément Papias, il continue: «Il résulte de ces observations que
l'usage du mot λόγιον, chez les Pères du second siècle, ne saurait
servir à accréditer les théories selon lesquelles, dans le Témoignage de
Papias sur Matthieu, les mots τὰ λόγια visent des paroles de Jésus ou

---

57. Éd. et trad. citées, pp. 284,24-25 et 186.
58. KÖRTNER, *Papiasfragmente* (n. 55), fragments 2 et 10, pp. 52-53 et 62-63.
59. *Ibid.*, p. 31.
60. *Histoire ecclésiastique* III 39,16, éd. et trad. citées, pp. 292,5-6, et 189.

des oracles vétéro-testamentaires. Il pourrait être invoqué comme argument, par contre, par ceux qui estiment que ces mots désignent l'ensemble de la matière 'mis en ordre' par Matthieu pour composer son Évangile et que ces *logia*, comme les κυριακὰ λόγια dont Marc nous a conservé le souvenir dans son œuvre, ne sont pas seulement des dits du Seigneur (τὰ λεχθέντα) mais aussi des récits de ses faits et gestes (τὰ πραχθέντα)»[61].

James Robinson, quant à lui, inclinerait davantage à voir dans les λόγοι de Papias des dits («sayings») de Jésus, mais pas jusqu'à en faire la désignation technique d'une *Gattung*[62]. On conviendra cependant que, même si on ne peut parler de l'*EvTh* comme d'un «recueil de dits» ou «de logia» à l'instar d'un genre bien défini[63], il est tout à fait légitime de le décrire ainsi, et d'utiliser, comme l'usage a fini par l'imposer, le terme *logion* pour désigner chacune de ses unités[64].

---

61. R. Gryson, *À propos du témoignage de Papias sur Matthieu: Le sens du mot λόγιον chez les Pères du second siècle*, dans *ETL* 41 (1965) 530-547, pp. 546-547, repris dans Id., *Scientiam salutis: Quarante années de recherches sur l'antiquité chrétienne* (BETL, 211), Leuven, Peeters, 2008. Cette importante étude n'est pas citée par Robinson ou n'a pas été connue de lui. Sur le sens et l'histoire du terme λόγια, voir aussi Patterson, *Logia* (n. 36).

62. Robinson, *LOGOI SOPHON* (n. 48), p. 75: «If it is difficult to clarify in terms of gattung the *logia* mentioned by Papias, it is even more difficult to relate to the history of a gattung these passing allusions to the *logoi* of Papias, the presbyters, the apostles, and the Lord».

63. Pour déterminer si les recueils de logia de Jésus peuvent être considérés comme relevant d'un «genre», il faudrait élargir l'enquête et considérer des collections apparentées, comme les *Sentences de Sextus*, ou encore des ouvrages comme le *Manuel d'Épictète*; sur cette question et à propos de l'*Évangile selon Philippe* (NH II,3), voir L. Painchaud, *La composition de l'*Évangile selon Philippe *(NH II,3): Une analyse rhétorique*, dans *SBL 1996 Seminar Papers* (Society of Biblical Literature. Seminar Papers, 35), Atlanta, GA, Scholars, 1996, 35-66, pp. 64-65.

64. Il convient cependant de faire état des réserves de Gérard Garitte: «Il est préférable d'éviter l'emploi du terme 'Logia' pour désigner les 'Paroles' d'Oxyrhynchos et de l''Évangile de Thomas'; ce terme n'est attesté nulle part ni dans les fragments grecs ni dans le texte copte; le titre-introduction emploie en grec le mot λόγοι (*P. Oxy.* IV, 654, l. 1), en copte le mot ϣⲁϫⲉ 'paroles'. La désignation arbitraire de 'Logia' peut paraître insinuer que les 'Paroles' de Jésus qui forment l''Évangile de Thomas' ont quelque rapport avec les 'Logia' dont parle Papias d'Hiérapolis» (*Le premier volume de l'édition photographique des manuscrits gnostiques coptes et de l'Évangile de Thomas*, in *Le Muséon* 70 [1957] 59-73, p. 68, n. 23). Cf., dans le même sens, Fallon – Cameron, *The Gospel of Thomas* (n. 4), p. 4197, n. 3: «Traditionally these sayings have been called *logia* rather than *logoi*. However, it seems clear that the more proper term for collections of sayings in antiquity was *logoi* [avec renvoi à Robinson, *LOGOI SOPHON* (n. 48), pp. 74-85]».

III. PAR-DELÀ LES CATÉGORIES REÇUES,
CE QU'EST L'*ÉVANGILE SELON THOMAS*

Si l'on essaie de dépasser les catégories qui ont été jusqu'à maintenant utilisées pour définir ce qu'est l'*EvTh*, il convient de faire état de quelques pistes nouvelles ouvertes au cours des deux dernières décennies.

J'évoquerai tout d'abord les travaux de Jean-Marie Sevrin, chargé, avec André Gagné, de l'édition à paraître de l'*EvTh* dans la «Bibliothèque copte de Nag Hammadi». De 1977, date de la publication d'un article synthèse[65], à 2010, Sevrin a consacré de nombreuses publications à l'*EvTh*. Dans des «Remarques sur le genre littéraire de l'*Évangile selon Thomas*», il affirme d'entrée de jeu que «s'interroger sur le genre littéraire d'un texte n'est pas (ne devrait pas être) chercher un lit de Procuste sur lequel le coucher»[66]. Il s'interroge ensuite sur l'appartenance de l'*EvTh* au genre littéraire des évangiles gnostiques[67], que, sur la base d'un certain nombre de textes (dont aucun, remarquons-le, ne porte le titre d'évangile), il caractérise par les traits suivants: «Tous ces textes ont pour cadre unificateur un ou plusieurs dialogues, plus ou moins élaborés, plus ou moins didactiques. Le Sauveur y est l'interlocuteur principal, communiquant son enseignement à un ou plusieurs disciples; si les disciples ne sont pas considérés globalement, ils sont identifiés par leur nom. Une conversation entre les disciples peut s'ajouter, ce qui renforce le caractère narratif qui implique le dialogue. Ces enseignements sont dans plusieurs écrits présentés comme secrets, et réservés à des interlocuteurs privilégiés, c'est-à-dire supérieurs à la tradition commune des paroles de Jésus; ils se situent donc par rapport à elle. Leur contenu même est variable et ne caractérise pas le genre»[68]. Et il ajoute: «Il est manifeste que la dizaine d'écrits gnostiques chrétiens que l'on pourrait

---

65. J.-M. SEVRIN, *L'Évangile selon Thomas: Paroles de Jésus et révélation gnostique*, dans *RTL* 8 (1977) 265-292.

66. J.-M. SEVRIN, *Remarques sur le genre littéraire de l'*Évangile selon Thomas *(II, 2)*, dans PAINCHAUD – PASQUIER (éds.), *Les textes de Nag Hammadi et le problème de leur classification* (n. 32), 263-278, p. 263.

67. Il retient les textes suivants comme illustrant le genre: *Épitre apocryphe de Jacques* (NH I,2), *Livre des secrets de Jean* (BG 2; NH III,1, II,1, IV,1), *Sagesse de Jésus-Christ* (BG 3; NH III,3), *1* et *2 Apocalypses de Jacques* (NH V,3 et 4), *Apocalypse de Pierre* (NH VII,3), *Lettre de Pierre à Philippe* (NH VIII,2), *Dialogue du Sauveur* (NH III,5), *Livre de Thomas* (NH II,7) et la *Pistis Sophia*. Il s'agit essentiellement des textes pris en compte par H.-C. PUECH, *Gnostische Evangelien und verwandte Dokumente*, dans E. HENNECKE – W. SCHNEEMELCHER (éds.), *Neutestamentliche Apokryphen in deutscher Übersetzung*. I. Band: *Evangelien*, Tübingen, Mohr Siebeck, 1959, 158-271. Il conviendrait sans doute d'y joindre aujourd'hui l'*Évangile de Judas* du codex Tchacos.

68. SEVRIN, *Remarques sur le genre littéraire* (n. 65), pp. 266-267.

considérer comme des évangiles, varient sur une forme traditionnelle née d'une part des récits d'apparition dans les évangiles canoniques et les Actes (rappelons le rôle probable de Ac 1,3) et d'autre part de l'évolution du genre du discours en dialogue, de la subordination du récit à ce discours-dialogue et de la réduction des personnages en figures, amorcée dans le quatrième évangile»[69].

Dès lors, se demande Sevrin, peut-on affirmer que l'*EvTh* appartient au genre des évangiles gnostiques? Même si, d'après la suscription (prologue et log. 1), «l'*EvTh* se range [...] formellement parmi les dialogues gnostiques chrétiens de révélation», il ne le fait qu'«avec quelque difficulté, puisqu'il ne peut se présenter comme un dialogue», nonobstant les quelques éléments de dialogue qu'il inclut[70]. Reste à considérer l'*EvTh* comme une collection de paroles, qui reprend pour une bonne part des matériaux traditionnels, mais tout en pratiquant «l'écriture comme voile»: «Sous l'apparence traditionnelle, écrit Sevrin à propos des paraboles de l'*EvTh*, s'articule [...] un enseignement voilé; ce voilement consiste en une sorte de codage, qu'un groupement des paraboles mettrait en évidence, mais que leur dispersion dans le texte contribue à masquer: il faut le *chercher* pour le *trouver*»[71]. Le lecteur est donc orienté dès le prologue vers «la trouvaille herméneutique». Et de conclure: «Tout se passe comme si la révélation gnostique ésotérique se dérobait derrière le genre d'un florilège inorganisé. Ceci consonne avec la doctrine qu'annoncent la suscription et le logion 1. Voilée par le langage dans lequel elle se dit sans se dire, la gnose requiert une quête laborieuse, dans le texte comme dans l'existence humaine. L'*EvTh* est écrit en sorte de faire chercher et peiner son lecteur»[72]. Le thème de la peine ou du labeur, caractéristique de l'*EvTh*, figure souvent dans les analyses que Sevrin a consacrées à cet écrit et aux paraboles qu'il contient.

Lors du colloque de Philadelphie célébrant le 50e anniversaire de la découverte de Nag Hammadi, en novembre 1995, Jean-Marie Sevrin est revenu sur le genre littéraire de l'*EvTh*[73]. Il insiste tout d'abord sur la nécessité de considérer l'écrit comme un tout et de se placer «dans l'hypothèse que l'*EvTh*, pris dans son ensemble, offre un sens à interpréter,

---

69. *Ibid.*, p. 268.
70. *Ibid.*, pp. 270-271.
71. *Ibid.*, p. 276.
72. *Ibid.*, p. 278.
73. J.-M. SEVRIN, *L'interprétation de l'*Évangile selon Thomas*, entre tradition et rédaction*, dans J.D. TURNER – A. McGUIRE (éds.), *The Nag Hammadi Library after Fifty Years. Proceeding of the 1995 Society of Biblical Literature Commemoration* (NHMS, 44), Leiden – New York – Cologne, Brill, 1997, 347-359.

mais qu'il dissimule ce sens»[74]. Comme c'est le cas pour les «évangiles gnostiques», «la matière de [l'*EvTh*] est décrite comme un enseignement (ou plus précisément des paroles), caractérisé comme caché ou secret, confié à un médiateur (ici Thomas), fonctionnant de façon ésotérique – c'est-à-dire réservé à des initiés; en outre, il est fait explicitement mention de la mise par écrit»[75]. Ces traits communs à plusieurs textes se vérifient particulièrement pour l'*EvTh*: «Dites par le vivant à un intermédiaire qui les écrit, les paroles permettent au lecteur de ne pas goûter la mort, lorsqu'elles passent du statut de secrètes (telles qu'elles sont *dites* et *écrites*) au statut de dévoilées par l'interprétation. Ce sont des paroles qui ont un dedans et un dehors: un extérieur de forme et un intérieur de sens, à quoi doivent correspondre un auditoire extérieur qui n'en saisit que la forme ou le sens apparent, et un auditoire initié qui en perçoit le sens vrai»[76]. Comme le suggère le log. 13, «il semblerait bien que celui qui *écrit* soit ici celui qui ne *dit* pas. En d'autres termes, que les paroles demeurent non dites dans l'écriture. Par-là, l'*EvTh* est situé quant à sa forme: il voile ce qu'il communique; et quant à son usage: il ne dit rien aux chrétiens ordinaires, représentés par les disciples, mais aux initiés seuls – c'est-à-dire à ceux qui trouveront le sens caché, l'*hermeneia* des paroles»[77]. D'où un «jeu du non-dire dans l'écriture».

Enfin, à l'occasion du colloque tenu à l'Académie des Inscriptions et Belles-Lettres, à Paris, en décembre 2008, pour marquer la parution, l'année précédente, des *Écrits gnostiques* dans la Pléiade, Sevrin a proposé de considérer l'*EvTh* comme un «exercice spirituel»[78]. Cette expression fait référence aux travaux de Pierre Hadot sur la philosophie comme «art de vivre» et sur l'importance qu'y prenaient les exercices spirituels, c'est-à-dire des «exercices» au sens propre, (ἄσκησις, μελέτη), «des pratiques volontaires et personnelles destinées à opérer une transformation du moi»,

---

74. *Ibid.*, p. 353.
75. *Ibid.*, p. 350.
76. *Ibid.*, p. 351.
77. *Ibid.*, p. 353: cf. S.J. PATTERSON, *The Parable of the Catch of Fish: A Brief History (on Matthew 13:47-50 and Gospel of Thomas 8)*, dans PAINCHAUD – POIRIER (éds.), *Colloque international «L'Évangile selon Thomas et les textes de Nag Hammadi»* (n. 12), 363-376, p. 376: «This is the point of the Gospel of Thomas, after all: to meditate on these sayings in search of an answer, an interpretation, wisdom».
78. J.-M. SEVRIN, *L'Évangile selon Thomas comme exercice spirituel*, dans J.-P. MAHÉ – P.-H. POIRIER – M. SCOPELLO (éds.), *Les Textes de Nag Hammadi: Histoire des religions et approches contemporaines. Actes du colloque international réuni à Paris, le 11 décembre 2008, à la fondation Simone et Cino del Duca, le 12 décembre 2008, au palais de l'Institut de France*, Paris, Académie des Inscriptions et Belles-Lettres (Diffusion De Boccard), 2010, 203-213.

pratiques inhérentes au mode de vie philosophique[79]. Mais, dans le cas de l'*EvTh*, il s'agirait d'exercices spirituels qui «s'affichent comme chrétiens», d'un christianisme «imprégné d'une sagesse de rupture qui fait mépriser le monde et en retire»: «L'*Évangile selon Thomas* guide dans une trajectoire mystique qui passe par la voie purgative du renoncement au monde pour mener tout à la fois à l'illumination et à l'unité»[80]. Voilà qui «suffirait à rapprocher l'*Évangile selon Thomas* de la nébuleuse gnostique si, précisément, l'accent mis sur la quête et le labeur de l'homme ne paraissait bien éloigné des conceptions gnostiques du salut». Et de conclure: «Peut-être faut-il renoncer à classer le christianisme singulier de cet ouvrage spirituel qu'est l'*Évangile selon Thomas*»[81].

Dans une perspective qui rejoint celle de Sevrin, Anne Pasquier et François Vouga ont proposé une analyse de la structure argumentative de l'*EvTh* selon les règles de la rhétorique antique, vue comme un art de la persuasion. Plus précisément, ils ont rapproché la forme de l'*EvTh* de celle de la chrie, une forme littéraire pratiquée dans l'antiquité et ainsi définie par Aelius Théon (Ier siècle de notre ère): «La chrie est une assertion (ou une action) brève et avisée, rapportée à un personnage défini ou à l'équivalent d'un personnage. En sont voisins la maxime et le mémorable[82]: en effet toute maxime brève rapportée à un personnage produit une chrie, et le mémorable est une action ou une parole moralement instructives»[83]. Dans la suite de ce chapitre consacré à la chrie, Aelius Théon distingue celle-ci de la maxime:

> On a entre la chrie et la maxime les quatre différences suivantes: la chrie est toujours rapportée à un personnage, la maxime ne l'est pas toujours; la chrie asserte tantôt le général, tantôt le particulier, la maxime seulement le

---

79. P. HADOT, *Qu'est-ce que la philosophie antique?* (Folio Essais, 280), Paris, Gallimard, 1995, p. 276.

80. SEVRIN, *L'*Évangile selon Thomas *comme exercice spirituel* (n. 78), p. 211.

81. *Ibid.*, p. 212.

82. On notera que nous avons ici le même terme grec (ἀπομνημόνευμα) que l'on rencontre au pluriel (ἀπομνημονεύματα) chez Justin pour désigner les évangiles (*1 Apologie* 67,3) et qui forme l'intitulé de l'œuvre bien connue de Xénophon.

83. *Progymnasmata* 3, 96, 19-24 (L. VON SPENGEL, *Rhetores Graeci*, 3 vols., Leipzig, 1853-1856): Χρεία ἐστὶ σύντομος ἀπόφασις ἢ πρᾶξις μετ' εὐστοχίας ἀναφερομένη εἴς τι ὡρισμένον πρόσωπον ἢ ἀναλογοῦν προσώπῳ, παράκειται δὲ αὐτῇ γνώμη καὶ ἀπομνημόνευμα· πᾶσα γὰρ γνώμη σύντομος εἰς πρόσωπον ἀναφερομένη χρείαν ποιεῖ, καὶ τὸ ἀπομνημόνευμα δὲ πρᾶξίς ἐστιν ἢ λόγος βιωφελής (éd. et trad. M. PATILLON – G. BOLOGNESI, *Aelius Théon, Progymnasmata* [Collection des Universités de France, série grecque, 374], Paris, Les Belles Lettres, 1997, p. 18); texte cité partiellement par A. PASQUIER – F. VOUGA, *Le genre littéraire et la structure argumentative de l'*Évangile selon Thomas *et leurs implications christologiques*, dans PAINCHAUD – POIRIER (éds.), *Colloque international «L'Évangile selon Thomas et les textes de Nag Hammadi»* (n. 12), 335-362, p. 337.

général; en outre la chrie n'est parfois qu'un trait d'esprit sans aucune inci-
dence morale, la maxime a toujours une utilité morale; quatrièmement la
chrie est une action ou une parole, la maxime seulement une parole.

et du mémorable:

Le mémorable se distingue de la chrie par les deux traits suivants: celle-ci
est brève, le mémorable est parfois étendu; celle-ci est rapportée à des
personnages, le mémorable peut être rappelé isolément[84].

Comme on le voit et conformément à l'étymologie (χρεία, ce qui se
prête à l'usage[85]), ce qui est définitoire de la chrie, c'est, au sens propre,
son utilité: «La chrie est ainsi appelée par excellence, parce que plus que
les autres elle est d'une grande utilité morale pour l'existence – Εἴρεται
δὲ χρεία κατ' ἐξοχὴν, ὅτι μᾶλλον τῶν ἄλλων πρὸς πολλὰ χρειώδης
τῷ βίῳ»[86].

La chrie appartient donc au genre littéraire plus large de la sentence,
dont un des buts est «fixer dans la mémoire des maximes qui pourront
aider à vivre»[87], en somme, un exercice spirituel, comme l'a rappelé
Pierre Hadot. La mémoire est ainsi «stimulée par le fait que l'on trouve
dans les sentences, à cause de leur brièveté et de leur caractère souvent
binaire, une psychagogie, une rhétorique qui frappe l'âme»[88]. Pour les
deux auteurs, «le prologue de l'*Évangile selon Thomas* reprend à sa
manière les principales fonctions du genre littéraire des sentences de
sagesse, par son appel à la recherche et à la méditation des paroles qui,

---

84. 3, 96,24–97,7 (VON SPENGEL): Διαφέρει δὲ ἡ μὲν γνώμη τῆς χρείας τέτρασι
τοῖσδε, τῷ τὴν μὲν χρείαν πάντως ἀναφέρεσθαι εἰς πρόσωπον, τὴν δὲ γνώμην οὐ
πάντως, καὶ τῷ ποτὲ μὲν τὸ καθόλου, ποτὲ δὲ τὸ ἐπὶ μέρους ἀποφαίνεσθαι τὴν
χρείαν, τὴν δὲ γνώμην καθόλου μόνον· ἔτι δὲ τῷ χαριεντίζεσθαι τὴν χρείαν ἐνίοτε
μηδὲν ἔχουσαν βιωφελές, τὴν δὲ γνώμην ἀεὶ περὶ τῶν ἐν τῷ βίῳ χρησίμων εἶναι·
τέταρτον ὅτι ἡ μὲν χρεία πρᾶξις ἢ λόγος ὑπάρχει, ἡ δὲ γνώμη λόγος ἐστὶ μόνον.
Τὸ δὲ ἀπομνημόνευμα δυσὶ τοῖσδε κεχώρισται τῆς χρείας· ἡ μὲν γὰρ σύντομος, τὸ
δὲ ἀπομνημόνευμα ἔσθ' ὅτε ἐπεκτείνεται, καὶ ἡ μὲν ἀναφέρεται εἴς τινα πρόσωπα,
τὸ δὲ ἀπομνημόνευμα καὶ καθ' ἑαυτὸ μνημονεύεται (éd. et trad. PATILLON-BOLOGNESI,
pp. 18-19).
85. P. CHANTRAINE, *Dictionnaire étymologique de la langue grecque*, Paris, Klinck-
sieck, 2009, p. 1228a.
86. *Progymnasmata* 3, 97, 7-8 (VON SPENGEL), éd. et trad. PATILLON-BOLOGNESI, p. 19.
87. PASQUIER – VOUGA, *Le genre littéraire* (n. 83), p. 339, citant P. HADOT, *Exercices
spirituels et philosophie antique* (Bibliothèque de «L'Évolution de l'humanité»), Paris,
Albin Michel, 2002, pp. 22-38.
88. PASQUIER – VOUGA, *Le genre littéraire* (n. 83), p. 339; L. Painchaud avait déjà
attiré l'attention sur le caractère pédagogique et psychagogique du type d'écriture mis en
œuvre dans l'*Évangile selon Philippe* (*La composition de l'*Évangile selon Philippe
[n. 63], p. 65); voir également J.-M. SEVRIN, *Thomas, Q et le Jésus de l'histoire*, dans
A. LINDEMANN (éd.), *The Sayings Source Q and the Historical Jesus* (BETL, 158),
Louvain, Peeters, 2001, 461-476, p. 469.

en étant assimilées par le lecteur, lui donneront la vie»[89]. Rappelons que, pour eux, «le prologue remplit à la fois la fonction d'une présentation-définition du livre et celle d'une déclaration programmatique sur sa forme et sur son contenu»[90]. Ainsi donc, on retrouverait «dans l'*Évangile selon Thomas* les diverses fonctions du genre littéraire des chries et des maximes de sagesse». Par ailleurs, l'*EvTh*, en raison de son genre litté-raire, «est essentiellement orienté vers le lecteur individuel»[91]. Enfin, «la collection se présente comme une anamnèse: les paroles secrètes, main-tenant rassemblées pour le lecteur, ont naguère été dites. Dans un temps désormais révolu, Jésus le Vivant a parlé et Jude Thomas a enregistré les propos dont il s'agit aujourd'hui d'élucider le sens. L'*Évangile selon Thomas* ne se borne pas à présupposer la mort de Jésus, mais il rend aussi compte des dispositions prises pour pallier une absence qui, dans la fic-tion des logia, est encore future, mais dont le lecteur comprend qu'elle appartient désormais à la mémoire de l'expérience vécue»[92].

Après avoir passé en revue ces quelques propositions pour caractériser l'*EvTh* et de déterminer son genre littéraire, que conclure? Tout d'abord en ce qui concerne le titre d'évangile qui lui est donné par le sous-titre, on ne pourra jamais exclure la possibilité que ce titre soit secondaire et ait été ajouté après coup au texte, soit au niveau de sa composition en grec, soit à celui de sa traduction en copte, plus vraisemblablement, peut-être lors de la première opération. Mais on conviendra tout aussi bien que le terme évangile avait acquis déjà au IIe siècle une acception suffisam-ment large (et lâche) pour avoir pu être donné à un recueil comme celui de l'*EvTh*. Et le témoignage du Pseudo-Hippolyte montre que ce fut effectivement le cas, vers les années 230 au plus tard.

De fait, l'indice dont on doit partir pour déterminer le genre littéraire du texte est celui que donne le texte lui-même dans le prologue, qui ne saurait être attribué à une rédaction secondaire puisqu'il fait corps avec le log. 1 et, par le biais du mot-crochet «trouver», avec le log. 2, et qu'il est attesté en grec par le P. Oxy. 654,1-5[93]: «Voici les paroles cachées que Jésus le Vivant a dites et qu'a écrites Didyme Judas Thomas. Et il a dit: 'Celui qui trouvera l'interprétation de ces paroles ne goûtera pas la mort'. Jésus a dit: 'Que celui qui cherche ne cesse de chercher jusqu'à ce qu'il trouve; et quand il aura trouvé, il sera troublé; quand il aura été troublé, il s'étonnera et il régnera sur le Tout'».

---

89. PASQUIER – VOUGA, *Le genre littéraire* (n. 83), p. 346.
90. *Ibid.*, p. 353.
91. *Ibid.*, p. 360.
92. *Ibid.*, p. 361.
93. Cf. SEVRIN, *Remarques sur le genre littéraire* (n. 65), p. 265.

Dès lors, le genre littéraire peut être décrit, sinon défini, comme celui d'un recueil de paroles, mais de paroles qui se présentent comme «cachées» ou «secrètes», selon le sens que l'on donnera au copte ϣⲁϫⲉ ⲉⲑⲏⲡ̄ ou au grec λόγοι ἀπόκρυφοι. De telles paroles, cachées ou secrètes, évoquent le procédé littéraire ancien de la chrie, comme l'ont rappelé Anne Pasquier et François Vouga. Mais on peut tout aussi bien penser, à la suite de Jean-Marie Sevrin[94], à la technique de l'écriture «voilée», de l'ἐπίκρυψις, que Clément d'Alexandrie expose longuement au cinquième livre des *Stromates*[95], et sur lequel il revient au livre VI[96]. De nombreux passages mériteraient d'être cités; retenons les lignes suivantes:

> C'est donc pour bien des raisons que les Écritures tiennent leur sens caché (ἐπικρύπτονται τὸν νοῦν): d'abord, pour que nous soyons des hommes qui cherchent et que nous restions constamment éveillés par la découverte des paroles du salut; ensuite, il ne convenait pas que tous comprissent, sous peine de se faire du mal en interprétant à tort les paroles prononcées par l'Esprit Saint en vue du salut. Voilà pourquoi les paraboles recouvrent d'un voile les mystères sacrés des prophéties, réservés aux hommes élus (ἐκλεκτοῖς) et à ceux qui ont été choisis pour passer de la foi à la connaissance (ἐκ πίστεως εἰς γνῶσιν). Le style des Écritures est effectivement de l'ordre de la parabole, car le Seigneur, qui n'était pas du monde, est pourtant venu chez les hommes comme étant du monde. Il a porté sur Lui toute la vertu et voulait, par la connaissance, élever l'homme, qui vit dans le monde, jusqu'aux réalités intelligibles et premières, en le faisant passer d'un monde à un autre monde; aussi a-t-il eu recours précisément à l'écriture métaphorique (μεταφορικῇ κέχρηται τῇ γραφῇ). Car telle est bien la parabole, un discours qui, partant d'un sujet non primordial (τῷ κυρίῳ), mène l'homme intelligent jusqu'à ce qui est vrai et premier. C'est encore, comme le disent certains, une expression qui fait comprendre efficacement le sens premier par le moyen d'autres mots[97].

94. Reprenant une suggestion de Louis Painchaud (SEVRIN, *Thomas, Q et le Jésus de l'histoire* [n. 88], p. 469, n. 20).

95. V,19,1–58,6, éd. et trad. A. LE BOULLUEC – P. VOULET, *Clément d'Alexandrie. Les Stromates. Stromates V.* Tome I (SC, 278), Paris, Cerf, 1981; voir le commentaire dans A. LE BOULLUEC, *Clément d'Alexandrie. Les Stromates. Stromates V.* Tome II (SC, 279), Paris, Cerf, 1981. Sur ce thème chez Clément mais aussi aux IIe et IIIe siècles, voir M. HARL, *Origène et les interprétations patristiques grecques de l'"obscurité" biblique*, dans *VigChr* 36 (1982) 334-371; on lira également A. LE BOULLUEC, *Voile et ornement: le texte et l'addition des sens, selon Clément d'Alexandrie*, dans J. LALLOT – A. LE BOULLUEC (éds.), *Questions de sens (Homère, Eschyle, Sophocle, Aristote, Virgile, Apulée, Clément)* (Études de littérature ancienne, 2), Paris, Presses de l'École Normale Supérieure, 1982, 53-64, repris dans ID., *Alexandrie antique et chrétienne. Clément et Origène* (Collection des Études Augustiniennes. Série Antiquité, 178), Paris, Institut d'Études Augustiniennes, 2012.

96. VI 124,5–126,4, éd. et trad. P. DESCOURTIEUX, *Clément d'Alexandrie. Les Stromates, Stromate VI* (SC, 446), Paris, Cerf, 1999.

97. VI 126,1-4, *ibid.*, pp. 310-313.

Plusieurs éléments sur lesquels insiste Clément, dont le recours à l'écriture métaphorique, peuvent s'appliquer à l'*EvTh*[98]. Celui-ci est bien une collection de paroles/paraboles, mais qui s'inscrivent dans une herméneutique de recherche que l'on retrouve également chez Origène[99]. À la technique du voilement, l'*EvTh* ajoute celle du déplacement, en proposant au lecteur nombre de paroles qui lui sont familières mais dont le sens est «travesti», déplacé. On peut donc dire que l'*EvTh* est un recueil de paroles, mais au second degré, fait pour être entendu, lu et compris autrement que ce que révèle le sens superficiel ou prétendument connu.

IV. L'*ÉVANGILE SELON THOMAS*, UN ÉCRIT DU IIE SIÈCLE

Si les manuscrits fournissent des points de repère relativement sûrs quant au *terminus ad quem* de l'*EvTh* (350-400 pour la version copte, vers 200 pour le texte grec), la question cruciale et de long temps débattue reste celle de savoir s'il est possible d'en déterminer le *terminus post quem*. La réponse à cette question est rendue d'autant plus difficile qu'elle est souvent confondue avec celle des sources de l'écrit. C'est un peu comme si, pour dater le roman pseudoclémentin, sous la forme duelle où il nous est parvenu, *Reconnaissances* et *Homélies*, on ne considérait que la date présumée de l'«Écrit de base» (la *Grundschrift*), qui en constitue le noyau originel[100]. Mais il faut bien reconnaître que, par comparaison au roman pseudoclémentin ou même à tout autre écrit chrétien ancien, le cas de l'*EvTh* est tout à fait singulier. Comme le fait remarquer Stephen Patterson, la principale difficulté que pose l'*EvTh* est celle de sa

---

98. Mais ils s'appliquent tout aussi bien à l'*Évangile selon Philippe*, comme l'a bien vu L. Painchaud, qui conclut: «Cette technique de l'écriture voilée n'est pas sans rappeler le début de l'*Évangile selon Thomas* (II, 2), qui se présente comme les paroles "voilées" de Jésus (*EvTh* II 32,10-14). Il pourrait donc y avoir entre ces deux textes une analogie littéraire plus grande qu'il n'y paraît à première vue» (L. PAINCHAUD, *Évangile selon Philippe (NH II, 3)*, dans MAHÉ – POIRIER (éds.), *Écrits gnostiques* [n. 30], 333-376, p. 338).

99. Cf. là-dessus HARL, *Origène* (n. 95): «D'une façon plus générale, en s'appuyant sur des arguments théologiques, les Pères Grecs ont bel et bien exprimé une théorie de l'"obscurité" biblique, affirmée pour l'ensemble des Écritures et attribuée à la volonté divine. Je tenterai de retrouver quelques textes qui jalonnent le développement de cette théorie, peu à peu élaborée au cours du second siècle, puis formulée de façon explicite par Origène: dans toutes les Écritures, la volonté de l'Esprit inspirant les auteurs sacrés fut de 'cacher' le sens véritable des textes sous des formes 'obscures' du discours» (p. 334).

100. Cf. P. GEOLTRAIN, *Roman pseudo-clémentin. Introduction*, dans P. GEOLTRAIN – J.-D. KAESTLI (éds.), *Écrits apocryphes chrétiens*, II (Bibliothèque de la Pléiade, 516), Paris, Gallimard, 2005, 1175-1187, pp. 1186-1187.

forme littéraire: «Thomas is not a narrative, but a list»[101]. Ce qui signifie que l'écrit que nous connaissons est fort probablement le résultat non
seulement de remaniements et de retouches rédactionnelles (comme le
montre la simple comparaison de la version du codex II et de celle(s) des
papyri d'Oxyrhynque), mais aussi d'ajouts, à la faveur d'un effet «boule
de neige», qu'Henry Chadwick évoquait déjà pour rendre compte de la
composition des *Sentences de Sextus*[102]. Dater l'*EvTh* suppose donc une
démarche à deux niveaux, qu'il importe de bien distinguer sur le plan
méthodologique: la datation de l'*EvTh* dans son ensemble, en tant que
pièce littéraire autonome, et celle de ses sources.

La question des sources de l'*EvTh* s'est posée dès la publication du
texte copte en raison des parallèles aux évangiles canoniques, surtout
synoptiques[103] mais aussi johanniques[104], que l'on a relevés dans plus de
la moitié des paroles de Jésus consignées dans l'écrit. L'*editio princeps*
de 1959 répertoriait même des «parallèles et éléments scripturaires» pour
plus de quatre-vingt-dix logia, dont la majeure partie puisée aux évangiles canoniques[105]. Cette situation d'intertextualité a suscité de vifs
débats dont on ne saurait faire ici l'histoire, d'autant que d'excellents
Forschungsberichte leur ont été consacrés[106].

On peut dire, pour faire bref, que la discussion s'est rapidement pola-
risée en deux directions: l'*EvTh* est, en ce qui concerne ces matériaux
évangéliques, soit dépendant des évangiles canoniques, soit indépendant
de ceux-ci. Au fil des ans, les protagonistes de l'une ou l'autre position
se sont attaqués à cette *quaestio vexata* sans jamais parvenir à une solution

101. S.J. PATTERSON, *The Gospel of Thomas and Historical Jesus Research*, dans
L. PAINCHAUD – P.-H. POIRIER (éds.), *Coptica, Gnostica, Manichaica. Mélanges offerts à
Wolf-Peter Funk* (Bibliothèque copte de Nag Hammadi. Section «Études», 7), Québec,
Les Presses de l'Université Laval; – Louvain – Paris, Peeters, 2006, 663-684, pp. 672-673.

102. H. CHADWICK, *The Sentences of Sextus: A Contribution to the History of Early
Christian Ethics* (Texts and Studies. NS, 5), Cambridge, Cambridge University Press,
1959, p. 159, image appliquée à l'*EvTh* par R.McL. WILSON, *Studies in the Gospel of
Thomas*, Londres, A.R. Mowbray, 1960, p. 231, et reprise par A.D. DeConick, qui en a
fait la pierre angulaire de sa théorie (dans *Recovering the Original Gospel of Thomas:
A History of the Gospel and Its Growth* [Library of New Testament Studies, 286], Londres
– New York, T&T Clark, 2005, pp. 64-110: «the rolling Gospel of Thomas»).

103. Relevé commode dans A.D. DECONICK, *The Original Gospel of Thomas in Translation: With a Commentary and New English Translation of the Complete Gospel* (Library
of New Testament Studies, 287), Londres – New York, T&T Clark, 2006, pp. 299-316.

104. R.E. BROWN, *The Gospel of Thomas and St. John's Gospel*, dans *NTS* 9 (1963)
155-177, en fournit un inventaire raisonné.

105. GUILLAUMONT, *et al.*, *L'Évangile selon Thomas* (n. 2), pp. 59-61.

106. Cf. surtout FALLON – CAMERON, *The Gospel of Thomas* (n. 4), pp. 4213-4224;
C.W. HEDRICK, *Thomas and the Synoptics: Aiming at a Consensus*, dans *Second Century*
7 (1989-90) 39-56; PATTERSON, *The Gospel of Thomas and the Synoptic Tradition* (n. 4).

qui s'impose[107]. Il en aura toutefois résulté un grand nombre d'études, pour beaucoup d'entre elles de grande valeur, consacrées à l'*EvTh* dans son ensemble, ou à des logia en particulier. Au nombre de celles-ci, il convient de souligner l'importance des travaux de James Robinson et d'Helmut Koester portant sur le genre des «sayings gospels»[108]. Si on est loin d'en être arrivé à un consensus en ce qui a trait à la relation de l'*EvTh* aux évangiles canoniques et surtout aux synoptiques, une conviction semble toutefois s'imposer, sur le plan méthodologique, à savoir, comme l'écrit Jean-Daniel Kaestli, qu'«il faut renoncer aux jugements globaux sur la dépendance ou l'indépendance de *Thomas* par rapport aux synoptique [et que] chaque *logion* doit être étudié pour lui-même»[109]. À l'inverse, avertit Stephen Patterson, le fait d'en arriver à des conclusions fermes pour un logion ne préjuge en rien de la situation pour ce qui est de l'*EvTh* lui-même[110].

C'est ainsi qu'aussi bien la thèse du caractère secondaire de l'*EvTh* mise de l'avant par John P. Meier[111] que la stratification chronologique échafaudée par John Dominic Crossan pour établir l'indépendance et la haute antiquité (30-80) de l'écrit[112], ne résiste à une saine critique historique, comme le montrent à l'évidence les analyses de David E. Aune et de Kaestli[113]. Et il semble bien que le même verdict doive être porté à

107. Contrairement à ce qu'on peut lire parfois; cf., par exemple, P. PIOVANELLI, *Thomas in Edessa? Another Look at the Original Setting of the* Gospel of Thomas, dans J. DIJKSTRA – J. KROESEN – Y. KUIPER (éds.), *Myths, Martyrs, and Modernity. Studies in the History of Religion in Honour of Jan N. Bremmer* (Studies in the History of Religions, 137), Leiden – Boston, MA, Brill, 2010, 443-461, p. 444, n. 5: «In our opinion, the analysis of *meaningful* [italique de l'auteur] variants – to adopt a text critical category – clearly demonstrates the primary independence of the *Gos. Thom.* from the Synoptics and the Gospel of John, while some minor agreements could possibly betray but secondary oral and/or scribal influences». Pour les rapports entre Luc et l'*EvTh*, voir l'étude, nuancée et riche d'enseignements sur le plan méthodologique, de S. GATHERCOLE, *Luke in the Gospel of Thomas*, dans *NTS* 57 (2011) 114-144.

108. Repris dans ROBINSON – KOESTER, *Trajectories* (n. 48).

109. J.-D. KAESTLI, *L'utilisation de l'*Évangile selon Thomas *dans la recherche actuelle sur les paroles de Jésus*, dans D. MARGUERAT – E. NORELLI – J.-M. POFFET (éds.), *Jésus de Nazareth: Nouvelles approches d'une énigme* (Le Monde de la Bible, 38), Genève, Labor et Fides, 1998, 373-395, p. 389.

110. PATTERSON, *The Gospel of Thomas and Historical Jesus Research* (n. 101), p. 676.

111. J.P. MEIER, *Un certain Jésus: Les données de l'histoire* I (Lectio Divina), Paris, Cerf, 2004, pp. 83-99 (= *A Marginal Jew: Rethinking the Historical Jesus*. Volume One [ABRL], New York, Doubleday, 1991, pp. 123-139).

112. Dans J.D. CROSSAN, *The Historical Jesus: The Life of a Mediterranean Jewish Peasant*, San Francisco, CA, Harper, 1991, voir pp. 427-430.

113. D.E. AUNE, *Assessing the Historical Value of the Apocryphal Jesus Traditions: A Critique of Conflicting Methodologies*, dans J. SCHRÖTER – R. BRUCKER (éds.), *Der historische Jesus: Tendenzen und Perspektiven der gegenwärtigen Forschung* (BZNW,

l'endroit de la tentative plus récente d'April DeConick de reconstituer l'histoire littéraire de l'*EvTh*[114]. La spécialiste américaine tient pour acquis, comme on l'admet généralement, que l'*EvTh* s'est développé par l'addition de couches successives à la faveur d'un effet «boule de neige». À la base du développement de ce «rolling gospel» se trouverait un noyau («Kernel Gospel»), constitué de cinq discours, dont la composition se situerait entre 30 et 50, auquel se seraient ajoutés, en réponse à des crises ou à des conflits, cinq couches («accretions») datables respectivement de 50 à 60 («relocation and leadership crisis»), 60 à 100 («accommodation to Gentiles and early eschatological crisis [with shift to mystical dimension of apocalyptic thought]») et 80 à 120 («death of eyewitnesses, christological developments and continued eschatological crisis [with incorporation of encratic and hermetic traditions]»)[115]. Même si on a salué l'entreprise d'A. DeConick, dont il faut bien reconnaître l'ampleur et l'audace, comme «la première tentative réussie de reconstruction *globale* du processus de composition de l'*EvTh*, qui en identifie et en explique les étapes, les milieux d'origine, les motivations historiques»[116], de graves réserves ne manquent pas de surgir quant à la solidité de l'édifice[117]. Stephen Patterson a très justement mis le doigt sur la principale faiblesse de la reconstruction d'A. DeConick, l'application mécanique de principes et de règles tirées de la critique des formes: «The author of the kernel gospel, écrit-il, is regarded as a creative editor, bringing together small units of materials into a catalogue of the sayings of the prophet Jesus. Thus, simple sayings and apophthegms, unless representing anachronistic material, belong to the earliest layer»[118]. En revanche, les ajouts ou «accretions» peuvent être identifiés par leur plus grand degré de complexité formelle: allégories et interprétations, dialogues, paroles de Jésus reformulées sous forme de

114), Berlin – New York, de Gruyter, 2002, 243-272, pp. 243-272; KAESTLI, *L'utilisation de l'*Évangile selon Thomas (n. 109), qui, à propos de la méthode de Crossan, parle de «l'artifice des hypothèses érigées en données objectives» (p. 384).

114. Dans ses deux ouvrages complémentaires, *Recovering the Original Gospel of Thomas* (n. 102) et *The Original Gospel of Thomas in Translation* (n. 103); voir également, du même auteur, *The Original Gospel of Thomas*, dans *VigChr* 56 (2002) 167-199.

115. DECONICK, *Recovering the Original Gospel of Thomas* (n. 102), pp. 97-98.

116. C. GIANOTTO, *Étude critique: La formation de l'Évangile selon Thomas. À propos d'une traduction récente*, dans *Apocrypha* 18 (2007) 297-308, p. 305 (italique de l'auteur).

117. De telles réserves sont exprimées même par ceux qui semblent plutôt favorables aux thèses de DeConick: «Il va de soi qu'une telle reconstruction reste largement hypothétique et que certains des jugements émis par la savante américaine apparaîtront comme problématiques» (P. PIOVANELLI, *«Un gros et beau poisson»: L'*Évangile selon Thomas *dans la recherche (et la controverse) contemporaine(s)*, dans *Adamantius* 15 [2009] 291-306, p. 305).

118. PATTERSON, Compte rendu de DeConick, *The Original Gospel of Thomas in Translation*, dans *Review of Biblical Literature* 03/2010.

«question-réponse». Même si l'oralité a sans aucun doute joué un rôle dans la transmission des matériaux de l'EvT[119], on concédera à Patterson que «the reality is that texts that draw from oral tradition (e.g., any of our known early Gospels) are a mix of the simple and the complex, and [that] there is no form-critical correlation to their known stratifications»[120].

Si la relation de dépendance ou d'indépendance de l'*EvTh* par rapport aux évangiles canoniques en général et aux synoptiques en particulier continuera sans doute de retenir l'attention, il faut néanmoins, pour en arriver à une juste appréciation de la nature de l'écrit, tenir compte tout autant de la diversité des sources qu'il combine. Sans aller jusqu'à affirmer, avec Charles Hedrick, que «Thomas appears merely a transmitter of traditional material»[121], on ne manque pas d'être frappé par ce qu'on a appelé l'éclectisme de l'auteur – ou du rédacteur – de la version finale, la seule dont nous disposons, de l'*EvTh*[122]. En effet, outre les matériaux évangéliques que nous venons de considérer, on a relevé un nombre significatif de parallèles pour plusieurs des logia de l'*EvTh*. Des inventaires de ces parallèles ont été dressés[123], nous nous contenterons donc d'en signaler brièvement quelques-uns à titre d'illustration:

119. Et quoi qu'il en soit des difficultés que pose le recours à l'oralité, comme le rappelle Simon Gathercole: «An additional difficulty attends the view that 'the Thomasine-Synoptic parallels derive from the oral sphere' because *Thomas* displays 'strong features of oral transmission' [citant *The Original Gospel of Thomas in Translation* (n. 103), p. 23]: it is by definition impossible for us now to define the specific features of oral transmission in ancient texts from the particular geographical, cultural and chronological context of Thomas and the Synoptic» (GATHERCOLE, *Luke in the Gospel of Thomas* [n. 107], p. 117).

120. PATTERSON, Compte rendu (n. 118). Cf. S. WITETSCHEK, Compte rendu de DeConick, *The Original Gospel of Thomas in Translation*, dans *Review of Biblical Literature* 05/2008, à propos de l'utilisation du dialogue comme indice d'une «accrétion»: «This criterion appears somewhat artificial when used to sort out secondary passages and thus to reconstruct an 'original' version – if it does not already presuppose the character of the 'version'»; d'une manière plus générale, Witetschek est d'avis que «the extremely early date for the Kernel does not seem to be absolutely compelling either. It is mainly based on a very confident interpretation of the narrative in Pseudo-Clementines, Rec 1:17 about a collection of Jesus' teachings (*Recovering*, 34-36); one may ask whether the Pseudo-Clementines corpus is really so reliable as a historical source for events and developments in mid-first-century Jerusalem».

121. HEDRICK, *Thomas and the Synoptics* (n. 106), p. 47.

122. L'éclectisme de l'*EvTh* a été souligné par Jean-Marie Sevrin, ainsi que les limites que cela impose à la recherche sur les sources de l'écrit: «[…] les matériaux mis en œuvre dans l'*EvTh* sont composites, et, même pour les parallèles canoniques, on ne saurait les faire remonter tous à une source unique. Quant à retracer l'histoire, probablement complexe, de l'évangile que nous avons aujourd'hui sous les yeux, on ne saurait à mon sens dépasser le stade des hypothèses» (*Thomas, Q et le Jésus de l'histoire* [n. 88], p. 471).

123. Entre autres, PUECH, *Gnostische Evangelien* (n. 67), pp. 216-221, et DECONICK, *The Original Gospel of Thomas in Translation* (n. 103), au fil de son commentaire; on voudra bien s'y reporter pour les références des textes cités par après.

- log. 2,1-4: *Évangile des Hébreux* IIIA et IIIB («Le chercheur n'aura de cesse qu'il n'ait trouvé …»)[124];
- log. 19,1: parole attribuée à Jérémie par Irénée et Lactance («Bienheureux qui fut avant d'avoir été»);
- log. 22,4 et 37,2: *Évangile des Égyptiens* IV («Quand vous foulerez aux pieds le vêtement de la honte et quand ceux qui sont deux deviendront un seul, que le mâle avec la femelle ne sera ni mâle ni femelle») et 2 Clément 12,2;
- log. 23,1: parole attribuée à l'Écriture par Origène («un sur mille ou deux sur dix mille»);
- log. 24,3: *I Hénoch* grec 5,8 («il y aura dans l'homme illuminé une lumière»)[125];
- log. 38,1: parole figurant dans l'Évangile, d'après Irénée («Souvent ils ont désiré entendre une seule de ces paroles, mais ils n'ont eu personne qui la leur dise»);
- log. 38,1-2: parole attribuée à Baruch dans une variante de l'*Ad Quirinum* de Cyprien («Viendra le temps où vous me chercherez, vous et ceux qui viendront après vous, pour entendre une parole de sagesse et d'intelligence, et vous ne trouverez pas»);
- log. 52,2: parole attribuée à Jésus par l'*adversarius legis et prophetarum* combattu par Augustin («Vous avez délaissé le vivant qui est devant vous et vous parlez au sujet des morts»);
- log. 82,1-2: une parole citée par Origène comme «mise quelque part dans la bouche du Sauveur» («Qui est près de moi est près du feu; qui est loin de moi est loin du Royaume!»), également attribuée à Jésus par Didyme l'Aveugle et le Pseudo-Éphrem;
- log. 102: un proverbe (le chien – ou la chienne – couché dans la mangeoire) largement attesté depuis Aristote jusqu'au IIe siècle de notre ère[126];
- log. 111,1: une image apocalyptique et eschatologique classique, dont l'attestation la plus ancienne est sans doute Is 34,4 (l'enroulement du ciel), mais qui est ici manifestement glosée par l'ajout de la terre

---

124. Pour l'*Évangile des Hébreux* et l'*Évangile des Égyptiens*, nous reprenons la numérotation des fragments de D.A. BERTRAND, *Fragments évangéliques*, dans F. BOVON – P. GEOLTRAIN (éds.), *Écrits apocryphes chrétiens* I (Bibliothèque de la Pléiade, 442), Paris, Gallimard, 1997, 393-495, pp. 459-462 et 476-477.

125. Cf. P.-H. POIRIER, *Un parallèle grec partiel au Logion 24 de l'Évangile selon Thomas*, dans BETHGE – EMMEL – KING – SCHLETTERER (éds.), *For the Children, Perfect Instruction* (n. 12), 95-100.

126. Cf. G. MORAVCSIK, *"Hund in der Krippe": Zur Geschichte eines griechischen Sprichwortes*, dans *Acta Antiqua* 12 (1964) 77-86, pour un inventaire exhaustif des attestations.

(«Les cieux s'enrouleront – et la terre – en votre présence»)[127].

Les quelques exemples que nous avons retenus parmi bien d'autres montrent que l'*EvTh*, tel que nous le lisons aujourd'hui, résulte de la confluence de traditions des plus diverses. Les unes témoignent d'une transmission encore fluide des paroles de Jésus, que celle-ci relève de l'oralité ou de l'écriture, en dépendance ou non des évangiles canoniques. D'autres appartiennent à la culture philosophique et gnomologique commune. D'autres, enfin, témoignent de motifs connus du judaïsme au tournant de notre ère (cf. log. 24, sur l'homme de lumière, ou 52, sur les vingt-quatre prophètes).

À quel moment ces traditions si variées, en apparence même si contradictoires (cf., par exemple, les log. 12 et 13, qui exaltent respectivement Jacques et Thomas[128]), se sont-elles cristallisées pour former l'écrit que nous connaissons? Il n'existe malheureusement aucun élément qui permettrait de répondre à cette question de façon non claire. Mais on peut tout de même faire remarquer que certaines des paroles mises dans la bouche de Jésus par l'*EvTh* et qui n'ont pas de parallèles canoniques ont circulé, du deuxième au quatrième siècle, par d'autres canaux que notre évangile, attribuées soit à l'Écriture (voir les parallèles aux log. 23,1; 38,1-2), soit à Jésus (parallèles aux log. 38,1; 52,2; 82,1-2), comme en témoignent Clément d'Alexandrie, Origène ou Lactance. Si l'on considère l'éclectisme de l'*EvTh*, il apparaîtra donc raisonnable d'en fixer la compilation au cours du IIe siècle, plutôt vers la moitié du siècle. On ne saurait toutefois dire qu'une telle datation serait «confirmée par l'utilisation d'une 'première édition' de l'*Évangile selon Thomas* par les auteurs chrétiens du IIe siècle»[129]: les parallèles que l'on trouve dans la *Secunda*

---

127. La mention de la terre pose en effet deux difficultés: d'une part, on attendrait la conjonction мN̄ au lieu de ауω, d'autre part, la place de ауω пкас devant м̄пєтn̄м̄то євоλ est syntaxiquement étrange (cf. PLISCH, *The Gospel of Thomas* [n. 2], p. 238). Mais il est facile de rendre compte de l'une et de l'autre difficulté en traitant ауω пкас comme une incise, car, là où apparaît l'expression, il est presque toujours question de l'enroulement des seuls cieux. Cette incise est probablement due à l'initiative de l'auteur-compilateur de l'*EvTh*, qui transforme à son gré une image traditionnelle, qui devait être formulée ainsi: «Les cieux s'enrouleront en votre présence».

128. Citons à ce propos SEVRIN: «L'hypothèse que certaines traditions antérieures, où a puisé l'écrit, se soient situées dans les milieux judéo-chrétiens a été soulevée, en raison notamment du rôle dévolu à Jacques le Juste par le *logion* 12; mais ce *logion* est d'une interprétation controversée et l'*Évangile selon Thomas* réagit avec vigueur contre le sabbat et la circoncision, voire, de façon plus générale, contre les pratiques religieuses, tant juives que chrétiennes. Si judéo-christianisme il y a, c'est sur un arrière-fond de rupture» (*Évangile selon Thomas [NH II, 2]* [n. 30], p. 304).

129. PIOVANELLI, «*Un gros et beau poisson*» (n. 117), p. 292.

Clementis ou chez Clément d'Alexandrie ne prouvent en aucune manière l'existence d'une telle «édition».

Pour conclure, revenons à notre point de départ: l'*EvTh* est-il un témoin de la théologie chrétienne primitive? Le fait qu'il soit compté au nombre des évangiles dits «apocryphes» et qu'on en fasse souvent un évangile «gnostique» pourrait suffire, aux yeux de certains, à le disqualifier. Mais l'historien des origines chrétiennes ne saurait se priver du témoignage d'un écrit aussi singulier, qui permet de saisir sur le vif comment, au IIe siècle, on pouvait s'approprier, transformer et créer des paroles de Jésus. Ce faisant, l'auteur ou le compilateur de l'*EvTh* dotait ses lecteurs ou sa communauté d'un manuel de sagesse, un véritable ἐγχειρίδιον, à avoir toujours «sous la main», si l'on veut non seulement «bien vivre»[130], mais aussi et surtout ne point goûter la mort.

L'*EvTh* témoigne ainsi à sa manière de la quête de connaissance et de sagesse qui caractérise la pensée chrétienne des premiers siècles[131]. Que l'*EvTh* présente des «traits gnosticisants», sans toutefois être «un écrit de type gnostique au sens strict du terme»[132], me paraît l'évidence même, quoi qu'il en soit des réserves terminologiques formulées à l'endroit des termes «gnosticisme» et «gnostique»[133]. Ce qui ne l'empêche pas d'être de plein droit un écrit chrétien dans la mesure où, au IIe siècle, être gnostique n'était, en fin de compte, qu'une des manières d'être chrétien[134].

Dans ses fameux «Carnets d'un philologue», parus en 1947, dans lesquels il analyse la *lingua tertii imperii*, le romaniste Victor Klemperer,

---

130. Je paraphrase la définition de l'ἐγχειρίδιον que donne Simplicius, *Commentaire sur le Manuel d'Épictète*, préambule 25-26: Ἐγχειρίδιον δὲ αὐτὸ (*sc.* le *Manuel*) ἐπιγέγραπται διὰ τὸ πρόχειρον ἀεὶ αὐτὸ δεῖν καὶ ἕτοιμον εἶναι τοῖς βουλομένοις εὖ ζῆν» (éd. et trad. I. HADOT, *Simplicius. Commentaire sur le Manuel d'Épictète*, tome I, chapitres I-XXIX [Collection des Universités de France. Série grecque, 411], Paris, Les Belles Lettres, 2001, p. 2).

131. Cf. L. PAINCHAUD, *La Bibliothèque copte de Nag Hammadi*, dans J.M. LAROUCHE – G. MÉNARD (éds.), *L'étude de la religion au Québec: Bilan et prospective*, Québec, Corporation canadienne des sciences religieuses – Canadian Corporation for Studies in Religion – Les Presses de l'Université Laval, 2001, 165-182, pp. 174-175.

132. C. GIANOTTO, *Évangile selon Thomas*, dans BOVON – GEOLTRAIN (éds.), *Écrits apocryphes chrétiens* I (n. 124), 23-53, pp. 28-29.

133. Notamment par M.A. WILLIAMS, *Rethinking "Gnosticism": An Argument for Dismantling a Dubious Category*, Princeton, NJ, Princeton University Press, 1996 et ses épigones; mais voir déjà M. SMITH, *The History of the Term Gnostikos*, dans B. LAYTON (éd.), *The Rediscovery of Gnosticism: Proceedings of the International Conference at Yale, New Haven, Connecticut, March 28-31 1978*. Volume 2: *Sethian Gnosticism* (Supplements to Numen, 41), Leiden, Brill, 1981, 796-807.

134. Cf. P.-H. POIRIER, *Gnosticism*, dans I.A. MCFARLAND – D.A.S. FERGUSSON – K. KILBY – I.R. TORRANCE (éds.), *The Cambridge Dictionary of Christian Theology*, Cambridge, Cambridge University Press, 2011, 199-200.

évoquant le souvenir de son maître Joseph Bédier, note que «cela fait partie du métier d'historien de la littérature que de rechercher les sources d'un thème, d'une fable, d'une légende». Mais il ajoute: «Parfois cette spécialité devient une maladie, une manie: tout doit venir de loin, que ce soit dans l'espace ou dans le temps – plus cela vient de loin, plus le chercheur qui constate cette origine lointaine est savant –, rien ne doit avoir ses racines précisément là où on l'a découverte»[135]. Cette observation ironique de Klemperer devrait nous servir d'avertissement: s'il demeure légitime, pour l'historien, de rechercher les racines de l'*EvTh*, le véritable défi – encore à relever – est d'en rendre compte dans son intégralité.

Je m'en voudrais de terminer cette communication sans saluer ici la contribution louvaniste aux recherches thomasiennes, depuis les travaux de Mgr Lucien Cerfaux et du professeur Gérard Garitte jusqu'à ceux de Jean-Marie Sevrin et du regretté Boudewijn Dehandschutter.

Faculté de théologie   Paul-Hubert POIRIER
et de sciences religieuses
et Institut d'études anciennes
Université Laval
Pavillon Félix-Antoine-Savard
2325, rue des Bibliothèques
Québec
Canada G1V 0A6

---

135. *LTI, la langue du IIIe Reich: Carnets d'un philologue* (Agora, 202), Paris, Albin Michel, 1996, p. 95 (= *LTI. Notizbuch eines Philologen* [Reclams Universal-Bibliothek, 278], Leipzig, Verlag Philipp Reclam jun., 1990, p. 68).

DIE ANDERE SEITE

DAS *JUDASEVANGELIUM* UND SEINE POLEMIK
IM KONTEXT ALTKIRCHLICHER DISKURSE[1]

Etwa fünf Jahre ist es nun her, dass das nur aufgrund einiger altkirchlicher Hinweise – v.a. des Irenäus von Lyon (*Adv. Haer.* I 31,1)[2] – bekannte,
verschollene *Judasevangelium* in einer zwar fragmentarischen, aber
doch in großen Zügen vollständigen koptischen Fassung der Öffentlichkeit zugänglich gemacht wurde. Die Sensationsmeldungen der ersten
Monate sind inzwischen einer erfreulichen Nüchternheit gewichen, niemand erwartet von diesem Text mehr eine Revolution unserer Anschauungen vom antiken Christentum[3]. Gleichzeitig hat sich, soweit ich sehe,
auch der Fokus der Fragestellungen zum *Judasevangelium* verschoben.
Während sich die Diskussion ganz zu Beginn vor allem auf das Problem konzentrierte, ob der Judas des *Judasevangeliums* als „Held" des
Textes und Lieblingsjünger Jesu oder als dämonische Gestalt verstanden werden sollte[4], rückten zuletzt Fragen nach dem traditions- wie

---

1. Ich bin meinem Freund und Kollegen Prof. Dr. Harald BUCHINGER für seine vielfäl-
tigen wertvollen Hinweise, wie auch die entsprechenden, erhellenden Gespräche zum
Thema zu Dank verpflichtet.
2. Für eine Analyse des Textes vgl. weiterführend J. VAN OORT, *Irenaeus on the
Gospel of Judas: An Analysis of the Evidence in Context*, in A. DECONICK (Hg.), *The
Codex Judas Papers: Proceedings of the International Congress on the Tchacos Codex
Held at Rice University, Houston Texas, March 13-16, 2008* (NHMS, 71), Leiden – Bos-
ton, MA, Brill, 2011, 43-56. Vgl. zudem auch die Analysen der weiteren altkirchlichen
Zeugnisse bei A. DECONICK, *After the* Gospel of Judas: *Reassessing What We Have
Known to be True about Cain and Judas*, in J.A. VAN DEN BERG – A. KOTZÉ – T. NICKLAS
– M. SCOPELLO (Hgg.), *,In Search of Truth': Augustine, Manichaeism and Other Gnosti-
cism: Studies for Johannes van Oort at Sixty* (NHMS, 74), Leiden – Boston, MA, Brill,
2011, 627-661.
3. Anders noch B.D. EHRMAN, *Christianity Turned on Its Head: The Alternative Vision
of the Gospel of Judas*, in R. KASSER (Hg.), *The Gospel of Judas from Codex Tchacos*,
Washington, DC, National Geographic, 2006, 77-120.
4. Vgl. hierzu z.B. etwa die provozierenden Thesen von A. DECONICK, *The Thirteenth
Apostle: What the Gospel of Judas Really Says*, New York, Continuum, 2007, sowie
E. THOMASSEN, *Is Judas Really the Hero of the* Gospel of Judas?, in M. SCOPELLO (Hg.),
The Gospel of Judas *in Context: Proceedings of the First International Conference on the
Gospel of Judas* (NHMS, 62), Leiden – Boston, MA, Brill, 2008, 157-170; A. MARJANEN,
Does the Gospel of Judas *Rehabilitate Judas Iscariot?*, in T. NICKLAS – A. MERKT –
J. VERHEYDEN (Hgg.), *Gelitten – Gestorben – Auferstanden: Passions- und Ostertraditi-
onen im antiken Christentum* (WUNT, II/273), Tübingen, Mohr Siebeck, 2010, 209-224,
oder B. PEARSON, *Judas Iscariot in the* Gospel of Judas, und K. SULLIVAN, *,You will*

religionsgeschichtlichen Hintergrund des Textes oder seinem historischen Ort deutlich stärker in den Vordergrund. Auf dieser Spur möchte
auch ich versuchen, den einen oder anderen Schritt weiterzukommen.
Dabei werde ich vor allem die im Text zum Ausdruck kommenden
Polemiken gegen „mehrheitskirchliche" Ideen und Praktiken in den
Fokus nehmen. Auch wenn Ähnliches in jüngster Zeit immer wieder
unternommen wurde[5], ist ein solches Vorgehen m.E. nicht nur durch
die Tatsache gerechtfertigt, dass neue Fragmente uns nun die Möglichkeit geben, Lücken im Text zu füllen und damit unser Bild des *Judasevangeliums* auf eine neue Basis zu stellen[6]. Da bisher kaum ein Mosa-
iksteinchen unserer Kenntnis des *Judasevangeliums* ganz sicher am
richtigen Ort liegt, dürfte es sich auch lohnen, die eine oder andere
Frage, die bereits beantwortet scheint, erneut zu diskutieren.

Wenn ich im Folgenden also den Versuch starte, den theologiegeschichtlichen Ort der Polemik des *Judasevangeliums* näher zu bestimmen
und damit zusammenhängend auch Überlegungen zur historischen Einordnung des Textes anzustellen, baue ich auf der bereits mehrfach geäußerten Beobachtung auf, dass der Text auch ohne den ausführlichen kosmologischen Abschnitt (p. 47,1–53,7) gelesen werden kann[7], aufgrund
dessen erst der sethianische Charakter des *Judasevangeliums* zu erheben
ist[8]. So werde ich mich in der Diskussion wichtiger Themen unseres

---

become the Thirteenth': The Identity of Judas in the Gospel of Judas, beide in DECONICK
(Hg.), *Codex Judas Papers* (Anm. 2), 137-152, sowie 181-199.

5. Grundlegend z.B. L. PAINCHAUD, *Polemical Aspects of the Gospel of Judas*, sowie
A. VAN DEN KERCHOVE, *La maison, l'autel et les sacrifices: Quelques remarques sur la
polémique dans l'Évangile de Judas*, beide in SCOPELLO (Hg.), *The* Gospel of Judas *in
Context* (Anm. 4), 171-186 und 311-329.

6. Vgl. hierzu H. KROSNEY, *Preliminary Report on New Fragments of Codex Tchacos*,
in *Early Christianity* 1 (2010) 282-294, sowie G. SCHENKE ROBINSON, *An Update on the
Gospel of Judas (after Additional Fragments Resurfaced)*, in ZNW 102 (2011) 110-129.

7. Hierzu vgl. z.B. die Überlegungen zur Redaktionsgeschichte des *Judasevangeliums*
von G. SCHENKE ROBINSON, *The Gospel of Judas: Its Protagonist, Its Composition, and
Its Community*, in DECONICK (Hg.), *Codex Judas Papers* (Anm. 2), 75-94, S. 90-92.

8. Die konkrete Zuordnung in die Geschichte sethianischen Denkens allerdings wurde
in den vergangenen Jahren durchaus kontrovers diskutiert. Besonders wichtig sind v.a.
J.D. TURNER, *The Place of the* Gospel of Judas *in Sethian Tradition*, in SCOPELLO (Hg.),
The Gospel of Judas *in Context* (Anm. 4), 187-237; M. MEYER, *When the Sethians Were
Young: The Gospel of Judas in the Second Century*, und J.D. TURNER, *The Sethian Myth
in the Gospel of Judas: Soteriology or Demonology*, beide in DECONICK (Hg.), *Codex
Judas Papers* (Anm. 2), 57-73 und 95-133. Sehr kritisch wiederum SCHENKE ROBINSON,
Protagonist (Anm. 7), S. 88-89, die den Kern des *Judasevangeliums* als einen christ-
lich-gnostischen Text versteht, der außerhalb des kosmologischen Teils kaum sethianische
Züge aufweist. Selbst aber der kosmologische Teil präsentiere keine volle Version eines
sethianischen Mythos. – Zu Bezügen zur Theologie des Basilides vgl. zudem J.-D. DUBOIS,
L'Évangile de Judas et la tradition Basilidienne, in SCOPELLO (Hg.), *The* Gospel of Judas
in Context, 145-154.

Textes zunächst auf Abschnitte außerhalb des kosmologischen Teils konzentrieren, möchte in meinem Fazit allerdings nicht ganz die Frage aussparen, inwiefern beide Teile doch in Zusammenhang miteinander gebracht werden können.

I. DAS PROBLEM DER „OPFER"

In der Frage nach der theologiegeschichtlichen Einordnung der gegen mehrheitskirchliche Praktiken gerichteten Polemiken des Judasevangeliums ist das Motiv des „Opferns" sicherlich als ein Schlüssel anzusehen. Immerhin spricht der Text gleich an mehreren wichtigen Stellen von „Opfern" (ΘΥΣΙΑ – p. 39,26; 40,21; 56,12) bzw. der Tätigkeit des Opferns (ⲣ̄ ΘΥΣΙΑⲤⲈ; p. 38,16; 41,2; 56,20). In der Tempelvision der Jünger (und ihrer anschließenden Deutung) ist zudem mehrfach von einem „Opferaltar" (ΘΥΣΙΑⲤⲦⲎⲢⲒⲞⲚ – p. 38,[2f.].{7}.8.25; 39,[3].9f. 20; 40,[1f.]; 41,4) die Rede, an dem eine große Menschenmenge in die Irre geführt werde. Damit ergibt sich natürlich die Frage, *was* der Text mit seiner Polemik gegen „Opfer" bzw. das angebliche „Opfern" in der Großkirche meint und bezweckt[9].

1. *Die Position von Elaine Pagels und Karen King: Martyriumskritik*

Besonders einflussreich in diesem Zusammenhang wurde eine These von Elaine PAGELS und Karen KING. Bereits in ihrer im Jahr 2007 erschienenen Monographie *Reading Judas* stellen die beiden Autorinnen eine Verbindung zwischen der im *Judasevangelium* geäußerten Opferkritik und Aufforderungen der werdenden Großkirche des zweiten Jahrhunderts, sich auf das Martyrium vorzubereiten bzw. es anzunehmen, her[10]. Kurz zusammengefasst lautet die These der beiden Autorinnen[11]:

---

9. Dass der Vorwurf bildlich gemeint sein muss, ergibt sich schon daraus, dass keine antik-christliche Gruppe bekannt ist, die tatsächlich Tieropfer praktizierte.

10. E. PAGELS – K.L. KING, *Reading Judas: The Gospel of Judas and the Shaping of Christianity*, New York, Viking, 2007. Eine deutsche Ausgabe erschien als E. PAGELS – K.L. KING, *Das Evangelium des Verräters: Judas und der Kampf um das wahre Christentum*, München, Beck, 2008. – Vgl. darüber hinaus K.L. KING, *Martyrdom and Its Discontents in the Tchacos Codex*, in DECONICK (Hg.), *Codex Judas Papers* (Anm. 2), 23-42.

11. PAGELS – KING, *Reading Judas* (Anm. 10), S. xvi. – In eine ähnliche Richtung gehen bereits E. IRICINSCHI – L. JENOTT – Ph. TOWNSEND, *The Betrayer's Gospel*, in *The New York Review of Books* 53 (2006), no. 10, 32-37; zumindest als Möglichkeit wird diese Deutung auch erwägt bei A. VAN DEN KERCHOVE, *Sacrifices de la foule, sacrifice de Judas: L'Évangile de Judas et le thème sacrificiel*, in *Apocrypha* 20 (2009) 213-228.

The author of the *Gospel of Judas* could not reconcile his belief in a deeply loving, good God with a particular idea other Christians held at the time: that god desired the bloody sacrificial death of Jesus and his followers. In this author's view Christian leaders who called on their fellow Christians to ‚glorify' themselves that way were murderers. They had totally misunderstood Jesus's teaching and were worshipping a false god. Judas alone among the disciples understood Jesus's teaching and that was why he handed him over to be killed.

So sympathisch ein solcher Gedanke wirken mag – immerhin leben wir in einer Zeit, in der eine Theologie, die in Kategorien des „Opfers" denkt, Schwierigkeiten macht und fremdartig wirkt –, so sehr muss auch hier die Frage gestellt werden, wie weit das Gesagte tatsächlich Anhalt am Text und an dem finden kann, was wir vom antiken Christentum wissen[12].

PAGELS und KING verstehen das *Judasevangelium* als Auseinandersetzung mit den verschiedenen Formen der Verfolgung von Christen durch die Römer und – vielleicht noch mehr – als Kritik an der Auffassung von Vertretern der werdenden „Großkirche", dass das Martyrium ein von Gott gewolltes Opfer im Gefolge des Opfers darstelle, das Jesus von Nazaret selbst am Kreuz dargebracht habe[13]. In diesem Zusammenhang zitieren die beiden Autorinnen nicht nur eine Reihe neutestamentlicher Texte, sondern verweisen auf Aussagen des Ignatius von Antiochien (z.B. *Röm.* 4,1.2; 5,3; 6,4)[14], der *Akten des Justin und seiner Gefährten*,

---

12. Dass es den Autorinnen tatsächlich darauf ankommt, einen Bezug auf *heutige* Gefühle und Fragestellungen herzustellen, wird direkt nach dem oben Zitierten deutlich, wo es heißt: „In the end, the *Gospel of Judas* shows us how some Christians were struggling with issues of suffering and death that concern us all, and how they envisioned a spiritual connection with God that persists now and forever" (*Reading Judas* [Anm. 10], S. xvi).

13. Vgl. hierzu PAGELS – KING, *Reading Judas* (Anm. 10), S. 44, 50.

14. Ohne nähere Diskussion werden von den beiden Autorinnen die Briefe der mittleren Sammlung als echt vorausgesetzt. Dies ist durchaus möglich, die Authentizität auch der Texte der mittleren Sammlung allerdings ist in den vergangenen Jahren immer wieder, v.a. von R.M. HÜBNER, *Thesen zur Echtheit und Datierung der sieben Briefe des Ignatius von Antiochien*, in ZAC 1 (1997) 44-72; ID. – M. VINZENT, *Der paradox Eine: Antignostischer Monarchianismus im zweiten Jahrhundert* (SupplVigChr, 50), Leiden, Brill, 1999, und im Gefolge Hübners T. LECHNER, *Ignatius adversus Valentinianos? Chronologische und theologiegeschichtliche Studien zu den Briefen des Ignatius* (SupplVigChr, 47), Leiden, Brill, 1999, angezweifelt worden. Man ordnete die Texte mit z.T. beachtlichen Beobachtungen als Pseudepigraphen erst in eine deutlich spätere Phase des 2. Jahrhunderts ein. Dass die Thesen HÜBNERS und LECHNERS allerdings auch auf erheblichen Widerstand gestoßen sind, versteht sich fast von selbst. Vgl. z.B. A. LINDEMANN, *Eine Antwort auf die ‚Thesen zur Echtheit und Datierung der sieben Briefe des Ignatius von Antiochien'*, in ZAC 1 (1997) 185-194, G. SCHÖLLGEN, *Die Ignatianen als pseudepigraphisches Briefcorpus: Anmerkungen zu den Thesen von Reinhard M. Hübner*, in ZAC 2 (1998) 16-25, M. EDWARDS, *Ignatius and the Second Century: An Answer to R. Hübner*, in ZAC 2 (1998)

sie verweisen auf die Verfolgungen des Jahres 177 in Lyon sowie Aussagen des Irenäus, aber auch Tertullians[15].

Meine Auseinandersetzung mit der sicherlich gewichtigen These von PAGELS und KING macht sich auf drei Ebenen fest[16]:

(1) Die beiden Autorinnen stützen ihre Überlegungen mit Parallelen in anderen „gnostischen" Texten, die sie ebenfalls als „martyriumskritisch" verstehen – dazu ziehen sie v.a. das *Testimonium Veritatis* („Zeugnis der Wahrheit"; NHC IX,3) wie auch die gnostische *Apokalypse des Petrus* (NHC VII,3) heran; in einem weiteren Aufsatz verweist Karen KING zudem auf martyriumskritische Aussagen in weiteren Texten des *Codex Tchacos* selbst, nämlich im *Brief des Petrus an Philippus* und der *Ersten Apokalypse des Jakobus*[17].

Dass die koptische *Petrusapokalypse* zu den wichtigsten Zeugnissen gnostischer Polemik gegen ein mehrheitskirchliches Christentum zu rechnen ist, ist seit den entsprechenden Arbeiten von K. KOSCHORKE wohl mit Recht unbestritten[18], diskutieren allerdings könnte man, wie weit es dem Text um eine Kritik an altkirchlichen Theologien des Martyriums und nicht doch eher (positiv) um die Verteidigung einer doketischen Christologie geht[19]. So lässt sich unter den von PAGELS und KING herangezogenen Passagen des Textes m.E. alleine p. 79,11-21 (im Zusammenhang mit p. 78,32-34, wo von „Leiden" die Rede ist), mit einiger Wahrscheinlichkeit als Kritik der gnostischen „Petrus"-Gruppe an Martyriumstheo-

214-226; H.J. VOGT, *Bemerkungen zur Echtheit der Ignatiusbriefe*, in *ZAC* 3 (1999) 50-63, A. BRENT, *Ignatius of Antioch: A Martyr Bishop and the Origin of Episcopacy*, London – New York, Continuum, 2007, S. 95-143. Ich selbst neige noch immer zur konservativeren Zuschreibung der Texte an Ignatius selbst, meine aber, dass man die neuere Diskussion um Ignatius keineswegs vernachlässigen sollte.

15. Ob man Tertullian einfach als Beispiel eines Autors zitieren sollte, dessen Meinung einfach die Meinung der werdenden „Großkirche" widerspiegelt, halte ich doch für fraglich. Zumindest sollte man den Versuch wagen, die zitierten Schriften in die jeweiligen Lebensphasen des Autors einzuordnen.

16. Entscheidende Kritikpunkte wurden bereits durch B. VAN OS, *Stop Sacrificing! The Metaphor of Sacrifice in the Gospel of Judas*, in DECONICK (Hg.), *Codex Judas Papers* (Anm. 2), 367-386, formuliert. Ich folge VAN OS in einigen Punkten, werde die Gewichte meiner Argumentation allerdings manchmal etwas anders setzen.

17. Vgl. v.a. PAGELS – KING, *Reading Judas* (Anm. 10), S. 71-74, 84-85, sowie KING, *Martyrdom and Its Discontents* (Anm. 10).

18. Vgl. in diesem Zusammenhang v.a. K. KOSCHORKE, *Die Polemik der Gnostiker gegen das kirchliche Christentum: Unter besonderer Berücksichtigung der Nag-Hammadi-Traktate „Apokalypse des Petrus" (NHC VII,3) und „Testimonium Veritatis" (NCH IX,3)* (NHS, 12), Leiden, Brill, 1978.

19. Zur Christologie der *Petrusapokalypse* (NHC VII,3) vgl. H.W. HAVELAAR, *The Coptic Apocalypse of Peter (Nag-Hammadi-Codex VII,3)* (TU, 144), Berlin, Akademie, 1999, S. 173-191.

logien ihrer (offenbar) mehrheitskirchlichen Opponenten auffassen[20]. Das Thema „Martyriumskritik" spielt in der koptischen *Petrusapokalypse* sicherlich (am Rande) eine Rolle, eine Verbindung mit dem für das *Judasevangelium* so wichtigen Motiv des Opfers bzw. Opferns aber ist nicht zu erkennen – die für *EvJud* entscheidenden Komponenten von ϑυσία, aber auch das ebenfalls für *EvJud* wichtige (teilweise) Äquivalent ϣⲙ̄ϣⲉ (Vb. „dienen, verehren" / Nom. „Dienst, Verehrung, Opfer") begegnen im gesamten Text der *Petrusapokalypse* nicht[21].

PAGELS' und KINGS Interpretation des *Testimonium Veritatis* wurde inzwischen durch Bas VAN OS der Kritik unterzogen, der die von PAGELS / KING herangezogenen Stellen als Polemik gegen das durch die in der Mehrheitskirche praktizierten Taufe erbrachte Zeugnis auffasst und hierzu Parallelen aus dem *Philippusevangelium* §14 und 67 heranzieht[22]. Mit VAN OS würde auch ich nicht in allen von PAGELS und KING herangezogenen Passagen schon eine Kritik an einer Martyriumssehnsucht mancher Christen sehen, meine aber doch, dass zumindest p. 34,1-11 des *Testimonium Veritatis*, aber auch die bei PAGELS und KING nicht erwähnte Passage p. 32,19ff., wo sogar von einem Gott, der Menschen-Opfer verlangt (ⲑⲩⲥⲓⲁ), die Rede ist, sinnvoll als Polemik gegen die Haltung mancher Christen zum Martyrium zu deuten ist. Ob damit aber schon eine hilfreiche Parallele zum Verständnis des *Judasevangeliums* erbracht ist, ist damit noch nicht bewiesen – immerhin ist keineswegs davon auszugehen, dass die beiden Texte vergleichbaren Milieus angehören: Während im *Testimonium Veritatis* ein „radikal-enkratitische[r] Ton angeschlagen"[23] wird, kritisiert das *Judasevangelium* asketische Praktiken mancher Christen heftig. Während eine Einordnung des *Testimonium Veritatis* in eine der bekannten gnostischen Schulen wegen der Bezüge

---

20. Hierzu schon J.A. BRASHLER, *The Coptic Apocalypse of Peter: A Genre Analysis and Interpretation*, Diss. Claremont, 1977, 233, sowie KOSCHORKE, *Polemik* (Anm. 18), S. 63.

21. Eine Einordnung dieses Textes in eines der bekannten gnostischen Systeme ist kaum möglich. H. HAVELAAR, *Die Apokalypse des Petrus (NHC VII,3)*, in H.-M. SCHENKE – H.-G. BETHGE – U.U. KAISER (Hgg.), *Nag Hammadi Deutsch. 2. Band: NHC V,2–XIII,1, BG 1 und 4* (GCS, NF 12; Koptisch-Gnostische Schriften, III), Berlin – New York, de Gruyter, 2003, 591-600, S. 594-595, schreibt: „Obwohl viele gnostische Elemente im Text enthalten sind, ist die ApkPt kein typischer Repräsentant der gnostischen Literatur. Zentrale Themen wie die Beschreibung des Pleromas, der Mythos der Sophia und die bekannte gnostische Interpretation der alttestamentlichen Schöpfungsgeschichte fehlen. Nichts im Text verrät eine Kenntnis der großen Systeme beispielsweise der Valentinianer".

22. Vgl. VAN OS, *Stop Sacrificing!* (Anm. 16), S. 370-374.

23. U.-K. PLISCH, *„Das Zeugnis der Wahrheit" (NHC IX,3) („Testimonium Veritatis")*, in SCHENKE – BETHGE – KAISER (Hgg.), *Nag Hammadi Deutsch. 2. Band: NHC V,2 – XIII,1, BG 1 und 4* (Anm. 21), 697-712, S. 699.

zu Gedanken der verschiedensten Gruppierungen mehr oder minder zum Scheitern verurteilt ist, scheint das *Judasevangelium* zumindest in seiner heute vorliegenden Form doch die deutlichsten Bezüge zur sethianischen Gnosis aufzuweisen[24]. Damit aber stellt sich die Frage, inwiefern der eine Text sinnvoll herangezogen werden kann, um Licht auf den anderen zu werfen, ohne dabei die so wichtigen Differenzierungen zwischen verschiedenen „gnostischen" Gruppierungen zu verwischen.

Sicherlich nicht zu unterschätzen sind die von Karen KING vorgebrachten Argumente, dass *mehrere Texte* des Codex Tchacos, nämlich neben dem *Judasevangelium* auch die *Erste Apokalypse des Jakobus* und der *Brief des Petrus an Philippus*, sich als „preparation for martyrdom" verstehen lassen[25]. Die verschiedenen Schriften des Codex Tchacos als mit Bedacht zusammengestellte, auch thematisch kohärente Einheit zu interpretieren, ist zumindest ein nahe liegender, verlockender Gedanke. Auch wenn einer der Schlüsseltexte des *Briefs des Petrus*, das Gebet der Apostel zu Christus: „Gib uns Kraft, denn sie suchen uns zu töten" nicht aus der Fassung des Codex Tchacos zitiert werden kann, dem an dieser Stelle etwa 16 Zeilen Text fehlen (vgl. aber die Parallelversion aus NHC VIII,2 [p. 134,8-9]) und auch die zweite nötige Passage (TC p. 7,3-10; NHC-VII,2 p. 138,21–139,4) gar in beiden Fassungen lakunös ist, ist KING sicher Recht zu geben, dass der Text sich mit einer Leidenssituation der Trägergruppe auseinander setzt[26]. Wie diese nun allerdings näher ausgesehen haben mag und ob auch Mitglieder der Trägergruppe des Textes konkret in der Gefahr standen, das Martyrium (bzw. durch wen) zu erleiden, lässt sich m.E. jedoch nicht mehr eruieren.

Dass auch in der *Ersten Apokalypse des Jakobus* schon aufgrund ihres Schlusses, der von der Steinigung des Jakobus erzählt, das Thema „Martyrium" eine Rolle spielt, ist natürlich nicht von der Hand zu weisen. Doch welche Schlüsse lassen sich von daher auf das *Judasevangelium* bzw. den gesamten Codex Tchacos ziehen? Immerhin muss die

---

24. Hinzu kommt vielleicht auch noch der Punkt, dass das *Testimonium Veritatis* eher einige Generationen nach zumindest dem ursprünglichen *Judasevangelium* entstanden sein dürfte.

25. Vgl. KING, *Martyrdom and Its Discontents* (Anm. 10), S. 24.

26. Vgl. auch J. HARTENSTEIN, *Die zweite Lehre: Erscheinungen des Auferstandenen als Rahmenerzählungen frühchristlicher Dialoge* (TU, 146), Berlin, Akademie, 2000, S. 166-167, die das „Leiden" als eines der dominierenden Themen des Textes ausmacht und schreibt (S. 168): Die EpPt ist „verstehbar als eine Schrift, die sich an LeserInnen wendet, die mit Verfolgung sowie einer Trennung, die durch die Namen Philippus und Petrus repräsentiert wird, vertraut sind. Beides sind zunächst verschiedene Umstände. Für diese LeserInnen liefert sie eine Erklärung des Leidens, das mythologisch begründet notwendig ist, während der Aspekt eines vorbildlichen Leidens Jesu eher abgelehnt wird".

These KINGS mit dem Problem leben, dass zumindest in der vierten Schrift des Codex Tchacos, *Allogenes*, vom Thema „Martyrium" nichts zu erkennen ist. KING geht darauf nur in einer Fußnote ein: Der Text sei zu fragmentarisch erhalten, um weitergehende Folgerungen im Hinblick auf ihre Frage zu erlauben[27]. Was sie allerdings nicht berücksichtigt, ist die Tatsache, dass das inzwischen Bekannte nur die Hälfte des ursprünglichen *Codex Tchacos* ausmacht. Wenn der (noch) verlorene Teil tatsächlich eine koptische Version des *Corpus Hermeticum* bot[28], dann wird eine thematische Verbindung der einzelnen Teile des Codex nur noch schwer erkennbar und dürfte keinesfalls mehr in einem gemeinsamen Thema „Martyrium" bzw. „Martyriumskritik" zu finden sein[29]. Mit anderen Worten: Schlüsse von den konkreten Themen einer im Codex erhaltenen Schrift auf die *ursprüngliche* Bedeutung anderer sind daher kaum möglich.

(2) Selbst wenn also die Idee, dass manche gnostische Gruppen sich notgedrungen mit der Frage nach dem Martyrium (wie auch dem eigenen Verhalten in Verfolgungssituationen) auseinandersetzten und dabei durchaus kritische Positionen gegenüber der „Mehrheitskirche" einnahmen, nicht von der Hand zu weisen ist, würde ich auch PAGELS' und KINGS Darstellung geschichtlicher Hintergründe etwas relativieren: Die (notgedrungen) knappe Darstellung, die beide Autorinnen zur Situation des 2. und angehenden 3. Jahrhunderts unserer Zeitrechnung bieten, entspricht nur teilweise dem, was den Quellen zu entnehmen ist. Selbst wenn man das im *Judasevangelium* verwendete Bild der „Menge", die am Opferaltar verharrt (p. 38,6) und die durch die Zwölf in die Irre geführt wird (p. 39,28) als Übertreibung verstehen will, hat dies nur dann Sinn, wenn in einer Zeit *vor Irenäus von Lyon* klar davon ausgegangen werden kann, dass das Christentum tatsächlich unter dauerhafter Bedrohung durch den römischen Staat bzw. seine Vertreter stand. Dass Verfolgungen auch im

27. Vgl. KING, *Martyrdom and Its Discontents* (Anm. 10), S. 24 n. 6.
28. Vgl. weiterführend G. WURST, *Preliminary Codicological Analysis of Codex Tchacos*, in ID. – R. KASSER (Hgg.), *The Gospel of Judas together with the Letter of Peter to Philip, James, and a Book of Allogenes from Codex Tchacos*, Washington, DC, National Geographic, 2007, 27-33, S. 29, der dies aufgrund der Fragmente Ohio 4586/4587 sowie Ohio 4578/4579 wahrscheinlich machen kann, deren Text durch J.-P. MAHÉ als *Corpus Hermeticum* XIII,1 und 2 entstammend identifiziert wurde. Vgl. hierzu auch knapp J.M. ROBINSON, *Questions about the Tchacos Codex*, in DECONICK (Hg.), *Codex Judas Papers* (Anm. 2), 546-556, S. 550.
29. Vgl. auch die Angaben bei A. LOGAN, *The Tchacos Codex: Another Document of the Gnostics?*, in DECONICK (Hg.), *Codex Judas Papers* (Anm. 2), 3-21, S. 5, und seine Überlegungen zum Hintergrund der Zusammenstellung des Codex.

ausgehenden ersten wie im 2. Jahrhundert tatsächlich ein echtes Problem darstellten, soll nicht abgestritten werden. Wenn wir aber etwa an die Antwort Trajans auf Fragen Plinius des Jüngeren über den Umgang mit Christen (Plinius d.J. *Ep.* 10,97,1-2) oder auch das entsprechende Schreiben Hadrians an Minucius Fundanus (bei Eusebius von Caesarea, *Hist. Eccl.* IV 9,1-3; vgl. Justin *apol.* 1,68) denken[30], dann zeigt sich, dass die christliche Bewegung aufmerksamen Vertretern der römischen Behörden zwar auffiel, dass man aber meist nicht gewillt war, zu handeln, wo dies nicht ausdrücklich angezeigt wurde. Dass es zu verschiedenen Zeiten und an verschiedenen Orten tatsächlich zu Verfolgungen kam, bedeutet nicht, dass wir von dauerhaften Bedrohungen und Massenverfolgungen ausgehen dürfen. Die am besten dokumentierte umfangreiche Verfolgung in der Zeit *vor* Irenäus von Lyon sind die bereits erwähnten Martyrien des Jahres 177 in Lyon (vgl. Eusebius von Caesarea, *Hist. Eccl.* V 1-4). Wie sehr diese in ihrem Umfang und ihren Auswirkungen das Bewusstsein einer gesamtkirchlichen „Öffentlichkeit" am Ende des 2. Jahrhunderts im Osten beeinflussten, ist schwer zu sagen.

Elaine PAGELS und Karen KING sind sich dieses Problems natürlich bewusst und lösen es mit der eleganten Formulierung:

> Although not many people, numerically speaking, were arrested and executed in the first and second centuries, every believer was no doubt acutely aware of the danger and had to consider what to do if caught and accused[31].

Dies mag zutreffen – doch gab es, etwas spitz formuliert, in der Welt der Antike überhaupt irgend jemanden, der sein Leben in einer Sicherheit leben konnte, die auch nur annähernd dem entspricht, was wir heute erfahren? Und umgekehrt: Wären christliche wissenschaftliche „Großprojekte" – ich denke nicht nur an die wissenschaftliche bzw. schriftstellerische Tätigkeit von Autoren wie Clemens von Alexandrien, Irenäus von Lyon, Tertullian, sondern auch etwa die Produktion der Hexapla des Origenes im 3. Jahrhundert – möglich gewesen, wenn das vorkonstantinische Christentum sich wirklich *nur* als Religion versprengter und verfolgter Gemeinden im Untergrund dargestellt hätte?

Vor allem aber würde ich die großkirchlichen Zeugnisse der ersten Jahrhunderte auch keineswegs so lesen, dass sie das Martyrium mehr

---

30. Hierzu weiterführend auch J. ENGBERG, *Impulsore Chresto: Opposition to Christianity in the Roman Empire v. 50-250 AD* (Early Christianity in the Context of Antiquity, 2), Frankfurt/M., Lang, 2007, S. 173-214, und W. AMELING, *Pliny: The Piety of a Persecutor*, in J. DIJKSTRA – J. KROESEN – Y. KUIPER (Hgg.), *Myths, Martyrs, and Modernity: Studies in the History of Religions in Honour of Jan N. Bremmer* (Numen Book Series, 127), Leiden – Boston, MA, Brill, 2010, 271-299, S. 294-298.

31. PAGELS – KING, *Reading Judas* (Anm. 10), S. 44-45.

oder minder einhellig glorifizierten. Natürlich ist hier ein Autor wie Ignatius von Antiochien zu nennen, der – wollen wir die in seinem Namen
überlieferten Briefe als echt auffassen – sein eigenes Martyrium vor dem
Hintergrund einer ausgeprägten Kreuzestheologie deutet[32]. Es besteht
aber ein großer Unterschied zwischen der Deutung des eigenen Schicksals (oder des vergangenen Schicksals anderer) als Kreuzesnachfolge
Christi und einer Aufforderung an andere, dies ebenso sehen zu müssen
und auf diesem Weg zu folgen[33]. Zudem hängen natürlich auch die Aussagen des Ignatius keineswegs in der theologischen Luft: Wie auch
immer die konkreten Gegner des Ignatius ausgesehen haben mögen, die
Texte haben eine klar anti-doketische Spitze: Mit den Aussagen über das
Martyrium werden – sicherlich im Anschluss an ähnliche Argumentationen des Paulus (vgl. 1 Kor 15,30-32) – Argumente gegen eine Christologie geliefert, die das Leiden Christi nicht ernst nimmt und deren Folge
darin besteht, dass auch das Leiden von Christen in der Nachfolge Christi
nicht verarbeitet werden kann. Dies aber heißt noch nicht, dazu aufzufor-
dern, ein solches Leiden aktiv zu suchen. Wo die Gefahr zu einem solchen Verständnis bestand – wie etwa in Teilen der montanistischen
Bewegung – scheint sich die „Großkirche" dagegen auffallend zurückhaltend und kritisch verhalten zu haben[34].

Selbst ein Autor wie Tertullian sollte nicht einerseits einem Irenäus
von Lyon als Teil der Kirchenleitung an die Seite gestellt, dann aber
andererseits allzu einseitig aufgrund seiner Aussagen in der wohl späten
Schrift *De Fuga in Persecutione* beurteilt werden, wie dies PAGELS und
KING tun[35]. Vielmehr legt ein Blick in seine Schriften nahe, von einer
Entwicklung in seinem Denken zu sprechen. Während er noch in Texten
wie *De patientia* 13,6 Flucht vor Verfolgung mehr oder minder als selbstverständlich vorauszusetzen scheint und sie auch in einem Brief an seine
Frau (*Ux.* 1,3,4) dem Abfall vorzieht, scheint sich diese Haltung erst dann
verändert zu haben, als er sich der „Neuen Prophetie" der Montanisten

---

32. Zur Kreuzestheologie des Ignatius vgl. T. NICKLAS, *Leid, Kreuz und Kreuzesnachfolge bei Ignatius von Antiochien*, in ID. – MERKT – VERHEYDEN (Hgg.), *Gelitten – Gestorben – Auferstanden* (Anm. 4), 267-298.
33. Zu einer Theologie des Martyriums im Sinne von Nachfolge Christi vgl. jetzt auch
die umfangreiche Untersuchung von C. MOSS, *The Other Christs: Imitating Jesus in
Ancient Christian Ideologies of Martyrdom*, Oxford, Oxford University Press, 2010.
34. Es würde zu weit führen, diesen Gedanken hier im Detail zu diskutieren. Vgl. aber
die ausführliche Darstellung bei W. TABBERNEE, *Fake Prophecy and Polluted Sacraments:
Ecclesiatical and Imperial Reactions to Montanism* (SupplVigChr, 84), Leiden – Boston,
MA, Brill, 2007, S. 167-260.
35. Vgl. die Aussagen in PAGELS – KING, *Reading Judas* (Anm. 10), S. 46-47, 55-56.

anschloss[36]. *De Fuga in Persecutione* dürfte aber klar erst in diese Zeit fallen.

Noch deutlicher ist das *Martyrium des Polykarp* – einer der wenigen erhaltenen Märtyrertexte, die traditionell in eine Zeit vor Irenäus von Lyon datiert werden[37]: Kapitel 4 etwa kritisiert diejenigen, die sich im Falle einer Verfolgung selbst stellen – und begründet es mit den Worten: οὐχ οὗτος διδάσκει τὸ εὐαγγέλιον – „Dies lehrt das Evangelium nicht!" (4,1). Auch Polykarp selbst sucht keineswegs das Martyrium, sondern zieht sich auf ein Landgut zurück; dass er festgenommen wird, ist erst dem Verrat eines seiner Sklaven zu verdanken (*Mart.Pol.* 5-6), den der Text keineswegs zufällig mit „Judas" vergleicht (6,2). Dass der aus der Perspektive *nach dem Martyrium* verfasste Text den Tod des Polykarp als Zeugnis seiner Christusnachfolge deutet und Polykarp immer wieder geradezu als christusgleich beschreibt, ist nachvollziehbar, wenn der bereits erlittene Märtyrertod nicht als vollkommen sinnlos verstanden werden soll.

(3) Vor allem aber stellen sich auch vom Text des *Judasevangeliums* her einige Rückfragen: Dabei ist das zunächst besonders stark wirkende, auch von Bas VAN OS vorgebrachte Argument, dass der Text des *Judasevangeliums* an keiner Stelle von Verfolgungen *von Seiten Roms* spreche[38], vielleicht zu relativieren. Nimmt man PAGELS und KING ganz ernst, geht es dem *Judasevangelium* ja nicht in erster Linie um eine Front gegen Rom, sondern um die Frage der angemessenen Antwort auf Verfolgungen von Seiten Roms; auch in den genannten „gnostischen" Parallelen fehlt der konkrete Hinweis auf Rom.

Dagegen ergeben sich aus der Tempelvision der Jünger (p. 38,1–39,5) sowie der anschließende Deutung durch Jesus (p. 39,5–43,11) eine Reihe von Fragen zum Konzept PAGELS und KING. Problematisch für ihre These scheint mir, dass der Text offensichtlich voraussetzt, dass trotz nur sporadischer Verfolgungen durch die Handlungen der Zwölf eine „Menge" – repräsentativ für das ganze „Kirchenvolk"? – in die Irre geführt wird (p. 38,6). Vor allem ist schwer erklärbar, dass die zwölf Priester zwar die

---

36. Hierzu weiterführend TABBERNEE, *Fake Prophecy* (Anm. 34), S. 249-253 – mein Text lehnt sich besonders an Aussagen auf S. 249 an.

37. Für eine Spätdatierung des *Mart.Pol.* argumentiert jetzt aber C. MOSS, *On the Dating of Polycarp: Rethinking the Place of the Martyrdom of Polycarp in the History of Christianity*, in *Early Christianity* 1 (2010) 539-574. Eine gute Übersicht über Quellen zu christlichen Auseinandersetzungen mit dem Martyrium findet sich bei Th. BAUMEISTER, *Genese und Entfaltung der altkirchlichen Theologie des Martyriums* (Traditio Christiana, 8), Bern, Lang, 1991.

38. Vgl. *ibid.*, S. 369.

Opferung durchführen, aber nicht selbst zum Opfer werden. Der „Kirchenleitung" würde somit vorgeworfen, von einfachen Gemeindemitgliedern etwas zu verlangen, was sie selbst nicht zu tun gedenkt. Bas VAN Os schreibt[39]:

> It is rather strange ... that the church leaders in the *Gospel of Judas* can stand completely at ease at the altar of the supposed persecution. Only the cattle, that they lead astray, are sacrificed in large numbers. It gets even stranger when we note that these Christian leaders actually kill the cattle at the altar themselves. If the metaphor would accurately refer to Roman persecutions, we would expect that *Roman* priests would kill the victims. But in the *Gospel of Judas*, the twelve are the ones who do the slaughtering.

Schwierigkeiten macht sicherlich auch der Gedanke, auf dem Opferaltar würden Frauen und Kinder geopfert (p. 38,16-18). Man könnte hier vor allem darüber diskutieren, welche Praktiken im Zusammenhang mit Kindern von Christen tatsächlich aus den ersten Jahrhunderten bekannt sind[40], vielleicht aber zeigt gerade dieser Vorwurf, dass es dem Text zumindest hier nicht darum geht, eine konkret fassbare Praxis zu kritisieren, sondern einfach ein Stereotyp *paganer* Kritik an der Kirche aufzugreifen und in die eigene Polemik einzubauen. Die Beispiele aus der Literatur des 2. Jahrhunderts, die solche Polemiken reflektieren, sind bekannt (vgl. z.B. Minucius Felix, *Oct.* 9,5; Justin, *2 apol.* 12,2; Tertullian, *apol.* 7,1)[41].

2. *Die Position von Bas VAN OS*

Soll die Darstellung des „Opferns" stattdessen mit Bas VAN Os als Kritik an Taufpraktiken und Taufverständnis der Mehrheitskirche verstanden werden[42]? Dass Texte wie die von VAN Os angeführten Röm 6,3-5 und Kol 2,12 die Taufe in Bezug zu Tod (und Auferstehung) Christi setzen, heißt ja noch nicht, dass Christen bei der Taufe am *Opfertod* Christi partizipieren; Röm 12,1 wiederum, wo davon die Rede ist, dass die Christen sich „selbst als lebendiges und heiliges Opfer darbringen sollen", ist nicht direkt mit Tauftheologie verbunden, sondern leitet den paränetischen Teil des Römerbriefs ein. Noch weniger zwingend scheint

---

39. *Ibid.*
40. *Ibid.*, S. 377-378 (mit gutem Material).
41. Ähnlich VAN DEN KERCHOVE, *La maison* (Anm. 5), S. 323.
42. Zu den folgenden Argumenten vgl. VAN Os, *Stop Sacrificing!* (Anm. 16), S. 379-381. Mit der Ablehnung dieser Argumente scheinen mir auch die angeführten gnostischen Parallelen (S. 382-384) nicht mehr sehr hilfreich für das Verständnis des *Judasevangeliums*.

mir der Bezug zwischen Taufe und dem „Pflanzen von Bäumen, die keine Frucht bringen" (vgl. *EvJud* 39,15-17), den VAN OS herzustellen sucht[43]. Das Bild des „Frucht Bringens" ist in biblischer Literatur so weit verbreitet und vielfältig verwendet (z.b. alttestamentlich Gen 1,11-12; Jer 17,10; Hos 10,3; Hab 3,17; Sir 11,3; Weish 10,7; sowie ntl. Mt 7,17-18; 12,33; 13,23; 21,19.34.43; Mk 4,20 par.; 4,28; Joh 15,6; Apg 14,17; Eph 5,9; Kol 1,6.10; Offb 22,2 u.v.m.), dass seine Verwendung hier nicht die klaren Schlüsse zulässt, die VAN OS zieht. Und natürlich VAN OS Recht damit, dass eine Reihe altkirchlicher Autoren Pascha und Taufe miteinander verbinden – doch gerade die für das Bild des Opfers im *Judasevangelium* entscheidende Szene, die Tempelvision der Jünger, stellt keinen Bezug zum Pascha her.

3. *Zwischenfazit*

Ich möchte dem deswegen eine andere These gegenüber stellen:

a) Vielleicht wird es dem Text gar nicht gerecht, wenn wir das in ihm immer wieder begegnende Motiv des „Opferns" als Kritik an einer *konkreten* mehrheitskirchlichen Vorstellung oder Praxis hinein „übersetzen". Ich halte es vielmehr für wahrscheinlich, dass mit dem Motiv des „Opferns" zunächst nur ein „Grundton" angeschlagen wird, der die Basis der Polemik des *Judasevangeliums* bildet. Diese wiederum besteht darin, dass die Leitung der Mehrheitskirche, durch die Zwölf repräsentiert, die „Menge" dadurch verführt, dass sie in ihrem liturgischen Tun *im Namen Jesu* in Wirklichkeit den Demiurgen Jaldabaoth bzw. sein Abbild (bzw. seinen Gehilfen), den dämonischen Saklas, verehrt[44]: einen Gott, der Opfer verlangt, der aber gleichzeitig dem Untergang geweiht ist. Dies wiederum bedeute für die so in die Irre Geführten, in die Hand des Dämons zu fallen, dessen Untergang – und mit ihm der Untergang seiner Anhänger – schon unabwendbar bevorsteht. In diesen grundlegenden Vorwurf – die Anbetung und Verehrung des falschen, dämonischen

---

43. Seine Hauptbeispiele hierzu sind Mt 3,7-10, wo Johannes von Pharisäern, die sich taufen lassen wollen, verlangt, zuerst Frucht zu bringen – ein Text, der sich in die Pharisäerpolemik des Mt einordnet, aber nichts mit Tauftheologie zu tun hat –; sowie Röm 6,4-5, wo davon die Rede ist, dass die Getauften σύμφυτοι geworden sind, ich aber keinen Bezug zu einer aktiven Aktion des Pflanzens durch Mitglieder der „Gemeindeleitung" erkennen kann.

44. Zur Gestalt des Demiurgen im Judasevangelium vgl. T. NICKLAS, *Der Demiurg des Judasevangeliums*, in E.E. POPKES – G. WURST (Hgg.), *Judasevangelium und Codex Tchacos: Studien zur religionsgeschichtlichen Verortung einer gnostischen Schriftensammlung* (WUNT, 297), Tübingen, Mohr Siebeck, 2012, 99-120.

Gottes – eingebettet sind dann weitere *konkrete* Vorwürfe, aus denen erst sich konkretere Überlegungen zum historischen Standort des Textes ergeben können.

Ein Schlüssel hierfür scheint mir im zweiten Teil der Deutung der Tempelvisionsszene durch Jesus (p. 39,18–40,2) zu sehen: „Ihr seid es, die Kultdienste bei dem Opferaltar … vollziehen. Jener ist der Gott, dem ihr dient. Und die zwölf Männer, die ihr gesehen habt, das seid ihr. Und die Tiere, die zum Opfer gebracht wurden, die ihr gesehen habt – das ist die Menge, die ihr in die Irre führt vor [jenem] Opferaltar". Opferhandlung und Dienst an *jenem Gott* sind also explizit miteinander in Verbindung gebracht.

Mit Recht umstritten ist die Deutung einer weiteren wichtigen Passage, p. 40,19-23. Ich halte die folgende Interpretation für wahrscheinlich: „Siehe der Gott hat euer Opfer aus den Händen eines Priesters empfangen; dieser (d.h. der Priester) ist der Diener des Irrtums". Auch wenn damit nicht die Gottheit selbst als irrend bezeichnet ist, so sind doch Priester, Opfer und Gottheit auch hier in einer Weise verbunden, dass die Richtung des Dienstes – auf eine falsche Gottheit hin – die eigentliche Spitze des Textes ausmacht.

Wenn schließlich auch p. 56,12-13 von denen spricht, „die dem Saklas Opfer darbringen", dann ergibt sich m.E. ein doch recht deutliches Muster, das „Opfer" immer wieder mit „Saklas" verbindet.

Wenn dies als die eigentliche Spitze gesehen wird, entsteht auch ein Bezug zum ersten Dialog Jesu mit den Jüngern (p. 33,23–34,18): Die Kritik Jesu am Handeln der Jünger richtet sich nicht darauf, dass in der vollzogenen ⲉⲩⲭⲁⲣⲓⲥⲧⲓⲁ des Opfertodes Christi gedacht würde, sondern darauf, dass in dieser Handlung die falsche Gottheit – *euer Gott* (p. 34,10) –, für dessen Sohn die Jünger Jesus fälschlicherweise halten, gepriesen wird.

Dass es dabei um die Verehrung des Gottes Israels geht, scheint mir auch eines der neu edierten Fragmente des Textes nahe zu legen: Die Lakune von etwa fünf Zeilen ab p. 55,3 innerhalb einer Jesusrede kann nun zumindest in Teilen gefüllt werden. Nach einer nur teilweise erhaltenen, aber an die Aussagen der Tempelvision anklingenden Aufzählung der üblen Taten der Generationen, die dem Saklas zugeordnet werden[45], ist unvermittelt von den zwölf Stämmen Israels die Rede: Israel (oder Istrael, der Engel Israels)[46] werde kommen, um die zwölf Stämme Israels

---

45. Auch wenn keine letzte Sicherheit zu gewinnen ist, scheint mir die Rekonstruktion des Textes von SCHENKE ROBINSON, *Update* (Anm. 6), S. 126, besonders gelungen.

46. Nur die letzten vier Buchstaben sind sicher lesbar – beide Ergänzungen sind möglich, inhaltlich ergibt sich kein ganz entscheidender Unterschied. Vgl. KROSNEY, *Preliminary Report* (Anm. 6), S. 292 sowie Anm. 17.

– womöglich aus Judäa[47] – zu bringen, was alle Generationen dazu führen werde, Saklas zu dienen und dabei im Namen Jesu zu sündigen. Der
Text ist sicherlich nicht ganz eindeutig – wichtig scheint mir aber doch,
dass Saklasdienst und Israel miteinander in Verbindung gebracht sind,
die Spitze des Textes aber kaum gegen Israel gerichtet ist, sondern gegen
einen Dienst „in meinem", d.h. Jesu Namen.

b) Vielleicht aber kann dann noch ein wenig weitergedacht werden:
Auch wenn die Vision der Jünger nur von einem „großen Haus" spricht,
in dem sich ein großes *Thysiasterion* befindet, entsteht der Eindruck eines
Opferdienstes, der kaum etwas mit dem zu tun zu haben scheint, was wir
von antik-christlichen liturgischen Praktiken kennen. Wenn Johannes
VAN OORT in einer der ersten Auslegungen des *Judasevangeliums* die
Bezüge dieser Vision zu einem (sicherlich eher vagen) Bild des Tempels
zu Jerusalem und zu innerjüdischer Kultkritik etwa in der Zeit der
Seleukiden stark gemacht hat[48], so ist damit ein wichtiger Gedanke formuliert. In die Zeit des *Judasevangeliums* hinein übertragen, kann das
bedeuten, dass der Text eine im 2. christlichen Jahrhundert in großkirchlichen Kreisen vielfach zu beobachtende Tendenz erkennt, in der christlicher Gottesdienst mehr und mehr – zunächst metaphorisch, für viele
einfachere Christinnen und Christen aber sicherlich auch konkret – wieder mit Bildern und Vorstellungen verbunden wird, die dem jüdischen
Tempelkult wie auch paganen Kulten entnommen sind. Während diese
sicherlich in der Zeit der Entstehung des Textes vor allem in paganen
Praktiken *konkret* greifbar und erfahrbar gewesen sein dürften, ist parallel dazu daran zu erinnern, inwiefern – wenn auch metaphorisch – durch
altkirchliche Autoren Verbindungen zum (zu dieser Zeit bereits in der
Vergangenheit liegenden) Tempelkult in Jerusalem hergestellt wurden.

Die Polemik scheint sich also gegen eine Kirche zu richten, (1) die in
ihrem Gottesdienst am Gott Israels festhält, der vom Autor des *Judasevangeliums* mit Saklas identifiziert ist[49]. (2) Gleichzeitig korrespondiert

---

47. Auch hier ist die Rekonstruktion mehr als unsicher. Vgl. aber SCHENKE ROBINSON,
Update (Anm. 6), S. 292.
48　Vgl. J. VAN OORT, *Het Evangelie van Judas*, Kampen, Ten Have, 2006, S. 116-119.
Vgl. hierzu auch J. MONTSERRAT-TORRENTS, *El Evangelio Judas*, Madrid, EDAF, 2007,
S. 115 sowie VAN DEN KERCHOVE, *La maison* (Anm. 5), S. 315-318. Zu einer ähnlichen,
vielleicht noch präziseren Einordnung als Tempelvision (vor dem Hintergrund frühjüdi-
scher Tempel- und Kultkritik) vgl. N. DENZEY LEWIS, *Fate and the Wandering Stars: The
Jewish Apocalyptic Roots of the* Gospel of Judas, in DECONICK (Hg.), *Codex Judas Papers*
(Anm. 2), 289-304, S. 299-303.
49. Dies erklärt vielleicht auch die ansonsten narrativ vollkommen überflüssige Erwähnung von ιογλλιλ in 33,22 – „Judaia" als Ort der Juden ist gleichzeitig der Ort, an dem

die Weise, in der das *Judasevangelium* seine Polemik formuliert, einer Tendenz in der Kirche des 2. und 3. Jahrhunderts, in der (zunächst meta-phorisch gebraucht), mehr und mehr Kultterminologien, die noch im Christentum der neutestamentlichen Zeit weitgehend verschwunden sind, wieder eindringen.

II. KONKRETIONEN

Diese beiden Grundgedanken können natürlich nicht stehen bleiben, ohne weitere Konkretisierungen am Text zu erfahren.

1. Der „Opferaltar" und die auf ihm dargebrachten Opfer

a) Wenn im Neuen Testament der Begriff des θυσιαστήριον begeg-net, so ist damit an keiner Stelle ein „Altar" gemeint, der im Mittelpunkt des christlichen Gottesdienstes stünde. Während die wenigen Vorkom-men bei den Synoptikern den Opferaltar im Tempel zu Jerusalem bezeichnen (Mt 5,23f.; 23,18-20.35; Lk 1,11; 11,51; vgl. wohl auch 1 Kor 9,13 und 10,18) und Röm 11,3 ein Zitat aus 1 Kön 19,10-14 bietet, beschreibt die Offenbarung des Johannes einen himmlischen Opferaltar (Offb 6,9; 8,3.5; 9,13; 11,1; 14,18; 16,7) und geht es dem Hebräerbrief in seiner Verwendung von Kultterminologie um das Hohepriestertum *Christi* (und gerade deswegen nicht um die Etablierung christlichen Kult-personals)[50].

sich seine Jünger aufhalten. – Lässt dies eventuell die Vermutung zu, dass auch der Name Judas bewusst gewählt ist, da dieser ja doch recht offensichtlich als Gestalt zu sehen ist, die in Bezug zu Saklas steht, andererseits im Verlauf der Kirchengeschichte (negativ) immer wieder als „Prototyp" des „Juden" verstanden wurde? So sehr der Eindruck ent-steht, dass der Bezug passen könnte, so sehr ist doch darauf hinzuweisen, dass Deutungen der Judasgestalt als Prototyp des „verstockten Juden" erst ab dem 4. Jahrhundert belegt sind und dann vor allem im Mittelalter besonders reiche Blüten getrieben haben. Hierzu weiterführend die Belege bei M. MEISER, *Judas Iskariot: Einer von uns* (Biblische Gestal-ten, 10), Leipzig, Evangelische Verlagsanstalt, 2004, S. 123-125 (frühestes Beispiel Hila-rius von Poitiers, Matt 29,2 [SC, 258, 220]) sowie S. 147-151. S.C. MIMOUNI, *La figure de Judas et les origines du Christianisme: Entre Tradition et Histoire: Quelques remar-ques et réflexions*, in SCOPELLO (Hg.), *The* Gospel of Judas *in Context* (Anm. 4), 135-143, S. 139, erwähnt zudem die Verbindung, die Justin (*1 apol.* 32) zwischen Juda, dem Stammvater, und den „Juden" herstellt. Sicherlich ist von hier aus der Weg zu „Judas" nicht mehr weit. MIMOUNIS Hinweis auf Ps-Cyprian, *Adversus Iudaeos*, war mir bei einer Durchsicht des Textes leider nicht nachvollziehbar.

50. Gänzlich irrelevant sind die Belege in Röm 11,3 (Zitat 1 Kön 19,10-14) und Jak 2,21 (Bezug auf Bindung Isaaks).

Einen Bezug zwischen der Ordnung in der christlichen Gemeinde und dem alleine im Tempel zu Jerusalem stattfindenden Kult stellt bereits *1 Clem* 40-41 her[51]: Der Vollzug der christlichen „Opfer und Kultdienste" (40,2: τάς τε προσφορὰς καὶ λειτουργίας ἐπιτελεῖσθαι) muss festgesetzten Ordnungen folgen. Dieser Gedanke einer Ordnung von Zeit, Ort und Kultpersonal wird in Kapitel 41 mit der Tatsache in Verbindung gebracht, dass auch im „Alten Testament" bereits eine Kultordnung mit einer Bindung an den Tempel zu Jerusalem – und dort wiederum konzentriert auf den Opferaltar (41,2: θυσιαστήριον) – besteht. Interessanterweise verwendet *1 Clem* im Zusammenhang mit dem christlichen Gottesdienst den Begriff προσφορά, während er von den θυσίαι im jüdischen Kult spricht (41,2), auch geht es ihm natürlich keineswegs um eine Gleichsetzung des christlichen Gottesdiensts mit jüdischem Tempelkult. In seiner Argumentation, die aufgrund der Probleme der korinthischen Gemeinde, an die er sich wendet, versucht, die Bedeutung kirchlicher Ämter zu begründen, kommt er damit allerdings zu einer Verbindung zweier Bilder, die wir – wenn auch in ungleich schärferer Form – auch in der Vision der Jünger des *Judasevangeliums* wiederentdecken.

Vor diesem Hintergrund ist es auch auffallend, wenn Ignatius von Antiochien in seinem Brief an die Gemeinde von Philadelphia (*Phil.* 4), davor warnt, zu Schismatikern abzufallen, und dabei die Idee der „Einheit" folgendermaßen beschreibt[52]: „Deshalb seid bedacht, *eine* Eucharistie zu gebrauchen – denn *ein* Fleisch unseres Herrn Jesus Christus (gibt es nur) und *einen* Kelch zur Einigung seines Blutes, *einen* Altar (ἓν θυσιαστήριον), wie *einen* Bischof zusammen mit dem Presbyterium und den Diakonen ...". Es ist unwahrscheinlich, dass Ignatius hier von einem „Altar" spricht, der bei der christlichen Liturgie Verwendung findet, immerhin steht für ihn das Bild des Altars normalerweise für die Gemeinschaft der Kirche (vgl. Ignatius, *Eph.* 5,2; *Trall.* 7,2)[53]. Dass diese Bildwelt sich für ihn allerdings mit der Idee der Kirche als Tempel

---

51. Die klassische Datierung des 1 Clem in die Zeit Domitians, m.W. auf A. VON HARNACK zurückgehend, wurde zuletzt stark kritisiert: Vgl. z.B. die Überlegungen von L.L. WELBORN, *The Preface to 1 Clement: The Rhetorical Situation and the Traditional Date*, in ID. – C. BREYTENBACH (Hgg.), *Encounters with Hellenism: Studies on the First Letter of Clement* (AGAJU, 53), Leiden – Boston, MA, Brill, 2004, 197-216. Ich würde deswegen eine offenere Datierung zwischen dem Ende des 1. und dem ersten Drittel des 2. Jahrhunderts bevorzugen.

52. Übersetzung nach A. LINDEMANN – H. PAULSEN (Hgg.), *Die Apostolischen Väter*, Tübingen, Mohr Siebeck, 1992, S. 221.

53. Hierzu weiterführend R.J. DALY, *Christian Sacrifice: The Judaeo-Christian Background Before Origen* (Catholic University of America Studies in Christian Antiquity, 18), Washington, DC, CUA, 1978, S. 319.

verbinden kann, zeigt allerdings *Magn.* 7,2, wo er schreibt[54]: „Strömt
alle zusammen wie zu *einem* Tempel Gottes, zu *einem* Altar, zu *einem*
Jesus Christus, der von dem *einen* Vater ausging und bei dem Einen ist
und zu ihm zurückkehrte". Was Ignatius in positiver Weise miteinander
verbindet, die Bilder von Tempel, Altar, Gott und Christus, begegnet als
Strukturmuster auch in der Vision der Zwölf im *Judasevangelium* – dieses jedoch sieht den Dienst an dem einen Altar als Dienst an einem falschen Gott, der mit Jesus nichts zu tun hat.

Sicherlich deutlich später entstanden sind einige Passagen bei Irenäus
von Lyon, in denen eine m.E. besonders signifikante Verbindung zwischen „Opfer" und „Altar" hergestellt ist. Natürlich grenzt Irenäus sich
in *Adv. Haer.* IV 8,3 zunächst von der Idee eines klar definierten kultischen Amtes bzw. „Opferdienstes" ab, indem er davon spricht, dass
„allen Gerechten priesterlicher Rang" zukomme. Der Folgesatz aber,
leider nur in lateinischer Fassung erhalten, erinnert doch an das Zueinander, das wir auch im *Judasevangelium* finden[55]:

> *Sacerdotes autem sunt omnes domini discipuli, qui neque agros neque
> domus hereditant his, sed semper altario et Deo serviunt.*

> *Priester sind aber auch alle Jünger des Herrn, die hier weder Grundbesitz
> noch Häuser erben, sondern immer dem Altar und Gott dienen.*

Dass die verwendete Terminologie eine Verbindung zum Kult Israels
schafft, von dem man sich gleichzeitig abgrenzen möchte, zeigt eine Passage in *Adv. Haer.* IV 18,6, wo sich Irenäus mit dem Sinn des Opferns
auseinander setzt. Natürlich bedürfe Gott der Opfer der Menschen nicht,
diese – in erster Linie „gute Werke" – verstünden sich vielmehr als Dank
für seine Gaben. Doch Irenäus geht auch auf den Opferdienst im Tempel
ein: Dieser habe ein pädagogisches Ziel verfolgt[56]: „Darum gab niemand
anderer als das Wort dem Volk das Gebot, Opfer darzubringen, auch
wenn es das nicht brauchte, damit sie lernten, Gott zu dienen, wie es auch
will, dass wir oft und ohne Unterlass unsere Gabe am Altar darbringen"
(*Adv. Haer.* IV 18,6).

Im Folgenden spricht Irenäus von himmlischen Opferaltar und zitiert die
Offenbarung des Johannes (Offb 11,19; 21,3). Vor allem aus dem unmittelbaren Kontext (*Adv. Haer.* IV 19,1-3) scheint deutlich zu werden, dass

---

54. Übersetzung nach LINDEMANN – PAULSEN, *Die Apostolischen Väter* (Anm. 52),
S. 195.

55. Text und Übersetzung nach N. BROX, *Irenäus von Lyon: Adversus Haereses.
Gegen die Häresien IV* (Fontes christiani, 8/4), Freiburg, Herder, 1997, S. 64-65.

56. Übersetzung nach BROX, *Irenäus* IV (Anm. 55), S. 149; Rechtschreibung an die
neue deutsche Rechtschreibung angeglichen.

Irenäus das irdische Tun des Menschen mit himmlischen Gegebenheiten in Bezug setzt, was wiederum Rückschlüsse auf sein Verständnis des eben Gesagten ziehen lässt: Was „wir", die Christen, mit dem Darbringen unserer Gabe tun, ist damit im Grunde Teilhabe am himmlischen Kult, mit dem – im Bild der Apokalypse – ein Opferaltar zu verbinden ist.

Natürlich ist Irenäus wohl etwa eine Generation nach der Entstehung des *Judasevangeliums* einzuordnen[57] – und doch entsteht der Eindruck, dass der Judas-Evangelist im Grunde ein sehr ähnliches Bild verwendet, wenn er den durch die Jünger verwendeten Kult beschreibt, diesen aber als Saklasdienst umdeutet.

b) Während das Motiv von Kinderopfern (p. 38,16) auch in paganer Polemik gegen das Christentum immer wieder begegnet (v.a. Minucius Felix, *Oct.* 9,5; vgl. aber auch Athenagoras, *leg.* 35,1 u.a.), scheint das in p. 38,17 begegnende Bild des Opferns von Frauen signifikanter. Vor allem Anna VAN DEN KERCHOVE hat auf einige interessante Parallelen hierzu verwiesen[58], nämlich die Bezeichnung von Witwen als θυσιαστή-ριον θεοῦ in Polykarps *Brief an die Philipper* 4,3 oder auch an in Tertullians Schrift an seine Frau (*ux.* 1,7). Dies sind natürlich vereinzelte, recht verstreute Hinweise. Dass ihnen aber eine gewisse Signifikanz zueignet, zeigt sich schon an ihrer gemeinsamen Funktion: Beiden Autoren geht es um ein Bild von Frauen, die auch nach dem Tode ihres Mannes ein vorbildliches, tugendhaftes – und gerade am Beispiel der Frau Tertullians erkennbar – keusches Leben führen sollen. Dass auch für das *Judasevangelium* Askese und sexuelle Praktiken bestimmter mehrheitskirchlicher Kreise ein Problem darstellen, zeigt sich sehr deutlich im weiteren Kontext.

Bevor darauf näher einzugehen ist, ist vielleicht aber auch noch ein zweiter Punkt zu konstatieren: Gerade der Vergleich der Frau mit einem „Altar" ist natürlich ganz selbstverständlich metaphorisch gemeint. Die Polemik des *Judasevangeliums* aber lässt solche Feinheiten nicht gelten: Bereits die Verwendung des Bilds wird in einem (sicherlich deutlich drastischeren) Gegenbild aufgegriffen, konkretisiert und umgekehrt.

---

57. Allerdings ist es möglich, dass das uns heute vorliegende *Judasevangelium* nicht in allen Details demjenigen entspricht, das dem Irenäus vorgelegen haben mag.

58. VAN DEN KERCHOVE, *La maison* (Anm. 5), S. 324-325. – Weiterführend auch J.R. BRANHAM, *Women as Objects of Sacrifice? An Early Christian ,Chancel of the Virgins'*, in S. GEORGOUDI, et al. (Hgg.), *La cuisine et l'autel: Les sacrifices en question dans les sociétés de la Méditerranee ancienne*, Turnhout, Brepols, 2006, 371-386.

2. *Mehrheitskirchliche Riten: Taufe und Eucharistie*

Nur ganz wenig an konkreteren Hinweisen bietet der Text über das Verständnis von Taufe und Eucharistie, mit dem er sich auseinander setzt. Das Verbum „waschen, taufen" (ϫⲱⲕⲙ̄) taucht im gesamten erhaltenen Text nur zwei Mal – und dies in einer eng begrenzten und zugleich nur fragmentarisch erhaltenen Passage (p. 55,22.25) – auf. Die einzige Verbindung zum Kontext scheint mir in den – ebenfalls nur teilweise erhaltenen – Worten „in meinem Namen" (ϩⲛ̄ ⲡⲁⲣⲁⲛ) zu erkennen zu sein, die im Kontext gleich mehrfach vorkommen und immer ein negativ beurteiltes Handeln der Diener des Saklas beschreibt: Unzucht „in meinem Namen" (p. 54,25), d.h. im (zu Unrecht gebrauchten) Namen Jesu, die Sünde des Saklasdienstes „in meinem Namen" (p. 55,10f.). Damit scheint die in p. 55,25–56,1 erwähnte Taufe „in meinem Namen" vielleicht gar als Klimax verstanden sein, die den Menschen zum Saklasdienst bringt[59]. Konkretere Anhaltspunkte zur Taufpraxis, die kritisiert wird, außer dass über dem Täufling offenbar der Name Christi (und wohl damit auch der Name Gottes) angerufen wird, sind nicht zu erkennen.

Etwas mehr immerhin ist zur Frage der im Text vorausgesetzten Vorstellung von „Eucharistie" zu sagen. Vor allem Gerhard ROUWHORST hat mit überzeugenden Argumenten wahrscheinlich gemacht, dass das *Judasevangelium* zwar eine großkirchliche eucharistische Praxis kritisiert, dass diese Kritik aber – wie oben bereits angesprochen – nichts damit zu tun hat, dass dabei des Opfertodes Christi gedacht werde. Der entscheidende Punkt bestehe vielmehr in der Anrufung des Gottesnamens.

ROUWHORST schreibt:

> The whole idea of the Eucharistic epiclesis, either addressed to the Holy Ghost, the Logos or the Trinity, – which is encountered in an great number of early Christian sources, especially in those derived from the Syro-Antiochian region –, has its roots precisely in the invocation of (a) divine Name(s), which occurred notably during the administration of baptism. Traces of a direct relationship between the (invocation of the) Name and the Eucharist can still be discerned in some of the earliest sources dealing with this early Christian ritual meal[60].

---

59. Damit kann ich die Deutung der Passage durch E. PAGELS, *Baptism in the Gospel of Judas: A Preliminary Inquiry*, in DECONICK (Hg.), *Codex Judas Papers* (Anm. 2), 353-366, die hier den Ansatz dafür erkennt, das *EvJud* als frohe Botschaft auffassen zu dürfen, das nun – am Ende der Belehrungen – die Möglichkeit der Rettung durch (eine von ihr nicht näher beschriebene Form der) Taufe andeutet, nicht teilen.

60. G. ROUWHORST, *The* Gospel of Judas *and Early Christian Eucharist*, in VAN DEN BERG – KOTZÉ – NICKLAS – SCOPELLO (Hgg.), *,In Search of Truth'* (Anm. 2), 611-625, S. 624. Weiterführend vgl. auch G. ROUWHORST, *Die Rolle des Heiligen Geistes in der Eucharistie und Taufe im frühsyrischen Christentum*, in B. GROEN – B. KRANEMANN

ROUWHORST verweist in diesem Zusammenhang vor allem an das eucharistische Gebet der *Didache*, das mit den folgenden Worten einsetzt: „Wir danken dir, heiliger Vater, *für deinen heiligen Namen*, den du hast Wohnung nehmen lassen in unseren Herzen, und für die Erkenntnis und den Glauben und die Unsterblichkeit, die du uns kundgemacht hast durch Jesus, deinen Knecht. ... Dir sei Herrlichkeit bis in Ewigkeit" (*Did.* 10,2)[61]. Interessant, obwohl (indirekt) verbunden mit einem Einsetzungsbericht (*1 apol.* 66), sind auch die Aussagen zum eucharistischen Mahl nach dem Taufempfang in der *1. Apologie* des Justin (*1 apol.* 65): Der Text spricht von Brot, und Wasser, das mit Wein gemischt ist; über diesen Gaben wird Gott in einer ausführlichen, hier nicht im Wortlaut erhaltenen *Eucharistia gepriesen* – das Wort εὐχαριστία taucht in dem kurzen Abschnitt drei Mal auf.

Damit stellt sich die Frage, ob nicht Taufkritik und Eucharistiekritik des *Judasevangeliums* letztlich die gleiche Spitze haben: Sowohl über dem Getauften, als auch über dem eucharistischen Mahl wird der Name Gottes angerufen (und mit dem Namen Christi in Verbindung gebracht) – damit aber der Mensch unter Missbrauch des Namens Jesu in die Sphäre der vom *Judasevangelium* als dämonischer Demiurg verstandenen, Tod und Verderben bringenden Gottheit hinein genommen[62].

3. „Kultdiener" – „Kultpersonal" (und sein Verhalten)

a) So vage das Bild der „Mehrheitskirche" ist, die die Polemiken des *Judasevangeliums* zeichnen, so sehr lassen sich doch zumindest im Ansatz Konturen erkennen, die den Text ebenfalls in Diskurse des 2. Jahrhunderts einordnen lassen. Die selbstverständliche Identifikation der

(Hgg.), *Liturgie und Trinität* (QD, 229), Freiburg, Herder, 2008, 161-184, sowie ID., *The Roots of Early Christian Eucharist: Jewish Blessings or Hellenistic Symposia*, in A. GERHARDS – C. LEONHARD (Hgg.), *Jewish and Christian Liturgy and Worship: New Insights into Its History and Interaction* (Jewish and Christian Perspectives, 15), Leiden – Boston, MA, Brill, 2007, 295-308.

61. Übersetzung nach LINDEMANN – PAULSEN, *Die Apostolischen Väter* (Anm. 52), S. 15.

62. Weiterführend zur Geschichte der Epiklese in der frühchristlichen Eucharistie vgl. R. MESSNER, *Grundlinien der Entwicklung des eucharistischen Gebets in der frühen Kirche*, in A. GERHARDS – H. BRAKMANN – M. KLÖCKENER (Hgg.), *Prex Eucharistica*. Volumen III: *Studia*. Pars prima: *Ecclesia antiqua et occidentalis* (Spicilegium Friburgense, 42), Fribourg/CH, Universitätsverlag, 2005, 3-41, sowie ID., *Die eucharistische Epiklese und die Offenbarung der neuen Schöpfung*, in ZKT 127 (2005) 203-214. Vgl. auch die Darstellung der Entwicklung des christlichen Gottesdienstes bei C. MARKSCHIES, *Kaiserzeitliche christliche Theologie und ihre Institutionen: Prolegomena zu einer Geschichte der antiken christlichen Theologie*, Tübingen, Mohr Siebeck, 2007, S. 136-211.

Kultpriester der Tempelvision mit den Zwölf, wie sie in der Deutung durch Jesus (p. 39,18-20) vorgenommen wird, setzt m.E. bereits ein kirchliches „Amtsverständnis" voraus, das einerseits kirchliche Ämter auf Apostel zurückführt und andererseits wenigstens im Ansatz kirchliche Amtsträger als Kultdiener zu verstehen beginnt. Vor allem die zweite Dimension scheint mir wichtig, identifiziert das *Judasevangelium* doch die Zwölf (zumindest in der Vision und ihrer Deutung) ganz selbstverständlich mit „Priestern" (ⲟⲩⲏⲏⲃ) (vgl. p. 38,5.9.[13]; 39,8; vgl. auch 40,21f.)[63].

Das einzige Zeugnis des Neuen Testaments, das die Idee einer Sukzession kirchlicher „Amtsträger" von den Aposteln nahe legen könnte, findet sich erst in den Pastoralbriefen. Als Schlüsselpassage hierzu gilt 2 Tim 2,1-2. Dass hier zwar noch nicht an eine Amtssukzession im späteren Sinne gedacht ist, dass sich diese Vorstellung aber aus Gedanken wie dem in 2 Tim zum Ausdruck gebrachten entwickelt haben dürfte, beschreibt Jochen WAGNER folgendermaßen[64]:

> Es geht [2 Tim; TN] … um die reine Überlieferung. Sie soll rein und unverfälscht vom Apostel (als normativer Instanz) bis in die Zeit der Past und darüber hinaus reichen (2Tim 2,2), und dadurch die wahre, ‚gesunde' Lehre von der Irrlehre unterscheiden. Der Gedanke einer Amtssukzession als Garantie für die Reinheit der Lehre ist in den Past noch nicht entfaltet. Allerdings ist er in seinen Grundzügen schon zu erkennen (2Tim 2,2). Die Übermittlung der Lehre ist mit der Nachfolge im Amt verbunden. Zwar ist die Amtssukzession kein eigenes Prinzip, doch erscheint sie als Nebenaspekt oder Begleiterscheinung der Lehrsukzession. Der Amtsträger bzw. Apostelschüler ist an die gesunde Lehre gebunden und gleichzeitig in die Personenfolge eingebunden.

---

63. Nicht zu entscheiden scheint mir die Frage, ob und inwiefern das *Judasevangelium* bei seinen großkirchlichen Gegenübern schon eine dreigliedrige Ämterstruktur voraussetzt: Zwar haben J. BRANKAER – H.-G. BETHGE, *Codex Tchacos: Texte und Analaysen* (TU, 161), Berlin – New York, de Gruyter, 2007, 269.336, eine Lakune in p. 40,3 mit den Worten ⲡⲛⲟϭ ⲛⲉⲡⲓⲥⲕⲟⲡⲟⲥ – „der große Episkopos" rekonstruiert. Auch aufgrund des folgenden Kontexts, in dem nirgends mehr von einem Episkopen die Rede ist, legt sich deswegen viel eher die im Apparat der kritischen Ausgabe abgelehnte Ergänzung ⲡⲁⲣⲭⲱⲛ ⲙⲡⲓⲕⲟⲥⲙⲟⲥ oder vielleicht noch besser, weil einen Bezug zu p. 40,23.24 (ⲭⲟⲉⲓⲥ) herstellend – die von G. SCHENKE ROBINSON nahe, die ⲡⲭⲟⲉⲓⲥ ⲙⲡⲕⲟⲥⲙⲟⲥ („Herr der Welt") einsetzt. Vgl. G. SCHENKE ROBINSON, *The Relationship of the Gospel of Judas to the New Testament and to Sethianism*, in *Journal of Coptic Studies* 10 (2008) 63-98, S. 89 Anm. 36. – An der einzigen Stelle wiederum, an der das Wort ⲇⲓⲁⲕⲟⲛⲟⲥ (p. 40,22) begegnet, scheint es mir so unspezifisch verwendet, dass es hier nicht sicher mit dem Amt des Diakons zu verbinden ist. Anders allerdings VAN DEN KERCHOVE, *La maison* (Anm. 5), S. 316.

64. J. WAGNER, *Die Anfänge des Amtes in der Kirche: Presbyter und Episkopen in der frühchristlichen Literatur* (TANZ, 53), Tübingen, Francke, 2011, S. 211.

Deutlich weiter geht hier sicherlich schon der *Erste Clemensbrief*, der von der Einsetzung der Episkopen durch die Apostel spricht und daraus zumindest in Ansätzen die Idee einer auf die Apostel zurückgehenden Sukzession im Episkopenamt entwickelt (*1 Clem* 44,1-2)[65]: „Auch unsere Apostel wussten durch unseren Herrn Jesus Christus, dass es Streit geben würde über die Würde des Episkopenamtes. Aus diesem Grund, da sie im Voraus vollkommene Erkenntnis empfangen hatte, setzten sie die oben Genannten ein und gaben danach Anweisung, dass, wenn sie entschliefen, andere erprobte Männer deren Dienst übernehmen sollten".

Dass auch die Amtsträger des *1 Clem* damit zunächst einmal nur von den Aposteln eingesetzt sind, ohne damit auch das Apostelamt zu übernehmen, ist schon seit langer Zeit gesehen worden[66]. Eine Verbindung zwischen kirchlichen Amtsträgern und Aposteln, wie sie für das im *Judasevangelium* verwendete Bild notwendig ist, ist damit allerdings wenigstens im Ansatz schon hergestellt.

Natürlich würde es zu weit führen, hier die Entwicklung der Idee apostolischer Sukzession im 2. Jahrhundert wenigstens in Grundzügen darzustellen: Die Idee, dass gegen Vertreter der Großkirche mit einem Bild polemisiert wird, das sie so selbstverständlich mit den Zwölf verbindet, wie das im *Judasevangelium* geschieht, setzt aber m.E. eine Entwicklung voraus, deren erste Spuren wir in *1 Clem* greifen können und die Ende des 2. Jahrhunderts zumindest ansatzweise bei Irenäus von Lyon vorausgesetzt ist (vgl. *Adv. Haer.* III 1-4.9-11; V 20,1)[67].

---

65. Übersetzung nach H. LONA, *Der erste Clemensbrief* (KAV, 2), Göttingen, Vandenhoeck & Ruprecht, 1998, S. 427. Schreibweise der neuen deutschen Rechtschreibung angepasst.

66. Vgl. hierzu z.B. H. VON CAMPENHAUSEN, *Kirchliches Amt und geistliche Vollmacht in den ersten drei Jahrhunderten*, Tübingen, Mohr, 1953, S. 171-172, und E. SCHWEIZER, *Gemeinde und Gemeindeordnung im Neuen Testament*, Zürich, Zwingli, ²1962, S. 133. WAGNER, *Anfänge des Amtes* (Anm. 64), S. 239, schreibt: „[D]ie Episkopen bzw. Presbyter sind für den 1Clem nicht die Träger der apostolischen Tradition. Damit fehlt seinem Amtsbegriff der Bezug zur Überlieferung. Zudem findet die Frage nach der geistlichen Vollmacht, die mit dem Dienst der Lehre und Verkündigung engstens zusammenhängt, (noch) keine Berücksichtigung. Und da der Sukzessionsbegriff nicht allein und primär durch den apostolischen Ursprung und die ununterbrochene Weitergabe des Amtes bestimmt wird, fehlen ihm im 1Clem noch wesentliche Inhalte".

67. Vgl. hierzu sowie zur Weiterentwicklung dieser Vorstellungen N. BROX, *Altkirchliche Formen des Anspruchs auf apostolische Kirchenverfassung*, in ID., *Das Frühchristentum: Schriften zur Historischen Theologie*, hg. F. DÜNZL – A. FÜRST – F.R. PROSTMEIER, Freiburg, Herder, 2000, 73-106. – Kollege Christoph MARKSCHIES hat mich dankenswerter Weise in diesem Zusammenhang darauf verwiesen, dass im 2. Jahrhundert im Grunde noch nirgends von einer voll ausgereiften Idee apostolischer Sukzession kirchlicher Amtsträger die Rede sein kann; für die Datierung des Textes stellt dies sicherlich ein Problem dar; ich würde wegen des Zeugnisses des Irenäus aber weiter davon ausgehen, dass das *Judasevangelium* ins 2. Jahrhundert gehört.

Auch für die Frage, in welchen Kontexten es möglich wird, die Zwölf einfach mit ganz offenbar als Kultpersonal verstandenen „Priestern" zu vergleichen, ist zunächst an *1 Clem* zu denken: Die Aufgabe der Episkopen besteht für *1 Clem* darin, „in untadeliger und frommer Weise die Gaben darzubringen" (προσφέρειν τὰ δῶρα; *1 Clem* 44,4)[68]. Der Schritt von der hier vorgestellten Idee und der Vorstellung, dass die Zwölf bzw. ihre Repräsentanten ihrem Gott „opfern", scheint mir nicht allzu weit zu gehen. Auch wenn Horacio LONA in seinem großen Kommentar zum 1. Clemensbrief die Idee, der Texte sehe die einzige Funktion kirchlicher Amtsträger im Kult, sicher mit Recht als überspitzt zurückgewiesen hat, und auch wenn für *1 Clem* kirchliche Amtsträger kaum „als Nachfolger der alttestamentlichen Priester zu sehen"[69] sind, zeigt sich hier doch ein Bezug zwischen „apostolischen" kirchlichen Amtsträgern und ihren kultischen Aufgaben, wie er zumindest auf Ideen voraus weisen könnte, wie sie in den Polemiken des *Judasevangeliums* vorausgesetzt sind.

b) Zumindest indirekt mit der Beschreibung der Zwölf als Kultpersonal zusammenhängend, bietet die Tempelvision der Jünger (p. 38,1–39,5) einen umfangreichen Katalog von Vorwürfen gegen die Priester (oder die Menge)[70], der im Verlauf des Textes noch zwei Mal wenigstens in Teilen aufgegriffen wird (p. 40,3-16; p. 54,24–55,[4]). Dabei erscheinen die meisten Vorwürfe – etwa zu sexuellen Praktiken – so wenig spezifisch bzw. so sehr zum allgemeinen Repertoire gegenseitiger Polemik zu gehören[71], dass sie keine konkreten historischen Folgerungen zulassen. Zu den wenigen Ausnahmen gehört die Erwähnung des „Fastens" (erstmals p. 38,14f. als zweiwöchiges Fasten[72], dann noch einmal 40,12f.), das vom Autor des Textes als Problem empfunden wird, und – erst in der Deutung

---

68. A. LINDEMANN, *Die Clemensbriefe* (HNT, 17; Die Apostolischen Väter, 1), Tübingen, Mohr Siebeck, 1992, 132, schreibt: „Worauf sich der Opferterminus προσφέρειν τὰ δῶρα an dieser Stelle konkret bezieht, ist (für uns) unklar. Ist wirklich an die (Gaben der) Eucharistie gedacht …, dann hätten wir es hier mit dem frühesten Beleg für das katholische Abendmahlsverständnis zu tun …".

69. Vgl. LONA, *Clemensbrief* (Anm. 65), S. 472-473 (Zitat aus S. 473). – LONA bezieht sich in seinen Gedanken auf ein Zitat von J. ROLOFF, *Art. Amt. Im Neuen Testament*, in *TRE* III, 500-533, S. 528.

70. Leider ist p. 38,13 lakunös – als Ergänzungen erscheinen ⲚⲞⲨⲎⲎⲂ oder ⲠⲘⲎⲎⲱⲉ sinnvoll.

71. Interessanterweise führt DENZEY LEWIS, *Fate* (Anm. 48), S. 303, das Motiv sexueller Verfehlungen von Priestern bereits auf jüdische Kultkritik der Zeit des Zweiten Tempels zurück.

72. Die Lesart ⲚⲎⲤⲦⲈⲨⲉ ist nun durch die neu entdeckten Fragmente auch hier bestätigt.

der Vision durch Jesus – die Selbstaussage einiger, sie seien „engelgleich" (p. 40,16).

Das Motiv des zweiwöchigen Fastens erinnert recht deutlich an die Auseinandersetzungen um das Fasten, wie sie zwischen mehrheitskirchlichen Vertretern und der „Neuen Prophetie" des Montanus geführt wurde. Das wichtigste erhaltene Zeugnis dieses Konflikts aber bietet erst Tertullian in seiner Schrift *Über das Fasten*[73]. Die Anhänger der Montanisten führten mit der Xerophagie, also dem Verzehr nur trockener Speisen, offenbar nicht nur eine neue Praxis des Fastens ein, sondern begründeten diese mit einem Befehl des Parakleten (*spiritualis indictio*; 1,13), führten sie also auf den Willen Gottes zurück, was den Widerstand derer hervorrief, die die Prophetien der Montanisten nicht anerkannten. Eine zweite Ebene der Auseinandersetzung drehte sich um die Dauer des Fastens – gegen den Vorwurf, die Anhänger der „Neuen Prophetie" würden die Zeiten des Fastens ungebührlich ausdehnen und dadurch Verachtung gegenüber den Gaben des Schöpfers zu zeigen, wendet er ein: „Denn wie geringfügig sind die Speiseverbote bei uns? Im ganzen Jahr bringen wir Gott nur zwei Wochen Xerophagien, und diese nicht einmal vollständig, dar – denn die Sabbate und Sonntage sind ausgenommen –, wobei wir uns von Dingen enthalten, deren Genuss wir nicht verwerfen, sondern nur aufschieben" (15,2).

Die sich damit ergebende Parallele soll nicht zu schnell verleiten, die beiden Seiten der Medaille zu schnell miteinander zu verknüpfen. Asketisch-enkratitische Praktiken sind ja in einer Vielzahl von Quellen auch für das 2. Jahrhundert belegt. Dabei wird zwar meist vor allem ein Schwerpunkt auf sexueller Enthaltsamkeit gelegt, wie sich dies in so unterschiedlichen Texten wie den apokryphen *Akten des Paulus und der Thekla*, in der *1. Apologie* des Justin (*1 apol.* 15,6-7; 29,1-4) oder der *Legatio* des Athenagoras an Kaiser Marc Aurel (*leg.* 33) zeigt[74]. Dass sich sexuelle Askese und Praktiken des Fastens verbinden können, zeigt etwa das Urteil des Philosophen und Arztes Galenus (um die Mitte des 2. Jahrhunderts) über die Christen[75]: „[B]ei ihnen [d.h. den Christen; TN] gibt es nicht nur Männer, sondern auch Frauen, die ihr ganzes Leben auf den Beischlaf verzichten, und zu ihnen zählen auch einzelne, die in Disziplin und Selbstkontrolle, was Essen und Trinken anbelangt, sowie

---

73. Vgl. hierzu weiterführend TABBERNEE, *Fake Prophecy* (Anm. 34), S. 147-150.
74. Weitere Quellen bei A. MERKT (Hg.), *Das frühe Mönchtum: Quellen und Dokumente von den Anfängen bis Benedikt*, Darmstadt, Wissenschaftliche Buchgesellschaft, 2008, S. 14-21.
75. Zitiert nach MERKT, *Mönchtum* (Anm. 74), S. 16.

in ihrem kühnen Streben nach Gerechtigkeit einen Gipfel erreicht haben, der dem echter Philosophen nichts nachsteht".

Könnte sich vielleicht präzise in einem Denken, wie es hier gespiegelt ist, das Gegenüber des *Judasevangeliums* finden? Vielleicht ließe sich dann auch der Vorwurf homosexueller Praktiken (p. 38,20; 40,12) erklären – als bewusstes Auseinanderreißen der Verbindung zwischen Fastenpraxis und von den Gegnern damit verbundener, vorgegebener asketischer Lebensführung.

Noch konkreter erscheint die in p. 40,16 begegnende Aussage „wir sind engelgleich", die – in Auslegung von Lk 20,36 (par.) – in der Spätantike immer wieder zur Beschreibung des Ideals mönchischen Lebens verwendet wurde[76]. Denkt das *Judasevangelium* hier also konkret an Selbstaussagen christlicher Asketen? Der Bezug scheint mir klar, und doch sollte auch hier zumindest ein Fragezeichen stehen bleiben: Immerhin geht der m.W. älteste Beleg auf Cyprian von Karthago, *De habitu virginum* 22–23, zurück, der sexuell enthaltsame Frauen als „engelsgleich" beschreibt[77]. Natürlich ist nicht undenkbar, dass eine Exegese von Lk 20,34-36 in diesem Sinne ihre Wurzeln bereits im 2. Jahrhundert fand und der Gedanke der Engelsgleichheit von Asketinnen und Asketen bereits zur Zeit der Entstehung des ursprünglichen *Judasevangeliums* bekannt war. Vor allem vor diesem Hintergrund allerdings fällt dann aber doch auf, dass der mit ⲁⲅⲱ ⲛⲉⲧⲭⲱ … eingeleitete Satzteil p. 40,15f., der von den „Engelsgleichen" spricht, als einziger von den Aussagen des Lasterkatalogs im Munde Jesu *keinen Anhalt* in der Beschreibung der Vision der Jünger findet. Im Grunde könnte man ihn durchaus als – zudem etwas nachklappende – Doppelung zur Aussage vom „Fasten" bzw. „Sich-Enthalten" (p. 40,12f.) sehen. Dann legt sich zumindest der

---

76. Weiterführend K.S. FRANK, *Angelikos Bios: Begriffsanalytische und begriffsgeschichtliche Untersuchung zum ‚engelgleichen' Leben im frühen Mönchtum* (Beiträge zur Geschichte des alten Mönchtums und des Benediktinertums, 26), Münster, Aschendorff, 1964 sowie P. BROWN, *Die Keuschheit der Engel: Sexuelle Entsagung, Askese und Körperlichkeit im frühen Christentum*, München – Wien, dtv, 1994.

77. Weitere Belege sind deutlich später – vgl. etwa Ps.-Serapion von Thmuis, *ep. ad mon.* 7; Ps.-Basilius von Ancyra, *virg.* 51, Eznik von Kolb etc. – Korinna ZAMFIR hat mich dankenswerterweise auf eine Parallele in den *Akten des Paulus und der Thekla* 3,5,9 hingewiesen, wo den Gottesfürchtigen in einem Makarismus zugesprochen wird, zu Engeln Gottes zu werden (ἄγγελοι θεοῦ γενήσονται). Weiterführend hierzu auch K. ZAMFIR, *Asceticism and Otherworlds in the* Acts of Paul and Thecla, in T. NICKLAS – J. VERHEYDEN – E.M.M. EYNIKEL – F. GARCÍA MARTÍNEZ (Hgg.), *Other Worlds and Their Relation to This World: Early Jewish and Ancient Christian Traditions* (SupplJSJ, 143), Leiden – Boston, MA, Brill, 2010, 281-303, S. 289-291. Die Parallele geht jedoch, wie ich meine, nicht weit genug, wird den Gottesfürchtigen doch nur die Engelsgleichheit *für die Zukunft* zugesprochen, während das *Judasevangelium* doch von einer (offenbar selbstbewussten) Aussage für die irdische Gegenwart ausgeht.

Gedanke nahe, dass wir es hier mit einem Zusatz zum ursprünglichen Text zu tun haben könnten, der sich vielleicht erst bei der Überlieferung ins Koptische – eventuell im Kontext ägyptischen Mönchtums – ergab.

III. FAZIT

Welchen exegetischen wie historischen Gewinn lassen die Fäden zu, die sich von den polemischen Abschnitten des *Judasevangeliums* hinein in bekannte christliche Diskurse des 2. Jahrhunderts ziehen lassen? Nicht nur die Probleme der Textüberlieferung, die sich eventuell in p. 40,15f. beim Motiv der Engelsgleichheit zeigten, machen unsere Aufgabe besonders schwierig. Die Tatsache, dass sich bestimmte altkirchliche Diskurse kaum an einem (einzigen) bestimmten Ort festmachen lassen, vor allem aber das Problem, dass das *Judasevangelium* von der Gegenseite nur in Chiffren spricht, die kaum einmal einen konkreten Blick auf das konkrete Gegenüber erhaschen lassen, machen konkrete historische Folgerungen nahezu unmöglich. Trotzdem stehen wir nicht ganz bei Null.

1. In seiner kommentierten Neuedition hat Christopher TUCKETT das *Mariaevangelium* als einen Text beschrieben, der für ein (wohl) „gnostisches" Christentum steht, das noch nicht alle Bande zur entstehenden Großkirche abgebrochen hat und weiterhin im Dialog mit ihr steht[78]. Demgegenüber scheint das *Judasevangelium* das andere Ende im Spektrum möglicher Auseinandersetzung zu erreichen: Die im Text erkennbare Polemik gegen großkirchliche Entwicklungen scheint von einer tiefen Verbitterung getragen, über deren Gründe wir heute bestenfalls spekulieren können. Gleichzeitig zeigt sich der Autor des *Judasevangeliums* als durchaus sensibel für Entwicklungen in der Kirche seiner Zeit: An einer Reihe von Beispielen habe ich versucht zu zeigen, dass die in der Vision der Jünger (und ihrer Deutung) erkennbaren Bilder sich zwar zum Teil polemischen Stereotypen verdanken, teilweise aber auch Spiegel von Entwicklungen eines Christentums sein könnten, das sich zwar auf das Zeugnis Jesu und der Apostel beruft, das in der Entwicklung seiner Terminologie (und damit sicherlich auch der damit verbundenen Vorstellungen) sich an im 1. Jahrhundert überwunden scheinenden Vorstellungen gemeindlicher Riten und Aufgaben als „Kulten" orientiert.

---

78. Vgl. C.M. TUCKETT, *The Gospel of Mary* (Oxford Early Christian Gospel Texts), Oxford, Oxford University Press, 2007, S. 42-54 (zum „gnostischen" Charakter) sowie S. 203.

2. Diese Entwicklungen wie auch ein damit verbundenes verändertes kirchliches Ämterverständnis, Tendenzen zu Askese und Enkratismus wie auch Fastenpraktiken werden vom Judas-Evangelisten durchwegs als Zeichen dafür verstanden, dass der Dienst der Großkirche sich gegen den falschen Gott richtet. Ob man nun Jaldabaoth und Saklas im *Judasevangelium* als zwei getrennte und doch eng miteinander verbundene Gestalten oder als Doppelungen der einen Demiurgengestalt erkennen möchte, ist dabei eigentlich zweitrangig[79]. Die entscheidende Spitze der Polemik gegen diese Entwicklungen besteht für den Autor darin, dass all dies letztlich als Dienst an dem dämonischen Saklas verstanden werden muss. Hier dürfte auch der eigentliche Kern der Polemik des *Judasevangeliums* gegen Taufe und Eucharistie der Großkirche zu sehen sein. Das Problem besteht darin, dass in beiden Riten der Name Gottes angerufen (und mit dem Namen Christi in Verbindung gebracht wird). Der Gott der Kirche und Jesus aber sind für das *Judasevangelium* nicht nur vollkommen miteinander unvereinbar, die Anrufung des Gottesnamens bringt den Menschen in die Sphäre des dämonischen Saklas.

3. Auch wenn, wie eingangs angedeutet, umstritten ist, ob der kosmologische Abschnitt des *Judasevangeliums* wirklich zu dessen ursprünglichem Text gehört, lässt er sich so sinnvoll in das Gesamt der Argumentation einordnen: Die gegen die Großkirche gerichteten polemischen Teile erweisen deren Tun als Saklasdienst; der kosmologische und von J.D. TURNER gleichzeitig als „dämonologisch" bezeichnete Teil des *Judasevangeliums* offenbart[80], wer Saklas ist, wo er seine Wurzeln hat und worin sein Schicksal (und das Schicksal der Seinen) besteht. Dies ermöglicht vielleicht auch eine Antwort auf die immer wieder gestellte Frage, ob – und wenn ja, inwiefern – das *Judasevangelium* denn überhaupt als „Evangelium" im Sinne einer „Frohen Botschaft" angesehen werden kann[81]. Obwohl noch ganz am Anfang unseres Textes (p. 33,9) das Wirken Jesu als dem „Wohl der Menschheit" dienend gedeutet ist, ist davon im weiteren Verlauf des Textes ja nirgends mehr die Rede. Der Grund dafür ist – aus der Sicht des Textes – wohl im Verhalten der Großkirche zu sehen, die sich *auf grundsätzlich verkehrte Weise* auf Jesus beziehe. Doch dies allein genügt nicht: Das *Judasevangelium* bietet hier keine wirklich

---

79. Zur Gestalt des Demiurgen im *Judasevangelium* vgl. NICKLAS, *Demiurg* (Anm. 44).
80. Vgl. J.D. TURNER, *The Sethian Myth in the* Gospel of Judas*: Soteriology or Demonology*, in DECONICK (Hg.), *Codex Judas Papers* (Anm. 2), 95-133.
81. Vgl. hierzu etwa auch die Überlegungen von J. BRANKAER, *Whose Savior? Salvation, Damnation and the Race of Adam in the* Gospel of Judas, in DECONICK (Hg.), *Codex Judas Papers* (Anm. 2), 387-412.

positive Alternative, das Thema des „Heils der Menschheit" spielt kaum eine Rolle: So scheint mir die positive Botschaft des Textes, an die eigene Gemeinschaft gerichtet, vor allem darin zu bestehen, dass die Herrschaft des Saklas zwar einen bitteren Höhepunkt erreichen wird, dass ihr aber Grenzen gesetzt sind und am Ende seine Vernichtung (und mit ihm wohl die der Seinen) stehen wird (p. 54,16-24; 55,9-10.16-20). Auch eine solche „Heilslehre" scheint mir nicht anders denn als Zeichen einer tiefen Verbitterung des Autors gegenüber der werdenden Großkirche verstehbar zu sein.

Lehrstuhl für Exegese und Hermeneutik   Tobias NICKLAS
des Neuen Testaments
Fakultät für Katholische Theologie
Universität Regensburg
93040 Regensburg
Deutschland

„APOKRYPHISIERUNG" IM PETRUSEVANGELIUM

ÜBERLEGUNGEN ZUM ORT DES PETRUSEVANGELIUMS IN DER ENTWICKLUNG DER EVANGELIENÜBERLIEFERUNG

I. HINFÜHRUNG

Wie entstehen apokryphe Evangelien? Eine erste – im Rahmen heutiger Forschung ,orthodoxe' – Antwort auf diese Frage muss lauten, dass dies in jedem Einzelfall für sich zu beschreiben ist und dass mit sehr großen Unterschieden zu rechnen ist. Apokryphe Evangelien sind keine einheitliche Kategorie, weder hinsichtlich ihrer Gattung noch hinsichtlich ihrer Theologie noch hinsichtlich der Bedingungen und Prozesse ihrer jeweiligen Entstehung. Ein zweites ,caveat' ist hinzuzufügen: Da die kanonische Anerkennung bzw. Nichtanerkennung von Schriften als ein Rezeptionsphänomen anzusehen ist und zur Zeit der Abfassung einer Schrift deren spätere Kanonizität oder ,Apokryphität' noch kaum im Blick, geschweige denn entschieden ist, kann man streng genommen nur von „apokryph gewordenen" Evangelien sprechen[1]. So richtig dies alles ist, so wenig kann man umgekehrt der populären Auffassung folgen, als hätten zu Beginn eine Vielzahl von Evangelienschriften quasi gleichwertig oder gar gleichermaßen gültig nebeneinander gestanden, bevor dann ,die Kirche' oder einige Bischöfe dogmatisch-autoritär über die kanonische Anerkennung der einen und die Verwerfung, Verdrängung oder gar Vernichtung der anderen entschieden hätten[2].

Gegenüber solchen, häufig im populären Diskurs anzutreffenden Urteilen ist darauf hinzuweisen, dass die Überlieferungsgestalt und wesentliche

---

1. So die von Dieter Lührmann mit sachlichem Recht eingeführte und praktizierte Sprachregelung, s. D. LÜHRMANN, *Fragmente apokryph gewordener Evangelien in griechischer und lateinischer Sprache* (MTS, 59), Marburg, Elwert, 2000.

2. Ein beliebiges neues Beispiel ist die jüngst publizierte Übersetzung des Neuen Testaments unter Einschluss von drei gnostischen Evangelien (aber z.B. nicht des EvPetr) von W. BARNSTONE, *The Restored New Testament: A New Translation with Commentary, Including the Gnostic Gospels Thomas, Mary, and Judas*, New York, Norton, 2009. Das Programm, eine größere Pluralität am Anfang zu ,restaurieren' durch Hinzunahme außerkanonischer Evangelien ist implizit von der (oft mit ,aufklärerischem' Pathos) vorgetragenen historischen These geleitet, diese seien den kanonisch gewordenen gleich ursprünglich und daher aus eher willkürlichen, dogmatischen Gründen ausgeschieden worden. – S. etwa programmatisch B. EHRMAN, *Lost Scriptures: Books that Did Not Make It into the New Testament*, Oxford, Oxford University Press, 2003.

textliche Details von vielen der später apokryph gewordenen Evangelien darauf hindeuten, dass diese Texte bereits von Anfang an unter anderen ,Vorzeichen' verfasst und verbreitet wurden als die frühesten und dann auch später kanonisch gewordenen Evangelien. Ihnen eignet von Anfang an eine gewisse ,Sekundarität'. Sie konstituieren sich als Texte *neben* anderen, setzen diese oder zumindest ihre narrativen Elemente voraus und bemühen sich in je unterschiedlicher Weise um dessen Interpretation, um sachliche Modifikationen oder um eine gesteigerte Autorisation des Erzählten. Diesem Phänomen möchte der vorliegende Beitrag exemplarisch nachgehen.

II. Das Petrusevangelium als ein Paradigma für ,Sekundarität' in der Evangelienüberlieferung

Ein gutes Beispiel dafür ist m.E. das Petrusevangelium[3], sowohl in Anbetracht seines *Überlieferungsbestandes* – ungeachtet der Frage, ob man noch vereinzelte Fragmente diesem Werk zuordnen darf oder nicht – als auch in Anbetracht seiner *intertextuellen Bezüge*. Ich möchte auf beide Aspekte vorab kurz eingehen, dann einige methodische und terminologische Überlegungen vortragen, bevor ich dann im ausführlichsten Teil dieses Referates unterschiedliche Aspekte der von mir thematisierten Entwicklung erläutern werde.

1. *Zum Überlieferungsbestand und zur Verbreitung*

a) Der *Überlieferungsbestand* des Petrusevangeliums ist bekanntlich außerordentlich schmal[4]. Dem Werk, das wohl bei Origenes (Comm. in Mt X.17) erstmals erwähnt ist und von dem auch einige spätere Kirchenväter noch wissen, ist als einziger Text mit hinreichender Wahrscheinlichkeit das Fragment aus dem P. Cair 10759 zuzuordnen, das wohl dem

---

3. Korrekt wäre wohl vom ,sogenannten' Petrusevangelium zu sprechen, weil in dem uns erhaltenen Fragment von P. Cair. 10759 kein Titel erhalten ist und die Identifikation mit dem bei den Kirchenvätern seit Origenes (Comm. in Mt X.17) zumeist als εὐαγγέλιον κατὰ Πέτρον erwähnten Text nicht sicher ist. Zur Evaluation der patristischen Bezeugungen des Petrusevangeliums s. zuletzt P. Foster, *The Gospel of Peter: Introduction, Critical Edition and Commentary* (Texts and Editions for New Testament Study, 4), Leiden – Boston, MA, Brill, 2010, S. 97-115, zu Origenes S. 102-103.

4. S. die Edition von T.J. Kraus – T. Nicklas (Hgg.), *Das Petrusevangelium und die Petrusapokalypse: Die griechischen Fragmente mit deutscher und englischer Übersetzung* (GCS, NF 11: Neutestamentliche Apokryphen, 1), Berlin – New York, de Gruyter, 2004; auch Lührmann, *Fragmente apokryph gewordener Evangelien* (Anm. 1), S. 72-95.

6. Jh. entstammt[5]. Das bedeutet freilich, dass wir keine Sicherheit darüber gewinnen können, in welchem Maße die hier bezeugte Textgestalt dem von den früheren Vätern erwähnten ‚Evangelium nach Petrus' entspricht[6]. Von den anderen, v.a. von Dieter Lührmann als Textzeugen ins Gespräch gebrachten Fragmenten kann einzig P.Oxy. 2949 als ein ernsthafter Kandidat für einen (älteren!) Text des Petrusevangeliums gelten[7], da hier Überlappungen mit dem Akhmim-Text bestehen, allerdings mit deutlichen textlichen Differenzen. Wenn man das kleine Fragment dennoch als Textzeugen des gleichen Werkes werten kann[8], dann zeigt dies die große ‚Flüssigkeit' der Textüberlieferung des Petrusevangeliums[9]. Der Text dieses Werks (wie auch anderer Apokryphen) ist eben nicht wie bei den kanonischen Evangelien relativ bald ‚stabilisiert' und normiert worden, sondern war wohl bis in die Spätzeit hinein flüssig. Insofern ist in der Überlieferung mit wesentlich größeren Veränderungen und Variationen zu rechnen als bei den kanonisch gewordenen Evangelien. In Anbetracht dessen ist es auch ganz unsicher, von dem späten Akhmim-Text auf eine

5. Zur Datierung s. P. VAN MINNEN, *The Akhmim Gospel of Peter*, in T.J. KRAUS – T. NICKLAS (Hgg.), *Das Evangelium nach Petrus: Text, Kontexte, Intertexte* (TU, 158), Berlin – New York, de Gruyter, 2007, S. 53-60. Der Text könnte älter sein, wenn das in P. Cair 10759 kopierte Fragment bereits auf einer älteren Vorlage basiert, die selbst schon nicht mehr vollständig war. Dafür spricht der Anfang und das Ende des Fragments, die zwar streng genommen nicht mitten im Satz, aber doch mitten in einem Zusammenhang abbrechen, was schwerlich auf den Schreiber des Manuskripts P. Cair 10759 zurückgeht (anders jedoch VAN MINNEN, S. 58).

6. Zur Problematik der Zuordnung s. T. NICKLAS, *Ein „Neutestamentliches Apokryphon"? Zum umstrittenen Kanonbezug des sog. „Petrusevangeliums"*, in VigChr 56 (2002) 260-272, sowie jetzt VAN MINNEN, *The Akhmim Gospel of Peter* (Anm. 5), S. 60: „Maybe it is time to stop using the text of the *Gospel* fragment as it appears in the Akhmîm codex as if it reflected the original, early, character of the *Gospel of Peter*".

7. Dazu grudlegend D. LÜHRMANN, *POx 2949: EvPt 3-5 in einer Handschrift des 2./3. Jahrhunderts*, in ZNW 72 (1981) 216-226.

8. Von *mehreren* Petrusevangelien sprechen auch diejenigen altkirchlichen Autoren und Listen nicht, die mehrere ‚petrinische' Schriften erwähnen. Insofern besteht kein Grund, von der Existenz mehrerer Evangelien nach Petrus auszugehen. Freilich ist nicht sicher, ob die altkirchlichen Hinweise auf eine Verwendung des EvPetr durch die judenchristlichen Nazoräer (bei Theodoret von Cyrus, haer. 2,2) sich wirklich auf das EvPetr beziehen oder evtl. auf ein anderes Evangelium oder z.B. das judenchristliche Kerygma Petrou. Auch der einzige bei Origenes erwähnte Inhalt des EvPetr, die Deutung der Brüder Jesu als Halbbrüder (im Interesse der bleibenden Virginität der Mutter Jesu), ist nicht in dem uns erhaltenen Textbestand belegt, könnte jedoch in einem früheren Abschnitt gestanden haben; die Überlieferung ist uns allerdings aus einer anderen Schrift, dem ProtevJak (9,2) bekannt.

9. So auch NICKLAS, *Ein „Neutestamentliches Apokryphon"* (Anm. 6), S. 263, der in dem Fragment „leider nur winzige Überbleibsel einer ursprünglicheren Fassung des PE" sieht.

Textform des Werks gegen Ende des 2. Jh.s zu schließen[10]. Der ‚ursprüngliche' Text dieses Werks ist uns daher nicht mehr zugänglich. Erhalten
ist zudem nur ein kleiner Ausschnitt aus der Passions- und Osterge-
schichte, so dass die Gesamtgestalt des Werks letztlich ebenfalls unklar
bleibt und die mögliche Zuordnung anderer Evangelienfragmente, die
sich nicht mit dem Akhmim-Fragment überschneiden, wie etwa P.Oxy
4009[11], daher nicht sicher zu stellen ist.

   b) Es mag instruktiv sein, kurz die erste Information über die Verbreitung und den Gebrauch eines sogenannten Petrusevangeliums zu betrachten, die bei Euseb (*Hist. Eccl.* VI 12,2-6) mitgeteilte Erwähnung durch
den Bischof Serapion von Antiochien (193-211) aus dessen sonst leider
verlorener Schrift über das „sogenannte Evangelium nach Petrus"[12] vom
Ende des 2. Jh.s. Dabei handelt es sich eigentlich um einen Brief an die
Gemeinde in Rhossus, der später – vielleicht in einer Ausgabe der Werke
des Bischofs – die genannte Überschrift erhielt. Nach dem von Euseb
zitierten Ausschnitt aus dieser Schrift beurteilte Serapion das Werk als
ein ‚Pseudepigraphon'[13], mithin als eine Fälschung, um dann den (got-
tesdienstlichen) Gebrauch des Werks in der Gemeinde mit dieser Begründung abzulehnen. Der folgende Selbstbericht macht jedoch deutlich, dass
Serapion das Werk nicht von vorneherein negativ beurteilt hatte, sondern
erst im Zuge der Beschäftigung mit dem ihm von einigen Leuten vorge-
legten ‚Fall' zu diesem Urteil kam[14]. Offenbar hatte er diesen die gottes-
dienstliche Lektüre dieses Evangeliums zunächst erlaubt, ohne das Werk

---

10. So FOSTER, *The Gospel of Peter* (Anm. 3), S. 90-91: „To make claims about the
pre-history of this text in the second century (or even earlier) is to go beyond the available
evidence, and in fact may be retrojecting this text into a period when it did not exist".

11. Dessen Zugehörigkeit zum EvPetr versucht D. LÜHRMANN, *POxy 4009: Ein neues
Fragment des Petrusevangeliums*, in *NT* 35 (1993) 390-410, zu begründen, s. auch ID.,
„*Petrus, der Heilige, der Evangelist, verehren lasst uns ihn*": *Neue Funde und Wiederentdeckungen zum Petrusevangelium*, in ID., *Die apokryph gewordenen Evangelien: Studien zu neuen Texten und zu neuen Fragen* (SupplNT, 112), Leiden, Brill, 2004, S. 55-104
(zu P.Oxy. 4009 S. 73-87).

12. Der Titel dürfte entweder von Euseb oder – wahrscheinlicher – aus der Sammlung
der Schriften des Serapion stammen; der Brief selbst dürfte keinen Titel getragen haben.
Insofern ist auch aus der bei Euseb mitgeteilten Formulierung keine präzisere Information
über den tatsächlichen Titel des EvPetr zu gewinnen – die bei Origenes und dementsprechend auch in der Schriftenliste bei Euseb (*Hist. Eccl.* III 3,1-2) mitgeteilte Form κατὰ
Πέτρον ist daher kaum durch die Angabe in *Hist. Eccl.* VI 12,2 in Frage zu stellen.

13. *Hist. Eccl.* VI 12,3: ψευδεπίγραφα. Hier findet sich der erste Beleg des Terminus
in der christlichen Literatur.

14. S. dazu C. MARKSCHIES, *Kaiserzeitliche christliche Theologie und ihre Institutionen*, Tübingen, Mohr Siebeck, 2007, S. 241-242.

näher zu kennen[15], dann kamen ihm Zweifel an der Rechtgläubigkeit
dieser Leute zu Ohren, und erst danach[16] beschaffte er sich das Werk
von anderen, die es benutzten und die Serapion als ‚Doketen' bezeichnet,
studierte es gründlicher, fand seinen Inhalt zwar weithin rechtgläubig,
aber teilweise problematisch und bezweifelte nun auch seine apostolische
Authentizität.

Die Episode zeigt vor allem, dass der antiochenische Bischof das
Petrusevangelium bis zu diesem Zeitpunkt offenbar gar nicht kannte und
erst im Zusammenhang der Vorgänge in Rhossus nähere Kenntnis von
seinem Inhalt bekam. Daraus lässt sich folgern, dass das Werk gegen
Ende des 2. Jh.s noch wenig bekannt war und (selbst in Syrien) nur in
bestimmten Kreisen gelesen wurde – zu einer Zeit, als die vier später
kanonischen Evangelien schon weithin anerkannt waren[17], als Tatian sie
in seinem Diatessaron zusammenfügt und Irenäus ihre Vierzahl bereits
vehement verteidigt[18]. Andererseits scheint es für die Gemeinde in Rhossus oder zumindest Teile derselben eine gewisse Attraktivität besessen
zu haben. Doch war die Schrift gegen Ende des 2. Jh.s offenbar noch
relativ marginal, ein lokales oder allenfalls regionales Phänomen[19] und
einem Bischof – zumal dem der ‚Metropole' Antiochia – noch unbekannt. Wenig später taucht es dann wohl in mindestens einer Handschrift
in Ägypten auf (wenn P.Oxy 2949 so zu werten ist), und erst der gelehrte
Origenes teilt dann später etwas von seinem Inhalt mit (wobei sich der
von ihm erwähnte Punkt mit dem erhaltenen Text aus dem späten
Akhmim-Fragment nicht leicht verbinden lässt)[20]. Schon dieser Bericht

---

15. *Hist. Eccl.* VI 12,4: μὴ διελθὼν ὑπ' αὐτῶν προφερόμενον ὀνόματι Πέτρου
εὐαγγέλιον.

16. Von Zweifeln an der Orthodoxie der Gemeinde von Rhossus spricht Serapion
nicht. Dass diese Gemeinde in die Häresie abgerutscht sei, ist dann erst im Kommentar
des Euseb zu lesen, mit dem er das Zitat einführt.

17. Zur Vierevangeliensammlung und zum Vierevangelienkanon s. Th.K. HECKEL,
Vom Evangelium des Markus zum viergestaltigen Evangelium (WUNT, 120), Tübingen,
Mohr Siebeck, 1999; M. HENGEL – A.M. SCHWEMER, *Die vier Evangelien und das eine
Evangelium von Jesus* Christus (WUNT, 224), Tübingen, Mohr Siebeck, 2008, S. 13-63
(zum EvPetr 22-26).

18. Dazu Irenäus, *Adv. Haer.* III 11,8 (durch Hinweis auf die vier Throntiere), u.ö.;
s. dazu HENGEL – SCHWEMER, *Die vier Evangelien und das eine Evangelium von Jesus
Christus* (Anm. 17), S. 15ff.; zu Irenäus ausführlich B. MUTSCHLER, *Das Corpus Johan-
neum bei Irenäus von Lyon* (WUNT, 189), Tübingen, Mohr Siebeck, 2006.

19. Wenn P.Oxy. 2949 eine Handschrift des EvPetr ist, dann wäre die Schrift um
die Wende vom 2. zum 3. Jh. auch schon in Ägypten belegt. Ob man schon daraus eine
Entstehung in der 1. Hälfte des 2. Jh. vermuten darf (so LÜHRMANN, in *„Petrus, der
Heilige"* [Anm. 11], S. 100), ist jedoch fraglich. Die Wege von Syrien nach Ägypten oder
umgekehrt konnten schneller sein.

20. Der Vergleich, der immer wieder gebracht wird, das EvPetr sei (aufgrund der
handschriftlichen Überlieferung) verbreiteter als das kanonisch gewordene Mk (so B.D.

mahnt zur Zurückhaltung gegenüber den Versuchen, einen Text wie das
EvPetr historisch auf einer Ebene mit den kanonischen Evangelien anzusiedeln. Der Befund wird dadurch bestätigt, dass sich auch in der weiteren altkirchlichen Literatur allenfalls „spärliche Spuren" dieses Werks
aufweisen lassen[21]. Dies wird sich im Folgenden durch die Betrachtung
der *intertextuellen Bezüge* des Werks erhärten lassen.

2. *Zu den intertextuellen Bezügen und ihrer Erklärung*

Das Verhältnis des EvPetr zu den kanonisch gewordenen Evangelien
hat bekanntlich die Diskussion seit der Entdeckung des Akhmim-Codex
stark geprägt, wobei die Mehrzahl der beteiligten Forscher eine literarische Abhängigkeit von einem oder gar allen kanonischen Evangelien
vermutet haben[22]. Die Annahme einer gänzlichen Unabhängigkeit des
Werks (oder einer hinter diesem angenommenen älteren Quelle) hat erst
in neuerer Zeit durch Jürgen Denker[23] und dann v.a. durch Helmut
Koester[24] und John Dominic Crossan[25] Aufsehen erregt und vielfältige
Gegenreaktionen provoziert.

EHRMAN, *Lost Christianities*, Oxford, Oxford University Press, 2003, S. 22f.), hinkt insofern, als das Mk in der Rezeption durch Lk und Mt natürlich zu großer Verbreitung
gelangte und nur deshalb als selbständige Schrift handschriftlich dünn und erst relativ spät
belegt ist.

21. So NICKLAS, *Ein „neutestamentliches Apokryphon"* (Anm. 6), S. 268; aufgenommen und breiter belegt bei M. MEISER, *Das Petrusevangelium und die spätere großkirchliche Literatur*, in KRAUS – NICKLAS (Hgg.), *Das Evangelium nach Petrus* (Anm. 5),
183-196, S. 184.

22. Eine relative vorsichtige Position hat bereits früh A. v. Harnack eingenommen; zur
Diskussion s. HECKEL, *Vom Evangelium des Markus zum viergestaltigen Evangelium*
(Anm. 17), S. 293 Anm. 120.

23. J. DENKER, *Die theologiegeschichtliche Stellung des Petrusevangeliums: Ein
Beitrag zur Frühgeschichte des Doketismus* (EHS, XXIII/36), Bern – Frankfurt a.M.,
1975.

24. H. KOESTER, *Apocryphal and Canonical Gospels*, in HTR 73 (1980) 105-130;
ID., *Ancient Christian Gospels: Their History and Development*, London – Philadelphia,
PA, SCM, 1990, S. 216-240; s. zusammenfassend *ibid.*, S. 240: „The *Gospel of Peter*, as
a whole, is not dependent upon any of the canonical gospels. It is a composition which is
analogous to the Gospels of Mark and John. All three writings, independently of each
other, use an older passion narrative which is based upon an exegetical tradition which
was still alive when these gospels were composed, and to which the Gospel of Matthew
also had access".

25. J.D. CROSSAN, *Four Other Gospels: Shadows on the Contours of the Canon*,
Minneapolis, MN, Winston Press, 1985, S. 125-181; ID., *The Cross That Spoke: The
Origins of the Passion Narrative*, San Francisco, CA, Polebridge, 1988; ID., *The Gospel
of Peter and the Canonical Gospels: Independence, Dependence, or Both*, in *Forum* NS 1
(1998) 7-51; ID., *The Gospel of Peter and the Canonical Gospels*, in KRAUS – NICKLAS
(Hgg.), *Das Evangelium nach Petrus* (Anm. 5), 117-134.

Die Forschungsgeschichte ist hier nicht zu repetieren[26], ebensowenig die Einzeldiskussion um die literarischen Beziehungen des EvPetr[27]. Insgesamt lässt sich festhalten, dass die Annahme eines vermeintlich unabhängigen, frühen Textes ‚hinter' dem erhaltenen Text des EvPetr kaum Zustimmung gefunden hat, weil sie auf einer höchst problematischen und unkontrollierbaren literarkritischen Operation an einem selbst fragmentarischen und textkritisch unsicheren späten Text beruht[28]. Der Annahme einer völligen literarischen Unabhängigkeit des ganzen Evangeliums stehen noch mehr Hindernisse entgegen, die von ihren Vertretern nicht entkräftet werden konnten[29]. Umgekehrt wurde in älteren und neueren Arbeiten eine Vielzahl von Beobachtungen zusammengetragen, die auf eine Abhängigkeit von den (oder einigen der) kanonischen Evangelien im Stoff, in erzählerischen Strukturen und in textlichen Details hindeuten[30].

Am schwierigsten ist dies für Markus zu belegen, allerdings lässt sich auch hier die Frage EvPetr 53a benennen, die nur in Mk 16,3 in einer analogen Form belegt ist[31]. Für Matthäus ist die Evidenz wesentlich stärker, hier ist v.a. auf die Grabwächtererzählung zu verweisen, die sich im EvPetr am ehesten als eine Ausgestaltung der matthäischen Episode verstehen lässt[32], aber auch die Handwaschung und Unschuldserklärung des Pilatus (EvPetr 1.46; vgl. Mt 27,24), das Erdbeben in der Todesstunde Jesu (EvPetr 21b; vgl. Mt 27,51.54), die Grablegung im Grab des Joseph v. Arimathia (EvPetr 24; vgl. Mt 27,60) und die Rückkehr der Jünger nach Galiläa (EvPetr 59; vgl. Mt 28,16) sind zu nennen. Aus der lukanischen Tradition fallen besonders die Präsenz des Herodes Antipas und seine Verbindung mit Pilatus (EvPetr 5; vgl. Lk 23,12) sowie die Episode

---

26. S. dazu zuletzt T.P. HENDERSON, *The Gospel of Peter and Early Christian Apologetics* (WUNT, II/301), Tübingen, Mohr Siebeck, 2011, S. 17-32; FOSTER, *The Gospel of Peter* (Anm. 3), S. 7-38.

27. Dazu zuletzt FOSTER, *The Gospel of Peter* (Anm. 3), S. 115-147, weiter (und mit der These, dass das EvPetr bereits auf die Vier-Evangelien-Sammlung reagiert), HECKEL, *Vom Evangelium des Markus zum viergestaltigen Evangelium* (Anm. 17), S. 286-300.

28. Zuletzt s. J. VERHEYDEN, *Some Reflections on Determining the Purpose of the ‚Gospel of Peter'*, in KRAUS – NICKLAS (Hgg.), *Das Evangelium nach Petrus* (Anm. 5), 281-299, S. 287.

29. S. zuletzt FOSTER, *The Gospel of Peter* (Anm. 3), S. 132: „It will be argued that the theory which states that the *Gospel of Peter* is an independent and early witness to the events of the passion is incorrect".

30. Dazu z.B. HECKEL, *Vom Evangelium des Markus zum viergestaltigen Evangelium* (Anm. 17), S. 291-300; ausführlich FOSTER, *The Gospel of Peter* (Anm. 3), S. 115-147.

31. FOSTER, *The Gospel of Peter* (Anm. 3), S. 140.

32. *Ibid.*, S. 132-137, in Auseinandersetzung mit der Annahme einer Bezugnahme auf eine zusätzliche Version der Grabwächtergeschichte, die R.E. BROWN, *The Death of the Messiah*, New York, Doubleday, 1994, vol. 2, S. 1287, vorgetragen hat.

von dem reuigen Mitgekreuzigten (EvPetr 13f. vgl. Lk 23,39-43) auf. Und auch die Rezeption von Motiven des Johannesevangeliums ist sehr wahrscheinlich, v.a. in dem (eigenständig ausgestalteten) Motiv des crurifragium.

Angesichts der Spuren, die auf Kenntnis und Benutzung hindeuten und zugleich zu beobachtenden eigenständigen Gestaltung mancher Motive sowie der zusätzlichen, nicht in den kanonischen Evangelien belegten Elemente[33] stellt sich v.a. die Frage, wie die Rezeption der älteren Evangelienüberlieferung im Detail zu beschreiben und zu erklären ist.

Wir stehen hier vor einem Problem, das charakteristisch für die Literatur des 2. Jh.s ist[34]: Die Möglichkeit, eine Benutzung der kanonisch werdenden Evangelien nachzuweisen, ist sehr eingeschränkt, weil diese ja noch nicht formal zitiert werden. Im Fall des Petrusevangeliums wird die Schwierigkeit durch die textliche Unsicherheit noch verstärkt. Die Unklarheit darüber, wie der ‚ursprüngliche' Text aussah – und die Wahrscheinlichkeit, dass er sich von dem uns erhaltenen späten Text beträchtlich unterschied, erschweren jeden literarkritischen Aufweis einerseits der Abhängigkeit[35], aber auch andererseits jeden Versuch, durch ‚negative' Befunde die Unabhängigkeit zu erweisen[36].

Freilich ist hinsichtlich der Art und Weise einer Rezeption der kanonischen Evangelien eine breite Palette von Möglichkeiten denkbar[37]. Deren direkte *literarische* Aufnahme ist nur eine Möglichkeit unter vielen – und evtl. die weniger wahrscheinliche. Zu rechnen ist daneben mit der Aufnahme mündlicher Überlieferungen und vor allem mit dem Phänomen der ‚sekundären Oralität', in der die kanonischen Traditionen aus gottesdienstlicher oder anderer Lektüre bekannt sind, aber dann aus dem Gedächtnis aufgenommen, modifiziert und evtl. kombiniert werden zu einer eigenen, in Einzelzügen durchaus neuen Erzählung (wobei der

33. S. die Zusammenstellung bei HECKEL, *Vom Evangelium des Markus zum viergestaltigen Evangelium* (Anm. 17), S. 296f.

34. Ähnliche Fragen stellen sich z.B. auch im Blick auf das Thomasevangelium, aber in z.T. vergleichbarer Weise auch im Blick auf die Apostolischen Väter.

35. Zur Unsicherheit der literarkritischen Methode NICKLAS, *Ein „Neutestamentliches Apokryphon"* (Anm. 6), S. 261-262, der darauf hinweist, dass damit zu rechnen ist, dass Entsprechungen mit den kanonischen Evangelien in der textlichen Überlieferung des EvPetr verstärkt wurden. D.h. man könnte vermuten, das die ‚Nähe' zu den kanonischen Evangelien in der ältesten Fassung des Textes des EvPetr eher geringer war.

36. Vgl. etwa die Argumentation bei DENKER, *Die theologiegeschichtliche Stellung* (Anm. 23), S. 56-57 und öfter. Auch dieser literarkritische Nachweis der Unabhängigkeit (d.h. die Feststellung, dass sich eine Benutzung der redaktionellen Schicht der kanonisch gewordenen Evangelien nicht nachweisen lässt) ist durch die textlichen Unsicherheiten erschwert oder gar verunmöglicht.

37. Vgl. NICKLAS, *Ein „Neutestamentliches Apokryphon"* (Anm. 6), S. 264-265.

Kreativität natürlich durch die bereits vorhandenen Jesuserzählungen Grenzen gesetzt sind)[38].

Angesichts der Unsicherheiten der Argumentation hinsichtlich literarischer Abhängigkeiten hat Tobias Nicklas eine leserorientierte Perspektive eingenommen, in der deutlich wird, dass zumindest Leserinnen und Leser, die die kanonischen Evangelien kennen, bei der Lektüre des EvPetr „immer den … naheliegenden intertextuellen Bezug zu den kanonischen Parallelen herstellen"[39]. Dementsprechend werden solche Leserinnen und Leser des Akhmim-Fragments die im vorliegenden Text nicht gegebenen Orts- und Personenangaben aus ihrer Kenntnis der (kanonischen) Passionsgeschichte ‚auffüllen': Sie werden den Text natürlich als eine Geschichte Jesu von Nazareth lesen, auch wenn der Jesusname im vorliegenden Text des EvPetr konsequent fehlt und durch ὁ κύριος ersetzt ist; sie werden in dem Josef, der um Jesu Leichnam bittet, selbstverständlich den aus Mk 15,43 par. bekannten Josef von Arimathäa sehen, und die Rückkehr der Jünger „ans Meer" V. 59 als Rückkehr nach Galiläa bzw. ans *galiläische* Meer lesen, obwohl dies im vorliegenden Text nicht steht[40]. Nun bleibt unsicher, ob einige dieser Angaben in den verloren gegangenen Textstücken des EvPetr präziser bestimmt waren, evtl. auch in Abweichung von den kanonisch gewordenen Evangelien. Doch legt sich bei den genannten Beispielen nahe, dass die ‚Füllung' der Lücken nicht nur eine Tätigkeit der antiken und modernen, von der Kenntnis der kanonischen Texte geprägten Leser war, sondern bereits im Text des EvPetr vorausgesetzt ist – was umgekehrt heißt, dass dieser Text selbst Elemente einer vorgegebenen Evangelienerzählung voraussetzt – ganz gleich, ob diese nun schriftlich oder nur mündlich bzw. gedächtnismäßig vermittelt war.

Die Beobachtung, dass der Text zu seinem Verständnis bestimmte Elemente aus der älteren Evangelientradition voraussetzt und auf dieser Basis seine eigene, ‚neue' Erzählung präsentiert, lässt das EvPetr in spezifischer Weise ‚sekundär' erscheinen, als eine Weiterführung oder Neu-Erzählung der schon bekannten Jesus-Erzählung mit bestimmten interpretatorischen Tendenzen und Interessen. Einige dieser Tendenzen

---

38. So T. NICKLAS, *Das Petrusevangelium im Rahmen antiker Jesustraditionen*, in J. FREY – J. SCHRÖTER (Hgg.), unter Mitwirkung von J. SPAETH, *Jesus in apokryphen Evangelienüberlieferungen* (WUNT, 254), Tübingen, Mohr Siebeck, 2010, 223-252, S. 252. S. dazu die (auch theoretischen) Reflexionen von A. KIRK, *Tradition and Memory in the Gospel of Peter*, in KRAUS – NICKLAS (Hgg.), *Das Evangelium nach Petrus* (Anm. 5), 135-158.

39. NICKLAS, *Ein „Neutestamentliches Apokryphon"* (Anm. 6), S. 268.

40. S. die Beispiele bei *ibid.*, S. 268-270.

möchte ich im Folgenden näher untersuchen und in die Entwicklung der frühchristlichen Evangelienüberlieferung einordnen, um so einen Beitrag zur theologiegeschichtlichen Verortung des EvPetr und zur Entstehung der ‚apokryph gewordenen' Evangelien zu leisten.

Doch bevor dies im Detail geschehen kann, soll noch einmal knapp auf das Problem der Terminologie bzw. der möglichen Forschungs-kategorien eingegangen werden.

III. DAS PROBLEM DER TERMINOLOGIE
UND DER FORSCHUNGSKATEGORIEN

1. ‚Apokryphisierung' und die Problematik des Apokryphen-Begriffs

Der im Titel dieses Beitrags gewählte Terminus ‚Apokryphisierung'[41] impliziert eine Reihe von Problemen. Doch auch wenn sich der Terminus letztlich als nicht wirklich hilfreich erweisen sollte[42], verdient das mit ihm ins Auge gefasste Phänomen dennoch Beachtung.

Ich möchte unter diesem Begriff jene *Motive und ‚Techniken' erfassen, die zur Entstehung einer Literatur ‚neben' schon existierenden, als mehr oder weniger autoritativ vorausgesetzten Texten oder Traditionen führen.* Es geht mithin um die Herausbildung einer ‚*Para-Literatur'*[43]. Zwar mag die Rede von ‚Apokryphisierung' hierfür nicht ganz befriedigend erschei-nen, spricht dies nicht gegen die zugrundeliegende Fragestellung. Viel-leicht ist ein passender Terminus zur Beschreibung des Phänomens erst noch zu finden.

---

41. Ich habe den Terminus programmatisch verwendet in der gemeinsam mit Jens Schröter verfassten Einführung zu dem Band ‚Jesusüberlieferung in apokryphen Evange-lien': J. FREY – J. SCHRÖTER, *Jesus in apokryphen Evangelienüberlieferungen*, in FREY – SCHRÖTER (Hgg.), *Jesus in apokryphen Evangelienüberlieferungen* (Anm. 38), 3-30, S. 20-22; zum Sachverhalt auch J. FREY, *Die Vielgestaltigkeit judenchristlicher Evange-lienüberlieferungen*, in *ibid.*, 93-137, S. 131-134.

42. Ich danke den Kollegen, die mit ihrem Widerspruch beim Colloquium Biblicum zum vertieften Nachdenken über die Sache beigetragen haben. Den im Vortragstitel noch uneingeschränkt verwendeten Terminus habe ich im Titel dieses Aufsatzes nun in Anfüh-rungszeichen gesetzt, um seine Problematik zu markieren.

43. Was damit für den *Anspruch* dieser Texte folgt, muss dann im Detail analysiert werden: Ob sich diese Texte mit den entsprechenden Darstellungsmitteln dezidiert *neben* oder sogar *über* kanonische Texte stellen wollen oder ob sie sich eher als eine erbauliche Ergänzung zu diesen stilisieren, kann kaum einheitlich beantwortet werden. Ganz abgese-hen davon ist es etwas anderes, ob dieser Anspruch dann von einzelnen Gruppen oder gar einem größeren Konsens akzeptiert wird (also noch eine ‚Kanonisierung' nach sich zieht) oder gerade umgekehrt als anmaßend und verfälschend empfunden wird und zu einer Zurückweisung führt. Zwischen dem literarisch präsentierten Anspruch von Texten und dem Rezeptionsphänomen Kanon ist prinzipiell zu unterscheiden.

Der Frage nach der Entstehung von später als apokryph zu bezeich-
nenden Evangelien lässt sich jedenfalls nicht einfach die Tatsache entge-
genhalten, dass Kanonisierungsprozesse Rezeptionsphänomene sind, die
der Entstehung der entsprechenden Schriften nachgängig sind. Natürlich
wollte der Autor des EvPetr kein ‚Apokryphon' verfassen – eine solche
Kategorie war zu seiner Zeit noch unbekannt –, und dass er seine Schrift
als ‚kanonisch' hätte etablieren wollen, wäre eine gleichfalls anachronis-
tische Vorstellung. Er konstruierte seine Jesuserzählung aber offenbar als
eine neue Version *neben* schon vorhandenen Erzählungen, denen bereits
eine gewisse Bekanntheit und Autorität zukam.

Auch ist die Rede von ‚Apokryphen' selbst problembeladen und relativ unpräzise – zumal in seiner Anwendung auf früh*christliche* Schriften[44]. Diese etablierte sich in der Forschung *per analogiam* aus der
Applikation auf die alttestamentlichen ‚deuterokanonischen' Schriften,
die der Wittenberger Reformator Karlstadt in seiner Schrift *De canonicis
scripturis libellus* von 1520 als *apocrypha* verwarf, woraufhin diese dann
in Luthers Bibelübersetzung ebenfalls unter diesem Titel erschienen.
Der in der Forschung etablierte Doppelbegriff „Apokryphen und Pseudepigraphen"[45] kombiniert dann in inkonsequenter Weise einen kanon-
theologischen Terminus mit einem zweiten, der ein literarisches Phänomen, die ‚fälschliche' Zuschreibung an einen Autor, beschreibt[46]. Beide
Termini sind zuletzt v.a. unter dem Einfluss der Textfunde von Qumran
problematisiert worden, denn dort fanden sich einerseits hebräische und

44. S. die Forschungsüberblicke von C. MARKSCHIES, *„Neutestamentliche Apokryphen": Bemerkungen zu Geschichte und Zukunft einer von Edgar Hennecke im Jahr 1904
begründeten Quellensammlung*, in *Apocrypha* 9 (1998) 97-132; S.C. MIMOUNI, *Le concept
d'apocryphité dans le christianisme ancien et médiéval: Réflexions en guise d'introduction*, in ID. (Hg.), *Apocryphité: Histoire d'un concept transversal aux religions du Livre.
En hommage à Pierre Géoltrain* (Bibliothèque de l'École des Hautes Études. Sciences
Religieuses, 113), Turnhout, Brepols, 2002, 1-21, sowie T. NICKLAS, *Semiotik – Intertex-
tualität – Apokryphität: Eine Annäherung an den Begriff ‚christlicher Apokryphen'*, in
Apocrypha 17 (2006) 55-78.
45. So in den klassischen Ausgaben von E. KAUTZSCH (Hg.), *Die Apokryphen und
Pseudepigraphen des Alten Testaments* (2 Bde.), Tübingen, 1900, und R.H. CHARLES
(Hg.), *The Apocrypha and Pseudepigrapha of the Old Testament*, Oxford, Clarendon,
1913.
46. Auch dieser Begriff ist problematisch. Der Terminus begegnet im Sinne von
‚Fälschung' erstmals in der von Euseb zitierten Schrift Serapions über das EvPetr (s. o.),
in der neuzeitlichen Forschung bezeichnet er konventionell, aber nicht immer konsequent,
die nicht in die LXX übernommenen, z.T. griechisch und lateinisch, aber auch in anderen
orientalischen Sprachen überlieferten Schriften, ungeachtet der Frage, ob es sich dabei
literarisch um Pseudepigrapha (wie bei 4 Esra, 2 Baruch etc.) oder nicht (wie bei Sir)
handelt. S. zum Phänomen der Pseudepigraphie umfassend: J. FREY, *et al.* (Hgg.),
Pseudepigraphie und Verfasserfiktion in frühchristlichen Briefen (WUNT, 246), Tübingen,
Mohr Siebeck, 2009.

aramäische Vorlagen für bislang nur griechisch überlieferte (und daher von den Reformatoren als ‚Apokryphen' zurückgesetzte) Schriften wie z.B. Jesus Sirach oder Tobit sowie für ‚Pseudepigraphen' wie das Henochbuch oder das Jubiläenbuch, andererseits auch Fragmente bisher unbekannter Nacherzählungen biblischer Geschichten (wie das ‚Genesis-Apokryphon') und Fortschreibungen prophetischer Traditionen (wie Ps.-Jeremia- und Ps.-Ezechiel-Texte).

Der Blick auf die Forschung an antik-jüdischen Texten dürfte terminologisch und auch sachlich zur Beschreibung der Phänomene der frühchristlichen Literatur hilfreich sein, und einige Einsichten, die an antikjüdischen Texten gewonnen wurden, könnten auch für die Diskussion der frühchristlichen Apokryphen weiterführen.

2. *Parabiblische Texte und „Rewritten Bible"*

In der Forschung an nachbiblisch-frühjüdischen Texten hat sich nach und nach der Terminus ‚*parabiblische*' Texte durchgesetzt. Dessen Definition ist relativ schlicht: Ein Text ist dann ‚parabiblisch', wenn er sich in Stoff und Stil (oder gar in seiner Autorfiktion) an die Schriften der hebräischen Bibel anlehnt[47]. Von einer solchen Anlehnung kann auch gesprochen werden, wenn es zur Zeit der Entstehung dieser Schriften einen ‚Kanon' oder gar eine (hebräische) ‚Bibel' noch nicht gab[48], da zumindest einzelne Traditionen (der Pentateuch) und Schriften (wie die Prophetenbücher) schon soweit abgeschlossen waren, dass man sie nicht mehr substantiell veränderte oder ergänzte, sondern mit der Produktion neuer Schriften neben diesen vorliegenden und z.T. schon autoritativen, später kanonisch gewordenen Schriften begann. Der Rückbezug einer solchen ‚sekundären' Para-Literatur auf eine vorausgesetzte ‚primäre' Literatur ist auch dann gegeben, wenn die parabiblischen Schriften in ihrer literarischen Gestalt, ihren Autorisierungskonzepten oder ihrem Inhalt eine Überbietung oder Bestreitung der Gültigkeit der zugrunde liegenden Texte intendieren oder implizieren[49]. Trotz dieser ggf. überbie-

---

47. E. Tov in H. Attridge, *et al.*, in consultation with J. VanderKam (Hgg.), *Qumran Cave 4.VIII: Parabiblical Texts Part 1* (DJD, 13), Oxford, Clarendon, 1994, S. ix: „closely related to texts or themes of the Hebrew Bible".

48. S. zum Problem J. Frey, *Qumran und der biblische Kanon*, in M. Becker – J. Frey (Hgg.), *Qumran und der biblische Kanon: Eine thematische Einführung* (BTS, 92), Neukirchen-Vluyn, Neukirchener Verlag, 2009, 1-63.

49. Bei der Tempelrolle mit ihrer das Deuteronomium noch einmal überbietenden Ich-Rede Gottes oder beim Jubiläenbuch mit seiner durch Verweis auf die ‚Himmlischen Tafeln' autorisierten, von der Tora abweichenden Festchronologie und Zeitordnung ist dies deutlich.

tenden, auf eine Alternative oder eine Neuinterpretation zielenden Intention muss man für die Entstehung dieser ‚Para-Literatur' sagen, dass diese nur auf dem Hintergrund der Existenz anderer, ihnen zugrunde liegender Texte verständlich wird.

Die ‚Definition' *parabiblischer* Texte durch den engen Bezug auf Texte und Themen der (hebräischen) Bibel ist nicht weit von dem entfernt, was in der Forschung oft als Definition zur Abgrenzung der Sammlung ‚neutestamentliche Apokryphen' verwendet wurde: ein enger Bezug auf Autoren, literarische Formen und Stoffe der neutestamentlichen Texte[50]. Die Rede von ‚parabiblischen Schriften' bringt vielleicht noch besser zum Ausdruck, was oft mit dem Begriff ‚Apokryphen' gemeint ist: dass sich bestimmte Schriften in Bezug auf einen schon bestehenden Kreis von bekannten, autoritativen und evtl. später ‚kanonischen' Schriften herausbilden und in ihrer literarischen Gestalt auf diese bezogen sind[51].

Eng mit der Kategorie der ‚parabiblical texts' verbunden ist ein anderer, in der Forschung an der frühjüdischen Literatur der Zeit des Zweiten Tempels mittlerweile etablierter Terminus: *„Rewritten Bible"*[52]. Auch dieser Terminus ist insofern anachronistisch, als er von ‚Bibel' als einer Größe spricht, die es zur Zeit der Entstehung eines Großteils der fraglichen Werke noch nicht gab. Gleichwohl kommt im Aspekt des ‚Nachschreibens' oder ‚Neuschreibens' v.a. der erzählerischen Überlieferungen ein Gesichtspunkt zur Sprache, der viele Texte aus der Literaturproduktion des Judentums der hellenistisch-römischen Zeit charakterisiert und einen wesentlichen Rückbezug auf eine bereits vorliegende, zwar noch nicht ‚biblische', aber doch ‚biblisch werdende' Literatur bezeichnet.

---

50. S. die Diskussion der unterschiedlichen Definitionen in den verschiedenen Auflagen des Hennecke'schen Handbuchs bei MARKSCHIES, *„Neutestamentliche Apokryphen"* (Anm. 44), S. 97-132.

51. S. dazu D.K. FALK, *Parabiblical Texts: Strategies for Extending the Scriptures among the Dead Sea Scrolls* (Library of Second Temple Studies), London, T&T Clark, 2007.

52. Zu diesen werden v.a. die erzählerischen ‚parabiblischen' Texte gerechnet: das Jubiläenbuch, das Genesis-Apokryphon (1QapGen^ar), das pseudo-philonische Liber antiquitatum biblicarum (LAB) und die Antiquitates Judaicae des Josephus, evtl. kommen andere Texte hinzu, die biblische Erzählungen neu schreiben mit zahlreichen Ergänzungen, Ausdeutungen, exegetischen Problemlösungen etc. Zur *Definition* s. G. VERMES, *Scripture and Tradition in Judaism* (Studia Post-biblica, 4), Leiden, Brill, 1961, S. 67-126; neuerdings Ph.S. ALEXANDER, *Retelling the Old Testament*, in D.A. CARSON – H.G.E. WILLIAMSON (Hgg.), *It Is Written: Scripture Citing Scripture. Essays in Honour of Barnabas Lindars*, Cambridge, Cambridge University Press, 1988, 99-121; E. KOSKENNIEMI – P. LUNDQVIST, *Rewritten Bible, Rewritten Stories: Methodological Aspects*, in A. LAATO – J. VAN RUITEN (Hgg.), *Rewritten Bible Reconsidered: Proceedings of the Conference in Karkku, Finland, August 24-26, 2006* (Studies in Rewritten Bible, 1), Winona Lake, IN, Eisenbrauns, 2006, 11-39.

3. Das Petrusevangelium als „Rewritten Gospel" und die ‚Apokryphisierung'

Vor kurzem hat nun Timothy Henderson in seiner Dissertation die Kategorie der ‚rewritten Bible texts' als Analogie für die Interpretation des Petrusevangeliums aufgenommen und dieses als ein „Rewritten Gospel" charakterisiert[53]. Auch wenn im Gebrauch dieser Kategorie noch manches präzisiert werden könnte, zeigt sich in dieser Perspektive, dass die Formen der Rezeption und Weiterführung der biblischen Erzählungen in den „Rewritten Bible"-Texten in ähnlicher Weise auch im Petrusevangelium vorliegen, in der Art und Weise nämlich, in der dieses die Stoffe der älteren Evangelienüberlieferung aufnimmt und weiterführt[54]. Henderson folgert aus seinen Analysen eine spezifische apologetische Intention des Petrusevangeliums. Diese Erklärung ist hier nicht zu erörtern und wird sicher noch weiterer Diskussion bedürfen. Instruktiv aber sind die Beobachtungen Hendersons zur Technik der Nach- und Neuschrift der evangelischen Erzählung in den erhaltenen Passagen des Petrusevangeliums. Ich möchte diese im Folgenden aufnehmen und mit anderen Beobachtungen zu Tendenzen und Entwicklungen der frühchristlichen Evangelienüberlieferung verbinden. So lässt sich das Petrusevangelium in eine Reihe von Tendenzen der Evangelienüberlieferung einordnen. Dadurch wird die ‚Sekundarität' dieses Werks verstehbar, auch ohne dass ein strenger Erweis literarischer Beziehungen zu den kanonischen Evangelien geführt werden muss. Diese Tendenzen, an denen sich ‚Sekundarität' erweist, möchte ich versuchsweise unter dem Terminus der ‚Apokryphisierung' zusammenfassen.

Ich werde im Folgenden in unterschiedlicher Breite auf eine Reihe von Aspekten eingehen:

- die „*Autorisierung*" durch die Autorfiktion und andere mögliche Mittel der Steigerung der Autorisierung,
- wozu auch die *‚objektivierende' Darstellung der Auferstehung Jesu* zu zählen ist.
- die Tendenz im Umgang mit *Juden* und *Römern* sowie mit den *Frauen* als Zeuginnen
- Aspekte der Ausgestaltung der *Christologie,* insbesondere die Frage des Doketismus
- die nachlassende Vertrautheit mit *palästinischen und jüdischen Gegebenheiten*
- weitere erzählerische *Ausschmückungen und Ausmalungen*

---

53. HENDERSON, *The Gospel of Peter* (Anm. 26), S. 32-43.
54. *Ibid.*, S. 35ff.

IV. Aspekte der ‚Apokryphisierung':
Die Darstellung des Petrusevangeliums
im Kontext der ‚Tendenzen' der Evangelienüberlieferung

1. *Der Ich-Bericht und die Autorisierung durch einen Augenzeugen*

Ein erster Aspekt der ‚Apokryphisierung' oder auch der Sekundarität lässt sich der Autorfiktion des Petrusevangeliums entnehmen. Dass der Text nicht tatsächlich von Petrus verfasst sein kann, ist klar; er fügt sich vielmehr ein in eine größere Zahl petrinischer Pseudepigrapha, die offenbar im bzw. ab dem 2. Jh. entstehen konnten[55], während aus der früheren Zeit, dem ausgehenden 1. Jh., allein der kanonische erste Petrusbrief mit einer relativ zurückhaltenden Autorfiktion vorliegt. Im Vergleich dazu bietet der noch in den Kanon aufgenommene zweite Petrusbrief mit seiner viel massiveren Betonung der Augenzeugenschaft und Autorität des fiktiven ‚Verfassers' schon eine sehr viel kühnere Autorfiktion[56]. Es ist ein theologiegeschichtlich interessantes Phänomen, dass Petrus als ‚Autor' wesentlich später in Erscheinung getreten ist als etwa Paulus, dann aber relativ intensiv und mit einer großen Breite von Textgattungen in Anspruch genommen wurde.

An den beiden kanonischen Petrusbriefen lässt sich zugleich erkennen, dass die gesteigerte Beanspruchung der Autorität dieses apostolischen Augenzeugen auch etwas mit der wahrgenommenen zeitlichen Distanz vom ‚Urgeschehen' zu tun hat und von den massiven Begründungsproblemen zeugt, die der Autor für seine Ketzerpolemik und seine Apologie der frühchristlichen Eschatologie[57] verspürt. Analoge Tendenzen der

---

55. S. zu den Petrus-Apokryphen K.M. Schmidt, *Mahnung und Erinnerung im Maskenspiel: Epistolographie, Rhetorik und Narrativik der pseudepigraphen Petrusbriefe* (HBS, 38), Freiburg i. Br., Herder, 2003, S. 410-418; weiter K. Berger, *Unfehlbare Offenbarung: Petrus in der gnostischen und apokalyptischen Offenbarungsliteratur*, in P.-G. Müller – W. Stenger (Hgg.), *Kontinuität und Einheit*. FS Franz Mußner, Freiburg i. Br., Herder, 1981, 261-326; P. Lapham, *Peter: The Myth, the Man and the Writings. A Study of Early Petrine Texts and Tradition* (JSNT SS, 237), Sheffield, Sheffield Academic Press, 2003.

56. Vgl. dazu Schmidt, *Mahnung und Erinnerung* (Anm. 55); Id., *Die Stimme des Apostels erheben: Pragmatische Leistungen der Autorfiktion in den Petrusbriefen*, in J. Frey, et al. (Hgg.), *Pseudepigraphie und Verfasserfiktion in frühchristlichen Briefen* (WUNT, 246), Tübingen, Mohr Siebeck, 2009, 625-644; L. Doering, *Apostle, Co-Elder and Witness of Suffering. Author Construction and Peter Image in First Peter*, in ibid., 645-681; J. Frey, *Autorfiktion und Gegnerbild im Judasbrief und im zweiten Petrusbrief*, in ibid., 683-732 (bes. S. 705-709).

57. Vgl. den Titel von E. Käsemann, *Eine Apologie der urchristlichen Eschatologie*, in *ZTK* 49 (1952) 272-296 (wieder abgedruckt in Id., *Exegetische Versuche und Besinnungen I*, Göttingen, Vandenhoeck & Ruprecht, [3]1964, 135-157). Zur Eschatologie des

Steigerung der Autorisierung durch Inanspruchnahme eines apostolischen Augenzeugen oder gar des Kollektivs der (zwölf) Apostel lassen sich auch in der Evangelienüberlieferung feststellen. Dies äußert sich sowohl in den (zumindest teilweise sekundären) *inscriptiones* als auch in der narrativen Gestaltung der jeweiligen Zeugen- bzw. Autorenrolle. Während die beiden ältesten Evangelien (Mk und Lk) Apostelschülern zugeschrieben werden, steigert sich dies bei Matthäus und Johannes zu einer apostolischen Zuschreibung, wobei ‚Matthäus' im Mt erst in den Zwölferkreis hineingeschoben wird[58] und die apostolische Zuschreibung an ‚Johannes' im Joh möglicherweise auch aus einer subtilen Überblendung zwischen einem in Kleinasien wirksamen Traditionsträger namens Johannes und dem Apostel zustande kam[59]. Evangelientexte des 2. Jh.s können dann ohne Hemmungen Autoren aus dem Zwölferkreis wie Thomas, Philippus, Johannes (ApocrJoh), Judas (EvJud) oder Matthäus (so z.B. im EvEb), oder andere Figuren aus Frühzeit wie Maria Magdalena (EvMaria) oder Jakobus (ProtevJak) in Anspruch nehmen, zunehmend dann auch ein Kollektiv der Apostel, die zwölf Apostel (vgl. auch EvEb) oder dergleichen. Eine Schrift mit dem Titel ‚Evangelium nach Petrus'[60] würde in die Reihe der anderen sich ‚apostolisch' gebenden Werke und damit in die Literaturproduktion des zweiten Jahrhunderts passen.

Auch hinsichtlich der narrativen Ausgestaltung der Autorschaft gibt es eine Tendenz zur Steigerung innerhalb der Evangelienüberlieferung. Das Mk ist völlig anonym gestaltet, das Mt behält im Grunde diese Anonymität bei, und nur die *inscriptio* erlaubt einen Bezug auf den nun anstelle von Levi genannten Matthäus. Im Lk meldet sich zwar der Autor zu Wort, aber doch gerade nicht als Augenzeuge der erzählten Begebenheiten und nur als ein Autor der ‚zweiten Generation'. Erst das vierte Evangelium – als jüngstes der kanonischen Evangelien – bietet mit dem Lieblingsjünger einen (zumindest partiellen) Augenzeugen als Gewährsmann (Joh 21,24) auf, und die Identifikation mit einem Jünger aus dem Zwölferkreis wird durch Joh 1,39f. höchstens suggeriert, aber nicht explizit vorgenommen. Demgegenüber ist es eine deutliche Steigerung, wenn nun

---

2 Petr s. jetzt J. FREY, *Judgment on the Ungodly and the* Parousia *of Christ: Eschatology in Jude and 2 Peter*, in J.G. VAN DER WATT (Hg.), *Eschatology in the New Testament and Some Related Documents* (WUNT, II/315), Tübingen, Mohr Siebeck, 2011, 493-513.

58. Vgl. Mt 9,9; 10,3. Matthäus ist im Mk und Lk nicht erwähnt und tritt nun im Zwölferkreis hier an die Stelle von Levi.

59. Zu den Problemen der ‚johanneischen Frage' s. umfassend M. HENGEL, *Die johanneische Frage: Ein Lösungsversuch mit einem Beitrag zur Apokalypse von Jörg Frey* (WUNT, 67), Tübingen, Mohr Siebeck, 1993.

60. Der Titel ist natürlich nicht im Akhmim-Fragment belegt, sondern erst bei Origenes.

explizit ein Jünger aus dem Zwölferkreis als Ich-Erzähler in Erscheinung tritt, der so für die ganze Wirksamkeit Jesu als Augenzeuge fungieren kann.

Das Problem, dass Petrus in dieser Konstruktion sowohl narrative Figur als auch (impliziter und fiktiver) Autor der Erzählung ist, wird allerdings nur selten reflektiert[61], und scheint auch vom Autor nicht konsequent bedacht worden zu sein. Das EvPetr kümmert sich wenig darum zu erklären, wie die Szenen, bei denen Petrus nicht zugegen ist, ihm zur Kenntnis gekommen sein können und wie Petrus und die Jünger, wenn sie aus Furcht vor den Juden eingeschlossen sind, die Geschehnisse ‚draußen' erfahren haben sollten. Die Perspektive der Figur, die trauert (V. 27.59) und bis zum Ende des Erzählfragments (V. 58-60), als die Jünger aus Jerusalem weggehen, noch nicht von der Auferstehung weiß, und die Perspektive des ‚allwissenden' Erzählers, der selbst um das Innere der handelnden Figuren weiß und letztlich eine ‚nachösterliche' Perspektive repräsentiert, sind in einer nicht weiter geklärten Weise zusammengefügt. Von einer expliziten Reflexion der erzählerisch eingenommenen Perspektive, wie sie etwa das vierte Evangelium (Joh 2,21f.; 12,16 etc.) bietet, ist im EvPetr – jedenfalls in den überlieferten Textstücken – nichts zu sehen.

Freilich ist die Petrusgestalt im erhaltenen Fragment nicht besonders elaboriert, geschweige denn gegenüber anderen Gestalten polemisch abgegrenzt. Petrus tritt als Ich nur zweimal in Erscheinung, zunächst in EvPetr 26 und dann wieder – mit appositioneller Namensnennung – im Bericht über die Rückkehr der Jünger ans (galiläische) Meer (EvPetr 60), wobei er jeweils mit den Jüngern zusammen genannt und nicht über sie hinausgehoben wird[62]. Seine Nennung an der Spitze einer Aufzählung von Jüngern deckt sich mit den synoptischen Jüngerlisten. Petrus wird nicht gegen die kanonischen Überlieferungen zum Zeugen der Kreuzigung und Auferweckung gemacht, er ist vielmehr ganz in Übereinstimmung mit den kanonischen Evangelien kein direkter Zeuge des Prozesses, der Kreuzigung, der Auferweckung und der Erscheinung vor den Frauen – und man mag annehmen, dass der Autor sich in dieser Beschränkung durch die ältere Evangelientradition gebunden wusste und diese nicht völlig ‚umschreiben' konnte. Selbst die Tradition vom Besuch des Petrus am Grab Jesu (Lk 24,12.24; Joh 20,3-11) ist hier

---

61. S. jedoch T. NICKLAS, *Erzähler und Charakter zugleich: Zur literarischen Funktion des „Petrus" in dem nach ihm benannten Evangelienfragment*, in *VigChr* 55 (2001) 318-326.

62. Anders z.B. die spezifische Auszeichnung des Thomas im EvThom, auch des Judas im EvJud etc.

offenbar übergangen, ohne dass ein spezifischer Grund dafür erkennbar wäre; und darüber, ob die Fortsetzung des Fragments eine Erscheinung Jesu vor allen Jüngern in Galiläa erzählte (vgl. Joh 21,1-14) oder ob es auch die in der älteren Tradition (1 Kor 15,5; Lk 24,34) überlieferte Protophanie vor Petrus enthielt, bleibt unsicher. Grundsätzlich ist Petrus im erhaltenen Fragment also nicht stärker hervorgehoben als in den entsprechenden Passagen der kanonischen Evangelien; zusätzliche Informationen über seine Person werden nicht gegeben[63]. Wir wissen freilich nicht, wie dicht die Autorfiktion in den übrigen Teilen des Werkes ausgeführt war, geschweige denn, wie der implizite Erzähler bzw. Autor zu Beginn des Werks eingeführt wurde, aber insgesamt lässt sich vermuten, dass die Inanspruchnahme der Petrusgestalt eher ‚locker' war und daher auch kaum auf ein besonderes ‚legitimatorisches' Interesse zurückgeht – in einem solchen Fall wäre sie sicher stärker in Anspruch genommen worden, wie z.B. im Zweiten Petrusbrief.

Die durch die Wahl der Petrusgestalt mögliche Steigerung an ‚Autorisierung' gegenüber den kanonischen Evangelien wird somit auffällig wenig ‚genutzt' und nicht polemisch gegen andere Autoritäten, Jünger oder gar Schriften gestellt. Man könnte vermuten, dass diese Wahl dadurch begünstigt war, dass Petrus schon als Autor anderer Werke und literarisch als Augenzeuge z.B. der Verklärung Jesu (2 Petr 1,16-18) bereits eingeführt war[64], doch lässt der erhaltene Text (anders als z.B. 2 Petr 3,1) keine Spuren einer Bezugnahme auf einen ‚literarischen' Petrus erkennen. Die hier praktizierte Aufnahme der Petrusgestalt als eines Erzählers aus der Welt der erzählten Handlung erscheint mehr ‚volkstümlich' als literarisch reflektiert. Es handelt sich eher um ein ‚unreflektiertes' Interesse an der Gestalt des Petrus[65].

2. Die ‚objektivierte' Darstellung der Auferstehung Jesu

Ein zweites Element, das sich vielleicht stärker im Sinne der ‚Autorisierung' des Werks bzw. seiner Botschaft deuten lässt, ist die spezifische Darstellung der Auferweckung bzw. Auferstehung Jesu. Diese wird im Petrusevangelium erstmals direkt erzählerisch ‚vor Augen geführt' und durch Augenzeugen – Juden und Römer – beglaubigt. Hier ist ein autorisierendes und v.a. apologetisches Interesse eher erkennbar und die Differenz zu den kanonisch gewordenen Überlieferungen besonders

---

63. S. dazu VERHEYDEN, *Purpose* (Anm. 28), S. 284f.
64. *Ibid.*, S. 283f.
65. *Ibid.*, S. 286.

deutlich. Ich skizziere im Folgenden die diversen Aspekte der Umarbeitung und versuche sie in die Tendenzen der Evangelienüberlieferung einzuordnen.

Die ältesten neutestamentlichen Zeugnisse der Auferweckung Jesu sind bekanntlich nicht narrativer Art, sondern formelhafte Bekenntnisse, die auf der Basis des traditionellen jüdischen Bekenntnisses zu dem Gott, „der die Toten auferweckt" (Röm 4,17; 2 Kor 1,9; vgl. die 2. Benediktion des 18-Bitten-Gebets) nun im konkreten Bezug auf das Geschehen um den gekreuzigten Jesus von dem Gott, „der Jesus von den Toten auferweckt hat" (Röm 4,24; 10,9) sprechen. Andere Bekenntnisformeln thematisieren das Geschehen der Auferweckung des Gekreuzigten „zu unserer Gerechtmachung" (Röm 4,25) bzw. „am dritten Tage" (1 Kor 15,3-5), z.T. verbunden mit dem Hinweis auf sein ‚Erscheinen' (1 Kor 15,5). Eine narrative Entfaltung liegt in den kanonisch gewordenen Texten zuerst für die ‚Entdeckung' des (leeren) Grabes und die Nichtauffindung des Leichnams vor (Mk 16,1-8)[66] und dann – in einer zweiten Stufe – für Erzählungen vom Sichtbarwerden bzw. Erscheinen des Auferweckten Jesu bei einzelnen seiner ehemaligen Anhänger oder im Jüngerkreis. Auch diese Erzählungen lassen noch erkennen, dass das Widerfahrnis der Begegnung mit dem Auferweckten bzw. das Geschehen überhaupt für die ersten Rezipienten zunächst eher beängstigend als tröstlich war und dass es auf dem Hintergrund ihres religiösen Vorwissens erst einmal unverständlich war und Irritationen hervorrief (Lk 24,37; Joh 20,15), die dann erst in einem zweiten Schritt, durch die Identifikation des Erscheinenden mit dem Gekreuzigten bzw. die Selbstoffenbarung des Auferstandenen, beseitigt werden.

Das einzige Evangelium, das das Geschehen der Auferweckung erzählerisch berührt (allerdings nicht mehr als das), ist Matthäus, wo von einem Erdbeben und vom Herabkommen des Engels des Herrn sowie dem Wegwälzen des Steines die Rede ist – ohne dass dies irgendwie mit dem Herauskommen Christi aus dem Grab bzw. dem ‚Verschwinden' seines Leichnams in Verbindung gebracht würde. Der Engel wälzt den Stein weg – aber nicht damit der Auferstandene ‚entkommen' kann, sondern lediglich, um sich als Zeichen darauf zu setzen (Mt 28,2). Der Engel dient somit allein der Verkündigung, und das Erdbeben symbolisiert in apokalyptischer Manier die Erschütterung der Welt und kann nicht in

---

66. Markus stellt insofern schon klar fest, Jesu Leichnam nicht (mehr) im Grab war, als die Frauen dieses besuchen Mk 16,4-6); der Autor scheint auch von Erscheinungen zu wissen (Mk 14,28; 16,7), doch fügt er sie seinem Evangelium nicht ein. Sie werden dann später, einerseits von Mt und Lk, andererseits vom Autor des sekundären Schlusses Mk 16,9-20, ergänzt.

pseudo-rationalistischer Weise für das Öffnen des Grabes als Erklärung herangezogen werden.

Insgesamt zeigen die kanonischen Berichte in den drei ‚Stufen' der Osterzeugnisse, den Auferstehungs-Formeln, den Berichten von der Entdeckung des leeren Grabes und den Erscheinungsberichten, eine große Zurückhaltung gegenüber dem ‚eigentlichen' Geschehen der Auferweckung bzw. Auferstehung, die sich nach keinem dieser Berichte vor den Augen von irgendwelchen Zeugen ereignet und die nicht eigens Gegenstand der Erzählung, sondern nur der nachträglichen Entdeckung und Deutung und dann des Bekenntnisses ist.

Dass diese ‚Keuschheit' gegenüber dem Geschehen selbst bzw. die Konzentration auf seine Konsequenzen nicht auf die kanonisch gewordenen Texte beschränkt ist, legen auch andere apokryphe Traditionen nahe. Dies betrifft nicht nur das Thomasevangelium, das die Auferweckung überhaupt nicht eigens reflektiert (und schon gar nicht erzählerisch rezipiert)[67], sondern auch das Fragment aus dem Hebräerevangelium, in dem die Protophanie des Auferstandenen gemäß judenchristlicher Tendenz dem Herrenbruder Jakobus, „dem Gerechten", zugeschrieben wird[68], mit dem Jesus das Mahl feiert und ihn so der Auferstehung vergewissert. Auch in diesem Fragment wird die Auferstehung selbst nicht erzählt. Allerdings setzt die Aussage, mit der das Fragment beginnt, doch einen Erzählzusammenhang voraus, der trotz signifikanter Unterschiede[69] in der Tendenz dem EvPetr entgegenkommt: "Als aber der Herr das Leintuch dem Knecht des Priesters gegeben hatte, ging er zu Jakobus und

---

67. Dies mag mit der Gattung der Worte Jesu (des ‚Lebendigen' s. EvThom 1) zusammenhängen, hat aber auch theologische Gründe, wie ja auch der Tod Jesu im EvThom nur in spezifischer ‚Umdeutung' thematisiert wird, s. dazu E.E. POPKES, *Die Umdeutung des Todes Jesu im koptischen Thomasevangelium*, in J. FREY – J. SCHRÖTER (Hgg.), *Deutungen des Todes Jesu im Neuen Testament* (WUNT, 181), Tübingen, Mohr Siebeck, 2005, 513-543.

68. EvHebr frg. 5, bei Hier., *Vir. Ill.* II (SQS 11, 8 BERNOULLI). Dazu J. FREY, *Fragmente judenchristlicher Evangelienüberlieferungen*, in C. MARKSCHIES – J. SCHRÖTER, in Verbindung mit A. HEISER (Hgg.), *Antike Christliche Apokryphen in deutscher Übersetzung: I: Evangelien*, Tübingen, Mohr Siebeck, 2012, 560-660, 604. Text nach *ibid.*: „Als aber der Herr das Leintuch dem Knecht des Priesters gegeben hatte, ging er zu Jakobus und erschien ihm. Jakobus hatte nämlich geschworen, er werde kein Brot mehr essen von der Stunde an, in der er den Kelch des Herrn getrunken hatte, bis er ihn von den Entschlafenen auferstehen sehe. Und kurz darauf sagte der Herr: Bringt einen Tisch und Brot!". Und sogleich wird hinzugefügt: „Er nahm das Brot und dankte und brach es und gab es Jakobus dem Gerechten und sprach zu ihm: ‚Mein Bruder, iss dein Brot, denn der Menschensohn ist von den Schlafenden auferstanden'".

69. Auffällig ist hier die aktive Rolle Jesu, der die Leichentücher zurückgibt – analog zu der Darstellung in Joh 20,7-8, wo diese sorgfältig zusammengelegt im Grab sind. Hingegen ist Jesus im EvPetr ganz passiv.

erschien ihm…". Der „Knecht des (Hohen)Priesters" ist hier wohl der erste, dem der Auferstandene begegnet, vielleicht fungierte er sogar (als Grabwächter?) als direkter Zeuge der Auferstehung. Er ist keiner der später Glaubenden, und dem Herrenbruder Jakobus kommt natürlich die Ehre der eigentlichen Protophanie zu. Doch gibt es daneben einen ‚neutralen' oder ‚offiziellen' Zeugen der Auferstehung, der den Auferstandenen zuerst gesehen haben muss. Außerdem scheint auch hier (wie im EvPetr) die jüdische Seite bzw. die Tempelaristokratie für das Begräbnis und damit vielleicht auch für den Tod Jesu stärker verantwortlich zu sein. Auch diese verstärkte Beschuldigung der jüdischen Seite (die mit der judenchristlichen Tempelkritik zu verbinden ist[70]), geht in Richtung der Tendenz des EvPetr.

Der Auferstehungsbericht des EvPetr muss jedoch als kühne Umgestaltung der älteren Überlieferungen verstanden werden, der in bislang nicht gekannter Weise die *Objektivität* der Auferstehung herausstellt. Jesu Auferstehung ist hier – soweit wir wissen – zum ersten Mal erzählerisch direkt vor Augen geführt, und die Zeugen des Geschehens sind nicht die Parteigänger Jesu, sondern die ‚neutralen' oder gar feindlich gesinnten Wachen aus Römern und Juden (EvPetr 31). Was hier berichtet wird, hat insofern keine direkten Parallelen in den kanonischen Evangelien.

Während diese die Auferweckung Jesu in der Verbindung von leerem Grab, Verkündigung (z.B. des Engels) und Erscheinungen zur Darstellung bringen, aber eine direkte Schilderung der Auferstehung selbst vermeiden und Fragen zu ihrem Hergang (bewusst!) unbeantwortet lassen, beschreibt das EvPetr dieses Geschehen detailliert und benennt Zeugen, denen keine positive ‚Befangenheit' vorgehalten werden kann. Und während die Deutung des Geschehens in den kanonischen Evangelien erst im Nachhinein durch die Verkündigung des Engels und die Selbstoffenbarung Jesu vor den Osterzeugen erfolgt, ist die imposante Darstellung der Auferstehung im EvPetr selbsterklärend, hingegen führt die anschließende Szene mit den Frauen am Grab bei diesen nicht zur Erkenntnis, vielmehr fliehen diese in Furcht (vgl. Mk 16,8), trotz der Verkündigung des Engels.

Besonderes Gewicht liegt auf der Wahrnehmung der jüdischen (Älteste und Schriftgelehrte) und römischen (Hauptmann und Soldaten) Zeugen, die zugleich erzählerisch sorgfältig vorbereitet ist: Zunächst erhält der Hauptmann (anders als der bei Markus unter dem Kreuz stehende Centurio) einen Namen, dann wird die Zusammensetzung der Grabwache

---

70. Vgl. EvEb frg. 6 (bei Epiphanius, *Pan.* 30,16,4-5); auch Epiphanius, *Pan.* 30,16,7; Ps-Clem Rec. I 39,1 und Hom. III 52,1.

aus Römern und Juden beschrieben[71] und die Versiegelung des Grabes durch „alle" (V. 32) in einer gemeinschaftlichen Aktion mit einem gro-ßen Stein und „sieben Siegeln" (V. 33) festgestellt. Schließlich wird auch diese sichere Verwahrung noch durch eine Volksmenge inspiziert (V. 34). All diese Elemente sind in ihrer Tendenz als Steigerung bzw. erzählerische Ausgestaltung der matthäischen Grabwächtererzählung verständlich, mit der spezifischen Tendenz, die Verwahrung des Begra-benen möglichst gesichert erscheinen zu lassen[72]. Insbesondere erfolgt das Vorrollen des Steines im EvPetr nicht als Abschluss der Grablegung (so Mk 15,46; Mt 27,60), sondern erst später, wenn die Wachen vor dem Grab eingetroffen sind. Damit erhält der Stein dezidiert die neue Funk-tion, wie die Wächter selbst das Grab vor dem Diebstahl zu sichern.

Auf diesem Hintergrund kann die Auferstehung nun umso wunderhaf-ter ‚aufleuchten': Eine laute Stimme erschallt im Himmel (V. 35), die Himmel öffnen sich (V. 36), zwei Männer im Lichtglanz steigen von dort herab (V. 37), der Stein weicht von selbst und das Grab öffnet sich (V. 37), die beiden Männer treten ein (V. 37), drei Männer kommen heraus, wobei zwei den einen stützen, ihr Haupt bis zum Himmel reicht, der von ihnen Geführte aber diese überragt (V. 39f.), das Kreuz folgt dem dritten und antwortet auf die Frage ‚Hast du den Entschlafenen gepre-digt?' selbst mit ‚Ja' (V. 41). Danach öffnet sich der Himmel erneut, und ein Mann (d.h. der Engel) steigt herab, um im Grab Platz zu nehmen. Damit ist das ‚Arrangement', das in Mt 28,2-3 vorliegt, wieder erreicht, die gesamte Szene ist freilich ein über die kanonische Tradition hinaus-gehende Beschreibung.

Ein wesentlicher Aspekt ist in diesen Geschehensverlauf eingebettet: Die beiden diensthabenden Wachen wecken ihre ‚Kollegen', als sie die beiden Männer herabsteigen sehen, so dass alle – explizit „auch der Hauptmann und die Ältesten" – dann Zeugen des Herauskommens der drei Männer und der folgenden Geschehnisse werden. Es kommt also darauf an, dass *alle* Grabwächter das entscheidende Geschehen mitbe-kommen.

---

71. FOSTER, *Gospel of Peter* (Anm. 3), S. 380., weist darauf hin, dass hier trotz der primären Verantwortung der Juden für die Tötung Jesu nun doch noch römische Soldaten an der Grabwache beteiligt werden. Hier könnte sich ein Relikt der älteren Überlieferung finden. Eine Textvariante in einigen Minuskeln zu Mt 27,65 (die lange Zeit dem Nazorä-erevangelium zugeschrieben wurde) spricht ebenfalls von bewaffneten Wächtern: „Und er gab ihnen bewaffnete Männer, damit sie sich gegenüber der Höhle setzten und ihn Tag und Nacht bewachten".

72. Zum Vergleich mit anderen Reflexen der mt Grabwächtergeschichte in der früh-christlichen Literatur s. HENDERSON, *Gospel of Peter* (Anm. 26), S. 145-147. Die einzige narrative Parallele ist im Nikodemusevangelium, doch basiert diese weithin auf Mt.

Die weiteren Details der Auferweckungsszene brauchen hier nicht ausführlich erörtert zu werden. Die ‚Abholung' des Begrabenen durch die beiden Männer, das Herauskommen des dritten, der die beiden anderen überragt und das besondere Erzählelement des nachfolgenden Kreuzes, das sogar noch selbst (anstelle des Auferstandenen) die Antwort auf die himmlische Frage gibt, bieten ihrerseits eine Interpretation des Geschehens als eines himmlischen, alle menschlichen Möglichkeiten übersteigenden Geschehens, durch den trotz der peniblen Versiegelung und Bewachung der Gekreuzigte dem Grab entsteigt und zum Himmel erhöht wird. Das nachfolgende Kreuz bekräftigt die Identität des Auferstandenen sinnenfällig und verstärkt den Aspekt der leiblichen Auferstehung. Die Antwort bekräftigt schließlich, dass Jesus auch im Grab bzw. im Totenreich seinen Auftrag erfüllt hat – womit immerhin auch ein ‚petrinisches' Element, die Notiz von 1 Petr 3,19, aufgenommen sein könnte.

Entscheidend ist jedoch, dass dies alles offen vor Augen geführt wird, als Gegenstand der sichtbaren und greifbaren Wirklichkeit. Die Zeugen sind dabei nicht Freunde, sondern Grabwachen, die in ‚feindlicher' Absicht, eben um ein Verschwinden der Leiche und einen Auferstehungsglauben zu verhindern, postiert wurden. Diese Zeugen aus Römern und Juden werden hier eigens geweckt, um das Geschehen wach mitzuerleben, während die Grabwachen in Mt 28,4 wie betäubt sind und gerade nichts sehen. Die Demonstration hat Folgen: Während alle Zeugen des Auferstandenen in den kanonischen Evangelien zunächst zweifeln und erst nach und nach zur Erkenntnis der Auferweckung gelangen, sind die Zeugen hier von dem Geschehen überwältigt und von keinerlei Zweifel geplagt. Was ihnen *ad oculos* demonstriert wurde, erscheint als eine klare Tatsache, die von den Wachen dann Pilatus gemeldet werden kann. In Anlehnung an das Bekenntnis des Centurio in Mk 15,39 formulieren die Wachen „Wahrhaftig, er war Gottes Sohn"[73]. Freilich ist dieser ‚Glaube' hier allein auf der Wahrnehmung der Auferweckung begründet (wie auch die Reue der Juden in V. 28 auf den Zeichen um Jesu Tod begründet war), er ist also Folge der Demonstration der Macht und himmlischen Herrlichkeit des Auferstandenen. Zugleich führt die Anerkenntnis, dass Jesus Gottes Sohn war, weder bei den Grabwachen noch bei Pilatus zur Nachfolge, und vermutlich ist eine solche auch im

---

73. Interessanterweise wird auch hier (wie in Mk) die Aussage im Vergangenheitstempus belassen. Dass der Auferstandene bleibend und erst recht Gottes Sohn sein könnte, wird im erhaltenen Text des EvPetr nicht reflektiert, es ist zwar vermutlich als Bestandteil des Kirchenglaubens vorausgesetzt, wird aber den Grabwachen und Pilatus nicht in den Mund gelegt.

EvPetr erst durch eine weitere Begegnung des Auferstandenen mit den Jüngern ausgelöst, die vermutlich im Anschluss an das erhaltene Fragment erzählt wurde. Theologisch ist dieses Verständnis von Glauben und Bekenntnis gegenüber dem in den kanonischen Evangelien (und besonders subtil in Joh) vorliegenden Glaubensverständnis als vergleichsweise banal oder ‚flach' zu bezeichnen.

Ein letzter Zug ist schließlich im Blick auf die Zeugen signifikant. Im Kontrast zu den kanonischen Evangelien sind die ersten Zeugen des Ostergeschehens hier nicht die Frauen, sondern sämtlich Männer: die jüdischen und römischen Grabwächter. Auch Maria Magdalena und ihre Freundinnen, die in der folgenden Szene die Verkündigung des Engels hören, kommen durch diese nicht zum Glauben, sie schauen nicht einmal in das Grab hinein, um dieses als leer zu verifizieren, sondern fliehen entsetzt davon, und eine Begegnung mit dem Auferstandenen (wie in Joh 20) wird Maria hier nicht zuteil. Vielmehr besteht zwischen dem Bericht über die Frauen und dem dann beginnenden Ich-Bericht des Petrus über die Heimkehr der Jünger (nach Galiläa?) keine erzählerische Verknüpfung. Von einer Zeugenrolle der Maria (wie in Joh 20,18) oder Mitteilung der Frauen an die Jünger hinsichtlich ihrer Entdeckung ist nicht die Rede. Stattdessen gehen die Jünger in V. 58f. noch traurig nach Hause zurück, offenbar ohne von der stattgefundenen Auferstehung zu wissen. Die Leser hingegen scheinen eine solche auch nicht zu vermissen, nachdem diese vorher bereits erzählerisch vor Augen geführt wurde. Freilich wird die Spannung zwischen dem allwissenden Erzähler der Auferstehungs-Szene und dem in V. 59f. redenden Ich-Erzähler ‚Petrus' besonders deutlich, wenn der Ich-Erzähler als Erzählfigur das zuvor Geschehene nicht weiß.

Frauen fehlen auch beim Begräbnis Jesu und unter dem Kreuz. Ob hinter diesen Erzählzügen eine planvolle Konzeption steht oder ob man dahinter eine unreflektierte ‚Frauenfeindlichkeit' sehen muss, ist schwer auszumachen. Doch ist dem Urteil von Claudia Setzer zuzustimmen, dass der Autor „seems to suppress the women's role in the drama even more than the canonical Gospels"[74]. Auch darin fügt sich der Text in eine der Tendenzen der frühchristlichen Überlieferung, wenngleich dieser in Texten wie z.B. dem EvMar auch eine gegenläufige Tendenz gegenübersteht.

---

74. So C. SETZER, *Excellent Women: Female Witnesses to the Resurrection*, in *JBL* 116 (1997) 259-272, S. 269-270.

3. Die verstärkte Beschuldigung der Juden und die Entlastung der Römer

Eine wesentliche Tendenz der Darstellung des EvPetr ist die verstärkte Beschuldigung der Juden in Verbindung mit der Entlastung der Römer bzw. des Pilatus im Blick auf den Tod Jesu. Hier geht das EvPetr ebenfalls deutlich über die kanonischen Evangelien hinaus. Dabei ‚verlängert' es eine Tendenz, die bereits in den kanonischen Evangelien zu beobachten ist: Rechtshistorisch lag im Judäa unter den Präfekten/Prokuratoren das *ius gladii* eindeutig bei den römischen Instanzen[75], und die Strafe der Kreuzigung weist gleichfalls auf römische Aktivität hin – die natürlich auf die Anklage bzw. Denunziation durch jüdische Instanzen hin und im guten Einvernehmen mit der Priesteraristokratie erfolgen konnte. Dieser Sachverhalt, der im mk Passionsbericht noch deutlich hervortritt, wird in den jüngeren Evangelien sukzessive dahingehend verändert, dass einerseits die römischen Instanzen vorsichtig entlastet und andererseits die jüdischen Instanzen und v.a. auch das Volk stärker belastet werden. Über Markus hinaus werden bei Lukas der Landesherr Jesu, Herodes Antipas, und Pilatus einvernehmlich (als ‚Freunde') zu Zeugen der Unschuld Jesu (Lk 23,14f.). Bei Johannes bezeugt Pilatus sogar dreimal Jesu Unschuld, und Jesus selbst stellt fest: „Derjenige, der mich dir ausgeliefert hat" – also die jüdischen Oberen –, „der hat größere Sünde" (Joh 19,11). Bei Matthäus wird Pilatus von seiner Frau aufgrund eines Traumes vor ‚diesem Gerechten' gewarnt (Mt 27,19) und wäscht seine Hände dann demonstrativ in Unschuld (Mt 27,24f.), während das jüdische Volk durch eine bedingte Selbstverfluchung die Blutschuld auf sich nimmt (Mt 27,25), womit implizit bereits die Zerstörung Jerusalems als Folge dieser Schuld angedeutet sein dürfte.

Der Autor des EvPetr steigert auch diese Aussagen der beiden jüngeren kanonischen Evangelien gegenüber den Juden deutlich und überbietet auch ihre Tendenz, die Römer von der Schuld am Tode Jesu zu entlasten[76]. Dabei sind es nicht zuletzt Anspielungen an die Schriften, die die Boswilligkeit der Juden verstärken und sie als ‚Frevler' kennzeichnen[77].

---

75. S. dazu etwa Josephus, Bell II. 117; s. auch – juristisch korrekt – Joh 18,31. Zum Ganzen s. G. THEISSEN – A. MERZ, *Der historische Jesus*, Göttingen, Vandenhoeck & Ruprecht, 1996, S. 399f. Ausführlich P. EGGER, *„Crucifixus sub Pontio Pilato"* (NTAbh, NF 32), Münster, Aschendorff, 1997.

76. HECKEL, *Vom Evangelium des Markus zum viergestaltigen Evangelium* (Anm. 17), S. 288.

77. S. dazu den durchgehenden Aufweis bei T. HIEKE, *Das Petrusevangelium vom Alten Testament her gelesen*, in KRAUS – NICKLAS (Hgg.), *Das Evangelium nach Petrus* (Anm. 5), 91-115.

Dies zeigt sich zunächst im Anfang des Akhmim-Fragments, dessen Beginn: „von den Juden aber (δέ) wusch sich keiner die Hände, weder Herodes noch seine Richter" zwar nicht zwingend, aber doch sehr wahrscheinlich auf einen vorausgehenden Halbsatz verweist, nach dem Pilatus seine Hände (in Unschuld) wusch[78]. Unter dieser Voraussetzung ist das Nicht-Waschen der Hände auch im Horizont alttestamentlicher Texte[79] als Übernahme der Schuld am Blut des Gekreuzigten zu versehen – und zwar betont als willentliche Übernahme (μὴ βουληθέντων).

Bei dem „König" Herodes (V. 2) ist in erster Linie an den bereits bei Lukas im Rahmen des Prozesses auftretenden Herodes Antipas zu denken, der genau genommen natürlich nicht König war, wobei freilich offen bleibt, ob der Autor und die Leser des EvPetr diesen klar von seinem Vater, dem ‚König' Herodes d. Gr. zu unterscheiden wussten[80]. Die mit Herodes zusammen genannten Richter (κριταί) – deren Bezug syntaktisch nicht ganz klar ist[81] – sind in jedem Fall den Juden zugeordnet. Auch die Verwendung dieses Terminus, der in den kanonischen Passionsberichten fehlt, verstärkt den Aspekt, dass diese jüdischen Richter im Falle Jesu ihrer Verantwortung nicht gerecht und schuldig wurden.

Ein wesentlicher Unterschied zu den kanonisch gewordenen Texten liegt nun darin, dass im EvPetr nicht Pilatus, sondern Herodes die Prozesshoheit besitzt. Pilatus zieht sich nach dem Waschen der Hände ganz aus dem Geschehen zurück und wird auch später alle Verantwortung von sich weisen (V. 46): Es war der Juden Beschluss und Tat, Jesus zu töten. Herodes übernimmt die Verantwortung (was er nach Lk 23,11 gerade nicht tat). Er befiehlt, Jesus abzuführen (V. 2) und mit ihm zu verfahren, wie *er* es befohlen habe (ὅσα ἐκέλευσα ὑμῖν), was offenbar auf einen vorausgehenden Befehl des Herodes zur Tötung Jesu verweist. Herodes hat auch die Verfügungsmacht über den Leichnam Jesu, und Pilatus muss ihn bitten, diesen seinem Freund Josef herauszugeben

---

78. So H. OMERZU, *Die Pilatusgestalt des Petrusevangeliums*, in KRAUS – NICKLAS (Hgg.), *Das Evangelium nach Petrus* (Anm. 5), 327-347, S. 333; auch T. NICKLAS, *Die ‚Juden' im Petrusevangelium (PCair 10759: Ein Testfall)*, in NTS 46 (2000) 206-221. Dafür spricht auch V. 46, wo Pilatus selbst erklärt, „rein am Blute des Sohnes Gottes" zu sein.

79. S. dazu HENDERSON, *Gospel of Peter* (Anm. 26), S. 64-66; auch HIEKE, *Das Petrusevangelium vom Alten Testament her gelesen* (Anm. 77), S. 93f.

80. Vgl. EvEb frg. 2a (Epiphanius, *Pan.* 30,13,6), wo der Synchronismus aus Lk 1,5, d.h. der Verweis auf Herodes, den König von Judäa, auf das Auftreten Johannes des Täufers bezogen wird, d.h. faktisch eine Verwechslung von Herodes d. Gr. und Herodes Antipas vorliegt.

81. Gedacht sein könnte an Richter des Herodes (d.h. in seinem Dienst) oder die Richter Jesu (d. h. über Jesus).

(V. 4). Die Machtverhältnisse sind somit gegenüber dem in der älteren Überlieferung belegten Zustand deutlich verändert.

Auch im weiteren Verlauf der Passion Jesu sind nicht römische Soldaten, sondern die Juden das Subjekt – näherhin freilich nicht die jüdischen Oberen (so Joh 19,15), sondern das Volk, der λαός. Jesus wird im EvPetr also vom jüdischen Mob gekreuzigt. ‚Ihnen' wird Jesus von Herodes ausgeliefert (παρέδωκεν) „am Tag vor den ungesäuerten Broten, ihrem Fest". Weder die jüdischen Oberen noch irgendwelche römische Instanzen sind am folgenden Geschehen beteiligt. Zunächst äußern sie ihren Entschluss, den „Sohn Gottes" zu töten (V. 6), nachdem sie Gewalt über ihn erlangt haben. Auch hier dürfte eine Anspielung an die Schrift (Weish 2,18-20) vorliegen, die die so Redenden subtil als Frevler kennzeichnet[82].

Die ‚Verspottung des Königs', die nach Mk 15,16-20 durch die römischen Soldaten erfolgt, geschieht hier vollständig durch jüdische Akteure: Purpurgewand, Dornenkranz, Anspeien und Schläge ins Gesicht, Schläge mit einem Rohr und Geißelung erfolgen ähnlich wie in den kanonischen Texten, wobei am Ende noch einmal in paradoxer Weise von der Ehrung des „Sohnes Gottes" die Rede ist. Die Juden sind es schließlich auch, die ‚den Herrn' kreuzigen (V. 10), seine Kleider verteilen und die Kreuzesinschrift („Dies ist der König Israels") schreiben. Sie bestrafen auch zornig den reuigen Mitgekreuzigten (V. 13; vgl. Lk 23,40f.), indem sie befehlen, dass diesem „die Schenkel nicht gebrochen würden, so dass er unter Qualen sterbe" (V. 14)[83]. Diese Episode nimmt m.E. sehr deutlich die Szene aus Joh 19,31ff. auf, wobei die bei Johannes angegebenen Gründe des Verzichts auf das *crurifragium* – dass Jesus nämlich schon Tod war und zusätzlich die biblische Anweisung aus dem Passakontext – hier nicht aufgenommen werde[84]. Vielmehr scheint das Motiv gerade umgekehrt (und realistisch) als Ursache besonderer Qual verstanden zu sein. Die Szene unterstreicht insofern ebenfalls die Böswilligkeit und den Sadismus der jüdischen Akteure. Schließlich ist auch die Tränkung Jesu mit Essig und Galle hier nicht als eine schmerzlindernde Betäubung und auch nicht lediglich als Erfüllung der Schriften (so explizit Joh 19,28f.)

---

82. So Hieke, *Das Petrusevangelium vom Alten Testament her gelesen* (Anm. 77), S. 96f.

83. Nichts legt nahe, das Nicht-Brechen der Schenkel nun plötzlich auf Jesus zu beziehen (gegen A. Kirk, *The Johannine Jesus in the Gospel of Peter: A Social Memory Approach*, in R.T. Fortna – T. Thatcher [Hgg.] *Jesus in Johannine Tradition*, Louisville, KY, Westminster John Knox, 2001, 313-322, S. 317).

84. Freilich wird das Schriftwort aus Dtn 21,22-23, dass ein Übeltäter vor Sonnenuntergang zu begraben sei, zweimal erwähnt (V. 5 und V. 15).

verstanden, sondern darüber hinaus aus ein Akt der Folter und „vielleicht auch der direkten Ermordung"[85], so dass auch dieses Element die Bosheit der Juden betont.

Die Schuld der Juden wird weiter kommentierend aufgenommen, wenn in V. 25 „die Juden und die Ältesten und die Priester" ihre Verfehlung erkennen und klagen, wobei ihre Einsicht allerdings folgenlos bleibt. Wenn dabei explizit das „Ende Jerusalems" erwähnt wird, dann heißt das, dass das EvPetr die Schuld der Juden am Tod Jesu mit der späteren Zerstörung Jerusalems in ursächliche Verbindung bringt.

In V. 28 werden dann in einer etwas anderen Konstellation die „Schriftgelehrten und Pharisäer und Ältesten" erwähnt und dem „ganzen Volk" gegenüber gestellt, das sich angesichts der Zeichen in Jesu Todesstunde (Finsternis, Tempelvorhang) reumütig an die Brust schlägt und Jesus als ‚Gerechten' bekennt, so dass die Notablen in Furcht geraten und von Pilatus die Bewachung des Grabes zur Verhinderung eines Leichendiebstahls und eines Glaubens an die Auferstehung erbitten (V. 30). Hier zeigt sich noch von Ferne die Differenzierung zwischen der Jerusalemer Tempelaristokratie und dem einfachen Volk, die in den kanonischen Evangelien die Passionsgeschichte prägt. Doch kann diese den durchgehenden Eindruck, dass das jüdische Volk – und nicht nur seine Anführer – für Jesu Tod verantwortlich sind, nicht schmälern, zumal diese Reue der Menge keine weiteren Konsequenzen hat. In der Folter- und Kreuzigungshandlung, wo der Mob die Rolle der römischen Soldaten übernimmt, ist diese Unterscheidung jedoch aufgegeben, und auch darüber hinaus gilt die Beschuldigung pauschal, ‚den Juden' mit ihrem ‚König' Herodes.

Insofern ist das Bild der Juden teilweise sehr undifferenziert, an wenigen Stellen etwas differenzierter, aber insgesamt ist die Verlagerung der Verantwortung für den Tod Jesu auf das jüdische Volk und auf Herodes ebenso deutlich wie die tendenzielle Entlastung der römischen Soldaten und des Pilatus. Römische Soldaten treten nur als Grabwachen in Erscheinung, und Pilatus, der jede Mitschuld am Tod Jesu von sich weist, lässt sich nur dazu bewegen, die Weitergabe der Nachricht von der Auferstehung Jesu zu untersagen (V. 49).

Eine komplette Entlastung des Pilatus und der Römer scheint insofern weniger im Interesse des EvPetr zu liegen als v.a. eine massive Verstärkung der Beschuldigung der Juden, von denen es in V. 17 explizit heißt, dass sie „alles erfüllten" und „das Maß ihrer Sünden über ihrem Haupt

---

85. So HIEKE, *Das Petrusevangelium vom Alten Testament her gelesen* (Anm. 77), S. 104.

voll machten". Als Zeichen dieser ‚Erfüllung' können eine Reihe von
Anklängen an atl. Texte gelten, in denen der Vf. wohl das schuldhafte
Handeln der Juden vorgezeichnet sah[86]. Dass dies sowohl der älteren
Tradition wie auch den historisch zu rekonstruierenden rechtlichen Verhältnissen klar widerspricht, hat den Autor des EvPetr wohl nicht gestört.
Sein Antijudaismus ist in gewissem Sinn unreflektiert[87] und nicht ganz
konsequent durchgeführt, er erweist sich als deutlich weniger ‚niveau-
voll' als die antijüdische Polemik des Johannesevangeliums, in der es
primär um das Schriftverständnis und den Glauben an Christus geht und
die ihrerseits aus einer konkreten Auseinandersetzung mit der lokalen
Synagoge zu verstehen und damit auf die jüdischen Wurzeln der johanneischen Tradition zurück zu beziehen ist. Von einer solchen engen, noch
‚schmerzhaften' Berührung mit dem synagogalen Judentum, wie sie bei
Johannes und auch bei Matthäus zu spüren ist, lässt das EvPetr nichts
mehr erkennen.

An zwei Aspekten lässt sich die Verschiebung bei gleichzeitiger Aufnahme traditioneller Elemente deutlich erkennen: Die Verspottungsszene
zeigt, dass der Autor des EvPetr die subtil-ironische Königsparodie des
Markus[88] und die noch subtilere Parodie eines Inthronisationsgeschehens
im vierten Evangelium[89] nicht wirklich präzise verstanden hat, wenn er
die überlieferte Titulatur ‚König der Juden' (die zunächst aus römischer
Perspektive antijüdisch klingt) durch die jüdische bzw. judenchrist-
lich-positive Rede vom ‚König Israels' (vgl. Joh 1,49) ersetzt. Die
‚Juden' foltern und töten den ‚König Israels' und deklarieren ihn als
solchen mit dem *titulus crucis*. Dieser innere Widerspruch ist antijüdisch
wirkungsvoll, doch geht dabei nicht nur der Sinn des *titulus crucis*, sondern auch die römisch-antijüdische Stoßrichtung der Rede vom ‚König
der Juden' verloren – weil das Handlungsgefüge hier ganz anders konfi-
guriert ist.

Eine ähnliche Verschiebung wird deutlich, wenn das traditionelle Element des *crurifragium* (das am wahrscheinlichsten aus dem Johannesevangelium aufgenommen) nun in völlig anderer Weise erzählerisch
eingesetzt wird, nämlich im Blick auf den reuigen Mitgekreuzigten und
offenbar zu dessen Bestrafung mit noch länger andauernden Qualen.

---

86. S. dazu NICKLAS, *Die ‚Juden' im Petrusevangelium* (Anm. 78), S. 216.
87. So VERHEYDEN, *Purpose* (Anm. 28), S. 298.
88. S. dazu B. MUTSCHLER, *Die Verspottung des Königs der Juden* (BTS, 101), Neukirchen-Vluyn, Neukirchner Verlag, 2008.
89. Vgl. J. FREY, *Die johanneische Eschatologie*. III: *Die eschatologische Verkündigung in den johanneischen Schriften* (WUNT, 117), Tübingen, Mohr Siebeck, 2000,
S. 273f.

Diese Verschiebungen deuten insgesamt auf eine gegenüber den kanonischen Evangelien deutlich verminderte Kenntnis der Gegebenheiten im Palästina der Zeit Jesu bzw. der jüdischen Überlieferungen, die nun z.T. steinbruchartig aus traditionellen Kontexten herausgebrochen und in die neue Handlungsfolge eingebaut werden.

4. Die Ausgestaltung der Christologie und die Frage eines vermeintlichen Doketismus

Zur Christologie des Fragments muss ich mich hier auf wenige knappe Hinweise beschränken[90].

Es ist zunächst völlig klar, dass der Text christologische Titel enthält, die seine Christologie als eine ,hohe' zu charakterisieren erlauben. Jesus ist durchgehend der *Kyrios,* daneben wird er in einigen Aussagen – auch im Munde der Juden oder des Pilatus – „Sohn Gottes" genannt, von den Juden auch „König Israels" und von dem Mitgekreuzigten wird er „Retter der Menschen" (σωτὴρ τῶν ἀνθρώπων) genannt, was die in ntl. Spätschriften aufkommende σωτήρ-Prädikation aufnimmt und Joh 4,42 (vgl. 1 Joh 4,14) immerhin nahekommt, aber die engste Parallele in 1 Tim 4,10 hat (σωτὴρ πάντων ἀνθρώπων). Dies alles ist für einen Text des 2. Jh.s nicht verwunderlich. Die Verwendung des letztgenannten Titels zeigt zwar keinen überlegten Universalismus, aber eine spezifisch ,judenchristliche' Prägung[91] ist noch weniger zu erkennen. Christologische Titel, die auf eine solche hinweisen könnten, wie Messias, Sohn Davids, Prophet oder auch Menschensohn, fehlen gerade. Insbesondere die Implikationen des Auferstehungsberichts, in dem der Auferstandene aus dem Grab heraus körperlich verwandelt wird, so dass die Größe des Auferstandenen die der beiden Engel noch weit überragt (V. 39f.), zeigt die göttliche Größe und Herrlichkeit Christi, wobei zugleich die leibliche Kontinuität mit dem Gekreuzigten und Begrabenen festgehalten wird. Man könnte die Form der hier vorliegenden Christologie ,polymorph' nennen[92]. Als Auferstandener wird Christus in seiner leiblichen Gestalt sichtbar verwandelt – eine gewisse Analogie dazu bieten jüdische Texte über die Auferstehung der Toten und ihre gestalthafte Verwandlung z.B. im syrischen Baruchbuch. Von einer ,Angelomorphie' ist hingegen

---

90. Dazu neuerdings M. MYLLYKOSKI, *Die Kraft des Herrn: Erwägungen zur Christologie des Petrusevangeliums,* in KRAUS – NICKLAS (Hgg.), *Das Evangelium nach Petrus* (Anm. 5), 301-326; außerdem FOSTER, *Gospel of Peter* (Anm. 3), S. 147-168.

91. So etwa die judenchristliche Einordnung des EvPetr bei DENKER, *Die theologiegeschichtliche Stellung* (Anm. 23).

92. FOSTER, *Gospel of Peter* (Anm. 3), S. 165-168.

gerade nicht zu sprechen, da der Bericht den Auferstandenen deutlich von den beiden ‚Männern' (d.h. Engeln) unterscheidet. Eine nähere Reflexion der durch den Auferstehungsbericht implizit kommunizierten Christologie fehlt jedoch.

Die Tatsache, dass das ‚Bekenntnis' der ‚neutralen' Zeugen zum Sohn Gottes in Anbetracht der sichtbaren Demonstration der himmlischen Herrlichkeit des Auferstandenen erfolgt, zeigt, dass diese hohe Christologie ihren Grund nicht im Kreuz, sondern eben in der Herrlichkeit Christi hat – das Kreuz wird hier praktisch nicht soteriologisch gedeutet, es ist nicht Ort der Offenbarung und auch nicht als ein von Gott selbst gewolltes Geschehen gekennzeichnet. Wenn die Passionsgeschehnisse in der Schrift vorgegeben sind, dann in dem Sinne, dass darin die freventliche Bosheit der Juden vorgezeichnet ist. Das Kreuz ist – soweit wir dem erhaltenen Fragment entnehmen können – auschließlich ein Geschehen, das der Boswilligkeit der Juden geschuldet ist, die den König Israels und Sohn Gottes getötet haben.

Veranlasst durch Serapion und Euseb wurde das EvPetr lange als doketisch angesehen[93]. Doch ist diese Charakterisierung in letzter Zeit mit Recht deutlich in Frage gestellt worden und die eine genaue Bestimmung dessen, was tatäschlich ‚Doketismus' genannt werden darf, steht noch aus[94]. Terminologisch finden sich die ersten Belege für die Aussage, dass Christus nur „zum Schein" (τὸ δοκεῖν) gelitten habe in den Ignatiusbriefen (Ign Smyrn 2; vgl. 4,1-2; Ign Trall 10). Freilich ist das, was später als ‚Doketismus' in der Polemik der altkirchlichen Häresiologen ab dem Ende des 2. Jh.s begegnet, bereits ein weiter Allgemeinbegriff, der es notwendig macht, „zwischen häresiologischem Klischee und theologischem Selbstverständnis der ‚Häretiker' zu unterscheiden"[95]. Ob das Petrusevangelium – trotz des ihm von Serapion bescheinigten Gebrauchs durch sogenannte ‚Doketen' tatsächlich eine solche Lehre vertritt, dass Jesus nur zum Schein gelitten hätte, ist daher durchaus fraglich und zumindest aus dem vorliegenden Fragment nicht positiv zu erweisen.

Zwar sind das Schweigen Jesu während seiner Folterung „als ob er keinen Schmerz empfände" (V. 10) und das Kreuzeswort „Meine Kraft,

---

93. S. dazu ausführlich MYLLYKOSKI, *Die Kraft des Herrn* (Anm. 90), S. 302-313, sowie den Exkurs bei HECKEL, *Vom Evangelium des Markus zum viergestaltigen Evangelium* (Anm. 17), S. 290-291.

94. Vgl. nach wie vor die ungedruckte Arbeit von P. WEIGANDT, *Der Doketismus im Urchristentum und in der theologischen Entwicklung des zweiten Jahrhunderts*, Diss. theol. Heidelberg, 1961. Außerdem N. BROX, *Doketismus – eine Problemanzeige*, in *ZKG* 95 (1984) 301-314.

95. So W. LÖHR, Art. *Doketismus I: Christentum*, in *RGG*⁴ 2, 925-927, Sp. 925.

meine Kraft, Du hast mich verlassen" (V. 19)[96] signifikante Veränderungen gegenüber der kanonischen Überlieferung und insofern als Züge der ‚Apokryphisierung' zu werten, und das anschließende ἀνελήμφϑη als Umschreibung seines Sterbens ist gleichfalls auffällig, doch reichen diese Stellen nicht hin, das EvPetr als Vertreter einer Lehre zu charakterisieren derzufolge das Leiden und Sterben Jesu nicht wirklich gewesen sei[97]. Jesu Schweigen muss nicht implizieren, dass er faktisch keine Schmerzen hatte, sondern kann als ein Zug gewertet werden, mit dem die bleibende Würde des Verurteilten und Gefolterten zum Ausdruck gebracht werden soll[98]. Und das Kreuzeswort Jesu, das in EvPetr 19 anders als Mk 15,34 und Mt 27,45 nicht in einer transkribierten semitischen Form geboten wird[99], sondern nur im Griechischen, ist in interessanter Weise nicht als eine Warum-Frage formuliert, sondern als Feststellung. Es bringt daher nicht die Gottverlassenheit zum Ausdruck, sondern eher Jesu souveränes Wissen um die ihn verlassende Lebenskraft, bevor er dann ‚aufgenommen wird' (V. 19), d.h. stirbt. Schwer zu deuten ist das ἀνελήμφϑη. Ob das Verbum auf den Geist Jesu bezogen ist und somit die Vorstellung der Aufnahme von Jesu Geist vom Kreuz in den Himmel impliziert[100], bleibt fraglich. Gegen ein Verständnis des EvPetr im Sinne eines Doketismus[101] spricht, dass an anderen Stellen die Körperlichkeit Jesu geradezu sinnenfällig vor Augen geführt wird. Die Nägel in seinen Händen werden ausdrücklich betont (V. 21)[102], und als Jesu Leichnam auf die Erde gelegt wird, erbebt die Erde (V. 21). Damit wird das auch bei

---

96. Hier liegt natürlich eine Anspielung auf das mk. Kreuzeswort und auf Ps 22,1 vor, freilich könnte dieses schon auf der Ebene des Semitischen variiert worden sein, von *eli*... (mein Gott) zu *ḥeli*... (meine Kraft). Eine andere Möglichkeit ist, dass die Wendung auf die von Aquila zu ψ 21,2a gebotene Lesart rekurriert, wo *'el* durch ἰσχυρός wiedergegeben wird, freilich wird diese Lesart in kirchlichen Schriftstellern erst spät erwähnt und hat natürlich die Fragepartikel, die im EvPetr fehlt. S. dazu MEISER, *Das Petrusevangelium und die spätere großkirchliche Literatur* (Anm. 21), S. 190f.

97. Dazu bereits DENKER, *Die theologiegeschichtliche Stellung* (Anm. 23), *passim*, dessen ‚judenchristliche' Alternative freilich gleichfalls problematisch ist.

98. So J.W. McCANT, *The Gospel of Peter: Docetism Reconsidered*, in *NTS* 30 (1984) 258-273, S. 262.

99. Mk 15,34 kommt dem originalen Aramäischen wohl am nächsten, Mt 27,46 bietet eine Mischform zwischen hebräischen und aramäischen Lauten. S. dazu FOSTER, *Gospel of Peter* (Anm. 3), S. 325.

100. So MYLLYKOSKI, *Die Kraft des Herrn* (Anm. 90), S. 323. Eine gewisse Analogie könnte hier das Sterbewort Jesu in Lk 23,46 ἐξέπνευσεν oder auch die johanneische Rede vom „Übergeben des Geistes" (Joh 19,30) bieten, die auch eine leicht ‚euphemistische' Umschreibung des Sterbens bieten.

101. Zur Spannweite der Definitionen s. FOSTER, *Gospel of Peter* (Anm. 3), S. 327.

102. Nägel (und zwar nur in den Händen) sind in der kanonischen Tradition allein in Joh 20,25 belegt. Erst Justin Dial 97,3 belegt die Nagelung auch an den Füßen (s. FOSTER, *Gospel of Peter* [Anm. 3], S. 338).

Matthäus belegte Erdbeben in der Todesstunde Jesu (Mt 27,51-53) in einer etwas volkstümlichen Weise[103] geradezu physisch mit dem ‚Gewicht' des Körpers Jesu verbunden. Schließlich ist auch die Schilderung der Auferstehung und des leeren Grabes keineswegs im Einklang mit einer doketischen Christologie, und das nachfolgende Kreuz bekräftigt abschließend die Realität des Todes Jesu und seines Aufenthalts in der Welt der Toten. Wenn andererseits am Ende des Werks eine Erscheinung des Auferstandenen vor seinen Jüngern geschildert war, dann wäre auch die himmlische Größe des Auferstandenen wieder vergessen. Dies alles spricht dafür, dass das EvPetr eine wenig konsequent durchgestaltete Christologie hatte und – im Sinne der ‚Polymorphie' – unterschiedliche Vorstellungen nicht völlig reflektiert kombinierte.

Ein letzter Aspekt ist von besonderer Bedeutung. Das Fragment redet von Jesus durchgehend als ‚dem Kyrios'. Der Name Jesu ist hingegen konsequent vermieden. Er begegnet weder in erzählerischen Bemerkungen noch z.B. im Kreuzestitel, wo er in der kanonischen Tradition verankert ist. Während der Kyrios-Titel natürlich zu den ältesten Bezeichnungen Jesu gehört und in Bekenntnissen (z.B. Röm 10,9; Phil 2,11) und v.a. im Rückbezug auf den Gottesnamen der LXX wurzelt, ist er hier eher als theologisch wenig gefüllte Standardbezeichnung gebraucht, fast im Sinne eines Namens. Man sollte auch die Meidung des Jesusnamens nicht als eine tendenziell ‚doketische' Abwehr menschlicher Attribute Jesu verstehen[104], vielmehr dürfte hier eher der Sprachgebrauch in der Gemeinde des Autors durchschlagen.

5. *Fehlende Vertrautheit mit geographischen Gegebenheiten und jüdischen Sitten*

Andererseits wird die Beobachtung nicht ganz falsch sein, dass mit dem Zurücktreten des Jesusnamens auch ein Element der konkreten jüdischen Welt, in der der irdische Jesus wirkte, verloren geht. Doch gibt es andere Anzeichen, die auf die insgesamt größere Distanz zur Zeit und zum Raum des Wirkens Jesu hindeuten. Ich nenne hier nur ein paar wichtige Punkte:

a) Es fehlen wesentliche Ortsangaben: Zwar ist Jerusalem genannt als Ort des Tempels (V. 20), dessen Vorhang zerreißt, und als Ort,

---

103. Brown, *The Death of the Messiah* (Anm. 32), vol. 2, S. 1118: "This fact strengthens my view that in part *GPet* is a folk-gospel".

104. So Foster, *Gospel of Peter* (Anm. 3), S. 151 gegen L. Vaganay, *L'Évangile de Pierre*, Paris, Gabalda, 1930, S. 109.

dessen Ende nahe gekommen ist. Aber mit Ausnahme von „Josephs Garten" fehlen alle konkreten Angaben über die Orte der Verurteilung und Kreuzigung. Auch der Ort, an den die Jünger zurückgehen, ist nicht genannt, und wenn Petrus und seine Gefährten einfach an „das Meer" gehen zum Fischen (V. 60), könnte auch dies auf eine relativ unkonkrete Vorstellung (wobei freilich offen bleibt, wie viele Orte im Evangelium zuvor präziser genannt waren). Die in den kanonischen Evangelien, am meisten bei Johannes, relativ ausgeführte ‚Topographie‘ der Passion Jesu erscheint jedenfalls deutlich reduziert.

b)   Die Richterrolle des Herodes und überhaupt die führende Rolle der Juden bei Jesu Kreuzigung zeigt eine fehlende Kenntnis oder Beachtung der rechtlichen Gegebenheiten im römischen Palästina. Abgesehen von der Unklarheit, welcher Herodes überhaupt gemeint ist, bietet der Autor keine realistischen Vorstellungen von den Kompetenzen, die ein Herodes zur Zeit des Pilatus haben konnte. Dass der römische Statthalter sich den Leichnam Jesu erbitten muss (V. 4) und dass ein jüdischer Mob die römische Strafe der Kreuzigung durchführt, ist einigermaßen grotesk unmöglich. Das nicht zuletzt in der kanonischen Evangelientradition (Joh 18,32) erhaltene Wissen darum, dass die Kreuzigung eine spezifisch römische Weise der Hinrichtung war und sich von den im jüdischen Gesetz vorgegebenen Formen der Todesstrafe (etwa der Steinigung) unterschied, ist hier offenbar nicht mehr gegeben – oder nicht beachtet.

c)   Es fehlt auch jede klare Vorstellung über die verschiedenen jüdischen Religionsparteien bzw. die Gruppen der jüdischen Führungsschicht (V. 25.28). Pharisäer, Älteste und Hohepriester begegnen vermischt, und werden gelegentlich einfach mit ‚den Juden‘ verbunden. Die nach 70 n. Chr. zu beobachtende Tendenz zu polemischen Stereotypen, bei Matthäus und Johannes (dort freilich nicht in der Passionsgeschichte) erscheint hier noch gesteigert und zugleich relativ unsystematisch durchgeführt.

d)   Auch das Wissen um Sabbat und Festpraxis der Juden erscheint sehr begrenzt. Zwar wird zweimal die Schriftstelle aus Dtn 21,22f. aufgenommen, aber dass die jüdischen Ältesten über den Sabbat (bzw. sogar den ersten Passah-Feiertag) zusammen mit römischen Soldaten am Grab Jesu zelten und Wache halten, ist natürlich in keiner Weise realistisch vorstellbar. Auch dass am Sabbatmorgen eine Menge Juden aus Jerusalem und Umgebung kommen, um das versiegelte Grab Jesu zu inspizieren, ist für den Sabbat, zumal des Passahfestes unvorstellbar. Dasselbe gilt für die Angabe, dass die

Jünger am letzten Tag der ungesäuerten Brote nach Hause gehen
(V. 58), die impliziert, dass die Jünger fünf Tage nach der Auferstehung von dieser noch nichts erfahren hatten. Es ist daher eher
anzunehmen, dass der Autor selbst keine klare Vorstellung von der
Dauer und dem Verlauf des jüdischen Festes hatte oder sich für
diese Details in der Komposition seiner Erzählung nicht näher inte-
ressierte[105].

e) Hinzu kommen ‚verflachende' Rezeptionen älterer Überlieferungen,
    deren Subtilität im EvPetr nicht mehr verstanden bzw. deren Bezüge
    umgewendet werden.

Ein Beispiel dafür ist das bereits genannte *crurifragium*, das im EvPetr
völlig anders aufgenommen wird als in seiner ersten Einführung im
Johannesevangelim. Ein weiteres derartiges Element könnte in V. 7 vorliegen, wo die Juden Jesus auf einen Richtstuhl setzen. Dies könnte in
Joh 19,13 zumindest in einem hintergründigen Sinne angedeutet sein,
wenn dort ἐκάθισεν transitiv verstanden werden darf[106]. Der römische
Richter wäre demnach zwar vordergründig derjenige, der über Jesus
urteilt, hintergründig wäre aber in diesem Geschehen die tiefe Wahrheit
der zuvor gesprochenen Worte inszeniert: dass Jesus tatsächlich ein
König ist und letztlich über den ihn Richtenden das Urteil spricht (Joh
19,12). Im EvPetr ist diese Richtstuhl-Motivik aufgenommen, aber mit
dem anderen Subjekt: Nicht Pilatus, sondern der jüdische Mob agieren
hier, und ohne die Terminologie von Königtum bzw. Gerichtsvollmacht
ist das Motiv seines tieferen Sinnes weithin entleert.

Die Rezeption traditioneller Erzählelemente – die man hier wohl
annehmen muss – erfolgt ohne Berücksichtigung des Kontextes, in dem
sie ursprünglich standen, vielleicht aus sekundär-oraler Kenntis und in
deutlicher Verflachung des ursprünglichen Sinnes der Königsprädikation.
Die genannten Punkte zeigen, dass sich das Petrusevangelium „noch weiter von den historischen Wurzeln entfernt [hat] als die später kanonisch

---

105. FOSTER, *Gospel of Peter* (Anm. 3), S. 500. Vgl. auch BROWN, *The Death of the Messiah* (Anm. 32), vol. 2, S. 1340.

106. S. zur Diskussion H. THYEN, *Das Johannesevangelium* (HNT, 6), Tübingen, Mohr Siebeck, 2005, S. 728f. Freilich ist die Argumentation von Harnack, der für diese Lesung votierte, v.a. unter dem Einfluss der Neuentdeckung des Petrusevangeliums erfolgt: s. A. VON HARNACK, *Bruchstücke des Evangeliums und der Apokalypse des Petrus* [TU, 9], Leipzig, Hinrichs, 1893, S. 63. Ausführlich argumentiert I. DE LA POTTERIE, *Jésus, roi et juge d'après Jn 19,13: ἐκάθισεν ἐπὶ βήματος*, in *Biblica* 41 (1960) 217-247. THYEN interpretiert daher die synaktische Ambivalenz nur in dem Sinne, dass sich im Rahmen der johanneischen Doppeldeutigkeit ein hintergründiger Sinn ergibt, nachdem Jesus als Verurteilter selbst auf dem Richtstuhl sitzt.

gewordenen Evangelien"[107] und dass es auch in der Aufnahme von Motiven der älteren Evangelienüberlieferung über deren Einbettung und Sinndeutung oft mit großer Unbekümmertheit hinweggeht.

6. Ausschmückungen, Doppelungen und Erweiterungen

Ein letzter Punkt kann hier nur noch angedeutet werden. Narrative Ausschmückungen und Erweiterungen sind natürlich ein Element der Sekundarität, der ‚Apokryphisierung', und solche finden sich im erhaltenen Fragment des EvPetr in vielfältiger Weise.

a) Ein Beispiel dafür ist die Benennung des römischen Hauptmanns, der mit der Grabwache betraut ist und wohl mit dem markinischen Hauptmann unter dem Kreuz zu identifizieren ist, dessen Bekenntnis er später nachspricht. Dieser bei Markus namenlose *centurio* erhält nun den Namen Petronius, was mit der (zunehmenden) Tendenz, ursprünglich anonymen Gestalten einen Namen zu geben, übereinstimmt. Dieses Phänomen begegnet innerhalb des NT, wenn der zum Schwert greifende Jünger mit Petrus identifiziert wird (Joh 18,10) und die Frau, die Jesus salbt, mit Maria von Bethanien (Joh 12,3), es begegnet aber verstärkt in der apokryphen Tradition[108].

b) Auch die Versiegelung des Grabes Jesu mit einem Stein und „sieben Siegeln" (V. 33) ist eine typische erzählerische Ausgestaltung, die wohl perfekte Sicherung des Grabes signalisieren soll, aber konkret schwer vorstellbar ist. Das Bild, das sonst auf Briefe oder ein Buch (vgl. Apk 5,1-10) bezogen ist, passt auf den Rollstein kaum.

c) Eine weitere, eher als volkstümlich zu charakterisierende Ausschmückung ist das Erdbeben, das entsteht, als der Leichnam Jesu vom Kreuz abgenommen und auf den Erdboden gelegt wird (V. 21).

---

107. So HECKEL, *Vom Evangelium des Markus zum viergestaltigen Evangelium* (Anm. 17), S. 2789.

108. So z.B. auch im Text von Lk 16,19 in P 75, wo der reiche Mann Neves genannt wird, bei Origenes (*c. Cel.* 2,62), wo beide ‚Emmausjünger' einen Namen tragen, sowie in späteren Belegen. S. dazu FOSTER, *Gospel of Peter* (Anm. 3), S. 378, der auf das bei R. BAUCKHAM, *Jesus and the Eyewitnesses*, Grand Rapids, MI – Cambridge, Eerdmans, 2006, S. 43-44, vorgeführte Material hinweist. Bauckham spielt allerdings das Phänomen gemäß seinem Argumentationsinteresse herunter, weil er die in den kanonischen Evangelien eingefügten Namen gerne als historisch zuverlässige Hinweise auf Zeugen werten möchte. In einem mittelalterlichen syrischen Text werden schließlich alle beteiligten Soldaten mit (jüdischen) Namen benannt, s. FOSTER, *Gospel of Peter* (Anm. 3), S. 380, mit Verweis auf B.M. METZGER, *Names for the Nameless in the New Testament*, in P. GRANFIELD – J.A. JUNGMANN (Hgg.), *Kyriakon*. Festschrift J. Quasten, Münster, Aschendorff, 2Bde, 1970, Bd. I, 79-95.

d) Ein weiteres Moment der erzählerischen Ausweitung ist die Ver-
doppelung der Grabwache, die nun nicht nur römische Soldaten,
sondern auch Älteste und Schriftgelehrte umfasst (V. 31), ähnlich
auch

e) die Vervielfältigung des Zeugnisses des markinischen *centurio*, das
nun auch von den mit ihm die Auferstehung Bezeugenden mitge-
sprochen wird (V. 45), die nun als Antwort auf die Auferstehung –
formulieren: „Wahrhaftig, dieser war Gottes Sohn".

f) Schließlich ist auch die Volksmenge aus Jerusalem, die das sicher
versiegelte Grab zusätzlich inspiziert, zu diesen ausschmückenden
und (durchaus in bestimmter Tendenz) erweiternden Erzählelemen-
ten zu rechnen.

g) Ein in anderen Texten gelegentlich begegnendes Phänomen der Apokryphisierung besteht schließlich darin, dass ursprünglich erzählte
Sachverhalte in Worte Jesu transponiert werden – oder auch umgekehrt Worte Jesu erzählerisch aufgenommen und umgesetzt werden.
Während die erstgenannte Form in den erhaltenen Stücken des EvPetr
nicht begegnet, findet sich ein instruktives Beispiel der zweiten.
EvPetr 18 heißt es über die Juden: „Und sie gingen mit Lichtern
umher, dass sie meinten, es sei Nacht, (und) fielen hin. Dies ist mit
hoher Wahrscheinlichkeit eine Aufnahme des Logions von Joh 11,10,
wo es heißt: „Wer aber bei Nacht umhergeht, stößt an, denn es ist
kein Licht in ihm". Während dieses Logion im Joh selbst in tiefgrün-
diger Weise dort aufgenommen wird, wo die Schar zur Verhaftung
Jesu dem Unbewaffneten „mit Fackeln, Lampen und Waffen" entgegentritt und dann, auf sein ‚Ich bin' hin zurückweicht und zu Boden
fällt, wird das Logion hier in der Finsternis der Todesstunde erzählerisch umgesetzt: „Viele aber gingen mit Lichtern umher, da sie meinten es sei Nacht, (und) fielen hin" (V. 18). Auch darin könnte sich
eine – vermutlich durch sekundäre Oralität übermittelte – Kenntnis
eines Elements des vierten Evangeliums dokumentieren, das nun in
ganz anderem Kontext erzählerisch wiederkehrt.

V. SCHLUSSBEMERKUNGEN

Was lässt sich aus diesen Beobachtungen folgern?

a) Zum einen ist auch in der Einordnung in die übergreifenden Tendenzen der Evangelienüberlieferung, hinsichtlich der Verfasserfiktion,
der Christologie, der Darstellung der Auferstehung und der Beschuldigung der Juden deutlich, dass das EvPetr weit über den Rahmen

der kanonisch gewordenen Evangelien hinausgeht und deutliche Zeichen von ‚Sekundarität' aufweist. Dies gilt für die Wahl des Petrus als Ich-Erzähler und fiktiver Autor ebenso wie für die Darstellung der Auferstehung, für die Beschuldigung der Juden am Tod Jesu und für die offenkundige Unkenntnis vieler Gegebenheiten der Zeit und Umwelt Jesu. Hinzu kommt die Rezeption zahlreicher Details aus den kanonisch gewordenen Evangelien, bei z.T. deutlicher Sinnverschiebung.

b)   Auffällig ist jedoch auch die relativ unreflektierte Christologie, die in der standardmäßigen Bezeichnung Jesu als ‚der Herr' wohl schlicht die Gemeindesprache aufnimmt und auch kaum reflektiert den einzelnen Gestalten christologische Titel in den Mund legt, und die Implikationen der erzählten Transformation des Auferstandenen nicht weiter aufnimmt.

c)   Trotz zahlreicher Schriftanklänge lässt sich eine judenchristliche Zuordnung nicht erhärten, es begegnen keine christologischen Bezeichnungen (wie z.B. Messias, Christos, Sohn Davids oder auch Menschensohn), die solches nahelegen. Die Meidung des Jesusnamens wäre in einem judenchristlichen Rahmen ebenfalls verwunderlich. Vor allem aber lässt die Distanz von der jüdischen Sabbat- und Festpraxis auf eine relative Unkenntnis jüdischer Religiosität, mithin auf einen ganz heidenchristlichen Kontext ohne konkrete Beziehungen zum zeitgenössischen synagogalen Judentum schließen.

d)   Das EvPetr nimmt eine Reihe von Motiven auf, die in den kanonischen Evangelien verteilt begegnen: das Händewaschen bei Matthäus, Herodes bei Lukas und das *crurifragium* bei Johannes. Doch werden die unterschiedlichen Motive zu einem teilweise neuen Personen- und Handlungsgefüge zusammengefügt, das die traditionellen Elemente – nicht immer konsequent und einheitlich und schon gar nicht im Sinne ihres ursprünglichen Kontextes – weiterdeutet, wobei im Hintergrund eine Mischung zwischen Apologetik und volkstümlicher Frömmigkeit zu vermuten ist. Die relativ ‚flache' Theologie, die in vielem hinter dem Reflexionsniveau der kanonisch gewordenen Evangelien zurückbleibt, und die diversen narrativen Ausgestaltungen lassen das EvPetr eher als eine recht ‚volkstümliche', in ihrem Erzählbestand aus den tradierten Überlieferungen frei (und wohl gedächtnismäßig) schöpfende ‚Nach-Schrift' der älteren Evangelienüberlieferung erscheinen.

e)   Die relativ zurückhaltende und nicht konsequent durchstilisierte Autorfiktion spricht dafür, dass das Petrusevangelium nicht mit der

Absicht verfasst wurde, die vorhandenen Evangelien in ihrer Gültigkeit zu bestreiten oder zu überbieten. Vielleicht wollte es gar nicht im Rang mit den zur Abfassungszeit wohl schon etablierten kanonischen Evangelien ‚gleichziehen'. Es bietet eher eine ‚erbauliche' und ‚unterhaltsame' Darstellung, deren Beliebtheit in bestimmten Kreisen nachvollziehbar ist.

Das Petrusevangelium ist insofern wohl tatsächlich ein Beispiel für ein Werk, das von Anfang an als Para-Literatur konzipiert war. Es ist wohl nicht nur zu spät entstanden, um nicht mehr in den Kreis der Werke zu ‚rutschen', die später den Vier-Evangelien-Kanon bildeten, es bleibt auch in seiner Reflexionskraft (z.B. in der Christologie, der Deutung des Todes Jesu und dem Umgang mit seiner Auferstehung) deutlich hinter diesen zurück. Gleichwohl lässt sich an ihm und seinen intertextuellen Beziehungen zu den kanonischen und zu anderen apokryphen Texten sowie der Kirchenliteratur ab dem 2. Jh. das Phänomen der ‚Apokryphisierung' studieren. Es ist, wie Martin Meiser treffend formuliert hat, noch ein „Zeuge einer christlichen relativen ‚haggadischen' Freiheit, die … später reduziert wurde auf Auffüllung der von den kanonischen Darstellungen übrig gelassenen größeren (!) Lücken"[109] Als solches bietet es ein instruktives Beispiel der Kreativität und Variabilität im Umgang mit der evangelischen Narration auf dem Hintergrund der noch nicht zur verbindlichen Norm gewordenen, kanonisch werdenden Evangelien. Dass diese ‚Nachschrift' in späterer Zeit den theologischen und argumentativen Anforderungen nicht mehr genügte, führte dann auch dazu, dass seine Weiterwirkung begrenzt blieb.

Lehrstuhl für Neues Testament   Jörg FREY
mit Schwerpunkten Antikes Judentum und Hermeneutik
Universität Zürich
Theologisches Seminar
Kirchgasse 9
CH-8001 Zürich
Schweiz

---

109. So MEISER, *Das Petrusevangelium und die spätere großkirchliche Literatur* (Anm. 21), S. 190.

JEWISH CHRISTIAN GOSPELS

PRIMITIVE TRADITION IMAGINED

I. PROBLEMATA: COPING WITH FRAGMENTS

Forty years ago the task of situating so-called Jewish Christian gospels within the context of early Christian theology seemed relatively straight forward. One began with Jean Daniélou's magisterial treatment[1] for a catalogue of theological topoi such as millenarianism, opposition to high Christology, angelic mediators of creation and the like. Or one engaged the counter-point advanced by A.F.J. Klijn and G.J. Reinink[2]. Theological positions attributed to the second-century teacher, Cerinthus, could be used to frame the fragments of Jewish Christian gospels[3]. Do they reflect the earthly messianism, Torah observance or a Christology which distinguishes the human Jesus from the divine element that descended on him? After analyzing the Cerinthus traditions, Matti Myllykoski concludes, "the chiliastic vision of Cerinthus consisted of a primitive Jewish-Christian imagination nourished by the synoptic gospel traditions and such holy texts as Isa 65"[4]. Since variants of a literal, chiliast eschatology were common in 2nd century Christianity, he attributes the opposition to Cerinthus to his Christology[5].

Irenaeus, who treats Cerinthus' teaching as a species of gnostic speculation, does not mention millenarianism. The docetic Christology of Irenaeus' account relies upon the ontological distinction between the transcendent supreme God and the ignorant creator (*Adv. Haer.* I 26,1). On the other hand, both Gaius (Eusebius, *Hist. Eccl.* III 28,3) and Dionysius of Alexandria (Eusebius, *Hist. Eccl.* III 28,4-5) treat the anticipation of an earthly kingdom of Christ as despicable hedonism[6]. Though one

---

1. J. DANIÉLOU, *The Theology of Jewish Christianity*, trans. J.A. Baker, London, Longman & Todd, 1964.
2. A.F.J. KLIJN – G.J. REININK, *Patristic Evidence for Jewish Christian Sects* (SupplNT, 36), Leiden, Brill, 1973.
3. See the detailed analysis of these debates in M. MYLLYKOSKI, *Cerinthus*, in A. MARJANEN – P. LUOMANEN (eds.), *A Companion to Second-Century Christian "Heretics"*, Leiden, Brill, 2008, 213-246.
4. MYLLYKOSKI, *Cerinthus* (n. 3), p. 242.
5. *Ibid.*, p. 243.
6. This polemic suggests that resurrection of the body was employed to provide the occasion for indulging in carnal delights and pleasures.

might conclude that Cerinthus employed the same version of Matthew as the Ebionites, a sect which Irenaeus claims denied the virgin birth (*Adv. Haer.* III 21,1; V 1,3; on their use of Matthew, II 26,2; III 11,7), there is no evident link between Cerinthus' theology and Jewish Christian gospel traditions. Epiphanius' massive reconstruction of all the heresies in the fourth century CE develops an image of Cerinthus as a gnosticizing Jewish Christian opponent of Paul's gospel, whose false views were transmitted to Ebion and condemned by John the apostle[7].

This sequence illustrates the methodological difficulties inherent in situating the so-called "Jewish Christian" gospels within the context of early Christian theology. Scholars remain dependent upon the polemical constructions of Jewish Christian sects and occasional quotations or summaries by opponents. No equivalent to the Dead Sea Scrolls, the Nag Hammadi codices or the Cologne Mani codex provides an opportunity to assess what outsiders report on the basis of what insiders wrote. Even the fragmentary evidence available resembles a deposit that contains remains from different species and time periods. Fitting them into a single "Jewish Christianity" with a continuous development from the first century CE to the fourth is a dubious proposition as Jörg Frey has pointed out[8]. Even A.F.J. Klijn acknowledges the problem of diverse types: "The contents of these Gospels reflect ideas which are also found elsewhere, but each of them represents a special branch of Jewish-Christianity which was a far from homogeneous whole"[9]. A paleontologist relies upon previously discovered skeletons and fossils to sort a mixed deposit.

What template can be employed to contextualize Jewish-Christian gospels? One approach equates "Jewish-Christian" with earliest, Aramaic speaking believers. They are fragmentary survivals of the Aramaic Matthew traditions familiar to Papias (Irenaeus, *Adv. Haer.* III 1,1; quoted in Eusebius, *Hist. Eccl.* V 8,2; also *Hist. Eccl.* III 39) and allegedly discovered among Christians in India by Pantaenus of Alexandria (Eusebius,

---

7. *Ibid.*, pp. 215-221. Irenaeus tells a story of John, the evangelist, fleeing a bath house in Ephesus because Cerinthus, "the enemy of truth" was inside (*Adv. Haer.* III 3,4; repeated in Eusebius, *Hist. Eccl.* III 28,6).

8. J. FREY, *Zur Vielgestaltigkeit judenchristlicher Evangelienüberlieferungen*, in J. FREY – J. SCHRÖTER (eds.), *Jesus in apokryphen Evangelienüberlieferungen aus verschiedenen Sprach- und Kulturtraditionen* (WUNT, 254), Tübingen, Mohr Siebeck, 2010, 131-134.

9. A.F.J. KLIJN, *Jewish-Christian Gospel Tradition* (SupplVigChr, 17), Leiden, Brill, 1992, p. 42; also see A.F.J. KLIJN, *The Study of Jewish-Christianity*, in *NTS* 20 (1973-74) 419-431.

Hist. Eccl. V 10,3)[10]. Thus Klijn argues that this material has been in appropriately treated as "apocrypha". Instead, the Gospel according to the Nazoreans should be associated with the origins of the Gospel of Matthew. "They represent two separate developments of the same basic community," he argues[11]. Both the Gospel according to the Nazoreans and the Gospel according to the Hebrews have the same pattern as our canonical gospels, while that attributed to the Ebionites is best treated as a gospel harmony comparable to Tatian's Diatessaron[12]. These observations rely on convictions of later authors whose actual familiarity with either members of Jewish-Christian sects[13] or manuscripts of the gospels to which they refer should be challenged. All of the citations that remain from antiquity have been preserved by authors for whom the four gospel canon is authoritative[14]. Therefore the possibility of retrieving first century CE gospel traditions that antedate those preserved in the canonical gospels is very slim.

10. This view becomes established in the patristic tradition, e.g. Origen, *Comm. In Joh.* 1.6; 6.32 (and in Eusebius, *Hist. Eccl.* VI 25); Cyril of Jerusalem, *Cat.* 14; Epiphanius, *Pan.* 2.1.51; Jerome, *Vir. Ill.* III; *Comm. In Matt.* Praef.; *Comm. In Jesai* 6.9; Augustine, *De con. ev.* 1.2.4. Some scholars defend variants of the Aramaic 'Matthew" tradition while conceding that the Gospel of Matthew we possess was composed in Greek. See the detailed discussion in W.D. DAVIES – D.C. ALLISON, *A Critical and Exegetical Commentary on The Gospel According to Saint Matthew*. Volume I: *Introduction and Commentary on Matthew I–VII*, Edinburgh, T&T Clark, 1988, pp. 7-17.

11. KLIJN, *Jewish Christian Gospel Tradition* (n. 9), p. 42.

12. *Ibid.*, pp. 42-43. FREY, *Vielgestaltigkeit* (n. 8), pp. 128-131. D.A. BERTRAND, *L'Évangile des Ébionites: Une harmonie évangélique antérieure au Diatessaron*, in *NTS* 26 (1979) 548-563; G. HOWARD, *The Gospel of the Ebionites*, in *ANRW* I.25.5 (1988) 4034-4053; P. VIELHAUER – G. STRECKER, *Jewish-Christian Gospels*, in W. SCHNEEMELCHER (ed.), *New Testament Apocrypha*. I: *Gospels and Related Writings*, trans. R.McL. Wilson, Louisville, KY, Westminster John Knox, 1991, 134-178, pp. 167-169. Strecker distinguishes the Gospel according to the Ebionites from the Diatessaron, since it neither incorporates the Fourth Gospel, nor appears to suppress differences between the gospels. "So far as a harmonizing tendency is present, it serves rather a novelistic interest, which takes up the concrete features of the synoptic gospel tradition or amplifies them independently" (*ibid.*, p. 168). Irenaeus claims that the Ebionites used only the Gospel according to Matthew (*Adv. Haer.* I 26,2; III 11,7) which Epiphanius apparently takes to be the Hebrew version of Matthew (*Pan.* 30.3.7) despite the fact that the Ebionite gospel from which he quotes is in Greek. See the discussion in S. HÄKKINEN, *Ebionites*, in MARJANEN – LUOMANEN (eds.), *A Companion* (n. 3), 247-268, pp. 260-261.

13. Häkkinen suggests that Origen was an exception. Unlike Irenaeus and other church fathers, he probably knew Jewish-Christians to whom he applied the term Ebionites taken from earlier heresiological catalogues (HÄKKINEN, *Ebionites* [n. 12], p. 254).

14. On the general question of the relationship between apocryphal gospels and the four gospel canon, see J. SCHRÖTER, *Die apokryphen Evangelien und die Entstehung des neutestamentlichen Kanons*, in FREY – SCHRÖTER (eds.), *Jesus in apokryphen Evangelienüberlieferungen* (n. 8), 31-60. None of the apocryphal gospels presented as "according" to a revered apostolic figure such as Peter, Thomas, Mary Magdalene (or Judas) ever appears in a gospel collection comparable to the canonical gospels (*ibid.*, pp. 55-60).

Instead one must address the question from the other end of the chronological spectrum. While references to the three distinct Jewish-Christian
gospel traditions are found in second and third century CE Christian
authors[15], most of our evidence belongs to the fourth century CE. Professor
Frey observes that the high frequency of appeals to Jewish-Christian gospels when compared with other known apocrypha suggests that at least in
the case of the Gospel of the Hebrews and the Nazorean traditions, these
gospels had some greater level of credibility[16]. Though Jewish-Christians
probably disappeared along with the Jewish community in Egypt after the
rebellion under Trajan (117 CE), Clement of Alexandria and Origen still
have access to the Gospel of the Hebrews at the end of the century[17]. In
Epiphanius' view, the Ebionites have recast synoptic traditions to reflect
their own theological views[18]. He accuses them of having a Gospel according to Matthew "which is not complete but falsified and distorted" (Pan.
30.13.12)[19]. However, two centuries earlier, Irenaeus refers to the Ebionites using only the Gospel of Matthew without any suggestion that their
gospel differs from that being read by other Christians (Adv. Haer.
I 26,2)[20]. Irenaeus' relatively benign report mentions a Christology similar

15. See the carefully argued case for distinguishing three Jewish-Christian gospels in
FREY, Vielgestaltigkeit (n. 8), pp. 93-137. Professor Frey points out that given the state
of our evidence, other gospel fragments might belong to a so-called "Jewish-Christian"
gospel, but it is impossible to create a detailed enough picture to make such identifications
(ibid., p. 134).

16. Ibid., p. 135.

17. Ibid., pp. 135-136.

18. If this "gospel harmony" was created as a theologically motivated revision of
canonical gospels, then it likely functioned as authoritative within the confines of that
group. Such a limitation also sets it apart from the wider-ranging claim to validity of the
canonical texts (ibid., p. 136).

19. HÄKKINEN, Ebionites (n. 12), p. 262. As examples of such theological adjustments,
John the Baptist eats honey cakes, not locusts (the Ebionites were vegetarian; Pan. 30.14.4)
and addition of a Psalm text to the story of Jesus' baptism (ibid., pp. 262-263). However
the "locusts" problem might have much earlier roots. Qumran legislation concerning the
consumption of winged insects permits eating locusts only if they are cooked alive prior
to consumption (11QT 48:3-6; CD 12:13-15) whereas the rabbis permitted eating both
dead and live locusts. See the discussion in J. MAGNESS, Stone and Dung: Oil and Spit.
Jewish Daily Life in the Time of Jesus, Grand Rapids, MI, Eerdmans, 2011, pp. 37-40.
Sectarian halakah also prohibited consumption of non-sacrificial meat within Jerusalem
(11QT 52:13-18; 4Q394 14-18) whereas the rabbis appealing to Deut 12,20-21 permit
non-sacrificial slaughter and meat consumption everywhere except the Temple, itself
(ibid., pp. 44-45). The Ebionite traditions in question may represent a distant recollection
of earlier debates over purity regulations.

20. HÄKKINEN, Ebionites (n. 12), p. 260. Since Irenaeus depends upon a source for this
information, it is possible that there were differences between the Ebionite Gospel of
Matthew and the canonical version. However Epiphanius presents a catalogue of falsified
books which he claims the Ebionites use including an Acts of the Apostles (Pan. 30.16.6)
and a Periodoi Petrou allegedly by Clement of Rome as well as an Anabathmoi Iakobou

to that of Cerinthus, a devotion to a Jewish way of life, the Torah and prophets, and opposition to Paul as an apostate from Judaism. It gives no specifics. Nor do their views appear particularly dangerous[21]. Epiphanius provides extensive details about their teaching[22]. Therefore the question to be put to the gospel traditions associated with this account is not whether or not one can extract early first or second century material but how such material functions in the theological narrative being constructed by the author in question[23].

Prior to treating the Ebionites, Epiphanius introduced another Jewish Christian group, the Nazoreans (*Pan.* 29.5-6), sometimes considered the direct descendants of the early Jerusalem community. On that account, they were "orthodox" believers who continued to be observant Jews. Ebionites split away from this "Catholic" form of Jewish Christianity[24]. However, this group only surfaces in fourth century CE authors. Since Jerome is acquainted with Epiphanius' work, Luomanen concludes that

---

(*Pan.* 30.15-17; HÄKKINEN, *Ebionites* [n. 12], pp. 263-265). Evidently this collection of "falsified books" belongs to the rhetoric of Epiphanius or his source, not to an Ebionite canon per se. Given the collection of diverse treatises in the Nag Hammadi codices or the Codex Tchacos, it is possible that the muddled reports in Epiphanius concerning books used by the Ebionites was based on the contents of one or more such codices, not actual familiarity with members of the sect or their writings. This hypothesis could explain how Epiphanius came to possess additional material about Ebionites on Cyprus without the presence of Ebionite groups on the island (O. SKARSAUNE, *The Ebionites*, in O. SKARSAUNE – R. HVALVIK [eds.], *Jewish Believers in Jesus: The Early Centuries*, Peabody, MA, Hendrickson, 2007, 419-462, p. 452).

21. A number of items in Origen's notices about the Ebionites concur with Irenaeus: deny the virgin birth (*Hom. In Luc.* 17; *Comm. In Tit.*; *c. Cel.* 5,61 [though some do not]; observe Torah including circumcision (*Hom. In Gen,* 3.5); use Gospel of Matthew (*De Princ.* 4.3.8). See J.C. PAGET, *Jews, Christians and Jewish Christians in Antiquity* (WUNT, 251), Tübingen, Mohr Siebeck, 2010, pp. 328-329.

22. HÄKKINEN, *Ebionites* (n. 12), pp. 66-68. He often misunderstands what he derives from his sources. Where Irenaeus refutes their clear differentiation of human and divine element in Christ with the liturgical practice of *commixtio*, mixing of water and wine in the chalice symbolic of the human and divine nature (*Adv. Haer.* V 1,3), Epiphanius concludes that the Ebionites celebrated Eucharist using only water (*Pan.* 30.16; *ibid.*, p. 266 n. 50).

23. The inconsistencies in Epiphanius' account serve his rhetorical agenda, demonstrating that each heresy is a monstrous, many-headed hydra (*Pan.* 30.1.1; PAGET, *Jews, Christians* [n. 21], p. 332). For a more extensive discussion see J. VERHEYDEN, *Epiphanius and the Ebionites*, in P.J. TOMSON – D. LAMBERS-PETTRY (eds.), *The Image of the Judeo-Christians in Ancient Jewish and Christian Literature*, Tübingen, Mohr Siebeck, 2003, 182-208.

24. R.A. PRITZ, *Nazarene Jewish Christianity: From the End of the New Testament Period until Its Disappearance in the Fourth Century*, Leiden, Brill, 1988, pp. 82-110. This group does not appear in our second century CE sources either because they were not perceived as deviant or because the group was a local phenomenon associated with Beroea.

Epiphanius should be credited with creating this model instance of Jewish Christianity[25]. He created this "pure fiction" on the basis of Eusebius' *Ecclesiastical History*, Acts, and his own views about heretics[26]. Jerome's subsequent account is much less polemical. A group of Syriac/Aramaic speaking Christians from which he derived the excerpts he quotes were not distinctively different from other Christians living in Palestine. They provide Jerome with useful material to support his *Hebraica veritas* agenda[27]. Although Jerome appeals to variants found in this tradition as though it provided access to an early Aramaic gospel tradition, several fragments reflect the Greek text of Matthew. Therefore Strecker concludes that it was "an Aramaic version of the Greek Mt., but, as the fictional enlargements of canonical scenes, many corrections and deletions and the insertions of new sayings of the Lord show, it was no accurate translation, but a targumistic rendering of the canonical gospel of Mt"[28].

II. PROBLEMATA: WHAT'S IN A NAME?

Dismantling the generic category labels has become routine in academic circles[29]. The generic designation "Jewish Christian" is no exception to the rule against presuming that a conventional classification refers to a well-defined entity[30]. This problematic is not simply a reflection of post-modern challenges to essentialism. Our fourth century CE sources exhibit both confusion over categories[31] as well as the need to

---

25. P. LUOMANEN, *Nazarenes*, in MARJANEN – LUOMANEN (eds.), *A Companion* (n. 3), 279-314.

26. Nor is this group the only fictional heresy in Epiphanius' long catalogue (*ibid.*, p. 308).

27. *Ibid.*, p. 309.

28. VIELHAUER – STRECKER, *Jewish Christian Gospels* (n. 12), p. 157.

29. As in the repeated pleas to drop the designation "Gnosticism". See, for example, K.L. KING, *What Is Gnosticism?*, Cambridge, MA, Harvard University, 2003; M.A. WILLIAMS, *Rethinking "Gnosticism": An Argument for Dismantling a Dubious Category*, Princeton, NJ, Princeton University, 1996. David Brakke proposes a redefinition that drops the "–ism" but argues for an historically plausible use of the generic classification "Gnostic" to refer to an identifiable type of mythic speculation and ritual practice in second century Christianity (D. BRAKKE, *The Gnostics: Myth, Ritual, and Diversity in Early Christianity*, Cambridge, MA, Harvard University, 2010, pp. 1-51).

30. See PAGET, *Jews, Christians* (n. 21), pp. 289-324; S.C. MIMOUNI, *Le judéo-christianisme ancient: Essais historiques*, Paris, Cerf, 1998, pp. 11-90.

31. Such as the tendency to treat all species of "Jewish Christianity" as "Ebionite", which fostered Epiphanius' attribution of pseudo-Clementine materials to that group (HÄKKINEN, *Ebionites* [n. 12], p. 257). That move was reflected in the extensive use of the

create a generic form of "Jewish Christianity" out of inherited fragments in the case of Epiphanius' Nazoreans. This classification issue has been caught up in larger debates over the "parting of the ways" between Jews and Christians, a somewhat sliding scale with evident local differences[32]. Scholars recognize that the patterns of Christian identity which emerged in the first centuries were more complex than our simpler categories such as "Jewish" or "Gentile", "proto-orthodox, orthodox" or "dissident, heretical", "canonical" or "apocryphal" might suggest.

pseudo-Clementines in H.J. Schoeps' influential synthesis of Jewish Christian theology, H.J. SCHOEPS, *Theologie und Geschichte des Judenchristentums*, Tübingen, Mohr Siebeck, 1949. F. Stanley Jones argues that the *Periodoi Petrou* was composed in the third century (ca. 220 CE) as a novelistic account of Christian origins directed to "non-Jews and/or non-Jewish Christians" (F.S. JONES, *Jewish Christianity of the Pseudo-Clementines*, in MARJANEN – LUOMANEN [eds.], *A Companion* [n. 3], 315-334). Stanley Jones concludes that this third century Syrian group would not have described themselves as Jews or Hebrews. Nor would they have identified with non-Jewish Christians simply, though their preferred term *thetosebēs* was in general use among Christians. His catalogue of traits appears to be more a generic than a sect-specific (species) definition: "In their mode of life, these Jewish Christians were characterized by observance of menstrual separation, avoidance of "the table of demons" (food offered to idols, blood, carrion, and what has been strangled), not sharing meals with the non-baptized, circumcision as a desired purification, religious bathing, latent vegetarianism, and an express anti-Paulinism" (*ibid.*, p. 332).

32. This essay will not engage that chronological debate. Such first century and early second century CE evidence for boundary drawing appear to be localized responses to different situations, e.g. Claudius' edicts in the 40s CE ("... though Claudius did act against the Jews early in his reign he did not expel them til much later" [C.K. BARRETT, *A Critical and Exegetical Commentary on the Acts of the Apostles*. Volume II: *Introduction and Commentary on Acts XV–XXVIII*, Edinburgh, T&T Clark, 1998, p. 859; Suetonius, *Claudius* 25; Dio 60.6.6); martyrdom of Christians in Rome under Nero as scapegoats for the great fire in 64 CE (Tacitus, *Annals* 15-40-44; Suetonius, *Nero* 38; 1 Clement 5-6); expulsion of Johannine Christians from (local?) synagogues (ca. 80-90 CE?; John 9,22; 16,2 (though sometimes associated with the *birkat ha'minim* and Justin Martyr's assertion that Jews cursed Christians in their synagogues, *Dial* 16; 110, Jewish scholars doubt that this element of the Benedictions existed before the 4th century at the earliest. In any event, *minim* could only apply to individuals considered part of the Jewish community, see R. KIMMELMAN, *Birkat ha-minim and the Lack of Evidence for an Anti-Christian Jewish Prayer in Late Antiquity*, in E.P. SANDERS – A.I. BAUMGARTEN – A. MENDELSON (eds.), *Jewish and Christian Self-Definition*. Vol. II: *Aspects of Judaism in the Greco-Roman Period*, Philadelphia, PA, Fortress, 1981, 226-244); Pliny's actions against persons accused of worshiping Christ while he was governor of Bithynia 110/111 CE (*Ep.* 10.96, since Trajan's response presumes that anyone willing to worship "our gods" will be acquitted, Jews could have been caught in this trap if their exemption from such worship were not acknowledged). Mimouni observes that one must take cultural distance into consideration when speaking of Jewish Christian communities. Those like Matthew which lived in close proximity to non-Jewish communities of believers are distinct from those at a distance from non-Jewish believers and participate in the larger Jewish milieu as in the Jerusalem community of James. From the perspective of outsiders, Mimouni concludes that the rupture is relatively late, from the 2nd to 3rd centuries depending upon the region (MIMOUNI, *Judéo-christianisme* [n. 30], pp. 20-21).

Within the multiplicities employed to break up the established defini-
tions, one must acknowledge powerful elements leading toward unity[33].
Scholars often unconsciously presume that the named "varieties" of
early Christianity reflect clearly defined groups. However religious
groups and ideas rarely operate so neatly[34]. Despite their diversities in
interpretation of Torah, the sense of shared symbols, language and practice united Second Temple period Jews. Most would not have felt themselves to be objects of God's wrath in the last days depicted in the
sectarian commentary on Habakkuk (1 QpHab 2.1-10)[35]. Individuals
may experience the contours of identification with or separation from
others quite differently according to context. As Lieu observes: "...
between inscriptions ostensibly set up by Jews and those set up by Gentiles in parts of Asia Minor we find continuities not just of language and
of terminology, but also of attitudes to mediation between human and
divine, to the need for penitence, and to patterns of piety; these ... suggest that shared identity may have been more strongly *felt* – and 'felt'
is the operative word here – than separated ones"[36].

Therefore the hyphenated category "Jewish Christian" does not necessarily refer to sociologically identifiable groups. Some scholars propose
to weight the expression toward the side of Jewish praxis using expressions such as "Jewish believers in Jesus". That move recovers the terminology of our second and third century sources, who describe the distinction in practice between Jews who believe in Christ and believers from
among the Gentiles (Justin, *Dial.* 47, 2-3; Origen, *Comm. In Matt.* 16,12)[37].
For them the expression "Jewish Christian" distinguishes ethnically
Jewish believers who continue to live as Jews from others of Gentile
origin. The latter group would include some Gentiles who adopted
elements of Jewish praxis, generally designated as "Judaizers"[38]. Such

---

33. "Any model for Christian diversity in the pre-Constantinian era must recognize
not only the persistence of diversity but also the rise of orthodoxy, not only the hybridity
and fluidity of early Christian writings and movements but also the unity and bounded
character of many of them" (BRAKKE, *Gnostics* [n. 29], p. 5).

34. *Ibid.*, pp. 9-10. "But in general the use of ethnic or kinship language to speak of
religious identity in antiquity did not necessarily imply such deterministic beliefs: ancient
people could imagine persons moving from one 'nation' to another" (*ibid.*, p. 73). Judith
Lieu suggests that the boundedness of texts distorts social experience, "Literary texts ...
tend to be more exclusive than social experience; individuals and groups interact socially
who textually are denied such intercourse" (J. LIEU, *Christian Identity in the Jewish and
Graeco-Roman World*, Oxford, Oxford University, 2004, p. 9).

35. *Ibid.*, p. 154.

36. *Ibid.*, p. 155.

37. MIMOUNI, *Judéo-christianisme* (n. 30), pp. 49-50.

38. Though some interpreters suggest that "judaizers" as a group designation might
include Jewish believers who "felt at ease moving between both communities, a point

generic forms of "Jewish Christianity" are distinguished from the later developments that produced sects such as the Ebionites, who defined their faith and practice over against that of other believers[39].

Eusebius employs the term *hebraioi* rather than *Ioudaioi* when describing the episcopal succession in Jerusalem, all were of "Hebrew" origin as was the "the entire church of faithful one of Hebrew origin". The second revolt of Jews against Hadrian brought an end to the "bishops of the circumcision" (*Hist. Eccl.* IV 5,1-4). He suggests that Matthew initially preached "to the Hebrews". "When he was about to go to others he wrote in his native tongue transmitting *the gospel according to him...*" (*Hist. Eccl.* III 24,6)[40]. Thus by the fourth century Hebrew (or Aramaic) speaking, Jews who believe in Christ belong to the past, to a memory of Jerusalem origins[41]. Employing the term "Hebrews" rather than "Ioudaioi" underlines the cultural and linguistic difference between these believers and the fourth century audience. The tradition of a

implied in the comments made by Origen, by the canons of Elvira and Laodicea and in the fourth century, by John Chrysostom's attack on Judaising Christians, and by some ecclesiastical legislation" (PAGET, *Jews, Christians* [n. 21], p. 18). Paget defends the plausibility of Jews and/or believers of Jewish origins encouraging such practices among Gentiles, cf. Ignatius, *Magn.* 8,1; 9,1; 10,3. Justin Martyr attributes Judaizing to the influence of Jewish believers, though Paget would not exclude proselytizing by other Jews as well (*ibid.*, pp. 57-59). Eusebius reports that Clement of Alexandria composed a tract for Bishop Alexander of Jerusalem entitled "Ecclesiastical Canon" or "Against the Judaizers" (*Hist. Eccl.* VI 13,3), though it appears to have referred to an exegetical debate over those who advocate a literal interpretation of the Old Testament rather than reading the law and the prophets as typology of Christ (*ibid.*, pp. 97-98).

39. *Ibid.*, pp. 308-320. Mimouni posits a distinction in our sources between "orthodox" Jewish Christians such as the Nazoreans and those whose practices and beliefs were considered heretical such as Ebionites and Elchasites (MIMOUNI, *Judéo-christianisme* [n. 30], p. 47).

40. Eusebius later quotes the passage from Irenaeus *Adv. Haer.* III 1,2 that supports the claim that Matthew wrote a gospel "for the Hebrews in their own language" (*Hist. Eccl.* V 8,2). His source does not contain the elaboration found in this earlier passage by which the gospel provides a substitute for the evangelist's presence once he departs to preach to others. Eusebius does not say in what language he imagines that preaching to have occurred. However the sharp contrast between "Hebrews in their native language" and "the others" combined with Eusebius' picture of the Jerusalem church as led by and composed of ethnic Jews until the early second century suggests that "the others" are Greek speakers, either diaspora Jews or Gentiles. The transition from preaching to "Hebrews" to "the others" might have its origins in an effort to accommodate the restriction of Matt 10,5-6 to the commission in Matt 28,19 that presumes a two-stage, first to Israel, then to "the others" that does not make rejection by Israel the prelude to its condemnation and replacement by Gentiles. On the problems in treating Matt 10,5b-6 in light of the concluding commission to go to the nations, see U. LUZ, *Matthew 8–20*, trans. J.E. Crouch, Minneapolis, MN, Fortress, 2001, pp. 72-74.

41. In his *Onomastikon* Eusebius refers to "Hebrews" who believed in Christ as Ebionites, reflecting the sectarian divisions of his own day (MIMOUNI, *Judéo-christianisme* [n. 30], p. 51).

Hebrew Matthew permits their inclusion as "orthodox", since their faith was based on one of the canonical gospels. However, another tradition which Eusebius attributes to Hegisippus, "himself of Hebrew origins" (*Hist. Eccl.* IV 22,8), claims that "Hebrews who have accepted Christ" are reading the "Gospel according to the Hebrews" that is neither canonical nor a heretical fabrication, but belongs to a middle category of disputed or often received works (*Hist. Eccl.* III 25,5)[42]. Though not universally acknowledged as apostolic canon, such writings can be "used publically by many in most churches" without danger to the faith (*Hist. Eccl.* III 31,6)[43].

Eusebius' treatment of the Hebrew Matthew and this "Gospel of the Hebrews" is problematic. His assertion that Pantaenus brought a version of the former back to Alexandria from travels in India (*Hist. Eccl.* V 10,3) combined with the classification of "Gospel according to the Hebrews" as "disputed" suggests that he considers them to be separate works[44]. When Eusebius associates the "Gospel according to the Hebrews" with the "heretical" wing of the Ebionites (*Hist. Eccl.* III 27,1-6), he has shifted it toward the category of "heretical" rather than "disputed"[45]. Despite Eusebius' assertion that the "Gospel according to the Hebrews" contains a story about a "woman accused of many sins" (*Hist. Eccl.* III 39,17), he gives no indication that he is personally familiar with that gospel[46]. Since Clement of Alexandria and Origen both know a "Gospel of the Hebrews" in Greek[47], they could not confuse it with a Hebrew (or Aramaic) Matthew. Therefore "Hebrews" as a non-sectarian term refers to the ethnic or cultural origins of individuals, not necessarily the language in which this gospel was composed. Although one finds the title formula "gospel according to X" employed, "Hebrews" is not a personal name or claim to apostolic authority[48]. It designates the circles from which particular gospel traditions derive, not necessarily a

---

42. Everett R. KALIN, argues that the two terms *antilegomenoi* and *nothoi* refer to the same middle category (E.R. KALIN, *The New Testament Canon of Eusebius*, in L.M. MCDONALD – J.A. SANDERS [eds.], *The Canon Debate*, Peabody, MA, Hendrickson, 2002, 90-403).

43. *Ibid.*, p. 403.

44. So FREY, *Vielgestaltigkeit* (n. 8), p. 112.

45. KLIJN, *Jewish Christian Gospel Tradition* (n. 9), pp. 10-13.

46. As Klijn remarks, "... we have to conclude that either he happens to know of its presence in this Gospel or that he is merely guessing" (*ibid.*, p. 11).

47. H.-J. KLAUCK, *Apocryphal Gospels: An Introduction*, trans. B. McNeil, London, T&T Clark, 2003, p. 38.

48. D. LÜHRMANN, *Die apokryph gewordenen Evangelien: Studien zu neuen Texten und zu neuen Fragen* (SupplNT, 112), Leiden, Brill, 2004, pp. 238-239.

single work. Hebrew (or Aramaic/Syriac) versions of Matthew may also have been employed by these Jewish believers[49].

Rather than hypothesize a group of so-called "Jewish Christian gospels" originating in the second century CE comparable to or a harmony derived from the synoptics, the terms employed in our pre-Constantinian sources undermine that construction. Each example must be treated as though it were comparable to one of the gospel fragments found on papyri. Tobias Nicklas' careful edition of *Papyrus Egerton* 2 (+ *Papyrus Cologne* 255, a text sometimes alleged to represent a Jewish Christian response to pressure from the Jewish community, is instructive[50]. Its Jesus is a pious Jewish teacher, sent from God, who is greater than the prophets. In addition to the Gospel of John, its author is familiar with one or more of the synoptic gospels, but not with a "four gospel canon" as authoritative. Nicklas concludes: "Its gospel neither wants to harmonize the four gospels that came to be part of the New Testament, nor does it try to overcome them"[51].

Our fourth century informants presume that the gospel materials employed by sectarian groups are claiming to supplant canonical texts and undermine the faith to which they testify. In that setting, heterodox groups must possess their own gospels, so Epiphanius and Jerome collect evidence for Ebionite and Nazorean "gospels" respectively. Even there one must exercise caution about assuming that they pulled a codex out of the cabinet which contained such a text in its entirety. Not only are the lines between oral performance and written texts more ambiguous than our critical models often presume, even the canonical gospels are closer to handbooks or summaries for school instruction than polished literary *bioi*[52]. Standard methods of composition employed by authors like Eusebius make extensive use of excerpts out of context. Authors have secretaries assemble notes on what is read into *commentarii*,

---

49. Though I am skeptical of reconstructions that present three sharply delineated Jewish Christian gospels, Klijn's suggestion that the early materials derive from a bi-lingual environment seems right on the mark: "... the origins of the Gospel according to the Nazoraeans are not much different from those of the Gospel according to the Hebrews. Both were composed with the help of the available tradition about the life of Jesus. However, one originated in a Greek-speaking and the other in an Aramaic speaking environment" (KLIJN, *Jewish Christian Gospel Tradition* [n. 9], p. 38).

50. T. NICKLAS, *The "Unknown Gospel" on Papyrus Egerton 2* (+ *Papyrus Cologne 255*), in T.J. KRAUS – M. J. KRUGER – T. NICKLAS, *Gospel Fragments*, Oxford, Oxford University, 2009, 11-120.

51. *Ibid.*, p. 114.

52. See L. ALEXANDER, *Ancient Book Production and the Circulation of the Gospels*, in R. BAUCKHAM (ed.), *The Gospels for All Christians: Rethinking the Gospel Audiences*, Grand Rapids, MI, Eerdmans, 1998, 71-112, pp. 90, 101-105.

arranged by subject or author as the basis for literary work[53]. Thus even in more elite literary circles the ancients are more likely to know and use works from the past in the form of compendia, excerpts and summaries, than to consult them as a whole[54].

III. REMEMBERING THE PAST: FROM ANCESTOR TO 'OTHER'

Scholars often explain features of the gospels by appealing to a community for which the author is writing. If one cannot assign a gospel fragment such as *P. Oxy.* 840 to a particular Jewish Christian gospel named in patristic sources[55], a general association with Jewish Christianity may be invoked, "it seems that *P. Oxy.* 840 does share a characteristic consistent with early Jewish-Christian groups: deep concern over ritual purity"[56]. But that apparently innocuous connection is methodologically suspect. As Judith Lieu has pointed out none of the canonical gospels draw direct lines between the narrative and specific communities[57]. Instead of populating early Christian textual remains with a corresponding number of churches, one should situate the 2nd and 3rd century "Jewish Christian" fragments within the broader uses of cultural memory to imagine a past. Doing so creates a tradition[58].

---

53. A.D. CARRIKER, *The Library of Eusebius of Caesarea* (SupplVigChr, 67), Leiden, Brill, 2003, pp. 47-49.

54. An author who sets out to reshape such materials into a more extensive, multi-volume work will then have to create patterns into which the pieces are fitted as in Pausanias' focus on the major religious sites of Greece (see J. ELSNER, *Structuring "Greece": Pausanias's Periegesis as a Literary Construct*, in S.E. ALCOCK – J.F. CHERRY – J. ELSNER [eds.], *Pausanias: Travel and Memory in Roman Greece*, New York, Oxford University, 2001, 3-20). Both the balance of and techniques for combining description of monuments, myth, and historical narrative vary from book to book (*ibid.*, pp. 6-8). Scholars should be cautious about employing patterns from the synoptic gospels as a template for creating a "gospel" from apocryphal fragments.

55. Texts from the Nag Hammadi collection have demonstrated how tenuous the link between outsiders' statements about specific Gnostic writings and their content actually is. See F. WISSE, *The Nag Hammadi Library and the Heresiologists*, in *VigChr* 25 (1971) 205-223.

56. M.J. KRUGER, *Papyrus Oxyrhynchus 840*, in KRAUS – KRUGER – NICKLAS (eds.), *Gospel Fragments* (n. 50), 123-215, p. 163.

57. LIEU, *Christian Identity* (n. 34), p. 87. She also observes that one rarely finds Jesus traditions, canonical or not, employed to establish Christian identity (*ibid.*, p. 88).

58. Lieu remarks, "... 'remembering' creates a history that provides a coherent continuity out of the discontinuities of all human experience; it not only explains the present but justifies it" (LIEU, *Christian Identity* [n. 34], p. 62).

One can point to a number of examples of this process in the Hellen-istic and Roman period. Studies of *Jubilees* and other Jewish recasting of material from the Hebrew scriptures often speak of a "rewritten" Bible[59]. 1 Maccabees 12,19-23 creates a fictional letter[60] seeking an alliance with Sparta based on written evidence of a common ancestry between the two peoples[61]. Quite apart from Jewish believers or Judaizing Christians, early Christians preserved the LXX and an extensive amount of other Jewish writings in Greek including the works of Josephus and Philo[62]. Pausanias takes his readers into the by-gone eras of classical and archaic Greece[63]. For Longinus the antique past is fragmented. Readers must restore its visual ruins in their minds[64]. Archaeo-logical evidence for the growth of urban centers belies the familiar literary depiction of a Greece in moral and political decline that is common in Roman authors[65]. Roman authors and artists[66] recast the history of Alexander, the Great, as a cultural reflection on the complexities of

---

59. S. WHITE-CRAWFORD, *Rewriting Scripture in Second Temple Times*, Grand Rapids, MI, Eerdmans, 2008. Intense interest in ritual purity halachah such as one observes in *P. Oxy.* 840 also appears in texts from this period (92-93; also see MAGNESS, *Stone and Dung* [n. 19], pp. 16-31). It is possible that the 2nd century author of the work preserved in *P. Oxy.* 840 supplemented the stories from the canonical gospels with information from a first century CE Jewish source. In that case, its accuracy provides no information as to the ritual habits of a second century Christian community. Elsner notes that Pausanias invents a ritual pattern for long abandoned ruins and monuments from general practices, myths, and familiar artistic representations (ELSNER, *Structuring* [n. 54], pp. 17-18).

60. Based on some familiar tradition (cf. Josephus, *Ant.* XII 225-27; 2 Macc 5,9; E.S. GRUEN, *The Purported Jewish-Spartan Affiliation*, in R.W. WALLACE – E.M. HARRIS (eds.), *Transitions to Empire: Essays in Greco-Roman History, 360-146 B.C.E. in Honor of E. Badian*, Norman, OK, University of Oklahoma, 1996, 254-269).

61. Though an intelligible diplomatic ploy, the appeal to common ancestry (*suggeneia*) did not gain much traction for the Jewish appeal (1 Macc 14,20-23).

62. LIEU, *Christian Identity* (n. 34), p. 75. See G. STERLING, *The Place of Philo of Alexandria in the Study of Christian Origins*, in R. DEINES – K.-W. NIEBUHR (eds.), *Philo und das Neue Testament*, Tübingen, Mohr Siebeck, 2004, 21-52.

63. Much like modern guidebooks, what follows is ignored. See D. KONSTAN, *The Joys of Pausanias*, in ALCOCK – CHERRY – ELSNER (eds.), *Pausanias* (n. 54), 57-60, p. 57; James Porter suggests that displacement from the present and shoring up the past can be associated with the sublime (J.I. PORTER, *Ideals and Ruins. Pausanias, Longinus, and the Second Sophistic*, in ALCOCK – CHERRY – ELSNER (eds.), *Pausanias* [n. 54], 63-92, p. 64).

64. *Ibid.*, P. 66. (Pausanias, *Greece* 5.17.6; p. 71).

65. S.E. ALCOCK, *Graecia Capta: The Landscape of Roman Greece*, Cambridge, Cambridge University, 1993, pp. 28-71.

66. See the Alexander Mosaic from the House of the Faun at Pompeii depicting his victory over Darius, which some scholars suggest was modeled on a famous painting by Philoxenos of Eretria (Pliny, the Elder, *Nat. Hist.* 35,110) and commemorated an ancestor's participation in the event (J. BERRY, *The Complete Pompeii*, London, Thames and Hudson, 2007, pp. 163-165).

Rome's rise to imperial power[67]. These images run from the victorious conqueror from the West, a pattern to be emulated, to the profligate despot, an example of corrupted virtue. Each of the many Roman period Alexanders speaks more to its own setting than about the Macedonian king, but that fact has not stopped historians ancient and modern from attempting to reconstruct the "historical Alexander"[68].

These examples reinforce a conviction familiar to students of early Christian origins: there is no single story or set of historical facts from which all that follows can be derived. Even text-critics acknowledge that the wide range in manuscript variants for such important sayings as the Lord's Prayer and Jesus' sayings on divorce make it impossible to establish an original version[69]. Even when canonical NT texts are well established, Christians had access to a wide range of apocryphal writing as Eldon Epp's survey of the Oxyrhynchus papyri demonstrates[70]. With the exception of *Hermas*, accepted as canonical by Irenaeus (according to Eusebius, *Hist. Eccl.* V 8,7), all of the non-canonical material could claim to represent apostolic origins. The *Gospel of Mary* and the *Sophia of*

---

67. See D. SPENCER, *The Roman Alexander: Reading a Cultural Myth*, Exeter, University of Exeter Press, 2002. Alexander is not simply the triumphant victor adopted as a persona by Roman generals. He also appears as a cautionary exemplar of the instabilities of power: "Lucan characterizes Alexander as the fortunate plunderer (*felix praedo*), he is deranged, a man of insatiable greed and rapacity; carnage rather than civilization follows in his wake. The rule embodied in such a man is a curse, striking with thunderbolt-like indiscriminateness, echoing the earlier, similar comparison involving Caesar (1.151-157)" (*ibid.*, p. 116).

68. See the wealth of details brought to that endeavor in J. ROMM – R.B. STRASSLER, *The Landmark Arrian: The Campaigns of Alexander*, A new translation by Pamela Mensch, New York, Pantheon, 2010. By presenting close-ups of the faces of the two kings in the Alexander Mosaic on facing pages (*ibid.*, pp. 120-121), the authors give an impression that the mosaic presents the two head to head rather than a lower figure of Alexander charging at a central figure of the Persian king in his chariot surrounded by troops. Adopting the view that the mosaic was from a Greek painting done within decades of the battle, the authors remark, "perhaps based on eyewitness accounts". Spencer reproduces the whole mosaic. Rather than treat it as a third remove lens into the battle as participants remembered it, she proposes an alternative reading: "… we find Alexander and Darius divorced from the turmoil through the semiotics of their depiction; Alexander both is, and is not, embroiled in battle, Darius is eternally poised for flight. Both are on the cusp of dramatic changes in fortune" (SPENCER, *Roman Alexander* [n. 67], Frontispiece).

69. E.J. EPP, *The Oxyrhynchus New Testament Papyri: "Not without Honor Except in Their Hometown"?*, in *JBL* 123 (2004) 5-55,, pp. 6-7. A number of the Lord's Prayer variants may stem from liturgical texts rather than the gospels (*ibid.*, p. 38).

70. Canonical NT (ca. 57%); followed in importance by *Shepherd of Hermas* (7 copies/fragments); *Gospel of Thomas* (3); *Gospel of Mary* (2); *Gospel of Peter* (2); *Acts of Peter, Acts of John, Acts of Paul, Sophia of Jesus Christ* (1 each); *P. Oxy* 840, *P. Oxy* 1224 and other gospel fragments; later apocrypha: *Paul and Thecla, Protoevangelium of James, Letter of Abgar to Jesus* (EPP, *Oxyrhynchus* [n. 69], pp. 12-18).

Jesus Christ include Mary Magdalene (and the other women)[71] with the male disciples. Modern scholars arrange these materials chronologically, with their use of or allusions to canonical texts as evidence of later authorship[72]. However, it would be a mistake to assume that those who composed, copied and read these works in antiquity made the same judgments about them.

The higher percentage of canonical texts in Epp's survey probably reflects the need for more copies of writings employed in liturgical and catechetical settings[73]. This frequency does not exclude the possibility that ancient readers considered the non-canonical gospels and acts important sources of information about their ancestral past. Michael Kruger's careful analysis of *P. Oxy.* 840 makes a persuasive argument that the gospel from which this small vellum leaf (7.2 × 8.6 cm) of some 45 lines derives was held in considerable esteem[74]. The scribe has a good book hand; employs color, punctuation and other lexical aids. He has gone back and corrected a number of minor mistakes[75]. Therefore the miniature codex from which *P. Oxy.* 840 comes was probably prepared for personal use by the individual who commissioned it[76]. Such a miniature would not be created for a new work or one which its owners considered to be of marginal significance. *P. Oxy.* 840 itself probably was produced in the first half of the fourth century, but the gospel in question may have been written a century or more earlier[77].

---

71. Following the indications of Jn 20,11-18; Lk 24,22-24 and Acts 1,14.

72. Hence with the possible exception of *Gos. Thom.* these materials are not sources for reconstructing the historical Jesus or the earliest decades of the Jesus movement. As the editors of the Oxford Early Christian Gospel Texts series, Christopher Tuckett and Andrew Gregory comment: "… we would probably say that, for the most part, the non-canonical gospels treated in this series are not likely to extend our knowledge about the person of Jesus significantly beyond that provided by the canonical gospels. Many of these texts seem to presuppose the existence of the canonical gospels as already in existence, and, as often as not, perhaps being used here as sources" (C. TUCKETT – A. GREGORY, *Series Preface*, in KRAUS – KRUGER – NICKLAS, *Gospel Fragments* [n. 50], p. x).

73. The possibility of turning over apocryphal rather than canonical texts to officials during the third century persecutions (see H.Y. GAMBLE, *Books and Readers in the Early Church: A History of Early Christian Texts*, New Haven, CT, Yale University, 1995), provides evidence that canonical and non-canonical texts were not mixed only when discarded or hidden away. They were together in the book cabinets of local bishops, deacons and lectors as well.

74. KRUGER, *Papyrus Oxyrhynchus 840* (n. 56), pp. 123-145.

75. KRUGER concludes from these features that the volume was created for a wealthy individual (*ibid.*, p. 139).

76. *Ibid.*, p. 144.

77. *Ibid.*, pp. 166-167. Though Kruger employs the accurate knowledge of the Jerusalem Temple cult to press for a date closer to the first century than the fourth, he admits

Whether or not *P. Oxy.* 840 is to be labeled "Jewish Christian", it provides a glimpse into the general importance of such gospels in the second to fourth centuries. They are not in competition with or intended to supplant the widely used canonical gospels. Instead, they fill in gaps, provide additional explanations or imaginative narration that takes readers back to the founding of their community. Similarly as Jenott and Pagels have recently argued, the monastic scribes who assembled the tractates in Nag Hammadi Codex I were not promoting heterodox teaching[78]. They belonged to a wider monastic movement "that encouraged monks to seek revelation and pursue paths of spiritual progress"[79]. Where we possess complete texts it is easier to delineate their shared theological concerns[80]. With the fragmentary evidence for Jewish Christian gospels such comparisons are impossible.

It is not necessary that their readers shared the wide-ranging speculative interests of Origenist monks. David Brakke's model of an "open canon" that served the aims of *paideia* in Christian study circles might also apply more broadly[81]. In some instances it required extensive efforts on the part of the heresiologists like Epiphanius to persuade others that such writings that exist in the penumbra of the canon are dangerous[82]. Thus the initial scribes and readers of our Jewish Christian materials were unlikely to discern the minute differences between them and the canonical gospels that they echo. Instead they probably found a privileged access to an older, ancestral tradition[83]. However, the theological currents

that such details are preserved in Jewish sources and could have been preserved in the oral/written traditions of Jewish Christian communities (*ibid.*, p. 166 n. 185).

78. L. JENNOTT – E. PAGELS, *Antony's Letters and Nag Hammadi Codex I: Sources of Religious Conflict in Fourth-Century Egypt*, in *Journal of Early Christian Studies* 18 (2010) 557-589.

79. *Ibid.*, p. 564.

80. W. MYSZOR, *Antonius-Briefe und Nag-Hammadi-Texte*, in *JAC* 32 (1989) 72-88. Jennot and Pagels summarize the shared commitments of Antony's letters and the tractates in Nag Hammadi Codex I as, "… a commitment to spiritual progress that emphasizes attaining knowledge of God through 'self-knowledge', inviting the reader to receive revelations through the pedagogical activity of the Logos and Holy Spirit" (*ibid.*, p. 571).

81. D. BRAKKE, *Canon Formation and Social Conflict in Fourth-Century Egypt: Athanasius of Alexandria's Thirty-Ninth Festal Letter*, in *HTR* 87 (1994) 395-419.

82. For example, *Panarion* 26.17.8-9. Epiphanius' intervention identifies some eighty *gnostikoi* in orthodox churches. He secures their exclusion by pointing out their unorthodox ideas and apocryphal books to local bishops.

83. The staying power of apocryphal traditions to shape memories of the ancestral tradition was strongest in gospels like the *Infancy Gospel of Thomas* and the *Protoevangelium of James* which filled in legends about the Virgin Mary as well as the birth and childhood at Jesus and *The Gospel of Nicodemus* for passion. These apocryphal traditions are represented non-verbally in the religious art of the Christian tradition in both the Western and Eastern traditions. See F. BOESPFLUG, *L'art chrétien constitute-t-il (ou a-t-il*

evident in the second half of the fourth century have shifted the background from remembering or recreating in imagination the ancestral tradition to excluding the "other" which is seen to be the root of heterodox opinions and disunity.

IV. REMEMBERING ORIGINS:
JEWISH BELIEVERS AS CHRISTIAN ANCESTORS

The controversies over when and how Christians distinguished themselves from the larger Jewish communities[84] often leave the self-identification(s) of Jewish believers out of the mix. On the one hand, scholarly assumptions about the monolithic character of the Christian movement and the alleged flood of Gentile converts said to overwhelm the Jewish messianic movement may have written them out of the picture[85]. On the other hand, both cultural (continuing to live as Jews) and in some areas linguistic (speaking Aramaic rather than Greek) factors may have formed a natural barrier between Jewish and non-Jewish believers[86]. Whatever

---

constitué) un évangile apocryphe de plus?, in F.-M. HUMANN – J.-N. PÉRÈS (eds.), Les Apocryphes chrétiens des premiers siècles: Mémoire et traditions, Paris, Desclée de Brouwer, 2009, 122-148. Boespflug draws several important parallels between the gospel as represented in the artistic tradition and in the apocrypha. One should resist a simplistic division between an elite culture focused on historical accuracy and theological precision and a culture of popular devotion (ibid., pp. 135-136). Both the artistic and apocryphal gospels are "secondary" in the sense that the Christian gospel could exist without either both historically and theologically speaking. In some sense both depend upon a prior formation in Christian faith: "... l'art figuratif vient après, pas d'abord; ... la prédication, la liturgie, la théologie, la prière ... nous avons été entraîné à admettre qu'ils puissent ou même doivent être évalués en fonction des textes canoniques" (ibid., p. 139).

84. A highly ambivalent relationship in cities with large Jewish populations, where the complex interactions of the two groups may explain the emergence of anti-Jewish tracts. Paget observes, "... in virtually every example we possess of texts adversus Judaeos, we know that those texts more often than not emerged from parts of the Roman Empire in which evidence, inscriptional or otherwise, supports the thesis that there was a large Jewish community" (PAGET, Jews, Christians [n. 21], p. 71).

85. P. TOWNSEND (Who Were the First Christians? Jews, Gentiles and the Christianoi, in E. IRICINSCHI – H.M. ZELLENTIN [eds.], Heresy and Identity in Late Antiquity, Tübingen, Mohr Siebeck, 2008, 217-224) objects strenuously to that assumption. Paul's Letter to the Romans only reflects groups of Gentile believers, whose presence would attract attention of authorities under Nero, not other Jesus followers who remained part of the Jewish community (ibid., p. 223).

86. John Gager's claim that the apparent anti-Jewish sentiments in Luke-Acts reflect opposition to Christian Jews within the Jesus movement relies on the conclusion that the anti-Pauline Pseudo-Clementines are a response to Acts (J. GAGER, Where Does Luke's Anti-Judaism Come From?, in IRICINSCHI – ZELLENTIN [eds.], Heresy and Identity [n. 85], 207-211).

form the Jesus traditions circulating among these first century Jewish believers took, they are not likely to have been employed by the Greek-speaking, non-Jewish communities of the Pauline mission[87].

Since the only form in which alleged Hebrew (or Aramaic) gospel traditions survive is Greek, many scholars question the existence of a "primitive" Aramaic gospel that was later translated into Greek and eventually represented as the Gospel of the Ebionites in Epiphanius' citations[88]. The only explicit second century reference to an Aramaic "gospel" tradition is a quote from Papias' lost work in Eusebius, which provides no evidence for anything more than a compilation of sayings[89]. Following that quotation, Eusebius concludes with other sources in Papias' collection, 1 John, 1 Peter and "ἄλλην ἱστορίαν περὶ γυναικὸς ἐπὶ πολλαῖς ἁμαρτίαις διαβληθείσης ἐπὶ τοῦ κυρίου"[90] which is not tagged to one of the canonical gospels or their sources but to the "Gospel according to the Hebrews". Presumably, Eusebius took that note from Papias[91]. The attribution indicates that he distinguished the "Gospel of the Hebrews" presumably in Greek from an Aramaic "Matthew" that consisted of a collection of the Lord's sayings. The distinction between some version of Matthew's gospel and another gospel from Jewish

87. Nevertheless the fascination with reconstructing a "primitive tradition" on the basis of the "Hebrew gospel" or a primitive Aramaic Matthew which goes back to Jerome in the fourth century (*Adv. Pelag.* 3,2: "testimoniis, si non uteris ad auctoritatem, utere saltem ad antiquitatem, quid omnes ecclesiastici uiri senserit") continues to find its advocates in the twenty-first. See the complex reconstructions by which James Edwards claims to replace Q with the "Hebrew gospel" in synoptic source criticism (J. EDWARDS, *The Gospel of the Ebionites and the Gospel of Luke*, in *NTS* 48 [2002] 568-586; ID., *The Hebrew Gospel and the Development of the Synoptic Tradition*, Grand Rapids, MI, Eerdmans, 2009). For detailed critiques of Edwards' proposals, see A. GREGORY, *Prior or Posterior? The Gospel of the Ebionites and the Gospel of Luke*, in *NTS* 51 (2005) 344-360, and P. FOSTER, *The Synoptic Problem and the Fallacy of a Hebrew Gospel*, in *ExpT* 121 (2010) 453-455.

88. GREGORY, *Prior or Posterior?* (n. 87), p. 347; Edwards' attempts to argue that Luke's use of a Greek translation of this "Hebrew Gospel" explains his linguistic Semiticisms (*Hebrew Gospel* [n. 87], pp. 116-127) falters against the obvious evidence of Luke's ability to adopt the style of the Septuagint (see the argument for the latter in J.A. FITZMYER, *The Gospel According to Luke I–IX* [AB, 28], New York, Doubleday, 1981, pp. 107-127).

89. Eusebius, *Hist. Eccl.* III 39,16: "Ματθαῖος μὲν οὖν Ἑβραΐδι διαλέκτῳ τὰ λόγια συνετάξατο, ἡρμήνευσεν δ' αὐτὰ ὡς ἦν δυνατὸς ἕκαστος.

90. Possibly a combination of the free-floating episode from John 7,53–8,11 and the sinful woman of Luke 7,36-50. Since Eusebius is presenting his own summary comment, one cannot draw any conclusions about the shape of the story in Papias' collection.

91. U.H.J. KÖRTNER – M. LEUTZSCH, *Papiasfragmente, Hirt des Hermas* (Schriften des Urchristentums 3), Darmstadt, Wissenschaftliche Buchgesellschaft, 1998; J. KÜRZINGER, *Papias von Hierapolis und die Evangelien des Neuen Testaments*, Regensburg, Pustet, 1983.

Christian circles is reflected in Origen[92]. Yet Origen shows little interest in the existence of Jewish Christian gospel traditions. In the Commentary on John, Origen attaches a long discussion of the Holy Spirit to his treatment of the phrase Πάντα δι' αὐτοῦ ἐγένετο (John 1,3), which might lead to subordinating the Spirit to Christ, while other passages such as Isa 48,16 or Matt 12,32 might suggest that the Spirit deserves more honor than the Christ[93]. Though he claims to have concluded the examination of the question (§86), Origen introduces an additional objection derived from the "Gospel according to the Hebrews": Ἐὰν δὲ προσιῆται τις τὸ καθ' Ἑβραίους εὐαγγέλιον ἔνθα αὐτὸς ὁ σωτήρ φησιν· "Ἄρτι ἔλαβέ με ἡ μήτηρ μου τὸ ἅγιον πνεῦμα ἐν μιᾷ τῶν τριχῶν μου καὶ ἀπήνεγκέ με εἰς τὸ ὄρος τὸ μέγα Θαβώρ" ἐπαπορήσει πῶς "μήτηρ" Χριστοῦ τὸ διὰ τοῦ λόγου γεγενημένον "πνεῦμα ἅγιον" εἶναι δύναται (Comm. In Io. 2.12 §87)[94]. Origen resolves the dilemma by invoking Matt 12,50. Since the Holy Spirit also does the will of the Father, the Spirit can be referred to as "mother" of Christ. Klijn concludes that Origen would not have bothered with this passage if there were not Christians who read this gospel or were familiar with the story being referred to[95]. However, since Origen does not allege to have read any Jewish Christian gospel[96] there is no reason to treat this as anything more than a piece of tradition that Origen found in some collection. Its presence as a slight aside in the longer exegesis of John 1,3-4 demonstrates the author's exegetical sophistication[97].

The other citation from the so-called "Gospel according to the Hebrews" preserved in a Latin translation of Origen's Commentary on Matthew makes this exegetical tactic explicit. This version of the story of "another rich man" (Matt 19,16-24 par) serves to elicit suitable exegetical questions: scriptum est in evangelio quodam, quod dicitur secundum Hebraeos (si tamen placet alicui suscipere illud, non ad auctoritatem sed

92. C.A. Evans, The Jewish Christian Gospel Tradition, in Skarsaune – Hvalvik (eds.), Jewish Believers in Jesus (n. 20), 241-277, pp. 247-250.

93. Origen, Comm. In Io. 2,11. §§79-86.

94. This bit occurs in Origen's Hom. on Jer. 15.4 on Jer 15,10, written some 15 years later without any note concerning its source (Klijn, Jewish Christian Gospel Tradition [n. 9], p. 7).

95. Ibid., pp. 7-8. He lists examples of similar phrases when Origen introduces Shepherd of Hermas to support his conclusion.

96. Nor to include them in the list of other writings that are not inspired as the canonical texts are in Hom. in Luc. unless one adopts the position that the so-called "Gospel of the Twelve" is to be identified with Epiphanius" "Gospel of the Ebionites" (a disputed claim which Klijn doubts, ibid., pp. 6; 28).

97. On Origen's tactic of leaving certain exegetical questions open, see H.J. Vogt, Origenes als Exeget, Paderborn, Ferdinand Schöningh, 1999, pp. 105-111.

ad manifesationem propositae quaestionis)[98]. The story itself represents a later addition to the commentary by the translator, but the introduction indicates that the translator was familiar with references to the Gospel of the Hebrews in both Origen and Jerome[99]. Since Origen explains that Matthew had incorporated the Love Comamnd into the list from the Decalogue (Matt 19,18-19)[100], this variant of the episode clarifies Origen's suggestion that Jesus intended to show the man that he had not loved the neighbor as himself[101].

Luomanen's literary and source-critical analysis of the Latin version of the story undermines Klijn's conviction that it represents the Nazorean version of Matthew. The story incorporates features characteristic of canonical Matthew such as the Love Command, which is the only specific command in the Latin variant, and the expression "the Law and the Prophets" reflects Matthew as well[102]. Echoes of Luke's gospel include the command to sell everything you have (*omnia quae possides*; cp. Luke 18,22); as well as verbal links to the lawyer's question in Luke 10,25-28[103]. Both Klijn and Luomanen find variant readings that this passage shares with the Diatessaron and Old Syriac[104]. Yet the *Diatessaron,*

98. KLIJN, *Jewish Christian Gospel Tradition* (n. 9), p. 56. Klijn pushes the divergences between this version and the synoptics as evidence that the author of the gospel in question was writing for a small group dedicated to poverty (*ibid.*, p. 58). Such a demographic conclusion appears unwarranted. Evans more plausibly suggests that in the transmission of the story there has been cross-contamination from the Lukan parable of the Rich Man (*dives*) and Lazarus (*ibid.*, p. 249).

99. P. LUOMANEN, *Where Did Another Rich Man Come From? The Jewish Christian Profile of the Story about a Rich Man in the "Gospel of the Hebrews" (Origen, Comm. In Matt. 15.14)*, in *VigChr* 57 (2003) 243-248.

100. As modern scholars agree, see W.D. DAVIES – D.C. ALLISON, *The Gospel According to Saint Matthew*. Volume III: *Commentary on Matthew XIX–XXVIII*, Edinburgh, T&T Clark, 1997, p. 44.

101. LUOMANEN, *Another Rich Man* (n. 99), p. 247. Clement of Alexandria cites the verse as evidence of the man's failure to have kept all the commands. But Clement employs it in a larger argument that the Lord does not prohibit wealth per se, but that which is unjustly acquired or not distributed to others (*Strom.* III 6,55).

102. LUOMANEN, *Another Rich Man* (n. 99), pp. 249-250.

103 *Ibid.*, pp. 251-253. Some textual variants in Mark provide possible ties to that gospel as well in Luomanen's view (*ibid.*, p. 253).

104. KLIJN, *Jewish Christian Gospel Tradition* (n. 9), pp. 57-60; LUOMANEN, *Another Rich Man* (n. 99), pp. 253-258. Klijn resorts to arguing that the items in the Latin which agree with text variants in the Greek manuscripts and the versions are independent evidence for the same primitive gospel traditions: "… that these variant readings were ultimately the result of the influence of the same independent tradition known to the writer of the Jewish-Christian gospel" (KLIJN, *Jewish Christian Gospel Tradition* [n. 9], p. 60). Luomanen rightly questions the methodological soundness of multiplying points of contact with an hypothetical source, if it is possible to offer an explanation for the textual evidence on the basis of accepted theories of the composition of the canonical gospels (LUOMANEN, *Another Rich Man* [n. 99], p. 249).

which has the story of the Rich Man between two other Lukan stories, the Rich Fool (Luke 12,13-21) and the Rich Man and Lazarus (Luke 16,14-31), does not have the Latin variant of the story[105]. Since Luomanen can point to features shared with Old Syriac translations of Matthew not found in the *Diatessaron*, he concludes that the person responsible for this version of the story was working with an earlier gospel harmony that contained the three story sequence, probably composed in Greek. "The harmony was translated into Syriac with the help of separate Old Syriac translations of the synoptic gospels by a Jewish Christian who wanted to avoid using the *Diatessaraon*, perhaps due to its dependance on the Gospel of John"[106]. Luomanen extrapolates from this result to a source-critical conclusion for "the composers of Jewish Christian gospels", generally, namely borrowing "something from a pre-Diatessaronic (Greek) harmonistic tradition"[107].

These reconstructions skirt the considerable methodological perils of treating such fragments, especially those that are paraphrases and reports rather than citations[108]. Unless an author indicates by tagging the location of his citations in the source or provides some outline of that work, it is impossible to know whether the author has consulted the lost work or is relying upon other sources[109]. Authors may incorporate citations of

105. *Ibid.*, pp. 258-261.
106. *Ibid.*, p. 263.
107. *Ibid.*, p. 265. He assumes that Epiphanius' identification of the *Diatessaron* with the Gospel of the Hebrews (*Pan.* 46.1.9) also points toward this source-critical hypothesis (*ibid.*, p. 263). However, the remark in his section on Tatian only refers to what "some" call Tatian's *Diatessaron*, perhaps a reference to its language (Syriac; as Holl suggested; from F. WILLIAMS, translator. *The Panarion of Epiphanius of Salamis, Book I (Sects 1-46)* [NHS 35], Leiden, Brill, 1987, p. 349). The comment serves Epiphanius' rhetorical purpose of linking Tatian into the genealogy of heretics that he claims begins when he leaves Rome for the east. Epiphanius is hard-pressed to come up with convincing details, so he employs a series of three "named" items: "aeons of his own as in Valentinus" (cp. Irenaeus, *Adv. Haer.* I 28,1), major activity in Pisidia, so that "so-called Encratites have his poison and are his successors", and alleged author of the *Diatessaron* "which some call the Gospel according to the Hebrews" (*Pan.* 46.1.7-9). On the basis of that slim thread, Epiphanius confidently introduces the summary of Tatian's teaching with "His doctrines are the same as the ancient sects" (*Pan.* 46.2.1; Williams trans.).
108. See the critique of scholarly creation of and use of fragments from Porphyry's "Against the Christians", by A. MAGNY, *Porphyry in Fragments: Jerome, Harnack, and the Problem of Reconstruction*, in *Journal of Early Christian Studies* 18 (2010) 515-555. Not only do interpreters have to reckon with the possibility that the context within which a patristic author inserts such a fragment differs from that from which it has been lifted, one must deal with the problems of distinguishing actual quotations from other sorts of testimonia about the content of a "lost" text (*ibid.*, pp. 528-530). Even direct citations are not necessarily exact as authors modify wording to clarify the meaning that they read into a passage or to incorporate it into the argument being presented (*ibid.*, pp. 533-534).
109. MAGNY, *Porphyry* (n. 108), pp. 531-532.

earlier authorities to bolster claims that their arguments have authority behind them or that the author has engaged in learned research on the question[110].

Both Clement of Alexandria's much discussed attribution of a saying found in *Gos. Thom.* to the "Gospel of the Hebrews"[111] and the examples from Origen belong to the "learned reference" rhetorical style. The fact that Clement of Alexandria uses an abbreviated form of a saying which he tags as from the "Gospel according to the Hebrews" at one place and what a Greek fragment of *Gos. Thom.* (*P. Oxy.* 654) permits us to identify as the fuller version without identification elsewhere does not permit one to conclude that there was a well-known "Gospel of the Hebrews" circulating in Alexandria that individuals could find in a private or communal library[112]. Clement of Alexandria probably knew this saying from a collection of excerpts. The context within which he employs the fuller version seeks to demonstrate that the wisdom of Greek philosophy is derived from the "barbarian philosophy". The focus of *Strom.* V 14,96 is the goal of assimilation to God. The catch-word which brings the saying in *Strom.* II 9,45 into Clement's argument is "wonder" as the beginning of wisdom. For the Greek side, Clement mentions Plato's *Theatetus* without providing a quotation from that work[113]. In both instances, the saying is at best a supporting witness for the priority of "barbarian" or Hebrew wisdom to the revered Greek philosophical and literary traditions. Thus the attribution of the saying can be identified as the reason that Clement employs it in both instances.

---

110. *Ibid.*, p. 534.

111. *Strom.* II 9,45: ἢ κἂν τῷ καθ᾽ Ἑβραίους εὐαγγελίῳ "ὁ θαυμάσας βασιλεύσει" γέγραπται "καὶ ὁ βασιλεύσας ἀναπαήσεται; *Strom.*V 14,96 (without identifying its source): ἴσον γὰρ τούτοις ἐκεῖνα δύναται· "οὐ παύσεται ὁ ζητῶν ἕως ἂν εὕρῃ· εὑρὼν δὲ θαμβηθήσεται, θαμβηθεὶς δὲ βασιλεύσει, βασιλεύσας δὲ ἐπαναπαήσεται". The second untitled reference is closest to *Gos. Thom.* P.Oxy 654, 5-9 [λέγει Ἰη(σοῦ)ς]· μὴ παυσάσθω ὁ ζη[τῶν τοῦ ζητεῖν ἕως ἂν] εὕρῃ, καὶ ὅταν εὕρῃ [θαμβηθήσεται, καὶ θαμ]βηθεὶς βασιλεύσῃ, κα[ὶ βασιλεύσας ἐπαναπα]ήσεται. The Coptic version in *Gos. Thom.* 2 varies in dropping the "rest" language, which is a frequent motif elsewhere in the *Gos. Thom.* sayings collection (see U.-K. PLISCH, *The Gospel of Thomas: Original Text with Commentary*, trans. G.S. Robinson, Stuttgart, Deutsche Bibelgesellschaft, 2008, pp. 40-41).

112. Strecker observes that if the saying was found in both "Gospel of the Hebrews" and *Gos. Thom.*, we cannot draw conclusions about the missing "Gospel of the Hebrews" from its appearance in *Gos. Thom.* Nevertheless he considers Clement of Alexandria evidence for "the existence of a 'Gospel according to the Hebrews' that was well known in Egypt" (VIELHAUER – STRECKER, *Jewish Christian Gospels* [n. 12], p. 136).

113. Plato's *Theatetus* figures prominently in Clement of Alexandria's Christian account of the soul's return to God in the *Stromateis*. See A.C. ITTER, *Esoteric Teaching in the Stromateis of Clement of Alexandria* (SupplVigChr, 97), Leiden, Brill, 2009, pp. 190-194.

Boundaries between the four canonical gospels and other gospel traditions did not have the same significance in the second and early third
centuries that they assume in the fourth century[114]. However in a context
where survival depends upon the frequency with which a work was copied, there is a clear differentiation between the canonical gospels and
these "Jewish Christian" gospels. The limited circulation of the latter
meant that they were not copied often enough to survive over time[115].
Although Origen employs apocrypha in his commentaries[116], they do not
have the same exegetical status as the canonical texts[117]. Commenting on

114. The earliest manuscripts employ an informal hand with significant numbers of
variations that suggest Christians produced copies in-house for small groups and rapid
dissemination (GAMBLE, *Books and Readers* [n. 73], pp. 71-82). Texts copied with fewer
lines per page than typical for manuscripts of the period as well as extensive punctuation
and accents suggest that they were prepared for communal reading (*ibid.*, p. 74). There is
no distinction between copies of canonical and non-canonical texts in the physical aspects
of the manuscripts (*ibid.*, p. 94; also see S.D. CHARLESWORTH, *Public and Private – Sec-
ond- and Third-Century Gospel Manuscripts*, in C.A. EVANS – H.D. ZACHARIAS [eds.],
Jewish and Christian Scripture as Artifact and Canon [Library of Second Temple Studies,
70], London, T&T Clark, 2009, pp. 148-175). The "large volumes" turned over to authorities during the persecutions ca. 303 CE could not have contained the entire canon. Most
likely, they included the four canonical gospels (*ibid.*, pp. 145-150). Most codices from
the earliest period contain only a single document – except for those containing letters of
Paul (*ibid.*, p. 67), which also suggests that in this period Christians would not have associated the individual gospels with a set group of four. For a comparable argument that the
quantity of manuscript evidence supports the claim that the "canonical" gospels – with
the exception of Mark – enjoyed more use and popularity than any of the apocryphal
gospels, see L.W. HURTADO, *Early Christian Manuscripts as Artifacts*, in EVANS –
ZACHARIAS (eds.), *Jewish and Christian Scripture*, 66-70.
    115. GAMBLE, *Books and Readers* (n. 73), p. 127.
    116. For a survey of the use of non-canonical traditions in Clement of Alexandria and
Origen, see A. VAN DEN HOEK, *Clement and Origen as Sources on 'Noncanonical' Scriptural Tradition during the Late Second and Earlier Third Centuries*, in G. DORIVAL –
A. LE BOULLUEC (eds.), *Origeniana Sexta. Origène et la Bible. Actes de Colloquium Ori-
genianum Sextum, Chantilly, 30 août – 3 septembre 1993*, Leuven, Leuven University
Press – Peeters, 1995, 93-113. Origen may also employ sayings from non-canonical gospels without marking their origin as Clement of Alexandria did in the example discussed
above. Matteo Grosso proposes an indirect citation of another *Gos. Thom.* parallel in
Origen's *Comm. In Matt.* 14.14 (on the meaning of ἐτέλεσεν in Matt 19,1) to provide the
second part of the argument with a parallel "scripture" for the Wisd 14,15 in the first part
of the argument (M. GROSSO, *A New Link between Origen and the Gospel of Thomas:
Commentary on Matthew 14,14*, in *VigChr* 65 [2011] 249-256).
    117. Origen's concern to reconcile divergent accounts within the canonical gospels
extends to the evident differences between the synoptic gospels and John, see, for example, *Comm. In Matt.* 11.2 (on Matt 14,16-17) on the significance of the five loaves and
two fish, notes that Matthew, Mark and Luke fail to designate that the loaves are barley
as John does, or to confess having the items themselves, but refer to the young child
carrying them; *Comm. In Matt.* 12,24 (on Matt 16,24-27), in John Jesus bears the cross
himself; in Matthew, Mark and Luke, Simon of Cyrene does, οἷον γὰρ δύο ἐπίνοιαι τοῦ
σταυροῦ εἰσιν, ἑνὸς μὲν ὃν ὁ Σίμων ὁ Κυρηναῖος βαστάζει, ἑτέρου δὲ ὃν αὐτὸς
«ἑαυτῷ» ὁ Ἰησοῦς (VOGT, *Origenes* [n. 97], p. 48).

Matt 5,9, Origen depicts the task of spiritual exegesis as demonstrating the harmony that exists between all the scriptures, Old Testament with New, the law and the prophets, the four gospels with each other[118]. For those works, Origen engages in detailed analysis and explanations of their differences[119]. Non-canonical materials are introduced either to pose a line of argument that may or may not be accepted or as the explanation for an individual point[120]. Similarly, Origen can appeal to information acquired from Jewish informants[121]. Or, he will use a Jew to pose a rhetorical objection to Christian interpretations as in the extended discussion of the παρεκτὸς λόγου πορνείας clause in Matt 19,9[122]. This fictive opponent insists that Jesus' exception clause is no different from Moses' accommodation to the hard-heartedness of the people in permitting divorce "ὅτι εὗρεν ἐν αὐτῇ ἄσχημον πρᾶγμα". Origen refutes that interpretation by arguing that Moses had already enacted penalties for adultery (Deut 22,22). Origen's larger rhetorical agenda in the discussion of Matt 19,3-9 is to demonstrate that God's divorce of Israel for adultery is irrevocable[123].

---

118. Origen, *Comm. In Matt.* 2.frag 87 (Klostermann, GCS 12,3): Τρίτος εἰρηνοποιὸς ὁ τὴν ἄλλοις φαινομένην μάχην τῶν γραφῶν ἀποδεικνὺς συμφωνίαν παλαιῶν πρὸς καινάς, νομικῶν πρὸς προφητικάς, εὐαγγελικάς. δι' ἃ μιμησάμενς τὸν υἱὸν τοῦ θεοῦ υἱὸς θεοῦ κληθήσεται ἔργῳ τὸ πνεῦμα τῆς υἱοθεσίας λαβών. On the hermeneutical significance of this fragment, see Vogt, *Origenes* (n. 97), pp. 50-51.

119. Vogt, *Origenes* (n. 97), p. 58.

120. For example, *Comm. In Matt.* 10,17 (on Matt 13,55-56) for the possibility that the brothers and sisters of Jesus were Joseph's children by a previous marriage, Origen notes an opinion based on apocryphal writings attributed to Peter and James: φασί τινες ... ἐκ παραδόσεως ὁρμώμενοι τοῦ ἐπιγεγραμμένου κατὰ Πέτρον εὐαγγελίου ἢ τῆς βίβλου Ἰακώβου. When seeking evidence for the dishonoring of prophets in their home country (*Comm. In Matt.* 10,18, on Matt 13,57) Origen appeals to the tradition of Isaiah's martyrdom (as in *Asc. Isa.* 5), which he admits is not in the canonical OT, but given the reference to a continuous shedding of righteous blood from the time of Abel in Matt 23,35 (as evidence that the statement is meant to refer generally to all prophets, Origen also invokes Acts 7,52; 1 Thess 2,14f), has a claim to scriptural authority, since someone who might not which to credit the apocryphal "history" has to accept what is written in Hebrews 11,37, where ἐπρίσθησαν refers to Isaiah [cp. *Asc. Isa.* 5,11-14] and ἐν φόνῳ μαχαίρης to Zachariah. Thus by a rather convoluted chain of reasoning, Origen concludes that this tradition should be received with more authority than ordinarily accorded such material: ὡς ὁ σωτὴρ ἐδίδαξε ματυρῶν (ὡς οἶμαι) γραφῇ οὐ φερομένῃ μὲν ἐν τοῖς κοινοῖς καὶ δεδημευμένοις βιβλίοις, εἰκὸς δ' ὅτι ἐν ἀποκρύφοις φερομένῃ. This move supports Origen's larger agenda: Israel's comprehensive rejection of its covenant relationship with God, which has resulted in its replacement by the Gentiles who did not dishonor the prophets sent to them (cf. Vogt, *Origenes* [n. 97], p. 228).

121. As in the discussion of the meaning of Corban in Matt 15,5 (*Comm. In Matt.* 11,9): εἰ μὴ τῶν Ἑβραίων τις ἐπιδέδωκεν ἡμῖν τὰ κατὰ τὸν τόπον οὕτως ἔχοντα.

122. *Comm. In Matt.* 14,24: Τάχα δὲ τῶν τολμώντων τις Ἰουδαικὸς ἀνὴρ ἐναντιοῦσθαι τῇ τοῦ σωτρος ἡμῶν διδασκαλία ...".

123. *Comm. In Matt.* 14,19-24, as evidenced by the destruction of Jerusalem, which makes it impossible for Israel to fulfil the Torah. Since apostate Israel "married another",

This definitive shift from a prior covenant with Israel to God's definitive adoption of the Gentiles in Christ plays an important role in Origen's view of Christians who continue to follow a Jewish way of life. He consistently rejects that possibility[124]. The Ebionites are hardly better than actual Jews in their views concerning clean and unclean foods[125]. Origen incorporates a distinction between two sorts of "Jewish believers in Jesus" (τῶν ἀπὸ Ἰουδαίων πιστευόντων εἰς τὸν Ἰησοῦν) into his interpretation of Jesus healing the blind on the road to Jericho (Matt 20,29-34 par). They are distinguished on theological grounds. One group considers Jesus to be the son of Mary and Joseph; the other, of Mary alone and the Holy Spirit[126]. The former are referred to as Ebionites, the latter, "orthodox" Jewish Christians, Mimouni designates as Nazoreans[127]. However, for Origen this distinction is insignificant, since true believers are represented by the crowd of Gentiles, all of whom believe in the virgin birth[128].

Origen presents a more explicit reason for rejecting any possibility that "Jewish Christians" possess true faith in the *contra Celsum*, "the Jew"

---

her first husband cannot take her back (Deut 24,4). Origen interprets the command to take a "γυναῖκα πορνείας" (Hos 1,2) as referring to the Gentiles. On Origen's views concerning the decisive repudiation of Israel, see VOGT (*Origenes* [n. 97], pp. 225-239).

124. E.g. *Comm. In Matt.* 12,5 (on Matt 16,5). Jesus' warning against the leaven of the Sadducees and Pharisees as a exhortation to turn to the true, spiritual bread from heaven also applies to τοῖς μετὰ τοῦ Χριστιανίζειν αἱρουμένοις τὸ σωματικῶς Ἰουδαΐζειν. They neither avoid the leaven against which Jesus warned them, nor acknowledge the spiritual character of the Law which "σκιὰν" ἔχει "τῶν μελλόντων ἀγαθῶν" (Heb 10,1).

125. *Comm. In Matt.* 11.12 (on Matt 15,10-20), ... ἐφ᾽ οἷς ὡς παρανομοῦσιν ἐγκοῦσιν ἡμῖν οἱ σωματικοὶ Ἰουδαῖοι καὶ οἱ ὀλίγῳ διαφέροντες αὐτῶν Ἐβιωναῖοι ...". This passage shows that for Origen "Ebionite" is a term designating a group comparable to "Jews", not the name of a group-founder (MIMOUNI, *Judéo-christianisme* [n. 30], p. 132).

126. Origen, *Comm. In Matt.* 16,12; MIMOUNI, *Judéo-christianisme* (n. 30), p. 133.

127. Origen makes a similar statement, explaining that among those Christians who live according to the Jewish Law, ὡς τὰ Ἰουδαίων πλήθη βιοῦν ἐθέλοντες are two types of Ebionites, one group agreeing with "us" that Jesus was born of a virgin, the other, that he was born like all human beings (*c. Cel.* 5,61). The rhetorical context for that statement is a reply to Celsus' charge that the many sects of Christians are evidence against its truth. The primary focus is not on types of Jewish Christians but on the divisions between those who believe in the same God as the Jews, and others (Gnostics) who assert that the Christian God is different from that of the Jews. Origen appeals to the diverse sects within medicine and philosophy. Not all who profess to be doctors or philosophers are true practitioners; not all who profess Christianity are true believers – including any who desire to live in a fully Jewish manner.

128. Origen reads their efforts to silence the blind man's cry as properly directed toward the "poor" faith of the Ebionites, "ἵνα σιωπήσῃ" τῷ Ἐβιωναίῳ καὶ πτωχεύοντι περὶ τὴν εἰς Ἰησοῦν πίστιν (*Comm. In Matt.* 16,12). Origen routinely interprets the "poor" element in the designation Ebionite to refer poverty in their understanding of Jesus (e.g. *De Prin.* 4,3,8 on Matt 15,24; MIMOUNI, *Judéo-christianisme* [n. 30], pp. 131-132).

alleged to be Celsus' informant about Jesus (*c. Cel.* 1,71). Origen considers this "Jew" a stock rhetorical figure being employed by Celsus to bring accusations against Christians[129]. But by employing this figure to advance the stock accusation of being duped by a Jesus into abandoning their ancestral law (τὸν πάτριον νόμον), Celsus demonstrates his own ignorance. Jewish believers in Jesus continue to observe their ancestral traditions as the first apostles did initially. However, Christian believers are not Jews but Gentiles. The gospel begins with the Jewish writings, which believers have learned to interpret spiritually (*c. Cel.* 2,4)[130]. Origen formulates his own account from Acts, the gospels and letters of Paul to demonstrate his claim. Peter, Paul land James initially retained a Jewish way of life because they were preaching to Jews. John 16,12-16 provides a convenient hook for Origen to explain that it was necessary for them to learn the true spiritual interpretation of the Law gradually, after Jesus' passion and resurrection[131]. Throughout Origen is adamant that combing faith in Jesus with Torah observance is impossible[132]. Nor should one infer from the fact that the Baptist, the messenger prophesied by Isaiah, was a Jew that every believer, whether of Gentile or Jewish origin is obligated to keep the Law of Moses κατὰ τὸ γράμμα (*c. Cel.* 2,4).

Origen's own reconstruction of what modern scholars call "the parting of the ways" undercuts any continuity between remembering the Jewish origins of Jesus believers and those second and third century groups of ethnically Jewish individuals or Ebionites who remain Torah observant believers[133], and the first-century "Jerusalem church" of Acts and the

129. *C. Cel.* 2,1 on Celsus' use of *prosopopoiia*.

130. J. LIEU, *Neither Jew nor Greek? Constructing Early Christianity*, London, T&T Clark, 2002, pp. 14-15. Lieu challenges modern academic constructs which privilege continuity between some form of Judaism and the early Christians as motivated by Christian theological concerns. Continuity is a problem resolved by typological exegesis in Justin and Melito of Sardis, not a given (*ibid.*, p. 16).

131. Origen, *c. Cel.* 2,2.

132. As in the hypothetical characterization of some Jewish Christians as desiring "καὶ τὸν Ἰησοῦν παραδέξεσθαι ὡς προφητευθέντα καὶ τὸν Μωϋσέως νόμον τηρσαιικατὰ τὰ πάτρια, ὡς ἐν τῇ λέξει ἔχοντες τὸν πάντα τοῦ πνεύματος νοῦν (*c. Cel.* 2,3).

133. Joan E. Taylor rightly challenges the assumption that Torah observant Jesus believers were necessarily ethnic Jews (J.E. TAYLOR, *The Phenomenon of Early Jewish-Christianity: Reality or Scholarly Invention?*, in *VigChr* 44 [1990] 316-319). Furthermore adherence to an identifiable "sect" within the broad spectrum of Jesus believes for which Origen uses the term "Ebionites" in both the more "orthodox" (virgin birth) and "deficient" (human messiah) Christological senses, should not be confused with the more general patterns of "judaizing", namely Christian attendance at synagogues and participation in Jewish religious festivals (e.g. Origen, *Hom. In Lev.* 5,8; Chrysostom, *Hom. Adv.*

Pauline letters. The accusation that Christians have been deceived into abandoning ancestral customs suggests that by the mid- to late second-century, Jesus believers who were ethnic Jews were not Torah observant[134]. Thus the fact that Origen's "Hebrew" informants[135], who provide him with exegetical information, may have been believers, does not mean that they belonged to an "orthodox" Ebionite or Jewish Christian group[136]. The arguments against Christians proposed by Celsus' fictionalized "Jew" are so intensely focused on the life of Jesus that some scholars wonder if he had access to an "anti-gospel", a polemical account of Jesus composed in Jewish circles[137]. Lacking evidence for such a text in the late second century, one should resist the temptation to add to the catalogue of non-existent gospels. The widely circulated canonical gospels supplemented by written or oral tales attested in apocrypha combined with stock rhetorical polemic some of which may have emerged from "Gnostic" circles are sufficient to account for what one finds in Celsus.

Our survey suggests that second and third century Christian authors, much like modern scholars, have composed an image of the Jewish origins of their group using fragmentary bits of information. Unlike most contemporary efforts to produce unbroken lines of continuity, they seek to highlight the discontinuity between those ancestral "Jewish Christians" and any "Jews", believers or not, in their own day[138]. The

---

Iudaeos). Chrysostom's homilies on John and Matthew contain even more elaborate explanations than Origen's for why the Torah observance that continued into the apostolic age is not a normative example for later Christian praxis (see J. GARROWAY, *The Law-Observant Lord: John Chrysostom's Engagement with the Jewishness of Christ*, in *Journal of Early Christian Studies* 18 [2010] 591-615; LIEU, *Neither* [n. 130], p. 128).

134. So TAYLOR, *Phenomenon* (n. 133), p. 320.

135. *De Prin.* 4,3.14; R. VAN DEN BROEK, *Studies in Gnosticism and Alexandrian Christianity* (NHMS, 39), Leiden, Brill, 1996, p. 195.

136. Pace O. SKARSAUNE, *Fragments of Jewish Christian Literature Quoted in Some Greek and Latin Fathers*, in SKARSAUNE – HVALVIK (eds.), *Jewish Believers* (n. 20), 325-378, pp. 361-373.

137. O. SKARSAUNE, *Evidence for Jewish Believers in Greek and Latin Patristic Literature*, in SKARSAUNE – HVALVIK (eds.), *Jewish Believers in Jesus* (n. 20), 505-567, pp. 514-516; Paget observes that one must infer that by the mid-second century Jews had access to some form of the Christian gospels (PAGET, *Jews, Christians* [n. 21], pp. 276-277, 280).

138. As treatment of the Ebionites shows, forms of "Jewish Christianity" known to exist in the second century were incorporated into the genealogies created by heresiologists, which intentionally mislead readers into perceiving these groups as false counter-images of the "true" church (LIEU, *Neither* [n. 130], pp. 130-133). "We know little for sure about the developments in any early Christian communities. It is therefore an impossible task to trace the origins of a sect like the Ebionites to the Jewish-Christian groups of the first century that just happen to be known to us" (TAYLOR, *Phenomenon* [n. 133], p. 321).

paucity of references to a so-called "Gospel of the Hebrews" does not permit one to conclude that these writers had ever used a book with that title. By expanding the earlier Papias tradition of Matthew's connection to Aramaic sayings of Jesus haphazardly translated into Greek (*Hist. Eccl.* III 39,16), later second century Christians had constructed the picture of Matthew as author of the (first) gospel, composed in Hebrew for the Jews to whom he preached (Irenaeus, *Adv. Haer.* III 1,1; *Hist. Eccl.* VI 25,4 [Origen]; V 10,3 [taken to India by Bartholomew])[139]. That tradition of an Aramaic Matthew gives standing to a "Gospel of the Hebrews", which Jerome claims to have found in the library at Caesarea[140].

Jerome's claim to have translated a gospel called "According to the Hebrews" into both Greek and Latin asserts that this is the same gospel frequently employed by Origen[141]. But is it? Those "Jewish" believers as well as the "Gospel of the Hebrews" cited in Clementt and Origen are Greek-speaking[142]. Therefore one must be cautious about attributing all citations or summaries attributed to a gospel "according to" or "of" the Hebrews to a single work which had the relatively stable textual tradition that the canonical gospels have achieved in the second and third centuries[143].

139. Despite the ubiquity of these traditions, there is no reason to credit them as evidence for the actual existence of a Hebrew "Gospel of Matthew" (PAGET, *Jews, Christians* [n. 21], pp. 269-270).

140. Jerome, *Adv. Pelag.* 3,2,1-5 (CCL 80): "In Euangelio iuxta Hebraeos, quod Chaldaico quidem Syroque sermone, sed Hebraicis litteris scriptum est, quo utuntur usque hodie Nazareni, secundum apostolos, siue, ut plerique autumant, iuxta Matthaeum, quod et in Caesariensi habetur bibliotheca".

141. Jerome, *Vir. Ill.* II 11: "Evangelium quoque, quod appelatur *secundum Hebraeos* et a me nuper in Graecum sermonem Latinumque translatum est, quo et Origenes saepe utitur" (C. BARTHOLD, *Hieronymus. De viris illustribus*, Mülheim, Carthusianus Verlag, 2010, p. 162).

142. As one would expect for gospel traditions employed by a Christian group that emerged in second century Alexandria after the events of 117. See R. VAN DEN BROEK, *Studies in Gnosticism and Alexandrian Christianity* (NHMS, 39), Leiden, Brill, 1996, pp. 183-184.

143. Even given the acknowledged influences of oral traditions, natural harmonization by scribes, and adaptations that clarify the meaning of texts to accommodate emerging "proto-orthodox" positions, the "canonical" gospels exhibit a high degree of textual stability. See A. GREGORY, *An Oral and Written Gospel? Reflections on Remembering Jesus*, in *ExpT* 116 (2004) 7-12. Gregory observes: "… Jesus remembered at the time when the fourfold Gospel arose is in substantial continuity with the Jesus remembered by those who wrote the four Gospels in the first place" (*ibid.*, p. 9).

V. CONSTRUCTING A "PAST" IN THE 4TH CENTURY:
EUSEBIUS, EPIPHANIUS AND JEROME

One cannot even link the fragments of Jewish Christianity mentioned in the second and third century CE without relying on fourth century authors, especially Eusebius. We have seen that Origen drew a clear distinction between the Jewish believers in the first decades of Christianity and any Jesus believers who lived according to Jewish customs, whether those believers were ethnic Jews or not. As Eusebius comments in his construction of a succession for the bishops of Jerusalem from apostolic times (James) to the time of Hadrian: οὓς πάντας ʽEβραίους φασὶν ὄντας ... τὴν γνῶσιν τοῦ Χριστοῦ γνησίως καταδέξασθαι, ... συνεστάναι γὰρ αὐτοῖς τότε τὴν πᾶσαν ἐκκλησίαν ἐξ ʽEβραίων πιστῶν[144]. Thus Eusebius offers his readers an historical event, suppression of the Bar Kochba revolt in 132-135, as the terminus for an authentic "Hebrew" Christianity[145].

With this chronological cut off in view, Eusebius interprets the information he has assembled from Papias, Hegesippus, Irenaeus and Origen concerning "Jewish Christians" and their gospel traditions. He can adopt the widely shared view that in preaching to the "Hebrews", Matthew first composed a gospel in Hebrew. Hegesippus, whose history informs Eusebius' own depiction of the history of the Jerusalem community, is said to have drawn material: "ἐκ τε τοῦ καθ᾽ ʽEβραίους εὐγγελίου καὶ τοῦ Συριακοῦ καὶ ἰδίως ἐκ τῆς ʽEβραΐδος διαλέκτου τινὰ τίθησιν, ... καὶ ἄλλα δὲ ὡς ἐξ Ἰουδαϊκῆς ἀγράφου παραδόσεως μνημονεύει[146]. The generic character of Eusebius' description of the type of Hebrew, Syriac and other Jewish material that this Jewish convert provided does not allow a clear distinction between the written materials said to be represented in Hegesippus. It does provide clear evidence for the classification Eusebius provides for "the Gospel of the

---

144. Eusebius, *Hist. Eccl.* IV 5,2. According to Eusebius, Hadrian's suppression of the Jewish rebellion marked the end of the Jerusalem church which had consisted of faithful believers since apostolic times. Eusebius refers to these early Jewish believers as "Hebrews" rather than "Jews" (MIMOUNI, *Judéo-christianisme* [n. 30], p. 49).

145. This campaign did not figure in Hadrian's own annals (see M. GOODMAN, *The Roman World. 44 BC – AD 180*, London, Routledge, 1997, p. 70: "Hadrian's one major campaign, his suppression fo the Jewish revolt of AD 132-135 was not glorious, and was largely omitted from his propaganda".

146. Eusebius, *Hist. Eccl.* IV 22,8. There is no evidence that Eusebius, himself, knows the "Gospel to the Hebrews". His description of Hegesippus assumes that there are a number of additional Jewish traditions circulating orally that provide information not available in the canonical gospels (KLIJN, *Jewish Christian Gospel Tradition* [n. 9], pp. 11-12).

Hebrews" among the non-canonical books which are nonetheless familiar and employed by some people: "ἤδη δ' ἐν τούτοις τινὲς καὶ τὸ
καϑ' Ἑβραίους εὐαγγέλιον κατέλξαν, ᾧ μάλιστα Ἑβραίων οἱ τὸν
Χριστὸν παραδεξάμενοι χαίρουσιν"[147]. Eusebius knows from the
references in Hegesippus that there were acceptable, non-canonical gospel traditions in use among Aramaic speaking believers[148].

However, the apostolic church to which these Jewish believers
belonged no longer exists. When Eusebius turns to the Ebionites, who
first appear in Irenaeus' catalogue of heresies[149], he is dealing with a
group that he thinks also lived in the that period[150]. His depiction combines the comments about the group found in Irenaeus and Origen from
whom he has taken the association between the name "Ebionite" and the
"poverty of understanding" shown by this group. Although Irenaeus
claimed that Ebionites employed the "Hebrew" Matthew, Eusebius will
have none of that lest the false teachings of even the "more orthodox"
of Ebionites appear to be derived from an apostolic gospel[151]. However
Eusebius does not provide illustrations from their "Gospel according to
the Hebrews" in that context. Consequently one cannot determine the
extent to which the theological views attributed to the Ebionites were
reflected in the gospel read by the community. Eusebius' remark appears
to echo Irenaeus' position that the four gospel canon secures correct

147. Eusebius, *Hist. Eccl.* III 25,5; MIMOUNI, *Judéo-christianisme* (n. 30), p. 50.
148. KLIJN credits Eusebius as the first one to claim information discovered from
sources in Hebrew that belong to the period when the church was "still dominated by its
Jewish members and therefore, by Jewish Christian gospels" (KLIJN, *Jewish Christian
Gospel Tradition* [n. 9], p. 12). He thinks that the two references to the content of the
"Gospel of the Hebrews" in Eusebius' *Theophaneia*, one in the Greek and one in the
Syriac version, are likely derived from an untitled Aramaic gospel that Eusebius found at
Caesarea. It is possibly the same "gospel" referred to by Jerome (*ibid.*, p. 13). Given
Eusebius' long quotations from his sources, the summary of "Jewish Christian" material
employed by Hegisippus, and lack of any claim to have used such a gospel, himself, it
seems more likely that Eusebius has taken the material in question from Hegesippus. This
position has been argued in more detail by P. LUOMANEN, *On the Fringes of the Canon:
Eusebius' View of the "Gospel of the Hebrews"*, in J. ÅDNA (ed.), *The Formation of the
Early Church* (WUNT, 183), Tübingen, Mohr Siebeck, 2005, 271-274.
149. Irenaeus, *Adv. Haer.* I 26,2; HÄKKINEN, *Ebionites* (n. 12), pp. 250-253.
150. Eusebius, *Hist. Eccl.* III 27,6; HÄKKINEN, *Ebionites* (n. 12), p. 256.
151. Eusebius describes the less outrageous wing as accepting that Christ was born of
the Holy Spirit and a virgin, but refusing to accept the pre-existence of Christ as God,
Word and Wisdom (*Hist. Eccl.* III 27,3-4). Irenaeus' notice that the Ebionites use only
"the Gospel according to Matthew" (*Adv. Haer.* I 26,2; III 11,7) does not specify whether
a "Hebrew Matthew" or the Greek Gospel of Matthew circulating among Christians generally is meant. If the latter, as Häkkinen argues, then denial of the "virgin birth" does
not fit the views of the first group. However it is likely that Irenaeus is merely reporting
information he received and has no first-hand knowledge about the gospel used by this
group (HÄKKINEN, *Ebionites* [n. 12], p. 260).

belief: εὐαγγελίῳ δὲ μόνῳ τῷ καθ' Ἑβραίους λεγομένῳ χρώμενοι, τῶν λοιπῶν σμικρὸν ἐποιοῦντο λόγον (*Hist. Eccl.* III 27,4). In its context "Gospel according to the Hebrews" represents the Hebrew version of Matthew[152]. The "others" being disregarded include the Gospel of John, which would have supported the pre-existence Christology that is rejected by Ebionites.

For Eusebius the various forms of Jewish Christianity are all part of the past. But developments in the second half of the fourth century will invest that legacy with new significance. In the Christological disputes which followed Nicea, the accusation of "Judaizing" was attached to Arians by the "orthodox" faction[153]. In addition the fourth century witnesses a revived interest and participation in Jewish ritual on the part of Gentile Christians[154]. To counter both tendencies, it was necessary to construe the relationship between Christianity's Jewish past and its non-Jewish present in a way that avoids a Manichaean rejection of Israel's God on the one side and the Judaizers' claims to be following the example of Jesus and early apostles on the other[155].

Epiphanius inserts a new group, the Nazoreans[156], into the list derived from earlier heresiologists, which originally had the Cerinthus, then Ebionite sequence. They fill in the developmental sequence by which one moves from Cerinthus, who was associated with the conservative Jewish Christians of Acts (Acts 11,2-3; 15,24), to his even worse offspring, the Ebionites[157]. As a species, the Nazoreans are clearly transitional. They have "orthodox" beliefs concerning the one God as creator, Jesus'virgin

152. Later in his history, Eusebius presents the Greek translator, Symmachus, as an adherent of the Ebionite wing which held that Christ was only human. He asserts that Symmachus composed tracts against Matthew's gospel to support his heresy, some of which are still extant (*Hist. Eccl.* VI 17). It is possible that these booklets contained textual emendations or corrections based on Symmachus' work translating the Hebrew scriptures. In any event, the confusion in Eusebius reflects a lack of familiarity with the "Ebionites" of the late second century and their texts. He employs the term "ebionite" for any form of "Jewish" Christianity (HÄKKINEN, *Ebionites* [n. 12], p. 261).

153. As in Chrysostom's exegetical homilies on Matthew and John preached in Antioch (390-391 CE), see J. GARROWAY (*The Law-Observant Lord* [n. 133], pp. 594-603).

154. TAYLOR, *Phenomenon* (n. 133), p. 327; GARROWAY, *Law-Observant Lord* (n. 133), pp. 594-595.

155. *Ibid.*, p. 615.

156. From Acts 24,5 (MIMOUNI, *Judéo-christianisme* [n. 30], p. 60). For a general discussion of this section, see A. POURKIER, *L'Hérésiologie chez Épiphae de Salamine*, Paris, Beauchesne, 1992, pp. 415-475.

157. After admitting that he does not know exactly how the Nazoreans came into existence or their relationship to the followers of Cerinthus (*Pan.* 29.1.1), Epiphanius constructs a somewhat incoherent account based on Acts, Eusebius and other unidentified sources. For rhetorical purposes, Epiphanius locates the sect's origins among those Jewish Christians said to have fled to Pella in 70 CE (LUOMANEN, *Nazarenes* [n. 25], pp. 282-291).

birth, messiahship, resurrection[158] and divinity (*Pan.* 29.7.3). In addition
to the Old Testament, comprised of the Law, prophets and writings,
which like the Jews they read in Hebrew (*Pan.* 29.7.2), Epiphanius credits them with using the New Testament and with possessing the entire
Gospel of Matthew in Hebrew (*Pan.* 29.9.4). Thus the only charge against
the Nazoreans is their continued adherence to Jewish practices despite
the clear evidence that the Mosaic Law cannot be fulfilled now that Jerusalem is destroyed[159] and that Christ came to free believers from the
Law[160]. Though they are in a sense "nothing but Jews", the Nazoreans
are cursed three times a day in Jewish synagogues because they preach
Jesus as messiah[161]. These Nazoreans serve as an object lesson against
those fourth century CE orthodox, non-Jewish believers who entertain
ideas of recovering their Jewish heritage in the local synagogues[162].

Epiphanius presents a certain "Ebion" as the founder of the Ebionite
sect. He emerges from the Nazorean school, having acquired all the
repulsive traits of the various heresies depicted earlier in the sequence
(*Pan.* 30.1,1-4). Unlike the Nazoreans, whose Gospel of Matthew is a
complete version in Hebrew, the Ebionites employ a Hebrew Matthew
that is an incomplete, corrupt and mutilated version[163]. However the

---

158. An unusual addition to the standard list of points of contention, which Luomanen
traces to Epiphanius' use of Acts 24 as a source for constructing his picture of the
Nazoreans (*ibid.*, pp. 294-295).

159. *Pan.* 29.8.1-3.

160. *Pan.* 29.8.4-7.

161. *Pan.* 29.9.1-3.

162. Jerome picks up the same line of believers called Nazarenes who are Judaizers
despite the fact that they are cursed as *minim* in his letter to Augustine of 404 CE (*Ep.*
112.13; MIMOUNI, *Judéo-christianisme* [n. 30], p. 61).

163. *Pan.* 30.13.2. Such charges are fairly commonplace in a manuscript culture, since
authors could hardly control the "publication" of unauthorized, pirated, shortened or corrupt versions of their own works. See the examples of Quintillian's lecture notes on ora-
tory, Arrian's discourses of Epictetus, and Tertullian's refutation of Marcion described in
GAMBLE, *Books and Readers* (n. 73), pp. 118-119. Within a decade three versions of
Tertullian's *Adv. Marc.* were circulating. The extracts which Jerome provides from what
he characterizes as the "Gospel according to the Hebrews", a version of Matthew used by
the Nazarenes that can be found in the library at Caesarea are expansions on familiar
Matthean stories: how can a sinless Jesus be baptized by John (Matt 3,13-15) for forgiveness of sins recast as an exchange with his mother and brothers before setting out; instructions to Simon on forgiving a sinful brother (Matt 18,15-17; Jerome, *Adv. Pelag.* 3,2).
Whether Jerome's Latin represents his direct translation of a gospel provided by Nazarenes
he knew in Beroea (*Vir. Ill.* III) or his Latin paraphrase of its contents, one cannot tell.
Jerome's comments about the "Hebrew Matthew" in *De viris illustribus* belong to his
biographical entry on "Matthew, Levi, former publican, apostle" who wrote the gospel in
Hebrew for those "from the circumcision" who would believe. Jerome assumes that the
Greek version used by the churches is a translation made later by someone else (*quod quis
postea in Graecum transtulerit, not satis certum est* [3.2]). Jerome appeals to this

concrete examples from the pseudo-Matthew gospel used by the Ebionites hardly figure in the extensive rant against the absurdities of Ebionite teaching which follows. Following the order in which Epiphanius introduces the material, there are seven excerpts from the "pseudo-Matthew" used by the Ebionites:

- Calling the Twelve in Simon Peter's house in Capernaum (*Pan.* 30.13.2-3)
- John comes baptizing, his dress and diet (13.4)
- Gospel opening: historical dating, John's baptism and lineage (13.6; repeated in abbreviated form, 14.3)
- Jesus is baptized, descent of the Holy Spirit, divine voice, light; testimony to the Baptist (13.7-8)
- Who are Jesus' mother and brothers? (14.5)[164]
- An isolated saying abolishing sacrifices (16.5)
- Revised Passover saying, against eating meat (22.4-5)

It is impossible to draw many conclusions about this gospel from such sparse evidence. Epiphanius may be paraphrasing or quoting from memory.

Because their gospel begins with the appearance of John, the Baptist, "in the days of Herod, king of Judaea, in the high priesthood of Caiaphas[165], a certain man, John by name came baptizing" (*Pan.* 30.13.6 and 14.4), Epiphanius charges them with falsifying[166] Matthew's geneal-

---

"Hebrew" Matthew as evidence for his own project of favoring the Hebrew Old Testament over the Greek Septuagint (3.3). This use of the "Hebrew Matthew" may account for the fact that although Jerome must have known that this "Hebrew Matthew" was not authentic by the time he writes *De viris illustribus* Jerome does not openly retract his earlier position (M. GRAVES, *Jerome's Hebrew Philology: A Study Based on His Commentary on Jeremiah* [SupplVigChr, 90], Leiden, Brill, 2007, p. 91).

164. Since Epiphanius is presenting an abbreviated version of Matt 12,47-50 at this point, only the fact that he claims that the Ebionites appeal to this text to deny the humanity of Christ suggests that it should be included. However most of the refutation involves citations from the canonical gospels, which may also be the case here.

165. Clearly derived from Luke 15, "it happened in the days of Herod king of Judea, a certain priest named Zachariah" and Mark 1,4, "John came baptizing in the wilderness and preaching a baptism of repentance...". Despite Epiphanius' claim that the Ebionites are using a Hebrew Matthew, the samples provided suggest either deliberate or inadvertent harmonizing. Klijn agrees that Epiphanius' version of the Baptism of Jesus according to this gospel also exhibits harmonizing elements, which suggest that Epiphanius is not employing a Hebrew or Aramaic gospel, but one in Greek that drew on the synoptic gospels (KLIJN, *Jewish Christian Gospel Tradition* [n. 9], pp. 27-29).

166. παρακόψοντες, "counterfeit, cheat or swindle", the imaginative translation "chopping off" being offered in the latest English edition of the apocryphal gospels (B.D. EHRMAN – Z. PLEŠE, *The Apocryphal Gospels*, New York, Oxford University Press, 2011, p. 213) is a fine example of scribal clarification. Assuming that the gospel in

ogy (14.2). Two other textual alterations can be charged to the sect's strict opposition to consuming meat: substituting a honey cake in oil that tasted like manna (Num 11,8)[167] for the locusts in describing the Baptist's diet (13.4-5) and changing Jesus' words at the Passover/Last Supper from "With desire I have desired to eat this Passover with you" (Luke 22:15) to "Have I desired meat (κρέας) with desire to eat..." (22.5). Both the Last Supper saying, which Epiphanius alleges has been altered, and the opening of the gospel itself draw upon phrasing from Luke and perhaps Mark[168]. Setting aside the polemics, these modifications combined with the free-floating saying in which Jesus abolishes the sacrificial cult[169] are well-suited to the concerns of a sect of fourth century Syro-Palestinian Christians who claim to live by the Torah as Jesus, the apostles, and the Jerusalem church had done before them. Given the considerable debate over whether and under which circumstances (alive, not found dead; cooked, not uncooked; must have wings) one might consume locusts[170], the Baptist's diet clamors for explanation. What better solution than to omit the insects and assimilate the μέλι ἄγριον (Matt 3,4) to the manna consumed by the Israelites in the desert? Jewish festivals like Passover were a strong attraction for the fourth century Christian populace. Advocates appealed to Jesus' own celebration of Passover with his disciples. In response patristic authors like Jerome and Chrysostom pointed to the definitive destruction of the Jerusalem Temple. God, himself, has made

question was a form of Matthew, failure to open with the genealogy might be described as mutilating the received text by chopping off its beginning. However the evident dependence of Epiphanius' quotations on Luke weakens that conclusion, since Luke's genealogy does not occur until after the baptism of Jesus. Epiphanius employs this charge to heighten the deceitfulness of Ebionite teaching. It follows a comment that Cerinthus and Carpocrtates who used the same "so-called Matthew" appealed to its genealogy to demonstrate the purely human origins of Jesus. Ebionites worsen the situation by providing false coinage, though Epiphanius does not provide an example but jumps to the key bone of contention in adoptionist Christology, the baptism of Jesus.

167. μέλι ἄγριον οὗ ἡ γεῦσις τοῦ μάννα, ὡς ἐγκρὶς ἐν ἐλαίῳ (*Pan.* 30.13.5); ἡ ἡδονὴ αὐτοῦ ὡσεὶ γεῦμα ἐγκρὶς ἐξ ἐλαίου (Num 11,8, LXX).

168. See D.A. BERTRAND, *L'Évangile des Ébionites: Une harmonie évangélique antérieure au Diatessaron*, in *NTS* 26 (1980) 548-563; and the synopsis that compares the two versions of the gospel's introduction (*Pan.* 30.13.6 and 14.3) with its synoptic counterparts (Luke 3,1-3, Mark 1,4-5 and Matt 3,1-6) and the chart comparing versions of Jesus' baptism in GREGORY, *Prior or Posterior?* (n. 87), pp. 350-352.

169. ἦλθον καταλῦσαι τὰς θυσίας, καὶ ἐὰν μὴ παύσησθε τοῦ θύειν, οὐ παύσεται ἀφ' ὑμῶν ἡ ὀργή (*Pan.* 30.16.5). Epiphanius attaches this saying to a Christological dispute, alleging that the opposition holds that the Son is not "born from God" but is "created" as one of the archangels, but was made greater than the angels. Except for the associations with the language of the epistle to the Hebrews, the logion on sacrifice has nothing to do with the anti-Nicene Christology against which Epiphanius is arguing.

170. MAGNESS, *Stone and Dung* (n. 19), p. 209, n. 18 and n. 20.

it impossible to "practice Judaism" by observing the ritual Torah[171]. The adaptations made in this gospel seem to agree, at least in part. The "wrath" associated with sacrifice is visible in the ruins of Jerusalem. Clumsy as the rephrased text may appear, it too responds to the ambiguity of Jesus' participation in a Passover meal. Since he commanded the end of sacrificial cult, he does not turn around and procure the "meat" stipulated in the Torah[172]. Instead he instructs the disciples not to do so.

Because of its ambiguities the baptism of Jesus figures prominently in the Christological disputes of the fourth century. Two elements of the version reported in Epiphanius apparently reflect an adoptionist, anti-Nicene understanding of Jesus' status as "messiah" that he attributes to various heretical groups (*Pan.* 30.14.4). These Christologies generally represent various forms of docetism in which a quasi-divine or angelic entity enters (so here with the dove) or is associated with the human being, Jesus, "son of Joseph and Mary". The divine signs connected with the baptism of Jesus have been reshaped in the harmonizing version in three stages: (1) first, the divine voice addresses Jesus after the Holy Spirit has descended and entered into him; (2) then, after the ἐγὼ σήμερον γεγέννηκά σε a great light illuminates the entire place[173] which attracts the attention of the Baptist, who elicits a repeated testimony from the voice; (3) finally, an exchange between John and Jesus reminiscent of that in Matt 3,14-15[174]. The phrase "ἐγὼ σήμερον γεγέννηκά σε" is a citation of Ps 2,7 (LXX) which also occurs in manuscripts reflecting the Western text of Luke 3,22 as well as the Old Latin and some patristic authors[175]. Therefore it was probably present in copies of Luke known to the author of this passage. Gregory suggests that rather than view the Psalm text as an addition by "heretics" seeking to enhance the view that Christ was "begotten", one could adopt the opposite view. Where Nicene Christology had become dominant both the harmonizing tendencies of scribes and awareness of its theological difficulties could have led scribes to drop the citation of Ps 2,7 from Luke 3,22[176].

---

171. GARROWAY, *Law-Observant Lord* (n. 133), pp. 595-598.

172. Gregory also notes the possible association between the anti-sacrifice and Passover sayings in Epiphanius' material (A. GREGORY, *Jewish Christian Gospels*, in P. FOSTER [ed.], *The Non-canonical Gospels*, London, T&T Clark, 2008, p. 66).

173. Cp. Luke 2,9, δόξα κυρίου περιέλαμψεν αὐτούς (KLIJN, *Jewish Christian Gospel Tradition* [n. 9], p. 71).

174. *Ibid.*, pp. 72-73. Klijn points to the presence of the light in Tatian and later Syriac witnesses as evidence of the tradition incorporated into this harmonizing passage.

175. *Ibid.*, p. 71.

176. GREGORY, *Prior or Posterior?* (n. 87), pp. 358-359.

Despite the claim that their gospel was the original "Hebrew" Matthew, the Ebionite examples in Epiphanius exhibit familiarity with the canonical gospels of Matthew, Luke and possibly Mark. The sect may have constructed its own genealogy to trace its Judaizing form of Christian praxis back to the apostolic days of Jerusalem Christianity. In doing so, they may have employed the well-established tradition of a "Hebrew" Matthew representing the apostle's preaching to Jews. This focus on Matthew appears in the "calling of the disciples" section (*Pan.* 30.13,3) which has Jesus address Matthew in the second person singular, "καὶ σε τὸν Ματθαῖον ... ἐκάλεσα καὶ ἠκολούθησάς μοι" before sending out the Twelve as witnesses to Israel in the second person plural. It is the language and authority of the tradition the group claims to embody that is at stake in appeals to a "Hebrew" Matthew, not necessarily the language used in their own everyday communication or even study of Scripture[177]. For Epiphanius and other fourth century patristic authors the primary challenge was defending a Nicene Christology against Arianism, also demeaned as "Jewish". Believers in some areas who were newly attracted to Jewish praxis are a lesser concern. That emphasis dictates which passages were culled from the Ebionite gospel traditions. But whoever wrote the gospel from which these selections were taken likely had the opposite focus. The alterations address concerns of ritual practice among members of the group more than the "heretical" Christology with which they are being charged.

By the end of the fourth century CE, the Jewish Christian gospel traditions themselves hardly figure in the complex theological debates. One may even ask whether Jerome or anyone else actually had access to a complete version of such a gospel[178]. On the one hand, the physical and liturgical presence of the four gospel canon had been considerably enhanced by Constantine and his successors. On the other hand, the sheer proliferation of "heresies" and their associated apocrypha further marginalized these Jewish Christian traditions. Jerome's extensive preface to his commentary on Matthew illustrates the point. He juxtaposes the many

---

177. See the informative discussion of the state of Hebrew and the linguistic situation confronting Jerome as he undertook learning Biblical Hebrew while gaining information from his Jewish informants in Greek in GRAVES, *Philology* (n. 163), pp. 76-96.

178. KLIJN presumes that Jerome did get a Jewish Christian gospel from its Nazorean informants ca. 392 CE from which he translated the quotes in his Matthew commentary (KLIJN, *Jewish Christian Gospel Tradition* [n. 9], pp. 17-19). However the sparse citations, paraphrases and likely repetition of material found in earlier heresiologists supports Luomanen's contention that by this time there are no complete manuscripts in circulation. Jerome is dealing with scattered material collected for his commentary projects (LUOMANEN, *Eusebius' View* [n. 148], pp. 275 n. 24; 280).

attempts by heretical authors (*Comm. In Matt.* Praef., ll 1-20) to the secure foundation that the four gospel canon provides for the church (ll. 20-67)[179]. To the standard view that Matthew had written in Hebrew for Jewish converts, Jerome attaches a caveat addressed to the Judaizers of his own day. Matthew acknowledges that the gospel has superceded the "shadow" that is the Law[180]. This caveat should also apply to those who read the commentaries on the Hebrew prophets that Jerome writes from 392 CE until his death in 419 CE. As is well known, Jerome has adopted a strong persona as the authority schooled in Hebrew and able to consult renowned Jewish teachers as to the meaning of difficult passages[181]. Few would have shared Jerome's view that the "truth" of the Hebrew text trumps the LXX where the two traditions disagree.

Given this pro-Hebrew position in his Old Testament exegesis, one might expect Jerome to display such learning in the Matthew commentary that he composed at the same time (398 CE)[182]. Despite his claim to have translated such a gospel obtained from the Nazarenes which is the Hebrew "Matthew" used by that group and the Ebionites[183], there is no evidence that he is actually employing such a work[184]. The mixed references to "gospel that the Nazrenes and Ebionites use", "Gospel of the Nazarenes", the "Hebrew gospel", "the gospel written according to the Hebrews", and "in the gospel we have often mentioned" serve as designations for items of Jewish Christian gospel material. Jerome does not employ them as titles for distinct books to be found in his library[185]. The

179. D. HURST – M. ADRIAEN, *S. Hieronymi Presbyteri Commentariorum in Matheum Libri IV* (CCL LXXVII), Turnhout, Brepols, 1969.

180. Primus omnium Matheus est, publicanus cognomine Leui, qui euangelium in Iudaea hebreo sermone edidit ob eorum uel maxime causam qui in Iesum crediderant ex Iudaeis et nequaquam legis umbram succedente euangelii ueritate seruabant.

181. M.H. WILLIAMS, *The Monk and the Book: Jerome and the Making of Christian Scholarship*, Chicago, IL, University of Chicago, 2006, pp. 50-76. Williams suggests that this persona enabled him to escape the taint of his extensive dependence upon Origen's work when the Origenist controversy breaks out in 393 CE (*ibid.*, p. 95). For a survey of the debate over the extent of Jerome's knowledge of Hebrew, which concludes that he acquired a solid reading knowledge of Biblical Hebrew which using the Greek sources as well, see GRAVES, *Philology* (n. 163), pp. 1-75.

182. In the Preface Jerome refers to the Matthew commentary as a rushed job following a period of serious illness at the end of 397 CE so that Eusebius of Cremona could take it with him to Italy (WILLIAMS, *Monk* [n. 181], p. 288).

183. In euangelio quo utuntur Nazareni et Hebionitae quod nuper in graecum de hebraeo sermone transtulimus et quod uocatur a plerisque Mathei authenticum (*Comm. In Matt.* 12.13).

184. Klijn pronounces this claim sheer "fantasy" (KLIJN, *Jewish Christian Gospel Tradition* [n. 9], p. 33).

185. Since it is possible that he worked from a collection of such passages assembled from actual "Jewish Christian" gospel material, whether complete texts or extracts, as well

relatively sparse use that Jerome makes of Jewish Christian gospel materials falls into three categories: linguistic information, sayings, and narrative haggadah.

Jerome's grammatical and rhetorical training had equipped him to transfer skills learned in dealing with classical texts to Biblical interpretation[186]. The most significant bit of information on that front occurs in Jerome's discussion of how to translate ἐπιούσιον in the Lord's Prayer[187]. Jerome justifies his choice of *supersubstantialem* by appealing to the common LXX translation of the Hebrew *sogolla* as περιούσιον, that Symmachus has chosen to render ἐξαίρετον, *id est praecipuum uel egregium, transluit, licet in quodam loco peculiare interpretatus sit*. What could such a petition refer to? Jerome argues that we must be asking for the "Bread from Heaven" of John 6,51. Having established his own translation as the proper interpretation of the Greek, with elements of his own Hebrew learning on display, Jerome turns to the alternative represented by the "Gospel according to the Hebrews", *crastinum*, which Jerome reports is based on the word *maar*[188]. Unfortunately, Jerome's notice does not indicate whether *māhār* stood in a text that was entirely in Hebrew, stood in the text as an untranslated term, or is his own retroversion of a Greek text[189]. If Jerome had a copy of a Hebrew language gospel that he was convinced derived from the apostle Matthew, it would be difficult to see by passing the reading *māhār* for the convoluted journey through the Greek translators. Therefore one of the other two options is more probable. Jerome concludes his commentary on the term with a second, shorter pair of alternatives. *Supersubstantialem panem* properly describes the superiority of the "bread" to all other substances. Then there are those who may simply refer the phrase to the apostle's injunctions against anxiety that conclude with the precept: *Nolite cogitare de crastino*[190].

as from his predecessors, one cannot conclude from the diverse citation patterns that Jerome only knew one such gospel either as Georg Strecker thinks (VIELHAUER – STRECKER, *Jewish Christian Gospels* [n. 12], p. 142).

186. As Graves argues in detail (GRAVES, *Philology* [n. 163], pp. 13-61).

187. Jerome, *Comm. In Matt.* 6.11.

188. In euangelio quod appellatur secundum Hebraeos pro supersubstantiali pane maar repperi, quod dicitur crastinum, ut sit sensus: *Panem nostrum* crastinum, id est futurum, *da nobis hodie*.

189. Jerome, *Tractatus de Psalmo* CXXXV (KLIJN, *Jewish Christian Gospel Tradition* [n. 9], p. 87) reports the same information without the Hebrew term, though he attributes his information to the Hebrew version of Matthew: "In hebraico euangelio secundum Matthaeum ita habet: Panem nostrum crastinum da nobis hodie, hoc est panem quem daturus es nobis in regno tuo, da nobis hodie".

190. Matt 6,34a: nolite ergo esse solliciti in crastinum.

Other linguistic examples deal with textual variations. Jerome devotes considerable discussion to identifying the Zechariah mentioned in Matt 23,35 as killed between the temple and the altar. Several candidates are considered. The prophet Zechariah is "son of Βαραχίου", the reading given in Matt 23,35. But that interpretation fails to be persuasive on two counts. Scripture never speaks of his murder, and by his day, the temple lay in ruins[191]. It cannot be the Zechariah who is the father of John. That leaves the Zechariah of Chronicles who was stoned in the Temple courtyard on orders of King Joash (2 Chron 24,20-22). Unfortunately, the patronymic does not apply as this Zechariah is son of Jehoiada. To save the text "Barachiae", Jerome first suggests an etymology that makes the word an apt description of Jehoiada: *Barachia in lingua nostra benedictus Domini dicitur, et sacerdotis Ioiadae iustitia hebraeo nomine demonstratur.* Jerome has reached a conclusion about which Zechariah is in question. He then notes that the "gospel used by the Nazarenes" actually has Jehoiada instead of Barachiah[192]. Although the Nazarene gospel supports Jerome's identification, he does not treat it as evidence for the original reading or suggest that the *filium Barachiae* text be emended. His commentary continues using that patronymic.

Jerome deals in short order with the mis-attribution of the saying about thirty-silver pieces paid for a potter's field in Matt 27,9-10. The evangelist has "Jeremiah" were he should have Zechariah, the last of the Twelve prophets[193]. However Jerome has obtained from the Nazarenes an apocryphal Jeremiah with the Matthean passage[194] but does not consider it evidence that the text in question once stood in Jeremiah[195]. Finally, Jerome provides a small notice concerning the meaning of the name

191. Sed ubi occisus sit inter templum et altare scriptura non loquitur, maxime cum temporibus eius uix ruinae templi fuerint.

192. In euangelio quo utuntur Nazareni pro filio Barachiae filium Ioidae scriptum reperimus.

193. Jerome, *Comm. In Matt.* 27.9-10. Hoc testimonium in Hieremia non inuenitur, in Zacharia uero qui paene ultimus duodecim prophetarum est.

194. Legi nuper in quodam hebraico uolumine quem Nazarenae sectae mihi Hebraeus obtulit Hieremiae apocryphum in quo haec ad uerbum scripta repperi (Jerome, *Comm. In Matt.* 27.10).

195. Origen had speculated that the citation was derived from such a Jeremiah apocryphon. If Jerome was shown such a work by the Nazarenes, it may have been produced to include the passage that Matthew identified as Jeremiah. There is no reason to charge Jeremiah with fabricating its existence out of the Origen allusion (GRAVES, *Philology* [n. 163], p. 91). Jerome's solution is to distinguish the literal meaning of the words found in Zechariah from the more spiritual meaning of the Old Testament, presumably indicated by the reference to Jeremiah: *Sed tamen mihi uidetur magis de Zacharia sumptum testimonium, euangelistarum et apostolorum more uulgato qui uerborum ordinae praetermisso sensus tantum de ueteri testamento proferunt in exemplum.*

"Barabbas", that it means *filius magistri eaorum* in the "gospel which is written according to the Hebrews"[196]. Despite attributing the etymology to the "gospel according to the Hebrews", Jerome could have taken it from Origen[197].

Jerome occasionally attributes what may have been free-floating sayings of Jesus to the Jewish Christian gospel(s). As part of an anti-Pelagian argument concerning the necessity for all to receive divine forgiveness in baptism, Jerome includes two brief apophthegms. Both are taken from the Nazarene's Hebrew Matthew that is allegedly available in the library at Caesarea. In the first Jesus' mother and brothers propose to go to John the Baptist to receive baptism for remission of sins. Jesus replies that he does not need to be baptized by him[198]. The question of why Jesus received John's baptism was raised in Matt 3:13-15, a passage reformulated in the exchange between the Baptist and Jesus that concludes the story of Jesus' baptism associated with the Ebionites in Epiphanus[199]. In the second example, Jerome persents a version of the instruction about how often one is to forgive the brother who sins (Matt 18,21-22). After a close paraphrase of the Matthew passage[200], the citation incorporates another logion concerning the divinely inspired prophets[201]. If even they can sin, no one can claim the moral perfection required by the Pelagians. Though the saying about the prophets is incorporated into a section that Jerome identified as from the "Gospel according to the Hebrews", a citation from Ignatius of Antioch follows immediately. Therefore it could be that the concluding logion is in fact Jerome's own rhetorical elaboration to drive home the anti-Pelagian message.

Two other logia attributed to the "Hebrew Gospel" govern relationships between fellow-believers. They might have been connected with the forgiveness instructions or they may be based on a single instruction that Jerome cites from memory in each case. One citation associates rejoicing with fraternal charity: *Et numquam, inquit, laeti sitis, nisi com*

196. Jerome, *Comm. In Matt.* 27.16.

197. Though the spelling of the expression *bar-rabban*, "son of the teacher", requires a doubled "r" lacking in the name Barabbas. In any case, Jerome does not make much of the etymology.

198. Dixit autem eis: Quid peccaui, ut uadam et baptizer ab eo? Nisi forte hoc ipsum quod dixi, ignorantia est. (Jerome, *Adv. Pelag.* 3,2). Clearly Jesus has neither committed any sin, nor spoken in ignorance.

199. Epiphanius, *Pan.* 30.13.4.

200. Si peccauerit, inquit, frater tuus in uerbo et satis tibi fecerit, septies in die suscipe eum. Dixit illi Simon discipulus eius: Septies in die? Respondit Dominus, et dixit ei: Etiam, ego dico tibi, usque septuagies septies.

201. Etenim in Prophetis quoque, postquam uncti sunt Spiritu sancto, inuentus est sermo peccati.

fratrem uestrum uideritis in charitate[202]. The second example is formulated in the negative, against causing distress to a brother: *et in euangelio quod iuxta Hebraeos Nazarei legere consuerunt, inter maxima ponitur crimina: qui fratris sui spiritum contristauerit*[203]. The latter may represent a free-floating injunction against grieving fellow believers (Rom 14,15) or the Holy Spirit (Eph 4,30; 1 Thess 5,19)[204].

Jerome sometimes refers to a larger narrative sequence with a brief note. The "Gospel according to the Hebrews"[205] provides one of two additional bits of information about the Temple's destruction, a massive lintel came crashing down[206]. Jerome's second bit of information is derived from Josephus, describing the angelic voices announcing their departure from the holy place[207]. Jerome interprets the tearing of the Temple veil as the transfer of the hidden mysteries of the Law (*omnia legis sacramenta*) to the Gentiles. The architectural destruction indicated by the collapse of a massive lintel at the same time permits the metaphorical overlay of Josephus' account onto the scene of the crucifixion[208]. Thus Jerome indirectly confirms the statement made about Matthew's gospel in the Preface, the "shadow of the Law" no longer remains.

According to Origen the "Gospel to the Hebrews" contained the Savior's statement that his "mother the Holy Spirit" took him by the hair to Mt. Tabor. Jerome refers to this tradition in three of his commentaries on the prophets[209]. Though the references suggest that his readers might be able to supply the larger narrative, it could be the case that Jerome simply needs an "ancient" authority for the view that the Holy Spirit is

---

202. Jerome, *Comm. In Eph.* 5.4.

203. Jerome, *Comm. In Ezek.* 18.7. Attaching this saying to the Greek translations of Ezek 18:7 suggests a preferences for Symmachus' ὀδυνήσῃ over the other choices available in the Greek translations (KLIJN, *Jewish Christian Gospel Tradition* [n. 9], p. 101).

204. *Ibid.*, p. 102.

205. Named in the comment on the name Barabbas at Matt 27,16, but here referred to simply as *in euangelio cuius saepe facimus mentionem* (Jerome, *Comm. In Matt.* 27.51).

206. Superliminare templi infinitae magnitudinis fractum esse atque diusium. Also referred to in Jerome, *Epist.* 120.8 (KLIJN, *Jewish Christian Gospel Tradition* [n. 9], p. 94).

207. Among the divine portents of the Temple's impending destruction, Josephus has the priests on the night of Pentecost performing their duties in the inner court experience violent shaking, hear a loud crash, and then hear the cry: μετὰ δὲ ταῦτα φωνῆς ἀθρόας μεταβαίομεν ἐντεῦθεν (*War* 6.300).

208. By exploring Jerome's interpretations of Isaiah 6, Klijn shows that Jerome knew two traditions, one that linked it to the Temple's destruction, the other to the death of Jesus. He appears to have taken the Temple-destruction motif from earlier Greek commentators (KLIJN, *Jewish Christian Gospel Tradition* [n. 9], pp. 96-97).

209. Jerome, *Comm. In Mic.* 7.5-7; *Comm. In Isa.* 40.9-11; *Comm. In Ezek.* 16.13. Origen considers Mt. Tabor to have been the locus of the Transfiguration; Epiphanius, links it to the Temptation (KLIJN, *Jewish Christian Gospel Tradition* [n. 9], pp. 53-55).

feminine. In the earliest of these (*Comm. In Mic.* ca. 394 CE), Jerome introduces the "Gospel of the Hebrews" as one which he recently translated[210] while that note does not occur in the two commentaries written between 408 and 414 CE. Instead, Jerome identifies the gospel as the one read by the Nazarenes. Yet the wording is so close to Origen's that Jerome's claim to get his information from the "Gospel of the Hebrews" himself seems bogus[211].

Jerome's commentary on Isaiah (ca. 408/409 CE) picks up the apocryphal development of the baptism of Jesus in connection with the prophecy *et requiescet super eum spiritus Domini* (Isa 11,2) with its following list of the gifts of the Spirit. Jerome presents his information in two selections. The first indicates that Jesus was endowed with the fullness of the Spirit, *descendet super eum omnis fons Spiritus Sancti*. In the second extract, Jerome introduces the narrative of Jesus' baptism from the "Gospel written in Hebrew which the Nazarenes read". The Holy Spirit descended as Jesus emerged from the water, *descendit fons omnis Spiritus Sancti, et requieuit super eum*. As in the Epiphanius example, so here, the words spoken to Jesus have been expanded. In addition, Jerome's "Hebrew Gospel" no longer has the divine voice speak from heaven. Instead, the Holy Spirit delivers a message consonant with the claim that all of prophecy is fulfilled in Jesus. As the permanent resting place of the Holy Spirit, no one else could claim to be a new prophet or embodiment of the Spirit apart from the Son[212]. A comparable application of Isa 11,1-3 to make Jesus the end of prophecy appears as early as Justin Martyr[213]. In making the baptism of Jesus an affirmation of that point by changing both the divine speaker and the message, the "Hebrew Gospel" has introduced a Christological claim characteristic of the adoptionist views attributed to Jewish Christians. Jesus is Son of the Spirit, not the Father, *tu es filius meus, primogenitus*.

Jerome reports a variant on the Sabbath healing of the man with the withered hand when he comments on Matt 12,9-14. It has the appearance

---

210. Euangelio, quod secundum Hebraeos editum nuper transtulimus.

211. So KLIJN, *Jewish Christian Gospel Tradition* [n. 9], p. 53.

212. ... et requeuit super eum, et dixit illi: fili mi, in omnibus prophetis expectabam te, ut uenieres et requiescerem in te. Tu enim es requies mea, to es filius meus primogenitus, qui regnas in semiternum.

213. Justin Martyr, *Dial.* 87,2-5: ὡς ἐπ' ἐκεῖνον ἀνάπαυσιν μελλουσῶν ποιεῖσθαι, τουτέστιν ἐπ' αὐτοῦ πέρας ποιεῖσθαι, τοῦ μηκέτι ἐν τῷ γένει ὑμῶν κατὰ τὸ παλαιὸν ἔθος προφήτας γενήσεσθαι. However Justin associates the coming of the Holy Spirit with Jesus' conception rather than his baptism. Justin also provides a typological interpretation of the individual gifts of the Spirit as references to Solomon, Moses and the individual prophets of Israel.

of a haggadic elaboration on the familiar story. The man had been a stone mason. He asks Jesus to restore his health so that he no longer has to get his bread by shameful begging[214]. Although the narrative elaboration provides a rationale for the man's condition and the urgency of Jesus' healing, Jerome's comment does not exploit the details[215]. He continues to press a supercessionist perspective. The withered hand represents the situation in the synagogue prior to the Savior's coming. The restored right hand, the global spread of God's works through believing apostles[216]. Since Jerome went to some lengths in introducing this bit of apocryphal tradition as from a gospel in Hebrew used by both Nazarenes and Ebionites, recently translated by himself, and thought by some to be the authentic Matthew (*plerisque Mathei authenticum*), he clearly includes Matthew as a "believing apostle" freed from the arid synagogue. Indirectly Jerome's elaborate rhetorical build up suggests that even on the basis of their own allegedly authentic Matthew, judaizing sects like the Nazarenes and Ebionites are not being faithful to the Savior's teaching if they combine Jewish praxis with a professed faith in Jesus.

Although Jerome relied heavily on Origen in producing his commentary on Matthew, he disagreed with the view that the "brothers" were step-siblings[217]. His brief treatment of Matt 13:55-56 in the Commentary on Matthew simply adverts to the false view of Jesus' origins as *fabri filius* shared by Jews and heretics[218]. Jerome then punts on any further

---

214. Caementarius eram manibus uictum quaeritans, precor te Iesu ut mihi restituas sanitatem ne turpiter mendicem cibos (Jerome, *Comm. In Matt.* 12.13).

215. This disjunction parallels a tendency that Graves notes in studying Jerome's use of proper name etymologies in his commentary on Jeremiah. Jerome follows the expected order of a literal treatment followed by its spiritual understanding. However, the Hebrew etymologies do not figure into the latter: "… Jerome's Christian meaning in this case is based on an analogy with the content of his paraphrase, and he makes no use of the proper name etymologies in order to derive the spiritual sense. Jerome gives the Hebrew etymologies at the point where he is ready to move to the Christian spiritual interpretation, but he actually generates the higher sense without employing these etymologies" (GRAVES, *Philology* [n. 163], p. 147).

216. Usque ad aduentum Saluatoris arida manus in synagoga Iudaeorum fuit et Dei opera non fiebant in ea, postquam ille uenit in terras reddita est in apostolis credentibus dextera et operi pristino restituta (Jerome, *Comm. In Matt.* 12.13).

217. *Comm. In Matt.* 12.47 treats this view as fictitious, suggesting that a name had been invented for Joseph's alleged first wife, "Escha". Jerome treats the "brothers and sisters" as cousins, off-spring of Mary's sister Mary, mother of James, the lesser, Jose and Jude. Jerome then returns to the stock typology by which the mother and brothers standing outside represent the synagogue and Jewish people.

218. Error Iudaeorum salus nostra est et hereticorum condemnatio. In tantum enim cernebant hominem Iesum Christum ut fabri putarent filium (Jerome, *Comm. In Matt.* 13.55-56). Jerome apparently intends a verbal association between the "heretics" in this sentence and the people of Nazareth, *Nazarenorm*, of the previous verse. The "heretics"

explanation, referring his readers to his much earlier book *Against Helvidius* (ca. 383 CE).

Finally, Jerome's treatment of James, the brother of the Lord, in his *On Illustrious Men* (ca. 393 CE), which clearly stipulates that James was the son of Mary's sister also called Mary (*Vir. Ill.* II 1) turns to the "gospel called According to the Hebrews" to provide the story behind the post-resurrection appearance of Jesus to James (1 Cor 15,7a). This apocryphal story, which Jerome is paraphrasing, comprised three narrative moments:

• James vowed to fast from the time he drank the cup at the Last Supper until he saw his brother raised[219].
• Jesus first returned the linen burial cloth to the high priest's servant[220].
• Jesus prepares a meal, revealing himself to his brother as risen from the dead[221].

Both Luke and John provide canonical hooks for meals as the loci of resurrection appearances. Jesus as host provided cooked fish and bread by the Sea of Tiberias (John 21,9). Jesus reveals himself to the disciples at Emmaus by taking and blessing the bread (Luke 24,30). Canonical Matthew, on the other hand, follows the Markan lead. The Eleven do not encounter Jesus in Jerusalem but in Galilee[222]. That gap might have provided an opportunity for an "apocryphal Matthew" to insert a legend about the appearance to James, the Just, in Jerusalem.

The legend about James, the Just, places him among the disciples at the Last Supper, since he vows not to drink from the cup again until Jesus is risen from the dead. That oath has a faint echo of Jesus' own words at the conclusion of the Last Supper in Matt 26,29 that he will not drink from the fruit of the vine until he drinks in the Kingdom. Very different versions of the risen Lord instructing his brother James appear in the

in question being the Nazarenes as stand-ins for anyone charged of holding this false Christology.

219. Iuraverat enim Iacobus se non comesurum panem ab illa hora, qua biberat calicem Domini, donect wideret eum resurgentem a dormientibus (*Vir. Ill.* II 12). This oath is mentioned out of sequence as the reason for what follows in the culminating narrative.

220. Dominus autem cum dedisset sindonem servo sacerdotis (*Vir. Ill.* II 12). Jerome makes no reference to the possibility that the "pure linen cloth" (σινδόνι καθαρᾳ, *sindone munda*) was a priestly garment in his commentary on the burial of Jesus (*Comm. In Matt.* 27.59).

221. Afferte, ait Dominus, mensam et panem, statim que additur: Tulit panem et benedixit et fregit et dedit Iacobo Iusto et dixit ei: 'Frater mi, comede panem tuum, quia resurrexit Filus hominis a dormientibus' (*Vir. Ill.* II 13).

222. A tradition which Jerome exploits as a reference to the Gentiles in commenting on Matt 28,10 (*Comm. In Matt.* 28.10).

Coptic codices from Nag Hammadi. James becomes the custodian of esoteric, Gnostic teaching which the Twelve as a group are unable to accept[223]. Although these writings have no overlap with the legend mentioned in Jerome's biographical notice, they are clear evidence for a lively interest in apocryphal stories about James, the brother of the Lord.

When Jerome introduces a citation or paraphrase of Jewish Christian gospel tradition as based on a Hebrew language gospel, that he translated as he does in the case of the resurrection appearance to James (*Vir. Ill.* II 11)[224], he accomplishes the same task that we observed in Eusebius' chronological scheme. He blocks any effective access to such "gospels" for those fourth century believers who had an interest in recovering a "Jewish past" that could inform fourth century CE Christian faith and practice. Dubious as Jerome's claim to have translated a "Gospel according to the Hebrews" into Greek or Latin appears to us, his readers do not know that. Those among whom he circulated his extensive writings do know that if he had a copy of this gospel, Jerome never circulated it or his own translation. All he presents are brief citations and paraphrases when the occasion calls for a notice of Hebrew tradition from the Christian past. Despite their deficient Christology, these sparse Jewish Christian traditions as Jerome presents them are no threat to orthodox beliefs.

What he hasn't taken from commentaries by his predecessors, Jerome may have collected from other writers and even his Hebrew teachers as notes or extracts in anticipation of commentaries that he planned to compose. Perhaps he did copy and translate excerpts from a gospel in Hebrew or Aramaic lent to him by members of a sect that claimed descent from the Jerusalem church. He treats these references much as he does references to other sources of information in determining the historical or

---

223. The two James apocalypses from Nag Hammadi codex V incorporate a developed Christology that clearly separates the crucified figure from the divine savior (*1 Apoc. Jas.* 30,16–32,28; *2 Apoc. Jas.* 45,25–49,21). At the same time, they are familiar with the legends of James, the Just, as a pious martyr (*1 Apoc. Jas.* p. 32,28–40,10; *2 Apoc. Jas.* p. 60,23–63,32). Consequently for very different reasons they agree that James cannot be "brother" to the Savior in the ordinary sense of the word but because the Savior is not "flesh" of his mother, these authors have no difficulty with assuming that Mary was the biological mother of James (*1 Apoc. Jas.* p. 24,10-26; *2 Apoc. Jas.* p. 50,5-23). Fragments of a different version of *1 Apoc. Jas.* constitute the second tractate in Codex Tchacos. (See the synopsis in J. BRANKAER – H.-G. BETHGE [eds.], *Codex Tchacos* [TU 161], Berlin, de Gruyter, 2007, pp. 88-129. The initial tractate in Codex I, *Apocryphon of James* shows more concern to establish the James material within the process of an emerging canon. James is associated with Peter. It opens with the suggestion that James has transmitted a book in "Hebrew" to a recipient in the position of teacher in order to conceal its teaching from those unworthy of it (*Ap. Jas.* p. 1,8–2,7).

224. Though in the same breath he invokes Origen as having used this gospel often even though Jerome knows that Origen could only have used a Greek version.

literal meaning[225]. They do not serve as a basis for a Christian spiritual understanding. Since there does not appear to be a "Gospel according to the Hebrews", the alleged Greek or Latin translation of the original Hebrew Matthew available to Jerome's readers, one should not be surprised by the irenic tone of his references to it. Jerome's remark about the unknown person who translated Matthew's gospel from Hebrew to Greek would lead one to infer that "Hebrew Matthew" is to be identified with the canonical gospel[226]. He is more emphatic about establishing the principle that Jesus marks the end of Torah observance for all believers. Jerome agrees with his predecessor Origen that a hybrid type, our "Jewish Christians" or his "Nazarenes" cannot be real believers. Nor, thanks to the historical framework created by Eusebius, is it possible to entertain the claims of any fourth century sect to be the direct linear descendants of that Jerusalem church whose bishop, James, the brother of the Lord was appointed by the apostles[227].

Epiphanius resolved the problem of the relationship between the "Hebrew" and canonical texts of Matthew, by attributing a complete version in Hebrew to his "proto-orthodox" Nazorean sect, and a mutilated, corrupt version to the Ebionites. As we have seen his actual examples from the Ebionite gospel hardly illustrate the heretical teachings being attacked. Items on the Baptist's diet, Jesus abolishing sacrifices and then rejecting meat as part of the Passover with the disciples could reflect Jewish debates of the second century CE. Epiphanius does not understand his sources.

As scholars who argue that Epiphanius' fragments represent a distinctive gospel tradition have recognized, the Epiphanius material is different from that in Jerome. The two overlap in providing accounts of Jesus' baptism that reflect an adoptionist Christology. The descent of the Holy Spirit is the moment at which Jesus becomes the divine Savior. Both know variants of the objection that a sinless Jesus does not need to be

225. While Klijn is certainly correct in suggesting that the interest in Jewish Christian gospel traditions after Jerome derives from assumptions about their antiquarian character, he fails to differentiate between the exegetical questions associated with the literal or historical meaning and the spiritual meaning as most Christian authors understood it. He wrongly attributes to them the "Life of Jesus" interest of modern historical-critical scholarship: "... even after Jerome Latin writers were still interested in Jewish-Christian gospels because they held them to be ancient sources about the Life of Jesus" (KLIJN, *Jewish Christian Gospel Tradition* [n. 9], p. 24).

226. "... quod quis postea in Graecum transtulerit, non satis certum est" (Jerome, *Vir. Ill.* III 1).

227. "... post passionem Domini statim ab apostolis Heirosolymorum episcopus ordinatus" (Jerome, *Vir. Ill.* II 1; from Eusebius, *Hist. Eccl.* III 5,2, without specifying episcopal ordination by the apostles).

baptized for forgiveness of sin. Both use begetting language in the context of the baptism. Epiphanius' citation of Ps 2,7 also appears in the Western text of Luke. Jerome's story has become muddled by having the Holy Spirit speaking to Jesus as "my Son". But Jerome is not interested in the baptism story as an example of heretical Christology but as evidence that Jesus fulfilled Isaiah's prophecy. Despite some structural similarities, the two accounts of Jesus' baptism are sufficiently different that they could not be derived from the same work even if both authors are working with collections of excerpts, not consulting a complete gospel.

VI. IN CONCLUSION: CAN SUCH FRAGMENTS PAINT A PICTURE?

As we indicated in the methodological discussions, such loose collections of references, citations and paraphrases do not fall into place as "gospels" even by the somewhat less than literary standards of second and third century Christian apocrypha. It is hardly surprising that scholars remain divided over how many distinct works lie behind the references to a "Hebrew Matthew" or "Gospel according to the Hebrews" in early Christian Greek and Latin authors[228]. Given the characteristic habits of book composition in antiquity, one should not take Jerome's remarks about a Hebrew Matthew in the library of Caesarea or his own translation of a volume shown him by the Nazarenes at face value. Some of Jerome's material stems from his earlier study of Origen. The rest may be excerpts that he had assembled. Thanks to the convenient transitional category, the Nazorean sect produced by Epiphanius, Jerome can employ his "Jewish Christian" sources as ancient tradition received from the Nazarenes. It has been "laundered" of suspicions of the Ebionite heresy. Thus when it suits the purposes of a particular argument, Jerome can simply appeal to his "Gospel according to the Hebrews" as an ancient authority in support of the point he wishes to make.

Epiphanius' collection of excerpts from a synoptic gospel harmony have been shoe-horned into a rant against the Ebionite poison that has little to do with the quotations themselves[229]. He may not even understand

---

228. For a challenge to Klijn's established categories, see A. GREGORY, *Hindrance or Help? Does the Modern Category of "Jewish-Christian Gospel" Distort Our Understanding of the Texts to Which It Refers?*, in *JSNT* 28 (2006) 387-413.

229. As Gregory remarks, "... it might be the case that Epiphanius has certain ideas about what constitutes Ebionite belief ad that he is willing to use this texts [*Pan.* 30.14.5] as a vehicle on which to impose such beliefs, even when the evidence is wanting" (GREGORY, *Hindrance or Help?* [n. 228], pp. 395-396).

what was being debated in the selections provided. As we have suggested a sub-group of them speaks to questions of kosher food and sacrificial praxis that can be situated within a second or third century Jewish context. Vegetarianism in the setting of kosher food rules is not the hyper-ascetic policy that Epiphanius attributes to the Ebionites.

Eusebius created a "master narrative" of Christian origins that cemented the tradition of a "Hebrew" Matthew as the first gospel in the Christian imagination,, where it still finds some champions even today. Consequently, one finds considerable confusion in the sources over whether the adjective "Hebrew" refers to the language, the ethnic origins of its users, or the author, that is the apostle Matthew's preaching to Jews. In order to make sure that the "gospel" associated with the Ebionites is not mistaken for the apostle's work, Epiphanius has to attach the real, complete Hebrew Matthew to his proto-orthodox

Nazoreans and attribute a mutilated, corrupt form to the Ebionites. Despite the repeated statements in fourth century CE authors about gospel traditions in some semitic language, whether it be Hebrew, Aramaic or Syriac, the extracts they present are from Greek texts[230]. Schooled by his predecessors to expect to find a Hebrew or Aramaic Matthew, Jerome may have sought out such material and at some point recognized that what he had in hand was not the original, which became the received Greek version of Matthew on which he writes his commentary.

Jerome's ability to tear apart textual distinctions between the various Greek versions and the Hebrew text of the Old Testament is not applied to the "Gospel of the Hebrews". Why? Several factors suggest themselves. Respect for statements by his predecessors that claim to know or to be citing such a Jewish gospel[231]. Incomplete sources available to him. Unable to turn up a complete gospel to match the anticipated Hebrew source of canonical Matthew, Jerome has assembled his own collection of representative fragments which he employs instead. By inserting himself as translator of this Hebrew gospel tradition, Jerome effectively takes over its transmission and application. Consequently, it can function as an ancient authority, whose views may be acknowledged or rejected but

---

230. FREY, *Vielgestaltigkeit* (n. 8), pp. 109-112.

231. Including a very inaccurate assertion that Ignatius of Antioch quoted a section of the "gospel" Jerome had recently translated (= Hebrew Matthew) concerning the bodily resurrection of Jesus in his appearance to Peter (*Vir. Ill.* XVI 3-4). The passage is from Ignatius to the Smyrneans. Jerome has mistakenly incorporated a statement by Ignatius about his belief into the quotation. Origen attributes a comparable tradition to the apocryphal Teaching of Peter (*De Prin.* 1. proem. 8; VIELHAUER – STRECKER, *Jewish Christian Gospels* [n. 12], pp. 143-145).

rarely contribute anything more than a minor point to Jerome's overall discussion. Whatever shape the sectarian forms of Jewish Christian practice took among some of Jerome's informants in Syro-Palestine continued Jewish observance is contrary to the gospel, as are the Judaizing interests of non-Jewish believers elsewhere in the church[232].

As scholars dealing with the fragments of other ancient authorities have learned, one must be cautious about fitting such pieces into a hypothetical framework and then proceeding to interpret the existing bits as though they provided evidence for that picture. The recent challenges to using a standard model definition of "Jewish Christianity" press home that point. The basic model is comprised of assumptions about ethnicity (believers of Jewish origin), language (Aramaic, Hebrew, Syriac), Torah observance (circumcision, kosher, purity rules, Sabbath, festivals) and Christology (Jesus messiah as Spirit-filled culmination of Israel's prophetic tradition). The early Christian authors who employed the fragments of gospels attributed to such believers would certainly recognize the list. As early as Irenaeus, they also would have associated such believers with Matthew's gospel, likely on the presumption that an Aramaic or Hebrew Gospel of Matthew underlies their Greek version much as the Hebrew scriptures of the synagogue formed the basis for the Greek Bible employed among Christians. Just as most Christians would not have shared Jerome's conviction that the Hebrew truth trumps the Greek versions in reading the prophets, so recovering or preserving a postulated Hebrew Matthew was of no particular interest – except perhaps to Jerome. This conviction about the apostolic basis for the "Gospel of the Hebrews" enabled Christian authors to employ passages taken from it as positive evidence to advance their own viewpoints[233].

The "original Matthew" postulate introduces a selection factor for our surviving material. Either the gospels employed among Jewish Christian groups employed Matthew as a template or the excepts that found their way into circulation among other Christians were perceived as Matthean variants, whether legitimate or corrupted as Epiphanius would have it. Yet Ephiphanius' failure to substantiate his accusations with citations from gospel excerpts attributed to the Ebionites raises questions. He may have lacked the educational training in textual analysis and rhetorical argumentation possessed by Origen or Jerome, of course[234]. Had he

---

232. MIMOUNI, *Judéo-christianisme* (n. 30), pp. 144-151.

233. As Clement of Alexandria, Origen and Eusebius clearly have done, see LUOMANEN *Eusebius' View* (n. 148), pp. 277-279.

234. On Ephiphanius' education, see POURKIER, *L'Hérésiologie* (n. 156), pp. 29-30.

known any version of an alleged Matthew in Aramaic (or Hebrew) Epiphanius would have been able to translate it. The best he can come up with is a Greek gospel used by Ebionites. Klijn assumes that Epiphanius reached his conclusion that it was a corrupted Matthew by comparison with the canonical text and reads Epiphanius' excerpts as demonstrations of that point[235]. We disagree with that picture of Epiphanius' activity. What he has at hand in composing his refutation is a collection of passages that appear to be from a harmonizing gospel that are only loosely connected with what Epiphanius says about the Ebionites.

Epiphanius introduced two additional notices into his description of the Jewish Christian sects. The first, direct lineal descent from the Jerusalem church through Jewish believers who fled to Pella, a tradition reported in Eusebius[236], attributed to the Nazoreans (*Pan.* 29.7.8) is presented by Epiphanius as a pattern of regional diffusion. Though he does not know when or where the group originated, this pattern situates their emergence post-70 CE, not in the original Jerusalem church[237]. A second addition to the picture of "Jewish Christian" groups in Epiphanius makes them the object of ritual curses in the Jewish synagogue, the Birkat ha-minim (*Pan.* 29.9.2; also Jerome, *Epist.* 112.13). Not only does this group and its Ebionite offspring lack the link to the primitive Jerusalem church which it claims, it also fails to maintain membership in the Jewish community. Thus the fourth century CE picture of Jewish Christians and their origins supports the disjunction between faith in Jesus and an on-going Jewish praxis, even among Jewish converts already proposed in Origen.

Identification of the gospel excerpts that we have discussed as "Jewish Christian" acknowledges that the early Christian authors labeled them as such. These authors, themselves, appear to be using collected sayings and stories from diverse stories, not consulting discrete "gospels". That practice makes stripping the fragments from their contexts and reassembling them into remains of two or three gospels methodologically dubious. On the other hand, it does increase the probability that

---

235. KLIJN, *Jewish Christian Gospel Tradition* (n. 9), p. 15; similarly, SKARSAUNE, *The Ebionites* (n. 20), p. 457, who goes much further in his reconstruction by confidently asserting that Epiphanius chanced upon a Greek gospel that he attributed to the Ebionites after he had drafted the section on them and subsequently incorporated blocks of material taken from that work into his text.

236. *Hist. Eccl.* III 5,3; Skarsaune, credits the historical possibility of fugitives in Pella from the revolts in 66-70 and 132-135 CE whose debates with Jewish scholars evidence a high Christology, not that associated with Ebionites (O. SKARSAUNE, *Jewish Christian Sources Used by Justin Martyr and Some Other Greek and Latin Fathers*, in SKARSAUNE – HVALVIK [eds.], *Jewish Believers in Jesus* [n. 20], 379-416, p. 401).

237. LUOMANEN, *Nazarenes* (n. 25), pp. 288.311-312.

other gospel fragments such as P. Oxy. 840 that show an interest in or even knowledge of Jewish praxis belonged to gospels which would also have been considered "Jewish Christian" in the second to fourth centuries CE. The problem is not whether the group of fragmentary remains should be expanded, but our lack of sufficiently complete skeletons to know what to do with all the pieces. Unless fuller manuscripts containing these selections are discovered in the futures, we remain faced with small images without a defining frame or background picture. Perhaps one should envisage these Jewish Christian remains as ragged-edged photos of varying size and clarity assembled into a collage.

Department of Theology   Pheme PERKINS
Boston College
140 Commonwealth Av
Chestnut Hill, MA 02467
USA

L'ENFANT JÉSUS DURANT LA FUITE EN ÉGYPTE

LES RÉCITS APOCRYPHES DE L'ENFANCE COMME LÉGENDES PROFITABLES À L'ÂME

I. INTRODUCTION

Il y a une quarantaine d'années, la maison de produits pharmaceutiques Sandoz à Bâle publiait un bulletin et chaque bulletin, tradition bâloise obligeant, contenait un article culturel. Le numéro 36 de 1974 présentait un article d'une historienne de l'art, Elisabeth Landolt, intitulé «Les légendes de la fuite en Égypte»[1]. Ces pages, illustrées d'images en couleur extraites de manuscrits du Moyen Âge, représentèrent pour moi un premier contact avec l'iconographie apocryphe et m'incitèrent à demander à la rédaction du Bulletin Sandoz une vingtaine d'exemplaires à l'intention de mes étudiants. Je me rappelle ma satisfaction de voir arriver le paquet en provenance de Bâle et la joie de mes étudiants en Introduction au Nouveau Testament.

Si ces légendes se répandent avec succès au Moyen Âge, elles ne sont pas absentes de l'Antiquité tardive. Ma première intention, en ces pages, est de remonter le temps et de rechercher les premières attestations de récits tels celui de l'arbre qui s'incline devant la Vierge et son enfant ou celui de la chute des trois cent soixante-cinq idoles dans la ville du gouverneur Aphrodise. Je montrerai que de nombreux témoignages précèdent de plusieurs siècles les récits relatifs au séjour de la Sainte Famille en Égypte contenus dans les chapitres 18–24 du *Pseudo-Matthieu*, évangile apocryphe connu des biblistes depuis les éditions de Thilo, puis de Tischendorf[2]. Je tenterai, en particulier, d'imaginer une source qui a facilité la composition de ces chapitres. Ma seconde intention est de réfléchir à la fonction de telles légendes dans l'univers religieux des chrétiens de l'Antiquité tardive[3]. La prolifération des épisodes, la variété de leur narration ainsi que la multiplication de lieux de

---

1. E. LANDOLT, *Légendes de la Fuite en Égypte*, dans *Bulletin Sandoz* 34 (1974) 24-43.

2. J.C. THILO (éd.), *Codex apocryphus Novi Testamenti*, Leipzig, Vogel, 1832, pp. 393-400; C. TISCHENDORF (éd.), *Evangelia apocrypha*, edito altera, Leipzig, Mendelssohn, 1876 (réimpression, Hildesheim, Olms, 1966), pp. 84-92.

3. Il faut naturellement commencer par les commentaires de l'évangile selon Matthieu; voir en particulier U. LUZ, *Das Evangelium nach Matthäus* (EKKNT, 1/1), 5e éd., Düsseldorf, Benzinger; Neukirchen-Vluyn, Neukirchener Verlag, 2002, pp. 178-189.

pèlerinages en Égypte me conduiront à la conclusion suivante: le terme apocryphe, aux sens de «secret», puis de «rejeté», convient mal à ces témoignages qui ne possèdent pas, par ailleurs, la stabilité sacrée des textes canoniques. Il faut les appeler des textes «utiles» ou «profitables à l'âme», en grec ψυχωφελῆ.

Durant ma préparation en vue de cet exposé, j'ai apprécié quatre catégories de travaux de recherche: les ouvrages généraux, les analyses de textes, les invitations au voyage et les études d'histoire de l'art. Dans la première catégorie, on peut négliger la thèse de doctorat apologétique d'Anton Tappehorn[4]. Les travaux de Lucette Valensi et de Stephen J. Davis constituent en revanche l'essentiel de cette catégorie. Dans son livre[5], la savante française présente une histoire culturelle du sujet et, traversant les siècles, offre un panorama des textes chrétiens anonymes et des lieux de culte en Égypte où ces légendes sont enracinées. À son avis, ces histoires en disent plus sur les chrétiens d'Égypte, leurs intérêts et leurs passions, que sur l'enfant Jésus et le début agité de sa vie. Une surprise attend le lecteur de ces pages: la présence de plusieurs épisodes dans la tradition musulmane, à commencer par le Coran, à une époque proche des anciens textes occidentaux, tel le *Pseudo-Matthieu* (depuis lors, voir Cornelia Horn[6]). Dans diverses contributions, particulièrement dans son récent livre[7], le professeur de Yale met en évidence la valeur théologique de ces récits populaires. À son avis, la fuite en Égypte manifeste les deux natures du Christ: les étapes, qui deviennent des lieux de pèlerinages, attestent la réalité humaine de l'enfant menacé; les miracles qu'il opère témoignent au contraire de la puissance divine qui l'habite. Le rappel de l'incarnation doit servir de modèle à imiter en vue d'une participation rituelle. Particulièrement utile est l'affirmation selon laquelle les pèlerinages se sont développés d'abord au sud (Upper Egypt), puis au nord (Lower Egypt) de l'Égypte. De la deuxième catégorie de travaux, je mentionne tout d'abord les recherches d'Enrico Norelli. Dans

---

4. A. TAPPEHORN, *Ausserbiblische Nachrichten, oder die Apokryphen über die Geburt, Kindheit und das Lebensende Jesu und Maria*, Paderborn, Schöningh, 1885.

5. L. VALENSI, *La fuite en Égypte: Histoire d'Orient et d'Occident. Essai d'histoire comparée*, Paris, Seuil, 2002.

6. C. HORN, *Intersections: The Reception History of the* Protevangelium of James *in Sources from the Christian East and in the Qu'rân*, dans *Apocrypha* 17 (2006) 113-150; EAD., *Syriac and Arabic Perspectives on Structural and Motif Parallels Regarding Jesus' Childhood in Christian Apocrypha and Early Islamic Literature: The 'Book of Mary', the Arabic Gospel of John and the Qur'ân*, dans *Apocrypha* 19 (2008) 267-291.

7. S.J. DAVIS, *Coptic Christology in Practice: Incarnation and Divine Participation in Late Antique and Medieval Egypt*, Oxford, Oxford University Press, 2008, pp. 125-170.

une série d'articles, puis dans un livre[8], le professeur de Genève examine la genèse des récits relatifs à la naissance et à l'enfance de Jésus. Il insiste sur le rôle productif non seulement des Écritures, mais aussi des *testimonia*, qu'ils soient bibliques ou apocryphes. S'appuyant sur la collection contenue dans les *Actes de Pierre* 24 et souvent négligée par les savants, il estime que les *testimonia* sont à la source de bien des récits. Quant à Jean-Daniel Kaestli[9], dans trois articles et dans sa contribution au volume 13 de la Series Apocryphorum, *Apocrypha Hiberniae*, I, il s'intéresse, tout comme M. McNamara, au dossier irlandais, ce qui le conduit à relire l'ouvrage de Montague Rhodes James, *Latin Infancy Gospels*[10], à reprendre l'édition des manuscrits d'Arundel et de Hereford auxquels se sont joints maintenant de nouveaux témoins, et à comparer ce matériel au *Leabar Braec* irlandais, déjà connu, ainsi qu'au *Liber Flavius Fergusiorum*, ouvrage jusque-là inconnu, dont ses collègues irlandais ont préparé l'édition critique. Le résultat est la confirmation d'une hypothèse de James, à savoir qu'une source se cache derrière ces récits, source qu'il faut ajouter à une version latine du *Protévangile de Jacques*. Si cette source qui devient ici plus précise décrivait la naissance de Jésus, il n'est pas certain, selon Kaestli, qu'elle ait aussi contenu le récit de la fuite en Égypte. (En 1993, Ugo Zanetti s'est intéressé au site de Matarieh et à la

---

8. E. NORELLI, *Avant le canonique et l'apocryphe: Aux origines des récits sur l'enfance de Jésus*, dans *RTP* 126 (1994) 305-324; ID., *La formation de l'imaginaire de la naissance de Jésus aux deux premiers siècles*, dans J.-P. BOYER – G. DORIVAL (éds.), *La Nativité et le temps de Noël: Antiquité et Moyen Âge* (Textes et documents de la Méditerranée antique et médiévale), Aix-en-Provence, Publications de l'Université de Provence, 2003, 51-63; ID., *Les formes les plus anciennes des énoncés sur la naissance de Jésus par une vierge*, dans C. PERROT, *et al.* (éds.), *Marie et la Sainte Famille: Les récits apocryphes chrétiens*, II (Études mariales), Paris, Mediaspaul, 2006, 25-44; ID., *La tradizione sulla nascita di Gesù nell' Ἀληθὴς λόγος di Celso*, dans L. PERRONE (éd.), *Discorsi di verità: Paganesimo, giudaismo e cristianesimo a confronto nel Contro Celso di Origene. Atti del II Convegno del Gruppo Italiano di Ricerca su «Origene e la tradizione alessandriana»* (Studia Ephemeridis Augustinianum, 61), Rome, Institutum Patristicum Augustinianum, 1998, 133-166; ID., *Marie des apocryphes: Enquête sur la mère de Jésus dans le christianisme antique*, Genève, Labor et Fides, 2009.

9. J.-D. KAESTLI, *Le Protévangile de Jacques en latin: État de la question et perspectives nouvelles*, dans *Revue d'histoire des textes* 26 (1996) 41-102; ID., *Recherches nouvelles sur les «Évangiles latins de l'enfance» et sur le récit apocryphe de la naissance de Jésus*, dans *ÉTR* 72 (1997) 219-233; M. McNAMARA – J.-D. KAESTLI, *The Irish Infancy Narratives and Their Relationship with Latin Sources*, dans M. McNAMARA, *et al.* (éds.), *Apocrypha Hiberniae. I: Evangelia infantiae* (CCSA, 13), Turnhout, Brepols, 2001, 39-134. Le troisième article intitulé *Mapping an Unexplored Second Century Apocryphal Gospel: The* Liber de Nativitate Salvatoris *(CANT 53)* doit paraître incessamment.

10. M.R. JAMES, *Latin Infancy Gospels: A New Text, with a Parallel Version from Irish*, Cambridge, Cambridge University Press, 1927.

légende de l'arbre sacré que l'on y vénérait, en ce cas un baumier[11]; en 1995-1997, Leslie MacCoull s'est penchée sur le lieu de pélerinage de Qosqam[12]; en 1997, Gesa Schenke a publié un papyrus copte du IVe ou Ve siècle qui s'inscrit dans ce que l'auteur appelle la tradition de la prophétie égyptienne; la présence de l'enfant Jésus en Égypte y est signalée[13]; en 2003, Rémi Gounelle s'est attelé à l'édition d'une légende grecque relative au bon larron en Égypte[14]). Il faut mentionner ensuite la troisième catégorie de publications, celles relatives à l'Égypte chrétienne: elles vont du matériel produit par tel office du tourisme[15] au livre cadeau de Noël orné de splendides photographies[16] en passant par des articles savants rédigés par des Coptes ou des amis des chrétiens égyptiens[17]. L'un des plus importants est aussi l'un des plus anciens. Dû à la plume d'un Père Jésuite, Michel Jullien, il a paru en deux livraisons à la fin du XIXe siècle[18]. Plus près de nous, un savant copte qui enseigne en Californie, Gawdat Gabra, a édité l'ouvrage illustré, *Be Thou There: The Holy Family Journey in Egypt* et il a publié un survol en allemand[19]. Dans cette catégorie, l'auteur le plus important est Otto Meinardus et, parmi d'autres, sa contribution intitulée *The Itinerary of the Holy Family in Egypt*[20]. Dans la quatrième catégorie, il faut signaler les travaux sur les mosaïques de Sainte-Marie-Majeure à Rome, particulièrement l'ouvrage de Beat Brenk[21], et la thèse

---

11. U. ZANETTI, *Matarieh, la Sainte Famille et les baumiers*, dans *AnBoll* 111 (1993) 21-68.

12. L. MacCOULL, *Holy Family Pilgrimage in Late Antique Egypt: The Case of Qosqam*, dans E. DASSMANN – J. ENGEMANN (éds.), *Akten des XII. Internationalen Kongresses für christliche Archäologie Bonn 22.-28. September 1991* (RAC, Erg. 20), Münster, Aschendorff, 1995-1997, 987-992.

13. G. SCHENKE, *354.Über Ägyptens Sonderstatus vor allen anderen Ländern. Inv. 20912, 4/5. Jh.n. Chr.*, dans M. GRONEWALD, *et al.* (éds.), *Kölner Papyri (P. Köln) 8* (Papyrologica Coloniensia, VII/8), Opladen, Westdeutscher Verlag, 1997, 183-200.

14. R. GOUNELLE, *Une légende apocryphe relatant la rencontre du bon larron et de la Sainte Famille en Égypte* (BHG 2119y), dans *AnBoll* 121 (2003) 241-272.

15. J. DUNN, *The Sources of Egypt's Traditions Related to the Flight of the Holy Family*, http://www.touregypt.net/featurestories/journey/print.htm.

16. G. GABRA (éd.), *Be Thou There: The Holy Family Journey in Egypt*, Le Caire, The American University in Cairo Press, 2001.

17. Y.N. YOUSSEF, *Ancient and Modern Legends Concerning the Holy Family in Egypt*, dans *Coptic Church Review* 22/3 (2001) 71-76.

18. M. JULLIEN, *Traditions et légendes coptes sur le voyage de la Sainte Famille en Égypte*, dans *Les Missions catholiques* 19 (1887) 9-12 et 20-24.

19. Voir ci-dessus, n. 16; et G. GABRA, *Über die Flucht der heiligen Familie nach koptischen Traditionen*, dans *Bulletin de la Société d'archéologie copte* 38 (1999) 29-50.

20. O. MEINARDUS, *The Itinerary of the Holy Family in Egypt*, dans *Collectanea: N° 7°. Studi–Documenti–Bibliografia* (Studia Orientalia Christiana), Le Caire, Centro Francescano di studi orientalia cristiani, 1962, 5-44.

21. B. BRENK, *Die frühchristlichen Mosaiken in S. Maria Maggiore zu Rom*, Wiesbaden, Steiner, 1975.

de doctorat de Karl Vogler, *Die Ikonographie der «Flucht nach Aegypten»* (Arnstadt i. Thür., 1930), sans compter les ouvrages généraux d'Ulrich Fabricius, *Die Legende im Bild des ersten Jahrtausends der Kirche: Der Einfluss der Apokryphen und Pseudepigraphen auf die altchristliche und byzantinische Kunst* (Kassel, Oncken, 1956) et d'Elzbieta Jastrzębowska, *Bild und Wort: Das Marienleben und die Kindheit Jesu in der christlichen Kunst vom 4. bis 8. Jh. und ihre apokryphen Quellen* (Warszawa, Uniwersytet Warszawski, Instytut Arheologii, 1992).

Il ne faut pas se cacher la difficulté de l'entreprise. J'énumère d'emblée une série de questions qui resteront peut-être sans réponse ferme. Faut-il imaginer à l'origine un texte continu décrivant la fuite en Égypte et le séjour de la Sainte Famille au pays des Pharaons ou une série d'anecdotes isolées? Si l'on peut faire remonter le souvenir de plusieurs épisodes au IVe siècle C.E., est-il possible de remonter plus haut, comme on le fait pour le *Protévangile de Jacques*? La source racontant la naissance de Jésus dont, après Montague R. James, Jean-Daniel Kaestli fait l'hypothèse contenait-elle ou non les épisodes égyptiens? Dans les textes continus, comme le *Pseudo-Matthieu*, peut-on travailler comme on le fait dans le cas des évangiles synoptiques et isoler des traditions plus anciennes que la rédaction à notre disposition? Qu'en est-il des témoignages artistiques? Faut-il dire avec certains que la fuite en Égypte ne fait vraiment son entrée dans les programmes iconographiques qu'à partir du VIIIe siècle C.E.? Divers témoignages ne permettent-ils pas de remonter beaucoup plus haut? Enfin, quelle théologie s'exprime-t-elle dans tous ces témoignages textuels et visuels? S'agit-il d'une théologie de la gloire qui se concentre sur la puissance inattendue de l'enfant divin? Ou s'agit-il, au contraire, d'une théologie de la croix qui souligne l'humilité du Fils incarné, son statut de réfugié et sa condition de voyageur sur la terre?

Mes préliminaires, je m'en excuse, s'allongent. Mais il convient de préciser encore que les légendes sur la Fuite en Égypte ont bénéficié de nombreux supports, d'abord littéraires: elles se manifestent ou se déploient dans des évangiles non-canoniques, des biographies de Marie ou de Joseph, utilisant la technique du *flash back*, qui décrivent les épisodes mouvementés du séjour au bord du Nil, des recueils de visions ou de révélations, des ouvrages historiques qui retracent les origines du mouvement chrétien en incluant la vie de Jésus, de la littérature de propagande valorisant tel lieu de pèlerinage, de la littérature monastique offrant aux religieux une relation privilégiée au Christ enfant, des traités ou sermons de Pères de l'Église jetant des ponts entre les prophéties de l'Écriture et leur réalisation dans la vie de Jésus. Tous ces témoignages textuels nous sont parvenus en grec (relativement peu), en latin, en copte, en syriaque, en arménien, en arabe, en éthiopien et en irlandais. Ces langues peuvent être la langue de la pièce analysée ou la langue dans laquelle ce document est conservé. Si je m'en tiens d'abord aux textes suivis, j'en ai répertorié sept: outre le *Pseudo-Matthieu* latin, je compte l'*Évangile arménien de l'enfance*, l'*Évangile arabe de l'enfance*, la *Naissance du Sauveur*, c'est-à-dire le texte latin des manuscrits d'Arundel et de Hereford, l'*Histoire syriaque de la Vierge, la Vision de Théophile*, conservée en syriaque, mais d'origine copte, et enfin le *Leabhar Break* irlandais (je ne compte pas d'autres textes continus qui n'offrent qu'un résumé du récit de voyage, telle l'*Histoire de Joseph le charpentier* en copte[22], ou des allusions à ce voyage, telle la *Vie de Shénouté*[23]). L'autre support est iconographique: je serai amené à mentionner une mosaïque, une fresque, quelques tissus coptes et de nombreuses peintures.

II. LES MENTIONS ISOLÉES

Les mentions isolées de tel miracle, le palmier qui s'incline ou les idoles qui s'effondrent, constituent de précieux témoignages, d'autant plus précieux qu'ils ont l'avantage sur les récits suivis anonymes de pouvoir être datés avec une certaine précision. Les savants modernes, historiens des textes ou des images, se réfèrent à une liste de références patristiques dont le contenu dépasse les données fort limitées de l'évangile de Matthieu (Mt 2,13-21). De fait, cette cueillette date au moins de la fin du XVIIe siècle puisque Louis-Sébastien Le Nain de Tillemont s'est déjà efforcé de l'établir[24].

Il faut commencer au IVe siècle, par Eusèbe de Césarée dans sa *Démonstration évangélique*, VI, 20 et IX, 2. Eusèbe est le premier à rattacher la fuite en Égypte à Is 19,1. Il s'intéresse en particulier à la difficile expression νεφέλη κούφη, «nuage léger», qu'il propose d'entendre au

---

22. *Histoire de Joseph le charpentier*, 8, trad. A. BOUD'HORS, dans P. GÉOLTRAIN – J.-D. KAESTLI, *Écrits apocryphes chrétiens*, II (La Pléiade, 516), Paris, Gallimard, 2005, pp. 38-39.

23. Version bohaïrique: *Sinuthii archimandritae vita Bohairice*, 154-160 (CSCO, 41), éd. J. LEIPOLDT avec l'aide de W.E. CRUM, Paris, Typographie de la République, 1906 (reprint Louvain, Imprimerie Orientale, 1951), pp. 66-67; traduction latine de H. WIESMANN, *Sinuthii vita Bohairice* (CSCO, 126), Louvain, Imprimerie Orientale, 1951, pp. 39-40; sur ce texte bohaïrique, les fragments sahidiques et la version arabe, voir DAVIS, *Coptic Christology in Practice* (n. 7), pp. 149-152.

24. L.-S. LE NAIN DE TILLEMONT, *Mémoire pour servir à l'histoire ecclésiastique des six premiers siècles*, 16 vol., première édition de Venise suivant la seconde édition de Paris, Venise, Pitteri, 1732, pp. 9-11.

sens spirituel de l'incarnation et au sens littéral de la descente en Égypte[25]. Il faut signaler ensuite Athanase d'Alexandrie qui écrit dans son *Sur l'incarnation du Verbe*, II, 36: «Qui des justes et des rois est descendu en Égypte, et à cause de la descente duquel d'entre eux les idoles des Égyptiens ont-elles cessé d'exister?»[26]. Il faut ajouter ici Cyrille de Jérusalem qui, au milieu du IVe siècle dit à ses auditeurs: «L'ange apparaît alors à Joseph quand Jésus-Christ eut à se rendre en Égypte afin de détruire les idoles» (*Hom. cat.* 10,10)[27]. Cette victoire sur le paganisme lors de la fuite en Égypte est attestée en grec dans l'*Historia monachorum in Aegypto*, VIII, 1[28]: les visiteurs ont rencontré en Thébaïde un saint homme, du nom d'Apollonius. C'était dans la région d'Hermoupolis où le Sauveur avait passé avec Joseph et Marie y accomplissant la prophétie d'Is 19,1, qui est citée avant que ne vienne la constatation suivante: εἴδομεν γὰρ ἐκεῖ τὸν ναὸν ἔνθα εἰσελθόντος τοῦ σωτῆρος ἐν τῇ πόλει τὰ εἴδωλα πάντα κατέπεσεν ἐπὶ πρόσωπον ἐπὶ τὴν γῆν. On retrouve la mention de l'épisode, en traduction latine, dans *l'Historia monachorum*, 7 du Pseudo-Rufin[29]. Même si la date en est incertaine, ce doit être à la même époque que l'auteur anonyme de la *Caverne des trésors* mentionne la victoire sur le paganisme en ces termes: «C'est pour cela qu'il s'était enfui en Égypte, afin que s'accomplisse ce qui est écrit: 'D'Égypte, j'ai appelé mon fils'. Quant à toi, sache cela, que, lorsqu'il s'enfuit en Égypte, toutes les idoles qui s'y trouvaient, furent renversées et tombèrent par terre, afin que s'accomplisse ce qui est écrit: 'Voici que le Seigneur est monté sur les nuages légers et il s'enfuit en Égypte, et les idoles de l'Égypte trembleront devant lui'» (*Caverne des trésors* 47, 3-4; trad. Su-Min Ri)[30].

25. EUSÈBE DE CÉSARÉE, *Démonstration évangélique*, VI 20 et IX 2; I.A. HEIKEL (éd.), *Eusebius Werke*, VI, *Die Demonstratio Evangelica* (GCS, 23), Leipzig, Hinrichs, 1913, pp. 285-290 et 407-408; traduction italienne annotée de F. MIGLIORE dans *Eusèbe de Césarée, Dimostrazione evangelica* (Testi Patristici, 201-203), 3 vol., Rome, Città Nuova, 2008, vol. 2, pp. 192-197, et vol. 3, pp. 82-84; voir DAVIS, *Coptic Christology in Pratice* (n. 7), pp. 128-130.

26. ATHANASE D'ALEXANDRIE, *Sur l'incarnation du Verbe*, II 33, 1 et II 36, 1; Ch. KANNENGIESSER(éd.), *Athanase d'Alexandrie, Sur l'incarnation du Verbe* (SC, 199), Paris, Cerf, 2000, pp. 384-385 et 394-395.

27. CYRILLE DE JÉRUSALEM, *Homélies catéchétiques*, 10,10 (PG, 33, 673); voir Cyrille de Jérusalem, *Catéchèses baptismales et mystagogiques* (Les Écrits des saints), traduction et présentation J. BOUVET, Namur, Soleil Levant, 1961, p. 196.

28. *Historia monachorum in Aegypto* (Subsidia hagiographica, 53), VIII, 1, éd. A.-J. FESTUGIÈRE, Bruxelles, Société des Bollandistes, 1971, p. 46.

29. PSEUDO-RUFIN, *Historia monachorum*, 7 (PL, 21, 410). L'une des recensions de l'*Histoire Lausiaque* raconte, elle aussi, l'épisode; voir *Histoire Lausiaque* 52 (PG, 34, 1137). Cette recension ne reflète pas l'état le plus ancien du texte.

30. *La Caverne des trésors: Les deux recensions syriaques*, éd. S.-M. RI (2 vol., CSCO, 486-487), Louvain, Peeters, 1987, I, p. 148; voir S.-M. RI, *Commentaire de la*

Le miracle des idoles répond en premier lieu à un oracle biblique. En effet, Ésaïe a prophétisé: «Voici le Seigneur monté sur un nuage rapide: il vient en Égypte. Les idoles d'Égypte tremblent devant lui» (Is 19,1). Mais il bénéficie aussi d'un soutien extratextuel: ne le rencontre-t-on pas à l'époque où la législation impériale romaine autorise la destruction des temples des faux dieux et encourage la transformation de sanctuaires païens en édifices chrétiens? Ne le trouve-t-on pas dans l'art chrétien? L'image traditionnelle de la Sainte Famille avec Marie sur un âne portant son enfant et Joseph qui marche à leur côté est attestée dès la fin de l'Antiquité (voir en particulier[31] les références données par Elzbieta Jastrzębowska[32]), celles des miracles se font attendre. Stephen Davis mentionne des tissus coptes des VIe-VIIe siècles conservés, entre autres, à Berlin et au Caire[33], mais les images ne permettent pas de dire si le sujet représenté provient des apocryphes ou, plus simplement de l'évangile de Matthieu. Sur la fresque mal conservée de Dayr Abû Ḥinnis (V[e]-VIe siècles), il se peut que l'arbre apparaissant à l'arrière-plan de la scène de Joseph qui conduit l'âne portant la mère et l'enfant, représente celui qui s'est incliné devant Jésus[34]. Il y a néanmoins un témoignage iconographique qui remonte au milieu du Ve siècle et qui est d'une extrême importance. Sur l'arc triomphal de la basilique de Sainte-Marie-Majeure à Rome, sur le côté droit, une scène représente la rencontre de Jésus enfant et d'un magistrat, gouverneur ou prince[35]. Certes, le miracle de la chute des idoles est omis et la mosaïque se concentre sur l'*adventus* du Fils qui voit venir le notable à sa rencontre dans un mouvement de

---

Caverne des trésors: Étude sur l'histoire du texte et de ses sources (CSCO, 581), Louvain, Peeters, 2000, pp. 460-461; voir aussi E.A.W. BUDGE (éd.), *The Book of the Cave of Treasures: A History of the Patriarchs and the Kings, Their Successors from the Creation to the Crucifixion of Christ*, Londres, The Religious Tract Society, 1927, pp. 215-217.

31. Comme Marie ne porte aucun bébé dans ses bras, P.G. SIRONI, *Nuova guida di Castel Seprio*, s. l, s. n., 1979, pp. 88-89, a sans doute raison d'interpréter la scène de Castelseprio comme le voyage de Joseph et de Marie à Bethléhem. Mais l'image est mal conservée et incomplète.

32. E. JASTRZĘBOWSKA, *Bild und Wort: Das Marienleben und die Kindheit Jesu in der christlichen Kunst vom 4. bis 8. Jh. und ihre apokryphen Quellen*, Warszawa, Uniwersytet Warszawski, Instytut Arheologii, 1992, pp. 23, 30-39, 53-57, 75, 82-83, 105-110, 139-142, 154-156, 161-163 et 199-200.

33. DAVIS, *Coptic Christology in Practice* (n. 7), pp. XV, 157 et 166-168.

34. *Ibid.*, pp. 134-135; GABRA, *Über die Flucht der heiligen Familie nach koptischen Traditionen* (n. 19), p. 49; sur le site, mais pas sur la fresque, voir C. HULSMAN, *«Tracing the Route of the Holy Family Today»*, dans GABRA (éd.), *Be Thou There* (n. 16), 31-132, p. 96.

35. Voir BRENK, *Die frühchristlichen Mosaiken in S. Maria Maggiore zu Rom* (n. 21), pp. 27-30, 43-44, 49 et 78; voir aussi H. KARPP (éd.), *Die frühchristlichen und mittelalterlichen Mosaiken in Santa Maria Maggiore zu Rom Aufnahmen* (Aufnahmen: W. SCHIELE), Baden Baden, Grimm, 1966, images 13, 21 et 22.

1. *Le magistrat, à gauche, salue Jésus enfant*
Rome, Sainte-Marie-Majeure. Mosaïque de l'arc triomphal, côté droit.
Photographie prise par Annewies Van den Hoeck que je remercie.

2. *La Sainte Famille en chemin*
Soleure, Bibliothèque centrale. Ms. Sig. II,43. Bible historiale (vers 1450).
Image tirée de l'article d'Elisabeth Landolt signalé à la n. 1.

3. *La Sainte Famille se repose sous l'arbre*
Saint-Gall, Bibliothèque Vatiana. Ms. 343d. Bible historiale (vers 1450).
Image tirée de l'article d'Elisabeth Landolt signalé à la n. 1.

reconnaissance et de salut. Les historiens de l'art, en l'absence de la chute des idoles, ont hésité quant à l'identification de la scène, mais depuis les travaux de Beat Brenk l'opinion est établie qu'il s'agit bel et bien de la victoire sur le paganisme. Selon les témoignages littéraires, la scène d'Aphrodise qui marche à la rencontre de l'enfant Jésus est du reste distincte de celle de la chute des idoles. Ce témoignage iconographique précède d'au moins deux siècles la rédaction du *Pseudo-Matthieu*.

4. *Le prince, à droite, salue Jésus enfant*
Munich, Bayerische Staatsbibliothek. Cod. Germ. 1101. Bible historiale
(vers 1450). Image tirée de l'article d'Elisabeth Landolt signalé à la n. 1.

Terminons cette section dévolue à l'époque patristique par le témoignage de Sozomène qui, aux environs de l'an 400, atteste les deux miracles[36]. Au livre V de son *Histoire ecclésiastique*, l'historien parle surtout de l'arbre sacré. Mais à la fin de sa notice, il mentionne aussi la victoire sur les idoles: l'arbre, précise-t-il, «fut pris de tremblement, le démon honoré à travers l'arbre ayant frissonné à la vue du destructeur des démons: aussi bien, dit-on, toutes les statues des Égyptiens tremblèrent d'elles-mêmes lorsque le Christ vint chez eux, selon la prophétie d'Isaïe» (*Hist. eccl.*, V 21,10). Sozomène précise qu'il s'agit d'un arbre, planté à Hermoupolis, en Thébaïde, dont la moindre feuille ou le plus petit morceau d'écorce chasse les maladies. «Voici en effet ce qu'on

---

36. SOZOMÈNE, *Hist. eccl.* V 21,8-11; SOZOMÈNE, *Histoire ecclésiastique, livres V-VI* (SC, 495), texte grec de l'édition J. BIDEZ – G.C. HANSEN (GCS), introd. et annot. G. SABBAH, trad. A.-J. FESTUGIÈRE – B. GRILLET, Paris, Cerf, 2005, pp. 212-215.

raconte chez les Égyptiens : quand, à cause d'Hérode, Joseph s'enfuit avec le Christ et la Sainte Vierge Marie, il arriva à Hermoupolis et, comme il allait y entrer, près de la porte, cet arbre, qui est très grand, incapable de soutenir la venue du Christ, s'inclina jusqu'au sol et se prosterna» (*Hist. eccl.*, V 21,9). Pour Sozomène, il s'agit d'un perséa, arbre rare, aux vertus merveilleuses. En Occident, à la fin du VIᵉ siècle, Cassiodore reprend la notice de Sozomène dans son *Historia tripartita*, VI, 42 (PL 69, 1058). Pour Christian de Stavelot, au Moyen âge, il s'agit d'un thérébinthe (*Exp. Matth.*, PL 106, 1287). Le plus souvent toutefois, l'imaginaire chrétien y voit un palmier, mais je ne vous cacherai pas qu'en Californie de nos jours des chrétiens qui reprennent un vieux *carol* britannique en ont fait un cerisier dont Marie désire goûter les fruits. Si elle n'arrive pas à les cueillir, elle ne peut compter sur Josèphe qui, jaloux, estime que c'est au véritable père de l'enfant de venir en aide à sa fiancée! Ce qui se réalise grâce à l'intermédiaire de Jésus[37]. En Orient, la *Vision de Théophile* mentionne, au cours d'une révélation de la Vierge au patriarche d'Alexandrie, l'arbre qui, à Eshmunain, vénéra les traces de pied de l'enfant Jésus et s'exprima ainsi : «Que ta venue soit bénie, ô Seigneur Jésus-Christ, le vrai Fils de Dieu»[38]. L'Éthiopie a conservé un récit, le *Liber requiei*, qui s'appuie, semble-t-il, sur des documents antérieurs d'âge ancien[39]. Ce récit, de fait un *Transitus Mariae*, se réfère plusieurs fois à la fuite en Égypte. Aux ch. 7–8, en particulier, il évoque le miracle du palmier qui offre ses fruits à la Vierge et qui s'incline devant Jésus enfant[40]. Celui-ci dit alors à Joseph : «Pater mi, quare non ascendis in hanc palmam et adducis ei, ut edat mater mea ex ea». Puis il dit à l'arbre : «Verte te ad me, palma; nam palma magna planta totius terrae quae est in Aegypto; surge ergo et te effer summe, quoniam humiliasti te et fecisti volutatem meam hoc ministerium; te ergo effer et esto signum apud omnes arbores, quia omnes sancti qui humiliant seipsos abundanter efferentur». En Occident, on retrouve l'arbre, le plus souvent un palmier, dans la *Compilation J*, 105-106, selon les manuscrits latins

---

37. C'est Chris Hoklotubbe, doctorand à Harvard et venant de Californie, qui m'a signalé ce fait et m'a aimablement fourni un enregistrement et une transcription de ce chant. Je l'en remercie vivement.

38. *Vision of Theophilos* (Woodbrooke Studies, 3,2), éd. A. MINGANA, Cambridge, Heffer, 1931, p. 22. Sur cet écrit, voir F. NAU, *La version syriaque de la Vision de Théophile sur le séjour de la Vierge en Égypte*, dans *Revue de l'Orient Chrétien* 15 (1910) 125-132.

39. *De Transitu Mariae Apocrypha Aethiopice* (CSCO, 342-343), éd. V. ARRAS, Louvain, Secrétariat du CSCO, 1973. Sur ce texte, voir M. ERBETTA (éd.), *Gli Apocrifi del Nuovo Testamento*, 3 vol. en 4, 2ᵉ éd., Turin, Marietti, 1975-1981, vol. I, 2, pp. 421-423.

40. *De Transitu Mariae Apocrypha Aethiopice* (CSCO, 343) (n. 39), p. 3.

d'Arundel et de Hereford[41] ainsi que dans le *Leabhar Breac*, 126 et 128-129[42]. L'épisode deviendra extrêmement populaire au Moyen Âge comme l'attestent les innombrables peintures représentant la halte sous le palmier au cours de la fuite en Égypte[43]. Je signale que les chrétiens ont offert une double explication du geste de l'arbre. Selon la première explication, l'arbre s'inclina devant le Fils de Dieu pour le vénérer. Selon la seconde, c'est Marie qui, affamée, souhaita manger de son fruit; ce qu'elle put faire grâce à l'intervention puissante de son fils.

À notre surprise, le Coran (VIIe siècle), qui ignore la fuite en Égypte en tant que telle, connaît des miracles opérés à la naissance de Jésus et durant son enfance[44]. Dans la Sourate 19, dite *Myriam*, en particulier, Marie s'est retirée seule pour donner naissance à son enfant. Elle se plaint amèrement avant qu'une voix ne réponde à sa lamentation: «Ne t'attriste pas! Ton Seigneur a fait jaillir un ruisseau à tes pieds. Secoue vers toi le tronc du palmier: il fera tomber sur toi des dattes fraîches et mûres» (Sourate 19, 24-25; trad. Lucette Valensi). Même s'il ne se situe pas en Égypte, ce passage subit certainement l'influence de l'épisode de l'arbre. De tels souvenirs perdurent dans les légendes des prophètes ou *qisas al-anbiyâ*, genre littéraire attesté du VIIIe au XVIIe siècle. L'un de plus anciens auteurs de telles légendes prophétiques, Wahb b. Munabbih (il naît en 654/5 et meurt entre 728 et 735) introduit plusieurs histoires encore absentes du Coran dans la tradition musulmane, en particulier certaines relatives à la Fuite en Égypte. C'est du moins l'avis de la tradition indirecte, car son œuvre elle-même ne nous est pas parvenue[45]. Un auteur plus récent de telles légendes, al-Fârisî (il meurt en 902), présente, ici, un récit qui, en un rappel, évoque la chute des idoles et, là, présuppose la générosité miraculeuse de l'arbre[46]. Mais c'est chez al-Tha'alabî (il meurt en 1035) que les anecdotes de la Fuite en Égypte se manifestent

---

41. Le texte est édité par J.-D. KAESTLI – M. McNAMARA dans M. McNAMARA, *et al.* (éds.), *Apocrypha Hiberniae.* I: *Evangelia infantiae* (CCSA, 14), Turnhout, Brepols, 2001, pp. 858-861. Cette compilation est désignée par la lettre J en souvenir de M.R. James, son premier éditeur.

42. Le texte est édité par P. Ó FIANNACHTA, *et al.* dans McNAMARA, *et al.* (éds.), *Apocrypha Hiberniae.* I: *Evangelia infantiae* (n. 9), pp. 398-401 et 402-405.

43. Voir ci-dessus, p. 259, n. 32.

44. Coran, Sourate, *Myriam*, 16-40; voir aussi Coran, Sourate 3, *al-'Imrân*, 37; *The Glorious Koran: A Bilingual Edition with English Translation, Introduction and Notes*, éd. M. PICKTHALL, Albany, NY, State University of New York Press, 1976, pp. 395-402 et 67-71; et VALENSI, *La fuite en Égypte* (n. 5), pp. 55-61. Ces lignes sur la Fuite en Égypte selon la tradition musulmane doivent beaucoup à l'ouvrage de L. Valensi.

45. *Ibid.*, pp. 61-73, 82 et 265, n. 10 du ch. 2.

46. *Ibid.*, pp. 63, 66 et 265, n. 10 du ch. 2.

le plus fortement dans la tradition musulmane[47]. On y retrouve l'arbre, un arbre sec qui, miraculeusement, porte du fruit, puis on y découvre la destruction des idoles. Comme l'écrit Lucette Valensi, «à l'évidence, cet auteur arabe de Bagdad, écrivant au début du XIe siècle, est amplement informé des récits familiers aux chrétiens»[48]. Au XIIe siècle, al-Kisa'i raconte l'histoire de Marie, en suivant ce qu'il a appris du Coran et de la tradition chrétienne[49]. Il mentionne l'arbre, puis inclut les épisodes des animaux sauvages, des larrons et des idoles. Voici ce qu'est devenue sous sa plume cette dernière histoire: à l'arrivée de Jésus et de sa mère, le roi et son peuple adorent une idole de pierre, alors que la reine a de la peine à donner naissance à son enfant. Jésus, intervenant par la parole prophétique et le geste curateur, permet alors un accouchement sans accroc.

Il faut placer ici l'œuvre des historiens musulmans qui ouvrent, eux aussi, la porte de la tradition arabe aux récits de la Fuite en Égypte et de l'enfance de Jésus[50]. Pour ne donner qu'un exemple, parmi les plus anciens, le célèbre historien al-Tabarî (839-923), évoque dans son œuvre le miracle du palmier et de la source, puis celui de la victoire de Jésus enfant sur les idoles possédées par les démons[51].

Ce sont naturellement les chrétiens coptes qui ont conservé et déve-loppé le plus intensément le souvenir du passage de l'enfant Jésus dans la terre d'Égypte[52]. En particulier, le souvenir de l'arbre s'est maintenu jusqu'à ce jour en Égypte. Souvent en concurrence entre eux, plusieurs lieux de pèlerinages ont eu ou ont encore leur arbre sacré: Bilbays, Matarieh (Héliopolis), Ihnasiya al-Madinat (Héracléopolis), al-Bahnan (Oxyrhynchos), Eshmunain (Hermopolis); Dayrut al-Qusiya (monastère d'Abu Sarabam)[53]. L'arbre, comme je l'ai dit, peut être un baumier, un

47. *Ibid.*, pp. 67-69 et 266, n. 10 du ch. 2.

48. *Ibid.*, p. 69.

49. *Ibid*, pp. 69-70 et 266, n. 10 du ch. 2; voir *The Tales of the Prophets of al-Kisa'i*, translated from the Arabic with notes by W.M. THACKSTON, Boston, MA, Twayne, 1978, p. 331.

50. Voir VALENSI, *La fuite en Égypte* (n. 5), p. 73.

51. *Ibid.*, pp. 73 et 78 et 268, n. 29 du ch. 2; voir *The History of al-Tabarî (Ta'rîkh al-rusul wa'l-mulûk)*. IV: *The Ancient Kingdoms*, éd. M. PERLEMANN, Albany, NY, State University of New York Press, 1987, pp. 114-115.

52. Voir G. GRAF, *Geschichte der christlichen arabischen Literatur* (Studi e Testi, 118), Città del Vaticano, Biblioteca apostolica Vaticana, 1944, pp. 227-234; *Le Synaxaire arabe jacobite (rédaction copte)* (PO, I, 3; III, 3; XI, 5; XVI, 2; XVII, 3; XX, 5), texte arabe publié, traduit et annoté par R. BASSET, Paris, Firmin-Didot, 1907-1929, vol. XVI, 2 (1922), pp. 407-410.

53. Voir ZANETTI, *Matarieh, la Sainte Famille et les baumiers* (n. 11); MEINARDUS, *The Itineray of the Holy Family in Egypt* (n. 20); HULSMAN, *«Tracing the Route of the Holy Family Today»* (n. 34).

sycomore ou un palmier. Sa présence s'accompagne souvent du surgissement miraculeux d'une source. Comme le 24 Pachôn ou Bachons (en arabe Bašans; soit le 19 mai) est le jour où les Coptes célèbrent l'*Entrée du Seigneur en terre d'Égypte*, c'est souvent en ce jour-là que le pèlerinage est fixé. Le miracle de l'arbre est donc attesté par des textes, chrétiens ou musulmans, ainsi que par des rituels.

L'intérêt de ces citations et de ces références est d'enraciner dans l'Antiquité tardive les miracles de Jésus enfant lors de son séjour au pays des Pharaons. Ce faisant, elles servent d'argument à l'hypothèse que j'avance: le *Pseudo-Matthieu* qui, dans sa première partie (ch. 1–17), recourt à une source, le *Protévangile de Jacques*, doit le faire aussi dans sa seconde partie (ch. 18–24), qui raconte le récit de la fuite en Égypte[54]. Comme deuxième argument en faveur de cette thèse, je mentionne ce que j'ai appelé les récits continus d'Orient et d'Occident, dont la date est difficile à fixer.

III. Les récits continus

Commençons par l'*Évangile arabe de l'enfance* qui signale une pérégrination en Égypte de village en village (ch. 9–23)[55]. Au cours de ces déplacements, une idole se brise (ch. 10), le lange de l'enfant Jésus (le motif se retrouve dans l'*Histoire syriaque de la Vierge*) opère une guérison (ch. 11), des brigands sont mis en fuite (ch. 13), une femme est exorcisée (ch. 14), une fiancée sourde et muette obtient la guérison simplement en portant l'enfant Jésus (ch. 15), une femme qui se baignait nue et que violait le diable sous forme d'un serpent, est guérie elle aussi en prenant Jésus dans ses bras (ch. 16), une lépreuse retrouve la santé (ch. 17), puis conseille l'épouse d'un chef, épouse qui guérit son enfant dans l'eau du bain de Jésus (ch. 18); un homme devenu impuissant retrouve sa dignité maritale (ch. 19). Un long épisode raconte ensuite les mésaventures d'un homme transformé en mulet au grand dam de ses sœurs et de sa mère (ch. 20–22). Les deux brigands de la croix apparaissent au terme de cette collection (ch. 23; la présence des larrons deviendra un

---

54. C'est en 1980 que j'ai avancé cette hypothèse, mais sans être à même de l'étayer; voir F. Bovon, *Évangiles canoniques et évangiles apocryphes: La naissance et l'enfance de Jésus*, dans *Bulletin des Facultés catholiques de Lyon* 104 (1980), no. 58, p. 26.

55. Ce texte est présenté et traduit sous le titre *Vie de Jésus en arabe*, par C. Genequand, dans F. Bovon – P. Géoltrain (éds.), *Écrits apocryphes chrétiens*, I (La Pléiade, 442), Paris, Gallimard, 1997, 189-238.

motif fréquent[56]). Comme on le voit, à part la victoire sur les idoles, il n'y a guère de parenté entre cet évangile arabe et l'évangile latin, alors qu'il en existe de très nets parallèles entre l'évangile arabe et la *Vie syriaque de la Vierge*[57]. Dans ce dernier écrit, le lecteur rencontre la chute d'une, puis de toutes les idoles, la guérison du fils du prêtre grâce au lange de Jésus, le pharaon informé de la présence de l'enfant divin, la rencontre de deux brigands, la guérison d'une femme violée par le malin grâce encore au lange de Jésus, la guérison d'une mariée sourde et muette, la libération d'une noble femme attaquée au bain par le diable sous la forme d'un serpent, la guérison d'une femme souffrant de la lèpre, la guérison du fils lépreux de l'épouse du gouverneur, l'aventure du fils transformé en mulet qui finalement épouse la jeune fille guérie de la lèpre et les deux larrons de la croix.

L'Évangile arménien de l'enfance, pour en venir à lui, note les étapes avec précision (ch. 15,3-25)[58]. Son récit de la fuite en Égypte débute par un geste puissant de Jésus qui donne de l'eau à boire dans un pays où le précieux liquide compte évidemment. Puis, inspiré sans doute par le début d'Is 19,1 (le Seigneur monté sur un léger nuage), l'auteur décrit un Jésus qui joue avec les rayons du soleil: «Et Jésus étreignant de ses bras les rayons du soleil, (formés) de minuscules poussières, se laissa glisser jusqu'en bas sans se faire de mal» (ch. 15,5). À Mesrin, prévoyant ce qui allait arriver dans le pays et pressentant sans nul doute la supériorité de l'enfant divin, des statues magiques d'aigles, de bêtes sauvages et de chevaux se mettent à vociférer (ch. 15,6). Au ch. 15,10-23, Jésus pénètre en secret dans le temple d'Apollon, lors d'une fête en l'honneur du dieu. Il y détruit la statue d'Apollon et les innombrables idoles, puis il fait même s'écrouler le temple ce qui provoque la mort de nombreux adorateurs d'Apollon. À la requête de sa mère, l'enfant Jésus rendra la vie à la plupart des victimes. Puis un homme important s'avance à la rencontre de Jésus et offre d'accueillir la Sainte Famille en sa maison (15,23). Aux paragraphes 24-26 toujours du ch. 15, s'agit-il du même notable? L'auteur y précise en effet qu'un homme considérable, le Juif Éléazar, père de Lazare, Marthe et Marie, offre l'hospitalité à Joseph, Marie et Jésus, puis devient un cher ami de Joseph. Cet *Évangile arménien de l'enfance* se rapproche de l'*Évangile latin du Pseudo-Matthieu* beaucoup plus que

---

56. Voir ci-dessus, p. 252, n. 14.

57. E.A.W. BUDGE (éd.), *The History of the Blessed Virgin Mary and the History of the Likeness of Christ which the Jews of Tiberias Made to Mock at*, Londres, Luzac, 1899 (reprint New York, AMS Press, 1976), pp. 44-60.

58. H. MICHEL – P. PEETERS (éds.), *Évangiles apocryphes*, 2 vols., Paris, Picard, 1911, vol. 2, pp. 161-179.

ne le fait l'*Évangile arabe de l'enfance*. S'il ignore l'épisode de l'arbre qui s'incline, il connaît et développe clairement la légende de la chute des idoles et celle de la rencontre du notable avec l'enfant Jésus.

IV. PAYSAGE OCCIDENTAL

Concernant l'évangile latin dit du *Pseudo-Matthieu*, j'en note d'abord la sobriété et, tenant compte de cet aspect, je fais l'hypothèse que cet écrit s'appuie sur une source ancienne qui ignorait encore les développements attestés par les autres témoignages[59]. Aux deux miracles qui nous ont occupés jusqu'ici, il n'ajoute que celui des dragons qui adorent l'enfant divin, et des bêtes sauvages apprivoisées par celui qui accomplit la prophétie d'Is 11 («le loup habitera avec l'agneau»). Je ne connais qu'un savant qui se soit aventuré plus loin. Stephen J. Davis suppose que l'auteur du *Pseudo-Matthieu* a ajouté des éléments secondaires (ch. 22 et 24) au noyau primitif que constitue le ch. 23[60]. Pour ma part, en suivant les règles de la *Formgeschichte*, je fais les remarques suivantes. Le ch. 22,1 raconte comment Jésus abrège le chemin dont la longueur inquiète Joseph. Ce paragraphe paraît mal placé parce qu'il devrait figurer au début du récit, avant que la Sainte Famille ne renonce à la route plus fraîche, mais plus longue du bord de la mer (ch. 17,2 dit que les voyageurs passent par le désert). Les épisodes des dragons, des animaux et de l'arbre (ch. 18–20) se tiennent logiquement. Ils sont tous trois inspirés par le Ps 148,7-10 («Louez le Seigneur depuis la terre: dragons et vous tous les abîmes ... arbres fruitiers et tous les cèdres, bêtes sauvages et tout le bétail»). Au caractère biblique s'ajoute une touche christologique: alors que les serviteurs s'effraient de la présence des dragons, celui qui n'a pas encore deux ans reste calme et droit. Raconté au ch. 18,1, l'épisode est complété de façon redondante et inutile par un paragraphe embarrassé (ch. 18,2 qui s'appuie sur ce qui va suivre, ch. 19,1). À la notice ancienne de la présence des animaux sauvages qui accompagnent la Sainte Famille (ch. 19,1) se sont agglomérés des détails repris d'autres parties du récit (datation au premier jour, crainte de Marie sans que Joseph soit mentionné, réconfort de Jésus à l'adresse de sa mère). La

---

59. Voir les références aux éditions anciennes, ci-dessus, p. 249, n. 2; voir maintenant l'édition critique de J. GIJSEL, *Pseudo-Matthaei Evangelium: Textus et commentarius*, dans J. GIJSEL – R. BEYERS, *Libri de Nativitate Mariae* (CCSA, 9), Turnhout, Brepols, 1997, pp. 446-481.

60. S.J. DAVIS, *Ancient Sources for the Coptic Tradition*, dans GABRA (éd.), *Be Thou There* (n. 16), p. 142.

présence des animaux domestiques est légitime; elle satisfait à la fois aux exigences du Ps 148,10 et d'Is 11,6. La présence de l'arbre répond à la prophétie du Ps 148,9, mais elle est narrativisée dans un sens christologique (Jésus pourra ordonner à l'arbre de se redresser). Le récit, tel que nous le lisons, paraît s'être développé avec le temps. Il intègre une tension conjugale entre Marie et Joseph à propos des fruits qui sont présents, alors que l'eau est absente (ch. 20,1). Il joue aussi avec les arbres du jardin d'Éden et mentionne les eaux bienfaisantes (ch. 20,2). Il évoque la fin des temps lorsque Jésus offre à l'une des branches du palmier un séjour immédiat au Paradis (ch. 21,1). Contrairement à Stephen J. Davis, j'estime que l'entrée de la Sainte Famille dans la cité, plus précisément dans le temple (ch. 22,2) et la chute des idoles (ch. 23,1) forment une unité littéraire. L'arrivée solennelle d'Aphrodise qui vient ensuite vénérer l'enfant divin (ch. 24,1) constitue un épisode qui a son identité propre, mais qui, dès l'origine, fait suite à la victoire sur les idoles et, tel le *Chorschluß* des récits de miracle évangéliques, en fournit une élégante conclusion, tant du point de vue littéraire que doctrinal.

La fuite en Égypte est donc racontée à la fin du *Pseudo-Matthieu* dans les diverses recensions de ce texte (ch. 18–24). Le *De nativitate Mariae* qui représente une réécriture de cet évangile de l'enfance omet ces chapitres[61]. Ceux-ci figurent en revanche dans ce que l'on appelle la *Compilation J*. Cette compilation latine est connue sous deux formes, nommées Arundel et Hereford en raison de deux manuscrits qui l'ont fait connaître[62]. En gaélique, le texte, révélé et édité récemment, le *Liber Flavus Fergusiorum*, ne transmet pas ces légendes[63]. Elles sont attestées en revanche par le *Leabhar Breac*, connu et publié depuis plus d'un siècle[64]. La comparaison synoptique de ces témoins occidentaux se résume ainsi à trois colonnes: (a) les diverses formes du *Pseudo-Matthieu*, (b) les deux formes de la *Compilation J*, et (c) le *Leabhar Breac*. Le *Pseudo-Matthieu* et la *Compilation J* déroulent un récit très semblable. L'ordre des épisodes et le sens de chacun des miracles sont les mêmes. Toutefois, si certaines expressions sont identiques dans les deux documents, la formulation varie beaucoup d'un texte à l'autre. À titre d'exemple, voici, d'un côté, le *Pseudo-Matthieu*: «Factum est autem ut ingressa Maria templum cum infantulo uniuersa corruerent simulacra, et

---

61. Voir l'édition critique de R. BEYERS dans J. GIJSEL – R. BEYERS, *Libri de nativitate Mariae* (CCSA, 10), Turnhout, Brepols, 1997.

62. Voir la référence à la récente édition critique ci-dessus, p. 251, n. 9.

63. Ce texte est édité par D. ÓLAOGHAIRE, *et al.* dans MCNAMARA, *et al.* (éds.), *Apocrypha Hiberniae*. I: *Evangelia infantiae* (CCSA, 13) (n. 9), pp. 135-245.

64. Référence à la nouvelle édition, voir ci-dessus, p. 261, n. 42.

omnia ipsa idola iacentia in faciem nihil se esse euidentius perdocerent»
(23,1), et de l'autre la *Compilation J* (Hereford): «Et subito ad ingressum
Domini conruerunt in terram omnia illa idola que ibi erant locumque eis
monendi dederunt, ut impleretur quod olim in psalmo dictum est per
prophetam: 'Deus stetit in sinagoga deorum, in medio autem deos dis-
cernit'» (108). Il faut ajouter ici trois remarques: le *Pseudo-Matthieu*
s'arrête brusquement à la fin du discours d'Aphrodise, lorsque celui-ci
évoque le sort du Pharaon lors de l'Exode; tandis que la *Compilation J*
(Arundel) se poursuit au-delà de nos épisodes, la *Compilation J* (Hereford) s'interrompt avant l'épisode d'Aphrodise, ce qui doit représenter
une omission délibérée, et se termine par les mots cités ci-dessus suivis
du desinit que voici: «Explicit libellus de nativitate beate Marie et de
infantia salvatoris». Les solutions suivies par le *Pseudo-Matthieu* et la
Compilation J (Hereford) paraissent toutes deux artificielles et secondaires. Elles répondent à un souci de faire bref. Reste la question principale: l'un des deux documents, le *Pseudo-Matthieu* et la *Compilation J*
(Arundel), dépend-il de l'autre ou les deux dépendent-ils d'un troisième?
Je pense, qu'indépendante l'une de l'autre, ces deux narrations dépendent
d'une source commune. Le *Leabhar Break*, quant à lui, présente une
situation différente. Il se distingue des deux textes latins de quatre façons:
il raconte les épisodes de façon plus laconique; il s'exprime autrement;
il présente au moins un épisode additionnel, celui du méchant larron et
de son gentil fils (qui sera le bon larron de la crucifixion); enfin, il ne
suit pas exactement l'ordre de ses voisins et n'en partage pas toujours le
contenu. Ainsi l'épisode des bêtes sauvages n'a-t-il pas de contrepartie
relative aux animaux domestiques. Il ne précède du reste pas le miracle
du palmier, mais s'insère curieusement entre le dialogue tendu entre
Marie et Joseph au sujet du palmier et l'intervention de Jésus qui ordonne
à l'arbre de s'incliner puis de se redresser. Enfin, le *Leabhar Break*
contient quelques brèves remarques méta-narratives: il évoque divers
récits non-canoniques dont il paraît s'inspirer, signale l'attitude de certains historiens et rappelle que l'Église, sans doute dans sa grande
sagesse, raconte peu de récits de l'enfance. Il est difficile d'aller plus
loin. À titre d'hypothèse, je suggère que le *Pseudo-Matthieu* et la *Compilation J* (Arundel) dépendent d'une même source (il est établi que
l'insertion du *Protévangile de Jacques* dans la *Compilation J* est secondaire). Dans ses divers travaux[65], Jean-Daniel Kaestli tient au contraire
pour acquis que le *Pseudo-Matthieu* a servi de source à la *Compilation
J*. Quant au *Leabhar Break*, il puise lui aussi à une source, sans doute à

---

65. Voir ci-dessus p. 251, n. 9.

la même source mais dans un état antérieur. Cette source prolongeait probablement la «Source spéciale» dont Jean-Daniel Kaestli a établi qu'elle présentait un récit de la nativité de Jésus comprenant le recensement, la naissance de Jésus et la présence de la sage-femme, la visite des bergers et celle des mages[66]. Comme aucun témoignage relatif à l'arbre miraculeux ou à la chute des idoles n'est antérieur au IVe siècle, j'estime que la source spéciale, dont l'origine remonte peut-être au IIe ou au IIIe siècle, a reçu une amplification au IVe siècle, au temps où l'actualité de la prophétie d'Is 19,1 devenait brûlante et où les chrétiens recevaient la permission impériale de démolir des temples païens. Cette amplification a dû prendre une première forme dont nous retrouvons la trace dans le *Leabhar Break* et une seconde dont nous avons le reflet dans le *Pseudo-Matthieu* et la *Compilation J*. Cette source a donc dû à l'origine être plus simple que ne le sont le *Pseudo-Matthieu* et la *Compilation J* et correspondre en gros à ce qui se cache derrière le *Leabhar Break;* ce qu'il faut rapprocher de l'état du texte du *Pseudo-Matthieu* et de la *Compilation J* après qu'on leur a appliqué les principes de la *Formgeschichte*. Les citations des Pères grecs présentées ci-dessus ainsi que l'*Évangile arménien de l'enfance* suggèrent que cette source était connue non seulement en Occident, mais aussi en Orient.

V. Une dernière question

Dans plusieurs publications, Enrico Norelli a affirmé le rôle des Écritures Saintes et des *testimonia* dans la constitution des récits apocryphes[67]. Il a précisé que les *testimonia* pouvaient être regroupés en recueil ou diffusés de manière indépendante. J'estime qu'il a fondamentalement raison. L'épisode de la chute des idoles ne s'explique pas sans un rapport de dépendance à l'égard de la prophétie contenue dans l'oracle d'Isaïe 19. Néanmoins, je voudrais suggérer ici un rapport non direct, mais dialectique. Car, de fait, il existe d'innombrables passages de l'Ancien Testament et de nombreux *testimonia* qui n'ont donné naissance à aucun récit apocryphe. Pour qu'une légende non-canonique voie le jour, il faut que s'exercent encore d'autres forces que le poids de l'Écriture. L'Égypte, en tant que seconde Terre Sainte, déploie les lieux de pèlerinages qui font

---

66. McNamara –Kaestli, *The Irish Infancy Narratives and Their Relationship with Latin Sources* (n. 9), pp. 66-67; à la p. 67, Kaestli n'exclut pas que la source se soit poursuivie par la Fuite en Égypte. Voir aussi de Kaestli, *Mapping an Unexplored Second Century Apocryphal Gospel* (n. 9).

67. Voir ci-dessus, p. 251, n. 8.

pression et favorisent l'éclosion de nouveaux épisodes[68]. La situation des communautés chrétiennes ainsi que l'évolution du pouvoir politique à l'égard du christianisme ont, elles aussi, déclenché le processus de production apocryphe. L'exemple de Qosqam, l'antique Cusae (Κουσαί), en Haute Égypte, me servira d'exemple. Le monastère de Dayr al-Muharraq, situé à quelques kilomètres du village de Qosqam, s'est vite affirmé comme une halte importante sur la route de la Fuite en Égypte. Pour établir leur revendication, les responsables de ce haut-lieu ne se contentèrent pas d'adapter au site les miracles que nous connaissons. Ils osèrent même dire qu'après sa résurrection le Christ aurait emmené miraculeusement sur une nuée ses apôtres et la Vierge, sa mère, de Jérusalem jusqu'en ce lieu d'Égypte. Tout y était prêt pour que le Christ consacrât la maison où la Sainte famille avait habité et en fît la plus ancienne église chrétienne. Tout était prêt aussi pour que Pierre, accompagné des autres apôtres, y célébrât une sainte Cène mémorable[69]!

VI. CONCLUSION

Les textes canoniques ont tendance à se stabiliser pour répondre aux exigences d'unité posées par l'autorité ecclésiastique et le pouvoir politique. Certes, il y a toujours des différences entre les manuscrits, mais dans l'ensemble, le texte biblique demeure ferme en raison de la sacralité qui lui est reconnue. Les textes apocryphes, quant à eux, ont tendance à disparaître en raison de leur incompatibilité avec les textes canoniques, de leur orientation idéologique condamnée et de leurs formulations hérétiques. Les légendes qui nous retiennent ici[70] n'appartiennent précisément ni à l'une, ni à l'autre de ces catégories. Leur variété et leur instabilité crient leur différence d'avec les textes sacrés des Saintes Écritures. Leur prolifération et leur succès affichent leur différence d'avec les apocryphes rejetés.

---

68. Voir l'impressionnante carte de géographie intitulée "The Holy Family in Egypt: Sites the Holy Family are believed to have visited are indicated in italic type", dans GABRA (éd.), *Be Thou There* (n. 16), p. 163.

69. Voir *Vision de Théophile*, éd. MINGANA (n. 38), pp. 38-40; NAU, *La version syriaque de la* Vision de Théophile *sur le séjour de la Vierge en Égypte* (n. 38), pp. 131-132; W. LYSTER, *Coptic Egypt and the Holy Family*, dans GABRA (éd.), *Be Thou There* (n. 16), p. 5; HULSMAN, *«Tracing the Route of the Holy Family Today»* (n. 34), 106-112; DAVIS, *Ancient Sources for the Coptic Tradition* (n. 60), pp. 146-147.

70. Voir J.K. ELLIOTT, *A Synopsis of the Apocryphal Nativity and Infancy Narratives* (NTTS, 34), Leiden, Brill, 2006, pp. 105-106 et 111-130; du même auteur, *Mary in the Apocryphal New Testament*, dans C. MAUDNER (éd.), *Origins of the Cult of the Virgin Mary*, Londres, Burns & Oates, 2008, 57-70.

Depuis quelques années, je m'efforce de proposer une autre solution que la simple opposition entre canoniques et apocryphes. À mon avis, il faut distinguer trois catégories: entre les textes reconnus comme sacrés et les documents rejetés, il faut insérer la catégorie des livres utiles à la piété, individuelle et communautaire, «utiles» ou «profitables à l'âme», en grec ψυχωφελῆ. Leur degré d'autorité est moindre que celui des livres bibliques, leur diffusion parfois plus limitée, leur stabilité à la merci d'un scribe, d'un monastère ou d'un lieu de pèlerinage. Ces livres «utiles à l'âme» font partie de la tradition chrétienne; la faveur dont ils jouissent au cours des siècles est indéniable. Ils constituent souvent la réception ou la révision d'anciens apocryphes rejetés et perdus. Part de la tradition chrétienne, ils ne reflètent pas une tradition contrôlée par l'autorité ecclésiastique, mais une tradition qui s'établit à partir du bas, une tradition populaire, du peuple de Dieu.

Harvard Divinity School   François BOVON
45 Francis Avenue
Cambridge, MA
USA

THE *PROTEVANGELIUM JACOBI*:
AN APOCRYPHAL GOSPEL?

I. INTRODUCTION: THE TEXT

This early Christian text – the oldest of the so-called apocryphal "infancy gospels" – is traditionally known as the *Protevangelium Jacobi* (PJ). The title was first given by the French Jesuit and humanist Guillaume Postel. He published a Latin translation of a Greek manuscript, which he had brought home from one of his journeys to the Middle East (1535), in 1552 (Basel). A second edition followed in 1570 (Strasbourg)[1]. The original title is most probably *The Birth of Mary* (Γένεσις Μαρίας), although this covers only a part of the book's content. This title can be found on the papyrus Bodmer V, which is the oldest Greek manuscript (third or fourth century)[2]. In 1564, Michael Neander published the first Greek printed edition[3]. Several other versions were printed in the centuries that followed (J.J. Grynaeus 1568/9; J.-A. Fabricius 1703, who divided the text into 25 chapters; J. Jones 1726; A. Birch 1804; J.-C. Thilo 1832)[4], but research in the twentieth

1. G. POSTEL, *Protevangelion sive de natalibus Jesu Christi et ipsius Matris virginis Mariae, sermo historicus divi Jacobi minoris*, ed. Th. BIBLIANDER, Basel, 1552; Strasbourg, 1570. For details on this translation, see I. BACKUS, *Guillaume Postel, Théodore Bibliander and the Protevangelium Jacobi: Historical Introduction, Edition and French Translation of the MS London, British Library, Sloane 1411, 260r-267r*, in *Apocrypha* 6 (1995) 7-65.

2. Amongst others, H.-J. KLAUCK, *Apokryphe Evangelien: Eine Einführung*, Stuttgart, Katholisches Bibelwerk, 2002, p. 89 (= *Apocryphal Gospels: An Introduction*, London – New York, T&T Clark, 2003, p. 65). The manuscript is subtitled Ἀποκάλυψις Ἰακώβ (Revelation of James), but this is not considered authentic by the majority of scholars; É. DE STRYCKER, *La forme la plus ancienne du Protévangile de Jacques* (Subsidia Hagiographica, 33), Brussels, Société des Bollandistes, 1961, pp. 208-216, and many others.

3. M. NEANDER, *Catechesis Martini Lutheri parua, graecolatina, postremum recognita*, Basel, Oporinus, 1564, pp. 356-392; ²1567. The Latin translation of Postel is set alongside the Greek text, which is also the case in the editions of Fabricius and Thilo.

4. A more complete survey containing precise references to text editions, commentaries, studies, older versions and modern translations can be found in O. CULLMANN, *Kindheitsevangelien*, in W. SCHNEEMELCHER (ed.), *Neutestamentliche Apokryphen in deutscher Übersetzung*. I. Band: *Evangelien*, Tübingen, Mohr Siebeck, ⁶1990, 334-336; J.K. ELLIOTT, *The Apocryphal New Testament: A Collection of Apocryphal Christian Literature in an English Translation*, Oxford, Clarendon, 1993, pp. xvi-xxii, 51-57; M. GEERARD, *Clavis Apocryphorum Novi Testamenti* (Corpus Christianorum), Turnhout, Brepols, 1992, pp. 25-29. The editions of Neander, Fabricius and Thilo are available on

century was influenced mostly by the critical edition of C. Tischendorf (1852; ²1876)[5]. This situation changed in 1958 when M. Testuz published the edition of the manuscript Bodmer V, a text of forty-nine pages that he dates to the third century[6]. É. de Strycker (1961) conducted more philological and text-critical research on Bodmer V, which he compared to other versions. This resulted in a renewed edition of the Greek text. While being aware of the difficulties and limitations associated with such a project, we find that this text form can serve as a basis for further exegetical analysis[7]. De Strycker's voluminous study has not been equalled until today. It not only contains a Greek text (based on Bodmer V with a parallel presentation of the alternative readings that are preferred in PJ 18,1–21,3), but also a French translation and a lengthy commentary[8]. We now know of about one hundred and fifty Greek manuscripts (or fragments), which – with the exception of only a few – were all written from the tenth century onward. Versions exist in Syriac, Armenian, Ethiopic, Coptic, Arabic, Old-Slavonic, but no fully-fledged manuscripts have been found in Latin[9]. This panorama indicates that the

Google Books; S. PELLEGRINI, *Das Protevangelium des Jakobus*, in C. MARKSCHIES – J. SCHRÖTER (eds.), *Antike christliche Apokryphen in deutscher Übersetzung*. I. Band: *Evangelien und Verwandtes. Teilband 2*, Tübingen, Mohr Siebeck, 2012 (= Hennecke-Schneemelcher[7]), 903-929, pp. 903-904.

5. C. TISCHENDORF, *Evangelia Apocrypha*, Leipzig, Mendelssohn, 1854, ²1876, pp. 1-50. Tischendorf made use of eighteen manuscripts. His text edition formed the basis for several translations: Ch. MICHEL – P. PEETERS, *Les évangiles apocryphes, en langue originale et traduction française*, Paris, Auguste Picard, 1914, ²1924, vol. I, pp. 2-51; A. DE SANTOS OTERO, *Los Evangelios Apócrifos*, Madrid, La Editorial Católica, 1956, pp. 145-188; CULLMANN, *Kindheitsevangelien* (n. 4), pp. 334-349 (who included the variant readings found in Bodmer V); ELLIOTT, *The Apocryphal New Testament* (n. 4), pp. 48-67; A.F.J. KLIJN, *De apocriefen van het Nieuwe Testament: Buitenbijbelse evangeliën, handelingen, brieven en openbaringen*, Kampen, Ten Have, 2006, pp. 74-89 (originally 1999).

6. M. TESTUZ (ed.), *Papyrus Bodmer V. Nativité de Marie*, Cologny-Geneva, Biblioteca Bodmeriana, 1958. DE STRYCKER, *La forme la plus ancienne* (n. 2), p. 14, n. 3: "la première moitié du IVᵉ siècle".

7. DE STRYCKER, *La forme la plus ancienne* (n. 2). It remains a difficult, c.q. impossible task to reconstruct the original text because of the complex interrelationship between the many manuscripts and translations and because of the many variants within the manuscripts. A critique on de Strycker can be found in R.H. SMID, *Protevangelium Jacobi: A Commentary*, Assen, Van Gorcum, 1965, pp. 5-8. Smid offers a synoptic presentation of Bodmer V and ms 1454 (Paris, tenth century) in his commentary. I notice that PELLEGRINI considers de Stryckers text as "bisher die beste Edition" (*Das Protevangelium* [n. 4], p. 910).

8. *La forme la plus ancienne* (n. 2), pp. 64-191.

9. For fragments and versions in Latin: É. AMMAN, *Le Protévangile de Jacques et ses remaniements latins: Introduction, textes, traduction et commentaire*, Paris, Letouzey et Ané, 1910; R. BEYERS, *Libri de Nativitate Mariae. Libellus de Nativitate Sanctae Mariae. Textus et Commentarius* (CCSA, 9), Turnhout, Brepols, 1997, pp. 4-6; J. GIJSEL, *Het Protevangelium Jacobi in het Latijn*, in *Antiquité Classique* 50 (1981) 351-366;

text must have been distributed quickly for it to be made well known in so many regions[10]. It is generally accepted that the original text must have been written in Greek.

The author of PJ presents himself in the last section of the book: "Now, I James, am the one who wrote this account at the time when an uproar arose in Jerusalem at the death of Herod. I took myself off to the wilderness until the uproar in Jerusalem died down. And I praise the Lord (δεσπότης) who gave me the wisdom to write this account. Grace shall be with all those who fear the Lord (κύριος). Amen" (25,1-2)[11]. He tells the story in the third person, with one exception in the passage about when Joseph experienced that the world and the time stood still (PJ 18,2–19,1). Although this passage is lacking in papyrus Bodmer V, it probably belonged to the original text. The name "James" is a reference to the "Lord's brother" (Mark 6,3; Gal 1,19)[12] and not to the son of Zebedee. But, of course, the use of this name is a "Verfasserfiktion" (Klauck). The real author is not known. Scholars are hesitant to situate him in a Jewish milieu in Palestine[13], but the exact place of origin is uncertain: Egypt,

---

J.-D. KAESTLI, *Le Protévangile de Jacques en latin: État de la question et perspectives nouvelles*, in *Revue d'histoire des textes* 26 (1996) 41-102. The following explanations are given for the absence of PJ in the Latin tradition: the presence of Jesus' brothers from Joseph's first marriage; the rejection by the Church Fathers (see below); the later integration of PJ within the Latin *Gospel of Pseudo-Matthew* (although it mentions Jesus' stepbrothers!) and the success of the later and shorter version in the *Gospel of the Birth of Mary*. However, in light of some recent studies on the Latin variants of PJ the idea that the text was relatively unknown in the Western Church should be reconsidered.

10. Studies on textual criticism: O. PERLER, *Das Protevangelium des Jakobus nach dem Papyrus Bodmer V*, in *Freiburger Zeitschrift für Philosophie und Theologie* 6 (1959) 25-35; É. DE STRYCKER, *Le Protévangile de Jacques: Problèmes critiques et exégétiques*, in F.L. CROSS (ed.), *Studia Evangelica* III (TU, 88), Berlin, Akademie-Verlag, 1964, 339-359; ID., *De Griekse handschriften van het Proto-evangelie van Jacobus*, in *Mededelingen van de Koninklijke Academie voor Wetenschappen, Letteren en Schone Kunsten van België. Klasse der Letteren 30*, Brussels, 1968, no. 1. For a concordance, see A. FUCHS, *Konkordanz zum Protevangelium des Jakobus* (SNTU, B3), Linz, Plöchl, 1978.

11. My own translation based on the edition of de Strycker.

12. KLAUCK, *Apocryphal Gospels* (n. 2), p. 89; KLIJN, *Apocriefen* (n. 5), p. 75. James is not the apostle James "major", the son of Zebedee (Mark 3,17). In the Western tradition the brother of Jesus and James "minor" (Mark 15,40) were identified; in the East they were considered as two different persons. In the *Decretum Gelasianum* PJ is mentioned as "Evangelium nomine Iacobi minoris, apocryphum". See J. PAINTER, *Just James: The Brother of Jesus in History and Tradition*, Edinburgh, T&T Clark, 1999 (originally 1997), pp. 198-200.

13. A strong argument to locate PJ in a Jewish-Christian setting is made by T. HORNER, *Jewish Aspects of the* Protevangelium Jacobi, in *Journal of Early Christian Studies* 12 (2004) 313-335; cf. below. PELLEGRINI, *Das Protevangelium* (n. 4), pp. 908-909: "sicher nicht aus dem palästinischen Judentum, ... obwohl seine guten Kenntnisse des Alten Testaments und der kanonischen Kindheitsgeschichten an einen Judenchristen denken lassen können".

Syria, Asia Minor[14]? The book was probably written between 150 and 200[15], as the more or less clear references in some early Christian texts of Origen († 254)[16] and Clement of Alexandria († 215) might show[17]. An earlier date (between 100 and 150), based on a supposed relation with Justin († 165) has been rejected[18]. And as already said before (n. 12), the *Protevangelium Jacobi* also figures in the list of apocryphal gospels included in the *Decretum Gelasianum*.

The hypothesis that the text should be considered a composition of (three) separated sources, which had been brought together through the centuries – a birth story of Mary (1–17), an apocryphal text about Joseph (18–20), and a short story about Zacharias (22–24) –, experienced widespread success in the period of source criticism, but has been largely abandoned in more recent research[19]. The unity of the text is presumed, especially because of the "overall consistency in vocabulary and syn-

---

14. Alternatives include: "an unbekanntem Ort" (Klauck, *Apokryphe Evangelien* [n. 2], p. 89); "très vraisemblablement en Égypte" (de Strycker, *La forme la plus ancienne* [n. 2], p. 423); "probablement en Égypte" (Beyers, *Libri de Nativitate Mariae* [n. 9], p. 4); "plutôt vers la Syrie" (É. Cothenet, *Le Protévangile de Jacques: Origine, genre et signification d'un premier midrash chrétien sur la Nativité de Marie*, in ANRW II.25.6 [1988] 4252-4269, p. 4267); "possibly written in Syria but [...] the evidence is not conclusive" (Smid, *Protevangelium Jacobi* [n. 7], pp. 20-22, esp. 22); "Syrien oder Ägypten" (Pellegrini, *Das Protevangelium* [n. 4], p. 909).

15. "Zwischen 150 und 200" (Klauck, *Apokryphe Evangelien* [n. 2], p. 89; cf. de Strycker, *La forme la plus ancienne* [n. 2], p. 418); "in the region of 170-250" (P. Foster, *The Protevangelium of James*, in Id. [ed.], *The Non-Canonical Gospels*, London, T&T Clark, 2008, p. 113; = *ExpT* 118 [2007] 573-582, p. 575); "la fin du 2ᵉ s., au plus tard" (Cothenet, *Protévangile* [n. 14], p. 4257); "dans les années 180-200" (Beyers, *Libri de Nativitate Mariae* [n. 9], p. 4); "the second half of the second century" (Smid, *Protevangelium Jacobi* [n. 7], p. 24); "frühestens auf die Mitte und eher auf die zweite Hälfte des 2. Jh." (R.McL. Wilson, *Apokryphen des Neuen Testaments*, in TRE III, 1978, p. 334); "... wird heute ein Datum Mitte bis Ende des zweiten Jahrhunderts n.Chr. diskutiert" (Pellegrini, *Das Protevangelium* [n. 4], p. 907).

16. *Commentaria in Evangelium Matthaeum* 10.17: "But some say, basing it on a tradition in the Gospel according to Peter, as it is entitled, or The Book of James, that the brethren of Jesus were sons of Joseph by a former wife, whom he married before Mary".

17. *Stromata* 7.16.93. In this text the presence of a midwife is to be noted.

18. See de Strycker, *La forme la plus ancienne* (n. 2), pp. 414-417 ("ni comme prouvé ni comme sérieusement probable", taken up by Elliott, *The Apocryphal New Testament* [n. 4], p. 49). Different position in Horner, *Jewish Aspects* (n. 13), p. 315.

19. This was the thesis of A. von Harnack, *Geschichte der altchirstlichen Literatur*. II.1, Leipzig, Hinrichs, 1897, pp. 600-601; it is also found in Testuz, *La nativité* (n. 6), pp. 16-18 (without the last part *Apocryphon of Joseph*). See Cothenet, *Protévangile* (n. 14), pp. 4258-4259; for details and other hypotheses, see R.F. Hock, *The Infancy Gospels of James and Thomas: With Introduction, Notes, and Original Text Featuring the New Scholars Version Translation*, Santa Rosa, CA, Polebridge Press, 1996, pp. 13-14. The hypothesis of three "Teilschriften" is now proposed by Pellegrini, *Das Protevangelium* (n. 4), pp. 907-908.

tax"[20]. However, it is clear that several themes that are treated in PJ were already in circulation when the text was written. There was for instance a colourful palette of opinions about how to understand Jesus' birth and Mary's virginity. Though, it is doubtful whether we need to appeal to the existence of so-called *testimonia*, as does E. Norelli, which would have even preceded the canonical gospels[21]. The question of the interrelationship between these texts and traditions from the first and second century is complex and not easy to resolve, but the hypothesis of a common Hebrew source for Matthew, Luke and PJ, or the idea that PJ would have been the source of Matthew and Luke is no longer deemed feasible. On PJ's value as a historical document, we can be brief: "The text has little or no historical value in terms of the actual events it reports"[22].

Since it is not possible to treat the link between PJ and the other "apocryphal infancy gospels" extensively[23], the following scheme should suffice:

20. Hock, *Infancy Gospels* (n. 19), p. 14. Ground-breaking on this point is the opinion of DE STRYCKER, *Protévangile* (n. 10), pp. 403-404: "La théorie des trois documents est dépourvue de tout fondement dans le domaine de la critique tant externe qu'interne. Elle ne peut rendre compte ni des liens intimes et multiples qui existent entre les différents épisodes ni de l'unité de conception, de langue et de style qui se manifeste dans tout le *Protévangile*. Elle doit donc être rejetée comme arbitraire". See PELLEGRINI, *Das Protevangelium* (n. 4), p. 908: "Unter dem redaktionellen Aspekt ist aber mit E. de Strycker die Einheitlichkeit des Werks zu erkennen".

21. E. NORELLI, *La formation de l'imaginaire de la naissance de Jésus aux deux premiers siècles*, in J.P. BOYER – G. DORIVAL (eds.), *La Nativité et le temps de Noël: Antiquité et Moyen Âge* (Textes et documents de la Méditerranée antique et médiévale), Aix-en-Provence, Université de Provence, 2003, 51-63 (more literature by the same author is mentioned in the footnotes): the hypothesis is based on several non-biblical texts such as *Ascensio Isaiae* 11,13-14 and *Acta Petri* 24 (Latin version). See also BEYERS, *Libri de Nativitate Mariae* (n. 9), p. 3, n. 5: "... une tradition plus ancienne que les évangiles canoniques, qui survivait dans des collections de *testimonia* et dont on retrouve des traces indépendantes dans un écrit apocryphe du début du IIe siècle, l'*Ascension d'Ésaïe*". For a more nuanced view, see S.C. MIMOUNI, *La conception et la naissance de Jésus d'après le* Protévangile de Jacques, in BOYER – DORIVAL (eds.), *La Nativité et le temps de Noël*, 29-50, p. 30: the lack of convincing evidence from a historical point of view keeps from using such *testimonia*.

22. FOSTER, *The Protevangelium of James* (n. 15), p. 110; ELLIOTT, *The Apocryphal New Testament* (n. 4), p. 51: "The historical value of the stories in PJ is insignificant"; J.-D. KAESTLI, *Les écrits apocryphes chrétiens: Pour une approche qui valorise leur diversité et leurs attaches bibliques*, in ID. – D. MARGUERAT (ed.), *Le mystère apocryphe: Introduction à une littérature méconnue* (Essais bibliques, 26), Geneva, Labor et Fides, 1999, ²2007, 29-44, p. 41: the section on the birth of Mary "est un produit de l'imaginaire chrétien ... enraciné dans l'univers biblique". But W.S. Vorster (following R. Brown) believes that PJ is largely based on the canonical gospels and that the text may therefore not be neglected in view of a historical reconstruction (*Annunciation* [see n. 27], p. 42).

23. On this topic, see the general introductions to the Apocryphal Gospels and especially the recent contribution by S. PELLEGRINI, *Kindheitsevangelien*, in MARKSCHIES – SCHRÖTER (eds.), *Antike christliche Apokryphen* (n. 4), 886-902, pp. 886-895. A summary

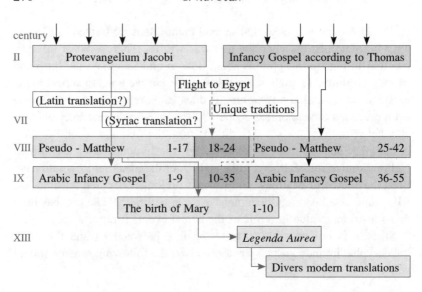

II. THE CONTENTS OF *PROTEVANGELIUM JACOBI*

Two larger sections, each of which is divided in two subsections, can be distinguished. In the first section (PJ 1–10), the story of Mary's parents until her birth (1–5) is followed by a series of anecdotes on the early years of her life until she marries Joseph (6–10). In the second section (PJ 11–21) we read about the theories concerning Mary's pregnancy (11–16), about the birth of Jesus, and until the persecution under Herod (17–22). These narratives are followed by a short episode on the martyrdom of Zacharias, the father of John the Baptist (23–24)[24].

The Story Line and a Few Motives from the Content

1–5. The characters of Anna (cf. 1 Samuel 1–2)[25] and Joachim (cf. Daniel 13,1-4: the husband of Susanna) refer to Old Testament homonyms but are pure fictive figures. The story of their childlessness and its

can be found in G. VAN OYEN, *De kleine Jezus*, in ID., *De apocriefe Jezus*, Louvain, VBS-Acco, 2006, 53-78, pp. 53-55.

24. Compare the "Kapiteleinteilung" by PELLEGRINI, *Das Protevangelium* (n. 4), p. 912: 1–5 / 6–8 / 9–16 / 17–20 / 21–22 / 23–24 / 25 (the major difference is the transition between chs. 8 and 9). See HOCK, *Infancy Gospels* (n. 19), pp. 5-6: §§1–8,1 / 8,2–16 / 17–24 / 25, which was taken up by FOSTER, *The Protevangelium of James* (n. 15), p. 113 (= *ExpT*, p. 575).

25. Joan E. COOK, *Hannah's Desire, God's Design: Early Interpretations of the Story of Hannah* (JSOT SS, 282), Sheffield, JSOT Press, 1999.

solution contains many Old Testament allusions, and is modelled on the birth narratives of John the Baptist and Jesus in the New Testament. Joachim is expelled from the temple and Anna dresses in clothes for mourning due to her grief. They live 'separated' for forty days, but after an angel informs them that she is pregnant (or will be?), their reunion at the city gates is described movingly: "And look, Joachim came with his flock and Anna stood at the gates and saw him approaching, and she rushed to him, hugged him and said: 'Now I know that the Lord has blessed me richly, because, see, the widow is no longer a widow and I who had no child will be with child'. And Joachim remained at home for one day". It remains a question whether the form εἴληφεν ("has received"; Bodmer V *et al.*) should be preferred above λήψεται (*"will* receive a child"; the majority of the Greek mss.). The interpretation of the verb is decisive for interpreting whether or not Anna had a virginal conception, as analogy with Mary's virginal conception[26]. Mary is born after seven (or nine?) months.

6–10. In the description of Mary growing up, purity is as central theme. A pure altar is erected in their home and only the undefiled daughters of the Hebrews may play with Mary. The analogy between the images of Anna and Mary (in the NT) resound in the song of praise Anna sings to God. When Mary was three years old she was dedicated in the temple, where "she danced joyfully on her feet, and the whole house of Israel adored her". Mary stayed in the temple. At the age of twelve – when she will become impure – it is indicated through a sign of the Lord after the High Priest's prayer, that of all the widowers Joseph should take her into his care: a dove appears from his staff. Joseph protests, but more because he is old and has sons from a previous marriage. He takes Mary home. It is her fate to spin the scarlet and crimson thread in making the new temple curtain. Only chaste virgins from the tribe of David were considered for this task, and the anecdote is intended to illustrate that Mary remains chaste. Her being a descendant of David is important because Joseph's role as father disappears.

11–16. The influence of Matthean and Lucan motifs are undeniable in the section relating Jesus' birth, particularly the angel's announcement to

---

26. For more about the discussion, see a.o. HOCK, *Infancy Gospels* (n. 19), p. 39. As most scholars, he opts for the perfect tense. One of his arguments runs as follows: "And, given the author's stress on Mary's purity throughout the document, it is probable that he understands Mary to have also been the product of a miraculous conception". According to PELLEGRINI, *Das Protevangelium* (n. 4), p. 913, the text of PJ 4-5 does not intend to defend a virginal conception. The pregnancy is unexpected, but it can be explained "als Folge eines intimen Kontaktes vor der Abwesenheit Joachims". Moreover, Joachim is not angry with Anna (unlike Joseph with Mary).

Mary and her visit to her cousin Elizabeth[27]. The passage in which Joseph asks his wife Mary for an explanation is worked out in greater detail. Joseph is angry and confused because Mary is pregnant. He thinks for a moment that the history of Adam and Eve is being repeated. The Jewish exegesis of Gen 3,13 that Eve is sinful forms part of the background[28]. It will later be apparent that Mary is the antithesis of Eve. At night an angel informs Joseph that Mary is pregnant by the Holy Spirit, and will give birth to a son and that he shall be called Jesus. The story that Joseph and Mary must offer the priests an explanation is a clear addition to the canonical versions. They must drink the "test water" before a judicial inquiry to determine whether infidelity had taken place, conforming to the prescriptions in Numbers 5,11-31. The accusations are established as unfounded and they are free to leave.

17–21. Joseph moves to Bethlehem with his son and Samuel[29] and the pregnant Mary. The moment of the delivery approaches and they enter a cave. This is the first instance in the tradition that a cave motif occurs as Jesus' birth place. Joseph searches a midwife. At this point the perspective of the narrative changes and Joseph tells in the first person about the remarkable experience when everything around him came to a standstill: nature and people kept their breath and waited in anticipation for the child to be born. A midwife indeed arrives, but the birth takes place without her intervention, "while a large light appeared in the cave, which the eyes could not bear. Soon the light grew dimmer as the child became visible". Unexpectedly Salome arrives. She doubts the story of the virginity: "As truly as the Lord my God lives, as long as I have not placed my finger inside and examined her condition, I will not believe that a virgin can give birth to a child". Salome examines Mary and "due to her wickedness and unbelief", Salome's hand is consumed and falls off. But by touching the child she is healed. It is clear that we have an elaboration of the theological views on Mary's immaculacy before and after the birth. After this episode the narrative follows Matthew 2,1-12 freely on the visit of the three wise men.

---

27. W.S. VORSTER, *The Annunciation of the Birth of Jesus in the Protevangelium of James*, in J.H. PETZER – P.J. HARTIN (eds.), *A South African Perspective on the New Testament: Essays by South African New Testament Scholars Presented to Bruce Manning Metzger during His Visit to South Africa in 1985*, Leiden, Brill, 1986, 33-53.

28. See G. VAN OYEN, *The Character of Eve in the New Testament. 2 Corinthians 11.3 and 1 Timothy 2.13-14*, in B. BECKING – S. HENNECKE (eds.), *Out of Paradise: Eve and Adam and Their Interpreters* (Hebrew Bible Monographs, 39), Sheffield, Phoenix Press, 2010, 14-28 (originally Dutch 2005).

29. There are many divergent readings on the number of sons and their names.

22-24. Herod's search for infants younger than two forces Mary to hide Jesus in a crib 'of the oxen'. Elizabeth flees with John to the mountains, which offers them protection with the help of an angel. A noticeable detail is that it was not Herod's plan that lead to the flight to Egypt[30]. Herod has Zachariah killed in the temple because he refuses to tell where his son John is being hidden. Zachariah says out aloud: "I am a martyr". The temple priests determine that Zachariah was murdered but cannot find his body (an allusion to the fate of Moses and Elijah?). Simeon is chosen as the new high priest by drawing the lot.

25. The author announces himself in the closing paragraph (cf. *supra*). The narrative closes with a doxology.

III. THE THEOLOGICAL ORIENTATION OF *PROTEVANGELIUM JACOBI*

At least three approaches situating PJ within the development of early Christian theology and Christology can be determined. The first approach consists of a *close reading* of PJ's text, paying special attention to the characters in the story. Thus, in view of a better understanding of the *theo*-logy it is useful to investigate the way God is presented as a character in this apocryphal text. It should be noted that this literary or narratological approach has not yet been applied extensively. The second approach consists of tracing the historical context of the writing. What could have been the motives behind telling this story? What was the milieu in which it originated? This is the historical-critical approach. As we will see below, the user of this method is constantly challenged by a kind of circular reasoning on the relationship between text and context: the data of the text point to a specific context, which its turn points to specific data. The third approach is the study of the reception history. What is the influence of the story on theology, Mariology, Christology, art, liturgy, devotion of the saints, popular belief? This *Nachwirkung* of the text reveals the effect of the text on the real readers in a very concrete way. This approach is very important regarding PJ, since the influence of this 'gospel' has been enormous – "even greater than the Bible" (Vorster)[31]. From the perspective of the text's influence in later history, one

---

30. According to Klauck this is an omission made for apologetical reasons: Celsus stated that as an adult Jesus could do miracles only because he was trained by magi in Egypt (*Apocryphal Gospels* [n. 2], p. 71).

31. See several contributions (by R. Winling, R. Laurentin, J. Évenou) in the volume of the sixtieth meeting of the Société Française d'Études Mariales (Solesmes, 2003): *Marie dans les récits apocryphes chrétiens*, Tome I, Paris, Médiaspaul, 2004; É. COTHENET,

could even place a critical remark on the "apocryphal" character of PJ. There is – at least in the Roman Catholic tradition – a discrepancy between, on the one hand the judgement of theologians and the position in official church documents about PJ, and on the other, the factual acceptance in the popular milieu of the ideas carried in this gospel and – later – even in the official church[32]. In the orthodox tradition PJ has been accepted very well and carries the status of a quasi canonical text. It could be argued that in more fundamentalist circles the apocryphal writings have been mostly rejected because their lack of 'historical', i.e. trustworthy information[33].

The third approach thus opens a central issue of the debate on the formation and meaning of the canon: what criteria can be followed to determine what is characteristic of an apocryphal text and what is the impact of such decisions on the use of this text? But, the difficulty of 'apocryphicity'[34] is not only caused by the *Wirkungsgeschichte* of the text. The same question can also be posed by the first two approaches. The first approach can inform the reader how the theology and Christology in the narrative relates to the mainstream or 'governing' theology in the Bible. The second approach can help gain insight into the relationship between PJ and other early Christian beliefs and in this manner can indicate more accurately precisely what would constitute its non-orthodox character[35].

Le «Protévangile de Jacques» comme premier témoin de la piété mariale populaire, in ID. (ed.), *Exégèse et liturgie* (Lectio Divina, 133), Paris, Cerf, 1988, 327-344 (originally 1983); G. KRETSCHMAR, *«Natus ex Maria Virgine»: Zur Konzeption und Theologie des Protevangeliums Jacobi*, in C. BREYTENBACH – H. PAULSEN (eds.), *Anfänge der Christologie*. FS F. Hahn, Göttingen, Vandenhoeck & Ruprecht, 1991, 417-428.

32. FOSTER, *The Protevangelium of James* (n. 15), p. 124: "It may be better to describe it as 'sub-canonical', or even 'almost canonical', at least for some Church traditions".

33. VORSTER, *Annunciation* (n. 27), p. 52.

34. This is the name of the website of Tony Burke (Canada): http://www.tonyburke. ca/apocryphicity/ (March 6, 2013). Apocryphicity is "a recently coined term for describing the qualities of apocryphal literature". In French the word "apocryphité" is used; cf. S.C. MIMOUNI, *Le concept d'apocryphité dans le christianisme ancien et medieval: Réflexions en guise d'introduction*, in ID. (ed.), *Apocryphité: Histoire d'un concept transversal au religions du livre. En hommage à Pierre Geoltrain* (Bibliothèque de l'École des hautes Études. Section des Sciences religieuses, 113), Turnhout, Brepols, 2002, 1-30.

35. On this item, see P. GISEL, *Apocryphes et canon: Leurs rapports et leur statut respectif*, in *Apocrypha* 7 (1996) 225-234; P. PIOVANELLI, *Qu'est-ce qu'un "écrit apocryphe chrétien", et comment ça marche? Quelques suggestions pour une herméneutique apocryphe*, in S.C. MIMOUNI – I. ULLERN-WEITÉ (eds.), *Pierre Geoltrain, ou comment «faire l'histoire» des religions: Le chantier des «origines», les méthodes du doute, et la conversation contemporaine entre disciplines*, Turnhout, Brepols, 2006, 171-184 (and the bibliography); P.C. DILLEY, *The Invention of Christian Tradition: "Apocrypha," Imperial Policy, and Anti-Jewish Propaganda*, in *Greek, Roman, and Byzantine Studies* 50 (2010) 586-615.

IV. THE FIGURE OF GOD IN *PROTEVANGELIUM JACOBI*

1. *References to God*

In order to understand better how the narrator of PJ sees God, it will be helpful to first prepare a dossier of the references to God. Our interest in this exercise is to discover how the narrator communicates his thoughts on God. In an Appendix we provide a tabled overview of the references to the divinity in PJ. To the obvious words, 'God' (θεός), 'Lord' (κύριος), '(my) Lord (and) God' (κύριος ὁ θεός), we can add, Ruler (δεσπότης), the Holy Spirit (ἅγιον Πνεῦμα), Christ (Χριστός), the angel of the Lord (ἄγγελος Κυρίου), the temple of the Lord (ὁ ναός Κυρίου). What can we determine?

First, it is noticeable that the majority of the references to God / Lord / Lord (and) God (65 times) are made in the discourses, that is to say, passages in PJ reflecting the words of characters; in the narratives we come across the expressions only 26 times[36]. Second, in these *narrative* texts, "God" / "the Lord" as such does not "do" much. To clarify this observation we can use the categories that D. Marguerat (following others) applied to the Acts of the Apostles[37]. He distinguishes between implicit and explicit language usage regarding God. In the case of implicit language, God manifests himself directly and in an encoded form that is comprehensible to the reader. Examples include angelophany, visions, dreams, a voice, drawing the lot, miracles. This is precisely how God's actions are presented in the narrative material of PJ: God is active through the intersession of an angel (of the Lord), an auditory experience of a voice (11,1; 20,3), the priest's headband (5,1), and a type of lottery through which Joseph becomes chosen, the redemptive result of the test with bitter water[38]. The absence of divine actions in the explicit language regarding God / Lord / Lord God corresponds with this completely: God is not presented by the narrator as someone who acts directly. There is one remarkable exception (7,3) which could be significant for the meaning of the whole story.

---

36. Other important, frequently used names are Joseph (32 times), Mary (30 times), Joachim (19 times), Anna (16 times).

37. D. MARGUERAT, *The God of the Book of Acts*, in G.J. BROOKE – J.-D. KAESTLI (eds.), *Narrativity in Biblical and Related Texts: La narrativité dans la Bible et les textes apparentés* (BETL, 149), Leuven, Peeters – University Press, 2000, 159-181 (originally French 1996).

38. Marguerat notices that these phenomena are found more frequently in Acts than in the Gospel of Luke "with the exception of the two extremities: the infancy narrative (Lk 1-2) and the paschal cycle (Lk 24)" (*God of the Book of Acts* [n. 37], p. 162).

In two of its seventeen occurrences in the narrative text, Κύριος appears independently, which is to say not as a determinant with another word (angel, virgin, altar, tempel). This involves (coincidentally?) the first and the last reference: 1,1 (Joachim gives his offers in double quantities to the Lord) and 25,2 ("Grace be with all who fear the Lord"). Both references are disputed text-critically[39]. Out of the six times that θεός appears independently in the narrative material, he is praised in five of the instances (6,3; 8,1; 14,2; 16,3; 24,1), the only exception being 10,1 (Mary was pure "before God"). Κύριος θεός appears three times in the narrative material, but in 1,3 Joachim *thinks* how the Lord God had given Isaac to Abraham (thus virtually identical to discursive usage) and 6,3 ends with a praise to the God of Israel. In 7,3 – the only exception where the narrator tells God himself is acting directly in the story – we read that after the priest had stood Mary on the third stair of the alter, "the Lord God sent his grace upon her…". The meaning of the story is oriented towards the grace given to Mary.

Our third observation can be traced from the *discourse* material. It is clear from the words spoken by the characters that their worlds are drenched with God's presence. This presence is taken for granted and never questioned. Indeed, in the story the characters' worlds are all built around their relation to God. But, in contrast to the manner the narrator expresses this presence, the characters often tell of a direct divine action. In their perception it is God who intervenes in the world. They interpret the actions of the angels, the voice, the lot drawing, the judicial ruling as God's actions. A few examples will serve as illustration.

1,3: And he remembered of the Patriarch Abraham, that on the last moment God gave him Isaac as son.
1,4: … because he (Joachim) thought: "I will not descend either to eat or to drink until the Lord my God has visited me; and my prayer will be my nourishment and beverage".
2,3: But Anna said: "Go away from me, because I will not do that, now that the Lord has so deeply humiliated me".
2,4: "Oh God of our fathers, bless me and hear my prayer, just as You have blessed the womb of Sarah and gave her a son, Isaac".
6,2: "God of our fathers, bless this child…".
9,2: "Fear the Lord, your God, and remember what God has done with Dathan, Abiram and Korah…".
9,3: "The Lord will protect you".
13,2: "You who were so dear to God, why have you done this? Have you forgotten the Lord your God?".

According to the perspective of the characters in these and other examples, God is the active person in history. He fulfils different functions. For example, in the past he was benefactor to Abraham (1,3) and Sarah

---

39. DE STRYCKER, *La forme la plus ancienne* (n. 2), pp. 64, 190-191.

(2,4), punished sinners (9,2), or humiliated people (2,3). He is also the one that can grant salvation in the present or the future by blessing (6,2) or protecting (9,3). God is autonomous in his actions – he is the "Ruler" – but humans may interact with God and may approach him in prayer, with questions or complaints. The most striking example of the effectiveness of praying is set at the beginning of the narrative. After Joachim had withdrawn into the wilderness his prayers shall be his nourishment (1,4) and "the Lord granted the prayer" (4,2). Anna also requests that God answers her prayer (2,4), which also happens (4,1). People respond to God's actions with songs of praise and glorification (6,3; 16,3). So too the utterance "As truly as the Lord my God lives" which occurs six times and is used by four different persons (4,1; 6,1; 13,3; 15,3; 15,4; 19,3), expresses human trust in God's presence[40].

To conclude our presentation of this dossier, we will read one more aspect from the overview table: it appears that the references to God's actions are not distributed equally through the text. The last part that deals with the birth of Christ (PJ 17–24) contains remarkably less references to God; though the episode takes up one third of the text, here we come across only 13 of the 91 occurrences. There are no clear explanations, but could it be that this part of the story is known to the readers and requires less theological directives? A comparison with the parallel texts in Luke and Matthew may offer more insight.

It is my impression that no greater tensions exist between the portrayal of God in PJ and the portrayal of God in the Bible – an image that is otherwise quite varied[41]. We might rather consider the text an extension of the biblical 'history of salvation'. This is also noticeable in the multiple intertextual references to the Biblical narratives, names, and customs, as we shall see.

2. Intertextuality as an Expression of Theology

Even with a surface reading it is clear that PJ is suitable for intertextual studies that reach beyond 'simplistic' comparisons with the birth

---

40. More research could be done to see if the three functions ascribed by Marguerat to God in the Acts of the Apostles are also present in PJ: (1) the programmatic function: God determines history; (2) the performative function: God changes history; (3) the interpretative function: God reveals the meaning of history.

41. Our findings are very similar to these of Marguerat on the Acts of the Apostles: "The examination of the language for God in the book of Acts reveals a systematic control on the part of the narrator: he chooses narrative language when God manifests himself by a mediation which conceals him, and he chooses the discursive language when God is mentioned by name as an agent of history" (*God of the Book of Acts* [n. 37], p. 165).

narratives in Matthew and Luke – a point everyone agrees on. It is naturally impossible to provide an overview and interpretation of all the references, a work that diverse authors such as Smid, de Strycker, Hock, and Vorster have already provided a strong impetus[42]. More importantly for our topic, the author of PJ hereby clearly wants to link in with the biblical way of thinking and presenting material. Calling the writing a "Christian midrash" is not an error[43]. PJ is a sequence of creatively and literarily engaging Old and New Testament motifs, names, allusions and ideas, without replicating longer passages[44]. PJ breaths the text of the LXX. While it is true that other traditions have been incorporated in this way of writing, especially the sense of continuity with the biblical tradition is prevalent[45].

As with all intertextual studies in which allusions play a prominent role, it remains a quasi unanswerable question to what extent the 'parallelism' with the LXX or other biblical texts are intentional or accidental. What we can establish with certainty is that the author allowed himself (consciously or unconsciously) greater freedom and creativity in using and interpreting his pre-texts. It has been generally concluded that the author did not come from a Jewish milieu, due to his numerous alternations to the traditions or "blunders" one would not expect from someone familiar with Judaism[46] – we will return to this point (see below V.2).

---

42. DE STRYCKER, *La forme la plus ancienne* (n. 2), gives many biblical references in the margin of the Greek text; at the end of his book there is a short chapter on "les citations bibliques" (pp. 424-427). W.S. VORSTER, *The Protevangelium of James and Intertextuality*, in T. BAARDA, *et al.* (eds.), *Text and Testimony: Essays on New Testament and Apocryphal Literature in Honour of A.F.J. Klijn*, Kampen, Kok, 1988, 262-275; HOCK, *Infancy Gospels* (n. 19), pp. 21-27 (here too, we find references to the Bible in his commentary). See also many others, like Cothenet and Van der Horst.

43. SMID, *Protevangelium Jacobi* (n. 7), p. 8; COTHENET, *Protévangile* (n. 14), pp. 4259-4263; BEYERS, *Libri de Nativitate Mariae* (n. 9), pp. 3-4; MIMOUNI, *La conception* (n. 21), p. 39; R. BAUCKHAM, *Imaginative Literature*, in P.F. ESLER (ed.), *The Early Christian World. Volume II*, London, Routledge, 2000, 791-796, p. 795; PELLEGRINI, *Das Protevangelium* (n. 4), p. 911: "… 'christlichen Midrasch', der viele Berührungspunkte mit der jüdischen Haggada zeigt". A plea in favour of a clear distinction between the midrash genre in PJ and the canonical birth stories is made by C.L. QUARLES, *The Protevangelium of James as Alleged Parallel to Creative Historiography in the Synoptic Birth Narratives*, in *Bulletin for Biblical Research* 8 (1998) 139-149.

44. See VORSTER, *Protevangelium* (n. 42), pp. 266-268.

45. For "borrowings" from the Greco-Roman literature, particularly in the so-called Greek novelistic literature, see HOCK, *Infancy Gospels* (n. 19), pp. 25-27: Longus, *Daphnis and Chloë;* Achilles Tatius, *Leukippe and Clitophon;* Xenophon of Ephese (second century), *An Ephesian Tale* [on the theme of purity]. – On the relationship to Jewish texts, see below.

46. For instance, the prohibition to bring one's sacrifice first for the reason of childlessness; the presence of girls in the temple; a wrong interpretation of Num 5,1-11; the

Regarding this matter it is our opinion that it is more important to consider the effect of this intertextual web on the *reader*. While the critical reader or scholar rightly poses tricky questions on the author's competence in his use of sources, the 'normal' reader would undoubtedly allow himself to be 'palmed in' by PJ's 'biblical' colouring. The reader would absorb the biblical sphere. And this is precisely what the narrator has in mind. W. Vorster has correctly noted that rather than approaching the phenomenon of intertextuality in PJ by pondering on the small adjustments the author would have made to the multiplicity of possible pretexts, one should focus on the perspective of the reader as he is confronted with a new network of references. According to Vorster, the main stress in intertextual studies should be "in view of production and reading and not in terms of origin and transmission only"[47]. The 'use' of pretexts, he argues, helps with the creation of a new narrative on the birth of Jesus in which Mary's virginity is emphasised. The new narrative can therefore not be read without the passages that the author connects to his text.

In his article on intertextuality, Vorster names the following reworking of important pretexts:

PJ 1–7	←	1 Sam 1–2
PJ 9	←	Mk 1,9-10
PJ 11(–12)	←	Lk 1,26-38 (Mt 1,18-25)
PJ 16	←	Nbs 5,1-11
PJ 17	←	Mt 1–2; Lk 1–2 (+ cave traditions)
PJ 18[48]	←	time suspension in OT: Joshua 10,12; Hab 3,11; Ez 31,15; Mt 8,26; Ps 75,9; Isa 14,7; Hab 2,20
PJ 16	←	test by the midwife, cf. Jn 20,25
PJ 21	←	Mt 2,2
PJ 22	←	Matthew
PJ 23–24	←	Luke

However, in this contribution no summary can adequately take into account all the relations with known or less known texts. I think that here is material for further research.

Diverse motifs have been taken over from the canonical infancy narratives according to Matthew (Joseph's doubt 1,18-25; the star and the wise men

---

existence of the unknown book "The Twelve Tribes of Israel"; geographical mistakes. See PELLEGRINI, *Das Protevangelium* (n. 4), p. 908, nn. 22-23.

47. *The Protevangelium* (n. 42), p. 275.

48. F. BOVON, *La suspension du temps dan le* Protévangile de Jacques, in *Révélations et Écritures: Nouveau Testament et littérature apocryphe chrétienne*, Geneva, Labor et Fides, 1993, 253-270; = *The Suspension of Time in Chapter 18 of* Protevangelium Jacobi, in ID., *Studies in Early Christianity* (WUNT, 161), Tübingen, Mohr Siebeck, 2003, 226-237 (originally 1991 FS Koester). For Bovon "the author ... must be more Greek than Jewish" and "by evoking the universe and nature in Greek fashion, points to a decisive moment in the Jewish history of salvation: the birth of Jesus as the beginning of a new age, the last times" (p. 235).

2,1-12; the infanticide 2,16-18), and Luke (the announcement by an angel and Mary's visit to Elizabeth 1,26-56; the journey to Bethlehem 2,1-7). Yet there are distinct modifications[49]:

– regarding Luke 1–2: Mary descending from David (10,1), omitting the announcement of the birth of John the Baptist; a voice and an angel speak to Mary at the fountain and in the house (11); the shepherds do not visit; placing Jesus in a crib for his safety (22,2; while Lk 2,7 speaks of the manger as some form of cradle).

– regarding Matthew 1–2: developing Joseph's distrust (13–14: personal thoughts of Joseph; conversation between Joseph and Mary; the decision to protect Mary [and not to marry]); the arrival of the wise men in Bethlehem (21,1; and not in Jerusalem as in Mt 2,11); and the birth in a cave (21,3).

There are several instances of added material regarding Matthew and Luke, as seen in the parallel sections like the journey to Bethlehem and protecting Jesus in a crib against Herod, but especially concerning the midwives, Elizabeth's escape into the mountains with her son John, and the events involving Zachariah.

The use of biblical names: Anna (Hannah from 1 Sam 1), Joachim is rich (Dan 13,1-4), Zachariah 10,2: losing his voice, cf. Lk 1,5-25), Simeon succeeding Zachariah (24).

Vague usage or allusions could be:
– "the day of the Lord" (Ac 2,20); "He descended from the temple of the Lord justified" (5,1: Lk 18,14); "through the whole countryside of Judea" (8,3: Lk 4,14); "cried bitterly" (13,1: 15,3: Matt 26,75); "handing over innocent blood to a death sentence" (14,1: Mt 27,4; Lk 24,20); "under the strong hand of God" (15,4: 1 Peter 5,6); "I too do not condemn you" (16,3: Jn 8,11); "as long as I have not placed my finger inside" (19,3: Jn 20,25); "she was healed immediately" (20,4: Lk 8,47); "the Lord shall take my spirit" (23,3: Ac 7,59); Mary making the temple curtain (10: cf. Mt 27,51); the murder of Zachariah (23: cf. Mt 23,35, the murder of Zachariah, son of Berakiah, between the Temple and the altar); the cloud providing light at the birth (19,2; cf. the presence of God at the transfiguration Mk 9,7 par.); "salvation has been born for Israel" (19,2; cf. Lk 2,30; 19,9).

There is no doubt about the use of 1 Sam 1–2: Anna's infertility (2,4; referring also to Sarah), complaint in the garden (referring also to Sarah's prayer in Gen 21,6-7). The announcement of Mary's birth is certainly also an allusion to the birth of Isaac or Samson[50].

Other OT texts are:
9,2 (Dathan, Abiram, Korah): Numbers 16,1-35
19,2: the cloud indicating God's presence (cf. Ex 13,21-22; 19,6; 1 Kings 8,10; Ps 18,10 etc.)[51].

---

49. See a.o. COTHENET, *Protévangile* (n. 14), pp. 4260-4261.

50. More texts can be found in J. VAN STEMPVOORT, *The Protevangelium Jacobi: The Sources of Its Theme and Style and Their Bearing on Its Date*, in *Studia Evangelica* III (TU, 88), 1964, 410-426 (Tobit, Judith, Susanna).

51. MIMOUNI, *La conception* (n. 21), p. 44.

The question can rightly be raised in what sense the large number and wide variety of references could influence the interpretation of PJ. What should the *readers* focus on? What themes in the new text would they have deemed dominant in the text? How much weight should a noted difference from the pretext carry? Do all the differences with the pretext have equal significance? From the text's *Wirkungsgeschichte* we can determine that the purity and virginity of Mary has made the biggest impression on the innovation of the text. In this light most of the attention falls on the "corrections" or "supplements" to the existing canonical texts detailing Mary's role at the birth of Jesus. "It is a retelling of the virgin birth story"[52]. From the comparative material Mary receives a central position. The question could be posed to what extent the additions and modifications to the image of Mary intends to provide another image to the canonical text (influenced by the imagination and use of other texts), rather than drawing through and strengthening an existing biblical line of thought[53].

When the character of Mary is the main focus, these questions related to the continuity between PJ and the biblical line receive extra attention. However, when one approaches the same narrative by analysing how the narrator and the various characters express their relationship with God – perhaps God is a "neglected factor" in the interpretations of the "apocryphal" literature (as was the case thirty years ago in canonical texts) – the continuity with the biblical image of God is apparent. In this sense, intertextuality is one form of continuing to theologise biblically. It is one way of recontextualising. The new material may be seen as an extension of what is already known[54]. Moreover, from reading the text

---

52. VORSTER, *Annunciation* (n. 27), p. 42. Vorster explains the differences between Matthew, Luke and PJ with regard to the annunciation story. Matthew emphasises the virginal conception by the Holy Spirit; Luke emphasises the birth of an exceptional child; PJ stresses the fact that Jesus' exceptional birth acts as an argument for Mary's virginity (which is clear from the integration of the story within the global context of the new text).

53. DE STRYCKER, *La forme la plus ancienne* (n. 2), p. 418: the author of PJ feels free to use his sources Matthew and Luke as he likes, and why shouldn't he: "Le Pseudo-Jacques n'a en effet rien d'un hérétique. S'il est audacieux, c'est inconsciemment; le milieu dans lequel il vit ne s'est pas encore rendu compte nettement des limites entre lesquelles peuvent se mouvoir une pensée et une imagination chrétiennes".

54. VORSTER, *Annunciation* (n. 27), p. 37: "Given the fact that storytelling was a common practice in the early church and that stories are told for a specific purpose (e.g. to entertain, inform, persuade, confirm, etc), retelling of stories found in the canonical gospels seem to contribute considerably to our knowledge about attempts to contextualize the story of Jesus. The early church did not simply transmit tradition. Tradition was used creatively. It is even possible to speak of transmission of tradition as imagination".

intertextually the verdict of PJ as "apocryphal" comes across as too loaded, especially when one associates the term with a sense of "false-hood", fiction or historically unreliability[55].

3. *PJ 1–5: An Example of a Narrative Analysis*

The role of God becomes clear with a narrative reading of the first unit of PJ. Chapters 1–5,1 tell how Anna and Joachim's predicament of being childless is transformed into a fruitful relationship. Emotionally they develop from despair to happiness. The events affecting both persons are composed symmetrically and in an original manner follow the well-known five-part classical scheme: initial situation (exposition) – complication – transforming action – resolution (denouement) – final situation[56]. Though Anna's story line follows Joachim's, they are interwoven.

The *exposition* presents Joachim as a rich and pious Jew that still offers a double sacrifice (1,1a). The *complication* is introduced almost directly: one part of the offering is meant as a type of penance so that God would be merciful towards him (1,1b). Like his sacrifice, the complication is doubled, because "on the day of the Lord" Reubel (or Rubin?) decrees that Joachim may not bring his offering as the first because he is childless (1,2). As a result Joachim is distressed and consults the books on the "twelve tribes of Israel" (1,3a). He discovers that all the righteous in Israel had descendants, including the patriarch Abraham (1,3b). Depressed and without a word to his wife Anna he leaves their house and stayed in the wilderness for forty days and nights, praying and fasting. He was waiting for a sign from God (1,4). The *transforming action* commences with Anna's double lamentation: being a widow and childless (2,1). She is mocked by Juthine (Judith?) her servant, on "the day of the Lord" (2,2-3)[57]. Anna is saddened and asks God's blessing (2,4). She grieves

---

55. VORSTER, *Annunciation* (n. 27), p. 52. From the perspective that Christian narrative apocryphal writings are equivalent to the Jewish haggadic Mishna, Kaestli questions the borders between apocryphal and canonical literature. In the application of his theory to PJ, he states: "Il n'y a dans ce cas nulle opposition, nulle concurrence entre écrits canoniques et écrits apocryphes. Le tissu du texte apocryphe utilise les fils du texte biblique, il en imite la trame et l'enrichit de motifs nouveaux" (*Les écrits apocryphes chrétiens* [n. 22], p. 41).

56. See D. MARGUERAT – Y. BOURQUIN, *How to Read Bible Stories? An Introduction to Narrative Criticism*, London, SCM, 1999, pp. 43-44 ("The quinary scheme").

57. The text mentions a "headband" (κεφαλοδέσμιον), but the meaning of this object is not clear. Most scholars agree that the intervention of the servant is meant as a negative judgment on Anna's situation. Differently O. EHLEN, *Leitbilder und romanhafte Züge in apokryphen Evangelientexten: Untersuchungen zur Motivik und Erzählstruktur (anhand des Protevangelium Jacobi und der Acta Pilati Graec. B)* (Altertumswissenschaftliches

deeply in her garden (3,1-3). God answers her lamentation and an angel announces that she would fall pregnant and bear a child (4,1). She also hears that Joachim knows about the news and is on his way with a flock of sheep (4,2-3). The story lines of Anna and Joachim meet here brilliantly: Anna and Joachim meet and embrace in front of the city gates (4,4). The *resolution* has been reached. It mirrors the double complication: Joachim may now bring his offering (5,1; contrasting 1,1b) having realised that God is merciful and Mary gives birth in the seventh month to a daughter they call Mary (5,2; contrasting 1,2)[58]. A *final situation* per se (corresponding with the situation at the beginning) is absent as the narrative continues. In fact, a new crisis is introduced with Mary's birth, because Anna had promised to dedicate her to God (4,1). It is noticeable – compared to Mary's pregnancy in PJ 15–16 – the bystanders make no critical remarks about this unexpected pregnancy. It is clearly the narrative's intention to emphasise Mary's remarkable birth and not to inquire on Anna's purity (who is still subject to the purity rituals).

The characters in this cycle are limited: across from the protagonists Joachim and Anna, stand the accusers Reubel and Juthine, mentioned only to trigger the drama. It is noteworthy how often Joachim and Anna engage in internal dialogues with themselves in a form of monologue (Joachim: 1,1.3.4; 5,1 /Anna: 2,1.4; 3,1-3). Besides the angel (4,1.2) no other characters play a significant role or influence the drama's plot (two messengers 4,2; the shepherds 4,3). The name that appears most often in the narrative is the name of the Lord (12x), Lord God (14x) or God (1x). Out of 27 times that Lord/God is mentioned, only eight instances are recorded in the narrative material. The name is used principally by the characters in their speech. One could easily oversee it, but the whole lives of both people, including their environments, evolve around the presence of the Lord God. The day of the Lord governs over time, offering to the Lord is a criterion for justice, God is the one who granted Abraham and Sarah a son. The narrative of the inversion from being childless to the birth of Mary as Anna and Joachim's daughter is based on existing models, transforms them into an new and original whole, but continuously draws the thread through of an image of God who is merciful and righteous.

Kolloquium. Interdisziplinäre Studien zur Antike und zu ihrem Nachleben, 9), Stuttgart, Steiner, 2004.

58. Within this linear development one could probably discover another mini plot with regard to the story of Anna: initial situation (2,1 Anna's double complaint: childlessness, widow), complication (Juthine 2,2-3), transforming action (2,4–3,3 prayer and complaint), resolution (4,1-2a message of the angel and coming home of Joachim), final situation (4,4 reunion of the couple).

V. THE THEOLOGICAL-HISTORICAL CONTEXT OF PJ

Another approach to the theology of PJ places it in the theological context in which it was developed. We wish to propose two aspects: the literary genre as explanation why the work was written and the specific issue of placing PJ in relation to Judaism.

1. *The Genre of PJ and the Explanation Why It Was Written*

One explanation why PJ was written is closely related to an analysis of the work's literary genre. We have mentioned above that some scholars see PJ as type of Christian midrash[59] and that the genre "childhood story" (Vorster) has an influence[60]. However, two other explanations occur more frequently: the first sees PJ in light of a song of praise for Mary, and the second sees it as an apologetic document. The reason for promoting the genre as an ode to Mary is found in the plot being built around Mary's purity and virginity. "It is difficult to imagine anyone more pure than Mary"[61]. Several motifs provide support. The way she is conceived is reminiscent of the virginal conception; her growth from baby to twelve year old girl is set in a sphere where there is no place for pollution or impurities, because her parents and the Jewish authorities do everything in their power to protect her; her residence in the temple where she received food from an angel, brought her in contact with only pure people; her "marriage" with Joseph is rather a way to place her under his care; she conceives a child through the power of the Lord (11,3), the Holy Spirit (14,2; 19,1); the birth of her child, Jesus, takes place without her virginity being ruptured; she is presented as the new Eve (13,1). If Mary's purity were the central theme in the narrative, it would well be probable that the reason behind writing PJ was indeed to praise Mary. The echo of Mary's praise in Lk 1,48 resounds repeatedly: the angel (PJ 4,1), Anna (6,3), the high priest (7,2), and Mary herself (12,2) speak with admiration of Mary's importance for the generations. According to Klauck this "Marienlob" is written in the form of a rhetorically structured *encomium*, in which her origin (*genos*), birth (*genesis*), education (*paideia*) and deeds (*praxeis*) are praised. The most

---

59. See above, n. 43.

60. Another proposition is offered by J. ALLEN, *The Protevangelium of James as an 'Historia': The Insufficiency of the 'Infancy Gospel' Category*, in *SBL Seminar Papers*, Atlanta, GA, Scholars, 1991, 508-517: "historia".

61. HOCK, *Infancy Gospels* (n. 19), p. 15 (within the section "Mary's Purity – The Unifying Theme"). More motifs of purity are found on p. 16.

prominent supporter of this point of view is Hock[62]. He situates the writing in the context of the Greek-Roman rhetoric in which the *progymnasmata* (handbook for rhetoric) still contained a chapter on the encomium (praise)[63]. The fact that PJ presents itself as an ἱστορία (25,1), is not an objection. Hock contends that in the second century the genre "historical narrative" (διήγημα ἱστορικόν) underwent an evolution in the form of an ἐγκώμιον. The most prominent element in the veneration is the description of the virtue of Mary's σωφροσύνη (self control). One consequence of casting the genre as a Greek-Roman encomium to venerate Mary, is that the target audience of PJ must have been Christian[64].

The second explanation for the writing seeks an answer within apologetics. Apologetical motives are considered as strong alternatives above the praise of Mary[65]. In this light references are made to Celsus who lets a representative from the Jewish community mock Mary in his Ἀληθής Λόγος over her lowly origins and virginity. Origen formulates it as following:

---

62. KLAUCK, *Apocryphal Gospels* (n. 2), p. 66 (= *Apokryphe Evangelien*, p. 90). For a more detailed explanation, see HOCK, *Infancy Gospels* (n. 19), pp. 16-20 (he mentions the origin, nationality, region, ancestors, parents, nutrition, education, customs, virtues, later good reputation gained through her son's fame). Hock's idea of an 'encomium' is criticized by PELLEGRINI, *Das Protevangelium* (n. 4), p. 911, n. 44.

63. See now A. KENNEDY, *Progymnasmata: Greek Textbooks on Prose Composition and Rhetoric. Translated with Introductions and Notes* (SBL Writings from the Greco-Roman World, 10), Atlanta, GA, SBL; Leiden, Brill, 2003. Hock refers to the works of Aphthonius and the "Preparatory exercises" of Hermogenes.

64. We adopt Hock's conclusion: "In addition, if its purpose is not so much to defend Mary as to praise her, then the audience for the Infancy Gospel of James is not so much those outside the church, whether they are Jewish or pagan detractors of Mary as those inside the church, Christians who were familiar with Mary from the canonical accounts but who were eager to learn more about her and why she was chosen to be the mother of the Son of God. For these Christians, the Infancy Gospel of James may have answered some attacks on Mary which they had heard, but it certainly presented her much more as a person who was worthy of the highest praise" (*Infancy Gospels* [n. 19], p. 20); see also R. LAURENTIN, *Theologoumena anticipateurs du Protévangile de Jacques: Du symbole au dogme*, in *Marie dans les récits apocryphes chrétiens* (n. 31), p. 101: "Le *Protévangile* est bien un écrit chrétien: – étranger aux cosmogonies de déesses païennes, – tout imprégné de Luc 1–2, dont les récits et les expressions reviennent pas à pas: *comblée de grâce* (Lc 1,28); *bénie entre les femmes* (plusieurs fois); et à jamais pour *toutes les générations* (1,48)".

65. Most authors consider the two explanations as mutually exclusive. AMMAN, *Le Protévangile* (n. 9), pp. 10-12; BEYERS, *Libri de Nativitate Mariae* (n. 9), p. 3: "L'insistance avec laquelle l'auteur affirme sa thèse indique qu'il poursuit un but apologétique: il veut défendre Marie contre les attaques de certains groupes qui niaient la naissance virginale du Christ".

... he accuses Him of having 'invented his birth from a virgin', and reproaches him for being 'born in a certain Jewish village, a son of a poor woman in the country, who gained her subsistence by spinning. She was turned out of doors by her husband, a carpenter, because she was guilty of adultery. After wandering about for a time she disgracefully gave birth to Jesus, an illegitimate child...' (*Contra Celsum* 1,28).

[The Jew says:] 'When the mother of Jesus was pregnant she was turned out of doors by the carpenter to whom she had been betrothed, because she was guilty of adultery. She bore a child of a certain soldier named Panthera' (*Contra Celsum* 1,32)[66].

In response to the accusations, PJ places Mary in a prosperous community and defends her virginity as it is confirmed by many in the narrative (the angel, the priests, her husband Joseph, the midwives)[67]. While it is difficult to determine whether PJ is a direct response to the critique of Celsus, it is certain that the complication of explaining Jesus' birth and Mary's virginity was a "hot item" at the end of the second century. In this regard Norelli has demonstrated extensively that there was a wide range of views. PJ is just one voice among the many.

2. *Relationship with Judaism*

If PJ was written to oppose Jewish and pagan opinions and criticism on the Christian presentation of Jesus' birth, then the question arises on the relationship between the milieu in which PJ originated and Judaism. The polemic context of the writing, along with the observation that on the surface level the author does not appear to be acquainted with Jewish customs, has prompted placing PJ in a Christian milieu that has no ties with the Jewish roots. Though, diverse scholars have indicated that the "ignorance" on Judaism is not quite as real as the surface reading suggests. The connection with the Jewish context would be far stronger than had been assumed.

A recent contribution following this line of thought was presented by Timothy Horner in the *Journal of Early Christian Studies* (2004)[68]. He

---

66. See also the famous accusations in the Talmud: *Sabat* 104,6 (Mary the adulterer); *Chagiga* 4b; *Sanhedrin* 106a (Mary as a prostitute; Mary as offspring of princess but an adulterous woman).

67. KLAUCK, *Apocryphal Gospels* (n. 2), p. 66 (= *Apokryphe Evangelien*, pp. 90-91).

68. *Jewish Aspects* (n. 13). Critique on Hock: "While I have no reason to doubt his literary analysis of the text, it is inappropriate to draw the conclusion that *Prot. Jas.* had no real connections with any Jewish culture. Whatever parallels there are with other Greco-Roman novels or histories do not preclude a Jewish readership or author(s)" (p. 316); "My thesis is that *Prot. Jas.* would have been best understood – perhaps only fully understood – within a community that was familiar with concerns and images of contemporary

compares the details in PJ's description of Mary's development from little girl to woman and how fathers marry off their daughters to the Mishnah. Besides discovering many parallels between the two texts, he has determined a common interest in protecting the status of a girl's premarital virginity and purity. It may then be postulated that the idea of a *post partum* virginity originated in a Jewish-Christian community[69]. It is impossible to discuss his selection of passages in detail, but these deal with the childlessness of Joachim (PJ 1,2), the metal plates worn by the priest (5,1), the betrothal and marriage between Joseph and Mary in light of their age differences (three years 7,1; twelve years 8,2-3; beyond twelve years of age 9,1), water of conviction (16,1-2), the term *Ioudaioi* that is used by non-Jews to indicate all Jews (and not just the inhabitants of Judea). Based on the knowledge of these Jewish sources, Horner concludes that the author of PJ is countering those that had the greatest objections against the virgin birth, namely "the doubtful, sceptical, even hostile audience", "Christian Jews or simply Jewish critics"[70]. The literary artistry of PJ's author is thus not without irony: he uses all his knowledge of the culture and traditions of his Jewish sceptics to show how the Christian view on Mary's virginity was best possible. The Jewish matrix "is adopted, then subverted, then exploded by the divine nature of this event"[71]. In order to explain how PJ's position in the second century lies in the indefinable regions between Judaism and Christianity, Horner speaks deliberately of "Christian Judaism" instead of "Jewish Christianity" (the conventional term, though according to him too negative and polemical, coming from the orthodox Christianity of the *patres*)[72]. In other words, in his view PJ belongs in Judaism.

Judaism. Its strangeness may have more to do with our understanding of second-century Judaism than it does with the text itself" (p. 317).

69. As a consequence, it is perfectly possible to be Jew and to believe in Jesus as Messiah (*Jewish Aspects* [n. 13], pp. 314-315).

70. Citations from *Jewish Aspects* (n. 13), pp. 333, 332.

71. *Ibid.*, p. 333.

72. *Ibid.*, p. 334: "But in its second-century context *Prot. Jas.* addresses the Christian concerns and doubts about the possibility of a virgin birth by drawing from the culture and tradition of its critics. This is not as strange as it might first appear. It was Jewish critics, above all others, who found the circumstances of Jesus' birth the most problematic. The *Prot. Jas.* may have come into existence precisely because the idea would have been so difficult for some Jews to accept. *Prot. Jas.* becomes a much more important text if one is trying to appeal to those Christian Jews who needed help believing in Jesus' virgin birth".

Sadly Horner does not refer to the earlier work of de Strycker (1961), Cothenet (1988), van der Horst (1994), or Mimouni (2003)[73]. All these authors have established previously that certain details in the text of PJ cannot be comprehended without knowledge of Rabbinic or "inter-testament" literature[74]. The following represents a short anthology of the contributions by these authors:

> The birth of a baby of seven months (Pseudo-Philo, *Liber Antiquitatum Biblicarum* 23,8)[75]; Mary falls pregnant after the power of God overshadows her (Justinus, *First Apology* 33,6); the large difference in age at the moment of the 'marriage' between Mary (12 years) and Joseph (*presbytès*, between 50 and 55 years: Van der Horst) as background to explain the existence of the brothers and sisters of Jesus from Joseph's first marriage; Mary is fed by an angel in the temple (8,1; 13,2; 15,2: *The Life of Adam and Eve* [Latin] 4,2); the suspicion that Mary repeated the sin of Eve (13,1; cf. Targum Ps-Jonathan on Gen 4,1; see Gen 3,1-20); the painless childbirth of Mary and the case of midwives who arrived too late (*Odes Sal* 19; *AscIs* 11,12-14) [and became witnesses of the virginity]; the sharp light of the star (21,2) as the sign Jesus is king of Israel (20,4; 21,1; cf. Ignatius of Antioch, *Eph*, 19,2[76]); the withered hand of Salome as punishment for the

---

73. COTHENET, *Protévangile* (n. 14), p. 4267: "une ambiance assez proche du judéo-christianisme". Mimouni does not pay all that much attention to the literary context of PJ, but he emphasises the Jewish-Christian character of the text. He points to the fact that the author of PJ knew the topography of Palestine (see the correct distance of six miles between Jerusalem and Bethlehem in 17,1-3). See on this topic also M. MACH, *Are There Jewish Elements in the "Protevangelium Jacobi"?*, in *Proceedings of the Ninth World Congress of Jewish Studies*, Division A, Jerusalem, World Union of Jewish Studies, 1986, pp. 215-222. For Van der Horst, see n. 75.

74. One could refer to the birth stories of Noach (1 Hen 106), Melchisedek (2 Hen 71), Moses (Pseudo-Philo, *Liber Antiquitatum Biblicarum*, 9).

75. Detailed presentation in P.W. VAN DER HORST, *Seven Months' Children in Jewish and Christian Literature from Antiquity*, in *ETL* 54 (1978) 346-360, p. 360: "an example of Greek influence on Judaism and Christianity. The motif has probably gone by way of Hellenistic Judaism into Christianity and Rabbinic Judaism"; ID., *Sex, Birth, Purity and Ascetism in the* Protevangelium Jacobi, in *Neotestamentica* 18 (1994-95) 205-218; = A.-J. LEVINE – M. MAYO ROBBINS (eds.), *A Feminist Companion to Mariology* (A Feminist Companion to the New Testament and Early Christian Writings, 10), London, T&T Clark, 56-66; = (with small variations) *Exegetische notities over Maria in het Protevangelium Jacobi*, in *Nederlands Theologisch Tijdschrift* 50 (1996) 108-121, esp. pp. 109-113: "We kunnen concluderen dat in de oudheid een geboorte na zeven (of zes) maanden vaak werd toegeschreven aan personen die werden verwekt door goddelijke wezens of wier conceptie op een of andere wijze miraculeus verlopen was" (112). Van der Horst points to the Hellenistic influence on Judaism.

76. ἀστὴρ ἐν οὐρανῷ ἔλαμψεν ὑπὲρ πάντας τοὺς ἀστέρας, καὶ τὸ φῶς αὐτοῦ ἀνεκλάλητον ἦν καὶ ξενισμὸν παρεῖχεν ἡ καινότης αὐτοῦ, τὰ δὲ λοιπὰ πάντα ἄστρα ἅμα ἡλίῳ καὶ σελήνῃ χορὸς ἐγένετο τῷ ἀστέρι, αὐτὸς δὲ ἦν ὑπερβάλλων τὸ φῶς αὐτοῦ ὑπὲρ πάντα· ("A star shone in heaven brighter than all the stars. Its light was indescribable and its novelty caused amazement. The rest of the stars, along with the sun and the moon, formed a ring around it; yet it outshone them all"). See Cothenet for more references on the background. T. HEGEDUS, *The Magi and the Star in the Gospel of Matthew and Early Christian Tradition*, in *Laval théologique et philosophique* 59 (2003) 81-95.

part of her body with which she sinned (20,1; *Testament of Gad* 5,9-11; *Wisdom of Salomon*, 11,16; …).

The communal point between these authors is their placement of PJ's original context more towards a Jewish-Christian milieu. At best, this indicates that one should not search for the point of origin of this apocryphal gospel exclusively in one specific milieu. S. Mimouni expresses the same caution. He distinguishes between *external* conflicts, for example the Jewish accusations at the beginning of the second century on Mary's adultery, and *internal* conflicts, which could as easily have been incited by either docetic ideas in pagan-Christian Gnosticism (Jesus is only divine) or by Jewish-Christian adoptionists (Jesus is only human)[77]. Mimouni furthermore defends the proposal that PJ takes in a middle position and is critical towards both trends: "un texte proposant un compromis entre ces deux tendances"[78]. In his view the perspective in PJ does not differ much from the canonical text of Luke; alone the situation during the second half of the second century is different. He analyses two passages, the announcement to Mary (PJ 11) and the birth of Jesus (PJ 17–18,1; 19,1-2). He finds no traces of any docetic tendencies in the angel's announcement[79]. In contrast, the text on Mary's painless delivery appears to contain characteristics of doceticism, but the clause "the child wants to come forth" (17,3) offers a counter argument and wants to emphasise the human nature of the birth. Mary's answer to Joseph's inquiry why she is laughing the one minute and then sad the next is a riddle: "This is because my eyes see two peoples, one is crying and lamenting and the other is cheerful and applauding" (17,2). Mimouni sees a mirroring the Jewish-Christian situation herein and offers the following interpretation[80]:

---

77. MIMOUNI, *La conception* (n. 21), pp. 31-32: "il ne faut bien entendu pas trop forcer le rattachement ou l'opposition à ces groupes, étant donné le caractère lacunaire de la documentation. C'est par conséquent un écrit dont le caractère amphibologique est incontestable" (32). – Cothenet mentions the idea of the Ebionites that Jesus was the son of Mary and Joseph (compare Justin, *Dialogue with Trypho*, 8; Origen, *Contra Celsum* 5,61) but also of the *Gospel of the Hebrews* where Jesus' baptism is considered as adoption; cf. *Protévangile* (n. 14), p. 4257; *Le «Protévangile de Jacques» comme premier témoin* (n. 31), pp. 330-331, p. 331: "le pseudo-Jacques visait à répondre à deux sortes de difficultés, les unes d'origine juive (et relatées par Celse), les autres venant des milieux chrétiens eux-mêmes".

78. MIMOUNI, *La conception* (n. 21), p. 49.

79. It was only in later times that the addition "she will conceive ἐκ λόγου αὐτοῦ" was related to the theology of the Logos of the Gospel of John.

80. *La conception* (n. 21), p. 41. Similar thoughts in HOCK, *Infancy Gospels* (n. 19), p. 63. Both authors mention Gen 25,23 and Luke 2,34. BAUCKHAM, *Imaginative Literature* (n. 43), p. 796, also refers to Gen 25,23 as background reference for PJ 17,2, but he calls the passage "a Christian counter-polemic", a label that is also used to characterize the

Les deux peuples dont il est question ne sont pas nécessairement les juifs
et les païens, mais plutôt les croyants et les incroyants – les uns et les autres
étant d'origine juive, les uns et les autres sont entourés de païens sympa-
thisants au judaïsme. Cette exégèse est caractéristique de l'interprétation
judéo-chrétienne qui a été cause de séparation à l'intérieur de la nation juive
– à l'époque de la rédaction du *Protévangile de Jacques*, la séparation est
peut-être consommée, mais depuis peu.

It has been suggested that the great light enveloped by a cloud which
preceded the birth of Jesus could be a docetic interpretation of the virgin
birth *in partu* – as the Valentians thought (Ir. *Adv. Haer.* I 7,2) – but on
the other hand, the physical aspects of Mary's pregnancy are emphasised
strongly, and after the birth the child lay on his mother's breast[81]. The
depiction of the birth as an event consisting of three phases – cloud, light,
new born – is an indication for Mimouni that this birth carries the characteristics of a theophany ("de façon merveilleuse"), but without denying
the baby from having features of a physical body ("naissance ...
réelle")[82].

Conclusion: it is difficult to ascertain exactly what background the
author had in mind when he wrote his story. Therefore, at the end of this
survey we wish to offer two short remarks on the issue. The first remark
is theological. We have already suggested that the attempts to place the
text in its original milieu still suffer from difficulties arising from circular
arguments. In the case of PJ these difficulties evolve around the question

murder on Zachariah (PJ 23-24) which recalls the later destruction of the temple. – We
could ask more questions about the function of οἱ υἱοὶ Ἰσραήλ (sons/children of
Israel). The expression occurs eleven times (1,2; 3,1; 7,2; 9,2; 12,3; 14,1; 15,2; 15,4;
17,1; 20,2; 23,3) and, though it is used sometimes neutrally, it is mostly understood in
a rather negative sense since it frightens the protagonists. The expression τὰς
θυγατέρας τῶν Ἑβραίων τὰς ἀμιάντους (the pure daughters of the Hebrews) is found
twice (6,1; 7,2).

81. MIMOUNI, *La conception* (n. 21), pp. 44, 46-47, 49. The idea was taken up by
COTHENET, *Protévangile* (n. 14), p. 4266. Both authors propose a Zion-Mother typology
for the virginal birth, based on a combination of texts from Isaiah, found already in
Irenaeus (*Demonstratio apostolicae veritatis* 54; written around 190): Isa 7,14 and 66,7
("Before Zion weeps, she must give birth; before bareness overcomes her, she shall
bring a son into the world"; cf. 54,1-3). Once again, the interpretation is determined by
seeing purity as a physical innocence. – Another critical voice against a docetic interpretation of the virginity *in partu* is given by KLAUCK, *Apocryphal Gospels* (n. 2), p. 72:
it is difficult to be sure about a correct interpretation of PJ on this point since "the Protevangelium is silent about the adult Jesus and his suffering" (= *Apokryphe Evangelien*,
p. 98).

82. At the end of his contribution, Mimouni honours David Daube († 1999) and David
Flusser († 2000), two Jewish historians who defended the thesis that the virginal conception of Mary has Biblical foundations and was not impossible for Jewish beliefs in the first
century.

of how Jewish or Christian these texts are. The contexts are also defined differently depending on the angle one approaches it from, that is, either as a Christian veneration of Mary (for her sake or for the perspective it offers on Jesus), a strong polemical writing from within Christian-Judaism against Judaism, or as a Christian writing that has become harmonized with Judaism. In any case, this tension teaches that Mary does not belong exclusively to Christianity, but to two religions[83].

Secondly, although PJ unavoidably has a place in the theological-Christological debates of the first and second century, one may rightly ask whether the text's gravity is theological. If there are theological traces in PJ, then the genre as well as the form and the content point undeniably in the direction of a *narrative* theology[84]. This characterisation is clearer when the *Protevangelium* is compared to later reworking of the story. In this regard one can appreciate de Strycker's comment on the author of PJ[85]:

> Ce ne sont pas les spéculations théologiques qui l'intéressent, bien au contraire; il n'y a sans doute pas d'œuvre de la littérature paléo-chrétienne dont le contenu dogmatique soit aussi pauvre. [...] À l'opposé des tendances gnostiques, l'auteur veut soustraire la vérité chrétienne au vague éthéré de l'intellectualisme et en souligne l'aspect affectif et "événementiel".
> De cette conception découle le caractère naïvement narratif du texte et l'abondance des discours directs.

Taking everything into account, "to tell a story" was perhaps the author's most important motivation for writing his narrative[86]. In this light, we should not limit our inquiries to the theological background and so avoid the most probable explanations for the text's origin, namely the

---

83. Or should one say "three" religions? More recently, scholars have discovered the specific portrayal of Mary in Islam. See, a.o., K. STEENBRINK, *Een correctief evangelie: Koran 19:16-40 over Jezus, zoon van Maria* (Utrechtse theologische reeks, 51), Utrecht, Faculteit Godgeleerdheid, 2005; C.B. HORN, *Intersections: The Reception History of the* Protevangelium of James *in Sources from the Christian East and in the Qur'ān*, in *Apocrypha* 17 (2006) 113-150.

84. R. WINLING, *Le Protévangile de Jacques: Niveaux de lecture et questions théologiques*, in *Marie dans les récits apocryphes chrétiens* (n. 31), p. 96: "un récit à portée théologique rédigé selon les procédés de ce qu'on nomme actuellement «théologie narrative»".

85. *Protévangile* (n. 10), p. 402. Adopted by BEYERS, *Libri de Nativitate Mariae* (n. 9), p. 6: "le *Protévangile* restait à l'écart de toute spéculation théologique"; COTHENET, *Protévangile* (n. 14), p. 4263: "Ne faisons pas du Ps-Jacques un théologien"; PELLEGRINI, *Das Protevangelium* (n. 4), p. 914: "die erzählerische Darstellung der äußeren Gegebenheiten überwegt zuungunsten der theologischen Reflexion".

86. Regarding the continuing and current need to write apocryphal stories, Piovanelli offers as explanation "le besoin de se raconter" (*Qu'est-ce qu'un «écrit apocryphe chrétien»?* [n. 35], pp. 184-186).

power of "imagination"[87] and the desire to "fill the narrative gaps" left
by the canonical versions[88]. This does not necessarily imply it originated
in a "popular" milieu, as in inferior[89].

VI. THE *WIRKUNGSGESCHICHTE*

One could compare the success of PJ with the *The Da Vinci Code* of
Dan Brown, naturally setting aside their different proportions and not
digressing on the intentions of the authors. Both instances deal with an
extra-biblical story that has been composed literarily and has made a
significant impression on the tradition through the author's 'fantasy'[90],
even though there were attempts from ecclesial authorities to prohibit the
reading of these texts. One cannot say of either these writings that they
are theological tractates, even though they have theological implications.
Nevertheless it is clear in the case of PJ it has deserved its reputation for
its effect on the tradition spanning many centuries.

Until the thirteenth century the influence of the traditions related to PJ was
more prominent in the Eastern Church and less in the West. For example, the
mentioned brothers of Jesus (Mk 6,3) are interpreted in the East in accordance
to PJ as Joseph's sons from a first marriage. In the Western Church their interpretation as the cousins of Jesus is stronger. This could be the reason why PJ
can be found on the "black list" of sixty-one writings in the sixth century
Decretum Gelasianum de libris recipiendis et non recipiendis, and offers an
explanation for the small number of Latin fragments. Prior to the banning,
Jerome, for example, had expressed his radical resistance against the use of
apocryphal infancy traditions, even though he himself was convinced of Mary's
virginity[91].

87. COTHENET, *Protévangile* (n. 14), p. 4263; DE STRYCKER, *Protévangile* (n. 10),
p. 402, n. 2. These ideas do not contradict what Mimouni writes, namely that the apocryphal texts would have to be less theological than the canonical (*La conception* [n. 21], p.
29, n. 1). The two types of texts express in their own ways the theological thoughts of
their own times.

88. KLAUCK, *Apocryphal Gospels* (n. 2), p. 64 (= *Apokryphe Evangelien*, p. 88).

89. Thus correctly MIMOUNI, *La conception* (n. 21), p. 31.

90. Even though *The Da Vinci Code* is no longer discussed in the media, the effect
such a book has on the long term should not be under estimated.

91. *Adversus Helvidium de Mariae virginitate perpetua* 8. The tradition on the midwives belongs to the nonsense (*deliramenta*) of the apocrypha. The first condemnation in
the Latin church occurs in a letter of Pope Innocent I to Exuperius, bishop of Toulouse in
405: "Cetera autem quae sub nomine Matthiae, sive Jacobi Minoris, vel sub nomine Pétri
et Joannis, quae a quodam Leucio scripta sunt (…) vel sub nomine Thomae, et si qua sunt
talia, non solum repudianda, verum etiam noveris esse damnanda" (AMMAN, *Le Protévangile* [n. 9], p. 104).

The story on Mary's purity in PJ is more descriptive than theological. However, the support this apocryphal text offers to the theology on the virginal birth *ante partum, in partu* and *post partum* is evident. PJ goes much further than the canonical texts in its material or physical description of the events. The mystical is objectified. While one can describe Mary's role in the canonical tradition as supporting Jesus' divinity, her virginity becomes a theme on its own in PJ to explain her unique position[92]. Hardly any other dogmatic aspects in the Christian tradition that had its origins in popular belief has been as influential on what would become official doctrine than the eternal virginity of Mary. We have seen above that one textual issue is to determine whether Anna, Mary's mother, is also described as a virgin. Though, this passage, in which the veneration of Mary comes strongly to the fore, has become an indirect and doubtful source for the later developments of the theme. This eventually developed into the idea of Mary's virginal conception (feast on 8 December). This popular tradition was not officially recognised in the Roman Catholic Church until Pius IX in 1854 and claims that Mary was without sin from her conception through the grace of Christ[93].

Various elements in PJ have been influential for the liturgy and Mariology. I will mention only a few feasts, which as has been mentioned, first spread through the Eastern Church after the council of Ephesus (431: here Mary is called *Theotokos*) and was later taken over by the Western Church. The birth of Mary (6th century?) is celebrated on 8 September, her immaculate conception on 8 December (7th-8th century; in the West from the 12th century). The feast of Mary's Presentation at the temple when she was three years old, was celebrated in the East from the eighth century (West: since 1372). It has been included in the Roman feast calendar since 1585 (21 November). The

---

92. See WINLING, *Le Protévangile de Jacques* (n. 84), pp. 90-94. Mary's purity in her youth is emphasised prior to detailing her virginity. Anna (and not Mary) promises to dedicate the life of her child to God (4,1). The narrative references for the virginity *ante partum* are: Joseph departs directly to a building site (9,3); Mary is still a virgin when she is assigned to Joseph (10,1-2); the power of God will overshadow her (11,2-3); on his return Joseph believes someone else has made his wife pregnant (13,1); Mary declares herself to be chaste and not to have been with any man (13,2); the child is of the Holy Spirit (13,2); the water test roves that Mary and Joseph are innocent (13,2). *In partu*: no pain with the birth; no need for a midwife; physically establishing the virginity. *Post partum*: the stepbrother of Jesus. For the theological views, see LAURENTIN, *Theologoumena anticipateurs du Protévangile de Jacques* (n. 64), pp. 103-112.

93. KLAUCK, *Apocryphal Gospels* (n. 2), p. 67: "Even if we understand the text to speak of a virginal conception, this does not yet amount to an affirmation of the 'immaculate' conception of Mary. The latter term refers to her freedom from original sin rather than to a conception without sexual intercourse on the part of her parents. However, when we bear in mind the link Augustine makes between original sin and concupiscence, and the corresponding devaluation of sexuality, we see that it was easy to move from the one affirmation to the other" (= *Apokryphe Evangelien*, p. 92). PELLEGRINI, *Das Protevangelium* (n. 4), p. 913: "Soviel Einfluß dieser Text auf die mariologischen Debatten ausübte und soviel dogmatisierende relecture er auch erfuhr, so enthält er doch keinen Anhaltspunkt für die spätere lehramtliche Definition der unbefleckten Empfängnis"; see also p. 914, n. 59.

significance of Joachim and especially St Anna for the popular devotion – included in the calendar of saints after Vatican II and celebrated together on 26 July – cannot be expressed in words, while many were not aware that they do not appear in the canonical texts[94].

It appears that the apocryphal traditions of PJ are currently out of fashion. While other apocryphal gospels like the *Gospel of Thomas* or the *Gospel of Mary* are well known for their so-called revolutionary messages and alternative perspectives compared to the canonical tradition, it appears that the traditions based on the apocryphal infancy gospels are too strongly woven with traditional views on Mary in the church to evoke new interest. They and their traditions disappear back into the mysterious.

Though, what cannot be erased is the large number of icons and artefacts that have been made in the course of the centuries, and whose inspiration can be traced to PJ. It remains an insurmountable task to make a justified selection from the hundreds of art works. Almost all the themes from the apocryphal PJ have been represented in the one or other art form[95]. We could dwell on the sarcophagi and other sacred objects that since the fourth century display images with anecdotes from the narrative[96]. Or we could describe the etches of Mary's life made by A. Dürer, alternatively the mosaics in the northern and souther transepts of the San Marco in Venice[97]. The two handwritten homilies that appear to follow the apocryphal text closely are less well known. They illustrate the whole cycle of the apocryphal gospel (Codex Vaticanus graecus 1162; Paris Bibliothèque nationale graecus 1208). These are the *Homilies on the Virgin Mary* by the monk James of Kokkinobafos[98]. Two more cycles of paintings

94. The significance is even stronger in the Eastern tradition where it is easier to draw a line from Jesus as the Son of God through Mary to her parents. In the West their significance increased from the late medieval period after the tradition of PJ was included by James de Voragine in the widely circulated *Legenda Aurea* (thirteenth century) in which the apocryphal story on *the Birth of Mary* can be found.

95. For a bibliography on earlier works on this subject, see CULLMANN, *Kindheitsevangelien* (n. 4), p. 333. On the influence of the text in all kinds of art, see now PELLEGRINI, *Das Protevangelium* (n. 4), pp. 897-902.

96. The most thorough study on the first period is included in an unpublished dissertation: E. JASTRZEBOWSKA, *Bild und Wort: Das Marienleben und die Kindheit Jesu in der christlichen Kunst vom 4. bis 8. Jh. und ihre apokryphen Quellen*, Warsaw, University of Warsaw, 1992. No impressions have been made. See also D.R. CARTLIDGE – J.K. ELLIOTT, *Art and the Christian Apocrypha*, London – New York, Routledge, 2001; A. MICHA, *Les enfances du Christ dans les évangiles apocryphes*, Paris, Aubier, 1993; R.F. HOCK, *Life of Mary and Birth of Jesus: Ancient Infancy Gospel of James*, Berkeley, CA, Ulysses Press, 1997; = ID., *The Banned Book of Mary*, Berkeley, CA, Ulysses Press, 2004.

97. http://www.kunstunterricht.de/bildtafel/duerer/ (March 6, 2013) and http://www.basilicasanmarco.it/WAI/eng/basilica/mosaici/interne/patrimonio_maria.bsm (March 6, 2013).

98. C. STORNAJOLO, *Miniature delle Omilie di Giacomo Monaco (cod. Vat. gr. 1162) e dell' Evangeliario Greco Urbinate (cod. Vat. Urbin. gr. 2)*, Rome, Danesi, 1910; J.C. ANDERSON, *The Illustrated Sermons of James the Monk: Their Dates, Order and Place in the History of Byzantine Art*, in *Viator* 22 (1991) 69-120; an expensive facsimile publication: I. HUTTER – P. CANART, *Das Marienhomilar des Monchs Jakobos von Kokkinobaphos: Codex Vaticanus graecus 1162. Facsimile and Commentary*, 2 vols, Zurich, Belser, 1991; Monachos Iakovos *Himmelfahrt Christi:*

both come from the fourteenth century. These are the mosaics in the Chora church (now museum) in Istanbul[99], and the frescoes of Giotto in the Scrovegni chapel in Padua[100]. They demonstrate the influence the apocryphal tradition on Mary had on Byzantine and Western art.

The tensions that are evoked in this type of apocryphal story are always of a similar nature: how do biblically derived details relate to non-biblical and eventually later theological and doctrinal developments: "is the form of Mariology which we meet here still compatible with the testimony of Scripture? This [is] a question which must be answered in the negative, even if dogmatic theology has not yet wholly abandoned its reluctance to accept such a conclusion"[101]. This citation of Klauck expresses precisely the tensions that research on PJ brings to the fore: Who determines where the boundaries are between biblical and non-biblical theology? From what moment does a text no longer agree with biblical details? And what should be done with ancient theology and doctrine when it can be established that they are dissimilar to biblical ideas?

The relecture that has been made of PJ through the centuries is responsible for the dogmatic interpretation. This brings us to an interesting finding: the same institution that considers the *Protevangelium Jacobi* an apocryphal writing, has developed a dogma and liturgy and veneration of a Saint that are virtually exclusively based on that same apocryphon[102]. This is a fascinating paradox: on the one hand, the attempts of amongst others Jerome and Augustine as well as the institution to keep the apocryphal gospel out, and on the other, the story's appeal has been so great

---

Marien-Homilien des Jacobos von Kokkinobaphos, Konstantinopel, Anfang 12. Jahrhundert: Paris. Bibliothèque Nationale, Ms. grec 1208, fol. 3v., Stuttgart, Müller und Schindler, 1990.

99. See P. UNDERWOOD, *The Kariye Djami*. Vol. 1-3 (Bollingen series, 70), New York, Bollingen Foundation, 1966; vol. 4, London, Routledge and Kegan Paul, 1975. See esp. the first volume containing a detailed description of the mosaics, and also two articles by J. LAFONTAINE-DOSOGNE, *Iconography of the Cycle of the Life of the Virgin / of Christ*, in vol. 4, pp. 163-193, 197-241. See also the beautiful illustrations in P. WEISS, *Die Mosaiken des Chora-Klosters in Istanbul: Theologie in Bildern aus spätbyzantinischer Zeit*, Stuttgart, Belser, 1997.

100. http://employees.oneonta.edu/farberas/arth/arth213/arenachapel.html [28 June 2012].

101. KLAUCK, *Apocryphal Gospels* (n. 2), p. 72 (= *Apokryphe Evangelien*, p. 98).

102. According to Laurentin, the theologians and official hierarchy never referred to the apocryphal texts when developing the theology and doctrines on Mary (virginity, immaculate conception) (*Theologoumena anticipateurs du Protévangile de Jacques* [n. 64], pp. 114-116, esp. 115: "*indépendance du dogme par rapport aux récits apocryphes*").

that it lies at the foundations of an unprecedented theological heritage[103].
The *Wirkungsgeschichte* of PJ thus confronts us with the important question on the role an authoritative institution plays regarding the theological
meaning of the canon formation. Alongside the prescribed institutional
canon one also finds a "popular" canon that thrives in the real faith
experiences of Christians, which could at certain moments in history have
equal importance as the official written canon. I propose concluding here
with an extract from a previous publication in which I express the same
concern. It is a brief reflection on the actuality of the relation between
canon, institution and theology[104]:

> The *Wirkungsgeschichte* of the infancy gospels offers insight into how the
> apocryphal material has provided the official church with vitality, strength
> and dynamism, and also how it has influenced theology. Whether such a
> contribution is possible depends as much on the nature of the texts as on
> the spirit of the times. Thus for example, while the contemporary 'living
> canon' is less interested in the apocryphal infancy gospels, there still is the
> need to examine which texts constitute this present living canon, and what
> the consequences and challenges could be for the church institutions and
> for theology. It appears to me that in our contemporary western society the
> distinctions between the canonical and some of the apocryphal literature
> and between institution and faith have become vague in the practice. Per-
> haps the recent rediscovery of apocryphal literature offers us the chance to
> reflect whether, in the multicoloured Christendom, which already is *de
> facto*, there is no room to reconsider aspects from the apocryphal tradition.
> This is not a petition to change the written canon of the New Testament,
> but perhaps in this day it would be enriching for an institution that is
> uncompromising in its hold on the canon to enter a dialogue with certain
> apocryphal texts.

Université catholique de Louvain   Geert VAN OYEN
Faculté de Théologie
Grand-Place 45 bte L3.01.01
1348 Louvain-la-Neuve

---

103. AMMAN, *Le Protévangile* (n. 9), p. 45: "La question ne se poserait pas si l'ensemble des écrivains ecclésiastiques avait gardé à leur égard l'attitude de saint Jérôme et
de saint Augustin. Le premier a repoussé avec mépris ce qu'il appelle les deliramenta
apocryphorum; le second, sans être aussi catégorique, a déclaré que des écrits non
canoniques étaient pour lui de nulle autorité". For the *deliramenta apocryphorum*, see
Jerome, *Adversum Helvidium de Mariae Virginitate*, 8 (on the midwives) and 19 (Joseph's
sons from his first marriage).

104. VAN OYEN, *De kleine Jezus* (n. 23), p. 78.

κύριος (17N/24D)	κύριος ὁ θεός (3N/31D)	θεός (6N/10D)	
			ἡ παρθένος Κυρίου
I. Joachim - Anna	**I. Joachim - Anna**	**I. Joachim - Anna**	9,1
1,1	D 1,1		ἡ ἡμέρα Κυρίου
1,2			1,2
	N 1,3		2,2 (2)
	D 1,4		
D 2,2 (2)			ἄγγελος Κυρίου*
	DD 2,3 (2)		4,1*
	D 2,4 ὁ θεὸς τῶν πατέρων		4,2*
	D 3,1		8,1 hand of the angel
D 3,2 (2)			8,3*
D 3,3 (2)			11,2.3 angel
4,1	D D D 4,1 (3)		12,2 angel Gabriel
4,2	D 4,2		13,2 hand of the angel
	D 4,3		14,1 angel
	D 4,4		14,2*
N 5,1 (2)	D D 5,1 (2)		15,3 hand of the angel
II. Mary child / Joseph	**II. Mary child / Joseph**	**II. Mary child / Joseph**	20,3*
6,1	D 6,1		21,4 angel
		D D 6,2 (2) ὁ θ. τῶν πατέρων	22,3*
	N D D 6,3 (3)	N 6,3 τὸν θεὸν Ἰσραήλ	ὁ ναὸς Κυρίου
7,1			3,1 my Lord God
N D 7,2 (3)	D 7,2		5,1
	N 7,3		(5,1 altar of the Lord)
8,1		N 8,1 δεσπότην θεόν	6,1
8,2 (2)	D 8,2		7,1
8,3 (2)	D 8,3		7,2 (2)
9,1			8,1
	D 9,2	D 9,2	8,2
9,3 (2)			9,3
10,1		N 10,1	10,1
10,2			10,2
III. Mary pregnant	**III. Mary pregnant**	**III. Mary pregnant**	13,1 my Lord God
11,1			15,2
	D 11,2 ἀπὸ Κυρίου θεοῦ ζῶντος		16,1
11,3		D 11,3 δύναμις θεοῦ	19,1
	D 12,1		23,3
12,2			(24,2 altar of the Lord)
	D D 13,1 (2)		
	D 13,2	D 13,2 ὁ θ. τῶν ὑψωμάτων	Holy Spirit (ἅγιον Πνεῦμα)

			14,2
	D 13,3	(→ 24,1)	14,2
D 14,1			19,1
N 14,2		N 14,2 τὸν θεὸν τοῦ Ἰσραήλ	24,2
D 15,2			**Ruler (δεσπότης)**
	D D 15,3 (2)		2,4
	D 15,4		7,1
D 16,1			8,1 δεσπότην θεόν
	D 16,3	N 16,3 τὸν θεὸν τοῦ Ἰσραήλ	11,2
IV. Jesus	**IV. Jesus**	**IV. Jesus**	20,2 (2)
D 17,1			20,3
D 19,1			23,3
	D 19,3		25,1
		D 20,1	
		D 20,2 ὁ θ. τῶν πατέρων	**Ζῆ Κύριος ὁ θεός**
N 20,3			4,1 Anna
N 22,3			6,1 Anna
		D 23,1	13,3 Mary
D 23,3		D 23,3	15,3 Mary
		N 24,1 Ὑψίστον θεόν	15,4 Joseph
N 24,2		(→ 11,3 υἱὸς Ὑψίστου)	19,3 Salome
		(→ 13,2)	
N 25,2			**Christ (Χριστός)**
	D = discourse		15,4
	N = narrative		21,2
			24,4

ERSCHEINUNGSEVANGELIEN
(GESPRÄCHE MIT DEM AUFERSTANDENEN)
IM KONTEXT FRÜHCHRISTLICHER THEOLOGIE

ANKNÜPFUNGSPUNKTE UND BESONDERHEITEN
DER CHRISTOLOGISCHEN VORSTELLUNGEN

I. EINFÜHRUNG

In Nag Hammadi sowie verwandten Kodizes (BG, CT) finden sich eine Anzahl von Evangelienschriften, die mit einer Erscheinung Jesu nach seiner Auferstehung beginnen und dann hauptsächlich aus einem Gespräch zwischen ihm und seinen Jüngerinnen und Jüngern bestehen. Wegen der prägenden Dialogform werden sie oft Dialogevangelien genannt, was aber missverständlich ist, weil mit diesem Begriff unterschiedliche Schriften bezeichnet werden[1]. Da es zudem Differenzen zwischen Dialogschriften mit und ohne Erscheinung gibt, spreche ich inzwischen von Erscheinungsevangelien, um das zentrale Charakteristikum begrifflich deutlich zu machen[2]. Der Inhalt des Gesprächs in diesen Schriften kann sehr unterschiedlich sein, meistens gibt es in den Worten Jesu nur relativ wenig Anklänge an bekannte Jesusworte, häufiger sind gnostisch-mythologische Ausführungen. Die Zugehörigkeit zur Evangelienliteratur – jedenfalls bei einer einigermaßen weiten Definition von Evangelien[3] – wird vor allem durch die Rahmenerzählung erreicht. Durch sie werden die inhaltlichen Ausführungen zu Jesusworten, die an seine Jüngerinnen und Jünger gerichtet sind. Außerdem bestehen in der Erscheinungsgeschichte Bezüge

---

1. Vgl. H. KOESTER, *Ancient Christian Gospels: Their History and Development*, London – Philadelphia, PA, 1990, S. 173ff., der nur EpJac und LibThom zu ihnen rechnet.
2. Zur Etablierung der Gattung vgl. J. HARTENSTEIN, *Die zweite Lehre: Erscheinungen des Auferstandenen als Rahmenerzählungen frühchristlicher Dialoge* (TU, 146), Berlin, Akademie Verlag, 2001, S. 249-262. Eine ähnliche Differenzierung zwischen verschiedenen Dialogschriften bei H.-J. KLAUCK, *Apokryphe Evangelien: Eine Einführung*, Stuttgart, Katholisches Bibelwerk, ²2005.
3. Ich definiere Evangelien als Schriften, die vom irdischen Wirken Jesu berichten und dabei den Lesenden heilsrelevante Informationen geben wollen. Irdisches Wirken meint dabei die Zeit von Geburt (mit Vorgeschichte) bis zu Tod und Auferstehung (einschließlich Erscheinungen des Auferstandenen). Es kann aber auch nur ein Teil vorkommen und der Schwerpunkt kann auf den Worten liegen oder der zusammenhängenden Erzählung. (Zumindest minimal narrativ sind aber alle Evangelien, selbst das EvThom).

auf andere (z.B. die kanonischen) Evangelien und die ganze Erzählung wird im Ablauf des Lebens Jesu verortet[4]. Beispiele für diese Evangeliensorte sind z.B. die „Weisheit Jesu Christi" (SJC NHC III,4; BG 3), das Apokryphon des Johannes (AJ NHC II,1; III,1; IV,1; BG 2), das Mariaevangelium (EvMar BG 1), der apokryphe Jakobusbrief (EpJac NHC I,2) und mit einigen Variationen in der Form auch das Judasevangelium (EvJud CT 3)[5].

In allen Erscheinungsevangelien lassen sich mehr oder weniger deutliche Anspielungen auf andere bekannte Evangelien finden, insbesondere in der Rahmenerzählung. In den meisten Fällen ist das eine positive Bezugnahme[6], die Schriften setzen Erzählungen von Leben und Lehre Jesu schon voraus, bauen auf sie auf und überbieten sie zugleich durch eine weitere besondere Offenbarung. Anders als z.B. im EvThom geht es nicht um einen Evangelienentwurf mit einer ganz eigenen Zeitstruktur, sondern um einen Anschluss an den schon vorgegebenen Ablauf der Ereignisse. Die nachösterliche Verortung der Lehre gibt ihr dabei noch eine besondere Qualität, es ist immer die abschließende und letztgültige, die jede andere Lehre interpretiert[7]. Dem eigenen Selbstverständnis der Schriften nach geht es dabei um wirklich christliche Theologie, und zwar um besonders gute – um ein Verständnis von Jesus und seinem Wirken, das Heil und Leben bringt.

Diese kurze Skizzierung meiner Sicht der Schriften deutet schon an, wie ich mit ihnen umgehen will. Die Erscheinungsevangelien bieten jedenfalls keinen unabhängigen Zugang zu alter Tradition, sondern sie sind theologische Weiterentwicklungen und Ausgestaltungen und sollten als christliche Theologie des 2. Jahrhunderts interpretiert werden. Besonderes Augenmerk liegt auf den christologischen Vorstellungen, die sich in der Darstellung der Erscheinung und der Formulierung der Aufgabe Jesu niederschlagen; daneben ist die unterschiedliche Verwendung des Titels Menschensohn aufschlussreich. Schließlich soll es noch um die Rolle gnostisch-mythologischer Vorstellungen in der Schriften gehen.

---

4. Vgl. HARTENSTEIN, *Lehre* (Anm. 2), S. 280-283; 295f.

5. Vgl. zur Begründung der literarischen Verwandtschaft J. HARTENSTEIN, *Die literarische Gestalt des Judasevangeliums*, in G. WURST – E.E. POPKES (Hgg.), *Judasevangelium und Codex Tchacos: Studien zur religionsgeschichtlichen Verortung einer gnostischen Schriftensammlung* (WUNT, 297), Tübingen, Mohr Siebeck, 2012, 37-54.

6. Eine Ausnahme ist EpJac, in der die Abfassung von Evangelien durch die Jünger in der Eingangsszene kritisch gesehen wird – die eigentlich wichtige Belehrung erfolgt noch und gilt ausdrücklich nicht der ganzen Gruppe. Im EvJud besteht ebenfalls eine Polemik gegen die Jüngergruppe, ausdrückliche Anspielungen auf bestimmte Schriften sind aber nicht ohne weiteres erkennbar. Auch diese kritischen Schriften greifen aber auf den Ablauf des Lebens Jesu zurück, wie er in den kanonischen Evangelien vorliegt, und enthalten auch textliche Anlehnungen.

7. Vgl. HARTENSTEIN, *Lehre* (Anm. 2), S. 317-319.

II. Erscheinen und Aufgabe des Erlösers

1. Die Weisheit Jesu Christi (SJC)

a) Zur Schrift

Die SJC bietet nicht nur inhaltlich interessante Aspekte zur Fragestellung, sondern außerdem noch besonders gute Bedingungen für die Interpretation. Von ihr sind zwei koptische Handschriften weitgehend vollständig in NHC III und BG erhalten, die auf unabhängige Übersetzungen zurückgehen[8]. Viele Probleme, die sich bei der Interpretation fragmentarischer Schriften stellen, entfallen so, und die beiden Handschriften können sich bestätigen oder korrigieren[9]. Darüber hinaus gibt es mit dem Brief des Eugnostos (Eug NHC III,3; V,1) auch eine Quellenschrift; die SJC ist – so der Konsens der Forschung – als eine Überarbeitung dieser philosophische Abhandlung über Gott ohne eindeutig christliche Elemente entstanden[10]. An der SJC lässt sich dadurch methodisch abgesichert Redaktionskritik betreiben, was hilfreiche Einblicke in die Intention der Schrift ermöglicht. Diese literarische Entstehung macht allerdings auch verständlich, wieso die SJC bisher relativ wenig Beachtung als christliche Schrift gefunden hat[11].

M.E. ist die SJC eine Schrift aus der ersten Hälfte oder der Mitte des 2. Jahrhunderts, nicht wesentlich später[12]. Sie setzt mindestens Mt, wohl

---

8. Textausgaben: W.C. Till – H.-M. Schenke, *Die gnostischen Schriften des koptischen Papyrus Berolinensis 8502* (TU, 60), Berlin, Akademie, ²1972; D.M. Parrott, *Eugnostos and the Sophia of Jesus Christ* (NHS, 27), Leiden, Brill, 1991; C. Barry, *La Sagesse de Jésus-Christ* (Bibliothèque Copte de Nag Hammadi. Section „Textes", 20), Québec, Presses de l'Université Laval, 1993. Deutsche Übersetzung mit synoptischer Anordnung der Versionen: J. Hartenstein, *Eugnostos (NHC III,3; V,1) und die Weisheit Jesu Christi (NHC III,4; BG,3)*, in H.-M. Schenke – H.-G. Bethge – U.U. Kaiser (Hgg.), *Nag Hammadi Deutsch. 1. Band: NHC I,1–V,1* (GCS, NF 8), Berlin – New York, de Gruyter, 2001, 323-379.

9. Ein ebenfalls erhaltenes griechisches Fragment (POxy 1081) trägt wenig zur Interpretation bei.

10. Grundlegend M. Krause, *Das literarische Verhältnis des Eugnostosbriefes zur Sophia Jesu Christi: Zur Auseinandersetzung der Gnosis mit dem Christentum*, in *Mullus. FS Theodor Klauser*, Münster, Aschendorff, 1964, 215-223. Vgl. auch Parrott, *Eugnostos* (Anm. 8), S. 3; Barry, *Sagesse* (Anm. 8), S. 1f.

11. Vgl. W. Schneemelcher, *Neutestamentliche Apokryphen in deutscher Übersetzung*. I. Band: *Evangelien*, Tübingen, Mohr Siebeck, ⁶1990, S. 290: Die Entstehungsgeschichte begründet hier die Nichtbehandlung der SJC. In der neubearbeiteten 7. Auflage ist ihr ein eigener Artikel gewidmet.

12. Für eine noch frühere Datierung Ende des 1. / Anfang des 2. Jahrhunderts spricht sich Parrott, *Eugnostos* (Anm. 8), S. 6, aus; für eine spätere u.a. Till – Schenke, *Schriften* (Anm. 8), S. 56. In jüngster Zeit hat Gregor Wurst für eine spätere Datierung argumentiert, vgl. G. Wurst, *Das Problem der Datierung der Sophia Jesu Christi und des Eugnostosbriefes*, in J. Frey – J. Schröter (Hgg.), *Jesus in apokryphen Evangelien-*

auch Joh und evtl. noch weitere Evangelien voraus, ist aber vermutlich das älteste der erhaltenen Erscheinungsevangelien. Dafür spricht die Einfachheit in der Form, die relativ klar erkennbare Verbindung von unterschiedlichen Traditionen ohne wirklich Durchdringung und das Fehlen von Polemik bzw. Konflikten, die auf eine erfolgte oder sich andeutende Spaltung zwischen verschiedenen christlichen Gruppen hindeuten[13].

Jesus Christus ist die zentrale Person der einfach aufgebauten Schrift: Am Anfang erscheint er seinen Jüngerinnen und Jüngern, dann gibt er ihnen ausführliche Informationen über die himmlische Welt und am Ende verschwindet er, die Jüngerinnen und Jünger brechen auf, um das Evangelium zu verkünden. Eine besondere Einführung oder Vorstellung ist nicht nötig, nach dem Titel der Schrift „die Weisheit[14] Jesu Christi" erfolgt gleich die Zeitbestimmung: „*Nach seiner Auferstehung von den Toten...*" (BG p.77,9f. par.) und die Erwähnung der Jüngerinnen und Jünger, die sich nach Galiläa auf den Berg begeben, wo Jesus ihnen erscheint.

Dieser Beginn zeigt nicht nur die Bekanntheit Jesu, sondern knüpft direkt an eine Erzählung seines Lebens als Abfolge bestimmter Ereignisse an. Seine Auferstehung ist genannt, sein Tod und ein vorausgehendes Wirken können erschlossen werden. Eine Anspielung auf eine konkrete Episode aus diesem Leben folgt noch. Die SJC setzt also ganz selbstverständlich eine Jesuserzählung mit zeitlichem Ablauf voraus und ordnet sich selbst ein – oder besser gesagt schließt sie sich als krönender

---

überlieferungen (WUNT, 254), Tübingen, Mohr Siebeck, 2010, 373-386. Er erkennt Parallelen zwischen Eug und der Logostheologie von Apologeten des 2. Jahrhunderts, die zu einer Datierung zwischen 140-180 führen, die SJC muss danach entstanden sein. Ich finde dabei seine Indizien für einen christlichen Kontext von Eug überzeugender als die konkrete Zuordnung. Es gibt zweifellos Parallelen in den Auflistungen der Abstrakta, die Gott beschreiben. Gerade der entscheidende Unterschied zwischen dem innerlichen und dem ausgesprochenen Wort findet sich bei Eug aber nicht ausdrücklich, deshalb würde ich eher von einer weiteren traditionsgeschichtlichen Verwandtschaft als vom Bezug auf die konkrete Logostheologie ausgehen.

13. Vgl. HARTENSTEIN, *Lehre* (Anm. 2), S. 313f. Die Entdeckung des EvJud bestätigt diese Position, weil es ein weiteres klares Beispiel ist, dass noch vor Irenäus die Form literarisch variiert und weiterentwickelt wird und einer schroffen Polemik dient. Auch AJ und EvMar gehören beide ins 2. Jahrhundert, zeigen zwar keine so krasse Polemik und Spaltung wie EvJud, aber schon deutlich mehr als SJC. Sie sind beide theologisch und das EvMar literarisch komplexer.

14. Die Benennung als Sophia Jesu Christi hat sich aus der Frühzeit der Erforschung der Schrift erhalten, obwohl inzwischen Konsens ist, dass mit ⲥⲟⲫⲓⲁ der Inhalt der Schrift als Weisheitslehre Jesu beschrieben wird, nicht auf eine der himmlischen Gestalten dieses Namens referiert wird. Vgl. WURST, *Problem* (Anm. 12), S. 375.

Abschluss an[15]. Eine solche Anknüpfung an Bekanntes gibt es auch bei den Bezeichnungen Jesu: Im Titel ist von Jesus Christus die Rede, als Christus wird er auch in die himmlische Welt eingeordnet. In den Erzählpartien wird er Erlöser genannt und schließlich wird auch der Titel Menschensohn verwendet.

b) *Die Erscheinung des Auferstandenen in der SJC*

Die SJC beginnt mit einer Erscheinung Jesu auf einem Berg in Galiläa, die die Rahmenerzählung für die dann folgenden Belehrungen bildet[16]. Die Erscheinungsgeschichte erinnert deutlich an die Ausendung aus Mt 28,16-20, es lässt sich sogar sagen, dass die ganze SJC eine ausführlichere Variante und Nacherzählung dieser Geschichte ist. Anders als im sehr knappen mt Text sind hier viele Einzelheiten wie der Name des Berges und die Stimmung der Jüngerinnen und Jünger erläutert, die Erscheinung Jesu wird beschrieben und auch die folgenden Belehrungen sind viel ausführlicher. Eine Art Aussendung findet sich dann ganz am Schluss der SJC, direkt vor dem Verschwinden Jesu[17]. Zur Beschreibung des Auferstandenen gehören mehrere unterschiedliche Aussagen:

---

15. Das ist z.B. im EvThom anders, wo der „lebendige Jesu" (EvThom 1) ohne Bezug auf den Einschnitt durch Tod und Auferstehung in seinen Worten präsent ist. Vgl. J. SCHRÖTER – H.-G. BETHGE, *Das Evangelium nach Thomas (NHC II,2)*, in SCHENKE – BETHGE – KAISER (Hgg.), *Nag Hammadi Deutsch*. 1. Band: *NHC I,1–V,1* (Anm. 8), 151-181, S. 157f.

16. *Nach seiner Auferstehung von den Toten, als seine zwölf Jünger und sieben Frauen, die ihm Jüngerinnen waren, nach Galiläa kamen, auf den Berg, der* (p. 78) *‚Weissagung und Freude' genannt wird, wobei sie nun ratlos waren über das Wesen des Alls und den Heilsplan und die heilige Vorsehung und die Vortrefflichkeit der Mächte (und) über alles, was der Erlöser mit ihnen macht im Geheimnis des heiligen Heilsplanes, da erschien ihnen der Erlöser, nicht in seiner früheren Gestalt, sondern in unsichtbarem Geist. Sein Aussehen aber war das Aussehen eines großen Lichtengels.* (p. 79) *Seine Art aber werde ich nicht beschreiben können. Kein sterbliches Fleisch wird sie tragen können, sondern nur ein reines, vollkommenes Fleisch, wie er sich uns zeigte auf dem Berg, der ‚Ölberg' genannt wird, in Galiläa. Er sagte: „Friede sei mit euch! Meinen Frieden gebe ich euch".* Und sie wunderten sich alle und fürchteten sich. Der Erlöser lachte. Er sagte zu ihnen: „Über was denkt ihr nach? Worüber seid ihr ratlos? Wonach sucht ihr?" Philippus sagte: (p. 80) „Über das Wesen des Alls und den Heilsplan des Erlösers" BG p. 77,9–80,3, Übersetzung hier und im Folgenden HARTENSTEIN, *Eugnostos* (Anm. 8).

17. BG p. 126,5-16: *Ihr also, tretet auf ihre Gräber und demütigt ihre Vorsehung und zerbrecht ihr Joch und richtet auf, was mein ist! Denn ich habe euch Vollmacht über alles gegeben als Kinder des Lichts, mit euren Füßen auf ihre Kraft zu treten.*

SJC NHC III p. 91,10-20[18]			SJC BG p. 78,11–79,9
… (da) erschien der Erlöser, nicht in seiner früheren Gestalt, sondern in unsichtbarem Geist.	ⲁϥⲟⲩⲱⲛϩ ⲛ̄ϭⲓ ⲡⲥⲱⲧⲏⲣ ϩⲛ̄ ⲧⲉϥϣⲟⲣⲡ ⲉⲛ ⲙ̄ⲙⲟⲣⲫⲏ ⲁⲗⲗⲁ ϩⲙ̄ ⲡⲉⲡ̄ⲛ̄ⲁ ⲛ̄ⲁϩⲟⲣⲁⲧⲟⲛ	ⲁⲩⲱ ⲁϥⲟⲩⲱⲛϩ ⲉⲣⲟⲟⲩ ⲛ̄ϭⲓ ⲡⲥⲱⲧⲏⲣ ϩⲛ̄ ⲧⲉϥϣⲟⲣⲡ ⲙ̄ⲙⲟⲣⲫⲏ ⲁⲛ ⲁⲗⲗⲁ ϩⲣⲁⲓ̈ ϩⲙ̄ ⲡⲓⲁϩⲟⲣⲁⲧⲟⲛ ⲙ̄ⲡ̄ⲛ̄ⲁ	… da erschien ihnen der Erlöser, nicht in seiner früheren Gestalt, sondern in unsichtbarem Geist.
Sein Aussehen aber war wie ein großer Lichtengel.	ⲡⲉϥⲉⲓⲛⲉ ⲇⲉ ⲛ̄ⲑⲉ ⲛ̄ⲟⲩⲛⲟϭ ⲛ̄ⲁⲅⲅⲉⲗⲟⲥ ⲛ̄ⲧⲉ ⲡⲟⲩⲟⲉⲓⲛ	ⲡⲉϥⲉⲓⲛⲉ ⲇⲉ ⲛⲉⲡⲉⲓⲛⲉ ⲡⲉ ⲛ̄ⲛⲟⲩⲛⲟϭ ⲛ̄ⲁⲅⲅⲉⲗⲟⲥ ⲛⲧⲉ ⲡⲟⲩⲟⲉⲓⲛ	Sein Aussehen aber war das Aussehen eines großen Lichtengels.
Seine Art aber werde ich nicht beschreiben können.	ⲡⲉϥⲥⲙⲟⲧ ⲇⲉ ⲛ̄ⲛⲁϣ ϣⲁϫⲉ ⲉⲣⲟϥ	(79) ⲡⲉϥⲥⲙⲟⲧ ⲇⲉ ⲛⲁϣ ϣⲁϫⲉ ⲉⲣⲟϥ	(*p.79*) Seine Art aber werde ich nicht beschreiben können.
Kein sterbliches Fleisch wird sie empfangen können, sondern nur ein reines, vollkommenes Fleisch, wie er sich uns zeigte auf dem Berg, der ‚Ölberg‘ genant wird, in Galiläa.	ⲛ̄ⲛⲉϣ ⲥⲁⲣⲝ ⲛⲓⲙ ⲉϣⲁ<ⲥ>ⲙⲟⲩ ϣⲟⲡϥ ⲉⲣⲟⲥ ⲁⲗⲗⲁ ⲟⲩⲥⲁⲣⲝ ⲛ̄ⲕⲁⲑⲁⲣⲟⲛ ⲛ̄ⲧⲉⲗⲉⲓⲟⲛ ⲛ̄ⲑⲉ ⲛ̄ⲧⲁϥⲧⲥⲁⲃⲟⲛ ⲉⲣⲟϥ ϩⲓⲭⲙ̄ ⲡⲧⲟⲟⲩ ⲉϣⲁⲩⲙⲟⲩⲧⲉ ⲉⲣⲟϥ ϫⲉ ⲡⲁ ⲛ̄ϫⲟⲉⲓⲧ ϩⲛ̄ ⲧⲅⲁⲗⲓⲗⲁⲓⲁ	ⲙⲛ̄ ⲟⲩⲥⲁⲣⲝ ⲉϣⲁⲥⲙⲟⲩ ⲛⲁϣ ⲧⲱⲟⲩⲛ ϩⲁⲣⲟϥ ⲁⲗⲗⲁ ⲟⲩⲥⲁⲣⲝ ⲛ̄ⲕⲁⲑⲁⲣⲟⲛ ⲛ̄ⲧⲉⲗⲓⲟⲥ ⲛ̄ⲧⲉϥϩⲉ ⲛ̄ⲧⲁϥⲧⲥⲁⲃⲟⲛ ⲉⲣⲟϥ ϩⲓ̈ ⲡⲧⲟⲟⲩ ⲉⲧⲉϣⲁⲩⲙⲟⲩⲧⲉ ⲉⲣⲟϥ ϫⲉ ⲡⲁ ⲛ{ⲧ}ϫⲟⲉⲓⲧ ⲡⲉ ϩⲛ̄ ⲧⲅⲁⲗⲓⲗⲁⲓⲁ	Kein sterbliches Fleisch wird sie tragen können, sondern nur ein reines, vollkommenes Fleisch, wie er sich uns zeigte auf dem Berg, der ‚Ölberg‘ genannt wird, in Galiläa.

Als erste Aussage heißt es, dass der Auferstandene nicht in seiner ersten/früheren Gestalt erscheint, sondern in unsichtbarem Geist. Hier liegt wieder ein Rückbezug auf Jesu Leben vor der Auferstehung vor. Da hatte er offensichtlich eine Gestalt, die nicht unsichtbarer Geist war, die Art wie er sich jetzt zeigt, ist neu. „Der Unsichtbare" bzw. „großer unsichtbarer Geist" sind am Ende der Schrift Bezeichnungen des obersten Gottes (BG p. 123,17f.; 125,4f. par.), verbinden hier also den Erschienenen mit der himmlischen Welt.

Als zweites wird der Erschienene mit einem großen Lichtengel verglichen. Licht ist das wichtigste Merkmal der himmlischen Welt in der SJC

---

18. Koptischer Text aus PARROTT, *Eugnostos* (Anm. 8); so auch im Folgenden.

und Engel sind zahlreich als eine Art Hofstaat der himmlischen Gestalten. Eine ausdrücklich Lichtengel o.ä. genannte selbst aktive Gestalt – wie die vier Lichter/Lichtträger in AJ (BG p. 32,19–34,13 par.) oder Eleleth in HA (NHC II p. 93,8–22) – gibt es in ihr aber nicht, auch wenn einmal ein großer Engel erwähnt wird (BG p. 121,13). Die Beschreibung versucht also wahrscheinlich nur, den himmlischen Charakter der Erscheinung zu erfassen. Es ist trotzdem auffällig, dass Licht direkt mit der Person Jesu verbunden wird, nicht nur ein Begleitelement ist.

Schließlich stellt die Erzählstimme ausdrücklich fest, dass eine Beschreibung des Erschienenen nicht möglich ist. Unbeschreibbar zu sein – absoluter formuliert, d.h. ohne die Relativierung durch das Ich der Erzählstimme – ist das erste Attribut des obersten Gottes (BG p. 83,6 par. und öfter). Als Begründung für diese Unmöglichkeit wird genannt, dass kein sterbliches Fleisch ihn bzw. seine Art (ⲡⲉϥⲥⲙⲟⲧ) aushalten oder tragen kann. Dies könnte sich auf Menschen wie den Erzähler beziehen, die als sterbliche Menschen die Erscheinung nicht aushalten können, wahrscheinlicher ist aber, dass hier noch eine Aussage über den Erschienenen und seine Art vorliegt[19]. Denn dem sterblichen Fleisch, das ihn nicht erträgt, steht das reine vollkommene Fleisch gegenüber, dass ihn ertragen kann und das Jesus schon gezeigt hat. Das ist vermutlich eine Anspielung auf die Verklärung, auch wenn der Berg in Galiläa und der Ölberg hier vermischt sind – eine weitere Stelle, die auf Erzählungen des Lebens Jesu Bezug nimmt[20].

Die ganze Aussage lässt sich also so verstehen: Jesus erscheint mit einem reinen vollkommenen Fleisch, das seine himmlische Art aufnehmen

---

19. Diese Vorstellung von Fleisch, das Jesus trägt, erinnert an die schwierige Stelle im EvJud (CT p. 56,19f) vom „Menschen, der mich trägt". Dazu passen auch die koptischen Formulierungen in NHC III und BG, hinter ⲱⲱⲡ ⲉ- und ⲧⲱⲟⲩⲛ ϩⲁ- könnte griechisch φέρω oder ὑποφέρω stehen. (Nach den bei W.E. CRUM, A Coptic Dictionary, Oxford, Clarendon, 1939 angegeben Begriffen wäre auch αἴρω denkbar.) Im EvJud steht ⲫⲟⲣⲉⲓ (φορέω als Variante und Verstärkung von φέρω). Das ist ein Konzept, in dem eine körperlich-menschliche Größe als Träger für den eigentlichen Jesus fungiert. Die Verwendung in der SJC legt nicht nahe, hier schon eine Substitutionsvorstellung anzunehmen, sie könnte sich aber allmählich entwickelt haben. Vgl. P. NAGEL, Das Evangelium des Judas, in ZNW 98 (2007) 213-276, hier S. 265-270, der in EvJud eine frühere Form gegenüber ApcPetr und 2LogSeth erkennt; ich denke, die SJC liegt noch davor. Vgl. auch die allgemein geltende These des Irenäus, dass „das Fleisch … Gottes Kraft aufnehmen und fassen" kann (Adv. Haer. V 3,2).

20. Anders als PARROTT, Eugnostos (Anm. 8), S. 39, denke ich, dass hier ⲧⲥⲁⲃⲟ mit „zeigen", nicht „lehren" übersetzt werden muss. Jesus zeigt sich bzw. seine Art. Eine Belehrung über das reine vollkommene Fleisch kann es jedenfalls nicht sein, weil dieser Bezug ein feminines Personalpronomen erfordern würde. Vgl. HARTENSTEIN, Lehre (Anm. 2), S. 53.

und tragen kann, was normales sterbliches Fleisch nicht könnte. Diese Art der Erscheinung ist in der Verklärung schon einmal sichtbar geworden. Sein übriges irdisches Leben fand also nicht mit einer solchen Art Fleisch statt. Vermutlich ist die Auferstehung der Übergang vom irdischen Vergänglichen zum himmlischen Unvergänglichen, ähnlich wie das Paulus in 1Kor 15,42-44 beschreibt. Es ist aber bemerkenswert, dass hier jeweils von Fleisch (ⲥⲁⲣⳅ) die Rede ist. Der Erschienene hat ⲥⲁⲣⳅ, wenn auch reine und vollkommene, er ist nicht nur Geist und Licht. Paulus spricht dagegen nur vom geistigen Körper (σῶμα πνευματικόν) nach der Auferstehung (1Kor 15,44; zum Ausschluss des Fleisches 15,50). Im 2. und 3. Jahrhundert wird dann die Auferstehung des Fleisches sowohl betont (z.B. Justin Dial 80,5) als auch bestritten (evtl. Rheg NHC I p. 47,4-10), die SJC bietet hier einen eigenen Akzent, indem sie an Fleischlichkeit festhält, sie aber interpretiert[21].

Im Vergleich zu neutestamentlichen Beschreibungen des Auferstandenen lässt sich ein Widerspruch zu Lk 24,36-53 feststellen, wo bei der Erscheinung vor der Jüngergruppe ausdrücklich festgehalten wird, dass kein Geist (πνεῦμα) erscheint, Jesus angefasst wird und demonstrativ etwas isst[22]. Das lukanische Konzept sieht eine leibliche Auferstehung vor, die wohl kaum als reines vollkommenes Fleisch bezeichnet werden könnte, der Auferstandene hat keine andere Gestalt als vorher[23]. Überhaupt fehlen in den österlichen Erscheinungen Lk 24 und Apg 1 himmlische Elemente, denn die Himmelfahrt steht an ihrem Ende. Die Erscheinung Jesu vor Paulus in Apg 9 kommt dagegen der Darstellung der SJC viel näher, auch wenn sie weitgehend auf eine Beschreibung verzichtet, hier zeigt das begleitende Licht den himmlischen Charakter. Die lukanische Differenzierung zwischen den Ostererscheinungen vor der Himmelfahrt und späteren Erscheinungen ist aber nur eine mögliche Perspektive[24].

---

21. Dies gilt in der SJC aber nur für den Auferstandenen, dessen Erscheinung sich von seiner früheren unterscheidet. Die Möglichkeit, dass der irdische Jesus eine besondere Art Fleisch hatte, wie sie etwa Tertullian in De carne Christi 8–15 bekämpft, ist (noch?) nicht im Blick.

22. Eine ähnliche bzw. noch ausgebaute Demonstration von Leiblichkeit findet sich in Joh 20,25-29 und EpAp 11f.

23. Auch das Nichterkennen der Emmausjünger liegt nicht an Jesus, sondern daran, dass „ihre Augen gehalten werden" (Lk 24,16). Im sekundären Mkschluss ist genau dies dann aber anders interpretiert, nämlich als ein Erscheinen in „anderer Gestalt" (Mk 16,12).

24. Paulus teilt diese Sicht jedenfalls nicht, sondern macht keinen Unterschied zwischen seinem Sehen des Auferstandenen und dem von Petrus, den Zwölf und anderen Aposteln (1Kor 15,5-11). Eine Beschreibung gibt er nicht. Seine Ausführungen zur Auferstehung allgemein passen jedoch recht gut, wie für die SJC bringt auch für Paulus die Auferstehung eine veränderte Leiblichkeit mit sich.

Die Erscheinung Jesu in Mt 28,16-20 bietet keine Beschreibung des Auferstandenen. Im Kontext des Kapitels liegt es nahe, an eine normale irdische Körperlichkeit des Erschienenen zu denken[25]. Wenn aber die Schlusserscheinung für sich betrachtet wird, dann fällt auf, dass Jesus statt einer Begrüßung von seiner Macht im Himmel und auf Erden spricht – das ist zumindest ein Jesus mit göttlichen Anteilen, zu dem eine himmlische Erscheinung wie in SJC sehr gut passen würde. Die SJC bietet durch die klaren Bezüge auf diese Geschichte eine Interpretation, die durchaus Anhalt im Text hat[26].

c) *Die Aufgabe Jesu in der SJC*

Die gesamte Rahmenerzählung mit der Erscheinung und den späteren Fragen aus dem Jüngerkreis gehört zu den Erweiterungen in SJC gegenüber Eug. Aber auch in dem, was Jesus dann sagt, gibt es Erweiterungen (und Kürzungen) im weitgehend wörtlich mit Eug übereinstimmenden Text. Hierzu gehören einige Stücke, in denen Jesus von sich selbst spricht und seine Fähigkeit zu offenbaren begründet. Sie sind inhaltlich an den Erschienenen gebunden, aber sie zeigen auch eine Verschiebung im Verhältnis zwischen Schrift und Lesenden: Die SJC ist eine Offenbarungsschrift, in der himmlische Wahrheiten verkündigt werden, die den Lesenden allein nicht zugänglich wären. Eug ist dagegen eine philosophische Abhandlung, die die Lesenden anleitet, dabei aber wesentlich auf ihre Erkenntnisfähigkeit vertraut[27]. Dieser Unterschied lässt sich im einführenden Teil, in Eug direkt nach dem Präskript, in SJC als Anfang der Belehrungen Jesu, erkennen. Hier wird auf die Erfolglosigkeit bisheriger menschlicher Erkenntnis verwiesen und dann der Wert der dargebotenen Lehre betont:

---

25. Die beiden Marien, denen Jesus zuvor erscheint, können ohne Weiteres seine Füße anfassen (Mt 28,9) und es gibt keinen Hinweis auf eine Veränderung Jesu seitdem.

26. Vgl. HARTENSTEIN, *Lehre* (Anm. 2), S. 296f. Eine wirklich anschauliche Beschreibung einer Erscheinung Jesu bietet Offb 1,12-16. Es ist eine Mischung aus einer irdischen Menschgestalt und himmlischen und symbolischen Elementen; der Erschienene leuchtet. Im Vergleich dazu ist die SJC zurückhaltend.

27. Auffällig ist z.B., dass direkte Anreden in Eug zum Mitdenken auffordern („Lasst es uns nun so verstehen!", NHC III p. 73,20), während sie in SJC durch Varianten des Ruf „wer Ohren hat zu hören möge hören" ersetzt sind (z.B. NHC III p. 97,23f. par.). Vgl. zur genaueren Analyse J. HARTENSTEIN, *Anmerkungen zu den vier koptischen Versionen von „Eugnostos" und der „Sophia Jesu Christi"*, in M. IMMERZEEL – J. VAN DER VLIET (Hgg.), *Coptic Studies on the Threshold of a New Millennium I. Proceedings of the 7th International Congress of Coptic Studies Leiden, 27 August – 2 September 2000* (Orientalia Lovaniensia Analecta, 133), Leuven, Peeters, 2004, 749-758.

Eug NHC III p. 70,23–71,13		SJC NHC III p. 93,5-24	
Keine der drei Meinungen, die ich gerade genannt habe, *(p. 71)* gehört also zur Wahrheit.	ⲧϣⲟⲙⲧⲉ ϭⲉ ⲛ̄ⲥⲙⲏ ⲛ̄ⲧⲁⲉⲓⲣ̄ ϣⲣⲡ ⲛ̄ⲭⲟⲟⲩ ⲙⲛ̄ ⲟⲩⲉ͡ⲓ ⲙ̄ⲙⲟⲟⲩ (71) ⲏⲡ ⲉⲧⲙⲏⲉ	ⲧϣⲟⲙⲧⲉ ϭⲉ ⲛ̄ⲥⲙⲏ ⲛ̄ⲧⲁⲉⲓⲣ̄ ϣⲣ̄ⲡ ⲛ̄ⲭⲟⲟⲩ ⲙⲙⲛ̄ ⲟⲩⲉⲓ ⲙ̄ⲙⲟⲟⲩ ϩⲏⲛ ⲉⲧⲙⲏⲉ ⲏ̄ ⲉⲃⲟⲗ ϩⲓⲧⲛ̄ ⲣⲱⲙⲉ	Keine der drei Meinungen, die ich gerade genannt habe, ist also der Wahrheit nahe, sondern (sie sind) von Menschen.
		ⲁⲛⲟⲕ ⲇⲉ ⲛ̄ⲧⲁⲉⲓⲉ͡ⲓ ⲉⲃⲟⲗ ϩ̄ⲙ ⲡⲟⲩⲟⲉⲓⲛ ⲛ̄ⲁⲡⲉⲣⲁⲛⲧⲟⲛ † ⲙ̄ⲡⲉⲉⲓⲙⲁ ⲁⲛⲟⲕ ⲅⲁⲣ †ⲥⲟⲟⲩⲛ ⲙ̄ⲙⲟϥ ϫⲉ ⲉⲉⲓⲉϫⲱ ⲛ̄ⲏⲧⲛ̄ ⲛ̄ⲧⲁⲕⲣⲓⲃⲓⲁ ⲛ̄ⲧⲙⲏⲉ	Ich aber, ich kam aus dem unendlichen Licht, ich bin hier. Folglich kenne ich es, so daß ich euch die genaue Wahrheit sage.
Denn das, was durch sich selbst ist, führt ein nichtiges Leben. Die Vorsehung ist Torheit, das Schicksal unverständig.	ⲡⲉⲧⲉⲃⲟⲗ ⲅⲁⲣ ϩⲓⲧⲟⲟⲧϥ ⲙ̄ⲙⲓⲛ ⲙ̄ⲙⲟϥ ⲟⲩⲃⲓⲟⲥ ⲉϥϣⲟⲩⲉⲓⲧ ⲡⲉ ϣⲁϥⲁⲁϥ ⲧⲉⲡⲣⲟⲛⲟⲓⲁ ⲟⲩⲙⲛ̄ⲧⲥⲟϭ ⲧⲉ ⲧⲉⲧϩⲁⲛⲧ ⲟⲩ<ⲉ͡ⲓ ⲉ>ⲙⲉⲥⲉⲥⲑⲁⲛⲉ ⲧⲉ	ⲡⲉⲧⲉ ⲟⲩⲉⲃⲟⲗ ϩⲓⲧⲟⲟⲧϥ ⲙ̄ⲙⲓⲛ ⲙ̄ⲙⲟϥ ⲟⲩⲃⲓⲟⲥ ⲉϥⲥⲟⲟϥ ⲡⲉⲧⲉϣⲁϥⲁⲁϥ ⲧⲉⲡⲣⲟⲛⲟⲓⲁ ⲙⲛ̄ ⲙⲛ̄ⲧⲥⲁⲃⲏ ⲛ̄ϩⲏⲧⲥ ⲧⲉⲧϩⲁⲛⲧ ⲇⲉ ⲙⲉⲥⲉⲥⲑⲁⲛⲉ	Das, was durch sich selbst ist, führt ein schmutziges Leben. Die Vorsehung enthält keine Weisheit und das Schicksal versteht nicht.
Wer nun fähig ist, unabhängig von diesen drei Meinungen, die ich gerade genannt habe, (zur Wahrheit) zu gelangen und durch eine andere Meinung (zu ihr) zu gelangen, und den Gott der Wahrheit zu offenbaren und übereinzustimmen in allem, was ihn betrifft, dieser ist unsterblich, obwohl er inmitten von sterblichen Menschen existiert.	ⲡⲉⲧⲉ ⲟⲩⲛ ϣϭⲟⲙ ϭⲉ ⲙ̄ⲙⲟϥ ⲉⲉⲓ ⲉϩⲟⲩⲛ ⲙ̄ⲡⲃⲟⲗ ⲛ̄ⲧⲉⲉⲓϣⲟⲙⲧⲉ ⲛ̄ⲥⲙⲏ ⲛ̄ⲧⲁⲉⲓϣⲣ̄ⲡ ⲛ̄ϫⲟⲟⲩ ⲛ̄ϥⲉⲓ ⲉϩⲟⲩⲛ ϩⲓⲧⲛ̄ ⲕⲉⲥⲙⲏ ⲛ̄ϥⲟⲩⲱⲛϩ ⲉⲃⲟⲗ ⲙ̄ⲡⲛⲟⲩⲧⲉ ⲛ̄ⲧⲁⲗⲏⲑⲉⲓⲁ ⲛ̄ϥⲥⲩⲙⲫⲱⲛⲓ ⲛ̄ⲟⲩⲟⲛ ⲛⲓⲙ ⲉⲧⲃⲏⲧϥ ⲡⲁⲓ̈ ⲟⲩⲁⲑⲁⲛⲁⲧⲟⲥ ⲡⲉ ⲉϥϣⲟⲟⲡ ϩⲛ̄ ⲧⲙⲏⲧⲉ ⲛ̄ⲛ̄ⲣⲱⲙⲉ ⲉϣⲁⲩ-ⲙⲟⲩ	ⲛ̄ⲧⲱⲧⲛ̄ ϭⲉ ⲛⲉⲧⲥⲧⲟ ⲛⲏⲧⲛ̄ ⲉⲥⲟⲟⲩⲛ ⲁⲩⲱ ⲛⲉⲧⲙ̄ⲡϣⲁ ⲙ̄ⲡⲥⲟⲟⲩⲛ ⲥⲉⲛⲁ†ⲛⲁⲩ ⲛ̄ⲛⲏ ⲉⲧⲉ ⲙ̄ⲡⲟⲩϫⲡⲟⲟⲩ ⲉⲃⲟⲗ ϩⲛ̄ ⲧⲉⲥⲡⲟⲣⲁ ⲛ̄ⲧⲉⲧⲣⲓⲃⲏ ⲉⲧϫⲁϩ̄ⲙ ⲁⲗⲗⲁ ϩ̄ⲙ ⲡⲉϩⲟⲩⲉⲓⲧ ⲉ<ⲧ>ⲁⲩⲧⲛ̄-ⲛⲟⲟⲩϥ ϫⲉ ⲡⲁⲓ̈ ⲟⲩⲁⲑⲁⲛⲁⲧⲟⲥ ⲡⲉ ϩⲛ̄ ⲧⲙⲏⲧⲉ ⲛ̄ⲣ̄ⲣⲱⲙⲉ ⲉⲧⲉϣⲁⲩⲙⲟⲩ	Euch aber ist es erlaubt zu wissen. Und denen, die des Wissens würdig sind, wird es gegeben werden: Denen, die nicht hervorgebracht wurden aus dem Samen des schmutzigen Treibens, sondern in dem Ersten, der gesandt wurde, denn dieser ist unsterblich inmitten von sterblichen Menschen."

Eug kritisiert verschiedene philosophische Positionen um dann eine eigene darzulegen für die, die fähig sind, zur Wahrheit zu gelangen. Das bleibt eine innermenschliche Auseinandersetzung mit Argumenten, auch wenn für die Fähigen Unsterblichkeit verheißen wird. In SJC wird dagegen durch eine kurze Einfügung den falschen irdischen Positionen die himmlische Wahrheit gegenübergestellt, die Jesus bringen kann und denen bringt, die würdig sind. Um die Wahrheit zu finden ist also ein himmlischer Offenbarer nötig, alles menschliche und irdische Bemühen kann nur scheitern. Durch die Erscheinung hat Jesus sich schon für diese Aufgabe qualifiziert. An verschiedenen Stellen wird diese Aufgabe immer wieder ausdrücklich erwähnt.

Dabei sind zwei Punkte zentral: Er kommt zum einen aus dem Licht / von Gott / von oben und zum anderen belehrt er über das himmlische Lichtreich. So hier NHC III p. 93,8-12 (*Ich aber, ich kam aus dem unendlichen Licht, ich bin hier. Folglich kenne ich es, so daß ich euch die genaue Wahrheit sage*) und immer wieder mit leichten Varianten. Manchmal ist auch von einer Sendung die Rede. Die Lehre hat eine erlösende Funktion und entspricht dem Willen des obersten Gottes, der sich offenbaren will[28]. Es sind immer Zusätze gegenüber Eug, häufig in Verbindung mit den ebenfalls zugefügten Fragen der Jüngerinnen und Jünger. Eine besonders ausführliche Reflexion des Offenbarers über seine Rolle findet sich am Ende der Schrift – hier ist nicht nur die letzte Frage, sondern auch die gesamte Antwort Zusatz gegenüber Eug[29].

Die Vorstellung, dass Jesu von oben kommt und gerade als von Gott Gesandter Heil und Erlösung bringt, ist weit verbreitet. Insbesondere im Joh ist dies das Grundthema, aber auch schon der Philipperhymnus handelt davon. Im Joh ist die Verbindung zwischen Jesus und den Seinen auch ganz ähnlich wie in der SJC, die Beziehung von Jesus zu Gott eröffnet den Jüngerinnen und Jüngern ebenfalls den Weg zu Gott (Joh 1,12f;

---

28. SJC NHC III p. 94,9-14 par.: ... *nur sich selbst und der, dem er von jetzt an offenbaren will durch den, der aus dem ersten Licht ist. Ich bin der große Erlöser.* Weitere Stellen mit ähnlicher Aussage: SJC NHC III p. 96,18-21 par.: *Ich kam aus dem Unendlichen, damit ich euch alle Dinge sage.* SJC NHC III p. 106,5-9 par.: *Ich kam vom Selbstentstandenen und dem ersten unendlichen Licht, damit ich euch alles kundtue.*

29. BG p. 121,13–123,1: *Ich aber, ich habe euch über den unsterblichen Menschen belehrt, und ich habe die Fesseln der Räuber von ihm gelöst. Ich habe die Tore der* (p. 122) *Unbarmherzigen vor ihnen zerbrochen. Ich habe ihre Vorsehung gedemütigt, und sie haben sich alle geschämt und sind von ihrem Vergessen aufgestanden. Deswegen kam ich also hierher, damit sie sich mit diesem Geist und Hauch verbinden und damit sie aus Zweien zu einem Einzigen werden, wie (es) von Anfang an (war). (Ich kam), damit ihr viel Frucht bringt und zu dem, der von Anfang an ist, hinaufgeht mit unbeschreiblicher Freude und Glanz und Ehre und Gnade* (p. 123) *vom Vater des Alls.*

14,3). Auch dass Jesus von Gott kommt und ihn offenbaren kann, wird im Joh immer wieder ausgesprochen (Joh 1,18; 3,12f.34; 7,28f; 8,26; 12,44-47; 14,9f; 17,6-8).

Der Unterschied liegt einmal darin, dass die SJC wirklich eine Gottes-lehre enthält, während Joh zwar die Verbindung Jesu zum Vater betont, aber über Gott sonst nicht sehr viel sagt. Jesus selbst ist viel stärker Thema. Vor allem aber ist in der SJC Jesu gesamte Funktion auf das Offenbaren von himmlischen Wahrheiten konzentriert. Er berichtet vom Lichtreich und gibt auf diese Weise Anteil an ihm – das bedeutet Erlö-sung, das ist alles, was er tut, und es ist genug. Demgegenüber geschieht die Heilsübermittlung bei Joh nicht nur durch Offenbaren, sondern durch eine Vielzahl von Elementen, Glaube spielt eine Rolle, Jesus vermittelt Heil z.B. durch sich als Brot, zum Bleiben in Jesus gehört das Tun der Gebote und Lieben, Jesus handelt zum Heil in Wundern und evtl. auch in der Passion.

Die einseitige Konzentration auf die Worte Jesu und ihre Heilswirk-samkeit in der SJC erinnert eher an das EvThom. Es enthält andere Worte, viele aus der Jesustradition bekannte Sprüche, aber das christolo-gische Konzept ist jeweils, dass die Wirkung Jesu in seinen Worten liegt, weder Glaube noch Taten der Angesprochenen oder Handlungen Jesu sind wichtig. Anders als die SJC verlangt das EvThom von den Lesenden aber, dass sie die Bedeutung seiner Worte selbst entschlüsseln – in der SJC verkündigt Jesus die ganze Wahrheit, die Hörenden müssen sie nur aufnehmen. Wieder anders ist die Bedeutung des lehrenden Jesus bei Mt. Auch dort ist diese Funktion zentral, aber es geht überwiegend um Anweisungen für die praktische Lebensführung (trotz Mt 11,27), die von den Nachfolgenden gelebt werden müssen. Die Idee, dass das Heil durch Jesu Lehre vermittelt wird, ist also nicht ungewöhnlich. Besonders ist in der SJC neben dem Inhalt aber die Passivität der Empfangenden.

2. Weitere Erscheinungen in anderen Schriften: Der Brief des Jakobus (EpJac)

In anderen Erscheinungsevangelien wird mitunter auf eine Beschrei-bung des Erschienenen und der Umstände der Erscheinung verzichtet, so z.B. in der EpJac[30]. Diese Schrift ist vermutlich erst Ende des 2. Jahrhunderts oder noch später anzusetzen[31] und enthält im Dialog

---

30. Textausgabe: D. KIRCHNER, *Epistula Jacobi Apocrypha: Die zweite Schrift aus Nag-Hammadi-Codex I* (TU, 136), Berlin, Akademie-Verlag, 1989.
31. Vgl. HARTENSTEIN, *Lehre* (Anm. 2), S. 221-224; deutlich früher z.B. KOESTER, *Gospels* (Anm. 1), S. 34.

nichtmythologische, in der Form bekannter Jesustradition (z.B. Gleichnisse, Seligpreisungen) entsprechende Worte Jesu. Erschwert wird das Verständnis durch den esoterischen Charakter der Schrift, grundlegende Übereinstimmungen mit den Lesenden sind vorausgesetzt, werden aber nicht erklärt[32]. Die Offenbarungen erhalten Jakobus (Bruder und Jünger Jesu) und Petrus, Jakobus gibt sie weiter, während die übrige Gruppe kritisch gesehen wird und die Offenbarungen ausdrücklich nicht erhalten soll (EpJac NHC I p. 1,22-25).

Nach einem einleitenden Brief, in dem Jakobus die Schrift übermittelt[33], beginnt der Hauptteil mit einer Erscheinung Jesu:

> *[Als] aber alle zwölf Jünger zugleich beisammen saßen und als sie sich an das erinnerten, was der Erlöser einem jeden von ihnen gesagt hatte – sei es im Verborgenen, sei es öffentlich – und als sie es zu Büchern [ordneten], schrieb ich, was in [jener (Geheimlehre)] steht. Siehe, da erschien der Erlöser – [nachdem] er von [uns] gegangen war und [wir] auf ihn gewartet hatten – und zwar 550 Tage nachdem er von den Toten auferstanden war. Wir sagten zu ihm: „Bist du weggegangen und hast du dich von uns entfernt?" Jesus aber sagte: „Nein, aber ich werde weggehen zu dem Ort, von dem ich gekommen bin. Wenn ihr mit mir kommen wollt, so kommt!" Sie antworteten alle und sagten: „Wenn du uns befiehlst, kommen wir mit". Er sagte: „Wahrlich, ich sage euch: Niemand wird jemals in das Reich der Himmel eingehen, wenn ich es ihm befehle, sondern (ihr werdet eingehen,) weil ihr erfüllt seid. Überlaßt mir Jakobus und Petrus, damit ich sie erfülle". Und nachdem er die beiden gerufen hatte, nahm er sie beiseite. Den Übrigen befahl er, sich (weiter) mit dem zu beschäftigen, womit sie (gerade) beschäftigt waren (EpJac NHC I p. 2,7-39)[34].*

In der Eingangsszene der EpJac liegt ebenfalls ein Rückbezug auf das irdische Wirken Jesu vor, wenn von seinem Weggehen und dem Warten der Jünger die Rede ist; auch die Auferstehung wird erwähnt, die Erscheinung findet in einem zeitlich festgelegten Abstand statt. Eine Verbindung wird auch dadurch geschaffen, dass die Jünger die Worte Jesu aufschreiben, an die sie sich erinnern. Nähere Aussagen über das Aussehen Jesu und Begleitumstände zur Erscheinung, die sein Wesen erhellen, gibt es nicht. Eine besonders himmlische Qualität der jetzt erfolgenden Offenbarungen wird nicht betont, Jesus scheint einfach der gleiche zu sein wie vorher[35].

---

32. Vgl. J. HARTENSTEIN – U.-K. PLISCH, *Der Brief des Jakobus (NHC I,2)*, in SCHENKE – BETHGE – KAISER (Hgg.), *Nag Hammadi Deutsch. 1. Band: NHC I,1–V,1* (Anm. 8), 11-26, S. 17.

33. Der Name des Adressaten ist nur teilweise lesbar und evtl. zu [Kerin]thos zu ergänzen, vgl. *ibid.*, S. 13f.

34. Übersetzung wie auch im Folgenden aus HARTENSTEIN – PLISCH, *Brief* (Anm. 32).

35. Eine Himmelfahrt bzw. ein Aufstieg erfolgt erst nach Abschluss der Belehrungen. Vermutlich wird auch eine schon vorausgegangene nachösterliche Begegnung

Als seine Aufgabe wird dargestellt, die Jünger mit in das Himmelreich, also an den Ort, von wo er selbst gekommen ist, zu nehmen. Schon in dem kurzen Wortwechsel in der Eingangsszene wird aber deutlich, dass dies anders als in der SJC nicht allein von ihm bewirkt wird. So ist z.B. eine Bedingung, dass sie „erfüllt" sind – auch wenn Jesus hier vor hat, Jakobus und Petrus zu erfüllen, gibt es im weiteren Verlauf der Schrift die Aufforderung „werdet erfüllt", den Verweis, dass sie schon erfüllt sind und auf ihre Fähigkeit, sich zu füllen (EpJac NHC I p. 3,35–4,22). Zur Erlösung gehört also auch eigenes Bemühen, sie ist schwierig und selbst für Jakobus und Petrus mitunter zweifelhaft.

Über den Weg zur Erlösung begegnen verschiedene weitere Aussagen, so der Glaube an das Kreuz im Zusammenhang einer Zuwendung zum Martyrium (EpJac NHC I p. 6,2-7), Selbsterkenntnis (p. 12,20-31), Glaube und Erkenntnis (p. 14,8-11). Außerdem kommt das Gesamtwirken Jesu in den Blick, das bei der Erscheinung schon im Stichwort Mitnehmen anklingt: „*Ich bin herabgekommen, ich habe geredet und ich habe mich abgeplagt* (ⲥⲕⲩⲗⲗⲉ) *und meine Krone davongetragen, damit ich euch errette. Ich bin nämlich herabgekommen, um bei euch zu wohnen, damit auch ihr bei mir wohnen könnt*" (p. 8,37–9,4) oder: „*Ich habe mich für euch unter den Fluch begeben, damit ihr erlöst werdet*" (p. 13,23-25) Erlösend sind also Belehrungen Jesu, aber auch sein Wirken als ganzes mit Blick auf die Inkarnation und irdische Existenz und/ oder die Kreuzigung. Hier wird wohl mehr vorausgesetzt als ausgeführt, die Aussagen zum Heilswirken Jesu sind jedenfalls weniger spezifisch als in der SJC und schließen gut an verschiedene frühchristliche Vorstellungen an.

3. *Die Erscheinung im Apokryphon des Johannes (AJ)*

Eine ganz andere Art von Erscheinung bietet AJ[36]. Hier ist Johannes der Zebedaide der Offenbarungsempfänger, er hat die Erscheinung und wird dann über himmlische Welten und die Schöpfung in einer Neuinterpretation von Gen 1–6 belehrt; AJ enthält ähnlich wie HA und UW einen

---

vorausgesetzt (EpJac NHC I p.1,28-32; 8,1-4). Die EpJac entspricht hier eher dem lukanischen Konzept von Ostererscheinungen, die zum irdischen Wirken Jesu zu rechnen sind.

36. Textausgabe: M. WALDSTEIN – F. WISSE (Hgg.), *The Apocryphon of John: Synopsis of Nag Hammadi Codices II,1; III,1; and IV,1; with BG 8502,2* (NHMS, 33), Leiden, Brill, 1995. Deutsche Übersetzung der Versionen: M. WALDSTEIN, *Das Apokryphon des Johannes (NHC II,1; III,1; IV,1 und BG 2)*, in SCHENKE – BETHGE – KAISER (Hgg.), *Nag Hammadi Deutsch. 1. Band: NHC I,1–V,1* (Anm. 8), 95-150.

umfassenden gnostischen (sethianischen) Schöpfungsmythos. Irenäus bietet *Adv. Haer.* I 29 ein ausführliches Exzerpt des ersten Teils von AJ ohne die Rahmenerzählung, aber es ist unklar, ob er eine der uns bekannten Fassungen der Schrift nutzte[37]. AJ hat vermutlich eine längere Entstehungsgeschichte und liegt in vier Abschriften in einer Kurz- (NHC III,1; BG 2) und einer Langfassung (NHC II,1; IV,1) vor[38].

Die Erscheinung wird von Johannes erlebt, der sich auf den Ölberg zurückzieht, weil er durch kritische Fragen eines Pharisäers und eigene Probleme mit der Unvollständigkeit der Belehrungen Jesu bedrängt wird. Zeitlich ist die Szene durch die Rückkehr Jesu eingeordnet: „An den Ort, von dem er gekommen ist, ging er wieder" (AJ BG p. 19,15f par.). Eine ausdrückliche Erwähnung der Auferstehung wie in SJC findet sich aber nicht, die Formulierung könnte eine Umschreibung dafür oder für die Himmelfahrt sein. Die geschilderte Erscheinung erfolgt dann vom Himmel, Jesus ist anders als in EpJac nicht einfach noch da.

Sofort, als ich dies dachte, öffneten sich die Himmel, und die ganze Schöpfung leuchtete in Licht (p. 21) [unterhalb des] Himmels und die [ganze] Welt [wankte]. Ich fürchtete mich und [fiel nieder]. Und siehe, ein Kind [erschien] mir. [Es wandelte] aber (seine) Erscheinung zu einem Greis, der das Licht in sich [hatte]. [Als ich] auf ihn [schaute], [verstand] ich dieses Wunder nicht. Tatsächlich, es ist eine [Erscheinung] mit vielen Gestalten [in dem] Licht! Ihre Gestalten [erschienen] durch einander. [Wahrlich], tatsächlich, es ist eine [Erscheinung], denn sie ist dreigesichtig!
[Er sprach zu mir]: „Johannes, [weshalb] zweifelst du und [fürchtest du dich]? Denn du bist [kein] Fremder [für diese Erscheinung]! Sei nicht [kleinmütig]! [Ich] bin es, der alle Zeit mit [euch] ist. Ich bin [der Vater]. Ich bin die Mutter. Ich [bin der Sohn]. Ich bin der, der (p. 22) ewig ist, der Unbefleckbare und der Unvermischbare. [Jetzt bin ich gekommen], um dich aufzuklären: [Was] ist und was [wurde] und was werden [soll], damit du [erkennst] die unsichtbaren (Dinge) und die sichtbaren, und um [dich aufzuklären] über den vollkommenen [Menschen]. Jetzt also erhebe dein [Gesicht], höre und [empfange, was ich] dir heute sagen werde, [damit auch du [es deinen] Gleichgeistern verkündigst, die [aus] dem Geschlecht, das nicht [wankt], des vollkommenen Menschen sind" (AJ BG p. 20,19–22,16)[39].

Die Begleitumstände erinnern an Apokalypsen: die Himmel öffnen sich, Licht erstrahlt, die ganze Welt wird erschüttert[40]. Wer dann erscheint,

---

37. Vgl. WALDSTEIN, *Apokryphon* (Anm. 36), S. 97.
38. Vermutlich ist die Kurzfassung ursprünglicher, vgl. WALDSTEIN – WISSE, *Apocryphon* (Anm. 36), S. 7, deshalb beziehe ich mich hauptsächlich auf diese.
39. Übersetzung aus HARTENSTEIN, *Lehre* (Anm. 2), S. 76-78.
40. Vgl. W.C. VAN UNNIK, *Die „geöffneten Himmel' in der Offenbarungsvision des Apokryphons des Johannes*, in ID., *Sparsa Collecta. Part Three: Patristica, Gnostica, Liturgica* (SupplNT, 31), Leiden, Brill, 1983, 273-284.

wird nicht ausdrücklich gesagt. Die Erscheinung wandelt sich zwischen Kind und Greis, ist überhaupt vielgestaltig. Eine ähnliche Vielgestaltigkeit findet sich als Beschreibung Jesu bei der Berufung der Jünger in ActJoh 88f., möglicherweise ist dies ein Hinweis, dass es sich wirklich um Christus handelt[41]. Der Wechsel der Gestalten spricht jedenfalls gegen eine stabile Leiblich- oder gar Fleischlichkeit, in ActJoh 89 steht damit im Zusammenhang, dass sich der Körper des irdischen schon unterschiedlich anfühlt. Als Jesus später während seiner Kreuzigung mit Johannes auf dem Ölberg zusammentrifft, hat er gar keine Gestalt, nur eine Stimme, die sich aber von der früheren unterscheidet (ActJoh 98).

Schließlich stellt sich der Erschienene selbst vor, zunächst als der, „der alle Zeit mit euch ist". Möglicherweise ist hier die Verheißung aus Mt 28,20 zur Identifikation verwendet. Dann nimmt er für sich volle und oberste Göttlichkeit in Anspruch: Vater, Mutter (Barbelo) und Sohn sind die oberste Göttertrias im AJ und auch die negative Theologie beschreibt den obersten Gott. Später im AJ ist Christus der Sohn der Barbelo. Diese Vorstellung hat wenig mit einer österlichen Christuserscheinung gemein, sondern geht eher in Richtung einer umfassenden Theophanie. Eine Verbindung zum irdischen Wirken Jesu scheint kein Anliegen des AJ zu sein, sie liegt nur in der Person des Johannes und dessen Rückerinnerung an Belehrungen, die aber vor allem als unvollständig erscheinen, sowie im Verweis auf das Mitsein in Mt 28,20[42].

Ebenfalls noch als Teil der Selbstvorstellung wird der Grund für die Erscheinung genannt: Johannes soll umfassende Belehrung erhalten und diese dann den „Gleichgeistern" weitergeben. Dass solche Belehrung heilsbringend im weitesten Sinn sein kann, ist vorausgesetzt, das Durchschauen der in der Welt wirksamen Mächte befreit von ihnen[43]. Anders als in der SJC wird die Heilsvermittlung durch die Belehrungen nicht weiter thematisiert, die Belehrungen werden einfach gegeben. Auch später in der Schrift fehlt eine ausdrücklich christologische Erlösungsverstellung. Heil wird durch den Geist des Lebens sowie entsprechendes Verhalten, z.B. Abkehr vom Bösen, ermöglicht (BG p. 65,3-16). Ganz am Ende der Schrift wird noch auf ein Erlösungshandeln der Pronoia hingewiesen. In der Kurzfassung geschieht dies sehr knapp, die Pronoia ist dabei eine vom Erschienenen unterschiedene Person (AJ BG p. 75,20–76,5). Die Langfassung des AJ bietet dagegen einen ausführlichen Hymnus, in dem der

---

41. Vgl. auch ApcPl NHC V p.18,6.13f; 22,25; 23,1.9.11 u.ö.
42. Vgl. HARTENSTEIN, *Lehre* (Anm. 2), S. 94f.
43. Vgl. K.L. KING, *The Secret Revelation of John*, Cambridge, MA, Harvard University Press, 2006, S. 156.

Erschienene als Pronoia (eigentlich ein Beiname der Barbelo) von seinem Abstieg und Aufstieg zur Befreiung spricht. Beim dritten Abstieg wird dabei eine Inkarnation beschrieben: *„Ich trat ein in die Mitte ihres Gefängnisses – das ist das Gefängnis des Leibes –, und ich sagte: Der Hörer, er möge erwachen vom tiefen Schlaf!"* (AJ NHC II p. 31,3-6)[44].

Auch wenn die ganzen Belehrungen Jesus in den Mund gelegt sind und durch Johannes an das irdische Wirken Jesu (und speziell an Joh) angeknüpft wird, wird im AJ weder das Wesen dessen, der erscheint, noch seine Aufgabe genauer behandelt. Die Schrift enthält christologische Aussagen, aber Christologie scheint nicht ihr Thema und Anliegen zu sein.

III. Vorstellungen vom Menschensohn und die Einordnung von Jesus Christus in die himmlische Welt

1. Der Menschensohn in der SJC

Wenn Jesus aus dem Lichtreich kommt, dann muss er auch einen Platz in ihm haben, insbesondere in einer Schrift, die die himmlische Welt so ausführlich beschreibt wie die SJC. Der Anknüpfungspunkt ist dabei die Gestalt des Menschsohnes:

Eug NHC V p. 8,27–9,13[45]		SJC BG p. 98,7–100,3	
		ⲧⲟⲧⲉ ⲡⲉϫⲁϥ ⲛⲁϥ ⲛ̄ϭⲓ ⲃⲁⲣⲑⲟⲗⲟ-ⲙⲁⲓⲟⲥ ϫⲉ ⲡⲱⲥ ⲁⲩⲙⲟⲩⲧⲉ ⲉⲣⲟϥ ϩⲙ̄ ⲡⲉⲩⲁⲅⲅⲉⲗⲓⲟⲛ ϫⲉ ⲡⲣⲱⲙⲉ ⲁⲩⲱ ⲡϣⲏⲣⲉ ⲙ̄ⲡⲣⲱⲙⲉ ⲡⲓϣⲏⲣⲉ ϭⲉ ⲟⲩⲉⲃⲟⲗ ⲛⲁϣ ⲙ̄ⲙⲟⲟⲩ ⲡⲉ	Da sagte Bartholomäus zu ihm: „Warum wird er im Evangelium der ‚Mensch' und der ‚Menschensohn' genannt? Wessen (Sohn) ist dieser Sohn?"

44. Übersetzung WALDSTEIN, *Apokryphon* (Anm. 36).
45. In der Fassung von Eug aus NHC III fehlt hier ein Blatt (p. 79f). Dass in diesem Abschnitt die Entstehung des Menschensohnes behandelt wird, wird in der Fortsetzung deutlich, wo der Begriff ⲡϣⲏⲣⲉ ⲙ̄ⲡⲣⲱⲙⲉ ausdrücklich vorkommt (Eug NHC III p. 81,12f.21f – hier ist Eug NHC V sehr lückenhaft).

Danach entstand ein [weiterer Anfang] aus dem unsterblichen [Menschen], der ‚sich [selbst] vollendender [Hervorbringer‘ genannt] wird. [Als er Übereinstimmung fand] mit seiner [Gefährtin, der großen Weisheit], offenbarte [er] jenes [erstgeborene Androgyne, *(p. 9)* das] ‚erstgeborenes [Kind Gottes‘ genannt wird]. Seine Weiblichkeit (heißt) ‚[erstgeborene] Weisheit, [die Mutter des Alls‘], die einige ‚Liebe‘ [nennen].	ⲙ̄ⲛ̄ⲛ̄ⲥⲱϥ ⲁⲥϣ[ⲱ] ⲡⲉ ⲛ̄ϭⲓ ⲕ̣[ⲉ ⲁ]ⲣⲭⲏ ⲉⲃⲟⲗ ϩ[ⲙ̄ ⲡ]ⲓ̣ⲣⲱ [ⲙⲉ] ⲛ̄ⲛⲁⲧⲙⲟⲩ ⲡⲏ ⲉⲧⲉ ϣⲁⲩϯ [ⲣⲁⲛ ⲉ]ⲣⲟϥ ϫⲉ ⲡⲓⲣⲉϥ[ⲭⲡⲟ] ⲛ̄ϫⲱⲕ ⲉ̣[ⲃⲟⲗ ⲙ̄] ⲙ̣ⲟϥ ⲟⲩ[ⲁⲁϥ ⲛ̄ⲧⲉⲣⲉϥϫⲓ ⲡⲓϯ] ⲙ̣ⲉⲧ̣ⲉ̣ ⲛ̄ⲧⲉϥⲥⲩⲛ[ⲍⲩⲅⲟⲥ ϯⲛⲟϭ ⲛ̄ⲥⲟⲫⲓⲁ ⲁϥ]ⲟⲩⲱⲛϩ ⲉⲃ[ⲟⲗ ⲙ̄ⲡⲓϣⲟⲣⲡ ⲙ̄ⲙⲓⲥⲉ ⲉⲧ]ⲙ̄ⲙⲁ[ⲩ] ⲛ̄ϩ[ⲟⲟⲩⲧ(9)ⲥ̂ϩⲓⲙⲉ ⲡⲏ ⲉⲧ]ⲉ̣ ϣⲁ̣[ⲩϯ ⲣ]ⲁⲛ [ⲉⲣⲟϥ ϫⲉ ⲡⲓϣⲏⲣⲉ] ⲛ̄ϣⲟⲣ[ⲡ] ⲙ̄ⲙⲓⲥⲉ [ⲛ̄ⲧⲉ ⲡⲛⲟⲩⲧⲉ] ⲡⲉϥ[ⲙ̄ⲛ̄]ⲧⲥ̂ϩⲓⲙⲉ [ϫⲉ ϯϣⲟⲣⲡⲉ] ⲙ̄ⲙⲓ[ⲥⲉ] ⲛ̄ⲥⲟⲫⲓⲁ [ϯⲙⲁⲁⲩ ⲙ̄ⲡⲧⲏⲣ]ϥ ⲉⲧⲉ ϣⲁⲣⲉϩⲟ[ⲓ̈ⲛⲉ ⲙⲟⲩⲧⲉ] ⲉⲣⲟⲥ ϫⲉ ⲧⲁⲅⲁⲡⲏ	ⲡⲉϫⲁϥ ⲛ̄ϭⲓ ⲡⲉⲧⲟⲩⲁⲁⲃ ϫⲉ ϯⲟⲩⲱϣ ⲉⲧⲣⲉⲧⲛ̄ⲉⲓⲙⲉ ϫⲉ ⲡⲉϩⲟⲩⲉⲓⲧ ⲛ̄ⲣⲱⲙⲉ ⲉⲧⲉ ϣⲁⲩⲭⲟⲟⲥ ⲉⲣⲟϥ ϫⲉ ⲡⲣⲉϥϫⲡⲟ ⲡⲛⲟⲩⲥ ⲛⲁⲩⲧⲟⲧⲉ(99) [ⲁⲓⲟⲥ ⲡⲁⲓ ⲁϥⲉⲛ] ⲑⲩⲙⲉⲓ ⲙ̄ⲛ̄ ⲧⲉⲉⲓⲛⲟϭ ⲛ̄ⲥⲟⲫⲓⲁ ⲧⲉϥϣ[ⲃⲉ]ⲉⲣ ⲁϥⲟⲩⲱⲛϩ ⲉⲃⲟⲗ ⲙⲡⲉϥⲡⲣⲟⲧⲟⲅⲉ ⲛⲉⲧⲱⲣ ⲛ̄ϣⲏⲣⲉ ⲛ̄ϩⲟⲩⲧⲥ̂ϩⲓⲙⲉ ⲡⲁⲓ̈ ⲉⲧⲉ ⲡⲉϥⲣⲁⲛ ⲛ̄ϩⲟⲟⲩⲧ ⲡⲉ ⲡⲣⲱⲧⲟⲅⲉⲛⲉⲧⲱⲣ ⲡϣⲏⲣⲉ ⲙ̄ⲡⲛⲟⲩⲧⲉ ⲉⲧⲉ ⲡⲉⲭ̄ⲥ̄ ⲡⲉ ⲡⲉϥⲣⲁⲛ ⲙ̄ⲙⲛ̄ⲧⲥ̂ϩⲓⲙⲉ ⲡⲉ ⲡⲣⲟⲧⲟⲅⲉⲛⲉⲧⲉⲓⲣⲁ ⲧⲥⲟⲫⲓⲁ ⲧⲙⲁⲩ ⲙ̄ⲡⲧⲏⲣϥ ⲧⲁⲓ̈ ⲉⲧⲉ ϣⲁⲣⲉϩⲟⲓ̈ⲛ ⲙⲟⲩⲧⲉ ⲉⲣⲟⲥ ϫⲉ ⲧⲁⲅⲁⲡⲏ	Der Heilige sagte: „Ich will, daß ihr erfahrt, daß der erste Mensch ‚Hervorbringer, selbst-vollkommener Verstand‘ genannt wird. *(p. 99)* [Dieser überlegte] mit [der großen] Weisheit, seiner Gefährtin und offenbarte sein erstgeborenes androgynes Kind. Sein männlicher Name heißt ‚Erstgeborener, Sohn Gottes‘ – das ist Christus[46] –, sein weiblicher Name ‚Erstgeborene, Weisheit, die Mutter des Alls‘, diese nennen einige ‚Liebe‘.
[Aber der] Erstgeborene schuf sich, weil [er seine] Vollmacht von [seinem Vater] hat, einen großen [Äon] für seine Größe, wobei [er] sich abertausende, unzählige dienstbare Engel [schuf].	[ⲛ̄ⲧⲟϥ ⲇⲉ ⲡⲓ] ϣⲟⲣⲡ ⲙ̄ⲙⲓⲥⲉ ⲉⲩⲛ̄[ⲧⲁϥ ⲛ̄ⲧⲉϥⲉ] ϫⲟⲩⲥⲓⲁ ⲉⲃⲟⲗ ϩⲙ̄ [ⲡⲉ]ϥ[ⲉⲓⲱⲧ ⲁϥ] ⲧⲁⲙⲓⲟ ⲛⲁϥ ⲛ̄ⲟⲩⲛⲁϭ ⲛ̄[ⲉⲱⲛ] ⲡⲣⲟⲥ ⲧⲉϥⲙⲛ̄ⲧⲛⲟϭ ⲉ[ϥⲧⲁⲙⲓⲟ] ⲛⲁϥ ⲛ̄ϩⲉⲛⲁⲅⲅⲉ ⲗⲟⲥ ⲛ̄ⲛⲁ[ⲛ̄]ⲧ̣ⲃ̣ⲁ̣ ⲛ̄ⲛⲁⲧϯ ⲏⲡⲉ ⲉⲣⲟⲟⲩ ⲉϩⲣⲁⲓ̈ ⲉⲩϣⲙ̄ϣⲉ	ⲡⲉⲡⲣⲟⲧⲟⲅⲉ ⲛⲉⲧⲱⲣ ⲅⲁⲣ ⲉϣⲁⲩ ⲙⲟⲩⲧⲉ ⲉⲣⲟϥ ϫⲉ ⲡⲉⲭ̄ⲥ̄ ⲉⲟⲩⲛ̄ⲧⲉϥ ⲧⲉϫⲟⲩⲥⲓⲁ ϩⲓⲧⲟⲟⲧϥ ⲙ̄ⲡⲉϥⲉⲓⲱⲧ ⲁϥⲧⲁⲙⲓⲟ ⲛⲁϥ ⲛ̄ⲟⲩⲁⲧⲟ ⲛⲁⲅⲅⲉⲗⲟⲥ ⲉⲙⲛ̄ⲧ(100)ⲟⲩ ⲏⲡⲉ ⲉ[ⲩϩⲩⲡⲏⲣⲉⲥⲓⲁ] ⲉⲃⲟⲗ ϩⲙ̄ ⲡⲉ[ⲡⲛ̄ⲁ ⲙ̄ⲛ̄ ⲡⲟ]ⲩⲟⲓ̈ⲛ	Von seinem Vater nun hat der Erstgeborene, der Christus genannt wird, Vollmacht. Er schuf sich eine Menge Engel, unzählige, *(p. 100)* [dienstbare] (Engel), aus dem Geist und dem Licht“.

46. Diese Identifizierung mit Christus fehlt in SJC NHC III p. 104,16, in p. 104,21f gibt es aber eine (parallel zu BG p. 99,15f).

Der Menschensohn ist eine himmlische Figur, die auch schon in Eug vorkommt[47]. Eine Identifizierung erfolgt einfach durch den Zusatz „*das ist Christus*" (einmal in SJC aus NHC III, mehrfach in BG). Dazu einen kurzen Blick auf die himmlische Welt der Schrift: Der oberste Gott ist völlig transzendent und kann nur in negativer Theologie beschrieben werden, erscheint aber dann als Abbild, als Gottvater und Gegenüber. Das ist oder aus ihm entsteht (die Abgrenzung der Gestalten ist nicht immer eindeutig) dann eine Emanation, nämlich der erste unsterbliche Mensch. Dieser ist – wie die dann folgenden Gestalten – androgyn. Die Übereinstimmung beider Teile führt jeweils zur nächsten Stufe der Emanation. Nach dem ersten Menschen ist dies der Menschensohn und schließlich der Erlöser, jede dieser Gestalten schafft sich einen eigenen Äon[48].

Die Bezeichnung einer der ersten Emanationen als erster / unsterblicher Mensch ist in gnostischen Schriften weit verbreitet[49] und hat wohl einen jüdisch-platonischen Hintergrund, vor allem eine Auslegung von Gen 1,27. Der himmlische Mensch ist Gott und Urbild des irdischen Adam, er heißt auch ausdrücklich so[50]. Die nächste Stufe ist dann der Sohn des Menschen oder Sohn Gottes.

Die Identifizierung von Jesus mit einer himmlischen Gestalt, die als Sohn des Menschen charakterisiert wird, liegt nahe, zumal der unsterbliche Mensch als Attribut ‚Vater' hat (wie die ihm übergeordneten Wesen auch). Aber selbstverständlich ist sie nicht, und dies spiegelt sich in der Frage des Bartholomäus am Anfang des Abschnitts. *Warum wird er im Evangelium der ‚Mensch' und der ‚Menschensohn' genannt? Wessen (Sohn) ist dieser Sohn?* (BG p. 98,9-13). Diese Frage leitet die Ausführungen zum Menschensohn samt seiner Identifizierung als Christus ein und deutet das Problem der Einordnung Jesu an[51].

---

47. Für die Übersetzung ist aber die Frage, ob die Verwendung des christlich und auf Jesus geprägten Kunsttitels „Menschensohn" vor allem bei Eug überhaupt angemessen ist. Neutraler wäre, vom „Sohn des Menschen" zu reden. Auch wenn Eug vielleicht eine christliche Schrift ist, ist ein titularer Gebrauch nicht sicher.

48. Die Abgrenzung ist nicht immer strikt, bei einer späteren Zusammenfassung der Äonen wird z.B. Menschensohn und Erlöser gleichgesetzt, ein weiterer gehört dem Menschen und der umfassende dritte dem ungewordenen Vater. In Eug aus NHC V ist diese Unstimmigkeit korrigiert.

49. In AJ ist dies Barbelo, die Haupthandlungsfigur. UW spricht von einem unsterblichen Lichtmenschen (NHC II p. 103,19f; 107,26f).

50. In Eug Adam des Lichts – so auch UW –, in SJC Adam das Auge des Lichts.

51. Das unbestimmte Er im BG ist m.E. gegen den Kontext auf Jesus zu beziehen. In SJC NHC III p. 102,23 fehlt eine Entsprechung zum ϵⲡⲟϥ, was PARROTT, *Eugnostos* (Anm. 8) emendiert.

Mit dem Begriff „Evangelium" wird eine Verbindung zu frühchristlicher Tradition hergestellt, die als bekannt vorausgesetzt ist. Vermutlich ist dabei an die mündliche Verkündigung und die Heilsbotschaft insgesamt gedacht, denn am Ende der Schrift begegnet der Begriff ein zweites Mal, als die Jüngerinnen und Jünger aufbrechen, um das Evangelium zu verkündigen[52]. Zu dieser Verkündigung können Menschsohnsprüche gehören, aber auch Überlegungen für einen Bezug zwischen Adam und Christus, wie sie z.B. in Röm 5,12-21 vorliegen und die die Bezeichnung „Mensch" für Jesus nahe legen. Paulus stellt in Röm 5 den einen Menschen Adam, der Sünde und Tod in die Welt gebracht hat, dem einen Menschen Jesus Christus, der Heil und Leben bringt, gegenüber. In 1Kor 15,45-49 ist es ein Gegenüber vom ersten irdisch/seelischen (Adam) zum zweiten himmlisch/pneumatischen Menschen (Christus). Paulus betont diese Abfolge und lehnt einen zeitlichen Primat des pneumatischen Leibes ab (15,46), die Funktion Christi ist für ihn eschatologisch. Aber es ist gut möglich, dass in Korinth die Vorstellung von einem himmlisch-pneumatischen Urmenschen bestand (vgl. Philo, opif. 134) und dieser mit dem erhöhten Christus identifiziert wurde[53].

Grundsätzlich wäre es also möglich, aus einer Adam-Christus-Typologie oder einer Vorstellung von Jesus als vollkommenem, wahren Menschen auf seine Identifizierung mit der himmlischen Gestalt „Mensch" zu kommen. Die SJC deutet diese Möglichkeit in der Frage des Bartholomäus an, entscheidet sich dann aber für die Verbindung von Christus mit dem Sohn des Menschen. Vielleicht spielt dabei der Aspekt der Sohnschaft eine Rolle, vielleicht kann dies aber auch als ein Hinweis auf die Bedeutung von Jesusüberlieferung, in denen der Menschensohn vorkommt, für die SJC gedeutet werden. Ähnlich wie in der Erscheinung am Anfang der SJC die Verbindung zum irdischen Wirken Jesu herausgestellt wird, könnte auch hier eine Anknüpfung an die traditionellen Menschensohnsprüche beabsichtigt sein, die diese zugleich bestätigt und neu interpretiert.

---

52. Eine Alternative wäre, hier an eine bestimmte Schrift oder die Evangelienschriften allgemein zu denken, in denen Jesus als Menschensohn und als Mensch bezeichnet wird. „Menschensohn" ist ja auch ein häufiger Titel, von „Mensch" ist allerdings nicht in vergleichbarer Weise die Rede. Denkbar wäre höchstens, hier Joh 19,5 einzubeziehen, wo Pilatus Jesus der Menge mit den Worten „seht der Mensch" vorstellt. Diesen Satz titular zu verstehen, wäre schon eine sehr eigene Interpretation. Auch diese Schwierigkeiten sprechen also dafür, das Stichwort Evangelium auf die mündliche Heilsbotschaft zu beziehen.

53. So U. WILCKENS, *Der Brief an die Römer I* (EKKNT, 6/1), Neukirchen, Neukirchener, 1978, S. 310.

Die Verwendung des Titels beinhaltet eine deutliche Verschiebung gegenüber den synoptischen Evangelien und Joh. Der Menschensohn in der SJC ist weder eine apokalyptische Rettergestalt noch einfach eine Selbstbezeichnung. Die Sicht als eine himmlische Gestalt liegt den Wurzeln der Menschsohnvorstellung in Dan 7,13 allerdings gar nicht so fern. Wie in allen kanonischen Evangelien, nicht aber im EvMar ist die Bezeichnung exklusiv an Jesus gebunden. Und eine gewisse Nähe lässt sich zu Joh erkennen, wo der Menschensohn für die Verbindung zwischen Himmel und Erde steht und seine eschatologische Funktion schon weitgehend verloren hat[54]. Die SJC beschreibt eine rein himmlische Gestalt, die aber gerade deshalb auf der Erde den Weg nach oben eröffnen kann. Ganz fern steht die SJC dagegen der Idee, im Titel Menschsohn einen Verweis auf die menschliche Natur Jesu zu erkennen (so z.B. Rheg NHC I p. 44,21-39; Irenäus *Adv. Haer.* III 16,3[55]).

2. *Die Einordnung von Jesus Christus im AJ*

Im AJ spielt die himmlische Gestalt „Mensch" (erster Mensch) eine zentrale Rolle, das ist die Barbelo, die erste Emanation aus dem unsichtbaren Geist (BG p. 26,15–28,4 par.). Sie wiederum hat einen Sohn, der mit Christus identifiziert wird. Menschsohn wird er in der Regel nicht genannt, nur einmal gibt es die Aussage „*Es existiert der Mensch und der Menschensohn*" (BG p. 47,14-16 par.), was die Menschenschaffung durch Jaldabaoth initiiert[56]. Der Begriff Menschsohn spielt also keine Rolle für die himmlische Einbindung von Jesus, die schon vorher erfolgt ist. Genauer erklärt wird aber die Benennung als Christus:

> *Barbelo schaute inständig in ihn, das reine Licht, hinein. (p. 30) Sie wandte sich ihm zu und gebar einen Funken von seligem Licht, aber er ist ihr nicht gleich an Größe. Das ist der Einziggeborene (Monogenes), der aus dem Vater in Erscheinung trat, der göttliche Selbsterzeugte (Autogenes), der erstgeborene Sohn des Alls des Geistes des reinen Lichtes. Der unsichtbare Geist jubelte über das Licht, das entstanden war, das zuerst aus der ersten Macht – die seine Vorsehung (Pronoia), Barbelo, ist – in Erscheinung*

---

54. Vgl. J. Schröter, *Zur Menschensohnvorstellung im Evangelium nach Maria*, in S. Emmel – M. Krause – S.G. Richter – S. Schaten (Hgg.), *Ägypten und Nubien in spätantiker und christlicher Zeit. Akten des 6. Internationalen Koptologenkongresses Münster, 20.-26. Juli 1996. Bd. 2: Schrifttum, Sprache und Gedankenwelt* (Sprachen und Kulturen des christlichen Orients, 6/2), Wiesbaden, Reichert, 1999, 178-188, S. 183f.

55. Vgl. auch Ign Eph 20,2. Unmittelbar vor dieser Benennung als Menschensohn und Gottessohn ist von Jesus Christus als neuem Menschen die Rede (20,1).

56. Daneben gibt es nur in der Langfassung noch eine Aussage, dass Adam Seth als Bild des Menschensohnes zeugt, NHC II p. 24,36–25,1.

*getreten war. Er salbte ihn (ⲁϥⲧⲁϩⲥϥ̄) mit seiner Salbung / Güte (ⲧⲉϥⲙ̄-
ⲛ̄ⲧⲭⲥ̄), so daß er vollkommen wurde und kein Mangel an Salbung / Güte
in ihm war (ⲉⲙⲛ̄ ϣⲧⲁ ⲛ̄ϩⲏⲧϥ ⲛ̄ⲭⲥ̄), da er ihn mit seiner Salbung / Güte
(ⲧⲉϥⲙⲛ̄ⲧⲭⲥ̄) gesalbt hatte – der des unsichtbaren Geistes, den er über ihn
ausgegossen hatte. Er empfing die Salbung (ⲡⲧⲱϩⲥ) von dem jungfräuli-
chen (p.31) Geist, und er stand ihm zu Diensten, indem er den unsichtbaren
Geist, aus dem er in Erscheinung getreten war, mit der vollkommenen
Vorsehung (Pronoia) verherrlichte (AJ BG p. 29,18–31,5[57])*

Hier liegt also ein Wortspiel um Χριστός/χρηστός Salbung/Christus/
Güte vor, die die Bezeichnung erklärt, mit der diese Gestalt weiter
benannt wird[58]. Die Zuordnung gerade zu dieser Gestalt wird nicht
begründet. Wie schon bei der Erscheinung beobachtet, hat das AJ, anders
als die SJC, kein großes Interesse an Verbindungen zum irdischen Jesus
und anderen Zeugnissen über ihn.

3. *Der Menschsohn in der EpJac*

Die EpJac enthält keine Kosmogenie, in die Jesus eingeordnet werden
könnte. Es ist vorausgesetzt, dass er von oben gekommen ist, und am
Ende steigt er wieder auf, was Jakobus und Petrus ansatzweise miterle-
ben. Am Anfang des Dialogs wird aber der Menschensohn erwähnt, und
zwar anscheinend als Bezeichnung für Jesus während seiner irdischen
Existenz:

*„Wenn ihr wach seid und wenn ihr schlaft, erinnert euch: Ihr habt den
Menschensohn gesehen, mit ihm habt ihr gesprochen, auf ihn habt ihr
gehört. Wehe denen, die den Menschensohn (nur) gesehen haben! Selig, die
den Menschen nicht gesehen haben, und die, die nicht mit ihm zusammen
waren, und die, die nicht mit ihm gesprochen haben, und die, die nichts
durch ihn gehört haben! Euer ist das Leben!" (EpJac NHC I p. 3,11-25)[59].*

Paradoxe Aufforderungen sind typisch für die EpJac, in ihnen werden
oft gängige Vorstellungen aufgegriffen, dann aber unerwartet interpretiert
oder sogar ganz in ihr Gegenteil verkehrt[60]. Hier verweist das Erinnern an
den Menschensohn auf das Wirken des irdischen Jesus[61], was aber gerade
nicht zum Heil führt. Leben wird vielmehr dann erlangt, wenn kein
Kontakt zu ihm besteht. Dies passt zur Sicht von Evangelienschriften in

---

57. Übersetzung WALDSTEIN, *Apokryphon* (Anm. 36).
58. Anders als in SJC ist die Identifizierung fest im Kontext verankert, nicht oberfläch-
lich zugefügt, vgl. WALDSTEIN, *Apokryphon* (Anm. 36), S. 98.
59. Übersetzung HARTENSTEIN – PLISCH, *Brief* (Anm. 32).
60. Vgl. KIRCHNER, *Epistula* (Anm. 30), S. 90.
61. Da im Anschluss noch von Heilungen die Rede ist, ist der Bezug eindeutig.

der Eingangsszene, als Jesus erscheint. Die EpJac hält die apostolische Überlieferung von Worten Jesu nicht für heilsrelevant, sondern stützt sich allein auf nachösterliche Offenbarungen.

Der Begriff „Menschensohn" scheint hier die irdische Existenz Jesu zu beschreiben, aber nicht im Sinne einer Verbindung von göttlicher und menschlicher Natur in ihm, sondern als Abwertung dieses Wirkens, auf das auch mit der Bezeichnung „Mensch" verwiesen wird. Möglicherweise dient die Verwendung des Titels Menschensohn indirekt auch zur Kritik an den Evangelienschriften, die ihn verwenden[62].

4. *Die Rede vom Menschensohn im EvMar*

Das EvMar ist nur knapp zur Hälfte erhalten, es fehlt eine Erscheinung Jesu, und auch eine Beschreibung seiner Aufgabe als Erlöser ist entweder verloren oder war nie Bestandteil der Schrift[63]. Wie die EpJac hat auch das EvMar keine mythologischen Ausführungen zur Kosmogenie. Der Schwerpunkt der Schrift liegt vielmehr auf Fragen der Erlösung und Rückkehr. Die Schilderung des Aufstiegs der Seele setzt jedoch verschiedene Himmelssphären und feindliche Mächte voraus, die den Aufstieg verhindern wollen, was auf ein gnostisches Weltbild im Hintergrund verweisen könnte[64].

Ungewöhnlich ist die Verwendung des Begriffs Menschensohn:

Abschließende Anordnungen Jesu (EvMar BG p. 8,11–9,4)	
ⲚⲦⲀⲣⲉϥϪⲉ ⲚⲀⲒ Ⲛϭⲓ ⲠⲘⲀⲔⲀⲣⲒⲞⲤ ⲀϥⲀⲤⲠⲀⲌⲈ ⲘⲘⲞⲞⲨ ⲦⲎⲢⲞⲨ ⲈϥϪⲰ ⲘⲘⲞⲤ Ϫⲉ	Als der Selige dies gesagt hatte, küßte er sie alle, wobei er sagte:
ⲞⲨⲈⲒⲣⲎⲚⲎ ⲚⲎⲦⲚ ⲦⲀⲈⲒⲣⲎⲚⲎ ϪⲠⲞⲤ ⲚⲎⲦⲚ	„Friede sei mit euch. Bringt euch meinen Frieden hervor.

---

62. KIRCHNER, *Epistula* (Anm. 30), S. 90, sieht hier nicht nur eine Kritik an der Berufung auf Worte des irdischen Jesus, sondern allgemein an der Position, im irdischen Jesus den himmlischen Menschensohn zu erkennen. Für eine solche doppelte Sicht des Titels gibt es aber keine Hinweise.

63. Textausgabe: C.M. TUCKETT, *The Gospel of Mary* (Oxford Early Christian Gospel Texts), Oxford, University Press, 2007. Deutsche Übersetzung: J. HARTENSTEIN, *Das Evangelium nach Maria (BG 1)*, in H.-M. SCHENKE – H.-G. BETHGE – U.U. KAISER (Hgg.), *Nag Hammadi Deutsch. 2. Band: NHC V,2–XIII,1, BG 1 und 4* (GCS, NF 12), Berlin – New York, de Gruyter, 2001, 833-844.

64. Vgl. HARTENSTEIN, *Lehre* (Anm. 2), S. 132f.; kritisch: K.L. KING, *The Gospel of Mary of Magdala: Jesus and the First Woman Apostle*, Santa Rosa, CA, Polebridge, 2003, S. 170-174.

ⲁⲣⲉⲍ ⲙⲡⲣ̅ⲧⲣⲉⲗⲁⲁⲩ ⲣ̅ⲡⲗⲁⲛⲁ ⲙⲙⲱⲧⲛ̅ ⲉϥϫⲱ ⲙⲙⲟⲥ ϫⲉ ⲉⲓⲥ ϩⲏⲡⲉ ⲙⲡⲉⲓ̈ⲥⲁ ⲏ ⲉⲓⲥ ϩⲏⲡⲉ ⲙ̅ⲡⲉⲉⲓⲙⲁ	Paßt auf, daß niemand euch irreführt, indem er sagt: ‚Siehe hier' oder ‚siehe da'.
ⲡϣⲏⲣⲉ ⲅⲁⲣ ⲙⲡⲣⲱⲙⲉ ⲉϥϣⲟⲡ ⲙⲡⲉⲧⲛ̅ϩⲟⲩⲛ	Denn in eurem Innern ist der Menschensohn.
ⲟⲩⲉϩⲑⲏⲩⲧⲛ̅ ⲛ̅ⲥⲱϥ	Folgt ihm nach!
ⲛⲉⲧϣⲓⲛⲉ ⲛ̅ⲥⲱϥ ⲥⲉⲛⲁϭⲛ̅ⲧϥ	Die nach ihm suchen, werden ihn finden.
ⲃⲱⲕ ϭⲉ ⲛ̅ⲧⲉⲧⲛ̅ⲧⲁϣⲉ ⲟⲉⲓϣ ⲙⲡⲉⲩⲁⲅⲅⲉⲗⲓⲟⲛ ⲛ̅ⲧⲙⲛ̅ⲧⲉⲣⲟ	Geht also und predigt das Evangelium vom Reich!
ⲙⲡⲣ (9) ⲕⲁ ⲗⲁⲩ ⲛ̅ϩⲟⲣⲟⲥ ⲉϩⲣⲁⲓ̈ ⲡⲁⲣⲁ ⲡⲉⲛⲧⲁⲓ̈ⲧⲟϣϥ ⲛⲏⲧⲛ̅ ⲟⲩⲇⲉ ⲙ̅ⲡⲣ̅ϯ ⲛⲟⲙⲟⲥ ⲛ̅ⲑⲉ ⲙ̅ⲡⲛⲟⲙⲟⲑⲉ- ⲧⲏⲥ ⲙⲏⲡⲟⲧⲉ ⲛ̅ⲥⲉⲁⲙⲁϩⲧⲉ ⲙⲙⲱⲧⲛ̅ ⲛ̅ϩⲏⲧϥ	(p. 9) Erlaßt keine Regel neben dem, was ich euch angeordnet habe, und gebt auch kein Gesetz wie der Gesetzgeber, damit ihr nicht in ihm ergriffen werdet".

Anders als in den kanonischen Evangelien und in SJC und EpJac ist die Bezeichnung nicht exklusiv an Jesus gebunden, sondern auf die Jüngerinnen und Jünger übertragen. Der Menschensohn ist in ihrem Innern, dieses Wissen wird Irreführungen, die nach außen weisen, gegenüber gestellt. Vermutlich ist dies eine Interpretation von Lk 17,21-23, wo erst vom Reich Gottes im Inneren / unter euch (ἐντὸς ὑμῶν) die Rede ist, dann vom Menschensohn, und jeweils vor den falschen Hinweisen gewarnt wird[65]. Gemeint ist damit wohl das wahre Menschsein der Angesprochenen, ein innerer Wesenskern, der gesucht werden muss und gefunden werden kann[66].

Die Aussage wird im EvMar noch zweimal mit Variationen wieder aufgenommen (BG p. 9,18-20 par. POxy 3525 Z.11f.; BG p. 18,15-21 par. PRyl 463 p. 22,8-14) – nur Jesus verwendet den Begriff Menschensohn, vielleicht weil so ein Anklang an andere Jesustradition erzeugt wird. Maria spricht davon, dass Jesus sie vorbereitet (BG: ⲁϥⲥⲃ̅ⲧⲱⲧⲛ̅) bzw. verbunden (POxy: συνήρτηκεν) und zu Menschen gemacht hat (ⲁϥⲁⲁⲛ ⲛ̅ⲣⲱⲙⲉ; ἀνθρώπου[ς πεποίηκεν]). Dies ist ein Trost für die nach dem Weggang Jesu verzagte Gruppe. Auch hier ist etwas Vorhandenes greifbar, aber das (wahre) Menschsein ist Jesus zu verdanken. Ganz am Ende fordert Levi dazu auf, den „vollkommenen Menschen" anzuziehen (ϯ ϩⲓ̈ⲱⲱⲛ ⲙⲡⲣⲱⲙⲉ ⲛⲧⲉⲗⲓⲟⲥ; ἐνδυσάμενοι τὸν τ[έλειο]ν ἄνθρωπον) und ihn hervorzubringen (nur BG: ϫⲡⲟϥ ⲛⲁⲛ)

---

65. Vgl. Tuckett, *Gospel* (Anm. 63), S. 152-154.
66. Vgl. Schröter, *Menschensohnvorstellung* (Anm. 54), S. 182; King, *Gospel* (Anm. 64), S. 59.

– auch das ist eine Ermutigung und Aufforderung, dem Befehl Jesu entsprechend zur Mission aufzubrechen. Hier ist wieder stärker die eigene Aktivität gefordert, der wahre Mensch ist vorhanden und den Angesprochenen zugänglich, er muss hervorgebracht bzw. angezogen werden. Auch hier ist aber durchaus denkbar, dass ein vorausgehendes Handeln Jesu diesen Zustand bewirkt hat.

Da eine ausgeführte Mythologie im EvMar fehlt, ist nicht eindeutig, ob die Vorstellung vom Menschensohn im Innern in Verbindung mit einer himmlischen Gestalt steht[67]. Es ist auch denkbar, dass hier viel weniger spezifisch von wahrem Menschsein als Ziel der Erlösung die Rede ist und darin Elemente der Jesustradition verarbeitet sind. Die futurische Eschatologie der Menschensohnsprüche ist dabei jedenfalls aufgeben[68], wie auch in der jeweils anderen Umgestaltung in SJC und schon bei Joh.

IV. Zusammenfassung und Auswertung für die Bedeutung der gnostischen Mythologie in den Schriften

Die bisherige Untersuchung hat eine große Vielfalt erbracht: Die vier Schriften nutzen die gleiche literarische Form und werden auch inhaltlich meist als verwandt angesehen, aber sie zeigen eine große Variationsbreite bei der Darstellung des Auferstandenen, der Sicht von Erlösung und bei der Verwendung des Titels Menschensohn. In allen Schriften werden vorhandene Vorstellungen auf je eigene Weise neu gestaltet und weiter gedacht, ein wichtiges Anliegen scheint dabei die spannungsvolle Verbindung der irdischen und der himmlischen Wirklichkeit Jesu zu sein[69].

Überraschend ist diese Vielfalt bei christlichen Schriften des 2. Jahrhunderts allerdings nur, weil alle als gnostisch gelten, was eine Einheitlichkeit suggeriert. Als Abschluss deshalb noch einige Überlegungen über die Bedeutung dieser Charakterisierung für die Schriften: Was genau ist mit dieser Einschätzung gemeint und wie wichtig und prägend sind die gnostischen Elemente – wenn sie sich identifizieren lassen – für sie? Dies knüpft an die derzeitige grundsätzliche Diskussion um das

---

67. So Tuckett, *Gospel* (Anm. 63), S. 155f. Das EvMar würde dann vor dem Hintergrund von Vorstellungen wie etwa in der SJC gelesen – allerdings sollte zur Vorsicht mahnen, dass der himmlische Menschensohn dort gerade nicht mit den Jüngerinnen und Jüngern verbunden wird und die Erlösung unterschiedlich gedacht ist.

68. Vgl. Schröter, *Menschensohnvorstellung* (Anm. 54), S. 187.

69. Dies ist in der SJC mit ihren klaren Bezügen schon in der Erscheinungsgeschichte besonders gut greifbar.

Konzept Gnosis/gnostisch an, in der u.a. die Unschärfe des Begriffs und die Vermischung von inhaltlicher Beschreibung und Werturteil kritisiert wird[70]. Anhand der konkreten Beispiele lässt sich die Aussagekraft der Kategorie überprüfen.

In der SJC wird im Zusammenhang mit der Erlangung von Heil deutlich, dass sie nicht nur differenzierte himmlische Lichtwelten voraussetzt, sondern auch eine untere himmlische Welt (sieben Himmel) unter der Herrschaft von feindlichen Mächten, aus der die Menschen befreit werden müssen. Es ist von Räubern die Rede, vom Band des Vergessens, das Licht fesselt (BG p. 103,10–104,7 par.) und vom Pantokrator über das Chaos, sogar mit dem Namen Jalodabaoth (BG p. 119,9-16) – unzweifelhaft gnostischer Mythos, wenn auch nur sehr knapp und vor allem in zwei Einfügungen gegenüber Eug. Es ist also sinnvoll, der SJC das Etikett „gnostisch" zu geben, aber die Bedeutung dieser Zuordnung ist damit noch nicht erhoben. Denn das Gnostische steht in der SJC am Rande, nicht im Mittelpunkt, es ist nicht das Anliegen der SJC diese Ideen in Einzelheiten auszugestalten. Sie bilden vielmehr den Hintergrund, auf dem sich das Anliegen der Schrift entfaltet, indem sie erklären, wieso Erlösung überhaupt nötig ist und unter welchen Bedingungen sie möglich sein kann. So wie Paulus von der Herrschaft der Sünde redet, die die Menschen versklavt, so geht die SJC von der Herrschaft von Jaldabaoth und den Räubern aus, die die Menschen unter ihrer Macht halten.

Zudem fallen einige Besonderheiten in der Darstellung auf: Die SJC betont ausdrücklich, dass der schlechte Zustand bzw. der Fall ausdrücklich dem Willen des obersten Gottes (NHC III p. 114,14-24) bzw. der Weisheit (NHC III p. 107,6f. par.) entspricht – trotz der Knappheit der Darstellung ist das wichtig. Dadurch wird deutlich, wie sehr die gesamte Welt als Machtbereich Gottes aufgefasst wird, ein Dualismus besteht nicht einmal in Ansätzen. Auch da, wo von der Schöpfung die Rede ist, geht es kaum

---

70. Vgl. M.A. WILLIAMS, *Rethinking „Gnosticism": An Argument for Dismantling a Dubious Category*, Princeton, NJ, Princeton University Press, 1996; K.L. KING, *What Is Gnosticism?*, Cambridge, MA, Harvard University Press, 2003. Trotz der Kritik halte ich es nach wie vor für sinnvoll von „gnostisch" zu sprechen, um damit einen Oberbegriff für in Inhalt und Begrifflichkeit eng miteinander verwandte Vorstellungen in bestimmten Schriften zu haben, und zwar für Ideen über die Entstehung der Welt, in der die Entwicklung von einem vollkommenen obersten Gott hin zu einer minderwertigen Schöpfung und der Zwischenzustand von Menschen mit himmlischem Anteil und Gebundenheit an die materielle Welt erklärt wird. Ganz sicher gibt es auch Schriften, die ein solches Weltbild voraussetzen, obwohl sie es nicht als Hauptthema haben; die Entscheidung darüber ist allerdings auf Indizien angewiesen und vielleicht nicht immer eindeutig zu fällen. Ein solcher Begriff ist für die Analyse von vielen Schriften nützlich, es stellt sich aber das weitere Problem, welche Stellung diese Mythologie für die „gnostische Bewegung" hatte, vgl. C. MARKSCHIES, *Gnosis und Christentum*, Berlin, Berlin University Press, 2009, besonders S. 83-112.

um das schädliche Handeln der Archonten, sondern mehr um das Licht in ihr und die Macht, die es verleiht (BG p. 119,2–121,13). Erwähnt wird nicht die Erschaffung von Adam, sondern seine Fähigkeit zu benennen! Insgesamt knüpft die Schrift vor allem positiv an den obersten Gott an und hofft auf die Wiederherstellung eines ursprünglichen Zustands.

Das Gnostische an der SJC liegt also in bestimmten Vorstellungen über den Aufbau der Welt bzw. der Himmel. Das Verhältnis zwischen Erlöser und zu Erlösenden entspricht dagegen viel weniger dem, was gemeinhin als typisch gnostisch gilt, obwohl Erkennen eine große Rolle spielt. Denn das Heil wird offenbart, es wird allein durch das Handeln Jesu ermöglicht. Die eigene Suche nach der Erkenntnis spielt keine Rolle, anders als etwa im EvThom, dem aber die Mythologie weitgehend fehlt. Auch die Vorstellung einer Konsubstantialität zwischen Erlöser und Erlösten wird nicht ausgeführt, obwohl sie in der Idee vom Lichttropfen eigentlich angelegt ist. Das EvMar geht in diesem Punkt weiter, wenn es den Menschensohntitel auf die Angesprochenen überträgt, aber die Verbindung zu mythologischen Vorstellungen ist unsicher. Schließlich fehlt auch die Idee einer Sonderoffenbarung an Einzelne, an esoterisches Wissen, die Lehre der SJC wird der Gesamtheit der Jüngerinnen und Jünger übergeben und offen verkündigt.

Obwohl die Bezeichnung „gnostisch" für die SJC richtig ist, hat sie also nur sehr begrenzte Aussagekraft. Die Darstellung der Weltentstehung und der daraus resultierende Zustand des Menschen ist nicht der Hauptinhalt der Schrift und ist mit vielen anderen Vorstellungen z.B. in der Christologie verbunden, die auch in nichtgnostisch-christlichen Zusammenhängen begegnen. Die SJC bietet eine ganz eigene Verbindung dieser Ideen.

Bei EpJac ist der gnostische Charakter umstritten, eine Mythologie fehlt völlig, die Einordnung kann sich auf (ziemlich vage) sprachliche Indizien stützen, auf die gewisse Hochschätzung von Erkenntnis (neben Glauben!) und vor allem auf den möglichen sozialen Hintergrund, da die Polemik gegen apostolische Schriften und Predigt auf die Abspaltung einer kleineren Gruppen vom Hauptstrom der Kirche hinweist. Sie ist eindeutig für einen kleinen Kreis in Spannung zum größeren Christentum verfasst – vermutlich als einzige der behandelten Schriften[71]. Inhaltlich

---

71. Vgl. HARTENSTEIN, Lehre (Anm. 2), S. 324. Die SJC wendet sich offen an alle, auch in der Beteiligung der gesamten Gruppe der Jüngerinnen und Jünger. AJ fordert die Beschränkung auf die „Gleichgeister" des Johannes, aber am Ende gibt er die Offenbarung problemlos weiter. Auch im EvMar ist ein breiter Jüngerkreis (Petrus, Andreas, Levi und Maria) beteiligt, auch wenn einige die Lehre von Maria ablehnen. Eine klare Spaltung mit Polemik gegen die Zwölf enthält allerdings das EvJud zusammen mit einem klar gnostischen Schöpfungsmythos.

ist die Schrift ebenfalls eine ganz eigene Mischung, in der Mythologie weder vorkommt noch als Hintergrund zum Verständnis gebraucht wird.

Das EvMar beschreibt keine Weltentstehung, aber setzt im Abschnitt über den Seelenaufstieg untere himmlische Welten und feindliche Mächte voraus, was meistens als Beleg für einen gnostischen Hintergrund gewertet wird[72]. Zudem enthält es eine optimistische Anthropologie, bei der wahres Menschsein im Menschen angelegt ist und aktiviert werden kann (und muss). Anders als in der SJC erfolgt Erlösung also nicht allein durch die Offenbarung Jesu, sondern eine menschliche Mitwirkung ist nötig und möglich. Dies entspricht eher den Erwartungen an eine gnostische Schrift, aber terminologische Bezüge auf ein bestimmtes Modell der Entstehung des Menschen fehlen – anders als in der SJC. Dass Erlösung individuell und innerlich gedacht ist, passt ebenfalls, ist aber nicht spezifisch.

AJ ist dagegen sozusagen ein gnostisches Kompendium mit einen ausführlichen Weltentstehungsmythos als Inhalt, Hauptthemen sind Theologie und Anthropologie, während christologische Fragen nur am Rande vorkommen. AJ macht dadurch den Eindruck einer nur wenig christlichen Schrift, es ist jedoch festzuhalten, dass sie von der Anlage her dezidiert christliche Theologie ist, sie handelt von Belehrungen, die Jesus seinem Jünger Johannes gibt[73].

Schon diese kurzen Überlegungen zeigen, wie wichtig es ist, die einzelnen Komponenten des Begriffs „gnostisch" zu differenzieren und jeweils genau zu untersuchen, was in einer bestimmten Schrift vorkommt und welche Rolle es für die Schrift spielt. Verschiedene Elemente können verbunden sein, müssen das aber nicht. Und sie prägen nicht notwendig alles, sondern können auch Nebengedanken sein. So wie gnostische Vorstellungen und Menschen zumindest im 2. Jahrhundert vermutlich in ganz normale Gemeinde integriert waren, es also keine klar Grenzziehung gab, so sind auch gnostische Schriften Bestandteile des größeren theologischen Kontextes und verarbeiten eine Vielfalt von Ideen zu je eigenen Entwürfen.

Universität Koblenz-Landau   Judith HARTENSTEIN
Campus Koblenz
Institut für Ev. Theologie
Universitätsstraße 1
56070 Koblenz

---

72. Vgl. HARTENSTEIN, *Lehre* (Anm. 2), S. 132f.; TUCKETT, *Gospel* (Anm. 63), S. 42-54.
73. Vgl. KING, *Revelation* (Anm. 43), S. 2f. *passim*.

APOKRYPHEN ALS ZEUGNISSE
MEHRHEITSKIRCHLICHER FRÖMMIGKEIT

DAS BEISPIEL DES BARTHOLOMAEUS-EVANGELIUMS

Mein Titel mag verwundern[1] – denn gewöhnlich nehmen wir die sogenannten apokryphen, besser mit Dieter Lührmann als „apokryph *geworden*" bezeichneten Schriften des antiken Christentums als Zeugnisse der
Frömmigkeit *marginalisierter*, als *häretisch* ausgegrenzter Gruppen
wahr. Blättert man in den einschlägigen Sammelwerken, so werden diese
Texte vor allem den sogenannten „Gnostikern", natürlich aber auch
den „Judenchristen" zugewiesen. Und entsprechend lauten die Titel ein-
schlägiger Sammelwerke: Der amerikanische Koptologe Bentley Layton
veröffentlichte seine Sammlung von Übersetzungen unter dem wunderbar
doppeldeutigen Titel *The Gnostic Scriptures*[2], Gerd Lüdemann die seine
zehn Jahre später unter dem schon sehr viel eindeutigeren Titel *Bibel der
Häretiker*[3]. Überraschend neutral ist eine jüngere mehrsprachige Ver-
öffentlichung von Bart D. Ehrman überschrieben: *The Apocryphal
Gospels*[4]. Mit solchen uns vollkommen selbstverständlichen expliziten,
aber auch impliziten Zuweisungen apokryph gewordener Schriften an als
häretisch ausgegrenzte Gruppen folgen wir, um es ein wenig polemisch
zu formulieren, bis heute der Optik der großen Häresiologen des dritten
und vierten Jahrhunderts, die alle solche nicht in den biblischen Kanon

---

1. Der Vortrag für das Colloquium in Leuven/Louvain (28. Juli 2011) wurde um die
notwendigsten Nachweise in den Fußnoten ergänzt. Ich beziehe mich immer wieder einmal auf entsprechende Ausführungen zum sogenannten Bartholomaeus-Evangelium, die
zur Einleitung in die erste vollständige, synoptische deutsche Übersetzung seiner Fassungen im ersten Band der *Antiken christlichen Apokryphen* erschienen sind: C. MARKSCHIES,
Bartholomaeustraditionen/Bartholomaeusevangelium, in ID. – J. SCHRÖTER (Hgg.), *Antike
christliche Apokryphen* (= *AcA*). Bd. 1: *Evangelien und Verwandtes*, 7., völlig neu bearbeitete Auflage der von Edgar HENNECKE begründeten und von Wilhelm SCHNEEMELCHER
weitergeführten Sammlung, Tübingen, Mohr Siebeck, [7]2012, 696-701. An einer ganzen
Reihe von Stellen habe ich meine Überlegungen aber hier gegenüber Einleitung und
Übersetzung weitergeführt. Vgl. zum Thema auch: D. LÜHRMANN, *Fragmente apokryph
gewordener Evangelien in griechischer und lateinischer Sprache,* hg., übers. u. eingeleitet
in Zusammenarbeit mit E. SCHLARB (MTS, 59), Marburg, Elwert, 2000.
2. B. LAYTON, *The Gnostic Scriptures: A New Translation with Annotations and
Introductions* (ABRL), New York, Doubleday, 1987.
3. *Bibel der Häretiker: Die gnostischen Schriften aus Nag Hammadi*, eingeleitet,
übersetzt und kommentiert von G. LÜDEMANN – M. JANSSEN, Stuttgart, Radius, 1997.
4. B.D. EHRMAN – Z. PLESE, *The Apocryphal Gospels: Texts and Translations*, Oxford,
Oxford University Press, 2001.

der Reichskirche aufgenommenen Schriften irgendeiner (wenn man an Epiphanius von Salamis denkt) absonderlichen Gruppe zuweisen, zumindest aber (wenn man an die Geschichte über das Petrus-Evangelium in Rhossus im antiochenischen Hinterland Syriens denkt[5]) einer uninformierten, schlichten, latent etwas zurückgebliebenen Form von christlicher Gemeinde. Wenn die apokryph gewordenen Schriften und insbesondere die apokryph gewordenen Evangelien überhaupt als Zeugnisse der sogenannten „Mehrheitskirche" ernst genommen wurden oder werden, dann meistens als Belege für eine angeblich „schlichte Volksfrömmigkeit breiter Kreise" ohne wirklichen theologischen Bildungshintergrund[6]. Es gibt natürlich einige wenige andere Stimmen, aber mir scheint aufs Ganze gesehen, dass die Forderung des großen Berliner Kirchenhistorikers Hans Lietzmann, apokryph gewordene Schriften und damit auch die apokryph gewordenen Evangelien als Zeugnisse mehrheitskirchlicher Frömmigkeit in einem ganz umfassenden Sinne zu interpretieren, erst in Ansätzen in Angriff genommen wurde[7]. Am ehesten ist das bei den antiken christlichen Apostelakten und Apokalypsen geschehen; ich denke beispielsweise an die literaturwissenschaftlich motivierte Interpretation einzelner Apostelakten als religiöser Unterhaltungsliteratur[8] oder an das von Jane Baun veröffentlichte Buch unter dem Titel *Tales from Another Byzantium*[9]. Denn die Autorin fragt schon im Untertitel nach „local communities" und diskutiert die Frage, wie bestimmte Apokalypsen mit der Frömmigkeit

---

5. Eus., *Hist. Eccl.* VI 12 (GCS Eusebius II/2, 544,4–546,7 Schwartz). Die Passage ist mit einer deutschen Übersetzung auch abgedruckt in der neuen kritischen Edition von T.J. KRAUS – T. NICKLAS (Hgg.), *Das Petrusevangelium und die Petrusapokalypse: Die griechischen Fragmente mit deutscher und englischer Übersetzung* (Neutestamentliche Apokryphen, 1 = GCS, NF 11), Berlin – New York, de Gruyter, 2004, S. 12f., Analyse *ibid.*, S. 13-16; weitere Literaturangaben bei C. MARKSCHIES, *Kaiserzeitliche christliche Theologie und ihre Institutionen: Prolegomena zu einer Geschichte der antiken christlichen Theologie*, Tübingen, Mohr Siebeck, 2009 (= 2007), S. 241 mit Anm. 99.

6. Zu den Problemen dieses Konzeptes: C. MARKSCHIES, *Hohe Theologie und schlichte Frömmigkeit? Einige Beobachtungen zum Verhältnis von Theologie und Frömmigkeit in der Antike*, in H. GRIESER – A. MERKT (Hgg.), *Volksglaube im antiken Christentum [FS für Theofried Baumeister anlässlich seiner Emeritierung im September 2009]*, Darmstadt, Wissenschaftliche Buchgesellschaft, 2009, 456-471.

7. C. MARKSCHIES, *Haupteinleitung*, in AcA I (Anm. 1), 1-180, insbes. S. 74-80 („Die antiken christlichen Apokryphen als Zeugnisse antiker christlicher Frömmigkeit").

8. R. SÖDER, *Die apokryphen Apostelgeschichten und die romanhafte Literatur der Antike* (Würzburger Studien zur Altertumswissenschaft, 3), Darmstadt, Wissenschaftliche Buchgesellschaft, 1969 (= Stuttgart, Kohlhammer, 1932); vgl. aber auch O. EHLEN, *Leitbilder und romanhafte Züge in den apokryphen Evangelientexten: Untersuchungen zur Motivik und Erzählstruktur (anhand des Protevangelium Jacobi und der Acta Pilati Graec. B)* (Altertumswissenschaftliches Kolloquium, 9), Stuttgart, Franz Steiner, 2004.

9. J. BAUN, *Tales from Another Byzantium. Celestial Journey and Local Community in the Medieval Greek Apocrypha*, Cambridge, Cambridge University Press, 2007.

einer „simple rural village community" zusammenhängen. Zugleich versteht sie die von ihr behandelten Schriften (die Apokalypse der Gottesgebärerin und die Apokalypse der Anastasia, zwei Überarbeitungen der antiken Apokalypse des Paulus) als normsetzende Texte, die legitime Frömmigkeit regulieren, „do's and don'ts" über doktrinale, soziale und familiäre Normen enthalten und für eine Gemeinschaft von Sündern Wege der Vermeidung wie Vergebung von Sünde eröffnen wollen[10].

Als mir Wilhelm Schneemelcher vor vielen Jahren die *Neutestamentlichen Apokryphen* zur weiteren Bearbeitung übergab, erinnerte er mich ausdrücklich an die ihm von seinem Berliner Lehrer Lietzmann gestellte Arbeitsaufgabe, die apokryph gewordenen Schriften als Zeugnisse mehrheitskirchlicher Frömmigkeit in einem ganz umfassenden Sinne zu interpretieren. Schneemelcher war der Ansicht, diese Aufgabe in seinem Leben kaum angegangen zu sein, und legte sie mir daher besonders ans Herz. Nachdem nun Schneemelchers andere mir gestellte Herausforderung, die Neuherausgabe des ersten Bandes seiner *Neutestamentlichen Apokryphen*, abgeschlossen ist, scheint es mir an der Zeit, die andere Aufgabe anzugehen, die er mir von seinem eigenen Lehrer, meinem Berliner Lehrstuhlvorgänger Lietzmann, weitergereicht hat. Was ich hier biete, ist lediglich ein allererster, sehr knapp gehaltener Versuch auf einem Feld, das reiche Ernte verspricht. Immerhin hat Tobias Nicklas schon einmal vor einiger Zeit etwas Ähnliches versucht; darauf kann hier dankbar verwiesen werden[11].

Man wird die Aufgabe, die apokryph gewordenen Schriften als Zeugnisse mehrheitskirchlicher Frömmigkeit zu lesen, freilich nicht mehr ganz so angehen können, wie Lietzmann und Schneemelcher sich das gedacht haben. Schließlich haben sich seither ja nicht nur für die vorkonstantinische Zeit der ersten drei Jahrhunderte die klassischen Grenzen von Orthodoxie und Häresie weitgehend erledigt. Nach wie vor weisen wir aber die apokryph gewordenen Evangelien Gruppen zu, deren Gruppenbezeichnungen inzwischen von vielen als tief problematisch empfunden werden, den sogenannten „Gnostikern" und „Judenchristen". Für die *vorkonstantinische* Zeit scheint mir Lietzmanns und Schneemelchers Aufgabe, Spuren mehrheitskirchlicher Frömmigkeit in den apokryph gewordenen Texten zu suchen, schon deswegen weitestgehend erledigt, da die Anwendung der Kategorie „mehrheitskirchlich" in dieser Zeit

---

10. *Ibid.*, S. 322f., 326-329.
11. T. NICKLAS, *Christliche Apokryphen als Spiegel der Vielfalt frühchristlichen Lebens: Schlaglichter, Beispiele und methodische Probleme*, in *Annali di storia dell'esegesi* 23 (2006) 27-44.

nicht sehr viel Sinn macht – schließlich ist ja gar nicht auszuschließen, dass an einigen Orten das, was wir als gnostisches oder Juden-Christentum bezeichnen, im zweiten oder dritten Jahrhundert die Mehrheit bildete. Wir werden trotzdem auf die Frage nochmals am Schluss dieses Beitrages zurückkommen. Sinnvoller ist die Suche nach Spuren mehrheitskirchlicher Frömmigkeit in den apokryph gewordenen Texten dagegen ohne Zweifel für die *nachkonstantinische* Zeit, da seit dem Ende des vierten Jahrhunderts staatliche Zwangsmaßnahmen dafür sorgten, dass zwischen Orthodoxie und Mehrheitschristentum kein Hiat auftreten konnte. Freilich gilt mutatis mutandis auch für die nachkonstantinische Zeit, dass wir die klassischen Kategorien und Gruppenbezeichnungen nicht mehr unbesehen weiterverwenden können. Man muss daher mit Jane Baun auch für die berühmten einfachen Landgemeinden der nachkonstantinischen Epoche die Frage stellen, ob sie – beispielsweise im Sinne der Schriften des Johannes von Damaskus – „orthodox" waren oder nicht auch hier der klassische Dual eher in die Irre führt[12].

Soweit die Vorbemerkungen. Wir werden uns in einem ersten Abschnitt mit der Frage beschäftigen, ob die apokryph gewordenen Evangelien nur deswegen Zeugnisse mehrheitskirchlicher Frömmigkeit wurden, weil sie keine Evangelien mehr waren – uns also mit der Frage beschäftigen, ob die nachkonstantinischen Christen diese Texte überhaupt als Evangelien wahrgenommen haben. In einem zweiten großen Abschnitt dieses Beitrages werde ich dann einzelne Charakteristika mehrheitskirchlicher Frömmigkeit in diesen Texten hervorheben, mich dafür – wie es der Titel anzeigt – vor allem auf die gern als „Bartholomaeus-Evangelium" bezeichneten apokryph gewordenen Traditionen über den Apostel Bartholomaeus konzentrieren, aber auch nicht darauf beschränken. Ein kurzer Schlussabschnitt, in dem auch noch einmal der vorkonstantinische Befund diskutiert werden soll, wird am Ende unserer Ausführungen stehen.

I. DIE APOKRYPH GEWORDENEN EVANGELIEN
IN NACHKONSTANTINISCHER ZEIT

Ich beginne meine Überlegungen zu den apokryph gewordenen Evangelien als Zeugnissen mehrheitskirchlicher Frömmigkeit mit einer scheinbar trivialen, aber in Wahrheit ziemlich entscheidenden Frage: Wurden die apokryph gewordenen Evangelien in mehrheitskirchlichen Kreisen nachkonstantinischer Zeit denn überhaupt als *Evangelien* überliefert?

12. BAUN, *Tales from Another Byzantium* (Anm. 9), S. 322f.

Hier ist nun das erste Mal in unserem Beitrag das Beispiel des sogenannten Bartholomaeus-Evangeliums einschlägig, weil es starke Zweifel an der uns selbstverständlichen Ansicht wecken kann, es habe in nachkonstantinischer Zeit noch sehr viele nichtkanonische Schriften gegeben, die „Evangelium nach ...“ übertitelt waren. Wir haben aus der Spätantike zwar einige wenige Nachrichten über ein Bartholomaeus-Evangelium, aber keine einzige Handschrift, die diesen Namen trägt, und auch die spätantiken Nachrichten sind nicht über allen Zweifel erhaben. Das müssen wir uns nun im Detail ansehen und beginnen bei den erwähnten Nachrichten über ein Evangelium nach Bartholomaeus. Wie öfter im Fall der apokryph gewordenen Evangelien sind diese Nachrichten äußerst knapp, so knapp, dass man mit Fug und Recht fragen kann, ob ihre Autoren das Bartholomaeus-Evangelium überhaupt gesehen haben: *Hieronymus* erwähnt in seinem Matthäus-Kommentar zwar neben anderen apokryphen Schriften auch ein *Evangelium iuxta Bartholomaeum* unmittelbar auf das Evangelium nach den Ägyptern, Thomas und Matthias folgend und vor dem der zwölf Apostel, des Basilides und Apelles und „übriger (sc. Evangelien), die aufzuzählen zu lang dauert“[13]. Vielleicht hat er diese Angaben aber einfach nur aus einer berühmten Passage aus der Lukaskommentierung des Origenes abgeschrieben; dort tauchen – wenn auch in anderer Reihenfolge – nämlich nahezu alle bei Hieronymus genannten Evangelien (mit Ausnahme des Evangeliums des Apelles) ebenfalls auf: Origenes erwähnt bekanntlich ebenfalls ein Evangelium „‚nach den Ägyptern‘, ... ‚nach den zwölf Aposteln‘“, ein Evangelium, das Basilides verfasst hat, sowie eines „‚nach Thomas‘ ... und eines ‚nach Matthias‘“[14]. Weitere derartig knappe Erwähnungen finden sich im *Decretum Gelasianum*, das zwischen dem vierten bis sechsten Jahrhundert verfasst wurde, (dort interessanterweise im Plural: *Evangelia nomine Bartholomaei*)[15] und in einer hochmittelalterlichen Quelle[16]. Ob also überhaupt noch ein einziges Exemplar eines als „Evangelium nach

---

13. Hier., *comm. in Mt. praef.* (CCSL, 77, 1,7-10 Hurst/Adriaen). Die Nachricht bei *Beda Venerabilis* über Schriften, die auf den Namen des Bartholomaeus, Matthias, Thomas und der zwölf Apostel gefälscht wurden, dürfte auf der zitierten Passage des Hieronymus beruhen, s. Bed., *Luc.* 1 prol. (CCSL, 120, 19,21-23 Hurst): *Denique non nulli Thomae alii Bartholomei quidam Matthiae aliqui etiam duodecim apostolorum titulo repperiuntur falso sua scripta praenotasse.*

14. Or., *hom. in Luc.* 1,1 (GCS Origenes 9², 4,17–5,10 Rauer).

15. E. von Dobschütz, *Das Decretum Gelasianum de libris recipiendis et non recipiendis* in kritischem Text herausgegeben und untersucht (TU, 38/4), Leipzig, Hinrichs, 1912, 51, Z. 275.

16. Markschies, *Bartholomaeustraditionen/Bartholomaeusevangelium* (Anm. 1), S. 697.

Bartholomaeus" überschriebenen Textes kursierte, darf man aufgrund einer so schmalen Evidenz mit Fug und Recht bezweifeln. Schwierig einzuordnen ist eine Passage aus einer bislang unveröffentlichten Vita des Apostels (*Acta et Martyrium*, BHG 226[*lies*: 227]z = *Clavis apocryphorum Novi Testamenti* 258) in einer Weimarer hagiographischen Sammelhandschrift, die die Benutzung des Evangeliums durch die Manichäer bezeugt (Q 729, 11. Jh., fol. 177ʳ): „Man erwähnt auch ein Evangelium nach Bartholomaeus, das die Manichäer verfälscht und entstellt haben, wie auch die anderen (Heiligen) Schriften"[17]. Es könnte sich hier aber um klassische antimanichäische Polemik ohne einen besonderen Bezug auf eine tatsächliche Benutzung eines entsprechenden Evangeliums bei den Manichäern handeln. Ansonsten besitzen wir aus Antike und Mittelalter keine wirklich eindeutigen Hinweise auf ein Evangelium nach Bartholomaeus; drei bisher gern genannte Belege aus der byzantinischen Literatur scheiden in Wahrheit aus: Nach Epiphanius Monachus von Konstantinopel, einem byzantinischen Autor des ausgehenden achten Jahrhunderts, verfasste die Gottesmutter Maria vor ihrem Tode ein Testament, „wie der Heilige Apostel Bartholomaeus sagt"[18]. Eine entsprechende Nachricht findet sich im uns erhaltenen apokryph gewordenen Bartholomaeus-Material nicht; diese Nachricht wird eher auf die sogenannten *Transitus-Mariae-Traditionen* anspielen, nach denen die Apostel zum Tod Mariens aus allen Gegenden der Welt an ihr Totenbett wieder versammelt wurden, weniger (wie Martin Jugie vermutete) auf eine Passage aus dem koptischen *Liber Bartholomaei* (LB), die außerdem ihrerseits Verbindungen zur *Transitus*-Literatur aufweist[19]. Noch unsicherer

---

17. *Acta et Martyrium S. Bartholomaei*, Q 729, 11. Jh., fol. 173ʳ-180ʳ; vgl. zur Handschrift K. TREU, *Griechische Handschriften in Weimar*, in *Philologus* 117 (1972) 113-123, S. 114-117; zuvor schon (ohne Autopsie der Hs.) J. NORET, *Manuscrits grecs à Weimar (fonds W. Froehner) et archives Max Bonnet*, in *AnBoll* 87 (1969) 79-83, S. 83 und zuletzt J.-D. KAESTLI, *L'évangile de Barthélemy d'après deux écrits apocryphes* (Apocryphes. Collection de poche de l'AELAC, 1), Turnhout, Brepols, 1993, S. 41.

18. Epiph. mon., *De vita sanctissimae Deiparae* 25 (PG 120, 214 C): ὡς λέγει ὁ ἅγιος Βαρθολομαῖος ὁ ἀπόστολος.

19. *Iohannis Liber de dormitione Mariae* 24 (Apocalypses Apocryphae 102 Tischendorf); zu diesem verbreitetsten Bericht über den Marientod vgl. St.J. SHOEMAKER, *Ancient Traditions of the Virgin Mary's Dormition and Assumption* (Oxford Early Christian Studies), Oxford, Oxford University Press, 2006 (= 2004), S. 51f. – M. JUGIE, *La mort et l'assomption de la Sainte Vierge: Étude historico-doctrinale* (Studi e Testi, 114), Vatikanstadt, Biblioteca Apostolica Vaticana, 1944, S. 123f. verweist auf einen Text aus dem koptischen LB (Ms. C, fol. 25 [6]; in der Übersetzung von H.-M. SCHENKE in *AcA* I (Anm. 1), S. 870: „Und wenn du den Leib verlässt, werde ich kommen mit meinem Vater und Michael und allen Engel<n>, und du wirst bei uns sein in meinem Reich. Und was deinen Leib betrifft, so werde ich veranlassen, dass die Cherubim [mit] dem flammenden Schwert ihn bewachen, während zudem zwölfhundert Engel ihn bewachen [bis zum] Tag meiner

ist für die Zitate des „göttlichen Bartholomaeus" bei Pseudo-Dionys und dem sogenannten *Buch des heiligen Hierotheos*, eines radikal origenistischen mystischen Traktates, den höchstwahrscheinlich der zeitweilig in Palästina lebende edessenische Mönch Stephanus bar Sudaili in der ersten Hälfte des sechsten Jahrhunderts schrieb, ob sie wirklich aus einem Bartholomaeus-Evangelium stammen; es wird sich (wie sonst gern in der pseudo-dionysischen Tradition) um Autorisierungen eigener Gedanken dieser syrischen Mystiker mit Hilfe eines ansonsten wenig zu solchen Zwecken gebrauchten Apostels handeln[20].

Zu diesem Befund passt, dass uns auch handschriftlich keine „Evangelium nach Bartholomaeus" genannte Schrift aus der christlichen Antike erhalten ist, wohl aber (von den Akten und *Passiones* einmal abgesehen) zwei anders übertitelte Textzusammenhänge, die mit dem Apostel Bartholomaeus in Zusammenhang gebracht werden. Wir besitzen *zum einen* die sogenannten „Fragen des Bartholomaeus" (*Quaestiones Bartholomaei*; QB) in griechischen, lateinischen und kirchenslawischen Versionen und kennen *zum anderen* allerlei chaotisch über die großen Handschriftenbibliotheken verstreute Fragmente eines zusammengehörigen koptischen Textes, der in der handschriftlichen Überlieferung als „Buch der Auferstehung Jesu Christi, unseres Herrn" bezeichnet wird. Da in diesen Fragmenten der Apostel Bartholomaeus eine große Rolle spielt und auch auf ein Stück aus der Bartholomaeus-Legende angespielt wird, galten sie seit ihrer Erstedition ebenfalls als Teil der Bartholomaeus-Überlieferung, und der koptische Text wurde daher auch als *Liber Bartholomaei* (LB) bezeichnet[21]. Literarisch sind die beiden Textzusammenhänge, die *Quaestiones Bartholomaei* und der sogenannte *Liber Bartholomaei*, jedoch nicht direkt voneinander abhängig. Ob beide

Wiederkunft und meines Reiches") und zum Vergleich auf *Dormitio Mariae* (Vat. gr. 1992) 32 (der Erlöser kommt mit Michael und den Engeln, um selbst die Seele seiner Mutter zu suchen); 46 (ihr Leib wird im Paradies unter den Lebensbaum gebettet). Vgl. auch KAESTLI, *L'évangile de Barthélemy* (Anm. 17), S. 328, Anm. zu 10,6.

20. So MARKSCHIES, *Bartholomaeustraditionen/Bartholomaeusevangelium* (Anm. 1), S. 698 für Ps.-Dion., *De mystica theologia* 1,3 (PTS 36, 143,8–144,15 Ritter) und *Liber Sancti Hierothei* II 21 (engl. Übers.: 47 Marsh; syr. Text: 42*,16; vgl. F.S. MARSH, *A New Fragment of the Gospel [?] of Bartholomew quoted in the So-Called Book of Hierotheos. Edited, with an English Translation and Commentary*, in *JTS* 23 [1922] 400f. und I. PERCZEL, *The Earliest Syriac Reception of Dionysius*, in *Modern Theology* 24 [2009] 557-571, insbes. S. 563f.).

21. É. DULAURIER, *Fragment des révélations apocryphes de Saint Barthélemy, et de l'histoire des communautés religieuses fondées par Saint Pakhome*, Paris, Imprimerie royale, 1835, 36-43; vgl. aber auch M. WESTERHOFF, *Auferstehung und Jenseits im koptischen „Buch der Auferstehung Jesu Christi, unseres Herrn"* (Orientalia Biblica et Christiana, 11), Wiesbaden, Harrassowitz, 1999, 215f. sowie KAESTLI, *L'évangile de Barthélemy* (Anm. 17), S. 20-26.200, Anm. 98.

literarischen Traditionen trotzdem einen gemeinsamen antiken Vorfahren hatten und dieser Vorfahr einstmals „Evangelium nach Bartholomaeus" übertitelt war (wie immer wieder gern erwogen wurde[22]), wissen wir leider nicht, auch wenn der Gedanke natürlich verführerisch ist. Sicher ist jedenfalls, dass seit der Spätantike die umlaufenden „Bartholomaeus-Texte" *alle* nicht als „Evangelien" bezeichnet wurden, vielleicht eben nicht *mehr* als Evangelien bezeichnet wurden. Die heute *Quaestiones Bartholomaei* genannten Texte sind in allen drei Versionen, die einen Titel tragen (von insgesamt sechs), überschrieben „Die Befragung des seligen (bzw. heiligen) Apostels Bartholomaeus (und der anderen Apostel, [die sich] an den Herrn Jesus Christus [richtet])"[23]; der originale Titel des heute *Liber Bartholomaei* genannten Werkes, „Das Buch der Auferstehung Jesu Christi, unseres Herrn", ist nur in einem Manuskript (c: London, British Library, Or. 6804, 10./11. Jh.) erhalten, aber dafür gleich zweimal, gegen Ende des eigentlichen Textes vor einer Art Nachtragskapitel (24,10) und im Kolophon[24]. In einer (nämlich der lateinischen) Version der *Quaestiones* wird sogar explizit auf den Vier-Evangelien-Kanon der Mehrheitskirche hingewiesen: „diese (sc. Verbindung der vier Paradieses-Flüsse) hat die Gestalt der (sc. vier) Evangelien gezeigt, die auf der ganzen Welt laufen" (QB 4,64[25]). Um unseren Befund noch einmal kurz zusammenzufassen: Wenn es überhaupt jemals eine „Evangelium nach Bartholomaeus" übertitelte Schrift in der Antike gegeben hat, dann wurde dieser Text in nachkonstantinischer Zeit unter anderen, weniger verfänglichen Titeln überliefert und konnte vielleicht gerade aufgrund einer solchen Titeländerung weiter überliefert werden.

Prüfen wir vor diesem Hintergrund – also der Tatsache, dass wir ungeachtet der wenigen antiken Nachrichten über ein Bartholomaeus-Evangelium lediglich die quasi unschuldigen Titel „Die Befragung des seligen (bzw. heiligen) Apostels" und „Das Buch der Auferstehung Jesu Christi" überliefert haben – andere Titelüberlieferungen (wobei ich die „Evangelium nach …" unter- oder überschriebenen Texte aus Nag Hammadi hier ausblende[26], selbst wenn ihre Handschriften sicher aus

---

22. Belege bei MARKSCHIES, *Bartholomaeustraditionen/Bartholomaeusevangelium* (Anm. 1), S. 700f.

23. Vgl. dazu die synoptische Übersetzung in *AcA* I (Anm. 1), S. 710.

24. Dazu H.-M. SCHENKE, *Die koptischen Bartholomaeustexte: „Das Buch der Auferstehung Jesu Christi, unseres Herrn"*, in *AcA* I (Anm. 1), S. 855.

25. Dazu die Übersetzung in *AcA* I (Anm. 1), S. 819f.

26. Dazu jetzt ausführlich C. MARKSCHIES, *Außerkanonische Evangelien*, in *AcA* I (Anm. 1), 343-352, S. 349f.

nachkonstantinischer Zeit stammen und eine Benutzung in mehrheitskirchlichen Kreisen pachomianischer Mönche inzwischen gewiss nicht
mehr ausgeschlossen werden kann[27]): Möglicherweise eine umgekehrte
Parallele zu den Bartholomaeus-Texten bilden die zum Kreis der sogenannten Pilatusakten gehörigen Texte. Während das Material in den
überlieferten griechischen Handschriften meist mit τὰ ὑπομνήματα τῶν
πραχθέντων εἰς τὸν κύριον ἡμῶν Ἰησοῦν Χριστὸν ἐπὶ Ποντίου
Πιλάτου ἡγεμόνος συγγραφέντα ὑπὸ Νικοδήμου ἄρχοντος συνα-
γωγῆς überschrieben ist, bieten die früheren lateinischen Handschriften
überwiegend *Gesta salvatoris domini nostri Jesu Christi* (um die kom-
plizierte Titelüberlieferung etwas zu vereinfachen)[28], wobei ab dem
zwölften Jahrhundert auch der Titel *Evangelium Nicodemi* üblich wird,
der sich vor allem im vierzehnten und fünfzehnten Jahrhundert massen-
haft ausbreitet und dann auch die ersten neuzeitlichen Druckausgaben
prägt[29]. Auch die mittelalterlichen volkssprachlichen Übersetzungen
werden überwiegend als „Nikodemus-Evangelium" bezeichnet[30]. Ganz
selbstverständlich scheint der Titel aber selbst dann noch nicht gewesen
zu sein: In einer Pariser Handschrift des vierzehnten Jahrhunderts hat
man nach den Worten *Incipit Euuangelium Ihesu Christi secundum* den

---

27. C. SCHOLTEN, *Die Nag-Hammadi-Texte als Buchbesitz der Pachomianer*, in
JAC 31 (1988) 144-172; A.L. KHOSROYEV, *Die Bibliothek von Nag Hammadi: Einige
Probleme des Christentums in Ägypten während der ersten Jahrhunderte* (Arbeiten zum
spätantiken und koptischen Ägypten, 7), Altenberge, Oros, 1995 sowie J.E. GOEHRING,
The Provenance of the Nag Hammadi Codices once more, in *Studia Patristica* 35 (2001)
234-256.
28. Zur Titelüberlieferung in der griechischen Tradition bislang C. TISCHENDORF,
*Evangelia apocrypha adhibitis plurimis codicibus graecis et latinis maximam partem nunc
primum consultis atque ineditorum copia insignibus*, Hildesheim, Olms, 1966 (= Leipzig,
Mendelssohn, ²1876), S. 203, App. sowie für die von Tischendorf herangezogenen lateinischen Handschriften *ibid.*, S. 312, App.
29. Z. IZYDORCZYK, *Manuscripts of the Evangelium Nicodemi: A Census* (Subsidia
mediaevalia, 21), Toronto, Pontifical Institute of Mediaeval Studies, 1993; vgl. z.B. *ibid.*,
S. 18 (Berkeley, CA, University of California, UCB 20, 12. Jh.,) oder *ibid.*, S. 117 (Oxford,
Bodleian Library 406, 13. Jh.). Für die unterschiedlichen Datierungen des mittelalterlichen
Titels vgl. die Literaturnachweise bei M. SCHÄRTL, *„Nicht das ganze Volk will, dass er
sterbe"*: Die Pilatusakten als historische Quelle der Spätantike (Apeliotes, 8), Frank-
furt/M., Peter Lang, 2011, S. 19.
30. Vgl. insbesondere A. MASSER (Hg.), *Dat Ewangelium Nicodemi van deme lidende
vnses heren Ihesu Christi: Zwei mittelniederdeutsche Fassungen* (Texte des späten
Mittelalters und der frühen Neuzeit, 29), Berlin, Schmidt, 1978; A. MASSER – M. SILLER
(Hgg.), *Das Evangelium Nicodemi in spätmittelalterlicher deutscher Prosa: Texte* (Ger-
manische Bibliothek. Reihe 4: Texte und Kommentar), Heidelberg, Carl Winter, 1987
sowie ausführlich Z. IZYDORCZYK (Hg.), *The Medieval Gospel of Nicodemus: Texts, Intertexts, and Contexts in Western Europe* (Medieval and Renaissance Texts and Studies, 158),
Tempe, AZ, Arizona Center for Medieval and Renaissance Studies, 1997.

Namen des Nicodemus getilgt[31]; in einer am selben Ort aufbewahrten Handschrift werden Matthäus- und Nikodemus-Evangelium zusammengebunden[32]. Zusammenfassend formuliert: Anders als möglicherweise beim Bartholomaeus-Evangelium wurde hier also ein in der Antike noch nicht „Evangelium" genannter Text als „Evangelium" rubriziert und auch so tituliert.

Dann gibt es antike Texte, die überhaupt erst in der Neuzeit zum Evangelium werden: Der berühmte Titel „Protevangelium des Jakobus" ist rein neuzeitlich und in keiner einzigen Handschrift enthalten; eine der frühesten Überlieferungen für einen Titel des Materials im Papyrus Bodmer V, dessen Abfassung Michel Testuz auf das dritte Jahrhundert datierte, lautet: „Geburt Marias. Offenbarung des Jakobus" (Γένεσις Μαρίας. Ἀποκάλυψις Ἰάκοβ); er findet sich sowohl zu Beginn als auch am Ende des vollständig überlieferten Textes[33]. Bei vielen Handschriften und Manuskripten wissen wir einfach leider nicht, welchen Titel sie einst trugen; ich erinnere nur an den berühmten sogenannten Akhmîm-Codex (P. Cair. 10759) aus dem frühen siebenten Jahrhundert – wie die fragmentarischen Passagen, die wir dem sogenannten Petrus-Evangelium zuweisen, über- oder untertitelt waren[34], können wir nicht mehr sagen.

Interessanterweise finden sich übrigens in Kontexten einer mehrheitskirchlichen Frömmigkeit auch noch Spuren der Benutzung apokryph gewordener Evangelien, die man wegen ihres ehemals gnostischen Ursprungs oder jedenfalls gnostischen Gebrauchs überhaupt nicht erwarten möchte: Ich denke an die Bearbeitungen des sogenannten Unbekannten Berliner Evangeliums in den nubischen Kreuzestexten, auf die Stephen Emmel immer wieder hingewiesen hat[35], aber auch auf

---

31. IZYDORCZYK, *Manuscripts of the Evangelium Nicodemi* (Anm. 29), S. 130: Paris, Bibl. Mazarine 1730 (1337), 14. Jh., fol. 242ra.

32. *Ibid.*, S. 132: Paris, Bibl. Nat. lat. 2860, 13. Jh., fol. 1[r] und 38[r].

33. *Papyrus Bodmer. V: Nativité de Marie*, publ. par M. TESTUZ, Cologny – Genève, Bibliotheca Bodmeriana, 1958, S. 1 und S. 49 des Papyrus bzw. S. 30 und 126 der Edition.

34. KRAUS – NICKLAS, *Das Petrusevangelium und die Petrusapokalypse* (Anm. 5), S. 32-49; vgl. C. MARKSCHIES, *Was wissen wir über den Sitz im Leben der apokryphen Evangelien?*, in J. FREY – J. SCHRÖTER (Hgg.), *Jesus in apokryphen Evangelienüberlieferungen: Beiträge zu außerkanonischen Jesusüberlieferungen aus verschiedenen Sprach- und Kulturtraditionen* (WUNT, 254), Tübingen, Mohr Siebeck, 2010, 61-90.

35. Vgl. z.B. S. EMMEL, *Preliminary Reedition and Translation of the Gospel of the Savior: New Light on the Strasbourg Coptic Gospel and the Stauros-Text from Nubia*, in *Apocrypha* 14 (2003) 9-53. – Die sogenannten nubischen Kreuzestexte sind inzwischen kritisch ediert: P. HUBAI (Hg.), *Koptische Apokryphen aus Nubien: Der Kasr el-Wizz Kodex* (TU, 163), Berlin – New York, de Gruyter, 2009. Eine synoptische Gesamtausgabe aller einschlägigen Materialen ist demnächst zu erwarten von Stephen Emmel.

eine faszinierende Verwendung eines mutmaßlichen Logions aus dem Thomasevangelium auf einer Mumienbinde aus Oxyrhynchus, die 1953 angekauft wurde, sich seit 1955 im Besitz von Henri-Charles Puech befand und heute als verloren gelten muss – Anne Marie Luijendijk aus Princeton hat jüngst noch einmal auf das Stück aus dem fünften oder sechsten Jahrhundert aufmerksam gemacht[36]. Es liegt durchaus nahe, den Text der Mumienbinde (λέγει ᾿Ιησοῦς οὐκ ἐστιν τεθαμμένον ὃ οὐκ ἐγερθήσεται)[37] mit dem fünften Logion des koptischen Thomas-evangeliums in seiner gleichfalls aus Oxyrhynchus stammenden Fas-sung zu verbinden (wobei die Frage offen bleiben kann, wann dieser Text in die Überlieferungen des Thomasevangeliums aufgenommen wurde)[38]. Denn offenkundig wurde in Oxyrhynchus der Satz „Es ist nichts begraben, was nicht auferweckt wird" als ein tröstliches Wort mehrheitskirchlicher Frömmigkeit einer Mumie so mitgegeben, wie vielleicht auch der berühmte Akhmîm-Codex des Petrus-Evangeliums in den Kontext mehrheitskirchlicher Bestattungspraktiken gehört (das bleibt freilich unsicher)[39]. Das im griechischen Thomasevangelium aus Oxyrhynchus erhaltene Logion trat durch seine Aufschrift auf eine Mumienbinde an die Stelle von magischen Amuletten und Versen aus dem altägyptischen Totenbuch und macht damit natürlich indirekt deut-lich, dass die Vokabel „mehrheitskirchlich" oder gar „orthodox" an dieser Stelle vor allem über die Traditionsgeschichte von Frömmigkeit wenig besagt.

36. A.M. LUIJENDIJK, *"Jesus says: 'There Is Nothing Buried That Will Not Be Rai-sed'": A Late-Antique Shroud with Gospel of Thomas Logion 5 in Context*, in ZAC 15 (2011) 389-410; ich danke der Kollegin für allerlei erhellende Gespräche nicht nur zu diesem Thema in Princeton in den Monaten April bis Juli 2011.

37. H.-C. PUECH, *Un logion de Jésus sur bandelette funéraire*, in *Bulletin de la société Ernest Renan* n.s. 3 (1955) 126-129 = ID., *En quête de la Gnose*. Vol. 2: *Sur l'évangile selon Thomas: Esquisse d'une interprétation systématique*, Paris, Gallimard, 1978, 59-62.

38. Deutsche Übersetzung und Einleitung zuletzt bei J. SCHRÖTER in *AcA* I (Anm. 1), S. 524. – Schröter bezieht die Mumienbinde nicht in seine Textrekonstruktion von POxy. IV 654 ein (wie übrigens auch die anderen Editoren nicht, vgl. die Nachweise bei LUIJENDIJK, *"Jesus says"* [Anm. 36]). Vgl. aber auch T.J. KRAUS, *Reconstructing Frag-mentary Manuscripts – Chances and Limitations*, in T.J. KRAUS – T. NICKLAS (Hgg.), *Early Christian Manuscripts: Examples of Applied Method and Approach* (Texts and Editions for New Testament Study, 5), Leiden – Boston, MA, Brill, 2010, 1-38, S. 29-36 sowie S.J. PATTERSON, *The Gospel of Thomas and Jesus*, Sonoma, CA, Polebridge, 1993, S. 21, Anm. 14: Der Text der Mumienbinde „therefore simply may have been a popular saying at Oxyrhynchus, in this way finding a place in the Oxyrhynchus version of Thomas".

39. MARKSCHIES, *Was wissen wir über den Sitz im Leben der apokryphen Evangelien?* (Anm. 34), S. 61-92.

II. Die mehrheitskirchliche Frömmigkeit in den apokryph gewordenen Evangelien und ihren Bearbeitungen in nachkonstantinischer Zeit

Nach diesen Beobachtungen zur Frage, ob die apokryph gewordenen Evangelien nach dem definitiven Abschluss der Kanonisierung der christlichen Bibel im vierten Jahrhundert und der Etablierung einer Staatskirche unter Kaiser Theodosius überhaupt noch als Evangelien wahrgenommen wurden, können wir nun einzelne Texte auf Spuren mehrheitskirchlicher Frömmigkeit hin analysieren und wollen uns dazu, wie schon der Titel dieses Beitrags sagt, vor allem auf die Bartholomaeus-Texte konzentrieren.

Zunächst einmal enthalten die antiken christlichen Apokryphen als Spiegel der *Vielfalt von antikem christlichen Leben* Beschreibungen von *Praktiken christlicher Frömmigkeit*[40]. Man sieht, wenn man beispielsweise die Beschreibung von Praktiken im Umgang mit dem *Kreuz Christi* betrachtet, wie stark sich diese spezifische Frömmigkeitsform in der Antike entwickelt hat und wie stark apokryph gewordene Evangelien neue Praktiken mit Nachdruck ihrer Leserschaft empfehlen, also gleichsam als Propagandaschriften bestimmter Frömmigkeitsformen gelesen werden konnten. Während am Beginn in vielen Texten nur die schlichte Erwähnung des Kreuzes als einer (wenn ich so sagen darf) Heilstatsache steht, folgt bald die Beschreibung von Praktiken, zunächst die Darstellung der Anrufung des Namens des Kreuzes[41], dann die Segnung mit dem Kreuz (s.u.) und schließlich sogar die Darstellung eines intensiven Körperkontaktes mit dem Kreuz, wie wir ihn eher mittelalterlich von der Christusminne Bernhards und anderen Heiligen oder Mystikern kennen. In den *Quaestiones Bartholomaei* heißt es noch ganz schlicht im Wechselgespräch zwischen Jesus und Adam: „Ich ließ mich wegen dir und deiner Kinder ans Kreuz hängen" (QB 1,22 [*AcA* I, S. 720])[42]. Das Kreuzeszeichen gibt Macht über die Dämonen und der Antichrist fragt den Apostel: „Weshalb bedrängst du mich durch die Rechte des Herrn, durch das Zeichen des Kreuzes?" (QB 3,27 [761]). – Ich merke nur am Rande

---

40. Ich greife an dieser Stelle auf Passagen meiner Haupteinleitung des neuen „Hennecke-Schneemelcher" zurück, nämlich auf den vierten Abschnitt unter der Überschrift „Die antiken christlichen Apokryphen als Zeugnis antiker christlicher Frömmigkeit" (*AcA* I [Anm. 1], S. 74-80).

41. *Martyrium Petri* 37,8, p. 91f. (NTApo[6] 2, 287).

42. Ich gebe jeweils die Rezension und in eckigen Klammern die Seite in der synoptischen Übersetzung von A. HEISER – H. HILDEBRANDT – J. BOBBE – A. RACK-TEUTEBERG – J. WASMUTH – C. KOCH, in *AcA* I (Anm. 1), S. 710-850.

an, dass von daher auch noch einmal das Alter der Kreuzestraditionen im sogenannten Unbekannten Berliner Evangelium und anderen Texten geprüft werden müsste.

Im koptischen *Liber Bartholomaei* treffen wir dagegen schon auf eine entfaltete Frömmigkeitspraxis der Kreuzesverehrung; ich zitiere aus der neuen Übersetzung Hans-Martin Schenkes für die *Antiken christlichen Apokryphen*:

> Der (sc. Ananias) sprang auf das Kreuz Jesu zu und umarmte es. Er legte seine Hände auf die Hände des Sohnes Gottes. Er presste seinen Leib an den Leib des Sohnes Gottes. [Er presste seine Füße an die Füße des Sohnes Gottes. Er] küsste die Füße Jesu. Er küsste die Hände Jesu. Er küsste den Mund Jesu. Er küsste die Seite Jesu, die um unser aller Heil willen durchbohrt worden war. Er küsste die Glieder des Sohnes Gottes (LB 3,1)[43].

Die Pilgerin Egeria berichtet Ende des vierten Jahrhunderts davon, dass die Reliquie des Kreuzesholzes in Jerusalem von der Gemeinde mit Stirn und Augen, aber noch nicht mit den Händen berührt und geküsst wird[44]; im *Liber Bartholomaei* ist die Frömmigkeit schon gleichsam weiter entwickelt (und die Textform daher vielleicht auch spät zu datieren). In jedem Fall setzt der zitierte Text den Aufschwung der Kreuzesfrömmigkeit nach der spektakulären „Auffindung" der Reliquie durch Helena voraus.

Insbesondere das vorhin erwähnte sogenannte Nikodemus-Evangelium beschreibt eine Fülle von Praktiken mehrheitskirchlicher christlicher Alltagsfrömmigkeit: Wichtige Briefe und Bücher religiösen Inhalts werden geküsst (15,3[45]); wer mit Öl gesalbt wird, kann von einer Krankheit wieder aufstehen (19,1 [258]). Die apokryph gewordenen Evangelien legitimieren ihre Empfehlung von Frömmigkeitspraktiken stellenweise dadurch, dass nicht irgendeine Figur des biblischen Repertoires, sondern der Heiland selbst sie in entscheidenden Momenten seines Lebens übt – auch dafür bietet das Nikodemus-Evangelium vorzügliche Beispiele. Im Hades befreit der Heiland die sich dort aufhaltenden Gerechten des alten Bundes dadurch, dass er sie mit einem Kreuzeszeichen segnet und gleichsam mit dieser magischen Geste aus dem Herrschaftsbereich des Todes in den Herrschaftsbereich des Kreuzes befördert:

---

43. Schenke, in *AcA* I (Anm. 1), S. 861.

44. *Itinerarium Egeriae* 37,2f. (SC, 296, 284,12–286,16 Maraval mit Hinweisen auf Greg. T., *glor. Mart.* I 5f. [MGH.SRM I/2, 489 und 492]); vgl. auch F. Cabrol, Art. *Baiser*, in *DACL* II/1, Paris, Letouzey et Ané, 1925, 117-130 sowie U. Köpf, Art. *Kreuz IV. Mittelalter*, in *TRE* 19, Berlin – New York, de Gruyter, 1990, 732-761, S. 748-750.

45. In der Übersetzung von M. Schärtl jetzt in *AcA* I (Anm. 1), S. 252.

Als sie (sc. Adam, die Propheten und die Heiligen, Christus für die Rettung
dankend) so gesprochen hatten, segnete der Heiland den Adam, indem er
das Kreuzeszeichen auf seine Stirn machte. Und so tat er es auch bei den
Patriarchen, Propheten, Märtyrern und Vorvätern (EvNic 24,2 [260]).

Das Kreuzeszeichen geleitet und bewirkt einen Herrschaftswechsel
vom Bereich der Dämonen unter den Bereich des Heils. In solchen Passagen, die einen Herrschaftswechsel in Form einer Erzählung über liturgische Praktiken illustrieren, wird (wie auch sonst in vielen Texten)
zugleich ganz allgemein deutlich, dass christliche Frömmigkeit tröstet,
stärkt und hilft, in Zeiten von Unsicherheit ein Leben zu führen und zu
bewältigen. Christliches Leben, so machen solche Passagen klar, vermittelt Kraft (δύναμις). Damit sind Texte wie der eben zitierte Zeichen einer
kräftigenden und kraftvollen Frömmigkeit, wollen zu solcher Frömmigkeit Mut machen und sie als vorbildlich empfehlen. Gelegentlich über-
schreitet die in solcher Frömmigkeit enthaltene Kraft – jedenfalls für
unseren Geschmack – die Grenzen des Wunderbaren, beispielsweise in
den diversen Berichten von Heilungswundern. Vom Apostel Thomas
heißt es so: „Und er heilte alle durch die Kraft des Herrn"[46]. Und in den
Quaestiones Bartholomaei bekommt der Apostel von seinem Herrn die
Kraft verliehen, auf dem Nacken des wilden Antichristen zu stehen und
ihn so zu binden (QB 3,15 [754]), obwohl dafür eigentlich „6064 Engel
und ... flammende Ketten" erforderlich wären (QB 3,12 [752]): Der
Kraftsprung ist enorm. Entsprechend artig fragt das wilde Tier dann auch,
ob der Fußdruck nicht erleichtert werden könne (QB 3,23 C [758]), natürlich nahezu vergeblich: „Er (sc. Bartholomaeus) aber gewährte ein wenig
Erleichterung" (QB 3,24 [759]).

Eine solche kraftvolle Frömmigkeit ist zugleich tief emotional; in der
in mehreren koptischen und arabischen Fassungen überlieferten
„Geschichte von Joseph, dem Zimmermann", einer in vorösterlicher Zeit
spielenden, wahrscheinlich spätantik-koptischen Biographie des Stiefva-
ters Jesu, verflucht der sterbende Joseph aus Angst vor den Sünden seines
Lebens in einer langen, bewegenden Klage den Tag seiner Geburt und
bittet seinen Stiefsohn Jesus mit emphatischen Anrufungen und tränen-
reichen Gesten der Demut um Hilfe:

---

46. A. Thom. 59 (NTApo[6] 2, 357); vgl. C. MARKSCHIES, *Warum hat das Christentum
in der Antike überlebt? Ein Beitrag zum Gespräch zwischen Kirchengeschichte und
Systematischer Theologie* (TLZ Forum, 13), Leipzig, Evangelische Verlagsanstalt, 2004,
22-29, 42-65 und H.-J. KLAUCK, *Unterhaltsam und hintergründig: Wundertaten des
Apostels in den Johannesakten*, in GRIESER – MERKT (Hgg.), *Volksglaube im antiken
Christentum* (Anm. 6), 87-107, S. 90-103.

Wehe mir heute! Wehe dem Tag, an dem meine Mutter mich zur Welt brachte! Wehe dem Mutterleib, in dem ich Lebenssamen empfing! Wehe den Brüsten, von denen ich Milch erhielt! Wehe den Knien, auf denen ich saß! Wehe den Händen, die mich trugen, bis ich groß wurde und in die Sünde geriet! Wehe meiner Zunge und meinen Lippen, denn sie verwickelten sich häufig in das Unrecht und die Verleumdung und die lügnerische Bosheit und die unnützen, oberflächlichen Worte, die voll sind von Betrug! Wehe meinen Augen, denn sie schauten nach Anstößigem! Wehe meinen Ohren, denn sie liebten es, auf die eitlen Worte zu hören! Wehe meinen Händen, denn sie nahmen (Dinge), die nicht die ihren waren! Wehe meinem Magen und meinen Gedärmen, denn sie begehrten Speisen, die nicht die ihren waren. Wenn dieser (Magen) aber irgendwelche Speisen fand, verzehrte er sie mehr als ein brennender Feuerofen und machte sie unbrauchbar auf allen Seiten! Wehe meinen Füßen, die meinem Körper schlecht dienen, indem sie ihn auf ungute Wege bringen! Wehe meinem Körper, denn er hat meine Seele zur Wüste gemacht und zum Fremdling gegenüber Gott, der sie geschaffen hat! Was soll ich jetzt tun? Ich bin eingeschlossen auf allen Seiten (HistIos 16,1-12).
Jesus, mein Herr! Jesus, mein wahrer König! Jesus, mein guter und barmherziger Erlöser! Jesus, der Retter! Jesus, der Lenker! Jesus, der Beschützer! Jesus, der alles durch seine Güte <umfasst>! Jesus, dessen Name im Munde eines jeden süß ist und sehr angenehm! Jesus, sehendes Auge! Jesus, wahrhaftig hörendes Ohr! Höre mich heute, mich, deinen Diener, wenn ich mich an dich wende und meine Tränen vor dir vergieße!" (HistIos 17,3)[47].

Mit biblischen Motiven aus der Hiob-Klage (Hiob 3) und einer Art Gegentext zum sogenannten negativen Sündenbekenntnis des altägyptischen Totenbuches[48] wird hier eine Art liturgische Klage für die Todesstunde (oder ihre liturgische Vorwegnahme) formuliert, dem Stiefvater des Herrn in den Mund gelegt und so besonders beglaubigt. Man kann die ganze Geschichte von Joseph, dem Zimmermann, gleichsam wie einen mittelalterlichen *ars moriendi*-Traktat begreifen, als eine Anleitung zum guten Sterben, zu rechter christlicher Frömmigkeit im Angesicht der Todesstunde (freilich eben mit ganz anderen Mitteln als in den mittelalterlichen Traktaten).

Wie man an diesem Passus sehen kann, ist die *Sündenvergebung* fraglos ein äußerst wichtiges Motiv mehrheitskirchlicher Frömmigkeit in den apokryph gewordenen Evangelien: Viele Texte betonen immer wieder und besonders deutlich die sündenvergebende Wirkung des Todes Jesu Christi. Auch für diesen Zug mehrheitskirchlicher Frömmigkeit findet man in den Bartholomaeus-Traditionen gute Beispiele. So krönt der

---

47. Übersetzung von U.U. KAISER in *AcA* I (Anm. 1), S. 324-326.
48. Vgl. dazu aus dem Totenbuch §125.

Vater am Ende des *Liber Bartholomaei* gleichsam zum Abschluss des Auferstehungstages den Sohn und sagt dann:

> Und er sprach zu den Engeln: ,Lasst alle herrlichen Lobgesänge zur Freude meines Sohnes hören! Denn dies ist der Tag der Freude, der Tag der Wonne, der Tag des Jubels, der Tag des Frohsinns, der Tag der Unsterblichkeit, der leuchtende Tag, der Tag der Freiheit zum Heil, der Tag der Sündenvergebung. Denn dies ist der Tag, an dem mein Sohn, der euer aller Herr ist, die ganze Welt von ihren Sünden erlöst hat' (LB 12,7)[49].

Die umwälzende Wirkung dieser Vergebung wird nun nicht in Form von theologischer Lehre ausgedrückt, sondern der Leserschaft als Beschreibung des wiederhergestellten Herrlichkeitskörpers Adams vermittelt. Adam erhält den Herrlichkeitsleib zurück, den er durch den Sündenfall verloren hatte, und der Apostel Bartholomaeus darf ihn schauen:

> Er (sc. Adam) war mit [einem] Harnisch von Perlen [bekleidet. Eine] große Menge von Engeln [lobsang ihm] in <einer> Melodie des Himmels. [Licht] strahlen [sprangen] aus den Augen Adams hervor wie [bei der Sonne, wenn sie gerade aufgeht.] Ich sah ihn in dem Zelt des Vaters. Abdrücke von Zeichen in [leuchtenden] Buchstaben [waren auf seine] Stirn geschrieben, die Fleisch und Blut nicht [lesen] können.
> Der Name des Vaters, des Sohnes [und des] Heiligen [Geistes] war an sieben Stellen auf seinen Leib geschrieben. [Ich] sah auch die Sandalen des Vaters an seinen Füßen. Ihre Riemen leuchteten siebenmal mehr als die Sonne und der Mond (LB 14,2)[50].

Wenn man sich klarmacht, welche Bedeutung – beispielsweise in der Kontroverse um die sogenannten Anthropomorphiten an der Wende vom vierten ins fünfte Jahrhundert[51] – die Frage nach dem himmlischen Auferstehungsleib hatte und wie sehr Menschen für ihre eigene Frömmigkeit nach Bildern dieses Auferstehungsleibes verlangten, verwundert es nicht, wie plastisch hier dieser himmlische Körper (in der Tradition entsprechender jüdischer Adam-Spekulationen) ausgemalt ist. Parallelen finden sich in der entsprechenden jüdischen wie christlichen Adam-Literatur. Ganz analog interessiert den antiken Christen, der weiß, dass er als Ebenbild Gottes geschaffen ist, natürlich auch die Frage, wie das Angesicht

---

49. SCHENKE, *AcA* I (Anm. 1), S. 871.
50. *Ibid.*, S. 873.
51. Vgl. dazu künftig C. MARKSCHIES, *The Body of God and the Body of Humans in Ancient Judaism and Christianity*, Princeton, NJ, Princeton University Press, 2014; vgl. einstweilen die Berichte über die Frömmigkeit der sogenannten Anthropomorphiten bei Socr., *h.e.* VI 7,7 (322,23 Hansen) und Johannes Cassianus, *collationes* X 2 (CSEL, 13, 287,3-24 Petschenig = SC, 54, 75 Pichery) mit E.A. CLARK, *The Origenist Controversy: The Cultural Construction of an Early Christian Debate*, Princeton, NJ, Princeton University Press, 1992, 105-121.

Christi nach Tod und Auferstehung aussieht. Zaghafte Versuche einer Beschreibung finden sich im anderen Teil der spätantiken Bartholomaeus-Überlieferung, den *Quaestiones Bartholomaei*: Das Gesicht des Auferstandenen wird bezeichnet als eines, das „nicht so war, wie es zuvor gewesen war, sondern die vollkommenen Kräfte zeigte" (QB 3 nach C [*AcA* I, 711]) bzw. „die volle Göttlichkeit" (ebd. nach V [711]).

Mindestens ebenso oft wie um den Auferstehungsleib geht es um Zeit und Umstände der Auferstehung von den Toten. Im *Liber Bartholomaei* wird erzählt, dass Christus die Toten aus dem Hades befreit, um sie sofort mit sich in den Himmel zu nehmen: Mit solchen Beschreibungen befestigt auch dieser Text eine starke, getröstete Frömmigkeit, die nicht das Gericht nach Werken und die endzeitliche Strafe für irdische Sünden in den Mittelpunkt des Glaubenslebens stellt, sondern die Hoffnung auf sofortigen Eintritt in das ewige Leben. In den *Quaestiones Bartholomaei* findet sich eine ausführliche Schilderung des Eintritts Christi in die Unterwelt und des Dialogs zwischen der Unterwelt und dem Teufel über diesen Eindringling (QB 1,9-20). Auch hier soll, wie in der „Geschichte von Joseph, dem Zimmermann", dem Tod durch Depotenzierung seines Reiches Macht genommen werden. Dem dient natürlich auch die ausführliche Unterweltschilderung dieses Textes und die Beschreibung der Strafengel vor Gottes Thron (QB 3,9. 12-59). Besonders eindrücklich ist – neben der Schilderung eines Folterrades in der Unterwelt (QB 3,40-42) – die Charakterisierung des Antichristen, der gehalten wird „von 6064 Engeln und mit flammenden Ketten gebunden":

> Seine Länge betrug 1900 Ellen, seine Breite 700. Und sein einziger Flügel hatte 80 Ellen. Sein Gesicht war wie Blitze von Feuer. Seine Augen aber waren trübe, und aus seinen Nüstern trat der Dunst seiner Bosheit aus. Sein Mund war wie eine Felsspalte (QB 3,12f. C [753]).

Diese Beschreibung steht in der Tradition der Beschreibung des Körpers Gottes durch unvorstellbare Maße, wie sie in wenigen Spuren in christlichen Texten, vor allem aber in Texten der jüdischen Mystik erhalten ist[52]. Sie wird hier nur auf den Teufel angewendet, wodurch die strikte Transzendenz Gottes als eines schlechterdings nicht messbaren Wesens nochmals unterstrichen wird.

---

52. Dazu künftig MARKSCHIES, *The Body of God and the Body of Humans* (Anm. 51). Für die Beschreibung der Engel in QB 3,31-34 vgl. C. MARKSCHIES, *Wie vermitteln apokryph gewordene christliche Schriften Wissen? – ein Prospekt*, in Th. FUHRER – A. RENGER (Hgg.), *Performanz von Wissen: Strategien der Wissensvermittlung in der Vormoderne* (Bibliothek der klassischen Altertumswissenschaften, Neue Folge, 2. Reihe, 134), Heidelberg, Carl Winter, 149-160.

Ein eigenes Feld, das eigentlich ausführlicherer Erläuterung bedürfte, sind die Sakramente – wir deuten diesen angesichts der Bedeutung dieser Heilsmittel für das christliche Alltagsleben in gewisser Weise dann auch wieder selbstverständlichen Bereich hier nur an. Die Sakramente werden zum Teil durch Darstellung eines himmlischen Vorbildes (so in den *Quaestiones Bartholomaei* 1,28-31: ein Opfer im Paradies) zusätzlich legitimiert und abgesichert. Die ganze Welt wird „durch dein heiliges Blut aus der Hand des Feindes erkauft" (QB 4,65 [821]). Immer wieder finden sich Anspielungen auf das „Bad der Wiedergeburt", die Taufe, oder auf die Eucharistie.

Neben Vater, Sohn und Heiligen Geist sowie die Sakramente treten weitere Figuren, Engel, Engelfürsten, aber ein weiteres zentrales Motiv mehrheitskirchlicher Frömmigkeit in den apokryph gewordenen Evangelien ist ohne Zweifel auch das *Lob der Maria* als einer weiblichen Identifikationsfigur für die Leserschaft solcher Texte. Auch dies kann man gut an den zur Bartholomaeus-Tradition zählenden Texten sehen: Auch hier sind die *Quaestiones Bartholomaei* im Unterschied zum *Liber* recht zurückhaltend. Bartholomaeus fragt hier nur: „Oh, selige Maria, auf welche Weise trugst du in dir solche Größe, und auf welche Weise nahmst du so große Herrlichkeit auf?" (QB 2,2 C [727]). Für diese Textgruppe ist die Antwort auf diese Frage noch ein großes Geheimnis, das Maria auszusprechen verboten ist: „Wenn ich anfinge, [sie] aufzudecken, ginge eine Flamme aus meinem Munde und würde die ganze Welt verbrennen" (QB 2,5 C [729f.]). Außerdem wird Petrus von Maria gleichsam nach vorn geschoben, um die zentrale Stellung der Gottesmutter mit Berufung auf die Stellung des Mannes als Haupt der Frau zu revidieren: „Du bist das Haupt aller Apostel, Petrus, steh nicht hinter mir" (QB 2,7 [730]). Die Bezeichnung der Gottesmutter mit einem vor allem im Mittelalter gebrauchten Titel als *Restauratrix* in einer Rezension der *Quaestiones* (QB 3,6 C [748]) deutet darauf hin, dass an dem Text kontinuierlich weitergeschrieben wurde[53]. Im *Liber* ist das Marienlob dann schon deutlich elaborierter. Hans-Martin Schenke hat in der Einleitung zu seiner Übersetzung der Fragmente des sogenannten *Liber Bartholomaei* schon darauf hingewiesen, dass die Betonung und Beschreibung der Gottesmutterschaft Mariens einzigartig sei[54]. Der auferstandene Jesus grüßt am Grab seine Mutter mit folgenden Worten:

---

53. Vgl. die Nachweise an entsprechender Stelle in der synoptischen Übersetzung in *AcA* I (Anm. 1), S. 748, Anm. 179.

54. SCHENKE, *Die koptischen Bartholomaeustexte* „Das Buch der Auferstehung Jesu Christi, unseres Herrn" (Anm. 24), S. 858f.

Er sprach zu ihr: ‚Sei gegrüßt, meine Mutter. Sei gegrüßt, meine heilige Arche. Sei gegrüßt, die du das Leben der ganzen Welt trugst. Sei gegrüßt, mein heiliges Gewand, mit dem ich mich bekleidet hatte. Sei gegrüßt, mein Gefäß voll heiligen [Wassers]. Sei gegrüßt, meine Mutter, mein Haus, meine Wohnung. [Sei gegrüßt], meine Mutter, meine Stadt, mein Zufluchtsort. [Sei gegrüßt, die du] bei dir [die sieben Äonen in einem einzigen Gebilde] empfingst. [Sei gegrüßt,] [du Tafel, die im Paradies des siebten Himmels befestigt ist, deren Übersetzung ist: ‚Chomthomach (=) Derentwegen sich das] ganze Paradies [freut'. Ich sage dir,] o meine Mutter: Wer [dich liebt, liebt das Leben. Sei gegrüßt,] die du [das Leben der ganzen Welt in deinem] Leibe trugst' (LB 9,2)[55].

Würde man diesen Text jetzt mit spätantiken oder byzantinischen Marien-Hymnen vergleichen, so fänden sich viele Parallelen zu einzelnen Zeilen („die du das Leben der ganzen Welt trugst"), aber auch einprägsame Archaismen wie die aus dem syrischen Raum stammende Bekleidungsmetaphorik („mein heiliges Gewand, mit dem ich mich bekleidet hatte")[56]. Man kann sich angesichts der Ringkomposition des ersten Grußes, der am Schluss wieder auftaucht, gut vorstellen, dass dieser Hymnus tatsächlich einen Sitz im Leben in der Liturgie hatte. Der *Liber Bartholomaei* berichtet auch von einer besonderen Segnung des Leibes der Gottesmutter, die der Auferstandene durchführt:

> Da streckte unser Erlöser seine rechte Hand aus, die mit Segen gefüllt war, und segnete den Leib seiner Mutter Maria. Ich sah, wie sich die Himmel nacheinander öffneten. Die sieben Firmamente öffneten sich. Ich sah einen leuchtenden Menschen, der wie eine Perle glänzte und den kein Mensch anzusehen vermag, und auch eine feurige Hand von der Farbe [des] Schnees. Sie ließ sich nieder auf den Leib der Maria und ihre Brust. Und zwar war es die Hand des Vaters und die Rechte des Sohnes und die Rechte des Heiligen Geistes (LB 10,4)[57].

Auch zu einer solchen auf den Leib der Gottesmutter bezogenen Frömmigkeit, die auch noch einmal Petrus mit seinem Satz „O wohl <deinem> Leib, der <ihn> trug, bis du uns den König der Ehre gebarst" (LB 11,2)[58] bezeugt, gibt es direkte Parallelen aus der spätantik-frühbyzantinischen Literatur Ägyptens: In einer dem Cyrill zugeschriebenen, aber sicher

---

55. SCHENKE, in *AcA* I (Anm. 1), S. 868.

56. S. BROCK, *Clothing Metaphors as a Means of Theological Expression in Syriac Tradition*, in M. SCHMIDT (Hg.), *Typus, Symbol, Allegorie bei den östlichen Vätern und ihren Parallelen im Mittelalter. Internationales Kolloquium, Eichstätt 1981* (Eichstätter Beiträge, 4), Regensburg, Pustet, 1982, 11-40.

57. SCHENKE, in *AcA* I (Anm. 1), S. 869.

58. *Ibid.*, S. 870.

späteren Marienpredigt kriecht der Engel Gabriel gleichsam in den Schoß der Gottesmutter und heiligt ihn dadurch[59].

Wir haben den Reichtum allein der Bartholomaeus-Traditionen noch kaum ausgeschöpft (so wären natürlich auch die Mahnungen zur Askese ausführlicher darzustellen: „Ehre sei dir Herr, Erlöser der Sünder, Leben der Gerechten, Glaube der Glaubenden, Auferstehung der Toten, Licht der Welt, Liebhaber der Keuschheit" QB 4,69 [830] oder die antihäretischen Warnungen QB 5,5 [834]), kommen aber trotzdem an dieser Stelle zu einem vorläufigen Schluss:

III. SCHLUSS UND AUSBLICK

Wir haben im Rahmen dieses Beitrags allenfalls ein paar charakteristische Beispiele angeboten, die für ein weites und reiches Forschungsfeld stehen. Insbesondere die ethische Dimension der Frömmigkeit, die in der eingangs erwähnten Monographie von Jane Baun eine große Rolle spielt, haben wir hier gar nicht näher beleuchtet. In den *Quaestiones Bartholomaei* finden sich beispielsweise interessante negative ethische Formulierungen gegen Selbstmörder, Kunden von Zauberern, Wahrsagern und Fälschern, Meineidige und so weiter (QB 5,5 [836-838]). Bis also ein einigermaßen umfassendes Inventar vorliegen wird, ist noch viel Arbeit erforderlich. Man kann ein solches Inventar der diversen Praktiken, Formen und Inhalte mehrheitskirchlicher Frömmigkeit in den apokryph gewordenen Evangelien – das mir so viele Jahre nach Lietzmanns Aufgabenstellung für den jungen Promovenden Wilhelm Schneemelcher ein dringendes Desiderat zu sein scheint – für sehr viele Zwecke nutzen: Es würde dabei helfen, die oft ohne eine klare geographische oder chronologische Fixierung gleichsam ungebunden in Zeit und Raum schwebenden Texte ein wenig präziser in Landschaften und Zeitkontexten zu verorten – wir sahen beispielsweise bei der „Geschichte von Joseph, dem Zimmermann" und dem *Liber Bartholomaei*, wie stark diese Texte mit anderen Zeugnissen mehrheitskirchlicher ägyptischer Frömmigkeit verbunden

---

59. Ps.-Cyr., *On the Virgin Mary*: „When he (Gabriel) saluted me he trembled, but I was filled with joy. He came … he opened my mouth, he went down into my womb. And the holy Archangel clave to me, he directed me, and he ministered unto that which was inside my innermost part. When I used to sing a hymn at eventide angels sang with me" (Übersetzung aus E.A.W. BUDGE [Hg.], *Miscellaneous Coptic Texts in the Dialect of Upper Egypt* [Coptic Texts, 5], London, British Museum, 1915, S. 719; vgl. eine analoge Formulierung bei Ps.-Epiph., *ibid.*, S. 712). – Hinweis von Anne Marie Luijendijk; vgl. auch N. CONSTAS, *Proclus of Constantinople and the Cult of the Virgin in Late Antiquity* (SupplVigChr, 66), Leiden, Brill, 2003, S. 278f.

werden können (und sollten). Wie unser Vergleich zwischen den *Quaestiones* und dem *Liber Bartholomaei* zeigte, kann man auch zeitliche Entwicklungslinien zwischen einzelnen Texten zu konstruieren versuchen. Auf der anderen Seite fehlen neben den Texten der theologischen Höhenkammliteratur und den normierten liturgischen Texten oft Zeugnisse für die Alltagsfrömmigkeit breiterer Kreise im antiken Christentum. Ein solches Inventar könnte die vergleichsweise schmale Quellenbasis für Untersuchungen zur christlichen Frömmigkeit ein wenig verbreitern helfen.

Ich hatte eingangs angekündigt, wenigstens kurz die Frage nach Spuren mehrheitskirchlicher Frömmigkeit auch für die vorkonstantinische Zeit stellen zu wollen, selbst wenn die Begrifflichkeit (wie wir bereits sahen) anachronistisch sein sollte. *Zum einen* möchte ich noch einmal auf einen Beitrag zurückkommen, in dem ich nach dem „Sitz im Leben" der apokryph gewordenen Evangelien anhand ihrer handschriftlichen Überlieferung gefragt hatte. Ein Ergebnis dieser Studien war, dass eine ganze Anzahl dieser Exemplare unbekannter, apokryph gewordener Texte entweder zu liturgischen oder magischen Zwecken verwendet wurde, als Amulett oder Lesetext[60]. Damit haben wir einen ganz unmittelbaren Anhaltspunkt für einen engen Zusammenhang zwischen diesen apokryph gewordenen Evangelien und Praktiken der Frömmigkeit. Hier könnte ohne Mühe über meine damaligen Beobachtungen an einigen wenigen Texten hinausgegangen werden, zunächst einmal einfach durch die Beschreibung von Benutzungs- und Gebrauchsspuren an Handschriften (ein meiner Ansicht nach wenig erforschtes Feld). Mir scheint *zum anderen*, dass eine sinnvolle Bedeutung für den in gewissem Sinne anachronistischen Ausdruck „mehrheitskirchliche Frömmigkeit" in vorkonstantinischer Zeit ja sein könnte, für verschiedene Texte noch einmal sehr gründlich zu fragen, ob sie wirklich so stark von gnostischen Gruppen geprägt sind, wie dies unsere Vorväter (beispielsweise Wilhelm Schneemelcher in den von ihm betreuten Auflagen des Sammelwerks von Edgar Hennecke) dachten. Oder präziser formuliert: Ob wirklich die Texte gnostisch geprägt sind, von denen diese Generation dies dachte. Man muss sich nämlich zunächst einmal klarmachen, dass sich mehrheitskirchliche Theologen schon am Ende des zweiten Jahrhunderts kein Evangelium außer den kanonischen vier mehr vorstellen konnten, das nicht eng mit irgendeiner als häretisch identifizierten Gruppe meist gnostischer oder eben judenchristlicher Provenienz verbunden war. Historisch wahrscheinlicher werden entsprechende Zuweisungen angesichts solcher

---

60. MARKSCHIES, *Was wissen wir über den Sitz im Leben der apokryphen Evangelien?* (Anm. 34), S. 61-92.

häresiologischer Konstrukte gewiss nicht. Man sieht dies zum Beispiel sehr gut daran, dass schon in der kaiserzeitlichen Antike das „Evangelium nach den Ägyptern" von Clemens mit den Enkratiten, von Hippolyt mit den Nassenern und von Epiphanius mit den Sabellianern verbunden wurde – also drei von der Mehrheitskirche abweichenden Gruppen, die man sich kaum unterschiedlicher vorstellen kann[61]. Aber bereits Clemens von Alexandrien kannte offenkundig dieses Evangelium nur noch aus zweiter Hand (nämlich offenbar aus enkratitischen Texten, in denen mit ihm argumentiert wurde[62]), so dass für eine Identifikation der ursprünglichen Autoren- oder Trägerkreise dieses apokryph gewordenen Evangeliums die Dinge auch nicht einfacher werden. Aufgrund des erhaltenen Materials wissen wir eben nur, dass es im zweiten Jahrhundert in Ägypten (oder vorsichtiger: in Alexandria) ein Evangelium gegeben hat, das den Namen Εὐαγγέλιον κατὰ Αἰγυπτίους trug und von der Mehrheitskirche offenbar bereits am Ende desselben Jahrhunderts für apokryph gehalten wurde. Da Clemens es bereits nur noch aus zweiter Hand kennt und lediglich einige Zitate bieten kann, die er mit mehr oder weniger Sicherheit diesem Evangelium zuschreibt, Hippolyt lediglich noch Traditionen über den Text besitzt, Origenes und Epiphanius aber – christliche Autoren mit recht tiefer Ägypten-Erfahrung – nichts bzw. nicht mehr viel darüber wissen, war es schon im dritten Jahrhundert offenbar nicht mehr sehr verbreitet. Eine sorgfältige Analyse des erhaltenen Materials und der Testimonien, die ich im ersten Band der *Antiken christlichen Apokryphen* vorgenommen habe und daher hier nicht wiederholen möchte, hat mich nun freilich zu der Auffassung gebracht, dass das „Evangelium nach den Ägyptern" formal und inhaltlich so stark bestimmten gnostischen Texten nahesteht, dass ich mindestens erwägen möchte, dass es sich einmal um ein ursprünglich gnostisches Dialogevangelium gehandelt hat. Ich habe dieses abschließende Beispiel gewählt, um deutlich zu machen, dass man natürlich nicht ausschließen wird, dass es in vorkonstantinischer Zeit allerlei später apokryph gewordene Evangelien gab, die zunächst einmal wenig mit mehrheitskirchlicher Frömmigkeit im Sinne einer Frömmigkeit von antignostischen, dem Judenchristentum gegenüber kritischen Gruppen zu tun hatten und die man vielleicht mit Rowan Williams „proto-orthodox" nennen könnte, weil sich von ihnen eine Linie zur neunizänischen Orthodoxie der spätantiken Staatskirche ziehen lässt. Selbstverständlich gab es massiv von späterer

---

61. Alle Belege bei C. MARKSCHIES, *Das Evangelium nach den Ägyptern*, in *AcA* I (Anm. 1), 661-682.
62. *Ibid.*, S. 666f.

Mehrheitskirche abweichende Frömmigkeit in einzelnen dieser apokryph gewordenen Evangelien. Wir sollten nur die Frage, welche es eigentlich sind, welche dazu gemacht wurden und welche trotz solcher Herkunft dann von der Mehrheitskirche weiter genutzt wurden, für viele Texte noch einmal neu stellen.

Lehrstuhl für Antikes Christentum   Christoph MARKSCHIES
Humboldt-Universität zu Berlin
Unter den Linden 6
D-10099 Berlin

UN NOUVEL ÉVANGILE JUDÉO-CHRÉTIEN?

LES *ACTES DE PILATE*

Les *Actes de Pilate*[1] sont communéments classés parmi les évangiles apocryphes de la Passion et rapprochés des récits canoniques correspondants. Certes, ces textes ont en commun de raconter le procès de Jésus, sa mort, sa résurrection et son ascension, mais la parenté des *Actes de Pilate* avec les évangiles canoniques ne va guère plus loin. En effet, s'il est bien question de Jésus dans les *Actes de Pilate*, il n'y joue qu'un rôle assez discret dans les onze premiers chapitres et sa figure est largement éclipsée par celle de Joseph d'Arimathée à partir du chapitre 12. Autre différence sensible par rapport aux évangiles canoniques: les *Actes de Pilate* ne racontent pas la résurrection ni l'ascension, mais se contentent de rassembler des témoignages à leur sujet, dans un ordre tout à fait surprenant. Les *Actes de Pilate* ne racontent donc pas l'histoire de Jésus de façon linéaire, comme le font les évangiles canoniques. Quel en est donc le contenu et le fil directeur?

Il n'est pas aisé de répondre à ces questions, sur lesquelles la recherche n'a guère avancé. Même si les *Actes de Pilate* ont fait l'objet d'une abondante bibliographie[2], peu de savants en ont en effet proposé une

---

1. Cet apocryphe, aussi connu sous le nom d'*Évangile de Nicodème*, porte le n° 62 dans M. GEERARD, *Clavis Apocryphorum Novi Testamenti* (CCSA), Turnhout, Brepols, 1992, 43-46. Sauf indication contraire, je désigne par *Actes de Pilate* la recension grecque A. L'édition de référence reste C. VON TISCHENDORF, *Evangelia apocrypha, adhibitis plurimis codicibus Graecis et Latinis maximam partem nunc primum consultis atque ineditorum copia insignibus*, 2ᵉ éd. rév., Leipzig, 1876 (1853¹; réimpression: Hildesheim, 1966), 210-286, dont on trouvera des traductions dans la plupart des recueils d'apocryphes; sur les défauts de cette édition, cf. notamment F.C. CONYBEARE, *Acta Pilati*, dans *Studia biblica et ecclesiastica: Essays Chiefly in Biblical and Patristic Criticism*, Oxford, Clarendon, 1896, 59-132, p. 69 (réimpression: F.C. CONYBEARE, *The Acts of Pilate*, Piscataway, NJ, Gorgias, 2006). Les renvois aux *Actes de Pilate* sont faits selon la nouvelle numérotation mise en place par le groupe de recherche mentionné n. 4; la numérotation de l'édition citée de C. von Tischendorf est indiquée entre parenthèses et en chiffres romains lorsqu'elle en diffère; je cite la traduction que C. Furrer (Université de Lausanne) a faite de l'édition en préparation dans le cadre de l'AELAC. Ma reconnaissance va à A.-C. Baudoin, C. Grappe, S. Morlet, S.C. Mimouni et E. Norelli pour leurs suggestions et encouragements.

2. Les éditions, traductions et études antérieures à 2000 sont relevées par R. GOUNELLE – Z. IZYDORCZYK, *Thematic Bibliography of the Acts of Pilate*, dans Z. IZYDORCZYK (éd.), *The Medieval Gospel of Nicodemus: Texts, Intertexts and Contexts in Western Europe* (Mediaeval & Renaissance Texts and Studies, 158), Tempe, AZ, The Arizona Center for

interprétation d'ensemble, visant à en saisir la cohérence[3]. La présente
étude tente de le faire en mettant à profit les recherches que j'ai menées
depuis près de trente ans dans le cadre d'un groupe de recherche de
l'Association pour l'Étude de la Littérature Apocryphe Chrétienne[4].

La recherche antérieure ayant fait grand cas du titre, de la préface et
du prologue des *Actes de Pilate* et ayant souvent interprété cette œuvre
à la lumière de diverses sources des quatre premiers siècles mentionnant
l'existence de récits sur Pilate, il sera nécessaire de commencer par examiner ces documents. Il sera alors temps de procéder à une analyse de
la structure littéraire des *Actes de Pilate*, de ses principales sources,
de la description des personnages et des lieux et de la théologie sous-
jacente au récit. Ces diverses perspectives, complémentaires, permettront
de dresser un portrait-robot de l'auteur de ce texte et de ses destinataires.
Il sera possible, sur cette base, de formuler *in fine* de nouvelles hypothèses sur l'origine des *Actes de Pilate*[5].

Medieval and Renaissance Studies, 1997, 419-532, complétée par R. GOUNELLE –
Z. IZYDORCZYK, *A Thematic Bibliography of the Acts of Pilate: Addenda and corrigenda*,
dans *Apocrypha* 11 (2000) 259-292. Les travaux antérieurs à 1853 (date de publication
de l'édition de von Tischendorf susmentionnée) sont dans l'ensemble difficilement uti-
lisables; font toutefois exception les notes de l'édition de J.C. THILO, *Codex Apocryphus
Novi Testamenti*, I, Leipzig, F.C.G. Vogel, 1832, p. 645.

3. Cf. toutefois, outre l'introduction de R. GOUNELLE – Z. IZYDORCZYK, *L'Évangile de
Nicodème ou les Actes faits sous Ponce Pilate (recension latine A), suivi de La lettre de
Pilate à l'empereur Claude* (Apocryphes, 9), Turnhout, Brepols, pp. 48-86: J.D. SHANNON,
«For Good Work Do They Wish to Kill Them?»: Narrative Critique of the Acts of Pilate
[PhD], Université du Missouri, téléchargeable sur https://mospace.umsystem.edu/xmlui/
handle/10355/4554 [consulté le 10.08.2011] et M. SCHÄRTL, *«Nicht das ganze Volk will,
dass er sterbe»: Die Pilatusakten als historische Quelle der Spätantike* (Apeliotes, 8),
Frankfurt a.M., Lang, 2011. Sur le récit du procès, cf. C. CHABROL, *Remarques sur deux
textes apocryphes (Actes de Pilate et Évangile de Pierre)*, dans C. CHABROL – L. MARIN
(éds.), *Le récit évangélique* (Bibliothèque de Sciences Religieuses), Paris, Aubier-Mon-
taigne, 1974, 66-73.

4. Ce groupe de recherche, rattaché à l'Unité mixte de recherche 8584 (membre de la
Fédération 33 du C.N.R.S.), comprend à l'heure actuelle Anne-Catherine Baudoin, Robert
Beylot, Jean-Daniel Dubois, Albert Frey, Christiane Furrer, Justin Haynes, Zbigniew
Izydorczyk, Bernard Outtier, Jacques-Noël Pérès, Gérard Roquet, Susana Torres Prieto et
moi-même. Les recherches menées dans ce groupe ont permis de mettre au jour un récit
sensiblement différent de ce qui était connu jusque là. Ils ont également conduit à remettre
en question une partie des acquis de la recherche antérieure, souvent trop encline à lire les
Actes de Pilate à la lumière de la théologie classique ou des évangiles canoniques et peu
soucieuse de comprendre la seconde partie du récit, souvent injustement considérée
comme naïve et mal élaborée – cf. ainsi P. LAMPE, *The Trial of Jesus in the Acta Pilati*,
dans E. BAMMEL – C.F.D. MOULE (éds.), *Jesus and the Politics of His Day*, Cambridge,
University Press, 1984, 173-182, p. 181; M. STAROWIEYSKI, *Éléments apologétiques dans
les apocryphes*, dans B. POUDERON – J. DORÉ (éds.), *Les Apologistes chrétiens et la culture
grecque* (Théologie Historique, 105), Paris, Beauchesne, 1998, 187-197, pp. 193-196.
L'origine des *Actes de Pilate* et sa place dans le contexte théologique du christianisme
antique se pose en conséquence en des termes en partie nouveaux.

5. Le présent article reprend, synthétise et développe sous de nouveaux angles des
analyses dont les premiers résultats ont été présentés dans: R. GOUNELLE, *La divinité du*

I. LES ACTES DE PILATE

La tradition textuelle des *Actes de Pilate* défie la recherche depuis plusieurs siècles. Conservés dans presque toutes les langues de l'Antiquité, les *Actes de Pilate* sont en effet connus par environ 500 manuscrits, à quoi s'ajoute une abondante tradition vernaculaire[6]. Ces manuscrits ont conservé des formes très différentes des *Actes de Pilate*, les témoins grecs eux-mêmes témoignant de plusieurs réécritures, parfois profondes, du récit.

Toute reconstitution du texte grec originel de cet apocryphe est rendue difficile par le caractère lacunaire de la tradition manuscrite grecque et par les particularités des traductions anciennes de ce texte[7]. Le début des *Actes de Pilate*, dans lequel le récit s'authentifie, est un lieu particulièrement délicat de la tradition manuscrite, dont l'interprétation a des incidences directes sur la datation du texte et sur la reconstitution de son milieu d'origine. Ce début, interprété à la lumière de diverses sources du IVe siècle, a en effet permis à la recherche d'inscrire les *Actes de Pilate* dans le cadre des polémiques du christianisme avec le paganisme, une perspective discutable[8].

Christ est-elle une question centrale dans le procès de Jésus rapporté par les Acta Pilati?, dans *Apocrypha* 8 (1997) 121-136; GOUNELLE – IZYDORCZYK, *L'Évangile de Nicodème* (n. 3), pp. 48-72; R. GOUNELLE, *Évangile de Nicodème et évangiles canoniques*, dans D. MARGUERAT (éd.), *La Bible en récits: L'exégèse biblique à l'heure du lecteur. Colloque international d'analyse narrative des textes de la Bible (Lausanne, mars 2002)* (Le Monde de la Bible, 48), Genève, Labor et Fides, 2003, 420-430; R. GOUNELLE, *Jésus, roi du peuple dans les Actes de Pilate*, dans *Religions et histoire* 15 (2007) [= *Jésus dans les textes apocryphes*] 47-49; *Entre judaïsme et christianisme: Les Actes de Pilate*, dans *Connaissance des Pères de l'Église* 117 (2010) 11-16.

6. Cf. IZYDORCZYK (éd.), *The Medieval Gospel of Nicodemus* (n. 2) et les divers articles sur les actes du *Workshop Editing the Acts of Pilate in Early Christian Languages. Theory and Practice* (Winnipeg, October 3-5, 2010) réunis dans *Apocrypha* 21 (2010) 9-176.

7. Sur la tradition manuscrite grecque des *Actes de Pilate*, cf. C. FURRER, *La recension grecque ancienne des Actes de Pilate*, dans *Apocrypha* 21 (2010) 11-30. Sur les difficultés que pose cette tradition textuelle, cf. R. GOUNELLE, *L'édition de la recension grecque ancienne des Actes de Pilate: Perspectives méthodologiques*, dans *Apocrypha* 21 (2010) 31-47.

8. X. LEVIEILS, *La polémique anti-chrétienne des Actes de Pilate*, dans *RHPR* 79 (1999) 291-314, p. 293, relève à juste titre que, pour nombre de savants, les *Actes de Pilate* sont à comprendre sur l'arrière-plan de polémiques anti-païennes; ce contexte historiographique explique les hésitations de STAROWIEYSKI, *Éléments apologétiques dans les apocryphes* (n. 4), à affirmer explicitement un front de controverse avec le judaïsme. Il n'en est pas moins vrai que plusieurs savants ont attribué les *Actes de Pilate* à un chrétien d'origine juive – c'est notamment le cas de VON TISCHENDORF, *Evangelia apocrypha* (n. 1), p. LXV. D'autres, qui ont discerné dans les *Actes de Pilate* une défense de la résurrection contre ses détracteurs, ont incliné dans le sens d'une polémique anti-juive; cf. ainsi LAMPE, *The Trial of Jesus in the Acta Pilati* (n. 4). Plus récemment, SCHÄRTL, «*Nicht das ganze Volk will, dass er sterbe*» (n. 3), pp. 167-174, estime que l'auteur de la seconde partie des *Actes de Pilate* est un judéo-chrétien, mais ne cherche pas à le situer dans les divers

1. Titre et authentification

Communément désigné par le titre *Actes de Pilate*, le récit, tel qu'édité par C. von Tischendorf[9], est doté d'un titre et d'un double prologue.

a) *Le titre*

Le titre *Actes de Pilate*, par lequel cet écrit est souvent désigné, laisse entendre que ce texte transmet un document officiel, rédigé par Ponce Pilate. C'est de fait ainsi que la version latine A, qui a été largement diffusée durant le Moyen Âge[10], présente le récit, mais les manuscrits grecs, qu'appuient les versions anciennes, transmettent, avec des variantes de détail, un intitulé différent: «Mémoires de notre Seigneur Jésus le Christ, faits sous Ponce Pilate» (Ὑπομνήματα τοῦ κυρίου ἡμῶν Ἰησοῦ Χριστοῦ πραχθέντα ἐπὶ Ποντίου Πιλάτου)[11]. Ce titre ne présente pas le gouverneur romain comme l'auteur du texte. En revanche, le terme traduit par «Mémoires» – ὑπομνήματα –, signifie bien ici «procès-verbaux» de procès[12] et non «aide-mémoires» ou «commentaires»[13].

courants du judéo-christianisme. La présente contribution fournit de nouveaux éléments en ce sens et tente de préciser de quelle forme de judéo-christianisme il s'agit.

9. VON TISCHENDORF, *Evangelia apocrypha* (n. 1), pp. 210-213.

10. C'est au IXe s. que semble apparaître le titre «Faits et gestes (*gesta*) de notre seigneur et sauveur Jésus-Christ trouvés sous l'empereur Théodose le Grand à Jérusalem dans le prétoire de Ponce Pilate, dans les archives publiques». Pour la recension latine A, il faut se référer, en attendant une édition critique satisfaisante, à H.C. KIM, *The Gospel of Nicodemus: Gesta Salvatoris* (Toronto Medieval Latin Texts, 2), Toronto, Pontifical Institute of Mediaeval Studies, 1973, traduit dans GOUNELLE – IZYDORCZYK, *L'Évangile de Nicodème* (n. 3).

11. Sur les variantes de ce titre dans les manuscrits grecs, cf. FURRER, *La recension grecque ancienne* (n. 7), pp. 20-23. La plus ancienne attestation du titre «Acta Pilati» se trouve, à propos du texte anti-chrétien dont il sera question plus loin, dans un passage de la traduction latine que Rufin d'Aquilée a faite de l'*Histoire Ecclésiastique* d'Eusèbe de Césarée, IX.6.3. Cf. E. SCHWARTZ – T. MOMMSEN, *Eusebius Werke. II: Die Kirchengeschichte – Die lateinische Übersetzung des Rufinus*, t. 2 (GCS, 9/2), Leipzig, J.C. Hinrichs, 1908, p. 813.

12. Il s'agit en effet bien de «Mémoires de Jésus» (Ὑπομνήματα τοῦ κυρίου ἡμῶν Ἰησοῦ Χριστοῦ) et non «au sujet de Jésus» (avec une préposition) comme on pourrait l'attendre – cf. en ce sens Origène, *Contre Celse*, II.13, dans M. BORRET, *Origène, Contre Celse*, I (SC, 132), Paris, Cerf, 1967, 322-323. Ce génitif laisse accroire que ὑπομνήματα renvoie ici aux procès-verbaux d'interrogatoire, une signification attestée au IVe siècle; cf. par exemple Eusèbe de Césarée, *Histoire Ecclésiastique*, IX.5.2, dans G. BARDY, *Eusèbe de Césarée, Histoire Ecclésiastique, Livres VIII-X et les Martyrs de Palestine* (SC, 55), 4e éd., Paris, Cerf, 1993, p. 51. Sur cette signification de ὑπομνήματα, cf. G.A. BISBEE, *Pre-Decian Acts of Martyrs and Commentarii* (Harvard Dissertations in Religion, 22), Philadelphia, PA, Fortress, 1988.

13. Sur la dimension technique de ce terme, voir les études récentes (avec bibliographie antérieure) de T. DORANDI, *Le commentaire dans la tradition papyrologique*.

b) *Préface et prologue*

Dans l'édition de Constantin von Tischendorf, le récit est précédé d'un double prologue[14]. La première pièce, qui sera par la suite appelée «préface», débute par les termes «Moi, Ananias»; elle raconte la découverte du récit par un certain Ananias, juif converti au christianisme[15]; Ananias aurait trouvé le texte écrit en hébreu et l'aurait traduit en grec «pour tous ceux qui invoquent le nom de notre Seigneur Jésus le Christ»; cette préface s'achève par un colophon («Vous tous qui lisez...»), invitant ceux qui liront et copieront le texte à prier pour le rédacteur/copiste. Le second élément, qui constitue le «prologue» à proprement parler, s'ouvre par une longue datation de la passion du Christ («En l'an quinze...»), et s'achève sur une note mentionnant l'auteur de la forme hébraïque du récit, Nicodème («Tout ce que, après la croix...»).

Seul le lecteur de l'apparat critique de l'édition de Constantin von Tischendorf s'apercevra que la préface est transmise par un unique manuscrit grec (C); sur les huit autres témoins utilisés par le savant allemand, sept ne l'ont pas et un est lacuneux (B). Le prologue, quant à lui, est attesté par six témoins, dont le *codex* C: il est omis par deux manuscrits; B est de nouveau lacuneux.

C. von Tischendorf justifie la reconstitution du double texte liminaire (préface et prologue) par un appel au copte et à la tradition latine. Le lecteur curieux s'empressera d'aller examiner l'édition du texte latin, auquel il est explicitement renvoyé, mais il aura quelques surprises. Non seulement il découvrira que le texte latin de la préface édité est en fait la traduction en latin de la version copte, effectuée par Amédée Peyron[16], mais encore qu'aucun des manuscrits latins connus du savant allemand ne contiennent à la fois la préface et le prologue. Le regroupement de la

---

Quelques cas controversés et H. MAEHLER, *L'évolution matérielle de l'*hypomnèma *jusqu'à la basse-époque: Le cas du POxy. 856 (Aristophane) PWürzburg 1 (Euripide)»*, dans M.-O. GOULET-CAZÉ (éd.), *Le commentaire entre tradition et innovation* (Bibliothèque d'Histoire de la Philosophie), Paris, Vrin, 2000, 15-27, 29-36. Cf. aussi, à propos du terme ἀπομνημονεύμα: G. ARAGIONE, *Justin, «philosophe» chrétien et les «Mémoires des Apôtres qui sont appelés Évangiles»*, dans *Apocrypha* 15 (2004) 41-56.

14. VON TISCHENDORF, *Evangelia apocrypha* (n. 1), pp. 210-213.

15. Au début de ce texte, von Tischendorf édite ἀπὸ ἐπάρχων, conformément au manuscrit dont il a connaissance; un autre témoin grec, inconnu de ce savant, lit ἀπὸ Ἑβραίων, tandis qu'un troisième omet cette précision. Les versions anciennes, quant à elles, appuient la leçon ἀπὸ Ἑβραίων, qui semble primitive. Le terme προκτίκτωρ, est, quant à lui, attesté dans les trois témoins grecs et en copte, mais est absent du reste de la tradition manuscrite, qui lui préfère un équivalent de «premier».

16. *Ibid.*, pp. 333-334. L'aveu du forfait se trouve p. 334, dans l'apparat: *prologum istum ex Copto interprete sumsi.*

préface et du prologue en tête des *Actes de Pilate* dans l'édition de la recension grecque ancienne et de la version latine ne se justifie donc que par le manuscrit grec C et par la version copte. Tous les autres témoins connus du savant allemand s'y opposent.

c) *Des éléments paratextuels originaux?*

Les *Actes de Pilate* originaux étaient-ils véritablement précédés d'une préface et d'un prologue, ou la combinaison de ces deux textes est-elle une spécificité d'une branche particulière de la tradition textuelle de cet apocryphe? La recherche antérieure a le plus souvent estimé que la préface était secondaire, tandis que le prologue était primitif. Même si quelques tentatives ont été faites pour aller dans une autre direction[17], cette hypothèse semble valide.

La préface des *Actes de Pilate* tranche en effet avec le reste du récit sur plusieurs points. Il y est question de «Jésus Christ» ('Ιησοῦς Χριστός) et de «Ponce Pilate» (Ποντίος Πιλᾶτος), alors que la suite n'emploie jamais ces appellations, leur préférant 'Ιησοῦς et Πιλᾶτος[18]; les expressions «notre Seigneur (κύριον)» et «notre Maître (δεσπότου)», accolées au nom de Jésus-Christ dans la préface, sont également absentes des *Actes de Pilate*; de même, le thème du nom, pourtant attesté dans le texte[19], n'y est jamais explicitement associé à Jésus comme dans la préface[20]. On notera, en outre, que la phraséologie relativement complexe et les enchaînements d'éléments introduits par une préposition, s'ils ne sont

---

17. Cf. G.C. O'CEALLAIGH, *Dating the Commentaries of Nicodemus*, dans *HTR* 56 (1963) 21-58, pp. 26-28, qui estime que la préface et le prologue appartiennent aux *Actes de Pilate* primitifs. Sur cette étude, qui aboutit à des résultats irrecevables – la datation des *Actes de Pilate* à laquelle elle aboutit (au plus tôt en 555) est invalidée par l'homélie anatolienne dont il sera question plus loin –, cf. notamment R. GOUNELLE, *G.C. O'Ceallaigh et les Actes de Pilate*, dans P. HUMMEL – F. GABRIEL (éds.), *Vérité(s) philologique(s): Études sur les notions de vérité et de fausseté en matière de philologie*, Paris, Philologicum, 2008, 141-156.

18. Le qualificatif Χριστός n'apparaît qu'en 7.1 [IX.1] et en 10.1, dans des passages repris aux évangiles canoniques, et toujours dans des questions.

19. Cf. R. GOUNELLE, *Les Actes de Pilate et les Écritures juives*, dans R. GOUNELLE – B. MOUNIER (éds.), *La littérature apocryphe chrétienne et les Écritures juives* (Publications de l'Institut Romand des Sciences Bibliques), Prahins (CH), Éditions du Zèbre, sous presse.

20. On notera aussi que la bienveillance de Dieu, la foi et le «saint baptême», mentionnés dans la préface, ne font non plus aucune apparition dans la suite du texte – même pas dans le récit que Joseph d'Arimathée donne de sa rencontre avec Jésus dans sa prison (15.6), où il est pourtant question d'une sorte de baptême. Mais ces éléments sont mal attestés dans les versions, si bien que leur appartenance à la préface primitive n'est pas certaine.

pas dûs à des interpolations, ne trouvent pas de parallèles dans la suite du récit. Il semble donc peu probable que la préface soit due à l'auteur des *Actes de Pilate*[21]. Il s'agit selon toute vraisemblance d'un ajout secondaire, qui a dû figurer initialement à la fin du récit[22].

Malgré sa brièveté, le titre pose des problèmes similaires, dans la mesure où il qualifie Jésus de Christ et où il parle de Ponce Pilate. Il n'est toutefois pas certain qu'il soit de la même main que la préface. D'une part, cette dernière ne cite pas exactement le titre – elle précise qu'Ananias a «recherché les Mémoires rédigés en ce temps-là au sujet de notre Seigneur Jésus-Christ»; d'autre part une homélie pseudo-chrysosto-mienne dont il sera question plus loin atteste que le titre est connu en 387, alors que la préface date le récit de 425, ce qui en fournit le *terminus a quo*[23].

Le prologue ne pose pas les mêmes problèmes de forme et de contenu, si bien que son appartenance aux *Actes de Pilate* primitifs n'a pas lieu d'être discutée.

d) *Bilan*

Ces analyses permettent de poser, à titre d'hypothèse, un développe-ment du début des *Actes de Pilate* en au moins quatre étapes: (a) texte avec un titre perdu, doté du prologue; (b) au plus tard en 387, ajout du titre «Mémoires de notre Seigneur Jésus le Christ, faits sous Ponce Pilate»; (c) au plus tôt en 425, ajout de la préface avec le colophon à la fin du texte; (d) transfert de la préface entre le titre et le prologue, dans certains témoins[24].

---

21. Ce que confirme la datation proposée avant le colophon; cf. R.A LIPSIUS, *Die Pilatus-Acten kritisch untersucht*, Kiel, Schwers'sche Buchhandlung, 1871[1], 1886[2].

22. La préface figure de fait à la fin du texte dans un témoin arménien et dans un témoin syriaque des *Actes de Pilate*, à quoi il faut peut-être ajouter le palimpseste de Vienne; sur ce dernier témoin, cf. M. DESPINEUX, *Une version latine palimpseste du Ve siècle de l'Évangile de Nicodème (Vienne, ÖNB Ms 563)*, dans *Scriptorium* 42 (1988) 176-183, p. 180.

23. Cf. LIPSIUS, *Die Pilatus-Acten kritisch untersucht* (n. 21).

24. L'*Apocalypse de Paul* semble avoir connu une histoire textuelle du même type. Une préface a en effet probablement été ajoutée au début de l'*Apocalypse de Paul* au cours de sa transmission manuscrite. Cf. P.-L. PIOVANELLI, *La découverte miraculeuse du manuscrit caché ou la fonction du prologue dans l'«Apocalypse de Paul»*, dans J.-D. DUBOIS – B. ROUSSEL (éds.), *Entrer en matière: Les prologues* (Patrimoines – Reli-gions du livre), Paris, Cerf, 1998, 111-124; ID., *The Miraculous Discovery of the Hidden Manuscript or the Para-textual Function of the Prologue to the Apocalypse of Paul*, dans G. J. BROOKE – J.-D. KAESTLI (éds.), *Narrativity in Biblical and Related Texts/La narra-tivité dans la Bible et les textes apparentés* (BETL, 149), Louvain, Peeters, 2000, 265-282.

Lorsqu'ils ne sont pas acéphales, tous les témoins grecs conservés et les versions anciennes qui en dépendent attestent le titre «Mémoires de notre Seigneur Jésus le Christ, faits sous Ponce Pilate», avec des variantes. La tradition manuscrite ne permet donc pas d'accéder à l'état le plus ancien des *Actes de Pilate*. Il n'en est pas moins vrai que les modifications apportées au début du texte n'impliquent pas nécessairement que le contenu des *Actes de Pilate* ait été fondamentalement modifié; de fait, les traductions de ce texte faites à haute époque montrent que l'essentiel des *Actes de Pilate* originaux subsiste dans le *textus antiquissimus* auquel la tradition manuscrite permet d'avoir accès[25]. La théologie sous-jacente au récit, qui sera étudiée plus loin, confirmera ce verdict.

2. *Datation*

Bien que vraisemblablement secondaires, le titre et la préface des *Actes de Pilate* sont des éléments essentiels utilisés par la recherche antérieure pour dater ce texte et en comprendre l'origine[26]. En effet, plusieurs écrits du IVe s. mentionnent, le plus souvent dans le cadre de controverses sur la date de Pâques, des «Mémoires» ou des «Actes» liés à la figure de Pilate. Un bref examen de ces témoins s'impose[27].

a) *Eusèbe de Césarée*

Souvent citées dans la littérature secondaire, les mentions des «Mémoires de Pilate» dans l'*Histoire Ecclésiastique* d'Eusèbe de Césarée posent des problèmes difficiles aux historiens. Eusèbe renvoie en effet à plusieurs reprises[28] à des «Mémoires» qu'il estime avoir récemment

---

25. Cf. Gounelle, *L'édition de la recension grecque ancienne des Actes de Pilate* (n. 7).

26. Si la datation des *Actes de Pilate* a fait l'objet de débats, leur origine géographique n'a guère été discutée et est de fait difficile à déterminer. On ne peut considérer comme évident une localisation en Syrie, comme le fait P. Richardson, *The Beginnings of Christian Anti-Judaism, 70 c. 235*, dans S.T. Katz (éd.), *The Cambridge History of Judaism. IV: The Late Roman-Rabbinic Period*, Cambridge, University Press, 2006, 244-258, p. 248 (qui situe le texte au IIe siècle), et ce quand bien même les parallèles relevés par A. Stewart-Sykes, *The Didascalia Apostolorum: An English Version* (Studia Traditionis Theologiae: Explorations in Early Medieval Theology, 1), Turnhout, Brepols, 2009, p. 171 n. 18, vont en ce sens.

27. Sur cette question, l'étude de référence est de J.-D. Dubois, *L'utilisation des Actes de Pilate au quatrième siècle*, dans *Apocrypha* 2 (1991) [= *La fable apocryphe*, II] 85-98.

28. Eusèbe de Césarée, *Histoire Ecclésiastique*, I.9.3-4 et I.11.9, dans E. Schwartz – T. Mommsen (éds.), *Eusebius Werke. II*, t. 1 (GCS, 9/1), Leipzig, J.C. Hinrichs, 1903, pp. 72-73, 80-81; IX.5.1 et IX.7.1 [IX], dans Schwartz – Mommsen, *Eusebius Werke*, II,

été forgées par l'entourage de Maximin Daïa[29]. Ces «Mémoires» liés à Pilate auraient été largement placardés, affichés dans les écoles et enseignés aux enfants.

Malgré leur caractère imprécis[30], les informations données par Eusèbe sur ces «Mémoires» sont considérées comme fiables par la majorité des historiens[31]. Il est toutefois frappant qu'elles ne soient confirmées ni par l'édit de Maximin Daïa – cité par Eusèbe et attesté dans la documentation épigraphique[32] – ni par Lactance qui, dans les dures pages qu'il consacre à Maximin Daïa, ne fait aucune allusion à la production d'un texte antichrétien pas plus qu'à une propagande hostile aux chrétiens en contexte scolaire[33].

t. 2 (n. 11), pp. 810-811, 812-813 (en IX.7.1 [IX] dans le texte grec; en IX.6.3 dans la traduction de Rufin, qui a déplacé cette mention dans le discours de Lucien d'Antioche, qu'il a amplifié; cf. plus loin). Traduction française du texte grec par G. BARDY, *Eusèbe de Césarée, Histoire Ecclésiastique, Livres I-IV* (SC, 31), Paris, Cerf, 1952, pp. 34, 38; *Eusèbe de Césarée, Histoire Ecclésiastique, Livres VIII-X et Les martyrs de Palestine* (n. 12), pp. 50, 52. Le développement de I.9,3-4 ne figure pas dans la version syriaque de l'*Histoire ecclésiastique*, mais les autres mentions des «Mémoires» y sont attestées, avec quelques variantes de détail; cf. E. NESTLE, *Die Kirchengeschichte des Eusebius aus dem Syrischen übersetzt* (TU, VI/2), Leipzig, J.C. Hinrichs, 1901, pp. 27-28, 31, 257, 258). Je n'ai pu avoir accès à la version arménienne de l'*Histoire Ecclésiastique*.

29. A.J. MASON, *The Persecution of Diocletian: A Historical Essay*, Cambridge – London, Deighton Bell and co. – G. Bell and Sons, 1876, p. 321 attribue la rédaction des «Mémoires de Pilate» anti-chrétiens à Théotecne, agent de Maximin Daïa (mentionné par Eusèbe dans son *Histoire Ecclésiastique*, IX.2-4; 11, 5-6), mais le texte eusébien n'est pas si explicite. Pour Eusèbe, ce traité est d'origine païenne, mais, dans sa thèse inédite (*A Critical Examination of the Toledoth Yeshu*, Cambridge, 1970), W. HORBURY estime qu'il s'agit d'un document de provenance juive, selon J.C. PAGET, *Anti-Judaism and Early Christian Identity*, dans ZAC 1 (1997) 195-225 (p. 215, n. 90.92).

30. Eusèbe est beaucoup plus détaillé sur la rédaction de procès-verbaux d'interrogatoire de prostituées dans son *Histoire Ecclésiastique*, IX.5.2, dans SCHWARTZ – MOMMSEN, *Eusebius Werke*, II, t. 2 (n. 11), p. 811; traduction in BARDY, *Eusèbe de Césarée, Histoire Ecclésiastique, Livres VIII-X et les Martyrs de Palestine* (n. 12), p. 50.

31. Cf. par exemple, T.D. BARNES, *Constantine and Eusebius*, Cambridge, MA – Londres, Harvard University Press, 1982, 159, qui semble identifier le texte mentionné par Eusèbe avec les *Actes* apocryphes *de Pilate*; L. PIETRI, dans J.-M. MAYEUR, *et al.* (éds.), *Histoire du christianisme des origines à nos jours. II: Naissance d'une chrétienté (250-340)*, Paris, Desclée, 1995, p. 183; A. ROUSSELLE, dans J.-M. CARRIÉ – A. ROUSSELLE, *L'Empire romain en mutation: Des Sévère à Constantin, 192-337* (Nouvelle histoire de l'Antiquité, 10), Paris, Seuil, 1999, p. 227. Cf. déjà MASON, *The Persecution of Diocletian* (n. 29), pp. 321-323; P. ALLARD, *La persécution de Dioclétien et le triomphe de l'Église*, 3e éd. rev. et augm., II, Paris, Gabalda, 1908, pp. 196-200.

32. Cf. en particulier S. MITCHELL, *Maximinus and the Christians in A.D. 312: A New Latin Inscription*, dans *Journal of Roman Studies* 78 (1988) 105-124; l'édit de Maximin, sujet de cet article, ne mentionne aucune diffusion d'un traité anti-chrétien (bien que cela ne soit pas précisé p. 121).

33. Cf. Lactance, *De la mort des persécuteurs*, 36-49 (in J. MOREAU, *Lactance, De la mort des persécuteurs* [SC, 39], Paris, Cerf, 1955, pp. 118-136), Lactance est pourtant un témoin crédible des événements: s'il n'était plus lui-même en Orient comme le pense

D'autres sources font mention d'un document relatif à Pilate et hostile aux chrétiens, mais elles posent toutes de difficiles problèmes d'authenticité. La plus connue est le discours de Lucien d'Antioche, inséré par Rufin dans sa traduction latine de l'*Histoire ecclésiastique* d'Eusèbe de Césarée; des *acta Pilati* anti-chrétiens y sont explicitement mentionnés[34]. L'origine de cette apologie est toutefois incertaine: Rufin a-t-il simplement développé les indications d'Eusèbe, ou bien a-t-il repris ce texte à une source antérieure? Même si plusieurs savants favorisent la seconde hypothèse[35], les arguments décisifs en la matière manquent et il est impossible d'isoler les éventuelles modifications que Rufin a pu apporter à sa source.

Les actes des martyrs ne posent pas moins de problèmes. Ainsi dans les célèbres *Actes de Tarachos, Probos et Andronicos* (BHG 1574), le gouverneur parle-t-il de Pilate, «dont les Mémoires même sont conservés» (Πιλάτου ... οὗ καὶ ὑπομνήματα κατάκεινται)[36]. Le contexte montre que cet écrit aurait une dimension anti-chrétienne. Certains savants ont estimé que les *Actes de Tarachos, Probos et Andronicos* renvoyaient non pas à un procès-verbal d'interrogatoire, dont l'existence n'était pas nécessairement avérée, mais au texte anti-chrétien mentionné par Eusèbe. Une telle hypothèse les a conduits à supposer que Maximin Daïa s'est contenté de diffuser un traité anti-chrétien antérieur, déjà disponible en 303-304, lors du martyre de Tarachos, Probos et Andronicos[37].

BARNES, *Constantine and Eusebius* (n. 31), p. 291 n. 96, il y avait conservé un informateur et avait accès à des documents conservés à Nicomédie. Cf. aussi O. NICHOLSON, *The Pagan Churches of Maximinus Daia and Julian the Apostate*, dans *Journal of Ecclesiastical History* 45 (1994) 1-10 (p. 4 n. 16).

34. Rufin d'Aquilée – Eusèbe de Césarée, *Histoire Ecclésiastique*, IX.7.1 [IX], dans SCHWARTZ – MOMMSEN, *Eusebius Werke*, II, t. 2 (n. 11), pp. 812-813.

35. Cf. T. CHRISTENSEN, *Rufinus of Aquileia and the Historia Ecclesiastica, Lib. VIII-IX, of Eusebius* (Historisk-filosofilske Meddelelser, 58), Copenhague, Munksgaard, 1989, 250-253; R. WILLIAMS, *Arius: Heresy and Tradition*, 2ᵉ éd., Londres, SCM, 2001, pp. 164-165. Contrairement à ce qu'affirme A. CARRIKER, *The Library of Eusebius of Caesarea* (SupplVigChr, 67), Leiden – Boston, MA, Brill, 2003, p. 282, G. BARDY, *Recherches sur saint Lucien d'Antioche et son école* (Études de théologie historique), Paris, Beauchesne, 1936, pp. 133-163 n'estime pas que cette apologie serait l'œuvre de Rufin: il laisse ouverte la possibilité qu'elle ait été reprise à une source antérieure, tout en s'abstenant sagement de trancher la question.

36. *Actes de Tarachos, Probos et Andronicos*, 37, dans T. RUINART, *Acta primorum Martyrum sincera et selecta...*, Amsterdam, ex officina Wettsteniana, 1713², p. 44, repris dans *Acta Sanctorum Octobris...*, V, Bruxelles, Typis Caesaeo-Regiis, 1786, col. 579, avec une substantielle introduction, due à J. BOLLAND (col. 560-565).

37. Cf. ainsi BOLLAND, *Acta Sanctorum Octobris* (n. 36), col. 564, n. 15; P. ALLARD, *La persécution de Dioclétien et le triomphe de l'Église*, I, Paris, Lecoffre, 1890, p. 309 et II, p. 198. Cette hypothèse a été reprise par LEVIEILS, *La polémique anti-chrétienne* (n. 8), p. 294, qui ne semble pas conscient des problèmes posés par les *Actes de Tarachos, Probos et Andronicos*.

Des conclusions similaires ont été tirées du *Martyre de Marcellus et de ses compagnons* (BHL 5240), qui se déroule en Égypte, sous Dioclétien, et dans lequel le gouverneur renvoie à des *gesta Pilati*[38]. Mais les spécialistes de l'hagiographie ont montré que les *Actes de Tarachos, Probos et Andronicos* font partie des «passions épiques», dont la valeur historique est très limitée[39], et que le *Martyre de Marcellus et de ses compagnons* en dépend[40]. Aucun de ces deux témoignages ne peut donc être utilisé pour discuter de l'origine et du contenu des «Mémoires de Pilate» mentionnés par Eusèbe[41].

---

38. *Passio SS. Marcelli tribuni, Petri militis et aliorum Martyrum*, 5, dans *Acta Sanctorum Augusti* ..., VI, Anvers, Bernardus Albertus vander Plassche, 1743, col. 14e. Bien que conservé en latin, ce texte a selon toute vraisemblance été rédigé en grec.

39. Cf. P. FRANCHI DE' CAVALIERI, *Osservazioni sopra alcuni atti di martiri da Settimo Severo a Massimo Daza* (1904), repris dans *Scritti agiografici*, II, Vatican, Biblioteca Apostolica Vaticana, 1962, 76-103, pp. 86-87, n. 4; H. DELEHAYE, *Les Passions des martyrs et les genres littéraires,* Bruxelles, Société des Bollandistes, 1921, pp. 165, 240-241.

40. Cf. P. FRANCHI DE' CAVALIERI, *Della Passio SS. Marcelli tribuni Petri militis et aliorum MM.* (1905), dans *Scritti agiografici* (n. 39), 117-140, p. 136.

41. D'autres récits de martyres mentionnent des «mémoires de Pilate», selon FRANCHI DE' CAVALIERI, *Della Passio SS. Marcelli tribuni* (n. 40), pp. 136-137, qui mentionne aussi le *Martyre de Théodote*, le *Martyre de Nestor*, le *Martyre de Conon* et le *Martyre de Basile d'Ancyre*. Mais trois de ces quatre textes ne mentionnent pas de «mémoires»: le *Martyre de Nestor* (BHG 1328; cf. FRANCHI DE' CAVALIERI, *Osservazioni sopra alcuni atti di martiri* [n. 39], p. 84), le *Martyre de Basile d'Ancyre* (BHG 242; *Acta Sanctorum Martii*..., III, Anvers, Iacobus Meursius, 1668, 15*-17*) et le *Martyre de Théodote* (BHG 1782), P. FRANCHI DE' CAVALIERI (éd.), *I martirii di S. Teodoto e di S. Ariadne, con un' appendice sul testo originale del martirio* (Studi e Testi, 6), Rome, Tipografia Vaticana, 1901, p. 75 (§23), qui pourrait pourtant constituer un bon témoin de la persécution de Maximin Daïa – cf. H. GRÉGOIRE – P. ORGELS, *La passion de S. Théodote, œuvre du Pseudo-Nil*, dans *Byzantinische Zeitschrift* 44 (1951) 165-184; S. MITCHELL, *The Life of S. Theodotus of Ancyra*, dans *Anatolian Studies* 32 (1982) 93-113. Quant au *Martyre de Conon* (BHG 360), qui relate des événements qui ont eu lieu lors de la persécution de Dèce, il ne mentionne pas des «mémoires de Pilate» mais «de Jésus», un intitulé proche du titre des *Actes de Pilate* (cf. *Martyre de Conon*, 4.7, dans H. MUSURILLO, *The Acts of the Christian Martyrs*, Oxford, Clarendon, 1992, p. 190: αὐτοῦ τὰ ὑπομνήματα); ces «mémoires de Jésus», s'il s'agit bien d'un titre – P. MARAVAL, *Actes et passions des martyrs chrétiens des premiers siècles* [Sagesses chrétiennes], Paris, Cerf, 2010, p. 178, traduit «récits sur lui» – lui auraient été apportés par des Juifs. P. FRANCHI DE' CAVALIERI rapproche aussi, dans son article intitulé *Della Passio SS. Marcelli tribuni* (n. 40), p. 87 n. 1, la *Passio antiquior Sergii et Bacchi* (BHG 1624) – éditée dans [I. VAN DEN GHEYN], *Passio antiquior Sergii et Bacchi Graece nunc primum edita*, dans *AnBoll* 14 (1895) 373-395 – des *Actes de Pilate* chrétiens, car Maximin y aborde la question de la naissance de Jésus, de sa pratique de la magie et de sa prétention à être Dieu, toutes accusations qui, selon ce savant, se retrouvent dans les *Actes de Pilate*, où elles sont mises dans la bouche des Juifs; ce rapprochement n'est pas entièrement convaincant, d'une part parce qu'il s'agit d'accusations relativement courantes, d'autre part parce que leur formulation est pour le moins différente dans les deux textes (ainsi, dans les *Actes de Pilate*, Jésus n'est jamais accusé de se dire dieu – mais seulement fils de Dieu). Je laisse de côté la version grecque des actes métaphrastiques d'Ignace d'Antioche, en raison de sa date tardive.

Malgré l'absence de sources fiables confirmant les informations fournies par Eusèbe, il est difficile d'imaginer que l'historien ecclésiastique,
témoin des événements, ait entièrement inventé les faits qu'il rapporte,
mais il est possible qu'il ait rapporté des rumeurs non étayées – ce qui
expliquerait le caractère imprécis de son développement.

Quoi qu'il en soit, certains savants, frappés par la parenté du titre des
Actes de Pilate avec celui du traité qui aurait été diffusé au temps de
Maximin Daïa ont suggéré que le premier texte réfuterait le second[42].
Une telle hypothèse est discutable. D'une part, elle est fondée sur la
proximité relative de titres qui posent problème. Comme signalé plus
haut, l'intitulé des *Actes de Pilate* est en effet peu sûr[43]. Quant au titre
du traité anti-chrétien, il n'est pas davantage assuré. Les données fournies par Eusèbe de Césarée sont en effet insuffisamment claires[44], si bien
que le titre original de ce document, qui devait être relativement bref,
s'il a bien été placardé dans les villes et les campagnes, comme le pré-
tend Eusèbe, est incertain[45]. D'autre part, les *Actes de Pilate* ne sont pas

---

42. Cette idée est devenue un tel lieu commun qu'elle n'est guère remise en question.
Cf. ainsi Levieils, *La polémique anti-chrétienne* (n. 8), qui la considère comme une évi-
dence. Dans plusieurs publications, C. von Tischendorf a affirmé que les «Mémoires»
de Maximin Daïa réfutaient les *Actes de Pilate* chrétiens, qu'il datait du IIe siècle (*De
Evangeliorum apocryphorum origine et usu*, La Haye, Thierry & Mensing, 1851, 66-67;
*De la date de nos évangiles, ou réponse à cette question: Quand est-ce que nos évangiles
ont été composés?*, 2nde édition, entièrement revue sur la quatrième édition allemande,
Toulouse, Société des livres religieux, 1866, 201-202; *Evangelia apocrypha* [n. 1],
p. LXIV); cette hypothèse n'a eu à ma connaissance guère de postérité.

43. Sur l'appartenance du titre «Mémoires faits sous Pilate» aux *Actes de Pilate* ori-
ginels, cf. p. 363. Sur le libellé exact du tract anti-chrétien, cf. plus haut.

44. Cf. Levieils, *La polémique anti-chrétien* (n. 8), où, de façon surprenante, la question du titre de ce traité anti-chrétien n'est pas abordée. J.-D. Dubois, *Jésus apocryphe*
(Jésus et Jésus-Christ, 99), Paris, Mame – Desclée, 2011, p. 130 écrit que les *Actes
de Pilate* chrétiens «ont suscité la réprobation de l'historien ecclésiastique Eusèbe de
Césarée» identifiant par là-même le texte chrétien conservé avec les «Mémoires de Pilate»
mentionnés par Eusèbe; une telle identification mériterait d'être argumentée.

45. Au livre I.9.3 de son *Histoire ecclésiastique*, Eusèbe parle de «mémoires fabriqués
contre notre Sauveur» sans en donner le titre précis – Bardy a raison de traduire «Les
Mémoires fabriqués tout récemment contre notre Sauveur», et non «les *Mémoires contre
notre Sauveur* fabriqués tout récemment», même si le texte grec n'est pas des plus expli-
cites. En I.9.4, la datation est située dans le titre des «Mémoires» anti-chrétiens par Bardy;
dans sa réédition, Neyrand et son équipe ont judicieusement corrigé, mais sans que leur
texte ne soit beaucoup plus clair; par le terme παρασημείωσις, Eusèbe fait allusion à une
indication de date qui devait figurer au début de l'œuvre. Au neuvième livre, Eusèbe
mentionne des «mémoires de Pilate et de notre Sauveur», une expression traditionnelle-
ment interprétée comme un titre. Il est toutefois évident qu'Eusèbe ne cite pas ici l'intitulé
original de l'écrit qui aurait été diffusé sous Maximin Daïa. À moins de supposer une
certaine perversité de la part de l'entourage de ce dernier, cet écrit anti-chrétien ne pouvait
en effet pas parler de Jésus comme de «notre Sauveur». Rufin a d'ailleurs éprouvé de la
gêne face à ce passage; il traduit en effet *acta quaedam uelut apud Pilatum de saluatore
nostro habita,* là où Eusèbe mentionnait des «mémoires de Pilate et de notre Sauveur»

directement dirigés ni envers l'Empereur ni contre le paganisme; au contraire, les représentants du pouvoir romain sont présentés comme explicitement favorables à Jésus[46], ce qui serait surprenant dans un texte composé en contexte de persécution. Il paraît dès lors difficile de situer la composition des *Actes de Pilate* au temps de Maximin Daïa ou dans les années qui ont suivi. On ne peut en réalité exclure que les *Actes de Pilate* n'aient rien en commun avec le traité polémique anti-chrétien dont parle Eusèbe de Césarée[47].

b) *Épiphane de Salamine*

Tout aussi délicate d'interprétation est la notice 50 du *Panarion* d'Épiphane de Salamine, consacrée aux quartodécimans[48]. L'hérésiologue y renvoie explicitement son lecteur à un ouvrage intitulé Ἄκτα Πιλάτου; or, le génitif Πιλάτου ne trouve pas de parallèle dans les manuscrits des *Actes de Pilate*, qui comme d'ailleurs, bien avant eux, le témoignage discuté de Justin[49], parlent d'«actes» ou de «mémoires *faits*

(Rufin d'Aquilée/Eusèbe de Césarée, *Histoire Ecclésiastique*, IX.5.1, dans SCHWARTZ – MOMMSEN, *Eusebius Werke*, II, t. 2 [n. 11], 810-811). CHRISTENSEN, *Rufinus of Aquileia and the Historia Ecclesiastica* (n. 35), p. 235 n.106 estime que ce titre de ce texte devait être «Mémoires de Pilate et de Jésus». Un tel intitulé aurait de fait eu l'avantage de mentionner explicitement Jésus, et donc d'être explicitement utilisable dans le cadre d'une polémique anti-chrétienne, à la différence du simple «Mémoires de Pilate». Quoi qu'il en soit, la mention, dans une homélie copte sur les Saints Innocents, de «Mémoires de Pilate», surprenamment attribués à Flavius Josèphe, mériterait d'être aussi prise en compte dans ces débats; ce texte est signalé par J.-D. DUBOIS, *L'affaire des étendards de Pilate dans le premier chapitre des Actes de Pilate*, dans E.A. LIVINGSTONE (éd.), *Studia Patristica XIX*, Leuven, Peeters, 1989, 351-358, p. 357.

46. Au début du récit, le serviteur de Pilate comme ses porte-enseignes honorent Jésus (1.2); le gouverneur en personne voit en Jésus un bienfaiteur (7.2 [IX.2]) et affirme à plusieurs reprises l'innocence de Jésus (4.1; 6.4 [VIII]; 8.2 [IX.4]); après la mort de Jésus, Pilate et sa femme jeûnent en signe d'affliction (11.2).

47. Si CHRISTENSEN, *Rufinus of Aquileia* (n. 35), pp. 250-253 et WILLIAMS, *Arius: Heresy and Tradition* (n. 35), pp. 164-165 ont raison de considérer le discours de Lucien d'Antioche comme une réfutation (reprise par Rufin à une source antérieure) du texte anti-chrétien dont parle Eusèbe, alors l'indépendance des *Actes de Pilate* chrétiens par rapport à ce traité serait prouvée. Les principaux thèmes de ce discours – le culte des idoles, l'incarnation, le comportement des chrétiens, le martyre – ne sont en effet pas attestés dans les *Actes de Pilate* chrétiens.

48. Épiphane de Salamine, *Panarion* 50.1.5, 50.1.8, dans K. HOLL, *Epiphanius und Panarion*, II, rev. J. DUMMER (GCS 31), Berlin, Akademie-Verlag, 1980, pp. 245-246. Cf. la traduction de F. WILLIAMS, *The Panarion of Epiphanius of Salamis, Books II and III (Sects 47-80, De fide)* (NHMS, 36), Leiden, Brill, 1994, pp. 23-24. Cette notice est commentée par A. POURKIER, *L'hérésiologie chez Épiphane de Salamine* (Christianisme antique, 4), Paris, Beauchesne, 1992, pp. 363-379.

49. Justin, *Apologétique*, 35.9 et 48.3, dans C. MUNIER, *Justin: Apologie pour les chrétiens* (SC, 507), Paris, Cerf, 2006, pp. 222-223, 254-255.

sous Ponce Pilate». Épiphane a certes pu se tromper, mais, puisqu'il affirme avoir connu plusieurs manuscrits de ce texte, on ne saurait le conclure trop rapidement. D'autre part, l'hérésiologue énumère une série de variantes concernant la date, qu'il aurait trouvées dans plusieurs manuscrits de ce texte; or, à une exception près, ces variantes ne retrouvent pas confirmées dans le prologue des *Actes de Pilate*, dont la tradition directe et indirecte est pourtant riche sur ce point[50].

Les hypothèses permettant de résoudre ces difficultés sont multiples: les *Actes de Pilate* ont pu circuler dans certains milieux sous le titre Ἄκτα Πιλάτου, avec des variantes spécifiques concernant la date de Pâques; il pourrait même s'agir, le cas échéant, d'une forme textuelle spécifique des *Actes de Pilate*, antérieure aux formes textuelles conservées. Mais Épiphane a aussi pu renvoyer, sous le titre Ἄκτα Πιλάτου à un écrit perdu, différent des *Actes de Pilate*, voire, même si cela semble peu vraisemblable, au texte anti-chrétien dont il a été question ci-dessus[51]. Tant que ces questions n'ont pas été résolues, le témoignage d'Épiphane ne peut être utilisé pour dater les *Actes de Pilate*.

c) *Une homélie anatolienne de 387*

Plus fiable est le témoignage fourni par une homélie anatolienne datée, par ses éditeurs, de 387. Ce sermon renvoie explicitement aux «Mémoires faits sous Pilate» pour fonder la date de Pâques[52]. Or, ce titre correspond à celui attesté par les manuscrits des *Actes de Pilate*. De plus, l'auteur, inconnu, de ce sermon, attribue à ce document une datation des «souffrances» de Jésus au huit des calendes d'avril, ce qui peut renvoyer au prologue de ce texte. Il y a dès lors tout lieu de croire qu'il renvoie bien

---

50. Contrairement à ce qu'affirme DuBois, *L'utilisation des Actes de Pilate au quatrième siècle* (n. 27), p. 96. Les manuscrits latins cités par von Tischendorf dans son édition, p. 335, ne mentionnent pas le 15 des calendes d'avril comme Épiphane, mais le 7, le 8 ou le 9 des calendes – ces variations sont dues à la notation en chiffres romains (VII, VIII, VIIII). La seule variante conservée en dehors des sources latines est «le premier jour des calendes d'avril, c'est-à-dire le 21 mars»; ce texte, attesté par un témoin tardif, résulte de corruptions et n'a apparemment pas eu de postérité.

51. Le titre invoqué par Épiphane et celui des «Mémoires» invoqués par Eusèbe attribuent tous deux le document à Pilate. D'autre part, Eusèbe de Césarée précise que «les audacieuses entreprises des Juifs pour faire souffrir le Seigneur» étaient datées au début des «Mémoires» anti-chrétiens (sur ce point, voir Levieils, *La polémique anti-chrétienne* [n. 8], pp. 296-298); Épiphane a donc pu y trouver les différentes datations qu'il invoque.

52. Pseudo-Chrysostome, *In sanctum Pascha sermo VII*, 17, dans F. Flöeri – P. Nautin, *Homélies pascales. III: Une homélie anatolienne sur la date de Pâques en l'an 387* (SC, 48), Paris, Cerf, 1957, pp. 48-50 (introduction), 126-127 (texte et traduction). Cette homélie a suscité, après sa publication, d'assez nombreuses études; DuBois, *L'utilisation des Actes de Pilate au quatrième siècle* (n. 27), p. 98, en mentionne plusieurs.

aux *Actes de Pilate* conservés – même si le prédicateur ne les a peut-être connus que par ouï-dire – ce qui fournit un précieux *terminus ante quem* en 387 pour le titre Ὑπομνήματα τοῦ κυρίου ἡμῶν Ἰησοῦ Χριστοῦ πραχθέντα ἐπὶ Ποντίου Πιλάτου.

d) *Avant 387?*

Aucun document ne procure un *terminus a quo* fiable. Le *Martyre de Conon* mentionne certes des «Mémoires de Jésus», ce qui pourrait faire allusion au titre *Actes de Pilate*, mais il n'est pas certain qu'il renvoie précisément à cet ouvrage[53]. Le témoignage de Justin Martyr, qui mentionne à deux reprises dans son œuvre des «mémoires (ἄκτα) faits sous Ponce Pilate», un titre proche de celui des *Actes de Pilate*[54], ne semble pas davantage fiable, car il semble difficile de faire remonter au IIᵉ siècle un écrit dans lequel Ponce Pilate et les soldats romains sont favorables à Jésus, dans lequel les enseignes impériales fléchissent à l'entrée de Jésus dans le prétoire et dans lequel la royauté de Jésus a une telle importance[55]. En réalité, les *realia* d'ordre institutionnels et juridiques présents dans le récit du procès excluent une datation haute et plaident en faveur d'une date de composition contemporaine ou postérieure au règne de Constantin[56]. La rédaction des *Actes de Pilate* semble dès lors devoir être située dans les années 320-380[57].

53. Le *Martyre de Conon* pourrait en effet renvoyer à des traditions juives sur Jésus, telles qu'on les trouve dans les *Toledoth Iesu*. Cf. PAGET, *Anti-Judaism and Early Christian Identity* (n. 29), pp. 214-216, qui renvoie, sur ce point, à HORBURY, *A Critical Examination of the Toledoth Yeshu* (n. 29). Cf. aussi, sans renvoi au *Martyre de Conon*, DUBOIS, *L'affaire des étendards de Pilate* (n. 45), pp. 355-356.

54. Cf. plus haut p. 360.

55. Il a pourtant été longtemps habituel de dater les *Actes de Pilate* au IIᵉ siècle, sur la base du témoignage de Justin et de celui, plus lointain, de Tertullien, *Apologétique*, 5.2 et 21.24, dans J.-P. WALTZING – A. SEVERYNS (éds.), *Tertullien. Apologétique* (Collection des Universités de France), Paris, Belles Lettres, 1929, pp. 13 et 52. C'est la thèse que défend VON TISCHENDORF, *Evangelia apocrypha* (n. 1), pp. LXII-LXV (cf. aussi, du même savant, *De la date de nos évangiles* [n. 42], pp. 193-206) et qui est le plus souvent invoquée par les néotestamentaires. O'CEALLAIGH, *Dating the Commentaries of Nicodemus* (n. 17), p. 25, récapitule les diverses datations qui ont été proposées des *Actes de Pilate* avant 1963.

56. Cf. surtout A. DAGUET-GAGEY, *Le procès du Christ dans les Acta Pilati: Étude des termes et realia institutionnels, juridiques et administratifs*, dans *Apocrypha* 16 (2005) 9-34. Les arguments invoqués par A. Daguet-Gagey ne sont pas également convaincants. La présence, dans le Nouveau Testament, du titre ὁ ἡγεμών affaiblit ainsi l'argument de la p. 21; les développements sur la magie, pp. 15-17, bien qu'intéressants, sont à relativiser vu l'importance de cette accusation dans la polémique anti-chrétienne du IIᵉ siècle; pour le serment devant le soleil, pp. 31-32, le dossier devrait être repris à la lumière des informations fournies par STEWART-SYKES, *The Didascalia Apostolorum* (n. 26), p. 171 n. 18.

57. Pour SCHÄRTL, *«Nicht das ganze Volk will, dass er sterbe»* (n. 3), pp. 279-282, les *Actes de Pilate* relèvent d'une époque où être romain et chrétien ne pose pas de problème,

II. STRUCTURE LITTÉRAIRE ET FIL CONDUCTEUR

La structure littéraire et le fil directeur des *Actes de Pilate* sont difficiles à déterminer, tant le récit semble implicite. La relative pauvreté du vocabulaire et la répétition constante de structures stylistiques et de micro-récits[58] n'aident pas à en comprendre l'agencement.

Peut-être désarçonné par un texte dont il avait du mal à saisir la cohérence, Richard Adelbert Lipsius a d'ailleurs proposé d'y voir le résultat de la fusion de deux documents différents: un récit de la mort de Jésus et une histoire de Joseph d'Arimathée[59]. Aucune trace de ces prétendus textes qui auraient été combinés pour donner naissance aux *Actes de Pilate* n'ayant été conservée, cette hypothèse est fragile. Elle l'est d'autant plus qu'un fil directeur cohérent anime bien l'ensemble des *Actes de Pilate*, ce qui laisse entendre que ce texte est l'œuvre d'un unique auteur, animé d'un projet éditorial précis, qui l'a amené à fortement retravailler ses éventuelles sources, comme va le montrer l'analyse de sa structure littéraire.

1. *Ordre supposé des événements*

Le lecteur des *Actes de Pilate* peut être tenté d'établir la chronologie des événements décrits. La tâche n'est à vrai dire pas facile, car le récit est truffé d'analepses narratives. Il n'est en outre pas rare qu'un même

---

et en conclut qu'ils datent des années 360. Une datation antérieure ne peut toutefois être exclue sur cette seule base.

58. Ainsi les deux miracles qui se produisent à l'entrée de Jésus dans le prétoire (1.2-4 et 1.5-6) sont-ils construits selon le même modèle: une action se déroule; les Juifs réagissent; Pilate demande des explications; l'action est réitérée. Dans la suite du récit du procès, les actions des personnages sont peu variées: Pilate sort à deux reprises du prétoire (3.1, 4.1) et cherche à le faire une troisième fois (8.1 [IX.3]); il prend les divers protagonistes à part les uns après les autres – les douze hommes pieux (2.6), Jésus (3.2 et 4.3), les chefs des Juifs (4.2). En outre, il ne connaît que deux sentiments: la peur (2.1; 6.4 [VIII]; 8.2 [IX.4]) et l'irritation (3.1; 7.2 [IX.2]). Au chapitre 6, les quatre témoins favorables à Jésus s'avancent (παραπηδήσας) les uns après les autres. À la fin de la première section, les Juifs vont rechercher Joseph d'Arimathée, Nicodème et les douze Juifs pieux favorables à Jésus (12.1); ce trait se retrouve à plusieurs reprises par la suite, à propos de Jésus et des trois Galiléens (15.1; 16.2.1 [XVI.3]). L'arrivée de ces derniers et celle de Joseph d'Arimathée à Jérusalem présentent plusieurs similitudes: les Juifs envoient des hommes connus de ceux qu'ils cherchent (15.3; 16.2.1 [XVI.3]), avec un message (15.2; 16.2.1 [XVI.3]); les hommes recherchés prient, mangent et boivent avant de se rendre dans la ville sainte (15.3; 16.2.2 [XVI.4]). Les annonces de la résurrection et de l'ascension de Jésus sont également construites selon un schéma similaire: de nouveaux personnages font leur apparition dans le récit – les gardiens (13.2 [XIII.1]), les trois Galiléens (14.1); ils sont interrogés (13.2 [XIII.1]; 14.2); les Juifs délibèrent (13.4 [XIII.3]; 14.2) et renvoient les importuns chez eux, avec de l'argent (13.4 [XIII.3]; 14.2). Enfin, les rencontres du sanhédrin sont nombreuses (13.1 [XII.2]; 13.4 [XIII.3]; 14.3; 15.2; 16.2.3 [XVI.5]) et plusieurs actions ont lieu de bonne heure (13.1 [XII.2]; 15.4; 15.5).

59. LIPSIUS, *Die Pilatus-Acten kritisch untersucht* (n. 21), suivi par SCHÄRTL, *«Nicht das ganze Volk will, dass er sterbe»* (n. 3).

fait soit rappelé et discuté à plusieurs reprises au fil du texte[60] et que le lecteur ne dispose pas, au moment où les événements se déroulent, des éléments attendus[61]. Ces traits, inhabituels dans les récits (canoniques aussi bien qu'apocryphes) sur Jésus, montrent que l'agencement des épisodes a été soigneusement pensé par l'auteur du récit. Pour en comprendre la raison d'être, il faut commencer par reconstituer la chronologie des événements narrés, et la comparer avec la chronologie du récit.

a) *Chronologie des événements narrés et chronologie du récit*

Pour rétablir la chronologie des événements rapportés dans le récit, le lecteur doit combiner les indications de temps données au fil du texte. À partir du chapitre 13, la tâche est relativement aisée, le récit étant interrompu à intervalles réguliers par de multiples indications de temps. Le début du récit ne contient en revanche pas de marqueur temporel avant 11.1, où l'on apprend que Jésus meurt à la sixième heure – mais on ne sait de quel jour; la discussion entre Joseph d'Arimathée et les Juifs (12.2 [XII.1]) étant située avant le début du sabbat, l'action narrée auparavant prend naturellement place le vendredi.

Dans le tableau ci-dessous, les événements dont le lecteur n'a connaissance qu'après-coup sont grisés dans la colonne de gauche; ils sont signalés dans la colonne de droite, avec des soulignés, à la place à laquelle le lecteur en a connaissance.

Chronologie des événements narrés	*Chronologie du récit*
Vendredi: probablement le matin, réunion des chefs des Juifs qui vont demander à Pilate de faire comparaître Jésus devant lui et procès de Jésus devant Pilate (1–10.2).	*Vendredi:* probablement le matin, réunion des chefs des Juifs qui vont demander à Pilate de faire comparaître Jésus devant lui et procès de Jésus devant Pilate (1–10.2).
entre la sixième et la neuvième heure, obscurité sur la terre; le voile se déchire. Mort de Jésus, rapport à Pilate et ensevelissement de Jésus par Joseph d'Arimathée (11.1-3.2).	entre la sixième et la neuvième heure, obscurité sur la terre; le voile se déchire. Mort de Jésus, rapport à Pilate et ensevelissement de Jésus par Joseph d'Arimathée (11.1-3.2).

60. Ainsi le témoignage des trois Galiléens ayant assisté à l'ascension de Jésus est-il exprimé et discuté pour la première fois en 14.1-2, avant d'être cité par Nicodème en 15.1, puis d'être repris lorsque les Galiléens sont convoqués par les chefs des Juifs (16.2.1-3.2 [XVI.2-7]). De même, le témoignage des soldats présents à la résurrection est-il rapporté et discuté en 13.2 [XIII.1], puis réévoqué en 14.3 et 16.3.2 [XVI.7].

61. Cf. plus loin.

les Juifs recherchent les douze Juifs pieux, Nicodème, et les autres témoins du procès favorables à Jésus; Nicodème et Joseph se montrent et discutent avec les Juifs (12.1); avant le coucher du soleil, vers la dixième heure (15.6) – au début du sabbat (12.2 [XII.1]) –, Joseph d'Arimathée est enfermé en prison, où il reste pendant tout le sabbat (15.6).	les Juifs recherchent les douze Juifs pieux, Nicodème, et les autres témoins du procès favorables à Jésus; Nicodème et Joseph se montrent et discutent avec les Juifs (12.1); avant le coucher du soleil – au début du sabbat (12.2 [XII.1]) –, Joseph d'Arimathée est enfermé en prison.
Samedi: vers minuit, résurrection de Jésus (13.3 [XIII.2])[62] et libération miraculeuse de Joseph (15.6); pendant quarante jours, Joseph d'Arimathée reste chez lui conformément à l'ordre de Jésus (15.6).	*Samedi:*
rencontre des chefs des Juifs, qui décident de se réunir le dimanche (13.1 [XII.2]).	rencontre des chefs des Juifs, qui décident de se réunir le dimanche (13.1 [XII.2])
Dimanche: matin: réunion des Juifs à la synagogue et ouverture de la prison dans laquelle était détenu Joseph d'Arimathée (13.1 [XII.2]; 15.5); arrivée des soldats surveillant le tombeau de Jésus et interrogatoire des soldats (13.2-4 [XIII.1-3]).	*Dimanche:* matin: réunion des Juifs à la synagogue et ouverture de la prison dans laquelle était détenu Joseph d'Arimathée (13.1 [XII.2]); arrivée des soldats surveillant le tombeau de Jésus et interrogatoire des soldats (13.2-4 [XIII.1-3]); récit de la résurrection (13.3 [XIII.2]).
Quarante jours plus tard[63]*:* ascension de Jésus (14.1).	*Quarante jours plus tard:* ascension de Jésus (14.1)
Date non précisée, mais postérieure à l'ascension: arrivée de trois Galiléens, qui sont interrogés et renvoyés chez eux (14.1-2).	*Date non précisée, mais postérieure à l'ascension:* arrivée de trois Galiléens, qui sont interrogés et renvoyés chez eux, après avoir raconté l'ascension de Jésus (14.1-2).

62. Thilo, *Codex Apocryphus Novi Testamenti* (n. 2), p. 645 précise à juste titre que la résurrection a lieu le samedi à minuit, puisque Joseph est resté en prison pendant l'intégralité du sabbat.

63. L'ascension n'est pas clairement datée, mais l'indication selon laquelle Joseph d'Arimathée doit rester chez lui quarante jours permet de situer la montée de Jésus aux cieux quarante jours après Pâques, conformément à Ac 1,3.

Mercredi: conseil des Juifs après le départ des Galiléens et recherche de Joseph d'Arimathée (14.3–15.3).	*Mercredi:* conseil des Juifs après le départ des Galiléens et recherche de Joseph d'Arimathée (14.3–15.3).
Le lendemain (probablement le jeudi): de bonne heure, départ de Joseph d'Arimathée pour Jérusalem (15.4).	*Le lendemain (probablement le jeudi):* de bonne heure, départ de Joseph d'Arimathée pour Jérusalem (15.4).
Le lendemain (le vendredi): de bon matin, les Juifs se réunissent chez Nicodème et interrogent Joseph d'Arimathée (15.5-6); ils jeûnent jusqu'à la neuvième heure (16.1.1 [XVI.1]).	*Le lendemain (le vendredi):* de bon matin, les Juifs se réunissent chez Nicodème et interrogent Joseph d'Arimathée, <u>qui explique que Jésus l'a libéré de prison</u> (15.5-6); ils jeûnent jusqu'à la neuvième heure (16.1.1 [XVI.1]).
Samedi: rencontre des didascales, des docteurs, des prêtres et des lévites, témoignage de Lévi et envoi de messagers auprès des trois Galiléens (16.1.2–16.2.2 [XVI.2-4]).	*Samedi:* rencontre des didascales, des docteurs, des prêtres et des lévites; témoignage de Lévi et envoi de messagers auprès des trois Galiléens (16.1.2–16.2.2 [XVI.2-4]).
Dimanche: le sanhédrin siège dans la synagogue; interrogatoire des trois Galiléens; débats conclusifs et hymne finale (16.2.3–16.4 [XVI.5-8]).	*Dimanche:* le sanhédrin siège dans la synagogue; interrogatoire des trois Galiléens, <u>qui racontent l'ascension de Jésus</u>; débats conclusifs et hymne finale (16.2.3–16.4 [XVI.5-8]).

b) *De Pâques à Pentecôte*

Les événements rapportés dans les *Actes de Pilate* se répartissent en deux blocs chronologiques (vendredi-dimanche, puis mercredi-dimanche), séparés d'une quarantaine de jours. Mais si le récit mentionne des jours de la semaine, il ne donne aucune indication permettant de les situer dans l'année. Les événements narrés – procès de Jésus, mort le vendredi, résurrection dans la nuit du samedi au dimanche – autorisent toutefois à identifier le premier vendredi avec le Vendredi saint et le premier dimanche avec le Dimanche de Pâques, même si ces appellations sont étrangères au récit. Dans cet espace de trois jours, l'accent est clairement mis sur le vendredi, qui couvre les chapitres 1.1–12.3, ce qui montre l'importance que l'auteur des *Actes de Pilate* attachait à la mort de Jésus.

La chronologie du récit laisse entendre que le dimanche sur lequel s'achève la seconde séquence pourrait être le dimanche de Pentecôte, postérieur à l'Ascension. De fait, une telle identification est cohérente avec le contenu de l'hymne finale, qui célèbre la validité des paroles reçues par Moïse et des commandements de Dieu[64]. En effet, c'est précisément ce que célébrait, à l'occasion de la fête de la Pentecôte, certains courants du judaïsme des premiers siècles[65]. Une telle coïncidence peut difficilement être attribuée au hasard.

c) *Le point de vue des chefs des Juifs comme principe d'organisation narrative*

L'ordre dans lequel les événements sont rapportés diffère en plusieurs points de cette chronologie, en raison du recours à la figure de l'analepse. Tous les événements dans ce cas concernent Jésus: il s'agit de sa résurrection, de son apparition à Joseph d'Arimathée et de son ascension. Ils ne sont pas rapportés au moment où on les attendait dans le récit, mais au moment même où les chefs des Juifs auditionnent ceux qui y ont assisté. L'exemple le plus clair de ce phénomène est le récit de la sortie de Joseph d'Arimathée de prison, qui a lieu le samedi à minuit: cette libération n'est racontée qu'en 15.6, lorsque les Juifs demandent à Joseph de s'expliquer; il n'en est pas question, pas plus que de la résurrection de Jésus, en 13.1 [XII.2], qui couvre les actions accomplies par les Juifs le samedi et le dimanche.

Le décalage entre l'ordre supposé des événements rapportés dans le récit et l'ordre dans lequel ils sont disposés par le narrateur fournit un précieux indice pour comprendre le principe de cohésion interne des *Actes de Pilate*: l'ordre supposé des événements et l'ordre dans lequel ils sont rapportés ne se superposent qu'à la condition de suivre la temporalité des chefs des Juifs. Quiconque tente de restituer le contenu de ce texte en suivant d'autres personnages, comme Jésus ou Joseph d'Arimathée, aboutira à un récit très différent.

---

64. Cf. plus loin.

65. Sur la fête de Pentecôte (*Shabouot*) comme renouvellement de l'alliance et fête du don de la Loi, cf. R. CABIÉ, *La pentecôte: L'évolution de la Cinquantaine pascale au cours des cinq premiers siècles* (Bibliothèque de liturgie), Tournai, Desclée, 1965, pp. 21-27; J. POTIN, *La Théophanie du Sinaï et le don de la Loi dans le cadre de la liturgie juive de la fête de la Pentecôte*, 2 vol., Faculté théologique de Lyon, Paris, 1968 (thèse de doctorat) et ID., *La fête juive de la Pentecôte: Étude des textes liturgiques* (Lectio Divina, 65), Paris, Cerf, 1971; C. GRAPPE, *À la jonction entre Inter et Nouveau Testament: Le récit de la Pentecôte*, dans *Foi et Vie* 29/5 (1990) [= *Cahier Biblique* 29] 19-27.

2. *Le fil directeur des* Actes de Pilate

Ce constat montre l'importance des chefs des Juifs dans l'architecture globale des *Actes de Pilate*. L'auteur avait d'ailleurs pris soin d'annoncer dans le prologue que Nicodème «a enquêté sur tout ce qu'ont fait, après la mort et la passion du Seigneur, les grands-prêtres et les autres Juifs», attirant ainsi l'attention de son destinataire sur les personnages qu'il avait placés au cœur de son œuvre[66]. Il vaut dès lors la peine d'examiner la discussion finale entre les chefs des Juifs, préalable à l'hymne finale.

a) *Les débats finaux des chefs des Juifs (16.3.1-2 [XVI.6-7])*

Cette section est malheureusement mal conservée dans les manuscrits, les copistes, qui n'en ont apparemment pas bien compris l'intérêt, l'ayant dans l'ensemble fortement abrégée. La section suivante est néanmoins correctement préservée par une des deux familles textuelles grecques, si l'on excepte toutefois les noms propres des docteurs et des rabbis (16.3.1-2 [XVI.6-7])[67]:

> Le sanhédrin dit: «La Loi de Moïse contient: 'C'est par la bouche de deux ou trois témoins que toute parole sera établie' (Dt 19,15)». Le didascale Abouden dit: «Il est écrit dans la Loi: 'Hénoch a été transféré et il n'est pas là parce que Dieu l'a pris' (Gn 5,24)». Le didascale Jaïros dit: «Nous avons entendu parler de la mort du saint Moïse, mais nous ne l'avons pas vu. Car il est écrit dans la Loi du Seigneur: 'Moïse est mort sur la parole du Seigneur et personne n'a connu sa sépulture jusqu'à ce jour' (Dt 34,5-6)». Rabbi Lévi dit: «Lorsque Syméon vit Jésus, que lui a-t-il dit, si ce n'est: 'Le voici qui est là pour la chute et le redressement de beaucoup en Israël, et pour être un signe de contradiction' (Lc 2,34)?». Rabbi Isaac dit: «Il est écrit dans la Loi: 'Voici que je t'enverrai mon ange afin qu'il marche devant toi pour te protéger en toute bonne voie, parce que c'est mon nom que vous portez' (Ex 23,20-21)».
> Alors Anne et Caïphe dirent: «Vous avez à juste titre relevé ce qui écrit dans la Loi de Moïse, car personne n'a vu la mort d'Hénoch et personne non plus n'a parlé de la mort du saint Élie. Mais Jésus, lui, a parlé à Pilate. Nous l'avons vu recevoir des coups de bâton; et il a reçu des crachats au

---

66. Le prologue a été perturbé à haute époque, pour aboutir à la forme éditée par VON TISCHENDORF, *Evangelia apocrypha* (n. 1), p. 213; le manuscrit E et le copte, cités dans l'apparat de cette édition, conservent partiellement l'état primitif de cette partie du prologue.

67. Le texte ici traduit est celui de la famille *phi,* destiné à paraître dans la nouvelle édition des *Actes de Pilate,* en cours d'élaboration pour la *Series Apocryphorum* du *Corpus Christianorum* (Turnhout, Brepols). Sur cette famille, cf. FURRER, *La recension grecque ancienne des Actes de Pilate* (n. 7); GOUNELLE, *L'édition de la recension grecque ancienne des Actes de Pilate* (n. 7).

visage; les soldats lui ont mis autour de la tête une couronne d'épines; il a été flagellé et il a reçu la sentence de Pilate; il a été crucifié au lieu du Crâne, ainsi que deux malfrats avec lui; on lui a fait boire du vinaigre mélangé à de la bile et de l'hysope; le soldat Longin a transpercé son flanc d'une lance et l'honorable père Joseph a réclamé son corps. Comme on le dit, il est ressuscité; et comme le disent les trois didascales: 'Nous l'avons vu monter au ciel', et rabbi Lévi a témoigné des paroles dites par rabbi Syméon, à savoir: 'Le voici qui est là pour la chute et le redressement de beaucoup en Israël, et pour être un signe de contradiction'».

Les débats ici narrés sont constitués de citations bibliques qui sont énoncées, mais non commentées. La citation de Dt 19,15, mise dans la bouche du sanhédrin, commence par établir la véracité du récit des trois Galiléens, qui viennent d'être interrogés individuellement: puisqu'ils ont prononcé les mêmes mots, la véracité de leurs dires est établie – elle ne sera d'ailleurs plus remise en cause dans la suite du récit. La citation suivante (Gn 5,24) rapproche le cas de Jésus de celui d'Hénoch, qui a échappé à la mort. Puis est invoqué l'exemple de Moïse sur la base de Dt 34,5-6. Après cette confrontation entre Jésus et deux prophètes, Lévi intervient en rappelant les propos de Syméon annonçant que Jésus serait source de divisions. Jésus est alors identifié avec l'ange protecteur promis en Ex 23,20-21. Anne et Caïphe poursuivent en rappelant une série d'événements, qui sont pour la plupart rappelés dans les *Actes de Pilate*[68]. Il n'est pas sans intérêt d'examiner plus en détail ce résumé, qui pourrait fournir la clef d'interprétation du récit.

b) *Un récit de la mort de Jésus décliné sous deux aspects différents*

Le début de l'intervention d'Anne et Caïphe se présente comme une suite des débats qui viennent d'avoir eu lieu. Pourtant, cette phrase ne rend pas vraiment compte de la discussion des membres du sanhédrin qui précède. En effet, il y a certes été fait mention d'Hénoch – dont c'est la seule apparition dans les *Actes de Pilate* –, mais il est dit de lui qu'il «a

---

68. Les discussions de Pilate et de Jésus sont rapportées en 2.2, 3.2, 4.3; la couronne d'épines et la flagellation sont mentionnées en 10.1 et en 9. La sentence est énoncée au chapitre 9. La crucifixion est rappelée, d'après Luc, en 10, avec mention des deux larrons (cf. ausssi 9) et du vinaigre (10.1); le percement du flanc est mentionné en 12.1. La requête de Joseph est rapportée en 11.3.1 [XI.3]. Sur les témoignages concernant la résurrection, l'ascension et la présentation au Temple, voir 13-16. En revanche, les coups, les crachats proviennent des évangiles canoniques et non des *Actes de Pilate*. Les variantes conservées prouvent que les copistes sont intervenus sur ce résumé pour l'aligner sur les évangiles canoniques, pour l'abréger ou pour l'amplifier. Il ne semble pas possible de reconstituer dans le détail le contenu original de l'intervention d'Anne et de Caïphe.

été transféré et il n'est pas là parce que Dieu l'a pris»; le fait que «nul n'a vu sa mort» est rapporté non à Hénoch, mais à Moïse. Plus problématique encore est la mention d'Élie, car sa mort n'est pas du tout évoquée dans les débats qui précèdent; il n'est mentionné qu'au chapitre 15, lorsque l'ascension de Jésus est interprétée à la lumière de celle d'Élie (15.1). Ce détail montre que l'intervention d'Anne et de Caïphe ne conclut pas seulement les discussions qui précèdent, mais bien l'ensemble des débats antérieurs.

Le contenu de l'intervention d'Anne et Caïphe confirme ce point, puisqu'ils énumèrent ce qui s'est passé auparavant. Ils relèvent d'une part que beaucoup de choses relevant du procès et de la mort de Jésus ont été vues – depuis les coups qu'il a reçu jusqu'au percement de son flanc –, avant de rapporter les propos de diverses personnes concernant la résurrection et l'ascension, ainsi que le témoignage de Lévi: «comme on le dit, il est ressuscité et comme le disent les trois didascales..., et le rabbi Lévi a parlé».

En énumérant d'abord les faits auxquels ils ont assisté, puis ceux dont ils ont entendu parler, Anne et Caïphe commentent la phrase inaugurale de leur intervention: «nul n'a vu la mort d'Hénoch et personne non plus n'a parlé de la mort du saint Élie». Ils montrent que la mort de Jésus ne peut être comparée à celle d'Hénoch, puisqu'ils y ont assisté; elle ne peut davantage être assimilée à celle d'Élie, puisque beaucoup en ont parlé: Joseph d'Arimathée, des personnes indéterminées – en fait les soldats de Pilate –, les trois Galiléens et le rabbi Lévi. La mort de Jésus est donc d'un autre type que celle d'Hénoch et Élie, qui ont pourtant tous deux connus une mort particulière.

La confrontation entre ces trois figures montre que les *Actes de Pilate* ne visent pas à retracer la carrière de Jésus ou de Joseph d'Arimathée, pas plus qu'ils ne cherchent à affirmer la résurrection ou l'ascension: le récit a pour objet la mort de Jésus et son interprétation, dans le cadre d'un système de référence relativement clos – la mort des patriarches et des prophètes de l'Ancien Testament. Il s'agit de déterminer si Jésus est mort comme Hénoch et Élie, connus pour n'avoir pas partagé la mort commune, ou d'une autre manière[69]. Tel est, probablement, le fil directeur des *Actes de Pilate*.

---

69. Cf. K. BERGER, *Die Auferstehung des Propheten und die Erhöhung des Menschensohnes: Traditionsgeschichtliche Untersuchungen zur Deutung des Geschickes Jesu in frühchristlichen Texten* (SUNT, 13), Göttingen, Vandenhoeck & Ruprecht, 1976, p. 392 n. 537. SCHÄRTL, *«Nicht das ganze Volk will, dass er sterbe»* (n. 3), pp. 300-303, refuse cette interprétation au nom de quelques sources juives suggérant que la mort extraordinaire

3. *Plan des* Actes de Pilate

Dans leur intervention, Anne et Caïphe associent le fait de voir Jésus mourir avec le procès et la crucifixion et rappellent des événements rapportés dans les douze premiers chapitres des *Actes de Pilate*; en revanche, l'audition de témoignages sur cette mort est associée aux événements qui apparaissent dans la suite du récit (13–16)[70]. De fait, dans les chapitres 1–12, Jésus est mis en scène aux côtés de Pilate, d'Anne et de Caïphe, et il provoque, à son entrée dans le prétoire, des miracles visibles (1.2-6), avant d'être mis à mort (10–11) sous les yeux de divers personnages (11). Rien de tel ne figure dans la suite du récit, où il n'est question de Jésus qu'à travers d'autres protagonistes: Anne et Caïphe ne font qu'entendre parler de Jésus, par la bouche des soldats et des trois Galiléens et de Joseph d'Arimathée, tous témoins d'événements laissant entendre que Jésus est vivant[71]. Autrement dit, les douze premiers chapitres, qui se déroulent en l'espace du vendredi, permettent au destinataire des *Actes de Pilate* de voir Jésus mourir (1–12), tandis que la suite lui permet d'entendre les témoins de sa mort (13–16).

Il est ainsi possible de distinguer deux sections distinctes dans les *Actes de Pilate*, correspondant aux deux parties de l'intervention d'Anne et de Caïphe; ces deux sections sont liées par des jeux de parallélismes

---

d'Hénoch et Moïse a été rejetée au IIIe siècle. Elle considère Hénoch et Moïse comme les deux témoins nécessaires pour attester la résurrection, ce qui me semble réducteur et passer à côté du fait qu'Anne et Caïphe opposent le destin de ces prophètes et celui de Jésus. On notera d'ailleurs que les traditions sur Hénoch et Moïse ne cessent pas au IIIe siècle, comme le montre *Hénoch III*, dont une traduction française a été publiée par C. Mopsik, *Le livre hébreu d'Hénoch ou Livre des palais* (Les Dix Paroles), Paris, Verbier, 1989; on trouve en outre des traces de controverses entre Juifs et chrétiens sur le sujet dans les fragments d'Ephrem le Syrien édités par F. Petit, *La Chaîne sur la Genèse: Édition intégrale.* II: *Chapitres 4–11* (Traditio Exegetica Graeca, 2), Louvain, Peeters, 1993, pp. 62-66 (le sort d'Hénoch intriguait également les chrétiens, comme en témoigne *Jean Chrysostome, Homilia XXII in Hebreos* [PG 63, 157]).

70. Cf. plus haut, n. 68.

71. Cette différence entre les deux grandes sections des *Actes de Pilate* est aussi perceptible au niveau du vocabulaire: dans les chapitres 1–12, le vocabulaire de la vision est plus développé que celui de l'audition; les réactions des personnages sont introduites à plusieurs reprises par une forme du verbe ὁράω (1.2, 1.5, 2.1, 11.1). Dans la seconde section, le vocabulaire de la vision ne disparaît pas, mais il est subordonné à celui de la parole: si les personnages comparaissent devant le sanhédrin pour raconter un événement auxquels ils ont assisté, leurs témoignages contiennent tous un important élément auditif; ainsi les soldats ont-ils «entendu la voix de l'ange» (13.2 [XIII.1]), tandis que les trois Galiléens ont entendu l'envoi des disciples en mission (14.1) et que Joseph d'Arimathée rapporte son entretien avec Jésus (15.6). Les autres protagonistes se contentent d'«écouter» les nouvelles qui déferlent devant eux (12.1; 12.2 [XII.1]; 12.3; 13.4 [XIII.3]; 15.2; 16.1.1 [XVI.1]; 16.2.2 [XVI.4]).

internes: elles commencent par des manifestations surprenantes[72] et se poursuivent par des enquêtes, menées respectivement par Pilate, puis par les chefs des Juifs.

[Titre + préface]
Prologue
I. Où l'on assiste à la mort de Jésus, le vendredi (1–12)
1. Procès de Jésus (1–9 [I–IX.5])
    a. Mise en accusation et convocation de Jésus (1.1–2.1)
    b. Témoignage de la femme de Pilate (2.1)
    c. Auditions contradictoires (2.2–4.4)
    d. Témoignages à décharge (4.5–6.4 [IV.5–VIII])
    e. À la recherche d'une échappatoire (7.1 [IX]–8.2 [IX.1-4])
    f. Sentence (9 [IX.5])
2. Application de la sentence (10–12)
    a. Mise à mort de Jésus (10.1–11.1)
    b. Réactions du centurion, de Pilate et de sa femme (11.1-3)
    c. Entrée en scène de Joseph d'Arimathée et ensevelissement de Jésus (11.3)
    d. Recherche des témoins favorables à Jésus et emprisonnement de Joseph d'Arimathée (12)
II. Où l'on parle de la mort de Jésus, du Samedi saint au Dimanche de Pentecôte (13–16)
1. Des manifestations surprenantes (13.1–14.2 [XII.2–XIV.2])
    a. Disparition de Joseph d'Arimathée (13.1 [XII.2])
    b. Témoignage des gardes du tombeau (13.2-4 [XIII.1-3])
    c. Témoignage des trois Galiléens (14.1-2)
    d. Réaction des Juifs (14.3)
2. Les chefs des Juifs mènent l'enquête sur la disparition de Joseph d'Arimathée (15.1–16.3.1 [XV.1–XVI.6])
    a. Intervention de Nicodème (15.1)
    b. À la recherche de Joseph d'Arimathée (15.2-4)
    c. Audition de Joseph d'Arimathée (15.5-6)
    d. Réaction des Juifs (16.1.1 [XVI.1])
3. Les chefs des Juifs mènent l'enquête sur l'ascension
    a. Le témoignage de Lévi (16.1.2 [XVI.2])
    b. Audition du père de Lévi (16.1.3 [XVI.3])
    c. À la recherche des trois Galiléens (16.2.1-2.2 [XVI.3-4])
    d. Audition des trois Galiléens (16.2.3-3.1 [XVI.5-6])
    e. Réaction des Juifs (16.3.1-3.2 [XVI.6-7])
    f. Hymne finale du peuple (16.4 [XVI.8])

---

72. Au début de la première section (1.2–2.1), le messager de Pilate adore Jésus puis les enseignes impériales fléchissent devant Jésus et la femme de Pilate annonce avoir reçu un rêve au sujet de Jésus. Au début de la seconde, Joseph d'Arimathée disparaît de prison, Jésus de son tombeau et trois Galiléens viennent annoncer l'ascension de Jésus (13–14).

III. Un récit judéo-chrétien

Que le récit démontre que la mort de Jésus est différente de celle d'Hénoch et d'Élie suggère que les *Actes de Pilate* sont à ranger parmi les textes de controverse. Mais avec qui l'auteur de ce texte polémique-t-il? Et qui est-il? La recherche a jusqu'ici peu progressé sur ces questions importantes. Elle a certes relevé que l'auteur des *Actes de Pilate* ne connaît très bien le fonctionnement normal de la justice romaine et du gouvernement provincial[73] – un jugement qu'il faudrait tempérer en utilisant davantage de sources syriennes du IVe siècle[74] –, mais elle n'est parvenu à dresser plus en détail ni son portrait, ni ceux (ou celui) avec lesquels il polémique. L'examen des principales sources des *Actes de Pilate*, de la description des personnages et des lieux, et de la théologie sous-jacente au récit, permet toutefois d'avancer sur ces questions difficiles.

1. *Les sources principales*

Les sources utilisées par l'auteur des *Actes de Pilate* sont loin d'être élucidées[75]. Il n'en est pas moins évident qu'il a recouru à l'Ancien Testament et à des traditions rabbiniques, au Nouveau Testament, ainsi qu'à quelques textes extra-canoniques. L'étude de ces documents fournit des indices importants pour situer les *Actes de Pilate* dans les divers courants du christianisme des premiers siècles.

---

73. E. von Dobschütz, *Der Process Jesu nach den Acta Pilati* et T. Mommsen, *Die Pilatus-Acten*, dans *ZNW* 3 (1902) 89-114 et 198-205 ont débattu de cette question. Cf. aussi, plus récemment, Daguet-Gagey, *Le procès du Christ* (n. 56) et Schärtl, «*Nicht das ganze Volk will, dass er sterbe*» (n. 3), pp. 189-206. Sur les porte-enseignes, cf. aussi les remarques (dépassées en ce qui concerne le *codex Rossanensis*) de P. Franchi de Cavalieri, *S. Fabio Vessillifero*, dans Id., *Note agiografiche*, VIII (Studi e Testi, 65), Vatican, Biblioteca Apostolica Vaticana, 1935, 101-113, pp. 104-105.

74. Ainsi, si l'usage du rideau dans le cadre d'un procès n'est pas habituel dans le droit romain, elle est compatible avec le droit local syrien; cf. Stewart-Sykes, *The Didascalia Apostolorum* (n. 26).

75. La recherche de parallèles dans la littérature des premiers siècles est encore à faire. Cf. toutefois les notes de Thilo, *Codex Apocryphus Novi Testamenti* (n. 2), et les rapprochements, qui restent à discuter, proposés par Berger, *Die Auferstehung des Propheten* (n. 69), sur les douze témoins des *Actes de Pilate*, 2.5-6, p. 465 n. 142, sur la validité du témoignage féminin (6.3 [VII]; cf. p. 435 n. 143), sur l'apparition de Jésus à Joseph emprisonné (15.6; cf. pp. 436 n. 30, 432 n. 121, 546 n. 351, 554 n. 373, 561 n. 393 et 612 n. 535), sur le fait de se tenir sur ses pieds (16.1.1 [XVI.1]; cf. pp. 531-532 n. 299), sur le repos en 16.4 [XVI.8] (p. 402 n. 554).

a) *L'Ancien Testament et les traditions rabbiniques*

L'importance de l'Ancien Testament, et particulièrement de la Loi, ressort de deux passages, dans lesquels des protagonistes sont invités à prêter serment sur la Loi, qu'il faut ici entendre dans sa matérialité, comme un volume de la Torah (14.2; 15.5). Invoquée à plusieurs reprises par les chefs des Juifs (4.3; 6.3 [VII]; 16.3.1-2 [XVI.6-7]), la Loi est présentée par Pilate comme ayant été donnée par Dieu (7.2 [IX.2]). Mais les *Actes de Pilate* ne se réfèrent pas qu'à la Torah, puisqu'en 15.1, Nicodème tire le récit de la disparition d'Élie du «livre des Saintes Écritures»[76].

Au delà de ces éléments narratifs, les versets de l'Ancien Testament jouent un rôle central dans les *Actes de Pilate*. Le comportement des divers protagonistes est ainsi souvent comparé à des exemples bibliques[77] et l'Ancien Testament est utilisé afin d'interpréter les événements qui se déroulent au fil du récit – notamment l'ascension de Jésus, relue à la lumière de la disparition d'Élie (15.1). C'est aussi à partir de versets de l'Ancien Testament qu'a été élaborée l'hymne finale (16.4 [XVI.8]), qui célèbre Jésus comme Seigneur[78].

Une analyse détaillée des citations et allusions à l'Ancien Testament dans les *Actes de Pilate* fait apparaître plusieurs traits remarquables: en premier lieu, l'auteur n'utilise pas la Septante, mais un texte biblique proche du groupe καί γε – Théodotion[79] et il utilise des versets peu attestés dans le christianisme primitif, mais connus de la tradition rabbinique[80]. En deuxième lieu, tous les personnages des *Actes de Pilate* ne citent pas les mêmes parties de l'Ancien Testament: les textes du Pentateuque sont explicitement cités par les chefs des Juifs, tandis que le peuple ne se réfère qu'à des textes historiques et prophétiques, cités implicitement[81]. En troisième lieu, les versets sont souvent simplement énoncés et non commentés, l'interprétation étant sous-entendue, conformément à des procédures (connues par ailleurs) de l'argumentation

---

76. C'est le texte édité par VON TISCHENDORF, *Evangelia apocrypha* (n. 1), p. 264. D'autres manuscrits ont des leçons plus simples, indiquées dans l'apparat.

77. Ainsi les miracles réalisés par Jésus sont-ils comparés à ceux de Moïse (5.1) et l'hostilité des Juifs à l'égard de Nicodème à la figure de Goliath (12.2 [XII.1]). Cf. aussi l'utilisation de l'histoire d'Achar en 15.5.

78. Sur l'interprétation de l'hymne finale, cf. plus loin.

79. Cf. J. JOOSTEN, *Le texte biblique cité dans les Actes de Pilate*, dans GOUNELLE – MOUNIER (éds.), *La littérature apocryphe chrétienne et les Écritures juives* (n. 19).

80. Cf. GOUNELLE, *Les Actes de Pilate et les Écritures juives* (n. 19).

81. Cf. *ibid.*

rabbinique[82]. Tout aussi frappants sont les renvois, au fil du récit, à des prescriptions qui sont pour la plupart connues de la littérature rabbinique[83]. L'auteur des *Actes de Pilate* connaît donc bien l'Ancien Testament, mais il semble être aussi un bon connaisseur des traditions juives; son recours à une forme spécifique des Écritures, proche du texte hébraïque, en fait une figure surprenante dans le christianisme du IVe siècle.

Dans les *Actes de Pilate*, les textes de l'Ancien Testament sont considérés comme prophétisant la mort et la résurrection de Jésus, comme le montre une discussion entre Jésus et Pilate (4.3):

> Alors Pilate ordonna aux Juifs de sortir hors du prétoire, puis ayant appelé Jésus il lui dit: «Que vais-je faire de toi?» Jésus dit à Pilate: «Comme il a été donné». Pilate dit: «Comment a-t-il été donné?» Jésus dit: «Moïse et les prophètes ont fait des annonces à l'avance à propos de cette mort et de la résurrection».

Que l'Ancien Testament annonce Jésus ne signifie pas qu'il fasse l'objet d'une interprétation spirituelle – typologique ou allégorique, pour reprendre une terminologie classique –, car les *Actes de Pilate* n'attestent aucune exégèse de ce type et ne laissent jamais entendre que les Écritures sont «accomplies»[84]. En revanche, le récit contient plusieurs cas de versets de l'Ancien Testament lus littéralement et appliqués à Jésus – c'est le cas d'*Ex* 23,20-21, cité en 16.3.1 [XVI.6] et des versets repris dans l'hymne finale (16.4 [XVI.8]). Les *Actes de Pilate* attestent par là-même d'une lecture de l'Ancien Testament qui reste au plus près du texte biblique et qui se distancie des procédures herméneutiques largement répandues dans le christianisme du IVe siècle.

On notera, pour finir, que les propos de Jésus affirmant que sa mort et sa résurrection ont été annoncées dans l'Ancien Testament ne font l'objet d'aucune discussion dans le récit. Il y a dès lors tout lieu de penser que les destinataires des *Actes de Pilate* devaient être familiers de la lecture chrétienne, mais littérale, de l'Ancien Testament qui était celle de l'auteur de ce texte.

---

82. Cf. en particulier les débats de 16.3.1 [XVI.6], cités ci-dessus.

83. Cf. 2.5; 4.3; 6.3 [VII]; 12.2 [XII.1]; 14.3. Cf. aussi, au sujet de la récitation des commandements lors de l'apparition de Jésus à Joseph d'Arimathée (15.6), BERGER, *Die Auferstehung des Propheten* (n. 69), p. 160 (où il faut corriger «6» en «15.6»); SCHÄRTL, *«Nicht das ganze Volk will, dass er sterbe»* (n. 3), pp. 269-272, qui identifie les préceptes énoncés avec le Décalogue.

84. Comme le note à juste titre J.-D. DUBOIS, *Les Actes de Pilate et les prophètes de l'Ancien Testament*, dans GOUNELLE – MOUNIER (éds.), *La littérature apocryphe chrétienne et les Écritures juives* (n. 19).

b) *Le Nouveau Testament*

L'abondance des citations reprises à l'Ancien Testament ne saurait voiler l'utilisation du Nouveau Testament tout au long du récit[85]. L'auteur des *Actes de Pilate* semble privilégier l'*Évangile selon Luc*, auquel il reprend le récit de la mort de Jésus et de son ensevelissement, sans le modifier; il renvoie en outre à plusieurs reprises (16.1.2 [XVI.2]; 16.1.3 [XVI.3]; 16.3.1 [XVI.6]; 16.3.2 [XVI.7]) à la prophétie de Syméon (*Lc* 2,34), qui semble constituer pour lui un texte important. Mais la mention de l'entrée de Jésus à Jérusalem (1.3) puis de la femme de Pilate (2.1) attestent également de l'utilisation de l'*Évangile selon Matthieu* (cf. Mt 27,19; 21,4-9). Quelques parallèles sporadiques avec l'*Évangile selon Marc*[86], et surtout la remarquable reprise de sa finale longue (Mc 16,15-18) en 14.1[87], montrent que cet évangile était aussi connu de l'auteur des *Actes de Pilate*. Enfin, l'*Évangile selon Jean* est utilisé pour raconter le procès de Jésus et les *Actes des Apôtres* pour raconter la libération de Joseph de prison (15.6). L'auteur des *Actes de Pilate* avait donc selon toute vraisemblance à sa disposition l'évangile tétramorphe[88]. Il suppose

---

85. Une utile synopse a été proposée par R.W. Funk, *New Gospel Parallels*. II: *John and the Other Gospels*, Philadelphia, PA, Fortress, 1985, pp. 305-346. Cf. aussi les références scripturaires indiquées dans les notes de Gounelle – Izydorczyk, *L'Évangile de Nicodème* (n. 3). Sur l'utilisation des évangiles canoniques par l'auteur des *Actes de Pilate*, cf. C. Tischendorf, *Pilati circa Christum judicio, quid lucis afferatur ex Actis Pilati*, Leipzig, A.D. Winter, 1855; C. Furrer, *La Passion dans les Acta Pilati*, dans T. Nicklas – A. Merkt – J. Verheyden (éds.), *Gelitten. Gestorben. Auferstanden: Passions- und Ostertraditionen im antiken Christentum* (WUNT, II/273), Tübingen, Mohr Siebeck, 2010, 69-96; Schärtl, «*Nicht das ganze Volk will, dass er sterbe*» (n. 3), pp. 222-229, 25s. L'article de C. Furrer, *Du récit au drame: Passion évangélique et Actes de Pilate*, dans D. Marguerat – A. Curtis (éds.), *Intertextualités: La Bible en échos* (Le Monde de la Bible, 40), Genève, Labor et Fides, 2000, 305-318, est consacré aux recensions byzantines (B ou M) des *Actes de Pilate*.

86. Comparer par exemple 6.1 et Mc 2,1-12 et 1,34.

87. Cette citation est bien connue des biblistes. Cf. par exemple J.K. Elliott, *The Influence of the Apocrypha on Manuscripts of the New Testament*, dans *Apocrypha* 8 (1997) 265-271, p. 269; J.A. Kelhoffer, *Miracle and Mission: The Authentification of Missionaries and Their Message in the Longer Ending of Mark* (WUNT, II/112), Tübingen, Mohr Siebeck, 2000, pp. 176-177, qui situe par erreur les *Actes de Pilate* au IIe siècle.

88. Il est toutefois difficile d'exclure que l'auteur des *Actes de Pilate* ait utilisé une harmonie évangélique, mais il ne peut s'agir du *Diatessaron* de Tatien, avec lequel le récit n'a pas de points de contact. S'agissait-il de l'*Évangile des Ébionites*, qui pourrait avoir été une harmonie des évangiles synoptiques (cf. D.A. Bertrand, *L'Évangile des Ébionites, une harmonie évangélique antérieure au Diatessaron*, dans *NTS* 26 [1980] 548-563)? Rien ne permet d'accepter ou de rejeter une telle suggestion. Certes, l'auteur des *Actes de Pilate* était un chrétien de tendance ébionite (cf. plus loin), mais cela ne signifie pas nécessairement qu'il ait utilisé ce texte, dont il ne reste plus que des fragments. Il est en tout cas clair que l'*Évangile selon Jean* était aussi connu de lui, comme je l'ai précisé plus haut.

ces mêmes évangiles connus de son destinataire, puisque divers renvois sont faits à des épisodes attestés dans les évangiles canoniques, mais non rapportés dans les *Actes de Pilate*[89].

Si l'auteur des *Actes de Pilate* connaît et utilise les évangiles, il ne s'est pas interdit de les enrichir. Ainsi, dans les débats sur l'épisode des Rameaux, rappelé par le messager de Pilate (1.4), l'exclamation ὡσαννά est-elle interprétée comme signifiant σῶσον δή[90]. Cette équivalence suppose de pouvoir associer le ὡσαννά de Mt 21,4-9 avec le σῶσον δή du Ps 118(117),25[91]. Plus significatif encore est le récit de la mort de Jésus, en 11.1, où l'auteur des *Actes de Pilate* a introduit dans Lc 23,44-48 une translittération du texte hébraïque du Ps 31(30),6[92]. Ces deux passages suggèrent fortement que l'auteur des *Actes de Pilate* était hébraïsant et soucieux de remonter, par delà les évangiles, au substrat hébraïque des textes vétérotestamentaires qui y étaient cités.

En revanche, il n'est pas entièrement certain que l'auteur des *Actes de Pilate* ait utilisé les écrits attribués à Paul dans le Nouveau Testament.

89. C'est le cas des fiançailles de Joseph et de Marie (2.4), de la naissance de Jésus et de la fuite en Égypte (2.3), de la présentation au Temple (16.1.2 [XVI.2]; 16.3.2 [XVI.7]), de la prédication et les miracles de Jésus (1-2; 4.1; 6.1-4 [VI-VIII]), ainsi que de divers éléments liés à la mort de Jésus (cf. note 68). On notera que, contrairement à une opinion commune, les *Actes de Pilate* n'ignore pas un procès devant le sanhédrin; c'est du moins à un tel événement que pourraient renvoyer les propos de Nicodème en 5.1. Les renvois aux miracles accomplis par Jésus avant son arrestation sont de divers types; comme le remarque P.J. ACHTEMEIER, *Gospel Miracle Tradition and the Divine*, dans *Interpretation* 26 (1972) 174-197, pp. 190-191, certains récits de miracles des *Actes de Pilate* évoquent clairement ceux du Nouveau Testament, mais certaines listes de prodiges sont trop générales pour pouvoir être rattachées à un texte spécifique.

90. VON TISCHENDORF, *Evangelia apocrypha* (n. 1), p. 219 édite, d'après le manuscrit B, ὡσαννὰ μεμβρομῇ βαρουχαμμᾶ ἀδοναί qui est traduit ensuite par σῶσον δή ὁ ἐν τοῖς ὑψίστοις· εὐλογημένος ὁ ἐρχόμενος ἐν ὀνόματι κυρίου. Cette leçon isolée n'est pas confirmée par les versions anciennes des *Actes de Pilate*, qui, comme les autres manuscrits grecs, ne mentionnent ici que l'exclamation ὡσαννά. Le texte de B a donc tous les changes d'être secondaire. Sur ce passage des *Actes de Pilate*, cf. C. FURRER, Ὡσαννα. Σῶσον δή: *Du salut annoncé au salut attendu*, dans C. CLIVAZ – C. COMBET-GALLAND – J.-D. MACCHI – C. NIHAN (éds.), *Écritures et réécritures: La reprise interprétative des traditions fondatrices par la littérature biblique et extra-bibliques. Cinquième Colloque Internationale du RRENAB, Université de Genève et Lausanne, 10-12 juin 2010* (BETL, 248), Louvain, Peeters, 2012, 243-262.

91. La différence cité dans Mt et la forme psalmique est discutée par plusieurs érudits de l'Antiquité, en particulier par Eusèbe de Césarée dans sa *Démonstration évangélique*, VI.8.2 et IX.18.1-4. Cf. aussi l'*Epistula* 20 de Jérome, consacrée à l'interprétation de l'expression «Hosanna au fils de David».

92. Le texte hébraïque translittéré a été déformé par les copistes, tant en grec que dans les versions. A. WALKER-JONES, «'Into your Hands', O Scribes: Corrupted Hebrew in the Latin *Evangelium Nicodemi?*», dans *Apocrypha* 21 (2010) 169-177, a néanmoins pu montrer qu'il ne s'agissait pas d'une transcription fantaisiste.

Plusieurs motifs ou versets présents dans ces lettres sont en effet repris dans les *Actes de Pilate*, mais soit ils sont aussi attestés ailleurs, si bien que leur provenance n'est pas certaine[93], soit leur formulation est étonnamment différente de celle attestée dans les lettres canoniques[94]. Certaines citations de l'Ancien Testament semblent certes avoir été influencées par leur reprise dans les écrits pauliniens, ce qui pourrait suggérer que l'auteur des *Actes de Pilate* a bel et bien connus ces derniers[95], mais il est difficile d'en être certain et ce d'autant plus qu'on ne peut exclure que cette influence se soit exercée au niveau des premiers copistes du texte.

D'autre part, les textes du Nouveau Testament n'ont pas le même statut ceux de l'Ancien Testament[96]: ils sont utilisés, mais ils ne sont pas identifiés comme scripturaires et ne sont jamais cités comme des références normatives. Bien plus, les diverses citations de Lc 2,34 (16.1.2 [XVI.2]; 16.1.3 [XVI.3]; 16.3.1-2 [XVI.6-7]) suggèrent que ce verset posait problème dans le milieu auquel les *Actes de Pilate* étaient destinés. Il est dès lors probable que, si l'auteur et les destinataires du texte s'accordaient sur le statut de l'Ancien Testament et de son interprétation, ils divergeaient sur l'autorité et la valeur des récits évangéliques, voire de l'ensemble du Nouveau Testament.

d) *Traditions extracanoniques*

Les *Actes de Pilate* contiennent également quelques points de contact avec l'*Évangile selon Pierre*[97]. Ainsi, les lamentations des chefs des

---

93. Ainsi en 1.2, la soumission des démons pourrait renvoyer à 1Co 15,27 et à d'autres passages des lettres canoniques, mais aussi à Lc 10,17. En 16.3.2 [XVI.7] est cité Dt 19,15, repris en 2Co 13,1, mais, étant donnée la connaissance que l'auteur des *Actes de Pilate* a de l'Ancien Testament, cette citation n'a pas nécessairement transité par la lettre de Paul. De même, en 5.1, la mention de Jamnès et de Jambrès a pu être inspirée par 2Tm 3,8, mais ces personnages ont aussi fait l'objet de diverses traditions indépendantes, que l'auteur a pu connaître.

94. Cf. la malédiction qui clôt 16.3.2 [XVI.7]. Cette malédiction est mal attestée dans les versions.

95. Cf. JOOSTEN, *Le texte biblique* (n. 79).

96. Cf. plus haut.

97. Les rapports entre les *Actes de Pilate* et l'*Évangile selon Pierre* ont fait l'objet de multiples discussions dans les années qui ont suivi la découverte du Papyrus d'Akhmîn. Reprenant les parentés relevées au cours de ces controverses, L. VAGANAY, *L'Évangile de Pierre* (Études bibliques), Paris, Cerf, 1930, pp. 159-160, 173-176, en a conclu à une absence de parallèles pertinents, sinon le double témoignage du centurion, qui est absent de la recension grecque A. P. FOSTER, *The Gospel of Peter: Introduction, Critical Edition and Commentary* (Texts and Editions for New Testament Study, 4), Leiden – Boston, MA, Brill, 2010, n'est guère plus positif. La recherche s'est à tort centrée sur le récit du procès, ne repérant pas les parallèles ci-dessous relevés.

Juifs, qui se repentent d'avoir mal agi (14.3), peuvent-elles être rappro-
chées des réactions des chefs des Juifs après l'ensevelissement de Jésus[98];
la recherche, par les mêmes chefs des Juifs, de tous les témoins favorables à Jésus, qui s'étaient cachés (12.1), peut aussi être mise en relation
avec la suite immédiate de l'*Évangile selon Pierre* (v. 26). De même,
dans les deux textes, les Juifs demandent à Pilate des gardes, qui leur sont
accordés[99].

En outre, dans l'*Évangile selon Pierre*, les scribes, les pharisiens et les
anciens sont inquiets des réactions du peuple, qui, impressionné des
miracles provoqués par la mort de Jésus, le reconnaît comme un
«juste»[100]. Or les *Actes de Pilate* distinguent aussi l'attitude du peuple
de celle des chefs des Juifs. Ainsi, en 4.5, Pilate voit-il la multitude
(ὁ ὄχλος) des Juifs en pleurs et demande-t-il à ses chefs: «Toute la foule
(τὸ πλῆθος) ne veut pas qu'il meure»[101].

98. *Évangile selon Pierre*, 25, trad. par É. JUNOD, dans F. BOVON – P. GÉOLTRAIN,
Écrits apocryphes chrétiens, I (Bibliothèque de La Pléiade), Paris, Gallimard, 1997,
p. 250: «Alors les Juifs, les anciens et les prêtres, ayant reconnu quel mal ils s'étaient faits
à eux-mêmes, se mirent à se frapper la poitrine et à dire: 'Malheur à nos péchés! Le jugement et la fin de Jérusalem s'approchent'».

99. Comparer *Évangile selon Pierre*, 29-30 et *Actes de Pilate* 13,1 Ce récit est proche
de Mt 27,60-66, mais l'*Évangile selon Pierre* et les *Actes de Pilate* abrègent de la même
manière; d'autre part, dans les deux textes, et à la différence de ce que narre Mt, Pilate
accorde une garde aux Juifs.

100. *Évangile de Pierre*, 28, où le peuple se lamente en disant: «Si à sa mort ces très
grands signes se sont produits, voyez combien il était juste»). Comparer *Actes de Pilate*
13,3 («vous avez vu de tels miracles… »). Une distinction du même type se retrouve, sous
une forme inversée, dans un autre document syriaque, mal daté, la *Didascalie d'Addaï*;
ici, les chefs des prêtres «confessaient le Christ en secret et ne voulaient pas le confesser
en public, à cause de la prééminence sur le peuple à laquelle ils tenaient»; le pot aux roses
sera révélé par les enfants d'Ananie et de Caïphe qui, poussés par les apôtres, confessent
le crucifié et renient ceux qui sont responsables de sa mort; cf. *Didascalie d'Addaï*, III.2-
3, traduit dans F. NAU, *La didascalie des douze apôtres* (Ancienne littérature canonique
syriaque, 1), 2ᵉ éd., Paris, P. Lethielleux, 1912, p. 229. Une traduction plus récente a été
publiée par M. CASADEI, *Didascalia di Addai* (Testi di Padri de la Chiesa, 87), Monastère
de Bose, Edizioni Qiqajon, 2007, pp. 25-26.

101. La multitude qui s'exprime ainsi était déjà apparue en 2.4-6 et se retrouve parmi
les défenseurs de Jésus (8), est aussi présente au pied de la croix, se frappant la poitrine,
(11.1, qui suit Lc 23,44-48). Elle n'est probablement pas identique au λαός qui apparaît à
plusieurs endroits dans la seconde section du récit, où il semble identifié avec le sanhédrin
(ainsi, en 15.1, Nicodème s'adresse au sanhédrin en l'appelant «peuple du Seigneur»; le
même phénomène a lieu en 15.5 – mais VON TISCHENDORF, *Evangelia apocrypha* [n. 1],
p. 270, omet la mention du peuple). Cf. aussi 15.4, où «tout le peuple» embrasse Joseph.
Cf. aussi 16.2.2 [XVI.4], où Nicodème salue ceux qui l'avaient envoyé chercher (le sanhédrin) en disant: «La paix soit au peuple d'Israël» (VON TISCHENDORF, *Evangelia apocrypha*
[n. 1], p. 278, édite à tort ἐπί). Si tel est le cas, l'hymne finale n'est pas le signe de la
conversion du peuple, mais du sanhédrin. Dans la première partie du texte, ὁ λαός semble
en revanche identique à la multitude, désignée par ὁ ὄχλος ou τὸ πλῆθος. Une étude des
divers emplois de ces trois termes dans les *Actes de Pilate* serait utile.

Ces rapprochements ne permettent pas d'établir que l'auteur des *Actes de Pilate* s'est inspiré de l'*Évangile selon Pierre*. Aucun contact littéraire précis ne lie en effet les deux textes et la disparition des récits de la Passion que contenaient probablement les évangiles judéo-chrétiens du IIe siècle ne permet pas de savoir si les traits relevés ci-dessus étaient véritablement propres à cet évangile. En outre, d'autres traits absents des évangiles canoniques comme des fragments conservés de l'*Évangile selon Pierre* ont pu être empruntés par l'auteur des *Actes de Pilate* à des sources aujourd'hui perdues – c'est du moins ce que permettent de supposer divers parallèles identifiés par la recherche[102]. Il n'en reste pas moins que les parentés relevées ci-dessus suggèrent que l'auteur des *Actes de Pilate* lisait les récits canoniques à la lumière d'une tradition théologique qu'il n'est plus possible de reconstituer.

e) *Bilan*

L'analyse des sources des *Actes de Pilate* permet d'établir que l'auteur de ce texte connaissait bien l'Ancien Testament, les évangiles canoniques et probablement les lettres de Paul. Rien que de très banal. Mais derrière ce constat général se dessine un portrait inhabituel pour un chrétien du IVe siècle: s'il lit l'Ancien Testament, il le fait dans une forme spécifique – proche du texte hébraïque – et en évitant toute lecture spirituelle, sans pour autant s'interdire d'appliquer certains versets à Jésus; il était aussi bon connaisseur des prescriptions en vigueur dans le judaïsme, distinguait les prêtres et le peuple par leur utilisation des Écritures et connaissait selon toute vraisemblance l'hébreu. Quant au Nouveau Testament, non seulement l'auteur des *Actes de Pilate* semble lui accorder une apportance moindre qu'aux Écritures juives, mais il n'hésite pas à y introduire des éléments repris à l'Ancien Testament et à une tradition qui pourrait être liée à l'*Évangile selon Pierre*. Cela étant, il semble éprouver un grand respect pour l'*Évangile selon Luc*, à qui il a repris plusieurs passages. L'auteur des *Actes de Pilate* apparaît ainsi comme un lettré, pour ne pas dire un érudit, chrétien, dont la familiarité avec le judaïsme – et probablement avec l'hébreu – suggère qu'il est d'origine juive.

---

102. Cf. ainsi, au sujet de l'expression «enfants des Hébreux» (*Actes de Pilate*, 1.3-4), J. Neville BIRDSALL, *The Dialogue of Timothy and Aquila and the Early Harmonistic Traditions*, dans *NT* 22 (1980) 66-77, p. 70; à propos de l'ensevelissement de Jésus dans une grotte, W.L. PETERSEN, *A New Testimonium to a Judaic-Christian Gospel Fragment from a Hymn of Romanos the Melodist*, dans *VigChr* 50/2 (1996) 105-116, p. 116 n. 48.

Tout aussi surprenante est la communauté réceptrice du texte qui se dessine au terme de ces analyses: puisque l'Ancien Testament constitue l'ossature des *Actes de Pilate*, elle devait accorder une grande autorité à cet ensemble de textes, qu'elle devait également lire dans le cadre d'une herméneutique exclusivement littérale – puisque ce point, bien qu'original, est présenté comme une évidence dans le récit – et elle était supposée connaître divers événements de la vie de Jésus, à laquelle le récit ne fait que rapidement allusion, même s'il semble vraisemblable que les évangiles constituaient un point de tension entre l'auteur des *Actes de Pilate* et ceux auxquels il s'adresse.

2. *Personnages et lieux*

Les personnages et les lieux mis en scène dans les *Actes de Pilate* apportent des données complémentaires sur l'auteur des *Actes de Pilate*.

a) *Des héros en très grande majorité juifs*

Lorsque le narrateur, avec la sobriété qui le caractérise, introduit un personnage, il le fait presque toujours en le situant sur le registre de la pratique du judaïsme: il s'agit de «Juifs», de «pieux», pour ne pas parler de «grands-prêtres», de «lévites», de «didascales» et de «rabbis». Même le gouverneur Pilate est tiré du côté du judaïsme par sa connaissance des Écritures juives, qui lui permet de faire la leçon aux Juifs (7.2 [IX.2]) et par son épouse, qui est présentée comme «pieuse» et comme pratiquant le judaïsme (2.1)[103]. L'appartenance du gouverneur à la société impériale n'est pas niée, mais elle est significativement peu mise en valeur; elle n'apparaît, en effet, que par les serments au nom de César (1.6; 2.5; 4.5; cf. aussi 5.2; 7.1 [IX] [IX]) et par la brève mention d'Asclépios (1.1). Pour le reste, Pilate ne dispose, dans les *Actes de Pilate*, d'aucun autre système de référence que celui du judaïsme. Ceci explique qu'il soit considéré par Joseph d'Arimathée comme un «incirconcis de chair et circoncis

---

103. Pilate parle de sa femme aux Juifs en ces termes: θεοσεβής ἐστιν καὶ μᾶλλον ἰουδαΐζει σὺν ὑμῖν. La portée de l'adverbe μᾶλλον, qui n'est pas couramment employé avec un verbe, n'est pas claire; il est probable qu'il équivaut ici à μάλιστα. Le verbe ἰουδαΐζειν renvoie ici très vraisemblablement à des pratiques (notamment le respect du sabbat ou des interdits alimentaires), comme le remarque M.D. MURRAY, *Playing a Jewish Game: Gentile Christian Judaizing in the First and Second Centuries CE* [Ph.D.], Center for the Study of Religion, University of Toronto, 2000, 3-4 (cf. aussi 61 n.71), qui renvoie notamment à S.J.D COHEN, *«Those Who Say They Are Jews and Are Not»: How Do You Know a Jew in Antiquity When You See One?*, dans S.J.D. COHEN – E.S. FRERICHS (éds.), *Diasporas in Antiquity*, Atlanta, GA, Scholars, 1993, 13-33.

du coeur» (ὁ ἀκρόβυστος τῇ σαρκὶ καὶ περιτετμημένος τῇ καρδίᾳ) (12.2 [XII.1])[104].

Seuls deux personnages collectifs sont païens. Il s'agit d'une part des porte-enseignes, qui se disent explicitement «païens» (Ἕλληνες) et «esclaves attachés au service d'un temple» (ἱερόδουλοι) (1.5) et dont le paganisme sert à lever toute accusation de tricherie; d'autre part des soldats de Pilate, qualifiés d'«incirconcis» (ἀκρόβυστοι) par les chefs des Juifs pour mieux rejeter leur témoignage (14.3). Dans un cas comme dans l'autre, la qualité de non juif est mentionnée dans le cadre d'une procédure d'authentification des récits entendus et n'est pas davantage discutée. Il en va de même dans un autre passage des *Actes de Pilate* (2.4), où les douze Juifs favorables à Jésus doivent se défendre d'être des prosélytes (προσήλυτοι), mais attestent qu'ils sont nés de parents juifs (τέκνα Ἰουδαίων ἐσμέν)[105].

b) *Les lieux*

Le peu d'intérêt que l'auteur des *Actes de Pilate* éprouve pour les païens est à mettre en parallèle avec l'absence de toute référence à des lieux relevant de la culture gréco-romaine – si l'on excepte la mention indirecte des temples par l'intermédiaire des hiérodules susmentionnés (1.5). De fait, tout le récit se déroule seulement dans trois lieux stratégiques, fortement connotés: Jérusalem, lieu de la mort de Jésus et de

---

104. L'identité judaïsante de Pilate et de sa femme dans les *Actes de Pilate* n'avait pas échappé à J. VARIOT, *Étude sur l'histoire littéraire, la forme primitive et les transformations des évangiles apocryphes*, Paris, E. Thorin, 1878, 233-267, ni à LAMPE, *The Trial of Jesus in the Acta Pilati* (n. 4), pp. 178-179, qui fait toutefois de Pilate un chrétien. Quoi qu'il en soit, cette représentation de Pilate a échappé à P.C. DILLEY, *The Invention of Christian Tradition: «Apocrypha», Imperial Policy, and Anti-Jewish Propaganda*, dans *Greek, Roman and Byzantine Studies* 50 (2010) 586-615, pp. 593-594, alors même qu'elle contredit son interprétation des *Actes de Pilate*: il comprend l'histoire d'Ananias, officier romain et juif, converti au christianisme (cf. préface), à la lumière de la loi du 31 janvier 438 qui interdit aux Juifs d'exercer une fonction dans l'administration impériale; il estime que les *Actes de Pilate* cherchent, par l'exemple d'Ananias, à exiger des Juifs leur conversion au christianisme. L'auteur de cette étude, qui part du principe que la préface est primitive, considère les *Actes de Pilate* comme une œuvre violemment anti-juive, qui fonde l'animosité entre Juifs et chrétiens en accusant les premiers d'avoir tué Jésus. Mais comment un texte cherchant à exclure le judaïsme de la sphère publique pourrait-il représenter Pilate, procurateur romain, comme excellent connaisseur des Écritures juives et sa femme comme judaïsante?

105. On notera d'ailleurs que la définition des prosélytes donnée dans ce passage est exacte et que l'argumentation des *Actes de Pilate* reflète le statut ambigu des prosélytes dans le judaïsme antique. Cf. S.J.D. COHEN, *Crossing the Boundary and Becoming a Jew*, dans *HTR* 82 (1989) 13-33, pp. 26-31.

l'action principale[106], la Galilée, où Jésus se manifeste à ses disciples (13.2 [XIII.1]; 14.1), et la ville d'Arimathée, d'où est originaire Joseph et où Jésus l'a reconduit après l'avoir libéré de prison (15.6).

Jérusalem est qualifiée à plusieurs reprises de «ville sainte» (ἁγία πόλις)[107] dans les *Actes de Pilate* (15.4; 16.2.1 [XVI.3]; 16.2.2 [XVI.4]) – une appellation reprise à l'Ancien Testament[108] – ce qui montre l'importance symbolique de ce lieu pour l'auteur, mais ce dernier ne semble rien en connaître. C'est du moins ce que l'on peut inférer de l'absence de toute indication de lieu un tant soit peu précise: de Jérusalem, les *Actes de Pilate* ne mentionnent en tout et pour tout que le prétoire de Pilate[109], une synagogue (12.1; 13.1-2 [XII.2–XIII.1]; 14.3; 16.2.3 [XVI.5]; cf. aussi 5.1), la maison de Nicodème (15.4-5)[110] et une maison sans porte (12.3, 15.5-6)[111], à quoi s'ajoute le lieu de l'ascension de Jésus[112], dont la localisation n'est pas précisée (14.1; 15.1; 16.2.3 [XVI.5]; 16.3.1 [XVI.6]). La Galilée est représentée de façon tout aussi imprécise, tandis que la ville d'Arimathée n'existe que par la maison qu'y occupe Joseph (15.3; 15.5).

---

106. DUBOIS, *Les Actes de Pilate et les prophètes de l'Ancien Testament* (n. 84), discerne une étrangeté au début du récit du procès de Jésus: le messager de Pilate précise qu'il a été «envoyé à Jérusalem auprès d'Alexandre» (1.3), ce qui pourrait laisser entendre qu'au moment où il parle, il n'est pas à Jérusalem. Faut-il pour autant en conclure que le procès de Jésus ne se déroule pas dans cette ville, comme le suggère ce savant? Il est possible d'interpréter ce passage de façon différente: le messager de Pilate fait allusion à une action antérieure au procès et sa formulation peut simplement impliquer qu'au moment où il avait été envoyé à Jérusalem, il n'y était pas; le messager dit simplement qu'il avait été envoyé d'un lieu indéterminé (Césarée?) à Jérusalem. L'expression employée n'implique donc pas qu'il ne soit pas à Jérusalem au moment où il parle. De fait, si l'action n'est clairement située à Jérusalem que dans la seconde partie des *Actes de Pilate* (14.1; 15.4; 16.2.1-2 [XVI.3-4]) – ce qui pourrait donner raison à ceux qui estiment qu'elle est d'une origine différente de la première –, il n'y a pas de raison de supposer qu'Anne et Caïphe et les autres Juifs, qui sont alors situés à Jérusalem, seraient localisés à un autre endroit dans les chapitres 1–12.

107. Cette expression est attestée dans le texte copte des *Actes de Pilate* aux trois passages mentionnés. Il ne s'agit donc pas de précisions ajoutées par des copistes byzantins.

108. Cf., dans la Septante, Jl 4,17; Is 52,1; Tob 13,1. La provenance biblique de cette expression est garantie par le fait qu'elle apparaît, dans l'Antiquité tardive, presque exclusivement dans des commentaires exégétiques.

109. Sur la localisation du prétoire de Pilate, cf. n. 106.

110. En 15.5, les manuscrits hésitent entre οἶκος, la maison, et κῆπος, le jardin.

111. Il s'agit du lieu où est enfermé Joseph d'Arimathée.

112. Le nom donné au lieu de l'ascension de Jésus dans les *Actes de Pilate* est mal conservé et reste mystérieux; la comparaison des leçons grecques, très variantes, avec les versions anciennes, suggère que le nom originel devait être Μαμβήχ ou un nom proche. Il est tentant de rapprocher ce nom de celui de Mambré/Mamré, plusieurs fois mentionné dans la *Genèse* (Gn 13,18; 14,13 etc.), mais la localisation, en cet endroit, de l'ascension est à ma connaissance sans parallèle.

L'imprécision géographique du texte est d'autant plus surprenante que, dans la seconde partie des *Actes de Pilate* (12-16), l'auteur ne cesse de faire passer ses personnages d'un lieu à un autre[113], ce qui suggère que ces lieux avaient pour lui une signification particulière. Il est en outre frappant que les rares endroits mentionnés ne sont pas attestés dans les traditions de pèlerinages qui se développées durant l'Antiquité[114]. Tout ceci suggère que l'auteur des *Actes de Pilate* ne connaissait pas les lieux où se situe son récit, sinon par ouï-dire.

c) *Bilan*

L'étude des personnages et des lieux confirme et précise les hypothèses que l'analyse des sources du récit avait permis de formuler: l'auteur des *Actes de Pilate* semble peu intéressé par la culture gréco-romaine et son récit n'accorde guère de crédit à une parole qui ne provienne pas d'un Juif de naissance. Ces divers traits rendent très peu vraisemblable que l'auteur des *Actes de Pilate* soit issu du paganisme: il est plus probable qu'il soit d'origine juive et qu'il soit resté très proche du judaïsme. Enfin, sa méconnaissance de Jérusalem et de la Galilée incite à exclure qu'il soit originaire de Jérusalem et de ses environs.

3. *La théologie de l'auteur des Actes de Pilate*

Les origines de l'auteur des *Actes de Pilate* expliquent peut-être sa théologie, qui ne peut manquer de surprendre tout lecteur de son œuvre, surtout s'il est familier des traités théologiques de la seconde moitié du IVe siècle. De fait, il est impossible de trouver des traces d'une quelconque christologie dans les *Actes de Pilate*. L'auteur de ce texte semble même avoir cherché à éviter le titre de «Christ», pourtant classique dans le christianisme antique. Si l'on excepte la préface, probablement postérieure à la rédaction des *Actes de Pilate*[115], ce titre n'apparaît en effet qu'en deux passages empruntés aux évangiles canoniques (7.1 [IX] [IX]; 10.1-2). L'auteur des *Actes de Pilate* n'affirme non plus pas la divinité de Jésus. En tout cas cette dernière n'est jamais clairement énoncée[116],

---

113. Cf. GOUNELLE – IZYDORCZYK, *L'Évangile de Nicodème* (n. 3), pp. 68-71. Ces pages, écrites à propos de la recension latine A, sont aussi valables pour la recension grecque ancienne.

114. Cf. le relevé de P. MARAVAL, *Lieux saints et pèlerinages d'Orient: Histoire et géographie, des origines à la conquête arabe* (Histoire), Paris, Cerf, 1985.

115. Cf. pp. 361-363.

116. LAMPE, *The Trial of Jesus in the Acta Pilati* (n. 4), a cru voir dans les miracles sur lesquels s'ouvrent les *Actes de Pilate* une affirmation de la divinité de Jésus. Ces récits

mais il est tout aussi vrai que, nulle part, l'auteur des *Actes de Pilate* ne la contredit, sauf, peut-être, en un unique passage, très difficile à interpréter, car mal conservé, de la fin du texte (16.3.2 [XVI.7]). De même l'expression «fils de Dieu» n'apparaît-elle que dans la bouche des accusateurs de Jésus et dans des versets repris aux évangiles canoniques (1.1; 2.5; 4.5; 7.1 [IX]; 10.1); il est donc peu probable que l'auteur de ce texte la voyait d'un très bon œil ... Mais qui est donc Jésus pour l'auteur des *Actes de Pilate*?

a) *Jésus, un homme ordinaire?*

Au cours du procès, les Juifs formulent trois accusations contre Jésus (2.3): il serait né d'une relation sexuelle non légitime (πορνεία); sa naissance à Bethléem aurait provoqué un massacre; enfin, Joseph et Marie auraient fui en Égypte faute de ne pouvoir vivre en harmonie avec le peuple. De ces accusations, seule la première fait l'objet d'un débat dans les *Actes de Pilate*: contre les Juifs qui accusent Jésus, douze Juifs – dont les noms sont donnés à la fin de 2.4 – proclament la régularité de la naissance de Jésus, affirmant avoir assisté aux épousailles[117] de Joseph et de Marie (2.4-2.5). L'argument est simple: Marie étant légitimement unie à Joseph, elle ne peut être accusée de fornication.

Cette discussion montre que l'auteur des *Actes de Pilate* ne croyait pas en la naissance virginale, mais qu'il estimait au contraire que Jésus était le fils charnel et légitime de ses parents[118]. Comme les controverses dont font état ces développements ne portent que sur la régularité de la naissance de Jésus, il est probable que les destinataires du récit partageaient sur ce point les opinions de l'auteur.

Né humain, Jésus n'en est pas moins un être exceptionnel, comme le montre le passage suivant (3.2), qui reprend et complète Jn 18,33-38:

> Pilate rentra de nouveau dans le prétoire puis il appela Jésus en particulier et lui dit: «Est-ce toi, le roi des Juifs?» Jésus répondit à Pilate: «Dis-tu cela de toi-même ou d'autres te l'ont-ils dit à mon sujet?» Pilate répondit:

---

sont plutôt à comprendre dans le cadre d'une théologie royale, comme le montre notamment le recours à l'épisode des Rameaux. Cf. GOUNELLE, *La divinité du Christ* (n. 5).

117. Le terme grec employé, ὁρμάστριον, est peu commun. Dans G.W.H. LAMPE (éd.), *A Patristic Greek Lexicon*, Oxford, 1961, p. 974, ce nom est considéré comme un équivalent de ἄρμοστρον, mais cf. THILO, *Codex Apocryphus Novi Testamenti* (n. 2), p. 530.

118. Cf., dans le même sens, DUBOIS, *Jésus apocryphe* (n. 44), pp. 133-134 qui renvoie, sur ce point, à la position de certains judéo-chrétiens. Cf. aussi, ID., *Les Actes de Pilate et les prophètes de l'Ancien Testament* (n. 84).

«Est-ce que moi, je suis Juif? Ce sont ta nation et les grands-prêtres qui t'ont livré à moi; qu'as-tu fait?» Jésus répondit et dit: «Mon royaume n'est pas de ce monde; si mon royaume était de ce monde, mes serviteurs auraient lutté avec moi afin que je ne sois pas livré aux Juifs; mais en réalité mon royaume n'est pas d'ici». Il lui dit: «Tu n'es donc pas roi?» Jésus lui répondit: «C'est toi qui dis que je suis roi; en effet, voici pourquoi j'ai été engendré et je suis venu: afin que tout homme de vérité écoute ma voix». Pilate lui dit: «Qu'est-ce que la vérité?» Jésus lui dit: «La vérité est du ciel». Pilate lui dit: «Sur la terre, il n'y a pas de vérité?» Jésus dit à Pilate: «Ceux qui disent la vérité, tu vois comment ils sont jugés par ceux qui ont le pouvoir sur terre!».

Cette discussion entre Pilate et Jésus montre que Jésus n'est pas un homme comme les autres: lui dont le royaume est céleste, est «venu» proclamer une vérité d'origine céleste. Un autre passage, cité plus haut (4.3), atteste que la mort et la résurrection de Jésus ont été prophétisées et auront lieu, conformément au plan divin.

L'auteur des *Actes de Pilate* semble ainsi considérer Jésus comme un homme porteur d'un message d'origine céleste. L'historien aimerait bien pouvoir préciser davantage ce qu'il faut entendre par là, mais le texte ne lui permet guère d'aller plus loin. Tout au plus est-il possible de penser que l'auteur des *Actes de Pilate* voit en Jésus un prophète[119]. Tout au long des *Actes de Pilate*, les faits et gestes de Jésus sont en effet confrontés aux grandes figures prophétiques de l'Ancien Testament: les miracles qu'il effectue sont rapprochés par Nicodème des prodiges effectués par Moïse devant Pharaon avant la sortie d'Égypte (chap. 5); Pilate considère Jésus comme un «bienfaiteur» et compare ses actions aux bienfaits produits par Dieu grâce à Moïse lors de la sortie d'Égypte (chap. 7.2 [IX.2]); Nicodème rapproche son ascension de la montée d'Élie aux cieux (chap. 15.1); enfin, dans le chapitre 16.3.1-2 [XVI.6-7], cité plus haut, s'ajoute une comparaison avec Moïse, Élie et Hénoch à propos de sa mort. En somme, la question de savoir si Jésus doit ou non être situé dans la lignée des grands prophètes sourd tout au long des *Actes de Pilate*.

Prophète dont la mort ne peut être assimilée à celle d'Élie ou d'Hénoch, comme nous l'avons vu plus haut[120], Jésus est-il le Messie annoncé par l'Ancien Testament? Sur ce point, l'hymne finale (16.4 [XVI.8]) n'est pas de toute clarté: si elle célèbre la permanence des paroles de Dieu, elle annonce l'instauration d'un «roi sur toute la terre»[121]. Mais ce

119. Dubois, *Les Actes de Pilate et les prophètes de l'Ancien Testament* (n. 84).
120. Cf. pp. 377-379.
121. Sur ce texte, cf. Gounelle, *Les Actes de Pilate et les Écritures juives* (n. 19), auquel nous reprenons la traduction critique suivante: «Béni soit le Seigneur qui a donné

roi est-il Jésus? Il est possible d'hésiter. Le terme «Seigneur» (ὁ κύριος) est en effet équivoque – il peut se rapporter aussi bien à Jésus qu'à Dieu – et son usage, dans les *Actes de Pilate*, ne permet pas d'être pleinement certain de la signification que lui octroie l'auteur du texte ici[122]. Toutefois, en affirmant que «le Seigneur a donné le repos au peuple d'Israël» et qu'il «a commencé de faire de nous son peuple», l'hymne semble attester que la venue de Jésus marque bien une nouveauté pour les Juifs[123], sans pour autant annuler la pratique des commandements[124]. Est-il pour autant le Seigneur-roi annoncé dans l'hymne? Le début du récit le laisse de fait entendre[125], mais l'hymne finale situe l'ère messianique dans le futur et l'auteur des *Actes de Pilate* n'identifie jamais clairement Jésus et le Messie ou le roi attendu. Il est possible que cette question ait été un point de tension avec ses destinataires.

b) *La résurrection de Jésus: un retour à la vie*

Sans aucune originalité, l'auteur des *Actes de Pilate* croit que Jésus est mort et ressuscité. Mais autant il insiste sur l'ascension de Jésus[126], autant la résurrection de ce dernier n'est pas au centre de son édifice théologique. La comparaison effectuée avec Hénoch, Élie et Moïse[127] montre d'ailleurs que la résurrection est comprise avant tout comme la preuve que Jésus a échappé à la mort, tel ces prophètes; elle prouve donc le statut exceptionnel de Jésus, mais rien n'est dit des conséquences de cette résurrection pour le croyant.

---

le repos au peuple d'Israël, conformément à tout ce qu'il a dit. De toutes les paroles de bonté qu'il a dites par l'intermédiaire de Moïse son serviteur, pas une seule parole n'est tombée. Puisse le Seigneur notre Dieu être avec nous comme il l'était avec nos Pères! Puisse-t-il ne pas nous délaisser et ne pas nous perdre, pour que nous inclinions notre cœur vers lui, pour que nous marchions dans toutes ses voies, pour que nous gardions ses commandements ainsi que les instructions qu'il avait prescrites à nos Pères (1R 8,56-58). Le Seigneur sera instauré roi sur toute la terre ce jour-là; il sera seul Seigneur et son nom sera unique (Za 14,9). Le Seigneur notre roi, c'est lui qui nous sauvera! (Es 33,22). Il n'en est pas de semblable à toi, Seigneur! Tu es grand, Seigneur et grand est ton nom par ta puissance! (Jr 10,6) Guéris-nous, Seigneur, et nous serons guéris! Sauve-nous, Seigneur, et nous serons sauvés! (Jr 17,14) Car nous sommes la part de ton héritage (source?). Car le Seigneur n'abandonnera pas son peuple, à cause de son grand nom. Car le Seigneur a commencé de faire de nous son peuple (1S 12,22)».

122. Cf. GOUNELLE, *Les Actes de Pilate et les Écritures juives* (n. 19).

123. *Pace* SHANNON, *«For Good Work Do They Wish to Kill Them?»* (n. 3), qui, tout au long de son étude, affirme, sans le discuter, que les Juifs rejettent les témoignages favorables à Jésus et interprète l'hymne finale comme un rejet de Jésus.

124. Sur la question du respect des commandements, cf. plus loin.

125. Sur les miracles du début du texte, cf. GOUNELLE, *La divinité du Christ* (n. 5). Cf. aussi 3.2; 7.2-9 [IX.2-5].

126. Cf. chapitres 14–15.

127. Cf. plus haut.

Le contexte théologique dans lequel les *Actes de Pilate* ont été conçus est donc très éloigné de 1Co 15,14 où l'apôtre Paul associe le retour de Jésus à la vie et la résurrection des morts, et proclame que «si le Christ n'est pas ressuscité, vide alors est notre message, vide aussi votre foi». Non que l'auteur des *Actes de Pilate* nie la résurrection – il la rapporte dans son récit –, mais il ne lui accorde aucune prééminence et ne laisse en rien entendre qu'elle pourrait avoir des conséquences pour d'autres que Jésus[128].

c) *Le christianisme, une orthopraxie?*

Le manque de clarté des *Actes de Pilate* sur la figure de Jésus pourrait aussi trouver sa source dans une conception du christianisme comme une orthopraxie plus que comme une orthodoxie. L'hymne finale (16.4 [XVI.8]), déjà citée, insiste ainsi sur la validité des commandements et des instructions reçues de la tradition. Plusieurs passages du récit confirment de fait l'importance que l'auteur des *Actes de Pilate* accorde aux commandements, dont il ne propose aucune relecture typologique ou allégorique: en 15.6, alors que Joseph d'Arimathée se demande si le personnage qui lui apparaît en prison est réel ou non, il se met à réciter les commandements (προστάγματα), que Jésus se met à dire en même temps que lui[129]. De même, les parents de Jésus sont présentés comme pieux et accomplissant leurs devoirs: ils faisaient toujours leurs prières et versaient la dîme trois fois l'an (16.1.2 [XVI.2]), précise Lévi, qui ajoute qu'avant de présenter Jésus à Syméon, ils ont «offert à Dieu un sacrifice et des holocaustes», ce qui développe la scène de Lc 2,24.

Il n'en reste pas moins que le contenu précis des commandements à respecter par le fidèle ne ressort pas clairement des *Actes de Pilate*. Sur un point aussi essentiel que la pratique du sabbat, sa position est difficile à cerner. Certes, il mentionne l'accusation selon laquelle Jésus viole le sabbat (1.1; 4.2; 6.1), mais il ne la discute pas, glissant sur la question du recours à la magie par Jésus et sur les guérisons que ce dernier opère. Dans l'ensemble du récit, les chefs des Juifs respectent le sabbat, évitant de se réunir ce jour-là (12.2 [XII.1]; 16.1.1 [XVI.1]); l'auteur précise en outre que Joseph d'Arimathée est bien resté en prison pendant tout le sabbat, et qu'il n'en a été libéré qu'après (15.6). Ceci laisse entendre que

---

128. Furrer, *La Passion dans les Acta Pilati* (n. 85), trouve, dans les *Actes de Pilate*, une théologie plus classique. Elle atteste ainsi la possibilité d'effectuer une lecture orthodoxe des *Actes de Pilate* – c'est de fait ce qui a assuré sa survie. Nous tentons, quant à nous, de restituer l'horizon théologique de l'auteur du texte.

129. Cf. plus haut, n. 83.

l'auteur des *Actes de Pilate* accordait une réelle importance au sabbat, mais il est n'est guère possible d'être plus affirmatif sur ce sujet. Son attitude à l'égard de la nourriture n'est pas plus claire: les protagonistes du récit mangent et boivent à plusieurs reprises (14.2; 15.3; 15.4; 16.1.1 [XVI.1]; 16.2.2 [XVI.4]), mais aucune indication n'est donnée sur les aliments et boissons ingérées, sauf en 16.1.1 [XVI.1], où du pain est consommé le vendredi avant le début du sabbat, ce qui ne semble guère significatif.

Le silence des *Actes de Pilate* sur le contenu des préceptes à respecter laisse entendre que ce point n'était pas une source de conflit entre l'auteur et ses destinataires.

d) *Auteur et destinataires des Actes de Pilate*

Au terme de ces analyses, la théologie de l'auteur des *Actes de Pilate* apparaît comme difficilement compatible avec les développements de la théologie trinitaire du IVe siècle: Jésus n'est pas reconnu comme le fils de Dieu, mais comme un homme doté d'une vocation prophétique; il est mort et ressuscité, mais ces événements ne paraissent pas fondamentaux dans l'édifice théologique de l'auteur. Enfin, la venue de Jésus n'a en rien annulé les commandements de Moïse, dont la pratique est nécessaire à la venue du Messie (16.4 [XVI.8]).

Les destinataires des *Actes de Pilate* devaient partager une partie de ces idées: si l'auteur débat avec eux de la place de Jésus parmi les prophètes[130] et peut-être de la régularité de sa naissance, aucun point de tension ne se fait jour sur la question de la naissance humaine de Jésus, sur sa vocation prophétique, sur l'importance de la résurrection et des commandements. Il semble donc que l'auteur des *Actes de Pilate* et ses destinataires étaient relativement proches d'un point de vue théologique.

4. *Bilan*

L'étude des sources des *Actes de Pilate*, des protagonistes et des lieux du récit, ainsi que de la théologie de l'auteur renvoie à un milieu cohérent: les textes bibliques utilisés et supposés connus, le type d'herméneutique scripturaire mis en œuvre dans le récit, l'insistance sur la judaïté des héros et sur Jérusalem, l'insertion de Jésus dans la lignée des prophètes et l'insistance sur la validité des commandements attestent que

---

130. Cf. plus haut.

l'auteur des *Actes de Pilate* ne pense pas le rapport du christianisme au judaïsme en terme de solution de continuité. L'hymne finale du texte (16.4 [XVI.8]) affirme d'ailleurs explicitement que l'héritage reçu du judaïsme reste pleinement valable pour le disciple de Jésus. Ce constat permet de situer l'auteur des *Actes de Pilate* et de ses destinataires parmi les chrétiens judaïsants.

Parmi les divers mouvements identifiables du judéo-christianisme, l'ébionisme est celui qui se rapproche le plus du milieu de production et de réception des *Actes de Pilate*. C'est du moins ce qu'il est possible de conclure des rares informations dont l'historien dispose sur ce mouvement[131]: comme les Ébionites, l'auteur des *Actes de Pilate* – et probablement ses destinataires – rejette la naissance virginale de Jésus[132] et considère Jésus comme un prophète[133]; comme eux, il interprète les Écritures de façon littérale, accorde un statut important à l'*Évangile selon Luc* sans pour autant rejeter les autres évangiles et accepte les *Actes des Apôtres*[134]. Comme eux, enfin, il insiste sur le respect les commandements[135] et vénère la ville de Jérusalem[136]. Ces rapprochements ne doivent toutefois pas être forcés: l'auteur des *Actes de Pilate* a utilisé l'*Évangile selon Jean* et a peut-être utilisé une tradition proche de l'*Évangile selon Pierre*, deux textes qui ne semblent pas connus dans ces milieux[137]; il a en outre peut-être recouru aux lettres pauliniennes, expressément rejetées par les Ébionites[138]. De plus, la valorisation de la figure de Joseph d'Arimathée[139] et la localisation de l'ascension en Galilée (14.1) ne trouvent

---

131. Ces témoignages sont partiels et inégalement fiables. J'utilise la présentation qu'en donne S. HÄKKINEN, *Ebionites*, dans A. MARJANEN – P. LUOMANEN (éds.), *A Companion to Second-Century Christian «Heretics»* (SupplVigChr, 76), Leiden – Boston, MA, Brill, 2005, 247-278. Cf. aussi, moins synthétique, O. SKARSAUNE, *The Ebionites*, dans O. SKARSAUNE – R. HVALVIK (éds.), *Jewish Believers in Jesus: The Early Centuries*, Peabody, MA, Hendrickson, 2007, 419-462 et S.C. MIMOUNI, *Les chrétiens d'origine juive dans l'Antiquité* (Présences du judaïsme), Paris, Albin Michel, 2004, 161-194.

132. Cf. HÄKKINEN, *Ebionites* (n. 131), pp. 265-267.

133. Cf. *ibid.*, pp. 259-260. Les informations sur ce sujet sont particulièrement peu claires. Le passage de Tertullien (*De carne Christi*, 14), cité par SKARSAUNE, *The Ebionites* (n. 131), p. 431 est particulièrement intéressant, au vu de la citation de Ex 23,20-21 à la fin des *Actes de Pilate* (16.3.1 [XVI.6]).

134. Cf. HÄKKINEN, *Ebionites* (n. 131), pp. 262-264. Les Ébionites utilisaient une harmonie évangélique, donnant une importance particulière à Luc.

135. Cf. *ibid.*

136. Cf. *ibid.*

137. Sur les textes utilisés par les Ébionites, cf. *ibid.*, pp. 258-265.

138. Cf. *ibid.*, p. 270; SKARSAUNE, *The Ebionites* (n. 131), p. 437.

139. Divers parallèles sont tissés dans le récit entre Joseph d'Arimathée et Jésus, comme le note SCHÄRTL, *«Nicht das ganze Volk will, dass er sterbe»* (n. 3), pp. 250-256, qui en conclut que Joseph d'Arimathée est le premier disciple de Jésus. Les parallèles sont tels qu'on peut voir en Joseph d'Arimatée un double de Jésus; cf. GOUNELLE –

aucun écho dans la documentation conservée sur les communautés ébionites, mais étant donné le caractère lacunaire de cette dernière, ce silence
est difficile à interpréter.

Si le milieu de production et de réception des *Actes de Pilate* peut être
situé dans le contexte des communautés que les hérésiologues ont appelé
Ébionites, il ne s'agit pas nécessairement pour autant d'un «évangile
ébionite». Qui plus est, le judéo-christianisme dont fait état les *Actes de
Pilate* n'est pas celui des judéo-chrétiens du IIe siècle et il n'est pas certain que ce texte émane d'une communauté constituée. Il est en effet tout
à fait possible qu'il soit l'œuvre d'un chrétien judaïsant vivant au sein de
la Grande Église, dans le courant du IVe siècle, à la manière des chrétiens
fréquentant la synagogue contre lesquels Jean Chrysostome a lui-même
polémiqué à la fin du IVe siècle.

IV. Conclusion

Au terme de cette étude, les *Actes de Pilate* apparaissent comme un
témoin de dissensions au sein du judéo-christianisme. L'auteur de ce
texte, qui était lui-même un chrétien judaïsant – probablement de tendance ébionite –, tente de montrer à d'autres chrétiens judaïsants – peut-
être eux aussi de tendance ébionite –, que Jésus n'est pas l'égal des
prophètes, mais qu'il leur est supérieur (16.4 [XVI.8]). Pour ce faire, il
montre, d'abord en narrant la mort de Jésus, puis en rapportant les témoignages qu'elle a suscités, que la mort de Jésus ne peut être assimilée à
celle d'Élie et d'Hénoch.

Ce contexte initial spécifique – qui n'a pas grand chose à faire avec la
persécution de Maximin Daïa, avec laquelle les *Actes de Pilate* ont été
trop raidement associés[140] – explique les multiples réécritures qui ont été
faites de ce texte au fil du temps. La préface elle-même atteste déjà d'un
glissement significatif: tout en attribuant avec sagacité le récit à un Juif,
elle ne le situe pas moins dans le cadre d'une forme de christianisme plus
traditionnelle[141]. Les différentes réécritures des *Actes de Pilate* conservées vont dans le même sens: à des degrés divers, elles modifient le récit

---

Izydorczyk, *L'Évangile de Nicodème* (n. 3), pp. 66-68; Dubois, *Jésus apocryphe* (n. 44),
pp. 135-137 et Dubois, *Les Actes de Pilate et les prophètes de l'Ancien Testament* (n. 84),
qui se demande «si les *Actes de Pilate* ne construisent pas volontairement un récit
d'installation de Joseph comme figure tutélaire de la communauté réceptrice du texte des
Actes de Pilate».
    140. Cf. pp. 364-369.
    141. Cf. pp. 362-363.

afin de pouvoir le rendre compatible avec la théologie de la Grande Église. Au IXe siècle, les *Actes de Pilate* deviennent ainsi, en Occident, une œuvre conservée dans les archives impériales; au texte initial a été ajouté un récit de la descente du Christ aux enfers, célébrant la majesté divine du Fils de Dieu[142]. Lorsque ce texte sera traduit et adapté dans le christianisme de langue grecque, il prendra une tournure explicitement antijuive, dont la dureté ne cessera de s'accentuer au fil du temps[143].

Les censures dont les *Actes de Pilate* ont fait l'objet, dès le Ve siècle, date probable de la rédaction de la préface, sont certes déplorables. Mais elles ont permis au récit de ne pas disparaître. Les *Actes de Pilate* fournissent ainsi à l'historien de l'Antiquité un précieux témoin de controverses internes au judéo-christianisme (peut-être de tendance ébionite), dont l'importance n'a pas encore été perçue par les spécialistes des christianismes judaïsants.

Faculté de théologie protestante   Rémi GOUNELLE
Université de Strasbourg
BP 90020
F-67084 Strasbourg Cedex
France

---

142. Cf. GOUNELLE – IZYDORCZYK, *L'Évangile de Nicodème* (n. 3).

143. Cf. R. GOUNELLE, *Les recensions byzantines de l'Évangile de Nicodème* (CCSA, Instrumenta, 3; Instruments pour l'étude des langues de l'Orient ancien, 7), Turnhout, Brepols; Prahins, Éditions du Zèbre, 2008. L'évolution du texte dans une direction antijuive est aussi clairement perceptible en slave; sur la tradition des *Actes de Pilate* en slave, cf. S. TORRES PRIETO, *The Acta Pilati in Slavonic*, dans *Apocrypha* 21 (2010) 93-102.

LES PREMIÈRES TRADITIONS SUR LA DORMITION DE MARIE COMME CATALYSEURS DE FORMES TRÈS ANCIENNES DE RÉFLEXION THÉOLOGIQUE ET SOTÉRIOLOGIQUE

LE CAS DU PARADIS TERRESTRE

I. LE PLUS ANCIEN RÉCIT DE LA DORMITION

Les récits de la Dormition de Marie, ou *Transitus*, constituent, comme il est bien connu, une littérature extrêmement intriquée, à l'intérieur de laquelle il est difficile de déterminer les relations intertextuelles. Dans le présent exposé, je ne vais pas donner une présentation générale de cet ensemble: ceci a déjà été fait à plusieurs reprises et j'en ai proposé moi-même des synthèses[1]. Il convient de rappeler qu'une étude fondamentale est représentée encore par l'article bref mais très dense publié en 1981 par Michel van Esbroeck[2]. Van Esbroeck a montré qu'il existe deux types principaux de narration, qu'il a appelés respectivement «Palme de l'arbre de vie» (parce qu'au début, Marie y reçoit, dans l'imminence de sa mort, une palme qu'elle devra remettre aux apôtres) et «Bethléem et encense-ments» (à cause de la localisation d'une seconde maison de Marie à Bethléem et de la couleur fortement liturgique); ce savant a réparti les textes entre ces deux types et a essayé d'en esquisser un arbre généalo-gique. Parmi les autres études nombreuses visant à classer cette littérature et à l'évaluer dans son ensemble, je me limiterai à mentionner celui d'Édouard Cothenet[3], antérieur à van Esbroeck et, après ce dernier, les monographies de Simon Claude Mimouni[4] et de Stephen Shoemaker[5]. Ce

1. Voir en dernier lieu E. NORELLI, *Marie des apocryphes: Enquête sur la mère de Jésus dans le christianisme antique* (Christianismes antiques), Genève, Labor et Fides, 2009, avec la bibliographie.

2. M. VAN ESBROECK, *Les textes littéraires sur l'Assomption avant le Xᵉ siècle*, dans *Les Actes apocryphes des apôtres: Christianisme et monde païen* (Publications de la Faculté de théologie de l'Université de Genève, 4), Genève, Labor et Fides, 1981, pp. 265-285.

3. É. COTHENET, *Marie dans les apocryphes*, dans H. DU MANOIR (éd.), *Maria: Études sur la Sainte Vierge*, VI, Paris, Beauchesne, 1961, pp. 71-156.

4. S.C. MIMOUNI, *Dormition et assomption de Marie: Histoire des traditions anciennes* (Théologie historique, 98), Paris, Beauchesne, 1995.

5. S. SHOEMAKER, *Ancient Traditions of the Virgin Mary's Dormition and Assumption* (Oxford Early Christian Studies), Oxford, Oxford University Press, 2002.

dernier représente à mon avis le point de départ de toute nouvelle enquête dans ce domaine.

Même si Shoemaker a insisté à juste titre sur l'opportunité de renoncer à une généalogie des textes en faveur d'une reconnaissance de leur diversité dès les premiers témoignages, il reconnaît que le type «Palme de l'arbre de vie» semble être antérieur à l'autre. Les témoins de sa forme la plus ancienne sont (a) le Livre du repos (*Maṣḥafa 'eraft*[6], *Liber requiei*) conservé dans deux manuscrits syriaques et édité en 1973 par Victor Arras[7]; (b) des fragments syriaques publiés par William Wright en 1865[8], désignés habituellement comme *Obsèques* d'après le titre sous lequel Wright publia les fragments des deux manuscrits les plus importants, (c) des fragments géorgiens publiés par van Esbroeck en 1973[9]. La comparaison montre qu'il s'agit dans les trois cas du même ouvrage et en effet Shoemaker a traduit ces trois textes en synopse[10]. Le *Liber requiei*, seul complet, permet donc de prendre connaissance de l'ensemble de cette forme ancienne. Malheureusement, ses deux manuscrits fourmillent de fautes et la compréhension du texte est souvent incertaine. Là où les fragments syriaques et géorgiens font défaut, la comparaison avec d'autres témoins de la famille «Palme» peut aider, notamment avec le *Transitus* dit *R*[11], avec l'homélie sur la Dormition de Jean de Thessalonique[12] et avec la recension en gaélique publiée par Charles Donahue[13].

---

6. Pour des raisons strictement pratiques, j'adopte pour les mots en guèze la transcription simple de Th.O. LAMBDIN, *Introduction to Classical Ethiopic (Ge'ez)* (Harvard Semitic Studies, 24), Missoula, MT, Scholars, 1978, en renonçant à celle, plus scientifique, que l'on peut trouver dans W. LESLAU, *Comparative Dictionary of Ge'ez (Classical Ethiopic). Ge'ez-English / English-Ge'ez with an Index of the Semitic Roots*, Wiesbaden, Harrassowitz, 2006.

7. V. ARRAS, *De transitu Mariae apocrypha aethiopice*, 2 volumes (CSCO, 342-343), Louvain, Secrétariat du Corpus SCO, 1973.

8. W. WRIGHT, *Contributions to the Apocryphal Literature of the New Testament Collected and Edited from Syriac Manuscripts in the British Museum with an English Translation and Notes*, London, Williams and Norgate, 1865.

9. M. VAN ESBROECK, *Apocryphes géorgiens de la Dormition*, dans AnBoll 91 (1973) 55-75.

10. SHOEMAKER, *Ancient Traditions* (n. 5), pp. 291-350.

11. Edité, traduit et étudié par A. WENGER, *L'Assomption de la T.S. Vierge dans la tradition byzantine du VIe au Xe siècle: Études et documents* (Archives de l'orient chrétien 5), Paris, Institut français d'études byzantines, 1955.

12. Édition des deux recensions: M. JUGIE, *Homélies mariales byzantines* II (Patrologia Orientalis, 19,3), Paris, Firmin-Didot, 1925. Sauf indication du contraire, je me réfère à la première recension (JUGIE, pp. 375-405), que Jugie appelle «Textus primigenius» alors qu'il désigne l'autre (pp. 405-438) comme «Lectio interpolata».

13. C. DONAHUE, *The Testament of Mary: The Gaelic Version of the Dormitio Mariae together with an Irish Latin Version* (Language Series, 1), New York, Fordham University Press, 1942.

La date du groupe le plus ancien des fragments syriaques, fin du 5ᵉ ou début du 6ᵉ siècle, fournit un *terminus ante quem* à cette forme du texte. Jusqu'où peut-on remonter dans le temps? Dans son introduction à l'édition du *Livre du repos* (dorénavant *LR*) Arras propose de reconnaître dans cet ouvrage le livre dont un *Transitus* latin ensuite très répandu en Occident, le Pseudo-Méliton, affirmait qu'il avait été composé par un hérétique du nom de Leucius, qui aurait été un disciple des apôtres et auquel d'autres sources attribuent volontiers la composition d'apocryphes[14]. Au-delà du caractère évidemment légendaire de ce personnage, d'autres savants, notamment les franciscains Bellarmino Bagatti[15] et Emanuele Testa[16], ont proposé de reconnaître dans le *Livre du repos* le témoin de traditions judéo-chrétiennes ébionites qui se rattacheraient à la famille de Marie et seraient à dater du 2ᵉ siècle. Cependant, sous sa forme actuelle, le *LR* ne peut pas remonter au 2ᵉ ni même au 3ᵉ siècle, c'est ce qu'ont montré plusieurs savants dont Jean Gribomont[17] et Stephen Shoemaker. Dans sa monographie, ce dernier soumet à une ample critique les thèses des franciscains qui sont dès lors intenables en tant que telles. Cela n'enlève rien toutefois à la valeur de l'étude d'un autre franciscain, Frédéric Manns, étude qui reste très utile en ce qui concerne les motifs théologiques du *Transitus R* et leur enracinement dans une théologie ancienne[18].

---

14. En 1962, Monika Haibach-Reinisch identifia deux recensions du Pseudo-Méliton et énuméra six manuscrits de la première et dix-huit de la seconde, dont elle donna une édition critique: M. HAIBACH-REINISCH, *Ein neuer "Transitus Mariae" des Pseudo-Melito: Textkritische Ausgabe und Darlegung der Bedeutung dieser ursprünglicheren Fassung für Apokryphenforschung und lateinische und deutsche Dichtung des Mittelalters* (Bibliotheca Assumptionis B. Virginis Mariae, 5), Romae, Pontificia Academia Mariana Internationalis, 1962. Pour la recension longue, il faut encore avoir recours à l'édition de C. TISCHENDORF, *Apocalypses apocryphae Mosi, Esdrae, Pauli, Iohannis, item Mariae dormitio, additis Evangeliorum et actuum Apocryphorum supplementis*, Leipzig, 1866, réimpression Hildesheim, Olms, 1966, pp. 124-136; le texte y est intitulé «Transitus Mariae. B». Tischendorf utilisa un seul manuscrit, bien qu'il ait noté les variantes de l'édition contenue dans la *Maxima Bibliotheca Veterum Patrum* de MARGARIN DE LA BIGNE de 1575, fondée sur un autre manuscrit. Le passage sur Leucius s'y trouve à la p. 124, apparat (il est donc absent du manuscrit collationné par Tischendorf). Dans la recension brève, le passage se lit à la p. 64 de l'édition de HAIBACH-REINISCH.

15. B. BAGATTI, *La morte della Vergine nel testo di Leucio*, dans *Marianum* 36 (1974) 456-459.

16. E. TESTA, *Lo sviluppo della 'Dormitio Mariae' nella letteratura, nella teologia e nell'archeologia*, dans *Marianum* 44 (1982) 316-389; ID., *L'origine e lo sviluppo della* Dormitio Mariae, dans *Augustinianum* 23 (1983) 249-262.

17. J. GRIBOMONT, *Le plus ancien Transitus Marial et l'encratisme*, dans *Augustinianum* 23 (1983) 237-247.

18. F. MANNS, *Le récit de la Dormition de Marie (Vat. grec 1982): Contribution à l'étude des origines de l'exégèse chrétienne* (Studium Biblicum Franciscanum. Collectio maior, 33), Jérusalem, Franciscan Printing Press, 1989.

Le *Transitus R*, comme les autres témoins, a cependant omis plusieurs parties du récit attesté par le *LR*, les *Obsèques* et les fragments géorgiens. Ce sont des sections qui, à première vue, semblent proposer des développements sans grand rapport avec le récit principal. L'une de ces sections, les ch. 105 à 131, relatant des exploits de Pierre et Paul à Rome, est en effet largement considérée comme étant effectivement secondaire; elle est attestée par ailleurs en plusieurs langues comme récit indépendant. Shoemaker a décidé de ne pas en tenir compte dans sa traduction[19]. Je ferai de même ici. Ce que je me propose de faire dans les pages qui suivent, c'est de signaler que des thèmes et motifs présents dans le *LR* ont leurs parallèles essentiellement au 2e siècle et témoignent d'une théologie archaïque par rapport à ce 5e siècle auquel semblent remonter les narrations sur la Dormition les plus anciennes qui nous soient parvenues. Je dis bien: qui nous soient parvenues, car il est tout à fait vraisemblable, comme Shoemaker[20] a essayé de le montrer en reprenant en partie des arguments de Richard Bauckham, que des textes écrits sur la Dormition de Marie aient existé avant le milieu du 4e siècle.

Ma présentation prendra donc comme base le *LR*, comparé bien entendu avec les *Obsèques* et les fragments géorgiens (que j'utilise dans la traduction de van Esbroeck), et se référera aux autres récits de la Dormition là où ceux-ci offrent des éléments de comparaison utiles.

1. *Une remarque sur l'édition de l'homélie de Jean de Thessalonique*

À ce sujet, une remarque sur l'homélie de Jean de Thessalonique s'impose. Comme je l'ai rappelé (note 12), Martin Jugie en a édité deux recensions qu'il présente respectivement comme primitive et interpolée. Il souligne d'ailleurs dans son introduction (p. 355) que même les manuscrits du texte primitif (ceux du Xe siècle et quelques-uns plus tardifs) ont pris bien des libertés avec le texte, de sorte qu'il n'a pas pu en prendre un comme base de l'édition, mais il a dû produire une édition éclectique sans en privilégier aucun. Par ailleurs, il regroupe quelques-uns des manuscrits du groupe «interpolé» en trois couples, dont il affirme que l'une, constituée par les manuscrits B (Parisinus 1504 du XIIe siècle) et O (Vaticanus Ottobonianus 415 du XIVe siècle) «fournissent une rédaction sensiblement différente» (p. 357). Jugie ne disposait encore ni de l'édition du *Transitus R* ni de celle du *LR*. Or une comparaison entre l'édition des deux recensions grecques de Jugie et, en premier lieu,

---

19. Voir ses arguments in *Ancient Traditions* (n. 5), pp. 347-348, note 167.
20. *Ibid.*, pp. 253-255.

le *LR* (et en partie le *Transitus R*) montre qu'à plusieurs endroits, la recension qu'il désigne comme interpolée a gardé, à la différence de l'autre, des éléments en commun avec le *LR*, c'est-à-dire des éléments qui remontent au texte le plus ancien de la Dormition; et que parmi les témoins de la recension dite interpolée, ce phénomène est particulièrement visible dans la forme textuelle attestée par B et O. La présente contribution n'est pas le lieu approprié pour explorer systématiquement ce phénomène, mais l'affirmation que j'ai faite appelle au moins quelques exemples.

Vers le début de l'œuvre (ch. 2 de l'homélie), la «recension interpolée» de Jean de Thessalonique conserve une partie de la réponse de l'ange à Marie qui est absente de la «recension primitive» mais qui est attestée par le *LR* (ch. 2): Jugie, pp. 406 ligne 40 – 407 ligne 4: «Maintenant, je ne (te le) dis pas, mais lorsque tu monteras dans les cieux, alors je te (le) dis, afin qu'à ton tour, tu le transmettes aux apôtres en mystère, afin qu'ils ne (l')annoncent pas aux personnes incroyantes et qu'elles apprennent la vertu de ma puissance». Le *LR* a: «Lorsque je viendrai, je te dirai comment il est. Mais toi, dis-le aux apôtres en secret, afin qu'ils ne le disent pas aux fils des hommes et ils connaîtront (ms B: et qu'ils connaissent) ma puissance et la force de mon pouvoir»[21]. Jugie, p. 407 note (a), a signalé que «haec omnino nova sunt, nec occurrunt in antiquioribus codicibus»; il ne connaissait pas non plus le *Transitus R*, qui a lui aussi conservé le passage, bien qu'en le modifiant (les apôtres devront annoncer le nom de l'ange aux gens, qui ne sont plus «incroyants»: ch. 3, Wenger, p. 210) et il ne pouvait par conséquent pas reconnaître le caractère ancien de ces lignes. D'après l'édition de Jugie, il semble que tous les manuscrits de cette recension de l'homélie contiennent ces lignes. Nous avons là un témoignage du fait que la recension dite interpolée a gardé des traits primitifs, perdus dans la recension dite primitive[22].

Considérons maintenant un exemple concernant la forme textuelle particulière de BO. En présentant le manuscrit B, Jugie note (p. 352): «On trouve, au début, un passage fort obscur, qui a une saveur origéniste: Le messager céleste annonce à Marie 'que les anges la transporteront à l'endroit où elle était auparavant, εἰς τόπον, ὅπου ἦς τὸ πρότερον'». En

---

21. ARRAS, *De transitu Mariae apocrypha Aethiopice* 1 [édition] (n. 7), p. 1, lignes 17-19.

22. MANNS, *Le récit de la Dormition de Marie* (n. 18), pp. 158-160, a étudié le motif du refus de la communication du nom mais il n'a pas relevé le rapport avec les deux recensions de Jean de Thessalonique, qu'il n'inclut du reste pas dans la synopse des textes à la fin de son livre.

fait, Jugie se trompe, car ce ne sont pas les anges, mais les apôtres qui «ne se sépareront pas de toi jusqu'à ce qu'ils t'aient emmenée dans le lieu préparé pour toi» ou, selon BO, «dans le lieu où tu étais auparavant»: cette expression n'a donc rien d'origéniste car, à ce qu'il semble, il s'agit de restituer le corps de Marie à la terre. L'apparat du passage en question (p. 406) montre que cette variante est propre aux manuscrits BO. Or dans le passage correspondant du *LR* l'ange dit à Marie qu'il enverra vers elle les apôtres «et ils ne se sépareront pas de toi jusqu'à quand ils t'auront emmenée là où tu as été auparavant»[23]. Le *Transitus R* a εἰς τὸν [τό]πον ὅπου μέλλεις εἶναι ἐν δόξῃ[24]. Il ne fait pas de doute que l'expression finale du *LR* et des manuscrits BO est la plus ancienne; la raison stemmatique est évidente et, en plus, les autres sont des *lectiones faciliores*. Nous rencontrerons sous peu un autre cas où seuls, BO ont gardé un texte correspondant au *LR*. Ce que nous sommes en train de remarquer montre qu'après la publication du *Transitus R* et surtout du *LR*, l'édition de l'homélie de Jean est à refaire sur de nouvelles bases, à l'aide d'une comparaison complète et systématique de ses manuscrits avec le *LR*. Vraisemblablement, ce travail pourrait contribuer à une meilleure compréhension de quelques passages désespérés du *LR*.

2. *Des éléments du 2ᵉ siècle?*

Dans une contribution publiée en 2010[25], je me suis confronté à une thèse émise par Shoemaker, selon laquelle les récits de la Dormition auraient été, sinon composés, du moins transmis et influencés dans une phase très précoce de leur existence par des milieux gnostiques[26]. Ma conclusion n'allait pas dans le même sens que celle de Shoemaker. Ce dernier se fondait sur plusieurs arguments, dont le seul qui concerne un trait caractéristique de certains textes dits gnostiques[27] est à mon avis le ch. 17 du *LR* qui aurait présupposé, selon Shoemaker, un récit de la

---

23. Arras, *De transitu Mariae apocrypha Aethiopice* 1 [édition] (n. 7), p. 1 lignes 11-12.

24. Wenger, *L'Assomption de la T.S. Vierge dans la tradition byzantine du VIᵉ au Xᵉ siècle* (n. 11), p. 210 lignes 17-18; dans l'apparat, Wenger compare cette leçon avec celles attestées par les manuscrits de Jean de Thessalonique.

25. E. Norelli, *La letteratura apocrifa sul transito di Maria e il problema delle sue origini*, dans E.M. Toniolo (éd.), *Il dogma dell'Assunzione di Maria: Problemi attuali e tentativi di ricomprensione. Atti del XVII Simposio Internazionale Mariologico (Roma, 6-9 ottobre 2009)*, Roma, Edizioni Marianum, 2010, 121-165.

26. Shoemaker, *Ancient Traditions* (n. 5), pp. 232-254.

27. Je n'entre pas ici dans le débat sur la pertinence de cette catégorie.

création d'Adam effectué par les anges, qui n'avaient pas réussi à faire se lever leur créature avant qu'elle ne reçoive un élément venant du Dieu suprême. J'ai essayé de montrer que le passage en question, du reste peu clair et sans parallèles dans les fragments, fait effectivement allusion à une participation des anges dans la création de l'être humain, mais que rien dans le texte ne laisse entendre que l'infusion de l'âme aurait lieu contre les anges et à leur insu, ce qui est indispensable dans la version gnostique. Celui qui met Adam en condition de se lever est désigné par le texte comme *šeyyum*, participe passif de la racine du verbe *šêma*, «nommer à une charge, désigner, placer, établir, constituer», qu'on peut traduire par «(pré)posé». Certes, dans des versions du mythe que nous appelons gnostiques, c'est le Démiurge qui infuse l'esprit dans l'être humain nouvellement créé, en lui permettant ainsi de se lever: mais il le fait à son insu, ce qu'aucun élément du texte de la Dormition ne permet de penser. De plus, il est loin d'être sûr que le *šeyyum* est entendu ici comme l'équivalent du Démiurge gnostique, qui effectue toute la création du cosmos visible; tout ce qu'on peut tirer de notre texte est que ce «préposé» a participé à la création de l'être humain et a inséré en ce dernier l'esprit de vie ou l'âme (qui est mentionnée dans le contexte). Il s'agit sans doute d'une interprétation de Gen 1,26 dans le sens d'une participation de créatures angéliques à la création de l'être humain; il y a plusieurs exemples d'interprétations de ce genre, dans le judaïsme non chrétien et chez les chrétiens, sans qu'elles présupposent que cette création a lieu hors de la volonté du Dieu suprême[28]. Je considère donc douteux que les formes les plus anciennes des récits de la Dormition intègrent des éléments anticosmiques que nous considérons comme typiques des textes gnostiques.

Toutefois, cette première enquête m'avait déjà permis d'entrevoir la présence d'éléments doctrinaux caractéristiques de réflexions théologiques du 2e siècle: à partir d'un examen rapide de l'épisode du palmier qui, s'inclinant, permet à la Sainte Famille de se nourrir lors de la fuite en Égypte, j'avais attiré l'attention sur l'importance du motif paradisiaque et signalé des contacts avec des thèmes chers à ces milieux qu'Irénée de Lyon désigne comme presbytres et disciples de Jean, le disciple du Seigneur. Ces thèmes laissent entrevoir une réflexion théologique, fondée sur l'exégèse de la Bible juive et de la tradition sur Jésus, portant sur l'ensemble de l'histoire de la rédemption. Ici, je voudrais reprendre cet

---

28. Il suffira ici de renvoyer au dossier réuni par C. MARKSCHIES, *Valentinus Gnosticus? Untersuchungen zur valentinianischen Gnosis mit einem Kommentar zu den Fragmenten Valentins* (WUNT, 65), Tübingen, Mohr Siebeck, 1992, pp. 18-24.

examen de manière plus détaillée, parce qu'il pourrait aider à comprendre la cohérence avec l'histoire de la Dormition de Marie des développements qui semblent à première vue des digressions et dont une bonne partie a été omise dans les réécritures ultérieures de la Dormition. Je me limite ici à l'étude d'un cas: le motif du paradis terrestre[29].

II. LE PARADIS TERRESTRE

1. Les arbres du paradis

Dans le premier épisode du *LR*, un «grand ange» (*LR* 1: *'abiy mal'ak*) visite Marie dans l'imminence de sa mort et lui remet un livre «que t'a donné celui qui planta le paradis»; d'autres versions parlent ici d'une palme (βραβεῖον), ainsi l'homélie de Jean de Thessalonique (3: Jugie, p. 378) et le *Transitus R* (2: Wenger, p. 210), ce qui paraît préférable[30]. «Celui qui planta le paradis» (ὁ φυτεύσας τὸν παράδεισον selon Jean de Thessalonique et le *Transitus R*) renvoie bien évidemment à Gen 2,8 καὶ ἐφύτευσεν κύριος ὁ θεὸς παράδεισον ἐν Εδεμ, mais, comme le montre la suite du texte, cette allusion introduit une évocation de l'histoire de la rédemption dont le paradis terrestre représente le premier moment et dans laquelle le trépas de Marie vient prendre place. Or des plantes jouent un rôle important dans cette histoire. L'ange lui-même est une figure ambivalente: il est visiblement l'ange le plus grand et en même temps le Fils de Dieu (ce qui va se révéler dès l'arrivée au Mont des Oliviers: *LR* 3; *Transitus R* 5; voir Jean de Thessalonique 4 qui ne

29. Un autre cas, le récit de l'Exode, fait l'objet d'un article en préparation.

30. SHOEMAKER, *Ancient Traditions* (n. 5), pp. 220-225, a contesté l'idée que la présence d'un livre dans le *LR* soit due uniquement à une confusion entre BIBΛION et BPABEION et il a montré que le récit le plus ancien devait mentionner, à des endroits différents, aussi bien le livre que la palme, qui ont été ensuite souvent confondus. Il a certainement raison, mais pour ce qui est de l'épisode initial, il doit reconnaître (pp. 223 et 225) la difficulté de la mention du livre dans le *LR* contre les autres témoins qui ont la palme; ajoutons que l'importance du motif des arbres dans cet épisode (voir ci-dessous) et son lien étroit avec l'épisode du palmier militent eux aussi en faveur de l'hypothèse qu'à l'origine, c'était une palme et non un livre que l'ange remettait à Marie à cette occasion. Signalons un autre indice: au début du ch. 45 du *LR*, Marie, après avoir remis à Jean le «livre dans lequel est le mystère» (ch. 44), lui donne aussi «le livre *qui lui avait été donné par l'ange*»; à juste titre, Shoemaker (p. 317 note 78) remarque que, dans les versions antérieures de ce récit, ce second livre était probablement la palme. Mais si tel est le cas, le livre doit être secondaire dans l'épisode initial du *LR*. On peut penser que dans le récit ancien, le livre faisait son apparition pour la première fois précisément au niveau du ch. 44 du *LR* et qu'il contenait la révélation faite par Jésus à cinq ans dont parle Marie à cet endroit, ce que dit du reste explicitement le fragment copte parallèle publié par Sellew et traduit par Shoemaker en note à ce passage, p. 316 note 75.

garde que «lorsque tu déposeras ton corps, je viendrai moi-même vers toi», cf. *Transitus R* 5). Cette christologie angélique a été illustrée en dernier lieu par Shoemaker[31], qui souligne avec raison qu'il ne s'agit pas d'une christologie angélomorphique compatible avec ce qui est devenu l'orthodoxie, mais d'une véritable compréhension du Christ comme un ange; nous nous souviendrons de cela lors de nos considérations finales.

L'ange prescrit à Marie de se rendre au Mont des Oliviers, parce que c'est là-bas qu'elle pourra entendre son nom qu'il ne veut pas révéler au milieu de Jérusalem afin que la ville ne soit pas détruite (*LR* 2; *Transitus R* 3; ce dernier détail manque chez Jean de Thessalonique). Dès que Marie arrive au Mont des Oliviers, toute la montagne tressaillit et les arbres qui s'y trouvent s'inclinent devant le livre / la palme qu'elle porte dans ses mains; Marie comprend qu'il y a là la présence du Christ, ce que l'ange lui confirme. Ce dernier répond en effet par un long discours, dont les fragments géorgiens et syriaques ont conservé des sections mais qui a été supprimé par Jean de Thessalonique, qui ne garde que l'affirmation selon laquelle le locuteur est celui qui transfère dans le lieu des justes les âmes de ceux qui se sont humiliés devant Dieu et qu'il viendra chercher Marie (3, Jugie pp. 379-380); le *Transitus R* a lui aussi presque entièrement éliminé le discours, sauf les lignes initiales qui se prêtent à la comparaison avec *LR*. Malheureusement, le *LR* est ici très corrompu (ch. 4); traduisons-en une partie:

> Moi je suis celui qui (est) dans les arbres et qui (est) dans la montagne. Ne crois pas que les arbres qui (sont) sur la terre se sont étonnés seulement (ainsi le ms A; B: «que les arbres se sont étonnés seulement à l'égard de celui qui (est) sur la terre»). Et si vous avez goûté de ce qui (est) de lui (B: «si vous avez goûté de lui»), vous mourrez. Et s'ils sont un peu négligents elles-mêmes (*sic*; B: «envers celles-là»), ils périront et tomberont par terre. En effet, à partir de sa naissance il est connu qu'il est de la création; car son héritage (B: «son ornement») (sont) ses différents arbre(s). [...] Et ce n'est pas moi qui suis sur tout, mais moi je suis celui qui (est) sur les arbres de l'héritage {et} saint[32].

Le début et la fin de ces lignes trouvent un parallèle dans les manuscrits BO de l'homélie de Jean de Thessalonique; le cas présent confirme donc que la recension qu'il appelle interpolée, et tout spécialement ces deux manuscrits, ont gardé des éléments très anciens et que donc la tradition manuscrite et la distinction elle-même des deux recensions est à

---

31. *Ancient Traditions* (n. 5), pp. 215-220.
32. ARRAS, *De transitu Mariae apocrypha Aethiopice* 1 [édition] (n. 7), p. 2 ligne 19-3 lignes 1.3-4.

reconsidérer. Voici le début de ce passage, que Jugie (p. 407) a rejeté dans l'apparat:

> Car moi je suis celui qui opère à l'égard des plantes et de la montagne (ὁ εἰς τὰ φυτὰ καὶ εἰς τὸ ὄρος ἐνεργῶν); c'est pourquoi elles se sont inclinées et ont adoré la palme qui est dans ta main. Et en ceci ils/elles ont opéré; mais je suis des plantes de l'héritage saint (Καὶ ἐν τούτοις μὲν ἐνήργησαν (O: ἐνέργησαν)· εἰμὶ δὲ ἐκ τῶν φυτῶν τῆς κληρονομίας τῆς ἁγίας) qui, elles aussi, se prosternent devant la palme. Ayant donc connu la puissance de la palme, remets(-la) aux apôtres: car ils viennent / viendront (ἔρχονται) vers toi, comme il t'a été dit.

Ni l'un ni l'autre témoin ne brillent par leur clarté, mais il paraît possible d'y glaner quelques éléments. L'ange / Christ mentionne une activité spéciale qu'il exerce à l'égard des arbres et de la montagne; on peut se demander si le ἐνήργησαν des mss BO de Jean de Thessalonique ne serait pas à corriger en ἐνήργησα, ce qui serait cohérent avec la phrase précédente où le locuteur dit que c'est lui qui agit en ce qui concerne les arbres et la montagne (εἰς τὰ φυτὰ καὶ εἰς τὸ ὄρος peut naturellement signifier à cette époque «dans les arbres et dans la montagne», qui pourrait être repris par le ἐν τούτοις de la phrase suivante).

La deuxième phrase du *LR* signifie dans le ms B «se sont étonnés seulement à l'égard de celui qui (est) sur la terre», ce qui à première vue semblerait plus clair: le geste d'adoration de ces arbres s'adresse non seulement à celui qui est sur la terre, c'est-à-dire à l'ange / Christ dans sa manifestation ici-bas ou au livre / palme qui lui aussi représente la puissance du Christ, mais également au Christ dans sa dimension céleste. Pourtant, ce n'est pas du tout dit que ce serait là la meilleure solution. Le texte du manuscrit A semble signifier que ce ne sont pas seulement les arbres qui sont sur la terre qui se sont étonnés, c'est-à-dire qui ont vénéré le livre /palme, mais – c'est l'implication – aussi des arbres qui sont ailleurs. Or ceci pourrait trouver une confirmation dans le passage des mss BO de l'homélie, où le locuteur affirme: εἰμὶ δὲ ἐκ τῶν φυτῶν τῆς κληρονομίας τῆς ἁγίας, ἃ καὶ αὐτὰ προσκυνοῦσιν ἐνώπιον τοῦ βραβείου. Ici, il est dit clairement que d'autres arbres, appartenant à une entité désignée comme héritage saint, adorent la palme. Or dans le même passage du *LR*, nous venons de le voir, l'ange / Christ affirme être celui qui est sur (c'est-à-dire qui gouverne) les arbres de l'héritage saint. Cet héritage est mentionné quelques lignes plus haut, dans une expression malheureusement difficile à comprendre, concernant quelqu'un ou quelque chose dont la naissance prouve qu'il/elle appartient à la création et dont ses différents arbres représentent son héritage; les deux lignes suivantes, que j'ai omises et qui n'ont pas de parallèles, sont hélas dans un état désespérant[33]. De la naissance de qui s'agit-il? Difficilement de celle du Christ, qui n'est pas mentionné dans les lignes précédentes; de plus, on ne comprendrait pas ce que seraient «ses arbres» qui constituent «son héritage». Or la ligne précédente, qui sépare l'affirmation sur «sa naissance» de celle selon laquelle ce ne sont pas seulement les arbres qui sont sur la terre à s'être étonnés, contient une allusion très claire au péché originel: «et si vous avez goûté de lui, vous mourrez»; l'expression suivante «s'ils sont un peu négligents elles-mêmes (? B: 'envers celles-là'), ils périront et tomberont par terre» pourrait elle aussi se référer à ce motif. Clairement, il manque quelque chose, déjà parce que l'expression «si vous avez goûté de lui, vous mourrez» n'a pas de référent précis, même si les lignes qui précèdent parlent d'arbres; mais le renvoi à l'interdiction de manger du fruit d'un arbre du paradis (Gen 3,1-2) est évident. En tenant compte de la mention de «celui qui planta le paradis» au ch. 1, il est plus que légitime de penser qu'il y a derrière ce commencement du récit de la Dormition une lecture du récit biblique du paradis et du péché.

La κληρονομία pourrait donc désigner le paradis et la phrase précédente pourrait signifier que le paradis, comme le prouve le fait qu'il a eu un commencement, est une partie de l'univers créé. Ce dernier trait pourrait faire allusion à un débat.

Selon Gen 2,8, YHWH Elohim planta un *gan b^{e}eden miqqedem*: ce dernier mot, rendu par la Septante κατὰ ἀνατολάς, est rendu par les autres traducteurs grecs dans un sens non spatial, mais temporel: ἀπὸ ἀρχῆϑεν par Aquila, ἐκ πρώτης ou ἐν πρώτοις par Symmaque. Jérôme (*Liber hebraicarum quaestionum in Genesim* 2,8, *ad loc.*, CCL 72 p. 4), en communiquant ces traductions, opte pour le sens *a principio* (la Vulgate aura *in principio*) et explique: «cela prouve très manifestement qu'avant de faire le ciel et la terre, Dieu avait antérieurement créé le paradis (*prius quam caelum et terram Deus faceret, paradisum ante condiderat*)», c'est-à-dire avant Gen 1,1[34]. Dans *4 Esdras* 3,6, le protagoniste/locuteur rappelle à Dieu qu'il avait introduit Adam dans le paradis «qu'avait planté ta droite avant qu'apparût la terre»[35]. Si le codex

---

33. Voir la note *ad locum* d'ARRAS, *De Transitu Mariae apocrypha Aethiopice* [traduction] (n. 7), p. 76.

34. Cf. M. ALEXANDRE, *Le commencement du livre: Genèse I–V. La version grecque de la Septante et sa réception* (Christianisme antique, 3), Paris, Beauchesne, 1988, pp. 247-248 et surtout A. ORBE, *Teología de San Ireneo: Comentario al libro V del «Adversus haereses»* I (Biblioteca de autores cristianos. Maior, 25), Madrid, Biblioteca de autores cristianos, Toledo, Estudio teológico de San Ildefonso, 1985, pp. 242-243.

35. Trad. P. GÉOLTRAIN, dans A. DUPONT-SOMMER – M. PHILONENKO (éds.), *La Bible: Écrits intertestamentaires*, Paris, Gallimard, 1987, p. 1399. Le latin a: *Et induxisti eum in paradisum, quem plantavit dextera tua antequam terra adventaret*.

Neofiti 1 du Targum du Pentateuque a en Gen 2,8 «YHWH Elohim avait planté le jardin en Eden, dès le commencement», se limitant à interpréter *miqqedem* en sens temporel, l'Add 27031 précise «un jardin avait été planté en Eden pour les justes par la parole de YHWH Elohim avant la création du monde»[36]. Le *gan Eden* figure dans certaines des listes de choses créées avant la création du monde, comme en *bNedarim* 39b[37]. D'autres polémiqueront avec l'idée que le *gan Eden* a été créé avant le reste de la création et le situeront au troisième jour de celle-ci, comme le fait le livre des *Jubilés* 2,7[38]. Il se peut que l'affirmation mentionnée du *LR* 4 veuille prendre position dans ce débat, en précisant l'appartenance du paradis terrestre à la création; certes, aucune autre source n'en nie le caractère créé, mais l'expression *'emna feṭrat*, «d'entre la création», pourrait signifier qu'il a été fait dans le cadre des six jours et pas avant. Toutefois, l'état lacunaire et corrompu du texte oblige à considérer cette interprétation seulement comme une possibilité. En revanche, que le texte s'intéresse ici au jardin d'Eden me paraît difficile à contester.

Le *LR* ne précise pas sa collocation, qui, comme on le sait, a fait l'objet de bien de débats dans l'Antiquité et plus tard[39]; mais il le situe certainement en dehors du monde habité par les humains, probablement au troisième ciel (ch. 135), en tout cas en haut (les apôtres en descendent pour revenir sur terre, ch. 136).

---

36. Trad. R. LE DÉAUT, *Targum du Pentateuque* I (SC, 245), Paris, Cerf, 1978, pp. 86-87.

37. Le Targum du Pentateuque, Add 27031, affirme en Gen 2,2 que Dieu avait créé dix choses «au crépuscule», c'est-à-dire avant le commencement du septième jour, mais il ne précise pas de quoi il s'agit et de toute manière, ici elles ne sont pas créées avant le reste de la création, mais après.

38. Cf. *Berechit Rabba* 15,3: «R. Samuel b. Naḥmani said: You may think that it means before (*ḳodem*) the creation of the world, but that is not so; rather it is, before Adam, for Adam was created on the sixth day, whereas the garden of Eden was created on the third»: trad. H. FREEDMAN, dans H. FREEDMAN – M. SIMON (éds.), *Midrash Rabbah Translated into English with Notes, Glossary and Indices* I, London, The Soncino Press 1939 (et réimpressions), pp. 120-121.

39. On peut mentionner entre autres Ildefonse DE VUIPPENS, *Le paradis terrestre au troisième ciel: Exposé historique d'une conception chrétienne des premiers siècles*, Fribourg, Librairie St. de l'œuvre de S.-Paul, 1925; H. BIETENHARD, *Die himmlische Welt im Urchristentum und Spätjudentum* (WUNT, 2), Tübingen, Mohr Siebeck, 1951, pp. 161-186; l'étude érudite d'A. GRAF, *Il mito del Paradiso terrestre*, dans ID., *Miti, leggende e superstizioni del medio evo*, Pordenone, Edizioni Studio Tesi, 1993, pp. 5-202 (édition originale en deux volumes, Torino, Loescher, 1892-1893) et J. DELUMEAU, *Une histoire du paradis.* 1: *Le jardin des délices* (Pluriel), Paris, Fayard, 1992. Beaucoup d'éléments utiles dans J. DANIÉLOU, *Terre et Paradis chez les Pères de l'Église*, dans *Eranos-Jahrbuch* 22 (1953) 433-473; N. SED, *Les hymnes sur le Paradis de saint Ephrem et les traditions juives*, dans *Le Muséon* 81 (1968) 455-501, qui analyse entre autres la structure spatiale du paradis d'Ephrem, pp. 457-463.

Pourquoi précisément cet intérêt pour les arbres du Paradis? Là aussi, nous sommes vraisemblablement en présence d'une tradition[40]. Selon Gen 1,9, Dieu créa au troisième jour la verdure, l'herbe et les arbres fruitiers. La collocation de la création du jardin d'Eden au troisième jour en *Jubilés* 2,7 est vraisemblablement en rapport avec cette création des plantes (le grec de *Jubilés* ajoute encore, après la mention du jardin, «et toutes les plantes selon leur espèce»), même s'il y a probablement aussi une autre raison que je mentionnerai à l'instant. Pourtant, la tradition dont se sert Théophile d'Antioche dans son explication de l'histoire du péché introduit une perspective particulière en commentant Gen 2,9:

> Au début, seuls existaient ceux qui étaient venus à l'existence le troisième jour, plantes, semences et herbes (φυτὰ καὶ σπέρματα καὶ χλόαι); mais ceux du paradis furent produits (ἐγενήθη) avec une extraordinaire beauté et belle apparence. Or les autres plantes, le monde les possède lui aussi (καὶ ὁ κόσμος ἔσχηκεν), mais les deux arbres, celui de la vie et celui de la connaissance, aucune autre terre ne les possède (οὐκ ἔσχηκεν ἑτέρα γῆ), mais (elles se trouvent) seulement dans le paradis[41].

Pour Théophile, qui adopte sans autres κατὰ ἀνατολάς pour *miqqedem*, le paradis était sous le ciel, il était γῆ καὶ ἐπὶ τῆς γῆς, comme le prouve aussi le fait que Dieu avait fait pousser ἐκ γῆς les arbres qui étaient là (*ibid.*, d'après Gen 2,9). Dieu fit Adam de la terre, puis il le transféra (μετέθηκεν) dans le paradis; celui-ci était donc au niveau du reste du monde, mais dans une région à part. Même si ce lieu n'était donc pas géographiquement intermédiaire entre la terre et le ciel, comme l'est le paradis au troisième ou au quatrième ciel, Théophile insiste sur le fait

---

40. Dès les premières lignes du premier hymne sur le paradis, Ephrem le Syrien, en même temps qu'il rappelle que ce qui est visible du paradis cache un aspect invisible (cf. aussi 15,1), désigne le paradis comme «admirable par ses plantes»: 1,1: E. BECK, *Des Heiligen Ephraem des Syrers Hymnen De Paradiso und Contra Julianum*, éd. E. BECK (CSCO, 174; Scriptores Syri, 78), Louvain, Secrétariat du Corpus SCO, 1957, p. 1 ligne 10 (texte); ID., *Des Heiligen Ephraem des Syrers Hymnen De Paradiso und Contra Julianum. Uebersetzt von E. Beck* (CSCO, 175; Scriptores Syri, 79), Louvain, Secrétariat du Corpus SCO, 1957, p. 1 (traduction); voir aussi son commentaire dans E. BECK, *Ephraems Hymnen über das Paradies. Übersetzung und Kommentar* (Studia Anselmiana, 26), Romae, Orbis catholicus – Herder, 1951 et, maintenant, la traduction annotée par I. DE FRANCESCO, *Efrem il Siro: Inni sul Paradiso* (Letture cristiane del primo millennio, 39), Milano, Paoline, 2006, pp. 138. *Ibid.*, note 3, De Francesco écrit de manière synthétique: «la dimensione vegetale egemonizza il paradiso efremiano». Sur l'importance des plantes dans les descriptions du paradis, aussi bien juives (non chrétiennes) que chrétiennes, voir aussi, en général, DANIÉLOU, *Terre et Paradis* (n. 39), pp. 434-436.

41. THÉOPHILE, *Ad Autolycum* 2,24, traduction de Jean Sender, *Théophile d'Antioche. Trois livres à Autolycus*. Texte grec établi par G. BARDY, Traduction de J. SENDER, Introduction et notes de G. BARDY (SC, 20), Paris, Cerf, 1948, p. 157, mais sensiblement modifiée: voir plus loin.

qu'il était qualitativement intermédiaire, comme il convenait à la condition de l'être humain nouvellement créé et destiné, selon le plan de Dieu,
à se développer jusqu'à la perfection pour monter enfin au ciel: «en effet,
l'homme fut établi dans une situation intermédiaire (μέσος [...] ἐγεγό-
νει], ni complètement mortel ni absolument immortel, mais capable des
deux (δεκτικὸς δὲ ἑκατέρων); de même cette région du paradis, par sa
beauté, était intermédiaire entre le monde et le ciel» (*ibid.*, trad. Sender).
On se demande si la création du paradis au troisième jour, donc au milieu
des six jours, ne serait pas en rapport, elle aussi, avec la position et la
fonction intermédiaire de ce lieu. Quoi qu'il en soit, nous rencontrons
chez Théophile[42] un intérêt pour le paradis comme lieu de médiation dans
le cadre de la sotériologie[43], en lien avec un intérêt pour les plantes ou
arbres plantés par Dieu dans ce lieu et plus précisément encore pour
la correspondance entre les plantes du paradis et celles de la terre, avec
la seule exception des deux arbres de la vie et de la connaissance[44]. Ceci
rappelle le *LR* selon lequel il y a des arbres terrestres, plus spécialement
ceux du Mont des Oliviers, et des arbres du paradis, qui semblent agir de
manière parallèle (les uns et les autres s'étonnent lors de l'arrivée de
Marie avec le livre selon *LR* 4) en obéissant au vouloir du Christ (qui
gouverne les arbres et le mont des Oliviers mais aussi les plantes de
«l'héritage saint», *LR* 4 et le passage des mss BO de l'homélie de Jean
de Thessalonique).

Un autre élément chez Théophile peut nous intéresser. Il interprète les
deux affirmations que Dieu plaça Adam dans le Paradis (Gen 2,8 et 15)
comme signifiant μυστηριωδῶς que l'homme y a été placé une première fois après sa création et y sera placé une deuxième fois après la
résurrection et le jugement (2,25); cette collocation finale des justes au
paradis terrestre se retrouve chez Lactance, *Divinae institutiones* 2,12,
qui se réclame à ce sujet, en plus des Écritures, de la Sibylle Érithrée,
dont il cite trois vers. Or Théophile cite un peu plus loin un long passage
contenant ces mêmes vers, passage qu'il est le seul à transmettre et qu'il

---

42. Dont l'utilisation de traditions exégétiques juives, précisément aussi pour le récit
du paradis, a été documentée, notamment par Nicole ZEEGERS, *Les trois cultures de Théophile d'Antioche*, dans B. POUDERON – J. DORÉ (éds.), *Les apologistes chrétiens et la
culture grecque* (Théologie historique, 105), Paris, Beauchesne, 1998, pp. 135-176, surtout
139-159.

43. Sur le paradis comme lieu de passage vers la béatitude finale voir DANIÉLOU, *Terre
et Paradis* (n. 39), pp. 443-445.

44. L'intérêt pour la signification des arbres a pu être stimulé aussi par le fait que
d'après Gen 1,11-19 les plantes ont été créées avant les luminaires, ce qui avait déjà suscité la réflexion dans le judaïsme non chrétien, dont les réponses sont également représen-
tées par Théophile: ZEEGERS, *Les trois cultures* (n. 42), pp. 148-149.

attribue à «la Sibylle». Les vers cités par les deux auteurs lient – ce qui est intéressant pour nous – le séjour final des justes au paradis à la notion d'héritage: «mais ceux qui craignent Dieu, l'Éternel et le Vrai, / ceux-là posséderont la vie en héritage (ζωὴν κληρονομοῦσι selon la correction d'Otto; ζωὴν κληρονομήσουσι selon les manuscrits), / et pour l'éternité; ils auront leur demeure / dans les bosquets du paradis (οἰκοῦντες παραδείσου <ὁμῶς> ἐριθηλέα κῆπον), et mangeront / le pain délicieux du beau ciel étoilé»[45]. Déjà quelques lignes après l'affirmation que les justes iront au paradis terrestre, Théophile avait désigné le destin de ceux qui auront observé les commandements comme κληρονομῆσαι τὴν ἀφθαρσίαν (2,27). Cette expression vient en toute probabilité de 1 Co 15,50, mais ce qui est intéressant c'est que dans les milieux dont Théophile reprend ici les idées, cet héritage a été mis en rapport avec le paradis terrestre. Un tel ensemble de représentations peut aider à mieux comprendre le *LR*.

2. *Le palmier du paradis*

L'ange / Christ affirme ensuite que Marie ne connaît pas sa puissance et passe à l'illustrer en évoquant un épisode de la fuite en Égypte, celui du palmier qui incline ses branches pour que la Sainte Famille puisse se nourrir et se désaltérer grâce à ses fruits[46]. Dans le *LR* (qui a ici, aux chapitres 5–12, un parallèle dans un fragment géorgien[47]), la scène se déroule sur le Mont des Oliviers: près d'une source, Joseph s'en prend à Marie qui, n'ayant pas gardé sa virginité, les a mis dans une situation difficile, qui concerne aussi les enfants de Joseph; toutefois il semble que Joseph reconnaisse finalement que l'enfant Jésus vient du Saint Esprit et qu'il ne les abandonnera pas à la faim et à la soif. Jésus ordonne alors au palmier d'incliner ses branches et ce dernier les allonge sur le terrain. En réponse, Jésus lui ordonne: «redresse-toi donc et lève-toi très haut, car tu t'es humilié et tu as fait ma volonté, ce service; lève-toi donc et sois auprès de tous les arbres un signe de ce que tous les saints qui s'humilient

---

45. THÉOPHILE, *Ad Autolycum* 2,36: édition critique de la citation dans J. GEFFCKEN, *Die Oracula Sibyllina* (GCS), Leipzig, J.C. Hinrisch'sche Buchhandlung, 1902, fragment 3, pp. 230-232, avec apparat de parallèles. On peut voir aussi J.-D. GAUGER, *Sibyllinische Weissagungen griechisch-deutsch. Auf der Grundlage der Ausgabe von Alfons Kurfess neu übersetzt und hrsg.* (Sammlung Tusculum), Düsseldorf, Artemis und Winkler, 1998, pp. 62-65 (texte et traduction); 489 (note; selon Kurfess, les deux fragments cités par THÉOPHILE, *Ad Autol.* 2,36 auraient appartenu au début du 2ᵉ livre, perdu).

46. Sur le *Nachleben*, non seulement littéraire, de cet épisode voir la contribution de François BOVON dans le présent volume, avec la bibliographie.

47. Synopse pratique dans SHOEMAKER, *Ancient Traditions* (n. 5), pp. 292-298.

seront grandement élevés» (*LR* 7). Immédiatement après, l'enfant Jésus rappelle que le palmier en question avait été expulsé du paradis; tous les détails ne sont pas clairs car le ch. 9 du *LR* et le ch. 11 du géorgien ne s'accordent pas sur tous les points, l'épisode est omis par les témoins grecs et la version condensée du *Testament de Marie* en gaélique édité et traduit par Charles Donahue omet précisément cette partie du discours de Jésus (pp. 30-31), mais il apparaît que le palmier a été expulsé suite au péché d'Adam. Dans le fragment géorgien, qui semble ici un peu plus clair que le guèze, l'enfant Jésus pose la question rhétorique de la manière dont le palmier paradisiaque a pu descendre du Paradis jusqu'en Égypte[48] pour être planté dans le désert et poursuit (je cite la traduction latine de van Esbroeck):

> 12 Quando olim exivit diabolus post tentationem Adae, dixit ei (Dominus)[49]: 'En ecce, irascitur propter te Dominus et expellit te a paradiso in terram quae est plena vegetationis, escae ferarum. Sed surge nunc et da mihi ex omnibus plantis que sunt in paradiso, et ponam eas super terram, ut quando exibis de paradiso invenias escam ab eis'. 13 Quando mutata es a bono loco, plantata es super terram. Sed nolite timere, plantae, quia sicut misit me Pater meus ad salvandos homines ad conversionem eorum, praecepit mihi et de plantis, ut ederent ab eis amici et dilecti mei qui accipient similitudinem meam et facient praeceptum meum, qui erunt in montibus et desertis ana-choretae homines. Esto ad nutritionem eorum. Tu autem, o palma, transi nunc in primum eundem locum tuum. Tunc resurrexit palma coram nobis et transivit in Paradisum[50].

Avec toute la prudence dictée par mon incompétence à lire l'original, je ne suis pas sûr que les propos commençant par «en ecce» soient for-mulés par le Seigneur, comme le pensent van Esbroeck, Mario Erbetta[51] et Shoemaker[52], et adressés au diable (ce qui n'est pas dit tel quel par ces auteurs mais est une implication inévitable, car autrement la mention du diable ici ne ferait pas de sens). Celui qui est expulsé du paradis sur la terre et qui aura besoin de trouver de la nourriture après la sortie du paradis n'est certainement pas le diable, mais Adam. De plus, le Seigneur n'aurait assurément pas besoin de demander des semences au Diable (ou même à Adam). Dès lors, il doit s'agir d'un colloque entre le diable et

---

48. Il est à remarquer que selon le début de l'épisode dans *LR* 5, la scène a lieu sur le Mont des Oliviers. Comme le montre Sozomène (voir plus loin), il y avait des localisations différentes de l'épisode, en Egypte ou en terre d'Israël; mais celle sur le Mont des Oliviers n'apparaît à ma connaissance qu'ici.

49. Sur cette intégration de VAN ESBROECK voir ci-après.

50. VAN ESBROECK, *Apocryphes géorgiens de la Dormition* (n. 9), pp. 74-75.

51. M. ERBETTA, *Gli apocrifi del Nuovo Testamento I. Vangeli. 2: Infanzia e Passione di Cristo. Assunzione di Maria*, Casale Monferrato, Marietti, 1981, p. 463.

52. *Ancient Traditions* (n. 5), p. 295, avec un point d'interrogation.

Adam: le premier a recours à une ruse afin de mettre à la disposition du second des fruits comme nourriture lorsqu'il sera sur la terre, sans doute moins par bienveillance envers l'homme que pour frustrer la prescription de Dieu: «C'est dans la peine que tu t'en [du sol] nourriras tous les jours de ta vie, 18 il fera germer pour toi l'épine et le chardon et tu mangeras l'herbe des champs» (Gen 3,7-18, trad. TOB). Le diable va ainsi permettre à Adam de ne pas se limiter aux herbes et aux ronces, qui se trouvaient sur la terre hors du paradis («le Seigneur t'expulse du paradis dans la terre qui est pleine de végétation, nourriture des bêtes féroces», affirme-t-il), mais de pouvoir se nourrir aussi des fruits des arbres, qui furent exportés sur la terre à cette occasion. Des traditions juives ont également thématisé le transfert des plantes du paradis vers la terre lors de l'expulsion d'Adam, mais avec la permission de Dieu[53].

Or ceci rappelle l'affirmation de Théophile d'Antioche citée plus haut, d'après laquelle Gen 2,9 «Dieu fit pousser de la terre tout arbre (ξύλον) beau à la vue et bon pour la nourriture» se réfère aux arbres du paradis (en effet, cet auteur se réclame de la mention de la terre dans ce verset pour démontrer que le paradis était planté sur la terre). Théophile poursuit par le passage déjà cité:

> Au début, seuls existaient ceux qui étaient venus à l'existence le troisième jour, plantes, semences et herbes (φυτὰ καὶ σπέρματα καὶ χλόαι); mais ceux du paradis furent produits (ἐγενήθη) avec une extraordinaire beauté et belle apparence. Or les autres plantes, le monde les possède lui aussi (καὶ ὁ κόσμος ἔσχηκεν), mais les deux arbres, celui de la vie et celui de la connaissance, aucune autre terre ne les possède (οὐκ ἔσχηκεν ἑτέρα γῆ), mais (elles se trouvent) seulement dans le paradis (2,24).

J'ai modifié la traduction de Jean Sender dans les *Sources chrétiennes* qui ne me semble pas rendre les nuances des formes verbales avec une suffisante précision: l'aoriste ἐγενήθη à propos des arbres du paradis souligne qu'ils furent créés plus tard que les plantes du troisième jour et les deux parfaits ἔσχηκεν décrivent une situation qui s'est créée à partir d'un certain moment; tout cela ne permet pas d'affirmer que selon Théophile, la terre et le paradis avaient en même temps les mêmes

---

53. Dans l'*Apocalypse de Moïse* 29, les anges intercèdent devant Dieu pour Adam afin qu'il puisse emporter des épices et des aromates pour sa subsistance. Des sources rabbiniques parlent de trente espèces d'arbres qu'Adam put emporter du paradis, cf. L. GINZBERG, *The Legends of the Jews*. I: *Bible Times and Characters From the Creation to Jacob*, Philadelphia, PA, The Jewish Publication Society of America, 1937 (et réimpressions), pp. 81-82; V. *Notes to Volumes I and II. From the Creation to Exodus*, Philadelphia, PA, The Jewish Publication Society of America, 1953 (et réimpressions), pp. 105-106, note 96.

arbres à l'exception de ceux de la vie et de la connaissance. Au contraire, l'interprétation de Gen 2,9 qui réfère ce verset au paradis ainsi que la mise en opposition de cet énoncé aux végétaux créés le troisième jour (Gen 1,11-12) laissent penser que les arbres n'existèrent d'abord que dans le paradis. Théophile ne dit pas comment des arbres autres que les plantes créées le troisième jour en vinrent à exister sur la terre, tandis que l'épisode du *LR* se propose de répondre à cette question, en se référant à une initiative du diable qui aurait organisé la contrebande de semences du paradis vers la terre.

La palme qui a nourri la sainte Famille est donc la représentante de tous les arbres exilés du paradis suite au péché et soumis à la sécheresse et au fer. Il n'y a pas que l'homme qui a été chassé pour qu'il commence un chemin pénible de retour au paradis[54]: les arbres aussi doivent parcourir cet itinéraire de déchéance et de rédemption. L'épisode de la palme est un avant-goût de cette rédemption, illustrant le fait que celle-ci commence déjà avec la naissance de Jésus. Ce dernier explique qu'il n'a pas été envoyé que pour le salut des humains, mais qu'il a aussi reçu du Père un mandat concernant les plantes. Le but d'un tel mandat n'est pas entièrement clair. Le géorgien, nous l'avons vu, le formule ainsi: mon Père «m'a donné des ordres aussi au sujet des plantes, afin qu'en mangent mes amis et mes bien-aimés qui recevront ma ressemblance et mettront en pratique mon précepte, les anachorètes qui seront dans les montagnes et les déserts: sois leur nourriture». Le guèze n'a de parallèle que pour la première partie: «il m'a parlé au sujet des fruits, afin qu'en mangent mes amis, qui me reçoivent dans mon image» (ch. 9). La mention de la ressemblance ou de l'image est vraisemblablement déjà une allusion aux ascètes[55]; quant à la référence explicite aux anachorètes, il est difficile de penser que les Éthiopiens l'auraient supprimée, elle pourrait donc être un ajout du géorgien, mais l'état du texte guèze est tel qu'il ne faut pas trop en déduire. Ce qui est étrange est que le mandat reçu par le Christ semblerait concerner le transfert des plantes au paradis – qui se réalise en effet immédiatement après pour le palmier – et non pas le but auquel elles doivent servir dans ce monde. Faut-il penser qu'à l'origine, le sens du texte était que les bienheureux, transférés au paradis, pourront se nourrir des fruits des arbres retournés au paradis? Dans ce cas, la deuxième partie, absente du guèze, serait un ajout qui modifie le sens en référant

---

54. Le retour des justes au paradis est un trait commun au *Transitus* et à Théophile d'Antioche.

55. La vie monastique comme reproduction de la vie du Christ est un topos déjà explicite dans les lettres pseudo-clémentines aux vierges, sans doute du IIIe siècle, cf. 1,6.

l'ensemble à la fonction de ces plantes dans le monde d'ici-bas et notamment au désert. Il n'est pas impossible que cette modification vise à faire de la terre elle-même un paradis après la venue du Christ, dès qu'il y a des croyants en lui dont peut-être des anachorètes. Pourtant, cette idée ne s'accorderait pas avec le fait que le palmier retourne au paradis, qui est visiblement ailleurs.

Dans le *Testament de Marie* en gaélique, qui dépend clairement du même récit de la Dormition attesté par le *LR* et les fragments, le palmier, sur un ordre du Christ, est enlevé dans les airs puis transporté au paradis; il n'y a ni mention explicite d'anges (qui manque également dans le *LR*, ch. 9 fin, et dans le géorgien), ni explication de Jésus à ce sujet[56]. Que cet épisode appartenait à la forme la plus ancienne du récit, est confirmé par le *Transitus R*.

Au ch. 5 de ce dernier, lorsque les plantes du Mont des Oliviers s'inclinent à l'arrivée de Marie, celle-ci reconnaît dans l'ange le Seigneur, dont la réponse est tronquée: «Personne ne peut faire des prodiges sinon le Seigneur de gloire. Comme le Père m'a envoyé pour le salut des hommes et pour convertir ceux qu'il m'a indiqués...»[57]. Wenger a supposé qu'il manquerait une idée du genre: «de même il m'a donné le pouvoir sur les arbres»[58]. En réalité, la première phrase du grec est effectivement parallèle à celle que l'ange répond à Marie dans la circonstance en question au début de *LR* 4, juste avant les énoncés sur la stupeur des arbres non seulement de cette terre et sur l'héritage saint, que nous avons examinés ci-dessus, énoncés suivis immédiatement par l'épisode du palmier. La deuxième se situe, dans *LR* (ch. 9) et le fragment géorgien correspondant, vers la fin de ce même épisode, comme nous venons de le voir; elle concerne la mission du Christ à l'égard aussi des plantes. Dans le *Transitus R*, cette phrase tronquée est immédiatement suivie par «et je ne transporte pas seulement des plantes, je porte aussi les hommes qui s'humilient devant Dieu et je les conduis au lieu des justes, le jour où ils sortent du corps» (ch. 5, Wenger p. 212, lignes 13-16). Cette phrase, qui marque la transition à la question du destin de Marie, a son parallèle dans le *LR* (et dans le géorgien) au début du ch. 10, séparée par la précédente par les énoncés sur le mandat conféré au Christ au sujet des arbres (ou des fruits) et de la montée du palmier au paradis. Or dans le *Transitus R* il n'a jamais été question de transporter des plantes. Le rédacteur de ce texte a donc connu l'épisode du palmier, mais il l'a

---

56. Voir la traduction de DONAHUE, *The Testament of Mary* (n. 13), p. 31.
57. J'ai reproduit la traduction de WENGER, *L'Assomption* (n. 11), p. 213.
58. *Ibid.*, note 4.

supprimé en en gardant uniquement un énoncé sur l'envoi du Christ pour le salut des humains et la phrase de transition vers le motif du transfert des humains au paradis, qui servait à l'auteur de cette recension à introduire le motif de la translation de Marie mais qui gardait de manière incohérente un élément n'ayant plus aucun référent dans cette version du *Transitus*.

Le texte grec publié par Jugie comme recension primitive de l'homélie de Jean de Thessalonique est encore plus bref par rapport au *Transitus R*. Pourtant, le passage des manuscrits BO de ce que Jugie édite comme recension interpolée examiné ci-dessus prouve que, bien que ces deux manuscrits omettent beaucoup de matériel qui était sans doute primitif, Jean de Thessalonique a dû connaître un texte grec plus proche de la forme ancienne que ne l'est le *Transitus R*.

Une synopse pourra aider à mieux saisir la situation. Elle n'a nullement pour but de reconstituer un texte primitif, mais seulement de montrer comment le *Transitus R* et Jean de Thessalonique (ou leurs sources respectives) ont procédé, chacun de son côté, à abréger le texte ancien. Comme témoin de ce dernier, je ne prends que le *LR*, renonçant à ajouter le fragment géorgien, qui couvre en partie (en correspondance de *LR* 10-12) les sections traduites ici[59].

Livre du repos	Transitus R (trad. Wenger légèrement modifiée)	Jean de Thessalonique (ma traduction)	
		Recension «primitive» de Jugie	Manuscrits BO
4 Et alors il lui dit: «Il n'y a personne qui puisse faire ce prodige si ce n'est par la main de lui, car il est puissant.	5 Alors l'ange lui dit: «Personne ne peut faire des signes sinon le Seigneur de gloire.	3 Alors l'ange lui dit: «Personne ne peut faire des signes si ce s'est par ses mains (mss Cl et M: s'il ne reçoit pas pouvoir de ses mains). Car lui-même procure puissance (δύναμιν) à chacun des existants.	2 Alors l'ange lui dit: «Personne ne peut faire des signes ou des prodiges, s'il ne reçoit pas du Puissant.

59. La traduction du *LR* est la mienne; en général, j'ai suivi le ms A d'Arras, en indiquant les leçons de B là où elles semblent pouvoir être originales, et en les introduisant dans le texte seulement là où A me semble absolument intenable (dans ces cas, j'ai toujours donné la leçon de A en parenthèses). Ne visant pas à établir une traduction pour la lecture, j'ai rendu à la lettre là où le LR est incompréhensible. C'est aussi moi qui ai traduit Jean de Thessalonique; pour le *Transitus R*, je reproduis la traduction de WENGER, avec quelques rares modifications.

Quiconque est de lui entendra ce que je donnerai, qui (est) plus élevé que tout lieu de la terre.			
Moi je suis celui qui		Et moi, je suis celui qui	Car moi je suis celui qui
(est) dans les arbres et qui (est) dans la montagne. Ne crois pas que les arbres qui (sont) sur la terre se sont étonnés seulement (ainsi le ms A; B: «que les arbres se sont étonnés seulement à l'égard de celui qui (est) sur la terre»). Et si vous avez goûté de ce qui (est) de lui (B: «si vous avez goûté de lui»), vous mourrez. Et s'ils sont un peu négligents elles-mêmes (*sic*; B: «envers celles-là»), ils périront et tomberont par terre. En effet, à partir de sa naissance il est connu qu'il est de la création; car son héritage (B: «son ornement») (sont) ses différents arbre(s). †Et lorsqu'il tomba sur eux, ils ne purent pas le porter, mais il soutint, tout assis sur eux et il devient engendré sur lui.† Et ce n'est pas moi qui suis sur tout, mais moi je suis celui qui (est) sur les arbres de l'héritage {et} saint.			opère à l'égard des plantes et de la montagne; c'est pourquoi elles se sont inclinées et ont adoré la palme qui est dans ta main. Et en ceci ils/elles ont opéré; mais je suis des plantes de l'héritage saint qui, elles aussi, se prosternent devant la palme.

Et lorsque je vis le livre qui est appelé de l'héritage, je l'adorai (ms A: ils l'adorèrent), car je le connus.			
5 Et il dit: «Ma mère, tu n'as pas connu ma puissance. *[Histoire du palmier pendant la fuite en Égypte.]* 9 (…) Et alors cette palme se leva devant nous et se transféra (ms A: descendit) dans le paradis. 10 Et qui la porta, Marie?			
	Comme le Père m'a envoyé pour le salut des hommes et pour convertir ceux qu'il m'a indiqués <…>.		
Je n'ai pas soulevé seulement des arbres,	Et je ne transporte pas seulement des plantes,		
mais aussi les hommes qui s'humilient devant le SEIGNEUR, c'est moi qui les porte et les conduis au lieu de la justice. Et un jour, lorsque tu sortiras de ton corps et là où reposera ton corps, parce que c'est moi qui viendrai	je porte aussi les hommes qui s'humilient devant Dieu et je les conduis au lieu des justes, le jour où ils sortent du corps. Toi aussi, quand tu sortiras du corps, c'est moi qui viendrai auprès de ton corps,	reçoit les âmes de ceux qui s'humilient devant Dieu et le conduit au lieu des justes, le jour où elles sortent du corps. Toi aussi, quand tu déposeras le corps, c'est moi qui viendrai vers toi».	
le quatrième jour, et j'ai laissé au sujet d'un jour, car notre Sauveur s'est levé le troisième jour, toi, en revanche, le quatrième jour. Et tous ceux qui gardent les paroles du Sauveur, moi je	le quatrième jour. Comme notre Sauveur est ressuscité le troisième jour, je t'enlèverai toi aussi, le quatrième jour. Et non seulement toi, mais encore tous ceux qui observent les		

viendrai de nouveau vers eux et je les ferai revenir (ms A: et revenant) au paradis du repos, leur corps restera nouveau sans pourrir, parce qu'ils ont pris soin d'eux-mêmes tandis qu'ils étaient vivants sur la terre. Et ils resteront là-bas jusqu'au jour de la résurrection; et il viendra (ms B: ils viendront) avec des anges sur la terre et ils les feront venir chacun avec son corps».	commandements de Dieu, je les ramène au paradis de délices, parce qu'ils se sont gardés purs sur la terre».		
11 Et Marie lui dit: «Seigneur, avec quel signe viendras-tu vers eux et quel (est) le signe de ceux qui les feront venir, est-ce qu'ils offriront un sacrifice de bonne odeur et ainsi tu viendras vers eux, ou bien tandis que tu passes auprès des justes et, venant, ils invoqueront ton nom et tu viendras vers eux,	6 Marie lui dit: «Seigneur, comment viens-tu à eux, ou quels sont ceux que tu emportes? Sont-ils distingués par eux-mêmes, sont-ce eux qui offrent des sacrifices de bonne odeur, et ainsi tu viens à eux? Ou bien viens-tu vers les justes ou les élus? Ou bien quand tu es envoyé, viens-tu vers ceux qui en priant invoquent ton nom?	Alors Marie lui dit: «Mon Seigneur, sous quelle forme viens-tu vers les élus (mss B^{1}B^2: vers moi)? Dis donc ce qui est.	
car s'il en est ainsi, afin que moi aussi je le fasse et que tu viennes et me prennes». Et il lui dit: «Qu'as-tu, ma mère? Car lorsque je serai envoyé vers toi, je ne viendrai pas seul, mais avec toutes les armées de anges, et ils	C'est de cela qu'il faut me parler, afin que moi aussi je fasse ainsi, et que tu viennes m'emporter». 7 L'ange lui dit: «Qu'as-tu, mère? Quand je serai envoyé vers toi, ce n'est pas seulement moi qui viendrai, mais encore	Dis-moi, afin que moi aussi je (le) fasse et que tu viennes et me fasses monter». Et il lui dit: «Qu'as-tu, mère (B1: Madame)? En effet, lorsque Dieu enverra pour toi, ce n'est pas moi seul qui viendrai, mais aussi toutes les armées des	

viendront et ils chanteront devant toi.	toutes les armées célestes, et elles chanteront des hymnes devant toi.	anges viendront et chanteront des hymnes devant toi.	
En effet, j'ai été envoyé vers toi pour que je te dise afin que toi aussi tu donnes aux apôtres en secret, parce que ceci est caché à ceux qui demandaient cela à Jésus le Sauveur».	Maintenant, j'ai été envoyé vers toi pour que tu connaisses afin que tu communiques aux apôtres en secret.		
12 Et elle lui dit: «Que feras-tu (ms B: que ferons-nous) jusqu'à ce que notre corps repose? Car nous ne voulons pas le laisser sur la terre, parce qu'il a été fait devant toi (ms B: «avant nous»; la préposition *'emqedma* peut signifier «avant» ou «devant»); et comme il convient que nous habitions dans cette forme qui est la nôtre, ainsi voulons-nous que notre corps soit avec nous en ce lieu-là». Et alors le Christ bon lui (ms B: leur) dit: «Cette parole que vous cherchez maintenant est grande. Et là où je vais maintenant, vous certes ne pouvez pas venir (ms A omet «ne pouvez pas»), mais je vais et je demanderai à mon Père et je préparerai une place pour vos corps (ms B: une place pour vous)			

au paradis, où ton corps demeurera (ms A: «ils demeureront auprès du tien»)».			
13 Et maintenant donc sache ce que je ferai jusqu'à quand j'enverrai sur toi la prière que (ms A: la prière et) j'ai reçue de mon Père. Et venant, moi maintenant je te dis aujourd'hui ta sortie de ton corps, au lever du soleil, comme ceci sera vu. Et tout ce que je t'ai dit, donne(-le) aux apôtres (ms B: au lever du soleil, et alors ce sera vu; tout ce que je t'ai dit, donne(-le) aux apôtres), car eux aussi <...>.	Tu veux savoir aussi ce qu'il faut faire: quand j'ai été envoyé vers toi, en partant, j'ai reçu du Père une prière. Maintenant, je te la dis afin que tu la dises quand tu sortiras du corps, à l'heure où le soleil se lève. Car c'est ainsi qu'il faut la réciter. Ce que je te dis, communique-le aux apôtres, car eux aussi viendront. Nul des amis de ce monde, qui aiment ce monde, ne peut dire cette prière».		
Après que ton (ms B: leur) corps aura été déposé, je viendrai le quatrième jour sur leur corps, et ils ne le trouveront pas et ils craindront (ms B: et les hommes iront sur leur corps et ils les trouveront et ne craindront pas), afin qu'ils ne croient pas à mon (ms B: son) pouvoir et ils seront saisis par lui et ils iront vers un autre corps qui n'est pas aux apôtres (ms B: vers d'autres corps qui ne sont pas auprès des apôtres).			

[Suit un très long développement, souvent fort corrompu, contenant des énoncés sur la résurrection des apôtres et des autres justes et sur la création de l'être humain, ainsi qu'une histoire sur les apôtres et des arbres qui produisent des vers et une sorte de midrach sur la sortie d'Égypte et les ossements de Joseph, où l'ange apparaît aussi bien comme l'exterminateur des premiers-nés que comme celui qui a parlé à Moïse.]			
35 (…) Voici donc, je t'ai montré, Marie, ma puissance, afin que tu ne sois pas attristée et je t'ai dit ce qui (était) avant moi. Écoute donc mon nom: Miséricordieux».			
Et il ordonna aussi qu'elle donne aux apôtres (ms B ajoute: et il lui dit): «Car ils viendront vers toi comme je te (l')ai dit et eux aussi ils iront avec toi.	8 Après cela, l'ange demanda à Marie de transmettre cette prière aux apôtres. «Car ils viendront auprès de toi, comme je te l'ai dit, ils chanteront des hymnes devant toi et feront tes funérailles.		Ayant donc connu la puissance de la palme, remets(-la) aux apôtres: car ils viennent / viendront vers toi, comme il t'a été dit».
Prends donc ce livre».	Prends donc cette palme».	Garde donc la palme».	
Et cet ange devint lumière et il monta aux cieux.	Lorsque Marie eut reçu la palme, l'ange devint tout lumière et monta aux cieux.	Et après lui avoir dit cela, l'ange, devenu comme lumière, monta au ciel.	Et après avoir dit cela, l'ange, devenu comme lumière, monta au ciel.

3. D'autres attestations de la légende du palmier

La légende du palmier qui s'incline était connue de Sozomène, *Histoire ecclésiastique* V 21,8-11 (débuts des années 440). Une version bien connue, en latin, se lit dans l'*Évangile du Pseudo-Matthieu* (ch. 20–21). L'histoire est située ici dans le désert, au troisième jour après le départ de la famille de Bethléem. Le motif paradisiaque est présent: d'abord, après la cueillette des fruits, Jésus dit au palmier: «Redresse-toi, palmier, fortifie-toi et sois le compagnon de mes arbres, qui sont dans le Paradis de mon père»[60]; le jour suivant, avant de partir, Jésus accorde au palmier le privilège «qu'un de tes rameaux soit transporté par mes anges et planté dans le paradis de mon Père». Aussitôt, un ange descend, prend un rameau et s'envole en l'emportant; aux autres qui tombent face contre terre, Jésus explique: «ce palmier que j'ai fait transporter sera à la disposition de tous les saints dans le lieu des délices, comme il a été à votre disposition dans ce désert»[61]. Ce dernier trait pourrait orienter la réponse à la question du but du transfert du palmier que j'ai évoquée ci-dessus.

En tout cas, ce récit est proche de celui du *LR* en ce qui concerne le lien entre l'épisode et le paradis terrestre, mais il en diffère parce que rien dans le *Pseudo-Matthieu* ne laisse penser que le palmier vient du paradis. Je ne vois donc aucune base pour l'interprétation de van Esbroeck[62]: «Le palmier de la Fuite n'est autre que l'Arbre de Vie, exilé du Paradis après la faute; par son humiliation devant le Sauveur et sa mère, il reconquiert sa place au Paradis, où il servira d'abri pour les corps des justes qui doivent ressusciter». Seuls, le *LR* et le géorgien affirment que le palmier se trouvait d'abord dans le paradis et rien dans ces deux sources ne permet de penser qu'il s'agissait de l'arbre de vie; au contraire, comme nous l'avons vu, il fait partie de la quantité de plantes qui ont été transplantées hors du paradis après le péché d'Adam.

---

60. *Évangile du Pseudo-Matthieu* 20,2, trad. (ici et ensuite) de Jan GIJSEL, dans *Libri de nativitate Mariae: Pseudo-Matthaei Evangelium. Textus et commentarius cura Jan GIJSEL; Libellus de nativitate Sanctae Mariae. Textus et commentarius cura Rita BEYERS* [vol. 1] (CCSA, 9), Turnhout, Brepols, 1997, p. 462. L'eau que Jésus fait jaillir des racines de l'arbre (*ibid.*) est vraisemblablement elle aussi un motif paradisiaque, cf. Gen 2,10 et son interprétation dans *Berechit Rabba* 15,6 (sur Gen 2,9): les eaux primordiales se répandaient en partant de la base de l'arbre: FREEDMAN – SIMON (éds.), *Midrash Rabbah* I (n. 38), p. 122. Pourtant, comme nous le dirons aussitôt, il n'y a pas de raison d'identifier le palmier avec l'arbre de vie.

61. Ch. 21, trad. GIJSEL (n. 60), p. 468.

62. VAN ESBROECK, *Fragments géorgiens de la Dormition* (n. 9), p. 68; interprétation acceptée par ERBETTA, *Gli apocrifi del Nuovo Testamento* I/2 (n. 51), p. 451.

Le *Pseudo Matthieu* et le *LR* convergent dans l'association entre la fuite en Égypte et le paradis terrestre, mais cette association paraît plus développée dans le *LR* qui fait provenir le palmier du paradis[63], dans le cadre d'une réflexion large sur les rapports entre le paradis, notre monde et le destin des humains et de la création en général. Comme la comparaison avec Théophile nous l'a montré, une réflexion de ce genre a bien pu se développer déjà au deuxième siècle. Du reste, des histoires sur la fuite en Égypte dotées de signification allégorique semblent avoir circulé au 2e siècle, comme j'ai essayé de le documenter ailleurs à propos d'un autre épisode, provenant d'une source d'un autre genre[64].

4. *Les justes au paradis*

Immédiatement après la fin de l'épisode du palmier, l'ange / Christ affirme donc que c'est lui qui transporte, non seulement les arbres, mais aussi les humains qui s'humilient devant le Seigneur et les transfère «dans le lieu de la justice» (géorgien: «dans le lieu des justes»; *LR* 10, inclus dans la synopse ci-dessus). L'ange ne transportera pas seulement le corps de Marie, mais les corps de tous ceux qui auront observé les paroles du Sauveur, et il les conduira au paradis, où «leur corps restera nouveau sans pourrir, parce qu'ils ont pris soin d'eux-mêmes tandis qu'ils étaient vivants sur la terre. Et ils resteront là-bas jusqu'au jour de la résurrection; et il viendra avec des anges sur la terre et ils les feront venir chacun avec son corps» (ch. 10 selon le texte guèze; le géorgien correspond, avec une petite expansion que je mets en italiques: «Et *venient eo ubi fuerunt Adam et Eva, in loco suo* usque ad diem resurrectionis»). Comme le montre la synopse, le *Transitus R* correspond bien à la première partie de ce passage avec la mention du transfert au paradis de ceux qui ont gardé les commandements (ch. 5), mais il ne contient pas la référence à la venue des justes dans leurs corps avec le Seigneur à la parousie.

Le paradis terrestre est donc ici le lieu où les justes sont transportés avec leur corps en attendant le retour du Christ et la résurrection finale: apparemment, lorsque le Christ viendra, ils seront déjà dans leurs corps pour pouvoir l'accompagner. Une pareille représentation de l'accompagnement du Christ par les justes est bien connue des premières décennies

---

63. C'est surtout pour cette version qu'on peut parler d'une «sorte de rédemption de l'ordre végétal» avec VAN ESBROECK, *Fragments géorgiens de la Dormition* (n. 9), p. 68.

64. E. NORELLI, *Gesù ride: Gesù, il maestro di scuola e i passeri. Le sorprese di un testo apocrifo trascurato*, dans E. FRANCO (éd.), *Mysterium regni ministerium verbi (Mc 4,11; At 6,4). Scritti in onore di mons. Vittorio Fusco* (Supplementi alla Rivista Biblica, 38), Bologna, Edizioni Dehoniane, 2001, pp. 653-684.

chrétiennes; elle s'appuie souvent, de manière explicite ou implicite, sur Zc 14,5 ʟxx καὶ ἥξει κύριος ὁ θεὸς μου καὶ πάντες οἱ ἅγιοι μετ'αὐτοῦ, où les saints sont compris, dans la réception, tantôt comme des anges (ce qui est sans doute le sens primitif du texte), tantôt comme les justes, ou une partie d'entre eux, qui ont demeuré quelque part et sont déjà en possession de leur corps de ressuscités.

Il en est ainsi en *Didachè* 16,6-7, où Zc 14,5 est explicitement cité et référé à la «résurrection des morts, mais pas de tous» (probablement de ceux qui participeront à un règne messianique: le texte s'interrompt peu après). Selon l'*Ascension d'Esaïe*, au début du 2ᵉ siècle, «quant aux saints, ils viendront avec le Seigneur, avec leurs vêtements qui sont déposés en haut au septième ciel: viendront avec le Seigneur ceux dont les esprits sont revêtus, ils descendront et seront dans le monde; et ceux qui seront trouvés dans la chair, il les confirmera avec les saints, dans les vêtements des saints, et le Seigneur servira ceux qui auront veillé en ce monde. 17 Et après cela, ils seront changés dans leurs vêtements, en haut, et leur chair sera abandonnée dans le monde»[65]. Ce n'est qu'ensuite qu'auront lieu la résurrection et le jugement. Il y a donc trois catégories de personnes: ceux qui seront déjà au ciel revêtus de corps célestes (les «vêtements»), ceux qui seront encore vivants lors de la parousie et qui ne recevront leur corps céleste qu'après ce qui semble être un règne messianique, et ceux qui ressusciteront au moment du jugement. Dans l'*Ascension*, pourtant, les justes qui viendront avec le Seigneur ne se trouvent pas au paradis terrestre – qui n'apparaît pas dans cet écrit – mais au septième ciel (9,7-10, probablement d'un autre auteur, mais sans doute dans la même ligne de pensée en ce qui concerne ce sujet). Dans l'*Apocalypse de Pierre* conservée en guèze et partiellement en grec, à dater très vraisemblablement des années de la seconde guerre juive, les patriarches et les justes ayant vécu avant le Christ, désignés comme «ceux qui ont suivi ma justice», se trouvent dans un jardin qui, bien qu'il ne soit pas appelé ainsi, est sans doute identique au paradis (16,1-5); lors de l'Ascension du Christ, «des hommes en chair» s'unissent à lui, à Moïse et à Élie, venant apparemment d'un lieu céleste, et montent avec eux vers le plus haut des cieux (17,3). Enfin, selon l'*Épître des apôtres* 15 (texte copte), le Seigneur viendra accompagné de ceux qui ont été tués à cause de lui.

Parmi tous ces textes, seule l'*Apocalypse de Pierre* localise les bienheureux au paradis dans leur état intermédiaire. Théophile d'Antioche,

---

65. *Ascension d'Esaïe* 4,16-17; trad. E. Nᴏʀᴇʟʟɪ, *Ascension du prophète Isaïe* (Apocryphes), Turnhout, Brepols, 1993, pp. 116-117.

nous l'avons vu, identifiait le paradis comme le lieu du repos final des justes, après la résurrection (*Ad Autolycum* 2,26); le paradis comme lieu du bonheur final des justes se retrouve dans des traditions juives[66]. Un terme de comparaison intéressant est en revanche fourni par les traditions des presbytres dont se réclame Irénée de Lyon. Si nous laissons de côté la synthèse de l'exposé doctrinal d'un presbytre en *Contre les hérésies* IV 27,2–32,1, qui a des caractères doctrinaux propres, Irénée se réfère en sept passages de ses œuvres conservées à des enseignements qu'il attribue à «les presbytres réunis en Asie autour de Jean, le disciple du Seigneur» (ainsi la formulation de *Contre les hérésies* II 22,5, conservée en grec par Eusèbe, *Histoire ecclésiastique* III 23,3). Il s'agit de *Contre les hérésies* II 22,5; V 5,1; V 30,1; V 33,3; V 36,1-2; *Démonstration de la prédication apostolique* 3; 61[67]. Au moins deux de ces passages concernent le paradis terrestre et l'un d'entre eux nous intéresse directement ici. Après avoir mentionné le transfert d'Hénoch et d'Élie au paradis avec leurs corps, Irénée poursuit:

> Où donc fut placé le premier homme? Dans le paradis, sans aucun doute, selon ce que dit l'Écriture: 'Et Dieu planta un paradis en Éden du côté de l'Orient, et il y plaça l'homme qu'il avait modelé' (Gen 2,8). Et c'est de là qu'il fut expulsé en ce monde, pour avoir désobéi. Aussi les presbytres, qui sont les disciples des apôtres, disent-ils que là ont été transférés ceux qui ont été transférés – c'est en effet pour des hommes justes et porteurs de l'Esprit qu'avait été préparé le paradis, dans lequel l'apôtre Paul fut transporté lui aussi et entendit des paroles pour nous présentement inexprimables (cf. 2 Co 12,4) –; c'est donc là, d'après les presbytres, que ceux qui ont été transférés demeurent jusqu'à la consommation finale, préludant ainsi à l'incorruptibilité[68].

Il est impossible ici de commenter ce passage, pour lequel on renverra au commentaire extrêmement riche, nuancé et fouillé d'Antonio Orbe[69]. Il suffira de remarquer qu'Irénée connaît une tradition remontant à des

---

66. Cf. P. VOLZ, *Die Eschatologie der jüdischen Gemeinde im neutestamentlichen Zeitalter nach den Quellen der rabbinischen, apokalyptischen und apokryphen Literatur*, Tübingen, Mohr Siebeck, 1934, réimpression Hildesheim, Georg Olms, 1966, pp. 417-418.

67. On peut voir la traduction de tous ces passages dans E. NORELLI, *Papia di Hierapolis: Esposizione degli oracoli del Signore. I frammenti* (Letture cristiane del primo millennio, 36), Milano, Paoline, 2005, pp. 531-536.

68. *Contre les hérésies* V 5,1; texte grec chez JEAN DAMASCÈNE, *Sacra Parallela*, éd. K. HOLL, *Fragmente vornicänischer Kirchenväter aus den Sacra Parallela* (TU, 20/2), Leipzig, J.C. Hinrichs, 1899, p. 72 et, très incomplet, dans le papyrus d'Iéna 5; trad. A. ROUSSEAU, *Irénée de Lyon. Contre les hérésies. Livre V. Tome II: Texte et traduction* (SC, 153), Paris, Cerf, 1969, pp. 65, 67.

69. A. ORBE, *Teología de San Ireneo*. I: *Comentario al Libro V del «Adversus haereses»* (BAC. Maior, 25), Madrid, Biblioteca de autores cristianos; Toledo, Estudio teológico de San Ildefonso, 1985, pp. 240-249.

cercles qu'il désigne comme disciples de Jean, le disciple du Seigneur; la syntaxe permet d'attribuer à cette tradition en tout cas l'idée qu'Hénoch et Élie, et peut-être d'autres, ont été transférés de ce monde avec leur corps dans le paradis terrestre, où ils restent jusqu'à la fin du monde, se préparant à l'incorruptibilité qui sera la condition finale des justes. La présence de justes dans le paradis terrestre avant la fin du monde présent est attestée dans certains textes juifs[70]. Chez les presbytres, cette collocation a une motivation théologique particulière: elle situe ces justes dans une situation intermédiaire entre la condition humaine postlapsaire et la condition transfigurée de ceux qui auront atteint le salut éternel. C'est ce que montre la structure finale de l'univers selon Irénée, organisée sur trois niveaux: en bas, la Jérusalem céleste qui sera descendue sur la terre nouvelle; au milieu, le paradis terrestre; en haut, les cieux nouveaux. C'est sur ces trois demeures que se distribueront les bienheureux selon leurs mérites:

> Et, comme le disent les presbytres, c'est alors que ceux qui auront été jugés dignes du séjour du ciel y pénétreront, tandis que d'autres jouiront des délices du paradis, et que d'autres encore possèderont la splendeur de la cité; mais partout Dieu [le grec a: «le Sauveur»] sera vu, dans la mesure où ceux qui le verront en seront dignes. 2 Telle sera la différence d'habitation entre ceux qui auront produit cent pour un, soixante pour un, trente pour un (cf. Mt 13,8): les premiers seront enlevés aux cieux, les seconds séjourneront dans le paradis, les troisièmes habiteront la cité: c'est la raison pour laquelle le Seigneur a dit qu'il y avait de nombreuses demeures chez son Père (cf. Jn 14,2). Car tout appartient à Dieu, qui procure à chacun l'habitation qui lui convient: comme le dit son Verbe, le Père partage à tous selon que chacun en est ou en sera digne. C'est là la salle du festin en laquelle prendront place et se régaleront les invités aux noces (cf. Mt 22,1-14). Tels sont, au dire des presbytres, disciples des apôtres, l'ordre et le rythme que suivront ceux qui sont sauvés, ainsi que les degrés par lesquels ils progresseront: par l'Esprit ils monteront au Fils, puis par le Fils ils monteront au Père, lorsque le Fils cèdera son œuvre au Père, selon ce qui a été dit par l'apôtre (suit une citation de 1 Co 15,25-26)[71].

La situation intermédiaire du paradis a donc intéressé les presbytres, qui l'ont mise en valeur aussi bien comme lieu de la condition intermédiaire des justes entre vie terrestre et béatitude finale que comme lieu

---

70. Cf. VOLZ, *Die Eschatologie* (n. 66), p. 416. Aussi DANIÉLOU, *Terre et Paradis* (n. 39), pp. 448-450, qui renvoie à *Apocalypse de Moïse* 37,4 (mieux: 4-5). Ce texte n'est que l'une des formes de la *Vie d'Adam et d'Éve*. L'affirmation de DANIÉLOU, p. 448, que cette conception «est précisément la plus développée dans les premiers siècles» (de notre ère, on suppose) me paraît cependant sujette à caution. Il ne cite que peu de textes.

71. IRÉNÉE, *Contre les hérésies* V 36,1-2, partiellement conservé en grec par Anastase Sinaïte et Oecuménius; trad. ROUSSEAU, *Irénée de Lyon. Contre les hérésies. Livre V. Tome II* (n. 68), pp. 457, 459, 461.

intermédiaire dans la béatitude finale. Il est difficile de dire s'ils ont mis cette perspective d'histoire de la rédemption en rapport avec la chute et l'expulsion d'Adam et d'Ève, car Irénée mentionne la création du paradis et l'expulsion de l'homme en V 5,1 immédiatement avant, mais précisément le fait qu'il se réfère aux presbytres seulement après le renvoi à Gen 2,8 et à l'expulsion ne nous permet pas d'inclure sans autre ce motif dans la tradition des presbytres. Cependant, *a priori*, il est difficile qu'une mise en valeur du paradis dans une perspective salvifique ait ignoré l'histoire d'Adam et de la chute.

Ajoutons que deux autres doctrines des presbytres chez Irénée se réfèrent au paradis. D'une part, il y a la célèbre description de la fécondité fabuleuse de la terre en *Contre les hérésies* V 33,3: Irénée l'attribue aussi bien à Papias qu'aux presbytres et j'ai essayé de montrer ailleurs qu'il a dû se référer par là à deux sources différentes et non pas à une transmission de l'enseignement des presbytres à travers Papias[72]. Les motifs contenus dans ce passage ont des origines complexes, mais on ne saurait pas en ignorer les implications paradisiaques. Enfin, *Démonstration* 61 attribue aux presbytres l'idée que la prophétie de la concorde et de la paix entre les animaux à l'époque messianique (Es 11,6-8) se réalisera lors de la parousie du Christ. À ce qu'il semble, c'est Irénée qui, tout en accueillant cette explication, y a ajouté, aussi à titre de confirmation, l'interprétation allégorique de la même prophétie, selon laquelle le nom du Christ a déjà réuni des humains de toutes les races et les coutumes. Ces deux passages ont en commun la réflexion, sur la base de textes bibliques, sur le retour du paradis à l'époque messianique; si on pouvait admettre chez les presbytres la conception d'un règne messianique intermédiaire, elle ajouterait encore une autre fonction du paradis, comprise entre sa fonction présente d'abri des justes sortis du monde avec leurs corps et celle, finale, de demeure intermédiaire des sauvés dans l'univers nouveau. Quoi qu'il en soit, l'intérêt de ces traditions des presbytres pour le paradis terrestre et ses fonctions tout au long des différentes étapes de l'histoire de la rédemption est indéniable et il constitue un point de contact remarquable entre ces traditions et celles reprises dans le *LR*.

5. *Des éléments johanniques?*

Mais il y a plus. Nous venons de voir qu'au sujet de la structure finale de l'univers, les presbytres, au dire d'Irénée, se fondent sur l'exégèse de

---

72. NORELLI, *Papia di Hierapolis: Esposizione degli oracoli del Signore* (n. 67), pp. 194-199.

deux passages de Mt (les trois fruits et la parabole du banquet) et d'un de Jn (les demeures nombreuses auprès du Père). Or dans le *LR*, quelques lignes après le passage sur le transfert des corps des justes au paradis, Marie exprime à l'ange son souci pour le corps: «Car nous ne voulons pas le laisser sur la terre, parce qu'il a été fait devant toi (ainsi le ms A; B: «avant nous»; la préposition *'emqedma* peut signifier «avant» ou «devant»); et comme il convient que nous habitions dans cette forme qui est la nôtre, ainsi voulons-nous que notre corps soit avec nous en ce lieu-là» (ch. 12, inclus dans la synopse). Voici la réponse du «bon Christ»:

> Cette parole que vous cherchez maintenant est grande. Là où je vais maintenant, vous certes ne pouvez pas venir, mais je vais et je demanderai à mon Père et je préparerai une place pour vos corps au paradis, où ton corps demeurera (ainsi B; A: «ils resteront près de ton corps») (*ibid.*; le passage est conservé aussi en géorgien, avec un élargissement de la dernière partie et une doxologie trinitaire visant à aménager cet endroit comme fin du texte).

C'est là bien entendu une interprétation d'une série d'énoncés de Jésus appartenant aux discours d'adieu dans l'évangile de Jn: là où je vais, vous ne pouvez pas venir (13,33.36; cf. 7,34; 8,21-22); je vais vous préparer une place (14,2.3); je demanderai à mon Père (14,16; 16,26). Le passage n'est pas conservé en grec, mais il l'est en géorgien, ce qui montre qu'il n'a pas été ajouté en guèze. En outre, l'expression de l'ange au ch. 7 du *Transitus R* «Tu veux savoir aussi ce qu'il faut faire», au début de l'explication de l'ange sur la prière qui a son parallèle dans la suite du texte du *LR* (voir la synopse), semble bien résumer la question de Marie, qui se trouvait donc dans le texte grec retravaillé par le *Transitus R*. Par conséquent, le passage qui nous intéresse a toutes les chances d'être primitif. Le *LR* véhicule donc des traditions nées dans des milieux où on appliquait la parole de Jésus sur les demeures dans la maison du Père (remarquer aussi la notion d' «habiter» dans le passage du *LR*) au transfert des corps des justes dans le paradis terrestre. Le passage du *LR* est parfaitement compatible avec la perspective des presbytres d'Irénée, où le paradis est l'une des demeures dans laquelle certains justes demeurent avec leurs corps entre leur mort et le jugement[73] et qui devient ensuite l'une des trois demeures dans l'univers définitivement renouvelé.

---

73. Irénée ne mentionne qu'Hénoch et Élie, mais aux presbytres il attribue l'idée que «ceux qui ont été transférés» habitent le paradis, ce qui peut suggérer que, pour le presbytres, cette condition ne se limitait pas à ces deux personnages.

Il peut être intéressant ici de signaler un autre contact avec l'évangile de Jean, qui ne me semble pas avoir été remarqué. Le passage que nous venons de considérer est suivi d'un autre (ch. 13–14[74]), épouvantablement corrompu dans le guèze et où il n'y a malheureusement aucun parallèle, sauf quelques éléments dans le *Transitus R* (ch. 7: voir synopse) qui ne concernent pas le point que je vais relever. Je ne vais nullement l'analyser ici; il mentionne la prière que le Christ transmet à Marie et il semble ensuite contenir une polémique dont il est pourtant difficile de cerner le sujet. Il reprend entre autres le motif de la venue du Christ vers les corps des apôtres au quatrième jour. Traduisons à la lettre quelques lignes du ch. 14, en nous limitant au ms A:

> ils sortiront de leur corps et ils dormiront pendant quatre jours, et après cela je viendrai et je les réveillerai et ils ne seront pas abandonnés après quatre jours, parce que moi, mon frère a souffert pour moi de prendre cette odeur; c'est pourquoi j'ai patienté jusqu'au quatrième jour, autrement je serais venu auprès d'eux le troisième jour (ch. 14).

Presque incompréhensibles en tant que telles et en ce qui concerne leur position entre deux passages concernant la prière transmise par le Christ à Marie[75], ces lignes contiennent pourtant des éléments tels que le réveil des morts au (ou après le) quatrième jour, la mention de l'odeur, l'attente du Christ pendant quatre jours, qui rappellent irrésistiblement la résurrection de Lazare en Jn 11. Le mot «frère», *'ex*[w] (très souvent *'exu*, comme ici), apparaît bien sûr dans Jn 11, mais pour définir le rapport entre Lazare et Marthe et Marie, alors que dans notre texte, nous lisons *'exuya*, «mon frère» dans la bouche de l'ange / Christ. L'état corrompu du texte ne permet cependant pas de conclusions; on peut rappeler que *'ex*[w], comme ἀδελφός, peut désigner aussi un ami[76] et que Jn 11 insiste sur l'affection qui liait Jésus et Lazare (v. 11; 35). Quoi qu'il en soit, il semble difficile de nier le lien entre notre passage et Jn 11. Apparemment, les milieux où se sont formées les traditions recueillies par le *LR* avaient développé une exégèse de ce récit qui en faisait une sorte de paradigme du destin des justes qui ressusciteraient avec leurs corps au quatrième jour, un jour plus tard par rapport à la résurrection du Christ.

---

74. Dans la synopse, je n'ai inclus que le ch. 13.

75. Cette mention de la résurrection au quatrième jour se rattache plutôt à celle de la venue du Christ pour prendre le corps de Marie le quatrième jour après sa mort en *LR* 10.

76. Voir A. DILLMANN, *Lexicon Linguae Aethiopicae cum indice Latino*, Lipsiae, T.O. Weigel, 1865, réimpression Osnabrück, Biblio Verlag, 1970, col. 765-766 s.v.; LESLAU, *Comparative Dictionary of Ge'ez (Classical Ethiopic)* (n. 6), pp. 13-14 s.v.; 694 s.v. «Friend».

Marie est le premier être humain qui bénéficie de ce destin[77], lié d'ailleurs à la prière que le Christ lui transmet et qui, à travers sa reproduction dans le *LR*, deviendra disponible pour les personnes pieuses.

En l'espace de quelques lignes, nous avons ainsi repéré dans cette section du *LR* deux exégèses particulières de Jn (plus précisément, pourrait-on ajouter, de sa seconde partie, ayant son centre de gravité dans la Passion comme départ de Jésus). Sans vouloir pousser trop loin les hypothèses, on pourra rappeler que ces presbytres d'Irénée dont les doctrines présentent des affinités avec notre texte sont constamment caractérisés par lui comme disciples de l'apôtre Jean. Sous cette forme, une telle affirmation est certainement légendaire; de plus, elle intègre la conviction que Jean, le fils de Zébédée, est l'auteur du quatrième évangile, des trois lettres et de l'Apocalypse, conviction ferme pour Irénée mais dont rien ne prouve qu'elle appartenait aux milieux qu'Irénée désigne comme les presbytres. Certainement, plusieurs des idées des presbytres rapportées par Irénée impliquent des exégèses de textes johanniques: les cinquante ans de Jésus (*Contre les hérésies* II 22,5, cf. Jn 8,57), le chiffre de la bête (*Contre les hérésies* V 30,1, cf. Ap 16,18), les demeures dans les propriétés du Père (*Contre les hérésies* V 36,2, cf Jn 14,2). Maintenant, nous avons constaté que deux passages du *LR*, proches l'un de l'autre, présupposent des exégèses de textes johanniques, interprétés comme concernant le destin des justes, l'un de ces deux cas portant en outre sur le même texte que l'un des passages d'Irénée (Jn 14,2). Tout en restant critique et prudent, ne pourrait-on pas suggérer que certaines des traditions du *LR* – notamment, mais pas seulement, sur le paradis – auraient été élaborées dans des milieux du 2e siècle particulièrement attachés à des écrits johanniques?

On pourrait peut-être indiquer un autre petit indice dans ce sens. Au ch. 42 du *LR*, lorsque Jean, transporté par un nuage, arrive à la maison de Marie, celle-ci se met à pleurer et lui rappelle comment Jésus l'avait confiée à lui. Ce passage a été conservé aussi dans le *Transitus R* (ch. 15) et dans l'homélie de Jean de Thessalonique[78]. Les trois versions

---

77. *LR* 10; le *Transitus R* 5 a gardé le quatrième jour pour Marie mais l'a éliminé pour les autres, dont il mentionne pourtant le transfert au paradis (fin du ch. 5) sans en préciser la date; il n'a par ailleurs rien qui corresponde à *LR* 14. De son côté, Jean de Thessalonique a supprimé toute mention du quatrième jour et a transformé le transfert des justes au paradis en un transfert de leurs âmes «au lieu des justes, le jour où elles sortent du corps»: ch. 3, JUGIE, *Homélies mariales* (n. 12), p. 380 (recension «primitive») et p. 407 (recension «interpolée»). Comparer les versions à l'aide de la synopse ci-dessus.

78. Recension «primitive», JUGIE, *Homélies mariales* (n. 12), pp. 383-384 (ch. 6); recension «interpolée», *ibid.*, p. 412 (ch. 5); les différences entre les deux formes sont minimes pour ce passage.

se correspondent très bien; je reproduis ici celle du *Transitus R* dans la traduction de Wenger, légèrement modifiée (ch. 15):

> Père Jean, souviens-toi des paroles du maître, de ce qu'il t'a recommandé à mon sujet le jour où il nous quitta et que je me mis à pleurer en disant: 'Tu t'en vas, à qui m'abandonnes-tu, et auprès de qui vais-je habiter?' Et il me dit, tandis que tu te tenais là et l'entendais: 'C'est Jean qui veillera sur toi'. Maintenant donc, père Jean, n'oublie pas les ordres que tu as reçus à mon sujet[79].

C'est sans aucun doute une allusion à Jn 19,26-27, et pourtant on se demande si la situation envisagée est vraiment celle de Jésus qui parle depuis la croix. Dans l'évangile, il n'y a pas de question de Marie, mais c'est Jésus qui prend l'initiative. Encore, l'expression «il me dit, tandis que tu te tenais là et l'entendais» ne correspond en rien à la situation de l'évangile, où Jésus s'adresse d'abord au disciple bien-aimé, ensuite à sa propre mère, avec deux phrases parallèles et il ne dit pas à Marie que Jean va veiller sur elle. Il est bien sûr vraisemblable qu'il s'agisse là d'élaborations à partir du texte évangélique, mais ce qui est intéressant est justement la manière de ces élaborations. Car le lecteur de ces lignes ne pense pas à une situation de crucifixion, mais à une situation comparable à celle des discours johanniques d'adieu. Dans le *LR*, la question de Marie à Jésus, que nous venons de lire d'après le *Transitus R*, est: «Où vas-tu et à qui me laisses-tu et où demeures-tu (ms B: où irai-je)?» (ch. 42). La première des trois questions est celle qu'adresse Pierre à Jésus en Jn 13,36: ποῦ ὑπάγεις; Après la réponse de Jésus (qui est reprise en *LR* 12, comme nous l'avons constaté), l'angoisse de Pierre s'exprime dans la question ultérieure: «Pourquoi ne puis-je te suivre maintenant?» (19,37). Toute la suite du discours de Jésus aux ch. 14-16 de Jn tend à rassurer les disciples: «Je ne vous laisserai pas orphelins» (14,18). Et plus loin, avec une contradiction bien connue par rapport à 13,36: «Mais maintenant, je m'en vais vers celui qui m'a envoyé et aucun de vous ne me demande: 'Où vas-tu?' Mais du fait que je vous ai dit cela, le chagrin a rempli votre cœur» (16,5-6). Ce syndrome de l'abandon correspond bien à l'attitude que le récit prête à Marie dans le passage cité ci-dessus et à la question qu'elle pose en *LR* 12, la réponse à laquelle s'inspire précisément de Jn 14,2-3.

Encore une fois, donc, nous aurions une lecture de Jn – et encore une fois de sa seconde partie – sous un jour particulier, qui est la préoccupation du destin des disciples (dont Marie) après le départ de Jésus. Une telle lecture pourrait convenir à un groupe qui, au 2e siècle, se comprendrait

---

79. WENGER, *L'Assomption* (n. 11), p. 219.

comme héritier de la tradition johannique. Ce que confirme la suite immédiate du ch. 42 du *LR*[80], où Marie évoque la Cène en affirmant que lorsque Jean se coucha sur la poitrine de Jésus, ce dernier lui confia τὸ μυστήριον, après quoi Marie elle-même, évidemment présente à la Cène, demande à Jésus de connaître ce qu'il a dit à Jean et Jésus communique à ce dernier ce que Jean a ensuite transmis à Marie. Broderies littéraires? Peut-être; mais l'ensemble des indices semble converger vers une lecture de Jn orientée à la question de l'héritage de Jésus et du destin de ses disciples. Certes, la forme sous laquelle tout cela apparaît dans le *LR* est largement secondaire, et pourtant on ne se soustrait pas à l'impression d'un substrat de traditions anciennes, ce qui ne signifie nullement que je penche vers les thèses qui voudraient ramener ce substrat à la famille de Marie.

Il convient de préciser que j'ai parlé de presbytres tout en étant parfaitement conscient qu'il s'agit là d'une notion construite par les auteurs chrétiens du 2e siècle et des suivants dans le cadre d'une opération apologétique visant à légitimer – en assurant une chaîne de transmission entre les disciples de Jésus et les églises – ce qui était en train de se constituer comme orthodoxie. Dans cette perspective, les presbytres étaient une catégorie idéale constituée par les disciples des disciples directs de Jésus; on peut la comparer dans une certaine mesure à la «grande synagogue» (*knesset ha-gedôlah*) de la tradition rabbinique (*Pirqe Avot* 1,1; bien que le terme corresponde plutôt à celui des z^{e}qenîm, les «anciens» situés *ibid.* entre Josué et les prophètes). Déjà floue dans ses premières attestations chez Papias de Hiérapolis[81], cette génération le deviendra de plus en plus chez les auteurs postérieurs, qui auront une autre conception de la première transmission de l'évangile, fondée bien plus sur la composition d'écrits par les disciples de Jésus et leurs disciples immédiats que sur un modèle de transmission orale[82]. Tout en étant bien conscient du caractère artificiel du concept, donc, je l'ai gardé pour désigner des cercles de croyants en Jésus qui, entre la fin du 1er siècle et les premières décennies du 2e, ont pratiqué l'exégèse de la Bible et des traditions sur Jésus, ainsi que de traditions juives, souvent

---

80. L'épisode est également conservé par le *Transitus R*, ch. 15, et par Jean de Thessalonique (JUGIE, *Homélies mariales* [n. 12], p. 384, recension «primitive», et 412, recension «interpolée»: celle-ci abrège, en supprimant la présence de Marie et son partage du secret et en identifiant ce dernier avec le nom du traître).

81. Dans le fragment de la préface à son œuvre conservé par EUSÈBE DE CÉSARÉE, *Histoire ecclésiastique* III 39,3-4; cf. aussi III 39,15 (témoignage par «le presbytre» sur l'évangile de Marc) et les renseignements donnés par Eusèbe dans le contexte, III 39,6.7.14.

82. Voir mon étude dans NORELLI, *Papia di Hierapolis* (n. 67), pp. 537-547.

par des procédés haggadiques, pour développer une conception de la place de Jésus comme sommet des interventions de la providence divine dans ce monde afin de faire sortir non seulement Israël, mais l'ensemble de la création, de la condition de déchéance produite par le péché. Ces idées ont certainement pris des formes différentes, dont nous ne pouvons pas reconstituer grand-chose. Toutefois, il me paraît vraisemblable qu'une partie de ce que nous appelons les apocryphes ait pu naître d'élaborations qui ont eu leur point de départ dans des milieux de ce genre. Le plus ancien récit de la Dormition a probablement encore beaucoup à nous révéler à ce sujet.

6. *La parabole des deux esclaves et le motif du paradis*

Je signale encore deux endroits qui confirment l'intérêt de l'ancien *Transitus* pour le motif du paradis. Lorsque les disciples attendent près du tombeau de Marie, Pierre narre la parabole d'un riche qui, en colère contre deux de ses esclaves, les envoie en exil et plus tard les rappelle; l'un doit alors ramasser tous ses biens et ne parvient pas à répondre à temps à l'appel du maître, tandis que l'autre, ayant tout vendu pour se faire une couronne, peut vite se rendre avec elle auprès du maître qui le loue et le récompense. La parabole est conservée en *LR* 61–64 et en Jean de Thessalonique 10, Jugie pp. 391-394 (recension «primitive») et 420-423 (recension «interpolée»), tandis que tous les propos des apôtres devant le tombeau de Marie ont été supprimés par le *Transitus R*, qui les résume par: «Pendant qu'ils disputaient entre eux de l'enseignement, de la foi, et de beaucoup d'autres sujets, assis devant la porte du sépulcre, voici que le Seigneur Jésus-Christ arriva des cieux» (ch. 46: traduction Wenger, pp. 239.241).

La parabole est suivie par son interprétation (*LR* ch. 65, Jean de Thessalonique ch. 11): les serviteurs représentent l'humanité expulsée (du paradis) dans ce monde depuis Adam. La couronne est la virginité. Mais le jour viendra où chacun, à sa mort, sera transféré «là où sont nos pères et ancêtres, où sont Abraham, Isaac et Jacob»[83] (ainsi Jean de Thessalonique). Le texte ne dit pas explicitement que cette destination correspond

---

83. Ainsi les deux recensions de Jean de Thessalonique, respectivement pp. 395 et 423. Le *LR* a: «Viendront cependant les derniers jours et vous migrerez là où sont nos pères premiers Abraham, Isaac et Jacob et là-bas sera chacun à la fin» (ch. 65). Malgré ce langage, il est clair qu'il ne s'agit pas de la fin du monde, mais de la mort de l'individu, comme le prouve la confrontation qui s'ensuit entre l'âme du pécheur, qui demande à Dieu encore un peu de temps, et la mort qui ne l'accorde pas. Le grec de Jean de Thessalonique affirme explicitement que c'est le jour de «la fin de chacun».

au paradis terrestre, mais au ch. 101 du *LR*[84] Marie et les apôtres verront dans le paradis les âmes d'Abraham, d'Isaac et de Jacob «avec beaucoup d'autres que le Sauveur avait ramenés de la mort à la vie par sa résurrection et placés dans le paradis des vivants», dont David, Élisabeth, les Mages et les enfants innocents, ainsi que «toutes les personnes bonnes qui sont sorties de leurs corps et se couchent sur la poitrine d'Abraham, d'Isaac et de Jacob». Nous trouvons donc dans la parabole un encadrement de l'éthique et du destin personnels dans l'histoire collective de la chute et de la rédemption depuis l'expulsion du paradis jusqu'au retour au même lieu. Du moins pour les vierges[85], ce retour a lieu immédiatement après la mort, ce qui n'implique pas qu'ils y resteront après le jugement final[86]; le paradis fonctionne ici comme lieu d'attente[87].

7. *Hénoch, Noah et la colombe*

Comme deuxième témoignage, je mentionne un passage intéressant pour le rapport entre le paradis et ce que nous appellerions l'histoire du salut. Parmi les justes que Marie et les apôtres voient lors de leur voyage au paradis, il y a aussi Hénoch, ici caractérisé par l'olivier dont il coupa une branche pour la donner à la colombe envoyée par Noah depuis l'arche.

> Car dans les jours du déluge, Noah envoya la colombe au paradis pour interroger le grand-père de son père[88]. Et le Seigneur prit pitié de la terre et regarda vers elle. Et s'avançant, la colombe interrogea Hénoch et elle trouva sa parole dure et revint vers Noah sans rien avoir. Noah l'envoya encore une deuxième fois et elle alla et interrogea Hénoch et trouva que le Seigneur

---

84. Qui, comme l'ensemble du voyage dans l'au-delà, n'a pas de parallèles dans les textes de la famille «Palme», même s'il était sûrement présent dans leur archétype, comme je l'ai montré ailleurs: E. NORELLI, *Maria negli apocrifi*, dans C.M. PIASTRA (éd.), *Gli studi di mariologia medievale: Bilancio storiografico. Atti del I Convegno mariologico della Fondazione Ezio Franceschini con la collaborazione della Biblioteca Palatina e del Dipartimento di Storia dell'Università di Parma, Parma 7-8 novembre 1997*, Firenze, SISMEL – Edizioni del Galluzzo, 2001, pp. 19-63, sur ce point 55-58. Ce ch. 101 n'a pas non plus de parallèle dans les fragments des *Obsèques*.

85. La plupart des personnages mentionnés ne le sont pas, mais la parabole montre que pour le temps présent, l'auteur pense essentiellement aux vierges.

86. Les presbytres d'Irénée, nous l'avons vu, considèrent qu'un certain nombre de justes demeurent à présent dans le paradis, mais aussi que la structure de l'univers va changer après le jugement dernier: puisque le paradis ne représentera alors que le niveau intermédiaire, il faut penser que plusieurs de ses habitants actuels seront déplacés au niveau le plus élevé, le ciel.

87. Sur cette fonction on peut consulter la synthèse de DELUMEAU, *Une histoire du paradis* I (n. 39), pp. 37-57.

88. Généalogie: Hénoch – Mathusalem – Lamech – Noah.

avait pris pitié de la terre. Et il coupa une branche de l'olivier et le lui donna en disant: 'Apporte le signe à Noah et dis-lui: C'est un signe, cette branche d'olivier'. Et ceci (est) ce que nous vîmes sur un (ms B: «chaque») arbre (ch. 102).

Richard Bauckham[89] a montré que la tradition selon laquelle la branche d'olivier ramenée par la colombe venait du paradis apparaît dans la littérature rabbinique, certes dans des textes de rédaction relativement tardive[90], et que l'idée que lors du déluge, Hénoch était au paradis est attestée en *Jubilés* 4,23-24; mais que la connexion de ces deux traditions ne semble être attestée que dans notre passage[91]. Il a raison, mais il conviendrait de détailler davantage. Notre texte envisage deux missions de la colombe comme Gen 8,8-11 (suivies dans le texte biblique, v. 12, par la troisième dont elle ne revient plus), mais tandis que la Bible et les Targums affirment que la première fois elle revint sans rien parce que tout était encore submergé et qu'elle n'avait pas pu se poser (v. 9), le *LR* affirme que déjà à ce moment-là, elle s'était rendue au paradis, et même que c'était Noah qui l'y avait envoyée pour interroger Hénoch. Le modèle narratif ici est vraisemblablement le récit des ch. 106–107 du livre d'Hénoch, provenant probablement d'un *Livre de Noah* pré-macchabaïque: à la naissance de Noah, son père Lamech, frappé par l'aspect étrange de l'enfant et craignant qu'il annonce un événement extraordinaire, pria son père Mathusalem de se rendre aux extrémités de la terre pour interroger son propre grand-père Hénoch qui devait connaître «la vérité parce que sa demeure est parmi les anges» (106,7). Hénoch annonça ainsi à Mathusalem le déluge imminent. Dans cette ligne, on peut comprendre qu'on ait ensuite raconté que plus tard, Noah lui-même ait voulu s'enquérir de la fin du déluge auprès du même ancêtre qui l'avait annoncé à sa famille. Les deux envois de la colombe ont dû suggérer que le premier n'avait pas pu apporter la nouvelle de la cessation du fléau; et pourquoi? Sans doute parce que Hénoch avait communiqué que Dieu était en colère, comme lorsqu'il avait annoncé le déluge. Entre les deux envois se situe la décision de Dieu d'avoir miséricorde, si bien que lors du deuxième

89. R. BAUCKHAM, *The Fate of the Dead: Studies on the Jewish and Christian Apocalypses* (SupplNT, 93), Leiden, Brill, 1998, réimpression Atlanta, GA, Society of Biblical Literature, 2009, p. 344; cf. SHOEMAKER, *Ancient Traditions* (n. 5), p. 346 note 166.

90. *Midrach Rabba, Genèse* 33,6; *Lévitique* 31,10; *Cantique* 1,15,4; 4,1,2: le plus ancien, *Genèse*, a été vraisemblablement rédigé dans la première moitié du 5e siècle (G. STEMBERGER, *Einleitung in Talmud und Midrasch. Achte, neubearb. Auflage* [C.H. Beck Studium], München, C.H. Beck, 1992, p. 275), il est donc contemporain des *Transitus* les plus anciens qui nous soient parvenus.

91. Pour un olivier dans le paradis, cf. *2 Hénoch* 8,4; *Vie grecque d'Adam et Ève* 9,3; 13,2.

voyage de la colombe, Hénoch peut se faire encore une fois l'interprète de Dieu, cette fois de sa miséricorde. La tradition de *Jubilés* 4,23-24 est proche d'une telle représentation, car elle affirme non seulement que Hénoch avait été transféré dans le paradis, idée dont nous avons vu qu'elle était passée aux chrétiens du 2e siècle, mais aussi que là-bas, sa tâche était de rédiger «le jugement et la condamnation du monde, tous les méfaits des humains»[92], de sorte que c'est à cause de lui, c'est-à-dire de cet enregistrement, que vint le déluge; en outre, que ce déluge couvrit toute la terre à l'exception de l'Eden. Un milieu d'exégètes chrétiens nourri de traditions juives, comme l'était celui des presbytres, et qui situait Hénoch au paradis, pouvait très bien être au courant de la haggadah reliant Hénoch au déluge et développer un récit tel que celui qu'atteste notre passage. Un tel récit a pu être pré-chrétien, mais l'insistance qu'il met, dans le *LR*, sur la miséricorde divine, mentionnée deux fois en quelques lignes, pourrait convenir à une réflexion ample sur le soin que Dieu prend des humains après le péché d'Adam, à travers une série d'actes et d'interventions en leur faveur, dans lesquels sont mises en évidence des figures de médiation.

III. DES HYPOTHÈSES … ET PAS DE CONCLUSION

C'est une réflexion de ce genre que nous trouvons dans le *LR*. Parmi les figures de médiation, il y a le grand ange qui est en même temps le Christ et qui agit aussi lors de l'Exode, dans une section du *LR* (26–32) elle aussi très intéressante, que j'analyse dans un article en préparation: c'est lui qui est allé à Sodome, a sauvé Lot et fait mourir sa femme; c'est lui qui a permis de retrouver les ossements de Joseph cachés par Pharaon et a ainsi permis à Israël de sortir d'Égypte; c'est lui l'ange exterminateur qui a fait mourir les premiers-nés des Égyptiens. Une autre figure de médiateur est Hénoch dans le récit du déluge.

Une autre encore est, précisément, Marie, personnage dans lequel s'articule l'intervention suprême de Dieu parmi les humains. Elle est pleinement humaine, comme le soulignent sa crainte face à la mort et sa préoccupation que son Fils vienne la chercher pour lui permettre d'échapper aux puissances célestes mauvaises; mais elle est dans une situation unique du fait qu'elle a été la demeure de ce personnage céleste qu'est le Christ, le lieu géométrique où le divin et l'humain se sont touchés de

---

92. *Jubilés* 4,23, trad. CAQUOT – DUPONT-SOMMER – PHILONENKO (éds.), *La Bible. Écrits intertestamentaires* (n. 35), p. 656.

la manière la plus décisive. Et même, on pourrait peut-être aller jusqu'à dire que, dans un sens, dans l'ancien récit de la Dormition le lieu du contact entre le divin et l'humain est moins le Christ – nous avons vu qu'il est compris comme un ange, et son côté humain reste décidément dans l'ombre – que Marie elle-même. On peut comprendre qu'une telle théologie ait ressurgi au 5e siècle, mais son lieu premier pourrait être plutôt le 2e avec sa christologie angélique qui met l'accent sur le caractère céleste (pas nécessairement divin!) du Sauveur. C'est grâce à cette position que Marie peut également être médiatrice de la prière secrète qui permettra aux fidèles d'échapper aux puissances mauvaises à l'heure de leur mort. Et dans la dernière partie du récit, elle sera médiatrice jusqu'en enfer, où elle sera la seule à obtenir la suspension périodique des peines des damnés.

Évitons les malentendus. Il ne s'agit nullement, ici, de faire de l'apologétique en faveur du rôle de médiatrice de Marie en le faisant remonter très haut dans l'histoire du christianisme. Il s'agit d'essayer de comprendre, en historien de la pensée chrétienne, la logique d'un texte comme le récit ancien de la Dormition et d'expliquer pourquoi et comment il transmet des motifs théologiques qui auraient leur place plus dans des milieux chrétiens du 2e siècle qu'en ce 5e siècle auquel remontent les versions les plus anciennes à notre disposition, et même en ce 4e siècle dans lequel, comme l'ont souligné Bauckham et Shoemaker, des récits de ce genre devaient déjà circuler.

Je n'ai pu poursuivre dans cet exposé qu'un seul motif, celui du paradis terrestre, mais il nous a déjà permis d'entrevoir un dessin théologique large dont le fil conducteur me semble être la question des conditions et des modalités de la présence et de l'action du divin dans un monde où il s'agit d'arracher les humains au péché et de les ramener vers leur vocation primitive de communion avec Dieu. C'est à ce propos que sont mises en valeur ces figures bibliques qui ont une fonction de médiation entre l'être humain déchu et Dieu. Il ne s'agit pas que d'êtres humains; le paradis se situe justement parmi ces figures. Il est par définition lieu intermédiaire entre ce monde et le monde divin[93]; il avait été conçu par Dieu comme le point de départ de cet itinéraire vers la communion avec Dieu qui était le projet du Créateur pour l'être humain et il reste profondément impliqué dans ce projet lorsque l'itinéraire doit recommencer bien plus bas et dans des conditions bien plus difficiles.

---

93. Sur les relations entre gloire divine et paradis dans des sources juives et chez Ephrem voir aussi SED, *Les Hymnes sur le Paradis* (n. 39), pp. 482-492. La conception du paradis qu'a Ephrem est archaïque (*ibid.*, pp. 455-456). Une comparaison systématique entre les *Transitus* et Ephrem reste à faire.

Il y a une relation entre le paradis et ce monde qui passe par d'autres médiations, dont le Mont des Oliviers est un exemple éminent. Dans le *LR*, cette «montagne» est le lieu des révélations: c'est là et non pas en Jérusalem que l'ange se révèle à Marie et lui transmet la prière secrète et bien d'autres révélations; c'est sur le mont des Oliviers, selon le ch. 78, que les Douze reçurent du Christ «le mystère grand et glorieux» que Paul leur demande maintenant de lui communiquer, ce que Pierre du reste refuse car il a besoin de la permission que le Christ pourra donner lorsqu'il descendra chercher le corps de la Vierge. C'est sur le Mont des Oliviers que les arbres reconnaissent la puissance céleste qui est dans la palme et s'inclinent; c'est à propos de ces arbres qu'est mentionné le thème de la correspondance entre les arbres de ce monde et ceux du paradis. C'est sur le Mont des Oliviers, à ce qu'il semble (ch. 5), que se déroule l'épisode du palmier qui s'incline pour nourrir la sainte Famille; cette montagne est donc par excellence un lieu où se trouvent des arbres de provenance paradisiaque. C'est sur le Mont des Oliviers qu'au ch. 136 Michel ramène les disciples après le tour dans l'au-delà. Ce lieu a donc entre autres la fonction d'une *ianua coeli* – ce n'est pas par hasard que cette désignation deviendra un attribut de Marie; en tout cas, il est un lieu de communication avec l'autre monde, via le paradis terrestre, et, dans un sens, une image du paradis lui-même tel qu'il peut se manifester dans ce monde[94]. La collocation du paradis terrestre sur une montagne, qui parviendra jusqu'à Dante, est du reste bien attestée, à partir d'Ez 28,12-16, en passant par *Hénoch* 24–25, où l'arbre de la vie, magnifique et odorant, est situé sur la plus élevée des sept montagnes, celle sur laquelle Dieu descendra, et par *2 Baruch* 51,10[95], jusqu'à Ephrem (*Hymnes sur le paradis* 1; 5, et *passim*[96]) et bien au-delà.

Déjà l'exemple du paradis montre que les apparentes digressions du *LR*, largement disparues dans les versions ultérieures du *Transitus*, ne constituent pas – à l'exception probable des combats de Pierre et Paul à

94. On pourrait peut-être aussi rappeler que selon certaines traditions, la branche d'olivier que rapporte la colombe à Moïse vient du Mont des Oliviers: Targum du Pentateuque, Add. 27031 ad Gen 8,11 (LE DÉAUT, *Targum du Pentateuque* I [n. 36], p. 127) et GINZBERG, *Legends of the Jews* (n. 53), I, p. 164; V, pp. 185-186 note 47.

95. Voir la note *ad locum* de P. BOGAERT, *Apocalypse de Baruch. Introduction, traduction du syriaque et commentaire* II (SC, 145), Paris, Cerf, 1969, p. 94.

96. *Hymnes sur le paradis* 1,4: le déluge, qui submergea toutes les autres montagnes, ne parvint qu'aux talons de la montagne du paradis: BECK, *Des Heiligen Ephrem des Syrers Hymnen De Paradiso* (n. 40), édition, p. 2; traduction, pp. 1-2; DE FRANCESCO, *Efrem il Siro. Inni sul Paradiso* (n. 40), p. 139, où la note signale que la même idée est déjà dans la *Caverne des trésors* 19,3-4. Comme nous l'avons vu, c'est pour cette raison que plusieurs sources en concluent que la branche d'olivier rapportée par la colombe ne pouvait venir que du paradis. Cf. aussi SED, *Les Hymnes sur le Paradis* (n. 39), p. 474.

Rome – des ajouts, mais des parties intégrantes d'une réflexion théologique qui embrasse l'ensemble de l'histoire biblique et de la condition humaine et qui se sert à cet effet de procédés typiques du midrach. Devenus obsolètes par rapport aux développements théologiques des 4e et 5e siècles, ces éléments ont été supprimés ou bien ont survécu en partie comme des épaves dans les réécritures qui isolaient de plus en plus le personnage de Marie et son destin et s'intéressaient donc essentiellement à son sort personnel, dans une perspective hagiographique. Creuser ce qu'il en reste pourrait nous faire accéder à des milieux chrétiens du 2e siècle qui ont essayé de faire de Marie la clé de voûte des contacts entre le divin et l'humain dans l'histoire de la rédemption et donc une clé de lecture de l'histoire biblique[97].

Université de Genève   Enrico NORELLI
Faculté de théologie
5, rue De Candolle
CH-1211 Genève 4
Suisse

---

97. Je suis très reconnaissant à Mme Denyse Perret et à Jean-Michel Perret, qui ont bien voulu corriger mon français.

PLATONISM AND THE APOCRYPHAL ORIGINS OF IMMORTALITY IN THE CHRISTIAN IMAGINATION

OR

WHY DO CHRISTIANS HAVE SOULS THAT GO TO HEAVEN?

Lionel Whiston II
In memoriam

Each year the Dean of the Harvard Divinity School invites a distinguished scholar to deliver the annual Ingersol Lecture on Human Immortality. In 1955 the lecturer was Oscar Cullmann. It was the only time in memory when the words of the Ingersol Lecturer actually inspired hate mail. What had the learned and pious Alsatian said that so raised the public ire? It was that the New Testament knows nothing of the immortality of the soul[1]. When French versions were published, one of Cullmann's compatriots responded: "the French people, dying for lack of the bread of life, have been offered instead of bread, stones, if not serpents"[2]. In spite of the fact that virtually every branch of western Christendom affirms the New Testament idea that in the end the dead shall be raised, it seems that almost no one actually believes this. If they believe anything, they believe that human beings have bodies and souls, and when the body dies the soul goes to heaven. In truth, the confessions teach this as well, but they combine it with what would seem to most believers an additional superfluous doctrine of bodily resurrection. This is what the Westminster Catechism teaches, for example:

> Question 86: What is the communion in glory with Christ, which the members of the invisible church enjoy immediately after death?

> Answer: The communion in glory with Christ, which the members of the invisible church enjoy immediately after death, is, in that their souls are then made perfect in holiness, and received into the highest heavens, where

---

1. Cullmann's famous lecture was entitled, *Immortality of the Soul or Resurrection of the Dead*. It was published in the *Harvard Divinity School Bulletin* 21 (1955/56) 5-36, and later in K. STENDAHL (ed.), *Immortality and Resurrection: Four Essays by Oscar Cullmann, Harry A. Wolfson, Werner Jaeger, and Henry J. Cadbury*, New York, MacMillan, 1965, pp. 9-53.

2. CULLMANN, *Immortality of the Soul* (n. 1), p. 47.

they behold the face of God in light and glory, waiting for the full redemption of their bodies, which even in death continue united to Christ, and rest
in their graves as in their beds, till at the last day they be again united to
their souls. Whereas the souls of the wicked are at their death cast into hell,
where they remain in torments and utter darkness, and their bodies kept in
their graves, as in their prisons, till the resurrection and judgment of the
great day[3].

Students of antiquity will recognize this as a combination of the Greek
idea of the soul's immortality and the Jewish idea of the resurrection of
the dead. This hybrid concept became the orthodox view in the West
through the all-pervasive influence of Augustine, but his synthesis was
itself the product of two hundred years of Christian theological rapprochement with Plato in the work of Clement of Alexandria, Origen,
Gregory of Nyssa and the Cappadocians. Apologists today might still
attempt to trace the soul's immortality into the New Testament itself,
whose own hybridity permits at least an occasional toe-hold for the most
diligent proof-texter[4]. But Cullmann was essentially correct. Paul, the
evangelists, even John of the Apocalypse did not really hold to the idea
of an immortal soul. They all believed in the resurrection of the dead.

But before Augustine, Origen, and even Clement, there were followers
of Jesus who did believe in the immortal soul. Modern believers who
cannot fathom the need for resurrection, even in the hybrid orthodox form
of the great confessions, might have found comfort in their scriptural
remains. The problem is they are not in the Bible. The *Gospel of Thomas*[5],
the *Book of Thomas*[6], the *Acts of Thomas*[7], the *Gospel of Philip*[8], the
Treatise on Resurrection[9], and many other apocryphal texts express more
or less the Platonic view of a mortal body and an immortal soul, which
flies heavenward when the body dies. This creates something of an irony

---

3. "The Westminster Larger Catechism, 1648", in T.F. TORRANCE (ed.), *The School
of Faith: The Catechisms of the Reformed Church*, London, James Clarke & Co., 1959,
pp. 202-203.

4. The most common texts, of course, are Luke's parable of the Rich Man and Lazarus
(Luke 16,19-31), Jesus words to the penitent thief who was crucified alongside him, likewise in Luke (Luke 23,43), Paul's statement that he would desire "to depart and be with
Christ" in Philippians (1,23), and similarly in 2 Cor 5,8 that he would "rather be away
from the body and at home with the Lord". But given the apocalyptic views of these and
other New Testament texts, one might better understand them in terms of Jewish apocalyptic lore, such as one finds in 1 Enoch 22, where the souls of the dead are kept until the
day of judgment. A similar idea is to be found in Revelation (6,9-11).

5. See discussion, below.

6. p. 143,10-15.

7. p. 39, 157, 160–163, etc.

8. p. 56,20–57,10.

9. p. 45,23–46,1.

in the history of Christian theology. For, the view that most pious believers hold today is not to be found in the New Testament, but in texts long-deemed heretical. The theme of this conference, "The Apocryphal Gospels within the Context of Early Christian Theology", invites the examination of this irony. If one were to write a history of the Christian idea of the immortal soul, the first chapter would have to be written outside the boundaries of the biblical canon. The present paper undertakes to write that first chapter. It might be called, "Why do Christians Have Souls that Go to Heaven?".

I. PLATONISM AND THE SEEDS OF THE IMMORTAL SOUL

All pagans in the ancient world did not believe in the immortality of the soul. The pagan view of death was in fact rather diverse[10]. In Homer the dead are seen to pass into a netherworld of ghostly shades, lifeless images of what they once were[11] – and Homer was still the most revered body of literature in our period of interest. There were also those who, for their own philosophical reasons, doubted the notion of life after death. Aristotle explicitly rejected the Platonic notion of individual immortality, even while positing a kind of collective immortality of the whole human race[12]. Epicurus believed that the soul was, like the body, corporeal and therefore mortal[13]. Among the Stoics there were those who believed in the survival of individual souls, and those who did not[14]. Popular views were apparently as diverse as those of the philosophers. Graves offer an interesting contrast. On the one hand, Greek and Roman epitaphs are notoriously morose on the matter of life after death, as in the very common Latin inscription, NON FUI.FUI.NON SUM.NON CURO (I was not. I was. I am not. I care not.)[15]. On the other hand, folk religious practices associated

10. Surveys: J. BREMMER, *The Early Greek Concept of the Soul*, Princeton, NJ, Princeton University Press, 1983; W.C.K. GUTHRIE, *Orpheus and Greek Religion*, revised; New York, Norton, 1966; F. CUMONT, *After Life in Roman Paganism*, New York, Dover, 1959; and G. RILEY's useful treatment relative to the *Gospel of Thomas*: *Resurrection Reconsidered*, Minneapolis, MN, Fortress, 1995, pp. 7-68.

11. Thus Achilles exclaims after reaching for his friend Patroclus only to see him vanish like a mist: "Look, now, even in the house of Hades there is left something – a spirit and an image, but there is no life in it" (*Il.* 23.103-4).

12. *De Anima* 1.1, 2.1, 3.4-5.

13. Diog Laert 10.63; 10.125.

14. RILEY, *Resurrection* (n. 10), p. 39. Panaetius apparently denied the possibility of the soul's post-mortem existence (Cicero, *Tusc Disp* 1.32.79), while Posidonius apparently accepted it (*Tusc Disp* 1.18.42–19.43).

15. W.C.K. GUTHRIE, *The Greeks and Their Gods*, Boston, MA, Beacon, 1950, pp. 260-264.

with grave sites, including funeral meals on the anniversary of the deceased's passing[16], probably indicate that in popular imagination the dead continued to exist in some form of diminished sentient state.

Still, in the history of western views of life after death, none has proven more influential than the idea that when death comes, the body dies but the soul lives on. Here is Plato's simple summary:

> We believe, do we not, that death is the separation of the soul from the body, and that the state of being dead is the state in which the body is separated from the soul and exists alone by itself and the soul is separated from the body and exists alone by itself[17].

Plato's most fulsome discussions are here, in the *Phaedo*, where he offers through the character of Socrates a philosophical defense of the immortal soul and its survival beyond death, the *Phaedrus*, where one finds Socrates' meandering metaphor of the charioteer driving two winged horses, one of noble breed and the other ignoble, and the *Timaeus*, the mythic/quasi-scientific description of the universe and how it came to be. The ideas contained in these dialogues were, of course, rooted in earlier Orphic myth and Pythagorean speculation. But they come down to us, and more importantly, to our period of interest, through the formulations and arguments of Plato.

These texts and their ideas are well-known. Nonetheless, there are some things we should note about these roots before passing on to the period of Christian origins. The first is that there is good reason for thinking that Plato's anthropology was more tripartite than bi-partite. He seldom speaks of a simple division of body and soul, but of the more complex notion of a body enlivened by a soul that is multifaceted, comprising both an irrational or mortal part and a rational or immortal part. The mortal soul is the seat of passions like anger, foolishness, and fear, and the life force that enlivens the body[18]. The immortal soul, on the other hand, is nothing less than a portion of the divine soul itself, which descends from the heavens to inhabit a mortal body but for a time. It is this soul that endures the round of repeated incarnations in its long journey back to the heavenly realm from whence it came[19]. Elsewhere he might call the immortal soul "mind" (*nous*)[20], for, recall, in Plato's

---

16. On the Greek and Roman cult of the dead, see RILEY, *Resurrection* (n. 10), pp. 44-47.

17. *Phaed* 64c (Fowler, trans., LCL).

18. *Tim* 69bff.

19. *Tim* 41aff.

20. *Phaedr* 247c.

universe the human being is a kind of microcosm of the larger created order, itself a "Living Creature", in which mind (*nous*) resides within soul (*psyche*), and soul within body (*soma*)[21]. Just so, in each human being there is *nous*, the immortal seed, which has the capacity to guide one in the ways of God[22].

This is an extraordinarily optimistic view of human being. In it, each person is imagined not only as immortal, but also ultimately *good*, even in the way that God is good. To be sure, there are both good and well-disciplined souls as well as errant souls, and a fate for each[23]. But in the end of things, even the errant, undisciplined soul is redeemed through the rounds of metempsychosis by which the passions are brought under control and the values of justice and beauty made to reign[24]. Thus, one can see that the idea of an immortal soul derives from a fundamental question about the nature of human being and a particularly optimistic answer to it: that human beings, though temporarily bedeviled and misguided, are fundamentally and finally good. This is true not just of some people, but of everyone.

But it also involves a somewhat dim view of the world. "Dim", I think, is the right word, for Plato thought of the world as the place of shadow and darkness. One need only think of the metaphor of the cave, in which normal, undiscerning existence is like living in a cave, in which one sees only the shadow of things as they really are. The real world is the world beyond the cave, the world of light[25]. The mythic version of this metaphor is found in the *Timaeus*, where we learn that the world came into being when God, here called the "craftsman" (*demiurgos*), decided to *create* – that is, make a tangible, sensible copy of that which is intangible and beyond sense perception[26]. The result is good, for the creator is good, but it is only a copy of the truly real upon which it is modeled. In the universe of *being* and *becoming*, the world belongs to *becoming*, that is, it "becomes and perishes and is never really existent"[27]. The immortal soul belongs to *being*, thus, to another, higher, purer, truer reality. To discover this is the definition of true wisdom (*phronesis*)[28].

21. *Tim* 30a-b.
22. *Tim* 90a-c.
23. So, e.g., *Phaed* 81a-e.
24. *Tim* 42b-c.
25. *Resp* 7.514a-577a.
26. *Tim* 28c-29d.
27. *Tim* 28a.
28. *Phaed* 79d.

For Plato, then, the question of life beyond death is posed and answered as part of the larger question about human being in the world. The human being is good, even divine, but the world is less than this. It is, therefore, to be viewed as a temporary home. When death comes to the mortal, earthly body, the immortal soul ultimately makes its way back to God, its true home.

After the death of Plato, his ideas about the soul struggled to live on. Aristotle did not accept them and the Stoics waffled. Even within the Academy itself, a period of skepticism finally set in that took faint interest in the sort of speculative physics represented by the *Timaeus*. But in the latter half of the second century BCE, interest in Platonic physics was once again rekindled. The revival began, arguably, with Antiochus of Ascalon[29], who revived Plato's argument from the *Phaedo*, that a human being's instinctive knowledge of certain things must mean that there is an immortal soul, or mind, dwelling within that is not brand new to the world[30]. From the late second century BCE to the second century CE, Middle Platonism flourished in Athens as well as the other great center of ancient learning, Alexandria. Most of its key figures are known only through the works of those whom they influenced, such as Cicero and Seneca, and the reports of Diogenes Laertius[31]. But from Athens we have the large corpus of Plutarch, and from Alexandria the works of Philo. There is also from Egypt the *Corpus Hermeticum*, which illustrates how widely the interest in Plato's physics had spread beyond the more sophisticated schools.

The philosophical starting point for the Middle Platonists was the Platonic notion that each person possesses a portion of the divine soul dwelling within. When one comes to *know oneself* truly, it is this divine element that one discovers. The well-led life consists of acting in such a way that this divine element within becomes the compass of one's living. Cicero casts the idea in popular form:

> For he who knows himself will realize, in the first place, that he has a divine element within him, and will think of his own inner nature as a kind of consecrated image of God; and so he will always act and think in a way

29. J. Dillon, *The Middle Platonists: 80 B.C. to A.D. 220*, revised; Ithaca, NY, Cornell University Press, 1996, pp. 52-106. Dillon thinks Antiochus too much a Stoic to be considered the true founder of the Platonic revival, but he did revive dogmatic Platonism and recapture the Academy from the skeptics.

30. See Cicero, *Tusc Disp* 57.

31. In addition to Plutarch and Philo, Dillon treats Eudorus of Alexandria (whom he considers to be the real founder of Middle Platonism), the Athenians, Nicostratus, Calvenus, Atticus, Harpocration, and Severus, and from the school of Gaius, Albinus, Apuleius of Madaura, and Galen.

worthy of so great a gift of the gods, and, when he has examined and thoroughly tested himself, he will understand how nobly equipped by nature he entered life, and what manifold means he possesses for the attainment and acquisition of wisdom[32].

The defining mark of Middle Platonism is the quest to become more and more God-like in one's living. For this idea the new Platonists could appeal to Plato himself, whose Socrates says in the *Theatetus*, "we ought to escape from earth to the dwelling of the gods as quickly as we can; and to escape is to become like God, so far as this is possible; and to become like God is to become righteous, holy, and wise"[33]. Thus, for the Middle Platonists the goal of life became assimilation to God through wise living. Here is Eudorus' extant statement on the matter:

> Socrates and Plato agree with Pythagoras that the *telos* is assimilation to God. Plato defined this more clearly by adding: "according as is possible", and it is only possible by wisdom (*phronesis*), that is to say, as a result of Virtue[34].

As for the nature of the soul itself, few of the Middle Platonists held to a simple division of mortal body and immortal soul. Drawing from Plato's statements in the *Timaeus* (30 and 90; see above), most held to a tripartite schema to explain human being. Plutarch illustrates the thinking:

> Most people rightly hold man to be composite but wrongly hold him to be composed of only two parts. The reason is that they suppose mind to be somehow part of soul, thus erring no less than those who suppose soul to be part of body, for in the same degree as soul is superior to body so is mind better and more divine than soul[35].

Here is the basic scheme of body (*soma*), soul (*psyche*), and mind (*nous*), where the body is corporeal, the soul the force that enlivens it, and the mind that divine element within that guides the wise in the ways of God. As in Plato, the Middle Platonists may also speak of a rational and irrational soul, wherein the rational soul corresponds to mind, the image of God dwelling within.

While these Platonists believed in the ultimate redemption of the soul, like Plato himself, they did not think that the proximate fate of the individual's soul was pre-determined. It depended, rather, on the efforts of

---

32. *Leg* 1.22.59 (Keyes, trans., LCL).
33. *Theat* 176a-b (Fowler, trans., LCL).
34. Seneca, *Ep* 89 (Gummere, trans., LCL).
35. *Mor* (*De facie*) 943a (Cherniss, trans., LCL).

the individual to cultivate a harmonious existence for the soul dwelling within to prepare it for the heavenly journey home. In the *Timaeus*, Plato describes the life of the soul cast into the throes of life as tumultuous and chaotic. But gradually, over time, the wise come to realize that the soul has its own movements – imagined as a kind of spinning sphere, constant, stable, perfect – by which the wise might set their own lives and find peace and harmony. Such a soul, upon death, finds its way home. Souls which do not achieve this pass at death into Hades to await rebirth in another bodily form, eventually to regain the divine harmony through repeated experiences leading to insight[36]. The Middle Platonists took this all to heart and reflected on the kind of life that might lead to achieving this desired result. Thus, from the *Didaskalikos* of Albinus:

> We may attain to the goal of becoming like unto God by being in control of suitable natural faculties (*physis*), by correct habitation and training and discipline (*askesis*), and most especially by the use of reason and teaching (*didaskalia*) and the transmission of doctrines, so as to transcend for the most part human concerns, and to be always in contact with intelligible realities[37].

Thus, the life of self control, asceticism, and learning can raise one above normal "human concerns" and prepare the soul for its journey back to God. That journey itself is sometimes described, but nowhere more colorfully than in Plutarch's *On the Face of the Moon*[38]. Here Plutarch offers that when death comes, the earth receives back the body to the basic elements from which it is constructed, but the soul, together with the mind, rise up into the heavens and proceed to the moon. The passage may be brief or extended, depending on how long it takes the soul to shed all vestiges of bodily existence. When at last the soul reaches the moon, there it stays while the mind is slowly separated from the soul. For the wicked and reprobate this process may be painful and punishing, but for the wise it is easy. The mind, once freed from the soul, then proceeds to the sun, to which it is drawn "by love of the image in the sun through which shines forth manifest the desirable and fair and divine and blessed, towards which all nature in one way or another yearns"[39]. The final resting place of the enlightened mind is thus the sun, the place of light. Similarly, in the *Hermetica*: "Life and light are God and Father, from whom the human came to be. So if you learn that you are from light

---

36. *Tim* 42e-44d.
37. *Didaskalikos* 28, after DILLON, *The Middle Platonists* (n. 29), p. 300.
38. *Mor* (*De facie*) 942f-945d.
39. *Mor* (*De facie*) 944e (Cherniss, trans., LCL).

and life and that you happen to come from them, you shall advance to life again"[40].

The revival of Plato in the period of Christian origins was more than theoretical. It was really ethical. The Middle Platonists resisted the Stoic idea that the world is as it should be, guided by the *logos* that seeks to guide us all. In Plato they saw instead the notion that human beings are more than they appear to be. Hidden within them is a part of God that yearns to depart this world of cares and ascend to the divine light that shines in the heavens above, their true home. The way home began with the earthly life they would lead, full of righteousness, wisdom, and otherworldly harmony. The whole western cultural conviction about life after death, in which bodies die and souls go to heaven, begins, more or less, here.

II. THE JEWISH VIEW: RESURRECTION AND MUCH MORE

The dictum that 'the Jews believed in resurrection' is, of course, but a half truth. The resurrection of the dead is the most distinctive contribution Jewish sages brought to the mix of ideas about the future life in the Hellenistic world. Outside the Jewish community it was not given much consideration, so it was truly distinctive of Judaism. But it is another thing to say that resurrection was *the* Jewish view of the afterlife. Jewish texts from the period of Christian origins demonstrate both a diversity of views and considerable hybridity, as elements from the more dominant culture of Hellenism were incorporated into the Jewish view, which was itself in a period of flux and change. The ancient view, that the dead exist as lifeless shades in the shadows of Sheol[41], was shared with ancient Greeks and Romans. That this view persisted among Jews in the Hellenistic period (as it did among pagans) is clear enough from the wisdom literature. Qoheleth laments, "The fate of humans and the fate of animals is the same ... All are from the dust, and all return to dust again"[42]. The Sadducees at first glance might be seen to persevere in this ancient belief in denying the possibility of resurrection[43], but Josephus' description makes them sound more Epicurean than traditionally Jewish:

---

40. *CH* 1.17 (Copenhaver, trans. B.P. COPENHAVER, *Hermetica*, Cambridge, Cambridge University Press, 1992).
41. See, e.g., Ps 115,17; Isa 38,18-19, etc.
42. Eccl 3,19-20.
43. See Acts 23,8; cf. also Matt 22,23; Mark 12,18; Luke 4,1; 20,27.

[they] take away fate entirely, and suppose that God is not concerned in our doing or not doing what is evil; and they say, that to act what is good, or what is evil, is at men's own choice, and that the one or the other belongs so to everyone, that they may act as they please. They also take away the belief of the immortal duration of the soul, and the punishments and rewards in Hades[44].

Essenes, if Josephus is to be trusted, adopted the Greek view informed by Plato, in which the immortal soul is seen as a prisoner in a mortal body. Upon death, the souls of the virtuous depart to a pleasant place "beyond the ocean", but the wicked to Hades, where they are punished[45]. Reports of the Pharisees present a picture less clear. On the one hand, Josephus describes their view (perhaps also his own[46]) in terms that could be understood as the distinctive Platonic idea of transmigrating souls[47]. On the other hand, we have the witness of Paul – himself a Pharisee[48] – who believed in the future resurrection of the dead, albeit into "spiritual bodies"[49]. In the period of Christian origins, Judaism permits a variety of different ideas about the future life, and in a variety of combinations. For the purpose of our history, however, I wish to make some observations now about two in particular: the resurrection of the body and the immortality of the soul.

1. Resurrection of the Body

Resurrection exists at least as an idea in Judaism already in the Exilic period, as may be seen by the well-known vision of the dry bones in Ezekiel 37. Here the issue is not really the future life of individuals, but the future life of Israel[50]. Still, the scene makes metaphoric use of the resurrection of individuals who have been slain: "And you shall know that I am the Lord, when I open your graves, and raise you from your graves, O my people. And I will put my Spirit within you, and you shall live"[51]. The metaphor presupposes the concept of resurrection. This may also be true of the Isaiah apocalypse[52], where the issue, again, is the

---

44. *War* 2.8.14.
45. Josephus, *War* 2.154-158; see also *Ant* 18,18-22. Philo's description of the *Therapeutai* offers a similar picture (see *Vit Contemp* 1-3).
46. See *War* 3.372-374.
47. *War* 2.163.
48. See Phil 3,5; also Acts 23,6.
49. 1 Cor 15.
50. A. SEGAL, *Life After Death: A History of the Afterlife in the Religions of the West*, New York, Doubleday, 2004, p. 256.
51. Eze 37,13-14.
52. Isa 24–27.

whole people of Israel, not individuals[53]. Nonetheless, here are the roots of the idea that will become very important in the period of Christian beginnings. Resurrection is the answer to the plight of defeated Israel. The concept of resurrection arose out of an experience of defeat and conquest and its most pressing question: does God still care?

In the Hellenistic-era texts in which resurrection emerges with greater force and clarity, this is still the issue. This is certainly true of Daniel, written in response to the forced Hellenization of Jews under Antiochus IV Epiphanes. Here, resurrection is part of an apocalyptic scenario that will make recompense for those faithful sages who have suffered for their faithfulness. The events alluded to in the critical passage transpired in 168 BCE, when the Romans forced Antiochus out of Egypt, who then sought to consolidate his own power by cracking down on the Jerusalem resisters.

> Forces from him shall appear and profane the temple and fortress, and shall take away the continual burnt offering. And they shall set up the abomination that makes desolate. He shall seduce with flattery those who violate the covenant; but the people who know their God shall stand firm and take action. And those among the people who are wise shall make many understand, though they shall fall by sword and flame, by captivity and plunder, for some days. When they fall, they shall receive a little help. And many shall join themselves to them with flattery; and some of those who are wise shall fall, to refine and to cleanse them and to make them white, until the time of the end, for it is yet for the time appointed[54].

And what, then, happens to those who have fallen at the time of the end?

> At that time shall arise Michael, the great prince who has charge of your people. And there shall be a time of trouble, such as never has been since there was a nation till that time; but at that time your people shall be delivered, every one whose name shall be found written in the book. And many of those who sleep in the dust of the earth shall awake, some to everlasting life, and some to shame and everlasting contempt. And those who are wise shall shine like the brightness of the firmament; and those who turn many to righteousness, like the stars forever and ever[55].

The picture is a hybrid one – that the faithful become stars in the heavens certainly recalls the Platonic view that the stars are souls who have returned to their heavenly home[56]. The Jewish contribution is

---

53. SEGAL, *Life After Death* (n. 50), p. 260.
54. Dan 11,31-35.
55. Dan 12,1-3.
56. See, e.g., *Tim* 41d-e.

resurrection. Important, though, is to see that it occurs as part of a cluster of ideas that also includes martyrdom and apocalypse. Resurrection is part of a divine response to the suffering of martyrs: in the coming apocalypse, the righteous dead are raised and their persecutors are punished. The question is not, "What happens when someone dies?" but "What happens when a *martyr* dies?".

The apocalyptic vision of Daniel turns out to have been formative for the literature of second temple Judaism, as several other texts took up its patterns and ideas. The development has been sketched by George Nickelsburg in the judgment scenes of several other apocalypses, including the *Testament of Moses* 10, *Jubilees* 23; the *Testament of Judah* 20:25; *1 Enoch* 104; *4 Ezra* 7, and *Revelation* 12[57]. Each is born of the problem of suffering and persecution and the perception that the righteous suffer in vain. Consider:

> ...they who have died in grief shall arise in joy, and they who have lived in poverty for the Lord's sake shall be made rich, and they who have been in want shall be filled, and they who have been weak shall be made strong, and they who have been put to death for the Lord's sake shall awake in life[58].

This is not an answer to the general problem of death. The issue is whether one can say that God is truly just when it appears that the poor suffer unduly, the weak have suffered at the hand of the strong, and the righteous have died without reward. Resurrection is the second chance, God's initiative to make things right. It is possible, of course, also to answer this question with speculation about the fate of souls, some of which go to Hades, some to Paradise. There are Jewish texts which take this path. But these resurrection texts are distinctive. Perhaps their appeal lay in the physicality of resurrection.

This is suggested most strongly by 2 Maccabees, which also offers an interpretation of Antiochus' attack on Jerusalem and the resistance of the Maccabean martyrs. This is the story of how seven brothers and their mother refuse to give in to Antiochus' policy of Hellenization, even under the pressure of torture and death. The suffering of these martyrs is offered in graphic detail, but they do not flinch. Their hope lies in the future promise of resurrection: "the King of the universe will raise us up

---

57. G. NICKELSBURG, *Resurrection, Immortality, and Eternal Life in Intertestamental Judaism and Early Christianity* (HTS, 56), Cambridge, MA, Harvard University Press, 2006.

58. *Test Jud* 25:25.

to an everlasting renewal of life, because we have died for his laws"[59]. After witnessing the death of two of his brothers, and seeing the fate that awaits him, the third brother, it is said, "quickly put out his tongue and courageously stretched forth his hands, and said nobly, 'I received these from Heaven, and because of His laws I disdain them, and from Him I hope to get them back again'"[60]. The suffering of the martyrs is physical. Resurrection offers recompense for the physical losses the martyr sustains.

Thus, against the backdrop of what must have been the common view, that death is final and the deceased exists only in the diminished state of the shades in their tombs, resurrection offered an answer to the question of what happens when the righteous are killed by their enemies. Does God care? Is there ultimately justice in the world? Indeed, everyone dies. But when the just die out of season, resurrection is God's initiative to bring them back to live again, to enjoy the life they should have had in the first place.

2. *Immortality of the Soul*

Let us shift now from 2 Maccabees to 4 Maccabees. This first century CE text is based on 2 Maccabees, and in many respects its treatment of the suffering of the Maccabean martyrs is more graphic than in 2 Maccabees. But while 2 Maccabees attempts to interpret a real historical situation of suffering and martyrdom, 4 Maccabees has a different purpose. Its question is not recompense for righteous suffering, but the philosophical question "whether devout reason is absolute master of the passions"[61]. Indeed, the heroic brothers, their mother, and the aged priest Eleazar make for a dramatic proof of the proposition. Their resolute reason is not swayed by pain or threat of death. And this is the point: one should live so resolute. But what is their fate, finally, in 4 Maccabees? It is not resurrection. Their fate is immortality. Moreover, observes Nickelsburg, "the function of immortality here is broader than that of resurrection in 2 Maccabees 7"[62]. There, the brothers' reward is correlated directly to their martyrdom. In 4 Maccabees their souls go to heaven as "a reward for obedience like the reward that the patriarchs received for their righteousness"[63]. The life of righteousness is not like martyrdom.

---

59. 2 Macc 7,9.
60. 2 Macc 7,10b-11.
61. 4 Macc 1,1.
62. NICKELSBURG, *Resurrection* (n. 57), p. 139.
63. *Ibid.*, p. 140.

It is not unique, special. Anyone can live righteously. Just so, in the Greek world, immortality is not unique, special. Everyone has an immortal soul, which ought to be listened to and honored.

In the mix of Hellenistic Judaism were a good many who did not embrace the apocalypses as the answer to the question of what happens when we die. Resurrection addressed the situation of heroes, martyrs, not ordinary people. For those seeking a more general answer, Plato lay close at hand. In fact, one of the most prolific figures in the Platonic revival was a Jew: Philo of Alexandria. Philo wrote with one finger in the Torah and another in the *Timaeus*. He came from a wealthy Alexandrian Jewish family, was well-educated and well-placed socially. When hostilities broke out between Jews and Greeks in the time of Gaius Caligula, Philo went to Rome to represent his people before the emperor. Martyrdom was not in his plans. His interest was not in death, but in how to live. For this he turned to the Torah; and to Plato. He brought them together through a highly refined technique of allegorical exegesis.

To understand the mysteries of human being, Philo turned to Genesis 1–3, but when reading the verses he saw Plato peeking from between the lines. When in Genesis 2,7 God breathes the breath of life into the man formed of clay, Philo understood that here is an account of how the earthly body received from God the divine breath (*pneumatos theiou*), that is, the soul, which originates from God the Father and Ruler of all. This is how the human being comes to be "at once mortal and immortal, mortal in respect of the body (*soma*), but in respect of the mind (*dianoia*) immortal"[64]. Like Plato, Philo will sometimes speak of the soul as comprising both an irrational and a rational part[65]. The latter he may call "mind" (*nous*), but also "reason" (*logos*)[66], or "spirit" (*pneuma*)[67]. In this way Philo arrived at Plato's tripartite anthropology: a body enlivened by an irrational soul, but guided by the mind or spirit that comes from God.

As with other Middle Platonists, Philo thought of the divine soul as God-like, the image of God. This he derives from the first creation story, where God creates the first human in the "image and likeness of God" (Gen 1,27):

> After all the rest, as I have said, Moses tells us that a man (*anthropos*) was created after the image (*eikwn*) of God and after his likeness. Right well does he say this, for nothing earth-born is more like God than man. But let no one represent the likeness as one to a bodily form; for neither is God in

64. *Opif* 135.
65. *Leg* II 2.
66. *Deter* 83.
67. *Deter* 83; *Spec* I 171.

human form, nor is the human body God-like. No, it is in respect of the Mind (*nous*), the sovereign element of the soul (*psyche*), that the word "image" is used; for after the pattern of the single Mind, even the Mind of the universe as an archetype, the Mind of each of those who successively came into being was molded[68].

This is all taken directly from the creation account in the Timaeus, where God instructs the lesser deities to construct the human one from earthly substance, but to pour into each a measure of the great World Soul, the Mind of God[69].

Thus the soul comes from the divine realm, and so to it shall return. Philo looked for scriptural proof. He found it in the story of Abraham, in which God promises the patriarch, "But you shall go to your fathers, nourished with peace, at a ripe old age"[70]. Philo comments:

> He here clearly indicates the incorruptibility of the soul: when it transfers itself out of the abode of the mortal body and returns as it were to the metropolis of its native country, from which it originally emigrated into the body. Since to say to a dead man, "Thou shalt go to thy fathers", what else is this but to propose to him and set before him a second existence apart from the body as far as it is proper for the soul of the wise man to dwell by itself? But when he says this he does not mean by the fathers of Abraham his father, and his grandfather, and his great-grandfathers after the flesh, for they were not all deserving of praise so as to be by any possibility any honor to him who arrived at the succession of the same order, but he appears by this expression to be assigning to him for his fathers, according to the opinion of many commentators, all the elements into which the mortal man when deceased is resolved. But to me he appears to intend to indicate the incorporeal substances and inhabiters of the divine world, whom in other passages he is accustomed to call angels[71].

This is fairly close to what Plato says in the *Phaedrus*, that upon death, the soul rises heavenward to "the place where dwells the race of the gods"[72].

But for Philo, immortality was not simply the future reward of the righteous. He followed Plato in the view that the practice of philosophy was practice in the art of death. The sage's aim was to separate from the world of bodily existence and join oneself to the noetic world. The sage wholly devoted to God was already living an immortal life[73]. Through

68. *Opif* 69 (Whitaker, trans., LCL).
69. *Tim* 41a-43a.
70. Gen 15,15 (LXX).
71. *QG* III 11 (Colson, trans., LCL)
72. *Phaedr* 246d (Fowler, trans., LCL); *Gig* 13; discussion: H. WOLFSON, *Philo*, Cambridge, MA, Harvard University Press, 1968, vol. I, p. 402.
73. *Spec* III 345.

study and asceticism the sage should seek to "die to the life of the body", and aspire to "a higher existence, immortal and incorporeal, in the presence of him who is Himself immortal and uncreated"[74].

For Philo, then, immortality functioned quite differently from resurrection in the apocalypses. Resurrection arose in answer to historical injustice and the question of whether God was a just God after all. Resurrection was about the fate of heroes, martyrs, and the oppressed. Immortality addressed a different question. It concerned the nature and fate of every person. Everyone has a soul. Everyone can follow the soul's leading. Everyone can be immortal.

So, when the followers of Jesus began to face the question of death and the future life, they had ready to hand a variety of traditions from which to choose, from the fatalism of the Sadducees, to the apocalyptic hope of resurrection, to the Platonic idea of the immortal soul. They did not all choose alike.

III. The Apocryphal Origins of Immortality

Philo's way of thinking about the future life – the Platonic way – is the way most believers in the Christian world choose to think about it today. Alan Segal goes so far as to say, "It was Philo who crafted the notion of the immortal soul which is so familiar to us in the West"[75]. But the canonical evangelists did not choose to think about it this way. They chose, rather, resurrection as the paradigm upon which to hang their future hopes. To be sure, there is hybridity here as well. Matthew, for example, clearly presumes the final resurrection of the dead[76], but can also speak in terms that sound vaguely Platonic: "do not fear those who kill the body but cannot kill the soul; rather fear him who can destroy both soul and body in hell"[77]. John's peculiar treatment of the resurrection is a special case, but presume it he does. Paul, too, offers elements of hybridity, but leaves no doubt about his view: there is a resurrection, and those who say there is not risk undermining everything that he preaches[78]. When Cullmann insisted that resurrection, not immortality is

74. *Gig* 14 (Colson, trans., LCL)

75. Segal, *Life After Death* (n. 50), p. 373.

76. See, esp., Matt 27,52-53, where the dead already have begun to come out of their tombs.

77. Matt 10,28.

78. 1 Cor 15,12-20; even here, though, Paul bends some to the Greek view when he grants that "flesh and blood cannot inherit the kingdom of God" (15,50).

the New Testament view, he was not wrong. But early Christian texts that would eventually fall outside the canon of scripture are another matter. Some of these texts favor the Platonic view. One of them is the *Gospel of Thomas*.

From the very beginning of the *Gospel of Thomas* the subject matter is immortality. Logion 1 announces: "Whoever finds the meaning of these sayings will not taste death". This gospel is about the quest for immortality through study, contemplation, and asceticism. The method is Platonic: "When you come to know yourselves you will be known and you will realize that you are children of the Living Father" (*Thom* 3:4). This is the fundamental notion from Middle Platonism that self-knowledge is key, and that the object of knowing, the thing to be discovered, is the fact that you are intimately related to the divine. Philo says it in more clearly Platonizing language:

> Know thyself, and the parts of which thou dost consist, what each is, and for what it was made, and how it is meant to work, and who it is that, all invisible, invisibly sets the puppets in motion and pulls their strings, whether it be the Mind that is in thee or the Mind of the Universe[79].

To be a "child of the Living Father" is to be alive, "to live from the Living One" (*Thom* 111:2). This does not refer to mere bodily existence. The body in *Thomas* is "wretched". But so is the soul. Consider:

> Jesus said: "Wretched is the body that depends on a body, and wretched is the soul that depends on these two" (*Thom* 87).

> Jesus said: "Woe to the flesh that depends on the soul. Woe to the soul that depends on the flesh" (*Thom* 112).

These riddles are best understood in terms of Middle Platonic anthropology. Soul is in this case not the immortal soul, but the vital soul, the irrational soul that enlivens the body, but nothing more. That body and soul were interdependent and needed careful balance was Plato's claim in the *Timaeus*. An overpowering body could render the soul dull-witted and slow; an over-active soul could give a body the jitters[80]. This is perhaps the gist of 112. Logion 87 is more opaque. Does it refer to sexual appetite[81], eating meat[82], or involvement in the affairs of the

---

79. *De fug* 46 (Whitaker, trans., LCL).

80. *Tim* 87c-88c.

81. E. HAENCHEN, *Die Botschaft des Thomasevangeliums* (Theologische Bibliothek Töpelmann, 6), Berlin, Alfred Töpelmann, 1961, pp. 54-55; J.-E. MÉNARD, *L'Évangile selon Thomas* (NHS 5), Leiden, Brill, 1975, pp. 188-189.

82. S. DAVIES, *The Gospel of Thomas and Christian Wisdom*, New York, Seabury, 1983, pp. 74-77.

world, itself likened to a (dead) body[83]? In any event, these sayings speak of the body and the mortal soul. But consider:

> Jesus said, "If the flesh came into being because of the spirit (*pneuma*), it is a marvel; but if the spirit (came into being) because of the body, it is a marvel of marvels. But I marvel at how this great wealth has come to dwell in this poverty" (*Thom* 29).

This saying embraces terminology we have seen Philo use in his exegesis of Genesis 2,7. The spirit is nothing other than the divine breath of God. Here is the divine element within, the rational soul, the Mind. *Thomas* simply uses terminology more at home in Jewish circles. So why *did* God lend some of the divine stuff to create the world of human beings? Philo speculates about this too[84]. *Thomas* offers no answer, but a conundrum to be pondered.

Here, then, is the basic tripartite anthropology of the Middle Platonists, the foundation of the concept of immortality. The human being consists of body, soul and spirit. Body and soul are mortal, intertwined in the living creature in a life of wretchedness and woe. Into this mix is cast *pneuma*, the Spirit, God's own gift, the divine element within that connects one to God and makes one a child of God.

The Middle Platonists also thought that this divine element within was a kind of image of God. Philo saw this implied in Gen 1,27, but a Roman could think in this way as well. Recall Cicero: "For he who knows himself will realize, in the first place, that he has a divine element within him, and will think of his own inner nature as a kind of consecrated image of God"[85]. Here is the concept in the *Gospel of Thomas*:

> Jesus said: "When you see your likenesses (*eine*) you are full of joy. But when you see your images (*nhikwn*) which came into existence before you – they neither die nor become manifest – how much will you bear?" (*Thom* 84).

The first statement uses the term *eine*, in Greek perhaps *homoioma*, that is, simply a reflection, as in a mirror or a portrait. Everyone likes to see their own likeness. But the second statement uses the more heavily fraught term *eikwn*. This is what Philo saw in Gen 1,27 that sparked his

---

83. R. URO, *Thomas: Seeking the Historical Context of the Gospel of Thomas*, London – New York, T&T Clark, 2003, pp. 60-62; P. SELLEW, *Death, the Body, and the World in the Gospel of Thomas*, in E.A. LIVINGSTONE (ed.), *Studia Patristica XXXI: Papers Presented at the Twelfth International Conference on Patristic Studies held in Oxford 1995*, Leuven, Peeters, 1997, 530-534, p. 530; see logia 56 and 80.

84. *Leg* I 33.

85. *Leg* 1.22.59 (Keyes, trans., LCL).

imagination. This first human – created "in the image (*eikwn* in the LXX) and likeness of God" – he believed was created first, before the earthly creature of 2,7. This is probably the detail to which our text refers when it says that this image "came into existence before you". This first human, created in God's image, Philo says, "was an idea, or a genus, or a seal, perceptible only by the intellect (*nous*), incorporeal, neither male nor female, imperishable by nature"[86]. In the *Gospel of Thomas* it is this *eikwn* that is the object of seeking and the subject of surprise. The next saying in *Thomas* reads:

> Jesus said: "Adam came from great power and great wealth. But he did not become worthy of you. For had he been worthy, [he would] not [have tasted] death" (*Thom* 85).

In the legends surrounding Genesis there is the notion that when Adam sinned, he lost the image of God and became mortal. In *Thomas* the path to immortality includes recovering the memory of once having born the image of God.

Finally, as with the Platonists' various schemes, the path to immortality includes a heavenly journey home. In *Thomas* this journey is described in sayings 49–50:

> (49) Jesus said, "Blessed are the solitary, the chosen ones, for you will find the Kingdom. For you come from it and you will return to it". (50) Jesus said, "If they say to you, 'Where do you come from?' say to them, 'We have come from the light, the place where the light came into being by itself, established itself, and appeared in their image.' If they say to you, 'Is it you?' say 'We are his children, the elect of the living Father.' If they ask you, 'What is the sign of your Father within you?' say, 'It is movement and rest'" (*Thom* 50).

This scenario of the soul's ascent through the heavens is a well-known feature from other Nag Hammadi texts[87], as well as the anti-Gnostic heresiologists[88]. But the idea that the soul could ascend to the heavens is by no means a Gnostic invention. One finds this motif in apocalypses as well, not to mention ancient mysticism[89]. As in Paul's account of his own ascent experience[90], here also three spheres are presupposed[91], each with a guardian by which one must negotiate passage. This is the ancient

---

86. *Opif* 134 (Whitaker, trans., LCL).
87. See, e.g., the *Gospel of Mary* or the *Apocryphon of James*.
88. See K. RUDOLF, *Gnosis*, San Francisco, CA, Harper, 1983, pp. 171-180.
89. Discussion: A. DECONICK, *Seek to See Him: Ascent and Vision Mysticism in the Gospel of Thomas* (SupplVigChr, 33), Leiden, Brill, 1996, pp. 50-63.
90. See 2 Cor 12.
91. 2 Cor 12,2.

version of St. Peter at the Pearly Gates with language that is distinctly
Platonic. Light is the fundamental character of the truly real in Plato[92].
This resonated with the Jewish Platonist, Philo, in particular because of
the way Genesis begins. God's first creative word is, "Let there be light".
In Philo's thinking, Gen 1,3 indicates that light stands behind all other
reality. It is the image that stands behind all other images, from which
the whole created order proceeds[93]. For Philo, as for Plato, to gaze into
the heavens was to encounter divine light, by day the sun, and by night
the myriad stars, each a piece of the celestial light, each a rational soul
waiting to descend into a body[94]. Those who go and come again to the
heavenly realm are literally children of light.

What then of the final question/response: "What is the sign of your
Father within you?' say, 'It is movement and rest'"? Is this to be understood Platonically as well? Indeed it is, but to see this we will need the
help of an actual Platonist. Our tutor is Clement of Alexandria, who once
upon a time read in the Gospel of the Hebrews a version of a saying we
have also in the *Gospel of Thomas*. What Clement read was this:

> He who seeks shall not cease until he finds, and finding he will be aston-
> ished, and having been astonished he will rule, and having ruled he will rest
> (*epanapaesetai*)[95].

We know this as *logion* 2 of the *Gospel of Thomas*, especially in its
Greek form:

> Jesus says, "Let him who seeks not rest until he finds, and when he finds
> he will be astonished, and having been astonished, he will rule, and having
> ruled, he will rest (*epanapaesetai*)"[96].

When Clement read this saying he did not think about the pursuit of
wisdom[97], or the apocalyptic paradise in which the righteous find res-
pite[98], or even Gnosticism[99]. He thought of Plato. What Clement says
about the saying is this:

---

92. *Resp* 7.514a-577a.
93. *Opif* 31; *Somn* I 75.
94. Plato, see *Tim* 41d-e; for Philo, see *Gig* 8.
95. Clem Alex, *Strom* V 14,96 (Wilson, trans., ANF).
96. POxy 654.5-9.
97. Sir 6,23-31; 51,23-28.
98. 4 Ezra 7,36; 8,52; ApocEzr 1,12, etc.
99. P. VIELHAUER, *ANAPAUSIS: Zum gnostischen Hintergrund des Thomasevangeliums*,
in W. ELTESTER – F.H. KETTLER (eds.), *Apophoreta: Festschrift für Ernst Haenchen zu
seinem siebzigsten Geburtstag* (BZNW, 30), Berlin, Töpelmann, 1964, 281-299.

You must necessarily assimilate that which thinks to the object of its thought, in accordance with its original nature; and having achieved this likeness attain finally to that goal of life which is set before all by the gods[100].

These words are nearly a quotation from the end of the *Timaeus* (90d) and they require explanation. "That which thinks" in Plato's work is the mind, that is, the rational part of the soul, which, as we have seen, is a small piece of the great World Soul, the Mind of God. "The object of its thought" is those things that are proper to it – divine, eternal things, like beauty, truth, and justice, not everyday things like what horse to bet on or how to bed your lover. If one can train the mind to dwell on divine things, says Plato, one can become immortal[101]. Now, why should Clement think of these ideas from the *Timaeus* when he read this saying? What pricked his imagination was the concept of "rest".

What does it mean, for Plato, for the Mind to be at rest? The Mind, in Platonism, belongs to the class of things that are divine. Now, Plato thought that these divine things have a certain shape and quality. Plato's guide, Timaeus, an astronomer, would have directed us to the sky and the celestial spheres that dwell there. He would have pointed out that they are round, the perfect shape. And he would have pointed out that they move in a certain way. They spin, which is most stable condition for a sphere, and they move forward on their coordinated paths. Everything is in motion. Now, there are seven possible motions: up, down, right, left, back, forward, and spinning in place. In the *Timaeus*, Plato's astronomer tells us that divine realities – *all* divine realities, including the Mind – are in motion, spinning and moving forward, but with respect to the other motions, "they are at rest and move not (*akineton kai hestos*), so that each of them might attain the greatest possible perfection"[102]. This is true of mother earth, he tells us. It is true of the stars. And it is true of the Mind. All of them are a combination of motion and rest. So, when that great student of Plato, Philo, gazed up into the night sky he did not see stars, but souls moving in their perfect harmonious motions: "for these also are entire souls pervading the universe, being unadulterated and divine, inasmuch as they move in a circle, which is the kind of motion most akin to the Mind, for every one of them is the parent Mind"[103].

100. Clem Alex, *Strom* V 14,96 (Wilson, trans., ANF).
101. *Tim* 90c.
102. *Tim* 40b (Bury, trans., LCL).
103. *Gig* 7-8 (Colson, trans., LCL).

What happens, then, when one of these beautiful, spherical, spinning souls is placed in a human body? Plato's account is both vivid and fanciful[104]. It is as though the soul has been cast into a raging river, carried along and tossed around by various motions – up and down and back and sideways – overwhelmed by actual mortal human experience. At first it is disoriented and for a long time it knows no harmony. That is why babies cry and children are so impetuous. But with maturity and experience, gradually the soul begins to re-establish its regular motion. Of course, some adults never really mature – and these souls will need many lifetimes to regain their original perfection. The second half of the *Timaeus* is an attempt to mitigate this problem by exploring all the ill effects the chaos of the world might exert upon the embodied soul. The philosopher is one who attends closely to these things, understands them, and so is able gradually to calm the Mind and, as Plato says in the text that came to Clement's mind that day:

> [rectify] the revolutions within our head, which are distorted by our birth, by learning the harmonies and revolutions of the Universe, and thereby making the part that thinks like unto the object of its thought, in accordance with its original nature, and having achieved this likeness attain finally to that goal of life which is set before men by the gods as the most good both for the present and for the time to come[105].

All things are in motion. But only the becalmed Soul is both in motion and at rest. This is the sign that the sage has truly achieved immortality.

Immortality, then, is not a state to be achieved at death. It is a state of being that must be cultivated one's whole life long. Immortality is a way of life. This was how Philo thought about the life of the sage. The scholar devoted to the quest for the truly existing God is fully alive. In contrast to the godless, whose souls are dead, the scholar enrolled in the search for God is alive, and "lives an eternal life"[106]. This is precisely what "living" means in the *Gospel of Thomas*. "The dead are not alive and the living will not die" (*Thom* 11:2). "Living" here means "immortal". This is why Jesus in *Thomas* is called the "Living Jesus", (*Thom incipit*) or the "Living One" (*Thom* 52). It is not because he has been raised from the dead[107]. The resurrection of Jesus never comes in view in this gospel.

---

104. *Tim* 42e-44c.

105. *Tim* 90d (Bury, trans., LCL).

106. *Spec* I 345.

107. *Contra* R. GRANT – D.N. FRIEDMAN, *The Secret Sayings of Jesus*, Garden City, NY, Doubleday; London, Collins, 1960, p. 118; B. GÄRTNER, *The Theology of the Gospel of Thomas*, London, Collins; New York, Harper & Brothers, 1961, p. 98; MÉNARD, *L'Évangile selon Thomas* (n. 81), pp. 76-77.

It is because he has discovered the key to immortality. By studying his wisdom, others can realize their own immortality (*Thom* 1; 13:5; 108:1; 114:2). This is not something to discover when one dies, but during one's own lifetime: "observe the living one while you live, lest you die and try to see him and are unable to see" (*Thom* 59). This is why the brief catechism in *Thomas* 49–50 concludes with one additional thought:

> His disciples said to him: "When will the rest of the dead take place, and when will the new world come?" He said to them: "That which you anticipate has (already) come, but you do not recognize it" (*Thom* 51).

The Berliner Arbeitskreis has argued that "rest" ought here to be emended to "resurrection"[108]. But the change is not warranted. Originally an anti-apocalyptic statement, here the saying has been re-appropriated to express what we might call *Thomas'* "realized protology". Immortality comes not at the end of life, but the beginning, when God breathes in the divine breath that makes one a living human being. Similarly:

> The disciples said to Jesus, "Tell us how our end will be". Jesus said, "Have you discovered the beginning, then, that you now seek the end? For where the beginning is, there the end will be (*Thom* 18).

"Tell us how our end will be". What happens when life ends? This is the question immortality of the soul answers. The spirit breathed into the first human at the beginning of time is the same spirit that lives eternal in every human being. When the end comes, that immortal spirit remains and returns to the heavenly realm where it began.

IV. IMMORTALITY VERSUS RESURRECTION IN THE SECOND CENTURY

From the *Gospel of Thomas* we may assume that by the end of the first century there were nascent Christian communities, or at least individuals, who preferred Plato's ideas about the immortality of the soul to resurrection. If Paul's opponents in 1 Corinthians can also be shown to have entertained such thoughts[109], then we might even assume that there were people who thought this way in the earliest decades of the Jesus movement. In the second century there is ample evidence that this way of thinking about the future life persisted. We have on the one side texts

---

108. See their text in the 15th edition of Aland's *Synopsis Quattuor Evangeliorum*; for discussion see U.K. PLISCH, *Gospel of Thomas: Original Text with Commentary*, Stuttgart, Deutsche Bibelgesellschaft, 2008, p. 132.

109. Esp. 1 Cor 1–4 and 15.

that advocate something like the immortality of the soul[110]. On the other side, there are apologists from the period who argue explicitly against those who hold this view as an alternative to the future resurrection of the dead. Here is Justin denouncing such believers to his antagonist, Trypho:

> For if you have fallen in with some who are called Christians, but who do not admit this [truth], and venture to blaspheme the God of Abraham, and the God of Isaac, and the God of Jacob; who say there is no resurrection of the dead, and that their souls, when they die, are taken to heaven; do not imagine that they are Christians...[111].

From these texts one can see clearly that from the point of view of the orthodox church fathers, immortality of the soul *without the resurrection of the body* was unacceptable. This last qualification is important, for Justin was a Platonist and on those grounds still clung to the immortality of the soul[112]. It is just that this alone was not satisfactory to him. Those who believed in the soul's immortality, but not the resurrection of the flesh[113], were in his view not really Christians. Why was this so crucial?

Part of the answer may lie with the way we see Justin using resurrection as a defining claim. Here is another way he defends his position against those who might embrace the soul's immortality, but deny the resurrection:

> Why do we any longer endure those unbelieving and dangerous arguments, and fail to see that we are retrograding when we listen to such an argument as this: that the soul is immortal, but the body mortal, and incapable of being revived? For this we used to hear from Pythagoras and Plato, even before we learned the truth. If then the Savior said this, and proclaimed salvation to the soul alone, what new thing, beyond what we heard from Pythagoras and Plato and all their band, did He bring us? But now He has come proclaiming the glad tidings of a new and strange hope to men. For indeed it was a strange and new thing for God to promise that He would not keep incorruption in incorruption, but would make corruption incorruption[114].

---

110. E.g. in the Thomas tradition, the *Acts of Thomas* (39, 157, 160–163, etc.) and the *Book of Thomas* (143.10-15); the view also is to be found among the Valentinians: *Treat Res* 45,23–46,1; *Gos Phil* 56,20–57,10 – though here the idea is more "spiritual resurrection".

111. *Dial Tryph* 80.4 (Dods and Rieth, trans., ANF); cf. also *2 Clem* 9,1-5; Polycarp, *Phil* 7,1.

112. *Dial Tryph* 105; *1 Apol* 18. In *2 Apol* 10 he explicitly invokes the Platonic anthropology we have been speaking about to describe the fullness of Christ, "who appeared for our sakes, became the whole rational being, both body, and reason, and soul".

113. Justin apparently coined this phrase (C. SETZER, *Resurrection of the Body in Early Judaism and Early Christianity*, Leiden, Brill, 2004, p. 75).

114. *Res* 10 (Dods, trans., ANF).

Justin believed that he had already acquired from Plato all the conceptual equipment necessary to explain what happens to the soul when a person dies. But believing in the resurrection of the flesh is for him something else, something new. It is what makes a Christian a Christian; it is the flag under which Christians will rally. Similarly Tertullian: "The resurrection of the dead is the Christian's trust. By it we are believers"[115]. Resurrection was an odd and distinctive idea in antiquity – a "strange and new hope". Odd beliefs do have the ability to produce strong group boundaries – think of the Flat Earth Society or the current odd American phenomenon of "Birthers". It is in this sense that Setzer argues that resurrection belief functioned to create a strong sectarian identity among second century Christians and establish community boundaries[116].

But can we say more than this – that Christians believed in the resurrection because that is what a proper Christian believes? Perhaps. During this period there was a closely related argument around which opposing sides were also beginning to form: the question of Jesus' own death and resurrection. We get our first glimpse of this dispute from Ignatius, who was, shortly after the turn of the first century, arrested and condemned to be sent from his home in Syria to Rome for execution. Along the way he wrote his several letters. In the *Letter to the Trallians* he makes a telling complaint:

> Be deaf therefore when anyone speaks to you apart from Jesus Christ, who ... was truly persecuted under Pontius Pilate, was truly crucified and died in the sight of those in heaven and under the earth, who was truly raised from the dead, when his Father raised him up, as in the same manner his Father shall raise up in Jesus Christ us who believe in him ... But if some affirm who are without God – that is, are unbelievers – his suffering was only a semblance..., why am I a prisoner, and why do I even long to fight with beasts? In that case I am dying in vain[117].

Here is the beginning of a thread that runs all through the second century, from Ignatius to Irenaeus. There were believers who cast doubt upon Jesus' actual suffering and death, thinking that such a spiritual being as he should have had tricks by which to avoid such humiliation unbecoming the Son of God. But the suffering and death of Jesus were important to Ignatius. Here was a story to match his own. Because Jesus suffered, he would suffer. Because Jesus died, he would die. Because Jesus was raised from the dead, he would be raised as well.

---

115. *Res* 1,1 (Holmes, trans., ANF).
116. SETZER, *Resurrection of the Body* (n. 113), pp. 46-47, pp. 84-85 (on Justin), and pp. 95-96 (on Athenagoras).
117. *Trall* 9-10 (Lake, trans., LCL).

The second century was not a time of mass, organized persecution of
Christians. But the followers of Jesus were dissidents living within a
hostile imperial environment. They revered a person whom the Romans
crucified as a criminal. As a result, many, like Ignatius, refused to show
allegiance to the empire. Ignatius was executed, like most of the first
generation of leaders before him. Tacitus tells of how Nero scapegoated
Christians in Rome after the great fire of 64, burning some as human
torches and throwing others to the beasts for entertainment[118]. The first
appearance of Christians in pagan literature is in an exchange of letters
between Pliny the Younger and the emperor, Trajan, in which they discuss what to do with this mysterious new group of dissidents. They are
agreed: if the case be proven against them and they do not repent, they
are to be killed[119]. Later Justin was killed, and Polycarp, as were dozens
of Irenaeus' companions in Lyon and Vienna. It was an age of martyrs,
when Christian credentials, when revealed to the authorities, could be
quite dangerous.

Elaine Pagels argued persuasively in *The Gnostic Gospels* that the
orthodox insistence on the actual, physical suffering and death of Jesus
was closely bound to this experience of suffering. She summarizes:

> Why does faith in the passion and death of Christ become an essential ele-
> ment – some say *the* essential element – of orthodox Christianity? I am
> convinced that we cannot answer this question fully until we recognize the
> controversy over the interpretation of Christ's suffering and death involved,
> for Christians of the first and second century, an urgent practical question:
> How are believers to respond to persecution, which raises the imminent
> threat of their *own* suffering and death[120]?

But if this was true of Christ's suffering and death, it was also true of
Christ's resurrection from the dead. Ignatius' point was not simply that
it was noble to suffer and die like Christ suffered and died, but that the
reward for such fortitude would be resurrection – just as Christ was
raised from the dead. This is, after all, what Paul says about it a generation earlier. To those in Corinth who say there is no resurrection of the
dead, he counters:

> ...if the dead are not raised, then Christ has not been raised. If Christ has
> not been raised, your faith is futile and you are still in your sins. Then those
> who have died in Christ have perished. If for this life only we have hoped
> in Christ, we are of all people most to be pitied ... And why are we putting
> ourselves in danger every hour? I die every day ... If with merely human

118. Tacitus, *Annals* 15.44.
119. Pliny the Younger, *Letters* 10.96-97.
120. E. PAGELS, *The Gnostic Gospels*, New York, Random House, 1981, pp. 91-92.

hopes I fought with wild animals at Ephesus, what would I have gained by it? If the dead are not raised, "Let us eat and drink, for tomorrow we die" (1 Cor 15,16-19.30-32).

Immortality belonged to everyone by virtue of the immortal soul. What the martyr sacrificed was not the soul, but the body, mortal life itself. Resurrection was the promise that the martyr's body would be restored to life so that the martyr could resume the life of which he/she had been deprived.

Of course, not everyone thought that martyrdom was a good idea. To such a one, resurrection might have been considered a bad idea, a false hope that only led to needless suffering and death. In *The Testimony of Truth* an Alexandrian teacher who held to a more Platonic version of the gospel calls those who give themselves over to martyrdom "foolish" for thinking that just because they make a public confession and are killed for it they will be saved. "For if only words which bear testimony were effecting salvation, the whole world would endure this thing and be saved"[121]. By challenging the authorities they are just destroying themselves, he says. "When they say, 'On the last day we will certainly arise in the resurrection', they do not know what they are saying". The "last day" has already come[122], he says, and those who have come to know themselves are those whom "Christ will transfer to the heights since they have renounced foolishness and have advanced to knowledge"[123]. Those, however, who expect the resurrection of the flesh are expecting nothing. "They do not understand the power of God, nor do they understand the interpretation of the scriptures"[124].

In the second century – and earlier, even from the beginning – the nascent church in imperial lands was a dissident movement. Martyrdom was a possibility, and while not yet an empire-wide policy, Christians had grounds to fear it. It was a particularly compelling part of their reality. This forced upon them the question not just of death generally – for everyone must die eventually – but of violent, premature death, death for a cause. What is the meaning of death when it comes in this way? Many early Christian thinkers and myth-makers chose to embrace the Jewish idea of resurrection because it offered a narrative for understanding the problem of martyrdom. The resurrection tradition, after all, arose in response to Israel's own experience with violent death and martyrdom.

---

121. p. 32,9-11.
122. The text is fragmentary, but one may note the use of the perfect (I) throughout.
123. p. 34,26–36,29.
124. p. 36,29–37,9.

It responded to the questions that arise when good people die: Is this the final word? Is there no justice in the world? Does God care, and can God actually do anything? As early followers of Jesus contemplated the fate of their hero, Jesus, and their own fate at the hands of hostile authorities, the resurrection tradition gave them a way of tying their experiences to the life and death of Jesus, and to cast it all in a narrative that proved the justice of God. Though their opponents now had the upper hand, time would soon reveal a season of reckoning, when the righteous dead would be raised to live again, and their enemies would be punished.

Immortality offered another way of thinking about all of this, but it was not as effective. It was not that immortality was a Greek idea and resurrection was Jewish, and so to be preferred. In the second century immortality was just as much a part of Jewish thinking about the future life as resurrection. It was that immortality responded to a different question: What is the meaning of death, generally? To this question it offered a good answer: we are not simply mortal, but also immortal. Death, then, is not an end to existence, but a change, from mortal, bodily existence, to immortal, spiritual existence. For the martyr, freedom from the body might be a good thing to think about. That is, after all, what the image of the laughing savior is all about. It is a kind of out-of-body fantasy in which one becomes impervious to the torturer's irons. We must not assume that the heterodox who chose to believe in immortality and not resurrection were never martyred[125]. But immortality was not – apparently – the best answer to the problem of martyrdom. The martyrs were deprived of life here and now, with loved ones, friends, food, drink, and all the things that make life beautiful and treasured. The immortal mind rising to be among the stars was cold comfort to such losses. Resurrection offered to return all of that dear life to the martyr. And it offered it as part of a larger scenario in which those who had taken away all that was dear would suffer for it. In imperial lands, then, resurrection prevailed. Every father whose works survive that period in tact embraced it.

But outside of imperial lands the situation was different. It is worth noting in passing now that the *Gospel of Thomas*, our earliest exposition of immortality in Christian form, was not composed in imperial lands, but in Edessa, east of the Euphrates, then the eastern frontier of the Roman Empire. In Edessa martyrdom was not an issue. There, followers of Jesus would have blended in with other Jews who themselves blended into the complex cityscape of the market town. The issues presented in

---

125. Irenaeus 4.33.9 admits as much, and the apocryphal literature associated with James dwells on his martyrdom (see PAGELS, *Gnostic Gospels* [n. 120], pp. 108-110).

such a life were quite different. In the hustle and flow of the caravan hub, where fortunes came and went as frequently as the traders themselves, the questions were more about life itself, and how to live it more meaningfully than the world of buying and selling, the world of the temporary gain, the world of fleeting pleasures could offer. That was the kind of question Plato's ideas could answer well: rise above it all; you are not really of this world. This is why *Thomas* embraces Plato. For this same reason, we may suppose, every Christian text from eastern Syria in the second century – the *Acts of Thomas*, *Thomas the Contender*, (possibly) the *Gospel of Philip*, but also Tatian's *Oration to the Greeks*, and the legacy of Bardaisan – all of them have a Platonic slant on the gospel. After Caracalla made Edessa a *colonia* of Rome in 214[126], all of that would change. Christianity in third century Syria became a very different thing from what it had been in the second century[127].

V. CONCLUSION

We began by observing an irony in the history of Christian thinking about the future life. What most believers think about life beyond the grave is not to be found in the New Testament. The New Testament answers this question with resurrection, not the immortality of the soul. The seeds of this idea are indeed planted in the earliest soils of nascent Christianity, but they are not biblical soils. We see the idea first in shadow form, in the reflection of Paul's opponents in 1 Corinthians. The first text in which Plato's ideas about immortality form a fundamental core is the *Gospel of Thomas*.

We can now perhaps see why this is. During the second century, when important ideas were forming about what to regard as scriptural in the Christian tradition, immortality by itself was not acceptable to those who finally claimed ascendancy in the Christian West. Their lives were interpreted by martyrdom and resurrection. That is why they preferred gospels like Mark, Matthew, and Luke. They were not bothered by elements of hybridity in these gospels. After all, they were themselves hybrid thinkers, who still thought that a human being consisted of body and soul. What drew them to these gospels was the way they cast the story of Jesus

---

126. Cassius Dio 78.12.

127. For more on the difference *Thomas'* Edessene origins makes for its theology and ideology, see S. PATTERSON, *The View from Beyond the Euphrates*, in *HTR* 104 (2011) 411-431.

in martyrological terms: though he had died at the hands of his enemies, he was raised from the dead. This was their story. Paul could be read multiply, and many claimed him. But his clarity about the centrality of resurrection made him scriptural to the second century fathers. John, too, could be read multiply, but with the ecclesiastical additions about the resurrection of the dead, it could become the most treasured gospel. The *Gospel of Thomas*, on the other hand, could not. It makes no mention of resurrection[128]. It relies completely on Plato's ideas about the immortality of the soul. It was therefore of no use to the likes of Justin, Irenaeus, and Tertullian.

One day the problem of martyrdom would pass, as the church gained first legitimacy, and then dominance in the Western world. The Roman Empire became the Holy Roman Empire and the martyrs became saints. With this, one would think that the doctrine of the resurrection would lapse into obscurity. But it did not. By then it was a biblical doctrine and could survive on that strength alone. There would be times when the suffering of the world would make resurrection vital again, but without the overweening pressure of martyrdom, the question for most believers became the more general and universal question of what happens when we die. To this, the immortal soul is a better answer than the resurrection of martyrs. Thanks to the latent Platonism in all of those fathers who insisted on resurrection, the immortal soul had survived along with resurrection. Christian orthodoxy would combine them in the great creeds, confessions, and catechisms – resurrection because it was biblical, immortality because it was useful. Resurrection would become the appendix of Christian theology, while immortality became its heart.

Today most believers in the Christian West believe that when they die, their souls go to heaven. This is no small detail in Christian faith. For many, this idea is the heart of the matter. But it is not really a biblical idea. Its gospel origins are apocryphal.

Willamette University   Stephen J. PATTERSON
900 State Street
Salem, Oregon 97301
USA

---

128. *Pace* RILEY, *Resurrection* (n. 10), pp. 127-156. Riley is, in my view, right to see Thomas in conflict with other forms of nascent Christianity on the matter of what becomes of the person upon death. The evidence, however, for an active polemic against resurrection in Thomas is slim.

THE EARLY CHURCH AND "THE OTHER GOSPELS"

For decades, indeed for centuries, the Early Church, as an institute and through individual members, has struggled with those (only exceptionally self-proclaimed) "gospels" that we are now used to refer to by the label of apocryphal gospels. "Mainstream" Christians, however these are defined or define themselves, have studied these texts, fought and opposed them and their authors, condemned both, and ultimately won "the battle". At least that is how the "mainstream church" came to look upon the issue. With regard to the outcome this is true to a large degree, but also only so far, as I hope to show. In this paper I propose to have a closer look at the means, tactics and strategies that have been put to use in this battle, at the cost of it, and at the outcome. For obvious reasons I cannot deal here with the history and fate of each and every document – there are just too many of them, and too many also of which we do not know enough to write their story. Instead I will focus on a number of texts and authors which, in my opinion, for various reasons constitute remarkable and important cases. For convenience I have arranged the material into three categories, reflecting three approaches, which I have called above "studying", "fighting", and "condemning these documents", while at the same time realising that there has been some interaction and that some cases listed and discussed below may well resort under two of these categories.

I. STUDYING THE APOCRYPHAL GOSPELS –
EVIDENCE FROM CLEMENT OF ALEXANDRIA

Alexandria may be a good place and Clement a good man to begin with. He may not be the first to have mentioned "other" gospels, and not the first to have shown any interest in them (see Serapion coping with the/a *Gospel of Peter*[1]), but he has left us a nice couple of examples of a disinterested approach to such texts, in as far as "disinterested" is the

---

1. On this rather amusing story, see above all É. JUNOD, *Eusèbe de Césarée, Sérapion d'Antioche et l'Évangile de Pierre: D'un évangile à un pseudépigraphe*, in *Rivista di Storia e Letteratura Religiosa* 24 (1988) 3-16; but of course the story has been told and re-told in almost any study on this gospel.

right category to use. Clement is familiar with a *Gospel according to the Egyptians* (κατ' Αἰγυπτίους, GEg) and a *Gospel of the Hebrews* (καϑ' Ἑβραίους, GHeb) and cites from both of them[2]. For the former he is our main witness and the only one who cites from this gospel. All citations but one are found in the *Stromateis*.

1. From GHeb he cites only one passage, which he repeats in another book of the *Stromateis*, in a longer form, and this time without identifying his source. The identified citation occurs in *Strom.* II 9,45,5 and goes as follows: ἦ κἂν τῷ καϑ' Ἑβραίους εὐαγγελίῳ ὁ ϑαυμάσας βασιλεύσει γέγραπται καὶ ὁ βασιλεύσας ἀναπαήσεται ("As it is also written in the Gospel according to the Hebrews: He who has become astonished will become king and he who has become king will rest")[3]. The longer version, which is found in *Strom.* V 14,96,3, reads, ἴσον γὰρ τούτοις ἐκεῖνα δύναται· οὐ παύσεται ὁ ζητῶν, ἕως ἂν εὕρῃ· εὑρὼν δὲ ϑαμβηϑήσεται, ϑαμβηϑεὶς δὲ βασιλεύσει, βασιλεύσας δὲ ἐπαναπαήσεται ("For similar to these the following is possible: He who seeks will not cease until he finds and having found he will marvel and having marvelled he will become king and having become king, he will rest")[4]. It seems then that the first citation is an abbreviated form citing only the conclusion[5]. A slightly different variant of the longer form occurs in the Greek version of the *Gospel of Thomas* (P.Oxy. 654,5-9) and a rather more different one in the Coptic (GTh 2)[6].

2. For basic information on these gospels, and much more, see now the contributions by C. MARKSCHIES, *Das Evangelium nach den Ägyptern* and J. FREY, *Die Fragmente des Hebräerevangeliums*, in C. MARKSCHIES – J. SCHRÖTER (eds.), *Antike christliche Apokryphen in deutscher Übersetzung*, I, Tübingen, Mohr Siebeck, 2012, 661-682 and 593-606. This collection is referred to below as *ACA*.

3. The translations of GHeb are taken from A.F.J. KLIJN, *Jewish-Christian Gospel Tradition* (SupplVigChr, 17), Leiden, Brill, 1992, here p. 47.

4. *Ibid.*

5. *Ibid.*, p. 48.

6. J.A. Fitzmyer (1959), following Grenfell-Hunt, had reconstructed the Greek in close parallel to the text of GHeb:

μὴ παυσάσϑε ὁ ζητ[ῶν τοῦ ζητεῖν ἕως ἂν]
εὕρῃ καὶ ὅταν εὕρῃ [ϑαμβηϑήσεται καὶ ϑαμ-]
βηϑεὶς βασιλεύσει, κα[ὶ βασιλεύσας ἀναπα-]
ήσεται.

This text is cited and translated by Klijn as: "Let him who seeks not cease seeking until he finds and when he has found he will marvel and having marvelled he will become king and having become king he will rest" (*Gospel Tradition* [n. 3], p. 48). Klijn gives the same translation for the Coptic.

H.A. Attridge's reconstruction of the Greek is close to Fitzmyer's but with two exceptions (he reads παυσάσϑω and also ἐπαναπαήσεται, as in GHeb; he leaves the reading βασιλεύσῃ of the original, but with the comment, "i.e. βασιλεύσει"). But T.O. Lambdin's

The citation pops up quite unexpectedly in *Strom.* II 9,45,5. Clement is not at all dealing with apocryphal or heretical traditions in II 9, but is discussing how all virtues are interconnected and all related to the virtue of faith and charity. The passage occurs in the good company of a reference to a famous quote from Plato's *Theaetetus* (155 D1-5) on marvelling/astonishment and the origins of philosophy[7] and the rather less enviable company of the apocryphal *Traditions of Mathias*, a work Clement mentions two more times in his *Stromateis* (III 4,26,3; VII 13,82,1)[8]. The way Plato's formula is rendered, with θαυμάζω, which going on Clement is also the verb used in the *Traditions*, may explain the use of this verb, as a variant, instead of θαμβέομαι as in the longer quote and in GTh. The combination of these three passages is quite surprising and puzzling indeed. All three are clearly taken to express, in their own distinctive way, the idea that "to wonder is the beginning of all knowledge". This is said in so many words with regard to Plato and the *Traditions*; it is much less evident that this is the meaning of the quote from GHeb, let

---

translation of the Coptic runs somewhat different at the end: "Let him who seeks continue seeking until he finds. When he finds, he will become troubled. When he becomes troubled, he will be astonished, and he will rule over the all". See B. LAYTON (ed.), *Nag Hammadi Codex II,2-7* (NHS, 20), Leiden, Brill, 1989, p. 113 and 53. A. DeConick again pleads for the simplex ἀναπαήσεται on the ground that there is not enough space and that this reading is attested also in Clement: *The Original Gospel of Thomas in Translation* (Library of New Testament Studies, 278), New York, T&T Clark, 2006, p. 48. The reconstruction of one original, if such a text has existed at all, is difficult, and maybe not necessary, as GTh and *Strom.* may both be abbreviated forms of a longer saying. See U.-K. PLISCH, *Das Thomasevangelium: Originaltext und Kommentar*, Stuttgart, DBG, 2007, p. 43.

7. This "Topos der antiken Philosophie" is known also from several other authors; see the comments in HENNECKE – SCHNEEMELCHER[7], p. 307.

8. Ταύτης δὲ ἀρχὴ τὸ θαυμάσαι τὰ πράγματα, ὡς Πλάτων ἐν Θεαιτήτῳ λέγει, καὶ Ματθίας ἐν ταῖς Παραδόσεσι παραινῶν θαύμασον τὰ παρόντα, βαθμὸν τοῦτον πρῶτον τῆς ἐπέκεινα γνώσεως ὑποτιθέμενος (*Strom.* II 9,45,4), followed by the reference to GHeb quoted above.

The reference to one Mathias in *Strom.* IV 6,35,2 may not be enough to ascribe this passage to the *Traditions* (ctr. Zahn). The passage is cited with a (?) in HENNECKE – SCHNEEMELCHER[7], p. 307 and also by C. MARKSCHIES, *Das Evangelium nach Matthias / die Überlieferungen des Matthias*, in ACA (n. 2), 420-428, p. 422. The relation between the two works is "notorisch unklar" (*ibid.*). That is also a good reason to be most careful in ascribing to these same *Traditions* the reference to a "doctrine of Mathias" (δόξα), mentioned in *Strom.* VII 17,108,1, which Basilides (and maybe a few others – the text is unclear in this respect) would have "embraced". For a commentary on these fragments from Clement, see W.A. LÖHR, *Basilides und seine Schule: Eine Studie zur Theologie- und Kirchengeschichte des zweiten Jahrhunderts* (WUNT, 83), Tübingen, Mohr Siebeck, 1996, pp. 249-254. Löhr is sceptical about linking VII 17,108,1 to the *Traditions* (pp. 24-26) and comes to the same conclusion with regard to Hippolytus' *Refutation* VII 20,1 (pp. 26-29). A. Le Boulluec seems to be of a different opinion, even though he warns against taking Hippolytus' note at face value: *Clément d'Alexandrie. Les Stromates. Stromate VII* (SC, 428), Paris, Cerf, 1997, p. 322 n. 5.

alone the sole possible meaning. While Plato and the *Traditions* focus on the beginning of the process, GHeb, as taken by Clement, seems to be interested rather in the result: "reigning and finding rest". Moreover, Clement's understanding of the conditions and the context of this "wondering" is probably quite different from Plato's[9]. Clement does not say anything about the context of this passage in GHeb, nor does he inform the reader whether his interpretation relies on an exegetical tradition or stems from his own (imaginative) reading. This one quote does not, of course, with one strike declare the whole of GHeb safe and sound. Yet, by quoting it in this context (and identifying the quote), Clement gives the text a status and an authority that is quite remarkable indeed. The quote is not used in any polemical way against the author of GHeb or those identifying with it. Clement sees no need to defend and protect the text against the abuse that some might make of it, as he does in VII 17,108,1 when he criticises the Basilidians of claiming to rely on the "doctrine of Mathias"[10]. He quotes it to confirm what one can read in the great Plato – quite an achievement for a work of possibly Jewish-Christian making. But one should not forget either that the quote is "harmless", after all. It does not inspire great doctrinal discussions, nor does it seem to reflect any such discussion. Above all, perhaps, it is proof that Clement can appreciate a good passage when he sees one, especially also when he can use it. In se that is not bad scholarship.

The situation is partly identical and partly different for the second, longer quote. Again it is found in the company of Plato (himself citing Zeno) and again it is cited to confirm what Plato has said[11]. But this time it is not to help demonstrate what are the roots and origins of all true philosophy and aspiration at knowledge, but indeed more appropriately, to describe the goal and purpose of man himself, which is no other than

---

9. Cf. D. WYRWA, *Die christliche Platoaneignung in den Stromateis des Clemens von Alexandrien* (Arbeiten zur Kirchengeschichte, 53), Berlin, de Gruyter, 1983, p. 161: "Damit hat sich Clemens von dem Gedanken, den Platon in Theait 155 d1-5 zum Ausdruck bringt, erheblich entfernt. Denn mit θαυμάζειν meint Platon nicht ein Bewundern, sondern eine Verwirrung, ein irritiertes Verwundern. Und der Anlass dazu ist nicht, wie Clemens meint, die Schönheit der Schöpfung, sondern die grenzenlose Relativität der sinnlichen Gegenstände und der sinnlichen Wahrnehmung".

10. ὡς ἡ ἀπὸ Οὐαλεντίνου καὶ Μαρκίωνος καὶ Βασιλείδου, κἂν τὴν Ματθίου αὐχῶσι προσάγεσθαι δόξαν.

11. The relevant section, part of a much longer one that deals with Plato and covers several more chapters, is found at V 14,96,2, just preceding the quote from GHeb, and runs as follows: ἐπὶ τέλει γὰρ τοῦ Τιμαίου λέγει τῷ κατανοουμένῳ τὸ κατανοοῦν ἐξομοιῶσαι δεῖν κατὰ τὴν ἀρχαίαν φύσιν, ὁμοιώσαντα δὲ τέλος ἔχειν τοῦ προτεθέντος ἀνθρώπῳ ὑπὸ θεῶν ἀρίστου βίου πρός τε τὸν παρόντα καὶ τὸν ἔπειτα χρόνον. ἴσον γὰρ τούτοις ἐκεῖνα δύνανται· [GHeb].

to aspire at perfection and at becoming the image of God. What Plato had written in the *Timaeus* about the good man reaching out to a life of perfection (*Tim* 90 D4-9) is said to be identical (ἴσον) to what is found in the unidentified quote. In that respect the text is put on the same level as the quote from Deut 13,4 about walking in the traces of God and guarding his commandments, which Clement had cited in V 14,94,6 and is Moses' description of what it means to reach for perfection. Moses and Plato are on the same side, and so is this anonymous author with whom Clement closes his argument. Unfortunately, he did not also identify the origin of this final quote. Since this is a more complete version and since the final part of it is identical in GHeb and in GTh (Greek), it cannot be excluded that he was now rather thinking of the latter work. The passing reference back to *Strom.* II in V 14,95,1 is to a different context than that in which he quoted from GHeb (2.19), hence probably not strong enough to conclude that he certainly must have had the same work in mind in both instances. But this again cannot absolutely be ruled out either. The "rest" of which the text is speaking is now definitely interpreted in terms of reaching a state of perfection. If this second and more complete version would also stem from GHeb, it would make this gospel almost the equal of Plato in terms of authority, though only "almost", as the identity of the passage is not revealed and the uninformed reader might have the impression s/he is still reading from Plato. As with the previous quote from GHeb, it should be noted that the teaching it conveys is after all not so extraordinary or out of bounds with what can be found in other Christian writings of undisputed origin (see Matt 11,28-30), and so again it is not so "revolutionary" to cite this passage as evidence for the motif of finding rest. Clement stays on safe ground in identifying himself with what this anonymous author had been saying. But all of this does not take away of the weight and importance Clement gives to this passage, and that apparently without any reservation on his part[12].

2. An honest attempt at offering sound exegesis, combined with a touch of reasonably argued and sustained polemics: that might be a fair

---

12. In this instance Clement has probably stayed closer to the intention of Plato as well, even though it is difficult to say which kind of connections he wanted the reader to see between the citation from Plato and the anonymous one at the end; cf. again WYRWA, *Die christliche Platoaneignung* (n. 9), p. 189: "Vielleicht sagt das [the quotation from Plato] soviel aus wie jenes [GHeb]. Mit diesem Kettenspruch sind die Etappen des Heilsweges genannt, der zur eschatologischen Vollendung führt. Es ist ganz unerfindlich, welche konkreten Gemeinsamkeiten Clemens bei diesen beiden Zitaten erblickt haben könnte, wenn nicht eben die, dass beide auf die eschatologische Vollendung hinauslaufen".

definition of what Clement is doing when commenting on some passages from a gospel called the *Gospel according to the Egyptians* (GEg) in a long section in *Strom.* III 6,45,1–18,110,1 in which he is arguing against some ascetic ("encratite") circles that apparently were active also in Alexandria[13]. At first the opponents are not further identified, but towards the end of the section one Julius Cassianus, author of a book entitled Περὶ ἐγκρατείας ἢ περὶ εὐνουχίας[14], is mentioned by name and called "the founder of Docetism" (III 13,91,1). The issue at stake, however, is not Docetism, but rather the group's derogatory views on marriage, women, and childbearing.

The situation is rather complex and difficult to assess because Clement cites only fragments from his opponents, is not always clear and accurate in his identification, and corrects their interpretation without indicating where the latter comes from. This allows for the possibility that he was not directly quoting from the work of his opponents but knew these excerpts only from second-hand and with what he considered to be the correct interpretation already added to it, but this again is not absolutely certain (see below). Eight fragments are usually discussed with reference to GEg, seven from *Strom.* III and one from the *Excerpta ex Theodoto*, but only five of these can with some plausibility be ascribed to GEg, because they are either – directly or indirectly – identified as such (3) or feature the same protagonists (the Lord and Salome) and deal with the same topic as the former (2)[15]. The opponents apparently did not know

13. In addition to the chapter on GEg in *ACA* by Markschies, see also, among others, the comments by S. Petersen, *"Zerstört die Werke der Weiblichkeit!" : Maria Magdalena, Salome und andere Jüngerinnen Jesu in christlich-gnostischen Schriften* (NHMS, 48), Leiden, Brill, 1999, pp. 203-220 and A. Le Boulluec, *De l'*Évangile des Égyptiens *à l'*Évangile selon Thomas *en passant par Jules Cassien et Clément d'Alexandrie*, in L. Painchaud – P.-H. Poirier (eds.), *L'Évangile de Thomas et les textes de Nag Hammadi (Québec, 29-31 mai 2003)* (Bibliothèque copte de Nag Hammadi. Section «Études», 8), Québec, PU Laval; Louvain – Paris, Peeters, 2007, 251-275 (with on pp. 274-275 an addendum on the book of Petersen).

14. Was Clement not sure about the title, or did the book circulate under different titles; or did it bear two titles?

15. Markschies (*Das Evangelium nach den Ägyptern* [n. 2], p. 670) rightly points out that "the interpretation" of Matt 18,20 that is cited, or rather paraphrased or summarised, in III 10,68,1 most probably does not stem from GEg, because it is not identified as such, does not reflect a dialogue context as in the other instances, and looks like an interpretation rather than a saying ("das klingt nach schriftgelehrter Auslegung"). His suggestion that it does not come from the opponents themselves, who as "simple" ascetics were not into Gnostic exegesis, but is the result of a strategy that will be fully exploited later on by Epiphanius but would already have its first origins here in Clement and which consists in stigmatising the opponents as Gnostics by attributing to them a Gnostic interpretation, may be too subtle, even for Clement, and indeed not really necessary and somewhat in contrast with the tone and intent of the criticism he develops in the other excerpts. The saying of

about the origin of the passages they were citing, or did not care, or wished to keep silent about it, for it is Clement (or his source) who identifies the passages, by way of correction. In III 9,63,1-2 he does not specify who among the opponents cites the excerpt, nor where, and he does not seem to be sure about the identification, though it is difficult to say how much doubt is involved in οἶμαι[16], and even less whether this is an echo of a personal acquaintance with the work in a distant past or rather reflects Clement's attempt to assign the excerpt to GEg on the basis of its content, just as he identifies the one in III 6,45,3 on the basis of this one. In III 13,93,1 he is more outspoken and with no further ado identifies a passage cited by Cassianus as stemming from GEg. Clement does not care about identifying the origin of the excerpts in III 9,64,1 and III 9,66,1-2, but as these follow almost immediately after III 9,63,1 he might have thought this to be sufficiently clear, especially also since they both mention Salome again. I will now discuss each of the excerpts in some more detail. It is important to note that Clement is not, or not so much, critical of GEg, but rather of the way the opponents have interpreted these sayings of the Lord, which he criticises by adding the correct understanding, either from himself, or more probably, from the source from which he also takes the excerpts.

To support their aberrant views on marriage and childbearing, which they see as "introducing yet more wretches in their turn into the world to provide fodder for death" (III 6,45,1), the opponents do not refrain from invoking certain texts which they then completely misinterpret for their purpose. In III 6,45,3 Clement cites as an example the case of Salome asking the Lord, "How long will death maintain its power?", and the Lord replying, "As long as you women bear children". Clement adds to it what he believes to be the correct interpretation, and he does so in a tone as if this is the most obvious of things: "He is not speaking of life as evil and the creation as rotten. He is giving instruction about the normal course of nature. Death is always following on the heels of

---

the Lord that is cited in III 15,97,4 is most probably only a free paraphrase of 1 Cor 7, Paul's teaching on marriage (elements from this context are referred to and even cited in the immediate context, and note that in v. 25 Paul is playing on the distinction between "his" words and "the Lord's", much as in the quote as given in *Strom.*); it lacks in any case a clear link to GEg (so also Markschies, p. 672). The excerpt in *Exc. Theodot.* 67,2-4 looks like a paraphrase of the excerpt cited in III 9,45,1, but it is not clear who is responsible for it – Clement, a Valentinian, or Theodotus himself, as Markschies suggests, with some good reason (p. 673).

16. Though it may be too much to say that it bears "aucune valeur dubitative" (so LE BOULLUEC, *Clément* [n. 13], p. 253 n. 8).

birth"[17]. The way the correct interpretation is interwoven in the quotations from GEg may indicate that Clement took it in this form from his source[18]. Going on Clement it looks as if the opponents straightforwardly interpreted the text of GEg at their advantage and in their perspective, thereby missing the more obvious, and indeed the more literal sense, which Clement points out: it is all merely a matter of being bound to the natural process of giving birth and being born and passing away. Commentators on the fragments as a rule focus on the excerpts and only on these. Yet it may be worthwhile also to take into account the broader context in which these excerpts occur in Clement's argumentation and reasoning. Indeed, Clement does not keep to the mere quotation but continues his argument in the next section by illustrating from Matt 5,17 what this polemic really is about (III 6,46,2). The choice of this passage may surprise but will become clear later on. Clement argues as follows: the Law prevents us from all sorts of extravagance and it is possible to teach oneself self-control and practice it within the boundaries set by the Law, hence also within marriage. The famous saying of the Lord in Matt 5,17 about the fulfilment of the Law "does not mean that it was defective". For Clement it all comes down to a plea for reason and realism, as he demonstrates with a final "ad hominem" argument: "these people say that sexual intercourse is polluted. Yet they owe their existence to sexual intercourse!" (III 6,46,5). It is the voice of a moderate and realistic, and also slightly sarcastic person.

The reference to Matt 5,17 gets another meaning and function when we turn to the second quote from GEg. The opponents are said to cite as a word of the Lord a passage that sounds like a pastiche of Matt 5,17, with Jesus allegedly saying, "I have come to destroy the works of the female" (III 9,63,1), to which Clement (again following his source?), by way of antidote, immediately adds the correct interpretation: "'Female' refers to desire, and its works are birth and decay"[19]. As with the first

---

17. ἔπειτα καὶ διαστρεπτέον αὐτοὺς τὰ ὑπ' αὐτῶν φερόμενα διαλύοντας ὧδέ πως· τῇ Σαλώμῃ ὁ κύριος πυνθανομένῃ, μέχρι πότε θάνατος ἰσχύσει; οὐχ ὡς κακοῦ τοῦ βίου ὄντος καὶ τῆς κτίσεως πονηρᾶς, μέχρις ἄν, εἶπεν, ὑμεῖς αἱ γυναῖκες τίκτητε, ἀλλ' ὡς τὴν ἀκολουθίαν τὴν φυσικὴν διδάσκων· γενέσει γὰρ πάντως ἕπεται καὶ φθορά (III 6,45,3).

18. So MARKSCHIES, Das Evangelium nach den Ägyptern (n. 2), p. 667, who points to the parallel in the excerpt cited in Excerpta ex Theodot. in this respect; PETERSEN, Jüngerinnen (n. 13), p. 204, rather seems to suppose that Clement was himself responsible for it ("Clemens setzt ..."), or maybe one should not push the wording too much?

19. φέρεται δέ, οἶμαι, ἐν τῷ κατ' Αἰγυπτίους εὐαγγελίῳ. φασὶ γάρ, ὅτι αὐτὸς εἶπεν ὁ σωτήρ· ἦλθον καταλῦσαι τὰ ἔργα τῆς θηλείας, θηλείας μὲν τῆς ἐπιθυμίας, ἔργα δὲ γένεσιν καὶ φθοράν (III 9,63,1).

excerpt, Clement does not question the authenticity of the saying and does not build his reply on such an argument, maybe because he really thought this to be a word of the Lord, but perhaps more probably also because he can make good sense of it. Instead the argument builds on a metaphorical reading of the saying, to which Clement fully subscribes when he then, in further explaining this in III 9,63,3, lists various sorts and forms of desire from the moral teaching of Jesus, most of which have a parallel in the gospels (see the warning against love of money and others), though not all ("a passion for boys"). With the latter he at the same time strengthens the motif of sexual desire, which had been expressed just before as "craziness over women", but also exclusively formulates it, and twice so, from a male perspective. One may doubt whether this is enough to take away the negative connotation between "female" and "desire" that hangs to the comment and that also sounds through in a phrase such as καὶ αὕτη ἡ θήλεια ἀκρασία ἦν. The "female" may be associated with desire and lack of self-control, but the examples show these to be "male" as well. If it ever was his intention to clarify this, Clement in any case seems to be satisfied with the solution he has worked out and does not further dwell on it, but concludes with an oblique reference to a phrase of Paul in Eph 2,5. He rather turns once more to the theme that was addressed in the first excerpt, which is now rephrased in a slightly different form when emphasising somewhat more strongly than before that the succession of birth and decay are a natural process, hence divinely ordered and regulated (III 9,63,4 τὴν ἐν κτίσει προηγουμένως γίνεσθαι ἀνάγκη). The one thing that Clement does not explain is how these two quotes relate to each other or whether they were found in this order in GEg, and so it remains a bit adventurous to speculate about it[20]. It is certainly not a concern of Clement and the lack of interest actually supports the conclusion that as a matter of fact he did not have direct access to GEg.

Right after this second excerpt and the comment, Clement once more picks up on the same theme and again cites from the dialogue of Salome with the Lord he had quoted in the first excerpt, be it in a slightly variant form, which, however, is not for that reason to be traced back to a different source[21]. Salome's question and the Lord's answer are embedded in a longer passage of an anthropological character that reflects on what

---

20. See the suggestion for an arrangement of all of the excerpts in PETERSEN, *Jüngerinnen* (n. 13), p. 209, which is taken over, with the necessary hesitation because of the fragmentary state of the evidence, by MARKSCHIES, *Das Evangelium nach den Ägyptern* (n. 2), p. 673 and partially (not the last section) also by LE BOULLUEC, *Clément* (n. 13), p. 256.

21. So correctly MARKSCHIES, *Das Evangelium nach den Ägyptern* (n. 2), p. 668 n. 30.

constitutes a human being and which part of it can be saved (III 9,64,1)[22]. The intent of the passage may be clear: as long as desire reigns, human beings will die from sin. It is not immediately clear who is talking here – the opponents, Clement's source, or he himself. The type of argument, based on a metaphorical understanding of the saying and further illus- trated from Rom 5,12.14 in III 9,64,2 – thereby maybe picking up on an earlier hint to Paul when describing the distinction between the visible and the spiritual in III 9,64,1 (cf. 2 Cor 4,16) –, and the fact that again GEg is saved from any misunderstanding would rather point to Clement as the author[23]. This is certainly true for what follows in III 9,65 on "woman" as the cause of life, which is further argued from yet another quote from Paul, this one from Phil 1,20-24. The evidence does not allow us also to conclude that this was really in line with what GEg was aiming at[24], but so much at least is true: as far as Clement is concerned, apart from mankind, one other that is saved is GEg which, in his opinion, cannot be invoked for propagating excessive forms of asceticism.

Clement adds another quote from the dialogue with Salome in III 9,66, 1-2, with Salome complaining that she would have been better off if she had not given birth and the Lord replying in a somewhat esoteric way[25]. It is perhaps the most problematic of all. It is the second of the two passages that are not explicitly linked to GEg, though the topic is not dissimilar with that addressed in the previous excerpts, be it that this time the saying is not interpreted metaphorically but apparently taken literally. Further, the oppo- nents are criticised for having missed out on this particular passage and for not living "by the canon of the gospel in conformity with truth". It remains unclear how these two are to be connected, if the two elements have to be linked to one another at all and the second is not just a label for discredit- ing the opponents, but even then the result is a bit awkward. Clement now gives the impression that he knows more about the GEg than his opponents do and does not depend on them for this excerpt, but that may be a wrong

22. ὅθεν εἰκότως περὶ συντελείας μηνύσαντος τοῦ λόγου ἡ Σαλώμη φησί· μέχρι τίνος οἱ ἄνθρωποι ἀποθανοῦνται; ἄνθρωπον δὲ καλεῖ ἡ γραφὴ διχῶς, τόν τε φαινόμενον καὶ τὴν ψυχήν, πάλιν τε αὖ τὸν σῳζόμενον καὶ τὸν μή. καὶ θάνατος ψυχῆς ἡ ἁμαρτία λέγεται. διὸ καὶ παρατετηρημένως ἀποκρίνεται ὁ κύριος· μέχρις ἂν τίκτωσιν αἱ γυναῖκες, τουτέστι μέχρις ἂν αἱ ἐπιθυμίαι ἐνεργῶσι.

23. So also PETERSEN, Jüngerinnen (n. 13), p. 205 and MARKSCHIES, Das Evangelium nach den Ägyptern (n. 2), p. 668.

24. Cf. PETERSEN, Jüngerinnen (n. 13), p. 205.

25. τί δὲ οὐχὶ καὶ τὰ ἑξῆς τῶν πρὸς Σαλώμην εἰρημένων ἐπιφέρουσιν οἱ πάντα μᾶλλον ἢ τῷ κατὰ τὴν ἀλήθειαν εὐαγγελικῷ στοιχήσαντες κανόνι; φάμενης γὰρ αὐτῆς καλῶς οὖν ἐποίησα μὴ τεκοῦσα, ὡς οὐ δεόντως τῆς γενέσεως παραλαμ- βανομένης, ἀμείβεται λέγων ὁ κύριος· πᾶσαν φάγε βοτάνην, τὴν δὲ πικρίαν ἔχουσαν μὴ φάγῃς.

conclusion, as the critique may already have been formulated in the source he is using[26]. If the latter, then also the explanation of the words of the Lord that follow in III 9,66,3 may have the same origin, but Clement's comments do not stop there and go on in III 9,67, which makes it all the more difficult to decide where he is citing and what he is adding of himself. On top of that the Lord's answer to Salome's complaint is quite puzzling indeed, not in the least because of the imagery that is used. And finally, the explanation does not seem to fit that well with the contents of the saying. So it is problems all over. The Lord's reply could be read as a confirmation of Salome's complaint and a critique of what she has done: many things are allowed ("eat every plant"), but she should have stayed away of some others ("the bitter plant", i.e., childbearing)[27]. If this were the original meaning, the opponents would have had every reason to cite this passage in their favour. But that is of course not the case and the explanation makes it clear how the Lord's reply is to be read. As Clement sees it, this is not a command to do this and leave that, but rather the confirmation that one has a choice and an invitation to choose freely: "the choice of celibacy or wedlock is in our power and not a matter of the absolute constraint of a command" (III 9,66,3). The second half of the explanation, about marriage as "a cooperation with the work of creation", does not strictly follow from the previous one, but it repeats once more the positive view on marriage Clement wishes to defend and as such fits well with the overall position. But this latter comment is not Clement's first interest here and in what follows in III 9,67 he rather picks up on the first element. In view of the social conditions of women at that time, it may be not a bit naïve to state that the choice is ours, but that does not seem to bother Clement, who fully endorses this position, if perhaps only for the sake of the argument. Marriage, childbearing, and raising children are not by definition or necessity a burden for mankind. Clement argues and illustrates this in various ways: "for many people, childlessness is the most grievous experience of all"; "there is no harm in disciplined pleasure (i.e., marriage), and each of us is in a position to make a decision over the engendering of children"; and some who have abhorred marriage "have fallen into hatred of humankind"[28]. There is not one option that goes for

26. Markschies (*Das Evangelium nach den Ägyptern* [n. 2], p. 669) is less specific: "von anderswoher".

27. Markschies (*ibid.*) seems to be slightly more hesitant ("vielleicht ... um das Gebären"). I do not think the saying has anything to do with ascetic vegetarianism, as Le Boulluec suggests (*Clément* [n. 13], p. 257).

28. Cf. PETERSEN, *Jüngerinnen* (n. 13), p. 207: "Man dürfe die vernunftgemässe Ehe nicht für Sünde halten. Die Entscheidung für oder gegen eine Ehe solle aber im Bewusstsein der Folgen getroffen werden".

all, and no one option is all-sacred. Again one hears a realist speaking, and
through him the realistic author of GEg, and at a not so far distance, Paul
the Apostle whose views on marriage and celibacy, as he has expressed
them in 1 Cor 7, will be cited right after in III 10,68,2 and again in
III 15,97,4 (see above). Clement has managed to save Salome from despair,
and GEg (if the passage comes from this gospel) from extremism. Two
things remain. First, if Clement's is the correct interpretation, the opponents had every reason not to cite this particular saying. It was a wise
decision on their part. Clement of course does not say so, but one might
be led to observe that if the case is so clear for this instance, why did they
ever try to find ammunition for their position in other passages from GEg?
It is difficult to say, but maybe one should not exclude the possibility that
Clement had such a kind of (hidden or indirect) polemics in mind, just as
it should not be excluded that he has overstated the evidence and made the
excerpt more unequivocal than it actually was. Second, going on the explanation, the content of the dialogue now is no longer about desire in general,
or the precise meaning of the label "female", but about the pro and con of
marriage and childbearing. The difference may not be enough to conclude
that this excerpt has nothing to do with the previous ones and should be
relegated to a separate source, but the difference remains and creates some
tension with the other passages, including the next one to be discussed.

GEg is left aside for a while, until it shows up a last time when Clement quotes Cassian quoting from this gospel, but without recognising this.
Again the passage is a most difficult one to interpret, in part also because
Clement is evasive or elliptic in his presentation. In reply to Salome's
question when would become known (revealed?) what had been asked
for, the Lord answers, "When you trample underfoot the integument of
shame, and when the two become one and the male is one with the
female, and there is no more male and female" (III 13,92,2)[29]. The interpretation is hindered in two ways: it is not said what precisely Salome is
asking for, which renders it difficult to say how the answer matches the

---

29. διὰ τοῦτό τοι ὁ Κασσιανός φησι· πυνθανομένης τῆς Σαλώμης πότε γνωσθή-
σεται τὰ περὶ ὧν ἤρετο, ἔφη ὁ κύριος· ὅταν τὸ τῆς αἰσχύνης ἔνδυμα πατήσητε καὶ
ὅταν γενήται τὰ δύο ἓν καὶ τὸ ἄρρεν μετὰ τῆς θηλείας, οὔτε ἄρρεν οὔτε θῆλυ.
πρῶτον μὲν οὖν ἐν τοῖς παραδεδομένοις ἡμῖν τέτταρσιν εὐαγγελίοις οὐκ ἔχομεν
τὸ ῥητόν, ἀλλ᾽ ἐν τῷ κατ᾽ Αἰγυπτίους. ἔπειτα δὲ ἀγνοεῖν μοι δοκεῖ ὅτι θυμὸν μὲν
ἄρρενα ὁρμήν, θήλειαν δὲ τὴν ἐπιθυμίαν αἰνίττεται, οἷς ἐνεργήσασι μετάνοια
ἔπεται καὶ αἰσχύνη.
A slightly variant form (adding "and the outside inside") occurs in 2 Clement 12.2.
Petersen also refers to two sayings from the Gospel of Thomas (37 and 22), which she
discusses at length (*Jüngerinnen* [n. 13], pp. 213-220). Clement does not mention any of
these other passages but firmly assigns the saying to GEg.

question; moreover, and most unfortunately, Clement does not tell the reader what precisely Cassian wished to convey with this passage[30]. One thing, however, is clear: male and female coming together is of course not about Jesus freely promoting marriage as the ultimate explanation to all of Salome's queries and Cassian agreeing with it, as this would go against everything the ascetic Cassian stood for. As Clement presents it, this is the last of three quotations from the work of Cassian, the first two being a eulogy for the Lord promoting asceticism ("blessing eunuchs") and allowing us to free ourselves "from his [i.e., the Lord's] mistake and from partnership with our genitals, appendages and private parts". The third quotation evidently somehow must be read in line with the other two. A plausible way of doing so would be to take it as a firm statement on the part of Cassian on dominating one's desire ("the female") by a higher power ("the male"). But that is obviously not how Clement wishes us to read the saying. In his interpretation, the saying is about overcoming one's vices – in this he would agree with Cassian's interpretation as outlined above. However, Clement radically differs from Cassian's views when it comes to identifying the principle that will conquer vice. For Clement "the male" in the saying is as much a negative principle as "the female": the latter stands for "desire" (as maybe also in Cassian's reading), the former for "temper". Both should and can be overcome by repenting and by integrating "soul and spirit in obedience to the Word". Only then it can truly be said, with Paul, that "there is no more male and female" (Gal 3,28)! As in previous instances, Clement thankfully calls in Paul to make the final argument, while at the same time also criticising Cassian for his erroneous interpretation of Plato's teaching on the origin and qualities of the soul[31]. This is subtle exegesis, too subtle maybe easily to go down. Clement concentrates his argument exclusively on the phrase "neither male nor female" and completely disregards what precedes it about "the two becoming one". One can almost imagine Cassian objecting that this is subtlety that comes close to sophistry, for how is this latter phrase to be understood in Clement's interpretation? But Clement evidently is convinced the argument works and can be put on the same line with what he had said before. He again does not care to tell where this passage figured in GEg in relation to the other ones. It can

---

30. In that respect it is a bit surprising that Petersen can speak of "die wohl sehr konkrete Interpretation des Cassian" (*Jüngerinnen* [n. 13], p. 208).

31. At least, if that is the correct interpretation of the somewhat twisted reference to Plato with which he ends this section in III 13,93,3; in the same line as here, cf. also PETERSEN, *Jüngerinnen* (n. 13), p. 208: "Clemens wirft Cassian übertriebenen Platonismus vor".

hardly be the opening scene of the dialogue because Salome apparently
had already asked a question and now seeks confirmation about when the
answer will be known to her. Whether it therefore constituted the very
end of the scene must remain open.

The last excerpt seems to play on a verse from Paul, or at least invites
Clement to call in the Apostle in his reply. It brings the passage closer
in line with such texts that were generally accepted by the mainstream
Church of Clement's days. It is also worth noting that the excerpts from
GEg are but part of the argument Clement is building against his opponents; on top of these, he also cites from other letters of Paul (see the
references to various passages from 2 Cor and Rom 6–8 in III 11,73-78)
and from the canonical gospels (Matt 18,20 in III 10,68,1 and Luke 14,26
in III 15,96,2). It adds to the overall impression that GEg is a valuable
text, one that can be cited with gain, even if it is clearly distinguished
from "the four gospels" (III 13,93,1). Clement certainly has no wish to
condemn the work as something one should better not read; he has some
sympathy for its contents, but apparently not to the point of saving it for
use in Church ministry or divulgating it otherwise. It is cited only in what
very much looks like a discussion among professionals, in which one can
call in texts and arguments that are not common knowledge, and Clement
no doubt wants to leave it this way. The way Clement (and his source)
read it clearly was not the only way of interpreting this gospel. The evidence does not allow us to make firm conclusion on who was right and
who was wrong. But the text apparently was deemed by Clement to be
worth studying in some detail and to be interesting enough to be "saved"
from Cassian and co and not merely to be condemned with these. It also
seemed to be a relatively easy task to present a mainstream and rather
less adventurous interpretation than Clement's opponents apparently
wished to promote. That interpretation consist in large part of an allegorical and ethically oriented reading. The plea in defence of marriage in the
second last excerpt may create some tension, but it does not stand in
contrast to the rest, as the core of Clement's argument here is that marriage itself can be a way of conquering desire.

II. FIGHTING THE APOCRYPHAL GOSPELS –
EPIPHANIUS AND THE GOSPEL OF THE EBIONITES

Other authors should be mentioned in the section on Studying
the Apocryphal Gospels – Origen, for one, citing approvingly from the
Gospel of the Hebrews, or Eusebius of Caesarea collecting such evidence

as he could find to inform the reader of his Church History about those "other" writings, and Jerome assiduously citing excerpts from the *Gospel of the Nazoraeans* or scholia from the *"Ioudaikon"*. Instead, I suggest to move to a second way of dealing with apocryphal or disputed texts, which is that of polemics. There is no lack of polemical literature in the ancient Church, and some of it also aims at the apocryphal gospels. In looking for an author who probably might stand pate for many others – yet also is one of a kind, I decided to focus on one who ranks highly in the contest for the title of arch-polemic, Epiphanius of Salamis.

Much of what we know about the *Gospel of the Ebionites* (GEb) and all the excerpts that we have from it have been preserved by Epiphanius when dealing with this group in chapter 30 of his *Panarion*. Quite a number of studies have been dedicated to the GEb fragments and what they can learn us about this group, its teaching and doctrine, and its practices, but much less attention has been paid to the context in which they appear, to how Epiphanius puts these fragments he cites at work in his criticism of the group or to what he wants to achieve by this. My interest will be primarily in this latter aspect[32]. Epiphanius generously cites from it and his generosity is matched only by his hatred and subjectivity. It is not that we should have any doubts that he is not citing correctly: Epiphanius does not need such tricks to convince himself, and maybe some of his readers, that he is right and the others are wrong. The citations from GEb are tucked away in the long chapter he has dedicated

---

32. For literature on GEb and the fragments in particular, see the bibliography in J. FREY, *Die Fragmente judenchristlicher Evangelien*, in *ACA* (n. 2), 560-592, pp. 560-564, to which should be added, among others, KLIJN, *Jewish-Christian Gospel Tradition* (n. 3), pp. 65-77 (focusing exclusively on the fragments, in line with the purpose of the book); J. VERHEYDEN, *Epiphanius on the Ebionites*, in P.J. TOMSON – D. LAMBERS-PETRY (eds.), *The Image of the Judaeo-Christians in Ancient Jewish and Christian Literature* (WUNT, 158), Tübingen, Mohr Siebeck, 2003, 182-208 (on traces of the Gospel of Matthew and other canonical gospels in the fragments); S. HAKKINEN, *Ebionites*, in A. MARJANEN – P. LUOMANEN (eds.), *A Companion to Second-Century Christian Heretics* (SupplVigChr, 76), Leiden – Boston, MA, Brill, 2005, 247-278; P. LUOMANEN, *Recovering Jewish-Christian Sects and Gospels* (SupplVigChr, 110), Leiden – Boston, MA, Brill, 2012, pp. 18-49 and 145-165.

Only very few chapters of Epiphanius' *Panarion*, his major heresiological work, which has had quite some influence on later authors, have been studied in a more or less systematic way. By way of example, see A. POURKIER, *L'hérésiologie chez Épiphane de Salamine* (Christianisme antique, 4), Paris, Beauchesne, 1992 (*Pan.* 29, on the most shadowy group of the "Nazoraeans"). For *Pan.* 30, the chapter on the Ebionites, there is G.A. Koch's 1976 dissertation, but this work was never published, is not widely circulated, and, though most helpful for a good number of issues, does not specifically address the question that is at stake here: see *A Critical Investigation of Epiphanius' Knowledge of the Ebionites: A Translation and Critical Discussion of Panarion 30*, PhD Diss. Univ. of Pennsylvania, 1976.

to the group. There is perhaps some discussion possible about the precise number and extent of the passages that are quoted, but it is not much of an issue[33]. The larger part of the citations are blocked together. A first set of four citations is found in *Pan.* 30.13 that largely consists of quotations from GEb (30.13.2-3.4-5.6.7-8). Right after in 30.14 is found another citation (30.14.5), which is itself preceded by a repetition of one of the quotes from 30.13 (30.14.3 and see 30.13.6). Two more citations, these ones more isolated, follow in 30.16.5 and 30.22.4. The citations vary in length, from some fifteen words to some ten lines. Many have to do with the beginning of the gospel, a work, Epiphanius notes in introducing the first quotation, that the Ebionites themselves call the gospel "according to Matthew", or still, "the Hebrew one" (Έβραικόν). In itself this observation does not have to mean that Epiphanius knew the full work as a whole, though this cannot be excluded on principle. As so often with Epiphanius, some of his comments are puzzling, others are outright confusing. The contents of his observation that this gospel is "not entirely complete, but is corrupt and mutilated" (οὐχ ὅλῳ δὲ πληρεστάτῳ, ἀλλὰ νενοθευμένῳ καὶ ἠκρωτηριασμένῳ)[34] cannot be assessed with any certainty. It is not clear from this phrase in what sense the text is not complete or corrupt, but the aim of the comment is obvious: it is an argument against its quality and a reason to consider it as "heretical".

The citations serve various purposes; they should prove that this group relies on a document that is not accepted by the main Church, that is in tension or conflict with the canonical gospels, and that at times even is utterly ridiculous. In the end it all comes down to the one purpose of putting the Ebionites in a bad light. As such the citations are just one element in a string of arguments, but an important and a rather special one. Epiphanius had opened his presentation with two other sets of arguments, both classical ones in polemics. One is based on utter insult, comparing the founder of the group to a venomous beast. Epiphanius is fond of this sort of "argument" and uses it for almost every single sect or movement he describes in his *Panarion*; as a rule this argument is found at the very end, but in this instance he uses it both at the beginning and

33. The same is true for the arrangement of the fragments. The excerpts are apparently not cited in any chronological order, hence most probably not in the order in which they figured in GEb, though this can no longer be established with absolute certainty. Many authors do not address the question and just keep to the order in which they occur in Epiphanius. J. Frey (*Die Fragmente des Ebionäerevangeliums*, in *ACA* [n. 2], 607-620, pp. 617-620) inverts the order of the second and third one.

34. The translation is that of F. Williams in NHMS 63 (²2009).

again in 30.34.7[35]. The other is also a comparative one, likening this group to other similar groups. In this case the Ebionites are likened to the Nazoraeans who had been mentioned in the previous chapter. The comparison is further substantiated by giving the two groups a partially identical history (the flight to Pella)[36]. What is said in this opening paragraphs about the doctrine and teaching of the group will be taken up in more detail later on, but first, by way of an excursion, Epiphanius tells the story of one Joseph of Tiberias, a Christian living in the time of Constantine, who suffered badly from Jews trying to prevent him from building a church in his hometown (30.4-12)[37]. He then turns to the citations. In the last sections of chapter 30 (from 30.23 on) he discusses several aspects of the Ebionites' teaching, in particular what they have to tell about circumcision. But our primary concern here are the citations from GEb.

This type of argument – building on excerpts of the opponents' writings – has some clear advantages, but there are also some dangers to it, or so it seems in a few instances. An obvious advantage is that one can tackle the opponent while or by citing his own words. It gives the author an aura of courage and confidence, for here is a man who is not afraid of giving the heretics a voice of their own. Epiphanius has applied the same procedure also in other chapters[38]. A possible danger might be that the procedure can miss its goal if not applied "correctly". In citing from GEb, Epiphanius is of course not at all interested in showing that there is something good in these texts. Yet on occasion that is the impression a reader might get. It happens already with the very first citation. What is cited in 30.13.2-3 about Jesus coming to Capernaum and calling Peter and, after him, others (including Matthew the tax collector) to become his disciples and follow him, does not really differ in content from what one finds in the canonical gospels. So one might object that apparently

35. On this phenomenon and "technique", see J. VERHEYDEN, *Epiphanius of Salamis on Beasts and Heretics: Some Introductory Comments*, in *Journal of Eastern Christian Studies* 60 (2008) 143-173; reprinted with the same title and pagination in J. VERHEYDEN – H. TEULE (eds.), *Heretics and Heresies in the Ancient Church and in Eastern Christianity. Studies in Honour of Adelbert Davids* (Eastern Christian Studies, 10), Leuven, Peeters, 2011.

36. On the historical value, or rather lack of value, of this comment of Epiphanius, see J. VERHEYDEN, *De vlucht van de christenen naar Pella: Onderzoek van het getuigenis van Eusebius en Epiphanius* (Verhandelingen van de Koninklijke Academie voor Wetenschappen, Letteren en Schone Kunsten van België, 127), Brussel, Paleis der Academiën, 1988, pp. 85-110.

37. This section is studied in some detail by KOCH, *Investigation* (n. 32), pp. 374-383; T.C.G. THORNTON, *The Stories of Joseph of Tiberias*, in *VigChr* 44 (1990) 54-63.

38. See, e.g., the one on Marcion and the Marcionites.

not everything in this work is absolutely shocking or embarrassing. The one difference would be that now all these call stories are taken together, as if they were part of one big initiative. But that difference is not pointed out as such and not used against the Ebionites, unless that is precisely the issue Epiphanius has in mind when he says this work is "corrupt and mutilated" (see above), but the explicit application is lacking. The second citation that follows immediately after and deals with John the Baptist and his diet and way of life (30.13.4), also sounds like a rather "normal" one when compared with the version in the canonical gospels, except then for the very last words which claim that John ate wild honey for meat, "whose taste was the taste of manna, as a cake in oil". This one difference, which Epiphanius in his comment rephrases as "and substitute 'a cake in honey' for 'locusts'", proves the Ebionites wrong, and apparently suffices to condemn all of their gospel: "This, if you please, to turn the speech of the truth into falsehood" (30.13.5). They cannot be saved anymore for this mistake by the rather interesting exegetical note they add when comparing John's wild honey to the manna of the desert: Epiphanius cites the phrase but does not spend a word on it, and the triumphal conclusion seems to excuse him from the task of proving that the reading of the canonical gospels is the better one. Actually there is no need to prove this. The opponents are wrong on principle. They do not stand a chance. It is the essence of polemics.

Epiphanius continues by citing what he says to be the opening words of GEb (30.13.6). The first words seem as if they are taken from Luke 3,1, and everything that follows about John baptising and about his lineage has a counterpart somewhere in the canonical gospels. Again a more understanding reader might ask what is the fuzz. And again Epiphanius makes it clear what the problem is, but only in an indirect way. This gospel begins like no other of the canonical gospels, and that is its deficiency. The fact that the whole of the quote consists of elements that have a parallel in the canonical gospels is not an excuse, but on the contrary, proof that this is all wrong, and with a purpose. The norm against which GEb is measured is not cited as such, but it is presupposed and in this way very much present in the mind and argument of Epiphanius. The argument he is making is not spelled out as I have formulated it here, at least not immediately, but that is evidently the conclusion and reaction Epiphanius is inviting. Otherwise the whole procedure of citing from the opponents' work has no point. The proof that this is indeed the case follows in 30.14.3 when he cites the same passage again. Now the Ebionites are contrasted to other heretics, Cerinthus and Carpocrates, who at least have the decency of keeping intact the Gospel of Matthew and have it open with the genealogy. The Ebionites, on the contrary, "falsify the genealogical tables in Matthew's Gospel and make its opening, as I said, 'It came to pass in the days of Herod, …' and so on" (30.14.3). The citation is revealing. It would seem that the problem is not so much that the Ebionites have a different gospel than that they call their gospel the one "according to Matthew", but then cite a text that does not agree with the "real" Gospel of Matthew.

However, this is not the full picture and Epiphanius also immediately shows that it is not only a matter of not quoting verbatim or leaving out certain phrases. There is also an aspect of interpretation involved. The first citation on the opening words is followed by a long excerpt on the baptism of Jesus (30.13.7-8). Once more, the reader may wonder what the problem is. All the core elements of the canonical version as found in Matthew are mentioned, the one exception being the motif of the "great light" that is known from Justin (*Dial.* 7), but that poses no problem to Epiphanius. His concern is, as he shows in 30.14.4, that the Ebionites use this passage to prove that Jesus is a mere man who was made Christ and son of God at his baptism: "they maintain that Jesus is really a man, as I said, but that Christ, who descended in the form of a dove, has entered him". This may be true; the problem, however, is that this is not stated in so many words in the passage on the baptism that was cited in 30.13.7-8. Epiphanius can be confusing, but he is not a complete idiot, and it is difficult and too speculative to conclude that he just missed the essential point for making his critique. The only explanation that makes sense is that Epiphanius is here offering his exegesis of the baptism scene as interpreted by the Ebionites on the basis of what he had said many chapters before about Ebion teaching "that Christ is the offspring of a man, that is, of Joseph" (30.3.1). The interpretation he offers of the baptism scene is not spelled out in the text of GEb itself, but follows from Ebion's teaching, who in this instance can be accused of having misunderstood the very wording of GEb. A strong argument.

Epiphanius then steps up the polemics by citing three more passages that all border, and indeed fully plunge into, the nonsensical. In repeating the quote on Jesus' baptism in 30.14.3 he links with it the accusation that the Ebionites have been falsifying Matthew's genealogy to prove that Jesus was born from Joseph and Mary, but he now contrasts this with another quote, which in his opinion would prove that at the same time they also wish to deny Jesus' humanity! It matters little, on Epiphanius' reasoning, that the quote in 30.14.5 about Jesus calling his disciples and all the faithful his true mother and brothers is a rather weak argument, to say the least, to argue the case. As Epiphanius presents it, this is of course not his interpretation, but that of the Ebionites themselves, and so one may safely conclude he was fully convinced that he had good reasons for calling Ebion a man "full of all sorts of trickery" and even "a monstrosity" – a foretaste of what will follow at the end of this chapter when poor Ebion is compared to all sorts of stranded fish that can be found along the beach (30.34.7).

There follows a second example of the Ebionites' folly in 30.16.5, this one a critique on sacrifices, with Jesus claiming he has come to abolish them (the quote is explicitly identified as stemming from "their so-called Gospel"). The passage as cited by Epiphanius has no direct parallel in the canonical gospels, but it can be compared to Matt 9,13 and 12,7 and may have been influenced by it or crafted from the same or a similar tradition[39]. The topic is known also from other Jewish-Christian movements[40]. The citation occurs rather unexpectedly in the middle of 30.16 as part of an argument, or a series of arguments, Epiphanius had been developing from 30.15 onwards and that contains quite different elements and other criticism that is not illustrated from their gospel, but nevertheless is important to him. Epiphanius sets out by criticising the fact that the Ebionites use "certain other books" on top of their gospel (30.15.1). One such book is mentioned by name. It is the *Travels of Peter* (*Periodoi Petrou*), a work attributed to Clement that, Epiphanius claims, the Ebionites have falsified, as they also did with the genealogy of Matthew's gospel[41]. Their tampering with the text leads them to really impossible positions. Against Clement, they reject celibacy and "all the prophets" (30.15.2). Moreover, they have turned Peter, the main character of the work, into a person obsessed by purification rituals (daily ablutions) and they claim he was a staunch vegetarian (30.15.3). The one is even more strange than the other. Here are Christians of Jewish descent who disdain a good part of their own scriptural tradition (the prophets!), something for which the reader might perhaps recur to a psychological explanation. These are Christians who seem to make a parody of the sacrament of baptism, for "they too receive baptism, apart from their daily baptisms" (30.16.1), just as they do with the Eucharist, which they celebrate with unleavened bread and water only (30.16.1). These are so-called Christians who promote a vegetarian lifestyle in line with their view on Peter and with the argument, and this is really absurd,

---

39. Cf. VERHEYDEN, *Epiphanius on the Ebionites* (n. 32), p. 191.

40. See *Ps-Clem. Hom.* 3.56.3 and *Rec.* 1.37.39; cf. also the Nazoraeans and the Elkesaites according to *Pan.* 28.1.4 and 19.3.6.

41. In so far, this argument continues along the lines of the one that was dealt with in 30.14.

that meat is produced by sexual intercourse (30.16.4). The latter is not illustrated by a quote from GEb. It is the answer, Epiphanius claims, they will give when asked about this, an answer that cannot but be called ridiculous, in his opinion, for what else are they themselves but "the results of the intercourse of a man and a woman" (30.15.4).

And it does not stop there, or at least Epiphanius does not wish to leave it there. These are self-proclaimed Christians who hold that Jesus was born a mere man, that he was not begotten from the Father but created as one of the archangels and (only) "elected" to his status of "Christ", a status they say makes him the counterpart of the devil, as these are the two divine appointees destined to rule, one, the world that is, and the other, that to come (30.16.2-4). There follows the quote from GEb about the sacrifices, and then Epiphanius rolls up the argument by returning to his first argument, adding that the Ebionites know still other writings, some *Acts of the Apostles* and a book called *The Ascents of James* (30.16.6-7), and concluding that they also have falsified information on Paul (30.16.8-9).

It is not easy to see how the quote from GEb functions in all of this. It is most probably not just a random illustration of the kind of teaching this God-sent Christ had been promoting or of the criticism he had formulated against certain Jewish religious practices, for what would be the point of it in this context? Something can be said for the view that Epiphanius wants the reader to link the passage to the issue of vegetarianism. As he presents it, the Ebionites would have built their case on three arguments. They refer to the figure of Peter, as modelled by them by falsifying certain writings; they also seem to have had some kind of standard answer at hand which they used when asked about their praxis; and they claimed they could rely on a saying of the Lord as found in their own gospel. Needless to add that Epiphanius regards all three of them as utterly worthless. The strength of his argument as a whole rests in the combined effect that results from it. The truly amazing thing is not that this group was promoting a vegetarian lifestyle, but the way there are arguing for it: by forging certain writings, by giving silly answers, and by relying on false sayings of the Lord. As an important side-effect, the reader is led to think that all of the information is most reliable, for this author proves to be really well informed: not only can he cite from the group's own gospel, but he can also refer to some other of their writings, and he can even cite what looks like first-hand information resulting from discussions with members of the group. Further evidence for the interpretation of the citation from GEb that is here suggested can be found in the last quote.

In 30.22 Epiphanius discusses the way the Ebionites claim Jesus would have celebrated Passover with his disciples, turning him into a vegetarian and having him exclaim that he does not wish to eat meat at Passover[42]. For Epiphanius it is a textbook example of how they have tampered with the very words of the Lord, adding in the word "meat" and making it a negative clause: "Christ actually said, 'With desire I have desired to eat this Passover with you'" (30.22.5 αὐτὸς δὲ ἀληθῶς ἔλεγεν ἐπιθυμίᾳ ἐπεθύμησα τοῦτο τὸ Πάσχα φαγεῖν μεθ᾽ ὑμῶν). It is the ultimate proof of how foolish these Ebionites can be, for "this Passover" evidently refers to the Pascha lamb, hence the very proof that Jesus did eat meat. Epiphanius can therefore confidently conclude, "it is plainly demonstrated that he [Jesus] both kept the Passover, and, as I said, ate meat" (30.22.5). As if this is not yet enough, by way of subsidiary argument he then still adds a reference to Peter's vision in Acts 10. This gives him an opportunity, in a way that is typical for him, to wander away from the subject and into yet another accusation against the Ebionites, the fact that they have slandered Peter, thereby building some kind of inclusion with what he had said at the outset about their handling of Paul. But apart from this last somewhat convoluted reasoning, the argument stands and it will be clear to all: this group thrives on contradictions and utter nonsense. Poor Ebion and his followers are slaughtered, and they themselves offered the ammunition for their execution: it is to be found in their own writings. They are their own worst enemy. The irony was not lost on a professional polemicist like Epiphanius.

III. Condemning the Apocryphal Gospels –
The *Decretum Gelasianum* as the Ultimate Condemnation

It is a small step from polemics to condemnation. Yet there are also two important differences between them. They have to do with the presence or absence of arguments and with the status of the one who is pronouncing the condemnation. This can be someone writing in his own name (even if aspiring that his views will be accepted by the many), or it can be (presented as) an official Church document. As for the arguments, if polemics can easily lead to condemnation, and indeed are aiming at this, the polemicist still goes through the trouble of formulating arguments, whatever their strength and value. In this third approach, no arguments are needed anymore. The battle is fought and all their remains

---

42. 30.22.4 μὴ ἐπιθυμίᾳ ἐπεθύμησα κρέας τοῦτο τὸ πάσχα φαγεῖν μεθ᾽ ὑμῶν.

to be done is listing the victims. Actually this can be done in two ways: by drawing a list of the sole works that are accepted in the Church or by drawing a double list, one of the accepted writings and one of the others[43]. One of the earliest lists of accepted writings, the *Muratorian Fragment*, is silent about its own status and still rather hesitant about also listing writings that are to be refuted and does not yet mention any "apocryphal" gospel[44]. Eusebius of Caesarea's famous threefold list in *Hist. Eccl.* III 25 is something in between. It is a list compiled by a bishop writing a book that is not really aimed at pastoral care and presenting himself rather as a scholar with a more or less open view, in the good tradition of his master and model, Origen[45]. The list in Athanasius' equally famous Easter Letter is yet of another kind, as this is a bishop speaking to his flock and diocese[46]. I have settled for yet another document to somewhat further illustrate this third way of dealing with apocryphal literature, a document that has been largely neglected in modern discussions, the so-called *Decretum Gelasianum* (DG).

DG was studied exhaustively by Ernst von Dobschütz a century ago, and going on the spare literature that is cited in major dictionaries not much more has been added to it ever since[47]. For several reasons it is a

---

43. On such lists, see most recently, C. MARKSCHIES, *Haupteinleitung*, in *ACA* (n. 2), 115-146.

44. For a recent discussion on this document, see G.M. HAHNEMAN, *The Muratorian Fragment and the Development of the Canon*, Oxford, Clarendon, 1992; and the reply by J. VERHEYDEN, *The Canon Muratori: A Matter of Dispute*, in J.-M. AUWERS – H.J. DE JONGE (eds.), *The Biblical Canons* (BETL, 163), Leuven, Peeters, 2003, 487-556. Cf. also MARKSCHIES, *Haupteinleitung* (n. 43), pp. 117-120.

45. See HAHNEMAN, *Development* (n. 44), pp. 133-140; A. LE BOULLUEC, *Écrits "contestés", "inauthentiques", ou "impies"? (Eusèbe de Césarée, Histoire ecclésiastique, III,25)*, in S.C. MIMOUNI (ed.), *Apocryphité: Histoire d'un concept transversal aux religions du livre. En hommage à Pierre Geoltrain* (Bibliothèque de l'École des Hautes Études, 113), Turnhout, Brepols, 2002, 153-165; MARKSCHIES, *Haupteinleitung* (n. 43), pp. 154-156.

46. Cf. D. BRAKKE, *Canon Formation and Social Conflict in Fourth-Century Egypt: Athanasius of Alexandria's Thirty-Ninth Festal Letter*, in *HTR* 87 (1994) 395-419 and ID., *A New Fragment of Athanasius' Thirty-Ninth Festal Letter: Heresy, Apocrypha, and the Canon*, in *HTR* 103 (2010) 47-66. Cf. also MARKSCHIES, *Haupteinleitung* (n. 43), pp. 158-162.

47. E. VON DOBSCHÜTZ, *Das Decretum Gelasianum De libris recipiendis et non recipiendis* (TU, 38/4), Leipzig, Hinrichs'sche Buchhandlung, 1912; further literature in M.R. JAMES, *The Apocryphal New Testament*, Oxford, Clarendon, 1924, 1953[2], pp. 21-23; M. ERBETTA, *Gli Apocrifi del Nuovo Testamento*, I.1, Casale Monferrato, Marietti, 1975, pp. 27-31, here 27 n. 1; HAHNEMAN, *Development* (n. 44), pp. 158-161; U. REUTTER, *Decretum Gelasianum*, in *RGG*, 2, Tübingen, Mohr Siebeck, 1999[4], pp. 610-611; V. GROSSI, *Il Decretum Gelasianum: Nota in margine all' autorità della Chiesa di Roma alla fine del sec. V*, in *Augustinianum* 41 (2001) 231-255; MARKSCHIES, *Haupteinleitung* (n. 43), pp. 133-140.

fascinating document. It consists of five chapters dealing with the names of the Spirit and of Christ, the list of the books of the OT and the NT (with all 27 books; the gospels first, in the order Matt-Mark-Luke-John; followed by the Acts and the letters of Paul in the order: Rom, 1-2 Cor, Eph, 1-2 Thess, Gal, Phil, Col, 1-2 Tim, Tit, Phlmn, Heb; Rev; and the seven Catholic Epistles in the order: 1-2 Peter, Jas, 1 John, 2-3 John, ascribed to a presbyter John, Jude), a discussion of the three major seats of Christendom and their rank (Rome first, then Alexandria and Antioch), the list of accepted councils and authors, the list of refuted books and authors. The work has been ascribed to Pope Damasus (366-384) and to Pope Gelasius (492-496). It is now commonly accepted that the present text is a composite one. The first three chapters may go back to the time of Damasus (the third section would be the Roman answer to the claims of Constantinople as formulated at the Council of 381); the last two chapters would stem from the early sixth century and the whole would then, for an unknown reason, have been antedated into the time of Gelasius.

When starting to check the list in DG 4, one may have the impression that the compiler has proceeded quite apodictically. The list of accepted councils in 4.1 is followed in 4.2 by a series of twelve authors, Greek and Latin, from Cyprian to Prosper, whose works are accepted "in toto". Either one is orthodox, or one is not, and this goes for the whole of the oeuvre ("opuscula"). But there is also room for some more nuance and some specifications. The fact that of Pope Leo I is mentioned only his letter to Flavianus, bishop of Constantinople (4.3.1), most probably does not mean that other letters by the same pope are condemned. The note is followed by a general statement on "opuscula atque tractatus omnium partum orthodoxorum" that are equally to be accepted as a whole, as should the "decretales epistulas" of all the popes (4.3.2) and all the acts of the martyrs, at least in so far as these are not composed by heretic, a couple of which are mentioned by name (4.4.1). The same is true for the vitae of monks and hermits; now the criterion is Jerome: what he had accepted can be read (4.4.2 "quas tamen vir beatissimus descripsit Hieronimus cum honore suscipimus"). The list continues with some other authors that are singled out for specific reasons, some of which can no longer be traced with any certainty. Pope Silvester is mentioned by name, and acclaimed (4.4.3). Rufinus is judged by Jerome (4.5.1), and so is Origen (4.5.2): only part of their oeuvre can be accepted, though which part this is, is not specified for the latter and only vaguely indicated for the former. Of Eusebius' oeuvre, only his *Chronicon* and (part of) his HE are to be accepted, for the obvious reason: his close link to Origen

(4.5.3). The man will find himself mentioned also in the list of condemned books, as we shall see in a moment. The list concludes with three
authors whose work can be read: another historian (Orosius); the *Opus
Paschale*, here ascribed to Sedulius; and the rather less well known Iuv-
encus, whose "laboriosum opus non spernimus sed miramur" (4.5.4-6).
The most remarkable fact about the list, however, is that it also includes
a few titles that we would now list under the heading "apocrypha"
(4.4.4). A text on the invention of the cross and another one on the discovery of the head of the Baptist (no titles are given) can be read, provided one sticks to the rule, so elegantly formulated by the apostle Paul,
"omnia probate, quod bonum est tenete".

This fourth chapter of DG prepares the reader for what follows in the
next chapter, though not completely. This last chapter, "de non recipiendis", which modern scholarship has subdivided into nine sections, seems
partly to be modelled after the previous one. It is introduced with a formula that will largely be repeated at the end and draws attention to the
fact that what follows represents the position of the "Catholic and apostolic" church of Rome[48]. The list itself opens with mentioning one council, the Synod of Rimini of 359, convoked by Constantius and meant as
the counterpart to Nicaea, that is declared to be doomed "then, now and
forever" (5.1 "ex tunc et nunc et in aeternum confitemur esse damna-
tam"). There follows a long series of works of several genres, most of
which can be identified, though not all: five apocryphal acts (5.2), nine
items of apocryphal gospels (5.3), a more diffuse list of eleven "books"
(5.4, including two "Infancy gospels", the *Pastor of Hermas*, "the books
produced by Leucius", a couple of unknown works, the *Leptogenesis*, a
cento, the *Acts of Thecla and Paul*, a *Book of Proverbs* written by heretics), three apocryphal revelations (5.5), another list of eleven works, the
majority of which are commonly reckoned with the so-called Old Testament Pseudepigrapha (5.6), the works (all but one called "opuscula") of
sixteen authors that are all condemned as such (5.7, first among them the
"Historia" of Eusebius, in radical conflict with what was said about the
same work in the previous chapter), and yet another diffuse list of six
more works (5.8, among them, the two letters that constitute the corre-
spondence of Jesus with Abgar, two martyrdom stories, a work attributed
to Solomon, and all (sorts of) amulets and magical texts: "Phylacteria
omnia"). The final section lists the names of no less than thirty-five

---

48. "Cetera quae ab hereticis sive scismaticis conscripta vel praedicata sunt, nullatenus
recipit catholica et apostolica Romana ecclesia; e quibus pauca, quae ad memoriam ven-
erunt et a catholicis vitanda sunt, credidimus esse subdenda" (and cf. next note).

heretics, from Simon Magus to Acacius of Constantinople, which constitutes but a selection and illustration of the whole long list of heretics that
could be mentioned, as the compiler indicates (5.9). The section ends
with a general condemnation that recalls the opening lines and, as was
the case there, once more points out that this is what is believed and
practiced in the whole of the church of Rome[49].

The origins, sources, rationale and inspiration behind this list cannot
be discussed here in any detail. In the following I will limit myself to a
few comments on the apocryphal gospels mentioned in 5.3 and 5.4,
beginning with the latter. The identification of the *Liber de infantia salvatoris* and the *Liber de nativitate salvatoris et de Maria vel obstetrice*,
the first two works mentioned in 5.4, remains unclear. Von Dobschütz
saw in the first one (a version of) the so-called *Gospel of Ps.-Matthew*,
which circulates in the textual transmission under a large number of
titles, and in the second an apocryphon that was published by Tischendorf with the title *De nativitate Mariae*, but which Lipsius had argued
did not originate before the sixth century[50]. J.-D. Kaestli has recently
argued for identifying the first title with the *Infancy Gospel of Thomas*
and the second with the apocryphon that is listed as CANT 53 and the
origins of which would go back to the second century[51]. Markschies identifies the first work with either *Ps.-Matthew* or the *Infancy Gospel of
Thomas* and the second with either the *Protevangelium of James* or one
of the two texts just mentioned[52]. Identification with *Ps.-Matthew* is difficult, as this work is probably to be dated only in the early seventh
century[53]. Two things are worth noting. First, these Infancy gospels are
not referred to as "Gospels" but are listed with the works called "Liber".
Second, in view of the popularity of this genre of literature, certainly in
a later period, and of the vagueness of the title, one may wonder whether
the compiler had any clear idea about which work he actually was referring to. The one thing that counts for him is to discredit such works, and

49. "non solum repudiate verum ab omni Romana catholica et apostolica ecclesia
eliminate atque cum suis auctoribus auctorumque sequacibus sub anathematis insolubili
vinculo in aeternum confitemur esse damnata" (compare the opening lines cited in the
previous note).

50. VON DOBSCHÜTZ, *Decretum* (n. 47), p. 297.

51. *Mapping an Unexplored Second Century Apocryphal Gospel: the* Liber de Nativitate Salvatoris *(CANT 53)*, in C. CLIVAZ, *et al.* (eds.), *Infancy Gospels: Stories and
Identities* (WUNT, 281), Tübingen, Mohr Siebeck, 2011, 506-559.

52. MARKSCHIES, *Haupteinleitung* (n. 43), p. 137 n. 459-460.

53. So J. GIJSEL, *Libri de Nativitate Mariae* (CCSA, 9), Turnhout, Brepols, 1997,
p. 67; cf. also O. EHLEN, *Das Pseudo-Matthäusevangelium*, in *ACA* (n. 2), 983-1002,
p. 985. Gijsel also warns against too easily attributing to *Ps.-Matthew* any work with the
mere title *De infantia* or *De nativitate* (see p. 103).

one way to do so is to avoid using the title "gospel". However, this did not prevent these works from being quite popular and influential on a rather broad scale and in a wide range of literature all through the Middle Ages and all over Europe[54].

The nine items listed in 5.3 are divided into two groups, five individual works and four groups of gospels. The five gospels are all referred to by using the same formula: "Evangelium nomine" + the name of the presumed author in the genitive (Mathiae, Barnabae, Iacobi minoris, Petri apostoli, Thomae); they are subsumed under the header, "quibus Manichei utuntur"[55]. The first one may be identical with the *Traditions (Paradoseis) of Matthias* mentioned by Clement and Origen (see above)[56]. The compiler may have been relying, directly or indirectly, on Jerome's prologue to his *Commentary on Matthew*, though this is not the only possible source. A *Gospel of Mathias* is also mentioned as last in the so-called *List of Sixty Books*, where it is preceded by a *Gospel of Barnabas*, which bears the same title as the one that follows immediately after in DG[57]. No gospel under the name of Barnabas is known from early Christian literature. Von Dobschütz speculated about a possible confusion with the *Epistle of Barnabas* for the *List of Sixty Books*, without excluding the possibility that such a gospel may have existed at one time[58]. The third work in the list most probably refers to the *Protevangelium of James*, of which only a few fragments in Latin have been preserved but that was influential in the composition of *Ps.-Matthew*[59]. The epithet "the minor" may well echo the view that this James was related to Jesus (as developed by Jerome in *c. Helvidium*) and may go back to Jerome or, and perhaps more probably, to a passage in a letter of Pope Innocent to Exuperius of Toulouse, dated to the 20th of February 405, that lists a number of apocryphal texts. The

---

54. Cf. the old work by R. REINSCH, *Die Pseudo-Evangelien von Jesu und Mariae Kindheit in der romanischen und germanischen Literatur*, Halle, 1879. The complete reception history of this literature has still to be written, if at all possible.

55. The textual tradition is divided on whether this phrase should read "quibus" or "quo" (if the latter, it refers only to the last gospel in the list). The tradition also shows quite some differences in the order in which these gospels are given. Moreover, there is some confusion in the use of the singular and the plural ("evangelium/-a"); see VON DOBSCHÜTZ, *Decretum* (n. 47), p. 292 n. 1. ERBETTA, *Apocrifi* (n. 47), p. 29, reads the singular.

56. So VON DOBSCHÜTZ, *Decretum* (n. 47), p. 294.

57. See the text of this latter list in MARKSCHIES, *Haupteinleitung* (n. 43), p. 146.

58. *Decretum* (n. 47), p. 294.

59. On the Latin version, see J.-D. KAESTLI, *Le Protévangile de Jacques en latin: État de la question et perspectives nouvelles*, in *Revue d'Histoire des Textes* 36 (1996) 41-102, and ID., *Un témoin latin du Protévangile de Jacques: L'homélie postulatis filiae Jerusalem en l'honneur de Sainte Anne (BHL 483-485)*, in *Apocrypha* 9 (1998) 179-224.

passage runs as follows: "Cetera autem quae vel sub nomine Mathiae sive Iacobi minoris vel sub nomine Petri et Iohannis quae a quodam Leucio scripta sunt [vel sub nomine Andreae quae a Xenocaride et Leonida philosophis] vel sub nomine Thomae et si qua sunt alia (v.l. talia), non solum repudianda verum etiam noveris esse damnanda"[60]. Note the sequence and combination of "Mathiae ... Iacobi minoris ... Petri ... Thomae"[61]. If the title "evangelium" goes back to the compiler, which is quite probable[62], it is a bit strange that he does not use the same title for the two works mentioned in the next chapter, the first of which (if identified as *Ps.-Matthew*) also contains the story of the midwife (PJ 18-19 and Ps.-Matt. 13). Either this identification is not correct and the compiler had another work in mind, or it is proof of how little he really knew of these works he was listing. The/a *Gospel of Peter* was known since Origen (and before: Serapion in Eusebius, *Hist. Eccl.* III 3,2, and Justin, *Dial.* 106), is mentioned also by Jerome and again by Innocent. The/a *Gospel of Thomas* is also mentioned since Origen and had been linked to the Manichaeans (as is the case also for *Peter*)[63]; a gospel by that name is mentioned also in the letter of Innocent. It cannot be further established whether the title refers to the *Gospel* by that name that is known from Nag Hammadi or rather to the *Infancy Gospel of Thomas*, and such attempts are probably futile as the compiler clearly had no clue of the writings he was referring to and was merely following his source. It says a lot on how, in certain circumstances and with regard to certain topics, authority is created.

This first group only lists works ascribed to apostles or disciples. No anonymous gospels are mentioned, and none of the so-called Jewish-Christian gospels have found a place in this list, a feature that puzzled already von Dobschütz[64]. The second group is more difficult to identify. Now in each item reference is made to "gospels", in the plural. The first two titles are modelled after those of the first group ("evangelia nomine" + name: Bartholomaei, Andreae), which makes for a somewhat

---

60. The text between brackets is missing in a number of manuscripts. On this letter, see HAHNEMAN, *Development* (n. 44), pp. 154-156; MARKSCHIES, *Haupteinleitung* (n. 43), pp. 177-178.

61. Von Dobschütz (*Decretum* [n. 47], p. 285) took this as an indication for dependence; ctr. T. ZAHN, *Geschichte des neutestamentlichen Kanons*, II.2, Erlangen – Leipzig, A. Deichert'sche Verlagsbuchhandlung, 1892, p. 774, who had argued for the opposite and made Innocent depend on DG and reckons with the existence of a shorter list at the turn of the fourth and fifth century, which is not absolutely impossible but cannot be further substantiated.

62. So VON DOBSCHÜTZ, *Decretum* (n. 47), p. 285.

63. Cf. *ibid.*, p. 296 n. 1; ERBETTA, *Apocrifi* (n. 47), p. 29 n. 10.

64. *Decretum* (n. 47), p. 296.

strange phrase. Jerome mentions a *Gospel of Bartholomew* in a list of apocryphal gospels he borrowed from Origen and expanded with this particular writing, maybe under the inspiration of Eusebius (*Hist. Eccl.* V 10,3; cf. also Jerome's *Vir. Ill.* XXXVI). No such gospel is otherwise known to have existed. Is this a reference to (a form of) the so-called *Questions of Bartholomew*? Von Dobschütz thinks the "Gospels of Andrew" is one more instance in which the compiler was influenced by the passage from Innocent's letter[65]. We do not know for sure whether Innocent had in mind the Acts of Andrew – the reference to Xenocarides and Leonidas, if original, might point in that direction –, but if so, the information was lost on the compiler who bravely, and naïvely, turns the phrase into a number of gospels going under the name of that same apostle. Actually, as for "Bartholomew", no such gospel by that name is known to have existed. The two last items are formulated differently: "Evangelia quae falsavit Lucianus / Hesychius". The latter are probably just an awkward "paraphrase-cum-interpretation" of information that is found in Jerome's letter to Damasus on his revision of the gospels, and one more illustration of the carelessness and ignorance of the compiler. Jerome wrote: "praetermitto eos codices, quos a Luciano et Hesychio nuncupabis paucorum hominum adserit perversa contentio"[66]. Von Dobschütz's comment is short, and to the point: "Es gehört schon ein grosses Mass von Missverstand dazu, hieraus Evangelienfälschungen zu machen"[67].

Where does that leave us? I am afraid I have to say it looks as if with DG a long history of studying and fighting these gospels has come to an end, and it is a rather sad end. The list contains some telling illustrations of how the compiler has proceeded, of how little he knows of the topic he is dealing with, and of how little he cares about this. One might say that this is typical for the genre: it is all about condemning; contents and accuracy are not the first concern. That may be true, but compared to how other authors had handled the topic, among them the major source of the compiler for this section, one must conclude that things have not been moved forward and that the case has not really been served well by this kind of initiative. Indeed, the way the compiler has dealt with the matter might invalidate the whole case. He could easily be cornered for the many mistakes he had made. But maybe that as well is illustrative for the whole situation in which this part of DG was written. The compiler

---

65. *Ibid.*, p. 293.

66. Two authors by the same names have produced revisions of the Bible, and Jerome clearly is referring to them; cf. MARKSCHIES, *Haupteinleitung* (n. 43), p. 137, n. 457-458.

67. *Decretum* (n. 47), p. 292.

clearly feels as if he has nothing to fear. He can condemn, and there is no one left anymore to question or contradict him. The works listed do not really pose a threat anymore. "The others" are gone. The compiler does not care about drawing a list as accurate or as complete as possible, and he does not have to. He relies on maybe one or two authorities only, and swears by them, and even these authorities are not used correctly, let alone exhaustively. Never mind. And for those who would mind, there is always the introduction of the section and the possibility to interpret inclusively the phrase "quae ab hereticis sive scismaticis conscripta". The last word is to the censor.

CONCLUSION

I conclude, very briefly. The mainstream Church and its representatives have studied, fought and struggled with, and condemned these "other gospels". Looking back at these many efforts one will notice there is quite some irony in all of this. The few examples that were selected here for review show that some of the critics at least never had read much, if anything, of the works that they thought were doomed to be forgotten; evidence for this can easily be multiplied. Those who were involved in this battle managed to silence several of these "subversive voices" and destroy many others. But they never succeeded in silencing or destroying all of them. On the contrary, in fighting these gospels the "orthodox" Church also cooperated in preserving some of this material for posterity, while critically studying or trying to discredit, obscure and condemn these texts. At one point "the other gospels" were largely reduced to titles and topics, but they did not go away. It all points in the same direction: the ancient Church and its intellectual elite were fascinated by these writings, very much as we are today.

A. Thierylaan 32   Joseph VERHEYDEN
B-3001 Leuven
Belgium

OFFERED PAPERS

ZWILLINGSMYTHOLOGIE IN DER THOMASTRADITION

I. PROBLEMANZEIGE

Lassen wir in einem ersten Schritt einige wohlbekannte Fakten Revue passieren. Das Proömium des Thomasevangeliums lautet in seiner griechischen Fassung (P. Oxy. 654, 1-5) „Οἶτοι (Schreibfehler) οἱ{οι} λόγοι οἱ [ἀπόκρυφοι οὓς ἐλάλ]ησεν Ἰη(σοῦ)ς ὁ ζῶν κ[αὶ ἔγραψεν Ἰούδα ὁ] καὶ Θωμᾶ. καὶ εἶπεν· [ὃς ἂν τὴν ἑρμηνεί]αν τῶν λόγων τούτ[ων εὕρῃ θανάτου] οὐ μὴ γεύσηται". „Dies sind die verborgenen Worte, die Jesus der Lebendige gesprochen hat und die Judas Thomas aufgeschrieben hat. Wer die Deutung dieser Worte findet, wird den Tod nicht schmecken"[1]. In der koptischen Fassung heißt der Jünger und Gewährsmann des Evangeliums Didymus Judas Thomas. Didymus „Zwilling" (Übersetzung von aram. Teʾoma, s.u.) heißt Thomas schon Joh 11,16; 20,24; 21,2[2] und auch Lk 6,15 D. Didymus selbst ist dabei als Personenname (meist Beiname) auch sonst oft bezeugt, schon vorchristlich und in allen Regionen des griechischen Sprachraums (nicht selten auch lateinisch für Freigelassene etc.)[3]. Die große Beliebtheit des Namens (wie ähnlich des entsprechenden lateinischen Geminus, Gemellus) mag

---

1 Das Thomasevangelium wird zitiert nach B. LAYTON – T.O. LAMBDIN (Hgg.), *The Gospel According to Thomas: Critical Edition and Translation*, in B. LAYTON (Hg.), *Nag Hammadi Codex II,2-7 together with XIII,2* Brit. Lib. Or.4926, and P.Oxy. 1,654,655.* Vol. 1: *Gospel According to Thomas, Gospel According to Philip. Hypostasis of the Archons, and Indexes* (NHS, 20), Leiden, 1989. Übersetzung nach: J. SCHRÖTER – H.-M. BETHGE, *Das Evangelium nach Thomas (NHC II,2)*, in H.-M. SCHENKE – H.-G. BETHGE – U.U. KAISER (Hgg.), *Nag Hammadi Deutsch. 1. Band: NHC I, 1–V, 1* (GCS, NF 8), Berlin – New York, 2001, 151-181.

2. Ohne das Beiwort noch Joh 14,5; 20,26-28.

3. P.M. FRASER – E. MATTHEWS (Hgg.), *A Lexicon of Greek Personal Names*, Oxford, 1987ff. Bisher: I: *The Aegean Islands, Cyprus, Cyrenaica* (1987), 131; II: *Attica* (1994), 114f.; III.A: *The Peloponnese, Western Greece, Sicily, and Magna Graecia* (1997), 124; III.B: *Central Greece: From the Megarid to Thessaly* (2000), 114; IV: *Macedonia, Thrace, Northern Regions of the Black Sea* (2005), 96; V.A: *Coastal Asia Minor: Pontus to Ionia* (2010), 129; H. SOLIN, *Die griechischen Personennamen in Rom.* 3 Bände. 2. Aufl. Berlin – New York, 2003, 2, S. 1015f. u. 3, S. 1459; W. PAPE – G.A. BENSELER, *Wörterbuch der griechischen Eigennamen.* 2. Bände. 3. Aufl., Braunschweig, 1863-1870, S. 298. Auch an ähnliche Namen wie Διδυμίων, Διδυμᾶς, Διδύμων (auch in lateinischer Schreibung wie Didymus, Didyminus) ist zu denken, die alle gut bezeugt sind. Θωμᾶς wird als Name dagegen erst byzantinisch (ab 4. Jhdt.) häufig. Wie viele vorchristliche Belege es tatsächlich gibt, bedürfte eigener Klärung.

mit dem Dioskurenkult zusammenhängen[4], obwohl das unbeweisbar bleibt. Deutlich kann Didymos für Polydeukes stehen, so hören wir in P. London 604 B 337 (Ägypten, AD 47) von zwei Brüdern Kastor und Didymos[5]. „One of a pair had a name of his own, and his brother was nothing but ‚twin'"[6]. Auch auf Münzen kommt Didymos vereinzelt als Beamtenname vor[7].

Die Peschitta hat an den genannten Johannesstellen Tômā metemar də tômô, also eine wörtliche Übersetzung[8]. Richard Bauckham hat „Thomas" kürzlich als *nickname* erklären wollen[9], was natürlich möglich ist (wegen einer äußeren Ähnlichkeit, aber doch schwerlich schon mit Jesus?). „Nicknames" sind im Palästina der römischen Zeit wegen des sehr begrenzten Repertoires an eigentlichen Personennamen außerordentlich häufig; von den selteneren echten Zweitnamen sind sie nicht immer zu unterscheiden[10]. Doch ist Thomas als Personenname auch z. B. in altsyrischen Inschriften[11], im Nabatäischen (T'WM') und schon im Ägyptisch-Aramäischen (TM' als weiblicher Name) bezeugt[12], ebenso später T'M im vorislamischen Arabischen[13], offenbar als regulärer Name. Griechisch Θωμᾶς wird als Personenname dagegen erst byzantinisch (ab 4. Jhdt.) häufiger. Die Papyrus-

---

4. Vgl. J.H. MOULTON – G. MILLIGAN, *The Vocabulary of the Greek Testament Illustrated from the Papyri and Other Non-Literary Sources* (1930), reprint Grand Rapids, MI, 1985, S. 159.

5. L. c.

6. L. c. mit weiteren Belegen.

7. W. LESCHHORN – P.R. FRANKE, *Lexikon der Aufschriften auf griechischen Münzen* 2, Wien, 2009, S. 448.

8. Es wären wohl auch andere Ableitungen zum Namen Thomas denkbar (aramäisch sehr ähnlich sind auch TWM „Einfalt, Integrität u.ä.", TWM' „Knoblauch" oder „Rand, Grenze", während T'WM' im Plural auch „Backenzähne" und das Sternbild „Zwillinge" bedeuten kann), aber Joh erhebt die Übersetzung in unserem Fall zur Gewissheit. Vgl. T. ILAN, *Lexicon of Jewish Names in Late Antiquity*. Part I: *Palestine 330BCE-200CE* (TSAJ, 91), Tübingen, 2002, S. 416.

9. R. BAUCKHAM, *Jesus and the Eyewitnesses: The Gospels as Eyewitness Testimony*, Grand Rapids, MI, 2006, S. 110. Vgl. auch ID., *Jude and the Relatives of Jesus in the Early Church*, Edinburgh, 1990, S. 32-36. 172f.

10. ILAN, *Lexicon* (Anm. 8), I, S. 46f. (zu unserem Thomas s. S. 272, 416).

11. H.J. DRIJVERS – J.F. HEALEY, *The Old Syriac Inscriptions of Edessa and Osrhoene: Texts, Translations and Commentary* (Handbuch der Orientalistik, I/42), Leiden, 1999, S. 67 (As11, undatiert, m. E. kaum schon christlich, mit der auffälligen Schreibung TWM'). Der in älterer Literatur genannte jüdische Handwerker Thomas Sohn des Benajah aus Dura Europos hat sich mittlerweile durch andere Lesung der Inschrift erledigt (Taima ben Iahiba): D. NOY – H. BLOEDHORN, *Inscriptiones Judaicae Orientis*. III: *Syria and Cyprus*, Tübingen, 2004, S. 243f. (App22), genannt aber noch bei T. ILAN, *Lexicon of Jewish Names in Late Antiquity*. Part IV: *The Eastern Diaspora 330 BCE-650 CE* (TSAJ, 141), Tübingen, 2011, S. 402.

12. ILAN, *Lexicon* (Anm. 8), I, 416 mit Belegen.

13. G.L. HARDING, *An Index and Concordance of Pre-Islamic Arabic Names and Inscriptions*, Toronto, 1971, S. 127.

Belege sind weithin wohl schon christlich[14]. Ein Silentiarius Justinians heißt bei Ioannes Malalas 348 ed. I. Thurn (2000) Θωμᾶς ὁ λεγόμενος Ἑβραῖος (textlich unsicher überliefert), usw.

In der syrischen Tradition heißt der Jünger, den wir hier im Blick haben, mit Namen Judas, und Thomas ist Beiname (so außer im Thomas-evangelium und in den syrischen Thomasakten auch im Syrus Curetonia-nus zu den Johannesstellen, in der Abgarlegende bei Euseb, *Hist. Eccl.* I 13,4.11; II 1,6; bei Ephraem und in der Doctrina Addai etc.). Allerdings werden hier oft Judas Thomas einerseits und Judas der Bruder des Jakobus und ntl. Briefschreiber andererseits unterschieden, so bei Ephraem[15]. Ein Paar Θωμᾶς καὶ Ἐλιέζερος οἱ δίδυμοι erwähnen die ps.-clem. Homi-lien 2,1,2, aber hier ist nicht an den biblischen Thomas gedacht (nebenbei beweist die Stelle ebenfalls, dass von zwei Zwillingsbrüdern einer den Namen „Zwilling" tragen konnte, vermutlich der Nachgeborene).

Gehen wir nun einen Schritt weiter. In den im Original wohl syrischen Thomasakten[16] wird eine komplexe Erzählwelt um Thomas als Zwilling aufgebaut: und zwar als Zwilling Jesu. Jesus und Thomas werden öfter verwechselt, ihre verblüffende äußere Ähnlichkeit ist ein wichtiges die Handlung vorantreibendes Motiv, in dem ihre innere Affinität anschau-lich wird (auf eine tatsächliche Zwillingsgeburt wird nicht rekurriert). Dieses Motiv (freilich für „geborene Zwillinge") ist insbesondere aus der Komödie vertraut, etwa den Menaechmi des Plautus (c. 254-184 v. Chr.), in denen einer der beiden Brüder als Kind entführt und für tot gehalten wird, der andere dann zum Andenken den Namen des angeblich verstor-benen Bruders erhält (eben Menaechmus), und sich die weitere Handlung aus der äußeren Ähnlichkeit und Namensgleichheit der Brüder ergibt (die voneinander nicht wissen).

---

14. F. PREISIGKE, *Namenbuch, enthaltend alle griechischen, lateinischen, ägyptischen, hebräischen, arabischen und sonstigen semitischen und nichtsemitischen Menschennamen, sowie sie in griechischen Urkunden (Papyri, Ostraka, Inschriften, Mumienschildern usw.) Ägyptens sich vorfinden*, Heidelberg, 1922, S. 144; D. FORABOSCHI, *Onomasticum alterum papyrologicum*, Milano, 1971, S. 141. PAPE – BENSELER, *Wörterbuch der griechischen Eigennamen* (Anm. 3), 1, S. 524 setzen einen griechischen Namen Θωμᾶς an, den sie zu θαυμάσιος (admirabilis) stellen (wenige Belege). Zu vergleichen sind dann Namen wie Θαῦμις, Θαύμων, Θώμων, etc. Dann wäre der ntl. Name dem genuin griechischen ange-glichen, wie Simon für Symeon, Jason für Jesus, Mnason für Menasse etc. (so auch BDR §53, 9; 125, 6). Doch müsste die Frage wohl einmal umfassend bearbeitet werden.
15. Vgl. die weitere Diskussion bei BAUCKHAM, *Jude and the Relatives of Jesus* (Anm. 9), S. 33f. Allgemein zur Rezeption der Thomasfigur bis zur Neuzeit vgl. G.W. MOST, *Doubting Thomas*, Cambridge, MA, 2007.
16. Nützlich ist besonders A.F.J. KLIJN, *The Acts of Thomas: Introduction, Text and Commentary* (SupplNT, 108). Second Revised Edition, Leiden, 2003.

Selbstverständlich ist in der genannten syrischen Thomasüberlieferung, dass Thomas eben der Zwilling Jesu ist[17], so überraschend eine
solche Idee im Kontext eines westlichen theologischen Traditums anmutet. Wird Judas Thomas also mit dem leiblichen Bruder Jesu Judas identifiziert, den wir auch aus der Brüderliste Jesu Markus 6,3 (dort an dritter
Stelle) kennen, und unter dessen Namen wohl auch der Judasbrief steht?
Dieser will die Figur des Jesusbruders Judas Thomas vielleicht schon im
Gegenzug gegen gnostische Verwendungen antignostisch (zumindest
antihäretisch) besetzen. In der Textgeschichte der Thomasakten ersetzt
der Name Thomas dann sukzessive die Namensform Judas, und die Aussage, dass dieser der Zwilling Jesu sei, wird außerdem allmählich, aber
doch nicht konsequent zurückgedrängt. So liest der syrische Text Kap.
31 statt T'WM' „Zwilling" ein THWM' („Abgrund", Abyssos). Judas
sei also der „Abgrund" Jesu[18]. Dahinein mag man allerlei Tiefsinn legen,
aber es ist textkritisch offenbar doch nur der Versuch, die klaren Aussagen über Thomas als Zwilling Jesu zu vermeiden, die zunehmend kurios
wirken mussten. Das wird durch die hier ältere griechische Fassung zur
Evidenz erhoben, die vom Zwilling (δίδυμος) spricht. Doch ist der
Gesamtbefund gerade im syrischen Text sonst eindeutig, und Acta Thomae 39 steht die Aussage in wünschenswerter Klarheit sowohl in der
syrischen wie in der griechischen Überlieferung[19]. Dies alles ist einigermaßen durchsichtig und auch nicht kontrovers. Die narrativ-legenden-
hafte Darstellungsweise der enkratitischen Thomasakten erlaubt keine
erschöpfende Auskunft darüber, was eigentlich theologisch mit diesem
Erzählmotiv zum Ausdruck gebracht werden soll, abgesehen davon, dass
Thomas in gewisser Weise das Geschick Jesu wiederholt. Das gilt insbesondere in Hinsicht auf Erniedrigung und Sklavenexistenz einerseits,
Missions- und Wundertätigkeit andererseits. Beide haben sogar den gleichen Beruf: auch Thomas ist Zimmermann. Thomas ist also *alter Christus*, ein anderer Christus[20]. Die Thomasakten spielen in Indien und bieten

17. Andere, nur vereinzelt bezeugte altkirchliche Identifikationen der Person, deren
Zwilling Thomas gewesen sei, listet M. JANSSEN, *„Evangelium des Zwillings?"* Das
Thomasevangelium als Thomasschrift, in J. FREY – E.E. POPKES – J. SCHRÖTER (Hgg.),
Das Thomasevangelium: Entstehung – Rezeption – Theologie (BZNW, 157), Berlin – New
York, 2008, 222-248, hier S. 226 A. 20 auf. Man merkt, dass die Angabe als erklärungs-
bedürftig empfunden wurde.
18. Diskussion bei KLIJN, *The Acts of Thomas* (Anm. 16), S. 6f.
19. Vgl. die Diskussion bei KLIJN, *The Acts of Thomas* (Anm. 16), S. 6f., 92. Thomas
als „Abgrund Jesu" immerhin auch in den *Onomastica Vaticana* hg. P. DE LAGARDE
(Onomastica Sacra), Göttingen, 1887 = Hildesheim, 1966, S. 174, 85; 175, 15f.; 191, 71f.:
Θωμᾶς ἄβυσσος ἢ δίδυμος (an der letztgenannten Stelle dazu: ἢ ἀκατάληπτος
βαθύτης). Offenbar hat sich die v. l. inhaltlich verselbständigt.
20. Vgl. JANSSEN, *„Evangelium des Zwillings?"* (Anm. 17), S. 229.

zwar einige genuin indische Personennamen, weisen aber ansonsten keinerlei indisches Lokalkolorit auf, und müssen in ihrer Vorstellungswelt
jedenfalls aus dem syrischen Raum erklärt werden[21]. Sie sind wohl auch
in ihren griechischen, lateinischen und kirchenslavischen Fassungen der
kurioseste Beitrag des syrischen Ostens zum Legendencorpus des Wes-
tens (letztere sind stark gekürzt und späterem Geschmack angepasst). Wir
halten fest: Thomas ist in unserem Text der Zwilling Jesu, dem er nicht
nur ähnelt, sondern den er als Apostel und Missionar sozusagen auf der
Erde vertritt. So deutlich wird das andernorts vor allem im „Buch des
Thomas" ausgesprochen (früher gerne „Buch Thomas des Athleten"
genannt; NHC II, 7). Jesus spricht hier zu Thomas (aufgeschrieben
wird der Dialog von Matthäus): „Weil aber gesagt wurde, daß du mein
Zwilling und mein einzig wahrer Freund bist, (deshalb) ergründe dich
selbst und erkenne, wer du bist, wie du bist und wie du sein wirst! Weil
du mein Bruder genannt wirst, darfst du nicht in Unkenntnis über dich
selbst bleiben. Und ich weiß, daß du zu erkennen begonnen hast. Denn
du hast schon erkannt, daß ich die Erkenntnis der Wahrheit bin"[22] (Thomasbuch NHC II, 7, p. 138,7-14). Weiter wird das Stichwort aber nicht
entfaltet. Es dürfte zu unspezifisch sein, mit Martina Janßen von einem
„pneumatischen Verwandtschaftsverhältnis"[23] zu sprechen: die Mythologie reicht m. E. tiefer und muss genauer definiert werden, was wir aber
nur an den erzählenden Texten selbst werden plausibel machen können.

Noch eine Fußnote zu den Anfängen der Tradition: Thomas selbst ist
mit einiger Sicherheit eine historische Figur. Zwilling wurde er vielleicht
genannt, weil bei seiner Geburt ein Zwillingsbruder verstarb; in der
Antike war es ohne Frage häufig so, dass von Zwillingen nur einer über-
leben konnte. Faktisch waren Mehrlinge daher noch weitaus seltener als
heute und wurden höchster Beachtung gewürdigt[24]. Auch in der Gegenwart sind Zwillingsgeburten keineswegs gleichermaßen häufig (während
die Zahl monozygoter Zwillinge offenbar genetisch bestimmt und weithin konstant ist, hat sich die Zahl dizygoter Zwillingsgeburten z. B. in
Deutschland seit 1977 aus unbekannten Gründen verdoppelt, und diver-
giert auch im internationalen Vergleich stark). Statistisch-quantitative

---

21. Zur indischen Thomasüberlieferung vgl. L.P. VAN DEN BOSCH, *India and the
Apostolate of St. Thomas*, in J.N. BREMMER (Hg.), *The Apocryphal Acts of Thomas*, Leuven, 2001, 125-148 und weiterführend zum ganzen "Indienkomplex" C. DOGNINI –
I. RAMELLI, *Gli Apostoli in India nella Patristica e nelle letteratura sanscrita*, Milano,
2001.

22. H.-M. SCHENKE, *Das Thomas-Buch (Nag-Hammadi-Codex II,7)* (TU, 138), Berlin,
1989, S. 24f. vgl. zur Auslegung 64f.

23. So JANSSEN, *„Evangelium des Zwillings?"* (Anm. 17), S. 230.

24. Vgl. auch Digesta 34, 5, 7 (CIC I, 534 ed. P. KRUEGER – Th. MOMMSEN).

Aussagen über Geburts- und Sterberaten sind für die Antike im Allgemeinen natürlich kaum möglich[25]. Doch spricht alle Plausibilität dafür, dass Zwillinge seltener als heute gesund geboren wurden und noch seltener aufwachsen konnten. Die Eltern verewigten vielleicht ihr verstorbenes Kind, indem sie den überlebenden Bruder „Teʾoma" nannten, den Zwilling (vgl. oben zu Menaechmus). Wenn James Charlesworth und Hans-Martin Schenke mit ihrer Identifikation des johanneischen Lieblingsjüngers mit Thomas Recht hätten[26], dann würde sich der johanneische Aspekt der Tradition freilich noch einmal anders darstellen. Es scheint mir aber ganz unwahrscheinlich, dass das Johannesevangelium einmal offen, ein anderes Mal chiffrierend-änigmatisch von Thomas sprechen sollte.

Ende des 1. Jhdt. oder wenig später wurde der Jünger Thomas aus der Jesusbewegung zum Gegenstand der Spekulation, ausgehend vielleicht von den johanneischen Passagen, oder vielleicht einfach aufgrund seines Namens. Wessen Zwilling könnte er gewesen sein? In einem spekulationsfreudigen und protognostischen Milieu, in dem sich zudem hagiographische Motive rasch entwickelten, musste die Figur des Thomas immer interessanter werden. Als eine Art zentrales Paradoxon bildete sich alsbald, vielleicht noch im ersten Jahrhundert, die Überzeugung heraus, Thomas sei der Zwilling Jesu. Im Allgemeinen war das wohl eher in einem übertragenen oder metaphorischen Sinn oder wegen äußerlicher Ähnlichkeit gemeint, welche die Thomasakten betonen, denn die Geburtslegenden werden durch das Motiv nicht beeinflusst. Das spricht gegen die These, dass hier in erster Linie eine Identifikation mit dem Bruder Jesu Judas vorliege (s.o.), obwohl diese vereinzelt auch bezeugt ist.

Wir fragen im Folgenden, was diese ganze Idee eines Zwillings Jesu so bemerkenswert macht bzw. was ihr Referenzrahmen ist. Sie war zwar auch in der Thomasüberlieferung nie völlig beherrschend: das griechische „Evangelium Thomae de infantia Salvatoris" etwa, das wohl in die Zeit um 200 zurückgeht und unter dem Namen des „israelitischen Philosophen Thomas" steht, verrät keine Kenntnis der Zwillingsmythologie (FC 18, 1995 ed. G. Schneider, 147-171). Aber diese ist doch so verbreitet, dass wir ihr ideelles Umfeld ausleuchten müssen.

---

25. J. WIESEHÖFER, Art. *Sterblichkeit*, in *Der Neue Pauly* 11 (2001) 963f.
26. J. CHARLESWORTH, *The Beloved Disciple: Whose Witness Validates the Gospel of John?*, Valley Forge, PA, 1995; H.-M. SCHENKE, *The Function and Background of the Beloved Disciple in the Gospel of John*, in C.W. HEDRICK – R. HODGSON (Hgg.), *Nag Hammadi, Gnosticism, and Early Christianity*, Peabody, MA, 1986, 111-125.

Wenden wir uns jedoch vor einer solchen mythologischen Umschau kurz noch einer dritten, diesmal manichäische Tradition zu, deren besonderes Interesse für uns auch darin liegt, dass sie in das elchesaitische Täufer-Milieu führt, in dem Mani aufgewachsen ist. Im Kölner Mani-Kodex – der vielleicht erstaunlichsten religiösen Biographie bzw. Autobiographie, die wir vor derjenigen Augustins besitzen – empfängt Mani seine Offenbarungen im Alter von 12 und 24 Jahren durch einen himmlischen Syzygos oder Syzyx[27]. Dieser „Partner" begegnet ihm immer wieder, tröstet und belehrt ihn und ist sozusagen sein himmlisches Gegenüber und sein Offenbarer. Zwischen beiden besteht eine mystische Identität: „ἐπίστευσα δ'αὐτὸν ἐμὸν ὑπάρχοντά τε καὶ ὄντα καὶ σύμβουλον ἀγαθὸν καὶ χρηστὸν ὄντα. ἐπέγνων μὲν αὐτὸν καὶ συνῆκα ὅτι ἐκεῖνος ἐγώ εἰμι ἐξ οὗ διεκρίθην. ἐπεμαρτύρησα δὲ ὅτι ἐγὼ ἐκεῖνος αὐτός εἰμι" (CMC p. 24, 5-14), sagt Mani.

Die reiche arabische Mani-Überlieferung, ohne die für uns vieles fragmentarisch bliebe, liefert uns zu diesem Syzygos noch wichtige weitere Details: „kāna l-malaku llaδī jā'ahū bi l-waḥyi yusammā t-taw'ama" „the angel who came to him with the revelation was called the twin", schreibt der große Polyhistor An-Nadīm (gest. wohl 995) in seinem Kitāb al-Fihrist (328, 11), der großen Enzyklopädie islamischen Buchwissens aus dem 10. Jhdt. An anderer Stelle kann das Offenbarungsgeschehen eingeleitet werden mit den Worten „'atāhu t-taw'amu" „the twin came to him" (328, 13); ähnlich: „al-kalāmu llaδī qālahū lahu t-taw'amu" „the words which the twin spoke to him" (328, 15)[28]. Das arabische Wort für Zwilling entspricht hier ganz dem aramäischen, und weist auf dieses zurück; Mani selbst schrieb ja seine Bücher auf Syrisch, nur das Šābuhragān auf mittelpersisch.

Dieses ganze Vorstellungsfeld wird für den Manichäismus durch die Überlieferung in den iranischen Sprachen und im Koptischen gestützt, obwohl diese kaum je so deutlich sind. Der Paargenosse und Offenbarer heißt in den mitteliranischen Texten etwa parthisch *ymg* „twin" sowie mittelpersisch *nrjmyg*, „male twin, twin brother", *dwg'ng* „twofold,

---

27. L. KOENEN – C. RÖMER (Hgg.), *Der Kölner Mani-Kodex: Über das Werden seines Leibes. Kritische Edition* (Papyrologica Coloniensia, 14), Opladen, 1988.

28. Alle Belege nach F. DE BLOIS, *Texts from Iraq and Iran (Texts in Syriac, Arabic, Persian and Zoroastrian Middle Persian)* (Dictionary of Manchaean Texts, 2 = Corpus Fontium Manichaeorum: Subsidia), Turnhout, 2006, S. 34. Zum Kontext der Passagen vgl. die englische Gesamtübersetzung *The Fihrist of Al-Nadīm: A Tenth-Century Survey of Muslim Culture*, hg. und üb. von B. DODGE. 2 Bände, New York, 1970, hier 2, S. 773-806. Diese Darstellung ist die bestinformierte vormoderne Analyse des Manichäismus, die wir besitzen; vgl. dazu nach wie vor C. COLPE, *Der Manichäismus in der arabischen Überlieferung*, Göttingen, 1954.

double, twin", *h'mjmyg* „(co-)twin", *jmyg* „twin" etc. (auch für das Lichtmädchen als himmlisches Gegenstück zu Jesus dem Glanz, um die manich.-technischen Begriffe zu gebrauchen)[29]. Im Westen ist dies alles nicht unbekannt. In der lateinischen Epistula Fundamenti wird vielleicht das Proömium des Thomasevangeliums zitiert[30], und vor allem eine unter dem Namen des Evodius von Uzalis (eines Briefpartners Augustins) überlieferte Schrift zeigt, dass diese Ideen auch bei den lateinischen Manichäern umliefen: (Manichaeus) „qui se mira superbia adsumptum a gemino suo, hoc est spiritu sancto, esse gloriatur" (de fide contra Manichaeos 24 ed. Joseph Zycha CSEL 25/2 (Wien 1892), 961, 14f.). Es unterliegt keinem Zweifel, dass auch hinter dem Syzygos als Offenbarer im Kölner Mani-Codex eben jener himmlische Zwilling steht. Das Konzept ist für Mani traditionell: es muss weder je erklärt noch verteidigt werden. Kontrovers ist der Inhalt der Offenbarung, nicht der Anspruch, diese von seinem himmlischen Zwilling erhalten zu haben. *Der Offenbarer ist also der „Zwilling" des Offenbarungsempfängers.*

Formulieren wir dazu nun eine erste erstaunliche Beobachtung. Bei Mani ist der „Zwilling" der Offenbarer. In der Thomastradition der christlichen Thomasschriften ist er der Offenbarungsempfänger. Es hat also irgendwie ein Rollentausch stattgefunden? Oder ist der Sachverhalt anders zu erklären? Deutlich ist, dass wir in ein komplexes Netzwerk aneinander angrenzender Traditionen und Ideen geführt werden, das zu entwirren nicht einfach ist. Martina Janßen hat in einer gelehrten Studie – unter dem Titel „,Evangelium des Zwillings?' Das Thomasevangelium als Thomasschrift" – eine weithin vollständige Übersicht über die Belege und Texte gegeben[31]. In gewisser Hinsicht wollen die folgenden Gedanken an diese Übersicht anknüpfen und sie fortsetzen, indem das Netzwerk an Ideen hinter der Mythologie über Thomas den Zwilling weiter differenziert und auch problematisiert wird.

---

29. Belege bei D. DURKIN-MEISTERERNST, *Dictionary of Manichaean Middle Persian and Parthian* (Dictionary of Manichaean Texts, 3/1 = Corpus Fontium Manichaeorum: Subsidia, 3/1), Turnhout, 2004, S. 144, 174, 199, 244, 374. Vgl. über historisierte iranische Zwillingsmythen auch J. WOLSKI, *L'origine de la relation d'Arrien sur la paire des frères Arsacides, Arsace et Tiridate*, in J. HARMATTA (Hgg.), *Studies in the Sources on the History of Pre-Islamic Central Asia*, Budapest, 1979, 67-74, hier 71-73.

30. Sammlung der Fragmente und Rekonstruktion: E. FELDMANN, *Die „Epistula Fundamenti" der nordafrikanischen Manichäer: Versuch einer Rekonstruktion*, Altenberge, 1987. Das Proömium des Thomasevangeliums scheint auch im Eingangsteil des Thomasbuches (NHC II, 7) benutzt zu sein.

31. JANSSEN, *„Evangelium des Zwillings?"* (Anm. 17), *passim*.

II. Mögliche Anknüpfungen des Motivs

Betrachten wir also das weitere traditionsgeschichtliche Umfeld des Motivs „der Zwilling als Offenbarer, der Offenbarer als Alter ego". An dieser Stelle ist nur eine Skizze ohne ausführliche Dokumentation möglich. Im Judentum schon des 1. Jhdts. und später ist der persönliche Schutzengel regelmäßig zugleich ein himmlischer Doppelgänger. Aus Apg 12,13-15 kennen wir als nicht weiter erklärungsbedürftige Selbstverständlichkeit, dass der himmlische Archetyp des Menschen, sein Engel, äußerlich genauso aussieht wie der Mensch selbst. Er ist ja sein himmlisches Urbild, oder genauer gesagt, das himmlische Bild, das Adam im Sündenfall genommen wurde und das nun auf eine eschatologische Wiedervereinigung mit ihm wartet. So vielfach in der rabbinischen Literatur (Gen. R. 78,3 (50a); yBer. 9,13a,37; Deuter. R. 2,26f.; Midr. Teh. 55,3 (146b) usw.; vgl. zum weiteren Umfeld Mt 18,10 und auch gr. Baruch-Apk. 12,3; 13,1; slav. Hen. 19,4; Lib. Ant. Bibl. 11,12; 15,5; 59,4; Tg. Ps.-Jonathan Gen. 33,10; 48,16)[32]. Der von Abraham gesandte Engel erscheint vor Isaak mit dem Gesicht Abrahams und wird von Isaak anfänglich verwechselt (Test. Isaac 2,2f.10-12; auch Test. Jacob 2,4). Die Passage in der Apostelgeschichte scheint die gleiche Vorstellungswelt zu evozieren. Solche Ideen konnten sicher auch platonisierend interpretiert werden (im Sinne des „himmlischen Menschen", wie wir ihn aus Philon und der späteren kabbalistischen Mystik sehr gut kennen). Sie sind aber von Hause aus weniger Elemente anthropologisch-philosophischer Spekulation, sondern genuiner Mythologie, bekannt vor allem aus dem iranischen Raum und wohl auch tatsächlich letztlich aus diesem rezipiert. Zwei aneinander angrenzende mythologische Konzepte kommen aus diesem weiteren Umfeld in Betracht. Die Fravašis, die himmlischen Urbilder der individuellen Menschen und zugleich die Verkörperungen ihrer guten ethischen Entscheidungen,

---

32. Diese und angrenzende Stellen hatte schon BILLERBECK (2, 707f. vgl. 345f.; 3, 437ff.) gesammelt; vgl. auch A.D. DECONICK, *Recovering the Original Gospel of Thomas: A History of the Gospel and Its Growth*, London, 2005, S. 202-204 (die eine Verbindung zur Adam-Urmensch-Mythologie herstellen will). Auch Tosefta Sota 13, 8 kann m. E. in diesem Kontext verstanden werden: der geheimnisvolle Älteste, der mit dem Hohenpriester Simeon dem Gerechten jeweils das Allerheiligste betritt, aber dieses eines Tages nicht mehr verließ (woraus Simeon richtig schloss, dass er in diesem Jahr sterben würde), ist offenbar dessen „Engel". Gemeint scheint zu sein, dass nur Simeon ihn sehen konnte. Kaiser Constantius wusste, dass er sterben würde, als ihm sein Schutzgeist nicht mehr wie sonst als schattenhaftes Numen erschien (Ammian. Marcell. 21, 14). Man wird auch daran denken, wie Domitian vor seinem Tod von seinem Schutznumen verlassen wird, das allerdings die Gestalt Minervas annimmt: Sueton Domit. 15, 3; Cass. Dio 67, 16, 1.

werden sich im Eschaton mit ihnen vereinen[33]. Sie spielen bereits bei der Schöpfung eine Rolle, und können aktiv-kämpferisch auftreten (avestische Hauptquelle ist Yasht 13). Die Daēnā, die eine Art jenseitige Manifestation der guten Taten eines Menschen ist, wird ihm nach dem Tod als himmlisches Gegenüber begegnen (Hadōḫt Nask 2,7-15); wer sich ihr zuwendet, empfängt von ihr tausend weise Lebensworte (Dēnkard 6,3 ed. Sh. Shaked)[34]. Beide haben indes keine im engeren Sinn soteriologische Funktion, anders als etwa die manichäische Lichtjungfrau, die auch als komplementäres Seelendoppel auftreten kann[35], und beide sind wohl iranische Varianten der „External Soul"[36]. Im Judentum des 1. Jhdts. existiert diese gesamte Mythologie (die wir nur in ihrer iranischen Fassung besonders gut kennen) offenbar in volkstümlicher, mancher Konnotationen beraubter Form: Jeder Mensch hat seinen Engel, der aber zugleich sein himmlischer Doppelgänger ist[37]. Beim Tod des Menschen kann

---

33. B. SCHLERATH – C. ELSAS, Art. *Fravaši*, in *Wörterbuch der Mythologie*, hg. H.W. HAUSSIG, IV, Stuttgart, 1986, 349-351. Diese Zusammenhänge haben in der älteren Forschung z. B. schon J.H. MOULTON, *It Is His Angel*, in *JTS* 3 (1902) 514-527, bes. S. 516f.; kürzer ID., *Early Zoroastrianism* (The Hibbert Lectures. Second Series), London, 1913, S. 248, 324 und später R. OTTO, *Reich Gottes und Menschensohn*, München, 1933, S. 319-321 ganz zutreffend beschrieben. Allgemein über iranische Bezüge im frühen Christentum und über die ersten persischen Christen vgl. M. FRENSCHKOWSKI, *Frühe Christen in der Begegnung mit dem Zoroastrismus: Eine Orientierung*, in P. WICK – M. ZEHNDER (Hgg.), *The Parthian Empire and Its Religions / Das Partherreich und seine Religionen* (Pietas, 5), Gutenberg, Computus, 2012, 163-194.

34. Art. *Daēnā*, in *Wörterbuch der Mythologie* (Anm. 33), 319f. (Autorzuweisung nicht aufgelöst). Sie ist weiblich, wie es die beschützenden Ἐπόπτιδες in der gleichnamigen Schrift des Quintus Valerius Soranus sind (berüchtigt, weil in ihr der geheime Name Roms ausgeplaudert worden war, wofür der Autor unter Sulla gekreuzigt wurde). Vgl. T. KÖVES-ZULAUF, *Die Ἐπόπτιδες des Valerius Soranus*, in *Rheinisches Museum* 113 (1970) 323-358; R. HELM, *Quintus Valerius Soranus*, in *Realenzyklopädie* 32/1 (1955) 225f.

35. Zum Unterschied zoroastrischer und manichäischer Vorstellungen in Hinsicht auf himmlische Doppelgängergestalten vgl. C. COLPE, *Daēnā, Lichtjungfrau, zweite Gestalt: Verbindungen und Unterschiede zwischen zoroastrischer und arabisch-manichäischer Selbst-Anschauung*, in ID., *Iranier – Aramäer – Hebräer – Hellenen. Iranische Religionen und ihre Westbeziehungen* (WUNT, 154), Tübingen, 2003, 383-399. Ein schönes manichäisches Beispiel für die Begegnung mit der daēnā steht bei W.B. HENNING, *Sogdian Tales*, in *Bulletin of the School of Oriental and African Studies* 11 (1945) 465-487, hier S. 476f. = ID., *Selected Papers* II, Leiden, 1977, 169-191, hier S. 182f.

36. Allgemein zur Typologie von Seelenvorstellungen vgl. M. FRENSCHKOWSKI, Art. *Seele*, in *Enzyklopädie des Märchens* 12 (2007) 476-489. Über das v.a. in der Ethnologie verwendete Konzept der External Soul s. etwa V. CORDUNG, Art. *External Soul*, in *Enzyklopädie des Märchens* 4 (1984) 700-710; C. TUCZAY, *Der Unhold ohne Seele: Eine motivgeschichtliche Untersuchung* (Wiener Arbeiten zur germanischen Altertumskunde und Philologie, 18), Wien, 1982 sowie klassisch und von unübertroffener Materialfülle E.S. HARTLAND, *The Legend of Perseus*, 3 Bände, London, 1894-1896, bes. Bd. 2 „The Life-Token".

37. Eine ausführlichere Begründung dieser Zusammenhänge muss anderem Ort vorbehalten bleiben. Zur Psychologie der Doppelgängervisionen vgl. O. RANK, *Der Doppelgänger: Eine psychoanalytische Studie*, Leipzig, 1925 = Wien, 1993.

dieser anderen Personen erscheinen, die dann im Regelfall erst hinterher verstehen, was sie da erlebt haben. Das ist ja offenbar das Motiv hinter Acta 12; in dieser Form hat die Idee Kontakt zu einem global verbreiteten Typ der Erscheinung Sterbender an weit entfernten Orten im Moment ihres Todes. Als die Magd Rhode von Petrus vor der Tür spricht – von dem doch alle wissen, dass er im Gefängnis sitzt – ist die naheliegende Interpretation: man hat ihn gerade hingerichtet, und daher sehen wir nun seinen Engel. Der Engel als External Soul steht auch in Affinität zum römischen Genius[38] (bzw. seinem weiblichen Gegenstück, der „Iuno"), zu Agathos Daimon-Gestalten[39], zum Personaldämon und Seelenwächter bei Plutarch[40] oder Epiktet (diss. 1,14,12f.; dieser soll auch vom Menschen befragt werden: 3,22,53f.) u.ä. und zu den ikonographischen Darstellungen der Seele im Eidolon-Typ. Schon Homers Psyche ist ja Doppelgänger (Ilias 23,66) und keineswegs einfach mit dem Toten identisch (Herakles' εἴδωλον ist im Hades, er selbst aber bei den Göttern: Od. 11,601-603; dazu die erzählerische Umsetzung Lukian dial. mort. 11). Dass die Seele dem Menschen nach dem Tod äußerlich ähnelt, ist allgemeine Vorstellung (Plutarch de fac. in orbe lun. 30,945A; de sera numin. vind. 23,564A; de vita et poesi Homeri 123; Lukian ver. hist. 2,12; Diogen. Laert. 8,31 nach Alexander Polyhistor als pythagoreische Lehre, auch Antisthenes Homerica SSR V A Frg. 193 (2,216 ed. Gabriele Giannantoni), und sehr oft; Apuleius met. 8,8,3 vom νεκυδαίμων). Im Zauber wird der Doppelgänger beschworen, um Offenbarungen zu empfangen: Αὐτοπτική· ἐὰν βούλῃ σὲ αὐτὸν [ἰ]δεῖν (es folgt das Zauberrezept) (PGM VII, 335-340). Er ist kein anderer als der πάρεδρος δαίμων, zu dem Kontakt herzustellen eines der wesentlichen Ziele des spätantiken professionellen Zauberwesens ist (wie es sich aus den PGM erkennen läßt)[41], und der eben auch eine Art magisches Seelendouble ist.

---

38. Der Genius hat Porträtzüge Petronius satyr. 60; eine Art Schutzgeist ist er Censorinus 3, 1 (älterem römischen Konzept entspricht das in dieser Form nicht, was ich hier nicht diskutieren kann). Das „Bild" hat natürlich überhaupt magische Affinitäten zu einer potentiellen External Soul; man denke an das berühmte im Spiegel festgebannte Bild Statius silvae 3, 4, 98. Od. Salomo 13, 1 ist Christus der Spiegel der christusgläubigen Seele: auch das führt in die nächste Nähe unserer Thomasmythologie. Spiegelzauber ist überaus häufig; vgl. etwa Proklos in Platonis rem publ. comment. 431, ed. KROLL I, 290; Apuleius apol. 13 etc.

39. Ganz Schutzengel ist der Agathos Daimon bei Josephus Ant. XVI 210.

40. Vgl. F.E. BRENK, In Mist Apparelled: Religious Themes in Plutarch's Moralia and Lives, Leiden, 1977, S. 85-112 und zum Ganzen als Materialübersicht F. ANDRES, Art. Daimon, in Realenzyckopädie Suppl. 3 (1918) 267-322.

41. Vgl. zu dieser zentralen Figur der Magie als beste Übersicht nach wie vor K. PREISENDANZ, Art. Πάρεδρος 2, in Realenzyklopädie XVIII/4 (1949) 1428-1453; kürzer S.I. JOHNSTON, Art. Paredros, Paredroi B. Magie, in Der Neue Pauly 9 (2000) 328f., welche aber die innere Beziehung des Paredros zum Magier nicht in den Blick nimmt.

Als behütendem Daimon entspricht auf einem anderen sozialen Niveau die kaiserliche *tutela* oder Othos *numen* (Tacitus *hist.* 2,33,1) und natürlich Plotins von einem Ägypter im römischen Isistempel beschworener ἴδιος δαίμων (Porphyrios v. Plotini 10f.; vgl. allgemein Proklos ad Alcibiad. prior. 41 ed. A. Ph. Segonds; PGM VII,479-490; 505-527). Der gute Dämon, der dem Menschen in der eigenen Seele und zugleich als Fremder entgegentritt, ist seit alters auch Mystagoge (Menander frg. 550 Kock = 534a Edmonds) und Führer zur Eudämonie (Dio Chrysost. *or.* 23).

In allen diesen durchaus unterschiedliche Varianten des Seelendoppels begegnet der Mensch sich selbst als ein Anderer, und kann sich daher auch selbst zum Offenbarer werden[42]. Die Externalisierung des Selbst erlaubt es, dieses als höheres Numen in revelatorische Kontexte einzufügen. Nur en passant erinnern wir noch an die Bilokationen, die von Pythagoras, Apollonius von Tyana u.a. erzählt werden, und an die verwandte Mythologie des Schattens (der im Jenseits dem Menschen als sein ihm gleichender Ankläger gegenübertritt, da er alles im Leben mitangesehen hat: Lukian *Menipp s. Necyomant.* 11)[43].

Ein nur auf den ersten Anschein völlig andersgearteter Baustein des mythologischen Netzwerkes, das wir in den Blick nehmen wollen, sind allgemein antike Zwillingsmythen. Auch der Zwilling ist ein Alter ego. Kastor und Pollux (Polydeukes), Herakles und Iphikles, Romulus und Remus, Zethes und Kalais (Söhne des Windgottes Boreas), Idas und Lynkeus (die Apharetiden, die mit den Dioskuren öfters konkurrieren) und eine Fülle weiterer Figuren bieten hierzu einen Referenzrahmen in den überlieferten Mythologien[44]. Die Dioskuren werden bekanntlich sogar im Neuen Testament genannt (Apg 28,11), und begegnen uns 2. Makk. 3,26 in einer jüdischen Schlachtenepiphanie.

42. Sokrates' Daimonion wird nicht visualisiert, gehört aber wohl in jener populäreren Rezeptionsform hierher, in der Xenophon memorabil. 1, 1; 4, 8 ihn mit der wahrsagenden und offenbarenden Pythia zusammenrückt. Allein für Sokrates sichtbar ist das Daimonion immerhin Apuleius de deo Socr. 20.
43. Vgl. als erste Skizze P.W. VAN DER HORST, *Der Schatten im hellenistischen Volksglauben*, in M.J. VERMASEREN (Hg.), *Studies in Hellenistic Religions* (Études préliminaires aux religions orientales dans l'Empire romain, 78), Leiden, 1979, 27-36. PGM III, 614-633 ist ein Zauber, den eigenen Schatten als Diener auszusenden.
44. R. RATHMAYR, *Zwillinge in der griechisch-römischen Antike*, Wien, 2000; ID., Art. *Zwillinge*, in *Der Neue Pauly* 12/2 (2002) 858-860. Vgl. auch F. MENCACCI, *I fratelli amici: La rappresentazione dei gemelli nella cultura romana*, Venezia, 1996. Zum weiteren mythologischen Umfeld vgl. etwa. M.L. WEST, *Indo-European Poetry and Myth*, Oxford, 2007, S. 186-191, 483 sowie in kosmogonischen Zusammenhängen (Yama, Yima, Tuisto etc.) S. 356-359, 376f.

In Antiochia am Orontes errichtet Kaiser Tiberius vor dem Dionysostempel am Fuß des Silpion-Berges mit seinem Kult des Zeus Keraúnios Stelen der göttlichen Zwillinge Amphion und Zethos (Ioa. Malalas 10 p. 234 Dindorf)[45]: ein Beispiel für die zahlreichen lokalen Variationen der Dioskuren, die als Heiler und Nothelfer zu den populärsten Göttern der Antike gehören. Ein Charakteristikum der Dioskuren ist, dass einer der beiden Brüder von Hause aus ein Mensch, der andere Bruder ein Gott ist. Dahinter steht, wie wir sehen werden, eine Deutung, der zufolge Zwillingsbrüder verschiedene Väter haben, eventuell gar einen menschlichen und einen göttlichen. Plinius maior 7, 47-49 ringt in der ihm eigenen Rationalität mit den für ihn superstitiösen Ideen über Zwillinge. Doch auch für ihn ist selbstverständlich, dass Herakles und Iphikles verschiedene Väter haben, und er bringt zwei Geschichten von Frauen, deren Zwillingskinder je verschiedene menschliche Väter gehabt hätten; im einen Fall war die Frau nach dem Beischlaf mit ihrem Mann von einem Einbrecher vergewaltigt worden, im anderen Fall war sie eine Ehebrecherin. Interessanter sind die Fälle, in denen man damit rechnete, einer der beiden Väter sei ein übernatürliches Wesen, gar eine Gottheit[46]. Man beachte, dass Zeus die Gestalt des Amphitryon annimmt, um Alkmene aufzusuchen. Die Polymorphie der Himmlischen kann sie als Doppelgänger der Irdischen auftreten lassen. Ähnlich kann Jesus in den apokryphen Apostelakten vielfach in Verkleidung, d.h. in der Gestalt eines seiner Jünger erscheinen, womit wir aber erst im Vorfeld unserer Idee sind.

Die antike Zwillingsmythologie wurde klassisch als Thema hinter den Thomastraditionen in drei einschlägigen und gelehrten, aber spekulativen Büchern von James Rendel Harris (1852-1941) aus dem frühen 20. Jhdt. beansprucht[47]. Darin wurde die These begründet, Thomas und Jesus ersetzen in Edessa einen autochthonen Zwillingskult der Götter Monimos und Azizos, die also eine semitische Dioskurenvariante wären, und die beiden berühmten freistehenden Säulen in der Stadt (im Volksmund der „Thron Nimrods" genannt) seien eigentlich diesen beiden zwillingshaften Stadtgöttern geweiht gewesen. Diese sehr spekulative These hat zwar

---

45. Diskutiert bei A.B. Cook, *Zeus: A Study in Ancient Religion*, II/1, Cambridge, 1925, S. 428.

46. West, *Indo-European Poetry and Myth* (Anm. 44), S. 187 (bringt auch indische Beispiele für diese Idee).

47. J.R. Harris, *The Dioscuri in the Christian Legends*, London, 1903; id., *The Cult of the Heavenly Twins*, Cambridge, 1906; id., *Boanerges*, Cambridge, 1913 (dazu diverse Reprints aller drei Bände, die im Prinzip immer umfangreichere Ausarbeitungen des gleichen Materials sind).

u.a. Arthur Bernard Cook beindruckt, dem wir eines der materialreichsten Werke verdanken, die je über antike Religion geschrieben wurden („Zeus. A Study in Ancient Religion", 1914-1940 in fünf Bänden)[48]. Aber es liegt eben doch keine direkte Evidenz für einen solchen Zusammenhang vor, und selbst die Existent eines edessenischen Zwillingskultes ist eher fraglich[49]. Dennoch behält Harris' Hinweis auf die vielschichtige Zwillingsmythologie in spätantiken hagiographischen Texten und v.a. in der Thomastradition ihren Wert, und die Rolle Edessas für das Wachstum der Thomastradition ist ja wohlbekannt[50]. Edessa war ein frühes Zentrum des ostsyrischen Christentums und eine Metropole von erheblichem Selbstbewusstsein – schon auf einem altsyrischen Pergament (einer Schuldverschreibung) von 240 n. Chr. heißt die Stadt „Edessa die große Stadt, die Mutter aller Städte von Beth Nahrin"[51].

Aus dem Vorstellungsfeld um die Dioskuren interessiert hier noch besonders die Idee, die beiden Brüder verbrächten ihre Zeit abwechselnd in der Unterwelt und im Himmel, da der unsterbliche Polydeukes (lat. Pollux) nicht ohne seinen sterblichen Bruder Kastor bleiben wollte. Philo Alexandrinus hat diese vielfach bezeugte Idee symbolisch auf den Himmel oberhalb und unterhalb des Horizontes bezogen (de decal. 12), eine typisch stoische Natur-Interpretation (vgl. Sext. Empir. adv. mathem. 9,37)[52]. Es mag andere, eher soteriologische Deutungen gegeben haben: Polydeukes rettet Kastor ja gewissermaßen vor dem endgültigen Tod und ermöglicht auch ihm, dem Sterblichen, den Zugang zur himmlischen Welt. Das ist aber nur Spekulation[53]. Zwillinge sind in der klassischen Antike also nicht einfach sehr ähnliche Geschwister, obwohl es in der antiken Medizin durchaus Ansätze einer natürlichen oder biologischen

---

48. Cook, Zeus (Anm. 45), II/1, S. 428f. Cook deutete einzeln stehende Doppelsäulen als symbolische Repräsentanten der Himmelssäulen (l. c. 422-432), sogar Jachin und Boas im Jerusalemer Tempel (425-428).

49. Dagegen z. B. J.B. Segal, Edessa: The Blessed City, Oxford, 1970; reprint Piscataway, NJ, 2005, S. 27 A. 1. Die Erklärung der Säulen des Nimrodthrons als Kultstelen für Azizos und Monimos wurde mit verbesserter Lesung der Inschriften bereits von F.C. Burkitt widerlegt (The „Throne of Nimrod", in Proceedings of the Society of Biblical Archaeology 28 [1906] 149-155).

50. Leider wissen wir nicht, welche Thomasschriften Egeria auf ihrer Pilgerreise in Edessa gelesen hat; ihre Bemerkung zur Sache ist denkbar farblos: „Aliquanta ipsius sancti Thomae legimus" Itiner. 19, 2 (Fontes christiani 20 [1995] hg. G. Röwekamp, S. 194f., der erwägt, Egeria habe ein manichäisches Thomasevangelium gelesen, da sie sich im Falle von Apostelakten sonst deutlicher ausdrückt. Meist denkt man an lateinische Thomasakten).

51. P2 bei Drijvers – Healey, The Old Syriac Inscriptions of Edessa and Osrhoene (Anm. 11), S. 238 Zeile 5.

52. Weitere Stellen bei Cook, Zeus (Anm. 45), II/1, S. 432-434.

53. Vgl. W. Kraus, Art. Dioskuren, in RAC 3 (1957) 1122-1138.

Erklärung von Zwillingsgeburten gab. Im Volk und in der Religion war eine Zwillingsgeburt immer, lateinisch gesprochen, ein Omen, ein Monstrum, ein Zeichen aus der göttlichen Welt, auch wenn das im römisch-staatsrechtlichen Sinn offenbar erst für Drillingsgeburten gilt (Plin. maior *n.h.* 7,33). In jedem Fall eignet Zwillingen ein numinoses Element[54].

Hat diese antike Zwillingsmythologie, aus der hier nur Streiflichter vorgeführt werden können, die Thomaslegenden beeinflusst? Jesus und Thomas als Zwillinge sind ja ein irdisches und ein himmlisches, überirdisches Gegenüber. Der Unsterbliche tritt für den Sterblichen ein, er erlöst ihn sozusagen aus der Todesverfallenheit, indem er diese selbst auf sich nimmt und in die Unterwelt mit hinabsteigt. Konnte eine solche pagane Mythologie zum christlichen Interpretament werden? Leider ist der Sachverhalt offenbar doch noch etwas komplizierter, wenn wir weitere mögliche Hintergründe bedenken.

Wichtiger noch als die Zwillingsmythologie ist für die „Thomas als Zwilling"-Legenden wohl das Motivfeld um die Konfrontation mit dem himmlischen Offenbarer, der als Doppelgänger begegnet, weil er in einer inneren Affinität zur Seele selbst steht, und gewissermaßen selbst eine Variante der archaischen External Soul ist. Wir haben oben über den Engel als himmlischen Doppelgänger gesprochen. Was wir nun ins Auge fassen müssen, ist eine Weiterentwicklung dieses Motivs, ein elementares Narrativ. Wir nehmen damit also weniger eine Idee in den Blick, sondern eine Szene: die (oft überraschende und unheimliche) Begegnung mit dem Doppelgänger. Diese wird zur Offenbarungsszene ausgebaut, genauer gesagt zum Initialmoment einer Offenbarung[55]. Wir haben uns vorhin an die bekannte manichäische Fassung dieses Motivfeldes erinnert und wesentliche Passagen Revue passieren lassen. Aber auch die Thomastradition suggeriert solche Szenen. Jesus begegnet Thomas als der Offenbarer: anders gesagt, Thomas begegnet sein Zwilling als solcher. Auch hier können wir ein Fundament in einem globalen Visionstypus, nämlich in der Begegnung mit dem eigenen Selbst, dem Doppelgänger ansetzen, auch wenn das nicht mehr ausgeführt wird.

---

54. Das ethnologische Material zu diesem Thema ist sehr reich. Vgl. etwa L. STERNBERG, *Der antike Zwillingskult im Lichte der Ethnologie*, in *Zeitschrift für Ethnologie* 61 (1929) 152-200; P.M. PEEK, *Twins in African and Diaspora Cultures*, Bloomington, IN, 2011; auch nach wie vor die genannten Bücher von J.R. HARRIS (noch RATHMAYR, *Zwillinge in der griechisch-römischen Antike* [Anm. 44] nimmt seine ethnologischen Beispiele fast ausschließlich aus dessen Monographien).

55. Vgl. auch schon G. QUISPEL, *Das ewige Ebenbild des Menschen: Zur Begegnung mit dem Selbst in der Gnosis*, in *Eranos Jahrbuch* 36 (1967) (Zürich 1968) 9-30.

(Der manichäische salvator salvandus bleibt erst einmal fern, da die von uns beschriebene mythische Szene älter ist als ihre manichäische Deutung). Die Begegnung mit dem Doppelgänger ist in erster Linie ein spezifischer Visionstyp, den wir aus anderen Kontexten kennen. „Ich gehe meinem Abbild entgegen, und mein Abbild geht mir entgegen. Es kost und umarmt mich, als käme ich aus Gefangenschaft zurück" (Ginzā L, 113,29-33, üb. Lidzbarski; vgl. die Selbstverdoppelung der Erlöserfigur l.c. 162, 15). Dieser tritt als drittes Strukturelement neben Schutzengelidee und Zwillingsmythologie. Das Ich tritt sich selbst gegenüber, so wie die Audition als Offenbarungsmodus üblicherweise mit dem Hören des eigenen Namens (dem – öfter verdoppelten – „Namenruf") beginnt. Auch die visionäre Elementarszene der Begegnung mit dem eigenen Ich, dem Alter ego, ist global verbreitet, was ich hier nicht ausführen muss. Jeder wird sich aus der jüngeren Literatur an die autobiographischen Doppelgängerbegegnungen der Dichter Goethe und Shelley erinnern, die für diese zu persönlichen Schlüsselerlebnissen wurden.

Es ist insgesamt ein durchaus altertümliches, transreligiöses Substratum an Vorstellungen, die in der Thomasmythologie zum Träger theologischer Aussagen werden. Der Erfolg des Christentums hängt auch in solchen spezifischen Modellen an seiner Fähigkeit, nicht nur philosophische, sondern auch archaische und substrathafte Symbolwelten zu integrieren.

III. Zusammenspiel und Mystifikation archaischer Motivfelder im Thomasevangelium

Wenden wir uns wieder dem Thomasevangelium zu. Auf den ersten Blick finden wir keine direkten Belege aus dieser komplexen Mythologie: das Zwillingsthema wird nicht explizit aufgegriffen, und eine „Begegnung mit dem Doppelgänger" gibt es scheinbar auch nicht. Es soll aber im Folgenden gezeigt werden, dass dieser erste Anschein trügt. Die Forschung hat dabei die Relevanz der Zwillingsmythologie für das Thomasevangelium sehr unterschiedlich beurteilt: das Spektrum reicht von einer Ablehnung jedes Zusammenhanges bis zu einer pauschalen Vereinnahmung. Wir werden hier etwas genauer analysieren müssen, um die Relevanz des Motivfeldes für unseren Text einzuschätzen. Dazu noch eine Vorbemerkung: Insgesamt wird im Folgenden die Vorgeschichte des koptischen Thomasevangeliums ähnlich wie in dem Modell nach April DeConick beurteilt. Es lassen sich dieser zufolge in unserem koptischen Endtext literargeschichtlich, nicht nur traditionsgeschichtlich, mehrere Stufen voneinander abheben, deren älteste eine juden-christliche Logiensammlung aus der unmittelbar nachjesuanischen Zeit gewesen sei („kernel gospel"), und deren weitere dann u.a. mystisch-en-kratitische Gedanken und verschiedene Krisenbewältigungen einbrin-gen, mit nur sehr begrenzten Affinitäten zu einer frühen Gnosis[56]. Gegen DeConick wird aber nicht vermutet, dass sich eine vollständige Analyse durchführen lässt, die jeden Einzelvers einer der Traditionsschichten zuordnet. Das Miteinander literar- und traditionsgeschichtlicher Krite-rien wird dagegen hier nicht als grundsätzliches Problem gesehen[57]. (Sehr viel deutlicher enkratitisch sind später das Thomasbuch und die Thomasakten).

Aber nun zu unserer Frage: Das Thomasevangelium kennt ja das Theologumenon eines innersten Geheimnisses, eines zentralen Mysteri-ums, von dem nur andeutend gesprochen werden kann. Logion 13 ist hierzu der zentrale Text. Jesus sagt Thomas drei Worte, und wenn Tho-mas diese seinerseits vor den anderen Jüngern aussprechen würde, müss-ten diese ihn steinigen. Die Worte können also als blasphemisch empfun-den werden, und zwar als eine Blasphemie des Thomas, nicht etwa Jesu. Sie sagen also etwas über Thomas, doch wohl über seine verborgene wahre Identität. Ich habe 1994 im Anschluss an eine Idee Ernst Haen-chens in einer Studie zu zeigen versucht, dass von den vielen Vorschlä-gen nur eine Deutung dieser drei Worte möglich ist: Ἐγὼ σύ εἰμι „ich bin du"[58]. Das fügt sich zu Logion 108: „Jesus spricht: Wer von meinem Mund trinken wird, wird werden wie ich. Ich selbst werde zu ihm wer-den, und was verborgen ist, wird sich ihm offenbaren". Dann wäre die innere Identität zwischen Thomas und Jesus, Offenbarungsempfänger und Offenbarer der eigentliche Clou, die Mitte des Thomasevangeliums. So tendenziell auch Jens Schröter und Hans-Gebhard Bethge in ihrer Ausgabe: „In Bezug auf das EvThom ist zumindest zu erwägen, ob die Wahl des „Zwillings" Thomas als des Adressaten der verborgenen Worte

---

56. DeConick, *Recovering the Original Gospel of Thomas* (Anm. 32); ead., *The Original Gospel of Thomas in Translation: With a Commentary and New English Trans-lation of the Complete Gospel*, New York, 2006. Beide Bände ergänzen sich und müssen miteinander benutzt werden.

57. Anders die Kritik an DeConick durch S.J. Patterson, in *Review of Biblical Literature* 03/2010: www.bookreviews.org/pdf/5655_5971.pdf (10. Febr. 2012). Zur Ein-ordnung dieser Position in die sehr divergente neuere Thomasforschung vgl. die Übersicht E.E. Popkes, *Das Thomasevangelium als* crux interpretum: *Die methodischen Ursachen einer diffusen Diskussionslage*, in J. Frey – J. Schröter (Hgg.), *Jesus in apokryphen Jesusüberlieferungen* (WUNT, 254), Tübingen, 2010, 271-292, hier S. 286-290.

58. M. Frenschkowski, *The Enigma of the Three Words of Jesus in Gospel of Thomas Logion 13*, in *The Journal of Higher Criticism* 1 (1994) 73-84. Vgl. Pistis Sophia 96; Iren. *Adv. Haer.* I 31,1; Epiphan. *Pan.* 26, 3, 1 (über die Borboriten).

Jesu auf eine mit der Konzeption der Schrift zusammenhängende Interpretation dieses Namens zurückzuführen ist, der zufolge das Eindringen in die Bedeutung dieser Worte ein Identischwerden mit Jesus bedeutet, wofür Thomas als Paradigma steht. Demnach würde es sich um eine Interpretation handeln, die die leibliche Verwandtschaft symbolisch zum Ausgangspunkt einer weiterreichenden Erlösungskonzeption macht und sie spirituell ausweitet. Damit würde sich das Ev Thom in eine Traditionslinie einordnen, in der die Erlösung als ein Einswerden mit der Erlöserfigur vorgestellt wird"[59].

Warum wird dies dann aber nicht explizit gesagt? Im Kontext des „narratological turn" der Evangelienforschung der letzten Jahre ist auch das Phänomen des Nicht-Gesagten in den Blick getreten. Eine Gestalt dafür ist die Arkandisziplin: Joh. teilt die Abendmahlsworte eben nicht mit, sondern spielt nur für die Insider, die Christen, darauf an, usw.

Bei Thomas liegt der Fall etwas anders. Das zentrale Mysterium wird nicht massiv ausgesprochen, weil es vom Leser selbst entdeckt werden muss. Ich habe seinerzeit in meiner o. g. Studie Logion 13 mit einem Zen-Koan verglichen, und möchte das hier noch einmal wiederholen. Thomas erwartet eine völlig andere Art der Lektüre als die kanonischen Evangelien, oder auch die erzählenden Apokryphen. Das Verstehen der kurzen, änigmatischen Logien ist nicht diskursiv, sondern ein intuitiv-mystisches *Erleuchtungsgeschehen* ähnlich dem Verstehen eines Zen-Koans[60]. Zu vergleichen ist in jedem Fall Logion 84: „Jesus spricht: Wenn ihr euer Abbild seht, freut ihr euch. Wenn ihr aber eure Bilder sehen werdet, die vor euch entstanden – weder sterben sie noch erscheinen sie –, wieviel werdet ihr ertragen?". Die Einsicht von Logion 13 wird hier noch einmal in ihrem erschreckenden Aspekt sichtbar: sie kann die Jünger auch überfordern.

Der Ereignischarakter der Offenbarungsbegegnung mit dem Alter ego (von Thomas aus gesehen Jesus) ist immer zu beachten. Diese Ereignishaftigkeit unterscheidet den Offenbarer als alter ego z. B. vom stoischen „Gott in uns", der zwar auch custos sein kann[61], aber natürlich kein Doppelgänger ist und nicht als Fremder „begegnet". Der Offenbarer als Zwilling oder Seelendouble hat dabei durchaus eine numinose Färbung

---

59. SCHRÖTER – BETHGE, *Das Evangelium nach Thomas (NHC II,2)* (Anm. 1), S. 156.
60. Vgl. unter anderer Leitfrage auch M. FRENSCHKOWSKI, *Verführung als Erleuchtung: Ein Essay über antike, v.a. gnostische Schlangensymbolik und religiöse Inversionsphänomene*, in W. DE BLÉCOURT – C.A. TUCZAY (Hgg.), *Tierverwandlungen: Codierungen und Diskurse*, Tübingen, 2011, 13-33.
61. „Prope est a te deus, tecum est, intus est. Ita dici, Lucili: sacer intra nos spiritus sedet, malorum bonorumque nostrorum observator et custos" (Seneca epist. mor. 41, 1f.).

(daher ist es im Traum von übler Vorbedeutung, sich selbst in einem Spiegel zu sehen: Artemidor oneirocr. 2, 7; vgl. auch Nonnos Dionys. 6, 173). In den Oden Salomos 3. 5. 13 (um diese kurz zu vergleichen) wird ebenfalls ein Modell der Einheit von Erlöser und Erlösten entfaltet, das aber nicht direkt als Zwillingsmotiv gestaltet ist und keine symbolische Zentralfigur hat. Es gehört allenfalls in das weitere Umfeld des Thomasmotivs. Systemhaft-mythologische Entfaltungen bietet dann v.a. der Manichäismus (s. o.), aber uns beschäftigt hier eher die Vorgeschichte. Meines Erachtens werden volkstümliche Vorstellungen von Doppelgänger-Erscheinungen, „identischen" Schutzengeln sowie eine vielschichtige Zwillingsmythologie kombiniert und zum Träger einer Erlösungsmythologie, die noch nicht mit dem späteren Salvator salvandus identifiziert werden darf. Nicht das gnostische System steht am Anfang, sondern ein mythologisches Szenario, das sich an die vorgegebene Thomasfigur und ihren rätselhaften „Zwillingscharakter" heftete. Das Thomasevangelium suggeriert diesen Bezugspunkt schon in seinen ersten Sätzen, im Verweis auf den Gewährsmann „Zwilling", der eben ein anderer ist als die großkirchlichen Gewährsmänner Petrus, Paulus oder Matthäus.

Nichts deutet auf eine Tradition, in der jemals Thomas der Offenbarer, Jesus der Offenbarungsempfänger gewesen ist. Insgesamt wird das Thomasevangelium damit dennoch stärker als üblich in die Vorgeschichte des Manichäismus gerückt, in dem es ja auch gerne gelesen wurde. Gedankliche Affinitäten sind auch sonst schon beobachtet worden, z. B. von Takashi Onuki[62]. In diesem Kontext ist es nicht ohne Bedeutung, dass der „Zwilling" Thomas in der jüngsten Moderne zu einer Symbolfigur für einen Kontakt zwischen Ost und West wurde, sowie heute das unter seinem Namen umlaufende Evangelium zum zentralen Legitimationstext einer christlichen Mystik und Esoterik geworden ist. In Chennai, Südindien (dem alten Madras) verkünden Tafeln an der Thomaskathedrale sehr stolz, dass es nur drei Orte in der Welt mit Apostelgräbern gäbe, und Chennai ist einer von diesen. Zwar lassen sich die indischen Thomaschristen nicht bis in die Antike zurückverfolgen (und wie alt das Thomasgrab ist, wissen wir natürlich nicht), und zu einer Identitätsmystik haben sie keine Affinität. Aber in der Tat scheint das mystische Element in der Thomastradition geeignet, neue Brücken auch zwischen einem sehr frühen Christentum und modernen Formen einer östlichen

---

62. T. ONUKI, *Logion 77 und der gnostische Animismus*, in FREY – POPKES – SCHRÖTER (Hgg.), *Das Thomasevangelium: Entstehung – Rezeption – Theologie* (Anm. 17), 294-317 (dessen Begriffswahl „Animismus" allerdings in hohem Maße unglücklich ist).

Mystik zu bauen. Die im Hintergrund stehenden Mythologumena sind allerdings von der Moderne kulturell weit entfernt. In unserer eigenen Kultur existiert das Motiv eines Zwillings des Messias allenfalls in der abgesunkensten denkbaren Form: den Gedanken an „Life of Brian" (1979) zu unterdrücken, wird uns nicht ganz gelingen. Aber solche weiteren Reflexionen können nicht mehr Stoff dieses Essays sein.

Martin-Luther-Ring 3   Marco FRENSCHKOWSKI
D-04109 Leipzig
Deutschland

STRUCTURE AND MEANING IN *GOS. THOM.* 49–54

AN EROTAPOKRITIC TEACHING ON IDENTITY AND ESCHATOLOGY

In this paper, I wish to examine the possible meaning of a sequence of *logia* from the *Gospel according to Thomas*. I will focus on a group of sayings that contain a series of *questions-and-answers* on identity and eschatology. For the most part, this reading will be done through a synchronic perspective; that is, interpreting *logia* 49–54 as a single unit of meaning. Some scholars are of the opinion that *Thomas* is simply a loose collection of sayings which have no relationship to one another, where meaning is nearly impossible to decipher[1]. Some would maybe go as far as to admit that a possible connection between sayings was established through the use of 'catchwords'[2]. Concern over the 'origins' of *Thomas* has caused others to speculate on the various 'layers' of the collection by identifying several accretions[3]. This would help reconstruct the history of a Thomasine community[4]. We are also all aware of how scholarship has been for many years stuck in the quagmire issue of the relationship between *Thomas* and the synoptic tradition. This is why some have preferred to take a middle-ground approach by situating *Thomas* between

1. This a position expressed by S. DAVIES in his first edition of *The Gospel of Thomas and Christian Wisdom*, New York, Seabury Press, 1983.
2. For a recent example of this perspective, see N. PERRIN, *Thomas en Tatian: The Relationship between the Gospel of Thomas and the Diatessaron*, Atlanta, GA, Society of Biblical Literature, 2002. Perrin's work heavily relies on G. QUISPEL's own research in *Tatian and the Gospel of Thomas: Studies in the History of the Western Diatessaron*, Leiden, Brill, 1975. For a review of Perrin's conclusions, see P.-H. POIRIER in *Hugoye: Journal of Syriac Studies* [http://syrcom.cua.edu/syrcom/Hugoye] vol. 6, no 2 (2003).
3. See A.D. DECONICK, *Recovering the Original Gospel of Thomas: A History of the Gospel and Its Growth* (Library of New Testament Studies, 286), London – New York, T&T Clark, 2005; *The Original Gospel of Thomas in Translation* (Library of New Testament Studies, 287), London – New York, T&T Clark, 2006. For a critical assessment of A. DeConick's work on the *Gospel according to Thomas*, see S.J. PATTERSON in *Review of Biblical Literature* [http://www.bookreviews.org/pdf/5655_5971.pdf] (2010).
4. One can note the caution of L. Hurtado with respect to the idea of a "Thomasine community", at least from the perspective of the Oxyrhynchus papyri. The use of the small writing size argues against the idea of public reading, as well as Thomas' preference for second-person singular address and individualistic themes. For Hurtado, there is little evidence for a community of Thomasine Christians; see L. HURTADO, *The Greek Fragments of the Gospel of Thomas as Artefacts: Papyrological Observations on Papyrus Oxyrhynchus 1, Papyrus Oxyrhynchus 654 and Papyrus Oxyrhynchus 655*, in J. FREY – E.E. POPKES – J. SCHRÖTER (eds.), *Das Thomasevangelium: Entstehung – Rezeption – Theologie* (BZNW, 157), Berlin – New York, de Gruyter, 2008, 19-32, p. 31.

orality and textuality[5]. Since much ink has spilled over this unresolved matter, and I do not wish to address such a question at this moment[6]. What has lacked in Thomasine research is inquiry into the meaning of the collection of sayings as a whole, and this for a plausible historical implied reader. A few scholars have noticed the importance of finding *Thomas'* own internal coherency or logic. As early 1987, Jean-Marie Sevrin thought that scholars needed to,

> ... aborder le texte en lui-même et tenter son exégèse, sans ignorer certes les horizons littéraires ou doctrinaux sur lesquels il se découpe, mais en s'attachant en premier lieu à ses cohérences propres; comment dit-il, que dit-il[7]?

This approach was also echoed by Philip Sellew with the following recommendation,

> I suggest that we should now seek literary questions and literary answers about the *Gospel of Thomas*. [...] The text obviously must have meant something, [...] perhaps the arrangement or sequence of statements and groups of statements *does* indeed convey meaning, though not necessarily the sort of meaning that we see even in other gospel sayings or in wisdom

5. R. URO, *Thomas and the Oral Gospel Tradition*, in ID. (ed.), *Thomas at the Crossroads: Essays on the Gospel of Thomas* (Study of the New Testament and Its World), Edinburgh, T&T Clark, 1998, 8-32 and ID., *Orality and Textuality*, in ID., *Thomas: Seeking the Historical Context of the Gospel of Thomas*, New York, T&T Clark, 2003, 106-133; see also A.J. DEWEY, '*Keep Speaking Until You Find...*': *Thomas and the School of Oral Mimesis*, in R. CAMERON – M.P. MILLER (eds.), *Redescribing Christian Origins* (SBL Symposium Series, 28), Atlanta, GA, Society of Biblical Literature, 2004, 109-132.

6. For a recent treatment on the relationship between *Thomas* and the synoptics, see N. PERRIN, *Recent Trends in Gospel of Thomas Research (1991-2006)*. Part I: *The Historical Jesus and the Synoptic Gospels*, in *Currents in Biblical Research* 5 (2007) 183-206; also, S.J. PATTERSON, *The Gospel of (Judas) Thomas and the Synoptic Problem*, in P. FOSTER – A. GREGORY – J.S. KLOPPENBORG – J. VERHEYDEN (eds.), *New Studies in the Synoptic Problem: The Oxford Conference, April 2008* (BETL, 239), Louvain, Peeters, 2011, 783-808.

7. J.-M. SEVRIN, *Un groupement de trois paraboles contre les richesses dans l'Évangile selon Thomas. EvTh 63, 64, 65*, in J. DELORME (ed.), *Les Paraboles évangéliques: Perspectives nouvelles. XIIᵉ Congrès de l'ACFEB, Lyon 1987* (Lectio Divina, 135), Paris, Cerf, 1989, 425-440, p. 426. Elsewhere, Sevrin will say that with any text, one should first conduct "une exégèse différentielle" which he describes as "une analyse qui ne se borne pas à inventorier les similitudes et les divergences pour inscrire ou non les textes dans une histoire commune, mais qui cherche à reconstruire, par contraste, le fonctionnement propre à chaque texte: ce qu'il dit, comment il le dit [...] Il n'est légitime d'interpréter l'EvTh à partir d'éclairages extérieurs et de le situer dans une trajectoire historique qu'après avoir mené à bien, ou du moins suffisamment conduit, une telle interprétation du texte à partir de lui-même, sans quoi l'on y projettera fatalement ce qu'on s'attend à y trouver" (J.-M. SEVRIN, *L'interprétation de l'Évangile selon Thomas, entre tradition et rédaction*, in J.D. TURNER – A. MCGUIRE [eds.], *The Nag Hammadi Library After Fifty Years. Proceedings of the 1995 Society of Biblical Literature Commemoration* [NHMS, 44], Leiden, Brill, 1997, 347-359, pp. 355.357).

books. To explore this possibility requires adopting a more literary sensibility, a focusing of attention on reading the text in its own terms, searching out its hermeneutical soteriology. The task is difficult, and the meanings provided by stark juxtapositions are not always obvious. Perhaps that obscurity is part of the point[8].

These remarks have led me to try to explore the possibility of meaning in this collection of sayings. Since scholars can clearly recognize the use of 'catchwords' by the Thomasine compiler, these might certainly be indicators of structure. In this paper, I wish to explore the idea of identifying meaning through the structural layout of *logia* 49–54.

I. STRUCTURE OF *GOS. THOM.* 49–54

As was previously noted, the *Gospel according to Thomas* has been rarely interpreted from a synchronic perspective. This has simply not been at the forefront of scholarship[9]. In reading *logia* 49–54, one can detect a concentric structure [A, B, C, // C', B^{-1}, A']^{10} which could be laid out as follows:

A Makarism on the Kingdom (*logion* 49)
  B Questions on identity of the elect and the sign of your Father (*logion* 50)
     C The repose of the dead and the new world unrecognized (*logion* 51)
     C' The words of the dead and the living One abandoned (*logion* 52)
  B^{-1} Question on usefulness of circumcision; the sign of their Father (*logion* 53)
A' Makarism on the Kingdom (*logion* 54)

---

8. P. SELLEW, *The Gospel of Thomas: Prospects for Future Research*, in TURNER – MCGUIRE (eds.), *The Nag Hammadi Library After Fifty Years* (n. 7), 327-346, p. 335. Similarly, S.J. Patterson comments on the interpretation of the *Gospel according to Thomas* as follows: "Thomas, interestingly, operates on a heuristic model that might be regarded as thoroughly post-modern: the real meaning of the text resides not in the text itself, but in the reader, the seeker after wisdom and insight. [...] When the implied author indicates that the meaning of the text will not be obvious, our approach must be completely different. Interpreting Thomas must be a matter not of disclosing the intended meaning of the implied author, but rather, exploring the possibilities of meaning that a particular saying might hold for an ancient reader / hearer. [...] One should probably assume that the author, or more properly, the collector, is content not to give the seeker too much of an agenda, but to leave more room for thought" (S.J. PATTERSON, *The Gospel of Thomas and Historical Jesus Research*, in L. PAINCHAUD – P.-H. POIRIER [eds.], *Coptica – Gnostica – Manichaica. Mélanges offerts à Wolf-Peter Funk* [Bibliothèque copte de Nag Hammadi. Section «Études», 7], Québec, Presses de l'Université Laval; Louvain, Peeters, 2006, 663-684, p. 680).

9. A partial exception to this is R. VALANTASIS, *The Gospel of Thomas* (New Testament Readings), New York, Routledge, 1997.

10. For more on this type of rhetorical analysis, see M. GIRARD, *Les Psaumes redécouverts: De la structure au sens. 1–50*, Montreal, Bellarmin, 1996, pp. 65-66.

Logia 49 and 54 serve as an inclusion [**A** // **A′**], delimiting the unit in question. Both sayings use ⲙⲁⲕⲁⲣⲓⲟⲥ and refer to the Kingdom (ⲙⲛ̄ⲧⲉⲣⲟ) and to the requirements for returning (*logion* 49) and possessing the Kingdom[11]. There is most probably a parallel between the "solitary" (ⲙⲟⲛⲁⲭⲟⲥ; *log*. 49)[12] and the "poor" (ϩⲏⲕⲉ; *log*. 53), since both classes fulfill the condition associated to the Kingdom. The connection between both groups is also established by the same grammatical structure, where the content of each promise shifts from the 3rd person plural to the 2nd person plural (ⲛ̄ⲧⲱⲧⲛ̄; ⲧⲱⲧⲛ̄).

An antithetical parallelism [**B** // **B**$^{-1}$] can be identified in *logia* 50 and 53. Both sayings have questions related to the identity of the implied audience. In *logion* 50, the implied author asks about the "sign of your Father in you". This is in direct opposition to "circumcision" (*log*. 53), which is also the sign of "their father". Both sayings are antithetical, since they oppose two signs and two types of individuals. The possessive pronoun "your" (2 pers. pl.) in *logion* 50 is opposite to "their" (3 pers. pl.) in *logion* 53.

The heart of this concentric structure is comprise of a synonymic parallelism [**C** // **C′**]. It is mainly characterized by the repetitive use of ⲛⲉⲧⲙⲟⲟⲩⲧⲉ (those who are dead; the dead). In one instance (*log*. 51), the repose of the dead is associated to the new world. For Jesus, the two events are already accomplished; the eschatological moment needs to be

11. The term ⲙⲁⲕⲁⲣⲓⲟⲥ is found in *logia* 7; 18; 19; 49; 54. 58; 68; 69 (2×); 103.

12. For more on the idea of ⲙⲟⲛⲁⲭⲟⲥ, see, E. BECK, *Ein Beitrag zur Terminologie des ältesten syrischen Mönchtums*, in *Studia Anselmiana* 38 (1956) 254-267; M. HARL, *À propos des* LOGIA *de Jésus: Le sens du mot* ΜΟΝΑΧΟΣ, in *Revue des Études Grecques* 73 (1960) 464-474; A.F.J. KLIJN, *The "Single One" in the Gospel of Thomas*, in *JBL* 81 (1962) 271-278; F.-E. MORARD, *Monachos, Moine. Histoire du terme grec jusqu'au 4e siècle: Influence bibliques et gnostiques*, in *Freiburger Zeitschrift für Philosophie und Theologie* 20 (1973) 332-411; F.-E. MORARD, *Monachos: Une importation sémitique d'Égypte? Quelques aperçus nouveaux*, in E.A. LIVINGSTONE (ed.), *Papers Presented at the 6th International Conference on Patristic Studies held in Oxford 1971* (TU, 115), Berlin, Akademie-Verlag, 1975, 242-246; E. JUDGE, *The Earliest Use of Monachos for 'Monk' (P.Coll. Youtie 77) and the Origins of Monasticism*, in *JAC* 20 (1977) 72-89; F.-E. MORARD, *Encore quelques réflexions sur Monachos*, in *VigChr* 34 (1980) 395-401; E. DEKKERS, *ΜΟΝΑΧΟΣ: Solitaire, unanime, recueilli*, in A.A. BASTIAENSEN – A. HILHORST – C.H. KNEEPKENS (eds.), *Fructus centesimus: Mélanges offerts à Gérard J. M. Bartelink*, Dordrecht, Kluwer, 1989, 91-104; M. CHOAT, *The Development and Usage of Terms for 'Monk' in Late Antique Egypt*, in *JAC* 45 (2002) 5-23; R. CHARRON, *À propos des* ⲟⲩⲁ ⲟⲩⲱⲧ *et de la solitude divine dans les textes de Nag Hammadi*, in PAINCHAUD – POIRIER (eds.), *Coptica – Gnostica – Manichaica* (n. 8), 109-133; D.F. BUMAZHNOV, *Some Ecclesiological Patterns of the Early Christian Period and Their Implications for the History of the Term* ΜΟΝΑΧΟΣ *(Monk)*, in A. ANATOLY – C. KARAKOLIS – U. LUZ (eds.), *Einheit der Kirche im Neuen Testament: Dritte europäische orthodox-westliche Exegetenkonferenz in Sankt Petersburg, 24-31 August, 2005*, Tübingen, Mohr Siebeck, 2008, 251-164.

recognized. In the second instance (*log.* 52), the dead refer to the Hebrew prophets. The disciples had relied on the prophecies of the dead, when they should have trusted the Living One in their presence.

II. AN EROTAPOKRITIC TEACHING ON IDENTITY

This section (*logia* 49–54) is mostly comprised of a series of *questions-and-answers* (erotapokriseis). As suggested by Annelie Volgers and Claudio Zamagni, one might want to distinguish between erotapokriseis as a genre and as a literary device[13]. It is generally recognized that the genre is clearly found in the works of 4th and 5th century Christian authors, but that the rhetorical device had been in use much earlier, such as in the didaskalic literature of the Ancient Near East[14], the works of Philo of Alexandria[15], as well as in the revelation dialogues of Gnostic literature[16]. This has led some to conclude that erotapokriseis should be understood as an elastic category[17].

Apart from the inclusion, which clearly delimits this section, most of the *logia* contain what could be classified under the rhetorical device of erotapokriseis. I am of the opinion that this unit functioned as an oral teaching on identity and eschatology[18]. As we will see, both themes are inextricably linked to each other. The main theme is identity. The inclusion [A // A'] opens with this theme in mind. It speaks of the solitary, which are the elect[19]; and they are most probably synonymous to the

---

13. C. ZAMAGNI, *Une introduction méthodologique à la littérature patristique des questions et réponses: Le cas d'Eusèbe de Césarée*, in A. VOLGERS – C. ZAMAGNI (eds.), *Erotapokraseis: Early Christian Quest-and-Answer Literature in Context* (Contributions to Biblical Exegesis & Theology, 37), Leuven, Peeters, 2004, 7-24, p. 10.

14. This is briefly noted by C. NERI, *Le dialogue entre les Athéniens et les Méliens chez Thucydide: Une ur-forme du genre des questions et réponses?*, in VOLGERS – ZAMAGNI (eds.), *Erotapokraseis* (n. 13), 71-79, pp. 78-79.

15. See P.W. VAN DER HORST, *Philo and the Rabbis on Genesis: Similar Questions, Different Answers*, in VOLGERS – ZAMAGNI (eds.), *Erotapokraseis* (n. 13), 55-70.

16. K. RUDOLPH, *Der gnostische 'Dialog' als literarisches Genus*, in P. NAGEL (ed.), *Probleme der koptischen Literatur* (Wissenschaftliche Beiträge der Martin-Luther-Universität Halle-Wittenburg. Reihe K: Byzantinistische Beiträge, 2), Halle, Salle, 1968, 85-107.

17. ZAMAGNI, *Une introduction méthodologique* (n. 13), p. 10.

18. The interrogation found in *logion* 50 closely parallels that of the archons during the ascension of the soul. While ascending through the heavens, the soul must correctly respond to questions posed by archons in order to overcome the evil forces who seek to prevent its return to the divine realm (for example, see NH V p. 3,33,11–34,20; VIII p. 2,134,18–135,2).

19. Note that ⲁⲅⲱ has the same grammatical function as the epexegetical ⲕⲁⲓ; see U.-K. PLISCH, *The Gospel of Thomas: Original Text with Commentary*, Stuttgart, Deutsche Bibelgesellschaft, 2008, p. 128.

category of the poor (*logion* 54), since both will obtain or return to the Kingdom.

The identity of the implied readers is at the forefront in the antithetical parallelism [**B** // **B**$^{-1}$] of *logia* 50 and 53. First, one notices the continuity between *logia* 49 and 50 through the use of the 2nd pers. pl. ("you"; N̄TⲰTN̄ / N̄HTN) and the noun cⲰTⲡ (elect). Both elements link the two sayings together. Saying 50 speaks of the origin and Father of the solitary/elect. They originate from the light, and are its children (Neq-ϢHⲣe). Since the elect come from the light, it might be synonymous to the Kingdom (*logion* 49), the place from where the solitary/elect originate and will return[20]. *Logion* 50 also states that the implied readers are the elect of the living Father (N̄cⲰTⲡ M̄ⲡeIⲰT eTON̄2). From a rhetorical perspective, the sayings seem to serve the purpose of fashioning the identity of the audience. One's attention is captivated through the use of the 2nd pers. pl. pronouns ("you"). The makarism of *logion* 49, forces the implied reader to identify with the solitary/elect[21].

This constructed identity will come into sharp opposition with the one expressed in *logion* 53. The difference is presented in terms of race[22]. Circumcision (cⲃⲃe < περιτομή) is the "mark" that characterizes "Jewishness"[23], and here, it seems, that the physicality of the "mark" and those who are bearers of it are presented in a negative light. According to Jesus, physical circumcision is not beneficial, it is utterly useless; only the true "cut" in the spirit is profitable. This erotapokritic teaching – *logia* 50 and 53 do contain a series of *questions-and-answers* – serves as a way of constructing a new "race" by opposing it to the "race" established by the physical "circumcision". This type of language appears early on in the New Testament as well as in other Christian texts such as Justin's *Dialogue with Trypho*[24]. Some would argue for the

---

20. From an intra-textual perspective, *Gos. Thom.* 77a describes Jesus as being the "light" and the origin of all things. He is also referred to as "your father" in *logion* 15.

21. VALANTASIS, *The Gospel of Thomas* (n. 9), p. 126.

22. For more on the construction of identity and race in Early Christianity, see D.K. BUELL, *Why This New Race: Ethnic Reasoning in Early Christianity*, New York, Columbia University Press, 2005.

23. See D. BOYARIN, *Semantic Differences; or, 'Judaism'/'Christianity'*, in A.H. BECKER – A. YOSHIKO REED (eds.), *The Ways that Never Parted: Jews and Christians in Late Antiquity and the Early Middle Ages*, Philadelphia, PA, Fortress, 2007 [2003^1], 65-85, pp. 67-68.

24. *Dial. Trypho* 19,3-4: "For if it (circumcision) were necessary, as you suppose, God would not have made Adam uncircumcised, would not have had respect to the gifts of Abel when, being uncircumcised, he offered sacrifice, and would not have been pleased with the uncircumcision of Enoch, who was not found, because God had translated him".

dependence of *Thomas* on Paul at this point[25]. The writer to the Romans asks what is the benefit of the circumcision (τίς ἡ ὠφέλεια τῆς περιτομῆς; Rom 3,1), and the idea of being circumcised in the spirit is also Pauline (καὶ περιτομὴ καρδίας ἐν πνεύματι; Rom 2,29). In his letter, Paul argues that circumcision has value only if one obeys the law (Rom 2,25). On the other hand, if the uncircumcised keep the requirements of the law, their uncircumcision should be counted as circumcision (Rom 2,26). Returning to *Thomas*, contrary to those mentioned in *logion* 53, the "new race" of *logion* 50 is of divine origin and does not come from the flesh. The opposing race is actually denied "circumcision" since it is not "true" in its essence. This second group is similarly characterized as those that are called the ἀκροβυστία, the non-circumcised (i.e. Rom 2,25-26) or those the New Testament refers to as the Gentiles. Like in the case of the letter to the Romans, this literary unit brings about a reversal. In *Thomas*, however, the tone is more vehement: circumcision is completed rejected[26]. Those who traditionally saw themselves as the "elect," that is, the physically circumcised, have now become the "non-elect". The true solitary/elect have the mark of their Father, which is understood as movement and repose; another way to speak of the ascent and final rest in the place of Light, that is, the Kingdom (*logion* 49).

III. An Erotapokritic Teaching on Eschatology

This is where the theme of eschatology comes into play. The difference between the true elect and those whom the implied author characterizes as the non-elect is found in the recognition of the eschatological moment. *Logion* 51 is the first part of this synonymic parallelism [C]. Here the disciples ask when the repose of the dead and the coming of the new world will arrive. The careful reader immediately notices the link between *logia* 51 and 52, because of the reference to ⲁⲛⲁⲡⲁⲩⲥⲓⲥ (rest; repose). Jesus' answer is provides the correct interpretation: salvation

One can also note the debate concerning the value of circumcision between Tinneius Rufus, the Roman governor of Judea during the Bar Kokhba revolt, and R. Akiba (*Midrash Tahuma* b. 7.18a).

25. See S.J. GATHERCOLE, *The Influence of Paul on the Gospel of Thomas (§§53.3 and 17)*, in FREY – POPKES – SCHRÖTER (eds.), *Das Thomasevangelium* (n. 4), 72-94, pp. 77-78.

26. This was noticed by J.-É. MÉNARD, *L'Évangile selon Thomas* (NHS, 5), Leiden, Brill, 1975, p. 156. Plisch also notes that, "the peculiar argument rejecting physical circumcision in the second sentence is quite unique and has no parallel in the New Testament or related Early Christian Literature" (PLISCH, *The Gospel of Thomas* [n. 19], p. 136). Furthermore, both Ménard and Plisch mention the parallel with *Odes of Solomon* 11,1-3.

and the new world are already present. In a sense, this closely parallels the Pharisees' question to Jesus about the coming of the Kingdom of God (Luke 17,21). In the Lukan tradition, Jesus responds by saying the Kingdom is already present among them. The problem with the Pharisees (in Luke) and the disciples (in Thomas) is their imperception; they do not recognize it (ⲧⲉⲧⲛ̄ⲥⲟⲟⲩⲛ ⲁⲛ).

This lack of perception is reiterated in the second part of this parallelism [C′] with the mention of the 24 prophets in Israel. Most scholars agree that this is a reference to the number of books in the Hebrew Bible.[27] The disciples are told that they have omitted or abandoned (ⲕⲱ) the living One in their presence. The living Jesus, who brings about the repose of the dead and the new world, is not the culminating point of the Israel's prophetic tradition[28]. Relying on the prophecies of the dead brings failure to recognize the eschatological moment at hand. This is another critique of Jewish tradition – as is the case with circumcision in *logion* 53[29]. As one can see, references to eschatology are also closely linked to the construction of the identity of the elect.

The implied readers are said to originate from the light and they will return to the Kingdom. It is also stated that their source of revelation is to be the living One. As the solitary/elect, they basically constitute another race, different from those who were previously understood to be the "elect". The series of questions-and-answers serve as a way to construct and strengthen the identity of those who read the collection of sayings; the erotapokritic teaching is polemical and ideological in nature.

By building the identity of his readers, the implied author is also constructing another category: that of the false or non-elect; simply put, they

27. See H. LÖHR, *Jesus und die Tora als ethische Norm nach dem Thomas-Evangelium*, in FREY – POPKES – SCHRÖTER (eds.), *Das Thomasevangelium* (n. 4), 363-379, pp. 366-367.

28. J.-M. SEVRIN, *Évangile selon Thomas*, in J.-P. MAHÉ – P.-H. POIRIER (eds.), *Écrits gnostiques: La bibliothèque de Nag Hammadi* (Bibliothèque de la Pléiade, 538), Paris, Gallimard, 2007, 296-332, p. 318.

29. Other polemical aspects of the *Gospel according to Thomas* in relation to Judaic traditions are noted by Gianotto. C. GIANOTTO, *Quelques aspects de la polémique anti-juive dans l'Évangile selon Thomas*, in L. PAINCHAUD – P.-H. POIRIER (eds.), *Colloque international «L'Évangile selon Thomas et les textes de Nag Hammadi» Québec, 29-31 mai 2003* (Bibliothèque copte de Nag Hammadi. Section «Études», 8), Québec, Presses de l'Université Laval; Louvain, Peeters, 2007, 157-174; see also E.E. POPKES, *Das Menschenbild des Thomasevangeliums: Untersuchungen zu seiner religionsgeschichtlichen und chronologischen Einordnung*, Tübingen, Mohr Siebeck, 2007, pp. 56-67.

are the "other". *Thomas* defines his own heresiological category[30]. This is clearly seen in the following rhetorical strategies: (1) an appropriation of the idea of the "elect" – a notion which was commonly associated to the Judean race (*logia* 49–50); (2) a depreciation of the prophetic scriptures (*logion* 51); (3) an unequivocal rejection of circumcision (*logion* 53). Whatever perspective one has on the compositional history of the *Gospel according to Thomas*, we can safely assume that *logia* 49–54 were written or introduced in the collection at a time when boundaries between Jews and Christians started to appear[31]; a time when both groups mutually excluded each other.

Concordia University   André GAGNÉ
Dept. of Theological Studies
1455 De Maisonneuve Blvd. W.
Montreal
Canada H3G 1M8

---

30. On the construction of the "heretical other", see A. LE BOULLUEC's important work: *La notion d'hérésie dans la littérature grecque IIe et IIIe siècles*, Paris, Études Augustiniennes, 1985; also D. BOYARIN, *Two Powers in Heaven, or, the Making of a Heresy*, in H. NAJMAN – J.H. NEWMAN (eds.), *The Idea of Biblical Interpretation. Essay in Honor of James L. Kugel*, Leiden, Brill, 2004, 331-370, and A. SCHREMER, *Brothers Estranged: Heresy, Christianity and Jewish Identity in Late Antiquity*, Oxford, Oxford University Press, 2010, pp. 87-99.

31. For example, *logion* 53 is clearly a later tradition. The completely rejection of circumcision most likely occurred with the progressive establishment of boundaries between Jews and Christians in the middle of the 2nd century; see R. KASSER, *L'Évangile selon Thomas: Présentation et commentaire théologique*, Neuchâtel, Delachaux et Niestlé, 1961, p. 81; MÉNARD, *L'Évangile selon Thomas* (n. 26), p. 156; GATHERCOLE, *The Influence of Paul on the Gospel of Thomas (§§53.3 and 17)* (n. 25), p. 78.

THE HIDDEN MEANING OF
"THE KINGDOM INSIDE YOU AND OUTSIDE YOU"
IN THE *GOSPEL OF THOMAS*

The brief prologue to the *Gospel of Thomas* introduces the sayings of Jesus in this collection as "the hidden words" of the living Jesus:

Prologue:
These are *the hidden words* that the living Jesus spoke and that Didymus Judas Thomas wrote down.

The expression "hidden words" can hardly mean that Jesus' words should be kept secret, first of all because some of the sayings insist that the message of Jesus be proclaimed in public[1]. Rather this introductory sentence suggests that a deeper meaning is contained in the quoted words – a meaning which the readers or hearers will not discover if they read them superficially. The subsequent call to find the meaning of the words fits in with this understanding of the sayings of Jesus:

Thom 1:
And he (Jesus or Didymus Judas Thomas?) said, "Whoever finds the meaning of these words will not die".

The next words – an admonition to keep seeking until one finds – also hint at a deeper meaning:

Thom 2:
Jesus said, "Let him who seeks not stop seeking until he finds. And when he finds, he will be troubled. And when he is troubled, he will be amazed and be king over the all"[2].

Actually Thom 2 itself is a "hidden word", for neither does it make clear what should be sought nor what eventually will be found. But the next saying, Thom 3a, at least gives a clue, for here an important object of seeking is mentioned: the kingdom (note that the Coptic text does not speak of the kingdom *of God*). Jesus discloses, and at the same time veils, where the kingdom is to be found: it is as near as possible and at the same time everywhere:

---

1. See esp. Thom 33.
2. The translation, "who finds (...) will be *king* over the all" is preferable to "who finds (...) will *rule* over the all", because it better preserves the terminological link in the Coptic text between Thom 2 (*r-rro*) and 3 (*mnt-rro*).

Thom 3a:
Jesus said, "If your leaders say to you, 'Look, the kingdom is in heaven',
then the birds of heaven will precede you. If they say to you, 'It is in the
sea', then the fish will precede you. Rather *the kingdom is inside you and
it is outside you.*

What is de "hidden" meaning of this saying? To what reality or ideal
does "the kingdom inside you and outside you" refer[3]? In what ideological context should we understand this expression?

I. A Comparison with Luke 17,21

I begin with a comparison of Thom 3a with the well-known word of
Jesus about God's kingdom in Luke 17,20-21. If we base our interpretation of the Lucan verse on the *King James Version* (1611) or on another
early modern translation, the resemblance to Thom 3a is quite close.

Luke 17,20-21
And when he was demanded of the Pharisees, when the kingdom of God
should come, he answered them and said, "The kingdom of God comes not
with observation: neither shall they say, Lo here! Or, lo there! For, behold,
the kingdom of God is within you (ἐντὸς ὑμῶν)".
Cf. Martin Luther's translation (1545): "*das Reich Gottes ist inwendig in
euch*".

However, in more recent versions, the Lucan phrase is translated rather
differently. In the *New English Bible* (1961) we read: "*the kingdom of
God is among you*". Compare the *Contemporary English Version* (1991):
"*God's kingdom is here with you*", and the *New American Standard
Bible* (1995): "*the kingdom of God is in your midst*" (the same transla-
tion in *Today's New International Version*).

Both translations ("within you" and "among you") are grammatically
possible because the rare Greek preposition (*entos*) used in Lk 17 can
mean "in"/"within" as well as "among". It occurs in the latter sense
particularly before a word referring to a group of people, as is the case
in Luke 17,21[4]. The same preposition *entos* is found in the Greek text
of Thom 3 in one of the papyrus fragments of this Gospel found in
Oxyrhynchos (pap. Oxy 654).

---

3. The commentaries on the *Gospel of Thomas* give little attention to this issue.
Richard Valantasis, for instance, writes: "*the imperial rule of God* is found both within
and without the seeker", R. VALANTASIS, *Gospel of Thomas*, London, Routledge, 1997,
p. 58.
4. W. BAUER, *Wörterbuch zum Neuen Testament*, col. 534-535.

In the Lucan text, the translation "among you" or "in your midst" is preferable, first of all because of the direct literary context: the words are addressed to Pharisees. The words, "the kingdom is among you" or "in your midst", might point to Jesus himself: when critical opponents asked him when the kingdom would come, he may have answered that it was anticipated in his own words and deeds. A similar saying is preserved in Luke 11,20 and in Matt 12,28, "If it is by the finger (or: the Spirit) of God that I cast out demons, then the kingdom of God has come upon you".

But it is likewise very well possible that the Jesus of Luke's Gospel included his followers, – those, that is, who, like Jesus himself, lived their lives in total conformity with God's will and in line with the values and standards of God's imminent kingdom. Particularly in this extension to the circle of his followers, the words addressed to Pharisees, "the kingdom is among you", make sense.

If this is a correct interpretation it is doubtful that Luke 17,21 helps us to ascertain the meaning and purpose of the saying about the kingdom "inside you and outside you" in Thom 3a, in spite of the fact that both the Lucan verse and the Greek fragment of Thom 3 speak of a kingdom *entos humôn*. We have to look in another direction.

II. BIBLICAL EXEGESIS?

Stevan Davies and Elaine Pagels suggest that the kingdom concept of this Gospel developed from a special exegesis of Gen 1,3. Their essays appeared in the *Journal of Biblical Literature*. The study by Davies is entitled: "The Christology and Protology of the Gospel of Thomas" (*JBL* 1992, pp. 663-682). The essay by Pagels bears the title: "Exegesis of Genesis 1 in the Gospels of Thomas and John" (*JBL* 1999, pp. 477-496). Although the kingdom is not mentioned in their titles, they more or less explicitly discuss the meaning of this term in Thom 3 and in other sayings of Jesus in the *Gospel of Thomas*.

Davies argues that "kingdom" is another word for "light": "For Thomas", he states, "the kingdom of God is the indwelling of light in all things, within people and outside of them" (p. 665). Then he specifies that the light of Gen 1,3 is meant ("And God said, 'Let there be light: and there was light'") and, furthermore that this "primordial light" is the image of God in which "primordial humanity" was created (p. 668). The interpretation by Elaine Pagels is in the same line. She, too, identifies the light that God called into being with the divine image: "What God calls into being in Gen 1:3 is an emanation of his own being – light that simultaneously manifests the divine, the prototype of the human, and the energy manifested throughout 'all things'" (p. 486). Accordingly, Pagels argues that the Jesus of the *Gospel of Thomas* summons his addressees to recover this primordial light in themselves. This light, she adds, is available to humanity from the time of creation, and ever since (p. 496). She presents a similar explanation in her book *Beyond Belief: The Secret Gospel of Thomas* (2003). Cf. 55: "Thus Jesus suggests that we have spiritual resources within us precisely because we were made 'in the image of God'".

Davies and Pagels believe that, as Elaine Pagels puts it (p. 488), the source of the relevant ideas of the *Gospel of Thomas* is "quite simply" exegesis of Gen 1. Davies: "Thomas seems to derive from the same milieu as does Philo – Hellenistic Judaism which produced its vocabulary largely through allegorical exegesis, especially of Genesis 1 and 2" (p. 665). The problem with this interpretation is that it seems to be at odds with the repeated rejection in "Thomas" of attempts to connect Jesus and his teaching with biblical and post-biblical Jewish traditions and customs. Note that these rejections are put into the mouth of Jesus in dialogues with his disciples.

On various occasions, the disciples pose a question or make an observation to which Jesus reacts. Quite often their words bear witness to a serious lack of knowledge. One example is the slightly blunt question they pose Jesus in Thom 43: "Who are you to say these things to us?". Jesus simply retorts to their question: "From what I say to you, you do not know who I am". It may be recalled that for early-orthodox or "apostolic" contemporaries of the author(s) of the *Gospel of Thomas*, the disciples of Jesus (the apostles) were the guarantees of the truth about Jesus and his message. The blaming of the disciples for their ignorance and lack of comprehension is likely to show that "Thomas" is engaged in a polemic with early-orthodox Christians.

In Thom 52 the disciples claim: "Twenty-four prophets have spoken in Israel, and they all have spoken of you". But Jesus responds: "You have disregarded the Living One who is in your presence and spoken of the dead". This short dialogue unveils that one of the points of difference between the author(s) of the *Gospel of Thomas* and early-orthodox Christians concerned the relevance of the Old Testament for understanding Jesus. We may take it for granted that the author(s) and the intended readers identified themselves with Jesus' statement. To them the prophetical writers of the Old Testament (the "twenty-four prophets") were "dead", while early-orthodox Christians valued and quoted the books of the Old Testament as Holy Scripture, on account of their revelation of God as well as for their prophetical announcement of Jesus and his mission.

I come back to Thom 43: The reproach Jesus makes to his disciples in the second part of this text unit is in line with Thom 52, although it is of a more general nature. Because they are not able to know from his words who he is, Jesus says that they have become "like the Jews, for they love the tree but hate its fruit, or they love the fruit but hate the tree". The exact meaning of the image of the tree and its fruit can be left aside here. The important thing is that the disciples are blamed for having become "like the Jews". More than once in this Gospel, Jesus rejects Jewish rites and customs such as fasting, praying, alms giving, ritual purity and circumcision (Thom 6, 14, 39, 53, and 104) and he warns about "the Pharisees and the scribes" (Thom 39 and 102)[5]. In stating that they have become like the Jews, Jesus reproaches the disciples for not having turned away from Jewish rites and traditions – unlike the Christian sympathizers with the *Gospel of Thomas*.

In effect, the *Gospel of Thomas* disconnects Jesus from his Jewish context and more or less explicitly denies the relevance of the Jewish Scriptures for understanding his teaching. That one of the central ideas of this Gospel developed from a special type of Old Testament exegesis is therefore implausible.

III. A HIDDEN REFERENCE TO GOD?

If it is correct to assume that the *Gospel of Thomas* is more than a chance collection of individual sayings, and – in other words – if it contains a more or less coherent message[6], it makes sense to look for textual data in other parts of this Gospel that might shed light on the "hidden" meaning of Thom 3a, "the kingdom is inside you and it is outside you". I begin with passages that are comparable to the first half of this saying ("the kingdom is inside you").

---

5. Cf. A. MARJANEN, *Thomas and Jewish Religious Practices*, in R. URO (ed.), *Thomas at the Crossroads*, Edinburgh, T&T Clark, 1998, 163-182.

6. E. Pagels: "the sayings are not randomly arranged, but carefully ordered to lead one through a process of seeing and finding" (Thom 2), E. PAGELS, *Exegesis of Genesis 1 in the Gospels of Thomas and John*, in *JBL* 118 (1999) 477-496, p. 481.

1. *"Inside You"*

The phrase, "the kingdom is inside you", can be related, first of all, to the word about self-knowledge in Thom 3b, "When you know your-selves, then you will be known (...)". One wonders if there is any dif-ference at all in this Gospel between finding the kingdom inside oneself and self-knowledge. Note that in Thom 27 Jesus insists that his followers distance themselves ("fast") from the world in order to *find the kingdom*, while in Thom 111 he disqualifies the world as an unworthy place to be for *whomever has found himself*[7]. The possible equation of self-knowl-edge and knowledge of "the kingdom inside you" suggests that "the kingdom inside" refers to the true "self" of the addressees (their soul, spirit or heart[8]).

The search for one's spiritual core goes together with a depreciation of the body and the material world. I already mentioned Thom 27 ("fast-ing" from the world) and Thom 111 (the world is an unworthy place). The innermost core of the human being has nothing in common with its present earthly environment and the followers of Jesus should therefore not behave as if they were at home in this "poverty"[9].

Other sayings speak about the origin and nature of the "self" or the "kingdom inside". In Thom 49 Jesus promises his chosen followers that they *will find the kingdom*. "*For you have come from it, and you will return there*". In the next saying (Thom 50a) he instructs them: "If they say to you, 'Where have you come from?', say to them, '*We have come from the light, the place where the light came into being by itself* (...)'"[10]. It seems clear that "coming from the *kingdom*" (Thom 49) means basi-cally the same thing as "coming from the *light*" (Thom 50a), and that both expressions refer to the spiritual origin of the addressees[11]. I do not doubt that "the light" of Thom 50a (the light that *came into being by*

---

7. In Thom 67, Jesus states that the one who lacks self-knowledge, lacks everything. The message of Jesus in the *Gospel of Thomas* will probably not be violated if in this saying we substitute knowledge of "the kingdom inside oneself" for "self-knowledge".

8. Thom 87 and 112 (soul), Thom 14a and 29 (spirit), Thom 69a (heart).

9. Compare Thom 29, "I marvel at how this great wealth has come to dwell in this poverty", with the conclusion of Thom 3b: "if you do not know yourselves, then you will dwell in poverty, and you are poverty". The spiritual essence will not die, see Thom 1 (quoted above), 11b and 18.

10. Note that Gen 1,3-4 speaks of light that came into existence by God's word, while Thom 50 speaks of light that came into being by itself.

11. Thom 19a also reminds the addressees of their spiritual pre-existence: "Blessed is the one who came into being (or: who was?) before he came into being".

itself) is a designation of God[12]. This is even more clear from the next saying (50b), where Jesus juxtaposes the light and "the living Father"[13]. If the followers are asked, "Is it you?", they should answer: *"We are (the light's) children, we are the chosen of the living Father"*. Note that the followers are advised to make themselves known as (God's) *children*. Obviously "natural" children are meant here (not adopted children, as in some Pauline texts, cf. Gal 4,5; Rom 9,4; Eph 1,5), children, that is, who share the luminous nature of God, their Father[14].

2. *"Outside You"*

I turn to the second half of Thom 3a, "and it (the kingdom) is *outside you*". This statement is paraphrased near the end of the Gospel, Thom 113: *"the kingdom of the Father is spread out upon the earth, but people do not see it"*. In Thom 28, Jesus explains why people do not see the kingdom in spite of its omnipresence:

> Jesus said, "I stood in the midst of the world, and I appeared to them in flesh. *I found them all drunk, and I did not find any of them thirsty*, My soul ached for the children of humanity, because *they are blind in their hearts and do not see* (...)"

Thom 113 and 28 can be related to a few other sayings. It is interesting to compare, first of all, Thom 77b, where Jesus attributes omnipresence also to himself:

> "Split a piece of wood, I am there. Lift up the stone, and *you will find me there*".

As the preceding saying (77a) reveals, Jesus is omnipresent (and omniscient, cf. Thom 108, quoted below) because he is the divine light:

> *"I am the light that is above all things. I am everything. From me, everything came forth*, and to me everything reached".

---

12. See e.g. Irenaeus' report in *Adv. Haer.* I 30,1: "some others" (adherents of another school of Gnostic thought) describe "the Father of all things" as a certain first light (quoddam primum Lumen).

13. Cf. Thom 15: "When you see the one who was not born of a woman, fall on your faces and worship him. That is your Father". "The (my, your) Father" is the usual designation of God in the Coptic *Gospel of Thomas* (3b, 15, 27, 40, 44, 50, 53, 57, 61, 64, 69, 79, 83, 96, 97, 98, 99). See the conclusion of this article.

14. Cf. A. DeConick, *The Original Gospel of Thomas in Translation*, London, T&T Clark, 2007, p. 181.

So far we see a. that Jesus ("the light that is above all things") and the Father (Thom 50: "the light that came into being by itself") are closely associated, and b. that he is put on a par with the kingdom inasmuch as both are omnipresent. But there is more, for from Thom 108 we gather that Jesus is also closely connected – if not fully identified – with the ones who listen to his teaching:

> "Whoever drinks from my mouth *will become like me. I myself shall become that person*".

Jesus adds: "and the hidden things will be revealed to him". The one who responds to Jesus' message will share in his divine omniscience.

3. *Emphasis on Unity/ "Oneness"*

In other ways, too, Jesus emphasizes the notion of unity or "oneness", notably in his blessings of the *monachoi* ("single ones", imagined as androgynous – or complete – human beings?). In Thom 49 (discussed above) Jesus assures: "Blessed are the *monachoi*, the chosen, for *you will find the Kingdom*, while in Thom 75, he promises: "the *monachoi* will enter the wedding chamber". Apparently, the wedding or bridal chamber – and by implication the kingdom – is viewed as the place where the original unity of human beings is restored (cf. Thom 11d: "On the day when you were one, you became two. But when you are two, what will you do?"). Men as well as women (Thom 114!) are summoned to transcend their sexual one-sidedness and to become "one" (Thom 22).

IV. CONCLUSION

If we bring together the textual data that directly or indirectly concern "the kingdom inside and outside", the picture emerges of an eternal reality that is present inside as well as everywhere outside human beings, although imperceptible to the senses, and that at the same time is imagined as fundamentally one and the same. Because of the emphasis on unity/"oneness" it seems less plausible that the kingdom metaphor refers to something that can be distinguished from God: God's (imperial) power, God's light, or another hypostasized divine attribute. It is tempting to conclude that the kingdom in the *Gospel of Thomas* is a "hidden" (in fact metonymic) reference to the eternal and ubiquitous Deity itself.

This tentative conclusion is perhaps confirmed negatively by the notable circumstance that, with the exception of Thom 100 ("Give to Caesar what is Caesar's, give to God what is God's"), the word "God" does not occur in the Coptic text of this Gospel[15]. This may remind us of the traditional Jewish custom to avoid pronunciation of the Name, but it is also possible to relate this silence to the "hidden" character of Jesus' words in the *Gospel of Thomas*.

It is hardly possible to reconcile the dualistic anthropology of the *Gospel of Thomas*, notably its idea that the supposedly pre-existent and immortal spiritual core of the addressees is essentially divine, with the teaching of Jesus as it is reported in the biblical Gospels or with any other biblical or post-biblical Jewish tradition, while it is in fundamental agreement with second-century philosophical, in particular Platonic, ideas[16].

A final question is in order: Does the Jesus of this Gospel affirm that the inner core of *all* people is essentially divine and therefore existed before the birth of their material body? Or does this anthropological teaching apply only to his true followers, those who listen to his words? The first option seems to be the more plausible one: individual persons are not disciples of Jesus because they, unlike other people, are of divine descent but because these persons respond to Jesus' message and thus *have knowledge* of the divine reality inside and outside themselves. The others are spiritually blind and "drunk" and continue to live in "poverty".

Marktstraat 6
9712 PC Groningen
Niederlande

Gerard LUTTIKHUIZEN

---

15. In the Greek fragment Oxy 1 the phrase "kingdom of God" occurs in Thom 27. As April DeConick suggests, "of God" may be a routine addition by the scribe of this particular manuscript (DECONICK, *The Original Gospel of Thomas in Translation* [n. 14], p. 129). In the Greek text of Thom 3a in pap. Oxy 654 only the first letters of the word *basileia* are readable. It is not clear whether this papyrus mentioned "the kingdom of God" or just "the kingdom".

16. See J.M. ASGEIRSSON, *Conflicting Epic Worlds*, in ID., *et al.* (eds.), *Thomasine Traditions in Antiquity*, Leiden – Boston, MA, Brill, 2006, 155-174; S. PATTERSON, *Jesus Meets Plato: The Theology of the Gospel of Thomas and Middle Platonism*, in J. FREY – E.E. POPKES – J. SCHRÖTER (eds.), *Das Thomasevangelium: Entstehung – Rezeption – Theologie* (BZNW, 157), Berlin – New York, 2008, 181-205.

A MATTER OF LIFE AND DEATH

THEOLOGICAL REFRACTIONS OF A LITERARY MOTIVE
IN THE *GOSPEL OF THOMAS**

> *A word is dead*
> *When it is said,*
> *Some say.*
> *I say it just*
> *Begins to live*
> *That day.*
> Emily Dickinson

I. The Dialectic between Life and Death

A significant amount of Thomasine scholars suggest that the extant configuration of the second treatise of Nag Hammadi Codex II is the crystallization of a long-lived transmission process, involving both literacy and orality[1]. As a consequence, in recent criticism the role of a redactional hand, not even to say of an authorial hand – notwithstanding the radical rethinking the category of "author" went through in postmodern criticism[2] – in this gospel has been drastically minimized, especially if

---

* I express my warmest gratitude to Lorne Zelyck for improving the English of this paper.

1. Scholars have been giving different descriptions of this process: see T. AKAGI, *The Literary Development of the Coptic Gospel of Thomas*, Ph.D. dissertation, Western Reserve University, 1965; H. KOESTER, *Ancient Christian Gospels: Their History and Development*, Philadelphia, PA, Trinity Press, 1990, pp. 81-82; R.McL. WILSON, *"Thomas" and the Growth of the Gospels*, in *HTR* 53 (1960) 231-250; W.E. ARNAL, *The Rhetoric of Marginality: Apocalypticism, Gnosticism, and Sayings Gospels*, in *HTR* 88 (1995) 471-494; J.D. CROSSAN, *The Birth of Christianity: Discovering What Happened in the Years Immediately After the Execution of Jesus*, New York, HarperCollins, 1998, pp. 247-256 and 265-271; V. ROBBINS, *Rhetorical Composition and Sources in the Gospel of Thomas*, in *SBL 1997 Seminar Papers* (SBL Seminar Papers, 36), Atlanta, GA, Scholars, 1997, 86-114; R. URO, *Thomas and Oral Gospel Tradition*, in ID. (ed.), *Thomas at the Crossroads: Essays on the Gospel of Thomas*, Edinburgh, T&T Clark, 1998, 8-32; ID., *Orality and Textuality*, in ID., *Thomas: Seeking the Historical Context of the Gospel of Thomas*, Edinburgh, T&T Clark, 2003, 106-133; A.D. DECONICK, *Recovering the Original Gospel of Thomas: A History of the Gospel and Its Growth* (Library of New Testament Studies, 286), London – New York, T&T Clark, 2005.

2. R. BARTHES, *The Death of the Author*, in ID., *Image – Music – Text*, ed. and transl. S. HEATH, New York, Hill and Wang, 1977, 142-148; M. FOUCAULT, *What Is an Author?*, in J.V. HARARI (ed.), *Textual Strategies: Perspectives in Post-Structuralist Criticism*,

we compare it to other early Christian writings. Another important corollary is that the quest for a unifying theological principle presiding over its composition cannot but result in multiple finds: the ideological orientation of this collection of sayings likely transformed along with the needs, hopes, crises, contacts and influences experienced by the social group(s) within which it developed and reached its present form. Every context this traditional stream passed through left perceptible traces in the formulation of Jesus' sayings, as A. DeConick has recently illustrated using methodological tools from orality, social memory, and performance studies[3]. Such a complex picture, however, does not dismiss the possibility of reading this collection as a whole according to a coherent hermeneutical principle. This appears to have been done by the Gnostic groups responsible for the production of the Nag Hammadi codices[4], and, perhaps, by Manichaeans, from their own particular perspectives[5]. Nonetheless we must recall that the text that eventually reached the Gnostic milieu originally carried its own purposes; therefore Gnostic hermeneutics of the *Gospel of Thomas* must be correctly evaluated through the Reader-response criticism[6]. Still, holistic readings of this sort are conducted on the base of certain formal elements attesting for a sufficient degree of internal coherence, and one might wonder what these hallmarks

London, Methuen & Co. Ltd, 1980 (first published in 1979 by Cornell University Press, Ithaca, NY), 141-160.

3. See DECONICK, *Recovering the Original Gospel of Thomas* (n. 1).

4. On the cultural milieu in which this library was collected see S. EMMEL, *The Coptic Gnostic Texts as Witnesses to the Production and Transmission of Gnostic (and Other) Traditions*, in J. FREY – E.E. POPKES – J. SCHRÖTER (eds.), *Das Thomasevangelium: Entstehung – Rezeption – Theologie* (BZNW, 157), Berlin – New York, de Gruyter, 2008, 33-49.

5. See W.-P. FUNK, „*Einer aus tausend, zwei aus zehntausend*": *Zitate aus dem Thomas-Evangelium in den koptischen Manichaica*, in H.-G. BETHGE – S. EMMEL – K.K. KING – I. SCHLETTERER (eds.), *For the Children, Perfect Instruction: Studies in Honor of Hans-Martin Schenke on the Occasion of the Berliner Arbeitskreis für koptisch-gnostische Schriften's Thirtieth Year* (NHMS, 54), Leiden – Boston, MA, Brill, 2002, 67-94; P. NAGEL, *Synoptische Evangelientradition im Thomasevangelium und im Manichäismus*, in FREY – POPKES – SCHRÖTER (eds.), *Das Thomasevangelium* (n. 4), 272-293. The verbal connections between the *Gospel of Thomas* and Manichean literature has been questioned by J. Kevin Coyle, who considered them "too imprecise or too incomplete to advance the conclusion that Manichaeans referred directly to [...] the *Gospel of Thomas* as it has come down to us": J.K. COYLE, *The Gospel of Thomas in Manichaeism?*, in L. PAINCHAUD – P.-H. POIRIER (eds.), *Colloque international «L'Évangile selon Thomas et les textes de Nag Hammadi» Québec, 29-31 mai 2003* (Bibliothèque Copte de Nag Hammadi. Section «Études», 8), Québec, Canada, Les presses de l'Université Laval; Louvain – Paris, Peeters, 2007, 75-91, p. 91.

6. See an example of this approach in J. BRANKAER, *The Disciples in Gospel of Thomas Through the Lens of Reader-response Criticism*, Paper presented at the Society of Biblical Literature International Meeting, London, July 3-7, 2011.

look like in the *Gospel of Thomas*. This question is not easy to answer, given the variety of theological principles that guided the composition of this collection of sayings and its apparent lack of a *dispositio*. Nevertheless, the identification of one or more literary motives that function as a proper guideline for the interpretation of the entire collection is a fundamental step in the hermeneutical process carried out by every single reader. In the following pages I will propose that a valuable interpretive key is provided by the recurrent appeals to the dialectic between life and death; a motive inextricably linked with the function assigned to Jesus' *logoi* in the incipit.

Similar to the cognitive models of ancient cultures, the literary formulations of the *Gospel of Thomas* often present polar opposites, such as concealment and revelation (5,1-2; 6,4-5; 28; 32; 83), beginning and end (4,2-3; 18), body and soul (29, 87, 112), wealth and poverty (29), movement and rest (50), light and darkness (61,5), emptiness and fullness (28; 97). These polarities are framed in a dualistic tendency that, although never resulting in theological positions comparable to those of Marcion and the Gnostics[7], is detectable to a certain degree[8]. Among these oppositions, and sometimes interwoven with them, the polarity between life and death occurs quite often. Surely in ancient literature (particularly early Christian literature) it is common to come across this dialectic, so that one might infer that the *Gospel of Thomas* simply aligns with this general trend[9]. My hypothesis, however, is that here such dialectic is so pervasive to absorb the fundamental theological knots: crucial issues of cosmology and cosmogony, eschatology, Christology, anthropology, and religious polemic are all filtered through a dramatic representation of the conflict between life and death. If one of the main theological concerns of this gospel, as stressed by M. Lelyveld[10], is the mystery of life and the transformation of the disciples' existence through participation to divine life, it must be observed

7. See A.D. DeCONICK, *Seek to See Him: Ascent and Vision Mysticism in the Gospel of Thomas* (SupplVigChr, 33), Leiden, Brill, 1996, pp. 3-27.

8. According to R. Uro this dualism is especially concerned with *Thomas'* anthropological reflection: cfr. URO, *Thomas* (n. 1), pp. 54-65.

9. Emblematic examples are the partition of the ways of life and death in *Didachè* 1, and the dramatic contrast displayed in the *Gospel of John* between the life-giving Jesus and death's power over the world. The Gospels of Thomas and John, whose relationship is much debated (see I. DUNDERBERG, *Thomas' I-sayings and the Gospel of John*, in URO [ed.], *Thomas at the Crossroads* [n. 1], 33-64) share an interest for this particular issue, although it is expressed in different ways.

10. M. LELYVELD, *Les logia de la vie dans l'Évangile selon Thomas: À la recherche d'une tradition et d'une rédaction* (NHS, 34), Leiden, Brill, 1987, pp. 151-152.

that such reflection is consistently portrayed in literary formulations defining or describing life in opposition to death.

It is no coincidence that such dichotomy is programmatically introduced in the opening lines, where Jesus' title "the living" functions as counterpart to the promise that whoever will find the interpretation of his words "will not taste death"[11]. In the rhetorical arrangement of this prologue the promise made to the reader is already implied in the adjective that qualifies Jesus: the chances to overcome death are inextricably linked to the words pronounced by the Living One[12]. The result is that starting from the opening lines, the reader faces the association of Jesus with life and the fact that through his revelation an opportunity to overcome death is given to human beings. The epithet "the living" expresses Jesus' intimate relationship with the Father (to whom the same title is applied in other sayings)[13], while the idiomatic construction "he will not taste death" (18,3, 19,3, 85,2) and the variant "he will not see death" (111,2) allude to the condition of humanity that is separated from the Father and destined to die[14]. In sayings 56 and 80 death is depicted as the intrinsic condition of the world, and, as it seems, of human beings: the world itself is equated to a corpse (ⲡⲧⲱⲙⲁ) in *Thomas* 56 and to the body (ⲥⲱⲙⲁ) in *Thomas* 80.

From the point of view of the believer who heard Jesus' words and yearns for the salvific union with him, death's most ruinous consequence is the definitive interruption of his route of approach toward the Father:

> Gaze upon the Living One while you are alive, lest you die and seek to see him, and you will not be able to do so[15].

This saying (*Thomas* 59) occurs in the central part of the Gospel, framed in a sequence of literary units where the opposition between life

---

11. "These are the secret sayings that the living Jesus spoke and Didymos Judas Thomas wrote down. And he said: 'Whoever finds the meaning of these sayings will not taste death'" (NHC II,2, p. 32,10-14, cf. P.Oxy. 654,1-5).

12. A. PASQUIER – F. VOUGA, *Le genre littéraire et la structure argumentative de l'Évangile selon Thomas et leurs implications christologiques*, in PAINCHAUD – POIRIER (eds.), *Colloque international «L'Évangile selon Thomas et les textes de Nag Hammadi»* (n. 5), 335-362, p. 345.

13. Cf. *Thomas* 3,5; 37,3; 50,2.

14. The repetition of this theme suggests that death constantly threatens human existence, and the parable of the rich farmer in *Thomas* 63 dramatically confirms this condition: "Jesus says: «There was a wealthy man who had much money. He said: 'I will use my asset to sow, harvest, plant and fill my granaries with produce, so that I will not need anything'». These were the things he was thinking in his heart. But that very night he died" (NHC II,2, p. 44,2-9).

15. NHC II,2, p. 43,9-12.

and death and related motifs coagulate. The reflection begins in saying 58, a macarism unique to *Thomas*, declaring that suffering (ϩⲓⲥⲉ) has a specific value in the quest for life[16], which is equivalent to salvation. *Thomas* 59, then, urges the hearer to reach the salvific contemplation of the Living One in the course of his or her earthly life in order to gain eternal life[17]. The subsequent saying 60, antithetically, insists on death and its effects: the sight of a Samaritan carrying upon his shoulders a lamb destined to be slaughtered is taken by Jesus as a hint to give the disciples a lesson on the need to escape the destructive force of the world:

> A Samaritan was carrying a lamb as he traveled to Judea. He said to the disciples: "That man is [round about] the lamb". They said to him: "So that he may slaughter it and eat it". He said to them: "While it is alive, he will not eat it. Rather (he will eat the lamb) after he has slaughtered it and it is a carcass". They said: "He cannot do so otherwise". He said to them: "You too, look for a place for yourselves within rest, so that you shall not become a carcass and be eaten"[18].

In this literary unit, singularly arranged in a dialogue format and introduced by a narrative preface, the last sentence offers the key to the interpretation. Logically it could stand on its own[19] and, in a diachronic perspective, it is likely a secondary accretion providing the dialogue with a *rationale*[20]. The exposition of the (quite obvious) process of eating the lamb after having slaughtered it, somehow enigmatic in the context, is connected, through this exhortation, to the theme introduced in the previous sayings. Even though life and death are not explicitly mentioned, their contrast is recalled through the juxtaposition of "place" (ⲧⲟⲡⲟⲥ) and "rest" (ⲁⲛⲁⲡⲁⲩⲥⲓⲥ) to the nearly expressionistic "corpse" (ⲡⲧⲱⲙⲁ). The latter recalls *Thomas* 56, that uses this term to mean not only the vanity the world, but its impurity (from the ritual point of view) as well as its repugnance. ⲧⲟⲡⲟⲥ and ⲁⲛⲁⲡⲁⲩⲥⲓⲥ, on the other hand, both carry teleological connotations. In 4,1 ⲧⲟⲡⲟⲥ is associated to

16. LELYVELD, *Les logia de la vie* (n. 10), pp. 67-76.

17. According to DeConick the proper context for this saying is provided by the instruction for the heavenly journey given in mystic circles: DECONICK, *Seek to See Him* (n. 7), pp. 123-125.

18. NHC II,2, p. 43,12-20.

19. U.-K. PLISCH, *The Gospel of Thomas: Original Text with Commentary*, translated from German by Gesine Schenke Robinson, Stuttgart, Deutsche Bibelgesellschaft, 2008, p. 147.

20. A.D. DECONICK, *The Original Gospel of Thomas in Translation. With a Commentary and a New English Translation of the Complete Gospel* (Library of New Testament Studies, 287), London – New York, T&T Clark, 2006, p. 199.

"life" in a metaphor for salvation (τοῦ τόπου τῆς ζωῆς – ΠΤΟΠΟC
ΜΠⲰΝϨ); in 24,1 the same term is associated to Jesus ("Teach us about
the place where *you* are" – say the disciples), and the remark that it is
necessary to seek that "place" stresses the vital importance it carries for
the believers. In *logion* 50[21] ΤΟΠΟC defines the "place where the light
came into being by itself, established itself and appeared in their image".
Regardless of the contextual possibilities for this expression[22], ΤΟΠΟC
is associated with the Father, as is evident in the following part of the
saying: "We are the children, and we are the elect of the living Father"
(50,2). The members of the spiritual community that hear the words of
the living Jesus claim their divine origin, declaring that they are rooted
in the Father and they will be returning to him. In *logion* 68,2, despite
a textual difficulty[23], ΤΟΠΟC seems to indicate a place where Jesus'
followers will be preserved from persecution, and in 86 it is used to
define the status they yearn for, while the son of man "has no place
to lay down his head and to rest"[24]. Also ⲀΝⲀΠⲀⲨCⲒC is strictly connected with salvation: in Biblical sapiential literature "rest" is often
linked with immortality and *post mortem* existence[25]. According to
Thomas 50, rest is a specific trait of the Father, from whom the true
disciples come, and it describes the status they ultimately tend to reach
in their transformative route of approach to him (2, 51, 86, 90). In *Thomas*
60, then, as we saw above, "a place within rest" is a metaphor for salvation, indicating the divine life that the believer is enabled to obtain.
Again, in the literary representation, with this evocative vocabulary, the
dichotomy between life and death is put on stage. And it is still this
dichotomy that introduces the intimate dialogue between Jesus and
Salome in the subsequent saying, concerning the true identity of the disciple: "Two people will rest on a bed: one will die and the other will
live" (*Thomas* 61,1)[26]. Different from its counterparts derived from Q[27],

21. NHC II,2, p. 41,30–42,7.
22. DeConick, *Seek to See Him* (n. 7), pp. 43-96.
23. NHC II,2, p. 45,23-24. The text literally reads "No place will be found there,
where you have been persecuted", cf. DeConick, *The Original Gospel of Thomas* (n. 20),
p. 222.
24. NHC II,2, p. 47,34–48,4.
25. S.L. Davies, *The Gospel of Thomas and Christian Wisdom*, New York, Seabury
Press, 1983, p. 39.
26. NHC II,2, p. 43,23-25.
27. "Then there will be two men in the field; one will be taken and one will be left.
Two women will be grinding at the mill; one will be taken and one will be left" (Mt 24,40-
41); "I tell you, in that night there will be two in one bed. One will be taken and the other
left. There will be two women grinding together. One will be taken and the other left"
(Lc 17,34-35).

this eschatological sentence[28] conceptualizes salvation and perdition in terms of living and dying, thus creating a more concrete and radical polarization.

II. From Death to Life

What chances, then, have human beings to overcome death? It is remarkable that in the dialogue between Jesus and Salome in *Thomas* 61 the right way of being a disciple is discussed[29]. And it is important to note that the disciple's description is traced on the contour of Jesus portrait. The ultimate destiny promised to the believer is in fact a status of equality with Jesus – as *Thomas* 108 indicates: "Whoever drinks from my mouth will become as I am; I myself will become him, and what is hidden will be revealed to him"[30]. This is exactly what happens to the disciple Thomas, addressed by Jesus with these words in 13,5:

> I am not your teacher. After you drank, you became intoxicated from the bubbling spring that I had measured out[31].

Such assimilation to Jesus through an intimate comprehension of the mystery of his identity, for which the disciple Thomas stands as a model, is ultimately the goal of the believer. It implies a progressive transformative process, which is spelled out in its fundamental steps in *Thomas* 2[32] and symbolically recalled in the last saying of the collection[33], where the metamorphosis from a "female" to a "male" status advocates a shift from imperfection to perfection[34]. In this challenging itinerary, which

---

28. DeConick, *Recovering the Original Gospel of Thomas* (n. 1), p. 114.
29. NHC II,2, p. 61,2-5.
30. NHC II,2, p. 50,28-30.
31. NHC II,2, p. 35,4-7.
32. "Jesus says: 'Whoever seeks should not cease [seeking until] he finds, and when he finds [he will be amazed, and] when he is [amazed] he will reign, and [when he reigns] he will rest'" (P.Oxy 654, 5-9); "Jesus says: 'Whoever seeks should not cease seeking until he finds, and when he finds he will become troubled, and when he is troubled he will be astonished, and he will rule over the all'" (NHC II,2, p. 32,14-15).
33. "Simon Peter says to them: 'Mary should leave us because women do not deserve life'. Jesus says: 'Look, in order to make her male I will draw her, so that she too may become a living spirit, male resembling you. For every woman who will make herself male will enter the kingdom of God'" (NHC II,2, p. 51,18-26).
34. Cf. M. Meyer, *Gospel of Thomas Saying 114 Revisited*, in Id., *Secret Gospels: Essays on Thomas and the Secret Gospel of Mark*, Harrisburg, PA – London – New York, Trinity Press International, 2003, 96-196.

according to R. Valantasis sets out to develop a new ascetic subjectivity[35], the way that will lead the believer to overcome the finitude of his existence is displayed in two main forms: 1) the quest for the deeper meaning of Jesus' words, and 2) the return to origins.

1) An essential role for the attainment of salvation is attributed to the quest for the deeper meaning of Jesus' sayings, stated in the prologue as a general hermeneutical principle. In treatment of this issue a proximity with John 5,24 must be observed[36]. In *Thomas*, however, the transformative impact of Jesus' words on their hearers will make them become like him (13, 108). We should observe that the attribution of a salvific function to Jesus' words is not only characteristic of the sayings merged in the collection at a more recent compositional stage: rather, in light of the lack of explicit references to the Paschal event, it seems to be presupposed already in the earlier material[37]. *Thomas* 38,1 likely belongs to an early stage of the traditional stream[38], and confirms the unique role attributed to Jesus words:

> Jesus says: "The words that I am speaking to you, often you desired to hear them, and you have no other person from whom to hear them"[39].

I will return on this theme in the conclusion; for the moment it is enough to point out that the salvific function of Jesus' words remained constant throughout the progressive development of this collection.

---

35. Cf. R. VALANTASIS, *The Gospel of Thomas*, London – New York, 1997, pp. 56-57.

36. "Truly, truly, I say to you, he who hears my word, and believes him who sent me, has eternal life, and does not come into judgment, but has passed out of death into life".

37. This is not to say that the *Gospel of Thomas* does not encompass any reference to Jesus' passion, death and resurrection. The clearest reminiscence of his passion and death is in *l.* 55: "(...) and whoever does not hate his brothers and sisters and carry his cross *as I do* will not be worthy of me" (see: DECONICK, *The Original Gospel of Thomas* [n. 20], p. 189). Nevertheless I would not push this argument so far as F. Vouga's claim that *Thomas*' Christology is not alternative to the canonical Gospel's: F. VOUGA, *Mort et résurrection de Jésus dans la source des logia et dans l'Évangile selon Thomas*, in L. PAINCHAUD – P.-H. POIRIER (eds.), *Coptica – Gnostica – Manichaica. Mélanges offerts à Wolf-Peter Funk* (Bibliothèque Copte de Nag Hammadi. Section «Études», 7), Québec, Canada, Les presses de l'Université Laval; Louvain – Paris, Peeters, 2006, 1009-1024, pp. 1023-1024. See also G. QUISPEL, *The Gospel of Thomas and the Trial of Jesus*, in T. BAARDA – H. HILHORST – G.P. LUTTIKHUIZEN – A.S. VAN DER WOUDE (eds.), *Text and Testimony: Essays on New Testament and Apocryphal Literature in Honour of A. F. J. Klijn*, Kampen, Kok, 1988, 193-199.

38. Cf. DECONICK, *Recovering the Original Gospel of Thomas* (n. 1), p. 114.

39. NHC II,2, p. 40,2-5 cf. P.Oxy. 655 col. ii 2-7. On the importance of Jesus' words see also *Thomas* 43; 46; 62.

2) Beside the salvific character assigned to the hermeneutical process in which the reader is embroiled, the way to overcome death is described more concretely through the use of lexical and thematic models focusing on the protological myth. This theme plays a relevant role in the extant configuration of the text, as broadly observed by scholars[40]. According to S. Davies, it stems from a speculation on *Genesis* 1,1–2,4 conducted alongside a line of thought of first-century Hellenistic Judaism[41]. Although this is likely a consequential outcome of a Jewish wisdom theology influenced by Platonic ideas[42], this motive is burdened with eschatological overtones, as its frequent merging with the cosmic dualism between life and death shows. In *logion* 18, Jesus replies to the disciples who question him about their end with a maxim expressing a general truth ("Where is the beginning, there will be the end") followed by this corollary:

> Whoever will stand at the beginning is blessed: he will know the end and will not taste death[43].

A reference to the protological myth is concealed in the terms ⲁⲣⲭⲏ ("beginning") and ⲥⲟⲩⲱⲛ ("to know"), both keywords in the *Genesis'* account. This formulation alludes to a subtle opposition between two forms of knowledge: 1) the knowledge of good and evil, that for Adam and Eve was the cause of degradation (*Genesis* 3); 2) the knowledge connected with the unveiling of the end, which is the guarantee of salvation. Knowledge of the end, and consequently salvation, are reserved for those who have gained a full experience of the beginning. As outlined by M. Lelyveld, the expression ⲱϩⲉ ⲉⲣⲁⲧ⸗, literally "to stand", is a reference to the condition of Adam in Paradise before his fall, when he used to stand in front of God like the angels that worship him[44]. Nevertheless the status that human beings are enabled to reach through listening and interpreting Jesus' words is higher than the one granted to Adam. It implies the future restoration of the primitive harmony between the

---

40. In A. DeConick' s view this is a constitutive aspect of the secondary accretions: cfr. DeConick, *Recovering the Original Gospel of Thomas* (n. 1), pp. 175-194.

41. S. Davies, *The Christology and Protology of the Gospel of Thomas*, in *JBL* 111 (1992) 663-682; see also: J.D. Crossan, *Four Other Gospels*, Minneapolis, MN, Winston, 1985, p. 34.

42. Davies, *The Christology and Protology* (n. 41), p. 682. In recent years S. Patterson has pointed to the relationship of this collection with Middle Platonism: S. Patterson, *Jesus Meets Plato: The Theology of the Gospel of Thomas and Middle Platonism*, in Frey – Popkes – Schröter, *Das Thomasevangelium* (n. 4), 181-205; see also his contribution in the present volume, pp. 447-476.

43. NHC II,2, p. 36,14-17.

44. Lelyveld, *Les logia de la vie* (n. 10), pp. 38-43. Correctly she notes that saying 19 tautologically resumes the motive of "being in the beginning".

creature and the Creator, and the regaining of the place originally intended for human beings (a place worthy of that "great power" and "wealth" from which they were born) will be irreversible: in 111,1-2 the fullness of the life received from the Living One is represented as a permanent condition[45]. While the earthly parable drawn by human beings is doomed to dissolution, the living Jesus through his revelation permanently restores the order of things originally established by the Father, and suggests to his hearers how to regain it.

As the *Stromateis* attest, these exegetical motifs, which converged in this collection of sayings under the influence of Jewish mysticism, became part of a repertoire of the rigorist circles with whom Clement of Alexandria debated at the end of the Second Century[46]. The adoption of an encratic lifestyle is intended to reshape the individual according to the figure of the protoplast, a perfect being comprised of masculinity and femininity that is exempt from carnal needs[47]. In the achievement of this ascetically characterized form of ἀπάθεια, overlaid with an effective transformative power on the person who experiences it, must be traced the way to escape the death's devastating effects. As another example, the image of the infant in *Thomas* 4 alludes to the protoplast unaware of shame:

> The man old in days will not hesitate to question a small child seven days old about the place of life, and he will live[48].

So far we have gone through passages in which the life vs. death dialectic is employed in the theological reflection related to soteriology, anthropology, and Christology. The pervasiveness of this dialectic, however, expands to a practical issue such as the controversy against the traditional religion, a crucial theme for the identity of Jesus' early believers. This is noticeable in *Thomas* 52:

---

45. "Jesus says: 'The heavens and the earth will roll up in your presence. And whoever is alive because of the Living One, that person will not see death'" (NHC II,2,51,6-8).

46. Cf. A. LE BOULLUEC, *De L'Évangile des Égyptiens à l'Évangile selon Thomas en passant par Jules Cassien et Clément d'Alexandrie*, in PAINCHAUD – POIRIER (eds.), *Colloque international «L'Évangile selon Thomas et les textes de Nag Hammadi»* (n. 5), 251-275.

47. Cf. DECONICK, *Recovering the Original Gospel of Thomas* (n. 1), pp. 185-191. The Thomasine celibate anthropological model is indicated through the expressions ⲙⲟⲛⲁⲭⲟⲥ and ⲟⲩⲁ ⲟⲩⲱⲧ: cf. A.F.J. KLIJN, *The "Single One" in the Gospel of Thomas*, in *JBL* 81 (1962) 271-278; R. URO, however, is critical of this view: R. URO, *Is Thomas an Encratite Gospel?*, in ID. (ed.), *Thomas at the Crossroads* (n. 1), 140-162.

48. NHC II,2 p. 33,5-9 cf. P.Oxy. 654,21-25. See also *Thomas* 21.2, 22, 37.2; cf. DECONICK, *Recovering the Original Gospel of Thomas* (n. 1), p. 189.

His disciples said to him: "Twenty-four prophets spoke in Israel, and every-one spoke in you". He told them: "You ignored the living one that is in front of you and you have started talking of the dead"[49].

As is common in these sayings, Jesus' reaction to the disciples' stance is unsettling. His dismissal of their point of view is founded on the opposing characteristics attributed to the prophets and to Jesus himself: the *dead* prophets are contrasted with his *living* presence. In this vibrant opposition converge the cluster of dense implications the dialectic between life and death carries in terms of eschatology and cosmic conception. A particular theology of history surfaces in the back of this harsh formulation: Jesus' living voice transcends the voices that spoke in the past time as well as the written prophecies[50], and become the only reliable guide to salvation.

III. THE LIVING WORDS OF JESUS

The examples presented above show how issues of protology, eschatology, Christology, anthropology, and even religious polemic converge and tend to be represented through the dialectic between life (connected to the Father, to Jesus and their salvific action) and death (the dramatic condition in which the world and the human beings are confined). As we recalled, however, this theme is quite common and susceptible of different interpretations. How then should we deal with such plurality of hermeneutical possibilities and their reverberations on religious ideologies and practices? The dense network of possible intra- and extra-textual references in each saying must warn us from pointing toward a univocal solution. This motive is not sapiential, nor ascetical, nor Gnostic *per se*, even though it must indeed have had significant consequences for all the different groups this gospel reached in antiquity, starting from the encratic circles in Second century Egypt and the Gnostic sect reported by Pseudo-Hippolytus in the fifth book of his *Refutatio omnium haere-sium*[51]. In general terms, a constant feature of the theological conception expressed in the *Gospel of Thomas* must be recognized: the salvific action attributed to Jesus as a divine master giving eternal life to human

49. NHC II,2, p. 42,12-18.
50. Cf. VALANTASIS, *The Gospel of Thomas* (n. 35), p. 130.
51. Beside the explicit (though not literal) quotation in Ps.Hippolytus, *Ref.* V 7,20, other expressions used in the Fifth book recalls Thomasine sayings. See now S.R. JOHNSON, *Hippolytus's* Refutatio *and the Gospel of Thomas*, in *Journal of Early Christian Studies* 18 (2010) 305-326.

beings otherwise condemned to dissolution leaves aside the Easter event, that for other branches of the early Jesus' tradition represented the triumph of life over death. Since its early steps, the Thomasine branch set aside any reference to the salvific function of Jesus' death and resurrection. It is hard to say if such events were just implicit or presupposed, nor can we rule out the possibility that the usage of this collection of sayings coexisted with certain forms of Paschal faith. What we do know is that in this gospel salvation – now we can say "life" – is entirely based on Jesus' revelation[52].

Notwithstanding the interpretations produced in the specific contexts in which it was read according to pre-ordered theological frames, an intrinsic feature of this text must be put forward: the literary *genre* it belongs to (the collection of sapiential sayings) is typically oriented toward an individual reader[53]. *Thomas'* incipit claims in fact a special relationship between these sayings and the reader, who is the only responsible for their correct interpretation[54]. In this basic principle, to which – as I recalled above – a fundamental salvific function is assigned, we must recognize an outcome of the reflection on the overcoming of death. Jesus' victory, and consequently the victory for his followers, is pursued through the perpetuation of his teachings. The secret *logoi* collected in this gospel claim in fact to be living words, through which the living Jesus perpetually speaks. I focused above on their importance for the believer as it emerges in sayings 1 and 38, and, through the metaphor of the spring for Jesus' mouth, sayings 13 and 108. Nevertheless, this aspect

52. Again, this theological orientation seems to be particularly suitable to the groups where the reception of this Gospel is attested: encratism of Second Century Egypt, the sapiential lore of a particular branch of the Alexandrinian tradition influenced by Platonim (attested in the writings of Clement of Alexandria), non-Valentinian Gnosticism, and, later on, the mystical milieu of Pseudo-Macarius. For different reasons, and on different grounds, the eschatological conflict between life and death appears to be interiorized by these groups.

53. See PASQUIER – VOUGA, *Le genre littéraire et la structure argumentative de l'Évangile selon Thomas* (n. 12), p. 360. The connection of the *Gospel of Thomas* with the Wisdom literature is full of consequences, as was observed first by James Robinson in his seminal essay J.M. ROBINSON, *LOGOI SOPHON: Zur Gattung der Spruchquelle*, in E. DINKLER (ed.), *Zeit und Geschichte. Dankesgabe an Rudolf Bultmann*, Tübingen, Mohr (Siebeck), 1964, 77-96, Revised edition: *LOGOI SOPHON: On the Gattung of Q*, in J.M. ROBINSON – H. KOESTER, *Trajectories Through Early Christianity*, Philadelphia, PA, Fortress, 1971, 71-113.

54. On the problem of the hermeneutical community of the *Gospel of Thomas*, R. Valantasis concludes: "Many people in many different kinds of communities could, and did, read these sayings and interpret them, but they cannot be assumed to share one common theology, perspective, or even interpretation of the sayings", VALANTASIS, *The Gospel of Thomas* (n. 35), p. 26.

surfaces through more sophisticated rhetoric devices. First of all, through the introductory formula ⲡⲉⲝⲉ ⲓ̅ⲥ̅ ⲝⲉ (cf. λέγει Ἰησοῦς), that should be rendered as "Jesus says", where "says" is not a narrative present, but rather an expression of the timeless good of Jesus teachings[55]. Besides the linguistic argument supporting this translation, as U.-K. Plisch explains, the *Gospel of Thomas* is a list, and not a narrative account of Jesus' sayings. The fundamental lack of historical interest, except for the (few) contextualized sayings and dialogues, places Jesus' sayings in an extra-temporal dimension, which makes them suitable to every hearer in every age. This peculiarity of the *Gospel of Thomas* is ultimately linked with its oral dimension, a feature that pertains not only to its tradition process, but also to the interpretive devices linked to this literary *genre*[56].

More specifically, R. Valantasis observed how the rhetorical strategy established in the *incipit* and enacted over the 114 sayings forecasts four actors: Jesus (who pronounced the secret sayings), Thomas (who wrote them down), the third-person voice embodied time after time by anonymous performers who, with the repetition of the introductory formula "Jesus says" mediates the deliver of the traditional material, and the hearer, invested with the authority to listen and interpret[57]. Through the splitting of the voices involved in this active, performative process, Jesus words remain living entities and reach their recipient every time fresh and renovated. The divine power of life that inhabits these words is activated anew by the interaction of the single hearer with them. This is the miraculous event capable of perpetually re-enacting Jesus' victory over death.

Dipartimento di Studi Umanistici   Matteo Grosso
Università di Torino
via Sant'Ottavio 20
10124 Torino
Italy

---

55. Plisch, *The Gospel of Thomas* (n. 19), pp. 24-25; *contra* P. Nagel, ⲡⲉⲝⲉ ⲓ̅ⲥ̅ – *Zur Einleitung der Jesuslogien im Thomasevangelium*, in *Göttinger Miszellen* 195 (2003) 73-79.

56. See Pasquier – Vouga, *Le genre littéraire et la structure argumentative de l'Évangile selon Thomas* (n. 12). In Werner Kelber's words, the *Gospel of Thomas*, just as Q, "lacks a sense of history and pastness which the progressively textual culture in the West has increasingly been able to evoke", W. Kelber, *Sayings Collection and Sayings Gospel: A Study in the Clustering Management of Knowledge*, in *Language and Communication* 9 (1989) 213-224, p. 222.

57. Valantasis, *The Gospel of Thomas* (n. 35), pp. 50-54.

SCHEINBAR IM FLEISCH ERSCHIENEN?

ZUR FRAGE NACH DOKETISTISCHER CHRISTOLOGIE IN EVTHOM 28*

EvThom 28 nach P.Oxy. 1,11-21	EvThom 28 nach NHC II 38,20-31
(1) Jesus sagt: Ich stand in der Mitte der Welt, und im Fleisch erschien ich ihnen,	(1) Jesus sagte: Ich stellte mich hin in der Mitte der Welt, und ich erschien ihnen im Fleisch;
(2) und ich fand alle betrunken, und niemanden fand ich dürstend bei ihnen.	(2) ich fand sie alle, wie sie betrunken waren; ich fand niemanden von ihnen, wie er durstig war,
(3) Und es leidet meine Seele wegen der Söhne der Menschen, weil sie blind sind mit ihrem Herzen und [nicht] se[hen ...	(3) und meine Seele empfand Schmerz wegen der Kinder der Menschen, weil sie Blinde sind in ihrem Herzen, und sie sehen nicht, dass sie in die Welt gekommen sind, indem sie leer sind, und dass sie herausgehen werden aus der Welt, indem sie leer sind.
	(4) Aber jetzt sind sie betrunken. Wenn sie ihren Wein abgeschüttelt haben, werden sie umkehren.

Bei manchen Autoren liest man, die Aussage von EvThom 28,1 über das „*Erscheinen* im Fleisch" könne nur in doketistischem Sinne verstanden werden: In diesem Logion werde demnach die Vorstellung einer nur scheinbaren Leiblichkeit Jesu vertreten, und so stehe es in diametralem Gegensatz zu den realistischen Inkarnationsaussagen der johanneischen Schriften (v.a. Joh 1,14; 1 Joh 4,2; 2 Joh 7)[1].

* Dieser Aufsatz entstand im Rahmen meines von der DFG geförderten Habilitationsprojektes „Thomas und Johannes – Johannes und Thomas: Eine detaillierte Neubewertung des Verhältnisses der beiden Evangelien".
1. Vgl. J. DORESSE, *Les livres secrets des gnostiques d'Égypte*. 2: *L'Évangile selon Thomas, ou Les paroles secrètes de Jésus*, Paris, Plon, 1959, S. 164; B. GÄRTNER, *The Theology of the Gospel of Thomas*, übers. von E.J. Sharpe, London, Collins, 1961, S. 141-143; J.-É. MÉNARD, *L'Évangile selon Thomas* (NHS, 5), Leiden, Brill, 1975, S. 122-123; E.E. POPKES, *Das Menschenbild des Thomasevangeliums: Untersuchungen zu seiner religionsgeschichtlichen und chronologischen Einordnung* (WUNT, 206), Tübingen, Mohr Siebeck, 2007, S. 94.252-253; ähnlich C.W. HEDRICK, *Unlocking the Secrets of the Gospel According to Thomas: A Radical Faith for a New Age*, Eugene, OR, Cascade, 2010, S. 67.

ZUR BEGRIFFLICHKEIT

Der Unterschied zwischen EvThom 28 und den Inkarnationsaussagen
der johanneischen Schriften liegt, wie ein synoptischer Überblick zeigt,
in einem terminologischen Detail:

EvThom 28		Joh 1,14	1 Joh 4,2	2 Joh 7
		καὶ ὁ λόγος	Ἰησοῦν Χριστὸν	Ἰησοῦν Χριστὸν
ⲁⲉⲓⲟⲩⲱⲛ̅ ⲉⲃⲟⲗ ⲛⲁⲩ				ἐρχόμενον
̅ⲛ ⲥⲁⲣⲝ	ἐν σαρκεὶ	σάρξ	ἐν σαρκὶ	ἐν σαρκί
	ὤφθην αὐτοῖς	ἐγένετο	ἐληλυθότα	

Die terminologische Differenz liegt also darin, dass EvThom 28 vom
„Erscheinen" Jesu im Fleisch spricht, während es in den johanneischen
Schriften um das „Fleisch-werden" (Joh 1,14) bzw. „Im-Fleisch-Kom-
men" (1 Joh 4,2; 2 Joh 7) geht. Auf den ersten Blick könnte man also
vermuten, dass das Verb „erscheinen" (ὤφθην/ⲟⲩⲱⲛ̅ ⲉⲃⲟⲗ) gezielt
in doketistischer Absicht gewählt ist, gewissermaßen als Kontrast zum
realistischen „werden" (γίνομαι) bzw. „kommen" (ἔρχομαι). Dieser
Eindruck relativiert sich freilich, sobald man weitere frühchristliche
Texte zum Vergleich heranzieht:

Der Christus-Hymnus von 1 Tim 3,16 liegt in seinem ersten Glied
auffällig nahe bei EvThom 28: ὃς ἐφανερώθη ἐν σαρκί. Vermutlich ist
diese Aussage nicht auf den einmaligen Vorgang der Inkarnation zu
beziehen, sondern auf das ganze irdische („fleischliche") Leben Jesu, das
als Epiphanie gedacht ist[2]. Es würde jedoch einige Auslegungskunst
erfordern, wollte man das „Erscheinen" von 1 Tim 3,16 in doketistischem Sinne interpretieren. Der Kontext des Verses und auch sein hym-
nischer Charakter sprechen dagegen. Dann ist aber auch die doketistische

---

2. Vgl. L. OBERLINNER, *Die Pastoralbriefe. Erste Folge: Kommentar zum ersten
Timotheusbrief* (HTKNT, 11/2/1), Freiburg – Basel – Wien, Herder, 1994, S. 163-164;
A.Y. LAU, *Manifest in Flesh: The Epiphany Christology of the Pastoral Epistles* (WUNT,
II/86), Tübingen, Mohr Siebeck, 1996, S. 92-96. Ob man in der Rede vom Fleisch „eine
antidoketische Spitze" erkennen kann (so OBERLINNER, *Pastoralbriefe 1*, S. 164), ist
jedoch fraglich: Sie wäre im Kontext singulär, da sonst im 1. Timotheusbrief die fleisch-
liche Existenz Jesu bzw. deren Bestreitung kein Thema ist; vgl. dazu auch D.R. STREETT,
They Went Out from Us: The Identity of the Opponents in First John (BZNW, 177),
Berlin – New York, de Gruyter, 2011, S. 208-210.

Auslegung von EvThom 28 anhand der Terminologie mit einem Fragezeichen zu versehen. In beiden Fällen ist es ja bemerkenswert, dass überhaupt von σάρξ gesprochen wird. Anhand der Terminologie lässt sich
jedenfalls nicht begründen, warum EvThom 28 doketistisch sein soll,
wenn es 1 Tim 3,16 nicht ist[3].

Noch deutlicher wird dies, wenn man den Barnabasbrief mit heranzieht. Vor allem in Barn 5–6 zeigt sich, dass die Terminologie variieren
kann. Meistens begegnet in diesen Kapiteln die Wendung ἐν σαρκὶ …
φανεροῦσθαι (Barn 5,6; 6,7.9.14; ebenso 12,10), doch der Autor kann
über Jesus genauso gut sagen: ἦλθεν ἐν σαρκί (Barn 5,10-11)[4]. Ein
Ansatzpunkt für literarkritische Hypothesen scheint darin nicht zu liegen[5]; die unbefangene Variation erklärt sich am besten so, dass für den
Autor der Streit um das nur scheinbare oder tatsächliche Fleisch-Sein
Jesu kein akutes Problem war[6].

Für EvThom 28 ist festzuhalten, dass eine doketistische Orientierung
dieses Logions aus seiner Terminologie („erscheinen" versus „werden"
bzw. „kommen") nicht folgt. Sie müsste aus dem Kontext herzuleiten
sein.

I. Privilegierte Interpretationskontexte?

In der Tat stützen sich Autoren, die EvThom 28 als doketistisch auffassen, häufig auf den Kontext des Thomasevangeliums als Matrix, in
welche die Auslegung des einzelnen Logions eingebettet wird: Wenn das

---

3. Vgl. A. Marjanen, *The Portrait of Jesus in the Gospel of Thomas*, in J.M.
Asgeirsson – A.D. DeConick – R. Uro (Hgg.), *Thomasine Traditions in Antiquity: The
Social and Cultural World of the Gospel of Thomas* (NHMS, 59), Leiden – Boston, MA,
Brill, 2006, 209-219, S. 212; Streett, *They Went Out from Us* (Anm. 2), S. 202 Anm. 110
(= S. 216 Anm. 159); ähnlich T. Zöckler, *Jesu Lehren im Thomasevangelium* (NHMS,
47), Leiden – Boston, MA, – Köln, Brill, 1999, S. 134.

4. Nach F.R. Prostmeier, *Der Barnabasbrief* (KAV, 8), Göttingen, Vandenhoeck &
Ruprecht, 1999, S. 248 soll dies ein doketistisches (Miss-)Verständnis der Aussage von
Barn 5,6 (ἐν σαρκὶ ἔδει αὐτὸν φανερωθῆναι) abwehren.

5. Zur literarischen Integrität des Barnabasbriefes vgl. Prostmeier, *Barnabasbrief*
(Anm. 4), S. 74-82.

6. Vgl. dazu auch U.B. Müller, *Die Menschwerdung des Gottessohnes: Frühchristliche Inkarnationsvorstellungen und die Anfänge des Doketismus* (SBS, 140), Stuttgart,
Katholisches Bibelwerk, 1990, S. 96: Der Autor des Barnabasbriefes vertrete eine hohe
Christologie, die manchmal auf Kosten der realen Leiblichkeit Jesu geht – etwa wenn er
in Barn 7,3 den Leib Jesu als „Gefäß des Geistes" bezeichnet oder in 12,10 die Prädikate
„Menschensohn" und" Gottessohn" gegeneinander ausspielt. Aber, so Müller: „Es geht
einfach um unreflektierte Aussagen, die sich primär an der Göttlichkeit Christi orientieren." Die Aussagen über das Leiden Jesu in Barn 5 sprechen ja deutlich gegen doketistische Tendenzen. Vgl. dazu auch Streett, *They Went Out from Us* (Anm. 2), S. 214.

Thomasevangelium im Ganzen die menschliche Leiblichkeit negativ bewertet, dann könne auch die Aussage über das „Erscheinen im Fleisch" in EvThom 28,1 keine im Ansatz positive Bewertung der Leiblichkeit bzw. Fleischlichkeit enthalten. Sie sei vielmehr in einem leibfeindlichen, näherhin doketistischen Sinne zu interpretieren:

So zog etwa J. Doresse EvThom 56; 80 als weiteren Interpretationskontext für eine Deutung von EvThom 28 in leibfeindlichem und damit doketistischem Sinne heran[7]. Bei diesen beiden Logien handelt es sich um eine Dublette, in der die Erkenntnis (ⲥⲟⲩⲱⲛ) des Kosmos mit dem Auffinden einer Leiche (ⲡⲧⲱⲙⲁ, EvThom 56) bzw. des Leibes (ⲥⲱⲙⲁ, EvThom 80) gleichgesetzt wird. E.E. Popkes verknüpft das Logion vor allem mit dem unmittelbar anschließenden Logion 29 und interpretiert auch den dort ausgedrückten fundamentalen Kontrast zwischen Fleisch (ⲥⲁⲣⲝ) und Geist (ⲡⲛⲁ) als doketistisch[8]. In beiden Fällen dienen also andere Logien im Thomasevangelium – bei Doresse zwei im weiteren Verlauf begegnende, bei Popkes (methodisch angemessener) das unmittelbar folgende Logion – dazu, die Fleisches-Aussage von EvThom 28 als doketistisch zu interpretieren. An diesen Ansatz sind zwei Anfragen zu richten:

(1) Es ist kaum zu bestreiten, dass das Thomasevangelium ein – gelinde gesagt – schwieriges Verhältnis zur menschlichen Leiblichkeit (Fleischlichkeit, Geschlechtlichkeit) hat. Vor diesem Hintergrund überrascht es aber, dass in EvThom 28 überhaupt vom Fleisch die Rede ist, oder vielmehr: dass ein Logion, das Jesus mit Fleisch in Verbindung

---

7. Vgl. DORESSE, *L'Évangile selon Thomas* (Anm. 1), S. 164: „En règle générale, la rédaction copte de notre apocryphe exprime un refus absolu de la chair et de la génération charnelle".

8. Vgl. POPKES, *Menschenbild* (Anm. 1), S. 253 Anm. 99. Auch nach R. NORDSIECK, *Das Thomas-Evangelium: Einleitung – Zur Frage des historischen Jesus – Kommentierung aller 114 Logien*, Neukirchen-Vluyn, Neukirchener, ³2006, S. 135 ist aus der Folge von EvThom 28 und 29 zu schließen, dass Jesus in EvThom 29 über sich selbst spricht – jedenfalls auf der Ebene der Endredaktion des Thomasevangeliums. Nordsieck fasst die beiden Logien in einer Spruchgruppe zusammen, die EvThom 28-31 umfasst und „Jesus in der Welt" zum Gegenstand hat. Darin ist der „Rechenschaftsbericht" EvThom 28 das „Grundwort" und EvThom 29 ein „weiterführendes Zusatz-Wort"; vgl. R. NORDSIECK, *Zur Kompositionsgeschichte des Thomas-Evangeliums*, in BZ.NF 52 (2008) 174-200, S. 182. Für das griechische Thomasevangelium ist die Abfolge ebenfalls zu postulieren, doch da in P.Oxy. 1 das Verso in EvThom 28,3 abbricht, kann man als „harten" Beleg lediglich in der fragmentarischen ersten Zeile des Recto das Wort [... τ]ὴν πτωχεία(ν) vor dem Anfang von EvThom 30 anführen. Zur Problematik vgl. schon B.P. GRENFELL – A.S. HUNT, *ΛΟΓΙΑ ΙΗΣΟΥ: Sayings of Our Lord from an Early Greek Papyrus*, London, Egypt Exploration Fund, 1897, S. 12-13.

bringt, überhaupt in diese Sammlung aufgenommen wurde[9]. Hätte sich ein dezidiert doketistisch orientierter Autor oder Sammler auf den terminologischen Drahtseilakt eingelassen, von einem „Erscheinen im Fleisch" zu sprechen, wenn er höchstens eine fleischliche Existenz „dem Schein nach" (δοκήσει, s.u.) meinte?

(2) Dass in der Auslegung einer Textstelle der Kontext einzubeziehen ist, gilt in der Exegese zu Recht als Selbstverständlichkeit; „Steinbruchexegese" ist keine methodische Option (mehr). Das Thomasevangelium stellt jedoch aufgrund seines besonderen literarischen Charakters als Liste bzw. Sammlung einen Sonderfall dar. Dubletten und inhaltliche Spannungen bzw. Widersprüche zeigen, dass dieses Werk kaum aus einem Guss entstanden ist, sondern Traditionsstücke aus unterschiedlichen Quellen umfasst[10]. Die einzelnen Logien folgen nicht mit Notwendigkeit in der Reihenfolge aufeinander, in der sie angeordnet sind. Da zudem keine durchgehende, gestaltende Redaktion erkennbar ist, (abgesehen vielleicht von der weitgehend stereotypen Einleitung „Jesus sagte ...")[11], lässt sich in dieser Sammlung auch keine umfassende theologische Perspektive namhaft machen[12]. Dann stellt sich aber die Frage, ob

9. Vgl. H.-C. Puech, *Une collection de paroles de Jésus récemment retrouvée: L'Évangile selon Thomas*, in *Comptes rendus de l'Académie des Inscriptions et Belles-Lettres* 101 (1957) 146-167, S. 164; F. Vouga, *Mort et résurrection de Jésus dans la source des logia et dans l'Évangile de Thomas*, in L. Painchaud – P.-H. Poirier (Hgg.), *Coptica – Gnostica – Manichaica*. FS W.-P. Funk (Bibliothèque Copte de Nag Hammadi. Études, 7), Québec, Université Laval; Leuven – Paris, Peeters, 2006, 1009-1024, S. 1015; ebenso Streett, *They Went Out from Us* (Anm. 2), S. 202: „a very strong statement about Jesus' flesh". Auch für U.-K. Plisch, *Das Thomasevangelium: Originaltext mit Kommentar*, Stuttgart, Deutsche Bibelgesellschaft, 2007, S. 100-101 wirkt die Aussage über das Kommen im Fleisch wie ein Fremdkörper im Gefüge von EvThom 28.

10. Vgl. Puech, *Une collection* (Anm. 9), S. 157; A.D. DeConick, *The Original* Gospel of Thomas, in *VigChr* 56 (2002) 167-199, S. 177.180; C.W. Hedrick, *An Anecdotal Argument for the Independence of the Gospel of Thomas from the Synoptic Gospels*, in H.-G. Bethge – S. Emmel – K.L. King – I. Schletterer (Hgg.), *For the Children, Perfect Instruction: Studies in Honor of Hans-Martin Schenke on the Occasion of the "Berliner Arbeitskreis für Koptisch-Gnostische Schriften"'s Thirtieth Year* (NHMS, 54), Leiden – Boston, MA, Brill, 2002, 113-126, S. 116; M.W. Meyer, *Gospel of Thomas Logion 114 Revisited*, in Bethge, et al. (Hgg.), *For the Children, Perfect Instruction*, 101-111, S. 104; Plisch, *Thomasevangelium* (Anm. 9), S. 30; Hedrick, *Unlocking* (Anm. 1), S. 7.

11. Diese und der Prolog können unter Umständen als narrative Elemente gelten; vgl. Vouga, *Mort et résurrection* (Anm. 9), S. 1014 Anm. 14.

12. Vgl. J.H. Wood, *The New Testament Gospels and the Gospel of Thomas: A New Direction*, in *NTS* 51 (2005) 579-595, S. 588; Marjanen, *Portrait of Jesus* (Anm. 3), S. 209-210; S.J. Patterson, *The Gospel of Thomas and Christian Beginnings*, in J.M. Asgeirsson – A.D. DeConick – R. Uro (Hgg.), *Thomasine Traditions in Antiquity: The Social and Cultural World of the Gospel of Thomas* (NHMS, 59), Leiden – Boston,

andere – gegebenenfalls benachbarte – Logien im Blick auf die Textgenese und die Traditionsgeschichte eines bestimmten Logions wirklich *a
priori* hilfreich sind, oder ob nicht doch jedes Logion zunächst für sich
zu behandeln ist. Ohne Zweifel hat der rezeptionsästhetische Blick auf
das Thomasevangelium sein Recht, wenn man sich für die Sammlung als
Sammlung interessiert. Das bedeutet aber: Wenn EvThom 28 in einem
eindeutig doketistischen Kontext überliefert wäre[13], *könnte* man dieses
Logion, insofern es eben Teil der Sammlung ist, *auch* doketistisch verstehen. Wenn man sich aber für die eigene Aussage und die Hintergründe
des Logions interessiert, stellt die Sammlung und stellen benachbarte
Logien nicht *a priori* einen privilegierten Interpretationskontext für
EvThom 28 dar. Anders gewendet: EvThom 28 steht in einem „leibfeindlichen" Kontext, weil der bzw. ein Kompilator des Thomasevangeliums dieses Logion vor Logion 29 platziert hat. Für sich genommen,
steht es menschlicher Leiblichkeit und Fleischlichkeit gar nicht abwertend gegenüber, eher im Gegenteil (s.o.). Daher ist erneut zu fragen, ob
und inwiefern andere Logien aus dem Thomasevangelium wirklich zum
Verständnis von Logion 28 beitragen können.

Für die Fragestellung dieses Beitrages erscheint es hilfreicher, EvThom
28 für sich zu betrachten, um nach seinem Platz im Spektrum frühchristlicher Christologien und nach seinem Verhältnis zum Doketismus zu
fragen.

II. EvThom 28 und der Doketismus

Das Wort „doketistisch" wurde in den oben angestellten Überlegungen ziemlich unbefangen verwendet. Nun ist aber doch zu fragen, was
damit inhaltlich gemeint sei. Diese Frage ist insofern nicht ganz einfach,

---

MA, Brill, 2006, 1-17, S. 3; W. EISELE, *Welcher Thomas? Studien zur Text- und Überlieferungsgeschichte des Thomasevangeliums* (WUNT, 259), Tübingen, Mohr Siebeck,
2010, S. 249-250; E.E. POPKES, *Das Thomasevangelium als* crux interpretum: *Die methodischen Ursachen einer diffusen Diskussionslage*, in J. FREY – J. SCHRÖTER (Hgg.), *Jesus
in apokryphen Evangelienüberlieferungen: Beiträge zu außerkanonischen Jesusüberlieferungen aus verschiedenen Sprach- und Kulturtraditionen* (WUNT, 254), Tübingen, Mohr
Siebeck, 2010, 271-292, S. 277.

13. Im Blick auf das Thomasevangelium ist in diesem Punkt ohnehin ein Fragezeichen
zu setzen: In dieser Sammlung kommt zwar vielfach eine Anthropologie und Ethik zu
Wort, die der menschlichen Leiblichkeit und Geschlechtlichkeit abwertend gegenüber
steht. Daraus ergibt sich aber nicht notwendig eine doketistische Christologie. Mit anderen
Worten: Wer die menschliche Leiblichkeit für etwas hält, das es zu überwinden gilt, mag
vielleicht *mit größerer Wahrscheinlichkeit* zu doketistischer Christologie neigen. Erwiesen
ist das aber nur, wenn der betreffende Autor sich *tatsächlich* in diesem Sinne zur Christologie geäußert hat.

als wir dieses Denken vor allem aus den Schriften seiner Gegner kennen. Als Ausgangspunkt für eine Annäherung an das Phänomen werden meistens die Ignatiusbriefe herangezogen[14]; mit diesem Corpus liegen wir allerdings schon gut im 2. Jahrhundert[15]. Dort begegnet uns in der Tat die wohl massivste Polemik gegen Christen, die das reale Menschsein Jesu einschließlich Geburt, Leiden und Sterben bestritten[16]. Das hymnische Stück in IgnEph 7,2 stellt zur Warnung vor den τίνες (7,1) eine positive Zusammenfassung, die schon speziell auf die Fleischlichkeit Jesu abhebt (σαρκικός τε καὶ πνευματικός, ... ἐν σαρκὶ γενόμενος θεός ... καί ἐκ Μαρίας καὶ ἐκ θεοῦ, πρῶτον παθητὸς καὶ τότε ἀπαθής ...). Die Warnung in IgnTrall 9–10 wird deutlicher, sie setzt im Abriss der Geschichte Jesu (9) ein viermaliges ἀληθῶς gegen die Auffassung „Gottloser" die behaupten, all dies sei nur „zum Schein" (τὸ δοκεῖν). Dasselbe lässt sich im Smyrnäerbrief beobachten: Wieder wird den Lesern die Wirklichkeit von Menschwerdung, Leiden und Auferstehung Jesu mit nun fünfmaligem, penetrantem ἀληθῶς geradezu „eingehämmert" (IgnSm 1–2), bevor der Autor in IgnSm 2–4 wieder vor jenen warnt, die behaupten, all dies sei nur τὸ δοκεῖν geschehen. Allerdings hält sich der Autor dieser Briefe im Hinblick auf die Identität dieser Gegner bedeckt, er beschimpft sie allenfalls als „Gottlose" (IgnTrall 10) und „menschengestaltige Bestien" (IgnSm 4,1).

Nach der Frontstellung der Ignatianen geht es also im Doketismus darum, dass die ganze historisch-leibliche Existenz Jesu bloßer Schein war; Jesus war demnach nie wirklich Mensch. Streng genommen, fällt dann auch die Polymorphie-Vorstellung der Johannesakten nicht unter

---

14. Vgl. P. WEIGANDT, *Der Doketismus im Urchristentum und in der theologischen Entwicklung des zweiten Jahrhunderts*, Bd. 1, Diss. Heidelberg, 1961, S. 57; U. SCHNELLE, *Antidoketische Christologie im Johannesevangelium* (FRLANT, 144), Göttingen, Vandenhoeck & Ruprecht, 1987, S. 76.

15. Die von R.M. HÜBNER, *Thesen zur Echtheit und Datierung der sieben Briefe des Ignatius von Antiochien*, in ZAC 1 (1997) 44-72 vorgetragene Spätdatierung der Ignatiusbriefe hat viel Kritik auf sich gezogen, die im Rahmen dieses Beitrages nicht diskutiert werden kann. Der positiven Datierung der Ignatianen in den Zeitraum um 170/180 (*ibid.*, S. 52-71) mag vielleicht nicht jeder in allen Punkten gleichermaßen folgen. Hübners Aufweis, dass die konventionelle Datierung der Ignatianen um 110/117 äußerst schwach bzw. eigentlich gar nicht begründet ist (*ibid.*, S. 45-52), scheint mir aber in jedem Fall stichhaltig zu sein und eröffnet den Weg für eine kontextuell angemessene Interpretation der Ignatianen als Texte (mindestens) aus der Mitte des 2. Jahrhunderts.

16. Vgl. MÜLLER, *Menschwerdung* (Anm. 6), S. 99.106: Insbesondere gehen die Ignatianen deutlich über die in dieser Hinsicht nicht sehr scharf formulierten Johannesbriefe hinaus.

den Begriff „Doketismus"[17]. Auch ein Text wie EvPhil 26 (NHC II 3, 57,29–58,10)[18] ist dann nicht doketistisch, denn er handelt nicht von der nur scheinbaren Geburt, Leiblichkeit und/oder Passion Jesu, sondern von seiner Akkomodation an das Fassungsvermögen der Menschen[19]. Wenn der Begriff des Doketismus eng gefasst wird, sind drei Autoren aus dem zweiten Viertel des 2. Jahrhunderts zu nennen, die von ihren Gegnern mit solchen Auffassungen zitiert bzw. referiert werden: Satornil, Kerdon und dessen Schüler Markion[20].

Über ersteren sind wir durch Irenäus (*Adv. Haer.* I 24,1-2; ebenso Hippolyt, *Ref.* VII 27,4) einigermaßen informiert: Satornil habe behauptet, der Erlöser sei ungeboren und unkörperlich und ohne Gestalt, nur zum Schein als Mensch erschienen (δοκήσει δὲ ἐπιπεφηνέναι ἄνθρωπον/ *putative autem visum hominem*). Ähnlich referiert später Epiphanios von Salamis, dass Satornil behauptet habe, Christus sei in menschlicher Gestalt und nur der äußeren Erscheinung nach (ἐν σχήματι ἀνθρώπου ... καὶ ἰδέᾳ μόνῃ) gekommen, und seine Geburt, Leben und Leiden seien nur zum Schein (τῷ δοκεῖν) gewesen (*Pan.* 23,1,10). Filastrius von Brescia weiß zu berichten: *Christum autem umbraliter apparuisse adfirmant, non carnem hominis veram et animam accepisse* (*Div. Haer.* 31,6).

Über Kerdon schreibt Epiphanios, dass diesem zufolge Christus weder aus Maria geboren, noch im Fleisch erschienen sei und überhaupt nur zum Schein gelebt und gewirkt habe (μὴ εἶναι δὲ τὸν Χριστὸν γεγεννημένον ἐκ Μαρίας μηδὲ ἐν σαρκὶ πεφηνέναι, ἀλλὰ δοκήσει ὄντα καὶ δοκήσει πεφηνότα, δοκήσει δὲ τὰ ὅλα πεποιηκότα, *Pan.* 41,1,7). Filastrius von Brescia erweitert diese Liste um das nur scheinbare Leiden: *Iesum autem salvatorem non natum adserit de virgine, nec apparuisse in*

---

17. Vgl. N. BROX, *„Doketismus" – eine Problemanzeige*, in ZKG 95 (1984) 301-314, S. 309-310; im Anschluss T. HAINTHALER, *Doketismus*, in LTK³ 3, 301-302, Sp. 302: In ActJoh 88–91; 93 geht es nicht um das leibhaftige Menschwerden, Leben und Leiden Jesu – anders WEIGANDT, *Doketismus* (Anm. 14), S. 83-86.

18. Dieser Text, der ja in NHC II unmittelbar auf das Thomasevangelium folgt, wird gern als Parallele für die Interpretation von EvThom 28 in doketistischem Sinne herangezogen, ebenso, aus NHC I, EvVer p. 31,2-13; vgl. GÄRTNER, *Theology* (Anm. 1), S. 143; MÉNARD, *Évangile selon Thomas* (Anm. 1), S. 123.

19. Vgl. BROX, *„Doketismus"* (Anm. 17), S. 311: „Wenn man diese Christologie Doketismus nennen will, ist der Begriff nicht mehr brauchbar zur Charakteristik mancher anderer Position, für die er bisher stand, z.B. nicht mehr für die Häretiker der Johannesbriefe." Zur Kritik an einem zu weit gefassten Verständnis von Doketismus vgl. auch SCHNELLE, *Antidoketische Christologie* (Anm. 14), S. 77-78.

20. Vgl. WEIGANDT, *Doketismus* (Anm. 14), S. 16-17.64-73; G. RICHTER, *Die Fleischwerdung des Logos im Johannesevangelium (Fortsetzung)*, in NT 14 (1972) 257-276, S. 259-260 (= ID., *Studien zum Johannesevangelium*, hg. von J. HAINZ [BU, 13], Regensburg, Pustet, 1977, S. 185-186); BROX, *„Doketismus"* (Anm. 17), S. 306; HAINTHALER, *Doketismus* (Anm. 17), Sp. 301.

carne, nec de caelo descendisse, sed putative visum fuisse hominibus, qui non videbatur, inquit, vere, sed erat umbra. Unde et putabatur quibusdam pati, non tamen vere patiebatur (*Div. Haer.* 44,2).

Markion, so wird berichtet, habe die fleischliche, körperliche Existenz Christi in eine dialektische Formel gefasst: *caro nec caro, homo nec homo* (Tertullian, *Adv. Marc.* 3,8,2)[21] bzw. ὡς ἄνθρωπον φανέντα … οὐκ ὄντα ἄνθρωπον, καὶ ὡς ἔνσαρκον οὐκ ἔνσαρκον, δοκήσει πεφηνότα, οὔτε γένεσιν ὑπομείναντα οὔτε πάθος, ἀλλὰ τῷ δοκεῖν (Hippolyt, *Ref.* X 19,3)[22]. Tertullian (*Adv. Marc.* 4,42,7) unterstellt ihm, er habe sich das „Fleisch" Jesu nur als ein *phantasma carnis* (*Adv. Marc.* 4,42,7) und als *putativam* (*Adv. Marc.* 5,4,15) vorgestellt. Filastrius von Brescia schreibt: *Christum autem putative apparuisse, id est quasi per umbram, et passum eum fuisse umbraliter, non tamen in vera carne credebat* (*Div. Haer.* 45,4).

Für unsere Fragestellung sind aus diesen Texten eine allgemeine und eine spezielle Beobachtung wichtig: Allgemein ist festzustellen, dass doketistische Autoren, soweit ihre Äußerungen greifbar und – im Idealfall – mehrfach bezeugt sind, ihre Ansichten klar artikulierten. Gewiss muss man in Rechnung stellen, dass die häresiologischen Sammler manches überspitzten, doch Signale wie die Adverbialen δοκήσει oder τῷ δοκεῖν oder Markions Formel ὡς ἔνσαρκον οὐκ ἔνσαρκον sind doch relativ gut bezeugt. Von all diesen klar doketistischen Schlüsselbegriffen findet sich aber in EvThom 28 nichts, und das spricht erheblich gegen eine doketistische Ausrichtung dieses Logions[23]. Doch es bleibt nicht einmal bei der Fehlanzeige, und das führt weiter zu einer speziellen Beobachtung: Epiphanios und Filastrius stimmen darin überein, dass Kerdon unter anderem behauptet habe, Christus sei gar nicht im Fleisch erschienen (πεφηνέναι/*apparuisse*), sondern eben – nach Epiphanios – δοκήσει. Wenn Kerdons Standpunkt hier zutreffend wiedergegeben ist,

---

21. Tertullian fügt sarkastisch hinzu: „*Proinde deus, opinor, nec deus*".

22. Aus der Formulierung in der *Refutatio* geht nicht ganz klar hervor, ob diese Aussage Markion oder seinem Lehrer Kerdon zugeschrieben wird. Da aber in X 19,1 Markion zuerst genannt wird, dürfte er vermutlich der Protagonist des Abschnitts und damit auch das Subjekt von λέγων sein.

23. Vgl. S.L. DAVIES, *The Gospel of Thomas and Christian Wisdom*, New York, Seabury, 1983, S. 88: „Thomas, like the Gospel of John, can be read eisegetically, to imply a Docetic Christology. But Docetic Christians were firm in their beliefs and stated them clearly. No more than John or Q, does Thomas ever make a clearly Docetic statement". Für das Verständnis von EvThom 28 als Weiterentwicklung des frühjüdischen Weisheitsmythos ist der Doketismus als Denkkategorie auch gar nicht notwendig; vgl. M. LELYVELD, *Les logia de la vie dans l'Évangile selon Thomas* (NHS, 34), Leiden – New York – København – Köln, Brill, 1987, S. 127.

dann hat der Doketist Kerdon genau das bestritten, was EvThom 28 behauptet: das Erscheinen im Fleisch[24].

Auf der anderen Seite ist festzuhalten, dass in EvThom 28 auch die Rede vom Schmerz, den Jesus empfindet (καὶ πονεῖ ἡ ψυχή μου, EvThom 28,3), nicht den Eindruck eines strikten Doketismus erweckt[25]. Gewiss ist dies keine Aussage über die Passion Jesu, aber ein Doketist vom Schlage eines Satornil hätte sich damit, angesichts der Vorstellung, der Erlöser sei ἀπαθής, in einige Erklärungsnot gebracht. Gewiss gibt es im frühen Christentum viele christologische Aussagen, die man *auch* in doketistischem Sinne verstehen kann. Das bedeutet aber noch nicht, dass sie deswegen schon *in sich* doketistisch und das Werk eines doketistisch denkenden Autors sind. Auch aus der vermeintlich gnostischen Ausrichtung des Thomasevangeliums (wenn man sie denn annehmen will) folgt nicht notwendig eine doketistische Christologie im oben beschriebenen strengen Sinne: Doketismus ist keine notwendige Funktion der Gnosis, es gab unter gnostischen Vorzeichen auch andere Möglichkeiten, den Weltbezug des Erlösers zu denken[26].

III. Ausblick

Es hat sich als nicht hilfreich erwiesen, für das Verständnis von EvThom 28 die Kategorie des Doketismus zu verwenden. Das Logion selbst enthält keine Hinweise darauf, diese müssten von außen herangetragen werden. Man wird daher den Hintergrund dieses Logions eher in der christlichen Rezeption des frühjüdischen Weisheitsmythos (vgl. v.a. 1 Hen 42; Sir 24; auch Bar 3,38) suchen, wie sie auch im Prolog des Johannesevangeliums (v.a. Joh 1,10) begegnet[27]. Die Rede vom „Erscheinen" Jesu im Fleisch

---

24. Vgl. auch WEIGANDT, *Doketismus* (Anm. 14), S. 95: „... gerade dieses Logion schließt eine doketistische Christologie a u s und zeigt, daß wir es im Thomasevangelium – wenn man überhaupt von dieser Stelle auf eine bestimmte Christologie schließen kann – wieder mit einer Variante der Pneumachristologie zu tun haben".

25. Vgl. dazu auch NORDSIECK, *Thomas-Evangelium* (Anm. 8), S. 131; mit anderem Akzent vgl. auch K.W. TRÖGER, *Doketistische Christologie in den Nag-Hammadi-Texten*, in *Kairos* 19 (1977) 45-52, S. 47. Es ist bezeichnend, dass in Trögers Aufsatz das Thomasevangelium überhaupt nicht erwähnt ist.

26. Vgl. TRÖGER, *Doketistische Christologie* (Anm. 25), S. 46-47.

27. Vgl. DAVIES, *Gospel of Thomas* (Anm. 23), S. 96; LELYVELD, *Logia de la vie* (Anm. 23), S. 127; NORDSIECK, *Thomas-Evangelium* (Anm. 8), S. 132-133. Für Joh 1,1-18 als Parallele vgl. z.B. R. SCHNACKENBURG, *Das Johannesevangelium*. I. Teil: *Einleitung und Kommentar zu Kap. 1–4* (HTKNT, 4/1), Freiburg – Basel – Wien, Herder, 1965 (⁷1992), S. 203-204.

ist eher der Epiphanie-Sprache zuzuweisen[28]; sie artikuliert weder ein Bekenntnis zur Inkarnation, noch eine Bestreitung der Inkarnation. Auch wenn Begriffe wie „Erscheinung" und „Anschein" in modernen Sprachen einander sehr nahe sind, sollte man doch für antikes Verständnis deutlich zwischen (göttlicher) Epiphanie und bloßer Dokesis (im engen Sinn) unterscheiden. Als Ergebnis ist festzuhalten: Die Aussage von EvThom 28,1 über das *„Erscheinen* im Fleisch" ist nicht in doketistischem Sinne zu verstehen.

Ludwig-Maximilians-Universität   Stephan WITETSCHEK
Graduate School Distant Worlds
Geschwister-Scholl-Platz 1
80359 München
Deutschland

---

28. Vgl. dazu MÜLLER, *Menschwerdung* (Anm. 6), S. 45-50.

RETRANSLATING THE GOSPEL OF THOMAS

A RESPONSE

In a recent book, article[1] and book review[2], Simon Gathercole raises questions about my Greek retranslation of *Gos. Thom.* 76,3 in *Seeking the Imperishable Treasure*[3]. Because of the general issues involved in attempting to translate any text into a presumed predecessor language, I think it might be a valuable exercise to respond to Gathercole's issues. Gathercole's first critique is found in both article and review:

> The reader might be more hopeful if the work was stronger on philology. Problems arise here, however, e.g., in the retroversion of Coptic *G.Thom.* 76.3: ζητεῖτε καὶ ὑμεῖς τὸν θησαυρὸν αὐτοῦ μὴ τὸν ἀπολλύμενον τὸν μένοντα, ὅπου οὐ σῆς εἰς βρῶσιν ἐγγίζει οὐδὲ σκώληξ ἀφανίζει (pp. 63, 72). The placement of the οὐ is puzzling, as is the word-order μὴ τὸν ἀπολλύμενον[4].

> First, in Johnson's main synopsis, the word in *Thomas* for 'which does not fail' (ⲉⲙⲁϥⲱϫⲛ̄) is retroverted into the very odd Greek phrase μὴ τὸν ἀπολλύμενον, surely a solecism[5].

In both critiques, Gathercole focuses on my placement of Greek negatives in the retranslation of *Gos. Thom.* 76,3. He is rightly puzzled by the placement of οὐ before the noun instead of the verb and my placement of μή before the article of the articular participle, instead of locating it between article and participle[6]. My retranslation of ⲡ{ⲉϥ}ⲉⲭⲟ ⲉⲙⲁϥⲱϫⲛ̄ should have read τὸν θησαυρὸν <u>τὸν μὴ</u> ἀπολλύμενον,

---

1. S.J. GATHERCOLE, *Luke in the Gospel of Thomas*, in *NTS* 57 (2010) 114-144 (in particular, pp. 115-116, 141-143). Pages 141-143 are repeated in *The Composition of the Gospel of Thomas: Original Language and Influences* (SNTS MS 151), Cambridge – New York, Cambridge University Press, 2012, pp. 205-207.

2. S.J. GATHERCOLE, *Review of Seeking the Imperishable Treasure: Wealth, Wisdom, and a Jesus Saying*, in *JSNT* 32/5 (2010) 140-141.

3. S.R. JOHNSON, *Seeking the Imperishable Treasure: Wealth, Wisdom, and a Jesus Saying*, Eugene, OR, Cascade, 2008; reprinted Cambridge, James Clark, 2010.

4. GATHERCOLE, *Review* (n. 2), p. 141.

5. GATHERCOLE, *Luke* (n. 1), p. 142, and *Composition* (n. 1), pp. 205-206.

6. I first made these mistakes in my dissertation, *Seeking the Imperishable Treasure: Wealth, Wisdom and a Saying of Jesus in the New Testament, the Gospel of Thomas and Q*, Ph.D. diss., Claremont Graduate University, 1998, pp. 85-86, and then perpetuated them in the revision for publication (*Seeking* [n. 3], pp. 72-73).

and not μὴ τὸν ἀπολλύμενον. On these two points Gathercole is correct and I thank him for pointing them out.

Alas, Gathercole chooses to take rhetorical advantage of these mistakes, complaining that the study claims "near-certainty" for the retranslation (which it doesn't) and could have been "stronger on philology"[7]. Furthermore, he then follows these relatively minor errors with a bolder and more important claim, but a claim that has little foundation to support it:

> Secondly, it is perhaps peculiar that Johnson posits a retroversion employing a form of ἀπολλύναι, when *Thomas*'s ⲉⲙⲁϥⲱϫⲛ̄ is closer to Luke's ἀνέκλειπτον: Crum's first equivalent for ⲱϫⲛ̄ is ἐκλείπειν (Crum 539a), and conversely Luke's ἀνέκλειπτον is translated in Luke 12.53 as ⲁⲧⲱϫⲛ̄[8].

As noted, *Thomas*'s ⲉⲙⲁϥⲱϫⲛ̄ is just as close to Luke's ἀνέκλειπτον[9].

Though recent retranslations such as that of the *Synopsis Quattuor Evangeliorum*[10] have employed ἀνέκλειπτον ("imperishable") as an adequate gloss for ⲉⲙⲁϥⲱϫⲛ̄ ("which does not perish")[11], one should question the reason for doing so. Gathercole gives one argument – and one argument only – for his assertion that Luke's ἀνέκλειπτον is closer to the Coptic of Thomas than my conjectured τὸν μὴ ἀπολλυμένον. But observing that ἐκλείπω ("I fail", "perish") is the first Greek equivalent to ⲱϫⲛ̄ listed in Crum is not much of an argument, especially when one then has to admit that Crum lists numerous Greek verbs as alternative

---

7. In his book review, Gathercole cites only the misplacement of the negative particles as evidence for his complaint, suggesting that he finds these errors to be definitive.

8. GATHERCOLE, *Luke* (n. 1), p. 142, and *Composition* (n. 1), p. 206.

9. *Ibid.*, pp. 142-143, n. 106, and *Composition* (n. 1), p. 207, n. 70.

10. See H.-G. BETHGE – C.-M. FRANKE – J. HARTENSTEIN – U.-K. PLISCH – H.-M. SCHENKE – J. SCHRÖTER, *Das Thomas-Evangelium/The Gospel According to Thomas (EvThom NHC II,2 p.32,10–51,28)*, in K. ALAND – B. ALAND (eds.), *Synopsis Quattuor Evangeliorum: Locis parallelis evangeliorum apocryphorum et patrum adhibitis*, 15th rev. ed, Stuttgart, Deutsche Bibelgesellschaft, 1996, 519-546, esp. p. 538. This Greek retranslation is the basis for recent retranslations found in, among others, J.M. ROBINSON – P. HOFFMANN – J.S. KLOPPENBORG (eds.), *The Critical Edition of Q: Synopsis including the Gospels of Matthew and Luke, Mark and Thomas, with English, German, and French Translations of Q and Thomas* (Hermeneia), Leuven, Peeters; Minneapolis, MN, Fortress, 2000; and U.-K. PLISCH, *Das Thomasevangelium: Originaltext mit Kommentar*, Stuttgart, Deutsche Bibelgesellschaft, 2007 (ET: 2008).

11. Coptic relative converters with stative verbs are commonly used to express Greek adjectives. The first line of P.Oxy 654 probably had an adjective in the attributive position: οἱ λόγοι οἱ [ἀπόκρυφοι] ("the hidden words"). The same phrase in Coptic Thomas is ⲛ̄ϣⲁϫⲉ ⲉⲑⲏⲡ ("the words which are hidden").

glosses for ⲱⲭⲛ̄[12]. So rather than debating the merits of which Greek verb might be the more appropriate gloss in the context – something to which I will return later – I think the discussion should begin with grammatical *form* and syntax.

When attempting to translate a text back into a presumed predecessor language, it seems to me that, unless one has clear and persuasive reasons for *not* doing so, the most logical policy should be to use a grammatical form in the predecessor language that best expresses the grammatical form of the extant text. *Gos. Thom.* 76,3's ⲉⲙⲁϥⲱⲭⲛ̄ is a relative construction consisting of relative marker (ⲉ-), negative habitual conjugation base (ⲙⲉ), pronominal marker (ϥ), and verb (ⲱⲭⲛ̄). The most obvious choices for translating this Coptic relative construction would be a Greek relative or participial clause. In *Seeking the Imperishable Treasure* I chose the participial clause – τὸν θησαυρὸν ... τὸν μὴ ἀπολλύμενον – over the relative though either construction is preferable to an adjective. So to be clear, Luke 12,33's ἀνέκλειπτον is *not* closer in form to Thomas's ⲉⲙⲁϥⲱⲭⲛ̄ than my conjectured τὸν μὴ ἀπολλυμένον; quite the opposite is the case.

How then might one most accurately translate Greek Luke 12,33's adjective into equivalent Coptic idiom? Gathercole himself points to the answer. I assume that Luke 12,33's ἀνέκλειπτον was translated into Sahidic Coptic as ⲁⲧⲱⲭⲛ̄ precisely because ἀνέκλειπτον is a Greek adjective formed with the ἀ- privative and a cognate of the verb ἐκλείπω, and therefore the Sahidic translators used the ⲁⲧ- privative with the verb ⲱⲭⲛ̄ – a common method for creating a negative attributive adjective. Simply put, an adjective was translated with an adjective. How then might one best translate John 6,27's attributive participial construction μὴ τὴν βρῶσιν τὴν ἀπολλυμένην ("not for the food *which perishes*")? Again, the Sahidic New Testament provides us with an answer: the *relative construction* ⲉⲧⲛⲁⲧⲉⲕⲟ. Admittedly, Sahidic John 6,27 uses a different verb than *Gos. Thom.* 76,3[13]; but like John, Thomas uses a relative construction (John: ⲉⲧⲛⲁⲧⲉⲕⲟ; Thomas: ⲉⲙⲁϥⲱⲭⲛ̄) – and this is what Gathercole chooses to ignore. It is this relative construction that I try to convey in my retranslation of *Gos. Thom.* 76,3, and it is this construction that is usually overlooked in favor of Luke's adjective in other retranslations of *Gos. Thom.* 76,3. In other words, though it differs

12. GATHERCOLE, *Luke* (n. 1), pp. 142, n. 101, and *Composition* (n. 1), p. 206, n. 65: "There are, however, a number of possible equivalents, including ἀπολλύναι". See W.E. CRUM, *A Coptic Dictionary*, Oxford, Clarendon, 1939, p. 539a.

13. John: ⲧⲁⲕⲟ; Thomas: ⲱⲭⲛ̄. In *Gos. Thom.* 76,3, ⲧⲁⲕⲟ is reserved for the end of the sentence, in reference to the destructive activity of worms.

slightly, the syntax of Coptic Thomas is closer to the syntax of Coptic John than it is to Coptic Luke, and so my Greek retranslation of Thomas is (I think appropriately) closer to Greek John than to Greek Luke. In the end, I see no sound reason for adopting Luke 12,33's ἀνέκλειπτον as the best equivalent of Thomas' construction because more appropriate options are available.

When I was considering which verb to use in retranslating the Coptic construction, I looked for a Greek verb that was fairly common, and ἀπόλλυμι fit the bill. For this reason, and because I am arguing that John and Thomas are different versions of the same saying of Jesus[14], it stands to reason *they might just be using the same verb* as a negated participle, even though use of the same verb is not essential to the direction of my argument in *Seeking the Imperishable Treasure*, nor to the question of how best to retranslate the grammatical structure of Coptic *Gos. Thom.* 76,3. On the other hand, ἀνέκλειπτον is *not* very common and Luke's use of it is in fact a *hapax legomenon* for the New Testament and the LXX[15].

What mystifies me is that Gathercole makes his claim while fully *and explicitly* aware of the grammatical issues involved in translation. In arguing that John 6,27 is not a version of the Treasure in Heaven saying, he states that

> Johnson's 'μὴ τὸν ἀπολλύμενον' is similar to John's language, but only because Johnson's retroversion has made it so. As noted, *Thomas's*

14. GATHERCOLE, *Luke* (n. 1), p. 142, and *Composition* (n. 1), p. 207, disagrees, arguing that "Johnson ... rejects a view positing 'secondary orality' because he considers that John 6.27 would have to be included in the oral tradition influencing Thomas. This is *spurious*, however, as the connections between John and *Thomas* are *thin* here: Johnson *generally overemphasises* the commonality" (emphases mine). Gathercole provides no arguments of substance for his outright dismissal ("spurious") of John 6,27 as a variation on the Treasure in Heaven saying; at this point in the article he simply ignores the evidence provided in chapter three (JOHNSON, *Seeking* [n. 3], esp. pp. 58-64 and fig. 6 on p. 75) – perhaps because he feels he has already made his case?

15. Even the verb ἐκλείπω, while common in the LXX, is used in the NT only in Luke 16,9; 22,32; 23,45; Acts 18,19; and Heb 1,12. Ἀνεκλιπής is found only in Wis 7,14; 8,18.

The obvious consequence of using the Lukan ἀνέκλειπτον in a retranslation of *Gos. Thom.* 76,3 is that it prejudices the discussion of Thomas' relationship to Luke. Q scholars of the past 135 years are virtually unanimous in arguing that Luke 12,33's ἀνέκλειπτον is a Lukan redactional change to Q 12,33 (See S.R. JOHNSON, *Q 12:33-34: Storing Up Treasures in Heaven* [Documenta Q], Leuven – Paris – Dudley, MA, Peeters, 2007, pp. 134-138). Because ἀνέκλειπτον is clearly Lukan in this context, retranslating *Gos. Thom.* 76,3's ⲉⲙⲁϥⲱϫⲛ̄ with ἀνέκλειπτον implicitly decides for the reader that the text of *Gos. Thom.* 76,3 is either directly or indirectly influenced by Luke 12,33. With this particular adjective, recourse to coincidental developments in oral traditions is not plausible.

ⲉⲙⲁϥⲱⲭⲛ̄ is just as close to Luke's ἀνέκλειπτον; on the other hand, *Thomas*'s ⲉϥⲙⲏⲛ ⲉⲃⲟⲗ *is a standard equivalent for a participle of μένω, as in Johnson's retroversion, and in John 6.27*[16] (emphasis mine).

If I understand Gathercole correctly, ⲉϥⲙⲏⲛ ⲉⲃⲟⲗ, *a relative construction*, is "a standard equivalent for a participle of μένω"[17], but ⲉⲙⲁϥⲱⲭⲛ̄, *a relative construction*, is best translated with the Greek *adjective* ἀνέκλειπτον. I don't disagree with his point about ⲉϥⲙⲏⲛ ⲉⲃⲟⲗ translating a participle of μένω, but why, then, is it more likely that ⲉⲙⲁϥⲱⲭⲛ̄ should translate a Greek adjective and not a participle? This is the fundamental weakness of Gathercole's position and the fundamental problem of using ἀνέκλειπτον in a retranslation of *Gos. Thom.* 76,3.

As a side note, I am a little surprised that Gathercole didn't take issue with my retranslation of ⲉⲟⲩⲟⲙ ("to eat") with εἰς βρῶσιν ("for food" or "in order to eat"). After all, most retranslations use an infinitive with standard Greek idiom (εἰς τό + inf. or τοῦ + inf.) for translating purpose[18]. But while I am pleased to see the use of a cognate of βρῶσις in the *Synopsis Quattuor Evangeliorum* instead of some form of φάγω[19], using a cognate infinitive instead of βρῶσις itself does not fully reflect the tradition-history of the saying. Q 12,33 and Matt 6,19-20 use βρῶσις in a very odd and rare manner, as referring to a consumer and not to what is consumed. It is in fact so odd that translators have used numerous glosses to express it[20]. But βρῶσις is there in the text of Matthew. John 6,27 also uses βρῶσις, but in its most common sense, as "food". My retranslation of *Gos. Thom.* 76,3 retains the use of βρῶσις as found in Q, Matthew, and John, but in such a way (εἰς βρῶσιν) that expresses purpose, as is found in the Coptic text. It also happens to be good Greek idiom *and* is quite common in the LXX[21].

---

16. GATHERCOLE, *Luke* (n. 1), p. 142-143, n. 106, and *Composition* (n. 1), p. 207, n. 70.
17. *Ibid.*
18. For example, R. KASSER, *L'Évangile selon Thomas: Présentation et commentaire théologique* (Bibliothèque théologique), Neuchâtel, Delachaux & Niestlé, 1961, p. 98, uses τοῦ κατάφαγειν, while the Berliner Arbeitskreis (BETHGE, *et al.*, *Das Thomas-Evangelium* [n. 10], p. 538) uses εἰς τὸ βιβρῶσκειν.
19. Q 12,33; Matt 6,19-20; and John 6,27 use βρῶσις; Jas 5,2 uses σητόβρωτα, a conflation of Q's σής and βρῶσις (cf. φάγεται in 5,3).
20. BDAG (βρῶσις, p. 185a) corrects LSJ's (βρῶσις, p. 332a) "rust", "corrosion", with "consuming" (or perhaps "grasshopper" or "wood worm" – LXX).
21. I would respond to other critiques of Gathercole and to several inaccuracies and misconstruals in his article, but such responses go beyond the purpose of this essay. For example, when he claims that my "reconstructed text of Q goes beyond mere hypothesis and is then the basis upon which further theories are built" (*Review* [n. 2], p. 141), he is merely tapping into the rhetoric not only of those who object to social constructions of

To conclude, in appreciation of Gathercole's observations concerning my misplacement of negative particles in my retranslation, and with due recognition that any retranslation into a non-extant but presumed predecessor language is necessarily hypothetical, I conclude by offering a corrected retranslation of *Gos. Thom.* 76,3:

ⲚⲦⲰⲦⲚ ⲢⲰⲦ ⲦⲎⲨⲦⲚ ϢⲓⲚⲉ Ⲛⲥⲁ ⲡ{ⲉϥ}[22] ⲉⲢⲟ ⲉⲙⲁϥⲱⲭⲚ ⲉϥⲘⲎⲚ ⲉⲃⲟⲗ ⲡⲙⲁ ⲉⲙⲁⲣⲉ ⲭⲟⲟⲗⲉⲥ ⲦⲢⲚⲟ ⲉⲢⲟⲨⲚ ⲉⲙⲁⲨ ⲉⲟⲨⲱⲙ ⲟⲨⲇⲉ ⲙⲁⲣⲉ {ϥ}ϥⲚⲦ Ⲧⲁⲕⲟ.

ζητεῖτε καὶ ὑμεῖς τὸν θησαυρὸν {αὐτοῦ} τὸν μὴ ἀπολλύμενον τὸν μένοντα ὅπου σὴς εἰς βρῶσιν οὐκ ἐγγίζει οὐδὲ σκώληξ ἀφανίζει.

You also, seek the imperishable treasure, which abides where no moth approaches to eat and no worm destroys.

Lycoming College   Steven R. JOHNSON
700 College Place
Williamsport, PA 17701
USA

---

community based on Q (which *Seeking* does not attempt to do), but especially of those who argue against the Two-Source Hypothesis in the first place. It would be pointless to address such rhetoric here.

22. This is due to a mistake in the copying of the text. See B. LAYTON, *The Gospel According to Thomas* (Text Critical Notes), in B. LAYTON (ed.), *Nag Hammadi Codex II,2–7 Together with XIII.2*, Brit Lib. Or.4926(1), and P. Oxy. 1, 654, 655* (NHMS, 20), Leiden – New York – København – Köln, Brill, 1989, p. 80, text critical note for line 20. Hence, αὐτοῦ is bracketed in the Greek retranslation and "his" is omitted in the English translation.

REPRESENTATIONS OF JUDAISM IN THE *GOSPEL OF JUDAS*

THE CHURCH OF JUDAS, THE JEW

This paper deals with the ecclesiology of the *Gospel of Judas* (Gos-Jud). We find a rather strange ecclesiology in this writing. It is not the doctrine about the Gnostic church that is elaborated, but that about the apostolic Church instead. This church is presented as a perpetuation of the Jewish rites and traditions. Understanding the apostolic Church is understanding its Jewish background and how it came to be Jewish. The representation of Judaism in the writing is thus important in our understanding of GosJud's ecclesiology. The representation of Judaism in Gos-Jud has many elements in common with early Christian texts about Judaism, Gnostic as well as non-Gnostic. As a test case, I compare the representation of Judaism in GosJud with that in *peri Pascha* (PP) of Melito of Sardis, a second century homily about Passover/Easter. We'll see that both Christian writers share a lot of clichés about Judaism. In their view, the Jews are guilty of Jesus' death. And that this death has a soteriological function does not exonerate the Jews. As the chosen people, they – of all peoples – had to recognize Jesus. Jesus' death has also from early on been interpreted as the paschal lamb that is slaughtered.

In the following, I'll compare GosJud with the PP in order to reveal in which way GosJud draws on traditional material, such as can be found in PP, and what is typical for GosJud.

I. THE ECCLESIOLOGY OF GOSJUD

The foundation of the Church is the calling of the twelve (33,13-14). So Jesus seems to take the initiative of founding a Church. He began to talk with his disciples about "the mysteries beyond the world and what would take place at the end" (33,15-18). He only *began* to talk with them[1]. Does this mean he didn't teach them everything, that something went wrong along the way, something that kept him from teaching them the rest? The next bit of information tells us that Jesus didn't always appear to his disciples as himself. Maybe an evocation of the Markan

---

1. Maybe this is a reference to Mark 1,1: "the *beginning* of the Gospel of Jesus…".

story, where the disciples think Jesus is a ghost when he walks on the water[2].

After this general picture of Jesus' relationship with the disciples, the story begins with Jesus finding the disciples while they are practicing a kind of Eucharist. At this point, there is already a breach between Jesus and the disciples, whose sacrifice is addressed to another God than the one who has sent Jesus in the world. At the moment that the disciples appear as characters in the story, they have already been somehow corrupted. They have undergone this corruption unknowingly, for they still think Jesus is the son of their God (34,11-12). They are worshipping another God, the God of the stars that misled them (34,9-11; 41,1-6; 42,7-8; 45,13; 55,10-11.16-19), which is the Jewish God yearning for sacrifices. The chronology of the story is somewhat disturbed, because the disciples already practice the Eucharist before Jesus' death. They will also be compared to the Jewish Temple priests who offer sacrifices to their God (39,18-21).

Another important element of the Church of the Apostles is the number twelve. Another will take Judas' place, "so the twelve are perfected through their God" (36,1-4). The number twelve of course evokes the tribes of Israel[3] and the twelve signs of the Zodiac ("the twelve stars")[4] as well as the twelve archons of the cosmology[5]. The importance of the number twelve expresses the continuity from Judaism to Christianity.

This continuity is also expressed in the dream-vision of the disciples about an altar where priests perform all kinds of immoral deeds (38,1–39,3), for Jesus tells them they are these priests (39,18-21). An important element of their cult is the use of Jesus' Name (39,7-17).

---

2. The *Editio Princeps*, 185, n. 20, mentions the interpretation of N̄Ɂ̄POT as a form of the Bohairic ϧορτϥ̄, "apparition, phantom".

3. The twelve tribes are mentioned in the newly discovered fragments, 55,8-9.

4. G. ADAMSON, *Fate Indelible: The Gospel of Judas and Horoscopic Astrology*, in A.D. DECONICK, *The Codex Judas Papers. Proceedings of the International Congress on the Tchacos Codex held at Rice University, Houston Texas, March 13-16, 2008*, Leiden, Brill, 2009, 305-324, suggests we read some passages of the GosJud as Judas' horoscope. This is on the background of an astrological context, in which the Zodiac plays an important role.

5. N. DENZEY LEWIS, *Fate and the Wandering Stars: The Jewish Apocalyptic Roots of the Gospel of Judas*, in DECONICK, *The Codex Judas Papers* (n. 4), 289-304, discusses the Jewish background of the astrological material in GosJud. According to her, the twelve stars do not in the first place function in a zodiacal system, but that they have to be understood on the background of Jewish apocalyptic literature, such as the *Testament of Levi* and *1Enoch*.

The disciples perform a special role in the Church of the Stars: they are kings among them (37,16). This means they have a special role in the archontic world[6]. Kingship belongs, for the author of GosJud to the lower world[7]. The ones to be saved are the kingless race (53,24).

II. THE SACRIFICE OF THE LAMB AND JESUS' DEATH

In PP the sacrifice of the Paschal lamb is the prefiguration of Christ's death on the cross, which is, in a way, the ultimate sacrifice. The immolation of the lamb in Egypt prefigures the immolation of Jesus on the cross. Melito also cites Jeremiah 11,19 and Isaiah 53,7-8 talking about the slaughtering of an innocent lamb or sheep (63–64).

For Melito, the sacrificial traditions of Judaism – just like its legalism – are abolished with the ultimate offering of Jesus. Jesus' death is prefigured in Exodus and in the Prophets. It is a unique historical event, that makes everything that preceded superfluous. The whole OT is an expression of the mystery of the Lord (59)[8].

> It is he who, brought as a lamb, immolated like a sheep, liberated us from the service of the world, as well as from the land of Egypt... (67).

Jesus is called "the lamb without a voice, the slaughtered lamb" (71).

In Melito's view the Church makes Judaism superfluous, like a model that has been used to create something in reality. Once it becomes real, the model is done away with (37)[9]. In Melito's ecclesiology, the Church is the accomplishment of what came before.

---

6. A.D. DECONICK, *Apostles as Archons: The Fight for Authority and the Emergence of Gnosticism in the Tchacos Codex and Other Early Christian Literature*, in EAD., *The Codex Judas Papers* (n. 4), 243-288, sees the 12 apostles as inner-cosmic counterparts of the twelve archons (especially pp. 264-265).

7. L. PAINCHAUD, *A Tale of Two Kingdoms: The Mysteries of the ΒΑΣΙΛΕΙΑ in the Gospel of Judas*, in M. SCOPELLO, *Gnosis and Revelation: Ten Studies on Codex Tchacos* (= *Rivista di Storia e Letteratura Religiosa* 44/3), Firenze, Olschki, 2008, 637-653, distinguishes between two kinds of Kingdoms (ⲧⲘⲚⲦⲉⲣⲟ) in GosJud. The first is a salutary reference to the Kingdom of God, the other, which should be understood as reign or kingship, refers to the reign of the archons and has thus a clearly negative connotation.

8. According to D.-A. GIULEA, *Seeing Christ through Scripture at the Paschal Celebration: Exegesis as Mystery Performance in the Paschal Writings of Melito, Pseudo-Hippolytus, and Origen*, in *Orientalia Christiana Periodica* 74/1 (2008) 27-47, the term "mystery" refers to a practice or cult, rather than to a secret or enigma.

9. Melito speaks of a "small and perishable scale-model". "What was precious before, becomes worthless, when that appears which is really precious" (*ibid.*, p. 37).

The people was thus like the sketch of a plan and the Law as the letter of a parable, but the Gospel is the explication of the Law and its fulfilment and the Church is the place of its realisation (40).

The new economy of the slaughtered lamb renders the old economy obsolete (42). Jesus' sacrifice makes all preceding sacrifices inferior, because they were corruptible and his is incorruptible. With the founding of the Church the Jewish people has lost its *raison d'être* (43). The Temple is without value because of the Christ from up high (44). From Jesus' suffering and his victory over death on, the divine grace stretches out to the limits of the earth.

In Melito's Christology Jesus' suffering stands central. He makes a link between παθεῖν and πάσχειν, Jesus' suffering and the celebration of Pascha (46)[10]. Jesus' suffering was necessary to liberate the human race from sin. Because man transgressed the commandment about the tree of knowledge of good and evil, he was "thrown in this world as in a prison of the condemned" (48). This image of the world even seems to have a Gnostic ring to it...[11]. Melito lists in a catalogue of sins everything that went wrong with the human race (49, 50–53)[12]. The creation, which was initially good (47), lost its harmony. All the flesh fell under sin and every body fell under the power of death (55).

Jesus' suffering was on the one hand realisation of what was prefigured in OT times by the paschal lamb, the words of the prophets, etc. (57–65). On the other hand, it was an act of liberation from a reality that had become a prison to humankind. In taking on a suffering body, he takes the pain of those who suffer upon him, destroys the suffering of the flesh, and kills – by his immortal spirit – the homicidal death (66). Jesus is τὸ πάσχα τῆς σωτηρίας ἡμῶν. He is the Passover/Easter of our salvation (69). Easter seems to be the more pertinent understanding because it is in the Resurrection that death is ultimately destroyed. Jesus' suffering was salutary, but this doesn't mean his perpetrators are innocent. The

10. It is possible that Melito is speaking here about the Christian Easter. The aorist παθεῖν is punctual, whereas the present infinitive πάσχειν expresses an iterative or durative sense. O. PERLER, *Méliton de Sardes, Sur la Pâque* (SC, 123), Paris, Cerf, 2008, pretends that it has the sense of celebrating (Christian) Easter, which is the celebration of Jesus' suffering for the Quartodecimans. In his suffering Jesus is showing his compassion for the human race.
11. But it is not really Gnostic, since Jesus is also presented as a beneficial demiurge (46, 82–83). Only after the appearance of sin, the world became a hostile place, a prison. L.H. COHICK, *The Peri Pascha Attributed to Melito of Sardis: Setting, Purpose, and Sources* (Brown Judaic Studies, 327), Providence, RI, Brown University Press, 2000, pp. 80-81, argues that it is also unlikely that Melito engages in anti-Gnostic polemic.
12. Some of the reproaches appear also in GosJud 38,14–39,3; 40,2-16; 54,24–55,1.

Jews are guilty of Jesus' ignoble death and they will be punished (93, 99). Salvation is then offered to the nations, whose sins are forgiven (103).

III. THE CHURCH IN GOSJUD COMPARED TO THAT IN PP

The author of GosJud takes up the traditional sacrificial language that has been associated with Jesus' death. The disciples have a dream-vision in which they see twelve Priests sacrificing animals upon the altar in the temple (a big house) (38,1–39,3). The Gnostic orientation of this writing implies that this sacrifice was made in honour of the creator God, who is a lower God and, apparently the God of the disciples. Jesus interprets the Temple sacrifice as the Christian sacrifice executed by the disciples:

> Jesus said to them: "It is you who are presenting the offerings on the altar you have seen. That one is the God you serve, and you are the twelve men you have seen. And the cattle that are brought in are the sacrifices you have seen – that is the many people you lead astray before that altar ..." (39,18–40,1).

Since Jesus is talking to his disciples he describes a Christian continuation of the Temple service. The sacrifice is offered to the God of the disciples, which is the same God as the one the twelve priests serve. In both cases, this is the OT God. Because this is not the real God in GosJud, the disciples lead people astray, bringing them to the sacrificial cult[13].

In PP the sacrificial cult takes an end with the passion of Christ. This is the ultimate and definitive sacrifice, the last lamb that must be slaughtered in order to save humankind. This sacrifice out of compassion overrules all the old sacrifices, such as the one associated with the celebration and the history of Jewish Passover.

In GosJud, Jesus will be victim to the Jewish sacrificial cult: Judas is the one who will sacrifice "the man who bears me" (56,19-20). Doing this, he will exceed all of those who do evil things (56,18). In the same context, which is unfortunately not very well preserved, those who offer sacrifices to Saklas (56,13-14) are mentioned. In a way, the sacrifice of

---

13. E. PAGELS – K. KING, *Reading Judas: The Gospel of Judas and the Shaping of Christianity*, New York, Viking, 2007, *passim*, pretend the priests also incite their flock to martyrdom. B. VAN OS, *Stop Sacrificing! The Metaphor of Sacrifice in the Gospel of Judas*, in DECONICK, *The Codex Judas Papers* (n. 4), 367-386, especially pp. 369-378 objects to a martyrdom hypothesis in favour of the sacramental/sacrificial hypothesis.

Christ is also different from the preceding slaughtering on the altar. It does not accomplish what was done before, but it is still qualitatively different from the other sacrifices: Judas will exceed them al. The human sacrifice is qualitatively *worse* than the sacrifice of the cattle in the disciples' dream-vision.

Both in PP and in GosJud, the Christian "sacrifice" is understood on the background of Jewish sacrificial practices. For Melito this takes places in logic of prefiguration and accomplishment. For the author of GosJud, there is a continuation of Jewish practice into Christian practice, with the difference that the sacrifice is now done in the name of Christ. Jewish practice is not abolished, but, on the contrary, perpetuated in Christian rites.

Both texts find that through the Christological event, there has to come an end to the Jewish sacrificial practice. In PP this is expressed in the following way:

> Because in the past the immolation of the lamb was precious, now it is worthless because of the life of the Lord, precious the death of the sheep, but now worthless because of the salvation of the Lord, precious the blood of the sheep, but now worthless because of the spirit of the Lord, precious the dumb lamb, but now worthless because of the irreproachable Son (44).

In GosJud, Jesus simply tells the disciples to "stop sacrificing!" (41,1-2). Sacrifices belong to the "old economy" of Israel. The irony of GosJud lies in the fact, that the disciples continue the Jewish sacrificial practice. Without being aware of it, they perform in their Christian service, characterized by the use of the name of Jesus, the same as what the Jews do in their cult. It is however only metaphorically that the disciples are the Jewish priests. In reality, they are leading the faithful only because they are themselves misled by the Jewish priests and the stars they stand for...

IV. A Catalogue of Sins

In GosJud the priests in the disciples' dream slaughter the animals in Jesus' name and do a lot of sinful things in his name equally, sinful deeds that are in PP associated with human kind in general, before the salvation by Jesus (49, 50–54).

These catalogues of sin refer in both texts to the human condition after the fall. Melito writes that after the fall, Adam "was thrown in this world like in a prison for convicted people" (48). In GosJud, the list of sins is explicitly linked to the sacrificial practice, although the perpetrators of sin also appear in an eschatological perspective: they will all rise at the end of times and are like the stars that bring everything to completion (40,7-18), but in this context, they are also associated with the sacrifice their God receives from the hands of priests (40,20-22). In both texts, a catalogue of sins is somehow related to the pre-Christian era. The difference between the two is that in PP, this situation of sinfulness comes to an end with the sacrifice of Jesus. In GosJud, the sacrifice of Jesus is just another expression of sin.

In PP the catalogue of vices is not written as a commentary on the killing of Jesus, but as the state of the descendants of Adam. All kinds of crimes are associated with those belonging to the economy before the salvation through Jesus-Christ. In GosJud the crimes of the Jews are clearly projected on the Christians of the Apostolic church. They find themselves in the same situation as the descendants of Adam before the economy of salvation. This transference takes place in the explanation of the dream. In the dream itself, the disciples are merely bystanders, who are appalled by what the Priests do[14]. In this first presentation, the priests are the Jewish priests worshipping in temple-cult. In Jesus' explanation, the disciples are themselves metaphorically these priests.

V. The Jews Are Responsible for Jesus' Death

Both PP and GosJud present the Jews as responsible for Jesus' death. This is of course, hardly an original position in second (or early third) century Christianity. Melito elaborates on this theme (72–99). If it was necessary that Jesus die, this must not be the work of Israel, who witnessed his miracles and healings. GosJud also mentions Jesus' miracles and healings for the salvation of humankind. This might be done in order to emphasize the worth of Jesus' life and the crime of his killing, but this is not explicitly said, as it is in the PP. Melito is very harsh on Israel:

> Why, o Israel, have you committed this new crime? You have dishonoured the one who honoured you. You have despised the one who estimated you. You have denied the one who confessed you. You have repudiated the one who called you. You have killed the one who gave you life. What have you done, o Israel? (73).

---

14. This is clear from the way the disciples behave after telling their dream-vision: "And after they said this, they were quiet, for they were troubled." (39,4-5). Earlier in the story the disciples' trouble (StortR) has led them to anger (34,24-26).

That Jesus needed to suffer is no excuse for the Jews to inflict this suffering on him. The fact that they killed him openly, in the middle of Jerusalem adds up to their culpability (72). This can be compared to the public character of the sacrifices in GosJud.

The Roman involvement in Jesus' death is minimized. In PP there is a reference to Pilate washing his hands. Melito suggests, however, it is the Jews that have nailed Jesus to the cross, made him drink vinegar, etc. (76, 78–79). There is no reference to the Roman process at all in GosJud. Here the death of Jesus is situated on the outside of the narrative frame, which ends with the handing over of Jesus by Judas. We see the high priests and the scribes waiting for an occasion to apprehend Jesus (58,10-16). It is conspicuous that the people is exonerated in GosJud, whereas the entire Jewish people is held responsible in PP (98). In GosJud they hold Jesus as a prophet (58,17-18). So only the high priests, who are responsible for the ritual sacrifice, and the scribes who seem to work for them are to blame for Jesus' death[15] – and Judas of course, who becomes, in a way, the leader of the Jewish authorities[16]. Judas is only mentioned once in PP (93). His getting money from the Jews is denounced. The element of the money also appears in GosJud (58,24-25).

What makes the Jews even more guilty for Melito, is that they are celebrating: they drink wine and eat bread, they rejoice, they sing Psalms, they make music and dance (80). They have killed the Lord on the day of the great feast (79). This is a reference to the Jewish Passover, which will be replaced by the Christian Pascha (46)[17].

---

15. Very recently, L. JENOTT, *The Gospel of Judas: Coptic Text, Translation, and Historical Interpretation of 'the Betrayer's Gospel'* (Studien und Texte zu Antike und Christentum, 64), Tübingen, Mohr Siebeck, 2011, argued that GosJud was a "critique of the emerging clergy who established their ecclesiological authority through doctrines of apostolic succession and the exclusive right to administer the Eucharist". The fact that the (Jewish) people is innocent, just like the crowd who is led before the altar, might indicate that GosJud addresses its polemic against some kind of religious elite.

16. His star becomes the leading star (57,20-21).

17. The suffering of Jesus is referred to as παθεῖν, but this became πάσχειν for the Christians. Maybe with the last term Christian Easter was meant, the celebration of Jesus' passion that culminated in the Resurrection. According to C. LEONHARD, *Clemens, the Jewish Pesach and the Origins of Christian Easter: Open Questions in Current Research*, Berlin – New York, de Gruyter, 2006, pp. 52f., Melito expresses a Christian alternative for the Jewish Pesach, a kind of "anti-Pesach". I think it's possible that the expression ⲣ̄ ⲡⲁⲥⲭⲁ in GosJud 33,5-6 refers to the Christian Easter, thus the celebration of the Resurrection (which effectively takes place three days after the end of the conversation between Jesus and Judas).

VI. A LACK OF UNDERSTANDING

Melito tells the Jews:

> You however have not been found as Israel, for you have not seen God, you have not recognized the Lord; you didn't know, o Israel, the first-born of God, the one that has been generated before the morning star, ... (82).

Israel is not "Israel" anymore, it has ceased to be the chosen people, for it sees God no more. This has to do with their lack of understanding: you have not seen God, you have not recognized the Lord. The motif of ignorance also plays an important role in GosJud. Jesus laughs at the disciples when they are saying a prayer of thanksgiving over the bread, because they only do what their God wants them to do (34,8-11). On another occasion Judas is misled by his star (45,13-14). The stars, who rule over the disciples, Judas included, are the archons, the powers of the Jewish Creator God, Saklas. They like to keep the human beings in a state of ignorance and mislead them. The disciples ask whether it is possible that Jesus, who mocks their service, is really the son of their God. Jesus answers that no race of man – and this clearly includes the disciples – will be able to know him. The disciples get infuriated and start blaspheming against Jesus.

> When Jesus observed their lack of understanding, he said to them: "Why has this agitation led (you) to anger? Your God who is within you and his [...] have become angry together with your souls?" (34,22–35,1).

In both texts, there is a lack of understanding about Jesus' identity. In PP, this is limited to the Jews, in GosJud, this reflects also on the disciples. In the PP, the Jews have lost sight of their God; in GosJud, the disciples are blinded by their God and cannot perceive the real divinity Jesus is related to. Again, GosJud takes up elements that are connected to Jewish service and connects them with the disciples.

VII. THE GOD OF THE JEWS IN GOSJUD

We have seen that one of the important differences between PP and GosJud is that in PP there is an old and a new economy, but both serve the same God, while in GosJud we deal with different Gods. The OT God is seen as an inferior being, ignorant of the real divinity Jesus is connatural with. After the deployment of the aeons an unknown entity says "Let twelve angels come into being to rule over the chaos and the underworld" (51,5-7). Two angels appear: Nebro or Yaldabaoth and Saklas.

They produce a number of angels and heavens. It is Saklas ("fool") who says to his angels to create a human being (52,14-17). He seems to represent the OT creator God. Nebro is only mentioned in the cosmogonic section. Made by Saklas and his angels, the human race is trapped in the world, that is, the lager part of humanity. But the real God caused some knowledge to be given to Adam, so that the "kings of chaos and the underworld might not rule over him" (54,8-12). In the end, it is only the great race of Adam that will be exalted at the end of times (57,9-15)[18].

The so-called human races are ruled by the stars, which represent the archontic powers. This makes it also impossible for those belonging to the human races to know Jesus or to belong to the holy race. Priests offer sacrifices to Saklas, which makes them "ministers of error" (40,22-23). This is the God of the universe (40,24-25), so he will only last as long as the universe lasts (54,18-20). The stars and the reality they represent will finally be brought to an end (55,17-20).

Saklas is the God who receives the sacrifices (56,12-13), but this seems to be associated with evil deeds (56,18). Saklas is also represented as the God of the disciples ("your God"), even though they don't know it. They think their God is Jesus' Father (34,11-13). The God of the disciples is associated with the number 12 (36,1-4)[19], which reminds us of course of the twelve tribes of Israel.

VIII. The Representation of Judaism in PP and GosJud

The representation of Judaism in both writings relies on stock Christian images of Judaism. The Jews are represented as the people that lost its divine election for their role in the plot to kill Jesus. Some have argued that Melito writes against a Jewish community he had dealings with – which he maybe competed with – in Sardis[20]. On the ground of this

18. The race of Adam represents the Gnostics, which are different from the ordinary human races. Cf. J. BRANKAER, *Whose Saviour? Salvation, Damnation and the Race of Adam in the Gospel of Judas*, in DECONICK, *The Codex Judas Papers* (n. 4), 387-412.

19. This is the reason why Judas will be replaced after his betrayal.

20. According to A.T. KRAABEL, *Melito the Bishop and the Synagogue at Sardis: Text and Context*, in D.G. MITTEN, *et al.*, *Studies Presented to G.M.A. Hanfmann*, Mainz, Zabern, 1971, 72-85, the established position of Jews in Sardis led to the resentment and anger expressed by Melito. A. STEWART-SYKES, *Melito's Anti-Judaism*, in *Journal of Early Christian Studies* 5 (1997) 271-283, even pretends that Melito was himself originally a Jew, who became influenced by Johannine Christianity.

homily, some have conjectured up a flourishing and vibrant Jewish community in that city.

Others have argued that the representation of Judaism and the polemics against it are to be understood as a purely theological or exegetical device[21]. The target of this polemic is the biblical Jews, who in the NT are responsible of Jesus' death. Judaism has thus become a category that is intricately associated with the biblical characters that are responsible of Jesus' death. Their guilt is all the worse because of their special relation with the OT God. Moreover, they were the privileged witnesses of Jesus' miracles and healings. There is a contrast between the new economy and the old, the Jewish alliance.

The representation of Jews and Judaism in PP only concerns the Jews that killed Jesus openly in Jerusalem while celebrating their Pesach. There is no direct polemic against contemporary Jews. In PP the Jews are blamed and their Law is abolished, without the condemnation of the whole OT. OT and NT are still held together: the OT contains as a prefiguration the truth that becomes clear in the NT. The story of the sacrifice of the paschal lamb in Egypt predicts the suffering of Jesus. The Prophets talk figuratively about Jesus, as they are talking about a lamb/sheep that will be sacrificed. The sacrificial cult of the Jews is not an item in PP, unless the reference to the immolation of the sheep, which has become void because of the life and the spirit of the Lord (43–44). Even if it is withheld for its predicting power, the OT is clearly inferior to the NT. Because of the fall, the time of the OT coincides with the economy of sin (described in 48–56), which is not the monopoly of Jews, but the state of life of all people preceding the salutary death of Jesus. The world was held captive by Death, while the image of God was abandoned (56).

The anti-Judaism of GosJud is also a theological position, rather than a polemic against contemporary Jews. Jewishness stands for everything that is obsolete: the sacrificial Temple cult, the religion of the stars and the archons. This is a presupposition Jesus and the disciples share in the narrative: the disciples find what they see in their dream-vision unpalatable. They think their God is the Father of Jesus, but they are mistaken about their own Jewish identity. A stance of anti-Judaism very much like that of PP is presupposed in GosJud. It is not elaborated on, it underlies the whole construction of the text. The Jews are the ones responsible for killing Jesus. Melito has to explain why this was a bad thing while Jesus' suffering had salutary value. He argues the Jews should have abstained

---

21. Cf. COHICK, *The* Peri Pascha (n. 11), pp. 85-87.

from this killing, even though they knew Jesus' death was beneficial (as it turns out, not to them). They should have cried out to God that another race had to kill Jesus (76). The author of GosJud doesn't have this problem, because Jesus' death is in no way represented as something good or even necessary. It is beneficial for nobody and damaging for those who kill him, for their reign will come to an end and Judas will grieve a lot (55,17-20; 35,26; 46,19–47,1)[22]. So the Jews (the Jewish authorities and Judas) are simply guilty of sacrificial murder. Their economy is that of the archons, the stars who held the world in the grip of destiny. The world before the coming of Jesus is also captivated by negative powers, which still have might over the disciples. The OT, and especially the writings of Moses, is not withheld as something that contains a prefiguration of the truth, it's probably wholly rejected, even if this is not explicitly an issue in GosJud. It occurs in similar texts. The fact that the people held Jesus as a prophet might suggest an attitude that is not wholly negative toward the Prophets.

Judaism – especially as it is represented by the (high) priests and scribes – is a negative thing to the eyes of the characters in GosJud as well as for its readers. This is a presupposition GosJud doesn't have to convince them about. It is a part of the Christianity GosJud stands for and probably even of mainstream Christianity, as we learn from Melito.

IX. JUDAS AND JUDAISM

Many features of the text associate Judas with Judaism. There is of course the name to start with. In a text so anti-judaeizing, it should not surprise us to find Judas as a representative of Judaism. In PP, he is also mentioned in a list of bitter things of Israel (93). Another element that links Judas to Judaism is the connection with Genesis. There are some similarities between the Judas from GosJud and Judah, one of the brothers of Joseph in Genesis. They both ask about the "advantage" (ⲡⲣⲟⲟⲩ)[23].

It is, however, especially the metaphor of the stars that suggests that Judas hold an important position within Judaism in GosJud.

22. These passages indicate that Judas is not a positive figure, as it was suggested by the first edition of the text. He is not the chosen disciple, he will become powerful, but he will grieve deeply in the end.

23. Cf. S. CAZELAIS – L. PAINCHAUD, 'What Is the Advantage?' (Gos. Jud. 46,16): Text, Context, Intertext, in DeCONICK (ed.), The Codex Judas Papers (n. 4), 437-452.

Judas is the only disciple who becomes identified with his star[24]; In the beginning he is – just like the others – misled by his star. In the end however, with the sacrifice of Jesus coming closer, Judas' star plays a special role. One of the signs of power related when Jesus tells Judas he will sacrifice the man who bears him, is the fact that his star has risen. It has done so in order to become the guiding star. It is said that it will rule over the 13th aeon (55,10-11). The other stars are the stars as we find them in the rest of the text, representing the archons and the Jewish cult. In the end, Judas leads on the one hand the archons on a cosmological level, on the other hand the Jewish authorities on the sublunar level. Judas leads the Jews to Jesus, so they can imprison him and ultimately kill him.

X. JUDAS AND THE APOSTOLIC CHURCH

Judas has been set apart from the disciples. The apostolic church scorns him and holds him as a traitor. In Judas' vision, the other disciples throw stones at him and he has to flight. But in the end Judas will reign over them all. His star is dominating the 13th aeon, it is leading all the other stars (ultimately towards their completion and condemnation, for they are fundamentally mistaken about the identity of Jesus).

We have already talked about the Judaeizing character of the apostolic church. The link to Judaism consists in their celebrating Jesus' sacrificial death in the Eucharist. This makes Judas the missing link between Judaism and Christianity. Judas dominates the apostolic Church through the bias of Judaism. As a leader of the Jews, he becomes a leader to the Christians. Judas passes on Judaism, with its main feature, the sacrificial cult, of which he has become the leader through the ultimate sacrifice, the sacrifice of the perfect man.

The apostolic Church has taken over all the vices of Judaism, but now practices them in the name of Christ. The Name is an important element that first appears in the dream-vision of the disciples. They have seen, together with the sacrificial altar and the twelve priests, a name. The men at the altar cry out Jesus' name. Jesus himself explains the dream-vision as a form of abuse of his name. The same is maybe true of the baptism in his name. There is unfortunately a lacuna in this place. But abuse of

---

24. The other disciples are only (mis)lead by their stars. They are the victims of astral destiny. Judas' star will however lead the others, just like Judas becomes a leader, who brings the Jewish authorities to Jesus.

Jesus' name, even to commit the worst crimes, is one of the characteristics of the apostolic church. The disciples believe that their (mere) use of the Name puts them apart from Judaism. But because they unknowingly continue Jewish sacrifice, their use of the name is perverse.

The association of Jesus' name with Judaism is the work of Judas, who by making him the ultimate sacrifice, makes him a part of the Jewish sacrificial cult. In a way, the author of GosJud uses all clichés about Jews, as we find them in PP, against the disciples. Christianity is the mere continuation of Judaism covered by another name. This is a grave denunciation. The disciples would be appalled by the accusation of performing Jewish rites. The Eucharist practiced by the apostolic church is the re-enacting of the sacrificial death of Jesus, a sacrifice Judas is responsible for. The GosJud talks about the Church of Judas, the apostolic church, which – unwittingly – follows Judas in his sacrificial cult. The apostolic Church is mislead by the stars – with Judas as their guiding star – and so becomes the Church of Judas.

The Anti-judaism of the PP is probably best interpreted as a theological commentary on Jesus' passion, which includes for the author of the PP an inherently anti-Jewish element. This kind of anti-Judaism is a presupposition for the author of GosJud. He wants to shock his public by representing the apostolic Church as the continuation of Jewish Temple service.

This could also explain the name of GosJud: it is the Gospel that represents the Church of Judas. Such a representation can, however, only be made by someone from the outside, since the members of the church of Judas are blind as to which church they belong. The author of GosJud doesn't take on Judas' identity, he reveals in how far the apostolic Church is actually the Church of Judas the Jew.

Champ Vallée 31/301   Johanna BRANKAER
B-1348 Louvain-la-Neuve
johanna.brankaer@uni-muenster.de

DOES THE *GOSPEL OF JUDAS*
OVERCOME CHRISTIAN ANTI-JUDAISM?

WISHFUL THINKING VERSUS TEXTUAL FACTS

For Matteo Grosso and Louis Painchaud,
as a small token of friendship

Even a cursory glance at the history of research on Christian origins reveals that extra-textual factors play, time and again, an exceedingly influential role. The study of the *Gospel of Judas* (GosJud) seems to be no exception. The successful marketing campaign which National Geographic launched seven years ago was accompanied by the claim that a turnabout, not to say a Copernican revolution, in the study of early Christianity would be triggered by GosJud[1], insofar as the text contained a rehabilitated Judas. Such rehabilitation would lead – as some members of the editorial team have also claimed – to counteract the long history of Christian anti-Jewish prejudice[2].

At first sight, all this sounded reasonable and promising. Every great story needs a villain (or a group of them), and the Jews have been up to the present the villains of the Christian story. A fateful anti-Judaism is inscribed in the genesis itself of the Christian phenomenon[3]. In this

---

1. "This gospel [...] will open up new vistas for understanding Jesus and the religious movement he founded" (B.D. EHRMAN, *Christianity Turned on Its Head: The Alternative Vision of the Gospel of Judas*, in R. KASSER – M. MEYER – G. WURST [eds.], *The Gospel of Judas*, Washington, DC, National Geographic, 2006, 77-120, p. 80); "This scriptural text could shatter some of the interpretations, even the foundations, of faith throughout the Christian world" (H. KROSNEY, *The Lost Gospel: The Quest for the Gospel of Judas Iscariot*, Washington, DC, National Geographic, 2006, p. 261).

2. "In contrast to the New Testament gospels, Judas Iscariot is presented as a thoroughly positive figure in the Gospel of Judas, a role model for all those who wish to be disciples of Jesus [...] the biblical figure of Judas the Betrayer has fed the flames of anti-Semitism. Judas in the present gospel may counteract this anti-Semitic tendency" (M. MEYER, *Introduction*, in KASSER, *et al.* (eds.), *The Gospel of Judas* [n. 1], 1-16, pp. 9-10); "The Gospel of Judas offers no blood libel that will course through history, causing vilification of Jews, pogroms, and even the Holocaust" (KROSNEY, *Lost Gospel* [n. 1], p. 295).

3. According to Rosemary Ruether, anti-Judaism must be considered as the left hand of Christology (R. RUETHER, *Faith and Fratricide: The Theological Roots of Anti-Semitism*, New York, Seabury, 1974). Ruether's thesis "was not spun out of thin air" (H. RÄISÄNEN, *Marcion and the Origins of Christian Anti-Judaism: A Reappraisal*, in ID.

context, Judas has been used to cast aspersion on the Jewish people, so that in later times he became the prototypical "Jew" – a greedy, demon-driven Christ-killer. Since Jerome, Ambrose and John Chrysostom, Judas came to be portrayed as a symbol of the Jewish people (Epiphanius makes Judas the father of the Jews), and the embodiment of everything that is wrong with Judaism. In this way, the figure of Judas is closely intertwined with the avatars of Anti-Semitism[4]. In modern times – and particularly after the Shoah – several well-intentioned attempts to reha-bilitate Judas have been carried out, aiming at neutralizing the shameful anti-Jewish distortions which even exegesis and theology have incurred[5]. This tendency has been not only present in New Testament scholarship[6], but also in essays addressed to a larger public, in works of fiction and cinema[7]. It came naturally to think that an ancient text rehabilitating Judas would be the completion of these well-intentioned efforts.

Soon there were, however, dissenting voices within the guild. Some scholars, in fact, argued that the interpretation advanced by the editorial team was itself conditioned by the (intellectual and/or emotional) need of revisiting the figure of Judas, thereby implying that that interpretation was nothing more than wishful thinking[8]. Other scholars plainly denied

[ed.], *Challenges to Biblical Interpretation: Collected Essays 1991-2000*, Leiden, Brill, 2001, 191-205, p. 200).

4. "Über Judas als Waffe im Arsenal des neuzeitlichen Antisemitismus wäre ein eigenes Buch zu schreiben. Jede Beschäftigung mit ihm muss sich auch dieser unheilvol-len Folge des traditionellen Deutemusters stellen" (H.-J. KLAUCK, *Judas – ein Jünger des Herrn*, Freiburg, Herder, 1987, 18-19); see H. MACCOBY, *Judas Iscariot and the Myth of Jewish Evil*, New York, Free Press, 1992.

5. For lucid denunciations of this state of affairs, see e.g. E.P. SANDERS, *Paul and Palestinian Judaism*, Philadelphia, PA, SCM, 1977, pp. 33-59; C. KLEIN, *Theologie und Anti-Judaismus: Eine Studie zur deutschen Literatur der Gegenwart*, München, Kaiser, 1975.

6. See H. STEIN-SCHNEIDER, *À la recherche du Judas historique: Une enquête exégé-tique à la lumière des textes de l'Ancien Testament et des Logia*, in *ÉTR* 60 (1985) 403-424 ("Judas n'est pas un monstre ou un démon, il n'est pas possédé par Satan. Il est, bien au contraire, le serviteur humble et fidèle, l'ami affectueux": p. 415); see also G. SCHWARZ, *Jesus und Judas: Aramaistische Untersuchungen zur Jesus-Judas Überlieferung der Evangelien und der Apostelgeschichte*, Stuttgart, Kohlhammer, 1988, pp. 231.237.

7. W. KLASSEN, *Judas: Betrayer or Friend of Jesus?*, Minneapolis, MN, Fortress, 1996. On the cinematic treatment of Judas, see R. WALSH, *The Gospel According to Judas: Myth and Parable*, in *Biblical Interpretation* 14 (2006) 37-53; A. REINHARTZ, *Jesus of Hollywood*, Oxford, Oxford University Press, 2007, pp. 151-177, 271-272.

8. This was already remarked upon in the first published academic article opposing the interpretation advanced by the editors: "On en a lu le texte à la lumière de la nouvelle figure de Judas que l'imaginaire occidental est en train de forger" (L. PAINCHAUD, *À propos de la (re)découverte de l'Évangile de Judas*, in *Laval théologique et philosophique* 62 [2006] 553-568, p. 568); "There is something bigger going on here, in our modern communal psyche. I haven't been able to put my finger on it exactly, but it appears to

that a Gnostic Gospel, with its demoting of Jewish Scriptures, could be helpful to improve Jewish-Christian relations[9].

In these circumstances, the aim of this article is to again tackle these claims, in order to weigh their arguments. After seven years since the first publication of the new gospel, and especially after the recent recovery of several new fragments[10], this task can hopefully be faced with a better perspective. Does the attempt to put an end to, or find an antidote of some sort for, the anti-Jewish trends in Christian thought find an ally in GosJud?

I. A POSITIVE VIEW OF JUDAS?

As is well-known, the interpretation of the figure of Judas himself in the new Gospel is not at all certain. Whilst the first editors and translators of the text claimed that GosJud provided a rehabilitation of the disciple and a favorable view of him, making him a sort of Gnostic hero[11], and even Jesus' closest friend, only some months after the publication it became clear that a good number of scholars did not maintain the positive view of the National Geographic team, which was considered by them rather as the result of a gross misinterpretation[12].

have something to do with our collective guilt about anti-Semitism [...] I wonder if one of the ways that our communal psyche has handled this in recent decades is to try to erase or explain the evil Judas, to remove from him the guilt of Jesus death [...] It seems to me that the National Geographic interpretation has grown out of this collective need and has been well-received because of it" (A.D. DeConick, *The Thirteenth Apostle: What the Gospel of Judas Really Says*, London, Continuum, 2007, pp. 180-181).

9. "To imagine that Christians could somehow get on better with Jews by downgrading the Old Testament is slightly peculiar" (S. Gathercole, *The Gospel of Judas: Rewriting Early Christianity*, Oxford, Oxford University Press, 2007, p. 159).

10. H. Krosney – M. Meyer – G. Wurst, *Preliminary Reports on New Fragments of Codex Tchacos*, in *Early Christianity* 1 (2010) 282-294.

11. See B.D. Ehrman, *The Lost Gospel of Judas Iscariot: A New Look at Betrayer and Betrayed*, Oxford, Oxford University Press, 2006, pp. 69, 98, 136; R. Kasser – G. Wurst (eds.), *The Gospel of Judas, Critical Edition: Together with the Letter of Peter to Philip, James, and a Book of Allogenes from Codex Tchacos*, Washington, DC, National Geographic, 2007, p. 24.

12. See Painchaud, *À propos de la (re)découverte* (n. 8); B.A. Pearson, *Judas Iscariot and the Gospel of Judas*, Claremont, CA, The Institute for Antiquity and Christianity, 2007; J. Turner, *The Place of the Gospel of Judas in Sethian Tradition*, in M. Scopello (ed.), *The Gospel of Judas in Context. Proceedings of the Paris Conference 2006*, Leiden, Brill, 2008, 187-237; S. Emmel, *The Presuppositions and the Purpose of the Gospel of Judas*, in Scopello (ed.), *The Gospel of Judas in Context*, 33-39; DeConick, *The Thirteenth Apostle* (n. 8); J. Brankaer – H.-G. Bethge, *Codex Tchacos: Texte und Analysen* (TU, 161), Berlin, de Gruyter, 2007, p. 260; B. Barc, *À propos de deux thèmes de l'Évangile de Judas: Nébrô et les étoiles*, in *Rivista di Storia e Letteratura Religiosa* 44 (2008)

Granted, Judas is depicted as a specially favored disciple of Jesus: the *incipit* contends that the content is derived from secret conversations between Jesus and Judas; he is the most perceptive of all the disciples – he is the only one who understands Jesus' nature and origin (35,17-19), and Jesus singles him out for special instruction about "the mysteries of the kingdom". Besides, Judas is depicted as a harassed man and the victim of the other disciples: in the first portion of his vision, Judas sees that the twelve disciples stone and persecute him (44,23–45,1), and later Jesus states that Judas will be cursed by the other generations (46,21); at least *prima facie*, this seems to mean that he is indirectly identified with the persecuted righteous, and so with the implicit reader[13], i.e., with the members of the Gnostic community to which the author belonged.

Nevertheless, this does not prove that Judas is viewed in positive terms. The arguments have been set out once and again in many articles and books, and there is no need to repeat them here. They concern both issues of interpretation and translation: the extent of Judas' knowledge in 35,14-20; the meaning of Judas being described as "thirteenth daimon" (44,21-23; see 46,19-20); the correct translation of ⲁⲕⲡⲟⲣⲝⲧ ⲉⲧⲅⲉⲛⲉⲁ ⲉⲧⲙⲙⲁⲩ and the referent of "that generation" (46,17-18); the meaning of the fact that Jesus laughs at Judas (see 44,18-19; 55,12ff)[14]; the referent of the "mysteries of the kingdom" which are revealed to Judas (35,23-25; 45,24-26); the comments by Jesus about Judas' fate (is he denied access to the holy generation or not?: 35,26–36,4; 45,11-19; 46,24–47,1); the relationship between Jesus' injunction not to sacrifice (41,1-2) and the sacrifice performed by Judas (56,17-20); the exact significance of Judas' grieving (46,11-13) and being cursed by

---

655-681; E. THOMASSEN, *Is Judas Really the Hero of the Gospel of Judas?*, in SCOPELLO (ed.), *The Gospel of Judas in Context*, 157-170; G. SCHENKE ROBINSON, *The Relationship of the Gospel of Judas to the New Testament and Sethianism*, in *Journal of Coptic Studies* 10 (2008) 63-98; M. GROSSO, *The Gospel of Judas in Context. Proceedings of the First International Conference on the Gospel of Judas*, in *Adamantius* 15 (2009) 502-505; among many others. A survey of the different interpretative models is found in F. BERMEJO-RUBIO, *Hipótesis sobre el Evangelio de Judas (I): Los problemas hermenéuticos de un nuevo apócrifo*, in *Estudios Bíblicos* 67 (2009) 471-504.

13. See I. DUNDERBERG, *Judas' Anger and the Perfect Human*, in A. DECONICK (ed.), *The Codex Judas Papers, Proceedings of the International Congress on the Tchacos Codex held at Rice University, Houston Texas, March 13-16 2008* (NHMS, 71), Leiden, Brill, 2009, 201-221, p. 220.

14. On the ironic use of laughter in GosJud, see F. BERMEJO-RUBIO, *La imagen de la risa en los textos gnósticos y sus modelos bíblicos*, in *Estudios Bíblicos* 65 (2007) 177-202; ID., *L'ambiguïté du rire dans l'Évangile de Judas: Les limites d'une Umwertung gnostique*, in SCOPELLO (ed.), *The Gospel of Judas in Context* (n. 12), 331-360.

the other generations (46,21-23); the meaning of the apparent hymn Jesus addresses to Judas (56,21-24); and so on.

Admittedly, the recovery of new fragments allows us to shed light on some disputed issues. One of the passages which have predetermined the interpretation of the editorial team of the gospel as good news about Judas is a sentence which occurs right before the last scene with the allusion to Jesus being handed over. Jesus commands Judas to look up to a cloud filled with light. The text runs as follows: "Judas looked up; he saw the luminous cloud. And he entered it (ⲓ̈ⲟⲩⲁⲁⲥ ⲇⲉ ⲁϥϥⲓⲁⲧϥ̄ ⲉϩ̄ⲣⲁⲉⲓ ⲁϥⲛⲁⲩ ⲉⲧϭⲏⲡⲉ ⲛ̄ⲟⲩⲟⲓ̈ⲛ ⲁⲩⲱ ⲁϥϥⲱⲕ ⲉϩ̄ⲟⲩⲛ ⲉⲣⲟⲥ)" (GosJud 57,22-24). Although the next sentence seems to allude to the voice in the transfiguration of Jesus (57,24f), the editors took for granted that the pronoun "he" of the last sentence refers to Judas, and they wrote in a footnote that "this passage may be described as the transfiguration of Judas"[15]. Other scholars, however, opposed this interpretation[16], and in the critical edition the editors changed the note: "'He entered it': the antecedent of the 3rd person masc. sing. pronoun is probably Judas, but conceivably it could be Jesus, as Sasagu Arai and Gesine Schenke Robinson have suggested"[17]. The recent recovery of 58,5-6 (ⲁⲩⲱ ⲁⲓ̈ⲟⲩⲁⲁⲥ ⲗⲟ ⲉϥⲛⲁⲩ [ⲉ] ⲓ̄ⲏ̄ⲥ̄, "and Judas no longer saw Jesus") seems to confirm that the person who enters the cloud is Jesus, whereas Judas is left behind[18].

The heated debates and the new fragments, however, have not put an end to the scholarly discussion[19]. In fact, there is an increasing consensus that the picture of Judas in GosJud is strikingly ambiguous. A growing

15. KASSER, *et al.* (eds.), *The Gospel of Judas* (n. 1), p. 44 n. 143.

16. See e.g. PAINCHAUD, *À propos de la (re)découverte* (n. 8), pp. 563-565; SCHENKE ROBINSON, *Relationship* (n. 12), pp. 66-68; EAD., *An Update on the Gospel of Judas (after additional fragments resurfaced)*, in *ZNW* 102 (2011) 110-129, pp. 114-117; B. PEARSON, *Judas Iscariot in the Gospel of Judas*, in DECONICK (ed.), *The Codex Judas Papers* (n. 13), 137-152, p. 151.

17. KASSER – WURST (eds.), *The Gospel of Judas, Critical Edition* (n. 11), p. 233, footnote to 57,23.

18. On this issue, see L. PAINCHAUD, *"Judas cessa de voir Jésus" (EvJud 58,5-6): Les nouveaux fragments inédits de l'Évangile de Judas*, in *Comptes rendus des séances de l'Académie des inscriptions et belles lettres*, forthcoming.

19. Several scholars leave open the possibility of a certain salvation for Judas, by taking the text as a story of development; see T. PETERSEN, *From Perplexity to Salvation: The Gospel of Judas Read in Light of Platonic Didactic Strategies*, in DECONICK (ed.), *The Codex Judas Papers* (n. 13), 413-434; J. MONTSERRAT TORRENTS, *L'ascension de l'âme dans l'Évangile de Judas (45,24–47,1)*, in *Apocrypha* 20 (2009) 229-237; A. MARJANEN, *Does the Gospel of Judas Rehabilitate Judas Iscariot?*, in T. NICKLAS – A. MERKT – J. VERHEYDEN (eds.), *Gelitten, Gestorben, Auferstanden: Passions- und Ostertraditionen im antiken Christentum*, Tübingen, Mohr Siebeck, 2010, 211-226.

number of scholars, comfortable or not with some of the main interpretations offered so far, is now stressing the ambivalent elements in the text[20]. Taking seriously into account this apparent ambiguity – which might be a purposely intended feature of the Gospel –, elsewhere I have advanced a hypothesis according to which GosJud may be read as a *reductio ad absurdum* of the sacrificial view of Jesus' death held by the proto-orthodox Christians, an interpretation which might have been driven by the perception of the ambiguities which characterize the figure of Judas in the New Testament[21] and which were later confirmed by the ecclesiastical atonement theology[22]. People prone to detect problems in the proto-orthodox view are likely to have identified such ambivalence in Judas' portrait, and could infer that a good way to show the inconsistency of the sacrificial view of Jesus' death as having a salvific effect would be to focus on Judas: the task would have been to take the proto-orthodox view of this character to its (il)logical conclusions, in a sort of deconstruction *avant la lettre*[23].

Be that as it may, what GosJud "really says" – at least regarding the nature and function of Judas himself – is still open to debate, and the discussion will undoubtedly go on for a long time. In these circumstances,

---

20. See GATHERCOLE, *The Gospel of Judas* (n. 9), p. 113; J.-P. MAHÉ, *Mise en scène et effets dramatiques dans l'Évangile de Judas*, in SCOPELLO (ed.), *The Gospel of Judas in Context* (n. 12), 23-32, p. 29; S. EMMEL, *The Presuppositions and the Purpose of the Gospel of Judas*, in SCOPELLO (ed.), *The Gospel of Judas in Context*, 33-39, p. 39; B. PEARSON, *Some Aporiai in the Gospel of Judas*, forthcoming; G. SCHENKE ROBINSON, *The Gospel of Judas in Light of the New Testament and Early Christianity*, in ZAC 13 (2009) 98-107, p. 99; B. VAN OS, *Stop Sacrificing: The Metaphor of Sacrifice in the Gospel of Judas*, in DECONICK (ed.), *The Codex Judas Papers* (n. 13), 367-386, p. 386; F. BERMEJO-RUBIO, *Hipótesis sobre el Evangelio de Judas (II): ¿Una reductio ad absurdum de la soteriología de la Gran Iglesia?*, in *Estudios Bíblicos* 67/4 (2009) 613-651, pp. 615-626; W. PRATSCHER, *Judas Iskariot im Neuen Testament und im Judasevangelium*, in *NT* 52 (2010) 1-23, p. 10 ("Die Ambivalenz des grosskirchlichen Judasbildes ... ist auch in EvJud in gnostischer Version erhalten geblieben").

21. Matt 27,3-10 opens the door for a more favourable view of Judas, as it portrays him as declaring Jesus to be wholly innocent, returning the money as an act of contrition and hanging himself in an apparent act of radical repentance.

22. Although Judas is abhorred in the Christian tradition as the Lord's betrayer, the sacrificial view of Jesus' death makes Judas a key figure of the soteriological economy, as without him Jesus' death and the consequent redemption would not have taken place: Judas' behavior allowed nothing less than the fulfilling of Scripture. As Jerome put it in his *Tractatus in psalmos* (commenting the Psalm 104): *Si non Iudas dominum prodidisset, quomodo nos saluabamur?*

23. A sketch of my view was presented for the first time in the final section of my article *Laughing at Judas: Conflicting Interpretations of a New Gnostic Gospel*, in DECONICK (ed.), *The Codex Judas Papers* (n. 13), 153-180, pp. 172-180. For a more detailed assessment see BERMEJO-RUBIO, *Hipótesis sobre el Evangelio de Judas (II)* (n. 20).

there are no solid foundations allowing us to undo a long history of Christian anti-Jewish prejudices by appealing to an allegedly positive image of Judas in the new apocryphal gospel[24].

II. AN OMINOUS BIBLICAL GOD

Whilst the view of Judas has been, is, and probably will be heatedly disputed, there is however virtual agreement among scholars over a good number of points. Among them we can enumerate the theology of the text, the treatment of the figure of Jesus and the view of the twelve disciples. All these items are relevant for our discussion, so I will tackle them separately below.

In the Fourth Gospel, Jesus addresses his opponents ("the Pharisees": John 8,13-17; "the Jews": John 10,33-34) by speaking about "your law" (ἐν τῷ νόμῳ δὲ τῷ ὑμετέρῳ: John 8,17; ἐν τῷ νόμῳ ὑμῶν: John 10,34). In this way, he dissociates himself from it[25]. Furthermore, in the context of the second passage, the Johannine Jesus repeatedly talks about "my Father" (John 10,25.29.37.38). Other passages ("did Moses not give you the Law?": John 7,19; "their Law": 15,25) also create a wide distance between Jesus and his interlocutors[26]. The sobering thing is that, unlike the Synoptic Jesus, the Jesus depicted in GosJud speaks in a similar way. When the disciples are gathered together offering a prayer of thanksgiving, Jesus says: "You are not doing this because of your own will, but because it is through this that *your* God (ⲡⲉⲧⲛ̄ⲛⲟⲩⲧⲉ) [will receive] thanksgiving"[27].

---

24. Majella Franzmann has argued that GosJud implicitly identifies Judas with Abraham, or as an Abraham-like figure, insofar as it contains the image of stars linked with the idea of leadership of a race or generation, and the idea of a human sacrifice for which the leader would be responsible. Accordingly, she concludes: "Any hope for a text to combat anti-Semitism will be dashed by the portrayal of the Old Testament race of the Jews, led into the new dispensation by the Abraham-like or Azazel-like figure of Judas under the malevolent influence of his star" (M. FRANZMANN, *Judas as an Abraham Figure in the Gospel of Judas*, in SCOPELLO [ed.], *The Gospel of Judas in Context*, 113-121, p. 121).

25. It is of course extremely unlikely that the historical Jesus himself, speaking as a Jew to Jews, would have spoken of "your" law.

26. We can no longer speak of totally intra-Jewish polemic in the case of the Fourth Gospel; see e.g. R. HAKOLA, *Identity Matters: John, the Jews and Jewishness*, Leiden, Brill, 2005.

27. GosJud 34,8-11. Later, Jesus repeats: "*Your* god who is within you (ⲡⲉⲧⲛ̄ⲛⲟⲩⲧⲉ ⲉⲧⲛ̄ϩⲏⲧⲧⲏⲩⲧⲛ̄)" (34,25-26).

Just as the Johannine Jesus speaks as if he were not a Jew, here Jesus speaks as if the God of their disciples were not his own God. The lesser godhead of the disciples is sharply opposed to the true God of Jesus. When the disciples, perplexed, say to him "You are the son of *our* God (ⲡⲉ ⲡϣⲏⲣⲉ ⲙ̄ⲡⲉⲛⲛⲟⲩⲧⲉ)" (34,12), Jesus replies in a way (ⲉ[ⲧⲉⲧ] ⲛ̄ⲥⲟⲟⲩⲛⲉ ⲙ̄ⲙⲟⲉⲓ) which hints at their lack of understanding (ⲥⲟⲟⲩⲛ). Later in the text, in a dialogue with Judas, Jesus refers again to the god of the disciples as "*their* god" (ⲡⲉⲩⲛⲟⲩⲧⲉ: 36,4).

So we have a clear ditheism in the text. Unlike the true, highest God, the god of the disciples is the Jewish god, the Old Testament's god. This can be perceived in one of the statements Jesus makes when talking to Judas in the passage we have just cited: "For someone else will replace you, in order that the twelve [disciples][28] may again come to completion with their God (ϩⲓⲛⲁ ⲭⲉ ⲉ[ⲣⲉ ⲡ]ⲙⲛ̄ⲧⲥⲛⲟⲟⲩⲥ ⲛ̄ⲥ[ⲃⲟⲩⲓ̈] ⲟⲛ ⲉⲩⲉⲭⲱⲕ ⲉⲃⲟⲗ ϩⲛ̄ ⲡⲉⲩⲛⲟⲩⲧⲉ)"[29]. Whilst the first part of the sentence is an obvious reference to the story of the replacement of Judas by Matthias (Acts 1,15-22), the second part makes better sense by polemically assuming an Old Testament background, namely, the intimate connection of the Biblical God with the twelve tribes which form its people. In fact, the recovery of lines 5-11 in p. 55[30] allows us to now have an explicit reference to the twelve Jewish tribes. When Jesus tells Judas about the future eschatological events, he says: "After that, [Israel] will come and bring the twelve tribes of [Israel] (ⲉϥⲉⲓⲛⲉ ⲛ̄ⲧⲙⲛ̄ⲧⲥⲛⲟⲟ[ⲩⲥ] ⲙ̄ⲫⲩⲗⲏ ⲙ̄ⲡ[ⲓⲏⲗ]). So, it is possible to detect here two levels of reading: Jesus is referring to their disciples, and, at the same time, he is identifying them with the representatives of the twelve Jewish tribes.

Furthermore, the Old Testament God is portrayed in very negative terms. On the one hand, Saklas, who is the creator and ruler of all worldly things (52,14-19), is a foolish deity, a limited figure whose influence comes to end (54,16-18), deserving only the worship of a foolish generation of humanity lacking true knowledge[31]. On the other

---

28. The term "disciples" is a reconstruction of the Coptic ⲥ[ⲃⲟⲩⲓ̈]. Given that this term would appear only here in the text (for "disciples" the text uses the Greek term μαθητής), Schenke Robinson has reconstructed ⲛ̄ⲥ[ⲓⲟⲩ], and Van der Vliet ⲥ[ⲧⲟⲓⲭⲓ] ⲟⲛ.

29. GosJud 36,1-4.

30. Due to the additional material gained by the new fragments, the lines of pages 55, 56 and 57 are now counted differently to the Critical Edition.

31. The recovery of 55,10-11 allows us to read that the generations, by serving Saklas, commit sin: ⲥⲉⲣ̄ [ϩ]ⲙ̄ϩⲁⲗ ⲛ̄ⲥⲁⲕⲗⲁⲥ̣ [ⲛ̄ϭⲓ ⲛ̄ⲅ(ⲉⲛ)]ⲉⲁⲧⲏⲣⲟⲩ ⲉⲩⲣ̄ ⲛⲟⲃⲉ [ⲟⲛ ϩ]ⲛ̄ ⲡⲁⲣⲁⲛ.

hand, Nebro-Yaldabaoth (terms unmistakably reminiscent of the Tanak) is an angel "whose face flashed with fire and whose appearance was defiled with blood (ⲡⲉϥⲉⲓⲛⲉ ⲇⲉ ⲉ[ϥ]ⲭⲟ[ϩ]ⲙ̄ ⲛ̄ⲥⲛⲟϥ)[32]. These gloomy depictions – both lesser gods are in fact a kind of bloodthirsty maniac – strongly contrast with the supreme deity of the Gnostic author, who is called "the Great Invisible Spirit" "that no eye of an [angel] has seen, no thought of the heart has comprehended, nor was it called by any name" (47,10-13). Correlating the sharp anthropological and soteriological dualism which pervades the text[33], the axiological and ontological difference between the true God and the lesser, biblical god, so typical of some "Gnostic" trends, is from the outset clearly stated[34].

III. A De-Judaized Jesus

Despite the incipient tendencies in the Canonical Gospels to de-judaize Jesus, we are still here in a world impregnated with early Judaism. Jesus is circumcised, attends the synagogues, wears the phylacteries as a pious Jew, cites Scripture and uses it to explain his actions, goes to the Temple, goes up to Jerusalem to celebrate Passover, accepts the sacrificial cult, and practices Old Testament items of praxis as fasting, prayer and alms. By contrast, in GosJud Jesus is deprived of any link with his geographical, cultural and religious environment. A concrete Jewish context is – besides the passing reference to Judea at the beginning of the text (33,23) and the brief references to the "high priests" and "scribes" at the end (58,9-18) – virtually absent[35]. In fact, he leaves the disciples at will to

---

32. GosJud 51,11. The mention of blood could refer to the sacrifices demanded by this god, but I deem possible a reference to Isaiah 63,1-6, where Yahweh is depicted as a warrior with crimsoned garments and red apparel due to the blood of his enemies, which has been poured out.

33. 42,11-14: "It is not to the corruptible generation that I was sent, but to the strong and incorruptible generation" (ⲛⲧⲁⲩ⁽⁽⁾ⲧⲛⲟⲟⲩⲧ ⲁⲛ ϣⲁ ⲧ[ⲅⲉ]ⲛⲉⲁ ⲙ̄ⲫⲑⲁⲣⲧ̄ⲏ ⲁⲗⲗⲁ ϣⲁ ⲧⲅ[ⲉ]ⲛⲉⲁ ⲉⲧⲭⲟⲟⲣ ⲁⲩⲱ ⲛⲁⲫⲑ[ⲁ]ⲣⲧⲟⲛ).

34. "Le rédacteur anonyme de l'Évangile de Judas n'est aucunement 'en paix' avec le judaïsme, mais [...] au contraire il le récuse dans ce qu'il a de plus intime: la reconnaissance du Dieu d'Israël comme seul vrai Dieu" (B. POUDERON, *Judas, l'homme double: Recherches sur les archétypes du disciple qui trahit Jésus dans l'Évangile de Judas*, in SCOPELLO (ed.), *The Gospel of Judas in Context* [n. 12], 81-95, p. 94).

35. Meyer pointed to the designation of Jesus as "rabbi" in GosJud 43,12 as proof that the work lacks anti-Judaism. Nevertheless, this term is not only the result of a reconstruction, but is also a traditional designation in the Synoptic Gospels (see POUDERON, *Judas, l'homme double* [n. 34], pp. 88-89).

return to "another great and holy generation". Jesus does not come from this world, but has his homeland above[36].

Although the expression "the mysteries of the kingdom", used by Jesus (GosJud 35,24-25; 45,24-26), has a New Testament background (Matt 13,11; Luke 8,10; cf. Mark 4,11), this kingdom has virtually nothing to do with the preaching of the Kingdom of God of the historical Jesus. And, although the immediate context in which this expression is used in GosJud leads one to believe that these "mysteries" have to do with a higher level of reality, "kingdom" has a rather negative sense, as it denotes the domination of the archons over the lower world[37]. Whereas in Jewish expectations (including those of Jesus) "kingdom (of God)" meant a utopia worthy of being attained, in our text the paradigm of the blessed life is that of the great "kingless generation" (ⲦⲚⲟ6 ⲚⲅⲈⲚⲈⲀ ⲚⲀⲦⲢ̄ⲢⲞ), whose members are subject to no-one (53,24).

Jesus' injunction to "stop sacrificing" (41,1-2) represents another form of de-judaizing him. Even if the Gospel evidence points to the fact that Jesus made the ethical contents prevail over the ritual ones, he does not seem to have rejected at all the sacrificial system (cf. e.g. Matt 8,4), a pillar of the Second Temple Jewish piety. It is significant that even in John 4,21-24, in which for the first time a rejection of the sacrificial cult takes place, the statement regarding the end of the Temple cult is intended to be something which will happen only in the future[38].

The first-century Jew who lived in Palestine, the apocalyptic preacher of the Kingdom of God, was executed by the Romans for calling himself "king of the Jews" – a charge of political insurgency –[39]. This means, at the very least, that he must have been accused of subverting the authority of Rome. Despite the fact that the Gospel writers (just as the overwhelming majority of modern scholars) are interested in downplaying – not to say erasing – this inescapably political dimension of Jesus' message and activities, quite a few traces of it have been preserved in the texts: the

36. "The Gospel of Judas [...] may mitigate some of the unpleasantness of the betrayal, but in the course of doing so it creates a Jesus totally detached from his real Jewish origins" (GATHERCOLE, The Gospel of Judas [n. 9], p. 159).

37. See L. PAINCHAUD, A Tale of Two Kingdoms: the Mysteries of the ΒΑΣΙΛΕΙΑ in the Gospel of Judas, in Rivista di Storia e Letteratura Religiosa 44 (2008) 637-653; S. GATHERCOLE, Paradise, Kingdom and the Thirteenth Aeon in the Gospel of Judas, in DeCONICK (ed.), The Codex Judas Papers (n. 13), 489-494.

38. "Il che implica la consapevolezza che Gesù ai suoi tempi non avesse combattuto il culto sacrificale" (M. PESCE, Gesù e il sacrificio ebraico, in Annali di Storia dell'esegesi 18 [2001] 129-168, pp. 164-165).

39. This is independently attested to in the extant sources, in the question posed by Pilate to Jesus (Mark 15,2; John 18,33) and in the placard fixed on the cross (Mark 15,26 par.; John 19,19).

accusation attested in Luke 23,2 regarding Jesus "perverting our nation, and forbidding us to give tribute to Caesar" (in connection with a critical reading of Mark 12,13-17), Jesus' urging the acquisition of swords in Luke 22,36-38, the presence of weapons in the group of the disciples and the armed resistance at the arrest, the violence implied in the episode of the so-called "cleansing of the Temple", the abundance of troops sent to arrest Jesus, the link established in John 11,47-50 between belief in (the message of) Jesus and a Roman intervention, the trial by Pilate, the *titulus crucis*, the crucifixion among λῃσταί, and so on[40]. Nevertheless, none of this appears in GosJud. This is significant, all the more so because Christian anti-Judaism has its deepest roots in the attempt to blame the Jews for Jesus' death, so that the most efficacious way to counteract such anti-Jewish prejudices would be, it seems, to make a reconstruction of Jesus' final days which consistently acknowledges both the Roman responsibility and the direct involvement of Jesus in the socio-political issues of his time, and thereby the fact that Jesus himself was, to a certain extent, accountable for his own fate[41].

IV. THE PROTO-ORTHODOX CHURCH AS HEIR OF THE JEWISH RELIGION

There is unanimity among scholars that the view of the disciples in GosJud is consistently and overtly negative[42]. Admittedly, in the Gospel of Mark the disciples are also portrayed as clueless, faithless and ignorant, failing to understand who Jesus is[43], but in the new apocryphal gospel the limits of the Twelve are overwhelming and insurmountable. This feature is made clear from the start. After the incipit, Jesus disparagingly laughs at his disciples, who are declared to be wrong. The next day, Jesus appears to them, and they ask him where he has been, then he

40. The endless attempts to "explain" Jesus' crucifixion through a misunderstanding by the Roman authorities have an unmistakably apologetic ring, and overlook the weight of evidence of the apocalyptic preacher's political involvement. I have never been persuaded that the scholars contributing E. BAMMEL– C.F.D. MOULE (eds.), *Jesus and the Politics of His Day*, Cambridge, Cambridge University Press, 1985, have refuted e.g. S.G.F. Brandon's claims in their essential points. See J. MONTSERRAT TORRENTS, *Jesús, el galileo armado*, Madrid, Edaf, 2007.

41. As the rabbi Michael Cook said in an interfaith gathering in November 1994 with Raymond Brown, the death of many Jews as the innocent victims of anti-Jewish prejudices may have been more unwarranted than that of Jesus, given that he opted for a course that portended risk of arrest, even of execution.

42. It is striking however, the fact that, at the beginning (33,6-14), Jesus seems to call the disciples so that they cooperate with him in carrying out a salvific purpose.

43. Mark 4,41; 6,52; 8,15-21; 9,15-19.

replies that he has been to "another great holy generation" (36,16-17). When they, upset, ask him about such a generation, Jesus makes explicit that they are from the mortal human generation and have no part in the holy, immortal generation (36,18–37,20). On another day, the disciples tell Jesus a vision in which they have seen priests offering their children and wives as sacrifices, and committing other unspeakable atrocities in Jesus' name; Jesus interprets this vision by telling the Twelve that the twelve priests they had seen in fact were themselves (39,18-20).

This last passage is especially relevant for our subject, as it entails Jesus equating the disciples with Jewish priests. What the disciples have seen in their dreams is "a great house with a large altar". The term οἶκος, equivalent of the Coptic ΗΙ, denotes a temple, and, as is well-known, is a current term used in the Septuaginta, Qumran texts and the New Testament to refer to the Jerusalem Temple[44]. Other terms used in this section (ΟΥΗΗΒ, ΘΥϹΙΑϹΤΗΡΙΟΝ, ΘΥϹΙΑ) make sense in the the-ological context of the Christian communities, implying a harsh criticism of the sacrificial ideology that established itself in the Christianity of the second century[45], but at the same time they powerfully evoke Jewish religious praxis. The criticism of fasting (38,15; 40,13[46]) and abasement (38,19: perhaps to be read in the light of Leviticus 23,32 LXX) reinforces this impression[47].

Therefore, the twelve disciples – as symbolizing (by virtue of the idea of the apostolic succession) the religious authorities of proto-orthodox Christianity – are portrayed as perpetuating the Jewish cultic practice. The vision functions on more than one level. The twelve priests sacrifice the cattle, but if those priests are the disciples themselves, then the cattle are the people that the Twelve lead astray (39,25–40,1). The message conveyed in the text by Jesus to his disciples could be simply but aptly summarized in this way: "You are not better than Jewish priests, fond of the sacrificial system"[48].

---

44. For this identification see e.g. J. MONTSERRAT TORRENTS, *El Evangelio de Judas*, Madrid, Edaf, 2006, p. 115.

45. See L. PAINCHAUD, *Polemical Aspects of the Gospel of Judas*, in SCOPELLO (ed.), *The Gospel of Judas in Context* (n. 12), 171-186.

46. The new fragments allow us now to reconstruct ΝΗϹΤ[ΕΥΕ in 38,15.

47. "En entretenant un certain flou et une confusion sur les référents exacts qu'il a en tête, l'auteur […] assimile des adversaires qu'il combat, des chrétiens, et leurs activités respectivement à des juifs et aux pratiques rituelles juives telles qu'elles étaient pratiquées au Ier siècle, c'est-à-dire les sacrifices" (A. VAN DEN KERCHOVE, *Sacrifices de la foule, sacrifice de Judas: L'Évangile de Judas et le thème sacrificiel*, in Apocrypha 20 [2009] 213-228, p. 219).

48. "One might say that for these Gnostics the Ecclesiasticals are just another Jewish sect" (P. DE NAVASCUÉS, *Liturgy, Eschatology and Arithmology in the Gospel of Judas*, in *Rivista di Storia e Letteratura Religiosa* 44 [2008] 605-635, p. 622).

Granted, the fact that for the author of GosJud the Christian Church – which he so unrelentingly criticizes – is only a sequel of Judaism, as far as it contains a sacrificial view of religious life, also implies that he had a condescending view of Judaism.

V. CONCLUSIONS AND FURTHER REFLECTIONS

GosJud is a work of religious controversy. It can be placed in the genre of polemic and indeed, in a Gnostic subgenre, along with the Nag Hammadi tractates *Testimony of the Truth, Apocalypse of Peter*, and *Second Treatise of the Great Seth*[49]. It impugns the leaders of the Proto-orthodox Church and denies their followers any hope of salvation[50], and it also presupposes, however indirectly, a somber view of the Jewish religion. But, to what extent does GosJud foster prejudices against the Jewish people?

It should be remarked that Jesus does not enter into dispute with the religious leaders or the Jewish authorities anywhere in GosJud, and – unlike what occurs in the Canonical Gospels – they are not systematically introduced as small-minded and malevolent people wishing to kill him. Only once at the end are the high priests mentioned, and the only thing the text tells about them is that they murmur[51]. The Jews do also murmur (γογγύζω) in the Fourth Gospel (John 6,41.43), but that is also what Jesus' own disciples do (John 6,61). As to the scribes, they are mentioned once at the end, as people watching Jesus to arrest him. Jesus' death, however, is not even mentioned, and so it is not described in the pathetic and victimizing terms we are used to.

Besides, unlike the Canonical narratives, Acts, and the *Gospel of Peter*, in GosJud there are no general references – by the narrative voice or by Jesus – to "the Jews"[52]. This fact contrasts strongly with the traditional

---

49. For parallels among these tractates, see F. WILLIAMS, *The Gospel of Judas: Its Polemic, Its Exegesis, and Its Place in Church History*, in VigChr 62 (2008) 371-403, pp. 396-402.

50. Several scholars have suggested that the polemic in GosJud could also be directed not only against the Proto-orthodox church, but also against other Christian Gnostics (such as those known from Epiphanius and Philastrius) who regarded Judas positively. See C. CLIVAZ, *What Is the Current State of Play on Jesus' Laughter? Reading the Gospel of Judas in the Midst of Scholarly Excitement*, in G. WURST (ed.), *Judasevangelium und Codex Tchacos: Studien zur religionsgeschichtlichen Verortung einer gnostischen Schriftensammlung*, Tübingen, Mohr Siebeck, forthcoming; PETERSEN, *From Perplexity to Salvation* (n. 19), p. 431; VAN OS, *Stop Sacrificing* (n. 20), 381-386.

51. ⲁⲩⲕⲣⲙ̄ⲣⲙ̄ (GosJud 58,9).

52. Even in the *Gospel of Thomas* a negative view of Jewish practices and people is visible (logia 6, 14, 27, 39, 52, 53, 102, 104, and the critical reference to Jews altogether

view: according to many Christian accounts, Jesus was opposed and killed by the Jews, not by an individual, or by one faction, but simply by "the Jews"[53]. This is the "normal" way of telling the passion story, triggered by strong anti-Jewish sentiments and *Tendenzen*. There is nothing of the sort here. In GosJud no ethnic group or nation is blamed for having killed Jesus, so "the Jews" are not the main target of its author[54]. The discourse of "deicide" (such as that contained in Melito's *On Pascha*) has no basis here.

In light of the survey carried out in former sections, the explanation of this fact does not seem to lie in an alleged rehabilitation of Judas (or of the Jews altogether), but rather in the view of Jesus' passion and death that is implicitly assumed by the author of the Gospel, which is so different from the proto-orthodox view. Given that the Jewish authorities' and Judas' actions had no real effect on the true Jesus[55], they do not deserve the harsh judgment they received in mainstream Christianity[56].

in log. 43). See C. GIANOTO, *Quelques aspects de la polémique anti-juive dans l'Évangile selon Thomas*, in L. PAINCHAUD – P.-H. POIRIER (eds.), *Colloque International L'Évangile selon Thomas et les Textes de Nag Hammadi, Québec, 29-31 mai 2003*, Québec, Presses de l'Université Laval; Louvain, Peeters, 2007, 157-173.

53. See esp. Luke 23,25; John 19,16f; Acts 4,10; 7,52.

54. "As the Gospel of Judas abundantly demonstrates, those who considered themselves as the seed of Seth were more prone to engage in polemical debates with their Christian colleagues than with their Jewish fellows" (P. PIOVANELLI, *Rabbi Yehuda versus Judas Iscariot: The Gospel of Judas and Apocryphal Passion Stories*, in DECONICK (ed.), *The Codex Judas Papers* [n. 13], 223-239, p. 239); "The target of the *Gospel of Judas'* criticism is neither traditional Greco-Roman cultic sacrifice, or the sacrificial liturgy of the Jerusalem temple, but rather the sacrificial interpretation of Christianity, what one might call the theology or ideology of sacrifice seen as the perpetuation of the temple-cult" (PAINCHAUD, *Polemical Aspects* [n. 45], p. 177).

55. In the *First Apocalypse of James*, Jesus says: "Do not be concerned for me or for this people [...] this people has done me no harm (ⲘⲡⲣⲦⲉⲥⲢⲘⲉⲗⲓ ⲚⲀⲕ ⲉⲦⲂⲎⲎⲦ ⲞⲨⲀⲉ ⲉⲦⲂⲉ ⲡⲉⲓⲗⲀⲟⲥ [...] ⲀⲨⲱ Ⲙⲡⲉ ⲡⲉⲓⲗⲀⲟⲥ ⲉⲓⲣⲉ ⲚⲀⲓ ⲚⲗⲀⲀⲨ ⲘⲡⲉⲦϨⲞⲞⲨ)" (NHC V 3, 31,15-17.21-22). In the *Letter of Peter to Philip*, after having referred to Jesus' crucifixion and burial, Peter says: "Jesus is a stranger to this suffering (ⲞⲨϢⲘⲘⲞ ⲘⲡⲉⲓϪⲓ ⲘⲕⲀϨ ⲡⲉ ⲓⲥ̄)" (NHC VIII 2, 139,21-22); for alternative interpretations of this sentence, see A. MARJANEN, *The Suffering of One Who is a Stranger to Suffering: The Crucifixion of Jesus in the Letter of Peter to Philip*, in I. DUNDERBERG, et al. (eds.), *Fair Play: Diversity and Conflicts in Early Christianity. Essays in Honour of Heikki Räisänen*, Leiden, Brill, 2002, 487-498, pp. 493-497.

56. "He did not do much damage since his betrayal had no effect on the redeemer who ascended unharmed. The idea that a human being could be part of God's salvation plan is completely foreign to Gnostic soteriology" (SCHENKE ROBINSON, *An Update* [n. 16], p. 118); "In contrast to Jewish Christian narratives, Gnostic texts, including the Gospel of Judas, display almost no animosity toward the wayward disciple and the other Jewish characters involved in Jesus' passion. It is easy to understand how such hatred would have been a paradox for Christian believers who belittled the theological relevance of the sufferings of a human Jesus left to die on the cross after the departure of the heavenly Christ" (PIOVANELLI, *Rabbi Yehuda versus Judas Iscariot* [n. 54], p. 237).

In this regard, the absence of Romans from the last pages of GosJud is probably not significant. After all, the Romans are not present in the arrest scene in the Synoptic Gospels – only the Fourth Gospel mentions a cohort and a tribune (John 18,3.12), and even there they are accompanied by Jewish officers –. Pilate and the soldiers appear only later in the Canonical narratives, and even there their accountability is not clearly stated, given the tendency of the Gospel writers to exculpate the Roman prefect and to blame the Jews as the practical executioners. The author of GosJud erases the Roman involvement in Jesus' fate, but he also suppresses the Jewish one, insofar as the process and concrete depiction of Jesus' fate is left out. The new apocryphal writing contains a truncated version of the facts, but through this very truncation it avoids the kind of lurid (and usually incredible) details which in the Gospel narratives of the Passion serve to exculpate the Romans and to blame the Jews (with "pearls" like Mark 15,6-15; Matt 27,25; Luke 23,1-2; John 19,12-18).

So perhaps, after all, although admittedly depicting a de-judaized Jesus and disliking Jewish religiosity and the biblical God, the author of GosJud does not, at least, seem to share the most ominous features of anti-Judaism, which led other branches of second century Christianity to adopt more aggressive and supersessionist stances. When one reads writings contemporary with GosJud (not to say later works) coming from other Christian quarters and detects the growing tendency to denigrate the Jews and to depict them in the worst terms, and when one realizes the extent of the diabolization, violence and misfortunes that so many Jews have had to undergo because of (at least partially) those prejudices through the ages, one cannot help wondering what would have happened if the view of the author of GosJud had prevailed[57], and whether his way of understanding the figure of Jesus and thinking about the Jews would have been in practice the lesser of two evils.

Avenida de los Comuneros 46, 4° B   Fernando BERMEJO-RUBIO
37003 Salamanca   Universidad Complutense de Madrid
Spain

---

57. We could pose the same question Stephen Wilson asked regarding Marcion: "Whether the Marcionite position, had it prevailed, would have led to the same sad consequences as the view of its opponents is hard to say. But it is worth a moment's reflection" (S.G. WILSON, *Marcion and the Jews*, in ID. [ed.], *Anti-Judaism in Early Christianity. Vol. II: Separation and Polemic*, Waterloo, Wilfrid Laurier University Press, 1984, 45-58, p. 58).

THE EBIONITE PERSPECTIVE
IN THE INFANCY GOSPEL OF THOMAS[1]

I. GNOSTIC ORIENTATION OR SOMETHING ELSE?

In the *Infancy Gospel of Thomas* (IGT) the tale of "Jesus and the Teacher" forms the core in the structure of this apocryphal writing. The first reference to it covers about one third of the document, and together with the additional teacher episodes it forms a threefold narrative that points towards the central theme in the message, namely that the *child* Jesus, and not the *adult* teachers, is the one who is teaching. His divine wisdom is manifested especially in his meetings with rabbis and older persons. These "manifestations" elicit among the bystanders the sense that Jesus is somehow different: "either a god or an angel"[2]. From the moment he enters the classroom, this boy is already full of knowledge. He has never been taught, yet he can teach. Jesus's wisdom is of divine origin. When Jesus is given this recognition, namely that this Jesus is a god-child – as the tales about the rabbis of Israel testify – the divine child acts humanely towards family and friends, like a son, brother and friend.

Which context in early Christianity does the IGT match? Van Oyen's summation pinpoints the *crux interpretum*:

---

1. Paper presented at the Colloquium Biblicum Lovaniense, "The Apocryphal Gospels within the Context of Early Christian Theology", Katholieke Universiteit Leuven, July 26-28, 2011. Some elements in this paper have been previously published, see A.G. VAN AARDE, *The Infancy Gospel of Thomas: Allegory or Myth? – Gnostic or Ebionite?*, in *Verbum et Ecclesia* 26 (2005) 826-850; ID., *Ebionite Tendencies in the Jesus Tradition: The Infancy Gospel of Thomas Interpreted from the Perspective of Ethnic Identity. Paper Presented at the SBL, Philadelphia (USA), November 2005*, published in *Neotestamentica* 40 (2006) 353-382; cf. G. VAN OYEN, *Rereading the Rewriting of the Biblical Traditions in The Infancy Gospel of Thomas (Paidika)*, in C. CLIVAZ, *et al.* (eds.) with the assistance of B. BERTHO, *Infancy Gospels: Stories and Identities* (WUNT, 281), Tübingen, Mohr Siebeck, 2011, 482-505, pp. 496.504-505; F. AMSLER, *Les Paidika Iesou, un nouveau témoin de la recontre entre judaïsme et christianisme à Antioche au IVᵉ siècle?*, in *ibid.*, 433-458, pp. 435-436; T. BURKE, *De Infantia Iesv Evangelivm Thomae Graece* (CCSA, 17), Turnhout, Brepols, 2010, pp. xxxii-xxxiii, 115-117). However, the focal point of the argument in this article is original, although content from manuscript evidence of and intertextual references to IGT, presented in this article, is reproduced from Tony Burke's comprehensive reconstruction of IGT's complex transmission history.

2. IGT, Greek recension S 7:4, in BURKE, *De Infantia* (n. 1), p. 323.

[T]he problem with the interpretation of *Paidika* as a réécriture of biblical texts has revealed itself to be a challenging enterprise with regard to methodology and hermeneutics. It is especially true that when it comes to the great theories of situating *Paidika* within the context of the Christological debates at the end of the second century and when scholars are finding polemics with Gnostics, Jews or Ebionites, one feels torn between two poles. On the hand there is the goal of discovering through the text the author's intention of his *rewriting* of earlier texts; on the other hand, rewriting is the fruit of a *rereading* by the modern reader. There is so little ways be susceptible to the challenge of the "simple" hypothesis that *Paidika* is a story about a human-divine child without any apologetic or missionary intention. Finally it is an open question as to why *Paidika* was transmitted over the centuries in many languages and in popular belief and art. Was it because of its theological value or "just" because of its attractiveness as collection of miracle stories[3]?

Indeed, what is hermeneutically at stake is the issue of "apologetics and missionary intention". Hock[4] sees the IGT as merely one of many ancient tales about the history of Jesus as a child and Burke[5] as a "supplementation" of Luke's Jesus profile in order to portrait Jesus as more powerful. He views the IGT as follows:

---

3. VAN OYEN, *Rereading* (n. 1), p. 498.

4. R.F. HOCK, *The Infancy Gospel of Thomas*, in ID., *The Infancy Gospels of James and Thomas: With Introduction, Notes, and Original Text Featuring the New Scholars Version Translation*, Santa Rosa, CA, Polebridge Press, 1995, 84-158, p. 96.

5. BURKE, *De Infantia* (n. 1), p. xi. In this article I am reliant on the bibliographic information in Burke's book (pp. ix-xxxiv) for scholarly references to the *Infancy Gospel of Thomas*, the patristic fathers and the Thomas-literature. As mentioned in footnote 1 above, in most instances my references to these writings are reproduced from Burke's work. As in my previous publications on the IGT, I also draw heavily on Burke's analysis and synopsis of four Greek recensions of IGT (pp. 293-296), with recognition to and e-mail permission by Burke to reproduce his reconstruction of the IGT's Greek recension S (pp. 12-127, 301-337) in previous publications and translate it into Afrikaans (A.G. VAN AARDE, *Die Griekse manuskrip van die Kindheidsevangelie van Tomas in Kodeks Sinaïtikus (Gr 453) vertaal in Afrikaans*, in *HTS Theological Studies* 61 [2005] 491-516). This recension of IGT was erroneously referred by me as Codex Sinaiticus Gr 453 – see BURKE, *De Infantia* (n. 1), p. 117 and VAN OYEN, *Rereading* (n. 1), p. 484 n. 10. My sincere gratitude to BURKE (*De Infantia*, p. 116) who points out mistakes in my understanding of complexities in the rewriting process during the transmission of the IGT. This note therefore serves also as *corrigenda* to my previously confusion of the Bologna manuscript with the Greek recension B (a version of the IGT which consists of twelve chapters), BURKE, *De Infantia* (n. 1), pp. 453-463; with Fabricius instead of Cotelier as responsible for the first publication of the IGT; that Santos Otero did the Greek retroversion of a Slavonic translation of the Greek recension D (and not recension A); and that Von Tischendorf was familiar with the Greek recension B, which was not the case. The latter recension should not be confused with Codex Sinaiticus 532. For the Greek recension D, see BURKE, *De Infantia* (n. 1), pp. 142-144.391-451.

When compared to other miracleworkers in Christian literature, IGT's Jesus looks less like an enfant terrible, and more like such eschatological adult holy men as Elijah, the apostles, and the NT Jesus himself. And when compared to other idealized presentations of children in antiquity, IGT's Jesus looks less like an all-wise divine child, or young gnostic Redeemer, and more like other venerated figures and praiseworthy children who display adultlike wisdom and maturity in their youth. Placed in their appropriate context, the childhood tales do not look so heretical after all.

Yet, Lapham[6] considers it to be "Gnostic" and Klauck[7] is of the opinion that the IGT represents an Orthodox version of a text with a Gnostic orientation but "purified of Gnosticism". The "Gnosticism" connection to the IGT goes all the way back to Irenaeus[8] in the second century C.E.

However, Irenaeus's negative remarks about the IGT should not be interpreted as if "Gnosticism"[9] was implied unconditionally[10]. Even so, any attempt to give a "definition" of what "Gnosticism" could have been in the first two centuries C.E. is of little help in formulating an unambiguous description. Karen King is of the opinion that the term "Gnosticism"

6. F. LAPHAM, *An Introduction to the New Testament Apocrypha*, London, T&T Clark, 2010, p. 130.
7. H.-J. KLAUCK, *Apocryphal Gospels: An Introduction*, trans. B. McNeil, London, T&T Clark, 2003, p. 77.
8. According to BURKE, *De Infantia* (n. 1), p. 7, Irenaeus was familiar with IGT because of his "contact with the followers of Marcus" whom was identified by Irenaeus (*Adv. Haer.* I 13,1), as a follower of Valentinus.
9. In his *Adv. Haer.* (I 20,1), Irenaeus says explicitly that the IGT is part of "apocryphal and false writings" (ἀποκρύφων καὶ νόθων γραφῶν), which refer to the "child Jesus as Kurios" (ὡς τοῦ Κυρίου παιδὸς ὄντος), who "alone knows the unknown" (ὡς αὐτοῦ μόνου τὸ ἄγνωστον ἐπισταμένου). Similar negative remarks are made by John Chrysostom (in *Homilae in Joannem* 17), in which he says that the boyhood tales referring to Jesus are false concoctions (ἐντεῦθεν ἡμῖν λοιπὸν δῆλον, ὅτι καὶ τὰ σημεῖα ἐκεῖνα, ἃ παιδικὰ εἶναί φασι τοῦ Χριστοῦ, ψευδῆ καὶ πλάσματά τινων ἐπεισαγόντων ἐστίν). Over against these remarks, those in the *Gospel of Bartholomew* (2:11), and those in the *History of Joseph the Carpenter* (17) cannot be connected to a "Gnostic" orientation at all. However, the negative *remarks by someone like* Irenaeus cannot result in a confirmation that early Christian writings such as the IGT, or rather some versions thereof (see later in this article), represent "Gnostic" thinking. The reason is simply because they were not aware, as we are, that "Gnosticism" is a complex evolutionary phenomenon (see, among others, C. MARKSCHIES, *Gnosis: An Introduction*, trans. J. Bowden, London, T&T Clark, 2003, pp. 101-108). Nevertheless, among the earlier aquaintances of the IGT the reference by Epiphanius is rather extraordinary. Different than other early Christian orthodox fathers he did not articulate an antipathy towards any of the tales in the IGT, also those in which Jesus as child performed. Due to the limited extent of my article, I, however, do not elaborate on the references to the IGT by the church fathers (see especially BURKE, *De Infantia* [n. 1], pp. 3-44 for "ancient testomonies about IGT or traditions related to IGT").
10. Cf. B.A. PEARSON, *Ancient Gnosticism: Traditions and Literature*, Minneapolis, MN, Fortress, 2007, pp. 9f; BURKE, *De Infantia* (n. 1), p. 273; however, see H.F. WEISS, *Frühes Christentum und Gnosis: Eine rezeptionsgeschichtliche Studie* (WUNT, 225), Tübingen, Mohr Siebeck, 2008, pp. 508-509.

should be "abandoned, at least in its present usage"[11]. The literature of the church fathers does not assist us to formulate an unambiguous description of "Gnosticism" – even when fourth century Manichaeism[12] is seen as the "culmination" and "conclusion" of what was known as "gnosis"[13].

If a kind of characteristic "typology" of the multi-coloured "Gnosticism" during the period of the earliest manuscript history of the IGT could be given, it is that the concept of "gnosis" relates to insight coming from God in (a) the "nature" of God, (b) the origins of a variety of "spiritual powers", (c) the origins of creation, (d) the purpose of existence on earth, and (e) the way in which "spiritual redemption" can be obtained[14]. The assumption of this "gnosis" is that:

- being human has in itself a latent/hidden divine/eternal/heavenly core, the origin of which lies with "God Almighty";
- the purpose of life on earth is to become aware of this origin and that some people are, in fact, reconciled with "God Almighty" through "true gnosis";
- redemption takes place as a process in nature, and not only when the earthly life is laid down upon death[15].

My contention is that such a "Gnostic" orientation does not match the contents of the IGT. Yet, Burke feels that current "characterisation of IGT as a heretical, gnostic gospel may be difficult to correct"[16]. He thinks that the roots of this "misidentification" run too deep. To me, these "roots" are partly related to an "Ebionite" rewriting of the IGT. The possibility of the presence of Ebionite thinking in the transmission history of the IGT should not be overlooked, although Burke regards such a conjecture as an "ill fit"[17].

Inferring from Ephiphanius (*Panarion* 30.13.6; 14.3) Burke considers it as "unlikely" that early Christian adoptionists who "created a gospel harmony that begins with the baptism" would "compose or value child-

---

11. K. KING, *What Is Gnosticism?*, Cambridge, MA, The Belknap Press of Harvard University Press, 2003, p. 218. See also WEISS, *Frühes Christentum und Gnosis* (n. 10), p. 508.

12. R. ROUKEMA, *Gnosis & geloof in het vroegste Christendom: Een inleiding tot de gnostiek*, Zoetermeer, Meinema, 2003, p. 154.

13. MARKSCHIES, *Gnosis* (n. 9), pp. 101-108; cf. PEARSON, *Ancient Gnosticism* (n. 10), p. 293.

14. ROUKEMA, *Gnosis* (n. 12), p. 13.

15. See examples in the *Gospel of Mary* and the *Gospel of Philip*, as discussed by K. KING, *The Gospel of Mary of Magdala: Jesus and the First Woman Apostle*, Santa Rosa, CA, Polebridge Press, 2003, pp. 37-81.

16. BURKE, *De Infantia* (n. 1), p. 126.

17. *Ibid.*, p. 210.

hood tales of Jesus"[18]. However, I cannot understand why an "Ebionite" emphasis on baptism should eliminate adherence to childhood tales about family interaction and attachment. According to Burke, neither a Palestine, nor specifically a Jewish-Christian origin is needed to explain the IGT's connection with traditions in formative Judaism. Yet, he assumes that the IGT is in fact "Judeo-Christian", and that these characteristics should be connected with the group in early Christianity that was responsible for the *Gospel of the Hebrews*[19]. The latter contains a post-resurrection appearance of Jesus to James, to whom Jesus refers as "my brother".

II. OBJECTIVES

Burke meticulously compared the four extended Greek manuscripts of the IGT[20]. He argued that the shorter Greek version of the IGT (Greek recension S) should be considered as more authentic than IGT's Greek recension B, and that the tales in the IGT's Greek recension S probably originate from a large variety of sources, which were orally transmitted tales about either the adult or the young Jesus, and often imitated childhood tales about other honoured persons.

In this article, I will argue from the content of the IGT why I am of the opinion that the most likely context within which the authentic Greek version[21] of this second century infancy gospel[22] was communicated, was Ebionite early Christianity. In so doing, I will compare the two Greek

18. *Ibid.*

19. *Ibid.*, p. 211. In these writings, the portrayal of Jesus as an ill-tempered Palestinian holy man would give the least offence. R. Bultmann, *The History of the Synoptic Tradition*, trans. J. Marsh, revised edition, Oxford, Basil Blackwell, 1972, p. 253, refers to the Gospel of the Nazoreans as the "Gospel of the Hebrews", since Jerome "assigned all known quotations of Jewish-Christian gospels to this one document, the 'Gospel According to the Hebrews', which, he held, was identical with the original Aramaic Matthew" (H. KOESTER, *Introduction to the New Testament. Volume 2: History and Literature of Early Christianity*, trans. H. Koester, New York – Berlin, de Gruyter, 1987, pp. 201-202). The real "Gospel of the Hebrews" was used in Alexandria, while the Gospel of the Nazoreans, like the Gospel of the Ebionites, was used in the area of Syria and Palestine (*ibid.*, p. 223).

20. BURKE, *De Infantia* (n. 1), pp. 465-539.

21. See *ibid.*, p. 201: "By using Gs [IGT's Greek recension S] along with the versions and appropriate ancient witnesses, the origins of IGT can be determined with more accuracy than before". And: "[I]t [IGT's Greek recension S] surely provides us with the best available witness to an early form of the gospel in its language of composition" (*ibid.*, p. 197).

22. BURKE, *ibid.*, p. 173, puts it as follows: "Ultimately, there is sufficient reason to believe that IGT was composed some time in the second or perhaps third century by an author/compiler – and for an audience – of no particular sectarian allegiance. As shocking

versions of the IGT, the shorter IGT's Greek recension S and the longer IGT, Greek recension B, focusing on selected passages (reproduced from Burke's synopsis). In the course of my article – again drawing from Burke's work – I shall demonstrate the relevance of especially IGT, Greek recension S. My concluding remarks will be about Burke's explanation of the name "Thomas" attached to the IGT.

In my article, I argue that the more authentic manuscript in IGT's Greek recension S is characterized by Ebionite[23] tendencies because of the role of Jesus's biological family in the narrative, while the other manuscript presents "Gnostic" antipathy against the family, and Israelites in general. Such a context explains the role of Jesus's biological family in the narrative. The child Jesus is depicted as interacting positively with his biological family, which signifies salvation for other Israelites. Such salvation manifests in the identification and recognition of the child's divinity by Israelite teachers.

Yet, the connection between the content of the IGT and tendencies in Ebionite gospels does not turn the IGT into one of the so-called "Ebionite gospels"[24], known to be closely related to Jesus's biological family. Even so, with reference to the *Gospel of the Ebionites*[25], three other

---

as IGT's Jesus may seem to readers today, he fits comfortably into the thoughtworld of the average early Christian reader".

23. Ebionite thinking is that movement among early Jesus groups which represented a continuation of the "Jewishness" of Jesus. The origin of the name is not quite clear. Irenaeus and Origen derived the name "Ebionites" from the expression "the poor" in Hebrew, that is *ebjōn*. Paul's reference to the "poor" Judeans in Galatians 2,10 and Romans 15,26 could have led to the earliest group of Christ followers in Jerusalem after the destruction of the city in 70 C.E. being called "Ebionites" in certain regions. James, the brother of Jesus, was a leader of the Jerusalem group (cf. Acts 15,13-21; Gal 2,19). The Jerusalem group appears to have left Jerusalem already before 70 C.E., but maintained close ties with Jerusalem and the family of Jesus. According to Irenaeus (see S. JONES, s.v. *Ebionites*, in E. FERGUSON [ed.], *Encyclopedia of Early Christianity*, New York, Garland, 1990, p. 287), the "Ebionites" (like the leaders of the first group of Christ followers in Jerusalem – cf. Gal 2,1-14) were opposed to Paul because, among other things, of his critical perspective on the soteriological function of the law. On the other hand, the "Ebionites" held the Gospel of Matthew in high regard because Matthew emphasized the soteriological value of the law (see inter al. Matt 5,17-20). Furthermore, Jerusalem and the central position the Temple in Jerusalem fulfilled in Israelite society were important to the "Ebionites". The Israelite way of life was also fully upheld. They were attached to Jesus's ties with his biological relatives, and with Israel as extended family. Another theory was presumed by Tertullian and Hippolytus, who were of the opinion that a person by the name of Ebion was the "founder" of a "Christian" faction which acquired the name "Ebionites" (see JONES, *ibid.*, pp. 287-288).

24. The *Gospel of the Nazareans*, the *Gospel of the Ebionites*, and the *Gospel of the Hebrews*.

25. With acknowledgement to Prof. Dr Joseph Verheyden [2004], Catholic University of Leuven, who made his unpublished manuscript "Epiphanius on the Ebionites", available to me.

aspects indicate, in my view, that the Ebionite early Jesus movement should be regarded as a likely context for the Greek version of the IGT's Greek recension S, namely Jesus's obeisance of the law, salvation being restricted to Israel, and the close and positive relation with his biological family. IGT's Greek recension S 6:2b is an example of what I have in mind:

> And the child Jesus looked the teacher in the face and pronounced this word: "As a teacher you turned out (to be) wise, but the name by which he calls [you] makes a stranger of you. Indeed, I am outside of you but is within you because of this noble body I possess. And you who are an authority of the law, you don't know the law". And to Joseph he says: "When you were born, I existed and existed next to you for your sake in order that you, father, would receive instruction from me that nobody else knows of or will be able to teach. And you shall carry the name 'salvation'" (my translation)[26].

This "Ebionite" thinking is also confirmed by other evidence such as quotations from and allusions to the IGT in works by the church fathers. As said, in this article, based on Burke's synopsis, I focus on comparing phrases in the IGT's Greek recension S with those of versions in other Greek manuscripts and early translations. This will show that a Gnostic tradition in the message can by ruled out, while Ebionite traditions can be substantiated.

III. My Focal Point

The opening verses of a narrative often determine the further development of the plot. Similarly to Matthew's (1,21c) "opening" phrase, "call him Ἰησοῦς, because it is he who will save God's people (τὸν λαὸν αὐτοῦ), which constitutes the "title" of Matthew's gospel[27], the key to the context of the IGT lies in its "opening words".

Viewing the variety of representations of these words in the different versions in the manuscripts and translations of the IGT, shows a sensitivity for the reference to "our land" and to Bethlehem and Nazareth as

---

26. Τὸ δὲ παιδίον Ἰησοῦς ἐμβλέψας αὐτοῖς εἶπεν τῷ καθηγητῇ τοῦτον τὸν λόγον· Καθηγητὴς ὢν εὐφυῶς ἐξήχθης, καὶ τὸ ὄνομα ᾧ ὀνομάζῃ ἀλλότριος τυγχάνεις. ἔξωθεν γάρ εἰμι ὑμῶν, ἔνδοθεν δὲ ὑμῖν διὰ τὴν σαρκικὴν εὐγένειαν ὑπάρχων. σὺ δὲ νομικὸς ὢν τὸν νόμον οὐκ οἶδες. Πρὸς δὲ τὸν Ἰωσὴφ λέγει· Ὅτε ἐγεννήσω ὢν ἐγώ σοι παρειστήκειν ἵνα πάτηρ παιδευθῇς παιδείαν παρ' ἐμοῦ ἣν ἄλλος οὐκ οἶδεν οὐδὲ διδάξαι δύναται, καὶ τὸ σωτήριον ὄνομα βαστάσῃς (IGT, Greek recension S 6:2b – see BURKE, De Infantia [n. 1], p. 311.313).

27. See, among others, W. CARTER, Matthew and Empire: Initial Explorations, Harrisburg, PA, Trinity Press International, 2001, p. 76.

the implied context. However, from a "geographical" point of view, on account of Matthew and Luke, the combination of the prepositions in the phrase "when he was born in our region Bethlehem, in our village Nazareth" (γεννηθεὶς ἐν τῇ χώρᾳ ἡμῶν Βηθλεὲμ κώμῃ Ναζαρέτ) does not make any sense. His birthplace could not be both Bethlehem and Nazareth. The version in IGT's Greek recension D is more juxtapositional with regard to the preposition ἐν by inserting καί, namely γεννηθεὶς ἐν τῇ χώρᾳ ἡμῶν Βηθλεὲμ καὶ ἐν κώμῃ Ναζαρέτ. Yet, this amendment does not solve the problem: "he who born in our land Bethlehem and in the village Nazareth". The version in Codex Atheniensis (Gr 355) tries to create sense by adding ἐκ, namely "in our land Betlehem, [he who comes] from [the] region Nazareth" (ἐν τῇ χώρᾳ ἡμῶν Βηθλεὲμ ἐκ χώρας Ναζαρέτ). The version in IGT, Greek recension B[28], seemingly aware of the lectio difficilior, edited these words and deleted the reference to "being born" (γεννηθεὶς) reading "that what our Lord Jesus Christ did after he physically turned to the city of Nazareth" (ὅσα ἐποίησεν ὁ κύριος ἡμῶν Ἰησοῦς Χριστὸς ἀναστρεφόμενος σωματικῶς ἐν πόλει Ναζαρέτ)[29].

To me, this "geographical error" of the lectio difficilior in both IGT, Greek recension S and IGT, Greek recension B should not be considered as an interpretation problem – similar to John 1,28 where the word, Βηθάβαρα, appears instead of Βηθανία. This Johannine "error" occurs in translated versions such as those in Syraic, Sahidic-Coptic, Armenian and Georgian, as well as in citations by Origen, Eusebius, Epiphanius and Chrysostom[30]. The combination of Bethlehem (a Matthean motif) and Nazareth (a Lucan motif) in the two IGT's Greek recensions (S and B) is also analogous to the conflation of elements in the Lord's Prayer taken from both the Matthean version (6,11-13) and the Lucan version (11,2-4). Some Greek manuscripts (e.g. Codex Sianaiticus) and some translations (e.g. Bohairic-Coptic, Ethopian and Tatian's Diatessaron) combine the words in Matt 6,10 (γενηθήτω τὸ θέλημά σου) with those in Luke 11,2 (ἐλθέτω ἡ βασιλεία σου)[31].

---

28. See Burke, De Infantia (n. 1), p. 466.
29. From the Slavonic version – see Hock, The Infancy Gospel of Thomas (n. 4), p. 101.
30. See K. Aland, et al., The Greek New Testament. Fourth Revised Edition. In cooperation with the Institute for New Testament Textual Research, Münster, Stuttgart, Deutsche Bibelgesellschaft, 1994, p. 315, note 9.
31. See ibid., p. 247, note 2.

In light of these kinds of conflations I would translate the "opening words"[32] of the IGT as follows[33]:

I, Thomas the Israelite, deemed it necessary to proclaim *to all the brothers living amidst the heathen (pasin tois ex ethnōn adelfois)* what our Lord Jesus, the Christ, did when he was born *in Bethlehem, in the village of Nazareth*. The beginning thereof is as follows (my emphasis).

Ronald Hock translates these words as: "I, Thomas the Israelite, am reporting to you, all my non-Jewish brothers and sisters"[34]. In other words, he interprets the phrase πᾶσιν τοῖς ἐξ ἐθνῶν ἀδελφοῖς in such a way that "Thomas, the Israelite" wrote to people who were not "Israelites" themselves, i.e. "all my non-Jewish brothers and sisters". My translation localise the author as an "Israelite" in a context in which he addressed his readers/listeners as "brothers" (ἀδελφοί). I do not consider these ἀδελφοί as referring to "non-Israelites", as in Hock's translation. On the contrary, the author is an Israelite who wrote to Israelites[35].

32. The title Τὰ παιδικὰ μεγαλεῖα τοῦ δεσπότου ἡμῶν καὶ σωτῆρος Ἰησοῦ Χριστοῦ ('The great boyhood deeds of our ruler and saviour Jesus Christ' [my translation]) does not occur in any of the Greek manuscripts, including IGT, Greek recension S. Based on his Greek retroversion of a Slavonic translation of the Greek recension D – according to HOCK, *Infancy Gospel* (n. 4), pp. 84-85, a reconstruction of a tenth-century Greek *Vorlage* of the Slavonic translation – De Santos Otero (A. DE SANTOS OTERO [ed.], *Das Kirchenslavische Evangelium des Tomas* [PTS, 6], Berlin, de Gruyter, pp. 37-38) considers the following as the "original" title: "The boyhood deeds (παιδικὰ) of our Lord Jesus Christ". In his *Evangelia Apocrypha* Constantin VON TISCHENDORF (2. Auflage, Leipzig, Avenarius and Mendelsohn [1851] 1854, p. 140) used the title "Evangelium Thomae". J. THILO refers to "Evangelium Thomae Israelitae" in his *Codex Apocryphus Novi Testamenti* (Lipsiae, Vogel, 1832, p. 275) as the title of the IGT.
33. Ἀναγκαῖον ἡγησάμην ἐγὼ Θωμᾶς Ἰσραηλίτης γνωρίσαι πᾶσιν τοῖς ἐξ ἐθνῶν ἀδελφοῖς ὅσα ἐποίησεν ὁ κύριος ἡμῶν Ἰησοῦς ὁ Χριστὸς γεννηθεὶς ἐν τῇ χώρᾳ ἡμῶν Βηθλεὲμ κώμῃ Ναζαρέτ· ὧν ἡ ἀρχή ἐστιν αὕτη (IGT, Greek recension S 1:1 – see BURKE, *De Infantia* [n. 1], p. 303). VAN OYEN, *Rereading* (n. 1), p. 93, interprets these "geographical names" in the introductory verse as if they were part of the original version. BURKE, *De Infantia* (n. 1), p. 302 n. 2, points out that this "introductory chapter [though, according to him, added later] is found only in the Greek tradition and the later versions (Sl and LT)".
34. HOCK, *Infancy Gospel* (n. 4), p. 105.
35. This interpretation and translation of the phrase τοῖς ἐξ ἐθνῶν concur with the generally accepted translation of a similar Greek phrase in Acts 10,35, namely ἐν παντὶ ἔθνει, that is: "in the midst of all nations". The localised demonstrative use of the Greek preposition ἐν represents its most common meaning. F. BLASS – A. DEBRUNNER, *Grammatik des neutestamentlichen Griechisch*, bearbeitet von A. Debrunner, Göttingen, Vandenhoeck & Ruprecht, [1896] 1970, p. 141, §218, points to examples from Greek papyri in the Ptolemaic period: ἀνακεχώρηκεν ἐν Ἀλεχανδρείᾳ, πέμψαι ἐν Βαβυλῶνι, τῇ ἀνόδῳ τῇ ἐν τῷ ἱερῷ. The referential meaning of the preposition ἐξ in the phrase ἐξ ἐθνῶν can be interpreted in two ways; either as indication of *place* exchangeable with ἐν ("den dort befindlichen") (see BLASS – DEBRUNNER, *Grammatik*, p. 272, §437) – for example in Matt 24,17 (μὴ καταβάτω ἆραι τὰ ἐκ τῆς οἰκίας αὐτοῦ), Col 4,16 (τὴν ἐκ τῆς Λαοδικείας

My translation is of consequential importance. According to the opening verse in IGT, Greek recension S (1:1)³⁶, Jesus, being a child³⁷, who lives amidst non-Israelites (ἐξ ἐθνῶν), was honored by his "brothers" (ἀδελφοῖς) as *our* "ruler" (ὁ κύριος)³⁸ and "messiah" (ὁ Χριστός). This tribute signals the central matter in the message of the IGT. In this opening verse, both the author and his readers are called "Israelites" and "brothers" of one another. The addressees are, like the addresser, "Israelites" surrounded by non-Israelite nations³⁹.

[ἐπιστολὴν] ἵνα καὶ ὑμεῖς ἀναγνῶτε) or as indication of *belonging to* ("bezeichnet ἐξ die Zugehörigkeit" – BLASS – DEBRUNNER, *Grammatik*, p. 272, § 437) – for example Rom 4,12 (οἱ ἐκ τῆς περιτομῆς) and Phil 4,22 (οἱ ἐκ τῆς Καίσαρος οἰκίας). HOCK, *Infancy Gospel* (n. 4), p. 105, chose the second translational possibility.

36. BURKE, *De Infantia* (n. 1), p. 116, considers this introduction as a "late addition to the text" (cf. *ibid.*, p. 302 n. 2). However, see VAN OYEN, *Rereading* (n. 1), p. 484, who accepts "that the original language of the apocryphal text was Greek".

37. The motif that the presence of the "child Jesus" implies *redemption* occurs in two strategic places in the IGT, Greek recension S, namely in 6:4 and 7:4. Both motifs – the redeeming presence of Jesus and the identity between Jesus and God – are related to the phenomenon that Jesus is mainly referred to as *to paidion Iēsous*. The "child Jesus" is the protagonist in the IGT and the narrator combines the "identity" between Jesus and God with Jesus's redeeming acts as "child".

38. In IGT, Greek recension S 9:3 the child Zeno addresses Jesus as "kurios" (οὐχί, κύριε). This is similar to Mary's address with regard to God in IGT, Greek recension S 10:2: Κύριε ὁ θεός μου, εὐλόγησον τὸ τέκνον μας. The same address is found in the reference to God by the Pharisees and the scribes, praying that God will bless Mary in IGT, Greek recension S 17:4: ηὐλόγησεν κύριος ὁ θεὸς τὸν καρπὸν τῆς κοιλίας σου (BURKE, *De Infantia* [n. 1], p. 536). The occurrence of both titles κύριος and ὁ χριστός in IGT, Greek recension S should not be seen as coincidental. The intimate identity between God and Jesus, as seen in the same name used for both, is important. The reference to Jesus as σωτῆρ in the *titulus*, attributed to IGT, Greek recension S (Τὰ παιδικὰ μεγαλεῖα τοῦ δεσπότου ἡμῶν καὶ σωτῆρος Ἰησοῦ Χριστοῦ – BURKE, *De Infantia* [n. 1], p. 466), implies that the existential presence of the child Jesus means "salvation". This appears in two other strategic cases as well, namely in IGT, Greek recension S 6:4 and 7:4. Both motifs – the identity between Jesus and God, and the saving presence of Jesus – occur in the context of referring to Jesus as τὸ παιδίον Ἰησοῦς. For HOCK, *Infancy Gospel* (n. 4), p. 85, the Greek word παιδικά ("boyhood deeds") – appearing in the "reconstructed title – forms the "principal word" which is "an important clue for determining the purpose of the gospel as a whole". However, according to me, because this heading, namely παιδικά, is not part of the authentic version of IGT, Greek recension S (see S. GERO, *The Infancy Gospel of Thomas: A Study of the Textual and Literary Problems*, in *NT* 13 [1971] 46-80, p. 46; H. KOESTER, *Ancient Christian Gospels: Their History and Development*, Philadelphia, PA, Trinity Press International, 1990, p. 311; J. VOICU, *Notes sur l'histoire du texte de L'Histoire de l'Enfance de Jésus*, in *Apocrypha* 2 [1991] 119-132, p. 119; J.K. ELLIOTT, *The Apocryphal New Testament*, Oxford, Clarendon, 1993, p. 68; HOCK, *Infancy Gospel* [n. 4], p. 85, to me, the term τὸ παιδίον should rather be considered to be the "principal word" of the IGT).

39. According to my translation, the meaning of the preposition ἐξ in the phrase ἐξ ἐθνῶν is understood as an indication of *setting*. The preposition ἐξ is interpreted as exchangeable with ἐν (see BLASS – DEBRUNNER, *Grammatik* [n. 35], p. 272, §437). This implies that the combined "place" as the setting of the birth of the child Jesus is grammatically constructed in the IGT similar to what we find in the Petrine speech in

IV. SELECTED TEXTUAL EVIDENCE AS CASE STUDY

1. *IGT's Greek Recension S 10:2 and 11:1-2*

IGT, Greek recension S 10:2 and 11:1-2 probably present the best examples of the intimate relationship that existed between Jesus and his biological parents.

> And after Jesus had spread open the cloak he draped around him, he filled it with water and brought it to his mother. Mary who witnessed the sign as it happened, kissed him and said: "Lord, my God, bless my child, for she was afraid that someone would cast the evil eye upon him" (IGT, Greek recension S 10:2)[40].
> When at another occasion Joseph was sowing seed, the child Jesus too sowed one consort of seed (IGT, Greek recension S 11:1)[41].
> And his father harvested 100 consort. And he gave it to the poor and to the fatherless children. And Joseph took some of Jesus' wheat (IGT, Greek recension S 11:2)[42].

In Mary's prayer for Jesus (IGT, Greek recension S 10:2), "Lord, my God, bless our child, for she was afraid that someone will cast an evil eye upon him"[43], an intimate relationship is presented between Jesus and his family; in this case with his mother[44]. In IGT, Greek recension S 12:2 it is reported that Joseph "embraced and kissed" Jesus[45]. In a "Gnostic" context, this expression would not make sense, while it is extremely meaningful in an Ebionite context.

Acts 10,39. Here the miraculous deeds of "Jesus of Nazareth" (Acts 10,38) are localised as events that happened "in the land of the Judeans and in Jerusalem" (πάντων ὧν ἐποίησεν ἐν τῇ χώρᾳ τῶν Ἰουδαίων καὶ ἐν Ἰερουσαλήμ).

40. Ὁ δὲ Ἰησοῦς ἁπλώσας τὸ παλλίον ὃ ἦν βεβλημένος ἐγέμισεν τὸ ὕδωρ καὶ ἤνεγκεν τῇ μητρὶ αὐτοῦ. Μαρία δὲ ἰδοῦσα ὃ ἐποίησεν σημεῖον ὁ Ἰησοῦς κατεφίλει αὐτὸν λέγουσα· Κύριε ὁ θεός μου εὐλόγησον τὸ τέκνον μας. ἐφοβοῦντο γὰρ μή τις αὐτῷ βασκάνῃ (IGT, Greek recension S 10:2 – BURKE, *De Infantia* [n. 1], p. 325.327).

41. Ἐν δὲ τῷ καιρῷ τοῦ σπόρου σπείροντος τοῦ Ἰωσὴφ ἔσπειρεν καὶ τὸ παιδίον Ἰησοῦς ἕνα κόρον σίτου (IGT, Greek recension S 11:1 – see BURKE, *De Infantia* [n. 1], p. 327).

42. Καὶ ἐθέρισεν ὁ πατὴρ αὐτοῦ κόρους ρ μεγάλους. καὶ ἐχαρίσατο πτωχοῖς καὶ ὀρφανοῖς. ἦρεν δὲ ὁ Ἰωσὴφ ἀπὸ τοῦ σπόρου τοῦ Ἰησοῦ (IGT's Greek recension S 11:2 – see BURKE, *De Infantia* [n. 1], p. 327).

43. A similar expression can be found in Gal 3,1: "who has cast the evil eye upon you? (*tis humas ebaskanen?*) (see J.H. ELLIOTT, *Paul, Galatians, and the Evil Eye*, in *Currents in Theology and Mission* 17 [1990] 262-273, pp. 262-273). In the case of Paul's letter to the Galatians, we are dealing with a conflict situation.

44. While the version in IGT, Greek recension B (see BURKE, *De Infantia* [n. 1], p. 510) omits this statement of Mary, the version in *Codex Atheniensis* contains the "Lucan" (2,51) reference: "and she treasured in her heart the mysteries she saw him perform".

45. See BURKE, *De Infantia* (n. 1), p. 329.

Early Jesus followers with a "Gnostic" orientation regarded "earthly" interests, such as the relation "in the flesh" with a biological family[46], as well as "Israel after the flesh" and its physical symbols (Jerusalem and the Temple, inter alia) as part of the captivity from which "gnosis" must free one in order to be re-united with God as a "spiritual", transcendent being. The version of the IGT's Greek recension S 10:2 and 12:2, which like the other Greek manuscripts[47], mentions that both Jesus's mother and father, respectively, kissed him (apart from emphasizing the connection with the biological family) also emphasizes the child Jesus's relation with God. This link is specifically articulated by Mary's prayer[48]. The early translations of the IGT do not mention the close relationship that existed between Jesus and his mother, as is evidenced by her kiss. From an early Christian Ebionite context, the references to the parents' kisses in the in IGT, Greek recension S[49], the mother's blessing and the father's role in the harvest make sense. The "gift" to orphans is equated to the "gift" to Joseph. In Israelite tradition, Joseph is the receiver of God's justice.

V. CONFIRMATION – THE NAME "THOMAS"

The attachment of the name "Thomas" to the *IGT* deepens the question as to the relationship between the IGT and the Nag Hammadi writing, the *Gospel of Thomas* (NHC II, 2)[50]. Burke[51] points out that presumed parallels are *GospTh* 4 and IGT, Greek recension S 7:3[52]; *GospTh* 9 with IGT, Greek recension S 11[53]; and *GospTh* 77 with IGT, Greek

46. "Gnostics'" attitude towards sexuality could be regarded as being part of this underestimation of the role of the biological family. E.M. YAMAUCHI, *sub verbo* "Gosticism", in G. EVANS – S. PORTER (eds.), *Dictionary of New Testament Background*, Leicester, InterVarsity Press 2000, p. 416, describes it as follows: "Most Gnostics took a radically ascetic attitude toward sex and marriage, deeming the creation of woman the source of evil and the procreation of children but the multiplication of souls in bondage to the powers of darkness".
47. See BURKE, *De Infantia* (n. 1), p. 516.
48. "'Lord, my God, bless our child', for she was afraid someone will cast the evil eye upon him" (IGT, Greek recension S 10:2 – BURKE, *De Infantia* [n. 1], p. 50).
49. According to the version in IGT's Greek recension S, we are dealing with a "blessing of the harvest". In *Codex Atheniensis* Joseph's profile and role are limited to the remark that he took some of the left-over wheat home.
50. See G.A. EVANS – R.L WEBB – R.A. WIEBE (eds.), *Nag Hammadi Texts and the Bible: A Synopsis and Index*, Leiden, Brill, 1993, pp. 88-144.
51. BURKE, *De Infantia* (n. 1), p. 206.
52. Ἐνθυμοῦμαι, φίλοι, τὴν αἰσχύνην μου ὅτι γέρων ὑπάρχω καὶ ὑπὸ παιδίου νενίκημαι. καὶ ἔχω ἐκκακῆσαι καὶ ἀποθανεῖν ἢ φυγεῖν τῆς κώμης ταύτης διὰ τὸ παιδίον τοῦτο (IGT's Greek recension S 7:3 – BURKE, *De Infantia* [n. 1], p. 500).
53. Ἐν δὲ τῷ καιρῷ τοῦ σπόρου σπείροντος τοῦ Ἰωσὴφ ἔσπειρεν καὶ τὸ παιδίον Ἰησοῦς ἕνα κόρον σίτου. Καὶ ἐθέρισεν ὁ πατὴρ αὐτοῦ κόρους ρ̄ μεγάλους. καὶ

recension S 16[54]. In general, the origin of the Thomas literature (*Gospel of Thomas*, *Acts of Thomas*, and the *Book of Thomas [the warrior]* is assumed to be Syria[55]. Does this mean that the origin of the IGT should also to be sought in Syria? This is the opinion of, among others, Cowper[56] and Burke[57].

The above-mentioned parallels between the *Gospel of Thomas* and the IGT are, however, too vague to propose a "Gnostic" orientation that could underlie the IGT's Greek recension S. Furthermore, the conviction that this orientation motivated the *Gospel of Thomas*[58] is not accepted by all[59].

ἐχαρίσατο πτωχοῖς καὶ ὀρφανοῖς ... (IGT, Greek recension S 11:1-2a – BURKE, *De Infantia* [n. 1], pp. 510.512).

54. Πάλιν σχίζοντος ξύλα ἐν ἴσῳ νεωτέρου τινός, καὶ ἔσχισεν τὴν βάσιν τοῦ ποδὸς αὐτοῦ καὶ ἔξαιμος γενόμενος ἀπέθνῃσκεν. Θορύβου γεναμένου ἔδραμεν ὁ Ἰησοῦς. καὶ βιασάμενος διῆλθεν διὰ τοῦ ὄχλου καὶ κρατήσας τὸν πόδα τὸν πεπληγότα καὶ εὐθέως ἰάθη. καὶ εἶπεν τῷ νεανίσκῳ· ὕπαγε, σχίζε τὰ ξύλα σου (IGT, Greek recension S 16:1-2 – BURKE, *De Infantia* [n. 1], p. 526.528).

55. E.g. by F.T. FALLON – R. CAMERON, *The Gospel of Thomas: A Forschungsbericht and an Analysis*, in ANRW II.25.6 (1988) 4195-4251, pp. 4213-4230; ROUKEMA, *Gnosis* (n. 12), p. 159; R. URO, *Seeking the Historical Context of the Gospel of Thomas*, London, Clark, 2004, p. 24.

56. B.H. COWPER, *The Apocryphal Gospels and Other Documents Relating to the History of Christ*, London, Frederic Norgate [1874] 1867, p. 128.

57. T. BURKE, *Authorship and Identity in the Infancy Gospel of Thomas*, in *Toronto Journal of Theology* 14 (1998) 27-43. BURKE, *De Infantia* (n. 1), pp. 101-102 has changed his opinion on account of the renewed textual critical investigations and their result that the IGT's parallels demonstrate intertextual relationships with writings generally accepted as having originated in Syria. A. MEYER (*Erzählung des Thomas*, in E. HENNECKE [ed.], *Neutestamentliche Apokryphen in deutscher Übersetzung*, Tübingen, Mohr, 1904, p. 65) sees the name "Thomas" as an indication that would localise the IGT in India (see HOCK, *Infancy Gospel* [n. 4], p. 99, for contra-arguments).

58. See S.J. PATTERSON, *Understanding the Gospel of Thomas Today*, in S.J. PATTERSON – J.M. ROBINSON – H.-G. BETHGE (eds.), *The Fifth Gospel: The Gospel of Thomas Comes of Age*, Harrisburg, PA, Trinity Press International, 1998, 33-75.

59. For T. BAARDA, *"If you do not sabbatize the Sabbath..."* : *The Sabbath as God or World in Gnostic Understanding (Ev.Thom., Log. 27)*, in R. VAN DEN BROEK – T. BAARDA – J. MANSFIELD (eds.), *Knowledge of God in the Graeco-Roman World*, Leiden, Brill, 1988, 178-201, p. 200: "the present collection of sayings known as the *Gospel of Thomas* is a Gnostic florilegium". H. KOESTER (*The Story of the Johannine Tradition*, in *Sewanee Theological Review* 36 [1992], p. 21) is of the opinion that tendencies in the Gospel of Thomas which are "radical-encratic" of nature, do have a "Gnostic" orientation. On the other hand, URO, *Seeking* (n. 55), sees both the Gospel of Thomas and the Dialogue of the Saviour as "gnosticizing", see S. DAVIS, *Review article: Risto Uro, Thomas: Seeking the Historical Context of the Gospel of Thomas*, in *Catholic Biblical Quarterly* 66 (2004) 670-671. However, C.W. HEDRICK, *Unlocking the Secrets of the Gospel According to Thomas: A Radical Faith for a New Age*, Eugene, OR, Cascade Books, 2010, p. 16, formulates the seemingly present scholarly stance as follows: "*Thomas* as a whole is not a Gnostic text, but appears to represent a radicalizing of the early Jesus traditions – much if not most of its material derives from the earliest period of the Jesus movements ... But it is also an eclectic text, and throughout its viable life it continued to draw extraneous traditions in the Helelnistic world that suited its radicalizing and esoteric spirit ... Although it does contain sayings that would be fully consonant with Gnostic ideas

Riley[60] and Quispel[61], among others[62], argue rather for "encratic" (in other words, for a kind of "ascetic") tendencies which are also found in other "Jewish-Christian" and Hermetic sources[63].

Nevertheless, the IGT should not be regarded as part of the Thomas literature. The absence of the name "Thomas" in the early versions of the IGT[64] demonstrates that the idea that Thomas was the author of IGT, Greek recension S was both late and unknown in a Syrian milieu. The so-called parallels between the IGT and other Thomas literature, therefore, cannot be seen as an indication of a "Gnostic orientation", which would underlie the IGT.

In which context in early Christianity did the Ebionite tendencies in the IGT fit in best? Any location from second-century Diaspora could be possible.

Most scholars are of the opinion that the view of Irenaeus, that the middle of the second century C.E. is the appropiated date for the existing

---

(for example, 7, 29, 114), it also contains sayings that are fully consonant with early Christianity (77b, 97, 98). Most commentaries finding *Thomas* to be thoroughly Gnostic find it to be so by interpreting the sayings against an assumed Gnostic background. *Thomas* represents a stage in the trajectory of the Jesus tradition that falls somewhere between Paul, who used language and concepts that later came to characterize the developed Gnostic systems of the second century, and the Gospel of John, which also used language and concepts sympathetic to Gnosticism. Neither Paul nor John is generally thought to be Gnostic, however".

60. G.J. RILEY, *The Gospel of Thomas in Recent Scholarship*, in *Currents in Research: Biblical Studies* 2 (1994) 227-252, p. 229.

61. G. QUISPEL, *The Gospel of Thomas Revisited*, in B. BARC (ed.), *Colloque international sur les textes de Nag Hammadi* (Bibliothèque Copte de Nag Hammadi. Section "Études", 1), Québec, Laval University Press, 1981, 218-166. ID., Review of Layton, B., *Nag Hammadi Codex II, 2-7* (Nag Hammadi Studies 20; 2 vols) Leiden, Brill 1989, in *Verbum Caro* 45 (1991) 78-87.

62. See inter al. W.H.C. FREND, *The Gospel of Thomas: Is Rehabilitation Possible?*, in *JTS* 18 (1967) 13-26; A.J.B. HIGGINS, *Non-gnostic Sayings in the Gospel of Thomas*, in *NT* 4 (1960) 292-306; K. GROBEL, *How Gnostic Is the Gospel of Thomas?*, in *NTS* 8 (1961/62), 367-373.); A.D. DE CONICK – J. FOSSUM, *Stripped before God: A New Interpretation of Logion 37 in the Gospel of Thomas*, in *Verbum Caro* 44 (1991) 280-294.

63. The *Corpus Hermeticum* is a composition of seventeen Greek tractates from the third century C.E., collected by unknown Byzantine scholars in the tenth century C.E. (see MARKSCHIES, *Gnosis* [n. 9], pp. 63-64). Traditionally, the content of these tractates has been characterised as "Gnostic". However, according to MARKSCHIES, *Gnosis*, p. 64, they rather represent features of a kind of Platonic thinking which was to be found during the Roman period, i.e. "Middle-Platonism", and which has its origins in Egypt (ROUKEMA, *Gnosis* [n. 12], p. 134; cf. B.A. PEARSON, *Gnosticism, Judaism, and Egyptian Christianity*, Minneapolis, MN, Fortress, 1990, pp. 136-147; J. ZANDEE, *Het Hermetisme en het oude Egypte*, in S. QUISPEL (ed.), *De Hermetische gnosis in de loop der eeuwen*, Baarn, Ten Have, 1992, 96-174.

64. The Syriac and Georgian manuscripts, the manuscript Tblisi, Codex A 95, and Old-Latin manuscripts that relied on Irenaeus (see BURKE, *De Infantia* [n. 1], p. 206).

eleventh-century IGT's version, Greek recension S, should be accepted[65]. Evidence for this early date is confirmed by the fact that relatively few New Testament references are found in this early version. The other three expanded Greek versions allude to material in both the Synoptic Gospels, and the Gospel of John. IGT, Greek recension S seems to be familiar only with the Gospel of Luke[66], especially the narration in chapter two about the boy Jesus in the Temple[67]. This version does not have no reference to its author. However, a reference to "Thomas, the Israelite" as author of the IGT appears in three other Greek manuscripts. In the supplemented *titulus* added to *Codex Atheniensis* (Gr 355), the *IGT* is described as the "Logos of an Israelite philosopher" (Λόγος Ἰσραηλίτου φιλοσόφου) and in the *titulus* of IGT, Greek recension B[68] the IGT is described as the "Composition of the holy apostle Thomas" (Σύγγραμμα τοῦ ἁγίου ἀποστόλου Θωμᾶ).

The *Acts of Thomas* (79) is the only writing in the so-called Thomas tradition that was acquainted with the IGT[69]:

> Believe in Christ, he who was born in order that other being born on account of his life can live; he who grew up since infancy in order that perfection because of his humanity could be manifested. He taught his own disciples [in Latin: "his own teacher" = *magistrum suum*], because he is a scribe of truth and the most wise among the wise[70].

---

65. E.g. A. MEYER, *Kindheitserzählung des Thomas*, in HENNECKE (ed.), *Neutestamentliche Apokryphen* (n. 59), 1924, 93-102, p. 96; J.B. BAUER, *Die neutestamentlichen Apokryphen*, Düsseldorf, Patmos, 1968, p. 52; P. VIELHAUER, *Geschichte der urchristliche Literatur*, Berlin, de Gruyter, 1975, p. 673; O. CULLMANN, *Infancy Gospels*, in W. SCHNEEMELCHER (ed.), *New Testament Apocrypha*. Vol. 1: *Gospels and Related Writings*, trans. R. McL Wilson, Revised edition, Louisville, KY, Westminster, [1963] 1991, 414-469, p. 442); HOCK, *Infancy Gospel* (n. 4), pp. 91-92.

66. See BURKE, *De Infantia* (n. 1), p. 211.

67. The circles in which the IGT was familiar until the fourth century were in the 2nd century those witnessed by Irenaeus (*Adv Haer* 1.20.1 – see BURKE, *De Infantia* [n. 1], pp. 3-5) and the compiler(s) of the *Epistula Apostolorum* (4) (see BURKE, *De Infantia*, p. 29); in the 3rd century the Acts of *Thomas* (79) (see BURKE, *De Infantia*, pp. 30-31) and in the 4th century the Gospel of *Bartholomew* (2:11) (see BURKE, *De Infantia*, p. 31) and the Narration about *Joseph the Carpenter* (17) (see BURKE, *De Infantia*, pp. 32-33) and the patristic fathers John Chrysotom (*Homilae in Joannem* 17) (circa 386-398 C.E. – from Antioch (see BURKE, *De Infantia*, p. 6) and Epiphanius from Salamis (*Panarion* 51.20.2-3) (376 C.E.) (see BURKE, *De Infantia*, p. 7).

68. See BURKE, *De Infantia* (n. 1), p. 466.

69. BURKE, *De Infantia* (n. 1), pp. 29-31.

70. πιστεύσατε ἐπὶ τῷ γεννηθέντι Χριστῷ ἵνα οἱ γεννηθέντες διὰ τῆς αὐτοῦ ζωῆς ζήσωσιν· ὃς καὶ ἀνετράφη διὰ νηπίου ἵνα ἡ τελειότης διὰ τοῦ ἀνθρώπου αὐτοῦ φανῇ. ἐδίδαξεν τοὺς ἰδίους αὐτοῦ μαθητάς· τῆς γὰρ ἀληθείας διδάσκαλος αὐτός ἐστιν καὶ τῶν σοφῶν ὁ σοφιστής (*Acts of Thomas* 79 [CANT 245], text in R.A. LIPSIUS – M. BONNET, *Acta Apostolorum Apocrypha* [1891-1903], Darmstadt, Wissenschaftliche Buchgesellschaft, repr. 1959, pp. 99-291; cf. BURKE, *De Infantia* [n. 1], p. 30).

However, there is no indication whatsoever who the "Thomas" could be. According to Koester[71] the *Acts of Thomas*, similar to the Nag Hammadi writing, the *Book of Thomas [the warrior]* (NHC II, 7), "draws the aretalogical tradition of the apostles' miraculous deeds into the process of gnostic interpretation: individual miracle stories become descriptions of the encounter of the heavenly world and its messenger with the lower world of demons and transitoriness". The conviction that the allusion in the *Acts of Thomas* 79 bears "Gnostic" orientation[72] is not without dispute. It is not possible to ascertain which version of the IGT underlies this reference in the *Acts of Thomas*.

In conclusion, my contention is that there are certainly some "Gnostic" tendencies present in a number of early Greek manuscripts and early translations of the IGT. However, my investigation concurs with Tony Burke's demonstration that these tendencies were absent in other versions of the *IGT*, and particularly in IGT, Greek recension S.

Faculty of Theology   Andries G. VAN AARDE
University of Pretoria
Lynnwood Road
0083 Hatfield
Pretoria
South Africa

---

71. KOESTER, *Introduction* (n. 19), p. 208.

72. In this reference in the Acts of Thomas, the gist of "Gnostic" soteriology is evident. Salvation is a way of living and it happens in this life already, and does not realise after this life is gone and death occurs. In the phrase above the emphasis on perfection during this life, and "adoptian" Christology, namely that Jesus became the Christ and the object of belief only after his birth, are also signs of "Gnostic" orientation. Salvation manifests by means of "gnosis", emanating from Jesus, the "wise teacher".

L'IMPORTANCE DE LA FOULE (O OXΛOΣ)
DANS L'*ÉVANGILE DE L'ENFANCE* DE THOMAS L'ISRAÉLITE

L'importance de la tradition orale dans la composition de l'*Évangile de l'enfance* de Thomas l'Israélite a été déjà plusieurs fois commentée par les savants qui se sont chargé de l'étude de cet ouvrage[1]. Cette tradition, aussi présente dans le *Nouveau Testament*[2], témoigne comment les histories sur la vie de Jésus circulaient aux premiers siècles du christianisme de bouche en bouche en tant qu'épisodes indépendants avant la rédaction définitive de chacun des textes dont nous parlons[3]. Pour cette raison, notre point de départ est bien clair: s'il y a eu une étape où le texte ait été transmis oralement, il faudrait y trouver quelques éléments qui nous montrent cette origine supposément orale.

En effet, si on considère que le véritable créateur de cette tradition orale a été la mémoire collective, il faut viser quelques groupes de chrétiens qui auraient utilisé ce type de récits soit pour couvrir l'espace chronologique méprisé par les textes canoniques, soit tout simplement pour se réconforter, voire s'amuser, autour d'un grand feu, comme on a l'habitude de faire encore aujourd'hui. Sans tenir compte des implications théologiques en rapport avec les chrétiens ébionites et de la séduisante hypothèse qui considère ce texte comme un recueil d'histoires d'enfants, celles-ci représentatives de cette *children culture* dont Aasgard parle[4], nous n'identifierons pas le collectif chrétien caché derrière le texte et

---

1. R. AASGARD, *The Childhood of Jesus*, Eugene, OR, Cascade Books, 2009, pp. 27-34; S. GERO, *The Infancy Gospel of Thomas*, dans *NT* 13 (1971) 46-80.

2. T.C. MOURNET, *Oral Tradition and Literary Dependency: Variability and Stability in the Synoptic Tradition and Q*, Tübingen, Mohr Siebeck, 2005, pp. 278-293.

3. P. VIELHAUER, *Geschichte der Urchristlichen Literatur: Einleitung in das Neue Testament, die Apokryphen und die Apostolischen Väter*, Berlin, de Gruyter, 1975, p. 674; W. REBELL, *Neutestamentliche Apokryphen und apostolische Väter*, München, Kaiser, 1992, p. 132; G. SCHNEIDER, *Evangelia Infantiae Apocrypha: Apokryphe Kindheitsevangelien*, Freiburg, Herder, p. 37; F.R. HOCK, *The Infancy Gospels of James and Thomas*, Santa Rosa, CA, Polebridge, 1995, pp. 169-174; S. VOICU, *Verso il Testo Primitivo dei Paidika tou Kyriou Iesou 'Raconti dell'Infanzia del Signore Gesu'*, dans *Apocrypha* 9 (1998) 50-51.

4. A.G. VAN AARDE, *Ebionite Tendencies in the Jesus Tradition: The Infancy Gospel of Thomas Interpreted from the Perspective of Ethnic Identity*, dans *Neotestamentica* 40 (2006) 353-382; AASGARD, *The Childhood of Jesus* (n. 1), pp. 202-213; R. AASGARD, *Uncovering Children's Culture in Late Antiquity: The Testimony of the Infancy Gospel of Thomas*, dans C.B. HORN – R.R. PHENIX (éds.), *Children in Late Ancient Christianity*, Tübingen, Mohr Siebeck, 2009, 1-27.

utiliserons une dénomination plus abstraite, celle de ὄχλος, afin de nommer la foule responsable de sa transmission.

Le terme ὄχλος apparait très souvent dans les versions grecques du *Nouveau Testament*, et même dans ce récit de Thomas l'Israélite. En tant que personnage dans la narration, le ὄχλος s'étonne des actions accomplies et glorifie les merveilles dont il est témoin. À notre avis, on pourrait mettre en rapport le ὄχλος, créateur et transmetteur du récit, et le ὄχλος, personnage narratif. Dans ce travail, donc, nous essayerons, d'un côté, d'observer quelques aspects de la version grecque *A* de l'*Évangile de l'enfance* de Thomas l'Israélite afin de démontrer l'importance de la foule (ὁ ὄχλος) dans le texte en tant que personnage narratif qui joue un rôle décisif dans l'histoire racontée et, de l'autre, de souligner la présence de quelques structures syntactiques qui pourraient êtres considérées en tant que preuve de cette étape d'oralité que nous avons déjà indiquée.

I. LES PERSONNAGES COLLECTIFS
DANS L'ÉVANGILE DE THOMAS L'ISRAÉLITE

D'abord, il faut faire une distinction fondamentale entre les divers types de personnages collectifs qui apparaissent dans la narration et qui possèdent une fonction déterminée selon le cas. Pendant tout le récit nous avons constaté la présence de plusieurs groupes différents de personnes qui s'étonnent à cause des miracles du Christ ou qui manifestent leur surprise dans quelques scènes miraculeuses. Même si le texte nous présente quelques personnages collectifs liés à un groupe social déterminé, nous avons trouvé, d'ailleurs, seize passages où apparaît un nom collectif dans la narration, soit à travers un pronom indéfini pluriel, soit à travers un participe ou, finalement, à travers le terme générique ὁ ὄχλος.

À l'intérieur de la première catégorie, celle qui présente les personnages appartenant à un groupe social concret, nous avons placé les Juifs qui s'étonnent après la scène du petit Jésus avec les oiseaux de boue et qui décident d'aller informer les chefs de la communauté (2, 5),

Ἰδόντες δὲ οἱ Ἰουδαῖοι ἐθαμβήθησαν, καὶ ἀπελθόντες διηγήσαντο τοῖς πρώτοις αὐτῶν ὅπερ εἶδον σημεῖον πεποιηκότα τὸν Ἰησοῦν[5].

---

5. Nous avons consulté les éditions suivantes du texte grec: T. BURKE, *De Infantia Iesu Evangelium Thomae Graece* (CCSA, 17), Turnhout, Brepols, 2010, pp. 339-389 (cité d'après la recension A); A. DE SANTOS, *Los evangelios apócrifos*, Madrid, Biblioteca de Autores Cristianos, 1963, pp. 282-306, celle-ci conservant l'édition classique de Tischendorf.

et qui donnent des conseils à Zaquée, le maître ridiculisé par le Christ (8, 1),

> Τῶν δὲ Ἰουδαίων παραινούντων τὸν Ζακχαῖον ἐγέλασε τὸ παιδίον μέγα καὶ εἶπεν.

les pauvres du village qui reçoivent les grains de blé semés par Joseph (12, 2)

> [...] καὶ καλέσας πάντας τοὺς πτώχους καὶ πένητας τοὺς ἐν τῇ κώμῃ ἐν τῇ ἅλωνι ἐχαρίσατο αὐτοῖς τὸν σῖτον.

et, finalement, les docteurs qu'il instruit dans le temple (19, 2),

> Καὶ μετὰ τὴν τρίτην ἡμέραν εὗρον αὐτὸν ἐν τῷ ἱερῷ καθεζόμενον ἐν μέσῳ τῶν διδασκάλων καὶ ἀκούοντα τοῦ νόμου καὶ ἐρωτῶντα αὐτούς.

et que l'auteur du texte sépare ensuite en scribes et Pharisiens (19, 4).

> Οἱ δὲ γραμματεῖς καὶ οἱ Φαρισαῖοι εἶπον· «Σὺ εἶ ἡ μήτηρ τοῦ παιδίου τούτου;»

En ce qui concerne la seconde catégorie dont nous avons parlé, il faut la mettre en rapport avec la présence de la foule dans la narration. En réalité, elle apparaît comme un être indéterminé, mais qui, en même temps, valide les actions du Christ en accomplissant une fonction très importante dans les évangiles canoniques et, en général, dans la littérature chrétienne des premiers siècles, celle du témoin. Bien que dans le texte nous ne trouvions pas d'une façon explicite le terme μαρτυρέω, la fonction de la foule dans le texte de Thomas l'Israélite est celle de devenir le témoin des merveilles accomplies par le Christ grâce à sa présence dans les scènes miraculeuses.

Néanmoins, notre affirmation a besoin d'être expliquée à travers les passages où nous avons remarqué l'importance du ὄχλος et son attitude face aux actions du petit enfant Jésus. En reprenant à nouveau la distinction faite entre les différents personnages collectifs dans le texte, il faut voir maintenant les sections où l'auteur introduit un groupe de personnes à travers des structures diverses telles que participe + pronom indéfini pluriel,

> ἰδόντες δὲ τινες τὸ γινόμενον εἶπον· (4, 1)
> Ἀκουόντων δὲ πολλῶν λέγει τὸ παιδίον τῷ Ζακχαίῳ· (6, 4)
> Ἐκείνων δὲ ἐπηρεαζόντων αὐτὸν... (9, 3)

participe nominalisé, soit avec ou sans l'article défini,

> Καὶ εὐθέως οἱ ἐγκαλοῦντες αὐτὸν ἐτυφλώθησαν. (5, 1)
> Καὶ ἰδόντες ἐφοβήθησαν σφόδρα καὶ ἠπόρουν... (5, 2)
> Καὶ ἰδόντες ἐξεπλάγησαν... (9, 3)

et avec le pronom indéfini ἐκεῖνοι – qui avait déjà apparu en 9, 3 – lors du discours de Jésus après la réprimande de Joseph à cause de la mort de l'enfant qui l'avait bousculé au milieu du village.

Ἐκεῖνοι δὲ οἴσουσιν τὴν κόλασιν αὐτῶν. (5, 1)

D'autre part, nous avons détecté quatre passages où la foule occupe le rôle principal de la narration pour montrer son étonnement lors des miracles survenus dans la ville. Dans trois de ces quatre passages, nous avons remarqué la présence de quelques éléments communs qui se répètent: la foule apparaît comme le sujet de la phrase suivie du participe présent ἰδών et d'un *verbum dicendi*, coordonné à son tour avec le verbe ἐθαύμασεν qui laisse transparaître la surprise du peuple devant tous les événements racontés.

La première fois qu'on trouve cette structure au milieu de la narration la scène nous montre un jeune homme blessé à un pied par la hache avec laquelle il était en train de travailler. À cause du vacarme formé autour du jeune bûcheron, le texte nous décrit l'enfant Jésus traversant la foule pour le guérir. D'abord, il faut faire attention à la langue employée dans le texte qui nous dit: Καὶ βιασάμενος διῆλθεν τὸν ὄχλον (10, 2). Il s'agit de la première apparition de la foule dans le texte, en principe en tant qu'élément passif que le Christ traverse pour démontrer sa supériorité divine face à l'incapacité humaine, représentée par la stupéfaction des gens du peuple.

Cependant, un peu plus tard la foule devient une sorte de personnage collectif qui nous rappelle peut-être la façon de participer à l'histoire du chœur du théâtre classique. À propos de la première scène, où l'on observe la foule en tant que personnage dans la narration, nous voulons remarquer la présence des éléments mentionnés un peu plus avant. Le texte dit:

Ὁ δὲ ὄχλος ἰδὼν τὸ γεγονὸς προσεκύνησαν τὸ παιδίον λέγοντες· «Ἀληθῶς τάχα ὁ θεὸς ἐνοικεῖ ἐν αὐτῷ». (10, 3)

En effet, ce type de passage semble être une sorte de scène de glorification des actions du Christ avec une finalité arétalogique très claire. En réalité, il y a, à notre avis, une double fonction au-delà de celle de la diffusion de la doctrine chrétienne et qui peut sembler plus simple, mais qui ne doit pas être méprisée: celle de témoigner de la magnificence et de l'exceptionnalité du Christ. Nous avons déjà indiqué que dans le texte n'apparaît pas le verbe μαρτυρέω ni aucune autre forme dérivée. Néanmoins, l'idée du martyr, en tant que témoin de la foi chrétienne, se manifeste dans le texte à travers le ὄχλος qui regarde étonné la guérison accomplie; voilà pourquoi la nécessité de l'emploi du participe présent ἰδών. Ce participe apparaît très souvent dans cette version de l'*Évangile de l'enfance*, soit au présent du singulier (2, 3; 2, 4; 3, 2; 4, 2; 10, 3; 11, 2; 14, 1; 17, 2 et 18, 2), soit au pluriel (2, 4; 4, 1; 4, 2; 9, 1 et 9, 2). Il faut que les gens contemplent ce que le Christ fait en faveur de l'humanité. Ensuite, après l'expérimentation sensorielle, une fois assimilée l'action, la foule est capable d'exprimer ses sentiments et de glorifier l'auteur du miracle.

Le second passage où les gens du peuple s'étonnent des actions du Christ se produit lorsqu'il est à l'école avec d'autres gamins, prend la parole et commence à enseigner la loi divine. La foule s'émerveille en écoutant le discours du petit enfant et la sagesse qu'il démontre en parlant tel qu'un vrai maître. En effet, cette image nous fait penser au *topos* du *puer senex* – cliché qui maintient l'opposition *iuniores / seniores* qui remonte selon Dumézil à une structure indo-européenne[6] –, déjà rattaché à la figure du Christ par Bauer au début du XXème siècle[7]. Le *puer senex* est l'image du vieillard-enfant qui mélange une nature juvénile avec la prudence et la sagesse de la vieillesse, qui apparaît dans la littérature latine et persiste dans l'hagiographie, mais qui, en même temps, caractérise quelques personnages de l'Ancien Testament tels que Tobie ou Salomon[8]. Ce second passage est le seul qui ne partage pas les traits que nous avons déjà signalés, car la foule tout simplement se surprend sans faire culminer sa fascination dans un nouveau discours du style du passage antérieur.

ὄχλος δὲ πολὺς συνελθόντες παρεστήκεισαν ἀκούοντες αὐτοῦ καὶ ἐθαύμαζον ἐν τῇ ὡραιότητι τῆς διδασκαλίας αὐτοῦ καὶ τῇ ἑτοιμασίᾳ τῶν λόγων αὐτοῦ ὅτι νήπιος ὢν τοιαῦτα φθέγγεται. (15, 2)

Par ailleurs, l'aoriste ἐθαύμαζον du fragment est aussi un élément à considérer dans notre analyse, étant donné qu'une autre forme du verbe θαυμάζω se répète aussi dans les deux passages restants. Ce verbe qui signifie «s'étonner» ou «voir avec étonnement ou admiration» cherche à exprimer la sensation humaine face à un prodige si étonnant et merveilleux. En effet, à travers ce verbe, qui quelques siècles plus tard donnera

---

6. G. DUMÉZIL, *Mitra-Varuna: Essai sur deux représentations indo-européennes de la Souveraineté*, Paris, PUF, 1940, pp. 144-145.

7. W. BAUER, *Das Leben Jesu im Zeitalter neutestamentlichen Apokryphen*, Tübingen, Mohr Siebeck, 1909, p. 313.

8. E.R. CURTIUS, *European Literature and the Latin Middle Ages*, Princeton, NJ, University Press, 1953, pp. 98-100. Curtius apporte quelques passages de la littérature latine où on éloge les vertus typiques du *puer senex* (Virg. *Aened.* IX, 311; Ov. *Ars* I, 185ss; Val. Max. III, 1, 2; Stat. *Sil.* II, 1, 40; Plin. *Ep.* 5,16,2 ou Apul. *Flor.* IX, 38).

son nom à un des genres les plus représentatifs de la littérature hagiographique: les ϑαύματα, le texte se place sur le plan du merveilleux et du fantastique. Néanmoins, le verbe ϑαυμάζω est utilisé aussi d'habitude dans les Évangiles avec trente-cinq apparitions[9], ce qui démontre son importance sémantique dans le premier christianisme.

Puis, vers la fin de cette recension A on trouve les deux derniers passages où la foule entre en scène pour manifester sa surprise et prononcer son discours glorificateur. La raison la plus déterminante du choix de la version A pour notre travail a été précisément l'inclusion de ces deux passages parallèles où la foule apparaît pour glorifier les miracles de l'enfant, et ceci quoique quelques savants n'aient pas spécialement consacré leur attention à ces épisodes du fait qu'ils ne font pas partie des versions originales[10]. Notre but, rappelons-le, n'est cependant pas de discuter l'originalité ou pureté de la version A, mais d'y chercher les preuves d'oralité.

Et cette version, postérieure à la plus ancienne caractérisée avec la lettre S et plus longue que celle-ci[11], démontre la continuité d'une tradition populaire orale dans les cercles chrétiens. La simplicité de ces passages et les réitérations des mêmes structures pourraient signifier l'utilisation d'une certaine formule discursive qui rendrait plus facile la mémorisation du récit et le mettrait un rapport avec une culture populaire typiquement chrétienne à l'époque.

Dans le premier passage dont nous voulons parler, Jésus vient de ressusciter un petit enfant mort. Il s'approche du cadavre et lui ordonne de vivre et de rester avec sa mère. Lorsque l'enfant revient à la vie, la foule entre en scène pour valider l'action et le faire devenir un ange ou un dieu, tandis que le texte joue avec la dualité homme-dieu et nous montre Jésus jouant avec d'autres enfants après le discours des gens du peuple.

Ἰδὼν δὲ ὁ ὄχλος ὁ παρεστὼς ἐθαύμασεν καὶ εἶπεν· «Ἀληϑῶς τοῦτο τὸ παιδίον ἢ ϑεὸς ἢ ἄγγελός ἐστι ὅτι πᾶς λόγος αὐτοῦ ἔργον γίνεται». Ἐξῆλϑεν δὲ ὁ Ἰησοῦς πάλιν καὶ ἔπαιζεν μετὰ τῶν παίδων. (17, 2)

---

9. Mt 8,10; 8,27; 9,33; 15,31; 21,15; 21,20; 21,42; 22,22 et 27,14. Mc 5,20; 6,6; 12,11; 12,17; 15,5 et 15,44. Lc 1,21; 1,63; 2,18; 2,33; 4,22; 7,9; 8,25; 9,43; 11,14; 11,38; 20,26; 24,12 et 24,41. Jn 3,7; 4,27; 5,20; 5,28; 7,15; 7,21 et 9,30.

10. T. CHARTRAND-BURKE, *Authorship and Identity in the Infancy Gospel of Thomas*, in *Toronto Journal of Theology* 14 (1998) 27-43, p. 32; S. VOICU, *Notes sur l'histoire du texte de l'Histoire de l'enfance de Jésus*, in *Apocrypha* 2 (1991) 130-131.

11. BURKE, *De Infantia Iesu Evangelium Thomae* (n. 5), p. 293. Pour la tradition des manuscrits de l'*Évangile de l'enfance*: T. CHARTRAND-BURKE, *The Greek Manuscript Tradition of the Infancy Gospel of Thomas*, in *Apocrypha* 14 (2004) 129-151.

D'un autre côté, dans le second passage le petit Jésus ressuscite un ouvrier mort lorsqu'il construisait une maison et la foule regroupée s'émerveille et prononce à nouveau quelques paroles qui nous montrent l'excellence de l'action et la nature divine de l'enfant.

Ἰδὼν δὲ ὁ ὄχλος ἐθαύμασεν καὶ εἶπεν· «Τοῦτο τὸ παιδίον οὐράνιόν ἐστιν· πολλὰς γὰρ ψυχὰς ἔσωσεν ἐκ θανάτου καὶ ἔχει σῶσαι ἕως πάσας τὰς ἡμέρας τῆς ζωῆς αὐτοῦ». (18, 2)

La comparaison des deux passages nous révèle les similitudes linguistiques entre eux, surtout lors de l'introduction du discours de la foule. Cette petite phrase introductrice montre une structure syntactique identique, sauf dans le premier cas avec l'inclusion de l'apposition ὁ παρεστώς, et, qui plus est, le vocabulaire se répète. À notre avis, ces épisodes parallèles pourraient être considérés comme une sorte de vestige d'un état oral antérieur à la composition écrite du texte dont nous avons déjà parlé. Mais, il est surtout intéressant d'observer ce type de structure dans cette version, qui, au moment d'être rédigée, disposait déjà de la recension S. Cela signifie que le rédacteur ou le scribe qui rédigeait cette seconde version aurait ajouté ces passages, qui jusqu'à ce moment-là circulaient de bouche en bouche et d'une façon indépendante, à la version écrite. Du point de vue de la composition, la répétition structurale de quelques éléments dans le texte serait une caractéristique propre de cette littérature orale que nous sommes en train de décrire dans le christianisme primitif et qui chercherait toujours à trouver une formule afin d'améliorer le récit et de le rendre plus agile.

Cependant, pour justifier notre opinion il faut, à ce point-ci, analyser la composition générale du texte et signaler les passages qui présentent une structure similaire.

II. LE STYLE DIRECT ET LA STRUCTURE SUJET + PARTICIPE + *VERBUM DICENDI*

Gero, dans son étude sur les manuscrits de l'*Évangile de l'enfance* de Thomas l'Israélite, cherche à découper les textes qui intègrent le *stemma* de l'histoire afin d'identifier les passages communs et les différences parmi toutes les versions. Ensuite, il classifie la matière narrative de l'historie et distingue trois groupes formels: les narrations brèves de miracles sans ou avec discours, les guérisons en forme d'apophtegme et les imprécations[12].

12. GERO, *The Infancy Gospel of Thomas* (n. 1), pp. 57-60.

En ce qui concerne la composition de la version grecque *A*, nous avons relevé quelques différences linguistiques parmi les narrations brèves qui composent le texte, lesquelles pourraient démontrer, au moins, deux types de composition dans la rédaction du texte. Le premier type de narration serait en rapport avec une période plus archaïque caractérisée par un langage et un style simple et par l'emploi du style direct tandis que le second type présente un style plus varié et un langage plus soutenu.

La plupart du texte appartient à la première catégorie établie. Les différences principales nous les trouvons aux chapitres 6, 7 et 8 (les chapitres de Jésus avec les maîtres) où on perçoit quelques différences linguistiques et, en outre, une syntaxe plus compliquée et un récit plus élaboré. De toute façon, en premier lieu, il faudrait mettre en relief les caractéristiques les plus remarquables de la base principale de la narration.

Précédemment, nous avons indiqué la structure composée par un sujet avec un participe, d'habitude présent, et un *verbum dicendi* qui introduit le discours en style direct. L'usage du participe présent du sujet dans le texte se poursuit pendant tous les épisodes, mais, parmi tous les participes qui apparaissent dans la narration, ceux du verbe εἴδω ont attiré notre attention à cause de la fréquence de répétition.

Nous avons compté quatorze périodes où apparaissent des formes dérivées du verbe εἴδω. Comme nous avions déjà anticipé, le participe présent singulier masculin ἰδών se répète neuf fois tout au long du texte (2, 3; 2, 4; 3, 2; 4, 2; 10, 3; 14, 1; 17, 2; 18, 2) face au féminin qui le fait une fois (11, 2); tandis que le pluriel masculin ἰδόντες apparaît trois fois (2, 4; 4, 1; 4, 2 et 9, 3) et le pluriel neutre ἰδόντα une (9, 1). Dans neuf occasions la phrase se complète avec le verbe λέγω qui introduit un discours en style direct à travers le participe λέγων / λέγοντες (2, 3; 2, 4; 10, 3), l'aoriste εἶπεν / εἶπον (3, 2; 17, 2; 18, 2) ou l'imparfait ἔλεγον (5, 2).

En réalité, cette structure est une sorte de cliché qui apparaît déjà dans les textes évangéliques dans 27 passages où se répète cette formule avec le participe ἰδών et le verbe λέγω introduisant un discours en style direct[13]. Dans les textes canoniques, les paroles reproduites sont normalement prononcées par Jésus, tandis que dans la narration de Thomas l'Israélite Jésus, Joseph et la foule se partagent les apparitions après ce

---

13. La forme la plus utilisée dans l'introduction du discours est l'aoriste employé dans treize passages (Mt 3,7; 9,2; 9,22; Mc 10,14; 12,34; 15,39; Lc 5,20; 7,13; 7,34; 8,28; 13,12; 17,14; 18,24), tandis que le présent (Mt 21,19; Mc 2,5; 8,33; Jn 5,6; 19,26; 21,21) et le participe présent (Mt 27,24; Mc 5,22; 9,25; Lc 5,8; 5,12; 23,47) apparaissent en six occasions. Néanmoins, Luc introduit aussi une nouvelle variante avec le verbe ἔφη (Lc 22,58).

type de structure. En outre, les évangiles canoniques utilisent parfois la structure ἰδὼν ὅτι, absente dans le texte que nous sommes en train d'analyser.

À nouveau dans notre texte, en ce qui concerne le verbe introducteur du discours, le rédacteur ne varie pas et utilise toujours le verbe λέγω en aoriste, bien qu'on puisse trouver aussi une sorte de *variatio* avec le participe λέγων, introduisant le discours, coordonné avec le ἰδών et un autre verbe principal.

Καὶ ἐλθὼν ὁ Ἰωσὴφ ἐπὶ τὸν τόπον καὶ ἰδὼν ἀνέκραξεν αὐτὸν λέγων. (2, 4)

Comme nous l'avons déjà affirmé, cette structure syntactique serait une sorte de construction formulaire, propre du style oral, qui rendrait plus agile la narration et faciliterait aussi la compréhension et la mémorisation des auditeurs afin de réussir à faire connaître la narration dans la mesure du possible. La simplicité du langage employée et la réitération structurale nous mène à cette conclusion que pourrait être également valable pour les textes canoniques. La structure de base serait composée, donc, par le sujet accompagné du participe ἰδών et le verbe λέγω, mais, par ailleurs, elle pourrait évidemment accepter un amalgame d'autres éléments afin d'amplifier la narration et de la rendre plus ornée et complète.

Quant à l'emploi du style direct, la théorie nous dit que sa présence ne doit pas signifier que le texte ait traversé une période orale, bien que sa fonction fondamentale soit évidement celle laisser le témoignage d'un discours prononcé par quelqu'un. Dans l'historiographie et la biographie, les deux genres les plus proches du patron littéraire du genre chrétien εὐαγγέλιον[14], les discours en style direct s'introduisent dans la narration d'une façon différente. Néanmoins, dans notre texte, la simplicité excessive de la narration et même la brièveté du discours favorisent l'hypothèse de la provenance d'un état oral antérieur.

III. VARIATION DE STYLE DANS LE TEXTE

Au-delà de la discussion sur l'oralité dans le texte, la différence stylistique entre quelques passages nous paraît évidente. Dans les lignes précédentes, nous avons isolé quelques épisodes du récit de Thomas

14. R.A. BURRIDGE, *What Are the Gospels? A Comparison with Graeco-Roman Biography*, Cambridge, University Press, 1992, pp. 3-25. P.L. SHULER, *A Genre for the Gospels: The Biographical Character of Matthew*, Philadelphia, PA, Fortress, 1986, pp. 103-106.

l'Israélite dans lesquels le style de la composition diffère de celui de la plupart des épisodes commentés où la structure du participe ἰδών suivi du verbe principal était une caractéristique commune. Ce sont les épisodes 6, 7 et 8.

Du point de vue littéraire, ces épisodes racontent les exploits du petit Jésus avec les maîtres qui essayent de lui faire réciter l'alphabet. De Santos signala le gnosticisme de ces épisodes, à notre avis le résultat d'une réflexion plus profonde et d'une élaboration plus soigneuse et méditée[15]. Notre affirmation se confirme lorsqu'on observe les phrases introduisant le discours des personnages. Ici, on trouve quelques différences remarquables par rapport aux passages antérieurement signalés. D'abord, l'inclusion de la conjonction ὅτι juste avant le début du discours:

Καὶ μετ' ὀλίγας ἡμέρας προσήγγισε τῷ Ἰωσὴφ καὶ εἶπεν αὐτῷ ὅτι... (6, 2)

Ensuite, une variante très intéressante de la structure déjà mentionnée est l'inclusion du participe ἐμβλέψας toujours lié au sujet, et le présent λέγει au lieu de l'aoriste εἶπεν.

Ἐμβλέψας δὲ τῷ καθηγητῇ Ζακχαίῳ λέγει αὐτῷ. (6, 3)

En troisième lieu, une autre variation très curieuse est l'emploi du génitif absolu –jusqu'à ce moment-ci inédit– dans deux des phrases introduisant le discours dans ces chapitres.

Ἀκουόντων δὲ πολλῶν λέγει τὸ παιδίον τῷ Ζακχαίῳ. (6, 4)
Τῶν δὲ Ἰουδαίων παραινούντων τὸν Ζακχαῖον ἐγέλασε τὸ παιδίον μέγα καὶ εἶπεν· (8, 1)

Finalement, une autre différence syntactique est l'emploi du ὡς à valeur temporelle subordonné au verbe εἶπεν introduisant une section en style direct.

Ὡς δὲ ἤκουσε τὸ παιδίον ταῦτα τοῦ Ἰωσὴφ εἰρήκοτος, ἐγέλασεν μέγα καὶ εἶπε τῷ καθηγητῇ· (6, 2b)
Ὡς δὲ ἤκουσεν ὁ διδάσκαλος Ζακχαῖος τὰς τοσαύτας καὶ τοιαύτας ἀλληγορίας τοῦ πρώτου γράμματος εἰρηκότος τοῦ παιδός, ἠπόρησεν ἐπὶ τοσαύτην ἀπολογίαν καὶ διδασκαλίαν αὐτοῦ. καὶ εἶπεν τοῖς παροῦσιν· (7, 1)

Étant donné que toutes ces exceptions se concentrent dans la même section, nous croyons, donc, qu'elle s'agit d'une partie différente du

---

15. DE SANTOS, *Los evangelios apócrifos* (n. 5), pp. 290-291.

récit, éloignée de la simplicité orale que nous avons voulu mettre en relief. Le caractère de ces trois histoires de Jésus avec les maîtres semble une sorte d'apophtegme, selon Gero, et celles-ci se différencient du reste de la narration par la thématique et aussi par la langue.

IV. CONCLUSIONS

C'est le moment de donner nos conclusions, après tout ce que nous avons commenté jusqu'ici. La critique moderne nous a toujours confirmé la provenance orale du texte de l'enfance de Jésus écrit par Thomas l'Israélite. En effet, la rédaction de cet évangile démontre l'importance des ces petites narrations orales à l'époque et conserve quelques traces de simplicité structurale et linguistique qui peuvent être interprétées comme une réminiscence conservée de cette étape orale. Bien au contraire, en même temps, on observe dans le texte quelques passages différents qui montrent des variantes inattendues dans le récit ou même une réélaboration d'un matériel antérieur. Tel est le cas du chapitre XIX où l'on voit une reformulation de Luc 2,41-50, qui raconte l'histoire de Jésus parmi les docteurs ou même les épisodes avec les maîtres qui témoignent une tâche d'écrivain au-delà d'un simple récit populaire mis en écrit.

Les exploits du petit Jésus racontés dans les narrations de *Miracula* qui apparaissent dans le texte nous montrent souvent l'étonnement et la surprise de la foule regardant l'événement dont on parle. L'importance de la foule dans ce récit doit être mise en rapport, à notre avis, avec la tradition et la transmission orale du texte jusqu'à cette rédaction A de Thomas l'Israélite. Du point de vue littéraire, la foule valide les actions du Christ, s'émerveille face à ce qu'ils ont vu et proclame sa magnificence après quelques miracles.

Cependant, nous trouvons aussi d'autres raisons qui justifieraient la présence de la foule dans le récit et ses apparitions dans les scènes de miracles. D'abord, nous avons déjà commenté la fonction testimoniale de la foule en tant que μάρτυρες, selon l'acception la plus proche du sens étymologique. Cette équivalence ὄχλος = μάρτυρες implique la participation active de la foule dans l'histoire et par extension dans la divinité de l'action.

L'importance de la foule souligne à son tour la nécessité d'insérer les auditeurs dans la propre histoire, de les faire participer et nous montre, donc, une spiritualité religieuse plus quotidienne et, au bout du compte, plus proche des gens, du peuple en général. L'origine orale de ce type de narrations suppose qu'elles aient été créées par la mentalité populaire. Le récit se maintient et se transmet de bouche en bouche et la meilleure façon d'impliquer les auditeurs c'est de les faire participer à l'histoire à travers l'apparition d'un personnage collectif avec lequel le public puisse s'identifier.

En conclusion, la foule apparaît dans la narration afin d'accomplir un triple but dont le texte a besoin. D'abord, celui de témoigner les merveilles accomplies. Ensuite, celui de proclamer l'excellence du Christ et, finalement, celui de faire participer les lecteurs dans le texte à travers la foule, avec laquelle quiconque pourrait s'identifier et participer au miracle divin.

Investigador BFPI   Ángel Narro[16]
Facultat de Filologia, Traducció i Comunicació
Departament de Filologia Clàssica
Universitat de València
Avda. Blasco Ibañez 32 - 46010 Valencia (Spain)
Angel.Narro@uv.es

16. Investigador becado por la Conselleria d'Educació de la Generalitat Valenciana gracias al programa de Becas de Formación de Personal Investigador (BFPI).

DIE PILATUSAKTEN –
VERSUCH EINER QUELLENSCHEIDUNG

Die Spätantike bietet ein breites Spektrum apokrypher christlicher Literatur, die von Jesu Leben, Sterben und Auferstehung wie auch über die Erlebnisse der Apostel und die Anfänge des Christentums berichtet. Ohne Zweifel sind diese Texte fiktiv, doch geben sie in ihrer Darstellung nicht allein ein Bild der theologischen Gedankenwelt ihrer Zeit, sondern auch Einblick in das jeweilige historische Umfeld ihrer Entstehung.

Zu diesen fiktiven apokryphen Schriften gehören die sogenannten Pilatusakten. Dabei handelt es sich um ein reines Osterevangelium, in dem, einsetzend mit dem Prozess Jesu vor Pilatus, von Jesu Tod und Auferstehung berichtet wird. Der Text teilt sich in zwei große Abschnitte: zum einen eine ausführliche Darstellung des angeblichen Prozessverlaufs in den Kapiteln I-XI und zum anderen dem angeblichen Bericht des Nikodemus über die Ereignisse innerhalb der Judenschaft nach Jesu Tod in den Kapiteln XII-XVI. Erst später wird der Text um die „Höllenfahrt Christi" ergänzt und im Mittelalter unter dem Namen Nikodemusevangelium weiterverbreitet.

Unter dem Titel „‚Nicht das ganze Volk will, dass er sterbe‘: Die Pilatusakten als historische Quelle der Spätantike"[1] wurde eine Untersuchung der apokryphen Pilatusakten in der Rezension Griechisch A nach Konstantin von Tischendorf[2] vorgelegt, die sich – neben den für die Analyse eines Textes dieser Gattung unerlässlichen theologischen Konzeptionen – vor allem mit den historischen Detailfragen und deren Aussagewert befasst. Ziel der Arbeit ist es, in einem ersten Schritt die zeitliche Einordnung der Pilatusakten mittels äußerer Quellenkritik sowie textimmanenter Aussagen zu ermitteln. Letztere wiederum werden dann in einem zweiten Schritt für die historische und eben auch theologische Forschung aufbereitet.

Wesentliches Ergebnis der Dissertation sind der Versuch der Quellenscheidung und die diese These stützenden bzw. die daraus resultierenden

---

1. Es handelt sich dabei um die Dissertation der Autorin. M. SCHÄRTL, *„Nicht das ganze Volk will, dass er sterbe": Die Pilatusakten als historische Quelle der Spätantike*, Frankfurt am Main, Peter Lang, 2011.

2. Vgl. C. TISCHENDORF, *Evangelia Apocrypha adhibitis pluribus codicibus graecis et latinis maximam partem nunc consultis atque ineditorum copia insignibus*, Leipzig, Avenarius et Mendelssohn, 1853, S. 210-286.

Datierungen. Im folgenden Artikel soll dieser Aspekt der Untersuchung näher dargelegt und nochmals untermauert werden.

Unzweifelhaft ist, dass weder die Akten selbst noch der Bericht des Nikodemus echt, sondern vielmehr im Kontext der spätantiken christlichen Fälschungen anzusiedeln sind[3]. Hinweise bei Justin auf überlieferte Prozessakten[4] sind als reine Vermutungen aufgrund der römischen Gerichtspraxis anzusehen[5]. Auch Tertullians Verweis auf den angeblichen Bericht des Pilatus an Tiberius[6] bietet keinen Anhaltspunkt für das Vorhandensein echter Prozessakten oder einer derartigen Schrift in den ersten frühchristlichen Jahrhunderten. Noch Eusebius, der Anfang des vierten Jahrhunderts über die anti-christlichen Prozessakten unter Maximinus Daia berichtet, die von diesem als Schullektüre empfohlen wurden und voller blasphemischer Aussagen gegen Jesus gewesen sein sollen, weiß nichts von ,echten' Akten[7]. Erst bei Epiphanius findet sich in seinem Werk *Panarion* dann der Hinweis auf die vorliegende Schrift, die bei den Quartodezimanern in Kappadokien verbreitet gewesen sein soll und als Grundlage der Datierung des Osterfestes diente[8]. Im *Chronicon Paschale* findet sich dann die älteste Überlieferung des Titels, die der von von Tischendorf edierten Rezension Griechisch A entspricht[9]. Dementsprechend muss die Abfassung der eigentlichen Akten in den Kapiteln I-XI in der Zeit zwischen Eusebius und Epiphanius, also zwischen 326 und 376, entstanden sein, wie bereits Richard A. Lipsius aufzeigt[10]. Dabei gilt es allerdings zu beachten, dass hier lediglich von Prozessakten die Rede ist, während der Bericht des Nikodemus

---

3. Vgl. W. Speyer, *Die Literarische Fälschung im heidnischen und christlichen Altertum: Ein Versuch ihrer Deutung* (Handbuch der Altertumswissenschaft, 1.2), München, Beck, 1971, S. 243.

4. Vgl. Justin der Martyr, *Apologie* 1,35 und 1,48.

5. Vgl. Th. Mommsen, *Römisches Strafrecht*, Nachdr. d. Ausg. v. 1899, Darmstadt, 1955, S. 512ff.

6. Vgl. Tertullian, *Apologeticum* 21,24.

7. Vgl. Eusebius von Caesaraea, *Hist. Eccl.* IX 5.

8. Vgl. Epiphanius von Salamis, *Pan.* 50.

9. Vgl. Chronicon Paschale, *Homélies pascales*. III: *Une homélie anatolienne sur la date de Pâques en l'an 387*.

10. Vgl. R.A. Lipsius, *Die Pilatus-Acten: Kritisch untersucht*, neue, verm. Ausg., Kiel, Haeseler, 1886, 28. Auch von E. von Dobschütz, *Der Process Jesu nach den Acta Pilati*, in ZNW 3 (1902) 111 und G.W.H. Lampe, *The Trial of Jesus in the* Acta Pilati, in E. Bammel – C.F.D. Moule (Hgg.), *Jesus and the Politics of His Day*, Cambridge, Cambridge University Press, 1984, 173-182, S. 176 sowie R. Gounelle – Z. Izydorczyk, *L'Évangile de Nicodème ou Les Actes faits sous Ponce Pilate (recension latine A)*, Turnhout, Brepols, 1997, 101-111 und J.-D. Dubois, *Les „Actes de Pilate" au quatrième siècle*, in *Apocrypha* 2/II, Turnhout, Brepols, 1991, 85-93, gehen von einer Abfassung im 4. Jh. im Zuge der anti-christlichen Akten unter Maximinus Daia aus.

unerwähnt bleibt. Für letzteren fehlen auch mögliche Parallelquellen über die dort berichteten Ereignisse um die Person des Joseph von Arimathäa. Erst mit Gregor von Tours liegt ein Beleg vor, dass mit den Pilatusakten auch der Bericht über Gefangensetzung und Befreiung des Joseph von Arimathäa verbreitet wurde[11]. Im Kontext der Aussagen des Prologs liegt deshalb der Schluss nahe, dass dieser zweite Teil der heutigen Pilatusakten einschließlich Prolog erst nachträglich durch einen späteren Redaktor angefügt wurde. Bereits Lipsius sieht den ursprünglichen Kern der Pilatusakten in den Kapiteln I–XI[12]. Und auch Ernst von Dobschütz vermutet, dass um 425 ein Redaktor sowohl die Kapitel XII–XVI als auch die sogenannte „Höllenfahrt Christi" an die Akten angehängt habe[13]. Eine Präzisierung dieser Thesen wurde jedoch von beiden nicht vorgelegt. Rémi Gounelle und Zbigniew Izydorczyk sehen in den ersten sechzehn Kapiteln eine Gesamtkonzeption vorliegen, die durch einen Verfasser im vierten Jahrhundert erfolgte[14]. Die vorliegende Untersuchung, die im Wesentlichen auf den Ergebnissen der Dissertation aufbaut, plädiert wiederum für eine vormalige Zweiteilung des Textes. Dazu werden, wie bereits der Titel dieses Aufsatzes zeigt, die wichtigsten Argumente noch einmal in komprimierter Form vorgestellt.

Wenn die Pilatusakten in der vorliegenden Rezension aus mehreren Textbausteinen zusammengesetzt sind, müsste sich dies sowohl inhaltlich – in Bezug auf die dargestellten Ereignisse, die Intention des Verfassers und die kontextuellen Zusammenhänge – als auch sprachlich nachweisen lassen. Methodisch sind somit philologische Fragestellungen – sofern dies auf Grundlage der verwendeten Rezension möglich ist – sowie die historisch-kritische Quellenanalyse und, da es sich um einen christlich-theologischen Text handelt, auch die historisch-kritische Exegese auf den Text anzuwenden. Grundlage der Untersuchung bildet die griechische Rezension A der Edition Konstantin von Tischendorfs aus dem Jahr 1853, die allgemein als Rezension der ältesten Fassung der Pilatusakten angesehen wird[15].

Im Folgenden werden in einem kurzen Überblick die wesentlichen Ergebnisse der Dissertation zur These der Quellenscheidung und Datierung des Textes auf Grundlage der Aspekte Prolog, Intention, redaktionelle Überarbeitung und der Figur des Nikodemus dargelegt.

---

11. Vgl. GREGOR VON TOURS, *Liber Historiarum* X, 1,21-24.
12. Vgl. LIPSIUS, *Pilatus-Acten* (Anm. 10), S. 8, 11.
13. Vgl. VON DOBSCHÜTZ, *Process Jesu* (Anm. 10), S. 109f.
14. Vgl. GOUNELLE – IZYDORCZYK, *L'Évangile* (Anm. 10), S. 102f.
15. Eine Neu-Edition der Rezension Griechisch A wird derzeit durch Rémi Gounelle erarbeitet.

I. DER PROLOG

Je nach Handschrift ist dem Text ein verschieden langer Prolog vorangestellt, der den Leser in die angebliche Auffindung und Genese der Textteile einführen soll. Im Prolog der der Untersuchung zugrundeliegenden Rezension Griechisch A behauptet der Verfasser, er habe nach den „seinerzeit aufgesetzten Akten unseres Herrn Jesus Christus geforscht" und sie in der hebräischen Fassung, die von den Juden angefertigt wurde, gefunden. Des Weiteren erklärt er: „Was Nikodemus nach der Passion des Herrn am Kreuz über das Vorgehen der Hohenpriester und der übrigen Juden festgestellt und überliefert hat, [...] lautet ungefähr folgendermaßen"[16]. Aus diesen beiden Aussagen lässt sich bereits schließen, dass es sich um zwei unterschiedliche Schriftstücke handelt, die der Verfasser sowohl redaktionell zusammengeführt als auch aus dem Hebräischen ins Griechische übersetzt haben will, wie er weiter ausführt. Im Kontext der spätantiken Fälschungen von Schriften angeblich frühchristlicher Provenienz bleibt jedoch offen, ob die formale Zweiteilung des Textes und die implizierte unterschiedliche Autorenschaft im Sinne der Fiktion vom gleichen Verfasser als solche einzig benannt werden, oder ob es sich tatsächlich um zwei eigenständige Texte unterschiedlicher Autoren handelt, wie der Verfasser des Prologs behauptet.

Je nach Fassung des Prologs führt die angegebene Datierung in die Zeit Theodosius I.[17] oder aber Theodosius II.[18]. Dabei gilt es jedoch zu beachten, dass der Prolog vor allem der Echtheitsbeglaubigung dient und die darin getroffenen Angaben deshalb keine sichere Einordnung zulassen. Gleichwohl muss die Datierung von angeblicher Auffindung und Erstellung der Schrift nicht angezweifelt werden, da der Verfasser diese auf seine Übersetzung bereits vorhandener Texte bezieht und damit nicht der Echtheitsbeglaubigung dieser selbst dienen muss. Ob die Angabe stimmt oder nicht, ist für den Inhalt der Pilatusakten irrelevant und spielt einzig in der Datierungsfrage des Gesamttextes, also vor allem der redaktionellen Bearbeitung, eine Rolle. Sofern es sich bei der Rezension Griechisch A einschließlich Prolog – im

---

16. Vgl. SCHÄRTL, „Nicht das ganze Volk" (Anm. 1), S. 32.

17. Prolog der lateinischen Rezension A nach H.C. KIM (ed.), The Gospel of Nicodemus. Gesta Salvatoris (Toronto Medieval Latin Texts, 2), Toronto, Pontifical Institute of Mediaeval Studies, 1973, S. 10f. Dort behauptet der Verfasser, er habe die Akten zur Zeit Theodosius I. in den öffentlichen Archiven Jerusalems, im Prätorium des Pontius Pilatus, gefunden.

18. Prolog der griechischen Rezension A nach VON TISCHENDORF, Evangelia Apocrypha (Anm. 2), S. 210-213.

Gegensatz zur lateinischen Rezension, die Theodosius den Großen anführt – um die ursprüngliche Version des Textes handelt, wäre demnach eine Datierung um 425 zur Zeit Theodosius II. gegeben[19]. Die mögliche spätere Datierung um 440, wie sie Theodor Mommsen und Alexander Demandt anhand der Unstimmigkeiten bezüglich der Funktion Valentinians aufzeigen[20], ist meines Erachtens weniger glaubhaft. Aufgrund der Annahme, dass Griechisch die ursprüngliche Sprache der Schrift ist, ist die Nähe zum kaiserlichen Hof im Ostteil des Reiches wahrscheinlicher und dürfte Theodosius II. als wesentliche Bezugsgröße der Zählung erscheinen lassen. Zudem lassen sich im Text Hinweise finden, die eine Datierung um 425 n. Chr. erlauben, wie im Weiteren noch ausgeführt werden soll.

Der Verfasser nennt sich Ananias mit dem Titel eines *protector ex praefecto*, der durch Selbststudium zum Glauben an Christus gelangt sei und auch getauft wurde. Sein Name[21], die Behauptung, den Text aus dem Hebräischen übersetzt zu haben, und der Verweis, den christlichen Glauben aufgrund der Lektüre der Heiligen Schrift angenommen zu haben, deuten auf einen jüdischen Konvertiten. Mit seiner Aussage weist er offenbar jede Form einer Zwangsbekehrung von sich, doch bleibt zu fragen, ob seine Konversion tatsächlich so freiwillig war und einzig aufgrund der Lektüre der Heiligen Schrift erfolgte oder ob nicht auch andere Gründe zur Konversion des Verfassers geführt haben.

Die Rangbezeichnung ist, wie Demandt aufzeigt, historisch schwierig, denn das Protektorat eines ehemaligen Präfektes hieße, dass dieser degradiert worden wäre, was nicht der üblichen römischen Praxis entsprach[22]. Der fehlerhaft erscheinende Titel könnte jedoch möglicherweise auf die Stellung des Ananias als jüdischen Konvertiten zurückzuführen sein. Im Jahr 418 n. Chr. wurden die Juden durch eine kaiserliche Verordnung des Honorius vom Militärdienst ausgeschlossen. Ihnen wurde allerdings ermöglicht, fortan als Anwälte, sofern sie die notwendige Ausbildung hatten, tätig zu werden[23]. Unter Theodosius

---

19. Vgl. zu Diskussion der Datierungsangaben: H.-J. KLAUCK, *Apokryphe Evangelien: Eine Einführung*, Stuttgart, Katholisches Bibelwerk, 2002, S. 120; T. MOMMSEN, *Die Pilatus-Acten*, in *ZNW* 3 (1902) 198-205, S. 199; A. DEMANDT, *Hände in Unschuld: Pontius Pilatus in der Geschichte*, Köln, Böhlau, 1999, S. 217.

20. Vgl. MOMMSEN, *Pilatus-Acten* (Anm. 19), S. 199 und DEMANDT, *Hände* (Anm. 19), S. 217.

21. Vgl. T. ILAN, *Lexicon of Jewish Names in Late Antiquity*. Part 1: *Palestine 330 BCE – 200 CE*, Tübingen, Mohr Siebeck, 2002, S. 103ff.

22. Vgl. DEMANDT, *Hände* (Anm. 19), S. 217.

23. Im Codex Theodosianus 16,8,24 vom Jahr 418 (Honorius) heißt es: „Zukünftig ist jeglicher zivile und militärische Staatsdienst (militia) für Juden verboten. Als Übergangs-

wurde dieses Gesetz 425 noch verschärft, sodass Juden nun auch nicht mehr als Rechtsanwälte tätig sein durften[24]. Möglicherweise handelt es sich bei Ananias um einen Juden, der seinen Rang als Präfekt aufgrund seiner Religionszugehörigkeit verloren hatte, als Anwalt tätig war und infolge der Gesetzesverschärfung im Jahre 425 n. Chr. die Konversion vorzog. Dies könnte ihm wiederum den Wiedereinstieg in militärischen Rang ermöglicht haben. Zudem würde es auch den Verweis auf die Rechtskenntnis erklären, die der Verfasser eigens erwähnt.

Den Begriff νομομαϑής wie Felix Scheidweiler als ‚bibelkundig' zu übersetzen[25], mag, wie schon Mommsen bemängelt[26], eher den realen Kenntnissen des Verfassers entsprechen. Angesichts der Textgattung, die diesem Prolog folgt, erscheint jedoch ‚rechtskundig' im Sinne einer formellen Echtheitsbeglaubigung als ‚offizielle' Prozessakten gerechter zu werden. Unabhängig der tatsächlichen Rechtskenntnis des Verfassers, die von von Dobschütz und Mommsen gegenteilig diskutiert wird[27], und deren Bekundung sich nur auf den Autor des Prologs bezieht und nicht automatisch auf den Gesamttext angewandt werden kann, liegt es offenbar in der Intention des Verfassers der ersten neun Kapitel, den Prozess als formal korrekt durchgeführt darzustellen[28]. Gleichwohl dient der Verweis auf die Rechtskenntnis im Prolog der Echtheitsbeglaubigung der ganzen Schrift, weshalb er auch von einem späteren Redaktor als sinnvoll erachtet wurde und gleichzeitig dessen Intention zugutekam, auch den Verlauf der Verhandlungen im Hohen Rat als rechtsgültig zu erklären.

---

regelung wird bestimmt: jüdische agentes in rebus (…) und palatini dürfen ihre Karriere zu Ende führen. Aber Juden im Militärdienst werden sofort entlassen, auch wenn sie sich in ihrem Amt Verdienste erworben haben. Sie können freilich, sofern sie die nötige Schulbildung (liberalia studia) haben, Anwälte (advocatio) oder Dekurionen werden (…) und sollen das Verbot der militia nicht als Diskriminierung (nota) auffassen". K.-L. NOETHLICHS, *Das Judentum und der römische Staat: Minderheitenpolitik im antiken Rom*, Darmstadt, Wissenschaftliche Buchgesellschaft, 1996, S. 108.

24. Const. Sirm. 6: Iudaeis quoque vel paganis causas agendi vel militandi licentiam denegamus: quibus Christianae legis nolumus servire personas, ne occasione dominii sectam venerandae religionis inmutent. Omnes igitur personas erroris infausti iubemus excludi, nisi his emendatio matura subvenerit.

25. Vgl. F. SCHEIDWEILER, *Nikodemusevangelium: Pilatusakten und Höllenfahrt Christi*, in W. SCHNEEMELCHER (Hg.), *Neutestamentliche Apokryphen*, Bd. 1, Tübingen, Mohr Siebeck, ⁶1990, 399-414, S. 399. Dagegen: DEMANDT, *Hände* (Anm. 19), S. 217.

26. Vgl. MOMMSEN, *Pilatus-Acten* (Anm. 19), S. 205.

27. Vgl. VON DOBSCHÜTZ, *Process Jesu* (Anm. 10), S. 93; MOMMSEN, *Pilatus-Acten* (Anm. 19), S., 200.

28. Vgl. SCHÄRTL, „*Nicht das ganze Volk*" (Anm. 1), S. 189-206.

II. Die Intention, theologische Konzeption und Datierung der Textteile

Ein wesentliches Indiz der Zweiteilung der Pilatusakten sind die unterschiedlichen Intentionen, die sich in den beiden Textteilen bemerkbar machen. In den ersten zwölf Kapiteln ist Pontius Pilatus wesentlicher Protagonist des Geschehens. Er ist nicht nur der Richter im Prozess gegen Jesus, sondern wird auch eindeutig als Heide eingeführt. So verweist er im Zuge des Magievorwurfes der jüdischen Ankläger gegen Jesus auf den Heilgott Asklepios, dessen Kraft Jesus genutzt habe (I,1), und bringt seine Unschuldsbezeugung explizit im Angesicht des Sonnengottes vor (III,1). Dabei wird die heidnische Verwurzelung des Pilatus nicht negativ im Gegensatz zum Christentum aufgefasst, sondern dient zum einen dazu, Pilatus als heidnischen Zeugen zu kennzeichnen und ihn zum anderen aus missionarischer Sicht als ‚echten' Heiden zu charakterisieren. Gerade für die inhaltliche Konzeption des Textes ist es wichtig, dass Pilatus bis zum Schluss als heidnischer Richter erkennbar bleibt, der nach römischem Recht unter Beachtung der notwendigen Formalitäten das Urteil spricht.

Im Prozessverlauf werden Jesu königliche Würde und Göttlichkeit sowohl durch wunderbare Ereignisse wie die Standartenepisode (I,5-6) als auch durch sein Auftreten (III,2) dargestellt. Sie erschließen sich jedoch offensichtlich nur dem heidnischen Richter, der zunehmend von Jesu rechtmäßigem Anspruch eingenommen zu sein scheint, während die jüdischen Ankläger auf dessen Schuld beharren. Mit ungehörigem Verhalten (IV,3) und dem mehrfachen Blutruf (IV,1; IX,4) werden die Juden eindeutig der Schuld an Jesu Tod bezichtigt. Entsprechend lautet auch das Urteil des Richters, dass Jesus durch sein Volk überführt wurde (IX,4). In der Darstellung der beiden Prozessparteien wird das gegensätzliche Verhalten besonders deutlich. Ein von heidnischer Seite korrekt geführter Prozess wird durch das inkorrekte Benehmen der jüdischen Protagonisten konterkariert. Auch die Darstellung Jesu, der sich ebenso an die Formalitäten hält und dem Richter keine Antwort schuldig bleibt, diskreditiert schließlich die jüdischen Ankläger. Somit weist der erste Teil mit den eigentlichen Prozessakten trotz jüdischer Fürsprecher eine starke anti-jüdische Polemik auf und überantwortet den Juden allein die Schuld am Tode Jesu. Gleichzeitig werden die Heiden in Person des Pilatus als für die Botschaft Jesu empfänglich dargestellt. Gerade an den Heiden vollziehen sich zahlreiche Zeichen und Wunder wie der Traum der Frau des Pilatus (II,1), aber auch das von den Trägern unbeeinflusste Senken der Standarten (I,5f.) und das Auferstehungsgeschehen vor den

Augen der Wachleute (XIII,1). Trotz ihrer zunehmenden Überzeugung von Jesu Göttlichkeit bleiben sie jedoch bis zum Ende des Prozesses als Heiden erkennbar. Pilatus qualifiziert sich dabei zunehmend als idealtypischer heidnischer Katechumene, der im Sinne Tertullians am Ende bereits ‚Christ im Herzen' ist[29].

Mehrere Aspekte sprechen dafür, den Text in die Zeit nach Kaiser Julian anzusiedeln. So könnte die Standartenepisode, die keine kanonische Parallele hat, auf Julians Abschaffung des Konstantinischen Labarums mit dem Kreuz verweisen[30]. Des Weiteren spricht der Verweis des Pilatus auf Asklepios als Erwiderung auf die Anschuldigung, Jesus heile mittels dämonischer Hilfe, vom erneut unter Julian aufbrechenden Konkurrenzkampf des Christentums zum Asklepioskult. Julian sah sich selbst durch Asklepios geheilt[31] und verehrte Helios, den Pilatus als den höchsten Gott zum Zeugen anruft[32]. Auch in der Aussage der blutflüssigen Frau (VII,1) ließe sich eine Anspielung auf Julians Asklepioskult erkennen. Nach Sozomenos ließ Julian in Caesarea Philippi eine Statue zerstören[33], die vermutlich Asklepios und eine Geheilte darstellte, jedoch von den Christen, wie Eusebius mitteilt, auf die Heilung der blutflüssigen Frau zurückgeführt wurde[34]. Im Gegensatz zum Asklepioskult beweisen die vorgebrachten Heilungswunder (VI-VIII), dass Jesu Wirken allein durch sein Wort, ohne anderweitige Hilfsmittel oder gar Dämonen, erfolgt und von Dauer ist. Sie sind damit als Replik auf den Vorwurf der Sabbatschändung und der Heilung mit unrechten Mitteln (I,1) zu verstehen. Ein weiterer Verweis auf Julian könnte das Tempelwort sein, das, wie von Dobschütz bemerkt, nur im Prozess vor dem Synhedrium seine Berechtigung hat[35], im vorliegenden Prozessverlauf auch zu keinem Ergebnis führt und wohl eher auf den missglückten Wiederaufbauversuch des Tempels der Juden in Jerusalem abhebt[36]. Die dauerhafte Zerstörung

---

29. Vgl. TERTULLIAN, *Apologeticum* 21,24.

30. Vgl. GREGOR VON NAZIANZ, *Rede* 4,66.

31. Vgl. P. THRAMS, *Christianisierung des Römerreiches und heidnischer Widerstand*, Heidelberg, Winter, 1992, S. 104f.

32. Vgl. A. DEMANDT, *Die Spätantike: Römische Geschichte von Diocletian bis Justinian 284-565 n. Chr.* (Handbuch der Altertumswissenschaft, 3.6), München, Beck, ²2007, S. 130f.

33. Vgl. SOZOMENOS, *Hist. eccl.* V,21,1ff.

34. Vgl. A. JENSEN, *Gottes selbstbewusste Töchter: Frauenemanzipation im frühen Christentum?*, Münster, Lit Verlag, 2003, S. 88. Die beschriebene Pflanze am Fuße der stehenden männlichen Figur ist ein deutlicher Verweis darauf, dass in dieser Figur Asklepios dargestellt war. Vgl. EUSEBIUS VON CAESAREA, *Historia Ecclesiastica* VII 18.

35. Vgl. VON DOBSCHÜTZ, *Process Jesu* (Anm. 10), S. 99.

36. Vgl. K.-L. NOETHLICHS, *Die Juden im christlichen Imperium Romanum (4.-6. Jh.)*, Berlin, Akademie Verlag, 2001, S. 35; M. AVI-YONAH, *Geschichte der Juden im Zeitalter*

des jüdischen Tempels bewies, dass das Christentum gegenüber dem Judentum den Sieg davon trug. Nicht umsonst bemerken christliche Autoren wie Johannes Chrysostomos mit Häme das Scheitern des Wiederaufbaus[37]. Die Aussage des Nikodemus in Kapitel V unterstützt sowohl die Argumentation der Heilungswunder als auch die der Tempelzerstörung, indem sie die Dauerhaftigkeit der Ereignisse unter Beweis stellt. Gleichwohl ist die Rede zur Beweisführung nicht zwingend notwendig, sondern lässt sich ebenso in den Kontext des zweiten Teils integrieren, in dem durch die Priester und Leviten auf den Geschichtsbeweis abgehoben wird. Sofern Jesus nach fünfzig Jahren immer noch gedacht werde, werde er für immer herrschen (XVI,7).

Eine weitere Anspielung auf Kaiser Julian könnte hingegen der Verweis auf das goldene Kalb in der Scheltrede des Pilatus sein. Dort hebt Pilatus darauf ab, dass die Juden undankbar gegen ihre Wohltäter wären, was sich schon aus ihrer eigenen Geschichtsschreibung explizit in den Ereignissen um das goldene Kalb ablesen ließe. Durch Ephräm dem Syrer wissen wir, dass diese Episode aus dem Exodus mit der Stierprägung der julianischen Münzen, die wohl auf den Mithraskult zurückzuführen ist[38], verglichen wurde. Er wirft den Juden vor, sie hätten sich Julian aus Erinnerung an ihr goldenes Kalb angeschlossen[39]. Wie Ephräm weiter ausführt, wurde das Handeln Julians zudem als Versuch gewertet, die Prophezeiung Daniels über die Endgültigkeit der Zerstörung des Tempels zu widerlegen und dessen Scheitern auf den Zorn Gottes zurückzuführen[40].

Wenn auch all diese Indizien letztlich nicht sicher zu fassen sind, zeichnet sich in ihrer Gesamtheit ein deutliches Bild ab, das die Abfassung des angeblichen Prozessprotokolls zur Zeit Kaiser Julians plausibel macht. Allen gemein ist, dass sie keine kanonischen Vorlagen im Prozessgeschehen haben, sondern eindeutig der Intention des Verfassers dienen, Pilatus als wahren Heiden – und damit als Subjekt christlicher Mission – darzustellen. Die offensichtliche Annäherung an das Heidentum deutet darauf hin, dass das Christentum noch nicht als Staatsreligion triumphieren kann, sondern der Schrecken des plötzlich wieder

---

des Talmud: In den Tagen von Rom und Byzanz, Berlin, de Gruyter, 1962, S. 199-202. Der Vorwurf des Tempelwortes findet sich in den kanonischen Evangelien im Rahmen der Synhedriumsverhandlungen bei Mk 14,58f. und Mt 26,61f.

37. Vgl. z.B. JOHANNES CHRYSOSTOMOS, *Adv. Jud.* 5,11.

38. Vgl. DEMANDT, *Spätantike* (Anm. 32), S. 126.

39. Vgl. EPHRÄM DER SYRER, *Lieder über Julian den Apostaten* 1,16/17; SCHÄRTL, *„Nicht das ganze Volk"* (Anm. 1), S. 263-266.

40. Vgl. EPHRÄM DER SYRER, *Lieder über Julian* 1,20.

auflebenden Heidentums mit Julian noch präsent ist. Auch die Heiden müssen erst gewonnen werden[41]. Dies spricht zudem dafür, dass wiederum Julians Triumph des Heidentums bereits missglückt ist. Das Heidentum stellt offensichtlich keine ernsthafte Gefahr für das Christentum dar, denn die Anspielungen im Text sind viel zu vage um sie als apologetische Argumente auszuzeichnen. Andererseits sind die Verhältnisse aber offenbar auch noch nicht eindeutig zugunsten des Christentums geklärt, weshalb die günstige Darstellung der Heiden notwendig ist. Eine Datierung anhand des Prologs um 425 n. Chr. ist für diesen Teil damit auszuschließen. Dass der Text noch vor der endgültigen Etablierung des Christentums als Staatsreligion durch Theodosius I. 391 n. Chr. in Umlauf war, bestätigt zudem Epiphanius, dessen Schrift *Adversus Haeresis* um 376/377 entstand.

Der zweite Teil der Pilatusakten, der Bericht des Nikodemus, weiß dagegen nichts mehr von den Heiden zu berichten. Sie werden einzig als Zeugen der Historizität der Ereignisse herangezogen. Dabei zeigt sich, dass der Verfasser dieses Textes für die Darstellung des Passiongeschehens eine andere Quelle als das Prozessprotokoll vor Augen hatte, da in der Aussage der Hohenpriester über das Verhalten der Heiden Elemente auftauchen, die im Prozessprotokoll keine Erwähnung finden (XVI,7). Hier stand mit großer Sicherheit die Passion des Johannesevangeliums Pate.

Der Schwerpunkt des Nikodemusberichts liegt auf den wunderbaren Geschehnissen um Joseph von Arimathäa und der Diskussion um die Wahrhaftigkeit von Auferstehung und Himmelfahrt Jesu. Deutlich wird dabei, dass der zweite Teil des ersten bedarf und relativ nahtlos an diesen anschließt. Dieser Eindruck wird noch verstärkt, indem der Bericht des Nikodemus, als welcher er im Prolog angekündigt wird, deutliche Parallelen sowohl in der Gattung als auch in der theologischen Konzeption zum angeblichen Prozessprotokoll aufweist. Auch dieser Teil der Pilatusakten gibt gewissermaßen ein Protokoll einer Verhandlung wider, hier nun des Hohen Rates der Juden. In mehreren offiziellen Sitzungen treffen die Ratsmitglieder aufeinander und diskutieren das Geschehen. Mehrfach treten Zeugen der Auferstehung Jesu auf, denen jedoch anfangs auf Geheiß der Hohenpriester kein Gehör geschenkt wird. Hauptaugenmerk der Darstellung im Bericht des Nikodemus ruht auf den Juden und ihrer Deutung des Auferstehungsgeschehens. Gleichzeitig

---

41. So sieht auch A. DAGUET-GAGEY, *Le Procès du Christ dans les Acta Pilati: Étude des termes et realia institutionnels, juridiques et administratifs*, in *Apocrypha* 16 (2005) 9-34, S. 33f. den ersten Teil der Pilatusakten als Propagandatext zur Heidenmission.

werden die erzählten Ereignisse in die Osteroktav eingebunden und die Chronologie der Handlungen parallel zur Karwoche gestaltet. So wird am Sonntag festgestellt, dass sowohl Joseph von Arimathäa als auch Jesus nicht mehr auffindbar sind. Auf Empfehlung des Nikodemus werden Diener ausgesandt, um drei Tage lang nach Jesus zu suchen, der nach Aussage der Wachleute und der drei Gelehrten in Galiläa weilen soll. Am Mittwoch kommen die Boten mit der Nachricht zurück, man habe zwar nicht Jesus dafür aber Joseph in seinem Hause gefunden. Nun schickt man sieben dem Joseph befreundete Männer mit einem Brief zu diesem, um ihn nach Jerusalem zu bitten. Nachdem sie als Gäste im Haus des Joseph die Nacht verbracht haben, kehren sie mit diesem am Donnerstag nach Jerusalem zurück, wo auch Joseph, auf einem Esel reitend, jubelnd empfangen wird und im Haus des Nikodemus ein Festmahl veranstaltet wird. Am folgenden Tag, einem Freitag, kommen nun die Ratsmitglieder wiederum im Haus des Nikodemus zusammen, um Joseph zu seiner Befreiung zu befragen, auf dessen Bericht sie „wie Tote" zu Boden stürzen und bis zur neunten Stunde fasten (XVI,1). In der Todesstunde Jesu sind es nun die Synagogenvorsteher, Priester und Leviten, die wie Tote sind und fasten. Anschließend schickt der Hohe Rat am Sabbat nochmals zu den drei Gelehrten, welche die Auferstehung und Himmelfahrt Jesu bezeugt hatten, und bittet sie zu einer Befragung vor den Hohen Rat nach Jerusalem. Am folgenden Tag, also dem Sonntag, werden sie schließlich getrennt voneinander befragt und ihr Zeugnis im Sinne von Dtn 19,15 anerkannt (XVI,3-6). Somit wird genau eine Woche nach der Auferstehung Jesu diese offiziell von jüdischer Seite bezeugt. Die Juden durchleben gewissermaßen nochmals die Karwoche und die Ostertage, doch bleibt das Ergebnis ihrer Verhandlung offen. Im Gegenteil erheben die Hohenpriester doch die Stimme zur Ermahnung und die Priester und Leviten erklären, Jesus werde erst über die ganze Welt herrschen, wenn seiner noch in fünfzig Jahren gedacht werde (XVI,7). Der Leser bzw. Hörer muss selbst aufgrund der dargelegten Argumente sein Fazit ziehen, das gleichwohl nur in der Hinkehr zu Christus bestehen kann, denn bei all den vorgebrachten Argumenten ist es der Geschichtsbeweis, der letztlich die Wahrhaftigkeit des Geschehens lehrt.

Interessanterweise beginnt der Bericht des Nikodemus bereits in Kapitel XII mit der Festsetzung des Joseph von Arimathäa und seinem wundersamen Verschwinden. Erst dann folgt der Auferstehungsbericht der Wachleute vom Grab Jesu. Noch bevor also aus dem Mund der Heiden das Auferstehungsgeschehen berichtet wird, sind es die Juden, die mit den wundersamen Ereignissen konfrontiert werden. Die Auflösung des

Verschwindens Josephs erfolgt gleichwohl erst in Kapitel XV,6. Doch wird die Parallelität durch den Bericht der Wachleute und deren Aussage, man solle ihnen den Joseph zeigen und dann würden sie auch Jesus bringen (XIII,2), herausgestellt. Joseph von Arimathäa erfährt durch seine Befreiung die Wirkmacht des auferstandenen Jesus, er wird als erster Nachfolger Jesu etabliert und wird damit parallel zu Pilatus zum idealtypischen jüdischen Katechumenen. Sein Handeln am Leichnam Jesu, das bereits von Johannes berichtet wird, zeichnet ihn zudem als heimlichen Anhänger aus, wenn auch seine Rede gegen Jesu Ankläger eine Mahnung und kein Überzeugungsversuch ist (XII,1). Wie Jesus befindet sich Joseph daraufhin noch am Rüsttag des Sabbats in einem explizit fensterlosen Kerker – was an das Grab Jesu erinnert – und wird von diesem als Auferstandenem in der Nacht vom Sabbat auf den Sonntag befreit[42]. Durch sein Rezitieren des Dekalogs und der Frage, ob Jesus Elia sei, qualifiziert er sich als wahrer Jude, der das Auferstehungswunder und die Wirkmacht des Auferstandenen am eigenen Leib erfährt. Gleichwohl verlangt er nach einem Beweis, der im Besuch des Grabes Jesu erfolgt. Parallel zu Jesus reitet Joseph dann explizit auf einem Esel nach Jerusalem und wird dort freudig vom Volk empfangen, worin eine eindeutige Anspielung an Jesu Einzug in Jerusalem nach Mt 21,1 gegeben ist. Doch erfolgt auch im Bericht über seine wunderbare Befreiung vor den Mitgliedern des Hohen Rates weder ein offizieller Verweis auf seine zu erwartende Konversion noch eine eindeutige Empfehlung, sich zu Christus zu bekehren. Wie Pilatus wird auch Joseph von Arimathäa bis zum Schluss als Jude dargestellt.

Mit dem gesamten Bericht des Nikodemus werden dem jüdischen Leser einige für ihn ‚unzweifelhafte' alttestamentliche Argumente geliefert, die zugunsten Jesu und des Christentums gedeutet werden. So wird in Kapitel XV auf die erfolglose Suche des Grabes des Elias verwiesen und nach diesem Vorbild nach Jesus als Auferstandenem gesucht. Elias, Henoch und Moses werden zu Zeugen der Auferstehung umgedeutet. Ebenso wird auf die Bestimmungen nach Dtn 19,15 abgehoben, wonach die Aussage von zwei oder drei Zeugen eine Sache entscheide. Dabei gilt es jedoch zu beachten, dass die Deutung der alttestamentlichen Belegstellen hier bereits eine christliche ist, die in jüdischer Manier der talmudischen Diskurse eingeführt wird. Nikodemus führt wie ein Moderator durch das Geschehen, ohne jedoch selbst Stellung zu beziehen. Er ist es, der die Suche nach Jesus parallel zur Suche nach dem Leichnam Elias

---

42. Vgl. GOUNELLE – IZYDORCZYK, *L'Évangile* (Anm. 10), S. 66f.

(XV,1)[43] anregt und in dessen Haus die Mitglieder des Hohen Rates zur Aussprache auf Joseph von Arimathäa treffen (XV,5). Der Verfasser versucht mit seinem Text, die Juden bzw. seine Leser/Hörer mit alttestamentlichen Belegen vom Christentum zu überzeugen.

Der Bericht des Nikodemus ist so konzipiert, dass er die Negativ-Belastung der Juden im Rahmen der Prozessakten zwar nicht aufhebt, diese jedoch durch die Möglichkeit der Umkehr zum Glauben an Christus als Auferstandenen löst. Dabei wird deutlich, dass der zweite Teil der Pilatusakten des ersten bedarf[44]. Die volle Gnade der Umkehr, die in den letzten Kapiteln eröffnet wird, erhält nur durch die Eindeutigkeit der Schuld und die dreimalige Selbstverfluchung der Juden im Rahmen des Prozesses ihre übermenschliche Wirkmacht.

Der abschließende Lobpreis weist dann eindeutig eine christliche Deutung der alttestamentlichen Aussagen auf, die hier zu einem Ganzen in Anlehnung an die Psalmen arrangiert wurden (XVI,8)[45]. Die Prophezeiungen an Moses haben sich in Christus erfüllt.

Neben dem Prolog und der Figur des Nikodemus, die weiter unten noch näher beleuchtet wird, weist möglicherweise die Rolle der Hohenpriester auf die Entstehungszeit um 425 n. Chr. Im Bericht des Nikodemus beharren die Hohenpriester bis zum Schluss darauf, dass Jesus schuldig war und rechtmäßig gekreuzigt wurde, während die anderen Mitglieder des Hohen Rates nach und nach durch die Zeugenberichte und eigene Argumente zu neuer Erkenntnis kommen. Hierin könnte eine Anspielung auf den Untergang des Patriarchats bestehen, dessen letzte historisch nachgewiesene Erwähnung 415 n. Chr. im Verlust des Ranges als Prätorianerpräfekt liegen[46] und der wohl bis 425 endgültig abgeschafft war[47]. Der Patriarch als Nachfolger des Hohenpriesters und Garant der Einheit des jüdischen Volkes war untergegangen. Wie die Hohenpriester im Bericht des Nikodemus beharrte er wider besseren Wissens – der in Kapitel XVI,7 verlangte Geschichtsbeweis war längst erbracht – auf den jüdischen Glauben.

Deutlich wird, dass beide Texte eine eigene Intention aufzeigen, die im ersten Teil zugunsten der Heiden und im zweiten Teil zugunsten der

---

43. Vgl. 2 Kön 2.
44. Vgl. GOUNELLE – IZYDORCZYK, L'Évangile (Anm. 10) sehen dagegen im Text von vornherein eine Einheit gegeben, die in einer Gesamtkonzeption im Bericht des Nikodemus ihren Höhepunkt findet.
45. Vgl. SCHÄRTL, „Nicht das ganze Volk" (Anm. 1), S. 305-307.
46. Vgl. CTh 16.8.22.
47. Vgl. NOETHLICHS, Juden (Anm. 36), S. 42; P. SCHÄFER, Geschichte der Juden in der Antike: Die Juden Palästinas von Alexander dem Großen bis zur arab. Eroberung, Stuttgart, Katholisches Bibelwerk, 1983, S. 203.

Juden ausgerichtet ist. Zweifellos geht es in beiden Teilen um missions-taugliche Argumentationen, obwohl vermutet werden muss, dass die gedachten Hörer – Heiden und Juden – wohl eher weniger auch tatsäch-liche Adressaten waren. Vielmehr ist davon auszugehen, dass die Chris-ten diese Schrift zur Selbstvergewisserung nutzten und sie als chris-ten-unabhängige heidnische wie auch jüdische Bestätigung der Ereignisse annahmen.

Die parallele Gestaltung des Berichtes des Nikodemus zum Prozess-protokoll durch die Darstellung als Verhandlung des Hohen Rates zeigt deutlich, dass der Verfasser des zweiten Teils diesen nach Vorlage des Prozessprotokolls der ersten neun Kapitel gestaltet hat. Dementspre-chend kann davon ausgegangen werden, dass dieser zweite Teil keine vormals eigenständige Vorlage hatte. Gleichwohl müssten sich Hinweise finden lassen, die für die redaktionelle Überarbeitung zu einem Gesamt-text sprechen.

III. Die redaktionelle Harmonisierung der Textteile

Ausgehend von den eigentlichen Prozessakten wäre mit einem Ein-schnitt in den Kapiteln IX – mit der endgültigen Urteilsverkündigung – oder X – mit der Kreuzigung – zu rechnen. Gleichzeitig würde der Bericht des Nikodemus über die Ereignisse „nach der Passion des Herrn am Kreuz" mit Kapitel XI beginnen. Es zeigt sich allerdings, dass der Verfasser der Prozessakten in seiner Darstellung offensichtlich der kano-nischen Vorlage folgt, sodass die Grablegung Jesu in Kapitel XI wie auch der Auferstehungsbericht der Wachen in Kapitel XIII erzählt werden. Da das angebliche Prozessprotokoll eine spätantike Neuschöpfung ist, kann mit einiger Sicherheit davon ausgegangen werden, dass dem ursprüngli-chen Verfasser der Prozessakten diese nur mit dem Auferstehungsbericht vollständig erschienen sein werden und er, ebenso wie die Autoren der kanonischen Evangelien, mit dieser Botschaft seinen Text enden ließ. Gleichwohl ist es die Grablegung, welche die jüdische Obrigkeit gegen Joseph von Arimathäa aufbringt und daher für den Bericht um seine Befreiung unerlässlich macht. Damit wäre eine redaktionelle Bearbeitung in den Kapiteln XI–XIII zu suchen, die den sinnvollen Anschluss des Berichtes des Nikodemus zulässt. In diesen Kapiteln orientiert sich der Verfasser stark an den kanonischen Evangelien, vor allem aber an Lukas und Matthäus, und behält auch den chronologischen Verlauf der dort geschilderten Ereignisse bei. So wird in Kapitel XI von den Ereignissen rund um Jesu Tod nach Lukas 23,44-53 erzählt und in Kapitel XIII,1 und

3 parallel zu Mt 28,2-7 und 28,12-14 der Auferstehungsbericht der Wachen wiedergegeben. In Kapitel XII findet sich bereits ein außerkanonischer Einschub, in dem von der Festsetzung des Joseph von Arimathäa und dessen wundersamer Befreiung berichtet wird. Diese Passagen haben keine kanonischen Parallelen, leiten aber als wesentliche Elemente zum zweiten Teil der Pilatusakten, dem Bericht des Nikodemus, über und könnten daher als redaktionelle Verzahnung der beiden Texte gewertet werden[48].

Wie Scheidweiler zu Recht bemerkt, ist der Anschluss des letzten Satzes in Vers XIV,3 fragwürdig. Er sieht darin einen späteren Einschub[49]. Meines Erachtens gehört dieser Einschub jedoch noch zum Disput mit den Wachleuten, die unter den „Unbeschnittenen" zu verstehen sind. Auch die anschließende Aussage des Nikodemus in Vers XV,1 verstärkt die Annahme, dieser Satz gehöre nicht in den Kontext der Argumentation. Er passt inhaltlich vielmehr zum Bericht der Wachen und könnte mit einer etwas veränderten Einführung zum Abschluss von Kapitel XIII und damit der Pilatusakten gehören. Der dritte Vers des XIV. Kapitels könnte zudem ohne Sinnverlust an Vers 3 des Kapitels XIII angehängt werden. Damit wäre der letzte Satz auch nicht mehr fragwürdig, da er sich eindeutig auf den Bericht der heidnischen Wachleute beziehen würde. Hier dürfte der eigentliche Schluss der sogenannten Pilatusakten vorliegen, die sich in ihren letzten Kapiteln ausschließlich an den kanonischen Evangelien orientieren. Als Abschluss des Prozessprotokolls würde so nochmals die ‚Sturheit' der jüdischen Ankläger im Sinne der Intention des Verfassers herausgestellt werden, die trotz zahlreicher Wunder und Argumente für die Göttlichkeit Jesu an ihrem ‚Unglauben' festhalten. Der Rest des Kapitels XIV wäre demnach als Einschub zu verstehen, der den Bericht um die Person des Joseph von Arimathäa und die Auferstehungserzählung fortführt, wie er bereits in Kapitel XII begonnen wurde.

Wie Malcolm Lowe darlegt, lässt sich die Zweiteilung des Textes auch in der Benennung der Protagonisten in den beiden Textteilen aufzeigen. Während in den Prozessakten vorrangig von οἱ Ἰουδαῖοι gesprochen wird, findet sich im zweiten Teil dagegen ausschließlich die Bezeichnung Ἰσραήλ[50]. Lowe schließt aus diesem Verständnis der Bezeichnung, die für die Juden und ihr Land parallel zu Johannes stehe, dass der zweite

---

48. Vgl. SCHÄRTL, „Nicht das ganze Volk" (Anm. 1), S. 167.
49. Vgl. SCHEIDWEILER, Nikodemusevangelium (Anm. 25), S. 409.
50. Vgl. M. LOWE, IOYΔAIOI of the Apocrypha: A Fresh Approach to the Gospels of James, Pseudo-Thomas, Peter and Nicodemus, in NT 23 (1981) 56-90, S. 87f.

Teil bereits im zweiten Jahrhundert entstanden sein müsse[51]. Dies ist jedoch auszuschließen, fehlen doch jegliche Parallelzeugnisse der Wundergeschichte um Joseph von Arimathäa und Nikodemus. Es finden sich bis ins fünfte Jahrhundert kein Zeugnisse für das Vorhandensein eines Textes dieses Inhaltes, der doch gerade in der noch regen Judenmission der ersten nachchristlichen Jahrhunderte als positives Beispiel hätte herangezogen werden können. Joseph von Arimathäa, selbst ein Ratsherr der Juden, hat die Macht des Auferstandenen am eigenen Leib erfahren und gelangt dadurch zum Glauben an Christus. Seine Figur taucht jedoch vorrangig im Kontext der Grablegung Jesu und seiner heimlichen Jüngerschaft in den Kommentaren der christlichen Autoren auf[52]. Erst im Mittelalter entsteht eine Schrift namens *Narratio Josephi*, die aus der Sicht des Joseph von Arimathäa die Ereignisse um Tod und Auferstehung Jesu schildert[53]. Vielmehr weist die Verwendung des Begriffes ,Israel' für Volk und Land der Juden im Bericht des Nikodemus auf die jüdische Herkunft des Verfassers hin, der sein Volk selbstverständlich mit diesem Begriff tituliert.

Zudem funktioniert der Bericht des Nikodemus nur in Verbindung mit einem Prozessbericht. Die Parallelkonzeption zum Prozessprotokoll durch die Untersuchung des Hohen Rates lässt vermuten, dass tatsächlich ein – wenn auch fiktives – Protokoll Grundlage der Bearbeitung war. Die kanonischen Evangelien bieten nur kurze Berichte vom Prozess, denen im Wesentlichen die Formalitäten des Verfahrens fehlen. Diese jedoch werden mit dem zweiten Teil gewissermaßen aufgegriffen, indem dort ebenso auf Formalitäten wie Moderation, offizielle Rede, Eidleistungen bis hin zum Brief an Joseph geachtet wird. Daraus lässt sich schließen, dass auch die verwendete Vorlage derartige Formalitäten aufwies, was mit der vorliegenden Version des Prozessberichtes gegeben ist.

Neben der allgemeinen Bezeichnung ,die Juden' finden im ersten Teil noch die differenzierteren Titel ,die Hohenpriester und Schriftgelehrten'; ,Synagogenvorsteher und Älteste des Volkes' sowie ,Älteste der Juden' Verwendung. In Kapitel XII,2 und ab Kapitel XIV werden die jüdischen Akteure dagegen als ,Synagogenvorsteher, Priester und Leviten'; ,die Ältesten, Priester und Leviten' sowie ab XVI,2 auch als ,Lehrer, Priester und Leviten' betitelt. Diese unterschiedlichen Titulaturen deuten darauf hin, dass beide Textteile von verschiedenen Verfassern stammen und

---

51. Vgl. *ibid.*, S. 88.
52. Vgl. z.B. AMBROSIUS VON MAILAND, *Lukaskommentar* VII,26 und AUGUSTINUS, *Vorträge über das Johannesevangelium* 109,2 und 120,4.
53. Vgl. *Narratio Josephi*, in VON TISCHENDORF, *Evangelia Apocrypha* (Anm. 2), S. 459-470.

dass bei der redaktionellen Zusammenführung nicht auf eine einheitliche Bezeichnung geachtet wurde. Letzteres ist nicht weiter erstaunlich, da offenbar im Sinne der Abwechslung bereits in den ersten elf Kapiteln mit verschiedenen Begrifflichkeiten gearbeitet wurde und somit die Unterschiede zum zweiten Teil nur unwesentlich sind.

Nur eine Kombination findet sich in beiden Textteilen: die ‚Ältesten, Priester und Leviten'. Dies ist im Prozessprotokoll die einzige Kombination, die auch die Leviten aufführt, welche dagegen in allen Kombinationen des Nikodemusberichtes genannt werden. Bei näherer Betrachtung fällt auf, dass es sich bei den Textstellen, die diese Benennung im Prozessverlauf führen, um Passagen handelt, die nicht den kanonischen Evangelien entspringen, sondern eine Neuschöpfung des Verfassers sind. So findet sich die Bezeichnung zweimal in Kapitel IV,2 im Zuge einer Geheimabsprache des Pilatus mit den Juden, die für den Prozessverlauf irrelevant bleibt. Ein weiteres Mal fällt die Bezeichnung im Rahmen der Rede des Nikodemus, die ebenfalls ohne Sinnverlust aus dem Protokoll entfernt werden kann. Diese Beobachtung lässt den Schluss zu, dass diese Einschübe eher dem Redaktor und Verfasser des Nikodemusberichtes entspringen, denn dem Verfasser des Prozessprotokolls.

Des Weiteren fällt auf, dass in den Pilatusakten der Bezeichnung der ‚Ältesten' immer noch ein Genitivattribut folgt, wohingegen in den Ergänzungen und im Bericht des Nikodemus der Begriff eigenständig verwendet wird. Auch dies könnte ein Indiz der unterschiedlichen Autorenschaft sein.

Zusammenfassend lässt sich festhalten, dass die ursprünglichen Pilatusakten aus den Kapiteln I-XI ohne Vers IV,2 und Kapitel V aber mit den Versen XIII,1 und 3 bestanden, während der Bericht über die wundersame Befreiung des Joseph und die Auferstehung und Himmelfahrt Jesu mit Kapitel XII beginnt und vermutlich ausschließlich der Verse XIII,1 und 3 mit der Doxologie in Kapitel XVI endet, wobei er, wie gesehen, im Wesentlichen auf Grundlage der vorliegenden fiktiven Prozessakten konzipiert wurde[54].

IV. NIKODEMUS

Nikodemus wird im Prolog als Verfasser eines Berichts über das Vorgehen der Hohenpriester gegen die Fürsprecher Jesu nach dessen Kreuzigung vorgestellt. Bereits hier wird deutlich, dass sich seine Rolle offenbar allein auf diesen Bericht beschränkt und nicht notwendiger-

---

54. Vgl. SCHÄRTL, „Nicht das ganze Volk" (Anm. 1), S. 169f.

weise mit dem angeblichen Prozessprotokoll in Verbindung steht. Entsprechend wird Nikodemus auch innerhalb der ersten zwölf Kapitel der Pilatusakten nicht von Anfang an als Protagonist geführt, sondern erhält erst im fünften Kapitel seinen Auftritt in einem Plädoyer, das ihn gewissermaßen als Anwalt Jesu charakterisiert. Wie bereits aufgrund der Titulaturen angedeutet wurde, steht diese Rede des Nikodemus jedoch außerhalb des eigentlichen Prozessverlaufes und kann ohne Sinnverlust entfernt werden. Die folgenden Kapitel weisen keine eindeutigen Bezugspunkte zum fünften Kapitel auf und auch die Anfügung des Nikodemus an die Ansprechpartner des Pilatus können redaktionelle Überarbeitungen sein, welche die Figur des Nikodemus stärker in den Text einbinden sollen. Dies wird zudem durch eine Handschrift aus dem XV. Jahrhundert gestützt, die von Tischendorf für seine Rezension Griechisch B verwendet[55]. Die Person des Nikodemus ist für den dargestellten Prozessverlauf nicht notwendig und kann eine spätere Ergänzung sein.

In den letzten vier Kapiteln nimmt Nikodemus hingegen eine wesentliche Funktion ein und führt den Leser durch die Verhandlung des Hohen Rates um die Person des Joseph von Arimathäa und die Berichte der Auferstehungszeugen. Wie die Überlieferung zeigt, kann erst mit Gregor von Tours dieser Textteil sicher datiert werden. Bei den Kirchenschriftstellern wird Nikodemus nur im Rahmen seiner geheimen Jüngerschaft und seiner Rolle bei der Grablegung bedacht. So verweist zumindest Ambrosius von Mailand darauf, dass Nikodemus und Joseph von Arimathäa zwar nur im Geheimen Jünger Jesu waren, im entscheidenden Moment – der Grablegung – jedoch für Jesus einstanden[56]. Eine Beteiligung des Nikodemus zugunsten Jesu im Prozess wird dagegen nicht kommentiert. Gleichzeitig fehlt Nikodemus in den Pilatusakten der Rezension Griechisch A entgegen der johanneischen Überlieferung (Joh 19,39) als Akteur der Grablegung Jesu (XI,3).

Im Rahmen der Auffindung des Stephanusgrabes um 415 n. Chr.[57] erhält die Figur des Nikodemus nochmals eine andere Bedeutung. Auch sein Grab wird neben denen des Stephanus und des Gamaliel gefunden. Doch während durch die Reliquien des Stephanus zahlreiche Wunder berichtet werden – in diesen Zusammenhang gehört der Bericht des Severus von Menorca über die Überführung der Stephanusgebeine und der Bekehrung der Juden Menorcas – bleiben Gamaliel und Nikodemus

---

55. Vgl. *ibid.*, S. 170. VON TISCHENDORF, *Evangelia Apocrypha* (Anm. 2), S. 297.299.
56. Vgl. AMBROSIUS VON MAILAND, *Lukaskommentar* II,26.
57. Vgl. Der lateinische Bericht über die Grabfindung des Stephanus und die Überführung seiner Gebeine nach Jerusalem findet sich in LUKIAN, *Epistula ad omnem ecclesiam.*

im Weiteren unerwähnt[58]. Wären zu diesem Zeitpunkt bereits die Pilatusakten mit der Figur des Nikodemus in Umlauf gewesen, wäre zu erwarten, dass sich dies in irgendeiner Weise in den Geschehnissen rund um
die Grabauffindung widerspiegelt. Eine Buchauffindungslegende zur
Echtheitsbeglaubigung wäre hier quasi vorgegeben[59]. Diesbezüglich
finden sich jedoch keine Hinweise und auch im Zuge der Grabauffindung
erhält Nikodemus kaum anderweitige Aufmerksamkeit. Augustinus verweist in seinem Traktat zum Johannesevangelium lediglich darauf, dass
Nikodemus durch mehrfaches Zuhören Jesu zu dessen Jünger wurde und
erklärt: „Dies wird nun bei der Auffindung des Leichnams des seligen
Stephanus fast allen Völkern eindeutig kundgetan"[60]. Dies spricht gegen
ein Vorhandensein seiner Figur im Rahmen des ersten Teiles der Pilatusakten und erst Recht gegen das Vorliegen des Textes in heutiger Form
einschließlich des Berichtes des Nikodemus vor 415 n. Chr.

Wäre der Text in vorliegender Form bereits vor 415 n. Chr. in Umlauf
gewesen, müssten sich entsprechende Hinweise bei anderen Autoren finden lassen, die Nikodemus eine bedeutende Rolle im Prozess Jesu vor
Pilatus zusprechen, was jedoch nicht erfolgt. Da Nikodemus vor allem in
den letzten fünf Kapiteln in exponierter Position auftaucht, wird vielmehr
die Ergänzung seiner Person im Rahmen der redaktionellen Zusammenführung der beiden Textteile als Bindeglied erfolgt sein[61]. Seine moderie-
rende Rolle in der Verhandlung des Synhedriums wie auch sein Plädoyer
in Kapitel V deuten auf die Kenntnis jüdischen Rechts hin, wonach
wenigstens ein Fürsprecher zugunsten des Angeklagten auftreten muss[62].

Ein weiteres Indiz ist zudem, dass der Verweis auf die Zeitlichkeit des
Menschenwerkes im Gegensatz zur Ewigkeit des Gotteswerkes, wie er
im Plädoyer des Nikodemus erbracht wird, nochmals am Ende des zweiten Teiles der Pilatusakten von den Hohenpriestern erfolgt (XVI,7). Auch
dies spricht dafür, dass die Rede des Nikodemus in Kapitel V im Zusammenhang mit dem Bericht des Nikodemus in den letzten Kapiteln der
Pilatusakten steht und erst im Rahmen der Zusammenführung der beiden

---

58. Vgl. *De miraculis Sti. Stephani protomartyris*, die im Auftrag des Bischofs
Evodius von Uzalis verfasst wurden. G. SEGUÍ-VIDAL, *La Carta-Encíclica el Obispo
Severo: Estudio crítico de su autenticidad e integridad*, Palma de Mallorca, Pontificae
Universitati Gregorianae, 1937, S. 20-29. MPL 41, 831-854. SEVERUS OF MENORCA,
Letter of the Conversion of the Jews, ed. a. transl. by S. BRADBURY, Oxford, Clarendon,
1996.

59. Vgl. W. SPEYER, *Bücherfunde in der Glaubenswerbung der Antike: Mit einem
Ausblick auf Mittelalter und Neuzeit* (Hypomnemata, 24), Göttingen, Vandenhoeck &
Ruprecht, 1970, S. 80.

60. AUGUSTINUS, *Johannesevangelium* 120,4.

61. Vgl. SCHÄRTL, *„Nicht das ganze Volk"* (Anm. 1), S. 169.

62. Vgl. MSANH 4,1 und 5,4.

Teile in den Prozessverlauf eingebaut wurde. Die Rede verstärkt die theologische Konzeption des anschließenden Berichtes, aber auch des Prozessberichtes. Sie unterstützt die Frage des Geschichtsbeweises, der in Kapitel XVI von den Hohenpriestern eingefordert wird, indem sie die Aussagen des Prozessberichtes bezüglich Tempelwort und Heilungswunder als anhaltende Zeugnisse des Wirkens Jesu und somit als Gotteswerke erweist. Gleichwohl ist sie für die theologische Konzeption des ersten Teiles nicht notwendig, die vorrangig die Göttlichkeit und königliche Würde Jesu vor den Augen des heidnischen Richters und vor allem im Gegensatz zu den Anklagen der Juden herausstellt. Die Krankenheilungen bezeugen dabei nur, dass Jesus eben nicht mit Hilfe Beelzebuls und seiner Dämonen heilt, wie von den Anklägern behauptet wird.

Die Figur des Nikodemus wird vom redaktionellen Bearbeiter des frühen fünften Jahrhunderts als moderierendes Bindeglied der beiden Textteile eingeführt und hat offenbar allein in dieser Funktion seine Berechtigung.

V. Fazit

Die Pilatusakten weisen in ihren beiden Teilen eine Ambivalenz im Verständnis der Rolle des Judentums auf, die durch die unterschiedliche Autorenschaft und Entstehungszeit ihre Begründung findet. Infolge der redaktionellen Bearbeitung und der offensichtlichen Konzeption des Berichtes des Nikodemus auf Grundlage der fiktiven Pilatusakten, entstand zu Beginn des fünften Jahrhunderts ein inhaltlich wie auch konzeptionell zusammenhängender Text.

Mit der Dissertation konnte in zahlreichen Detailuntersuchungen aufgezeigt werden, dass die ersten elf Kapitel der Pilatusakten in ihrer Form als angebliches Prozessprotokoll sowie den ihr innewohnenden Details im Rahmen der Rechtsgeschichte aber auch der Kirchengeschichte, Theologie, Judaistik und Kunstgeschichte die Zeit Kaiser Julians, also die Mitte des vierten Jahrhunderts, widerspiegeln. Dies zeigt sich zum einen in der stark formalen Darstellung des Prozessgeschehens, als auch in der pro-römischen aber anti-jüdischen Prägung dieses ersten Textteiles. Es galt, die Stellung des Christentums gegenüber Rom wie den Gegensatz zum Judentum zu untermauern. Gleichzeitig sollte die Schrift offenbar der Heidenmission dienen, indem sie Pontius Pilatus als idealtypischen heidnischen Katechumenen stilisiert.

Der zweite Teil der Pilatusakten, der Bericht des Nikodemus, weist dagegen eine andere Intention auf. Hier geht es um die Bekehrung der

Juden. Die Römer spielen nur noch am Rand eine Rolle. Alle wesentlichen Protagonisten sind gelehrte Juden, die sich mit dem Sinn der Ereignisse auseinandersetzen. Auch hier folgt die Darstellung einer formalen Vorgabe, die in der Untersuchung des Hohen Rates gegeben ist. Dies wird als Reminiszenz an die Form als Prozessprotokoll im ersten Teil der Pilatusakten zu verstehen sein. Einzelne Elemente weisen dabei auf die Kenntnis jüdischer Gepflogenheiten des Verfassers. Doch ebenso wie im ersten Teil der Pilatusakten unterliegt der zweite Teil einer theologischen Gesamtkonzeption. Sie ist darauf ausgerichtet, Joseph als Nachfolger Jesu parallel zu Pilatus als idealtypischen jüdischen Katechumenen zu stilisieren, der Christus erkannt hat[63]. Ebenso wie im ersten Teil sind wiederum die jüdische Obrigkeit, vor allem aber die Hohenpriester, Gegenspieler in der Frage um Jesu göttlichen Anspruch und die Wahrhaftigkeit seiner Auferstehung und Himmelfahrt.

Interessanterweise bleibt das Urteil über Jesus im Bericht des Nikodemus formal offen und muss vom Rezipienten erbracht werden – gleichwohl die Darstellung keine andere Entscheidung als die für Jesus und das Christentum offen lässt.

Die Figur des Nikodemus ist für diesen zweiten Teil der Pilatusakten wesentlich. Hier wird die Auffindung seiner Gebeine um 415 ausschlaggebend gewesen sein, die ihn für den Verfasser als Sachwalter des Geschehens interessant gemacht hat. Seine positive Einstellung auf Jesus war bereits im Johannesevangelium tradiert, gleichwohl er dort eine eindeutig jüdisch-moderate Haltung einnahm, die ihm auch in den Pilatusakten zueigen ist. Seine Rolle als ,Advokat' Jesu im Prozessgeschehen ist sicher auf den späteren Redaktor zurückzuführen, der die Figur des Nikodemus als Bindeglied der beiden Texteile nutzt.

Aus den diskutierten Aspekten kann geschlossen werden, dass der Verfasser des Prologs auf der Grundlage apokrypher Prozessakten seinen Bericht des Nikodemus konzipiert hat. Sowohl die Figur des Nikodemus, die Bezeichnung der Protagonisten, die unterschiedliche Intention wie gleichzeitig die Parallelen in der Gestaltung und Konzeption weisen somit auf die unterschiedliche Autorenschaft, die Abhängigkeit beider Texteile voneinander und die daraus resultierende zeitliche Abfolge der Entstehung.

Kochhannstr. 1   Monika SCHÄRTL
10249 Berlin
Deutschland

---

63. Vgl. GOUNELLE – IZYDORCZYK, *L'Évangile* (Anm. 10), S. 67.

DAS JAKOBUSBILD DES HEBRÄEREVANGELIUMS IM KONTEXT FRÜHCHRISTLICHER JAKOBUSTRADITIONEN

I. Einleitung

An der Gestalt des sogenannten Herrenbruder Jakobus lassen sich wie in einem Brennglas die methodischen und religionshistorischen Probleme erkennen, mit denen man bei Versuchen einer (Re-)Konstruktion der Geschichte des frühen Christentums konfrontiert wird[1]. Bereits im Kontext der neutestamentlichen Schriften ist in verschiedenen Zusammenhängen erkennbar, welche hohe Autorität Jakobus, dem Bruder Jesu, zugestanden wurde (vgl. v.a. das Jakobusbild der Apostelgeschichte, die Erwähnungen des Jakobus in den paulinischen Briefen und die theologische Autorität des Jakobusbriefs). Gleichwohl wird dem Leben und Wirken des Jakobus in den neutestamentlichen Schriften nicht annähernd die Aufmerksamkeit zu Teil, die z.B. Petrus und Paulus erfahren (während Petrus und Paulus 190 bzw. 173 Mal namentlich erwähnt werden, gibt es für den Namen Jakobus nur elf Belege). Dieses eigentümliche Missverhältnis dokumentiert „die ‚Verdrängung' des Schicksals des Judenchristentums in der frühen Kirche"[2].

---

1. Generell zu frühchristlichen Jakobus-Traditionen vgl. u.a. W. Pratscher, *Der Herrenbruder Jakobus und die Jakobustradition* (FRLANT, 139), Göttingen, Vandenhoeck & Ruprecht, 1987, *passim*; M. Hengel, *Jakobus der Herrenbruder – der erste „Papst"?*, in Id. (Hg.), *Kleine Schriften. 3: Paulus und Jakobus* (WUNT, 141), Tübingen, Mohr Siebeck, 2002, 549-582, S. 557ff; die Beiträge des Sammelbandes B. Chilton – C.A. Evans (Hgg.), *James the Just and Christian Origins* (SupplNT, 98), Leiden, Brill, 1998, *passim*; J. Painter, *Just James: The Brother of Jesus in History and Tradition* (Personalities of the New Testament), Edinburgh, T&T Clark, 1999, *passim*; M.I. Webber, *Iakōbos ho Dikaios: Origins, Literary Expressions and Development of Traditions About the Brother of the Lord in Early Christianity*, Diss. Masch., Fuller Theological Seminary, 1985, *passim*; M. Konradt, *Der Jakobusbrief als Brief des Jakobus: Erwägungen zum historischen Kontext des Jakobusbriefes im Lichte der traditionsgeschichtlichen Beziehungen zum 1. Petrusbrief und zum Hintergrund der Autorfiktion*, in P. von Gemünden – M. Konradt – G. Theissen (Hgg.), *Der Jakobusbrief: Beiträge zur Rehabilitierung der „strohernen Epistel"* (Beiträge zum Verstehen der Bibel, 3), Münster, Lit, 2003, 16-53, S. 30ff; Id., *Christliche Existenz nach dem Jakobusbrief: Eine Studie zu seiner soteriologischen und ethischen Konzeption* (SUNT, 22), Göttingen, Vandenhoeck & Ruprecht, 1998, S. 330ff.
2. So treffend Hengel, *Jakobus* (Anm. 1), S. 549f. Die Verwendung des Begriffs „Judenchristentum" orientiert sich im Folgenden an dem Definitionsvorschlag von J. Carleton Paget, *The Definition of the Term Jewish Christian and Jewish Christianity in the History of Research*, in O. Skarsaune – R. Hvalvik (Hgg.), *Jewish Believers in*

Die eigentliche Bedeutung der Gestalt des Jakobus kann nur durch
außerkanonische Zeugnisse erfaßt werden, in denen er zu einer, wenn
nicht gar der höchsten Autorität des frühen Christentums stilisiert wird
(vgl. u.a. die in der pseudoclementischen Epistula Clementis tradierte
Prädikation des Jakobus als ‚Herr und Bischof der Bischöfe' [EpClem
1,1: τῷ κυρίῳ καὶ ἐπισκόπων ἐπισκόπῳ bzw. *domino et episcopo episcoporum*]). Gleichwohl kann weder aus den kanonischen, noch aus den
außerkanonischen Schriften heraus angemessen erfaßt werden, auf welche Weise dem Bruder Jesu diese besondere Stellung zu Teil wurde.
Worin die Probleme einer solchen Rekonstruktion genau bestehen, kann
paradigmatisch an der Erwähnung erläutert werden, die Jakobus in den
überlieferten Fragmenten des Hebräerevangeliums erfährt. Aus diesem
Grund soll im Folgenden zunächst das themenspezifisch relevante sechste
Fragment des Hebräerevangeliums betrachtet werden (2)[3], um es darauf
mit weiteren Zeugnissen der frühchristlichen Jakobustraditonen in Beziehung zu setzen (3).

II. DIE ERWÄHNUNG DES JAKOBUS IN EVHEBR FR. 6

Auch wenn von den sogenannten judenchristlichen Evangelien heute
nur noch einzelne Fragmente bzw. Zitate überliefert sind, hatten sie zur
Zeit des frühen Christentum bzw. der altkirchlichen Identitätsbildungs-
prozesse eine hohe theologische Autorität[4]. Dies gilt im besonderen
Maße für das sogenannte Hebräerevangelium, in welchem dem Herrenbruder Jakobus eine besondere Aufmerksamkeit geschenkt wird. Das
sechste Fragment des Hebräerevangeliums wird durch Hieronymus im
Zusammenhang seiner Betrachtung bedeutender Persönlichkeiten des frühen Christentums überliefert (Hier, *Vir. Ill.* II)[5]. Die in diesem Fragment

Jesus: The Early Centuries, Peabody, MA, Hendrickson, 2007, 22-52, S. 49 Anm. 119:
"A Jewish Christian is a Jewish Believer in Jesus who maintains a Jewish lifestyle".
    3. Die Zählung der Fragmente des Hebräerevangeliums orientiert sich an D. LÜHR-
MANN, *Fragmente apokryph gewordener Evangelien: In griechischer und lateinischer
Sprache; übersetzt und eingeleitet in Zusammenarbeit mit E. Schlarb* (MTS, 59), Marburg,
Elwert, 2000, S. 53.
    4. Vgl. A.F.J. KLIJN, *Jewish-Christian Gospel Tradition* (SupplVigChr, 17), Leiden,
Brill, 1992, S. 26: „We note that in some early period knowledge of these Gospels was
obviously so widespread in some regions that it was impossible for non-Jewish-Christian
writers to ignore their existence. This was the situation in Egypt and is reflected in
the works of Clement, Origen and even Didymus the Blind. However, Jewish-Christian
Gospel tradition gradually fell into oblivion in this region".
    5. In diesem Zusammenhang erwähnt Hieronymus nicht nur, dass auch Origenes von
diesem Werk oftmals Gebrauch macht, sondern er nimmt sogar für sich in Anspruch, das

tradierte Erzählsequenz steht der in Lk 24,29-31.35 bzw. Joh 21,12f überlieferten Tradition nahe, derzufolge der auferstandene Jesus mit einigen seiner Jünger ein gemeinsames Mahl abgehalten haben soll. Im Gegensatz zu den erwähnten neutestamentlichen Zeugnissen wird jedoch in EvHebr fr. 6 vorausgesetzt, dass bei diesem Mahl auch der Bruder Jesu zugegen gewesen sein soll. Darüber hinaus wird in Gestalt eines Erzählerkommentars hervorgehoben, dass Jakobus sich nach der Hinrichtung Jesu verpflichtet haben soll, keinerlei Nahrung mehr zu sich zu nehmen, bevor er nicht seinem Bruder als dem Auferstandenen begegnet ist. Motivgeschichtlich betrachtet steht dabei EvHebr fr. 6 dem lukanischen Korrespondenztext näher als Joh 21,12f, insofern ebenso wie in Lk 24,30 das gemeinsame Mahl Züge einer eucharistischen Feier trägt (vgl. die Formulierung *tulit panem et benedixit et fregit et dedit Iacobo...*)[6].

Die judenchristliche Provenienz dieser Erzählung, die sich auch in der spezifischen Ehrenbezeichnung *Iacobo Iusto* dokumentiert[7], ist deutlich zu erkennen. Jakobus wird zu einem mit keinem anderen Jünger zu vergleichenden Auferstehungszeugen stilisiert. Andere Nachfolger Jesu sind nach dessen Verhaftung geflohen (Mk 14,50 parr.) bzw. haben wie im Fall des Petrus ihre Jüngerschaft verleugnet (Mk 14,66-72 parr.). Selbst in Begegnungen mit dem Auferstandenen sollen einige Jünger noch gezweifelt (Mt 28,16) bzw. Jesus zunächst nicht einmal erkannt haben (Lk 24,16)[8]. Im Kontrast zu diesen glaubensschwachen Personen wird Jakobus zu einem Auferstehungszeugen, der von der Wahrheit der Botschaft seines Bruders derartig überzeugt war, dass er sogar sein eigenes

---

Hebräerevangelium selbst ins Griechische bzw. Lateinische übersetzt zu haben. Diese Angabe steht in Beziehung zu einem der „vielen ungelösten Rätseln der Evangelienschreibung" (so treffend M. HENGEL, *Die vier Evangelien, ihre Autoren und das eine Evangelium*, in ID. (Hg.), *Die vier Evangelien und das eine Evangelium von Jesus Christus: Studien zu ihrer Sammlung und Entstehung* (WUNT, 224), Tübingen, Mohr Siebeck, 2008, S. 135), nämlich zu der Frage, inwiefern es ursprünglich aramäische bzw. hebräisch verfasste Evangelien gab (zur Frage der Plausibilität der Angabe des Hieronymus vgl. H.-J. KLAUCK, *Apokryphe Evangelien: Eine Einführung*, Stuttgart, Katholisches Bibelwerk, 2002, S. 55f).

6. Zur Textüberlieferung vgl. LÜHRMANN, *Fragmente* (Anm. 3), S. 53.

7. Es gilt zu beachten, dass die Bezeichnung „Jakobus, der Gerechte" als Erzählerkommentar und nicht etwa wie in EvThom 12 als Jesus-Wort eingeführt wird. Vgl. hierzu E.K. BROADHEAD, *Jewish Ways of Following Jesus: Redrawing the Religious Map of Antiquity* (WUNT, 266), Tübingen, Mohr Siebeck, 2010, S. 264f.

8. Die theologische Anstößigkeit dieser Motive dokumentiert sich nicht zuletzt an der Relativierung, welche dieselben in der johanneischen Bearbeitung der synoptischen Passionserzählungen erfahren (vgl. diesbezüglich M. LANG, *Johannes und die Synoptiker: Eine redaktionsgeschichtliche Analyse von Joh 18–20 vor dem markinischen und lukanischen Hintergrund* [FRLANT, 182], Göttingen, Vandenhoeck & Ruprecht, 1999, S. 61ff bzw. S. 279ff).

Leben dafür verbürgen konnte. Mit dieser Sonderstellung des Jakobus entspricht EvHebr fr. 6 sachlich einer Vielzahl weiterer außerkanonischer Zeugnisse über den Herrenbruder Jakobus. Es steht jedoch in einer eigentümlichen Diskrepanz zu dem Jakobusbild, das sich auf der Grundlage der neutestamentlichen Zeugnisse herausarbeiten lässt. Dieser paradoxe Sachverhalt soll im Folgenden erläutert werden.

III. Das Verhältnis von EvHebr fr. 6
zu weiteren Facetten frühchristlicher Jakobustraditionen

Die durch EvHebr fr. 6 dokumentierte Sonderstellung des Herrenbruders Jakobus steht in einem eigentümlichen Kontrast v.a. zu den neutestamentlichen Evangelientraditionen. Mk 6,3 und Mt 13,55 zufolge war Jakobus einer von vier Brüdern Jesu, deren Namen jeweils eigens benannt werden. Im Gegensatz hierzu werden in Lk 4,22 und Joh 7,3.5 zwar die Brüder Jesu erwähnt, ohne dass dieselben namentlich identifiziert werden. Dabei wird in Gestalt eines Erzählerkommentars eigens betont, dass jene Brüder der Botschaft Jesu keinen Glauben schenkten (vgl. Joh 7,5 οὐδὲ γὰρ οἱ ἀδελφοὶ αὐτοῦ ἐπίστευον εἰς αὐτόν). Die Auslassung des Namens in Lk 4,22 ist wiederum umso bemerkenswerter, wenn man berücksichtigt, dass der Verfasser des lukanischen Geschichtswerks im Rahmen der Apostelgeschichte Jakobus als eine der prominentesten Grössen der Jerusalemer Gemeinde darstellt (Act 12,17; 15,13ff; 21,18ff). Gleichwohl erläutert der *Auctor ad Theophilum* seinen Lesern nicht, warum bzw. seit wann Jakobus diese Position inne hatte. Dieses eigentümliche Phänomen kann m.E. nur dadurch erklärt werden, dass der Verfasser des lukanischen Geschichtswerks bei seinen Lesern ein Wissen um diese Sachverhalte voraussetzen kann[9]. Gleiches gilt auch für viele Erwähnungen, die Jakobus im Zusammenhang der paulinischen Briefe erfährt. In 1Kor 15,7 benennt Paulus den Bruder Jesu als einen der Zeugen einer nachösterlichen Erscheinung des Auferstandenen, wobei freilich im Kontrast zu EvHebr fr. 6 von einer Selbstverpflichtung des Jakobus zu einem Nahrungsverzicht nicht gesprochen wird. Auch im Zusammenhang seiner konfliktträchtigen Korrespondenz

---

9. Eine solche bewusste Auslassung entspräche dem lukanischen Umgang mit den Informationen über den Tod des Paulus, der zwar indirekt angedeutet (Act 20,25.38), aber nicht explizit thematisiert wird (vgl. H. OMERZU, *Das Schweigen des Lukas: Überlegungen zum offenen Ende der Apostelgeschichte*, in F.-W. HORN (Hg.), *Das Ende des Paulus: Historische, theologische und literaturgeschichtliche Aspekte* [BZNW, 106], Berlin, de Gruyter, 2001, 127-156, S. 154).

mit den Gemeinden in Galatien erwähnt Paulus den Herrenbruder zunächst ohne weitere Erläuterungen als eine der drei großen Jerusalemer Autoritäten (Gal 2,9). Daraufhin bezeichnet er ihn als den Gewährsmann jener Delegation, welche die antiochenischen Kontroversen mit Petrus auslöste (Gal 2,11f).

Die Autorität des Jakobus dokumentiert sich auch darin, dass er weder von Paulus noch vom Verfasser des lukanischen Geschichtswerkes prinzipiell kritisiert wird. Paulus kritisiert in seiner Darstellung des antiochenischen Zwischenfalls nicht etwa Jakobus, sondern das seines Erachtens falsche Verhalten des Petrus, das durch die Delegation des Jakobus provoziert wurde (Gal 2,11ff). Das Konfliktpotential dieser Geschehnisse wird vom *Auctor ad Theophilum* sogar nochmals relativiert, indem er in seiner Erzählung von den Ereignissen im Zusammenhang des sogenannten Apostelkonzils Jakobus betonen lässt, dass die in Act 15,1 erwähnten Personen nicht von der Jerusalemer Gemeinde autorisiert waren (vgl. Act 15,24: τινὲς ἐξ ἡμῶν [...] οἷς οὐ διεστειλάμεθα). Dieses auf den ersten Blick unerhebliche Detail ist durchaus bedeutsam, insofern der antiochenische Zwischenfall auf ein Fehlverhalten einer nicht genauer identifizierten Gruppierung zurückgeführt wird, ohne dass ein Bezug zur Jerusalemer Gemeinde geschweige denn zu Jakobus erwähnt wird (die Wendung Act 15,1: τινες [...] ἀπὸ τῆς Ἰουδαίας spricht lediglich von Judäa, ohne die Provenienz jener Gruppierung genauer zu lokalisieren). Auf diese Weise kann die Möglichkeit einer friedlichen Koexistenz juden- und heidenchristlicher Strömungen gewahrt bleiben[10].

Während somit bereits die skizzierten lukanischen und paulinischen Ausführungen die Autorität des Jakobus konstatieren, kann nicht zuletzt der kanonische Jakobusbrief als ein eindrückliches Zeugnis für die Bedeutung des Bruders Jesu für die Entwicklungsgeschichte des frühen Christentums verstanden werden. Unabhängig von der Frage, ob man den Jakobusbrief für eine authentische Schrift des Bruders Jesu oder für ein sich auf dessen Autorität berufendes Schreiben hält, wird man festhalten können, dass nur eine Kenntnis um die Bedeutung dieser Persönlichkeit dem Jakobusbrief sein theologisches Gewicht zuteilwerden lässt[11].

---

10. Zum Verhältnis von Gal 2,11ff und Act 15,1ff vgl. E.E. POPKES, „*Bevor einer von Jakobus kam...*" – *Anmerkungen zur textkritischen und theologiegeschichtlichen Problematik von Gal 2,12*, in *NT* 46 (2004) 53-64, passim; M. HENGEL – A.M. SCHWEMER – J. ÅDNA, *James' Position at the Summit Meeting of the Apostles and the Elders in Jerusalem (Acts 15)*, in ID. – H. KVALBEIN (Hgg.), *The Mission of the Early Church to Jews and Gentiles* (WUNT, 127), Tübingen, Mohr Siebeck, 2000, 125-161, S. 125ff.

11. Treffend konstatiert KONRADT, *Jakobusbrief* (Anm. 1), S. 52: „Voraussetzung für die Autorfiktion ist ein Milieu, in dem der Herrenbruder Jakobus als Autorität der Jerusalemer Urgemeinde anerkannt und wertgeschätzt wurde ... Aber sein tatsächlicher Verfasser

In diesem Sinne kann selbst der Verfasser des Judasbriefs sich indirekt auf die Autorität des Herrenbruders berufen, in dem er sich als Bruder des Jakobus bezeichnet und damit zugleich die Bruderschaft Jesu indirekt für sich proklamiert (vgl. Jud 1a: Ἰούδας Ἰησοῦ Χριστοῦ δοῦλος, ἀδελφὸς δὲ Ἰακώβου...)[12].

Doch obwohl die genannten neutestamentlichen Zeugnisse durchgehend die hohe theologische Autorität des Herrenbruders dokumentieren, lassen sich aus ihnen keine Hinweise herausarbeiten, wie bzw. seit wann Jakobus ein Sympatisant seines Bruders war und wie er jene prominente Stellung in der Jerusalemer Gemeinde einnehmen konnte. Diesbezüglich liegen lediglich außerkanonische Zeugnisse vor, bei denen jedoch nur schwer zwischen historisch validen Informationen und legendarischen Ausgestaltungen differenziert werden kann. Dieser Sachverhalt zeigt sich eindrücklich an der Erwähnung, die Jakobus im Thomasevangelium erfährt.

EvThom 12,1 zufolge wollen die Jünger Jesu erfahren, wer unter ihnen nach dem Tod Jesu eine bzw. die Führungsposition einnehmen wird. Die Antwort, die in EvThom 12,2ff Jesus in den Mund gelegt wird, ist in mehrfacher Hinsicht bemerkenswert. Sie spiegelt innerchristliche Hierarchiestrukturen wieder, die sich erst nach dem Tode Jesu entwickelt haben. EvThom 12,2b betont, dass nach dem Tode Jesu dessen Bruder Jakobus zur zentralen Autorität des frühen Christentums werden soll. Dabei wird die Ehrenbezeichnung „Jakobus, der Gerechte" im Kontrast zu EvHebr fr. 6 nicht etwa als Erzählerkommentar, sondern als Jesuswort eingeführt. Dieser Titel adaptiert nicht nur eine spezifisch judenchristliche Terminologie, sondern er wird sogar noch durch die Aussage ergänzt, dass um Jakobus willen „Himmel und Erde entstanden sind" (EvThom 12,2b)[13]. Vor allem jedoch kann festgehalten werden, dass im Kontrast

---

vertritt Positionen, die am ‚historischen Jakobus' Anhalt haben und damit die These plausibel erscheinen lassen, daß nicht nur der Ruhm der Jerusalemer Autorität, sondern auch ein bestimmtes Jakobusbild, in dem die Standpunkte des Herrenbruders nachwirken, bei der Autorfiktion Pate steht".

12. Treffend konstatiert H. PAULSEN, *Der Zweite Petrusbrief und der Judasbrief* (KEK, 12/2), Göttingen, Vandenhoeck Ruprecht, 1992, dass „die Verbindung mit Jakobus, die gezielt am Anfang des Briefes steht, solche apostolische Autorität zusätzlich hervor(hebt); der Brief stellt sich in die Perspektive der Jakobustradition".

13. Zu traditionsgeschichtlichen Vergleichsgrößen der in EvThom 12,2b formulierten Ehrenbezeichnung des Herrenbruders vgl. PRATSCHER, *Jakobus* (Anm. 1), S. 114ff (vgl. speziell EUSEBIUS, *Hist. Eccl.* II 1,2-5; Hier, *Vir. Ill.* II). Treffend formuliert HENGEL, *Jakobus* (Anm. 1), S. 557f: „Der Satz, daß um des Jakobus willen ‚Himmel und Erde geworden sind', unterstreicht seine Autorität als paradigmatischer, einzigartiger *ṣaddîq*. Man wird hier an zahlreiche rabbinische Traditionen erinnert: Daß ein wahrer vollkommener Gerechter die ganze Welt aufwiege, ja wichtiger sei als die ganze Welt, daß die

zu den zuvor genannten Traditionen EvThom 12 zu erläutern in Anspruch nimmt, wie Jakobus zu seiner besonderen Stellung im frühen Christentum kam, nämlich durch eine Verfügung Jesu. In dieser Hinsicht entspricht das stark legendarisch wirkende Logion EvThom 12 sachlich den entsprechenden historiographischen Ausführungen bei Euseb von Caesaräa, der in Berufung auf schriftlich nicht erhaltene Quellen konstatiert, dass Jesus selbst seinen Bruder zum Bischof der Jerusalemer Gemeinde erwählt hat (Euseb, *Hist. Eccl.* II 1,1-5)[14].

Die Prädikation des Herrenbruders Jakobus in EvThom 12 kann jedoch nicht – wie verschiedentlich postuliert wurde – als Hinweis auf eine ursprünglich judenchristliche Provenienz des Thomasevangeliums verstanden werden[15]. Diesbezüglich gilt es sich zunächst zu vergegenwärtigen, dass in den griechischen Fragmenten des Thomasevangeliums keine Erwähnungen vorliegen[16]. Die einzige nahezu vollständig erhaltene Fassung des Thomasevangeliums ist hingegen eine wesentlich jüngere koptische Übersetzung einer griechischen Vorlage, die wohl erst im späten dritten bzw. frühen vierten Jahrhundert entstanden ist[17]. In dieser Entwicklungsstufe läßt das Thomasevangelium bereits eine deutliche Distanz

---

Macht der Gerechten der Gottes nahe komme, daß die ganze Schöpfung dem *ṣaddîq* zu Dienste stehe".

14. Zur Frage der Quellen des Jakobusbildes des Euseb von Cäsaräa vgl. J. ULRICH, *Euseb von Caesarea und die Juden: Studien zur Rolle der Juden in der Theologie des Eusebius von Caesarea* (PTS, 49), Berlin, de Gruyter, 1999, S. 138f.

15. So z.B. H. KOESTER, *Introduction to the New Testament.* Vol. 2: *History and Literature of Early Christianity*, New York, de Gruyter, ²2000, S. 157; A.J. DEWEY, *"Keep speaking until you find..."*: *Thomas and the School of Oral Mimesis*, in R. CAMERON – M.P. MILLER (Hgg.), *Redescribing Christian Origins* (SBL Symposium Series, 28), Atlanta, GA, Society of Biblical Literature, 2004, 109-132, S. 121-124; R. NORDSIECK, *Das Thomas-Evangelium: Einleitung. Die Frage nach dem historischen Jesus, Kommentierung aller 114 Logien (3., durchgesehene und erweiterte Auflage)*, Neukirchen-Vluyn, Neukirchener, 2006, S. 70f. Demgegenüber versucht G. QUISPEL, *The ‚Gospel of Thomas‘ and the ‚Gospel of the Hebrews‘*, in *NTS* 12 (1966) 371-382, S. 381 einen traditionsgeschichtlichen Zusammenhang zwischen dem Hebräerevangelium und dem Thomasevangelium zu rekonstruieren, um so das Thomasevangeliums als ein judenchristlich-enkratitisches Dokument zu profilieren.

16. Zum Verhältnis von P.Oxy 1,1-42; 654,1-42; 655 (*d*) 1-5 etc. und NHC II,2 vgl. L. HURTADO, *The Greek Fragments of the Gospel of Thomas as Artefacts: Papyrological Observations on Papyrus Oxyrhynchus 1; Papyrus Oxyrhynchus 654 and Papyrus Oxyrhynchus 655*, in J. FREY – E.E. POPKES – J. SCHRÖTER (Hgg.), *Das Thomasevangelium: Entstehung – Rezeption – Theologie* (BZNW, 157), Berlin – New York, de Gruyter, 2008, 19-32; H.W. ATTRIDGE, *Greek Fragments, The Gospel According to Thomas. Appendix: The Greek Fragments*, in B. LAYTON (Hg.), *Nag Hammadi Codex II,2-7.* Bd. 1: *Gospel According to Thomas, Gospel according to Philip, Hypostasis of the Archons and Indexes* (NHS, 20), Leiden, Brill, 1989, 92-128, S. 99ff.

17. Zu paläographischen und sprachgeschichtlichen Indizien der Datierung der koptischen Übersetzung das Thomasevangeliums vgl. ATTRIDGE, *Greek Fragments* (Anm. 16), S. 96-99; J. SCHRÖTER – H.-G. BETHGE, *Das Evangelium nach Thomas*, in H.-M. SCHENKE

zu den jüdischen Wurzel des frühen Christentums und damit auch zum Judenchristentum erkennen (dies dokumentiert sich v.a. in den Aussagen zur Beschneidung [EvThom 53], zum Fasten, Beten und Almosengeben [EvThom 6,1; 14,1-3; 104,1], zur Sabbatobservanz [EvThom 27], zur Observanz von Speisegeboten [EvThom 14,4f; 89])[18]. Darüberhinaus gilt es zu beachten, dass z.B. auch in gnostischen Traditionsbildungen dem Bruder Jesu eine hohe Autorität zugestanden wird, ohne dass dabei der ursprünglich judenchristlichen Eigentümlichkeit der frühen Jakobus-Traditionen Aufmerksamkeit gezollt wird. (vgl. z.B. 1 ApcJac [NHC V,3] p. 32,1-3; 2 ApcJac [NHC V,4] p. 60,11-13 etc.)[19]. V.a. gilt es jedoch zu beachten, dass das theologische Anliegen von EvThom 12 erst vor dem Hintergrund des unmittelbar folgenden Logion EvThom 13 verstanden werden kann. Auch wenn in EvThom 12,2 der Herrenbruder als zentrale Grösse des frühen Christentums angesprochen wird, wird durch EvThom 13 Thomas zu dem Traditionsgaranten der wahren und geheimen Botschaft Jesu stilisiert[20]. Ebenso wie in den skizzierten neutestamentlichen Erwähnungen setzt also auch EvThom 12 die besondere Stellung des Jakobus voraus, ohne die historischen Hintergründe derselben zu erläutern.

Anders verhält es sich hingegen, wenn man eine außerkanonische Schriftengruppe in die Diskussion einbezieht, die sich für die vorliegende Fragestellung als ebenso ertragreich, wie methodisch problematisch erweist, nämlich diejenigen Schriften, die unter dem Namen der Pseudoclementinen subsummiert werden. Die literatur- und theologiegeschichtliche Verortung der pseudoclementinischen Schriften gehört ohne Zweifel zu einem der schwierigsten Arbeitsfelder neutestamentlicher und patristischer Forschung. Auf einer sicheren Diskussionsbasis befindet

---

(Hg.), *Nag Hammadi Deutsch* (Koptische-gnostische Schriften, 2: NHC I,1–VI,1; GCS, NF 8), Berlin – New York, de Gruyter, 2001, 151-181, S. 153f.

18. Ausführlich hierzu E.E. POPKES, *Das Menschenbild des Thomasevangeliums: Untersuchungen zu seiner religionshistorischen und chronologischen Verortung* (WUNT, 206), Tübingen, Mohr Siebeck, 2007, S. 55ff.

19. Zu Charakteristika judenchristlicher bzw. gnostischer Jakobustraditionen vgl. PAINTER, *James* (Anm. 1), S. 227ff bzw. S. 269ff; PRATSCHER, *Jakobus* (Anm. 1), S. 102ff bzw. S. 151-177. Die Bedeutung der Gestalt des Jakobus dokumentiert auch darin, dass drei Nag-Hammadi-Schriften unter dem Namen in dieser Autorität verfasst wurden, die durchaus sehr eigenständige theologische Profile erkennen lassen (vgl. J. HARTENSTEIN, *Die zweite Lehre: Erscheinungen des Auferstandenen als Rahmenerzählungen frühchristlicher Dialoge* [TU, 146], Berlin, Akademischer Verlag, 2000, 229-232; U.U. KAISER – U.-K. PLISCH, *Die [zweite] Apokalypse des Jakobus'* [NHC, V,4], in H.-M. SCHENKE [Hg.], *Nag Hammadi Deutsch* [Koptische-gnostische Schriften, 3: NHC V,1–XIII,1; GCS, NF 12], Berlin – New York, de Gruyter, 2003, 419-432, S. 423f).

20. Zum Verhältnis dieser Logien vgl. POPKES, *Menschenbild* (Anm. 18), S. 34ff; KLAUCK, *Apokryphe Evangelien* (Anm. 5), S. 152f.

man sich strenggenommen nur bei ihren wohl erst im vierten Jahrhundert manifestierten Gestaltwerdungen, die in den romanhaft verfassten Homilien und Recognitionen vorliegen. Strittig ist jedoch, welche früheren Textstadien sich aus diesen Werken herausarbeiten lassen[21]. Die Pseudoclementinen überliefern nicht nur sehr junge Traditionen, sondern sie können auch singuläre judenchristliche Logien und Traditionselemente enthalten, die bis ins 1. Jahrhundert zurückreichen. Methodisch äußerst kompliziert ist jedoch, wie man dieselben ermitteln und theologiehistorisch verorten kann. In Bezug auf die vorliegende Fragestellung sollen im Folgenden einige Traditionselemente in die Diskussion einbezogen werden, in Bezug auf die ein weitgehender Konsens besteht, dass sie nicht erst im dritten oder vierten Jahrhundert entstanden sein können, sondern dass sich in ihnen Entwicklungen des späten ersten bzw. zweiten Jahrhunderts spiegeln[22].

Dieser Sachverhalt dokumentiert sich eindrücklich an der Epistula Petri ad Jakobum und der Epistula Clementis, die beide im Zusammenhang mit den Homilien und Recognitionen überliefert wurden[23]. Beide Schriften dokumentieren frühchristliche Bemühungen, die rechtmässige Weitergabe der Botschaft Jesu zu regeln und eine Überformung durch Irrlehren zu vermeiden. Bemerkenswert ist dabei, in welcher Weise Petrus und v.a. der Herrenbruder Jakobus als Garanten der wahren Lehre Jesu dargestellt werden. Die Sonderstellung des Jakobus ist bereits in den Einleitungen der Epistula Petri und in der Epistula Clementis zu erkennen. Der jeweiligen Adscriptio dieser Zeugnisse zufolge wenden sich Petrus bzw. Clemens an Jakobus. Beiden Texten ist gemeinsam, dass Jakobus in einer Weise angesprochen wird, die ihn zu der entscheidenden Autorität frühchristlicher Gemeindebildungen stilisiert. In Epistula Petri

---

21. Die zuweilen sehr hypothetischen Diskussionen um die Existenz literarischer Frühformen wie den Kerygmata Petrou oder einer Grundschrift sind für die vorliegende Fragestellung zunächst irrelevant. Zu unterschiedlichen Ansätzen text- und redaktionsgeschichtlicher Schichtungen der pseudoclementinischen Literatur vgl. u.a. N. KELLEY, *Knowledge and Religious Authority in the Pseudo-Clementines: Situating the Recognitions in Fourth-century Syria* (WUNT, II/213), Tübingen, Mohr Siebeck, 2006, S. 174-178 bzw. G. STANTON, *Jewish-Christian Elements in the Pseudo-Clementine Writings*, in O. SKARSAUNE – R. HVALVIK (Hgg.), *Jewish Believers in Jesus*, Peabody, MA, Hendrickson, 2007, 305-324; M. VIELBERG, *Klemens in den pseudoklementinischen Rekognitionen: Studien zur literarischen Form des spätantiken Romans* (TU, 145), Berlin, Akademischer Verlag, 2000, *passim*; J. WEHNERT, *Pseudoclementinische Homilien: Einführung und Übersetzung* (Kommentar zur Apokryphen Literatur, 1/1), Göttingen, Vandenhoeck & Ruprecht, 2010, *passim*.

22. Vgl. hierzu u.a. J. CARLETON PAGET, *Jews, Christians and Jewish Christians in Antiquity* (WUNT, 251), Tübingen, Mohr Siebeck, 2010, S. 427ff.

23. Vgl. hierzu BROADHEAD, *Jewish Ways* (Anm. 7), S. 267fff; WEHNERT, *Pseudoclementinische Homilien* (Anm. 21), S. 47ff.

1,1a spricht Petrus Jakobus als „den Herrn und Bischof der heiligen Gemeinde" an (τῷ κυρίῳ καὶ ἐπισκόπῳ τῇ ἁγίᾳ ἐκκλησίᾳ. In diesem Zusammenhang besteht der Interpretationsfreiraum, ob ἐπισκόπῳ τῇ ἁγίᾳ ἐκκλησίᾳ sich lediglich auf die Jerusalemer Gemeinde bezieht oder auf die Gesamtheit der Kirche. Ein solcher Interpretationsfreiraum ist in Epistula Clementis 1,1 jedoch nicht gegeben. In diesem Kontext wird Jakobus zunächst als „Herr und Bischof der Bischöfe" angesprochen τῷ κυρίῳ καὶ ἐπισκόπων ἐπισκόπῳ bzw. in der von Rufin verfassten Lateinischen Übersetzung *domino et episcopo episcoporum*). Daraufhin wird Jakobus als Leiter „der heiligen Gemeinde der Hebräer zu Jerusalem" angesprochen. Für sich genommen könnte man diese Aussage dahingehend deuten, dass Jakobus nur der Bischof der Gemeinde in Jerusalem ist. Dies wird freilich durch die unmittelbar folgende Aussage modifiziert. Nun wird er nämlich auch als Leiter aller Gemeinden angesprochen, die „überall durch Gottes Vorsehung wohl gegründet" sind. Abgerundet wird diese Prädikation durch den Verweis auf die weiteren Ämterstrukturen, nämlich auf die den Bischöfen untergeordneten Presbytern und Diakone.

Die hohe Autorität, die Jakobus in den skizzierten Passagen der pseudoclementinischen Zeugnisse zugesprochen wird, entspricht inhaltlich-sachlich den Ausführungen, die im weiteren Verlauf der Epistula Petri formuliert werden. Der literarischen Fiktion dieses Textes zufolge haben Petrus und Jakobus als die beiden bedeutendsten Autoritäten des frühen Christentums sich darauf geeinigt, dass die verschiedenen Protagonisten frühchristlicher Mission in regelmäßigen Abständen in Jerusalem gegenüber Jakobus Rechenschaft über ihre theologischen und missionarischen Aktivitäten ablegen müssen. Auf diese Weise könne eine Verfälschung der christlichen Lehre verhindert werden[24]. Diese Angaben sind insbesondere für das Verhältnis des Jakobus' zu Paulus aufschlussreich. Bereits in der unmittelbar folgenden Argumentation wird indirekt erkennbar, dass die Epistula Petri mit den skizzierten Forderungen eine antipaulinische Haltung propagiert[25]. Der fiktive Petrus betont, dass die befürchtete Zersplitterung der christlichen Botschaft sich bereits vollziehen würde. Verschiedene nichtjüdisch geborene Christen würden seine

24. Treffend konstatiert KELLEY, *Knowledge and Religious Authority* (Anm. 21), S. 176 zum pseudoclementinischen Jakobusbild: „James has the power to approve and reject those who claim to speak in Jesus' name, and his decision is portrayed … as final and absolute".

25. Vgl. H.-J. KLAUCK, *Die apokryphe Bibel: Ein anderer Zugang zum frühen Christentum* (Tria Corda, 4), Tübingen, Mohr Siebeck, 2008, S. 271; WEHNERT, *Pseudoclementinische Homilien* (Anm. 21), S. 44 Anm. 5.

am jüdischen Gesetz orientierte Verkündigung ablehnen und die Lehre „des feindlichen Menschen" vorziehen. Das Motiv des „feindlichen Menschen" kann als eine Anspielung auf Mt 13,28 verstanden werden, also als eine Anspielung auf die matthäische Modifikation des Gleichnisses vom Sämann. Im Kontext der weiteren Ausführungen der Epistula Clementis birgt dieselbe eine antipaulinische Spitze. Es folgt nämlich eine Paraphrase jener Ereignisse, die nach Gal 1f die antiochenischen Konflikte zwischen Petrus und Paulus provoziert haben sollen. Die noch nicht namentlich identifizierten Kontrahenten sollen Petrus unterstellt haben, eigentlich eine Relativierung des jüdischen Gesetzes zu vertreten, ohne dies öffentlich bekennen zu wollen (so in deutlichem Bezug zu Gal 2,1-14). Dabei weist der pseudoclementinische Petrus diese Unterstellung zurück, indem er ein Diktum des Matthäusevangeliums zitiert, dass bereits für sich genommen eine pauluskritische Note trug (vgl. den Rekurs auf Mt 5,18 in EpPetr 2,4b-5: „Aber das sei ferne! Denn solches hieße dem Gesetz Gottes zuwiderhandeln, das durch Moses kundgetan und durch unseren Herrn in seiner ewigen Dauer bestätigt worden ist. Denn er sprach: ‚Der Himmel und die Erde werden vergehen, aber ein Jota oder ein Häkchen vom Gesetz werden nicht vergehen'")[26]. Die Struktur der antipaulinischen Argumentation entspricht auch weiteren Sequenzen der pseudoclementinischen Literatur, in denen der Konflikt zwischen Petrus und Paulus reflektiert wird (vgl. insbesondere die [nach dem Rekonstruktionsvorschlag von Georg Strecker bzw. Jürgen Wehnert] in den Kerygmata Petrou 17,19,1ff vorliegende Kontroverse, in der einerseits die Bedeutung der Christusvision des Paulus in Frage gestellt wird und andererseits die Sonderstellung des Petrus in Rekurs auf das Felsenwort Mt 16,18f hervorgehoben wird)[27]. V.a. jedoch ist EpPetr 1,1ff

---

26. Bemerkenswerterweise zitiert der pseudoclementinische Petrus das Matthäusevangelium, um die Illegitimität der paulinischen Soteriologie zu erweisen. Dieses Argument ist für die Datierung dieser Traditionen von Relevanz, insofern es noch verhältnismäßig offene Kanongrenzen vorauszusetzen scheint. Zur Diskussion vgl. CARLETON PAGET, *Jews, Christians and Jewish Christians in Antiquity* (Anm. 22), S. 427ff.

27. In ihrer vorliegenden Textgestalt handelt es sich hierbei um eine literarisch stilisierte Kontroverse zwischen Petrus und Simon Magus. In nahezu allen Analysen dieser Sequenz herrscht jedoch Einigkeit darüber, dass diese Tradition ursprünglich eine Kontroverse zwischen Petrus und Paulus widerspiegeln soll. Dieser Eindruck wird bereits dadurch evoziert, dass der Diskussionspartner des Petrus fortwährend mit Zitaten aus Paulusbriefen argumentiert. V.a. ist jedoch unverkennbar, dass in diesem Text der Selbstanspruch des Paulus problematisiert wird, aufgrund einer Christusvision eine apostolische Autorität zu haben. Auch die Gestalt der Argumentation spricht dafür, dass diese Tradition nicht erst in späten Entwicklungsstadien entstanden ist, sondern dass sie „mit Argumenten" arbeitet, „die in das 1. Jahrhundert zurückgehen mögen" (vgl. WEHNERT, *Pseudoclementinische Homilien* [Anm. 21], S. 38).

ein weiteres Beispiel dafür, wie Facetten der außerkanonischen Jakobus-
traditionen kanonische Erzählungen über das Verhältnis von Jakobus und
Paulus historisch plausibel erscheinen lassen. Dies kann an der sachlichen Affinität von Epistula Petri 1,1ff und Act 21,18ff erläutert werden.
In seiner Erzählung von dem letzten Jerusalem-Besuch des Heidenapos-
tels betont der Verfasser des lukanischen Geschichtswerks, dass Paulus
nach seiner Ankunft zunächst Jakobus und die übrigen (nicht namentlich
identifizierten) Ältesten aufgesucht hat, um ihn über die Entwicklung
seiner missionarischen Aktivitäten zu unterrichten. Diese Angabe entspricht EpPetr 1,1ff, insofern dieser Besuch des Paulus als eine Art
‚Rechenschaftsbericht' gedeutet werden kann[28]. Dass eine solche Begegnung zwischen Paulus und Jakobus stattgefunden hat, erscheint umso
wahrscheinlicher, wenn man bedenkt, dass Lukas in dieser Erzählsequenz
Aussagen formuliert, die vor dem Hintergrund seiner harmonisierenden
Darstellung des Apostelkonzils eigentlich keinen Sinn machen. Act 21,25
zufolge wird Paulus in seiner letzten Begegnung mit dem Herrenbruder
mit einer Information konfrontiert, die der lukanischen Erzählung zufolge
Paulus eigentlich längst bekannt sein müsste. Nachdem Jakobus Paulus
darüber informiert, welche negativen Reaktionen seine gesetzesfreie Mission bei Juden bzw. Judenchristen ausgelöst haben, konfrontiert Jakobus
Paulus nochmals mit dem Beschluß des Apostelkonzils (Act 21,25). Das
Eigentümliche dieser Angabe besteht zum einen darin, dass Paulus dies
der textinternen Erzähldramaturgie zufolge eigentlich wissen müsste.
Zum anderen suggeriert die lukanische Gestaltung der Erzählung den
Eindruck, dass der lukanische Jakobus von einem Beschlußverfahren
spricht, ohne dass erkennbar wird, dass Paulus an demselben beteiligt
war (vgl. die Formulierung περὶ δὲ τῶν πεπιστευκότων ἐθνῶν ἡμεῖς
ἐπεστείλαμεν κρίναντες ...)[29]. Gerade diese Spannungen innerhalb
der Erzähldramaturgie der Apostelgeschichte sprechen dafür, dass ein
entscheidendes Anliegen des *Auctor ad Theophilum* darin bestand, auch
in der letzten Begegnung zwischen Jakobus und Paulus deren prinzipiel-
le(n) gegenseitige(n) Respekt und Akzeptanz darzustellen. Doch auch in
dieser Hinsicht dokumentiert EpPetr 1,1ff ebenso wie EvHebr fr. 6 das

28. Treffend konstatiert J. JERVELL, *Die Apostelgeschichte. Übersetzt und erklärt v.
Jacob Jervell* (KEK, 3), Göttingen, Vandenhoeck & Ruprecht, 17. Aufl., 1. Aufl. dieser
Auslegung, 1998: „Jakobus scheint der absolute Leiter zu sein, und die Ältesten treten
möglicherweise mehr als Ratskollegium an der Seite des Jakobus auf".
29. Aus diesem Grund wurde verschiedentlich vermutet, dass Lukas in Act 15 und Act
21 zwei unterschiedliche Quellen verarbeitet, die nicht völlig harmonisiert werden können
(vgl. M. KLINGHARDT, *Gesetz und Volk Gottes: Das lukanische Verständnis des Gesetzes
nach Herkunft, Funktion und seinem Ort in der Geschichte des Urchristentums* [WUNT,
II/32], Tübingen, Mohr Siebeck, 1988, S. 207ff)

Grundproblem einer historischen Analyse der frühchristlichen Jakobustraditionen. Auch in diesem Zusammenhang wird die hohe Autorität des
Herrenbruders eindrücklich herausgearbeitet. Die Frage, wie bzw. seit
wann Jakobus zu einem Anhänger seines Bruders wurde, kann auf der
Grundlage der überlieferten Traditionen nicht mehr historisch valide herausgearbeitet werden[30].

Theologische Fakultät   Enno Edzard POPKES
Christian-Albrechts-Universität zu Kiel
Leibnizstraße 4
24118 Kiel
Deutschland

---

30. Das Problem des facettenreichen Spektrums konträrer Jakobustraditionen bringt
BROADHEAD, *Jewish Ways* (Anm. 7), S. 87 treffend auf folgenden Nenner: „While
legendary developments and contradictory images are evident, this literary tradition
certainly reflects a historical core concerning James: he was the brother of Jesus, the
leader of the Jerusalem church, a martyr at the hands of Ananias".

PARALLEL MATERIAL IN THE FOURTH GOSPEL, APOCRYPHAL GOSPELS, AND EARLY CHURCH FATHERS

THE INFLUENCE OF THE FOURTH GOSPEL OR DEPENDENCE ON A COMMON SOURCE/TRADITION?

I. THE RECEPTION OF THE FOURTH GOSPEL

The study of the reception of the Fourth Gospel (FG) is burdened with methodological uncertainty due to the absence of a persuasive source theory. In 1966, M. Hillmer attempted to apply H. Koester's exemplary methodology to the reception of the FG in second-century literature[1]. When quotation formulae or formal markers are not present, Hillmer claimed that dependence on the FG can only be established if the parallels are with material that "has been written by the author himself" or "reflects characteristics of his work"[2]. In order to distinguish the author from his source(s), Hillmer applied R. Bultmann's beleaguered source theory and found that many parallels between the FG and second-century authors could be attributed to dependence on a common literary source or oral tradition[3]. When he does argue for dependence on the FG, it is primarily based on the amount and significance of parallel material, regardless of whether the material could be attributed to the final author[4]. In practice, Hillmer disregarded Bultmann's source theory, but in doing so distanced himself from Koester's rigorous methodology, which produced results

---

1. For a discussion of Koester's criterion and its influence on the study of the reception history of the New Testament, see A.F. GREGORY – C.M. TUCKETT, *Reflections on Method: What Constitutes the Use of the Writings That Later Formed the New Testament in the Apostolic Fathers?*, in A.F. GREGORY – C.M. TUCKETT (eds.), *The Reception of the New Testament in the Apostolic Fathers*, Oxford, University Press, 2005, 61-82.

2. M.R. HILLMER, *The Gospel of John in the Second Century*, Th.D. diss., Harvard University, 1966, pp. i-ii.

3. For a critique of Bultmann's source theory, see: D. MOODY SMITH, *The Composition and Order of the Fourth Gospel*, New Haven, CT, Yale University Press, 1965, pp. 108ff.; G. VAN BELLE, *The Signs Source in the Fourth Gospel: Historical Survey and Critical Evaluation of the Semeia Hypothesis* (BETL, 116), Leuven, University Press, 1994, pp. 370ff.

4. For example, Hillmer follows Bultmann in concluding that John 1,1-18 is based on a pre-Johannine hymn, and only John 1,6-8, 13, and 15 can be attributed to the Fourth Evangelist (HILLMER, *John* [n. 2], p. 30). However, he argues that Tatian (*Orat.* 19.4) and the so-called Naassene Fragment (*Ref.* V 8,5) are dependent on John 1,3-4 (HILLMER, *John*, pp. 77, 126).

that could either indicate dependence on the FG *or* dependence on a common source/tradition.

The FG is often dated to the end of the first century CE and many of the apocryphal gospels are usually dated to the second or third centuries CE, but it is always possible that parallel material may be the result of dependence on a primitive source/tradition, even if the source is no longer extant and its existence cannot be confirmed[5]. This methodological stalemate may be superseded by comparing parallel material in the FG and three apocryphal gospels – *The Egerton Gospel*; *Gospel of Peter*; *Gospel of the Savior* – with the use and interpretation of the FG by the early church fathers (and other early Christian authors) in the second and third centuries CE.

In order to elucidate the relationship between the FG, the apocryphal gospels, and the early church fathers, the following methodology will be pursued: If an early church father claims to be dependent on the FG and quotes, paraphrases, or interprets this gospel in a way similar to an apocryphal gospel that does not make any claim to dependence on the FG, then it is more likely that the apocryphal gospel was influenced by the FG rather than a common source/tradition. A contemporary example may help clarify this thesis. Student A writes a short paper for an intermediate theology class without references. The following year, Student B writes a long paper for the same class, but in one section, addresses the same topic and uses similar terms to make a similar argument as Student A, yet Student B references a publication for this parallel material. How do we explain the parallels between the papers written by Student A and Student B, and more importantly, the paper written by Student A and the publication? Although there are multiple possible explanations and the imprecision of the parallels undermine any positive conclusions, the most economical solution is that Student B (early church father) and Student A (apocryphal gospel) were both dependent on the publication (FG).

5. For this proposed dating of the FG, see B.F. WESTCOTT, *The Gospel according to St. John: The Greek Text with Introduction and Notes*, London, J. Murray, 1908, p. lxxxii; R.E. BROWN, *The Gospel according to John (i–xii): Introduction, Translation, and Notes* (AB, 29), Garden City, NY, Doubleday, 1966, p. lxxxvi; C.K. BARRETT, *The Gospel according to St John: An Introduction with Commentary and Notes on the Greek Text*, 2nd ed., London, SPCK, 1978, p. 128; C.S. KEENER, *The Gospel of John*. Volume 1: *A Commentary*, Peabody, MA, Hendrickson, 2003, p. 140; J. RAMSEY MICHAELS, *The Gospel of John* (NICNT), Grand Rapids, MI, Eerdmans, 2010, p. 38.

II. THE EGERTON GOSPEL ON PAPYRUS EGERTON 2 (P.LOND.CHRIST. 1) AND PAPYRUS COLOGNE 255

H.I. Bell and T.C. Skeat dated P.Eg. 2 to the middle of the second century (140-160 CE) and originally suggested the work was composed "before the end of the first century", but then modified the composition date to be "not later than about A.D. 110-30"[6]. M. Gronewald identified P.Köln. 255 as a fragment "aus demselben Papyruskodex" as P.Eg. 2 and dated it to around 200 CE[7], although it is still likely that the *Egerton Gospel (EG)* on P.Eg. 2 and P.Köln. 255 may have been composed "in the first decades of the second century CE"[8].

There are obvious parallels between the *EG* and FG.

P.Eg. 2 1v.7-10a	John 5,39
ἐραυ- [νᾶτε τ]ὰς γραφάς· ἐν αἷς ὑμεῖς δο[κεῖτε] ζωὴν ἔχειν ἐκεῖναί εἰ[σ]ιν [αἱ μαρτ]υροῦσαι περὶ ἐμοῦ·	ἐραυνᾶτε τὰς γραφάς, ὅτι ὑμεῖς δοκεῖτε ἐν αὐταῖς ζωὴν αἰώνιον ἔχειν· καὶ ἐκεῖναί εἰσιν αἱ μαρτυροῦσαι περὶ ἐμοῦ·

P.Eg. 2 1v.10b-14a	John 5,45
μὴ ν[ομί-] [ζετε ὅ]τι ἐγὼ ἦλθον κατηγο[ρ]ῆσαι [ὑμῶν] πρὸς τὸν π(ατέ)ρα μου· ἔστιν [ὁ κατη]γορῶν ὑμῶν Μω(ϋσῆς) εἰς ὃν [ὑμεῖς] ἠλπίκατε·	μὴ δοκεῖτε ὅτι ἐγὼ κατηγορήσω ὑμῶν πρὸς τὸν πατέρα· ἔστιν ὁ κατηγορῶν ὑμῶν Μωϋσῆς, εἰς ὃν ὑμεῖς ἠλπίκατε.

6. H.I. BELL – T.C. SKEAT (eds.), *Fragments of an Unknown Gospel and Other Early Christian Papyri*, London, Trustees of the British Museum, 1935, p. 39; ID., *The New Gospel Fragments*, London, Trustees of the British Museum, 1935, p. 17.

7. M. GRONEWALD, *255. Unbekanntes Evangelium oder Evangelienharmonie (Fragment aus dem 'Evangelium Egerton')*, Kölner Papyri (P.Köln) 6 (ARWAW. Papyrologica Coloniensia, 7), Opladen, Westdeutcher Verlag, 1987, 136-145, p. 137.

8. T. NICKLAS, *The 'Unknown Gospel' on Papyrus Egerton 2 (+ Papyrus Cologne 255)*, in T. NICKLAS – M.J. KRUGER – T.J. KRAUS, with an introduction by T.J. KRAUS, *Gospel Fragments* (Oxford Early Christian Gospel Texts), Oxford, University Press, 2009, 9-120, p. 113. The transcription of the *EG* is from this chapter.

P.Eg. 2 1v.18b-20 + P.Köln. 255 1v.19-23	John 5,45b-46
νῦν <u>κατηγορεῖται</u> [ὑμῶν τὸ ἀ]πιστεῖ[ν] τοῖς ὑπ' αὐτοῦ [μεμαρτυρη]μένοις· εἰ γὰρ ἐπι-[στεύσατε Μω(ϋσεῖ)]· ἐπιστεύσατε ἄ[ν] [ἐμοὶ· πε]ρ[ὶ] ἐμοῦ γὰρ ἐκεῖνο[ς] [ἔγραψε]ν̣ τοῖς πατ[ρά]σιν ὑμῶ[ν]	ἔστιν ὁ <u>κατηγορῶν</u> ὑμῶν Μωϋσῆς, εἰς ὃν ὑμεῖς ἠλπίκατε. εἰ γὰρ ἐπιστεύετε Μωϋσεῖ, ἐπιστεύετε ἂν ἐμοί· περὶ γὰρ ἐμοῦ ἐκεῖνος ἔγραψεν.

Three options are usually offered to explain the parallel material between the *EG* and FG: (1) the *EG* was influenced by the FG[9]; (2) the FG was influenced by the *EG*[10]; or (3) both works were dependent upon a common source/tradition[11]. One of the primary arguments for the latter two options is that the *EG* does not contain parallel material with John 5,40-44.

Koester has claimed that the FG was influenced by the *EG* since the latter seems to be "more original" and "preserves features which derive from a stage of the tradition that is older than the canonical gospels"[12]. According to Koester, the redaction of the *EG* by the Fourth Evangelist is particularly evident in the separation of 5,39 and 45, with the interjec-

9. J.W. PRYOR, *Papyrus Egerton 2 and the Fourth Gospel*, in *Australian Biblical Review* 37 (1989) 1-13, p. 13; T. NAGEL, *Die Rezeption des Johannesevangeliums im 2. Jahrhundert: Studien zur vorirenäischen Aneignung und Auslegung des vierten Evangeliums in christlicher und christlich-gnostischer Literatur* (Arbeiten zur Bibel und ihrer Geschichte, 2), Leipzig, Evangelische Verlagsanstalt, 2000, pp. 206-207; C.E. HILL, *The Johannine Corpus in the Early Church*, Oxford, University Press, 2004, p. 305; D. LÜHRMANN, *Die apokryph gewordenen Evangelien: Studien zu Neuen Testament und zu neuen Fragen* (SupplNT, 112), Leiden, Brill, 2004, pp. 135-136; NICKLAS, *Unknown Gospel* (n. 8), pp. 113-114.

10. H. KOESTER, *Apocryphal and Canonical Gospels*, in *HTR* 73 (1980) 105-130, pp. 120-123; R. CAMERON (ed.), *The Other Gospels: Non-canonical Gospel Texts*, Philadelphia, PA, Westminster John Knox, 1982, pp. 72-74; J.D. CROSSAN, *Four Other Gospels: Shadows on the Contours of the Canon*, San Francisco, CA, Harper & Row, 1985, p. 75.

11. BELL – SKEAT, *New Gospel* (n. 6), p. 28; G. MAYEDA, *Das Leben-Jesu-Fragment Papyrus Egerton 2 und seine Stellung in der urchristlichen Literaturgeschichte*, Bern, P. Haupt, 1946, pp. 68, 74, 89; J.B. DANIELS, *The Egerton Gospel: Its Place in Early Christianity*, Diss. Claremont 1989, Ann Arbor, MI, 1990, p. 96.

12. KOESTER, *Apocryphal* (n. 10), pp. 120-121. Although Koester does not substantiate this claim, it is safe to assume that it is undergirded by prior claims about the ability of form criticism to determine the antiquity of particular traditions. For a critique of this view, see: E.P. SANDERS, *The Tendencies of the Synoptic Tradition* (SNTS MS, 9), Cambridge, University Press, 1969, p. 272; R. BAUCKHAM, *Jesus and the Eyewitnesses: The Gospels as Eyewitness Testimony*, Grand Rapids, MI, Eerdmans, 2006, p. 247. See also C.M. TUCKETT, *Form Criticism*, in W.H. KELBER – S. BYRSKOG (eds.), *Jesus in Memory: Traditions in Oral and Scribal Perspectives*, Waco, TX, Baylor University Press, 2009, 21-38, pp. 33-34.

tion of the theme of 'taking honor' (John 5,40-44)[13]. Since there is no evidence that the Fourth Evangelist appropriated unique material from the *EG*, J. Daniels denied that the FG was influenced by the *EG* for this pericope, but claimed that the pairing of John 5,39 and 45 may indicate that "Egerton preserves a traditional continuity that is disrupted by editorial work in John"[14]. Therefore, he concludes that the *EG* and FG were both dependent on a common source/tradition that contained John 5,39 and 5,45 together, but the Fourth Evangelist inserted 5,40-44, while the author of the *EG* followed the source/tradition more closely.

Regardless of the function and meaning of John 5,40-44 in the FG, it is extremely doubtful that the pairing of John 5,39 and 5,45 in the *EG* is indicative of an ancient source/tradition. Early church fathers who are explicitly dependent on the FG make a similar omission of 5,40/41-44, and combine John 5,39/40 and 45/46 to make the same theological point as that exhibited in the *EG* – Moses foretold Jesus' coming.

Irenaeus affirms that the Scriptures come from one and the same Father by stating:

> Wherefore also John does appropriately relate that the Lord said to the Jews: "You search the Scriptures, in which you think you have eternal life; these are they which testify of me. And you are not willing to come unto me, that you may have life" [John 5,39-40]. How therefore did the Scriptures testify of Him, unless they were from one and the same Father, instructing men beforehand as to the advent of His Son, and foretelling the salvation brought in by Him? "For if you had believed Moses, you would also have believed Me; for he wrote of Me" [John 5,46]; [saying this,] no doubt, because the Son of God is implanted everywhere throughout his writings (Irenaeus, *Adv. Haer.* IV 10,1)[15].

In response to Heracleon's degradation of the prophets, Origen asks:

> [S]o if the prophetic voice is nothing more than noise, how does the Savior say, as he refers us to it: "Search the Scriptures, because you think you have eternal life in them, and they are those who testify [John 5,39]", and, "If you believed Moses you would believe me, for he wrote of me [John 5,46]", and, "Well did Isaiah prophesy of you saying, 'This people honors me with their lips' [Isa 29,13]" (Origen, *Comm. Jo.* 6,109)[16]?

---

13. Koester, *Apocryphal* (n. 10), pp. 120-121.
14. Daniels, *Egerton Gospel* (n. 11), p. 113.
15. Unless noted otherwise, all quotations of the early church fathers are from A. Roberts – J. Donaldson (eds.), *The Ante-Nicene Fathers: Translations of the Writings of the Fathers down to A.D. 325*, 10 vols., Edinburgh, T&T Clark, 1898, repr. Peabody, MA, Hendrickson, 1995. Archaic terminology has been replaced.
16. R.E. Heine (trans.), *Origen: Commentary on the Gospel According to John Books 1–10* (The Fathers of the Church, 80), Washington, DC, The Catholic University of America Press, 1989, p. 199.

Cyprian affirms that Deut 18,18-19 refers to Jesus:

> Concerning whom also Christ says in the Gospel according to John: "Search
> the Scriptures, in which you think you have eternal life. These are they
> which set forth testimony concerning me; and you will not come to me, that
> you might have life" [John 5,39-40]. "Do not think that I accuse you to the
> Father: there is one that accuses you, even Moses, on whom you hope. For
> if you had believed Moses, you would also believe me: for he wrote of me.
> But if you believe not his writings, how shall you believe my words"
> [John 5,45-47] (Cyprian, *Test.* 1.18)?

Irenaeus and Cyprian are explicit in their dependence upon the FG,
and they each omit 5,41-44, while Origen, in his commentary on the FG,
also omits 5,40-45. It cannot be argued that these early church fathers
were unaware of John 5,40-44, or were dependent on a version of the FG
that omitted these passages – Irenaeus and Cyprian quote John 5,43 (*Adv.
Haer.* V 25,4; *Test.* 2.5), and Origen appears to allude to John 5,44
(Origen, *Comm. John* 20,337). Instead of suggesting that the *EG* preserves an ancient source/tradition that the FG was dependent on, it is
more likely that the *EG* reflects a traditional interpretation of the FG that
considered John 5,40/41-44 superfluous for the argument that Moses
foretold Jesus' coming.

III. The *Gospel of Peter* (P.Cair. 10759)

U. Bouriant originally dated P.Cair. 10759 between the eighth and
twelfth centuries CE, while P. Foster suggests the current scholarly consensus dates the manuscript between the end of the sixth and beginning
of the ninth century CE[17]. The discovery of a definite *terminus ante quem*
for the *Gos. Pet.* in the second or third centuries CE appears elusive. Serapion (*Hist. Eccl.* VI 12,5-6) and Origen (*Comm. Matt.* 10.17) know of a
gospel attributed to Peter, but they provide few details about its contents.
The date of composition is further complicated by the relationship between

---

17. U. BOURIANT, *Fragments du texte grec du livre d'Énoch et de quelques écrits
attribués à saint Pierre*, in *Mémoires publié par les membres de la Mission archéologique
française au Caire* (t. IX, fasc. 1), Paris, Ernest Leroux, 1892, p. 93; P. FOSTER, *The
Gospel of Peter: Introduction, Critical Edition and Commentary* (Texts and Editions for
New Testament Study, 4), Leiden, Brill, 2010, p. 3.

18. For a discussion on these works, see LÜHRMANN, *Evangelien* (n. 9), pp. 55-104;
P. FOSTER, *Are There Any Early Fragments of the So-Called Gospel of Peter?*, in *NTS* 52
(2006) 1-28; T.J. KRAUS – T. NICKLAS (eds.), *Das Evangelium nach Petrus: Text, Kontexte, Intertexte*, Berlin, de Gruyter, 2007.

the *Gos. Pet.* and other early Christian literature[18], although near the middle of the second century CE may be the most sensible conclusion[19].

The parallel material between the *Gos. Pet.* and the canonical gospels may indicate: (1) the *Gos. Pet.* was influenced by the canonical gospels[20]; (2) the canonical gospels were influenced by the *Gos. Pet.*[21]; or (3) they were both dependent on a common source/tradition[22]. Many scholars have concluded that the *Gos. Pet.* was only influenced by the Synoptic gospels, while the relationship between the *Gos. Pet.* and FG is usually relegated to a separate category[23]. Not only is there a scarcity of parallel material between the *Gos. Pet.* and FG, but two of the more significant parallels also exist in the writings of Justin Martyr.

---

19. The composition of *Gos. Pet.* is dated near the beginning of the second century CE by: J.A. ROBINSON – M.R. JAMES, *The Gospel according to Peter, and the Revelation of Peter: Two Lectures on the Newly Recovered Fragments together with the Greek Texts*, London, C.J. Clay and Sons, 1892, p. 32; C.H. TURNER, *The Gospel of Peter*, in *JTS* 14 (1913) 161-187, p. 164; P. GARDNER-SMITH, *The Date of the Gospel of Peter*, in *JTS* 27 (1926) 401-407, p. 407; J. DENKER, *Die theologiegeschichtliche Stellung des Petrusevangeliums* (EHS, XXIII/36), Bern–Frankfurt, Lang, 1975, p. 57; R.E. BROWN, *The Death of the Messiah: From Gethsemane to the Grave*, 2 vols. (ABRL), New York, Doubleday, 1994, vol. II, p. 1342. A date in the middle of the second century CE is suggested by H.B. SWETE, *The Akhmîm Fragment of the Apocryphal Gospel of St Peter*, London, Macmillan, 1983, p. 32. Foster suggests a date of composition between 150-190 CE (FOSTER, *Peter* [n. 17], p. 172).

20. ROBINSON – JAMES, *Peter* (n. 19), p. 32; SWETE, *Akhmîm* (n. 19), p. xv; P. LEJAY, *L'Évangile de Pierre*, in *Revue des Études Grecques* (1893) 59-84, 267-270, p. 84; T. ZAHN, *Das Evangelium des Petrus: Das kürzlich gefundene Fragment seines Textes*, Erlangen, A. Deichert, 1893, p. 55; H. VON SCHUBERT, *Die Composition des pseudopetrinischen Evangelien-Fragments*, Berlin, Reuther & Reichard, 1893, p. 158; TURNER, *Peter* (n. 19), p. 173; K.L. SCHMIDT, *Kanonische und apokryphe Evangelien und Apostelgeschichten*, Basel, Heinrich Majer, 1944, p. 46; J.B. GREEN, *The Gospel of Peter: Source for a Pre-Canonical Passion Narrative?*, in *ZNW* 78 (1987) 293-301, p. 293.

21. CAMERON, *Other Gospels* (n. 10), p. 77; P.A. MIRECKI, *The Gospel of Peter*, in *ABD* 5 (1992) 278.

22. A. HILGENFELD, *Das Petrus-Evangelium über Leiden und Auferstehung Jesu*, in *Zeitschrift für wissenschaftliche Theologie* 36/1 (1893) 439-454, p. 452; H. VON SODEN, *Das Petrusevangelium und die kanonischen Evangelien*, in *ZTK* 3 (1893) 52-92, p. 79; P. GARDNER-SMITH, *The Gospel of Peter*, in *JTS* 27 (1926) 255-271, p. 270; DENKER, *Petrusevangelium* (n. 19), pp. 33-34; KOESTER, *Apocryphal* (n. 10), p. 128; CROSSAN, *Other Gospels* (n. 10), p. 134; A.J. DEWEY, *Resurrection Texts in the Gospel of Peter*, in *Forum* 10/3-4 (1994) 177-196, p. 191.

23. L. VAGANAY, *L'Évangile de Pierre* (Études Bibliques), Paris, Gabalda, 1930, p. 65; M.G. MARA, *Évangile de Pierre: Introduction, Texte critique, Traduction, Commentaire et Index* (SC, 201), Paris, Cerf, 1973, p. 214; S.E. SCHAEFFER, *The 'Gospel of Peter,' the Canonical Gospels, and Oral Tradition*, Diss. Union Theological Seminary, New York, 1990-1991, pp. 180-181; T. NICKLAS, *Ein 'neutestamentliches Apokryphon'? Zum Umstritten Kanonbezug des sog. 'Petrusevangeliums'*, in *VigChr* 56 (2002) 260-272, p. 265; FOSTER, *Peter* (n. 17), p. 145.

1. *The Placement of Jesus upon the Judgment-seat in Gos. Pet. 7b//1 Apol. 35//John 19,13*

Gos. Pet. 7b	John 19:13	Justin, *1 Apol.* 35.20-22	Prax. 16
καὶ ἐκάθισαν αὐτὸν ἐπὶ καθέδραν κρίσεως	ὁ οὖν Πιλᾶτος ἀκούσας τῶν λόγων τούτων ἤγαγεν ἔξω τὸν Ἰησοῦν καὶ ἐκάθισεν ἐπὶ βήματος εἰς τόπον λεγόμενον λιθόστρωτον, Ἑβραϊστὶ δὲ Γαββαθα.	καὶ γὰρ, ὡς εἶπεν ὁ προφήτης [Isa 58,2], διασύροντες αὐτὸν ἐκάθισαν ἐπὶ τοῦ βήματος καὶ εἶπον κρῖνον ἡμῖν.	...[24] *fortasse non credenda de patre, licet scripta, quem isti in vulvam Mariae deducunt, et in Pilati tribunal imponunt, et in monumento Ioseph reconcludunt.*
and they sat him upon the seat of judgment	Then when Pilate heard these words, he brought Jesus out and he sat upon the judgment-seat at a place called 'The Pavement,' but in Hebrew, 'Gabbatha.'	For, as the prophet said [Isa 58,2], they dragged him, and sat him upon the judgment-seat, and said, 'Judge for us.'	... possibly also they could not have been believed of the Father, even if they had been given in the Scriptures, since these men bring him down into Mary's womb, and set him upon Pilate's judgment-seat, and bury him in the sepulcher of Joseph.

A. Harnack and P. Pilhofer have argued that Jesus' placement on the seat of judgment/judgment-seat in the *Gos. Pet.* and Justin indicates that Justin was dependent on the *Gos. Pet.* for this detail, while Swete and Foster suggest that if there was any dependence, it moved in the opposition

24. The preceding lines state, '*Scilicet et haec nec de filio dei credenda fuisse, si scripta non essent* (Surely even these things could not have been believed even of the Son of God, unless they had been given us in the Scriptures)'.

direction[25]. A. Kirk has claimed that the *Gos. Pet.* and Justin may each rely on an independent tradition for the placement of Jesus on the seat of judgment/judgment-seat[26]. Perhaps the most plausible explanation of this parallel is that the *Gos. Pet.* and Justin were both influenced by John 19,13 for this detail[27].

The interpretation of John 19,13 depends on whether ἐκάθισεν is intransitive or transitive. Both interpretations are grammatically possible, but the only other occurrence of καθίζω in the FG (John 12,14; also 8,2) must be intransitive. Regardless of the historicity of this event, there are at least three reasons why John 19,13 may have been interpreted by the author of the *Gos. Pet.* and Justin as an indication that Jesus sat upon the judgment-seat. Firstly, this interpretation agrees with an idiomatic feature of the FG. I. de la Potterie has argued for a transitive interpretation of John 19,13 because on 17 occasions, "when two coordinated verbs [ἤγαγεν; ἐκάθισεν] have a common direct object [τὸν Ἰησοῦν] it is almost always placed *between* the two verbs"[28]. Secondly, this would further the theme of Jesus' kingship evident throughout the FG narrative and trial scene (John 1,49; 6,15; 12,13; 18,37; 19,14)[29]. Thirdly, Tertullian (or Praxeas) was dependent on John 19,13 and interpreted it transitively. In a debate with Praxeas, Tertullian argues that certain things are written in 'Scripture' about the Son, but Praxeas applies them to the Father – 'these men bring him down into Mary's womb and set him upon Pilate's judgment-seat, and bury him in the

25. A. HARNACK, *Bruchstücke des Evangeliums und der Apokalypse des Petrus* (TU, 9/2), Leipzig, J.C. Hinrichs, 1893, p. 39; P. PILHOFER, *Justin und das Petrusevangelium*, in *ZNW* 81 (1990) 60-78, p. 73; SWETE, *Akhmîm* (n. 19), p. xxxiv; P. FOSTER, *The Relationship between the Writings of Justin Martyr and the So-Called Gospel of Peter*, in S. PARVIS – P. FOSTER (eds.), *Justin Martyr and His Worlds*, Minneapolis, MN, Fortress, 2007, 104-113, p. 110.

26. A. KIRK, *Examining Priorities: Another Look at the Gospel of Peter's Relationship to the New Testament Gospels*, in *NTS* 40 (1994) 572-595, p. 594.

27. The strongest argument for the influence of the FG on Justin is the parallel between *1 Apol.* 61.15-18 and John 3,3-5. See C.E. HILL, *"The Orthodox Gospel": The Reception of John in the Great Church Prior to Irenaeus*, in T. RASIMUS (ed.), *The Legacy of John: Second-century Reception of the Fourth Gospel*, Leiden, Brill, 2009, 233-300, pp. 252-256.

28. I. DE LA POTTERIE, *Jesus King and Judge according to John 19.13*, in *Scripture* 13 (1961) 97-111, p. 100. For a list of the 17 examples, see I. DE LA POTTERIE, *Jésus roi et juge d'après Jn 19,13; Ἐκάθισεν ἐπὶ βήματος*, in *Biblica* 41 (1960) 217-247, pp. 223-224.

29. See W.A. MEEKS, *The Prophet-King: Moses Traditions and the Johannine Christology*, Leiden, Brill, 1967, p. 76; BARRETT, *John* (n. 5), p. 544.

sepulcher of Joseph' (*Prax.* 16)[30]. Therefore, if Tertullian (or Praxeas), whose 'Scripture' is surely (or at least extremely likely) John 19,13, interprets it as Jesus being seated on the judgment-seat at the beginning of the third century CE, it is unnecessary to claim that there must be some form of dependence between the *Gos. Pet.* and Justin, or that they were both dependent on a common source/tradition that was independent of the FG.

There are three other minor similarities between the *Gos. Pet.* and *1 Apol.* 35 that may suggest some form of a relationship between these works, but it is possible to explain these similarities as independent redactions and additions by two authors writing within a similar milieu[31].

Firstly, Harnack and Pilhoffer argued that the terminology used for the judgment-seat indicates that Justin was influenced by the *Gos. Pet.*, since it is more likely that Justin substituted the rare phrase καθέδραν κρίσεως in the *Gos. Pet.* for βήματος, rather than vice versa[32]. Swete and Foster have suggested that the *Gos. Pet.* may have been influenced by Justin, who may have been influenced by John 19,13 (Swete) or Isa 58,2 (Foster) for this terminology[33]. Determining Justin's source for this detail is notoriously complicated. The appeal to 'the prophet' is presumably Isa 58,2, yet this passage does not mention the βῆμα. After listing further elements surrounding the crucifixion, Justin contends that these details can be ascertained from 'the Acts of Pontius Pilate', which Hill suggests is a circumlocution for 'the memoirs of the apostles' = the canonical gospels[34]. Perhaps the most likely explanation for the description of the judgment-seat is that Justin was influenced by the FG for this detail. The only textual difference is that Justin adds the definite article before βήματος which is also found in variant manuscripts of John 19,13 (W Θ *f*13 𝔐). It is also plausible that the author of the *Gos. Pet.* redacted the description of the judgment-seat from βήματος in John 19,13 to a καθέδραν κρίσεως to further the depiction of Jesus' kingship[35]. The term καθέδρα can refer to a common seat (see Matt 21,12;

---

30. A. Souter comments on this passage, "From this reference it is obvious that Tertullian, or the version of Scripture used by him, took ἐκάθισεν transitively here, with Pilate as subject" (A. SOUTER, *Tertullian Against Praxeas* [Translation of Christian Literature, Series II, Latin Texts], London, SPCK, 1919, p. 73).

31. See K. GRESCHAT, *Justins 'Denkwürdigkeiten der Apostel' und das Petrusevangelium*, in KRAUS – NICKLAS, *Petrus* (n. 18), 197-214, pp. 212-213.

32. HARNACK, *Bruchstücke* (n. 25), p. 39; PILHOFER, *Justin* (n. 25), p. 73.

33. SWETE, *Akhmîm* (n. 19), p. xxxiv; FOSTER, *Justin Martyr* (n. 25), p. 110.

34. C.E. HILL, *Was John's Gospel among Justin's Apostolic Memoirs?*, in PARVIS – FOSTER, *Justin Martyr* (n. 25), 88-94, pp. 89-91.

35. See VAGANAY, *Pierre* (n. 23), p. 225.

Mark 11,15), but it can also refer to a throne (see 1 Kings 10,19; 2 Chron 9,18; Sirach 7,4), and its description as one of 'judgment' also suggests that the author has royal imagery in mind, which is clarified in the following line, 'Judge justly, King of Israel' (*Gos. Pet.* 7c).

Secondly, the *Gos. Pet.* and Justin both indicate that Jesus' abusers 'dragged' him along. There is a minor difference in terminology here: Justin uses the compound διασύροντες, whereas the *Gos. Pet.* uses the simplex form σύρωμεν. Since both authors are intent on showing the hostility of Jesus' Jewish abusers, it is possible that they added this detail independently of one another, since it was a common enough motif for Christians to be unceremoniously 'dragged' (σύρω) away by Jewish abusers (Acts 8,3; 14,19; 17,6)[36]. Instead of saying that Jesus was 'led' or 'taken' from place to place as he is during the trials in the canonical gospels, both authors may have increased the hostility by saying he was 'dragged' around.

Thirdly, both works indicate that Jesus' abusers ask for judgment. In Justin, the κρῖνον ἡμῖν statement is probably from Isa 58,2 which he has just quoted, and he incorporates it to show how the abuse of Jesus fulfilled prophecy. In the *Gos. Pet.*, this may simply relate to the mocking of Jesus as the 'King of Israel,' who as king, is prodded to declare judgment upon the throne of judgment on which he is now sitting.

The similarities between the *Gos. Pet.* and Justin are important, but it still seems unnecessary to claim that there was some exertion of influence one way or the other, or that they were both dependent on a common source/tradition that was independent of the FG for the placement of Jesus on the seat of judgment/judgment-seat. The more economical solution is that they both interpreted John 19,13 the same way as Tertullian (or Praxeas), and made independent redactions and additions to align with their theological proclivities – emphasizing the hostility of Jesus' abusers and representing Jesus as the ridiculed king (*Gos. Pet.*) or suffering one of Isa 58 (Justin).

---

36. See FOSTER, *Peter* (n. 17), pp. 258-260.

2. The Casting of a Lot for Jesus' Clothing in Gos. Pet. 12//Dial. 97// John 19,24

Gos. Pet. 12	John 19:24	Justin, Dial. 97.21-26	Cyril of Jerusalem Catech. 13.26
Καὶ τεθεικότες τὰ ἐνδύματα ἔμπροσθεν αὐτοῦ διεμερίσαντο καὶ λαχμὸν ἔβαλον ἐπ' αὐτοῖς.	εἶπαν οὖν πρὸς ἀλλήλους· μὴ σχίσωμεν αὐτόν, ἀλλὰ λάχωμεν περὶ αὐτοῦ τίνος ἔσται· ἵνα ἡ γραφὴ πληρωθῇ [ἡ λέγουσα]· διεμερίσαντο τὰ ἱμάτιά μου ἑαυτοῖς καὶ ἐπὶ τὸν ἱματισμόν μου ἔβαλον κλῆρον [Psalm 21,19 LXX]. Οἱ μὲν οὖν στρατιῶται ταῦτα ἐποίησαν.	[Psalm 21,17-19 LXX paraphrase] διεμερίσαντο τὰ ἱμάτιά μου ἑαυτοῖς καὶ ἐπὶ τὸν ἱματισμόν μου ἔβαλον κλῆρον... οἱ σταυρώσαντες αὐτὸν ἐμέρισαν τὰ ἱμάτια αὐτοῦ ἑαυτοῖς λαχμὸν βάλλοντες ἕκαστος κατὰ τὴν τοῦ κλήρου ἐπιβολὴν ὃ ἐκλέξασθαι ἐβεβούλητο.	λαχμὸς περὶ τούτου γίνεται ... περὶ τούτου δὲ λαγχάνουσιν ... [Psalm 21,19 LXX quotation] ... κλῆρος δὲ ἦν ὁ λαχμός
And having laid out the clothes before him, they divided [them] and cast a lot for them.	Then they said to one another, 'Let us not tear it, but cast a lot for it, [to decide] whose it will be,' so that the scripture would be fulfilled, [which says], 'They divided my garments among themselves, and for my clothing they cast a lot [Psalm 21,19 LXX].' Then the soldiers did these things.	[Psalm 21,17-19 LXX paraphrase] They divided my garments among themselves, and for my clothing they cast a lot ... Those who crucified him divided his garments among themselves, each casting a lot for what he chose to have, and receiving according to the decision of the lot.	A lot was cast for this [the tunic] ... for this [the tunic] they cast a lot ... [Psalm 21,19 LXX quotation] ... Now the lot [from Psalm 21,19] was the lot [from John 19:24].

Psalm 21 (LXX) and its quotation in Justin and the canonical gospels all agree that the 'garments' (ἱμάτιον) are 'divided' (διαμερίζω), and the division is determined by the 'casting' (βάλλω) of a 'lot' (κλῆρος). The Gos. Pet. also uses διαμερίζω and βάλλω, but ἔνδυμα instead of ἱμάτιον and λαχμός instead of κλῆρος. The occurrence of λαχμός is noteworthy since it does not occur in the NT, but it is used in Justin's interpretation of Psalm 21,19 LXX (Dial. 97). Due to the rarity of λαχμός

in Greek literature before the second century, Pilhofer suggests its presence in *Dial*. 97 (λαχμὸν βάλλοντες) and *Gos. Pet*. 12 (λαχμὸν ἔβαλον) is "das stärkste Argument für eine literarische Abhängigkeit des Justin von dem Petrusevangelium"[37]. However, Foster, following Swete, hypothesizes that the *Gos. Pet*. and Justin may have been dependent on a common source – a Greek translation of Psalm 21,19 that used λαχμός instead of κλῆρος, but is no longer extant[38].

Although he probably composed his work two centuries after the *Gos. Pet*. and Justin, Cyril of Jerusalem provided an apology for how the 'casting a lot' for Jesus' tunic in John 19,24 was the fulfillment of the 'casting a lot' for the clothing in Psalm 21,19[39]. In order to do this, he correlates λαγχάνω from John 19,24 with the nominal form λαχμός, and then equates this λαχμός with the κλῆρος of Psalm 21,19. What Cyril has done is make the connection between Psalm 21,19 and its fulfillment in John 19,24 explicate by inserting the nominal term λαχμός. If Cyril has transformed the verb λαγχάνω from John 19,24, to the noun λαχμός in his interpretation of κλῆρος in Psalm 21,19, it is plausible that Justin made this same transformation, although without incorporating the verb[40]. It is also plausible that the author of the *Gos. Pet*. altered κλῆρος from the canonical gospels to λαχμός based on λαγχάνω in John 19,24, much in the same way that he changes ἱμάτιον from the canonical gospels to ἔνδυμα for no apparent theological purpose. While it is always possible that the *Gos. Pet*. and Justin may have glossed Psalm 21,19 or the Synoptics, or been influenced by an unknown common source/tradition, the appearance of λαχμός in Cyril's interpretation of John 19,24 suggests that it is more likely the *Gos. Pet*. and Justin were both attempting to interpret the "aussi presque inusité" verb λαγχάνω in John 19,24, and both settled on βάλλω and λαχμός independently[41].

---

37. PILHOFER, *Justin* (n. 25), pp. 74-75.

38. SWETE, *Akhmîm* (n. 19), p. xxxiv; FOSTER, *Justin Martyr* (n. 25), p. 111.

39. The parallel with Cyril of Jerusalem is noted in V.H. STANTON, *The 'Gospel of Peter': Its Early History and Character Considered in Relation to the History of the Recognition in the Church of the Canonical Gospels*, in *JTS* 2 (1900) 1-25, p. 13. Stanton provides the full quotation; the division and translation is my own.

40. HILL, *Justin* (n. 34), pp. 92-93.

41. VAGANAY, *Pierre* (n. 23), p. 60.

IV. The *Gospel of the Savior/Unbekanntes Berliner Evangelium* (*P. Berol. 22220 + Strasbourg Coptic Papyrus*)[42]

In 2002, Stephen Emmel provided a helpful corrective to the *editio princeps* by reordering the manuscript pages[43], and after examining the verbal parallels between P. Berol. 22220 and the Strasbourg Coptic Papyrus 5-7, he concluded that they are two distinct manuscripts of a single work[44]. The manuscript of Papyrus Berolinensis 22220 has been dated to the sixth century CE and the Strasbourg Coptic Papyrus to the fourth or fifth century CE, which suggests that these may be Coptic translations of a Greek original from the third century CE[45].

All scholars who have examined the *Gos. Sav.* have noted the striking parallels between its content and that of the canonical gospels, yet these parallels have been interpreted in two divergent ways: (1) the *Gos. Sav.* was influenced by the canonical gospels, specifically Matt and the FG[46]; or (2) the *Gos. Sav.* and canonical gospels are dependent on a common source/tradition[47].

The greatest amount of parallels between the *Gos. Sav.* and FG is within the dialogue of the Savior with his disciples (vs.1-27), and specif-

---

42. Originally published in C.W. HEDRICK – P.A. MIRECKI, *Gospel of the Savior: A New Ancient Gospel* (California Classical Library), Santa Rosa, CA, Polebridge, 1999, the following transcription and versification is from S. EMMEL, *Preliminary Re-edition and Translation of the Gospel of the Savior: New Light on the Strasbourg Coptic Gospel and the Stauros-Text from Nubia*, in *Apocrypha* 14 (2003) 9-53.

43. S. EMMEL, *The Recently Published Gospel of the Savior 'Unbekanntes Berliner Evangelium': Righting the Order of Pages and Events*, in *HTR* 95 (2002) 45-72, p. 51.

44. S. EMMEL, *Unbekanntes Berliner Evangelium = The Strasbourg Coptic Gospel: Prolegomena to a New Edition of the Strasbourg Fragments*, in H.-G. BETHGE, *et al.* (eds.), *For the Children, Perfect Instruction: Studies in Honor of Hans-Martin Schenke on the Occasion of the Berliner Arbeitskreis für koptisch-gnostische Schriften's Thirtieth Year* (NHMS, 54), Leiden, Brill, 2002, 353-374.

45. The composition and date of Papyrus Berolinensis 22220 continues to be debated. P. Nagel is one of the few scholars to suggest it was originally a Coptic composition from the fourth century CE (P. NAGEL, *'Gespräche Jesu mit seinen Jüngern vor der Auferstehung' – zur Herkunft und Datierung des 'Unbekannten Berliner Evangeliums'*, in *ZNW* 94 (2003) 215-47, p. 226.

46. H.-M. SCHENKE, *Das sogenannte 'Unbekannte Berliner Evangelium' (UBE)*, in *ZAC* 2 (1998) 199-213, p. 201; J. FREY, *Leidenskampf und Himmelsreise: Das Berliner Evangelienfragment (Papyrus Berolinensis 22220) und die Gethsemane-Tradition*, in *BZ* 46 (2002) 71-96, p. 75; EMMEL, *Preliminary Re-edition* (n. 42), pp. 29-30; T. NAGEL, *Das 'Unbekannte Berliner Evangelium' und das Johannesevangelium*, in *ZNW* 93 (2002) 251-267, p. 252; NAGEL, *Gespräche Jesu* (n. 45), p. 224; U.-K. PLISCH, *Zu einegen Einleitungsfragen des Unbekannten Berliner Evangeliums (UBE)*, in *ZAC* 9 (2005) 64-84, pp. 72-73; J. HARTENSTEIN, *Das Petrusevangelium als Evangelium*, in KRAUS – NICKLAS, *Petrus* (n. 18), 159-181, p. 169.

47. HEDRICK – MIRECKI, *Savior* (n. 42), pp. 22-23.

ically, within the pericope that contains the Savior's prediction of the disciples' defection (vs.12-23).

Gos. Sav. 13-16	John 16,32; 10,30	Matt 26,31.56	Mark 14,27.50
ⲁⲩⲱ ⲛ̄ⲧⲱⲧⲛ̄ ⲧⲉⲧⲛⲁⲡⲱⲧ ⲧ̄ⲏⲡⲧⲛ̄ ⲛ̄ⲧⲉⲧⲛ̄ⲥⲕⲁⲛⲇⲁ-ⲗⲓⲍⲉ ⲛ̄ϩⲏⲧ·		26,31 ϫⲉ ⲛ̄ⲧⲱⲧⲛ̄ ⲧ̄ⲏⲡⲧⲛ̄ ⲧⲉⲧⲛⲁⲥⲕⲁⲛⲇⲁ-ⲗⲓⲍⲉ ⲛ̄ϩⲏⲧ ϩ̄ⲛ ⲧⲉⲓⲟⲩϣⲏ.	14,27 ϫⲉ ⲛ̄ⲧⲱⲧⲛ̄ ⲧ̄ⲏⲡⲧⲛ̄ ⲧⲉⲧⲛⲁⲥⲕⲁⲛⲇⲁ-ⲗⲓⲍⲉ.
"And you will all flee and fall away from me".		πάντες ὑμεῖς σκανδαλ-ισθήσεσθε ἐν ἐμοὶ ἐν τῇ νυκτὶ ταύτῃ	πάντες σκανδαλ-ισθήσεσθε
ⲧⲉⲧⲛⲁⲡⲱⲧ ⲧ̄ⲏⲡⲧⲛ̄	16,32 ϫⲉⲕⲁⲥ ⲉⲧⲉⲧⲛⲁⲭⲱⲱⲣⲉ ⲉⲃⲟⲗ ⲡⲟⲩⲁ ⲡⲟⲩⲁ ⲉⲡⲉϥⲙⲁ.	56 ⲧⲟⲧⲉ ⲛⲉϥⲙⲁⲑⲏⲧⲏⲥ ⲧⲏⲣⲟⲩ ⲁⲩⲕⲱ ⲙ̄ⲙⲟⲩ ⲛ̄ⲥⲱⲟⲩ. ⲁⲩⲡⲱⲧ.	50 ⲛ̄ⲧⲉⲣⲟⲩⲕⲁⲁϥ ⲧⲏⲣⲟⲩ ⲁⲩⲡⲱⲧ.
"You will all flee"	ἵνα σκορπισθῆτε ἕκαστος εἰς τὰ ἴδια	Τότε οἱ μαθηταὶ πάντες ἀφέντες αὐτὸν ἔφυγον.	Καὶ ἀφέντες αὐτὸν ἔφυγον πάντες.
ⲛ̄ⲧⲉ[ⲧ]ⲛ̄ⲕ[ⲁⲁⲧ] ⲙⲁⲩⲁⲁⲧ·	ⲁⲩⲱ ⲛ̄ⲧⲉⲧⲛ̄ⲕⲁⲁⲧ ⲙⲁⲩⲁⲁⲧ.		
"and [leave] me alone".	κἀμὲ μόνον ἀφῆτε·		
ⲁⲗⲗⲁ ⲛ̄ϯⲅ̄ⲉⲉⲧ ⲙⲁⲩⲁⲁⲧ ⲁⲛ	ⲁⲗⲗⲁ ⲛ̄ϯⲅ̄ⲉⲉⲧ ⲙⲁⲩⲁⲁⲧ ⲁⲛ.		
"But I am not alone"	καὶ οὐκ εἰμὶ μόνος,		
ϫⲉ ⲡⲁⲓ̈ⲱⲧ ϣⲟⲟⲡ ⲛⲙ̄ⲙⲁⲓ̈·	ϫⲉ ⲡⲁⲉⲓⲱⲧ ϣⲟⲟⲡ ⲛⲙ̄ⲙⲁⲓ.		
"for my Father is with me".	ὅτι ὁ πατὴρ μετ᾽ ἐμοῦ ἐστιν.		
ⲁⲛⲟⲕ ⲙ̄ⲛ ⲡⲁⲓ̈ⲱⲧ̄ ⲁⲛⲟⲛ ⲟⲩⲁˋ ⲛ̄ⲟⲩⲱⲧ·	10,30 ⲁⲛⲟⲕ ⲙ̄ⲛ ⲡⲁⲉⲓⲱⲧ ⲁⲛⲟⲛ ⲟⲩⲁ		
"I and my Father are one and the same".	ἐγὼ καὶ ὁ πατὴρ ἕν ἐσμεν.		

It may be argued that the repetition and catchwords – 'flee' (vs.13) →
'flee/alone' (vs.14) → 'alone/Father' (vs.15) → 'Father' (vs.16) – reveal
an easily memorable unit about the betrayal of the Savior that was not
influenced by the canonical gospels, or the author inserted "Johannine
elements" and "Johannine traditions" into a scene from Matt without
being influenced by the FG[48]. Although the sheer number of verbal parallels with John 16,32 and 10,30 (a string of 15 words with exact parallels
in the Coptic FG) stretches the credulity of the argument for dependence
on a common source/tradition that was independent of the FG, this argument is made even more doubtful by later Christian authors who combine
similar passages from the FG to make a similar theological point as that
expressed in the *Gos. Sav.* – the assimilation of the Savior and the Father.

For example, vs.15 uses 'with me (ⲚⲘⲘⲀⲒ̈)' (John 16,32) instead of
'in me (Ⲛ̄ϨⲎⲦ)' (John 14,10) to explain the unified relationship between
the Father and the Savior[49], but the inclusion of Ⲛ̄ⲟⲩⲱⲧ after John 10,30
effectively equates them[50]. This is similar to the Christology of Praxeas
who used John 10,30 and 14,9-10 to assert that Jesus and the Father are
'one and the same' (*Prax.* 11, 14, 18, 27).

Tertullian states:

> For as in the Old Testament Scriptures they lay hold of nothing else than,
> "I am God, and beside me there is no God" [Isa 45,5]; so in the Gospel they
> simply keep in view the Lord's answer to Philip, "I and my Father are one"
> [John 10,30]; and, "He that has seen me has seen the Father; and I am in
> the Father, and the Father in me" [John 14,9-10]. They would have the entire
> revelation of both Testaments yield to these three passages (*Prax.* 20).

Ephrem also strings together material from John 16,32, 14,10 and
10,30 to elucidate the relationship between Jesus and the Father in his
interpretation of John 20,17:

> When he sent [Mary] to his disciples, saying, "I am going to him", he
> called him "my God" to show that he was similar to him. He also said,
> "I am not alone, for my Father is with me" [John 16,32], and, "I am in my
> Father, and my Father is in me" [John 14,10], and also, "We are one" [John
> 10,30] (Ephrem, *Comm.* 21.29)[51].

---

48. *Ibid.*, p. 93.

49. While both John 14,10 and 16,32 elucidate Jesus' relationship to the Father, he is
'in (ἐν)' Jesus in 14,10 and 'with (μετά)' Jesus in 16,32.

50. For a parallel usage of ⲟⲩⲁ Ⲛ̄ⲟⲩⲱⲧ, see Mark 10,9 and *Soph. Jes. Chr.* BG
122.10-11.

51. C. McCARTHY, *Saint Ephrem's Commentary on Tatian's Diatessaron: An English
Translation of Chester Beatty Syriac MS 709* (Journal of Semitic Studies Supplement, 2),
Oxford, University Press, 1993.

Since Praxeas and his followers combined John 10,30 and 14,10 to equate the Father with the Son, and Ephrem (possibly) made the same conclusion with the addition of John 16,32, then it is more likely that author of the *Gos. Sav.* combined John 16,32 and 10,30 to make this same Christological claim (explicit with the inclusion of N̄ⲟⲩⲱⲧ), rather than being dependent on an unknown source/tradition that was influenced by "Johannine elements" or "traditions".

V. Conclusion

The methodological issues surrounding the study of the reception of the FG in the apocryphal gospels make any positive conclusion for the influence of the FG debatable. The above examples have attempted to show that the use and interpretation of the FG by the early church fathers is similar to what we find in the apocryphal gospels. While certainty is impossible, the most probable conclusion is that these apocryphal gospels were influenced by the FG and interpreted it accordingly, rather than being dependent on a common source/tradition, since the early church fathers often introduce this parallel material from the FG with quotation formulae or formal markers. These apocryphal gospels provide valuable evidence for the reception of the FG in the second and third centuries CE, but they also provide early evidence for traditional interpretations of the FG.

What is most striking is that the *UG* may be the earliest evidence for the pairing of John 5,39 and 5,45 to make the argument that Moses foretold Jesus' coming, which was also followed by Irenaeus, Origen, and Cyprian. The *Gos. Pet.* and Justin may also provide the earliest evidence for a transitive interpretation of ἐκάθισεν in John 19,13, and the use of λαχμός to describe the 'lot' cast for Jesus' clothing. With the exception of Tertullian and Cyril of Jerusalem, these interpretations had little impact on other ancient (and modern) interpreters of the FG. The *Gos. Sav.* was likely composed after Praxeas used Johannine passages to equate the Father and Son, but it too elucidates how passages from the FG could be combined and edited to produce novel interpretations. The use of the FG by these authors indicates that they were not simply editors of texts or compilers of traditions, but rather, early interpreters of the FG.

St. Edmund's College   Lorne R. Zelyck
Cambridge
CB3 0BN
United Kingdom

ÜBERLEGUNGEN ZUR BEDEUTUNG DER EXPLIZIT
WELTWEITEN DIMENSION IM NEUEN TESTAMENT
UND IHRER MÖGLICHEN KONKRETION IM
„EVANGELIUM DER VIER HIMMELSRICHTUNGEN"[1]

I. PROBLEMSKIZZE

Das Kartenmaterial, das Adolf von Harnack seinem opus magnum „Die Mission und Ausbreitung des Christentums"[2] mitgegeben hat, legt nahe, wie man sich diese Ausbreitung bis zum Jahr 180 vorstellen sollte. Harnacks Darstellung folgt im Wesentlichen der Erstreckung des Imperium Romanum und seiner Grenzen rund um das mare nostrum. Leben jenseits dieser Grenzen überhaupt Menschen oder existieren dort – der späteren Staatsideologie[3] entsprechend – nur Barbaren? Deren wilde Natürlichkeit könnte man sich zwar – nicht zuletzt wird dies schon seit Tacitus dekadenten Hauptstädtern vorgehalten – zum Vorbild nehmen. Ihre reine Existenz als antike „edle Wilde"[4] führt aber offensichtlich nicht dazu, das Konzept der Ökumene für sie offenzuhalten. Hat auch die christliche Mission hier kein Handlungsfeld gesehen oder dieses nur nicht mit Erfolg beackert?

Zwar wusste die Außenpolitik Roms zu berücksichtigen, dass im Osten relevante Bevölkerungsgruppen wohnen, ebenso mächtige wie eigenständige Imperien herrschen und gefährliche Feinde leben. Diese titulierte man, verschiedene seleukidische und parthische Epochen und

---

1. W. SCHNEEMELCHER (Hg.), *Neutestamentliche Apokryphen in deutscher Übersetzung*, 5. Auflage der von E. HENNECKE begründeten Sammlung, I. Band: *Evangelien*, Tübingen, Mohr Siebeck, 1989, S. 286.

2. A. VON HARNACK, *Die Mission und Ausbreitung des Christentums in den ersten drei Jahrhunderten*, vierte verbesserte und vermehrte Auflage, unveränderter Nachdruck der Originalausgabe 1924, Wiesbaden, VMA-Verlag, ohne Jahr.

3. So etwa Optat von Milene, *Contra Parmenianum* 3,3,5: nicht bei den Barbaren, sondern allein im Reich gibt es „heilige Priesterschaften, Keuschheit und Jungfräulichkeit"; Euseb, *Historia Ecclesiastica* X 9,6-8; das Imperium wird als der „genuine Lebensraum des Christentums" vorgestellt; vgl. P. GEMEINHARDT, *Die Kirchen zwischen theologischem Anspruch und historischer Wirklichkeit*, in C. ALBRECHT (Hg.), *Kirche, Themen der Theologie* 1, Tübingen, Mohr Siebeck, 2011, 81-130, S. 88. Allerdings ist die Frontstellung dieser Argumentation dann im 4.Jahrhundert zu beachten, die sich mit dem Vorwurf der Zerstörung Roms gerade wegen seiner Hinwendung zum Christentum und dem daraus abgeleiteten Theorem ausgesetzt sieht, diese Hinwendung sei ein Irrweg gewesen.

4. Tacitus, *Germania* c. 4, c. 16 und c. 20.

lokale Herrscherdynastien zusammenfassend als Παρθία[5]. Eine Aufmerksamkeit in Richtung Osten oder gar Überlegungen zu einer christlichen „Ostmission" sucht man in vielen Darstellungen des frühen
Christentums vergebens[6]. Harnacks Darstellung konzentriert sich auf den
traditionellen Bereich des Imperium Romanum, wie es im Wesentlichen
noch bis ins vierte Jahrhundert Bestand hatte. Die Botschaft dieser
Konzentration ist deutlich, sie zielt auf eine frühe Identifikation von
Imperium und Christentum. Alternativen dazu jenseits der Grenzen werden so nicht sichtbar bzw. bleiben unsichtbar[7], erst für die Zeit bis 325
sind bei Harnack dann auch Bistümer östlich von Edessa verzeichnet.

Bisher wurde konstatiert, dass die Reichsgrenze auch als Grenze der
christlichen Mission angenommen wird. Weiter zu fragen wäre, wie
sich dies zum im Matthäusevangelium (28,19) formulierten Auftrag
verhielte, πᾶσα (τῆς) γῆς mit Jesu Lehre bekannt zu machen, den ja
auch Mk 13,10 und Mt 24,14 belegen, und den zudem Act 1,8 mit der

---

5. Als Beispiel der imperialen Wahrnehmung kann die Auseinandersetzung mit den
Parthern während der Zeit Neros gelten, an deren Ende im Jahr 63 ein parthischer
Abkömmling als König von Armenien von Roms Gnaden anerkannt wurde; H. VOLKMANN,
Art. Παρθία, in Der Kleine Pauly 4, München, Deutscher Taschenbuch Verlag, 1979,
Sp. 532-537.
6. Vgl. allerdings die Missionsverteilungsnotiz bei Euseb, Historia Ecclesiastica
III 1,1-3. Entsprechende weitergehende Auskünfte finden sich in einigen neutestament-
lichen Apokryphen. Ob das in der Regel darin vermeldete Martyrium die Unabgeschlos-
senheit dieser Barbarenmission belegen soll? Vgl. vor allem die umfangreichen „Taten
des heiligen Apostels Thomas" (Übersetzung in W. SCHNEEMELCHER [Hg.], Neutestamentliche Apokryphen in deutscher Übersetzung, 5. Auflage der von E. HENNECKE begründeten
Sammlung, II. Band: Apostolisches, Apokalypsen und Verwandtes, Tübingen, Mohr
Siebeck, 1989, S. 303-367), in denen Judas Thomas „Indien" als Weltgegend zugelost
wird (geographische Schilderungen im „Perlenlied", ATh 108,1b-113,105). Vgl. weiter
das „Martyrium Matthaei" (HENNECKE – SCHNEEMELCHER II[5], S. 414f.) und auch die diesem zugrundeliegenden „Acta Andreae et Matthiae apud anthropophagos" (HENNECKE –
SCHNEEMELCHER II[5], S. 399-403). Bereits die koptischen „Acta Matthaei in Kahenat"
entschärfen diese als anstößig empfundene Tradition, indem sie aus dem „Menschenfres-
serland" das Land der „Kahenat", der Priester/Wahrsager machen. In diesem Kontext ist
auch die Tradition des erneuerten „himmlischen Missionsbefehls" zu notieren, die sich in
den „Taten des Petrus und der zwölf Apostel" (ActPt, p. 10) findet, ebenso im „Buch der
Einsetzung des Erzengels Michael" 71,7-13.
7. Es entsteht der so nicht zutreffende Eindruck einer Art „Normalverteilung" der
Gemeinden rum um das Mittelmeer, mit der Aussageabsicht: „christliche Gemeinden gab
es hier sehr bald überall". Auch die mit der Paulusmission verknüpfte Westorientierung
leistet der perspektivischen Ostrandlage Jerusalems und Syrien-Palästinas in der Darstellung gute Dienste. Vgl. F. WINKELMANN, Geschichte des frühen Christentums, 3. Auflage,
München, Beck, 2005, S. 298, zu den „Grenzen des Missionshorizonts": die Sichtweise
der „überlegenen Kultur" – überlegen gegenüber den Barbaren jenseits der Ökumene –
„hatten sich weitgehend auch die Christen zu eigen gemacht. Außerhalb des Imperiums
konnte die christliche Botschaft in den ersten drei Jahrhunderten nur etwa durch Händler,
kriegsgefangene Römer oder Einzelpersonen bekannt werden".

Vorstellung der Ausbreitung des Zeugnisses ἕως ἐσχάτου τῆς γῆς nahelegt[8]. Für eine Annäherung an diese Fragestellung wird hier die biblische Rede von den Himmelsrichtungen (jedenfalls dort, wo die Hauptrichtungen Ost, West, Süd und Nord gemeinsam genannt werden) daraufhin befragt, ob sie plausibilisiert, dass die christliche Botschaft in alle Richtungen verbreitet wird bzw. aus allen Richtungen Gläubige der Teilhabe am Reich Gottes zugeordnet werden. Das nur aus einer kurzen Nachricht bekannte „Evangelium der vier Himmelsrichtungen" beanspruchte womöglich gerade dies. Die vorhandene Überlieferung zu diesem apokryphen Evangelium ist kritisch zu sichten (II). Anschließend geht es um die Darstellungsmodi der weltweiten Dimension in der Antike (III), flankiert durch die entsprechende biblische bzw. neutestamentliche Kontextualisierung (IV). Am Ende steht ein erster Versuch der Übersicht über mögliche inhaltliche Modelle der Weltwahrnehmung (V), die in Hinsicht auf ein „Evangelium" der „vier Himmelsrichtungen" zu konkretisieren wären.

II. DAS „EVANGELIUM DER VIER HIMMELSRICHTUNGEN"

Auch auf dem Stand heutiger Kenntnis der umfangreichen apokryph gewordenen Evangelienüberlieferung[9] kann man mit Irenaeus noch einmal überlegen, ob anzunehmen ist,

> dass es mehr oder weniger als vier Evangelien gibt. Da es aber vier Gegenden der Welt, in der wir leben, gibt und vier Winde der vier Himmelsgegenden, da andererseits die Kirche ausgebreitet und das Evangelium und der Geist des Lebens die Säule und der Grund der Kirche sind, ist es richtig, dass diese Kirche vier tragende Säulen...[10]

---

8. HARNACK, *Mission und Ausbreitung* (Anm. 2), S. 552, zusammenfassend: „Das Selbstbewusstsein, welches sich in diesen Aussagen spiegelt, ist von den anderen Religionen ebenso wenig erreicht worden, wie der tatsächliche Erfolg der [christlichen] Missionstätigkeit". Immerhin notiert Harnack für Armenien, das nicht zum Imperium gehörte, die erste Kategorie der Intensität der Ausbreitung, WINKELMANN, *Geschichte des frühen Christentums* (Anm. 7), S. 22.

9. Zu den Einleitungsfragen HENNECKE – SCHNEEMELCHER II[5] (Anm. 6), S. 286-287. Einführend auch H.-J. KLAUCK, *Apokryphe Evangelien: Eine Einführung*, Stuttgart, Katholisches Bibelwerk, 2002.

10. Irenaeus, *Adv. Haer.* III 11,8. Vgl. weiter *Pistis Sofia* c. 154, für die Aussendung der 12 Apostel jeweils in Dreiergruppen in jede Himmelsrichtung zur Evangeliumsverkündigung in alle Welt, und c. 136. „Während aber Jesus dieses [als Auferstandener mit den Jüngern an einem Opferaltar an der Küste des Ozeans stehend und den Vater anbetend] sprach, befanden sich Thomas, Andreas, Jakobus und Simon, der Kanaaniter im Westen, mit ihren Gesichtern nach Osten gekehrt, Philippus aber und Bartholomäus befanden sich im Süden (mit ihren Gesichtern) nach Norden gekehrt, die übrigen Jünger

und das heißt einen Vierevangelienkanon hat. Daneben entstanden freilich zahlreiche weitere Evangelien, und diese Bezeichnung wurde auch im Fall des „Buches der vier Weltgegenden" zur Anwendung gebracht. Einziger Beleg für diesen Text ist eine Notiz des Maruthas[11], um 410 syrischer Bischof, dessen Beschreibung der christologischen Lehrbildung des vierten Jahrhunderts einen Häresienkatalog enthält, und darin eine Bemerkung über die simonianische Gnosis und ein ihr angeblich zuzuordnendes Evangelium:

> sie (jene Gottlosen) machten sich ein Evangelium (es in vier Bände zerschneidend, und nannten es) „Buch der Weltgegenden"[12]

Die Einschätzung der Glaubwürdigkeit dieser Notiz ist – wie im Blick auf die Notizen zur Gnosis überhaupt – diskutabel, zudem sind die damit gegebenen inhaltlichen Hinweise mehr als spärlich. In gnostischer Tradition lassen sich keine erkennbaren Bezüge auf Weltgegenden finden oder Zusammenhänge mit den Himmelsrichtungen plausibilisieren. Eher noch sind dort zentralisierende Tendenzen namhaft zu machen: Die zeitgenössische Überlieferung verortet das Wirken und den Tod des Magiers Simon gerade nicht in einer Weltgegend, sondern – zentripetal denkend – in Rom, wo nach Justin eine (bzw. die einzige bekannte) simonianische Gemeinde bestand[13]. Ist also der erhobene Vorwurf der Trennung der Überlieferung in vier Teile eines (vierfachen?) Evangeliums reine Polemik ohne Anhalt an historischen Kontexten? Hat es ein „Evangelium der vier Himmelsrichtungen" gar nicht gegeben, dessen Nennung hier nur als Argumentationshilfe zur Betonung der Einheit der mehrheitskirchlichen Überlieferung im Gegenüber zur Zersplitterung vieler gnostischer Schulen und Grüppchen fungiert? Dann würde ein zentrifugales, die Zerstreuung in alle Winde

---

und Jüngerinnen [!] aber standen rückwärts von Jesus. Und es rief Jesus aus, indem er sich zu den vier Ecken des Kosmos wandte: ι α ω"; HENNECKE – SCHNEEMELCHER II[5] (Anm. 6), S. 296.

11. O. HILTBRUNNER, Art. *Maruthas*, in *Der Kleine Pauly* 3, München, Deutscher Taschenbuch Verlag, 1979, Sp. 1060f: Maruthas war nach antiker Überlieferung Bischof von Sophene und Tagrith und nahm als solcher an den Konzilien von Konstantinopel (381), Antiochia (390) und Seleukia-Ktesifon (dem Ort der Hauptresidenz der Sassaniden, an dem auch eine frühchristliche Kirche ausgegraben wurde, die seit 410 Sitz des Katholikos der Assyrischen Kirche des Ostens war) teil, 399 wurde er kaiserlicher Gesandter zur Teilnahme der Krönung des persischen Großkönigs Jezdegerd, 410 war er am Bau der Basilika in Martyropolis beteiligt; er starb um 422.

12. HENNECKE – SCHNEEMELCHER I[5] (Anm. 1), S. 286.

13. Die 1574 auf der Tiberinsel gefundene, inschriftlich dem Schwurgott Semo Sancus dedizierte Statue könnte ein Beleg für die von Justin erwähnte dort errichtete Bildstatue des Simon sein.

andeutendes Verständnis der Himmelsrichtungen hier zu verorten sein. Aber wie würde das dem Argument widersprechen, das in der Notiz zu greifen scheint? Das genannte Evangelium könnte ja trotz all seiner Teile insgesamt durchaus beanspruchen, *„ein* oder *das* universale Evangelium zu sein"[14].

Oder sollte man zum Verständnis der Notiz eher indirekte Überlegungen anstellen? Dann würde man im syrischen Kontext dieser Überlieferung das Diatessaron bemühen, um mögliche Hintergründe zu erhellen[15]. Dann aber wird mit der Bischofskritik am vierfachen Himmelsrichtungsevangelium weniger der eine Vierevangelienkanon und vielmehr die Evangelienharmonie als Form verteidigt. Ob gnostische Adressaten allerdings von dieser Argumentation überzeugt würden, die den Prozess der Kanonisierung ja ihrerseits – mit Rekurs auf Mk 4par – mit der Kritik an der Großkirche verknüpfen könnten?

Methodisch bleibt es schwierig, auf die allzu geringe Textbasis eines nur indirekt bezeugten „Evangeliums der vier Himmelsrichtungen" eine weitere Überlegungen tragende Hypothese zu stellen. Insofern wird zuzuwarten sein, ob/bis ein entsprechendes Evangelium der Forschung als konkreter Text tatsächlich bekannt wird[16]. Nimmt man die Notiz bis dahin probeweise für bare Münze der Existenz eines entsprechend vierfach ausgerichteten Evangelium ergibt sich mit den Himmelsrichtungen eine interessante, in der bisherigen Forschung jedenfalls für den Bereich der biblischen und neutestamentlichen Überlieferung m.E. noch nicht umfassend ausgeleuchtete Betrachtungsweise der weltweiten Dimension des Christentums[17].

---

14. *Ibid.*, S. 287.

15. Das Diatessaron, im syrischen Original (?) 1957 entdeckt, erhalten im Chester Beatty Syriac Manuscript MS 109, zusammen mit einem Kommentar Ephraim des Syrers zum Text, steht in der Tradition Justins und seiner griechischen Harmonie, bestehend aus Mt, Mk, Lk. Es enthält Teile des liturgischen Evangelientexts der antiken syrischen Kirche und wurde erst im 5. Jahrhundert (nach Vorhaltungen, der Text bzw. sein Verfasser sei häretisch) durch die kanonische Texttradition (aber weiterhin ohne Past und Apc) in Form der Peschitta (die selbst stark vom Diatessaron beeinflusst sein dürfte) ersetzt. – Eine Interpretation der Notiz vom Diatessaron her legte nahe, dass sich das „Evangelium der vier Himmelsrichtungen" dadurch hervorhebt, nicht ein, sondern vier Evangelien zu favorisieren – vermutlich doch die kanonischen Evangelien!? – und sie den Weltgegenden zuzuordnen.

16. An diese Stelle ist der Diskussion beim Löwener Colloquium ausdrücklich für die Mahnung zur Zurückhaltung zu danken.

17. Die folgenden Überlegungen können jedenfalls markieren, welche Bedeutung die explizit weltweite Dimension in der biblischen und neutestamentlichen Überlieferung in zentrifugaler und zentripetaler Hinsicht hat.

III. Kontexte von Welt und Wind

Eine Sichtung der Darstellungsmodi, in denen die weltweite Dimension in der Antike expliziert wird, hat neben dem begrifflichen Zugang auch die Möglichkeit, auf die Winde zu rekurrieren, mit denen die Haupthimmelsrichtungen benannt werden – letztere sind eine Darstellungsform der ersteren.

1. *Begriffliche Zuordnungen und Differenzierungen von Welt*

Ein Gesamtkonzept der Weltwahrnehmung hat in der Antike in systematisierender Form vor allem der κόσμος-Begriff[18] geleistet. Dessen Weite markiert allerdings zugleich die Grenzen seiner Verwendbarkeit im Blick auf die Weltwahrnehmung im Detail. Deshalb sind ihm weitere, ebenfalls begrifflich vermittelte Weltwahrnehmungsaspekte zur Seite zu stellen, die sich – in differenzierter Weise – in antiker Umwelt wie in biblischer Überlieferung finden.

a) *γῆ als theologische Präzisierung von κόσμος*

γῆ ist biblisch weniger – wie sonst allgemein profan – der Wohnraum von Mensch und Tier, eher sprachlicher Ausdruck für die Wahrnehmung der Welt als „Schöpfung". Deshalb vollzieht sich auf der bzw. in aller γῆ auch das gegenwärtige oder kommende Heilshandeln Gottes in der Geschichte bzw. an seinem Volk – konkret bei den Propheten im AT in regelrecht idealisierter Form, neutestamentlich dann konsequent daran anknüpfend. Während im Mk-Ev noch ein naturalistisches Verständnis aufscheint, lehnen sich insbesondere Mt und Lk stärker an die theologische Füllung des Begriffes als Lebensraum der Menschen und vor allem als Ort des Wirkens Jesu und der Jüngermission an[19].

---

18. Κόσμος und κόσμοι waren spezifisch geprägt, H. Volkmann, *Art. kosmoi*, in *Der Kleine Pauly* 3 (Anm. 11), Sp. 316. Die „Welt" als Kosmos kommt dabei zum Verweis auf ihre ursprüngliche Ordnung in den Blick, von der aus sich der Begriff dann auf die Verwaltung des – ebenso geordneten oder zu ordnenden – menschlichen Gemeinwesens übertragen lässt. In der Philosophie wird der Begriff im Kontext der ionischen Philosophen zur Bezeichnung für die „Weltordnung", von der sich das Ganze der Welt (seit Plato κόσμος als „Weltall") erfassen lässt. Vermittelt wohl über die hellenistische jüdische Philosophie wird für das NT „die von Gott geschaffene gesamte Welt" bzw. auch „die von Menschen bewohnte Erde" (Sap 2,24; 4 Makk 16,18) und die „Menschenwelt" (Sap 6,24; 4 Makk 17,14) wichtig, womit κόσμος den hebräischen Pleonasmus „Himmel und Erde" (Gen 1,1; 2,1) ersetzt. Die biblisch beklagte, profan hervorgehobene Verselbständigung der „Welt" von ihrem Schöpfer wird von Ersterer als Ausdruck und Folge menschlichen Ungehorsams gegen Gott interpretiert.

19. Zu befragen sind jeweils die Stellen, an denen das Verständnis als „Erde", nicht das als „Land"/„Ackerboden" naheliegt: Für Lk 12,49.51 und 18,8 ist ἡ γῆ der Ort der

b) *οἰκουμένη als schöpfungstheologische Alternative zu κόσμος?*

Als substantiviertes Partizip anfangs zusammen mit γῆ verwendet wird οἰκουμένη biblisch in der Regel alternativ zu κόσμος gebraucht. Im NT allerdings erscheint der Begriff – im Vergleich zum biblischen, schöpfungstheologisch gefüllten Gebrauch in LXX, wo οἰκουμένη etwa in den Psalmen κόσμος eindeutig dominiert – bevorzugt in Lk/Act und wird sonst regelrecht vermieden[20]. Das dürfte seinen Grund weniger darin haben, dass οἰκουμένη im allgemeinen Sprachgebrauch ein topographischer Begriff war, der bewohnbare Regionen benannte und sie von unbewohnbaren unterschied[21]. Vielmehr dürfte die allmählich zunehmende Betonung der griechischen Kultur (gerade in Abgrenzung von den Barbaren) eine Spur sein, um die neutestamentliche Zurückhaltung zu plausibilisieren. Für die römische Zeit ist die stärker politische Füllung des Begriffes anzumerken, hin zu einem „hyperbolischen Begriff für die zentral geleitete und geordnete Welt des römischen Imperiums ... deren Beherrschung Rom zusteht" und als dessen Vorsteher, Wohltäter und sogar „Retter" sich der Imperator bezeichnen lässt[22]. Ob Lk/Act den Ausdruck gerade wegen dieses römischen Interpretationsrahmens schätzt, wäre zu diskutieren; vermutet wird, dass die entsprechenden οἰκουμένη-Aussagen die Verkündigung der Apostel „zu einem heimlichen Mittelpunkt der römischen Welt machen"[23] sollen. Möglich wäre aber auch die sachliche und sprachliche Orientierung des Doppelwerkes an den LXX[24], die Lk/Act an dieser Stelle von Mk und Mt konkret unterscheidet.

Verkündigung und Auseinandersetzung, dann auch der irdischen Prüfung, vgl. 21,23.25. Für Mt gehört γῆ traditionell jüdisch in den Schöpfungskontext, in dem sich Gemeinde und Mission ereignen, vgl. Mt 5,13; 16,19; 18,18; 28,18. Im Joh ist die Erde Ausgangspunkt der Verherrlichung und Erhöhung des Menschensohnes; vgl. Joh 12,32; 17,4. Paulus dagegen akzentuiert mit LXX schöpfungstheologisch, vgl. 1 Kor 10,16.

20. Vgl. nur Lk 12,30; Act 17,24 für κόσμος als „bewohnte Welt", dagegen wird im Joh nur κόσμος verwendet; ebenso fehlt οἰκουμένη in allen Aussendungsworten, vgl. Mt 28,19; Mk 16,5; Lk 24,27; Act 1,8. Das Fehlen des οἰκουμένη-Begriffes in Act 1 könnte ein Hinweis darauf sein, im Kontext der programmatischen Beschreibung der Ausbreitung des Christentums eine Alternative zum römischen Selbstverständnis zu sehen.

21. In diesem Sinn dürfte der Begriff in Mt 24,14 gefüllt sein, der in die Überlieferung aus Mk 13,10 eingetragen wird. Die antirömischen Affekte in Apc 3,10, 12,9 und 16,14 wären hier zu diskutieren.

22. So H. BALZ, *Art. οἰκουμένη*, in *EWNT* II, zweite, verbesserte Auflage mit Literatur-Nachträgen, Stuttgart – Berlin – Köln, Kohlhammer, 1992, Sp. 1231. Schon das Kyros-Edikt in 3Esr 2,2 weist in diese Richtung und wird als Beleg für einen „östlichen Imperialismus" ins Feld geführt.

23. *Ibid.*, Sp. 1232.

24. So jedenfalls in Röm 10,18 und Hebr 1,6.

Γῆ und οἰκουμένη sind im NT demnach als zusammengehörige, traditionell biblisch geprägte Begriffe zu lesen, die sich gegenseitig inhaltlich ergänzen.

c) βάρβαροι als „die anderen"

Während man für das Begriffspaar γῆ und οἰκουμένη eher eine Zuordnung feststellt, findet sich für das zweite Paar eher eine Tendenz der Unterscheidung, auch hier ergeben sich allerdings in verschiedenen Kontexten nuancierte Differenzen in der Verwendung: βάρβαροι bezeichnet ursprünglich in muttersprachlicher Zentrierung alle, die nicht fließend griechisch können, sondern stammeln oder undeutlich reden – vermutlich weil sie ursprünglich eine andere als die griechische Sprache sprechen und so als Ausländer kenntlich werden[25]. Zusammen mit den Griechen bilden die βάρβαροι deshalb letztlich die virtuelle Gesamtheit der Völker[26]. Damit wird der Begriff intentional als Aspekt der Zuordnung, nicht der Abgrenzung deutlich. Neutestamentlich – die wenigen Befunde ähneln im Grundsatz den hellenistischen Kontexten – sind im Übrigen auch die Malteser βάρβαροι[27], nur ungewohnt freundliche. Ausgehend von der Aufhebung der durch Herkunft und Kommunikation zunächst gegebenen Unterschiede trennt am Ende in der Gemeinde in Korinth Griechen und βάρβαροι außer ihrer jeweiligen (Herkunfts-)Sprache in Christus nichts mehr voneinander.

d) (τὰ) ἔθνη – (Heiden-)Völker als „Andere"

(τὰ) ἔθνη hingegen ist eine andere Art von Differenzierungstopos, und letztlich, biblisch wie neutestamentlich, ein konsequente(re)r Unterscheidungsbegriff[28]. Er markiert, jedenfalls im Plural verwendet, die vor

---

25. Ein Verdikt, das im Übrigen auch die Römer vor deren Hellenisierung trifft; H. BALZ, Art. βάρβαρος, in EWNT I, zweite, verbesserte Auflage mit Literatur-Nachträgen, Stuttgart – Berlin – Köln, Kohlhammer, 1992, Sp. 473. Interessant ist die Markierung der sprachlichen Differenz besonders im Blick auf die Perser, die gewissermaßen „die nichtgriechische Welt repräsentieren", W. SPOERRI, Art. βάρβαροι, in Der Kleine Pauly 1, München, Deutscher Taschenbuch Verlag, 1979, Sp. 1545-1547. Festzuhalten ist die jeweils mitgedachte Theorie einer Einheit der Menschheit.
26. So dann Röm 1,14.
27. Act 28,2.4.
28. U. LUZ, Das Evangelium nach Matthäus (Mt 26–28) (EKKNT, I/4), Düsseldorf – Zürich, Benzinger; Neukirchen-Vluyn, Neukirchener, 2002, S. 451, kommt für das Mt zum doppelten Ergebnis, zwischen dem grundsätzlich allen Völkern (also auch Israel) geltenden Missionsbefehl und seiner Anwendung durch die Gemeinde zu unterscheiden.

allem in religiöser Hinsicht bleibende Differenz zwischen Israel/den
Juden und „Heiden" bzw. dann auch Christen und „Heiden"[29].
Während sich die Unterscheidung der βάρβαροι von den Griechen her
also eher, verallgemeinernd gesprochen, nivellierend entwickelt, bis sie
sich auf sprachliche Unterschiede begrenzt, bleibt die Differenz zwischen
(τὰ) ἔϑνη und seinem Korrespondenzbegriff (in der Regel „das eigene
Volk", oder auch in Unterschied zum λαός) bestehen. Insofern ist es
erhellend, dass die christliche „Mission" sich stärker auf (τὰ) ἔϑνη und
(ἡ) γῆ bezieht als auf οἰκουμένη und βάρβαροι.

2. Phänomenologische Zuordnungen und Differenzierungen von Welt: Die Winde

Antik wurden die Himmelsrichtungen und die dem entsprechenden
Weltgegenden in der Regel durch Winde repräsentiert, jedenfalls entsprechen sich die Bezeichnungen. Insgesamt kann der Eindruck plausibilisiert
werden, dass die Himmelsrichtungen antik als eine vertraute Darstellungsform von „Welt" angesprochen werden können.

a) Mythische Personifizierung der Winde[30]

Dass die ἄνεμοι personifiziert bzw. als Götter angeredet wurde dürfte
auf ältere Konzepte zurückgehen[31]. Selten kultisch verehrt[32] übernehmen
sie eine eigenständige Rolle eigentlich nur in der wiederholten Vernichtung bzw. Zerstreuung von (persischen) Feinden – und damit letztlich als
Repräsentanz der Idee göttlicher Intervention in den Geschichtsverlauf.

---

29. So etwa 1 Petr 2,12 und 4,3. Nur Apc lässt sich schwer in dieses Schema einordnen. Vgl. N. WALTER, Art. ἔϑνη, in *EWNT* I (Anm. 25), Sp. 924-929.
30. In äthHen 78,1-3 werden die Himmelsrichtungen in der Reihenfolge östlich(/vorne)
– Süden – westlich – Norden benannt. An den Enden der Weltgegenden stehen jeweils
drei Tore, durch die „die Winde hervorkommen und über die Erde blasen" und mit sich
nicht nur meteorologische Phänomene bringen, sondern auch „Leben" und „Glück" (für
alle Hauptrichtungen, im Gegensatz zu den zugeordneten Nebenrichtungen und den Bedrohungen, die durch diese auftreten), äthHen 76,1.
31. Apollodor, *Bibliotheke* 1,9. Konkret werden die Winde dabei entweder als Kinder
des Titanen Astraios (Gott der Abenddämmerung) und Eos (Göttin der Morgenröte) oder
wie bei Homer als Kinder des Aiolos dargestellt.
32. Nach Herodot, *Historien* 7,178, wurde zunächst in Delphi ein anemoi-Altar errichtet; weiter hätten auch die Athener für Boreas Opfer gebracht. Pausanias, *Beschreibung
Griechenlands* 2,12,1 und 9,34,3 nennt zudem Altäre in Titane und Koroneia.

b) *Windrichtungen zur Angabe der Richtung und Gesamtheit*

Neben oder nach ihrer mythologischen Verwendung bezeichnen die Namen der ἄνεμοι konkret definierte Windrichtungen, verbunden mit verschiedenen Windstärken, und verknüpfen sie mit den (zunächst drei) Jahreszeiten, die schon Hesiod[33] samt ihrer genealogischen Herleitung notiert und dabei an volkstümliche Kontexte anknüpft. Schon früh wurden die vier Hauptrichtungen der Winde miteinander verbunden, später dann auch systematisierend in Form einer Windrose um einen Zentralpunkt angeordnet dargestellt[34]. Damit ist ihre Wahrnehmung aus Sicht einer Zentralperspektive gegeben.

c) *Himmelsrichtungen als Ausrichtung der idealen römischen*
Stadtanlage

Ein Kontext alltäglicher Plausibilisierung der Himmelsrichtungen in der Weltwahrnehmung findet sich in der römischen Stadtplanung. Für diese Planung, konkret zur Anlage der Stadt nutzt der ‚agrimensor' bzw. „Feldmesser" als Werkzeug die ‚groma', um gerade Linien zu ziehen, die sich im rechten Winkel kreuzen. Auf diese Weise wurden – in einer zu planenden Stadt wie Ostia jeweils exakt von Norden nach Süden verlaufend – der kardo sowie der gerade von Osten nach Westen verlaufende dekumanus festgelegt. Dass die damit gegebene *constitutio limitum* „einen himmlischen Ursprung" hatte, stand für die Römer im Übrigen „außer Frage"[35]. Schließlich galten die dekumani als Wege des Sonnenlaufes, die kardines als Achsen des Weltlaufs. Am damit bestimmten Treffpunkt beider Linien aus den vier Himmelsrichtungen wurde entsprechend das Forum angelegt. Es stellt eine lokale Zentralperspektive zur

---

33. Hesiod, *Theogonie* 375ff: Zephyros als milder Westwind, bringt den Frühling mit seinen frühen Sommerbrisen; Boreas als kräftiger Nordwind, bringt den Winter mit kalter Luft; Notos als oftmals heftiger Südwind, bringt den Sommer mit seinen Gewittern und Stürmen; zudem Euros als eher sanfter (Süd-)Ostwind, der den Herbst bringt. Vgl. die orphischen Hymnen für Boreas (Nr. 80), Zephyros (Nr. 81) und Notos (Nr. 82).

34. Die Zusammenschau der vier Winde existiert wohl bereits seit Herodot, auch auf Weltkarten, sich von daher durchsetzend; freilich existieren daneben auch alternative Systeme mit 7 bzw. 8 Winden, wie am Turm der Winde auf der römischen Agora in Athen ersichtlich. Verbunden mit dem Wissen um die Kugelgestalt der Erde und ihre Klimazonen ist seit Aristoteles auch tatsächlich die Darstellung als (oft 12-teilige) Windrose belegt; R. BÖKER, Art. *Winde. Windrosen*, in *Der Kleine Pauly* 1, München, Deutscher Taschenbuch Verlag, 1979, Sp. 1378f.

35. F. BLUME – K. LACHMANN – A. RUDORFF (Hgg.), *Die Schriften des römischen Feldmessers*, Berlin, Reimer, 1848; zitiert in G. AGAMBEN, in ID., *Nacktheiten*, Frankfurt, S. Fischer, 2010, S. 57.

Verfügung – und dort wurde dann mit dem zentralen Heiligtum der lokalen Gemeinschaft der öffentliche Kult betrieben und mit ihm die Weltordnung abgebildet und nachvollzogen.

d) *Pseudo-Aristoteles: Wind und Wetter*

Spätantik schließlich rückt eine grundsätzliche Orientierung der Weltordnung an den Winden eher in den Hintergrund – vermutlich zeitlich
analog zur Etablierung der Vorstellung des κόσμος als Gesamtsystem
geordneter Weltrepräsentanz[36]. Weiterhin wird dabei zwar in der
Beschreibung der Welt etwa bei (Pseudo-)Aristoteles auf die vier
Hauptrichtungen des Windes verwiesen, diese werden aber allenfalls als
meteorologische Phänomene der trockenen Ausbreitung des Elementes
Luft verstanden[37], nunmehr ohne weitergehende Bedeutung zur Beschreibung von Welt insgesamt.

IV. BIBLISCHE EINBETTUNGEN DER VIER GEMEINSAMEN
HIMMELSRICHTUNGEN

Die bisher genannten Zuordnungen und Differenzierungen der Winde
und Himmelsrichtungen finden sich im Wesentlichen auch in der biblischen Tradition und stellen offenkundig eine integrierte Weltwahrnehmung der Antike dar. Zentralperspektive und zentrifugale Dimension im
Kontext der Vertreibung in alle Winde gehören auch hier zum Repertoire
möglicher Kontexte, dazu – wenn auch in geringem Umfang – mytholo-
gisch/kultisch-theologische oder geographisch-meteorologische Zusammenhänge. Dass die „ganze Erde" analog zur profanen oder mythologischen Tradition auch durch die Winde als Repräsentation der
Haupthimmelsrichtungen dargestellt werden kann, ist insgesamt auch
biblisch traditionell.

Nennungen von einzelnen (Nord, Süd, Ost, West) sowie von dualen
(Nord mit Süd, Ost mit West) Himmelsrichtungen finden sich vergleichs-
weise häufig in der biblischen Überlieferung und im NT. Zur besonderen
Akzentuierung des Gesagten sind die expliziten Verbindungen aller vier
Himmelsrichtungen miteinander in den Blick zu nehmen. Man wird als

---

36. Vgl. Anm. 18.
37. Pseudo-Aristoteles, *de mundo* 4.; ARISTOTELES: *Über die Welt*, in ID., Werke in
deutscher Übersetzung, hg. E. GRUMACH, fortgeführt von H. FLASHAR, Band 12 Teil II,
übersetzt von H. STROHM, Darmstadt, Wissenschaftliche Buchgesellschaft, 1970, S. 254.

Grundzug festhalten können, dass mit der Verbindung der vier Himmelsrichtungen in den biblischen und neutestamentlichen Kontexten eine
Steigerung der Aussageabsicht sowie eine Integration der Perspektiven
einhergeht.

a) *Land in geographischer Erstreckung*

Wie auch in den profanen Kontexten existiert in der biblischen Überlieferung eine Verwendung der integrierten Begrifflichkeit der vier Himmelsrichtungen zur Bezeichnung einer konkret geographisch messbaren
Erstreckung des Landes sowie der Darstellung seiner Grenzen[38]. Im NT
ist dieser Kontext allerdings eher randständig.

b) *Die Welt in ihrer kultisch-kosmischen Ordnung*

Davon zu unterscheiden – und aufgrund der mit ihr verbundenen,
explizin theologischen Reflexion unterscheidbar – ist die kultisch-
kosmisch aufeinander bezogene Verortung, Orientierung und Ausrichtung des (zukünftigen, visionär geschauten) Heiligen durch die vier Himmelsrichtungen[39].

c) *Die Himmelsrichtungen im Kontext der Verweigerung und*
   Verwirklichung von Zukunft

Schließlich finden sich die vier Himmelsrichtungen auch im Kontext
prophetischer Zukunftsansagen, sowohl im Zusammenhang des Gerichtes[40] wie ebenso der traditionellen Heilsankündigung und der Perspektive

---

38. Gen 13,14: im Blick in alle möglichen Richtungen der Weideexpansion für
Abram; Dtn 3,25: die Erstreckung des Landes, in das Mose nicht mit ziehen darf; vgl.
Jos 1,4 für die konkrete Erstreckung der Landesgrenzen.
39. In exakter Nord/Süd/Ost/Westausrichtung als Entsprechung von Kult und Kosmos
vgl. Num 35,5: Ersteckung der Gottesstadt; 1 Kön 7,25 und 2 Chr 4,4: Ausrichtung von
Kultgeräten; Ez 48,10: Priesterbezirk, Ez 48,17: Größe der Weideflächen der Stämme;
Apc 21,13: Orientierung der Tore der Gottesstadt. In 1 Chr 9,24 wird sogar ausdrücklich
vermerkt, dass die Stiftshütte – in Analogie zur römischen Stadtanlage – nach den vier
Himmelsrichtungen ausgerichtet wird, um deren universale Dimension zu bezeichnen.
Vgl. auch die vierseitige Thronwagenvision Ez 1,4-14, die mit dem Sturm aus dem Norden
verknüpft ist.
40. In Jer 49,36 dienen sie als Hinweis auf die Universalität des Gerichtes über Elam;
laut Sach 14,4 markieren sie am ‚Tag des Herrn' von ihren Fluchtlinien her den exakten
Ort der Spaltung des Ölbergs im Kontext des Völkergerichtes; in Dan 7,2 bezeichnen sie
die Universalität des Gerichtes, zu dem aus dem durch die vier Winde, also „weltweit"
aufgewühlten Meer die vier Tiere aufsteigen. Nicht berücksichtigt sind hier Stellen, die
von Zerstreuung „bis an die Enden der Erde" reden; vgl. auch TestNapht 6,7.

einer diese noch übersteigenden heilvollen Zukunft. Der Ankündigung der Weite der Ausbreitung der Nachkommen Jakobs[41] entspricht die Realität der Erlösung der aus allen Ländern Zurückgeführten[42] ebenso wie die universale Tischgemeinschaft im Reich Gottes[43].

In apokalyptischer Deutung werden die vier Himmelsrichtungen mit Engeln bestückt, die die Auserwählten aus „aller Welt", konkret ἐκ τῶν τεσσάρων ἀνέμων versammeln[44] bzw. τέσσαρας ἀνέμους τῆς γῆς – jeder Engel einen der Winde – heilvoll zurückhalten, sodass diese kein zerstörerisches Werk mehr auf der Erde anrichten können[45].

V. AUSBLICK: VORLÄUFIGE MODELLBILDUNG

Am Ende des Durchgangs durch die biblische und neutestamentliche Überlieferung zu den integrierten Haupthimmelsrichtungen kann das Gesagte als Vorfeldarbeit im Blick darauf betrachtet werden, was Gegenstand eines Evangeliums sein würde, das mit den vier Himmelsrichtungen den explizit weltweiten Kontext angäbe. Zuerst wäre allerdings die Frage zu klären, ob es sich bei diesem um eine Darstellung mit zentrifugaler Blickrichtung (im Sinne der Ausbreitung des Christentums) oder eine Manifestation zentripetaler Erwartung (im Blick auf die Sammlung aus allen Völkern) handelt – beide Dimensionen sind biblisch belegt. Es sollte deutlich geworden sein, dass ein Evangelium in Ausrichtung an den Himmelsrichtungen eine integrierte Perspektive bieten könnte, die Ausbreitung des Christentums als zentrifugale Kraft mit der zentripetalen Idee des Zusammenkommens aus den vier Himmelsrichtungen bis von den Enden der Erde zu verknüpfen. Abschließend sind deshalb im Überblick verschiedene (im weiteren Sinn des Begriffs) „Modelle" zu benennen, denen ein „Evangelium in die vier Himmelsrichtungen" bzw. ein „Evangelium aus den vier Himmelsrichtungen" in seiner Konzeption folgen könnte:

a) *zentrifugal*

geographisches Modell	Gen 13,14; vgl. Dtn 3,25
Verheißungsmodell (Nachkommen)	Gen 28,14; vgl. Lk 13,29
Verbreitungs- und Erstreckungsmodell	Dtn 3,25; Jos 1,4

---

41. Gen 28,14 in Jakobs Himmelsleitertraum.
42. Ps 107,3.
43. Lk 13,29; erst Lk 13 schafft den Zusammenhang der vier Himmelsrichtungen, Mt 8,11 nennt nur Ost (das Exil?) und West (die Richtung der Sklaverei in Ägypten?).
44. Mk 13,27.
45. Apc 7,1.

kultisch-kosmisches Entsprechungsmodell	Num 35,5; I Kön 7,25
	I Chr 9,24; II Chr 4,4
eschatologisches Modell	Jer 49,36; Sach 14,4; Dan 7,2

b) *zentripetal*

Sammlungsmodell	Ps 107,3; vgl. TestAsser 7,2f
Sammlungs-, Erlösungs- und Mahlmodell	Lk 13,29[46]; vgl. Ps 107,3
Visionsmodell	Ez 48,10.17; Apc 21,13
apokalyptisches Bewahrungsmodell	Mk 13,27; Apc 7,1

Es wird deutlich, dass eine Konzentration auf ein einzelnes Modell die Vielfalt der neutestamentlichen Ausprägungen nicht umfassend in den Blick bekäme, so wie dies entsprechend schon im Blick auf antike Weltwahrnehmung und die biblische Kontexte der integrierten Verwendung der Himmelsrichtungen festzustellen war, deren integrierte Vierfältigkeit abschließend bemerkenswert bleibt.

Himmelreichstraße 2   Stefan KOCH
80333 München
Deutschland

---

46. In Ps 107 ist insbesondere die Verknüpfung von Erlösung (107,2.6b), Sammlung (107,3.7) und Speisung (107,5.9) bemerkenswert, sodass sich die These nahelegt, Lk 13 sei von Ps 107 her zu lesen und zu interpretieren.

JESUS UND DIE BEZEICHNUNG DER STEUERN ALS
TA 'ANHKONTA THI 'APXHI IN P.EGERTON 2 (FRGM. 2R)

Als im Sommer des Jahres 1934 vier beidseitig beschriebene Blätter eines Papyruskodex mit Passagen eines vor seiner Auffindung in Ägypten unbekannten Evangeliums[1], das später nach einem Mäzen des British Museums in London Papyrus Egerton 2 benannt wurde, im Antikenhandel angekauft wurden, war deren besondere Bedeutung nicht nur der Fachwelt schnell klar, sondern wurde auch von der breiten Öffentlichkeit wahrgenommen, wie das vergleichsweise große Medienecho der Zeit belegt. Darauf weisen H.I. Bell und T.C. Skeat in ihrer Erstveröffentlichung im Jahr 1935 ausdrücklich hin[2]. Die von den Erstherausgebern vorgeschlagene Frühdatierung der Papyrusfragmente in die Zeit um 150 n.Chr.[3]. wird heute von der Mehrheit der Forscher allerdings nicht mehr geteilt, trug aber nicht unwesentlich zum großen Interesse bei, das dieser Papyrusfund kurz nach seiner Publikation auf sich zog. Weitaus weniger Aufmerksamkeit wurde hingegen weiteren Fragmenten geschenkt, die in die Kölner Papyrussammlung gelangten und 1987 von Michael Gronewald ediert wurden[4]. Sie ergänzen den bis dahin bekannten Textbestand des Fragmentes 1 von P.Egerton 2, das uns hier nicht beschäftigen wird, um weitere fünf Zeilen am unteren Rand. Der Herausgeber dieser Kölner Fragmente schlug zudem eine neue Datierung der

---

1. Die Bezeichnung als Evangelium geht auf die Erstherausgeber H.I. BELL – T.C. SKEAT zurück. Trotz der vorsichtigen Kritik bei F.F. BRUCE, *Egerton Papyrus 2*, in F.F. BRUCE – E. GÜTING (Hgg.), *Außerbiblische Zeugnisse über Jesus und das frühe Christentum einschließlich des apokryphen Judasevangeliums*, Gießen – Basel, Brunnen, 2007 (5. überarb. u. erg. Aufl.), 169-172, S. 172 („rudimentäres Diatessaron") bleibe auch ich bei dieser Einordnung der Fragmente.

2. H.I. BELL – T.C. SKEAT, *Unknown Gospel*, in IID. (Hgg.), *Fragments of an Unknown Gospel and Other Early Christian Papyri*, London, Trustees, 1935, 1-41, S. 1: „not since the discovery of the Sayings of Jesus at Oxyrhynchus has a Christian papyrus come to light which raises so many and such intresting problems as the present fragments". Diese Bemerkung bezieht sich auf die in Oxyrhynchus entdeckten Papyrusfragmente, die später nach den Textfunden in Nag Hammadi als Teile des Thomasevangeliums identifiziert wurden.

3. BELL – SKEAT, *Unknown Gospel* (Anm. 2), S. 1: „unquestionably the earliest specifically Christian manuscript yet discovered in Egypt".

4. M. GRONEWALD, *II. Christliche Texte, 255. Unbekanntes Evangelium oder Evangelienharmonie (Fragm. aus dem "Evangelium Egerton")*, in *Kölner Papyri (P. Köln)*, Bd. 6 (ARWAW. Sonderreihe, Papyrologica Coloniensia, 6), Opladen, Westdeutscher Verlag, 1987, 136-145.

Papyrusfragmente in die Zeit um 200 n.Chr. vor, die sich mittlerweile weitgehend durchgesetzt hat[5].

Der in P.Egerton 2 erhaltene Text besteht aus Bruchstücken von vier Perikopen, von denen vor allem die zweite und dritte deutliche Parallelen zu Geschichten in den synoptischen Evangelien aufweisen. Die durch Frgm. 2r (Z. 43-59[6]) erhaltene Version der Zinsgroschenperikope soll hier im Zentrum der Untersuchung stehen. Dabei werde ich mich auf die das Gespräch zwischen Jesus und seinen Gegnern einleitende Steuerfrage in P.Egerton 2 Frgm. 2r (Z. 48-50) beschränken und der Frage nachgehen, wieso die Steuern vom Autor des in P.Egerton 2 enthaltenen Evangeliums als τὰ ἀν<ή>κοντα τῇ ἀρχῇ (Frgm. 2r, Z. 49), bezeichnet werden. Für eine ausführliche Exegese der Adaption der Zinsgroschenperikope in P.Egerton 2, die hier nicht geleistet werden kann, sei an dieser Stelle auf meine Monographie „Jesus und die Steuerfrage" verwiesen[7], in der ich mich mit dem betreffenden Fragment beschäftigt habe. In meinen Ausführungen möchte ich mich allein mit einem speziellen Teilaspekt der Auslegung von P.Egerton 2 (Frgm. 2r) auseinandersetzen, an dem sich m.E. wie unter einem Vergrößerungsglas die theologische Intention des Verfassers demonstrieren lässt. Es handelt sich um die schon genannte Wendung τὰ ἀν<ή>κοντα τῇ ἀρχῇ, mit der die an den Staat zu leistenden Abgaben bzw. Steuerzahlungen umschrieben werden: Warum verwendet der Verfasser gerade diese Formulierung und bezeichnet die dem Staat geschuldeten Steuerzahlungen als τὰ ἀν<ή>κοντα und nicht etwa als κῆνσος oder als φόρος, wie es in den synoptischen Evangelien geschieht (Mk 12,14 Par. vgl. auch Röm 13,7)?

Bevor ich diese Frage beantworten werde, noch einige kurze Bemerkungen zu meinen Voraussetzungen: Ich gehe davon aus, dass der Verfasser des in P.Egerton 2 enthaltenen Evangeliums mit allen vier kanonischen Evangelien vertraut war, weshalb sich bei ihm neben Sondergut stoffliche und sprachliche Einflüsse aus diesen Quellen nachweisen lassen.

---

5. GRONEWALD, *II. Christliche Texte*, 255 (Anm. 4), S. 137; vgl. auch J. JEREMIAS – W. SCHNEEMELCHER, *Papyrus Egerton 2*, in W. SCHNEEMELCHER (Hg.), *Neutestamentliche Apokryphen in deutscher Übersetzung*. Bd. 1: *Evangelien*, Tübingen, Mohr Siebeck, 1990 (6. Aufl. der v. E. HENNECKE begr. Sammlung), 82-85, S. 82; D. LÜHRMANN – E. SCHLARB, *PEgerton 2 mit PKöln 255*, in IID. (Hgg.), *Fragmente apokryph gewordener Evangelien in griechischer und lateinischer Sprache* (MTS, 59), Marburg, Elwert, 2000, 142-153, S. 142-143.

6. Ich folge hier der Zeilenzählung der Erstedition s. BELL – SKEAT, *Unknown Gospel* (Anm. 2), S. 10.

7. *Jesus und die Steuerfrage: Die Zinsgroschenperikope auf dem religiösen und politischen Hintergrund ihrer Zeit: mit einer Edition von Pseudo-Hieronymus, De haeresibus Judaeorum* (WUNT, 294), Tübingen, Mohr Siebeck, 2012, insb. S. 271-278.

Dabei stellt sein Text aber keineswegs das Produkt einer den kanonischen Evangelien analogen, vormarkinischen Stufe der Verschriftlichung des ursprünglichen Traditionsstoffes dar[8], sondern entstand in einer späteren Zeit, in der sich mündliche und schriftliche Überlieferung bereits überlappten und repräsentiert, wie W.G. Kümmel einmal treffend konstatiert hat, eine „sehr freie und dem Wortlaut gegenüber keineswegs ängstliche Evangelienproduktion am Ende des ersten und Anfang des zweiten Jahrhunderts"[9].

Den speziellen Merkmalen, durch die die Theologie des Verfassers fassbar wird, soll nun exemplarisch anhand des Ausdrucks τὰ ἀν<ή>-κοντα τῇ ἀρχῇ nachgegangen werden. Er findet sich in derjenigen Passage, in der Jesu Gesprächspartner nach P.Egerton 2 Frgm. 2r (Z. 48-50) ihr Anliegen vorbringen:

<λέγε οὖν> ἡμῖν· ἐξὸν τοῖς βα(σι)-   Sag uns nun: Ist es zulässig, den Köni-
λεῦσ<ιν ἀποδοῦ>ναι τὰ ἀν<ή>-   gen das der Obrigkeit (rechtlich)
κοντα τῇ ἀρχῇ; ἀπ<οδῶμεν αὐ>τοῖς   Zukommende zu geben? Sollen wir
ἢ μ<ή;>;   ihnen geben oder nicht?

Bevor Jesus auf diese Weise um Rat gefragt wird, hatten sie ihn in einer Art einleitender captatio benevolentiae als Lehrer, der von Gott komme und noch über den Propheten rangiere, expressis verbis anerkannt (P.Egerton 2, Frgm. 2r, Z. 45-47). Erst danach kommen sie mit der zitierten Aufforderung, die man – der Papyrus ist an dieser Stelle beschädigt – wahrscheinlich als <λέγε οὖν> ἡμῖν· ergänzen kann, zum eigentlichen Kernpunkt des von ihnen aufgeworfenen Problems. Der mit ἐξόν beginnende Satz kann dabei in zweifacher Weise verstanden werden, und beide

---

8. Diese These vertreten z.B. H. KÖSTER, *Einführung in das Neue Testament im Rahmen der Religionsgeschichte und Kulturgeschichte der hellenistischen und römischen Zeit*, Berlin – New York, de Gruyter, 1980, S. 621, wonach der Papyrus „einem Überlieferungsstadium angehört, das älter ist als die kanonischen Evangelien", vgl. auch ID., *Überlieferung und Geschichte der frühchristlichen Evangelienliteratur*, in ANRW II.25.2 (1984) 1463-1542, S. 1490 und J.D. CROSSAN, *Four Other Gospels: Shadows on the Contours of Canon*, San Francisco, CA, Harper & Row, 1985, S. 73: „Papyrus Egerton 2 displays no dependence upon the gospels of the New Testament". Crossan datiert den Text sogar in die zweite Hälfte des 1. Jh. n. Chr., *Ibid.*, S. 74.
Zur Kritik dieser Frühdatierung s. F. NEIRYNCK, *The Apocryphal Gospels and the Gospel of Mark*, in ID., *Evangelica II, 1982-1991*, hg. v. F. VAN SEGBROECK (BETL, 99), Leuven, University Press – Peeters, 1991, 751-772 (= BETL 86, Leuven, 1989, 123-175), insb. die Textanalyse, S. 756-759 und ID., *Papyrus Egerton 2 and the Healing of the Leper*, in ID., *Evangelica II, 1982-1991*, 773-759 (= BETL 61, 1985, 153-160), S. 778-779 sowie K. ERLEMANN, *Papyrus Egerton 2: Missing Link zwischen synoptischer und johanneischer Tradition*, in NTS 42 (1996) 12-34, S. 26-27.
9. W.G. KÜMMEL, *Bespr. v.* H.I. BELL – T.S. SKEAT, *Fragments of an Unknown Gospel etc.*, in TLZ 61 (1936) 47-49, S. 48.

Alternativen sind in der Forschung durchaus vertreten worden[10]: Er lässt sich nämlich sowohl als Aussage- als auch als Fragesatz interpretieren. Als Aussage wäre er ein allgemein gehaltener Hinweis darauf, dass es mit dem Gesetz im Prinzip vereinbar sei, der staatlichen Obrigkeit das Gebührende zukommen zu lassen. Doch scheint eine solche Deutung nicht zu der vom Autor des Evangeliumsfragmentes am Anfang des erhaltenen Textes hervorgehobenen Intention der Dialogpartner zu passen, Jesus zu versuchen (ἐπείραζον, Z. 44). Dies müsste m.E. in Form einer Frage formuliert werden, durch die Jesus sich in Widersprüche verwickeln konnte oder zu einer für ihn potentiell gefährlichen Antwort veranlasst werden sollte. Die betreffenden Sätze des Fragmentes 2r (Z. 48-50) zeigen außerdem in ihrem Wortlaut deutlich den Einfluss des Markusevangeliums, wo sie ebenfalls als Fragen konstruiert sind: So kann man als sicher gelten lassen, dass die Worte ἀποδῶμεν αὐτοῖς ἢ μή der Alternativfrage δῶμεν ἢ μὴ δῶμεν in Mk 12,14bß entsprechen. Ferner geht die Formulierung ἐξὸν … ἀποδοῦναι zweifellos mit dem markinischen ἔξεστιν δοῦναι parallel[11]. Das Stichwort ἀρχή hingegen wurde nicht aus Markus übernommen, sondern ist möglicherweise von Lk 20,20 beeinflusst.

Trotz dieser Konvergenzen gibt es aber in Z. 48-50 zwei auffällige Besonderheiten, die ohne Parallelen in den synoptischen Evangelien sind: Zunächst fällt auf, dass in der Version des P.Egerton 2 die Angabe Καίσαρι für den Empfänger der Abgaben durch βασιλεῦσιν ersetzt ist[12]. Diese allgemeine Formulierung sollte sicherlich die direkte Erwähnung des römischen Kaisers vermeiden, so dass er nicht gezielt wie in den synoptischen Parallelstellen zum Thema der Diskussion gemacht wurde. Es muss allerdings eingeschränkt werden, dass βασιλεύς im Sprachgebrauch der Zeit durchaus auch für den römischen Kaiser verwendet werden konnte (vgl. 1 Petr 2,13.17)[13]. Die Formulierung im

10. Als Aussagesatz verstehen ihn z.B. ERLEMANN, *Papyrus* (Anm. 8), S. 23, T. NICKLAS, *Papyrus Egerton 2 – the Unknown Gospel*, in ExpT 118 (2007) 261-266, S. 265 und ID., *Das „unbekannte Evangelium" auf P.Egerton 2 und die „Schrift"*, in SNTU A 33 (2008) 41-65, S. 47.

11. NEIRYNCK, *The Apocryphal Gospels* (Anm. 8), S. 759.

12. Vgl. J.W. PRYOR, *Papyrus Egerton 2 and the Fourth Gospel*, in *Australian Biblical Review* 37 (1989) 1-13, S. 7.

13. Weiteres Material sammelte A. WIFSTRAND, *Autokrator, Kaiser, Basileus: Bemerkungen zu den griechischen Benennungen der römischen Kaiser*, in K. HANELL – E.J. KNUDTZON – N. VALNIM (Hgg.), ΔΡΑΓΜΑ. FS M.P. Nilsson (Acta Instituti Romani Regni Sueclae, Series altera, 1), Lund, Ohlsson, 1939, 529-539; vgl. auch T. NICKLAS, *The Unknown Gospel on Papyrus Egerton 2 (+Papyrus Cologne 255)*, in *Gospel Fragments*. T. NICKLAS, *The Unknown Gospel on Papyrus Egerton 2*, M.J. KRUGER, *Papyrus Oxyrhynchus 840*, T.J. KRAUS, *Other Gospel Fragments*, with an Introduction by T.J. KRAUS (Oxford Early Christian Gospel Texts), Oxford, University Press, 2009, 9-120, S. 81.

Plural mit βασιλεῦσιν legt jedoch nahe, dass in den Augen des Autors ein generelles Problem[14] angeschnitten wurde und nicht etwa Zweifel an der Legitimität der Person eines bestimmten gerade regierenden Herrschers oder römischen Kaisers angedeutet werden sollten. Worin indessen die inhaltliche Pointe der Version der synoptischen Zinsgroschenperikope in P.Egerton 2 zu suchen ist, wird erst klar, wenn man sich mit den Worten τὰ ἀν<ή>κοντα τῇ ἀρχῇ auseinandersetzt. Daher noch einmal die Frage: Was ist mit dieser Formulierung gemeint, die sich so augenfällig von der ganz geläufigen Bezeichnung der Steuern als κῆνσος oder als φόρος, wie sie bei den Synoptikern vorkommt, unterscheidet?

Ein Blick in die gängigen Lexika hilft bei der Suche nach einer Antwort nur wenig weiter. In den Standardwerken wie z.B. im *Greek-English Lexicon* von H.G. Liddle und R. Scott, wo als Übersetzung für den unpersönlichen Gebrauch von ἀνήκω, d.h. u.a. τὰ ἀνήκοντα, „belong, appertain" angegeben ist[15], ist der Bezug zu den Steuerzahlungen nicht transparent. W. Bauers verbreitetes *Griechisch-deutsches Wörterbuch zu den Schriften des Neuen Testaments und der übrigen urchristlichen Literatur* gibt in der 6. von K. und B. Aland neu bearbeiteten Auflage die Stelle aus P.Egerton 2 mit: „was der Obrigkeit zusteht" wieder[16]. Sehr ähnlich wird τὰ ἀν<ή>κοντα τῇ ἀρχῇ auch von J. Jeremias bzw. W. Schneemelcher in der 6. Auflage des Evangelienbandes der *Neutestamentlichen Apokryphen* mit „die der Obrigkeit zukommenden (Gebühren)" übersetzt[17]. D. Lührmann und E. Schlarb in dem Sammelwerk *Fragmente apokryph gewordener Evangelien* machen mit „das der Herrschaft Geziemende"[18] den Konnex zur Steuer jedoch gar nicht klar und folgen einer in der Ethik üblichen Bedeutung von ἀνήκω (vgl. u.a. Phlm 8)[19], die m.E. den besonderen Sinn der von der antiken Kanzleisprache beeinflussten Verwendung in P.Egerton 2 nicht wiedergibt. Einen verlässlichen Anhaltspunkt, wie in unserem Fall die Wendung τὰ

---

14. S. auch im Kommentar von Bruce, *Egerton Papyrus 2* (Anm. 1), S. 171.

15. H.G. Liddell – R. Scott, *A Greek-English Lexicon*. Revised and Augmented throughout by H.S. Jones – R. McKenzie with a Supplement, Oxford, University Press, 1968, S. 137 s.v. II.

16. W. Bauer, *Griechisch-deutsches Wörterbuch zu den Schriften des Neuen Testamentes und der frühchristlichen Literatur*, unter bes. Mitw. v. V. Reichmann hg. v. K. Aland – B. Aland, Berlin – New York, de Gruyter, 1988 (6. völlig neu bearb. Aufl.), S. 131 s.v.

17. Jeremias – Schneemelcher, *Papyrus Egerton 2* (Anm. 5), S. 85. Ebenso übersetzt Bruce, *Egerton Papyrus 2* (Anm. 1), S. 171.

18. Lührmann – Schlarb, *PEgerton 2* (Anm. 5), S. 150.

19. Dazu s. H. Schlier, Art. ἀνήκω, in *TWNT* 1, 361, S. 361. In Eph 5,4 ist dagegen das Unzeimliche, das sich nicht gehört, gemeint; vgl. ferner Kol 3,18.

ἀν<ή>κοντα τῇ ἀρχῇ zu verstehen ist, bieten hingegen die Spezial-
wörterbücher wie etwa das die Papyrusfunde erschließende Lexikon von
F. Preisigke (*Wörterbuch der griechischen Papyruskunde*), in dem sich
unter den zahlreichen Belegen aus den Papyri einer für die Übersetzung
von τὰ ἀνήκοντα ἐκφόρα mit „fällige" Pachtgebühren findet, worauf
noch zurückzukommen sein wird[20]. In der späteren Bearbeitung desselben Wörterbuches durch E. Kießling ist unter dem Lemma ἀνήκω im
Rahmen der Rubrik „was sich gehört, was pflichtgemäß, notwendig ist"
noch eine weitere Stelle als Nachweis für die Übersetzung mit „fällige"
Steuern aufgeführt[21]. Am besten scheint mir aber der Vorschlag von E.
Mayser zu sein, der in seiner *Grammatik der griechischen Papyri aus der
Ptolemäerzeit* die Übersetzung: „was von Rechtswegen … zukommt"
aufgenommen hat[22]. Mayser macht damit den rechtlichen Charakter der
Beziehung zwischen Staat und Steuerpflichtigen deutlich[23], die in τὰ
ἀν<ή>κοντα τῇ ἀρχῇ implizit vorausgesetzt ist. Die Formulierung hat
demnach ihre Wurzeln in der Ausdrucksweise griechischer Kanzleien der
hellenistisch-römischen Zeit, die die entsprechenden Dokumente aufsetz-
ten und unterstreicht die verbindliche Verpflichtung, die hinter den vom
Staat geforderten Abgaben bzw. Steuerzahlungen steht und die keinesfalls ungestraft in Frage gestellt werden darf. Auf diesem Hintergrund ist
die in P.Egerton 2 (Frgm. 2r, Z. 51) ausdrücklich erwähnte, zornige
Reaktion Jesu auf die Frage seiner Opponenten, ob man der Regierung
τὰ ἀνήκοντα geben solle oder nicht, verständlich; denn dieser Begriff
hebt hervor, dass die dem Staat juristisch verbindlich zustehenden Abgaben der Steuerzahler gemeint sind. Die ganze Angelegenheit erscheint
unter dieser Voraussetzung als eine Art Scheinproblem, was diejenigen,
die derartige Fragen stellen, durch ihre Wortwahl zum Ausdruck bringen.
Darum brandmarkt Jesus die Heuchelei solcher Fragesteller, die ihn mit

---

20. F. Preisigke (Hg.), *Wörterbuch der griechischen Papyrusurkunden mit Einschluß
der griechischen Inschriften, Aufschriften, Ostraka, Mumienschilder usw. aus Ägypten.*
Bd. 1: *A-K*, Heidelberg, Berlin, Selbstverlag der Erben, 1925, S. 122 s.v.
   21. *Wörterbuch der griechischen Papyrusurkunden mit Einschluß der griechischen
Inschriften, Aufschriften, Ostraka, Mumienschilder usw. aus Ägypten.* Begründet v.
F. Preisigke, bearb. u. hg. v. E. Kiessling, Bd. 4, ἀ–ζωφυτέω, Wiesbaden, Harrassowitz,
1944-1992, S. 157 s.v.
   22. E. Mayser, *Grammatik der griechischen Papyri aus der Ptolemäerzeit. Mit Einschluss der gleichzeitigen Ostraka und der in Ägypten verfassten Inschriften.* Bd II 2:
Satzlehre, analytischer Teil, zweite Hälfte, Berlin, de Gruyter, 1970 (Nachdr. d. Ausg.
Berlin – Leipzig, de Gruyter, 1934), S. 258 unter §91 zu „ἀνήκω = zukommen, zustehen,
gehören (als Besitz und Anrecht)".
   23. Schlier weist in seinem Artikel ἀνήκω (Anm. 19), S. 361 bereits vorsichtig auf
diese Bedeutung des unpersönlichen Gebrauchs hin, schränkt aber ein: „so gut wie rechtlich verpflichtet", weil er nur das Vorkommen „in privater Angelegenheit", nicht aber im
öffentlichen Raum in den Blick nimmt.

Selbstverständlichkeiten zu belästigen wagen, die eigentlich keiner Nachfrage wert waren. Diese Interpretation lässt sich jedoch nur erhärten, wenn wir die Bedeutung von τὰ ἀνήκοντα anhand des Papyrusmaterials, das sich seit den Veröffentlichungen von Preisigke, Kießling und Mayser, die schon vor über 70 Jahren herauskamen, durch zahlreiche neue Papyruseditionen erheblich vermehrt hat, überprüfen.

Beginnen wir nun die Durchsicht der einschlägigen Belegstellen: Das Verbalkompositum ἀνήκω kann in unpersönlicher Verwendung zunächst einmal den Besitz bezeichnen, was für diese Untersuchung aber nebensächlich ist. Die Belege dafür sind zahlreich und stammen zumeist aus Urkunden, die Geschäfte wie etwa den Verkauf eines Hauses betreffen[24]. Für unsere Fragestellung ist aber entscheidend, diejenigen Fälle durchzumustern, in denen eine rechtlich bindende Verpflichtung erwähnt wird, die einem Amtsträger zukommt. Als erster Beleg sei ein Papyrusdokument (P.Tebt. 41[25]) vom 8. März 176 n.Chr. angeführt, in dem jemand versichert, als Ersatzmann die Verpflichtungen der Nyktostrategie, d.h. des Oberhauptes des Nachtwachdienstes[26] im römischen Ägypten, zu übernehmen: τὰ ἀνήκοντα τῷ νυκτοστρατηγιᾳ. Ebenso wurde laut P.Oxy. 3985[27] vom 3. Mai 473 n.Chr. ein anderes Mitglied der örtlichen Oberschicht dazu herangezogen, das Amt des Nomikarios anzutreten und alle damit zusammenhängenden Pflichten zu erfüllen, d.h. τὰ ἀνήκοντα τῷ νομικαρίῳ ποιῆσαι, wozu, das sei in diesem Zusammenhang angemerkt, in der Spätantike auch die Übernahme von Steuerzahlungen für die örtliche Bevölkerung gehörten[28]. Aus solchen Ämtern erwuchsen dem Inhaber demnach konkrete, rechtlich verbindliche Aufgaben. Als Beispiel sei auf P.Brem. 14 verwiesen[29], wo in einem

---

24. Vgl. z. B. P.Hamb. 217, Z. 6 (Text: B. KRAMER – D. HAGEDORN [Hgg.], *Griechische Papyri der Staats- und Universitätsbibliothek Hamburg* [PTA, 31], Bonn, Habelt, 1984, S. 110), wo ein Grundstückverkauf beurkundet wird und τὰ ἀνήκοντα mit „alles Zubehör" übersetzt werden könnte, das dabei ebenfalls den Besitzer wechselt.

25. Text: B.A. VAN GRONINGEN (Hg.), *A Family-Archive from Tebtunis* (P. Fam. Tebt.) (Papyrologica Lugduno-Batava, 6), Leiden, Brill, 1950, S. 141 Z. 10-11.

26. Zu dieser Bedeutung s. F. PREISIGKE, *Fachwörter des öffentlichen Verwaltungsdienstes Ägyptens in den griechischen Papyrusurkunden der ptolemäisch-römischen Zeit*, Hildesheim – New York, Olms, 1975 (Nachdr. d. Ausg. Göttingen, Vandenhoeck & Ruprecht, 1915), S. 131.

27. Text: H. MAEHLER in E.W. HANDLEY – H.G. IOANNIDOU – P.J. PARSONS – J.E.G. WHITEHORNE, *The Oxyrhynchus Papyri Volume LIX*, London, Egypt Exploration Society, 1992, S. 111.

28. Zu dieser Obliegenheit vgl. den Kommentar von MAEHLER in *The Oxyrhynchus Papyri Volume LIX* (Anm. 27), S. 110.

29. Text: U. WILCKEN, *Die Bremer Papyri*, in *Abhandlungen der Preussischen Akademie der Wissenschaften* 1936, 2, Berlin, Akademie der Wissenschaften – de Gruyter, 1936, S. 43, Z. 11-12.

Brief über einen Polizeibeamten[30], einen sog. „Friedenswächter" (Εἰρενοφύλαξ), gesagt wird, er habe 50 Arbeiter bei einem Kanalbauprojekt zu stellen, was an der betreffenden Stelle mit dem Verb ἀνήκειν umschrieben ist: „dem – sagt er – es (von Rechts wegen) zusteht, 50 Arbeiter zu schicken" ᾧ – φησιν – ἀνήκειν πέμψαι ἐργάτας ν̅. In den bisher angeführten Belegstellen gibt der Dativ an, wem gegenüber und in welcher Stellung innerhalb der Verwaltung die Obliegenheiten bestanden, die von dem jeweiligen Amtsträger ausgeführt werden mussten, weil sie Teil seines Dienstes waren. Dies konnte die Funktion des Nyktostrategen, des Nomikarios usw. sein, aus der die Aufgaben erwuchsen. Manchmal war auch ein Verein mit einer bestimmten Satzung gemeint, dem gegenüber jemand durch Mitgliedschaft bestimmte Verpflichtungen einging. Beispielsweise wurde von dem Koinon der Verehrer des Zeus Hypsistos, dessen Statuten uns durch P.Lond. 2193 aus der Mitte des 1. Jh. v.Chr. erhalten sind[31], allen Mitgliedern u.a. auferlegt, dem Vorsitzenden und dessen Diener „in den Angelegenheiten, die der Gemeinschaft zukommen, zu gehorchen" (ἔν τε ταῖς ἀνήκουσι τῷ κοινῷ)[32].

Eine derartige Gehorsamspflicht bestand natürlich in noch viel größerem Maße gegenüber dem Kaiser und seiner Familie. So ließ sich Augustus am 6. März 6 v.Chr. in einem Treueid, d.h. in einem rechtlich verbindlichen Kontext, von den Einwohnern der Stadt Phazimon-Neapolis und der umgebenden Region Paphlagoniens sowie von den dort ansässigen Römern schwören, dass sie „in jeder Weise für das jenen von Rechts wegen Zukommende jeder Gefahr standhalten" (παντὶ τρόπῳ ὑπὲρ τῶν ἐκείνοις ἀνηκόντων πάντα κίνδυνον ὑπομενεῖν)[33]. Dieser Teil der sehr langen Eidformel, der entsprechend griechischen Gepflogenheiten redigiert ist[34], bringt zum Ausdruck, dass jedermann für diese ἀνήκοντα

---

30. Zur Aufgabe dieser Polizisten in Ägypten s. SCHULTHESS, Art. Εἰρηνοφύλακες, in Pauly's Realenzyklopädie Suppl. 3, 423-425, S. 423.

31. Text: T.C. SKEAT, Greek Papyri in the British Museum (Now in the British Library), Bd. 7, The Zenon Archive, London, British Museum Publications, 1974, S. 308, Z. 11.

32. Zu diesem Verein und seiner Satzung s. die Erstedition des betreffenden Papyrus mit ausführlichem Kommentar durch A.D. NOCK – C. ROBERTS – T.C. SKEAT, The Gild of Zeus Hypsistos, in Z. STEWART (Hg.), Essays on Religion and the Ancient World, Bd. 1, Cambridge, MA, Harvard University Press, 1972, 414-443 (= HTR 29 [1936] 39-88), insb. S. 432-433.

33. W. DITTENBERGER (Hg.), Orientis Graeci Inscriptiones Selectae. Supplementum Sylloges Inscriptionum Graecarum, Bd. 1-2, Hildesheim, Olms, 1960 (Nachdr. d. Ausg. Leipzig, Hirzel, 1903-1905), Nr. 532, Z. 16-17.

34. Auf diese Aufnahme „geläufiger griechischer Sprachformen" macht P. HERRMANN, Der römische Kaisereid: Untersuchungen zu seiner Herkunft und Entwicklung (Hypomnemata, 20), Göttingen, Vandenhoeck & Ruprecht, 1968, S. 19 aufmerksam.

des Kaisers Gefahr für Leib und Leben auszuhalten hatte. Für unsere Fragestellung ist eine solche Wortwahl im Rahmen eines offiziellen Dokuments, das zudem einen für die Loyalität der Bevölkerung wesentlichen Vorgang dokumentiert, insofern von Bedeutung, dass mit τὰ ἀνήκοντα u.a. kaiserliche Rechte, d.h. auch Einkünfte, gemeint sein konnten.

Dass der Ausdruck τὰ ἀνήκοντα außerdem in Verbindung mit der Steuerpflicht gebraucht wurde, legen durch ägyptische Papyri erhaltene amtliche Rundschreiben in P.Mich. 6980r aus ptolemäischer Zeit nahe[35], die in der zuständigen Gauverwaltung kursierten. In ihnen geht es u.a. um die Zusammenarbeit mit einem ἀντιγραφεύς, der als Aufsichtsbeamter über bestimmte Steuerpächter eingesetzt wurde. Zahlreiche Polizei- und Verwaltungsbeamte werden in diesem Zusammenhang aufgefordert, diesem neuen Kontrolleur auf jegliche Art und Weise beizustehen[36]: „sofern er an dem Bedarf hat, was sich darauf (von Rechts wegen) bezieht" (χρείαν ἔχων τῶν πρὸς ταῦτ ἀνηκόντων). Diese Wendung ist formelhaft[37] und meint zweifellos die nötige Unterstützung des Beamten bei seiner die Steuereinziehung betreffenden Tätigkeit, während der ihm die gesamte Verwaltung des jeweiligen Gaus uneingeschränkt Hilfe leisten sollte. Ein solcher Gebrauch von τὰ ἀνήκοντα, der sich auf Steuern und Abgaben bezieht, ist auch in anderen Quellen nachweisbar: Beispielsweise ging der Ptolemäerkönig Euergetes II um 140-130 v.Chr. gegen bestimmte Personen vor, die die Tempelpriester des Kultes für Arsinoe oder Berenike um ihre Einkünfte brachten, und ordnete durch einen Erlass an, wie es in P.Tebt. 6 heißt, „das (von Rechts wegen) den Tempeln Zukommende" (ὑπὲρ τῶν ἀνηκόντων τοῖς ἱεροῖς) zu bezahlen[38]. Damit waren die Gelder und andere Abgaben gemeint, die die Ausgaben des Heiligtums decken sollten. Noch deutlicher drückt sich ein leider stark beschädigter Papyrus aus den Jahren 60/61 v.Chr. aus (BGU 1781[39]), der einen Nomarchen, d.h. einen königlichen Beamten, der einem ägyptischen Gau vorstand und für die Belange der königlichen Finanz- und Steuerverwaltung zuständig war, erwähnt[40]. Der Papyrus

---

35. Der Papyrus wurde 223 oder 181 v.Chr. geschrieben.

36. Text: M. MÜLLER, *A Circular Letter and a Memo (P. Mich. Inv. 6980)*, in *ZPE* 105 (1995) 237-243, S. 240, Z. 15.

37. Nachweise *ibid.*, S. 241.

38. P.Tebt. 6, Z. 41-42 (Text: B.P. GRENFELL – A.S. HUNT – J.G. SMYLY, *The Tebtunis Papyri*. Part I [UCP Graeco-Roman Archaeology, 1], London, Henry Frowde, 1902, S. 61).

39. Text: W. SCHUBART – D. SCHÄFER, *Spätptolemäische Papyri aus amtlichen Büros des Herakleopolites* (Ägyptische Urkunden aus den Staatlichen Museen zu Berlin. Griechische Urkunden, 8), Berlin, Weidemann, 1933, S. 66, Z. 6-7.

40. Zum Amt des Nomarchen s. PREISIGKE, *Fachwörter* (Anm. 26), S. 129 s.v. und W. AMELING, Art. *Nomarches*, in *Der Neue Pauly* 8, 976-977, S. 976.

berichtet, soviel ist dem fragmentarischen Text noch zu entnehmen, von „Steuern, die aufgrund der Gau-Steuerlisten fällig sind" (τῶν διὰ νομαρχικῶν λόγων ἀνηκόντων εἰδῶν). Das verwendete Verb ἀνήκω ist hier also in dem Sinne zu verstehen, dass die Steuern rechtlich und bürokratisch korrekt aufgrund von Listen, die ihre Höhe festlegten und die der zuständige Beamte erstellte, abzuführen seien.

Derselbe Sprachgebrauch prägte dann ebenfalls die bei römischen Behörden eingereichten Eingaben der Provinzbewohner, von denen sich zahlreiche Beispiele aus Ägypten erhalten haben. Als Beleg sei hier P.Lond. 924[41] aus dem Jahr 187-188 n.Chr. angeführt. In diesem Dokument geht es um einen Streit um Land, wobei Dorfbewohner erklären, die Zahlung der „fälligen Pachtzinsen" (τὰ ἀνήκοντα ἐκφόρια) nicht zu übernehmen, falls ihnen das betreffende Grundstück nicht zugesprochen werde. In einigen Fällen wird sogar die Steuer selbst τὰ ἀνήκοντα genannt, wobei die genaue Bezeichnung der Art der Abgaben stets im Dativ erfolgt. Ein solche Formulierung belegt P.Köln 219 in einer Bekanntmachung aus dem Jahr 209 oder 192 v.Chr., die diejenigen Abgaben, „die von Rechts wegen dem ἐγκύκλιον zukommen" (τῶν τῷ ἐγκυκλίῳ ἀνηκόντων), betrifft[42]. Damit war eine Waren- und Verkehrssteuer hellenistischer Zeit gemeint, deren Neuregelung hierin öffentlich angezeigt wurde[43]. Abschließend sei noch auf eine Deklaration aufmerksam gemacht, die sich auf die offiziellen Besitzangaben für die Erbschaftssteuer, die sog. „vicesima hereditatium", bezieht[44]. In diesem Dokument (P.Oxy. 3609[45]) vom 30. September 250 n.Chr. versichert ein Hinterbliebener unter Eid, seiner Anzeigepflicht vollständig nachgekommen zu sein und nichts „der Steuer rechtlich Zukommendes" (ἀνῆκον τῷ τέλει) ausgelassen zu haben.

---

41. Text: F.G. KENYON – H.I. BELL, *Greek Papyri in the British Museum. Catalogue with Texts*, London, Trustees, 1907, S. 134, Z. 5-6.

42. Text: W. SCHÄFER, *P. Köln 219: Öffentliche Bekanntmachung*, in *Kölner Papyri (P. Köln)*, Bd. 5, M. GRONEWALD – K. MARESCH – W. SCHÄFER (ARWAW. Sonderreihe, Papyrologica Coloniensia, 7), Opladen, Westdeutscher Verlag, 1985, 141-150, S. 149, Z. 6-8. SCHÄFER setzt sich auch mit der grammatisch auffälligen Genitivkonstruktion auseinander, *ibid.* S. 150.

43. S.L. WALLACE, *Taxation in Egypt from Augustus to Diocletian* (Princeton University Studies in Papyrology, 2), Princeton, NJ, Princeton University Press, 1938, S. 227-228.

44. Zu dieser Steuer s. G. WESENER, Art. *vicesima hereditatium*, in *Pauly's Realenzyklopädie* 8, 2471-2477.

45. Text: J.R. REA (Hg.), *The Oxyrhynchus Papyri Volume LI*, London, Egypt Exploration Society, 1984, S. 23, Z. 9-10.

Überblickt man das bisher zusammengestellte Belegmaterial, das fast ausnahmslos aus ägyptischen Papyrusfunden stammt, so bestätigt sich nach m.E. der schon von E. Mayser vorausgesetzte Sprachgebrauch. Demnach bezieht sich der Ausdruck τὰ ἀνήκοντα in P.Egerton 2 Frgm. 2r (Z. 48-50) auf die „den Königen", d.h. den römischen Kaisern, rechtlich verbindlich zustehenden Steuern, was durch die analysierte Terminologie hervorgehoben wird. Eine Debatte über die Legitimität der Steuerzahlungen zwischen Jesus und seinen Gesprächspartnern war daher überflüssig, was der Autor des in P.Egerton erhaltenen Evangeliums durch die Wahl der von mir analysierten Begrifflichkeit zum Ausdruck bringen wollte. Dementsprechend wird die Anfrage von Jesus nicht als ernsthaftes ihm vorgelegtes Problem, sondern als eine Art Scheinfrage und in der Konsequenz als Infragestellung seiner Autorität als Lehrer verstanden. Es ist sogar denkbar, wenn auch das am Ende beschädigte Papyrusblatt keine Entscheidung in dieser Frage mehr zulässt, dass Jesus letztlich überhaupt keine den synoptischen Evangelien vergleichbare Auskunft in dieser Sache erteilt hat.

Diese Beobachtungen entsprechen einer bei den Kirchenvätern ab dem 2. Jh. n.Chr. nachweisbaren Tendenz: Die Steuerproblematik galt in ihren Augen keinesfalls mehr als eine offene Frage. Zugleich wurde mitunter die christliche Bereitschaft zum Bezahlen der Steuerforderungen betont, und die Legitimität des römischen Staates in allen Steuerangelegenheiten als eine theologisch nicht mehr hinterfragbare Tatsache begriffen. Die apologetischen Absichten liegen dabei in einigen Fällen klar auf der Hand, wofür ein Zitat aus der Apologie des Justin stehen mag. Justin beruft sich in seiner Apologie für das Christentum, die er um 150 bis 155 n.Chr. in Rom verfasste, expressis verbis auf Jesu Antwort auf die Steuerfrage nach dem Text der synoptischen Evangelien und leitet daraus ab: „Abgaben und Steuern suchen wir überall vor allen anderen euren Beamten zu entrichten, wie wir von ihm angeleitet worden sind"[46]. Noch einen Schritt weiter als Justin ging am Beginn des 3. Jh. n.Chr. Origenes in einer seiner Homilien zum Lukasevangelium, in denen er neben anderen Abschnitten dieses Evangeliums auch die Zinsgroschenperikope auslegte. Origenes leitet die betreffende Passage in der 39. Homilie mit der rhetorisch

---

46. Apologiae I 17,1 (Text: C. MUNIER, *Justin, Apologie pour les Chrétiens. Introduction, texte critique, traduction et notes* [SC, 507], Paris, Cerf, 2006, S. 176, Übersetzung: G. RAUSCHEN, *Die beiden Apologien Justins des Märtyrers*, in *Frühchristliche Apologeten und Märtyrerakten aus dem Griechischen und Lateinischen übersetzt* (Bibliothek der Kirchenväter, 5), Kempten – München, Kösel, 1913, 55-156, S. 29): Φόρους δὲ καὶ εἰσφορὰς τοῖς ὑφ᾽ ὑμῶν τεταγμένοις πανταχοῦ πρὸ πάντων πειρώμεθα φέρειν, ὡς ἐδιδάχθημεν παρ᾽ αὐτοῦ.

gemeinten Frage ein: „Indes, wer von uns würde dem widersprechen, dass dem Kaiser Steuern zu zahlen sind?"[47]. Das Steuerzahlen war für ihn demnach eine Selbstverständlichkeit, bei der sich jede Nachfrage erübrigte. Deshalb wechselt er sofort zu einer allegorischen Interpretation über, um den verborgenen wahren Sinn des Textes auf diese Weise zu erheben[48].

Auch wenn eine gegenseitige Beeinflussung zwischen Justin bzw. Origenes auf der einen und dem in P.Egerton 2 enthaltenen Evangelium auf der anderen Seite nicht nachweisbar ist, so dokumentiert sich in der bewusst nuancierten Wortwahl des Verfassers des uns durch P.Egerton 2 erhaltenen Evangeliums dieselbe Überzeugung wie bei den Kirchenvätern. Einer Diskussion über die tatsächliche Berechtigung der Steuerzahlungen an den römischen Staat war somit der Boden entzogen. Allerdings hat die Sichtweise bei dem Autor des Evangeliums in P.Egerton 2 sogar zu einer Veränderung des Evangelientextes geführt, der dieser Einschätzung des Verhältnisses von Staat und Kirche in einem wichtigen Konfliktfeld entsprechend modifiziert wurde, indem die Steuerzahlungen als τὰ ἀν<ή>κοντα τῇ ἀρχῇ bezeichnet wurden.

Westfälische Wilhelms-Universität   Niclas FÖRSTER
Münster
Institutum Judaicum Delitzschianum
Wilmergasse 1
48143 Münster
Deutschland

---

47. Hom 39,4 (Text und Übersetzung: H.-J. SIEBEN, *Origenes, In Lucam Homiliae, Homilien zum Lukasevangelium* [FC, 4/2], Freiburg, Herder, 1992, S. 388-389): „Quis enim nostrum de tributis reddendis Caesari contradicit?".

48. S. dazu seine Bemerkung in Hom 39,4 (Text und Übersetzung: SIEBEN, *Origenes* [Anm. 47], S. 388-389): „Habet igitur locus quiddam mystici atque secreti".

JESUS ALS LEHRER IN APOKRYPHEN EVANGELIEN

Das Motiv Jesus als Lehrer spielt bei den Synoptikern eine besondere Rolle[1]. Ein wirkungsgeschichtlicher Blick in die apokryphen Evangelien zeigt, dass das Motiv vom lehrenden Jesus auch in die unterschiedlichsten nichtkanonischen Erzählungen aufgenommen wurde[2]. Die folgenden Ausführungen geben beispielhafte Einblicke: Im ersten Hauptteil erfolgt die Auseinandersetzung mit relevanten Passagen aus den sogenannten Kindheitsevangelien[3]. Der zweite Hauptteil befasst sich mit Texten aus diversen anderen apokryphen Evangelien.

I. KINDHEITSEVANGELIEN

Das Interesse der frühchristlichen Autoren richtete sich sehr bald auf die Geburt Jesu und seine Kindheit wie auch auf seine Eltern und deren Schicksal. Von Interesse waren Ereignisse und Gestalten, die in der ältesten Überlieferung gar keine oder nur eine geringe Rolle spielten. Das dahinterstehende Anliegen ist alt: Schon die Evangelisten Matthäus und Lukas versuchen ihm in ihren – wenn auch unterschiedlichen – Vorgeschichten Rechnung zu tragen. Die mt und lk Vor- bzw. Kindheitsgeschichten

---

1. Vgl. dazu die Dissertation V. TROPPER, *Jesus Didáskalos. Studien zu Jesus als Lehrer bei den Synoptikern und im Rahmen der antiken Kultur- und Sozialgeschichte* (Österreichische Bibelstudien, 42), Frankfurt a.M., Lang, 2012. Hier sei dazu lediglich festgehalten, dass sich bei jedem der drei Synoptiker ein anderes Bild von Jesus als Lehrer findet: Am eindrücklichsten wird Jesus als Lehrer der nahegekommen Gottesherrschaft im MkEv präsentiert. Mt macht diesen zum einzig wahren Lehrer des Willens Gottes für seine SchülerInnen/JüngerInnen, d. h. seine Gemeinde, der ihnen seinen Beistand bis zum Ende der Welt zusagt. Im LkEv drängt der Askpekt des prophetisch-messianischen Freudenboten den des Lehrers bei der Charakterisierung Jesu in den Hintergrund.

2. Vgl. dazu ebenfalls, TROPPER, *Jesus* (Anm. 1), Kap. 5.

3. Zur Problematik dieses Begriffs vgl. die Ausführungen bei U.U. KAISER, *Jesus als Kind: Neuere Forschungen zur Jesusüberlieferung in den apokryphen „Kindheitsevangelien"*, in J. FREY – J. SCHRÖTER (Hgg.), *Jesus in apokryphen Evangelienüberlieferungen* (WUNT, 254), Tübingen, Mohr Siebeck, 2010, 253-269, S. 253-257. Für allgemeine Informationen siehe dazu v. a. G. SCHNEIDER, *Apokryphe Kindheitsevangelien* (FC, 18), Freiburg – Basel – Wien, Herder, 1995, S. 11-13; P. VIELHAUER, *Geschichte der urchristlichen Literatur: Einleitung in das Neue Testament, die Apokryphen und die Apostolischen Väter*, Berlin – New York, de Gruyter, ³1981, 665-667; H.-J. KLAUCK, *Apokryphe Evangelien: Eine Einführung*, Stuttgart, Katholisches Bibelwerk, 2002, S. 89f; O. CULLMANN, *Kindheitsevangelien*, in W. SCHNEEMELCHER (Hg.), *Neutestamentliche Apokryphen in deutscher Übersetzung*. I: *Evangelien*, Tübingen, Mohr Siebeck, ⁶1990, 330-372, S. 330-334. Vgl. auch den einführenden Beitrag von J. HARTENSTEIN, *Macht, Übermut und sonderbare Wunder*, in *Welt und Umwelt der Bibel* 58 (2010), no. 4, 11-15.

(Mt 1–2 und Lk 1–2) bilden dann auch den Grundstock der apokryphen Kindheitserzählungen[4].

Die apokryphen Kindheitserzählungen erweisen „schon den Jesusknaben als den künftigen mächtigen Wundertäter und großen Lehrer, ja als göttliches Wesen"[5]. Dabei sind nicht nur fromme Legenden eingeflossen, sondern auch Motive der Theios-Aner-Biographie[6] und mythische Elemente verarbeitet worden. Auffällig ist, dass die Erzählungen zeitlich nie weiter gehen als bis zum Zwölfjährigen; die Jünglings- und frühen Mannesjahre Jesu bleiben ausgespart. Der Gedanke der Entwicklung hat in der Darstellung eines göttlichen Wesens keinen Platz und ist daher in den apokryphen Kindheitserzählungen auch nicht zu erkennen.

Für das Thema Jesus als Lehrer sind von den sogenannten apokryphen Kindheitsevangelien vor allem die Kindheitserzählung des Thomas (KThom[7]) und die von ihr abhängigen Erzählungen in den deutlich später entstandenen Kindheitsevangelien (siehe dazu 2.) von Interesse.

1. *Kindheitserzählung des Thomas*[8]

Die in ihrem Grundstock ins zweite Jahrhundert zu datierende und heute 19 Kapitel umfassende KThom[9] präsentiert in Kap. 6f den Jesus-

4. Siehe dazu die Übersicht in SCHNEIDER, *Kindheitsevangelien* (Anm. 3), S. 11f und die Aufzählung bei CULLMANN, *Kindheitsevangelien* (Anm. 3), S. 330. Vgl. des Weiteren die Auflistungen in J.K. ELLIOTT, *A Synopsis of the Apocryphal Nativity and Infancy Gospels* (NTTS, 34), Leiden, Brill, 2006.

5. VIELHAUER, *Geschichte* (Anm. 3), S. 667.

6. Zum Theios-Aner-Konzept in der Antike vgl. etwa L. BIELER, *Theios Aner: Das Bild des „göttlichen Menschen" in Spätantike und Christentum I*, Wien, Buchhandlung Oskar Höfels, 1935; L. BIELER, *Theios Aner: Das Bild des „göttlichen Menschen" in Spätantike und Christentum II. Ausführungen und Interpretation*, Wien, Buchhandlung Oskar Höfels, 1936; C.R. HOLLADAY, *Theios Aner in Hellenistic-Judaism: A Critique of the Use of This Category in New Testament Christology*, Missoula, MT, Scholars, 1977; B. BLACKBURN, *Theios Aner and the Markan Miracle Traditions: A Critique of the Theios Aner Concept as an Interpretative Background of the Miracle Traditions Used by Mark* (WUNT, II/40), Tübingen, Mohr Siebeck, 1991; D.S. DUTOIT, *Theios anthropos: Zur Verwendung von theios anthropos und sinnverwandten Ausdrücken in der Literatur der Kaiserzeit* (WUNT, II/91), Tübingen, Mohr Siebeck, 1997.

7. Die Abkürzung der Kindheitsevangelien folgt nach SCHNEIDER, *Kindheitsevangelien* (Anm. 3).

8. Vgl. dazu SCHNEIDER, *Kindheitsevangelien* (Anm. 3), S. 34-47; CULLMANN, *Kindheitsevangelien* (Anm. 3), S. 349-359; KLAUCK, *Evangelien* (Anm. 3), S. 99-105; R. AASGAARD, *The Childhood of Jesus: Decoding the Apocryphal Infancy Gospel of Thomas*, Eugene, OR, Cascade Books, 2009; T. BURKE, *De Infantia Iesu Evangelium Thomae Graece* (CCSA, 17), Turnhout, Brepols, 2010. Die angeführten Stellen werden mangels neuerer deutscher Übersetzungen nach der Übersetzung in SCHNEIDER, *Kindheitsevangelien* zitiert.

9. Zum Problem der vielfältigen Überlieferung von KThom siehe KAISER, *Jesus* (Anm. 3), 257-260; AASGAARD, *Childhood* (Anm. 8), S. 1-52; T. BURKE, *Infantia* (Anm. 8), S. 173-222.

knaben als äußerst klugen, ja besserwisserischen Burschen, der sich nicht belehren lässt, sondern seinen Lehrer dermaßen ausführlich und stark allegorisch über den Buchstaben Alpha belehrt[10], dass dieser sich schämen muss, weil er Jesu Ausführungen nicht versteht und seinen Blick nicht mehr ertragen kann[11]. Zudem will der Mann namens Zachäus nicht länger Jesu Lehrer sein und klagt sein Leid (7), auch wenn er anerkennt, dass er in Jesus einen Lehrer gefunden hat (7.2) und dieser „etwas Großes, ein Gott, ein Engel oder ich weiß nicht, was" (7.4) ist.

Nach der ersten Erfahrung mit einem Lehrer versucht Josef eine Weile später in Kap. 14 noch einmal, Jesus in den Unterricht zu schicken, diesmal geht die Sache allerdings deutlich schlechter aus: Der Lehrer, von dem auch gesagt wird, dass er sich vor Jesus fürchtet, wird aufgrund seines Unwissens und seiner brutalen Vorgehensweise[12] von Jesus verflucht und verletzt sich beim Fallen auf den Boden[13]. Josef erkennt einmal mehr, dass der Jesusknabe gefährlich ist. Trotz dieses Ereignisses versucht wenig später (Kap. 15) ein dritter Lehrer sein Glück beim Jesusknaben und nimmt ihn mit ins Lehrhaus[14], wo dieser die offenbar anwesende Menge das Gesetz lehrt. Der dritte Lehrer erkennt nun Jesu Anmut und Weisheit, ja spricht diese offen aus, und aufgrund seines Zeugnisses wird sogar der verfluchte zweite Lehrer wieder durch Jesus geheilt (15.3f).

---

10. 6.3f: 3. Und er sagte ihm alle Buchstaben vom Alpha bis zum Omega in langer Aufzählung und eindringlich. Er aber schaute den Lehrer Zachäus an und sprach zu ihm: „Wo du selbst nicht einmal das Alpha seinem Wesen nach kennst, wie willst du andere das Beta lehren? Heuchler, lehre zuerst, wenn du kannst, das Alpha, dann wollen wir dir auch in bezug auf das Beta Glauben schenken". Darauf begann er, den Lehrer über den ersten Buchstaben auszufragen; doch der vermochte ihm nicht Rede und Antwort zu stehen. 4. Vor vielen Zuhörern richtete der Knabe das Wort an Zachäus: „Höre, Lehrer, die Anordnung des ersten Schriftzeichens, und achte hier darauf, wie es Geraden hat und einen Mittelstrich, der durch die zusammengehörenden Geraden, die du siehst, hindurchgeht, (wie die Linien) zusammenlaufen, sich erheben, im Reigen schlingen, drei Zeichen gleicher Art, sich unterordnend und tragend, gleichen Maßes. Da hast du die Linien des A".

11. 7.1 Als der Lehrer Zachäus so zahlreiche und bedeutende allegorische Beschreibungen des ersten Buchstabens vortragen hörte, wurde er über soviel Verteidigung und Gelehrsamkeit und sagte zu den Anwesenden: „Weh mir, ich bin in die Enge getrieben; ich Unglückseliger habe mir selbst Schaden zugefügt, indem ich diesen Jungen an mich zog. 2. Nimm ihn darum wieder fort, ich bitte dich, Bruder Joseph! Ich ertrage die Strenge seines Blickes nicht, noch auch nur ein einziges Mal seine Rede".

12. 14.2 Jesus aber sagte zu ihm: „Wenn du wirklich Lehrer bist und wenn du die Buchstaben gut kennst, so nenne mir die Bedeutung des Alpha, dann will ich dir die des Beta sagen". Der Lehrer jedoch ärgerte sich und schlug ihn auf den Kopf. Der Knabe aber, dem das weh tat, verfluchte ihn, und sogleich wurde er ohnmächtig und fiel zu Boden aufs Gesicht.

13. Hier ist m. E. eine antidoketische Tendenz der KThom erkennbar, da dem Jesusknaben der Schlag des Lehrers auf seinen Kopf „wehtut".

14. Was genau sich der Autor darunter vorstellt, muss offenbleiben.

Insgesamt kann zu den drei Schulszenen aus KThom angemerkt werden, dass deren Autor offenbar hellenistischer[15] Schulbetrieb[16] bekannt war – Jesus lernt zuerst bzw. nur das griechische Alphabet. Die Lese- und Schreibkenntnis Jesu wird selbstverständlich vorausgesetzt. Außerdem stellt der Verfasser sich den jungen Jesus als äußerst klugen und auch besserwisserischen Knaben vor, der seine Lehrer schon als Kind gerne belehrte. Vermutlich wollte er dadurch auch die Allwissenheit Jesu schon als Kind hervorheben.

Eine weitere Stelle, die Jesus in KThom belehrend zeigt, ist die Parallele zu Lk 2,41-52 in Kap. 19: In einer Gegenüberstellung der beiden Texte wird deutlich erkennbar, dass der lk Stoff in der KThom Erweiterungen und Änderungen erfahren hat. Die auffälligste Erweiterung gegenüber der lk Erzählung ist die Beschreibung des Jesusknaben, der durch sein Fragen und Antworten und seine Gesetzes- und Prophetenauslegung die jüdischen Ältesten und Lehrer zum Verstummen bringt[17]. Zudem wird Jesus durch die Schriftgelehrten und Pharisäer in der Selig-

---

15. Generell deutet in der Schrift nichts darauf hin, dass der Autor mit jüdischen Traditionen vertraut wäre, was nach CULLMANN, *Kindheitsevangelien* (Anm. 3), S. 352 mit ziemlicher Sicherheit für eine heidenchristliche Herkunft des Verfassers der Kindheitserzählung des Thomas spricht.

16. Vgl. dazu allgemein H. MARROU, *A History of Education in Antiquity. Translated by George Lamb*, Madison, WI, The University of Wisconsin Press, 1956, S. 95-313; F. UEBERSCHAER, *Weisheit aus der Begegnung: Bildung nach dem Buch Ben Sira* (BZAW, 379), Berlin – New York, de Gruyter, 2007, S. 123-134; bei J. CHRISTES – R. KLEIN – C. LÜTH (Hgg.), *Handbuch der Erziehung und Bildung in der Antike*, Darmstadt, Wissenschaftliche Buchgesellschaft, 2006, die jeweiligen Ausführungen zu Griechenland und Rom; außerdem T. VEGGE, *Paulus und das antike Schulwesen: Schule und Bildung des Paulus* (BZNW, 134), Berlin – New York, de Gruyter, 3-342; J. CHRISTES, *Bildung*, in H. CANCIK – H. SCHNEIDER (Hgg.), *Der Neue Pauly. Enzyklopädie der Antike 2*, Stuttgart – Weimar, Metzler, 1997, 663-673; ID., *Erziehung*, in H. CANCIK – H. SCHNEIDER (Hgg.), *Der Neue Pauly. Enzyklopädie der Antike 4*, Stuttgart – Weimar, Metzler, 1998, 109-120; P. MÜLLER, *Lesen, Schreiben, Schulwesen*, in K. ERLEMANN – K.L. NOETHLICHS – K. SCHERBERICH – J. ZANGENBERG, *Neues Testament und Antike Kultur. 2. Familie. Gesellschaft. Wirtschaft*, Neukirchen-Vluyn, Neukirchener, 2005, 234-237; D.F. WATSON, *Education: Jewish and Greco-Roman*, in C.A. EVANS – S.E. PROTER (Hgg.), *Dictionary of New Testament Background*, Downers Grove, IL, InterVarsity Press, 2000, 308-313; J.T. TOWNSEND, *Education (Graeco-Roman)*, in *ABD* 2 (1992) 312-317; R. CRIBIORE, *Gymnastics of the Mind: Greek Education in Hellenistic and Roman Egypt*, Princeton, NJ, Princeton University Press, 2001; EAD., *Writing, Teachers, and Students in Graeco-Roman Egypt* (American Studies in Papyrology, 36), Atlanta, GA, Scholars, 1996, bes. Part One (1-34); T. MORGAN, *Literate Education in the Hellenistic and Roman Worlds* (Cambridge Classical Studies), Cambridge, Cambridge University Press, 1998; W.V. HARRIS, *Ancient Literacy*, Cambridge, MA, Harvard University Press, 1989.

17. 19.2 Nach dem dritten Tag fanden sie ihn, wie er im Tempel mitten unter den Lehrern saß, ihnen zuhörte und sie befragte. Alle aber achteten auf ihn und wunderten sich, wie er, noch ein Knabe, die Ältesten und Lehrer des Volkes zum Verstummen brachte, indem er ihnen die Hauptstücke des Gesetzes und die Sprüche der Propheten auslegte.

preisung seiner Mutter Maria in den höchsten Tönen gelobt[18]. Die negative Bemerkung über das Unverständnis der Eltern in Lk 2,50 wird nicht in die KThom aufgenommen. Grundsätzlich wird abschließend auch in der KThom festgehalten, dass Jesus seinen Eltern wieder ein braves Kind ist und Maria alles für sich behält. Mit dieser Erzählung vom zwölfjährigen Jesus im Tempel in Jerusalem endet die KThom nach einer Wachstumsformel und einem doxologischen Abschluss.

Deutlich erkennbar wird in der KThom das Bemühen, schon den Knaben Jesus als „Lehrer" darzustellen, auch wenn dies teilweise in abschreckender und brutaler Weise geschieht[19].

2. Andere von KThom abhängige Erzählungen

Die anderen, später entstandenen Kindheitsevangelien greifen auf den bisher behandelten Stoff aus der KThom zurück und erweitern diesen. Es handelt sich hierbei um das arabische Kindheitsevangelium (der Grundstock kann bereits vor dem fünften Jahrhundert, die heute vorliegende Kompilation jedoch kaum vor dem sechsten Jahrhundert entstanden sein)[20] und das armenische Kindheitsevangelium (entstanden im neunten oder zehnten Jahrhundert)[21] sowie das Pseudo-Matthäusevangelium (entstanden im achten oder neunten Jahrhundert)[22].

---

18. 19.4: Die Schriftgelehrten und Pharisäer aber sagten: „Bist du die Mutter dieses Knaben?" Sie sagte: „Ich bin's". Da sagten sie zu ihr: „Selig bist du unter den Frauen, denn Gott hat die Frucht deines Leibes gesegnet. Denn eine solche Herrlichkeit, solche Tüchtigkeit und Weisheit haben wir niemals gesehen noch gehört".

19. Dass die KThom ein antikes Kinderbuch für christliche Kinder war, wie es AASGAARD, *Childhood* (Anm. 8), S. 192-213 vertritt, halte ich mit KAISER, *Jesus* (Anm. 3), S. 268 für schwierig. Bedenkenswerter – allerdings nicht restlos überzeugend – scheint die Frage, die Kaiser (*ibid.*, S. 269) am Ende ihres Beitrages stellt: „Ob auch antike Eltern gestresst waren und ab und an ihre Erziehungserfolge angezweifelt haben, kann ich nur vermuten. Als Mutter eines sechs- und eines siebenjährigen Sohnes kann ich mir aber gut vorstellen, welche Entlastung es bringen könnte, zu lesen, dass nicht nur die eigenen Kinder, sondern auch Jesus handgreiflichen Streit mit anderen Kindern hatte, Geschirr zerbrochen hat und frech und besserwisserisch den Eltern oder Lehrern gegenüber aufgetreten ist. Vielleicht war EvInfThom also eigentlich ein Kinderbuch für Eltern?".

20. Für nähere Informationen vgl. SCHNEIDER, *Kindheitsevangelien* (Anm. 3), S. 47-55; P. PEETERS, *Évangiles apocryphes. II. L'Évangile de L'enfance. Rédactions syriaques, arabe et arméniennes. Traduites et annotées* (Textes et documents pour l'étude historique du christianisme), Paris, Auguste Picard, 1914, S. I-XXIX und L-LIX; CULLMANN, *Kindheitsevangelien* (Anm. 3), S. 363f. Da keine vollständige deutsche Übersetzung vorliegt muss auf den frz. Text von Peeters zurückgegriffen werden.

21. Für nähere Informationen siehe PEETERS, *Évangiles* (Anm. 20), S. XXIX-LIX; CULLMANN, *Kindheitsevangelien* (Anm. 3), S. 364. Da keine vollständige deutsche Übersetzung vorliegt muss auf den frz. Text von Peeters zurückgegriffen werden.

22. Nähere Informationen dazu bei SCHNEIDER, *Kindheitsevangelien* (Anm. 3), S. 59-66; CULLMANN, *Kindheitsevangelien* (Anm. 3), S. 364. Leider gibt es bisher keine vollständige deutsche Übersetzung, eine Übersetzung der relevanten lat. Texte bei C. VON

Zu KThom 6f finden sich in allen drei späteren Erzählungen Parallelen: In arabK 48 wird dezidiert gesagt, dass der Lehrer, dessen Name Zachäus ist und der Jesus unterrichten möchte, in Jerusalem wohnt. Wie auch in der KThom geht es darum, dass der Jesusknabe das (arabische) Alphabet lernt. Auf die Aufforderung, „Bēth" zu sagen, möchte Jesus vom Lehrer zuerst das „Alaph" erklärt bekommen. Der Lehrer will daraufhin Jesus schlagen, der ihm aber zu den Buchstaben Erklärungen gibt, die dieser weder je gehört noch gelesen hat, sodass er, offenbar völlig verblüfft, auf das Zuschlagen vergisst. Zum Schluss seiner Belehrung zeigt Jesus, dass er es eigentlich gar nicht mehr nötig hat, das Alphabet zu lernen, da er es offenbar schon kann – er sagt es dem Lehrer vollständig auf. Abschließend bemerkt der Lehrer gegenüber Josef und Maria, dass Jesus „der Lehrer der Lehrer" ist und keinen Unterricht mehr braucht. Im Unterschied zur KThom tritt in diesem Text noch deutlicher die Unterstreichung Jesu als göttliches Wesen, ja als alleiniger Herr zutage. Interessant ist auch, dass Jesus tatsächlich das arabische Alphabet lernen soll bzw. schon kennt. Die Autoren dieses Kindheitsevangeliums haben offenbar den Stoff aus der griechischen Umwelt in ihre eigene transformiert.

Das Ps-Mt gibt die Szene aus KThom in Kap. 30f sehr ausführlich wieder. Interessant erscheint vor allem die Rückbindung an den jüdischen Kontext. Maria und Josef wird vorgeworfen, dass sie Jesus mehr lieben würden als die Überlieferungen der Alten des Volkes, und sie werden aufgefordert, diese mehr zu schätzen und die jüdische Lehre unter den Kindern unterrichten zu lassen. Es kommt darauf zu einem ersten Gespräch zwischen dem Lehrer Zachyas und Jesus, der einen kryptischen Monolog führt. Aufgrund dieser Offenbarungen geraten alle Anwesenden – vermutlich ist an eine größere Menge gedacht – in Erstaunen und erkennen, dass es in ihrer (jüdischen) Tradition bisher nichts Derartiges gab. Dass die Leute wissen, woher Jesus stammt, sich aber fragen, weshalb er so sprechen kann, erinnert an Mk 6,2f parr; Joh 6,42; 7,15. Bemerkenswert ist die Altersangabe Jesu mit (nur) fünf Jahren. Vermutlich soll das noch einmal Jesu Überlegenheit betonen. Jesu Aussage, dass er nicht erkannt und verstanden wurde, erinnert u. a. an Joh 1,10f. Trotz des offensichtlichen Misserfolgs versucht es Zachyas in Kap. 31 ein weiteres Mal und will Jesus zu einem anderen Lehrer, dem alten Levi, bringen, damit Jesus in den Buchstaben unterrichtet werde. Bei Levi spielt

TISCHENDORF, *Evangelia apocrypha: Adhibitis plurimis codicibus Graecis et Latinis maximam partem nunc primum consultis atque ineditorum copia insignibus*, Hildesheim, Georg Olms Verlagsbuchhandlung, 1966 findet sich bei TROPPER, *Jesus* (Anm. 1), S. 225-227, 230.

sich dann die bekannte Geschichte mit der Erklärung der Buchstaben ab. Jesus wird mit einem Binsenstock auf den Kopf geschlagen und erklärt seinem Lehrer, dass dieser eigentlich wissen sollte, dass er von ihm viel mehr lernen könnte, als er ihm beibringen kann. Jesus gibt abermals – merkwürdigerweise wieder an Zachyas gerichtet – eine Erklärung zur Anordnung der Buchstaben. Auffällig ist hier, dass es sich offenbar um das hebräische Alphabet handelt. Die darauf geschilderte Reaktion des Levi ist eine Ausweitung der Reaktion des Lehrers in KThom 7 in Kombination mit der des Lehrers in KThom 15. Die Aussage, dass Jesus es wert sei, an ein großes Kreuz gehängt zu werden, mutet in diesem Kontext merkwürdig an und kann zugleich antijudaistisch gedeutet werden. Auch Jesu Reaktion ist erweitert: Er befiehlt eine generelle Wiederherstellung und Verbesserung seiner Umwelt, worauf die Menge nichts mehr zu sagen wagt. An diesem Text ist gut erkennbar, dass die Autoren ihre Bibel im Kopf hatten und Kanonisches mit Apokryphem versiert zu verbinden wussten. Vom bösen und niederträchtigen Knaben aus KThom ist hier nichts mehr zu bemerken. Hier steht vielmehr ein vollmächtiger Lehrer vor uns, der überhaupt nicht wie ein Kind wirkt.

Im armenischen Kindheitsevangelium Kap. 20,1-7 erfährt die Geschichte die weiteste Aus- bzw. Umgestaltung. Wir erfahren, dass der Lehrer, der Jesus unterrichtet, Gamaliel heißt und Jesus ein sehr braves Kind ist, das diesem Lehrer ergeben und unterwürfig begegnet. Gamaliels Begrüßung Jesu mit „neue Pflanze, liebliche Frucht, blühende Traube" (20.1) mutet übertrieben an und bleibt unverständlich. Josef erklärt dem Lehrer, dass Jesus nur dem Geiste nach sein Kind ist und dass dieser sieben Jahre alt sei. Jesus wird dann gleichsam auf die Probe gestellt: Wenn er zwölf Buchstaben, die ihm der Lehrer aufschreibt, lesen und die übrigen Buchstaben auswendig hersagen kann, dann schreibt ihm der Lehrer diese auf die Tafel. Bemerkenswert ist daran, dass nicht gesagt wird, um welche Buchstaben es sich handelt. Es entspinnt sich ein Gespräch zwischen Jesus und seinem Lehrer über den ersten Buchstaben, von dem Jesus schließlich erklärt, dass er den Namen Gottes anzeige. Daran angeschlossen folgt eine Aussage zur Trinität. Gamaliel ist erstaunt über so viel Wissen und meint, dass Jesus mit allen Gaben des Heiligen Geistes begabt sei. Jesus bittet Gamaliel, weiter unterrichtet zu werden, was dieser aber ablehnt, weil er selbst von Jesus in der Schrift unterrichtet werden möchte. Schließlich bezeichnet Gamaliel Jesus noch als Sohn Gottes und Messias. Josef weiß nicht, was er mit Jesus machen soll, da dieser offenbar nichts mehr lernen kann und schon alles weiß. Jesus verlässt die Schule, nicht ohne dem Lehrer göttlichen Lohn zu versprechen, und kehrt nach Hause zurück. Josef erhält von Gamaliel noch den Rat,

Jesus in seinem eigenen Beruf zu unterrichten. Jesus erklärt dann zwar, dass er selbst gerne Kinder-Lehrer werden möchte, geht aber auch gehorsam auf den Vorschlag ein, zunächst den Beruf Josefs zu erlernen.

So begegnet uns im armenK ein ganz anderer Jesusknabe als in KThom: Ein sehr braves, folgsames und untertäniges Kind, das zwar auch schon alles weiß, dieses aber keineswegs bösartig zur Schau stellt. Die Vermischung von jüdischem[23] und christlichem Denken[24] scheint für die Autoren kein Problem darzustellen; auch wird das Judentum nicht grundsätzlich verworfen. Abschließend kann zu dieser Version resümiert werden, dass das banale und furchterregende Jesusbild aus KThom offenbar doch über lange Zeit irritierend und verstörend wirkte und daher in der armenischen Tradition wie auch im Ps-Mt verbessert wurde.

Zu KThom 14f bietet arabK 49 eine schlichte Kurzfassung; Ps-Mt bringt in Kap. 38f hingegen zwei auffällige Erweiterungen: Hier bittet das Volk Maria und Josef, Jesus unterrichten zu lassen. Das Geschehen in der Schule wird ähnlich geschildert wie KThom. Auf die Sorge Josefs hin erzählt Ps-Mt von Marias Reaktion, die ihr starkes Gottvertrauen zu bekunden scheint. Auch in Kap. 39 gibt es einige Veränderungen: Von Josef und Maria wird gesagt, dass sie das Volk, die Ersten und die Priester fürchten und deshalb dem wiederholten Wunsch, Jesus in die Schule zu bringen, nachkommen. Interessanterweise scheinen nach Ps-Mt die Eltern Jesu ganz genau zu wissen, dass es unmöglich ist, Jesus zu unterrichten, weil er von Gott schon „das vollkommene Wissen" hat. Jesus liest dann so wie in KThom nicht das vor, was im Buch steht, sondern spricht „im Geist des lebendigen Gottes". Vor so viel (göttlichem) Wissen fällt auch der Lehrer zu Boden.

Die Schilderung vom zwölfjährigen Jesus im Tempel hat im arabK enorme Erweiterungen erfahren. Hier disputiert Jesus in Kap. 52 nicht nur mit den üblichen Schriftgelehrten im Tempel, sondern führt zudem noch gelehrte Gespräche mit einem Astronomen und einem „Philosophen" der Medizin. Auffallend ist im ersten Teil, dass in die Wiedergabe von Lk 2,41-52 offenbar auch Mk 12,35-37 parr aufgenommen sein dürfte und damit dieses Gespräch über die Frage, wessen Sohn der Messias sei, bereits in die Kindheit Jesu versetzt wird. Der älteste Gesetzeslehrer muss nach Jesu Ausführungen feststellen, dass er bis jetzt noch keine solche Weisheit gekannt hat. Die Reaktion des Astronomen wird

---

23. Gamaliel als Lehrer Israels, der alles von den Vätern gelernt hat und sich mit der Schrift beschäftigt sowie die erwähnte Messiaserwartung.

24. Die Trinitätsaussage sowie die Identifizierung Jesu als Sohn Gottes und erwarteter Messias.

nicht geschildert, der „Philosoph" der Medizin erklärt sich nach Jesu Monolog über sämtliches medizinisches Wissen zu dessen Schüler und Diener. Kap. 53 bietet dann wieder den Stoff aus dem LkEv. Gegenüber KThom ist auffällig, dass sich die negative Bemerkung, Jesu Eltern hätten seine Worte nicht verstanden, hier im arabK neuerlich findet. Bevor Jesus wieder gehorsam mit seinen Eltern nach Nazaret geht, wird Maria von den Lehrern noch ob ihrer Mutterschaft gepriesen. Abgeschlossen wird die Erzählung vom Zwölfjährigen im Tempel durch eine Wachstumsnotiz.

Resümierend lässt sich zu den diversen Variationen der Erzählungen in KThom festhalten, dass diese entsprechenden Episoden über den jungen Jesus, wie die Beispiele eindrücklich zeigen, unterschiedliche Rezeptionen erfahren haben. Auffällig ist vor allem, dass das theologisch banale und bösartige Jesusbild eigentlich in allen Varianten fast gänzlich verschwindet und Jesu Lehre meist inhaltlich ausgestaltet wird, was sein Bild als – seit seiner Kindheit – idealer Lehrer mit „vollkommenem Wissen" weiter profiliert.

II. Andere apokryphe Evangelien

1. Thomasevangelium[25]

In Logion 13[26] des vermutlich im zweiten Jahrhundert in Syrien[27] entstandenen EvThom findet sich die Aussage Jesu, dass er nicht (mehr) Lehrer des Thomas ist:

---

25. Vgl. dazu allgemein J. SCHRÖTER – H.-G. BETHGE, *Das Evangelium nach Thomas (NHC II,2)*, in H.-M. SCHENKE – H.-G. BETHGE – U.U. KAISER (Hgg.), *Nag Hammadi Deutsch. Studienausgabe* (de Gruyter Texte), Berlin – New York, de Gruyter, 2007, 124-139, S. 124-126; B. BLATZ, *Das koptische Thomasevangelium*, in SCHNEEMELCHER (Hg.), *Neutestamentliche Apokryphen* (Anm. 3), 93-113, S. 93-97; T. ZÖCKLER, *Jesu Lehren im Thomasevangelium* (NHMS, 47), Leiden, Brill, 1999, 19-30; U.-K. PLISCH, *Das Thomasevangelium: Originaltext mit Kommentar*, Stuttgart, Deutsche Bibelgesellschaft, 2007, 9-39; A.D. DECONICK, *The Original Gospel of Thomas in Translation. With a Commentary and New English Translation of the Complete Gospel* (Library of New Testament Studies, 287), London, T&T Clark, 2006, 2-24; KLAUCK, *Evangelien* (Anm. 3), S. 142-162. Der Text wird zitiert nach SCHRÖTER – BETHGE, *EvThom*.

26. Dieses Logion ist eines der wenigen, die nicht nur einen Ausspruch Jesu wiedergeben, sondern auch eine Szene voraussetzen (vgl. auch 60f und 114); außerdem wird nur hier sowie in Logion 1 und der Subscriptio der Namensgeber der Schrift – Thomas – erwähnt. Zu diesem Logion generell PLISCH, *EvThom* (Anm. 25), S. 65-69; DECONICK, *Gospel of Thomas* (Anm. 25), S. 83-87; ZÖCKLER, *Lehren* (Anm. 25), S. 22-25.246f; KLAUCK, *Evangelien* (Anm. 3), S. 152f.161f.

27. Vgl. dazu v. a. DECONICK, *Gospel of Thomas* (Anm. 25), S. 3-7.

13. (1) Jesus sprach zu seinen Jüngern. „Vergleicht mich (und) sagt mir,
wem ich gleiche". (2) Simon Petrus sprach zu ihm: „Du gleichst einem
gerechten Boten." (3) Matthäus sprach zu ihm: „Du gleichst einem besonders klugen Philosophen". (4) Thomas sprach zu ihm: „Lehrer, mein Mund
vermag es ganz und gar nicht zu ertragen zu sagen, wem du gleichst".
(5) Jesus sprach: „Ich bin nicht dein Lehrer. Denn du hast getrunken, du
hast dich berauscht an der sprudelnden Quelle, die ich ausgemessen habe".
(6) Und er nahm ihn, (und) zog sich zurück, (und) er sagte ihm drei Worte.
(7) Als Thomas aber zu seinen Gefährten kam, befragten sie ihn: „Was hat
dir Jesus gesagt?" (8) Thomas sprach zu ihnen: „Wenn ich euch eines von
den Worten sage, die er mir gesagt hat, werdet ihr Steine aufheben (und)
auf mich werfen, und Feuer wird aus den Steinen herauskommen (und) euch
verbrennen".

Dieses Logion erinnert insbesondere an die synoptische Perikope
vom Messiasbekenntnis des Petrus bei Caesarea Philippi (Mk 8,27-30
parr)[28]. Allerdings fallen einige Veränderungen ins Auge: Im EvThom
fordert Jesus direkt den Vergleich der Jünger ein und gewährt Thomas
schließlich (doch noch) eine geheime Offenbarung. Die Antworten, die
Petrus („Bote" bzw. „Engel" ist inhaltlich die schwächste Prädikation[29]) und Matthäus (die Charakterisierung als Philosoph ist höchst
ungewöhnlich, da dieser Begriff in der neutestamentlichen Jesusüberlieferung überhaupt keine Rolle spielt und nur noch an einer Stelle,
Apg 17,18, erwähnt wird[30]) geben, sind nicht komplett falsch, reichen
aber keineswegs aus, um Jesus richtig zu charakterisieren. Thomas
jedoch gibt die richtige Antwort, indem er feststellt, dass es keine
Worte gibt, die Jesus richtig charakterisieren. So kann Jesus auch Thomas' Anrede mit „Lehrer" zurückweisen, nicht weil sie ungenügend
ist, sondern weil Thomas die Wahrheit erkannt hat und daher keinen
Lehrer mehr braucht. Die Weigerung des Thomas spiegelt höchste Einsicht wider und erinnert an das Jesuswort in Lk 6,40 par Mt 10,24f.
Dennoch besteht zwischen 13,5 und 13,6 eine gewisse Spannung:
Unmittelbar nachdem Jesus sein Lehrersein gegenüber Thomas zurückgewiesen hat, nimmt er diesen beiseite, um ihm eine exklusive Lehre

---

28. DECONICK, *Gospel of Thomas* (Anm. 25), S. 85f führt als weitere Parallelen
Mt 23,8; Joh 4,10-14; 6,67f; 7,37f; 15,15; ActThom 47; OdSal 11,6f an.
29. Vgl. dazu PLISCH, *EvThom* (Anm. 25), S. 67: „In gewisser Weise erscheint hier
schon die Rolle des Petrus als ‚Wortführer der Unverständigen' in EvThom 114 vorbereitet, wie es außerhalb des EvThom besonders im Evangelium nach Maria begegnet".
30. Dazu *ibid.*, S. 67f: „Interessant ist in diesem Zusammenhang allerdings, dass
das Kindheitsevangelium des Thomas in der Überschrift Thomas als ‚israelitischen Philosophen' bezeichnet". Allerdings wird dieser Gedanke von Plisch dann nicht näher ausgeführt.

bzw. Unterweisung zuteil werden zu lassen[31]. Vermutungen zu den drei Worten, die Jesus Thomas dann doch exklusiv lehrt, bleiben reine Spekulation und erübrigen sich m. E. somit[32].

Auch wenn das Wort „Lehrer" im EvThom außer in Logion 13 nirgends mehr auftaucht, kann doch konstatiert werden, dass der thomasische Jesus generell als Lehrer, d. h. als Weisheitslehrer, erscheint. T. Zöckler geht sogar noch weiter: „Das EvThom präsentiert Jesus nicht nur als Lehrer, der sich der Formen weisheitlicher Rede bedient, es läßt ihn auch als die personifizierte Weisheit sprechen"[33]. A. Marjanen kommt in seinem Beitrag The Portrait of Jesus in the Gospel of Thomas (2006) ebenfalls auf die Lehrerrolle Jesu zu sprechen[34]: Für ihn ist Jesus im EvThom allein schon durch die Gattung des Spruchevangeliums als Lehrer charakterisiert. Sehr oft wird Jesus als Weisheitslehrer skizziert. Exakter müsste man aber vom thomasischen Jesus als einem Lehrer, der die Menschen zum Suchen nach Wissen (3; 18; 19; 56; 67; 69; 80; 91; 111) anregt, sprechen. Wichtig ist zu sehen, dass es eigentlich nicht Jesus ist, dessen richtige Erkenntnis das Ziel der Auserwählten ist, sondern dass es um Selbsterkenntnis geht, besser um das Finden des innerlichen Lichtfunkens bzw. Lichtreiches (3; 24; 70; 111). Jedenfalls lässt sich m. E. sagen, dass die Lehrerrolle Jesu im EvThom durchaus auch als Teil der thomasischen Christologie angesehen werden kann.

---

31. So auch *ibid.*, S. 68, der daraus den Schluss zieht, dass hier zwei ursprünglich selbstständige Szenen verbunden wurden, um die Sonderstellung des Thomas herauszustreichen. Vgl. auch ZÖCKLER, *Lehren* (Anm. 25), S. 246f: „Aus der Antwort spricht nicht die Idee einer mystischen Verwandtschaft zwischen Erlöser und Erlöstem und ebenso wenig die Vorstellung der einseitigen Beziehung zwischen einem Gläubigen und einer durch sein Wesen und Wissen von ihm streng geschiedenen Offenbarergestalt (wie dies in der johanneischen Theologie der Fall ist). Sie spiegelt die realistische soziale Situation eines durch den Dialog geprägten Lehrer-Schüler-Verhältnisses, dessen Bestimmung sich aufhebt, sobald der Schüler das gleiche Wissen wie sein Meister besitzt. Die Szene setzt voraus, daß das Werden-wie-der-Meister in einer Lehr- und Lerngemeinschaft ein nicht unmögliches, dem Zweck dieser Gemeinschaft sogar entsprechendes Ereignis darstellt. Daß der Meister hier menschlich vorgestellt ist und in seinem Wesen nicht über seinen Jüngern steht, wird auch dadurch bekräftigt, daß Thomas als Erkennender aus der gleichen ‚Quelle' schöpft wie Jesus".

32. Vgl. PLISCH, *EvThom* (Anm. 25), S. 69: „Über den konkreten Inhalt der ‚drei Worte' zu spekulieren ist müßig, allenfalls sekundär könnte eine Beziehung zum Gesamtinhalt des Thomasevangeliums hergestellt werden (vgl. EvThom 1)".

33. ZÖCKLER, *Lehren* (Anm. 25), S. 128.

34. Vgl. im Folgenden A. MARJANEN, *The Portrait of Jesus in the Gospel of Thomas*, in J.M. ASGEIRSSON – A.D. DECONICK – R. URO (Hgg.), *Thomasine Traditions in Antiquity: The Social and Cultural World of the Gospel of Thomas* (NHMS, 59), Leiden, Brill, 2006, 209-219, S. 214.

2. Evangelium Veritatis[35]

Im gnostischen EV[36], das wie das EvThom aus dem zweiten Jahrhundert stammen dürfte und ebenfalls aus Nag Hammadi bekannt ist, wird Jesus als Lehrer, Führer und Offenbarer charakterisiert, dessen Lehre die einzige Wahrheit ist. Kenntnis des kanonischen Jesusstoffes (Auftreten in Synagogen, Heilungen, joh Traditionen etc.) ist erkennbar[37]. Der Kreuzestod wie auch das gesamte Leben Jesu werden als großartige Lehre bezeichnet, und diejenigen, die Jesu Lehre empfangen und verstehen können, sind die Lebendigen d. h. die Gnostiker, die zum Vater zurückkehren.

Als Beispiele seien genannt:

> 19, 17-27 [...] Er wurde zu einem Führer, der geduldig war und sich gern in jedem Lehrhaus aufhielt. Er trat (dort) in die Mitte und nahm das Wort als Lehrer. Es kamen zu ihm solche, die sich selbst für Weise hielten, um ihn auf die Probe zu stellen. Er aber wies sie zurecht, weil sie töricht waren, und sie begannen ihn (dafür) zu hassen, weil sie nicht wahrhaft verständig waren. [...]

Hier wird Jesu Auftreten als Lehrer im Lehrhaus, wahrscheinlich in Anlehnung an Lk 2,46-49, geschildert[38]. Zudem sind in dieser Passage

---

35. Vgl. dazu H.-M. SCHENKE, „Evangelium Veritatis" (NHC I,3/XII,2), in ID. – BETHGE – KAISER, Nag Hammadi Deutsch (Anm. 25), 18-29, S. 18f; KLAUCK, Evangelien (Anm. 3), S. 177-188; S. ARAI, Die Christologie des Evangelium Veritatis: Eine religionsgeschichtliche Untersuchung, Leiden, Brill, 1964; J. HELDERMANN, Das Evangelium Veritatis in der neueren Forschung, in ANRW II.25.5 (1988) 4054-4106; H.W. ATTRIDGE – G.W. MACRAE, The Gospel of Truth. I,3:16.31-43.24, in H.W. ATTRIDGE, Nag Hammadi Codex I (The Jung Codex): Introductions, Texts, Translations, Indices (NHS, 22; Coptic Gnostic Library), Leiden, Brill, 1985, 55-117. Der Text wird nach SCHENKE, EV zitiert, folgt aber der Nummerierung von ATTRIDGE – MACRAE, EV.

36. Was die Gattung dieses „Evangeliums" betrifft, hält SCHENKE, EV (Anm. 35), S. 19 fest: „Aus der unbefangenen Art, in der der Verfasser von sich selbst in der ersten Person spricht, und aus der Art, wie er seine Hörer direkt anspricht, läßt sich erschließen, daß es sich bei EV um eine Homilie handelt". Nach KLAUCK, Evangelien (Anm. 3), S. 178 könnte es sich neben einer Homilie auch um eine Meditation oder eine „preisende Ansprache" handeln. Laut HELDERMANN, EV (Anm. 35), S. 4070 findet die „Gattungsbestimmung des EV als einer Homilie in der Forschung einen breiten Konsens". Vgl. auch ATTRIDGE – MACRAE, EV (Anm. 35), S. 66f.

37. Was die Kenntnis von kanonischem Stoff im EV betrifft, vgl. etwa KLAUCK, Evangelien (Anm. 3), S. 188: „Eine Frage, die uns sonst immer wieder beschäftigt hat, stellt sich beim EvVer nur am Rande: die nach seinem Verhältnis zu den neutestamentlichen Schriften. Das liegt unter anderem daran, dass pointierte, knappe Jesusworte, über deren traditionsgeschichtlichen Status man sich streiten könnte, völlig fehlen, und dass es auch keine Erzählungen über Jesus gibt. Berührungen stellen sich einmal bei manchen Bildern (Hirt, Schaf) ein, sodann bei Titeln und Termini (Sohn, Salbung, Fleisch). Die Valentinianer haben bereits bewusst Exegese betrieben, einen Grundbestand an neutestamentlichen Schriften also gekannt und benutzt. Aus einem solchen Schulkontext – unter Einbezug des Gottesdienstes – dürfte die biblisch gefärbte Sprache des EvVer stammen".

38. Vgl. ARAI, Christologie (Anm. 35), S. 90-93; KLAUCK, Evangelien (Anm. 3), S. 181.

auch Anklänge an das Wirken des synoptischen Jesus erkennbar (vgl. etwa Mk 1,21-28 parr; 3,1-6 parr; 3,22-30 parr; 6,1-6 parr; 11,27-33 parr; 12,13-17 parr).

> 20, 15-34 [...] Wie bei einem Testament, ehe es geöffnet wird, das Vermögen des verstorbenen Hausherrn unbekannt ist, so war auch das All verborgen, solange der Vater des Alls unsichtbar bleibt, obgleich doch etwas ist, das aus ihm stammt, (aus) ihm, durch den jeder Weg kommt. Deswegen (gilt:)
> Jesus zeigte sich.
> Er bekleidete sich mit jenem Buche.
> Man nagelte ihn an ein Holz.
> Er veröffentlichte den Befehl des Vaters an dem Kreuz.
> Was ist das doch für eine große Lehre!
> Er begibt sich hinab zum Tode,
> obgleich er mit dem ewigen Leben bekleidet ist.
> Nachdem er sich der zerrissenen Lumpen entledigt hatte,
> zog er die Unvergänglichkeit an,
> die niemand ihm entreißen konnte. [...]

In dieser Stelle, die wie eine Variation des Philipperhymnus (Phil 2,5-11) anmutet, wird die soteriologische Bedeutung des Sterbens Jesu betont, da nur er das „lebendige Buch der Lebenden" in Empfang nehmen und dadurch zur Erkenntnis führen kann. Das Geschehen an sich wird als „große Lehre" bezeichnet. „Der Prediger gerät [...] selbst ins Staunen über das, was er zu verkünden hat"[39]. Neben dem Philipperhymnus liegt auch die Assoziation zum Lamm in Offb 5,7-10 nahe. Was das Annageln an das Holz betrifft, scheint auch ein Anklang an Kol 2,14 möglich[40].

3. Der Dialog des Erlösers[41]

Die einzige überlieferte Fassung dieser gnostischen Schrift aus Nag Hammadi (NHC III,5) ist leider nur lückenhaft erhalten. Die vorliegende Gestalt des Dial geht wohl auf das zweite Jahrhundert zurück; ob zuweilen vermutete Quellen wirklich ins erste Jahrhundert zurückreichen, bleibt fraglich[42].

---

39. KLAUCK, *Evangelien* (Anm. 3), S. 182.
40. Vgl. ARAI, *Christologie* (Anm. 35), S. 100-105.
41. Vgl. dazu S. PETERSEN – H.-G. BETHGE, *Der Dialog des Erlösers (NHC III,5)*, in SCHENKE – BETHGE – KAISER, *Nag Hammadi Deutsch* (Anm. 25), 288-298, S. 288f; B. BLATZ, *Der Dialog des Erlösers*, in SCHNEEMELCHER (Hg.), *Neutestamentliche Apokryphen* (Anm. 3), 245-253, S. 245-247; KLAUCK, *Evangelien* (Anm. 3), S. 238-246; P. LÉTOURNEAU, *Le dialogue du Sauveur (NH III,5): Texte établi, traduit et présenté* (Bibliothèque copte de Nag Hammadi. Section „Textes", 29), Les Presses de l'Université Laval u. a., Québec, Canada u. a.; der abgedruckte Text folgt der Übersetzung nach PETERSEN – BETHGE, *Dial*.
42. Zur Frage der Quellen und der Redaktion vgl. v. a. LÉTOURNEAU, *Dial* (Anm. 41), S. 18-41.

Im sehr fragmentarischen Abschnitt 81 (Es fragten ihn seine Jünger, die zwölf: „Lehrer, [in] Gelassenheit [...] lehre uns [ob...]") wird der „Erlöser" von den zwölf Jüngern – nur an dieser Stelle sind es dezidiert die „zwölf Jünger" – als „Lehrer" angesprochen und gebeten, sie zu „lehren". Leider ist in diesem Abschnitt nichts über den genauen Inhalt der Lehre, die die Jünger erhalten wollen, zu erfahren. P. Létourneau hält zu dieser Stelle fest: „C'est la première fois que le Seigneur est interpellé comme maître. Ce n'est pas un titre important dans le texte, et sa présence est sans doute due au fait que les douze demandent un enseignement [...]"[43].

So lässt der Text nur die Feststellung zu, dass die Jünger Jesus hier explizit als ihren Lehrer ansprechen und ihn um eine unterweisende Belehrung bitten. Jesus erscheint im Dial, da er ja der Offenbarer der wahren Erkenntnis ist, selbstverständlich immer auch als Lehrer seiner Dialogpartner.

4. *Epistula Apostolorum*[44]

Auch in der im Kern im zweiten Jahrhundert entstandenen EpAp tritt Jesus betont als Lehrer auf[45], um so die Mitglieder der Großkirche beim rechten, d. h. nicht-gnostischen, Glauben zu halten[46].

In Kap. 4 liegt offenbar die gleiche Tradition zu Grunde, die bereits in KThom 6 und 14 (s. o.) verarbeitet ist:

> 4. Dies tat unser Herr Jesus Christus, der von Joseph und Maria, seiner Mutter, dahin geboren wurde, wo er die Schrift lernen sollte. Und der wel-

---

43. *Ibid.*, S. 288.
44. Vgl.: C.D.G. MÜLLER, *Epistula Apostolorum*, in SCHNEEMELCHER (Hg.), *Neutestamentliche Apokryphen* (Anm. 3), 205-233, S. 205-207; der zitierte Text folgt ebenfalls der Übersetzung nach Müller. Vgl. des Weiteren C. SCHMIDT, *Gespräche Jesu mit seinen Jüngern nach der Auferstehung. Ein katholisch-apostolisches Sendschreiben des 2. Jahrhunderts. Herausgegeben, übersetzt und untersucht nebst drei Exkursen* (TU, 43), Leipzig, Hinrichs'sche Buchhandlung, 1919; M. HORNSCHUH, *Studien zur Epistula Apostolorum* (PTS, 5), Berlin, de Gruyter, 1965; KLAUCK, *Evangelien* (Anm. 3), S. 198-207.
45. Vgl. etwa HORNSCHUH, *EpAp* (Anm. 44), S. 58: „Christus ist für den Verfasser der Ep.Ap. nichts anderes als Offenbarer und Lehrer". Vgl. dazu auch die Ausführungen bei HORNSCHUH, *EpAp*, S. 64.
46. Vgl. dazu etwa KLAUCK, *Evangelien* (Anm. 3), S. 207: „Die Gattung des Erscheinungsgesprächs hat [der] Autor seinen gnostischen Gegnern abgeschaut und zu einer brauchbaren Abwehrwaffe umgestaltet. Die durchaus vorhandene Polemik wird dabei nicht blindwütig betrieben und wird auch nicht zum Selbstzweck. Man weiß um die Zugehörigkeit beider Parteien zu der einen Christenheit. Die Apostel bringen eine Sorge um das geistliche Wohl der Vertreter der Gegenseite zum Ausdruck, die echt anmutet. Ziel ist auch nicht primär die Widerlegung anderer Meinungen, sondern die Festigung des Glaubens im eigenen Lager".

cher ihn lehrte, sagte zu ihm, während er ihn lehrte: „Sag Alpha!" Er antwortete und sagte zu ihm: „Sage du mir zuerst, was Beta ist!" Und weiterhin wahrlich eine wirkliche Tat (war es), die getan wurde.

Besonders bemerkenswert scheint die Aussage, dass Jesus „dahin geboren wurde, wo er die Schrift lernen sollte". Kap. 19[47] lässt deutliche Anklänge an die Szene aus Mt 28,18-20 erkennen: Die Jünger sollen predigend und lehrend in die Nachfolge Jesu als Lehrer treten. Jesus wird dabei immer bei ihnen sein. Zudem werden die Jünger hier explizit als Miterben des Reiches Gottes bezeichnet. Eine deutliche Warnung vor Gegenlehrern und -lehren, die in Widerspruch zum Lehrer Jesus und dessen Lehre stehen wird in Kap. 29 ausgesprochen. Möglich scheint hier auch ein Anklang an Mk 13,5f.21-23 par Mt 24,11-14.23f:

Äthiopisch	Koptisch
29. [„]Und diejenigen aber, die gegen mein Gebot gesündigt haben und anderes lehren und abziehen und hinzufügen und für ihre eigne Ehre wirken, indem sie abwendig machen diejenigen, welche recht an mich glauben, (werde ich dem Verderben übergeben; nur Stuttgart Cod. Orient. Fol. No. 49)" Und wir sprachen zu ihm: „O Herr, wird denn eine andere Lehre und Bedrängnis (?) existieren?" Und er sprach zu uns: „Wie die Guten und Schönes Vollbringenden werden auch die Bösen offenbar werden. Und weiterhin wird eintreten ein gerechtes Gericht nach ihrem Werk gemäß dem, wie sie gehandelt haben, und man wird sie dem Verderben übergeben."	[„]Diejenigen aber, die (meine) Gebote übertreten haben und gelehrt haben in anderen Lehren(, indem sie auflösen) die geschriebenen (Lehren) und hinzufügen … eigene, indem sie lehren in anderen Worten (diejenigen, welche) glauben an mich in einer Aufrichtigkeit, wenn sie durch derartige zu Fall gebracht werden, (werden sie empfangen) eine ewige Strafe." Wir aber sprachen zu ihm: „Herr, werden denn Lehren von anderen existieren außer dem, was du uns gesagt hast?" Er aber sprach zu uns: „Es ist nämlich notwendig, daß sie existieren, damit die Bösen und die Guten offenbar werden. [...]"

47. 19. [„]Und dies predigt sowohl als lehret (es) diejenigen, welche an mich glauben; und predigt über das Himmelreich meines Vaters und wie mein Vater mir die Vollmacht gegeben hat, (*Zusatz in Paris, Nr. 199*: so gebe ich euch) daß ihr die Kinder des himmlischen Vaters herzubringt. Predigt ihr, und sie sollen glauben! Ihr (seid es), denen es obliegt, seine Kinder in den Himmel zu führen". Und wir sprachen zu ihm: „O Herr, dir ist es möglich, das, was du uns gesagt hast, zu tun. Wie werden aber wir (es) können?" Und er sprach zu uns: „Wahrlich ich sage euch, predigt und lehret, wie ich (denn) mit euch sein werde; denn es gefällt mir wohl, mit euch zu sein, damit ihr *Miterben* des Himmelreiches dessen, der mich gesandt hat, werdet! [..."].

Wie in EpAp 19 geht es auch in Kap. 41 wieder darum, dass Jesu Lehramt und Lehrautorität von den Jüngern weitergetragen werden sollen und auch werden. Wahrscheinlich handelt es sich um eine abgewandelte Version von Mt 23,8-10:

> 41. Und er sprach zu uns: „Gehet und predigt und werdet gute Diener und Knechte!" Und wir sprachen zu ihm: „O Herr, du bist unser Vater." Und er sprach zu uns: „Sind alle Väter und alle Diener, alle Lehrer?" Und wir sprachen zu ihm: „O Herr, hast du nicht gesagt: Nicht nennt (jemanden) auf Erden Vater und Meister, denn einer ist euer Vater und Lehrer: Der in den Himmeln?" Jetzt sagst du uns, daß wir wie du vielen Kindern Väter werden sollen und auch Lehrer und Diener." Und er antwortete und sprach zu uns: „Ihr habt recht gesagt. Wahrlich, ich sage euch: Alle, die auf euch gehört und an mich geglaubt haben, werden erhalten das Licht des Siegels, das in meiner Hand ist, und durch mich werdet ihr werden Väter und Lehrer".

III. ZUSAMMENFASSUNG

Die angeführten Beispiele aus apokryphen Evangelien (KThom, arabK, armenK, Ps-Mt, EvThom, EV, Dial, EpAp) machen deutlich, dass das Motiv vom lehrenden Jesus in den unterschiedlichen Texten immer wieder eine bedeutende Rolle spielt. Schon die Erzählungen über die Kindheit Jesu nehmen es auf. Sie wollen durch ihre erzählten Episoden bereits das Kind Jesus als allwissenden göttlichen Lehrer darstellen, auch wenn dadurch manchmal die Menschlichkeit Jesu zu kurz kommt. Bemerkenswert ist, dass das Bild des bösartigen Jesusknaben aus KThom mit dem Wachsen der Tradition immer mehr verschwindet, da es wohl auch für die damaligen LeserInnen/HörerInnen kaum erträglich schien. In den späteren Texten wird die Lehre des Jesusknaben immer stärker angereichert, häufig auch durch kanonische Stoffe.

In den übrigen behandelten Texten erscheint Jesus als lehrender und besondere Einsichten vermittelnder Offenbarer, sei es noch als Irdischer oder schon als Auferstandener. Jesus wird präsentiert als Lehrer von Wissen, das zum Heil führt. Zum Teil ist er auch selbst Inhalt dieser heilsrelevanten Lehren. Verwendet wird das Motiv sowohl von sektierenden Splittergruppen, die Jesus als Lehrer ihres Geheimwissens benützen, als auch von großkirchlichen Gruppen, die Jesus zum Lehrer der in der Kirche als kanonisch geltenden Wahrheit machen.

So darf resümiert werden, dass das Motiv des lehrenden Jesus wohl eines der wichtigsten in der frühen Kirche war. Das zeigt sich m. E. sehr deutlich in der Aufnahme dieses Motivs in den verschiedenen apokryphen

Evangelientexten, die den unterschiedlichsten Gruppierungen des zweiten und dritten Jahrhunderts entstammen.

Löschenkohlgasse 7/9   Veronika BURZ-TROPPER
1150 Wien
Österreich

DIE JÜDISCHEN, HEIDNISCHEN UND CHRISTLICHEN
QUELLEN DES LEBENS JESU IN DER FORSCHUNG
DES 19. JAHRHUNDERTS

THEODOR KEIMS
GESCHICHTE JESU VON NAZARA' ALS BEISPIEL

So wenig die *Third Quest* auf ein einziges Modell der Jesusforschung reduziert werden kann, so sehr zeichnet deren verschiedenartige Beiträge ein gemeinsamer kritischer Impuls gegenüber der Engführung aus, die für die *neue Frage* nach dem historischen Jesus charakteristisch ist. Wenn ich richtig sehe, betrifft dies im wesentlichen drei Punkte[1]. Erstens: Die historische Frage nach der Gestalt Jesu ist von der theologischen zu unterscheiden. Zweitens: Neben den kanonischen Evangelien ist auch die apokryphe Jesusüberlieferung zu berücksichtigen. Drittens: Jesus ist in das zeitgenössische Judentum einzuzeichnen.

Gegenüber der *Second Quest* signalisieren die drei Punkte eine tiefgreifende Veränderung der Perspektive, die mit einer enormen Ausweitung der Quellen verbunden ist. Wie aber stellt sich dieser Befund dar, wenn man ihn nicht zur *neuen Frage* in Beziehung setzt, sondern zur liberalen Leben-Jesu-Forschung des 19. Jahrhunderts? Diese markiert den Höhepunkt der *First Quest*, der trotz oder vielleicht gerade wegen seiner Würdigung durch Albert Schweitzer[2] weitgehend in Vergessenheit geraten ist. Er soll hier an einem der wichtigsten Vertreter des liberalen Lebens Jesu in Erinnerung gerufen werden. Dessen Sprache ist ein besonders originelles Beispiel für die Schönheit der wissenschaftlichen Prosa des 19. Jahrhunderts. Ich lasse ihn deshalb sehr viel stärker in seinen eigenen Formulierungen zu Wort kommen, als es der Sache nach notwendig wäre.

---

1. Vgl. J. SCHRÖTER, *Jesus und die Anfänge der Christologie: Methodologische und exegetische Studien zu den Ursprüngen des christlichen Glaubens* (BTS, 47), Neukirchen-Vluyn, Neukirchener, 2001, S. 8-14.

2. Vgl. A. SCHWEITZER, *Von Reimarus zu Wrede: Eine Geschichte der Leben-Jesu-Forschung*, Tübingen, Mohr, 1906, bes. S. 192-220.291-326. Die 2. Auflage erschien unter dem Titel: *Geschichte der Leben-Jesu-Forschung*, Tübingen, Mohr, 1913 (= [4]1926) (abgekürzt: *GLJF*), bes. S. 193-221.323-367.

I. Theodor Keim und die menschliche Entwicklung Jesu Christi

Als sich zu Beginn der 1860er Jahre der mythische Nebel gelichtet hatte, in dem David Friedrich Strauß den historischen Jesus verschwinden ließ[3], und als etwa gleichzeitig insbesondere durch Ferdinand Christian Baur der Quellenwert des Johannesevangeliums erschüttert worden war[4], ergoss sich bis zum ersten Weltkrieg eine wachsende Flut wissenschaftlicher und weniger wissenschaftlicher Leben Jesu über das deutsche Publikum. Diese orientierten sich durchweg am Aufriss der synoptischen Evangelien, deren Autoren als Geschichtsschreiber verstanden wurden, die, so glaubte man, in Form einer Kette von Episoden einen im Ganzen historisch glaubwürdigen Verlauf des Lebens Jesu schildern – was nicht ausschloss, dass die Akoluthie der Ereignisse vom Exegeten je nach psychologischer Wahrscheinlichkeit historisch auch „verbessert" werden konnte.

Als Geschichtsschreiber in diesem Sinne galten allerdings nur Matthäus oder Markus – mit der fatalen Folge, dass Lukas in der Jesusforschung des 19. Jahrhunderts keine Rolle spielt. An Matthäus lehnte sich an, wer die von Baur erneuerte Sicht der Alten Kirche teilte[5], an Markus, wer die Zweiquellentheorie von Herrmann Christian Weiße und Heinrich Julius Holtzmann für die beste Erklärung des synoptischen Befundes hielt[6].

Trotz der Mt-Mk-Kontroverse zeichnet die liberale oder, wie Schweitzer es nennt, die „historisch-moderne" Lösung des Problems des Lebens Jesu eine erstaunliche Übereinstimmung in den Grundzügen aus – oder, kritisch gewendet: eine erschreckende „Gleichförmigkeit der Gedankenwelt"[7]. Die Gleichförmigkeit entsteht, weil man *unisono* der Überzeugung war, dass der Erzählfaden, der bei Mt und Mk ja im Großen und

---

3. D.F. Strauss, *Das Leben Jesu kritisch bearbeitet*, Bd. I-II, Tübingen, Osiander, 1835/1836.

4. F.C. Baur, *Kritische Untersuchung über die kanonischen Evangelien, ihr Verhältnis zueinander, ihren Charakter und Ursprung*, Tübingen, Fues, 1847, Reprint: Hildesheim, Olms, 1999, S. 77-389.

5. *Ibid.*, S. 571-621.

6. C.H. Weisse, *Die evangelische Geschichte kritisch und philosophisch bearbeitet*, Bd. I-II, Leipzig, Breitkopf und Härtel, 1838; Id., *Die Evangelienfrage in ihrem gegenwärtigen Stadium*, Leipzig, Breitkopf und Härtel, 1856; H.J. Holtzmann, *Die synoptischen Evangelien: Ihr Ursprung und geschichtlicher Charakter*, Leipzig, Engelmann, 1863. Mit Einschränkungen ist als Dritter zu nennen C.G. Wilke, *Der Urevangelist oder exegetisch kritische Untersuchung über das Verwandtschaftsverhältniß der drei ersten Evangelien*, Dresden – Leipzig, Fleischer, 1838. Wilke, zusammenfassend S. 684-685, tritt ebenfalls für die Mk-Priorität ein; anders als oft zu lesen ist, rechnet er darüber hinaus jedoch nicht mit der Logienquelle, sondern erklärt die Doppelüberlieferung von Mt / Lk mit der Abhängigkeit des Mt von Lk.

7. Schweitzer, *Reimarus* (Anm. 2), S. 199 (*GLJF*, S. 200).

Ganzen übereinstimmt, durch psychologische Einfühlung mit den religiösen Gewissheiten der eigenen Zeit aufgefüllt werden kann. Der Weg, den Jesus geht, führt dementsprechend von den Erfolgen des Anfangs über die Kämpfe mit den Führern des Volkes zur Entfremdung vom Volk und von dort bei Cäsarea Philippi zur Einsicht in die Notwendigkeit des Leidens und Sterbens, die in Jerusalem in die Realität überführt wird. In alledem dringt Jesus vor zu einer immer stärkeren Versittlichung der jüdischen Idee des Messias und seines Reiches im Sinne des 19. Jahrhunderts.

Angesichts der wachsenden Plausibilität, die das liberale Leben Jesu in der theologischen Zunft, aber auch in einer breiteren Öffentlichkeit im Verlauf eines halben Jahrhunderts für sich verbuchen konnte, überrascht es nicht, dass der Totenschein, den Schweitzer ihm ausstellt, weithin auf Unverständnis oder gar Empörung stieß[8]. Doch nicht der Totenschein soll hier das Thema sein, sondern der Anfang der Epoche, deren Ende Schweitzer diagnostiziert.

Einer der ersten, die das Tor dazu aufstießen, war Theodor Keim (1825-1878)[9], der am 17. Dezember 1860 in Zürich seine Antrittsvorlesung hielt mit dem programmatischen Titel: *Die menschliche Entwicklung Jesu Christi*[10]. Sie wirkte für viele wie das Fanal zum Aufbruch in eine neue Zeit. Holtzmann z. B., der große liberale Gelehrte der zweiten Hälfte des 19. Jahrhunderts, schreibt in der Einleitung seiner Neubegründung der Zweiquellentheorie: Hier sind „in der That Grundzüge sowohl, wie feinere Linien behufs einer ächt geschichtlichen Darstellung des Christusbildes in so reicher Fülle gegeben […], dass wir diese 44 Seiten

---

8. Vgl. W.G. KÜMMEL, *Die „Konsequente Eschatologie" Albert Schweitzers im Urteil seiner Zeitgenossen*, in ID., *Heilsgeschehen und Geschichte: Gesammelte Aufsätze 1933-1964* (MTS, 3), Marburg, Elwert, 1965, S. 328-339; ID., *Albert Schweitzer als Jesus- und Paulusforscher*, in ID., *Heilsgeschehen und Geschichte 2: Gesammelte Aufsätze 1965-1977* (MTS, 16), Marburg, Elwert, 1978. Vgl. bes. das maßlose Entsetzen von H.J. HOLTZMANN, *Der gegenwärtige Stand der Leben-Jesu-Forschung*, in *Deutsche Literaturzeitung* 27 (1906) 2357-2364.2413-2422.2477-2483.2541-2546, hier Sp. 2418-1422, und A. JÜLICHER, *Neue Linien in der Kritik der evangelischen Überlieferung*, Gießen, Töpelmann, 1906, S. 1-11.

9. Zu Leben und Werk vgl. H. ZIEGLER, *Vorrede*, in T. KEIM, *Rom und das Christenthum: Eine Darstellung des Kampfes zwischen dem alten und dem neuen Glauben im römischen Reiche während der beiden ersten Jahrhunderte unsrer Zeitrechnung. Aus Keim's handschriftlichem Nachlass hg. von H. ZIEGLER*, Berlin, Reimer, 1881, S. V-XXXIV; ID., Art. *Keim, Karl Theodor*, in *Realencyklopädie* 10 (³1901) Sp. 198-202; E. PLÜMACHER, Art. *Keim, Karl Theodor*, in *Biographisch-Bibliographisches Kirchenlexikon* 3 (1992) 1296-1299.

10. T. KEIM, *Die menschliche Entwicklung Jesu Christi: Akademische Antrittsrede am 17. Dez. 1860*, Zürich, Füßli, 1861.

unbedingt zum Dankeswerthesten rechnen müssen, was uns in Betreff des Lebens Jesu die Arbeit des ganzen Zeitalters eingebracht hat"[11].

Schweitzer schreibt: „Die geschichtliche Erforschung des Lebens Jesu ging nicht von dem rein geschichtlichen Interesse aus, sondern sie suchte den Jesus der Geschichte als Helfer im Befreiungskampf vom Dogma"[12]. Entsprechend diesem Diktum beklagt Keim gleich zu Beginn seiner Vorlesung, dass man uns in der Lehre von der Person Christi „zumuthet, an einen ewigen Sohn Gottes zu glauben, der sein göttliches Sein und Selbstbewußtsein zu beschneiden oder gar auszulöschen vermag, der sich in den Schlummer, in die Lethe der Bewußtlosigkeit, ja embryonischen Vegetirens versenkt, um sich allmälig (so es möglich wäre) in menschlicher Entfaltung einer menschlichen Seele wieder zu gewinnen". Um solchem „trüben Schaum hellenischer Mythologie und ovid'scher Metamorphosen" zu wehren, habe das „moderne Bewußtsein, in der Anerkennung des unendlichen Werthes der menschlichen Person und des menschlichen Selbstbewußtseins, [...] die wahre Menschlichkeit Jesu zu erstreiten gesucht", ohne zugleich „das Göttliche in Christo" aus dem Auge zu verlieren[13]. Zur Menschlichkeit aber gehöre, dass Jesus das Bild der äußeren Realität nicht apriorisch in sich getragen habe, sondern: *„Das Bewußtsein und Selbstbewußtsein Jesu im Ganzen* bildete sich und füllte sich wie jedes menschliche Selbstbewußtsein, welches er ausdrücklich in ganzem Umfang für sich in Anspruch nimmt, durch jenes geheimnißvolle Concert des Innern und des Äußern, des Subjectiven und Objectiven, der Intuition und Perception, der Selbstanschauung und der Weltanschauung"[14], d. h. durch die Erfahrung, die Jesus mit sich und der Welt von Kindheit an machte.

Wer diese These über die Genese des Selbstbewusstseins Jesu verifizieren wolle, müsse „das Leben Jesu und seine in der Regel vor lauter Dogmatismus ganz übersehene menschliche Entwicklung rein historisch auf Grund der Urkunden aufzuhellen trachten, um den immer neu drohenden Flug zu schwindelnden Höhen der Ungeschichtlichkeit durch Festklammerung am realen Boden thunlichst zu erschweren und zu ernüchtern"[15]. Ja, Keim erklärt sich selber zum Geburtshelfer der ganzen Wahrheit, wenn er seine eigene Forschung in kühner Metaphorik als Mitwirkung an der Auferweckung eines Toten begreift: „Und ich meine im Interesse der Frömmigkeit selbst zu schreiben, indem ich ehrlich, offen,

---

11. HOLTZMANN, *Evangelien* (Anm. 6), S. 7.
12. SCHWEITZER, *Reimarus* (Anm. 2), S. 4 (*GLJF*, S. 4).
13. KEIM, *Entwicklung* (Anm. 10), S. 7-8.
14. *Ibid.*, S. 12.
15. *Ibid.*, S. 10.

unerschrocken mich an der Aufgabe betheilige, das Leben Jesu heraus-
gewickelt aus allen Binden und Tüchern der Ungeschichtlichkeiten,
Halbheiten und Vermittlungen, welche uns demnächst bis ins Jahr 2000
selbst im Centrum des Christenthums nicht zur ganzen Wahrheit kommen
lassen, in seiner reinen und dann gewiß majestätisch auferstehenden
Geschichtlichkeit zu enthüllen“[16].

Das Programm eines menschlichen Jesus, der sich aufgrund der Erfahrungen, die er im Laufe seines Lebens macht, entwickelt, hat Keim 1867-
1872 ausgebaut zu einer dreibändigen *Geschichte Jesu von Nazara in
ihrer Verkettung mit dem Gesammtleben seines Volkes* von nahezu 2000
Seiten[17], der schon bald eine Kurzfassung für weitere Kreise folgte[18].
Auch hierzu äußert sich Holtzmann voll schrankenloser Bewunderung
– und dies, obwohl Keim sich an der Priorität von Mt orientiert und
heftig gegen die Zweiquellentheorie des Straßburger Markuslöwen polemisiert: „Kritischer Scharfsinn und geniale Intuition, vollständige
Beherrschung des Materials und gehobene Darstellung vereinigen sich,
um diesen Werken den ersten Platz in der reichen Literatur des Lebens
Jesu zu sichern“[19]. Mit Schweitzer lässt sich dem hinzufügen: „Schöne-
res und Tieferes hat niemand mehr über die Entwicklung Jesu geschrieben“[20]. „Durch seine grandiose Darstellung gab er (sc. Keim) dem Jesusbild der sechziger Jahre die künstlerische Weihe. Seine Redensarten und
Ausdrücke wurden klassisch. Nach ihm sprechen alle von dem ‚galiläischen Frühling‘ im Wirken des Herrn“[21].

Fragen wir Keim selber nach dem letzten Motiv seiner Arbeit, so
dürfte die Antwort am ehesten bei seiner Hochschätzung der persönlichen
Religion Jesu zu suchen sein, sei diese doch eine „Religion für Alle“[22].
Deren ewiger Hauptteil sei „der Glaube an die Väterlichkeit Gottes und
ungetrennt davon und in Einem der Glaube an die religiöse und sittliche
Würde der Menschen“[23].

---

16. *Ibid.*, S. 5.

17. T. KEIM, *Geschichte Jesu von Nazara in ihrer Verkettung mit dem Gesamtleben
seines Volkes frei untersucht und ausführlich erzählt*, Bd. I-III, Zürich, Orell und Füßli,
1867-1872.

18. T. KEIM, *Geschichte Jesu nach den Ergebnissen der heutigen Wissenschaft über-
sichtlich erzählt*, Zürich, Orell und Füßli, ³1873.

19. H.J. HOLTZMANN, Art. *Keim, Theodor*, in *ABD* 15 (1882) 534-535.

20. SCHWEITZER, *Reimarus* (Anm. 2), S. 212 (*GLJF*, S. 213).

21. *Ibid.*, S. 210 (*GLJF*, S. 211).

22. KEIM, *Geschichte Jesu von Nazara* (Anm. 17), Bd. I, S. 446.

23. *Ibid.*, III, S. 661. Vgl. A. VON HARNACK, *Das Wesen des Christentums* (1900), hg.
C.-D. OOSTHÖVENER, Tübingen, Mohr, ²2007, S. 43, nach dem sich die Verkündigung Jesu
zusammenfassen lässt unter der Überschrift „*Gott der Vater und der unendliche Wert der
Menschenseele*“.

Keim erläutert: „Die Grundzüge seiner Religion sind ohne alle Frage die köstlichsten und bleibendsten Errungenschaften des menschlichen Geistes. Gott der Vater des Menschen, der Mensch der Wesensverwandte und der geliebte Pflegling Gottes, jedes Menschenleben ein Dasein ewigen Werths und ewiger Bestimmung, der ächte Gottesdienst Reinheit des Herzens, Bruderliebe ohne Grenze, Menschheitsbund ohne Schranke, selbst der irdische Stoff kein Ärgernis der Frömmigkeit, sondern ein Spiegel Gottes, ein Gebiet der Freude und des Genusses, der gebotenen und der freigegebenen Arbeit, die Familie ein Heiligthum, der Beruf ein Lob, die Staatsordnung ein Recht, die Pflege der Weisheit und der Kunst ein Preis Gottes"[24]. Dementsprechend geißelt Keim an anderer Stelle als „Appell an die unterdrückten Klassen", wenn man die Seligpreisung der Armen im Geist in Anlehnung an die „im höchsten Grad anstößigen" „Pauperismus-Predigten" des Lk „in Verzerrung der Predigt Jesu" als Einsatz für die „sinnlich" (d. h. materiell) Armen versteht[25].

Man staunt, wie unmittelbar Jesus hier zum Anwalt der bürgerlichen Werte des 19. Jahrhunderts gemacht wird. Doch nicht die ideelle Basis der *Geschichte Jesu von Nazara* soll hier das Thema sein. Im Blick auf die eingangs genannten Spezifika der *Third Quest* möchte ich mich vielmehr auf die Einleitungsfragen konzentrieren, die der erste Band des voluminösen Werkes behandelt.

II. Das Leben Jesu als Gegenstand der Allgemeinen Geschichtswissenschaft und der Kirche

In einem ersten Abschnitt[26] führt Keim aus, inwiefern nicht nur die Kirche, sondern auch die allgemeine Geschichtswissenschaft ein elementares Interesse am Leben Jesu hat: Während erstere einen genauen und wahren „Bericht über das ursprüngliche und thatsächliche Wesen ihres Stifters" brauche, könne letztere nur durch „eine ächtgeschichtliche Biographie Jesu" verhindern, dass das Christentum „zum Anhängsel der Jammerseenen (*sic*!) jüdischer Auflösung oder der Thorheiten römischer Kaisergeschichten" erniedrigt wird. So einig man sich dementsprechend in der Aufgabe sei, so uneinig in den Grundsätzen: „Das Grundgesetz der geschichtlichen Wissenschaft heißt auch gegenüber dem Leben Jesu Zusammenhang, das Losungswort der Kirche Besonderung, dort Gliedschaft der Reihe, hier Einzigkeit, dort menschliche, hier göttliche Persönlichkeit. Dort steht das Leben Jesu in der großen

24. KEIM, *Geschichte Jesu von Nazara* (Anm. 17), Bd. III, S. 627-628.
25. *Ibid.*, Bd. II, pp. 399-402, Zitat p. 399.
26. *Ibid.*, Bd. I, pp. 1-6.

Strömung der Weltgeschichte [...]. Hier in der Kirche ist er der Fels, der über der Strömung thront [...], der Sohn Gottes", der der Menschheit „ewig nur erlauben [wird], sich an ihn zu halten oder sich an ihm zu brechen"[27].

Keim ist der Auffassung, dass die Gegensätze in letzter Zeit relativiert worden sind. So habe die Geschichtswissenschaft ihren „Nivellirungs-Arbeiten" abgeschworen, „welche die Größen der Weltgeschichte zu Gunsten der großen Masse und der Kleinen erniedrigte". Sie erkenne an, dass auch an der Spitze weltgeschichtlicher Handlungen schöpferische Individuen stehen. Ja, es werde sogar „glaublich gefunden, daß in der Person Jesu dem Geschlecht und ihm selbst [...] Ahnung und sicheres Bewußtsein der Gotteinheit aufgegangen" ist[28].

Umgekehrt führe „die gesteigerte Werthschätzung der Würde der Menschheit" in der Kirche „zu der sich täglich steigernden Forderung eines menschlichen Jesus von Nazaret". Während man früher nur „in seinen Wundern, in seiner Auferstehung und Himmelfahrt die Garantieen menschlichen Heils" gesehen habe, sei man heute glücklich, wenn man „Zeichen seiner ächtmenschlichen Abkunft, der brüderlichen Gemeinschaft, der ebenbürtigen Entwicklung" entdeckt. Zwar führe dies zum Verlust manchen Stücks der Geschichte Jesu. Aber: „Befreit von der Mikrologie, wahrhaft protestantisch befreit von aller Überlieferung, die nicht Geschichte ist, und wenn sie selbst in der Bibel lagerte, ist man froh, satt, selig, wenn nur die Person im Ganzen nicht im Nebel verschwimmt"[29].

Keim räumt allerdings ein: Trotz der Annäherung der Standpunkte werde es über die letzten Fragen der Person Jesu immer wieder zu Streit kommen. Deswegen sei es nötig, „noch gewissenhafter als auf jedem anderen Geschichtsgebiet die Thatsachen so lauter, so reichlich, so allseitig als möglich sprechen zu lassen [...]. Denn über das Streitige soll schließlich nur Geschichte und, wenn sie es nicht vermag, Niemand richten". Dies verlange „eine Unparteilichkeit, die freilich nicht Allen gegeben ist, sondern nur denen, die hier von den engen Regeln der Kirche, hier von den Formeln der Wissenschaft sich befreit haben, weil ihre Lebensgeister nicht vom einen oder andern, sondern von beiden Müttern genährt worden sind". Er selber sei dabei schon immer von einer zunehmend sicherer gewordenen Grundüberzeugung getragen: „Daß da, wo die ächteste und unverfälschte Menschheit wandelt,

---

27. *Ibid.*, Bd. I, S. 2-3.
28. *Ibid.*, Bd. I, S. 4.
29. *Ibid.*, Bd. I, S. 4-5.

gleichzeitig nicht etwa nur ein religiöses Genie, sondern das Wunder Gottes und seine Gegenwart auf Erden sich enthüllt: die Person selbst und nichts sonst ist das Wunder, der gottverbundene Mensch der leibhaftige Tempel Gottes"[30].

So begegnet uns zu Beginn der *Geschichte Jesu von Nazara* erneut der antidogmatische Affekt, gepaart mit dem Glauben an die befreiende Macht der Geschichte, ja des Exegeten, der der Geschichte gegen die Überlieferung zu ihrem Recht verhilft, und der, wenn er den menschlichen Jesus sucht, darauf vertrauen darf, dass er auch dessen Göttlichkeit begegnet. All dies ist für den Optimismus der 1860er Jahre überaus charakteristisch, aus heutiger Sicht dagegen mehr als befremdlich. Doch sollte bei aller Kritik nicht übersehen werden, dass die Reflexion über das Verhältnis von geschichtswissenschaftlichem und theologischem Zugriff auf die Gestalt Jesu ins Zentrum der gegenwärtigen Grundlagendiskussion führt. Keim dürfte Recht haben, wenn er meint, die Teilnahme daran setze eine Freiheit voraus, die nur aufbringen kann, wer beiden Seiten in gleicher Weise verpflichtet ist.

III. DIE JÜDISCHEN QUELLEN

Wer einen Menschen zeichnen will, steht nach Keims Überzeugung vor der Aufgabe, „menschliche Abhängigkeiten von der Familie, dem Stamm, dem Volk, der Zeit" darzustellen, „menschliche Zusammenhänge endlich nicht nur im Wachsen und Werden, sondern auch im Geglaubtwerden durch gleichgestimmte, wahlverwandte Geister"[31]. Für Jesus bedeute dies, dass die Verwurzelung in Israel als dem „mütterlichen Schoos" seines Lebens zum Thema gemacht werden muss. Genauer: „Die geschichtlichen Verhältnisse des Volks, seine physische, politische, religiöse, sociale Lage allermeist im Beginn der römischen Kaiserzeit [bilden] die gröbsten Umrisse des Bildes, in welches die Person Jesu als Centralgestalt verzeichnet werden soll". Dazu liefere die jüdische Geschichte selbst dann einen wichtigen Beitrag, wenn der Name Jesu nicht erwähnt wird.

Die Aufmerksamkeit habe sich zunächst auf die gesamte *alttestamentliche Literatur* zu richten, einschließlich der Ap*okryphen*, darüber hinaus aber auch auf „die folgende jungjüdische Literatur", die in den *Talmud* einmündet, „diesem großen Panorama jüdischer Theologie und jüdischer

---

30. *Ibid.*, Bd. I, S. 6.
31. *Ibid.*, Bd. I, S. 2.

Theologen", deren Perle *Pirke Abot* sei, „die niemand verdrießt"[32]. Allerdings hätten wir es hier mit einer eigenen, erst im Werden begriffenen Wissenschaft zu tun, so dass die Verbindung mit dem Leben Jesu nur ganz gelegentlich angedeutet werden könne. Keim selber jedenfalls müsse sich „beim Mangel fester Resultate über Zeit und Ursprung einzelner Schriften" darauf beschränken, hier und da ein eigenes Urteil zu begründen.

„Von hervorragendstem Werthe, ausgiebig und zuverläßig zugleich, wie keines der späteren Literaturstücke" seien die Aufzeichnungen von *Philon von Alexandrien* und *Flavius Josephus*. Keim stellt Leben und Werk der beiden so unterschiedlichen Zeitgenossen Jesu ausführlich vor und kann sich nicht genug tun in deren Ruhm: „Wie viel Aufhellung [dankt] die religiöse Geschichte Israels in der Zeit Jesu den zahlreichen dogmatischen, ethischen, mitunter auch historischen Abhandlungen Philons [...], des Repräsentanten einer vergeistigten Frömmigkeit"! „Aber noch umfassender sind die Beiträge des Josephus, dieser größten und von den Makkabäerzeiten abwärts ganz unentbehrlichen, weil einzigen Geschichtsurkunde, auf welche das Leben Jesu sich hundertfach stützen muß"! Keim meint: Josephus mag die Geschichte seines Volkes aus mancherlei anrüchigen Motiven hier und da gefälscht haben, aber „zur Kontrolle seiner Irrthümer und seiner Bemäntelungen hat er das beste Material dem Kritiker meist eigenhändig dargeboten"[33].

In Auseinandersetzung mit Euseb, *Hist. Eccl.* II 16-17, wird dargelegt, dass Philo weder Jesus noch die Christen erwähnt[34]. Zu Josephus dagegen heißt es, er liefere *Ant.* XVII 5,2 (116-119) „einen herrlichen unantastbaren Bericht von Johannes dem Täufer, dem Vorgänger Jesu". Aber auch die Authentizität des Berichtes von *Ant.* XX 9,1 (200) über das Vorgehen gegen Jakobus, „den Bruder Jesu des sogenannten Christus", unterliege keinem Zweifel. Die an sich so dürftige Notiz belege nicht nur die große Bekanntheit des Namens Jesu Christi um das Jahr 70, sondern stelle dem Christentum und Jesus selbst indirekt auch ein Ehrenzeugnis aus durch die „starke Mißbilligung [...], welche die rechtlichsten und gesetzlichsten Männer Jerusalems gegen die übereilte grausame Hinrichtung der angeblichen Gesetzesübertreter erhoben haben"[35]. Das sog. *Testimonium Flavianum* von *Ant.* XVIII 3,3 (63-64) dagegen sei in seiner jetzigen Form schwerlich vor dem 3. Jh. entstanden. Man könne aus ihm

---

32. *Ibid.*, Bd. I, S. 8-9. Vgl. *ibid.*, Bd. I, S. 258-261 die begeisterte Aufzählung der wichtigsten Sprüche.
33. *Ibid.*, Bd. I, S. 9-10.
34. *Ibid.*, Bd. I, S. 10-11.
35. *Ibid.*, Bd. I, S. 11-12.

zwar einiges Neutrales herauslesen: „das Wort vom weisen Mann, vom Pilatus- und vielleicht Sadducäerkreuz, von der Fortdauer der christlichen Gemeinschaft". Die Argumente gegen einen authentischen Kern seien jedoch stärker als die dafür[36].

Nach Josephus finde man seit dem 2. Jahrhundert nur noch „bösartige jüdische Traditionen, mündlich und schriftlich, über den galiläischen Verführer"[37]. Sie kulminierten in der Gemara, besonders der Traktate *Sanhedrin* und *Schabbat*, deren Angaben Keim mit all ihren Verzerrungen in Art einer talmudischen Biographie, ähnlich den *Toledot Jeschu*, vor dem Leser ausbreitet. Trotzdem gesteht er zu, in den haltlosen Fabuleien seien hier und da auch historische, wahrscheinlich den Evangelien entnommene Notizen anzutreffen, „über die Mutter Jesu und ihre Geburt, die königliche Abkunft [...], den Aufenthalt in Egypten, die Wunder, den Widerspruch gegen Gesetz und Überlieferung, die Anklage, die Zeugen, den Tod am Passahfest"[38].

IV. Die heidnischen Quellen

Keim konstatiert, dass „Jesus in der scharfen Begrenztheit seiner geschichtlichen Wirksamkeit sich mit dem Heidenthum" anders als mit Israel „nicht oder kaum berührte, es weder lernend noch gebend aufsuchte"[39]. Zu einem Kontakt mit dem Leben Jesu sei es anlässlich von Zusammenstößen mit dem römischen Staat erst in der Zeit Trajans gekommen. Zwar verdankten wir Tacitus, *Ann.* 15, 44, Sueton, *Nero* 6; *Claudius* 16, und Plinius d. J., *Ep.* X, 96, nur äußerst dürftige Notizen. Doch seien diese „wegen ihres hohen Alters und ihrer Unabhängigkeit von christlichen und anderen Quellen ausschließlich werthvoll". Sie werden deshalb ausführlich gewürdigt[40]. Auch *Lucian, Der Tod des Peregrinus*, beruhe immer noch ausschließlich auf Hörensagen. Das Wenige, das wir über den Neupythagoräer Numenius, über Phlegon, den Freigelassenen Hadrians, und über den Eklektiker Galenus wüssten, stütze sich dagegen bereits stärker auf schriftliche Quellen des Judentums und Christentums[41].

---

36. *Ibid.*, Bd. I, S. 12-15, Zitat S. 24.
37. *Ibid.*, Bd. I, S. 15.
38. *Ibid.*, Bd. I, S. 15-17, Zitat 17.
39. *Ibid.*, Bd. I, S. 18.
40. *Ibid.*, Bd. I, S.19-20, Zitat S. 19.
41. *Ibid.*, Bd. I, S. 20-21.

Höhepunkt und Glanzstück des Kapitels ist das Leben Jesu, das Keim dem *Wahren Logos* entnimmt[42], für das Celsus „neben den Schriften der ,großen Kirche', Matthäus, Lukas, Johannes, [...] die Gnostiker und [...] die Juden studirt [hat]". Dieses Leben bedürfe keiner „Widerlegung, so furchtbar die Waffen des Scharfsinns sind, welche die heidnische Leidenschaft gegen die Person Jesu und weiterhin gegen das ganze Christenthum führt". Celsus habe sich darin „mit seiner eigenen Waffe ,erwürgt', indem er gleichzeitig Jesu die schönsten Sprüche der Bergpredigt überläßt und nachdrücklich [...] den Beweis antritt, daß die heidnische Philosophie das Alles auch schon gesagt, nur schöner noch und richtiger"[43].

V. DIE CHRISTLICHEN QUELLEN AUSSERHALB DES NEUEN TESTAMENTS

Schon Keim teilt die Sehnsucht, außerhalb des Neuen Testaments „alte naturwüchsige mündliche Überlieferungen, alte bei Seite gelegte Evangelien, alte ausgestoßene Parteien der Kirche" zu finden. Und schon er muss einräumen, dass man „von den vermeintlichen Alterthümern" rasch auf die kanonischen Evangelien zurückgeworfen wird[44].

Als erstes werden aus den Kirchenvätern zehn Einzelheiten des Lebens Jesu aufgeführt, denen kein selbständiger Quellenwert zuerkannt werde könne[45]. Es folgt die Besprechung von neun *Agrapha*, von denen einzelne entweder authentisch oder aufgrund älteren Materials erst in der Kirche gebildet worden sein könnten, ohne dass sich dadurch unser Bild des Lebens Jesu ändern würde[46]. Anschließend werden die Fragmente des von Clemens Al. bezeugten *Evangeliums der Ägypter* vorgestellt, bei dem es sich um „das Werk eines finstern enkratitischen Asceten" handele, das „wegen seiner dunkeln Geheimnisse" schon die Alte Kirche verworfen habe[47]. Danach geht Keim ausführlich ein auf das seiner Zeit heftig umstrittene „jüdische" *Hebräerevangelium*, „wohl auch Evangelium des Petrus oder der zwölf Apostel genannt und in die zwei Hauptzweige des Evangeliums der Nazarener und der Ebioniten auseinanderlaufend"[48].

---

42. Vgl. T. KEIM, *Celsus' Wahres Wort: Älteste Streitschrift antiker Weltanschauung gegen das Christentum vom Jahre 178 n. Chr., wieder hergestellt, aus dem Griechischen übersetzt, untersucht und erläutert, mit Lucian und Minutius Felix verglichen*, Zürich, Orell und Füßli, 1873.
43. KEIM, *Geschichte Jesu von Nazara* (Anm. 17), Bd. I, S. 21-24, Zitate S. 22.23-24.
44. *Ibid.*, Bd. I, S. 24.
45. *Ibid.*, Bd. I, S. 25.
46. *Ibid.*, Bd. I, S. 26-28.
47. *Ibid.*, Bd. I, S. 32.
48. *Ibid.*, Bd. I, S. 29-32.

Es sei von Hieronymus über Lessing bis zu Baur immer wieder mit Urmatthäus bzw. dem Urevangelium identifiziert worden. Keim hält dagegen, dass wir die ursprüngliche Gestalt nicht kennen, und die Fragmente, die uns seit dem 2. Jh. begegnen, „aufs deutlichste die Zeichen einer späteren Bildung gegenüber unsrem Matthäus" tragen[49].

Zum Schluss weist Keim auf die große Fülle vollständig erhaltener apokrypher Evangelien oder evangelienartiger Schriften hin, die uns vom 2. Jh. an zur Verfügung stehen[50]. Von den älteren geht er ein auf das *Protevangelium des Jakobus*, das *Kindheitsevangelium des Thomas* und die *Akten des Pilatus*, von den jüngeren auf den *Briefwechsel Jesu mit dem Fürsten Abgar von Edessa*, das *Evangelium des Ps-Matthäus*, die *Geschichte Josephs des Zimmermanns* und das *Arabische Kindheitsevangelium*.

Das ernüchternde Ergebnis des ganzen Kapitels lautet: „Hundert Jahre nach Christus [ist] jede selbständige und wirklich werthvolle Überlieferung über dieses Leben neben unsern Evangelien erloschen", denen „lediglich nur eine wachsende Fabelwelt [...] als vermeintliche Ergänzung zur Seite läuft [...]. Die einzelnen Schriften ruhen durchweg auf unseren Evangelien, aber sie bemühen sich, für die fromme und unfromme Neugier, für die Einbildungskraft und für die Wundersucht ihrer Zeit die wichtigsten und dunkelsten Partien des äußeren Lebens Jesu [...] genauer zu beschreiben"[51]. Für den Leser und die Leserin bleibt deshalb kaum etwas anderes übrig, als sich Keims Flucht anzuschließen: „Gründlich enttäuscht durch eine endlose unergiebige irreleitende Sagenwelt, welche uns Thatsachen, ächte Worte, sogar Briefe, sogar monumentale Denkmäler vergeblich versprach [...], entfliehen wir dem lügenden Zauber, um in unseren Quellen des Neuen Testaments, in unsern Evangelien eine letzte Stütze und Hilfe zu suchen" – sehr wohl wissend, „wie stark [...] der laute Zweifel selbst an das Bollwerk des Christenthums geschlagen hat"[52].

VI. DIE KANONISCHEN EVANGELIEN

Nachdem Keim das Zeugnis des Paulus in einem eigenen Kapitel gewürdigt hat[53], kommt er ausführlich auf die kanonischen Evangelien zu sprechen[54]. In treuer Gefolgschaft Baurs ist er einer der ersten, die für

49. *Ibid.*, Bd. I, S. 30.
50. *Ibid.*, Bd. I, S. 32-35.
51. *Ibid.*, Bd. I, S. 32-33.
52. *Ibid.*, Bd. I, S. 34-35.
53. *Ibid.*, Bd. I, S. 35-44.
54. *Ibid.*, Bd. I, S. 44-172.

das Leben Jesu vollständig auf das Johannesevangelium verzichten. Historische Glaubwürdigkeit könne allein den Synoptikern zugesprochen werden, und ein eigenständiger Zeuge sei letztlich nur Mt.

Das *Johannesevangelium* sei unter freier Benutzung der Synoptiker zwischen 100-117 n. Chr. „von einem im Heiligen Land gut orientirten, aber freien und heidenfreundlichen Judenchristen, wahrscheinlich aus der Diaspora Kleinasiens [...] unter dem Namen des Apostels Johannes veröffentlicht worden"[55]. Es trete unter Rekurs auf die alexandrinisch-philonische Religionsphilosophie ein für eine höhere Auffassung von Jesus. „Man hat hier späte kunstvolle Dogmatik und Jesus selbst ist zum subtilsten Dogmatiker geworden"[56]. Er sei kein Mensch, der sich entwickelt, sondern „der Christus, der von Anfang an fertig ist, Alles weiß, Alles thut, Alles wagt" – eine „unbewegliche, ausgelebte, monotone Figur, die trotz aller Prozesse schon am Anfang zu Ende ist"[57], so dass nur wenige Notizen historisch verwertbar seien.

Das *Lukasevangelium* sei um 90 n. Chr. in Rom von dem Begleiter des Paulus, einem vermittelnden Pauliner, abgefasst worden. Es basiere auf einer ebionitischen Bearbeitung des Mt, greife daneben aber auch zurück auf die ursprüngliche, noch nicht durch Zusätze erweiterte Gestalt des Mt. Außer einer samaritanischen seien darüber hinaus mehrere paulinischen Quellen benutzt. All dem hätten wir manch unschätzbares Wort des Herrn zu verdanken. Doch könne bei Lk von einer verantwortungsvollen Quellenkritik nicht die Rede sein, weswegen bei ihm „zu größter Vorsicht und zu ängstlichem(-n) Gebrauch" zu mahnen sei[58].

Das *Markusevangelium* sei um 100 n. Chr. in Rom entstanden und sowohl von Mt als auch von Lk abhängig. Der Autor habe den hyperjüdischen Standpunkt des Mt und den hyperpaulinischen des Lk von ihren Einseitigkeiten befreien und so miteinander versöhnen wollen. Um eine knappe Darstellung zu erreichen, habe er dabei hier „die zahlreichen judaistischen Partieen des ersten Theiles des Matthäus, hier die [...] schlecht verarbeiteten umfangreichen Neuheiten des zweiten Theiles des Lukas" gestrichen. Ja, Mk meide generell „ermüdende Lehrvorträge" und gebe „viel lieber [...] die rasch ablaufenden, farbigen, prächtigen Geschichten"[59]. Alles zusammengenommen führe dies zu einer vollständigen Verwirrung der Geschichte Jesu, in der „von Entwicklung [...] im Kampf des Erkennens und Wollens" kaum noch eine Spur zu finden sei[60]. Auf Mk zurückzugreifen fordere deswegen „die ängstlichste Kontrole"[61].

Aus heutiger Sicht erstaunt, mit welcher Selbstverständlichkeit Keim – in Übereinstimmung mit Baur und einem breiten Trend der Forschung

---

55. *Ibid.*, Bd. I, S. 168.
56. *Ibid.*, Bd. I, S. 112.
57. *Ibid.*, Bd. I, S. 117.
58. *Ibid.*, Bd. I, S. 82.
59. *Ibid.*, Bd. I, S. 94-95.
60. *Ibid.*, Bd. I, S. 97.
61. *Ibid.*, Bd. I, S. 99.

seiner Zeit! –, einzig unter Berufung auf inhaltliche Besonderheiten einzelner Stücke, eine Vielzahl von Quellen postuliert, ohne sich auch nur ansatzweise um deren Abgrenzung zu bemühen, ohne aber auch eine Erklärung der Übereinstimmungen und Differenzen in Akoluthie und Stoffumfang zu bieten. Und wie unbefriedigend werden umfangreiche Streichungen begründet!

Die Desiderate werden von Keim schon deshalb nicht als solche empfunden, weil er der felsenfesten Überzeugung ist, allein *Matthäus* erzähle die Geschichte Jesu so, „wie sie unter den gegebenen Verhältnissen und in der Einwirkung eines neuen schöpferischen Geistes auf seine Zeit geschichtlich und psychologisch erwartet werden kann"[62]. Nur er gebe „eine große und doch in allen Theilen, in Wort und Werk, in Zeitstellung und innerer Entwicklung ächtmenschliche Geschichte"[63]. Wie insbesondere die Entsprechung von Mt 4,17 und 16,21 verdeutliche, umfasse sie zwei große Stufen des öffentlichen Lebens Jesu, „den Amtsantritt in Galiläa mit dem Bußruf und der Reichspredigt und den Antritt des Todesgangs mit dem Leidensruf und der Zukunftspredigt"[64].

Die Zweiteilung markiert nach Keims Auffassung den äußeren Rahmen, in dem sich auf allen Gebieten „eine schöne stetige Entwicklung" feststellen lässt:

> Die Predigt Jesu läuft allmählich vorwärts von einem nahenden Reich zu einem gekommenen und zu einem zukünftigen, von einer starken Betonung des Gesetzes zu immer vollerer Kritik, von einer Berufung von ganz Israel zu einer Berufung der Unmündigen, von einer Berufung der Juden zu einer Berufung der Heiden, von einer Messiaspredigt zu einer Sohnespredigt und endlich zur Kreuzespredigt. Die Messias- und Leidens-Verkündigung bei Cäsarea Philippi ist nach allen Theilen, wie in keinem anderen Evangelium, glänzend vorbereitet [...]. Die Jünger entwickeln sich allmälich, von unbestimmten Bewunderungen schreiten sie schließlich zum großen Bekenntnis Petri. Der Kampf mit dem Volk und mit seinen Führern eröffnet sich langsam, Jesus hofft, das Volk glaubt, die Pharisäer warten zu und Jesus tritt schonend auf; aber seit der Mitte des Laufes Jesu eröffnet sich nach beiden Seiten der Todeskampf, und verstanden von seinen Jüngern, die ihn ersetzen, unverstanden, gehasst, verfolgt von den Führern der Nation greift Jesus im Namen Gottes nach dem Sterbeloos[65].

Die Passage zeigt, dass Keim seine eigene Sicht der Geschichte Jesu als Explikation der Sicht des Mt versteht, dessen schriftstellerische Kunst historiografische Genauigkeit zu garantieren scheint. Trotzdem sieht er

---

62. *Ibid.*, Bd. I, S. 64.
63. *Ibid.*, Bd. I, S. 55.
64. *Ibid.*, Bd. I, S. 52.
65. *Ibid.*, Bd. I, S. 53-54.

im Autor keineswegs einen Ohren- und Augenzeugen oder gar den Apostel Matthäus, sondern einen anonymen Judenchristen der Jerusalemer Gemeinde um das Jahr 66 n. Chr., dessen Glaubwürdigkeit „zwischen der eines unmittelbaren Augenzeugen und eines entferntstehenden Nacherzählers in der Mitte steht"[66]. Erstens habe Mt ältere Quellen verarbeitet[67]. Zweitens habe ein heidenfreundlicher Überarbeiter dem ursprünglichen Evangelium nach 70 n. Chr. eine Fülle kleinerer und größerer Zusätze hinzugefügt[68]. Und drittens gebe es eine ganze Reihe von Phänomen, die „ein Evangelium des merkwürdigsten Doppelcharakters von blendend reiner und verwischter Treue" zur Geschichte zustande gebracht hätten[69]:

In die Wundergeschichten sei Sagenhaftes eingedrungen und in die Zukunftsreden der Glaube späterer Zeit[70]. Vor allem aber lasse sich die fatale Tendenz feststellen, Gleichartiges zu Gruppen zusammenzustellen: Mehrere Worte Jesu, mehrere Taten, vier große Reden, vier Stadien des Leidensrufs, zehn Wunder, acht Seligkeiten, sieben Weherufe, sieben Gleichnisse etc. Dies zeige, dass der Autor „ein feiner Schematiker [ist], und seine Gruppierungen und seine Zahlenzirkel nähren die Vermuthung, dass hier oder dort eine Geschichte, ein Wort aus seinem ursprünglichen Zusammenhang verschoben sei"[71]. Ja, man müsse sogar konstatieren: „Bei aller Richtigkeit im Großen [ist] die genaue Erinnerung des Zeitmomentes verloren [...]. Da ist Auseinanderliegendes künstlich zusammengestellt, Einzelnes [...] zu früh und zu spät, Einzelnes doppelt gegeben, Einzelnes durch Verrückung aus dem Zusammenhang wohl auch aus dem richtigen Sinn gerückt"[72].

Aber, so tröstet sich Keim, vor allzu weit gehendem Verdacht schütze neben der Gewissenhaftigkeit des Autors „der vortreffliche Zusammenhang, in welchem die Dinge im Ganzen stehen und die psychologische Wahrscheinlichkeit aller größeren Fortschritte"[73]. Was die Einzelheiten betrifft, sähe man sich dagegen vor die Aufgabe gestellt, diese auf eigene Verantwortung historisch richtig zu platzieren. Einzig der Vergleich mit Lk und Mk biete hierfür gelegentlich eine gewisse Hilfe[74]. Denn da beide von irgendeiner Form des Mt abhängig seien, könnten sie von Fall zu

---

66. *Ibid.*, Bd. I, S. 68.
67. *Ibid.*, Bd. I, S. 46-47.56.65.
68. Vgl. *ibid.*, Bd. I, S. 61-63.
69. *Ibid.*, Bd. I, S. 68.
70. *Ibid.*, Bd. I, S. 65-66.
71. *Ibid.*, Bd. I, S. 55.
72. *Ibid.*, Bd. I, S. 64-65.
73. *Ibid.*, Bd. I, S. 55.
74. *Ibid.*, Bd. I, p. 65.

Fall eine ursprünglichere Version bewahrt haben als dessen kanonische Endgestalt[75].

Zu Beginn des zweiten Bandes bezeichnet Keim das Gesetz der sachlichen Verwandtschaften als „sehr einflussreiches Gesetz dieser alten Geschichtsschreibung"[76]. Es heißt sogar, die Überlieferung sei „nothwendigerweise vielfach doch nur durch Gutfinden und Vermuthen, Wahrscheinlichkeitsrechnung und Zusammenhangskünstelung aller Art geordnet worden"[77]. Die Geschichte Jesu könne deshalb „nicht mehr überall mit mathematischen Sicherheiten, sondern nur mit Wahrscheinlichkeiten in Fluß" gebracht werden, aber „selbst eine Geschichte der Wahrscheinlichkeiten [...] wird besser, süßer, erhebender sein, als die unwahre Geschichte der Überlieferung"[78].

So zeigt sich: Keim sieht in Mt einen Geschichtsschreiber, der dem Bedürfnis nach einem menschlichen Jesus in ausgezeichneter Weise entgegenkommt. Zwar lasse sich der Geschichtsschreiber seinen historischen Sinn durch schriftstellerische Ambitionen trüben. Doch betreffe dies letztlich mehr das Einzelne als das Ganze und könne zumindest zum Teil korrigiert werden. Denn so wie Keim sich in der Zürcher Antrittsvorlesung im Interesse der Frömmigkeit zum Geburtshelfer des geschichtlichen Jesus erklärt, erhebt er in der *Geschichte Jesu von Nazara* den Anspruch, selbst auf der Basis von Wahrscheinlichkeiten eine wahrhaftigere und für den Glauben hilfreichere Version dieser Geschichte zu liefern als die Überlieferung.

VII. JESUS UND ISRAEL

Da Israel der Mutterschoß des Lebens Jesu ist, folgt auf die Behandlung der Quellen die Darstellung der „geschichtlichen Verhältnisse des Volks, seiner physischen, politischen, religiösen, socialen Lage allermeist im Beginn der römischen Kaiserzeit"[79], bei der die jüdischen Quellen in aller Breite zu Wort kommen. Zuerst wird die Herrschaft Herodes d. Gr. und seiner Söhne geschildert[80], danach – sehr viel ausführlicher – die Religion, die die jüdische Aufklärung umfasst, besonders eines Philo von

---

75. Gute Beispiele dafür finden sich *ibid.*, Bd. II, S. 165-169.321-323; Bd. III, S. 316f.372-373.

76. *Ibid.*, Bd. II, S. 3-8, Zitat S. 4.

77. *Ibid.*, Bd. II, p. 3.

78. *Ibid.*, Bd. II, S. 7-8.

79. *Ibid.*, Bd. I, S. 8.

80. *Ibid.*, Bd. I, pp. 173-207.

Alexandrien, die Religion des Heiligen Landes, die messianische Hoffnung und die religiösen Gemeinschaften der Pharisäer, Sadduzäer und Essener[81].

Anschließend wird der Kreis der Darstellung immer enger gezogen. Zunächst erfahren wir, was sich über Galiläa und Nazareth sagen lässt und später durch die Schilderung des Sees Genezareth und seiner Umgebung ergänzt wird[82]. Die wichtigsten Quellen hierfür sind neben Josephus moderne Reiseberichte, die ja den Anfang der Palästinakunde markieren[83]. Es folgen Abschnitte über das Elternhaus Jesu[84], über die Geburts- und Kindheitssagen, bei denen ausführlich auch die Apokryphen zu Wort kommen[85], und über Ort und Zeit der Geburt[86].

Zum Schluss geht Keim auf mehr als fünfzig Seiten auf *Die Lernjahre Jesu* ein[87]. Er betont, dass wir über die Entwicklung, die Jesus in Kindheit und Jugend durchlaufen habe, nur aus der Geschichte über den Zwölfjährigen im Tempel etwas erfahren. Schon hier zeige sich die frühreife „Ahnung eines unendlich nahen Anrechts an den himmlischen Vater, einer die irdische Sohnschaft im Genuß, im Recht, in der Pflicht weit überbietenden [...] göttlichen Kindschaft"[88]. Darüber hinaus aber könne das „Großwerden Jesu" ausschließlich „mit den Mitteln der Zeitgeschichte und der späteren Thatsachen dieses Lebens" enträtselt werden, „sofern von beiden Punkten aus [...] Rückschlüsse mit bindender oder doch bis zur Wahrscheinlichkeit überredender Kraft sich bilden lassen". Solche Rückschlüsse öffneten den Zugang zu den „mannigfaltigsten Anregungen von außen", die Jesus sich in Elternhaus und Synagoge durch seinen „innern Genius" angeeignet habe[89]. Ablesbar sei dies an seiner Sicht der Natur, der Menschen und der religiösen Gruppen.

Nach Keim verrät noch „der reifgewordene Mann", „was sein Auge und Ohr im Knaben- und Jünglingsalter aufgelesen. Wem kann es auch einfallen, die Frühzeitigkeit dieser Richtungen zu bezweifeln oder wer wäre wohl erst in den Tagen des reiferen Alters ein Naturfreund geworden? Da hat er alles sinnig und fein beobachtet, die prächtige duftige weiße Lilie des Feldes [...], die Henne, wie sie in Mutterleidenschaften gluckend die Jungen unter die

---

81. *Ibid.*, Bd. I, S. 208-306.
82. *Ibid.*, Bd. I, S. 307-323.594-611.
83. Genannt werden, meist ohne Angabe des Vornamens und des Titels: Burckhardt, Furrer, Robinson, Schubert, Seetzen, Sepp, Wilson.
84. *Ibid.*, Bd. I, S. 324-336.
85. *Ibid.*, Bd. I, S. 336-388.
86. *Ibid.*, Bd. I, S. 388-412.
87. *Ibid.*, Bd. I, S. 412-468.
88. *Ibid.*, Bd. I, S. 414.
89. *Ibid.*, Bd. I, S. 421-422.

weitverbreiteten Flügel sammelt, die Vögel des Himmels, wie sie sorglos vom großen Weltgut zehren [...], noch vielmehr die Menschen, die Marktspiele der Jugend, die Hochzeitszüge der Alten, die Fürstenschlösser und die seidenen Hofgewänder der Herren zu Tiberias, wie das Feldgeschäft des Säemanns und Weinbauers" etc.[90]. All dies offenbare die „eminente Leichtigkeit, unsinnliche Wahrheit sinnlich anschaulich abzubilden"[91].

Eindrücklich schildert Keim, wie Jesus die Fähigkeit gewinnt, Menschen ins Herz zu sehen. Es sei „doch einleuchtend, wie der äußere Weltblick Jesu sich vertiefte, indem die Selbstanschauung seiner inneren Welt ihn begleitete: von der äußeren Erscheinung der Weltsünde hätte er nicht so eindringlich, so gründlich auf die inneren Lebensprozesse unreiner unruhiger Menschenherzen den beobachtenden prüfenden Finger gelegt, wenn nicht vorher und gleichzeitig die stille Selbstschau seines Herzens sich vollzogen und den bis aufs Mark dringenden treffenden schneidenden Psychologen in ihm großgezogen hätte"[92]. Er habe deswegen noch in der tiefsten Verkommenheit „immer wieder eine Perle der Menschenwürde, im bösen Ich ein gutes [finden können], fähig bei dem Einen zu einem Thatbeweis des Edelsinns, fähig bei dem Anderen zur Unruhe des Gewissens und zu Thränen der Buße"[93].

Aufgewachsen sei Jesus „in der großen Schule des Elterngehorsams und der Gesetzesunterweisung, zunächst in mündlichem Lehren und Lernen". Dafür bürge noch mehr als Josephus „der spätere Jesus in seiner umfassenden Schriftkenntnis und in seiner fleckenlosen Sittlichkeit". Er ist für Keim „der lebendige wandelnde Beweis, daß keinerlei häuslicher Druck, kein äußerer und innerer, keine finstere beugende verbitternde Zucht über seinen Anfängen gewaltet [...]. Das Kind das Nächste zum Himmelreich, der Vater waffenlos gegen des Kindes andringende Bitte, sind diese Sprüche Jesu nicht Blätter aus seinem eigenen Kindschaftshimmel?"[94].

Die religiöse Erziehung im Elternhaus habe sich durch den Besuch der Synagoge vervollständigt, zu der Jesus schon früh Zutritt erhielt. Dort habe er seine genaue Schriftkenntnis erworben, deren Breite und Tiefe Keim über mehrere Seiten voll Bewunderung vor uns ausbreitet[95]. Die Synagoge sei aber auch Ort der verschiedenartigsten Berührung mit der Volksgemeinde gewesen, „mit den freien, geraden galiläischen Männern wie mit den Bewunderern der Pharisäer und wohl auch mit den Lehrmeistern der Synagoge". Das habe Jesus befähigt, später die „scharfsinnigen subtilen und dennoch geistleeren und sittlichkeitsbaaren

90. *Ibid.*, Bd. I, S. 443. Vgl. S. 450-451.
91. *Ibid.*, Bd. I, S. 444.
92. *Ibid.*, Bd. I, S. 450.
93. *Ibid.*, Bd. I, S. 444.
94. *Ibid.*, Bd. I, S. 426.
95. *Ibid.*, Bd. I, S. 454-458, Zitat S. 431.

Auslegungen und Unterscheidungen" seiner Kontrahenten kenntnisreich zu bekämpfen. Es habe ihn aber auch vertraut gemacht mit der Schrift und den Propheten, mit dem Gesetz und den „großen Lehren von der Reinheit, von der Gerechtigkeit der That, vom Reiche Gottes, von kommender Erlösung Israels"[96]. Ja, Keim weiß in einer langen Aufzählung nicht hoch genug zu rühmen, was sein Held den Pharisäern verdankt, ohne doch deren Schwächen zu teilen.

Durch den Kontakt zu Pharisäern „ergriff ihn der religiöse Grundgedanke, die mächtige Gottesidee und das Bewußtsein unbedingter Verpflichtung zu frommer gesetzlicher That [...]. Mit den Pharisäern verkündigte er später den Gott der Allmacht, der unbeugsamen Fügung, der strengen Vergeltung; wie die Pharisäer fand er als die Bestimmung des Menschen Gottesdienst, Gotteseifer, Schrifteifer, Heiligkeit, Gerechtigkeit in Herz und Werk, Nächstenliebe; wie die Pharisäer nahm er den Ausblick auf ein Reich Gottes, in welchem göttliche Gabe und menschliche Leistung sich begegnen, die Tugend zum Lohn und selbst der irdische Untergang zum Auferstehen [...] gelangen sollte. An eine geheimnißvolle Welt der Geister, Engel und Dämonen, der Schutz- und Plagegeister glaubte er mit den Pharisäern und dem ganzen spätern nachexilischen Judenthum. Manche seiner Sätze, manche seiner Beweisführungen klingen unmittelbar an Pharisäisches an. So vieles Andere aber, fast das Meiste, warf er rein und unwillig von sich ab": knechtisches Gottesbewusstsein ohne Freiheit und Liebe, Satzungswesen statt Wort Gottes, theatralische Zeremonien statt Tempelstätte des Herzens[97].

Was die wichtigste, letzte Anregung von außen betrifft, erfahren wir, dass es „die ganze Erschütterungs-Belebungs-Sammlungmacht eines Propheten [brauchte]", um Jesus „den Glauben an seinen Beruf und an sein Volk und den festen Boden im Volke selbst zu schaffen"[98]. Dieser Prophet war Johannes der Täufer, der angesichts der Verfallenheit des Volkes an die Sünde aus der Vorstellung vom Himmelreich „die schneidenden, verwundenden, tödtenden Spitzen hervor[hob], während die Aussicht auf göttliche Segnung nur wie eine leise Musik mittönte, um im empfänglichen Herzen über der Verzweiflung an sich selber Hoffnung zu wecken"[99]. In der Begegnung mit ihm habe Jesus erkannt, dass er selber der Messias sei.

Der Weg, der den werdenden Messias vom Täufer bis zu den Auferstehungserscheinungen führt, schildert Keim im zweiten und dritten Band

---

96. *Ibid.*, Bd. I, S. 435.
97. *Ibid.*, Bd. I, S. 451-452.
98. *Ibid.*, Bd. I, S. 470.
99. *Ibid.*, Bd. I, S. 499.

seines Werkes. Am Schluss zieht er dabei ein erstaunliches, der Würdigung des Pharisäismus entsprechendes Fazit seiner Arbeit im Ganzen: „So wenig es anging, zu Ehren der Religion Jesu die Religion vor Jesus zu entleeren und zum Schatten zu entwerthen, so wenig ist es gestattet, zu Ehren seiner Persönlichkeit die Fleischwerdung der Religion in den Persönlichkeiten, in den Familien, im Volksthum Israels zu leugnen und in unvermittelter greller Vertheilung von Licht und Finsternis über den Blößen der unglücksvollen Übergangszeit, in welche das Leben Jesu fiel, den Realismus jüdischen Frömmigkeitslebens und die Produktionen desselben zu übersehen. Solches Verfahren wäre [...] irreligiöser Fanatismus, weil [...] der Verkleinerer Israels auch den Gott Israels verkleinert". Es widerspreche schlechthin aller Wahrscheinlichkeit, „die Religion Jesu wunderlos aus dem Zusammenhang israelitischer Religion, die Persönlichkeit Jesu aber als ein Wunder außer allem Zusammenhang zu erklären"[100].

Das sind Sätze, die auch heute noch jeder Jesusdarstellung zur Ehre gereichen. In der Weiterführung erfahren wir freilich, das Jüdische in der Lehre Jesu sei der „Endlichkeit seiner Weltanschauung" zuzurechnen, die zeige, dass „er die Schranke seiner Zeit nicht überwunden [hat]"[101]. Die Ausführungen hierzu verdienen besondere Beachtung, weil sie verdeutlichen, wie Keim mit denjenigen Elementen der Jesusüberlieferung umgeht, die ihm – aber bei weitem nicht nur ihm, oft bis in die Gegenwart! – theologisch höchst unsympathisch sind: Gesetzlichkeit, Dualismus, Eschatologie, Gericht, Blutopfer.

Zunächst heißt es: „Die Gottesidee mit dem Himmelsthron, mit den Engeln und Schutzengeln [...], die Messiasidee mit ihrer sinnlichen Färbung, der Glaube an ein Teufelreich und an ein jüdisches Erdreich, an einen frühen und plötzlichen Abbruch der Weltzeit, an zwei Weltzeiten, an Wiederkunft, irdisches Gericht und Auferstehung [...], die Aufrechterhaltung der mosaischen Ordnung, der jüdischen Schranke, der göttliche Auftrag des Kampfes wider die Teufelsengel in den Besessenen und des Blutopfers im Tod für die sündige Menschheit, diese Einschläge der religiösen Gedanken Jesu sind unleugbar mit jüdischem Geist gewoben und getränkt"[102]. Ja, die jüdischen Zeitmeinungen, die hier vorlägen, seien „Überlegungen und Erkenntnisse Jesu selbst gewesen".

Doch lesen wir weiter, „daß das Ewige in der Lehre Jesu bleiben darf, indeß das Zeitliche dahinsinkt", und „daß dieses Ewige die unmittelbare Kritik und Überwindung des Zeitlichen [ist]". Die Überwindung habe Jesus allerdings nur selten selber vollzogen, sondern es meist den Nachfolgern

---

100. *Ibid.*, Bd. III, S. 662-663.
101. *Ibid.*, Bd. III, S. 635.
102. *Ibid.*, Bd. III, S. 631-632.

überlassen, aus seinen „großen Prämissen [...], welche mit erdrückender Überlegenheit das Jüdische aus dem Feld schlagen", die notwendigen Folgerungen zu ziehen. „Die stärksten Bollwerke des Judenthums, Gesetz und Messiasthum, liegen uns längst, während sie zu stehen scheinen, als Bresche durch *seine* Geistesthat am Boden, indem er doch wieder nur die sittlichen Wahrheiten des Gesetzes betont [...], das Messiasthum in seiner Dienstbarkeit und in der Verkündigung der geistigen Wahrheit sucht und in hohen Sprüchen vom organischen Wachsthum seines Geistessamens [...] auf die Katastrophen der Wiederkunft und der Endgerichte verzichtet. Und der Kampf mit dem Teufelreich, verwandelt er sich ihm nicht unter den Händen in einen Kampf gegen die Sünde [...]? Und das Blutopfer [...], zerschmilzt es nicht selbst in ein dogmatikfreies Symbol des selbstlos der Menschheit dienenden Menschensohns?".

Die Schlussfolgerung benennt präzise das hermeneutische Paradox, das hier die Feder führt: „So reicht er (sc. Jesus) über sich selbst hinaus, so fordert er auch uns auf, die Ergänzung nicht außer ihm bei Andern, sondern bei ihm selbst zu suchen"[103]. Der Satz liest sich wie die Aufforderung, unter Berufung auf Jesus das ideale vierte Evangelium ins Recht zu setzen, von dem Schweitzer spricht[104]. Doch sollte über solcher Kritik nicht ausgeblendet werden, dass Keims Interesse am Ewigen in der Lehre Jesu so eng wie bei kaum einem anderen Forscher seiner Zeit mit dem nachdrücklichen Eintreten für deren jüdische Wurzeln verbunden ist. Wie ernst ihm dies ist, sagt ja bereits der Titel seines Werks, verspricht er doch, die Geschichte Jesu *in ihrer Verkettung mit dem Gesammtleben seines Volkes* zu behandeln.

VIII. Resümee

Die tragenden Säulen des liberalen Lebens Jesu sind uns fremd geworden. Dazu gehören an erster Stelle: Der Glaube an die befreiende Macht der Geschichte, gepaart mit dem Affekt gegen das Dogma; die Auffassung, dass die Erkenntnis der menschlichen Entwicklung uns Jesus nahebringt; die Überzeugung, dass psychologische Einfühlung den Quellen die religiösen Gewissheiten der eigenen Zeit entlockt. All dies zeichnet auch Keims *Geschichte Jesu von Nazara* aus, und all dies ist bereits von Schweitzer zu Recht kritisiert worden. Doch ist Kritik bei weitem nicht alles, was zu einer Forschung zu sagen ist, die nicht mehr den großen philosophisch-theologischen Positionen der Neuzeit

---

103. *Ibid.*, Bd. III, S. 635-636.
104. Schweitzer, *Reimarus* (Anm. 2), S. 218 (*GLJF*, S. 218-219).

verpflichtet ist, sondern dem Historismus. Damals jedenfalls wird erstmals einzelexegetisch im heutigen Sinn argumentiert, orientiert allein an der Autorität der Quellen.

Der Weg, der von damals nach heute führt, erstreckt sich über einen Zeitraum von einhundertfünfzig Jahren. Vergegenwärtigt man sich die große Distanz, erstaunt, dass schon Keim zum Thema macht, was für die *Third Quest* als Novum reklamiert wird. Dies betrifft die Unterscheidung von geschichtswissenschaftlichem und kirchlichem Zugang zur Gestalt Jesu, es betrifft die Einzeichnung Jesu ins zeitgenössische Israel, und es betrifft die enorme Breite jüdischer, heidnischer und christlicher Quellen, die in die Überlegungen einbezogen werden. Es ist aber nicht nur die Breite, die imponiert. Liest man Keims Ausführungen, so wird zwar schnell deutlich, wie tief der Graben ist, der uns von seiner Sicht der kanonischen Evangelien trennt. An der Hochschätzung von Josephus und Philo z. B. hat sich dagegen genauso wenig geändert wie an der Bewertung der Zeugnisse von Tacitus und Sueton, und auch der im Ganzen so negativer Befund bei den Apokryphen hat noch heute Bestand. Hier allerdings haben die zahlreichen Funde seit Ende des 19. Jahrhunderts zu einer Erweiterung unserer Kenntnisse geführt, die zu einer Zeit, als man die Suche nach Handschriften auf Klosterbibliotheken beschränkte, noch nicht absehbar war.

Der Blick zurück sollte uns im Stolz auf die Errungenschaften der gegenwärtigen Forschung bescheiden machen – und neugierig auf das, was unsere Vor-vor-Väter auch jenseits der Einleitungsfragen herausgefunden haben. Denn auch dort, wo Schweitzer die liberale, „historisch-moderne" Lösung des Problems des Lebens Jesu ins Mark getroffen hat, gibt es Neues zu entdecken!

Eckhard RAU †

INDEXES

ABBREVIATIONS

AB	The Anchor Bible
ABD	D.N. FREEDMAN (ed.), *The Anchor Bible Dictionary*
ABRL	Anchor Bible Reference Library
AELAC	L'Association pour l'étude de la littérature apocryphe chrétienne
AGAJU	Arbeiten zur Geschichte des Antiken Judentums und des Urchristentums
AnBol	Analecta Bollandiana
ANF	Ante-Nicene Father
ANRW	Aufstieg und Niedergang der römischen Welt
ARWAW	Abhandlungen der Rheinisch-Westfälischen Akademie der Wissenschaften
BAC	Biblioteca de autores cristianos
BDAG	W. BAUER – F.W. DANKER – W.F. ARNDT – F.W. GINGRICH, *Greek-English Lexicon of the New Testament and Other Early Christian Literature*
BDR	F. BLASS – A. DEBRUNNER – F. REHKOPF, *Grammatik des Neutestamenlichen Griechisch*
BETL	Bibliotheca Ephemeridum Theologicarum Lovaniensium
BHT	Beiträge zur historischen Theologie
BTS	Biblisch-theologische Studien
BU	Biblische Untersuchungen
BZ	Biblische Zeitschrift
BZAW	Beihefte zur Zeitschrift für die alttestamentliche Wissenschaft
BZNW	Beihefte zur Zeitschrift für die neutestamentliche Wissenschaft
CCSA	Corpus Christianorum. Series Apocryphorum
CCSL	Corpus Christianorum. Series Latina
CSCO	Corpus Scriptorum Christianorum Orientalium
CSEL	Corpus Scriptorum Ecclesiasticorum Latinorum
DACL	Dictionnaire d'Archéologie chrétienne et de Liturgie
EHS	Europäische Hochschulschriften
EKKNT	Evangelisch-katholischer Kommentar zum Neuen Testament
ETL	Ephemerides Theologicae Lovanienses
ÉTR	Études théologiques et religieuses
EWNT	Exegetisches Wörterbuch zum Neuen Testament
ExpT	Expository Times
FC	Fontes christiani
FRLANT	Forschungen zur Religion und Literatur des Alten und Neuen Testaments
GCS	Die griechischen christlichen Schriftsteller
HNT	Handbuch zum Neuen Testament
HTKNT	Herders theologischer Kommentar zum Neuen Testament
HTR	Harvard Theological Review
HTS	Harvard Theological Studies

JAC	Jahrbuch für Antike und Christentum
JBL	Journal of Biblical Literature
JSNT	Journal for the Study of the New Testament
JSNT SS	Journal for the Study of the New Testament. Supplement Series
JSOT SS	Journal for the Study of the Old Testament. Supplement Series
JTS	Journal of Theological Studies
KAV	Kommentar zu den Apostolischen Vätern
KEK	Kritisch-exegetischer Kommentar über das Neue Testament
LCL	Loeb Classical Library
LTK	Lexikon für Theologie und Kirche
MGH.SRM	Monumenta Germaniae historica. Scriptorum rerum Merovingicarum
MTS	Marburger Theologische Studien
NHMS	Nag Hammadi and Manichaean Studies
NHS	Nag Hammadi Studies
NICNT	The New International Commentary on the New Testament
NT	Novum Testamentum
NTAbh	Neutestamentliche Abhandlungen
NTS	New Testament Studies
NTTS	New Testament Tools and Studies
PG	Patrologia Graeca
PL	Patrologia Latina
PO	Patrologia Orientalis
PTA	Papyrologische Texte und Abhandlungen
PTS	Patristische Texte und Studien
QD	Quaestiones Disputatae
RAC	Reallexikon für Antike und Christentum
RGG	Religion in Geschichte und Gegenwart
RHPR	Revue d'Histoire et de Philosophie Religieuses
RTP	Revue de Théologie et de Philosophie
RTL	Revue théologique de Louvain
SC	Sources chrétiennes
SNTS MS	Society for New Testament Studies Monograph Series
SNTU	Studien zum Neuen Testament und seiner Umwelt
SUNT	Studien zur Umwelt des Neuen Testaments
SupplJSJ	Supplements to the Journal for the Study of Judaism
SupplNT	Supplements to Novum Testamentum
SupplVigChr	Supplements to Vigiliae Christianae
TANZ	Texte und Arbeiten zum neutestamentlichen Zeitalter
TLZ	Theologische Literaturzeitung
TRE	Theologische Realenzyklopädie
TS	Theological Studies
TSAJ	Texts and Studies in Ancient Judaism
TU	Texte und Untersuchungen zur Geschichte der altchristlichen Literatur
TWNT	Theologisches Wörterbuch zum Neuen Testament
VigChr	Vigiliae Christianae
WUNT	Wissenschaftliche Untersuchungen zum Neuen Testament
ZAC	Zeitschrift für antikes Christentum

ZKG	Zeitschrift für Kirchengeschichte
ZKT	Zeitschrift für katholische Theologie
ZAW	Zeitschrift für die alttestamentliche Wissenschaft
ZNW	Zeitschrift für die neutestamentliche Wissenschaft und die Kunde der älteren Kirche
ZPE	Zeitschrift für Papyrologie und Epigraphik
ZTK	Zeitschrift für Theologie und Kirche

INDEX OF MODERN AUTHORS

INDEX OF ANCIENT SOURCES

OLD TESTAMENT (SEPTUAGINT)

Genesis	
1–7	54
1–6	318
1,1–2,4	557
1,1	413, 698
1,3	466, 541
1,9	415
1,11f	139, 420
1,26-28	73
1,26	409
1,27	323, 460, 464
2–7	54
2,1	698
2,7	460, 464f
2,8	413f, 416, 432, 434
2,9	415, 419f
2,10	429
3	557
3,1f	413
3,7-18	419
3,13	278
5,24	377f
6,1-4	55
8,8-11	442
13,14	704f
13,18	392
14,13	392
15,15	461
21,6f	286
25,23	295
28,14	705
Exodus	
13,21f	286
23,20-21	377f, 384, 399
Numbers	
5,1-11	284f
5,11-31	278
11,8	230
16,1-35	286

35,5	704, 706
Deuteronomy	
3,25	704f
12,20-21	200
18,15f	79
18,18f	680
19,15	377f, 387, 649f
21,22f	183, 190
22,22	220
24,4	221
34,5-6	377f
Joshua	
1,4	705
10,12	285
1 Kingdoms (1 Samuel)	
1–2	276, 285f
12,22	396
3 Kingdoms (1 Kings)	
7,25	704, 706
8,10	286
8,56-58	396
10,19	685
19,10-14	142
4 Kingdoms (2 Kings)	
2	651
1 Chronicles	
9,24	704, 706
2 Chronicles	
4,4	704, 706
9,18	685
24,20-22	235
Tobit	
13,1	392

OLD TESTAMENT APOCRYPHA AND PSEUDEPIGRAPHA

EARLY JEWISH AUTHORS

DEAD SEA SCROLLS

4Q394 14-18	200	11QT 52:13-18	200
11QT 48:3-6	200	CD 12:13-15	200

RABBINIC WRITINGS

Mishna, Talmud, and Related
Literature
Pirkei Avot

1,1	439		

y Ber.

9,13a,37	517

Hag.

4b	292

b Ned.

39b	414

y. Šabb.

104,6	292

y. Sanh.

106a	292

m Sanh

4,1	657
5,4	657

Targumic Texts
Tg. P.s-J.

Gen 3,1-20	294

Gen 4,1	294
Gen 33,10	517
Gen 48,16	517

Other Rabbinic Works
Midr. Teh.

55,3 (146b)	517

Gen. Rab.

15,3	414
15,6	429
33,6	442
78,3	517

Lev. Rab.
31,10
Deut. Rab.

2,26f	517

Song. Rab.

1,15,4	442
4,1,2	442

Shemoneh Esreh (Amidah)

2	175

APOSTOLIC FATHERS

Barnabas

5–6	565
5,6	565
5,10f	565
5,14	77
6,7	565
6,9	565
6,14	565
12,10	565

1 Clement

5–6	203
40f	143
44,1f	149
44,4	150

2 Clement

9,1-5	470
12,2	36, 122, 488

Didache

7,2	48
10,2	147
16,6f	431

Ignatius
Eph.

5,2	143
7,1	569
7,2	569
19,2	294

Ancient Christian Apocrypha

ANCIENT CHRISTIAN AUTHORS AND WRITINGS

INSCRIPTIONS AND PAPYRI

OTHER WRITINGS

BIBLIOTHECA EPHEMERIDUM THEOLOGICARUM LOVANIENSIUM

SERIES III

151. B. DOYLE, *The Apocalypse of Isaiah Metaphorically Speaking. A Study of the Use, Function and Significance of Metaphors in Isaiah 24-27*, 2000. XII-453 p.   75 €

152. T. MERRIGAN & J. HAERS (eds.), *The Myriad Christ. Plurality and the Quest for Unity in Contemporary Christology*, 2000. XIV-593 p.   75 €

153. M. SIMON, *Le catéchisme de Jean-Paul II. Genèse et évaluation de son commentaire du Symbole des apôtres*, 2000. XVI-688 p.   75 €

154. J. VERMEYLEN, *La loi du plus fort. Histoire de la rédaction des récits davidiques de 1 Samuel 8 à 1 Rois 2*, 2000. XIII-746 p.   80 €

155. A. WÉNIN (ed.), *Studies in the Book of Genesis. Literature, Redaction and History*, 2001. XXX-643 p.   60 €

156. F. LEDEGANG, *Mysterium Ecclesiae. Images of the Church and its Members in Origen*, 2001. XVII-848 p.   84 €

157. J.S. BOSWELL, F.P. MCHUGH & J. VERSTRAETEN (eds.), *Catholic Social Thought: Twilight of Renaissance*, 2000. XXII-307 p.   60 €

158. A. LINDEMANN (ed.), *The Sayings Source Q and the Historical Jesus*, 2001. XXII-776 p.   60 €

159. C. HEMPEL, A. LANGE & H. LICHTENBERGER (eds.), *The Wisdom Texts from Qumran and the Development of Sapiential Thought*, 2002. XII-502 p.   80 €

160. L. BOEVE & L. LEIJSSEN (eds.), *Sacramental Presence in a Postmodern Context*, 2001. XVI-382 p.   60 €

161. A. DENAUX (ed.), *New Testament Textual Criticism and Exegesis. Festschrift J. Delobel*, 2002. XVIII-391 p.   60 €

162. U. BUSSE, *Das Johannesevangelium. Bildlichkeit, Diskurs und Ritual. Mit einer Bibliographie über den Zeitraum 1986-1998*, 2002. XIII-572 p.   70 €

163. J.-M. AUWERS & H.J. DE JONGE (eds.), *The Biblical Canons*, 2003. LXXXVIII-718 p.   60 €

164. L. PERRONE (ed.), *Origeniana Octava. Origen and the Alexandrian Tradition*, 2003. XXV-X-1406 p.   180 €

165. R. BIERINGER, V. KOPERSKI & B. LATAIRE (eds.), *Resurrection in the New Testament. Festschrift J. Lambrecht*, 2002. XXXI-551 p.   70 €

166. M. LAMBERIGTS & L. KENIS (eds.), *Vatican II and Its Legacy*, 2002. XII-512 p.   65 €

167. P. DIEUDONNÉ, *La Paix clémentine. Défaite et victoire du premier jansénisme français sous le pontificat de Clément IX (1667-1669)*, 2003. XXXIX-302 p.   70 €

168. F. GARCÍA MARTÍNEZ, *Wisdom and Apocalypticism in the Dead Sea Scrolls and in the Biblical Tradition*, 2003. XXXIV-491 p.   60 €

169. D. OGLIARI, *Gratia et Certamen: The Relationship between Grace and Free Will in the Discussion of Augustine with the So-Called Semipelagians*, 2003. LVII-468 p.   75 €

170. G. COOMAN, M. VAN STIPHOUT & B. WAUTERS (eds.), *Zeger-Bernard Van Espen at the Crossroads of Canon Law, History, Theology and Church-State Relations*, 2003. XX-530 p.   80 €

171. B. BOURGINE, *L'herméneutique théologique de Karl Barth. Exégèse et dogmatique dans le quatrième volume de la Kirchliche Dogmatik*, 2003. XXII-548 p.   75 €

172. J. HAERS & P. DE MEY (eds.), *Theology and Conversation: Towards a Relational Theology*, 2003. XIII-923 p.   90 €

173. M.J.J. MENKEN, *Matthew's Bible: The Old Testament Text of the Evangelist*, 2004. XII-336 p. 60 €

174. J.-P. DELVILLE, *L'Europe de l'exégèse au XVIe siècle. Interprétations de la parabole des ouvriers à la vigne (Matthieu 20,1-16)*, 2004. XLII-775 p. 70 €

175. E. BRITO, *J.G. Fichte et la transformation du christianisme*, 2004. XVI-808 p. 90 €

176. J. SCHLOSSER (ed.), *The Catholic Epistles and the Tradition*, 2004. XXIV-569 p. 60 €

177. R. FAESEN (ed.), *Albert Deblaere, S.J. (1916-1994): Essays on Mystical Literature – Essais sur la littérature mystique – Saggi sulla letteratura mistica*, 2004. XX-473 p. 70 €

178. J. LUST, *Messianism and the Septuagint: Collected Essays*. Edited by K. HAUSPIE, 2004. XIV-247 p. 60 €

179. H. GIESEN, *Jesu Heilsbotschaft und die Kirche. Studien zur Eschatologie und Ekklesiologie bei den Synoptikern und im ersten Petrusbrief*, 2004. XX-578 p. 70 €

180. H. LOMBAERTS & D. POLLEFEYT (eds.), *Hermeneutics and Religious Education*, 2004. XIII-427 p. 70 €

181. D. DONNELLY, A. DENAUX & J. FAMERÉE (eds.), *The Holy Spirit, the Church, and Christian Unity. Proceedings of the Consultation Held at the Monastery of Bose, Italy (14-20 October 2002)*, 2005. XII-417 p. 70 €

182. R. BIERINGER, G. VAN BELLE & J. VERHEYDEN (eds.), *Luke and His Readers. Festschrift A. Denaux*, 2005. XXVIII-470 p. 65 €

183. D.F. PILARIO, *Back to the Rough Grounds of Praxis: Exploring Theological Method with Pierre Bourdieu*, 2005. XXXII-584 p. 80 €

184. G. VAN BELLE, J.G. VAN DER WATT & P. MARITZ (eds.), *Theology and Christology in the Fourth Gospel: Essays by the Members of the SNTS Johannine Writings Seminar*, 2005. XII-561 p. 70 €

185. D. LUCIANI, *Sainteté et pardon*. Vol. 1: *Structure littéraire du Lévitique*. Vol. 2: *Guide technique*, 2005. XIV-VII-656 p. 120 €

186. R.A. DERRENBACKER, JR., *Ancient Compositional Practices and the Synoptic Problem*, 2005. XXVIII-290 p. 80 €

187. P. VAN HECKE (ed.), *Metaphor in the Hebrew Bible*, 2005. X-308 p. 65 €

188. L. BOEVE, Y. DEMAESENEER & S. VAN DEN BOSSCHE (eds.), *Religious Experience and Contemporary Theological Epistemology*, 2005. X-335 p. 50 €

189. J.M. ROBINSON, *The Sayings Gospel Q. Collected Essays*, 2005. XVIII-888 p. 90 €

190. C.W. STRÜDER, *Paulus und die Gesinnung Christi. Identität und Entscheidungsfindung aus der Mitte von 1Kor 1-4*, 2005. LII-522 p. 80 €

191. C. FOCANT & A. WÉNIN (eds.), *Analyse narrative et Bible. Deuxième colloque international du RRENAB, Louvain-la-Neuve, avril 2004*, 2005. XVI-593 p. 75 €

192. F. GARCÍA MARTÍNEZ & M. VERVENNE (eds.), in collaboration with B. DOYLE, *Interpreting Translation: Studies on the LXX and Ezekiel in Honour of Johan Lust*, 2005. XVI-464 p. 70 €

193. F. MIES, *L'espérance de Job*, 2006. XXIV-653 p. 87 €

194. C. FOCANT, *Marc, un évangile étonnant*, 2006. XV-402 p. 60 €

195. M.A. KNIBB (ed.), *The Septuagint and Messianism*, 2006. XXXI-560 p. 60 €

196. M. Simon, *La célébration du mystère chrétien dans le catéchisme de Jean-Paul II*, 2006. xiv-638 p. 85 €
197. A.Y. Thomasset, *L'ecclésiologie de J.H. Newman Anglican*, 2006. xxx-748 p. 80 €
198. M. Lamberigts – A.A. den Hollander (eds.), *Lay Bibles in Europe 1450-1800*, 2006. xi-360 p. 79 €
199. J.Z. Skira – M.S. Attridge, *In God's Hands. Essays on the Church and Ecumenism in Honour of Michael A. Fahey S.J.*, 2006. xxx-314 p. 90 €
200. G. Van Belle (ed.), *The Death of Jesus in the Fourth Gospel*, 2007. xxxi-1003 p. 70 €
201. D. Pollefeyt (ed.), *Interreligious Learning*, 2007. xxv-340 p. 80 €
202. M. Lamberigts – L. Boeve – T. Merrigan, in collaboration with D. Claes (eds.), *Theology and the Quest for Truth: Historical- and Systematic-Theological Studies*, 2007. x-305 p. 55 €
203. T. Römer – K. Schmid (eds.), *Les dernières rédactions du Pentateuque, de l'Hexateuque et de l'Ennéateuque*, 2007. x-276 p. 65 €
204. J.-M. van Cangh, *Les sources judaïques du Nouveau Testament*, 2008. xiv-718 p. 84 €
205. B. Dehandschutter, *Polycarpiana: Studies on Martyrdom and Persecution in Early Christianity. Collected Essays*. Edited by J. Leemans, 2007. xvi-286 p. 74 €
206. É. Gaziaux, *Philosophie et Théologie. Festschrift Emilio Brito*, 2007. lviii-588 p. 84 €
207. G.J. Brooke – T. Römer (eds.), *Ancient and Modern Scriptural Histo-riography. L'historiographie biblique, ancienne et moderne*, 2007. xxxviii-372 p. 75 €
208. J. Verstraeten, *Scrutinizing the Signs of the Times in the Light of the Gospel*, 2007. x-334 p. 74 €
209. H. Geybels, *Cognitio Dei experimentalis. A Theological Genealogy of Christian Religious Experience*, 2007. lii-457 p. 80 €
210. A.A. den Hollander, *Virtuelle Vergangenheit: Die Textrekonstruktion einer verlorenen mittelniederländischen Evangelienharmonie. Die Hand-schrift Utrecht Universitätsbibliothek 1009*, 2007. xii-168 p. 58 €
211. R. Gryson, *Scientiam Salutis: Quarante années de recherches sur l'Antiquité Chrétienne. Recueil d'essais*, 2008. xlvi-879 p. 88 €
212. T. Van Den Driessche, *L'altérité, fondement de la personne humaine dans l'œuvre d'Edith Stein*, 2008. xxii-626 p. 85 €
213. H. Ausloos – J. Cook – F. García Martínez – B. Lemmelijn – M. Vervenne (eds.), *Translating a Translation: The LXX and its Modern Translations in the Context of Early Judaism*, 2008. x-317 p. 80 €
214. A.C. Osuji, *Where is the Truth? Narrative Exegesis and the Question of True and False Prophecy in Jer 26–29 (MT)*, 2010. xx-465 p. 76 €
215. T. Römer, *The Books of Leviticus and Numbers*, 2008. xxvii-742 p. 85 €
216. D. Donnelly – J. Famerée – M. Lamberigts – K. Schelkens (eds.), *The Belgian Contribution to the Second Vatican Council: International Research Conference at Mechelen, Leuven and Louvain-la-Neuve (September 12-16, 2005)*, 2008. xii-716 p. 85 €
217. J. De Tavernier – J.A. Selling – J.Verstraeten – P. Schotsmans (eds.), *Responsibility, God and Society. Theological Ethics in Dialogue. Festschrift Roger Burggraeve*, 2008. xlvi-413 p. 75 €

218. G. Van Belle – J.G. van der Watt – J. Verheyden (eds.), *Miracles and Imagery in Luke and John. Festschrift Ulrich Busse*, 2008. xviii-287 p.
78 €

219. L. Boeve – M. Lamberigts – M.Wisse (eds.), *Augustine and Postmodern Thought: A New Alliance against Modernity?*, 2009. xviii-277 p.   80 €

220. T. Victoria, *Un livre de feu dans un siècle de fer: Les lectures de l'Apocalypse dans la littérature française de la Renaissance*, 2009. xxx-609 p.   85 €

221. A.A. den Hollander – W. François (eds.), *Infant Milk or Hardy Nourishment? The Bible for Lay People and Theologians in the Early Modern Period*, 2009. xviii-488 p.   80 €

222. F.D. Vansina, *Paul Ricœur. Bibliographie primaire et secondaire. Primary and Secundary Bibliography 1935-2008*, Compiled and updated in collaboration with P. Vandecasteele, 2008. xxx-621 p.   80 €

223. G. Van Belle – M. Labahn – P. Maritz (eds.), *Repetitions and Variations in the Fourth Gospel: Style, Text, Interpretation*, 2009. xii-712 p.   85 €

224. H. Ausloos – B. Lemmelijn – M. Vervenne (eds.), *Florilegium Lovaniense: Studies in Septuagint and Textual Criticism in Honour of Florentino García Martínez*, 2008. xvi-564 p.   80 €

225. E. Brito, *Philosophie moderne et christianisme*, 2010. 2 vols., viii-1514 p.
130 €

226. U. Schnelle (ed.), *The Letter to the Romans*, 2009. xviii-894 p.   85 €

227. M. Lamberigts – L. Boeve – T. Merrigan in collaboration with D. Claes – M. Wisse (eds.), *Orthodoxy, Process and Product*, 2009. x-416 p.   74 €

228. G. Heidl – R. Somos (eds.), *Origeniana nona: Origen and the Religious Practice of His Time*, 2009. xiv-752 p.   95 €

229. D. Marguerat (ed.), *Reception of Paulinism in Acts – Réception du paulinisme dans les Actes des Apôtres*, 2009. viii-340 p.   74 €

230. A. Dillen – D. Pollefeyt (eds.), *Children's Voices: Children's Perspectives in Ethics, Theology and Religious Education*, 2010. x-450 p.   72 €

231. P. Van Hecke – A. Labahn (eds.), *Metaphors in the Psalms*, 2010. xxxiv-363 p.   76 €

232. G. Auld – E. Eynikel (eds.), *For and Against David: Story and History in the Books of Samuel*, 2010. x-397 p.   76 €

233. C. Vialle, *Une analyse comparée d'Esther TM et LXX: Regard sur deux récits d'une même histoire*, 2010. lviii-406 p.   76 €

234. T. Merrigan – F. Glorieux (eds.), *"Godhead Here in Hiding": Incarnation and the History of Human Suffering*, 2012. x-327 p.   76 €

235. M. Simon, *La vie dans le Christ dans le catéchisme de Jean-Paul II*, 2010. xx-651 p.   84 €

236. G. De Schrijver, *The Political Ethics of Jean-François Lyotard and Jacques Derrida*, 2010. xxx-422 p.   80 €

237. A. Pasquier – D. Marguerat – A. Wénin (eds), *L'intrigue dans le récit biblique. Quatrième colloque international du RRENAB, Université Laval, Québec, 29 mai – 1er juin 2008*, 2010. xxx-479 p.   68 €

238. E. Zenger (ed.), *The Composition of the Book of Psalms*, 2010. xii-826 p.
90 €

239. P. Foster – A. Gregory – J.S. Kloppenborg – J. Verheyden (eds.), *New Studies in the Synoptic Problem: Oxford Conference, April 2008*, 2011. xxiv-828 p.   85 €

240. J. VERHEYDEN – T.L. HETTEMA – P. VANDECASTEELE (eds.), *Paul Ricœur: Poetics and Religion*, 2011. XX-534 p.   79 €
241. J. LEEMANS (ed.), *Martyrdom and Persecution in Late Ancient Christianity. Festschrift Boudewijn Dehandschutter*, 2010. XXXIV-430 p.   78 €
242. C. CLIVAZ – J. ZUMSTEIN (eds.), *Reading New Testament Papyri in Context – Lire les papyrus du Nouveau Testament dans leur contexte*, 2011. XIV-446 p.   80 €
243. D. SENIOR (ed.), *The Gospel of Matthew at the Crossroads of Early Christianity*, 2011. XXVIII-781 p.   88 €
244. H. PIETRAS – S. KACZMAREK (eds.), *Origeniana Decima: Origen as Writer*, 2011. XVIII-1039 p.   105 €
245. M. SIMON, *La prière chrétienne dans le catéchisme de Jean-Paul II*, 2012. XVI-290 p.   70 €
246. H. AUSLOOS – B. LEMMELIJN – J. TREBOLLE-BARRERA (eds.), *After Qumran: Old and Modern Editions of the Biblical Texts – The Historical Books*, 2012. XIV-319 p.   84 €
247. G. VAN OYEN – A. WÉNIN (eds.), *La surprise dans la Bible. Festschrift Camille Focant*, 2012. XLII-474 p.   80 €
248. C. CLIVAZ – C. COMBET-GALLAND – J.-D. MACCHI – C. NIHAN (eds.), *Écritures et réécritures: la reprise interprétative des traditions fondatrices par la littérature biblique et extra-biblique. Cinquième colloque international du RRENAB, Universités de Genève et Lausanne, 10-12 juin 2010*, 2012. XXIV-648 p.   90 €
249. G. VAN OYEN – T. SHEPHERD (eds.), *Resurrection of the Dead: Biblical Traditions in Dialogue*, 2012. XVI-632 p.   85 €
250. E. NOORT (ed.), *The Book of Joshua*, 2012. XIV-698 p.   90 €
251. R. FAESEN – L. KENIS (eds.), *The Jesuits of the Low Countries: Identity and Impact (1540-1773). Proceedings of the International Congress at the Faculty of Theology and religious Studies, KU Leuven (3-5 December 2009)*, 2012. X-295 p.   65 €
252. A. DAMM, *Ancient Rhetoric and the Synoptic Problem: Clarifying Markan Priority*, 2013. XXXVIII-396 p.   85 €
253. A. DENAUX – P. DE MEY (eds.), *The Ecumenical Legacy of Johannes Cardinal Willebrands (1909-2006)*, 2012. XIV-376 p.   79 €
254. T. KNIEPS-PORT LE ROI – G. MANNION – P. DE MEY (eds.), *The Household of God and Local Households: Revisiting the Domestic Church*, 2013. XI-407 p.   82 €
255. L. KENIS – E. VAN DER WALL (eds.), *Religious Modernism of the Low Countries*, 2013. X-271 p.   75 €
256. P. IDE, *Une Théo-logique du Don: Le Don dans la Trilogie de Hans Urs von Balthasar*, 2013. XXX-759 p.   98 €
257. W. FRANÇOIS – A. DEN HOLLANDER (eds.), *"Wading Lambs and Swimming Elephants" : The Bible for the Laity and Theologians in the Late Medieval and Early Modern Era*, 2012. XVI-406 p.   84 €
258. A. LIÉGOIS – R. BURGGRAEVE – M. RIEMSLAGH – J. CORVELEYN (eds.), *"After You!" : Dialogical Ethics and the Pastoral Counselling Process*, 2013. XXII-279 p.   79 €
259. C. KALONJI NKOKESHA, *Penser la tradition avec Walter Kasper: Pertinence d'une catholicité historiquement et culturellement ouverte*, 2013.
                                                                        forthcoming

PRINTED ON PERMANENT PAPER • IMPRIME SUR PAPIER PERMANENT • GEDRUKT OP DUURZAAM PAPIER - ISO 9706

N.V. PEETERS S.A., WAROTSTRAAT 50, B-3020 HERENT